金堂县志

JINTANGXIANZHI

1991—2005

金堂县地方志编纂委员会　编

方志出版社
Publishing House of Local Records

图书在版编目（CIP）数据

金堂县志：1991—2005/金堂县地方志编纂委员会编. —北京：方志出版社，2015. 9

ISBN 978-7-5144-1693-0

Ⅰ. ①金… Ⅱ. ①金… Ⅲ. ①金堂县—地方志—1991 ~ 2005 Ⅳ. ①K297. 14

中国版本图书馆 CIP 数据核字（2015）第 221925 号

金堂县志（1991—2005）

编　　者： 金堂县地方志编纂委员会
责任编辑： 齐　笑

出 版 人： 冀祥德
出 版 者： 方 志 出 版 社
地址　北京市朝阳区潘家园东里 9 号（国家方志馆 4 层）
邮编　100061
网址　http：//www. fzph. org
发　　行： 方志出版社发行中心
（010）67110500
经　　销： 各地新华书店
法律顾问： 北京市大禹律师事务所
印　　刷： 成都现代印务有限公司
装帧设计： 四川标点文化发展有限责任公司

开　　本： 889 × 1194　1/16
印　　张： 59
字　　数： 1663 千
版　　次： 2015 年 10 月第 1 版　　2015 年 10 月第 1 次印刷
印　　数： 0001 ~ 3000 册

ISBN 978-7-5144-1693-0　　定价：600. 00 元

2005 年金堂县城区图

2009年5月金堂县路网现状图

金堂县地质构造略图

比例尺 1:400000

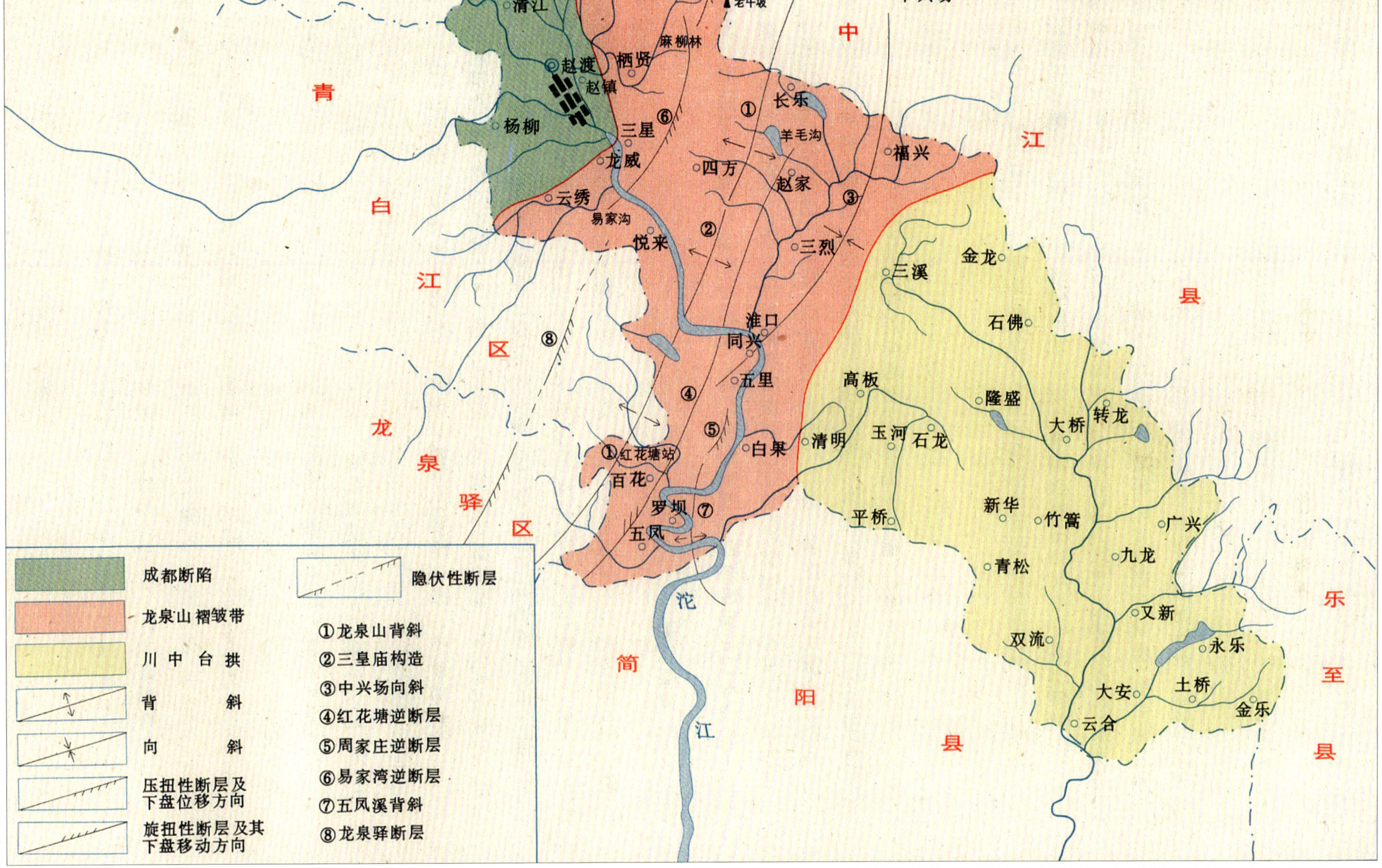

金堂县成土母质图

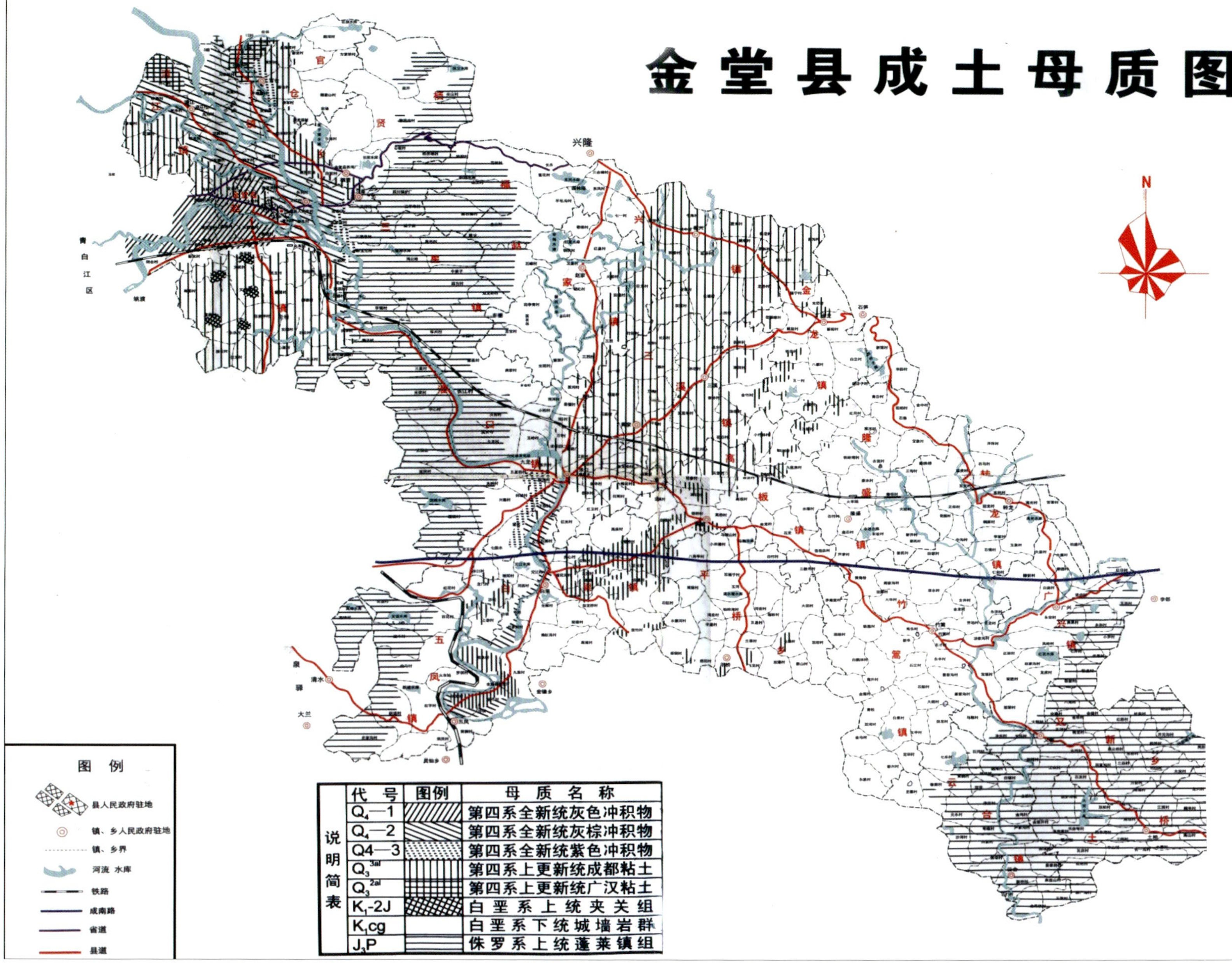

说明简表	代号	图例	母质名称
	Q_4—1		第四系全新统灰色冲积物
	Q_4—2		第四系全新统灰棕冲积物
	Q4—3		第四系全新统紫色冲积物
	Q_3^{3al}		第四系上更新统成都粘土
	Q_3^{2al}		第四系上更新统广汉粘土
	K_1-2J		白垩系上统夹关组
	K_1cg		白垩系下统城墙岩群
	J_3P		侏罗系上统蓬莱镇组

金堂县水系图

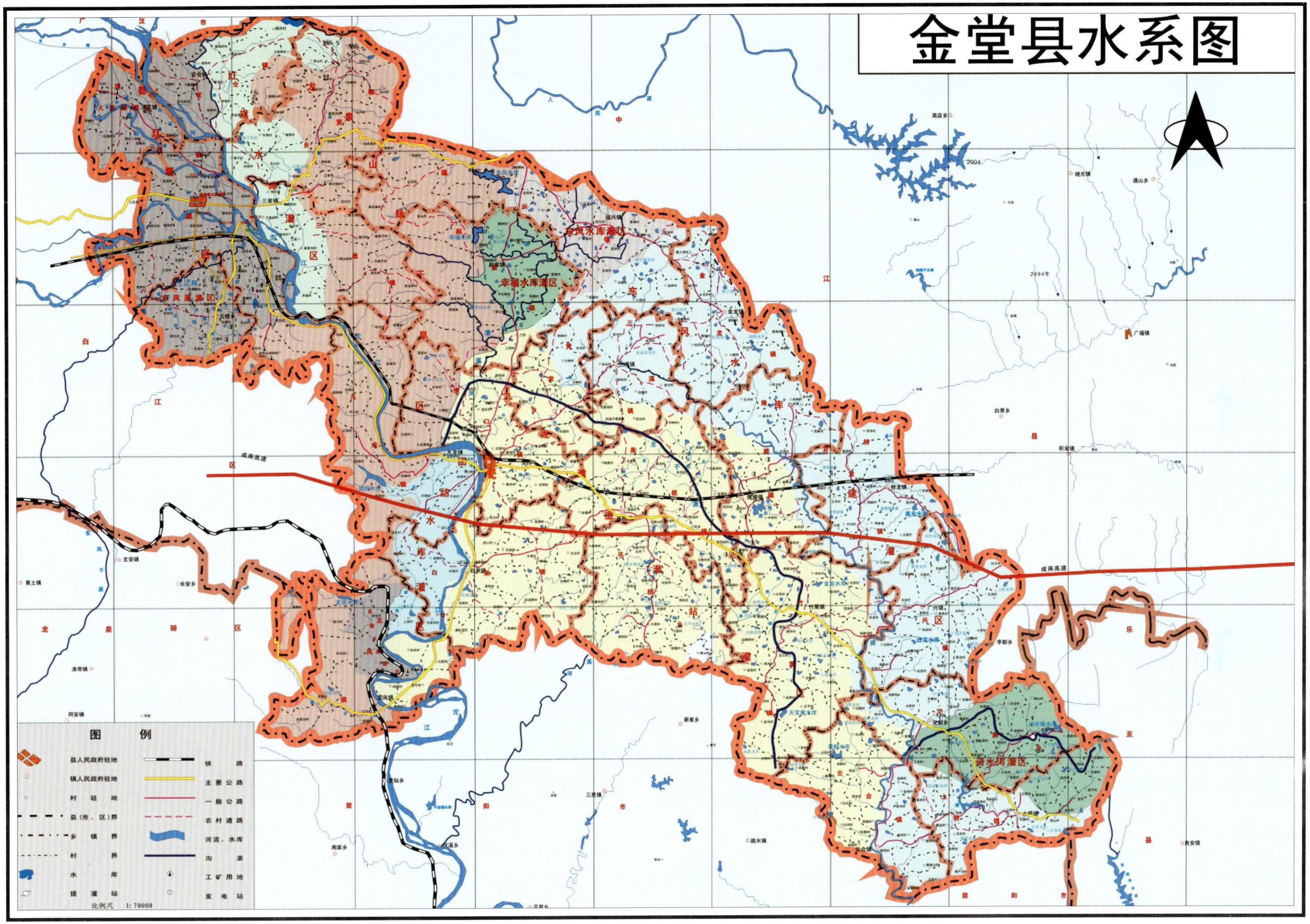

幸福水库灌区
东风水库灌区
东风渠灌区
清水河灌区
天宝水库
成南高速
图 例
县人民政府驻地
镇人民政府驻地
村驻地
县（市、区）界
乡镇界
村界
水库
提灌站
铁路
主要公路
一般公路
农村道路
河流、水库
沟渠
工矿用地
发电站
比例尺 1:70000

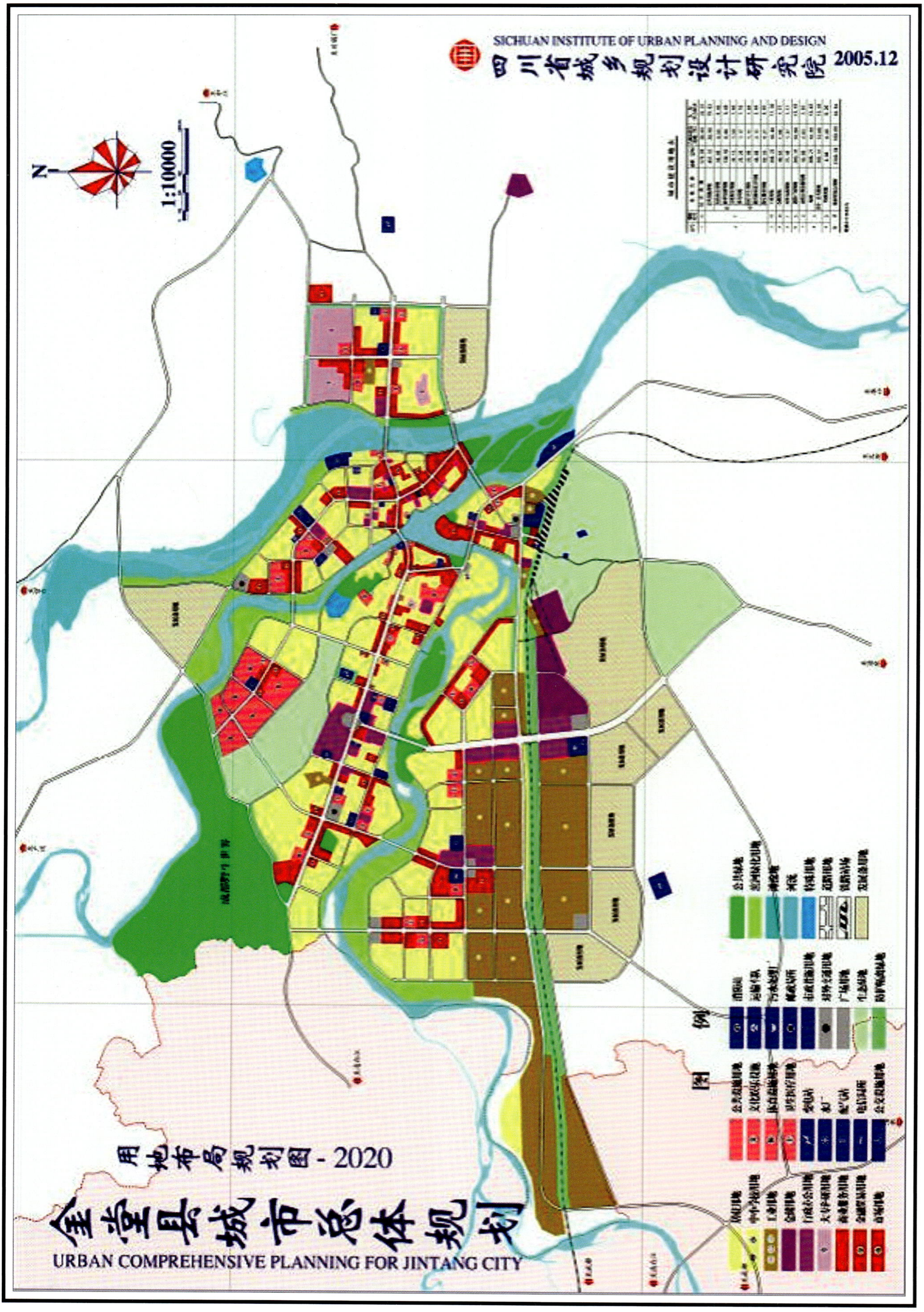
SICHUAN INSTITUTE OF URBAN PLANNING AND DESIGN
四川省城乡规划设计研究院 2005.12
N
1:10000
用地布局规划图-2020
金堂县城市总体规划
URBAN COMPREHENSIVE PLANNING FOR JINTANG CITY
图例

图1　天府水城一角

图 2　金堂县城

图 3　金堂县城一角

图 4　金堂县城绿岛全景图

图 5 金堂广场夜景

图 6　1950 年 10 月 28 日至 1981 年，金堂县人民政府驻地赵镇玉龙街

图 7　1982 年至 2003 年 6 月，金堂县人民政府办公楼驻地赵镇玉龙街

图 8　2003 年 7 月 1 日，赵镇十里大道一段 800 号新县委、县政府办公大楼正式投入使用

图9　1994年4月，新建竣工的金堂县十里大道

图10　1995年1月，建成的达成铁路金堂沱江大桥

图 11　1997 年 12 月 26 日，金堂火车站建成通车

图 12　2003 年县城新貌

图 13　金堂县城通过城市防洪综合整治工程，2004 年 12 月，荣获中华人民共和国建设部颁发的“中国人居环境范例”奖

图 14　天府水城一角

图 15　金堂在“普九”教育中加大基础设施的投入，图为新建的中心体育场

图 16　金堂县第一人民医院门诊大楼

图 17　2003 年金堂兴办的跆拳道培训班

图 18　金堂县五凤镇百花小学

图 19　2005 年金堂工业园区

图 20　2005 年金堂淮口工业集中发展区

图 21　金堂县内四川川棉印染有限公司川棉产品

图 22　坐落在金堂工业集中发展区的蒙牛集团生产基地——成都金蒙乳业

图 23　成都爱依斯凯华燃机发电有限公司

图 24　金堂冶金机械制造基地

图 25　金堂县庆祝中国共产党成立 80 周年

图 26　2004 年中国西部花园水城游乐节开幕式

图 27　2004 年 5 月，在金堂县城举办龙舟赛

图 28　市级非物质文化遗产：金堂沱江号子

图 29　省级非物质文化遗产：金堂县土桥镇民间舞狮

图 30　1991—2006 年修志成果

图 31　1997 年金堂县庆祝香港回归书画展

图 32　金堂县淮口镇云顶山慈云寺大雄宝殿

图 33　金堂县栖贤乡梨花沟景色

图 34　金堂县沱江小三峡风光

图 35　金堂县高板镇坝坝筵

图 36　金堂县云顶山慈云寺

图 37　金堂黑山羊

图 38　金堂县沙参

图 39　2013 年 3 月 28 日，《金堂县志（1991—2005）》终审验收会

图 40　2013 年 3 月 28 日，参加《金堂县志（1991—2005）》终审验收会人员合影

前排左起：周海燕、邓　忠、高志刚、彭禄君、邹翰铭、金　城、苏碧群、王　真、陈文建、鲜开值、曾祥麟、王家球、罗兴国、张立诚

后排左起：尹晓兰、周　静、陈元霓、王　伟、杨光勇、孙成君、赖　立、杨　蓉、黄小华、刘　林

金堂县地方志编纂委员会及工作人员

金堂县地方志编纂委员会

2005 年 3 月 25 日至 2007 年 4 月 29 日

顾　问：付　毅　郑天奇　何胜英

主　任：何立斌

副主任：施跃华　彭禄君　曾道国　廖国琏　刘府胜

委　员：尹贤鹏　周厚金　雷　育　陈克西　黄友朝　张楚学　林晓阳　陈绍泉　袁西高　刘显勇　黄安军　蒲　勇　胡德林　孙中德　陈元霓　曾玉芬

2007 年 4 月 30 日至 2008 年 8 月 20 日

顾　问：何立斌　郑天奇　王良清

主　任：施跃华

副主任：彭禄君　贺正余　颜仁福　万　琳　张立诚

委　员：伍玉地　史国忠　钟　斌　黄友朝　张楚学　施尚书　陶宪文　晏万长　黄安军　袁西高　雷　育　黄振华　蒲　勇　孙中德　李富荣　孙成君

2008 年 8 月 21 日至 2011 年 3 月 15 日

顾　问： 何立斌（至 2008 年 8 月 28 日止）
杨林兴（2008 年 10 月 13 至 2010 年 9 月）
郑天奇　王良清（至 2009 年 1 月 23 日止）
彭禄君（2010 年 1 月任）

主　任： 吕信伟

副主任： 陈文建　钟思勇　颜仁福　万　琳　张立诚

委　员： 王　敏　史国忠　钟　斌　张楚学　黄友朝
王　林　陶宪文　晏万长　廖春龙　袁西高
文　斌　陈　维　黄振华　伍玉地　孙中德
李富荣　孙成君

2011 年 3 月 16 日至 2011 年 8 月 24 日

顾　问： 王　波　郑天奇　彭禄君

主　任： 金　城

副主任： 陈文建　邓　忠　颜仁福　万　琳　张立诚

委　员： 王银锋（至 2011 年 3 月 21 日止）　易志坚（2011 年 6 月任）
陶宪文　袁西高　张　清　谭代茂　邱荣昌
王伟成　陈光华　林晓阳　晏万长　廖春龙
李玉明　曾常春　陈　维　伍玉地　孙中德
曹乾斌　李富荣　邓　健　孙成君

2011 年 8 月 25 日至 2012 年 2 月 19 日

主　任： 金　城

副主任： 陈文建　颜仁福　万　琳（至 2011 年 12 月 23 日止）
周海燕（2011 年 12 月 23 日起任）　张立诚

委　员： 易志坚（2012 年 2 月 3 日止）　陶宪文　袁西高
蒲　勇　王伟成　谭代茂　林晓阳　晏万长
廖春龙　陈　维　曹乾斌　伍玉地　孙中德
李富荣　邓　健　孙成君

2012 年 2 月 20 日至 2013 年 6 月 30 日

主　任： 金　城

副主任： 易孔盛　颜仁福（2012 年 3 月止）　罗兴国（2012 年 3 月起）
周海燕　张立诚

委　员： 尹贤鹏（县委常委、县委办主任）　陶宪文
袁西高　蒲　勇　王伟成　张炳耀　林晓阳
晏万长　廖春龙　陈　维　曹乾斌　伍玉地
孙中德　李富荣　马志成　孙成君

2013 年 7 月 1 日至 2015 年 10 月 30 日

主　任： 曾洪扬（2015 年 8 月 11 日止）　杨晓涛（2015 年 8 月 11 日起）

副主任： 易孔盛　付　敏　罗兴国　周海燕
张立诚（2014 年 12 月止）　李晓旭（2015 年 1 月起）

委　员： 李　刚（2015 年 7 月起）　陶宪文　陈　黎
袁西高　蒲　勇　王伟成　张炳耀　林晓阳
晏万长　廖春龙　陈　维　曹乾斌　伍玉地
孙中德　李富荣　马志成　孙成君　周丽君
陈元霓

《金堂县志（1991—2005）》编辑部总编室

总　编　辑： 孙成君　周丽君（2015 年 8 月起）

副总编辑： 陈元霓　罗桂蓉（2013 年 7 月 26 日止）

执行总编辑： 刘　林

篇章编辑、编务人员

编　　辑：孙成君　陈元霓　刘　林　罗桂蓉　张晓波　梁代模　萧　波　刘宏英　张声清　孙成贵　李正熟

编务人员：尹晓兰　周　静　沈传民　王　伟　邓纯柱

《金堂县志（1991—2005）》复审领导小组成员

金　城　高志刚　王家球　易孔盛　熊元秀　尹贤鹏　颜仁福
周海燕　张立诚　王世录　薛友文　吴象明　陶宪文　唐子雪
袁西高　蒲　勇　刁鸿雁　阳光熙　马志成　林晓阳　晏万长
廖春龙　张炳耀　曹乾斌　钟方健　孙中德　李富荣　孙成君
唐德学　夏逢文　彭开礼　刘　林　刘启途

成都市地方志审查验收委员会
《金堂县志（1991—2005）》终审评审组成员

主任委员：苏碧群

副主任委员：王　真

委　　员：邹翰铭　鲜开值　曾祥麟

序

翠绿奔腾的北河、中河、毗河围绕着金堂县城赵镇汇合成千里沱江的源流，经过巍巍秀丽的云顶、炮台山峡谷向东流去。这里是成都的东大门，是荣获当今中国人居环境范例奖的一座新兴现代化城市——天府水城。

金堂古为蜀国近畿，今属成都市辖郊县。历史悠久，自东晋安帝义熙九年（公元413年）朱龄石于东山立金渊戍扼成都东部门户为建县之始，迄今已有1600年。县有金渊戍遗址、南宋瑞光塔和宋蒙战争遗址云顶石城；有初唐文坛四杰之一的王勃，前蜀太妃花蕊夫人，后唐杜光庭，宋代陆游、黄庭坚，明代杨升庵，“现代黑格尔”哲学翻译家贺麟、诗人流沙河等留下的珍贵文墨瑰宝。

1978年12月，中共十一届三中全会召开，党的工作重心转向经济建设。在1992年春邓小平南巡谈话发表和中共十四大召开后，改革开放向纵深发展的春风吹拂神州大地，在全国建立社会主义市场经济体制的大好形势下，金堂迅速崛起，经济建设超前，政治改革稳妥，精神文明建设不断加强，全县各项社会事业蓬勃发展。1991—2005年，这15年的艰辛创业，85万金堂人民用自己的辛勤劳动和聪明才智开创了金堂建设的辉煌历史。

盛世修志，是中华民族的传统。人民创造历史，历史载于志书。2004年7月后，省、市政府下达了金堂县编修《金堂县志（1991—2005）》的任务。2015年完成《金堂县志（1991—2005）》出版。这是全县人民政治、经济、文化、社会生活中的一件大事，是全县物质文明、政治文明、精神文明建设客观、全面的记载，是县内一部划时代巨著。

《金堂县志（1991—2005）》为我们记录了全县人民在这段时期的奋斗历程，建立省级经济开发区，综合实力不断增强。1991年全县社会总产值达17.05亿元，2005年全县实现地区生产总值57.35亿元；县城由1991年原1.5平方公里发展到2005年规划管理面积的18平方公里，其发展又好又快。1996年4月10日，四川省体改委批准金堂县为“四川省综合改革试点县”，其成功经验在全省推广。1996年，金堂县被评为省级卫生县城。1998 年达省级园林城市。2004 年 12 月，金堂县城市防洪综合整治工程被建设部授予“中国人居环境范例奖”。2005 年 11 月，县城赵镇被省委、省政府命名为“四川省文明县城”。这些成就的取得是在中央、省、市的领导下，中共金堂县委、县政府和全县人民不懈努力奋斗的结果。

全书体例完备，结构严谨，详略得当，图文并茂、科学合理；文风端正朴实，体现了浓郁的地方特色和强烈的时代气息。在编纂《金堂县志（1991—2005）》过程中，编修人员力求做到实事求是，去伪存真，反映金堂地方和时代特色。县志成稿以后，虚心征求有关领导、部门、相关人士和专家学者的意见，字斟句酌，反复修改，终于精炼成书。阅读这部志书能强烈地感受到时代前进的步伐。在此，谨向全体修志人员，通力协作，精心指导、帮助的上级部门，亲切关怀的老同志，热情指教的专家、内行，以及所有关心、支持、帮助我们修志工作的广大干部和群众致以诚挚的谢意！

《金堂县志（1991—2005）》的正式出版，为我们了解、研究县情和科学决策提供历史资料依据，为开展热爱祖国、热爱家乡教育提供难得的乡土教材。这是一部珍贵的历史文献，希望大家能够从中汲取智慧和力量，更好地为经济和社会发展服务。这是历史赋予我们的责任，也是编修县志的初衷。

中共金堂县委书记　金　城

金堂县人民政府县长　曾洪扬

凡 例

一、本志根据国务院《地方志工作条例》《〈四川省地方志工作条例〉实施办法》编纂。以马克思辩证唯物主义、历史唯物主义、邓小平理论、“三个代表”重要思想、科学发展观、习近平系列重要讲话为指导，坚持中国特色社会主义理论体系，紧密联系实际，客观、公正、真实、全面地记述限期内金堂县自然、政治、经济、文化、社会事业、人民生活和改革开放的历史与现状，充分反映全县人民在中国共产党领导下开创的宏伟业绩和建设成就，实事求是的体现时代特征、地方特色，做到思想性、科学性和资料性的统一。

二、记述范围为金堂县行政区域，记述时限：1991 年 1 月 1 日至 2005 年 12 月 31 日。本志记事范围，从 1991 年 1 月至 2005 年 12 月的金堂县行政范围为准。为便于记事和统计，志书中使用了“全市”“全县”“县内”几个不同的概念。“全市”指成都市；“全县”“县内”均指金堂县。为保持有的重大事项资料的完整性则作了适当上溯和下延。

三、本志由卷首、正文、卷尾三部分组成。卷首有图照、序、凡例、目录、总述、大事记、专题记述。正文由各专志和《人物》组成。卷尾包括附录、索引、编后记。志书按总述、大事记、事业志、人物、附录五大类为序排列。各内容分别采用不同体例编排。即：总述采用板块结构记述；大事记采用编年体记述；事业志因其内容繁杂，属种关系严谨，需要有明显层级表象，故采用“篇章节目体”编纂。人物和附录采用分类条目体建构。

四、事业志以现时社会国民经济行业和科学分类为依据，按照事以类从、横排门类的原则设篇，篇按政区、地理、经济、政治、文化、社会排序，篇以下设章、节、目（目以汉字一、二、三……排序）等层次立标题记述，以展现该事物的整体面貌及其各个组成系统间的多级控制结构。

五、为突出地方特点和时代特色，更加完整地凸显某一事物的全貌，本志根据需要在篇或在重要章前设有无题叙述，对主要内容进行综合性简要介绍，以提示了解该篇内容。“述”即“总述”和“综述”，“总述”列于卷首，主要概述1991—2005年，金堂县自然、政治、经济、文化和社会事业发展方面的状况。综述列于篇首，对该篇主要内容进行综合性的简要介绍。

六、“记”即“大事记”“专题记述”。“大事记”以编年体分年收录15年间金堂县发生的重大事件、重要会议、重大活动、重要工作等。“专题记述”，以纪事本末体形式，主要辑录境内反映重大历史进程和发展阶段基本特征的大事及有地方特色的事物。

七、“传”即“人物传”。入传人物坚持“生不立传’的原则，入志时按卒年先后排序。入志传记人员标准是：在1991—2005年，金堂县境内工作已去世的老红军、英雄、公安模范、先进人物、正县级县长、县人大主任、县委书记、中国人民志愿军一级战斗英雄、烈士。为了记载上届志书遗漏的县志资料，我们特收录了1991年前牺牲的革命烈士；同时，也收录了个别在解放初期的反面人物，对其进行了补遗记载。

八、本志行文采用规范的语体文、记述体。文字、纪年、称谓、标点、数字、计量单位等的表述均执行国家标准。行文中涉及表述主体时，均以第三人称表述（引文除外）。对行文涉及的组织机构、会议、文件、职务、地名等采用全称。使用简称，按规范要求在篇内第一次使用全称时予以说明。断限期内的纪年用公元纪年，民国及民国以前的朝代纪年按当时的习惯书写，括注公元纪年。

九、本志计量单位土地面积按15亩折合1公顷记载，如“亩产”“亩收”中的“亩”等，考虑到农民读者和农村基层干部的使用习惯，小的土地面积仍以“亩”为计量单位记载。文中不再夹注公顷换算值。

十、本志所用文字资料、图照，主要由党、政机关，人大常委会，人民政协，市（县）级各部门、各单位，镇乡人民政府，区域内企事业单位，社会团体等相关机构提供并核实。入县志数据均采用统计部门公布的法定数据，未纳入统计局数据则采自党政军和企事业单位机关文档经有关公务机关核实。部分资料采自学术机构、学者、研究人员公开的学术成果，口碑资料并经调查核实。

十一、县志记载的各机构领导名录，记到断限时间内担任实职的县委、县政府、县人大常委会、县政协领导干部。市（县）级部门、主要企事业单位领导干部和民营企业创始人，在记载相关内容时随文随事以录。

十二、本县志严格按照《中华人民共和国保密法》规定，对涉及党和国家秘密或不宜公开的事物，按规定只作侧面反映。

目　　录

总　述 …… 1

大事记 …… 12

1991 年 …… 12
1992 年 …… 12
1993 年 …… 13
1994 年 …… 13
1995 年 …… 14
1996 年 …… 15
1997 年 …… 16
1998 年 …… 17
1999 年 …… 18
2000 年 …… 19
2001 年 …… 21
2002 年 …… 22
2003 年 …… 24
2004 年 …… 26
2005 年 …… 27

专题记述 …… 29

沱江金堂峡拓宽工程建设 …… 29
重大抗洪抢险工作 …… 30
城乡一体化建设 …… 32

第一篇　政　区……………………………………………………………………34
第一章　建置沿革……………………………………………………………………34
第一节　建县前……………………………………………………………………34
第二节　建县后……………………………………………………………………35
第三节　县城变迁……………………………………………………………………37
第二章　地理位置……………………………………………………………………38
第一节　位置　面积……………………………………………………………………38
第二节　区　位……………………………………………………………………38
第三章　行政区划调整……………………………………………………………………40
第一节　乡镇区划调整……………………………………………………………………40
第二节　并村建社区……………………………………………………………………41
第四章　镇　乡……………………………………………………………………41
第一节　赵　镇……………………………………………………………………42
第二节　淮口镇……………………………………………………………………43
第三节　清江镇……………………………………………………………………45
第四节　三星镇……………………………………………………………………46
第五节　官仓镇……………………………………………………………………46
第六节　栖贤乡……………………………………………………………………48
第七节　白果镇……………………………………………………………………49
第八节　五凤镇……………………………………………………………………50
第九节　福兴镇……………………………………………………………………51
第十节　赵家镇……………………………………………………………………53
第十一节　金龙镇……………………………………………………………………54
第十二节　高板镇……………………………………………………………………55
第十三节　平桥乡……………………………………………………………………56
第十四节　三溪镇……………………………………………………………………57
第十五节　竹篙镇……………………………………………………………………58
第十六节　隆盛镇……………………………………………………………………59
第十七节　转龙镇……………………………………………………………………60
第十八节　广兴镇……………………………………………………………………61
第十九节　土桥镇……………………………………………………………………62
第二十节　又新镇……………………………………………………………………63
第二十一节　云合镇……………………………………………………………………64

第二篇 自然环境 …… 66
第一章 地质 地貌 土壤 …… 66
第一节 地 质 …… 66
第二节 地 貌 …… 68
第三节 土 壤 …… 69
第二章 资 源 …… 72
第一节 土地资源 …… 72
第二节 水资源 …… 73
第三节 动植物资源 …… 74
第四节 矿产资源 …… 76
第三章 山脉 河流 …… 77
第一节 山 脉 …… 77
第二节 河 流 …… 77
第四章 气 候 …… 80
第一节 气候特征 …… 80
第二节 气候要素 …… 81
第三节 气候资源和农业气候区划 …… 84
第四节 农业气象 …… 85
第五节 自然灾害 …… 87

第三篇 国 土 …… 91
第一章 国土资源管理 …… 91
第一节 机构与队伍 …… 91
第二节 管理体制 …… 92
第二章 土地利用与开发 …… 94
第一节 土地利用 …… 94
第二节 土地后备资源开发 …… 95
第三章 土地使用制度 …… 95
第一节 制度改革 …… 95
第二节 土地出让 …… 96
第三节 基准地价 …… 97
第四章 土地管理 …… 99
第一节 建设用地管理 …… 99
第二节 基本农田保护 …… 101

第三节　土地开发整理与复垦 …… 101
第四节　地籍管理 …… 103
第五节　土地登记 …… 103
第六节　闲置土地清理回收 …… 104
第五章　执法监督检查 …… 104
第一节　土地执法与监督 …… 104
第二节　治理整顿土地市场 …… 105

第四篇　人　口 …… 107
第一章　人口规模 …… 107
第一节　人口数量 …… 107
第二节　人口分布 …… 108
第三节　迁移与流动 …… 110
第二章　人口构成 …… 111
第一节　性别、年龄、文化 …… 111
第二节　职业、民族、姓氏 …… 112
第三章　人口普查 …… 113
第一节　第四次人口普查 …… 113
第二节　第五次人口普查 …… 114
第三节　平均预期寿命 …… 115
第四章　人口控制 …… 116
第一节　管理机构 …… 116
第二节　计划生育管理 …… 117
第三节　执行计划生育政策 …… 118
第四节　计划生育技术服务 …… 119

第五篇　水　利 …… 120
第一章　农田水利建设 …… 120
第一节　水库建设 …… 120
第二节　电力提灌站建设 …… 126
第三节　旱山村微水工程建设 …… 127
第二章　江河治理 …… 127
第一节　江河段工程修建 …… 127
第二节　防洪救生台建设 …… 128

第三章 水利管理 …… 129
第一节 水利管理机构及体制 …… 129
第二节 水利执法监察 …… 130
第三节 农业水费征收 …… 131
第四节 河道及砂石资源管理 …… 132

第六篇 体制改革 …… 133
第一章 政治体制改革 …… 133
第一节 党政机构改革 …… 133
第二节 实施公务员管理制度 …… 135
第三节 事业单位改革 …… 136
第二章 经济体制改革 …… 136
第一节 农村经济体制改革 …… 136
第二节 工业企业改革 …… 138
第三节 商业企业改革 …… 141
第四节 粮食购销改革 …… 142
第五节 财政税收改革 …… 143
第六节 劳动用工改革 …… 144
第三章 社会事业改革 …… 145
第一节 教育改革 …… 145
第二节 文化改革 …… 146
第三节 医疗卫生改革 …… 147
第四节 社会保障改革 …… 148

第七篇 经济总况 …… 150
第一章 国民经济概况 …… 150
第一节 国内生产总值 …… 150
第二节 社会固定资产投资 …… 151
第三节 社会消费品零售总额 …… 151
第二章 经济结构 …… 151
第一节 产业结构调整 …… 151
第二节 所有制结构调整 …… 152
第三节 第三产业发展 …… 153
第三章 市场体系 …… 153

第一节　市场培育建设 …… 153
第二节　生产资料市场 …… 154
第三节　土地市场 …… 154
第四节　技术市场 …… 156
第五节　人才市场 …… 156
第六节　金融市场 …… 157
第四章　商品市场与流通 …… 158
第一节　城乡商品市场 …… 158
第二节　商品流通 …… 159
第五章　对外开放 …… 161
第一节　机　构 …… 161
第二节　招商引资 …… 162
第三节　投资服务 …… 163
第四节　产业发展与横向合作 …… 164
第五节　“三资”企业 …… 164

第八篇　经济综合管理 …… 166
第一章　计划管理 …… 166
第一节　管理机构 …… 166
第二节　计划管理体制改革 …… 167
第三节　规划编制与执行情况 …… 168
第二章　工商行政管理 …… 170
第一节　管理机构 …… 170
第二节　市场管理 …… 171
第三节　个体私营经济管理 …… 172
第四节　经济合同与商标广告管理 …… 172
第三章　质量技术监督管理 …… 173
第一节　管理机构 …… 173
第二节　全面质量管理 …… 174
第三节　特种设备安全监察 …… 174
第四节　行政执法 …… 175
第四章　物价管理 …… 176
第一节　管理机构 …… 176
第二节　价格体制改革 …… 176

第三节 物价宣传 …… 177
第四节 价格管理 …… 178
第五节 行政事业性收费管理 …… 180
第六节 物价监督检查与服务 …… 180
第五章 审计管理 …… 181
第一节 管理机构与概况 …… 181
第二节 各项审计 …… 182
第三节 审计师事务所 …… 184

第九篇 经济开发区建设 …… 185
第一章 金堂工业集中发展区西区 …… 185
第一节 经济开发区管理机构 …… 185
第二节 园区基础设施建设 …… 188
第三节 经济开发 …… 194
第四节 金堂工业集中发展区A区 …… 199
第二章 金堂工业集中发展区东区 …… 203
第一节 淮口工业集中发展区 …… 203
第二节 主要企业简介 …… 204
第三节 成都纺织印染工业集中发展区 …… 205

第十篇 农 业 …… 207
第一章 农业管理机构 …… 207
第一节 农工办 …… 207
第二节 农业局 …… 208
第三节 畜牧食品局 …… 208
第四节 农机局 …… 209
第五节 气象局 …… 209
第六节 林业局 …… 209
第二章 农田基本建设 …… 210
第一节 改田改土 …… 210
第二节 治理水土流失 …… 211
第三节 沼 气 …… 211
第三章 种植业 …… 212
第一节 主要作物与耕作 …… 212

第二节　粮食生产 …… 213
第三节　良种良法与植保植检 …… 214
第四节　油料生产 …… 215
第五节　棉花生产 …… 215
第六节　蔬菜生产 …… 216
第七节　经济作物 …… 217
第八节　食用菌生产 …… 218
第四章　水　果 …… 221
第一节　柑橘生产 …… 222
第二节　其他水果生产 …… 223
第三节　技术队伍 …… 224
第四节　栽培技术 …… 224
第五节　产品与营销 …… 226
第六节　名优特产 …… 227
第五章　林　业 …… 229
第一节　林业资源 …… 229
第二节　林业保护 …… 231
第三节　林业开发 …… 232
第六章　养殖业 …… 233
第一节　生猪养殖 …… 233
第二节　牛、羊养殖 …… 234
第三节　小家禽养殖 …… 237
第四节　动物疫病预防及控制 …… 238
第五节　畜牧行政执法 …… 242
第七章　渔　业 …… 243
第一节　鱼类资源 …… 243
第二节　人工养殖 …… 244
第三节　渔政管理 …… 245
第八章　农业机械 …… 245
第一节　主要农机与管理 …… 245
第二节　农机推广与培训 …… 246
第三节　农机灌溉 …… 248
第四节　农机企业 …… 249
第九章　农村主要工作与政策 …… 250

第一节 农村主要工作 …… 250
第二节 贫困村建设 …… 252

第十一篇 工业 建筑业 …… 253
第一章 工业企业 …… 253
第一节 工业门类 …… 254
第二节 二轻企业 …… 256
第三节 乡镇企业 …… 258
第四节 调整乡镇企业结构 …… 261
第五节 蚕桑、丝绸 …… 263
第六节 民营企业 …… 265
第二章 工业管理 …… 267
第一节 行政管理机构 …… 267
第二节 行政管理体制 …… 267
第三节 生产管理 …… 268
第四节 经济管理 …… 270
第三章 主要厂矿企业简介 …… 271
第一节 机械制造 …… 271
第二节 能 源 …… 274
第三节 食 品 …… 276
第四节 纺 织 …… 277
第五节 其 他 …… 277
第四章 建筑业 …… 281
第一节 重要建筑工程 …… 281
第二节 建筑科研与建筑技术 …… 283
第三节 装饰装修 …… 284
第四节 建筑勘察设计单位 …… 285
第五节 建筑施工单位 …… 285
第六节 建筑监理单位 …… 289
第七节 建筑市场管理 …… 292

第十二篇 城乡建设 …… 293
第一章 管理机构 …… 293
第一节 金堂县建设局 …… 293

第二节　金堂县规划管理局 …… 295
第三节　金堂县城市管理局 …… 295
第四节　金堂县市容环境卫生管理局 …… 295
第五节　金堂县园林管理局 …… 296
第二章　城乡规划 …… 296
第一节　规划设计 …… 296
第二节　县城规划 …… 297
第三节　乡镇规划 …… 297
第三章　镇乡建设 …… 298
第一节　旧城改造 …… 298
第二节　金堂广场 …… 299
第三节　城市经营 …… 300
第四节　小城镇建设 …… 303
第四章　城市维护及建设资金 …… 304
第一节　城市维护费资金收取 …… 304
第二节　城建资金收支与管理 …… 305

第十三篇　公用事业 …… 307
第一章　县城基础设施建设 …… 307
第一节　街　市 …… 307
第二节　市政设施维护 …… 311
第三节　排水与县城防洪 …… 313
第四节　县城河道整治 …… 315
第五节　环境卫生 …… 317
第六节　县城园林建设 …… 318
第二章　城乡供水 …… 320
第一节　县城供水 …… 320
第二节　场镇供水 …… 321
第三节　农村饮水 …… 323
第三章　供　电 …… 323
第一节　电网建设 …… 323
第二节　供　电 …… 324
第四章　天然气　石油　煤炭供应 …… 325
第一节　天然气 …… 325

第二节 石 油 …… 326
第三节 煤 炭 …… 327
第五章 公共交通 …… 328
第一节 县城公路运输 …… 328
第二节 村村通公路 …… 331
第六章 公共管理 …… 334
第一节 街道卫生 …… 334
第二节 园 林 …… 335
第三节 城 市 …… 336
第四节 用 电 …… 338
第七章 环境保护 …… 338
第一节 环境质量 …… 338
第二节 环境监测 …… 341
第三节 环境管理 …… 343
第四节 环境污染防治 …… 344

第十四篇 交通 邮电 …… 345
第一章 交通道路建设 …… 345
第一节 公 路 …… 345
第二节 桥 梁 …… 348
第三节 铁 路 …… 352
第二章 运 输 …… 353
第一节 陆 路 …… 353
第二节 水 路 …… 354
第三章 交通经营 …… 356
第一节 收费站转让 …… 356
第二节 客运线路经营权转让 …… 356
第三节 运输价格 …… 357
第四章 交通管理 …… 357
第一节 机 构 …… 357
第二节 公路保养与费用征收 …… 358
第三节 交通市场 …… 359
第四节 渡口安全 …… 360
第五章 电 信 …… 360

第一节　电信企业 …… 360
第二节　电信业务 …… 361
第三节　信息基础设施建设 …… 363
第四节　公共信息传递服务 …… 365
第六章　邮　政 …… 365
第一节　金堂县邮政局 …… 365
第二节　邮政业务 …… 366

第十五篇　商业　贸易 …… 368
第一章　商业结构 …… 368
第一节　国有商业 …… 369
第二节　集体商业 …… 371
第三节　个体及私营商业 …… 372
第四节　集市贸易 …… 372
第二章　商业体制 …… 373
第一节　商业管理体制改革 …… 373
第二节　商业经营体制 …… 374
第三章　商业网点 …… 376
第一节　市场建设 …… 376
第二节　连锁商场 …… 376
第四章　商品购销 …… 377
第一节　物资企业经营与改革 …… 377
第二节　农业生产资料 …… 379
第三节　工业生产资料 …… 380
第四节　生活日用品销售 …… 381
第五节　医药经营 …… 382
第六节　食盐供应 …… 386
第七节　烟草专卖 …… 387
第五章　粮油购销 …… 388
第一节　机　构 …… 388
第二节　粮食企业改革 …… 390
第三节　粮油贸易市场与管理 …… 393
第四节　粮食油料收购 …… 395
第五节　粮油供应 …… 397

第六节 粮油储运 …… 400
第七节 粮油工业 …… 401
第六章 供 销 …… 402
第一节 机 构 …… 402
第二节 基层单位 …… 403
第三节 购销业务 …… 409
第四节 供销改革 …… 410
第五节 集体商业 …… 412

第十六篇 金融 保险 …… 415
第一章 金融机构 …… 415
第一节 中国人民银行金堂县支行 …… 415
第二节 中国工商银行金堂支行 …… 416
第三节 中国农业银行股份有限公司金堂支行 …… 416
第四节 中国银行股份有限公司金堂支行 …… 416
第五节 中国建设银行股份有限公司金堂支行 …… 417
第六节 中国农业发展银行金堂县支行 …… 418
第七节 中国人民财产保险股份有限公司金堂县支公司 …… 418
第八节 中国人寿保险股份有限公司金堂县支公司 …… 418
第二章 银行业务 …… 419
第一节 负债业务 …… 419
第二节 资产业务 …… 420
第三节 中间业务 …… 421
第四节 外汇业务 …… 421
第三章 金融管理 …… 424
第一节 金融业务管理 …… 424
第二节 现金管理 …… 427
第三节 外汇管理 …… 427
第四章 非银行金融机构 …… 429
第一节 金堂县农村信用合作社联合社 …… 429
第二节 金堂县城市信用社 …… 431
第三节 金堂县邮政储蓄 …… 431
第四节 证券公司 …… 432
第五章 保险业务 …… 433

第一节 机构与险种介绍 …… 433
第二节 人身保险 …… 434
第三节 财产保险 …… 434
第四节 承保与理赔 …… 434

第十七篇 房地产业 …… 436
第一章 机构设置 …… 436
第一节 沿 革 …… 436
第二节 房地产管理所 …… 437
第二章 住房制度改革 …… 437
第一节 住房改革 …… 437
第二节 公 房 …… 438
第三节 住房公积金管理 …… 440
第四节 私 房 …… 441
第三章 房地产管理 …… 442
第一节 商品房交易与租赁 …… 442
第二节 拆迁安置与规划建设 …… 443
第四章 商品房开发 …… 444
第一节 开发规模 …… 444
第二节 房产市场 …… 446
第五章 城镇乡村房屋建设 …… 447
第一节 农村住房建设 …… 447
第二节 城镇住房建设 …… 447
第三节 建设管理 …… 448
第六章 房屋测绘管理 …… 449
第一节 房屋测绘 …… 449
第二节 房屋管理 …… 450

第十八篇 服务与旅游业 …… 452
第一章 住宿餐饮业 …… 452
第一节 住 宿 …… 452
第二节 餐 饮 …… 453
第二章 居民服务业 …… 456
第一节 居民生活服务 …… 456

第二节 中介机构 …… 457
第三节 各类修理与服务 …… 457
第三章 旅 游 …… 458
第一节 旅游资源 …… 458
第二节 主要胜迹与文物景点 …… 459
第三节 节会旅游 …… 466
第四节 乡村旅游 …… 469
第五节 旅游服务机构 …… 470

第十九篇 财政 税务 …… 471
第一章 财政状况 …… 471
第一节 财政机构 …… 471
第二节 县财政体制 …… 472
第三节 财政主要支出状况 …… 473
第二章 支持经济体制改革 …… 473
第一节 国有资产管理 …… 473
第二节 支持企业转制 …… 474
第三章 财务管理与监督 …… 475
第一节 会计事务管理 …… 475
第二节 财政监督 …… 476
第四章 乡镇财政管理 …… 477
第一节 乡镇财政概况 …… 477
第二节 乡镇财政体制 …… 478
第五章 财政改革 …… 479
第一节 工资银行直发 …… 479
第二节 国库集中支付 …… 480
第三节 公费医疗与国有资产 …… 481
第四节 政府采购 …… 481
第六章 税 务 …… 482
第一节 机 构 …… 482
第二节 国税税种及征收 …… 483
第三节 国税管理与服务 …… 484
第四节 地方税种及征收 …… 485
第五节 地方税管理与服务 …… 487

第六节　税务师事务所 …… 488

第二十篇　中国共产党地方组织 …… 489
第一章　党代表大会 …… 489
第一节　历届党代表的产生 …… 489
第二节　县党代表大会 …… 490
第三节　历届出席省市党代会的代表 …… 491
第二章　中国共产党金堂县委员会 …… 491
第一节　县委全委会 …… 491
第二节　县委常委会 …… 494
第三节　县委常委会自身建设 …… 496
第四节　领导制度 …… 498
第五节　县委重要会议与重大决策 …… 500
第三章　纪律检查和行政监察 …… 505
第一节　机　构 …… 505
第二节　历届纪律检查委员会常委 …… 506
第三节　党风廉政建设 …… 506
第四节　纠风与专项治理 …… 507
第五节　违纪案件查处 …… 508
第六节　行政执法监察 …… 509
第四章　组织工作 …… 511
第一节　党员教育管理 …… 511
第二节　基层组织建设 …… 512
第三节　干部制度改革 …… 514
第四节　领导干部队伍建设 …… 515
第五节　人才工作 …… 517
第五章　宣传工作 …… 518
第一节　理论学习与研究 …… 518
第二节　中心组理论学习 …… 519
第三节　新闻宣传 …… 521
第四节　函授站工作 …… 522
第六章　精神文明建设 …… 523
第一节　思想道德教育 …… 523
第二节　创建文明单位与县城 …… 524

第三节 文化赶场 …… 525
第四节 组织管理 …… 525
第七章 统一战线 …… 526
第一节 坚持多党合作政治协商 …… 526
第二节 选拔党外干部 …… 527
第三节 民主党派与工商联工作 …… 527
第四节 统战与经济工作 …… 527
第八章 其他党务 …… 528
第一节 县委办公室 …… 528
第二节 政策研究 …… 529
第三节 目标管理督查 …… 530
第四节 信 访 …… 531
第五节 保密工作 …… 531
第六节 老干部管理 …… 533
第七节 机关工委 …… 535
第八节 党史研究 …… 535
第九节 党校教育 …… 536

第二十一篇 地方权力机关 …… 538
第一章 金堂县人民代表大会 …… 538
第一节 代表产生 …… 538
第二节 县人民代表大会 …… 539
第三节 乡镇人民代表大会 …… 541
第二章 人大常务委员会 …… 541
第一节 常委会组成人员 …… 541
第二节 常委会工作机构 …… 543
第三章 常委会主要工作 …… 544
第一节 重要决议决定 …… 544
第二节 法律和工作监督 …… 545
第三节 人事任免 …… 546
第四节 办理议案与来信来访 …… 547
第五节 指导乡镇人大工作 …… 547

第二十二篇 地方行政机关 …… 549
第一章 金堂县人民政府 …… 549

第一节 历届县政府 …… 549
第二节 历届正副县长名录 …… 550
第二章 县政府主要政事 …… 552
第一节 县政府会议 …… 552
第二节 重要事项议定 …… 553
第三节 实施农业发展决策 …… 556
第四节 实施工业发展决策 …… 557
第五节 实施第三产业发展决策 …… 557
第六节 实施科教兴县决策 …… 558
第七节 实施旅游兴县决策 …… 559
第八节 实施城镇基础设施建设 …… 560
第三章 县政府综合工作 …… 561
第一节 县政府办公室 …… 561
第二节 应急管理工作 …… 562
第三节 行政执法 …… 563
第四节 外事与侨务工作 …… 563
第五节 台湾事务 …… 564
第六节 地方志工作 …… 566
第七节 档案工作 …… 567
第八节 信息化建设与无线电管理 …… 570
第九节 规范化服务型政府建设 …… 573
第十节 宗教工作 …… 574

第二十三篇 地方政治协商机关 …… 575
第一章 政协金堂县委员会 …… 575
第一节 机　构 …… 575
第二节 委员构成 …… 576
第二章 政协会议 …… 577
第一节 全委会议 …… 577
第二节 专职例会 …… 579
第三章 主要职能 …… 580
第一节 政治协商 …… 580
第二节 民主监督 …… 581
第三节 参政议政 …… 582

第四节 县政协其他工作 …… 583

第二十四篇 民主党派 人民团体 …… 585
第一章 民主党派 …… 585
第一节 中国国民党革命委员会金堂支部 …… 585
第二节 中国民主同盟金堂县总支部 …… 587
第三节 中国民主建国会成都市金堂支部 …… 588
第四节 中国民主促进会金堂总支委员会 …… 589
第五节 中国农工民主党金堂支部 …… 590
第二章 人民团体 …… 591
第一节 金堂县总工会 …… 591
第二节 共青团金堂县委员会 …… 593
第三节 金堂县妇女联合会 …… 596
第四节 金堂县工商业联合会 …… 597
第五节 “三胞”亲属联谊会 …… 599
第六节 金堂县残疾人联合会 …… 599

第二十五篇 法 治 …… 601
第一章 政法委员会工作 …… 601
第一节 政法队伍 …… 601
第二节 维护稳定 …… 602
第三节 严打刑事犯罪 …… 602
第四节 综合治理 …… 603
第二章 公 安 …… 603
第一节 机 构 …… 603
第二节 侦查与保卫 …… 605
第三节 公安管理 …… 607
第四节 预审与看守 …… 610
第五节 公安信息与科技 …… 610
第三章 检 察 …… 611
第一节 机 构 …… 611
第二节 刑事检察 …… 612
第三节 职务犯罪侦查及预防 …… 613
第四节 监所与控告申诉 …… 614

第五节　民事行政检察 …… 615
第六节　检察技术与经济侦查 …… 615
第四章　法　院 …… 616
第一节　法院工作改革 …… 617
第二节　刑事与行政审判 …… 618
第三节　民商事审判 …… 619
第四节　信访告诉申诉 …… 620
第五节　执行工作 …… 621
第五章　司法行政 …… 622
第一节　机　构 …… 622
第二节　普法工作 …… 622
第三节　基层工作 …… 624
第四节　律师与公证工作 …… 625

第二十六篇　武装　人防 …… 627
第一章　金堂县人民武装部 …… 627
第一节　体制调整及建制 …… 627
第二节　民　兵 …… 628
第三节　预备役登记 …… 629
第四节　新兵征集 …… 629
第五节　国防教育 …… 630
第二章　驻县部队 …… 630
第一节　拥政爱民 …… 631
第二节　支持地方经济建设 …… 631
第三节　维护稳定与救灾抢险 …… 632
第三章　驻县武警部队 …… 632
第一节　建　制 …… 632
第二节　训练执勤 …… 632
第三节　警民关系 …… 633
第四章　人民防空 …… 634
第一节　机　构 …… 634
第二节　人防指挥通信及设施 …… 634
第三节　人防工程建设与管理 …… 634
第四节　人防宣传教育 …… 635

第五节 平战结合 …… 635

第二十七篇 民 政 …… 637
第一章 机 构 …… 637
第一节 民政局 …… 637
第二节 下属单位 …… 638
第二章 基层政权与自治组织 …… 638
第一节 基层政权建设 …… 638
第二节 村（社区）自治组织建设 …… 639
第三章 社会救济 …… 640
第一节 救 灾 …… 640
第二节 救 济 …… 643
第三节 扶贫工作 …… 644
第四章 优抚安置 …… 645
第一节 优 抚 …… 645
第二节 安 置 …… 647
第三节 “双拥”工作 …… 648
第五章 社会福利 …… 650
第一节 五保供养 …… 650
第二节 敬老院 …… 651
第三节 福利企业 …… 651
第四节 城乡居民最低生活保障 …… 652
第五节 社会福利有奖募捐 …… 653
第六章 民间组织管理 …… 654
第一节 社会团体登记 …… 654
第二节 民办非企业单位登记 …… 655
第七章 社会事务 …… 655
第一节 婚姻登记与管理 …… 655
第二节 收养工作 …… 656
第三节 收容遣送与救助 …… 657
第四节 地名与勘界管理 …… 657
第五节 老龄工作 …… 659
第六节 殡葬改革管理 …… 660

第二十八篇　人　事 …… 663
第一章　人事机构编制 …… 663
第一节　机　构 …… 663
第二节　机构编制管理 …… 663
第三节　人员编制 …… 664
第二章　公务员制度 …… 664
第一节　公务员管理 …… 664
第二节　公务员录聘用及调配 …… 666
第三节　公务员培训 …… 668
第三章　人才管理与交流 …… 668
第一节　专业技术职务评聘管理 …… 668
第二节　机关工人级别评定 …… 669
第三节　人才交流服务 …… 669
第四章　工资福利 …… 671
第一节　工资调整 …… 671
第二节　福　利 …… 673
第三节　离退休干部管理 …… 674

第二十九篇　劳动和社会保障 …… 676
第一章　劳动工作 …… 676
第一节　机　构 …… 676
第二节　劳动调配与工资 …… 677
第二章　社会保障工作 …… 678
第一节　离退休与退职 …… 678
第二节　工伤保险 …… 678
第三节　生育保险 …… 679
第四节　征地人员保险 …… 679
第三章　劳动执法 …… 680
第一节　劳动安全 …… 680
第二节　宣传《劳动法》 …… 681
第三节　劳动争议仲裁 …… 681
第四节　劳动监察 …… 681
第四章　劳动服务 …… 682
第一节　就业安置 …… 682

第二节 劳务输出 …… 683

第三十篇 教 育 …… 684
第一章 机构与管理 …… 684
第一节 行政机构 …… 684
第二节 行政管理 …… 685
第二章 学 校 …… 686
第一节 学前教育 …… 686
第二节 普及九年制初中义务教育 …… 687
第三节 高中教育 …… 689
第四节 大中专教育 …… 690
第五节 成人教育 …… 690
第六节 特殊教育 …… 691
第七节 社会力量办学 …… 692
第八节 希望工程 …… 692
第三章 教育与教学 …… 693
第一节 思想政治教育 …… 693
第二节 学制与教学计划 …… 694
第三节 教学管理 …… 695
第四节 考 试 …… 697
第四章 教 师 …… 698
第一节 教师队伍 …… 698
第二节 教师培训 …… 698
第三节 职称与待遇 …… 699
第五章 经费与设备 …… 700
第一节 教育经费 …… 700
第二节 校舍建设 …… 700
第三节 教学及仪器设备 …… 700

第三十一篇 科学技术 …… 702
第一章 科技机构与队伍 …… 702
第一节 科技机构 …… 702
第二节 科技队伍 …… 703
第二章 科技管理与活动 …… 704

第一节 科技管理 …… 704
第二节 科技活动 …… 709
第三章 科学技术协会与知识产权 …… 713
第一节 科学技术协会 …… 713
第二节 知识产权 …… 715

第三十二篇 文化 传媒 …… 716
第一章 文化机构与事业 …… 716
第一节 文化管理部门 …… 716
第二节 电影事业 …… 718
第三节 图书事业 …… 719
第二章 群众文化 …… 720
第一节 文化活动 …… 720
第二节 业余文化团体 …… 721
第三节 群众文艺创作 …… 722
第三章 文化市场 …… 724
第一节 市 场 …… 724
第二节 文化市场管理 …… 725
第四章 文物保护与管理 …… 726
第一节 文物保护单位 …… 726
第二节 文物古迹 …… 728
第三节 馆藏文物 …… 729
第五章 宗 教 …… 730
第一节 宗教类别 …… 730
第二节 宗教庙宇及场所 …… 731
第六章 广播 电视 …… 733
第一节 机 构 …… 733
第二节 设施建设 …… 734
第三节 栏 目 …… 735
第四节 广播电视获奖 …… 736
第七章 报纸刊物 …… 737
第一节 管理机构及队伍 …… 737
第二节 金堂报信息期刊 …… 737
第三节 编辑印刷与发行 …… 738

第四节 新闻宣传 …… 738

第三十三篇 体 育 …… 739
第一章 体育管理及活动场所 …… 739
第一节 体育管理 …… 739
第二节 体育活动场所 …… 740
第二章 群众体育与竞技体育 …… 741
第一节 机关职工体育活动 …… 741
第二节 农村体育活动 …… 742
第三节 老年体育活动 …… 742
第四节 全民健身活动 …… 743
第五节 参加市以上运动会 …… 743
第三章 学校体育 …… 743
第一节 体育课程 …… 743
第二节 训练项目 …… 744
第三节 学校运动会 …… 745

第三十四篇 医疗卫生 …… 746
第一章 卫生机构 …… 746
第一节 县 属 …… 746
第二节 乡镇、村 …… 749
第三节 厂矿企业 …… 749
第四节 民 营 …… 750
第二章 医院管理改革 …… 751
第一节 人事制度 …… 751
第二节 财 务 …… 751
第三章 城乡医疗卫生 …… 752
第一节 城乡卫生保健 …… 752
第二节 急诊急救 …… 752
第三节 采血供血 …… 753
第四节 疾病预防控制 …… 754
第五节 中医治疗 …… 755
第六节 爱国卫生 …… 755
第七节 妇幼保健 …… 757

第八节　地方病防治工作 …… 758
第四章　医政与执法管理 …… 759
第一节　医　院 …… 759
第二节　个体开业医务人员 …… 760
第三节　医疗事故处理 …… 760
第四节　卫生执法 …… 761
第五节　环境卫生 …… 762
第五章　药政管理 …… 763
第一节　监督机构 …… 763
第二节　监督管理 …… 763

第三十五篇　驻县企事业 …… 765
第一章　事　业 …… 765
第一节　四川省金堂监狱 …… 765
第二节　四川金堂中央直属粮食储备库 …… 766
第二章　企　业 …… 766
第一节　四川锅炉厂 …… 766
第二节　攀钢集团成都钢铁有限责任公司金堂分公司 …… 768
第三节　四川锦绣华福宁制药股份有限公司 …… 769
第四节　四川格瑞现代农业发展股份有限公司纺织品分公司 …… 770

第三十六篇　居民生活 …… 771
第一章　生活水平 …… 771
第一节　城乡收入 …… 771
第二节　城乡居民消费 …… 773
第三节　家庭理财 …… 775
第二章　时尚消费 …… 778
第一节　饮食与保健 …… 778
第二节　服装与娱乐 …… 778
第三章　道德风貌 …… 780
第一节　见义勇为 …… 780
第二节　新事新风 …… 780
第四章　礼仪习俗 …… 782
第一节　婚　嫁 …… 782

第二节　丧　葬 …… 784
第三节　生　育 …… 786
第四节　祝　寿 …… 787
第五节　交往方式 …… 788
第五章　方　言 …… 790
第一节　金堂话 …… 790
第二节　老湖广话、广东话、福建话 …… 794
第三节　普通话对金堂方言的影响 …… 795
第四节　流行词汇 …… 797

人　物 …… 799
一、传 …… 799
吴安义 …… 799
黄立寿 …… 800
曾光明 …… 800
刘秀清 …… 800
何克军 …… 801
李治国 …… 801
蒋泽宣 …… 802
万正水 …… 803
周鼎文 …… 804
李朝春 …… 805
胡修道 …… 805
李子青 …… 807
二、革命烈士英名录 …… 807
三、先进、模范、荣誉人物 …… 808
四、专家、学者名录 …… 814
五、百岁老人名录 …… 817
六、补　遗 …… 818
（一）蒋正南 …… 818
（二）革命烈士英名录 …… 819

附　录 …… 836
一、地名简介 …… 836

（一）金堂县名的由来 …… 836
（二）三学山与三学寺得名由来 …… 836
（三）“韩滩”二字的来历 …… 837
（四）金堂县城为何叫赵镇 …… 837
（五）牛市坝和猪市坝 …… 837
二、金堂县志藏书简介 …… 838
（一）清·乾隆金堂县志 …… 838
（二）清·嘉庆金堂县志 …… 838
（三）清·同治续金堂县志 …… 839
（四）清·光绪金堂县乡土志 …… 839
（五）民国金堂县续志 …… 839
（六）新编金堂县志 …… 839
（七）杂　志 …… 839
三、家　谱 …… 840
四、文　存 …… 841
（一）预防控制“非典” …… 841
（二）金堂县1991—2005年各部门任实职人员名录…… 842
《金堂县志（1991—2005）》参与编修的单位 …… 889
《金堂县志（1991—2005）》撰稿人员名单 …… 891
《金堂县志（1991—2005）》图片提供单位及人员 …… 891

索　引 …… 892
正文索引 …… 892
表格索引 …… 903

编后记 …… 905

总 述

一、自然环境得天独厚

金堂是成都市辖郊县，位于成都市东北部，北纬30°29′10″~30°57′41″、东经104°20′37″~104°52′56″之间。县境东邻中江县，西连成都市青白江区、龙泉驿区，南靠乐至县、简阳市，北接广汉市、中江县。县城距成都市中区31公里、广汉市区20公里、中江县城45公里、成都市青白江区3.55公里、龙泉驿市区36公里。

县境东西平均宽36.9公里，南北长68公里，周边界线总长383.2公里。2005年全县总面积1155.61平方公里，耕地面积44092公顷。

县境地处四川盆地西部，跨盆中和盆西两大褶皱带，成都平原东沿，川中丘陵西缘。龙泉山脉中段由东北转向西南横卧县境中部，形成西北高逐渐向东南降低的地势。县域位于成都平原与川中丘陵接壤地带。地域由平坝、丘陵、低山组成，西北部属川西平原，冲积平坝与浅丘占县土地总面积的14.7%；东南部属川中丘陵区，丘陵占74%；中部低山占11.3%。县域地势最高峰在栖贤乡尖山村老牛坡，海拔1048.70米；最低处在云合镇江龙桥村金简桥，海拔385米。

金堂县在中国气候区划中，属四川盆地亚热带湿润气候区的“盆地北部区”。位于成都平原东部、川中丘陵西缘。属中国亚热带季风气候区中部。气候温和，四季分明，雨量充沛，湿度大，云雾多，乏日照，平均风速小，无霜期长，大陆性季风气候显著。具有春来较早、夏长、秋冬短的特点。1991—2005年常年日平均气温16.69℃，最低气温零下4.4℃，最高温度37.7℃，年平均风速1.1米/秒。年平均日照1196.3小时。年均降雨量759毫米、无霜期296天、降雪日1.5天，年平均相对湿度80%。

金堂县地质属四川省东部地台区。跨“成都断陷”“龙泉山褶皱带”和“川中台拱”三大构造单元。县境出露的地层主要是中生界河湖相沉积的侏罗系、白垩系红色地层与新生界第四系地层。县境位于新华夏系一级沉降带——四川盆地西部边缘。县内土壤属于“四川盆地湿润亚热带黄壤、紫色土地区”。县境矿产资源系沉积矿类型。金属矿种单一，分布广而储量小，非金属矿资源丰富。金属矿主要是孔雀石和蓝铜矿，产于侏罗系蓬莱镇组上段砂岩岩层中，主要矿点有广兴乡、金鸡山、晏家沟、帽顶山、空梁子、栖贤山、石板河等地。非金属矿主要是建筑用砂、砾石矿床，主产于第四系全新统上段，河床亚相的含砂砾石夹沙层及县境内主干河流中。矿石由河床相的砂和砾石组成，主要矿藏从官仓沿沱江东下至五凤溪一带，砂砾石年产量约50万—120万立方米。矿石多以石英、燧石、石英岩、花岗岩、石灰岩为主，属于迭瓦式构造类型。

县境盐井、栖贤、长乐一带隐藏着一定数量的天然气矿，属于地下4000米左右深层天然气类型。淮口镇储有七股大量优质矿泉水，流量0.02立方米/秒。

县内江河纵横，主要的江河有：北河、中河（清白江）、毗河、沱江、海螺河、爪龙溪、溪木河、清溪河、万家河、黄水河、杨溪河、资水河。北河、中河、毗河环抱县城赵镇汇合成千里沱江源流。全县流域面积达50平方公里以上的13条江河中多数为过境型河流，其多年平均径流总量为83.41亿立方米。县域水路长82公里。境内江河水能蕴藏量5.19万千瓦，可供开发量为2.88万千瓦。

二、历史悠久，人文荟萃

（一）政区

县地古为梁州境域，商、周及春秋战国时为蜀国地；秦惠文王更元九年（公元前316年），秦灭蜀后，入秦国蜀郡版图。汉高祖六年（公元前201年），割巴蜀二郡地，置广汉郡，郡治设在雒县乘乡。乘乡，即今四川省金堂县赵镇东。汉、晋时，为广汉郡新都县东地、雒县东南地及犍为郡牛鞞县北地。东晋安帝义熙九年（公元413年），于牛鞞县东山建置金渊戍，戍所驻今县治东南淮口镇州城村。南北朝时，县境仍然主要为新都、雒、牛鞞三县之属地。西魏废帝二年（553年），于金渊戍所建置金渊郡，又割新都县、雒县、牛鞞县的部分地区建置金渊、白牟二县，隶属金渊郡。郡治与金渊县治同城，白牟县治驻城厢镇。北周时（557—581年）废金渊郡，并白牟县入金渊县（白牟县城废为古镇），改属武康郡。隋初，金渊县属武康郡。开皇三年（583年）废武康郡，金渊县隶属益州。唐武德元年（618年），为避高祖李渊讳，改金渊县为金水县，隶属益州。武德三年（621年），改隶简州。唐高宗咸亨二年（671年）割新都、雒、金水三县的部分地区建置金堂县，以县内有金堂山而得名，县治驻赵镇新生村（今韩滩社区），隶属益州；武后垂拱二年（686年），改属汉州。唐末至五代时期，金水县与金堂县先后属前蜀（907—925年）、后唐（923—936年）、后蜀（934—965年）版图。金水县隶属简州，县治驻今淮口镇州城村；金堂县仍属汉州，县治驻址未变。宋乾德三年（965年）灭后蜀，乾德五年（967年）于金水县地立怀安军，隶属西川路，管辖金水、金堂二县。金水县从简州划来，县治与军治同城，驻今淮口镇州城村；金堂县从汉州划来，县治仍驻今赵镇韩滩社区。咸平四年（1001年），怀安军改隶梓州路。嘉祐二年（1057年），因金堂县城被洪水冲毁，县治迁往原白牟县治所城厢镇（今成都市青白江区）。元世祖至元十三年（1276年），怀安军改置怀州，隶属成都路，仍辖金水、金堂二县，州治与金水县治同城，仍驻今淮口镇州城村。同年，省金水县入怀州；元二十年（1283年），又省怀州入金堂县。金堂县治驻城厢镇。明洪武四年（1371年）大夏灭亡。明仍置金堂县，隶属成都府。洪武十年（1377年）五月，金堂县并入新都县；明洪武十三年（1380年）复置金堂县，县治仍驻城厢镇。清顺治元年（1644年），张献忠在四川建立大西政权，县为大西政权属地。康熙二十年（1681年），清军收复全川，金堂县仍属成都府，嘉庆七年（1802年），划全川为五道，金堂县隶属成绵龙茂道成都府，县治仍驻城厢镇。1912年1月1日，中华民国成立，仍置金堂县。民国2年（1913年）划全川为七道，金堂县隶属川西道。民国3年（1914年），改川西道为西川道，金堂县隶属西川道。民国时期，县治仍驻城厢镇。1949年10月1日中华人民共和国成立。1949年12月

27 日金堂县解放。1950 年划全川为四个行政公署区，金堂县隶属川西行政公署绵阳专区。1950 年 1 月 4 日成立金堂县人民政府，同年 10 月 28 日，县治从城厢镇迁往赵镇。1952 年 9 月，恢复四川省建制，金堂县隶属绵阳专区。1953 年 7 月改隶属于温江专区，1968 年 9 月温江专区改为温江地区，金堂仍为属县。1977 年 9 月 24 日，金堂县划归成都市管辖。1980 年 12 月 17 日，成都市人民政府将金堂县城厢、太平二区的 1 镇、11 个人民公社划归成都市青白江区管辖。此后，县境至 2005 年无变化。

（二）人文

金堂人杰地灵。史载有汉代天文学家杨统、政治家李尤，梁武帝时号称“画家三祖”的张僧繇，北周罗汉佛像画家张玄、张景思，宋代教育家黄敏、文学家樊汝霖，明政治家许淳，清文史学家张晋生，学者、诗人高辰、何元普，戏曲表演艺术大师魏长生，都有不少著述和成果留传后世。近现代，辛亥革命大将军彭家珍，老红军、中国人民解放军将军唐健伯，中国人民志愿军一级战斗英雄胡修道，土壤学家彭家元，哲学家贺麟，数学家蒲保民，文学家流沙河，书画金石家杨允中，川剧表演艺术家萧克琴、司徒慧聪等均从各方面为继承和发展中国和世界文明，为保卫和建设祖国做出了重大贡献。

金堂富有爱国主义和革命斗争的光荣传统。明末，李自成、张献忠等几支义军转战县境，留下了一篇篇可歌可泣的反封建斗争史。清末，以廖观音、曾阿义、邓成洄、邹桂廷、唐顺之等领导规模宏大的红灯教义和团运动席卷金堂，他们高举“灭清剿洋”大旗，转战川西和金堂各地，清廷为之震动。在这次反帝反封建的农民革命斗争中，有不少妇女和青少年参加了起义队伍，他们斗争英勇，前仆后继，写下了慷慨悲歌的壮烈史篇。辛亥革命时期，同盟会员彭家珍、廖树勋、张思聪、曾道、萧子馨、陈在洋、颜如恩、傅晤谦、韩祖武等为推翻清朝，建立民国做出了贡献。宣统三年（1911）9 月 13 日推翻清朝县府，成立民国县政府，为四川省内最早的光复县之一。金堂人民在民主主义革命、新民主主义革命、社会主义革命和建设中，都表现出勇往直前、摧枯拉朽、不屈不挠的英雄气概，谱写了光辉的历史。

三、经济持续发展

（一）地区生产总值

金堂县经济在改革开放的形势下，特别是从 1992—2005 年迅猛发展。1991 年全县社会总产值达到 17. 05 亿元（均按 1990 年不变价计算为 16. 54 亿元），比 1990 年增长 8. 07%，其中：县属工农业总产值 11. 26 亿元（按 1990 年不变价计算为 10. 59 亿元），同比增长 10. 04%；国民生产总值达到 7. 14 亿元（按 1990 年不变价计算为 6. 91 亿元），同比增长 5. 2%；国民收入 6. 47 亿元（按 1990 年不变价计算为 6. 32 亿元），同比增长 4. 3%。

2005 年全县实现地区生产总值 57. 35 亿元，按可比价格计算比 2004 年增长 11. 5%，其中：第一产业增加值 20. 93 亿元，同比增长 6. 1%；第二产业增加值 15. 06 亿元，同比增长 23. 8%；第三产业增加值 21. 36 亿元，同比增长 8. 7%。第一、第二、第三产业的比重关系为 36. 5∶26. 3∶37. 2。全年完成财政收入 3. 25 亿元，其中地方财政收入 1. 78 亿元。城乡居民储蓄存款余额 28. 11 亿元。各项贷款余额 16. 09 亿元。金融机构现金收入 74. 25 亿元，现金支出 75. 68 亿元，现金净投放 1. 97 亿元。全年保险费收入 0. 91 亿元，其中：财产保险 654 万元，人寿保险 0. 84 亿元，各类保险赔偿与给付支出 639

万元。就业和再就业工作取得新进展。年末全县从业人员47.19万人，有4611名失业人员实现就业和再就业。城镇登记失业率为3.8%。金堂县级经济综合实力已跻进四川省20强，西部25强行列。

（二）农业

金堂是一个农业大县。农业生产以粮食为主，农林牧渔业全面发展。全县2005年有耕地面积44092公顷（661377亩），其中：田13543.8公顷（203157亩），土30548公顷（458220亩）。金堂县2005年农业人口651901人，人均耕地面积0.068公顷（1.014亩）。

金堂县内主要粮油作物有水稻、小麦、玉米、红薯、马铃薯、油菜、花生等，主要经济作物有柑橘、食用菌、西瓜、棉花、中药材、花卉等。1991年以前，由于受计划经济的影响，种植业仍然是以粮油生产为主，粮经比例一般在8∶2。1993年，县委提出了“稳粮增收，重在增收”的农村工作指导思想。由此，金堂县开展农业结构大调整。在保持粮食生产基本稳定的前提下，重点加快了食用菌、蔬菜、水果等经济作物的发展，积极发展中药材、花卉等产业。2005年，全县棉花种植面积仅剩1.07公顷。1990年县粮食作物种植面积9.82万公顷；2005年，全县粮食面积7.24万公顷。1991—2005年，经济作物大力发展，种植业经济收入大幅度增加，粮经作物种植面积比例为6∶4。

1998年起县大力发展优质粮、果、蔬菜、食用菌，突出无公害蔬菜、水果生产，积极创立品牌，扩大对外销售。2005年，全县优质粮食生产比例已达到75%。无公害优质蔬菜大量销往成都、重庆、绵阳等大中城市，优质柑橘、食用菌远销国内外。

全县发展现代农业，特色农业品牌有：红（脐橙）、白（食用菌）、黑（黑山羊）、绿（蔬菜）、花（奶牛）。

金堂已被确定为首批全国无公害水果生产示范基地县、全国食用菌行业十佳商品基地县、四川省无公害农产品生产基地、成都市生猪商品瘦肉型基地县、优质黑山羊生产基地。脐橙产量居四川省第一位，有“中国脐橙之乡”美称；年食用菌生产2.76亿袋，达2.43亿公斤，产量居全国前列，姬菇产量居全国第一位。盛产生姜、二荆条红辣椒、早蒜薹、云顶沙参等。

县有森林面积3.2万公顷，已获全国“造林绿化百佳县”。2001年4月11日，金堂县获全国绿化委员会授予“全国造林绿化百佳县”。

2005年，实现农林牧渔业总产值32.08亿元，其中：农业17.46亿元，林业1893万元，牧业12.41亿元，渔业4325万元。全县粮食播种面积72442公顷。全年，粮食总产2.90亿公斤（28.98万吨），油料产量3448.9万公斤，水果产量2.10亿公斤，蔬菜产量3.73亿公斤。全年完成造林面积2166公顷。全年肉类总产量8915.5万公斤，生猪出栏807207头，肉牛出栏36744头，肉羊出栏35.83万只，禽蛋产量1914.8万公斤，蚕茧产量194.9万公斤，年末大牲畜存栏3.6万头，生猪存栏58.73万头。水产品0.62万公斤。年末，全县农业机械总动力15万千瓦，大中型拖拉机641台，农用载重汽车308辆，农用运输车743辆。机耕地作业面积21100公顷，机电灌溉作业面积44827公顷，机械收割面积2767公顷。1991年农民人均总收入935元。2005全县农民人均纯收入3834元，比1991年增加4倍。

2005年，建有中型水库1座，小（一）型水库12座，小（二）型水库70座。

（三）工业

2005年，全县有工业企业326家，有规模以上工业企业53家，实现增加值59600万元，实现产品销售收入16.61亿元，工业产品销售率为99.97%。规模以上工业综合经济效益指数为117.27%。县支柱产业发展势头良好，规模以上工业中的食品、能源、机械、冶金等四大支柱产业实现总产值16.29亿元。县大规模以上工业总产值的比重为85%。

金堂工业以集中发展区建设为主，主要发展机械制造、食品、纺织服装（制鞋）和新型建材、电力能源产业。金堂是省、市规划的成都地区火电电源点，建有中美合资爱依斯·凯华燃机电厂和总投资50亿元人民币，装机容量2×60万千瓦的成都金堂电厂1座。金堂使用国家电网供电，电力充足。

1991年，全县乡镇企业总产值38189万元。2005年，县乡镇企业实现增加值24.79亿元，营业收入676950万元，利税总额12313万元，入库税金8687万元。

（四）交通

县境内交通十分发达，铁路、高速公路、省、县、乡（镇）、村公路四通八达。成都至达州、成都至重庆铁路横贯境内。成渝铁路金堂段全长11.7公里，途经五凤镇，设有红花塘、五凤溪两个火车站。成达铁路途经县8个乡镇全长50.4公里，在县城赵镇、淮口镇、隆盛镇建有火车站。成都至南充高速公路途经县城8个乡镇，全长36.42公里，在县白果镇石燕村、隆盛镇芦茅村黄桷垭各设有互通口。成都至金堂快速通道31公里，从金堂二十几分钟车程可达成都市中区。县城赵镇距成南高速公路清泉和成绵高速公路互通口仅十几分钟车程。2005年年末，全县公路总里程1605.72公里，其中：国道高速公路36.42公里；省道水泥路28.6公里；县道水泥路191.5公里，沥青路58.1公里；乡道水泥路103.5公里，沥青路169.3公里；村道水泥路565.9公里，沥青路452.4公里。公路货物运输量1944万公斤，公路客运量7018万人次。

四、城乡建设环境优美

县城按高标准、现代化领先水平规划设计，实施创省级园林城市、西部花园水城、全省一流县城、成都游乐中心发展战略。全县加快城乡建设，经30余家房地产建筑企业的开发兴建，县城乡人口居住条件普遍改善。1992年3月金堂县灭蝇工作经四川省爱国卫生委员会考核验收已达到先进县城标准。

1994年，金堂县城市总体规划由成都市规划设计研究院编制完成。1996年12月17日，经四川省城市卫生检查团考核验收，金堂县城被确认为省级卫生县城。1997年7月9日，金堂县达到省级全面绿化标准。2004年12月，金堂县城市防洪综合整治工程获建设部颁发的中国人居环境范例奖。

县城市建设成效显著，城市基础设施不断完善。1991年，县实有房屋建筑面积118.20万平方米，平均每人居住面积7.40平方米。2005年农民人均住房面积34.8平方米。同年房屋建筑面积160.31万平方米，城市人均住房面积33.19平方米。县城道路面积80.5万平方米。从1994年开始至2005年，县加快旧城改造和新城区开发建设，先后拆除了6个片区19153万平方米，修建各类住宅7500套。

县排污达到国家规定的标准，大气达国家二级标准。县城交通噪声由1990年的80分贝降至2005年的76.50分贝，2005年县城区域噪声达到62.60分贝。县城已纳入市容环卫管理工作的街道日清扫面各达110万平方米，县城市人口达10.41万人，县城市容环卫实行定人、定路段、定标准清扫管理制度，坚持对主街道实行一日两洒一冲洗，全天候保洁率达95%，日清垃圾达8万公斤。保持了街道清洁卫生。县严格实行城建监察管理市容市貌，门市、商店整洁美观。2005年11月4日，县城赵镇被省委、省政府命名为“四川省文明县城”。

2005年，县城区绿化面积达543.94公顷，绿化覆盖率达40.9%，园林绿地面积达到494.9公顷，公共绿地面积74.24公顷，建成区绿化覆盖率40.9%，绿地率达到37.21%，公共绿地74.24公顷，人均公共绿地达到8.7平方米，人均园林绿地达到58.81平方米。达省级园林城市标准。

五、经济体制改革誉为“川西模式”

1991—1992年，金堂体改工作主要紧紧围绕搞活企业，增强企业活力，进行从企业经营体制入手的第二轮承包和兼并工作。1993年完成九龙滩电厂股份有限公司改组，开始了全县企业产权制度改革。同年9月3日，县委、县人大、县政府、县政协四大班子联合召开了金堂县经济体制改革工作会议，提出深化工商企业改革以建立社会主义市场经济体制为目标，以产权制度改革为突破口，以股份合作制为主，采取多种形式，转换企业经营机制，把企业推向市场，使企业成为自主经营、自负盈亏、自我发展、自我约束的法人实体和市场竞争主体。县委成立了以县委副书记、副县长沈有春为组长的县企业转换经营机制领导小组，1994年作为县委七大工作组之一，更名为县体制改革工作组。同时，出台了县政府《金堂县深化企业改革方案》和《金堂县深化工商企业改革四个配套文件》，确定在6户企业进行试点。在此基础上，又展开了10户企业的转制工作，使企业逐步适应市场经济的需要，逐步成为依法自主经营，自我发展商品生产的经营体制。从1993年起，仅用三年的时间完成了全县343户各类型企业中333户改革，改制面达97%；国有企业改制面达100%，其中：资产转让企业改组为股份有限公司1户、有限责任公司和股份合作制22户、企业破产转让1户、企业兼并2户、公开拍卖5户、租赁和租售相结合8户、进行外资嫁接挂靠联合3户。1993—1997年，县体改工作每年各有特点。1993年主要是进行县九龙滩电厂股份有限公司的改革和以县水电设备厂的股份合作制改组，以及县供销社的“社有民营”的改革。1994年，企业改革实施以大股东控股经营的有限责任公司改组，按照《中华人民共和国公司法》对金堂县氮肥厂为主要代表的企业进行改组。1995年主要是开展对困难企业、亏损企业的改革，四川果汁厂破产被四川阳公实业公司购买，组建了四川阳公果汁厂。1996年全县企业改革以市场为导向，建立现代企业制度，以资产重组为主要形式，调整产业结构，组建企业集团，形成了九龙、阳公、金凤、金阳集团，培育支柱企业，提高经济效益，推动县级经济的发展。为使企业搞好资本经营，1997年6月县政府向成都市体改委呈报四川阳公实业公司的股票上市申请。金堂县企业产权制度改革具有超前性和实施运作的科学性，县属企业改革成效显著。

1996年4月10日，四川省体改委批准金堂县为“四川省综合改革试点县”。1996年6月10日，国家体改工作会在安徽召开，县委副书记、副县长沈有春在大会上作了专题发言；同年6月25—27日，四川省县属企业改革工作会在金堂绿岛召开，省、市领导谢世杰、宋宝瑞、蒲海清、张中伟、黄寅逵、孙同川、邹广严、王荣轩在大会上充分肯定了金堂体改成绩。金堂县企业产权制度改革被省委省政府誉为四川中小企业改革的“川西模式”，并向全省推广。

六、对外经济贸易增长

（一）出口产品

1991年后，金堂县柑橘出口采用边境贸易的形式，主要出口俄罗斯及部分独联体国家。1994年完成口岸交货131.78万公斤，其中：广柑44.50万公斤、红橘87.28万公斤。1995年发出机列40车，棚车11车，完成口岸交货153.90万公斤，其中：红橘107.70万公斤，甜橙46.20万公斤。1991—1997年，金堂县依托电子工业部第十研究所、成都工业研究所、成都理工学院、攀枝花钢铁厂、成都无缝钢管厂、四川锅炉厂、阳公集团及市级有关部门联合新办了一批企业，聘请成都市政府驻全国各大城市办事处主任为县的经济发展顾问。在海口、珠海、北海、乌鲁木齐等地建立了办事处和窗口企业35个，并同省内外的10个区、市、县建立了友好协作关系。1998年脐橙开始以多种形式出口到俄罗斯、泰国、越南等国家销售。

金堂县食用菌产品50%销往国外，50%内销。全县有大小食用菌加工企业20家，年加工各类干品、鲜菇、盐渍菇、清水菇、脱水产品软包装、罐装、纸盒包装产品1亿公斤，加工产值7亿元。注册有“天绿”“金亚”“天慈”“金菇”等商标。产品畅销全国各地，并出口销售到日本、韩国、新加坡、泰国、美国、法国、俄罗斯等国家和中国台湾、香港等地区。

医药中间体，2002年出口美国、印度等共3万美元。2003年出口美国、印度、日本、孟加拉等共42万美元，2004年出口美国、印度、日本、孟加拉等共105万美元。2005年医药中间体、锅炉及辅机、食用菌出口美国、印度、日本、孟加拉、西班牙等共141万美元。

1991—2004年，金堂县外经委与县内有关单位和企业先后到美国、德国、英国、法国、澳大利亚、加拿大、日本、泰国、韩国、新加坡、俄罗斯11个国家和中国香港、澳门、台湾地区学习、考察、洽谈经济技术合作业务，接待到金堂考察、洽谈经济技术合作项目的联合国、世界银行、美国、日本、韩国、俄罗斯、澳大利亚、加拿大、科威特、中国香港、澳门等18个国家和地区的官员、专家、学者、客商。兴办“三资”企业达30余家。至2005年全县形成了电子、机械、纺织、食品、医药、卫生、建材、热电、火力发电等多种行业格局。

截至2005年年底，金堂县取得“自营进出口经营权”的出口创汇企业共计12家。主要行业为冶金机械、医药以及食品。主要产品有：电站锅炉及辅机、小水电发电机组、医药中间体、蚕丝、橘油、食用菌等。产品主要销往美国、英国、加拿大、日本、韩国、巴基斯坦、伊朗、印度、欧美等国家和地区。随着企业规模的逐步扩大、经济实力的增强，越来越多的企业开始了直接出口。

（二）出口创汇

1991—1997年，金堂县外经委与县工商企业和国内的科研、教学、企业加强经济技术协作关系，引进项目139个，总投资10亿元。同时，县对外经济技术合作进一步加强，境外劳务输出成绩显著。1997年金堂县联系洽谈县境外工程承包总额达6亿元，境外劳务输出达600人。1998年，出口创汇377万美元。1999年，利用外资400万美元，实现出口创汇416万美元，全县劳务创收5.20亿元人民币，被成都市评为“1999年利用外资先进县”。2000年，全县实际利用外资466.50万美元，实现出口创汇512万美元，全县劳务创收4.95亿元人民币。2001年协议利用外资446.7万美元，实际到位外资82.30万美元。全县劳务输出11003人次，其中：境外503人次，劳务创收6.18亿元（境外2616万元，折合315.2万美元）。2002年，全县共计引进项目256个，其中总投资100万元以上的生产性项目38个，实际到位资金7.4亿元。出口创汇3万美元，利用外资58万美元。全年，全县常年在外务工人数达16.78万人，国外务工人员3300人，输出总量已占农村剩余劳动力的57%；劳务输出累计创收5.2亿元。全年新增输出6200人，其中：国外输出500人，新增劳务创收3852万元，新增境外劳务创收225万美元。2003年，全县协议引进资金25.78亿元；实际到位市外内资2.55亿元，到位县外内资3.90亿元，实际利用外资105万美元，实现出口创汇20万美元，新增劳务输出3600人，劳务创收

4.20 亿元，其中：境外劳务创收 1086 万美元。2004 年 12 月底，金堂县引进包括国电成都金堂电厂、蒙牛金蒙乳业有限公司、川威起重设备、成异钢管等项目 128 个，协议引进资金 66.2 亿元。全县规模企业达 50 余家。2005 年县共引进项目 169 个，协议引进资金 19.33 亿元。1991—2005 年，全县对外贸易利用外资 1486.89 万美元，出口创汇 1328 万美元，实现劳务创收 62.13 亿元人民币。

七、省级经济开发区建设成效显著

1992 年邓小平视察南方谈话发表和中共中央 2 号文件下发后，中共金堂县委在 1992 年 3 月 24 至 26 日召开的常委扩大会上，确定了以经济建设为中心，出好新政策、选好突破口、找好结合点、大搞五个开发（即抓好综合经济开发区建设、加快城镇建设和房地产开发、加快流通开发、加快旅游开发、继续抓好以“三三工程”为主的农业综合开发），大步推进改革的“三好两大”发展战略。县委、县政府为加速金堂县经济发展，决定把县城赵镇普利村、十里坝村作为对外开放的窗口。4 月 23 日成立十里坝综合经济开发区，5 月 3 日，成立金堂县十里坝综合经济开发区管理委员会，负责十里坝综合经济开发区的规划、土地开发、区内一切事务的协调与管理。5 月 18 日，成立金堂县经济开发区管理委员会和金堂县经济开发区办公室。金堂县经济开发区管理委员会与金堂县十里坝综合经济开发区管理委员会合署办公。1993 年 5 月 7 日，县委、县政府将开发区机构名称定为金堂县综合经济开发区管理委员会。5 月 13 日，县委、县政府决定在十里坝综合经济开发区的基础上成立了金堂县综合经济开发区和管理委员会。原金堂县十里坝综合经济开发区管理委员会机构及职权自行消失。同年 12 月 30 日，成都市人民政府批准金堂县建立综合经济开发区，享受“一条线”政策。1994 年 5 月 30 日，四川省人民政府正式批准在金堂建立四川中美（外）中小企业发展园区（简称：三中园区）。同年 9 月 26 日，建立四川中美（外）中小企业发展园区管理委员会。同年 10 月 10 日，县委、县政府制定了共 12 个方面 56 条优惠政策，加快四川中美（外）中小企业发展园区的建设。1997 年 10 月 15 日，四川省计划委员会批准三中园区为省级开发区，纳入省级开发区管理序列。2003 年，县将金堂工业新区设为 A 区和 B 区；A 区在赵镇县城，B 区在淮口镇。

2004 年 4 月 21 日，县委决定成立金堂县淮（口）白（果）九（龙）片区规划建设管理委员会，统筹领导淮白九片区的规划、建设和管理工作。同年 10 月 21 日，经市工业布局和开发区建设协调领导小组办公室研究，行文同意在金堂县淮口镇建立成都纺织印染工业集中发展区。同年 11 月 22 日，县委、县政府决定正式批复成立金堂县淮口工业集中发展区管理委员会，以作为金堂县委、县政府派出机构，具体负责成都纺织印染工业集中发展区的建设及管理工作。淮口镇工业区规划面积 3.3 平方公里，其中：沱江东岸 1 平方公里印染片区、沱江西岸 1.3 平方公里纺织片区和 1 平方公里电力能源、建筑建材片区及工业备用区。

1992—2005 年，三中园区共引进项目 262 个，其中工业生产性项目 52 个，到位资金达 29.72 亿元人民币。至 2005 年，县有“三资”企业 30 余家。

2005 年 12 月 31 日，按县委、县政府研究决定，撤销四川中美（外）中小企业发展园区党工委、管委会和金堂县淮口工业集中发展区管委会，组建金堂县工业集中发展区党工委、管委会，加挂成都现代工业园区管委会、成都纺织印染工业集中发展区管委会牌子。同年三中园区被成都市表彰为“优秀开发区”。同年 10 月 31 日，金堂县人民政府根据《金堂县县城总体规划（修编）》，将杨柳北组团、杨柳南组团及同合村工业小区 12.54 平方公里范围内的 8.7 平方公里确定为工业集中发展区用地范围。

主要发展机械制造、食品、纺织服装（制鞋）和新型建材、电力能源产业。2004 年，经过县机构改革调整，划出三中园区部分职能。2005 年，金堂县中美（外）中小企业发展区属于经国家发改委清理整顿后予以保留的省级开发区之一。

八、社会事业蓬勃发展

1991—2005 年，中共金堂县委贯彻党的十三大、十四大、十五大、十六大精神，制定执行县“八五”“九五”“十五”计划和 2010 年长期规划，经历经济治理整顿，扩大开放，深化改革，转换企业经营机制，进行企业产权制度改革试点，建立和完善县域市场经济体系，寻求培育了新的经济增长点。

商贸繁荣。县财贸系统加强宏观调控，深化流通体制改革。推进计划经济向市场经济，粗放型向集约型方面的转变。1991 年金堂县有全民所有制商业机构 221 个、3084 人，其中：县机构 113 个、1923 人，县以下机构 108 个、1161 人。全年，全县社会商品零售总额为 3. 30 亿元，其中：农业生产资料零售额为 6458 万元，同比下降 1%，消费品零售额 2. 66 亿元，同比增长 8. 08%；全年完成社会集团消费品 1784 万元，同比增长 1. 42%；全民所有制 8319 万元，同比增长 8. 62%；集体所有制 1. 24 亿元，同比下降 3. 96%；个体所有制零售额 9331 万元，同比增长 18. 55%；集市贸易成交额 12632 万元，同比增长 8. 26% 万元。2005 年，县有各类商业经营网点 8000 个，从业人员 1. 5 万人。全县实现社会消费品零售总额 16. 22 亿元，其中：县城消费品零售额 57687 万元，县以下消费品零售额 10. 49 亿元；批发、贸易业零售额 13. 13 亿元，同比增长 11. 8%；餐饮业零售额 2. 97 亿元，同比增长 21. 5%；其他行业零售额 1153 万元，同比增长 15. 3%；个体私营经济零售额 14. 21 亿万元，同比增长 16. 5%；其他经济零售额 1600 万元，同比增长 1. 4%。2005 年年末，全县非公有制企业拥有资产 100 万元以上的 122 家，1000 万元以上的 16 家。民营经济增加值 26. 08 亿元，占全县 GDP 的比例为 45. 5%。

金融运行平稳。2005 年年末，全县金融机构各项存款余额 35. 13 亿元，比 2004 年年末增长 5. 7%；各项贷款余额 16. 09 亿元，比 2004 年年末下降 6. 7%。全年金融机构现金收入 74. 25 亿元，现金支出 75. 68 亿元，现金净投放 1. 97 亿元。全县城乡居民储蓄存款余额达 281058 万元。保险业务发展迅速，全年保费收入 9083 万元，其中：财产保险保费收入 654 万元，人寿保险保费收入 8429 万元。各类保险赔偿与给付支出 639 万元，其中：财产保险赔付支出 380 万元，人寿保险赔付支出 259 万元。

固定资产投资稳定增长。1991— 2005 年，全县加大招商引资力度，固定资产投资和招商引资成效显著。2005 年年末，金堂县全社会固定资产投资完成 308141 万元。

配套改革有序进行。1992 年 3 月，金堂县房改工作开始启动，以售房为主，实行租、售、建的配套政策；首先在县委、县人大、县政府、县政协机关中开始试点，其后在全县机关、企事业、厂矿中推行。到 1994 年年底，出售了 41. 25% 的国有公房产权，1995 年进一步完善了剩余 58. 75% 的产权，实现了住房产权私有化。1992 年粮食购销体制一步到位，全面放开，打破了 40 年一贯实行的粮油购销体制，粮食企业转换机制走向市场；1996 年实行了政策性、经营性的双轨运行。在机构改革上，对全县机关工作人员按公务员制度要求进行过渡考试。1997 年 8 月，县对党政机关进行了改革，县级党政机构共设 36 个，其中县委工作机构 6 个，县纪委机构 1 个，县政府工作机构 29 个。1998—2005 年县级机构和配套改革进一步完善。

县内电信通讯畅通。2005 年，县有固定电话用户数 10. 07 万户，其中住宅电话 8. 07 万户，建有

80座中国移动和35座中国联通通讯塔，通讯信号覆盖全境，移动用户达10余万户。

教育事业欣欣向荣。1991—1997年，全县扫盲工作被评为全国先进县。1992年开始实施初级中等教育的普及工作，同时巩固普及初等教育成果。金堂县人民政府《关于金堂县实施九年义务教育规划的意见》把全县的“普九”工作分成五批完成：1992年龙威乡、三星镇、清江镇；1993年赵镇、官仓镇；1994年栖贤乡、云绣乡、九龙镇、淮口镇、金龙镇、五凤镇、隆盛镇；1995年云合镇、又新乡、竹篙镇、平桥乡、转龙乡、福兴镇、三星镇；1996年土桥镇、广兴镇、黄家乡、赵家镇、高板镇、白果镇。金堂县在普及九年制初中义务教育中，总投资7500万元，征地59.02公顷（885.3亩），新迁扩建学校67所，新修教学、实验办公及教师宿舍房总面积20.82万平方米。扩建运动场41.33万平方米，分别装备了348所学校的教学、教仪、图书、音体美卫生设备，1996年10月全县普及九年制初中义务教育经成都市、四川省人民政府检查验收合格。

2005年，全县有各类学校88所，专任教师4976人，在校学生总数94632人。基础教育进一步加强。全县有小学52所，教学点288个，专任教师2777人，在校学生50184人。小学学龄儿童入学率为99.9%。普通中学36所，专任教师2199人，在校学生39883人。职业中学1所，专任教师226人，在校学生4565人。教学质量进一步提高。全县小学学生毕业率为99.8%，小学毕业生升学率为98%；普通初中学生毕业率为96.93%，初中毕业生升学率为86.5%；普通高中学生毕业率为98.45%，高中毕业生升学率为62.9%。幼儿教育继续发展。全县有74所幼儿园，在园幼儿18768人，学龄儿童入园率达到85%。

文化体育事业成果出类拔萃。1991—2005年，县全面实施“全民健身计划”，群众体育运动蓬勃发展。2005年举办综合运动会5次，举办单项比赛20次；举办全民健身活动4次，参加人数7000人。县文化、艺术、出版事业健康发展。文学、艺术、书画、小说、诗歌、论文、宣传稿件等作品在全国、省、市刊物等均有发表。2004年12月，《金堂县烟草志》由四川出版集团、四川民族出版社在成都出版发行问世，它被作为“成都市区县（市）烟草志丛书之一获四川省第十二次地方志优秀成果一等奖”。2005年全县有文化馆1个，乡镇文化站21个，组织文艺活动56次；公共图书馆1个，图书和报刊总藏量52279册。馆藏文物4000余件，其中包括166件珍贵文物。

医疗卫生工作进一步加强。2005年年末，全县有各类卫生机构（含门诊部）56个，其中医院、卫生院37个；各类卫生机构病床床位1573张，其中医院、卫生院床位1516张；卫生技术人员2080人，其中执业（助理）医师847人。县有二级甲等医院1所，二级乙等医院1所、二级乙等中医院1所、一级甲等医院1所、一级甲等妇幼保健院1所、一级乙等医院30所、一级合格医院3所。设有2个社区服务中心站21个社区卫生服务站、5个社区服务分站。

荣获全国科技工作先进县。1991—2005年，全县实施“科教兴县”发展战略。大力提高科技成果转化率，推动了科技进步与经济增长方式的转变。2005年，全县有各类专业技术人员25052人，其中：学会、专业技术协会达94个，会员62098人；科研机构17个，省、市、县科技型企业29家；开展各类培训8208期，实施县以上各类科技项目405项，获得县级以上奖励的科技成果160项，获各类专利87件，“金堂公众信息网”正式开通，电子政务和现代化办公逐步推进，科技进步对经济增长的贡献率达到45.20%。金堂县先后被评为“成都市农业科技进步先进标兵县”“四川省科普工作先进县”“成都市科技工作先进县”“四川省科技工作先进县”“全国科技工作先进县”。2005年，全县有8409人取得专业技术职称资格，其中：高级209人，中级2887人，初级5313人。

金堂县旅游景点众多，旅游事业发展加快。有文物保护单位38处，其中：国家级1处、省级2处，市级7处，县级28处。素有“金玉满堂”美誉的金堂，山水以“青幽绮丽”，闻名蜀中，自古为川西旅游胜地。昔有“韩滩春涨”等8大景色，今有南宋瑞光塔、云顶石城遗址、五凤关圣宫、梨花沟、三学山、沱江小山峡、九龙长湖、天府花园水城、绿岛景区等。每逢节假日，县举办的庆祝活动，如“天府花园水城游乐节”“梨花节”“钓鱼节”“黑山羊节”等吸引了来自国内外众多的客人观赏、休闲。

人民生活水平不断提高。1991年年末，全县城乡居民储蓄存款余额25541万元，农民储蓄存款余额10596万元。2005年，全县在岗职工平均工资13183元，全县农民人均纯收入3834元，人均生活消费支出2293元。县城日供水能力4万吨；天然气用气户数19580户，用气人口6万人，天然气供气量1060万立方米；液化石油气供气总量达90万公斤，用气户数7250户，用气人口1.95万人。城市交通不断壮大，出租汽车发展迅速。市内公共汽车营运车辆69辆，客运总量250万人次。县城出租汽车170辆。

社会保障与福利事业进一步完善。1992年全县企业职工参加了成都市的统筹保险。1997年年底，县国有和城镇集体企业的社会养老保险达100%。2005年，全县参加基本养老保险人数38999人，参加失业保险人数15390人。全县城乡居民最低生活保障已保人数35007人，其中城镇4272人，农村30735人。全县有各类社会福利机构26个，床位666张，2005年年末在福利院收养556人，县有集体社会福利厂6家，职工203人；固定资产919.9万元，年产值1636.5万元。城镇有社区服务设施42个，社区服务志愿者人数13123人。

推进城乡一体化建设成效显著。中共金堂县委、金堂县人民政府牢固树立“成都全国统筹城乡综合配套改革实验区”和“全域成都”的理念，推进“三个集中”建设，即：工业向园区集中、土地向业主集中、农民向城镇集中；整合土地资源，实施农民集中居住新区、阳光福利新居工程建设，加快了全面建设小康社会和社会主义新农村建设的步伐。

全县广泛开展法制宣传教育。各司法机关严格依法履行职能，维护社会稳定和治安秩序，为人民生产、生活营造了良好的法制环境。

1991—2005年，中共金堂县委、金堂县人民政府坚持以邓小平理论、“三个代表”重要思想、科学发展观为指导，解放思想，实事求是，以经济工作为中心，大力发展社会生产力，建立和完善县内市场经济运行机制，全县政治、经济、社会各项事业蓬勃发展，取得了辉煌的成就。

大事记

1991 年

2 月 5 日　赵镇 2751 户居民成为金堂县首批使用民用天然气的用户。

2 月 25 日　金堂县被国家列入长江中上游防护林第一期工程县。

6 月 20 日　投资 610 万元的赵镇平安桥由原来 10 米，加宽到 22.20 米的工程竣工。

8 月 27 日　根据新颁布的《民兵工作条例》要求，县委、县政府、县人武部为全县 50 个基层武装部举行授予吊牌、印章仪式。

12 月 4 日　中国银行蜀都分行金堂办事处成立。1992 年 9 月更名为中国银行金堂支行。

1992 年

1 月 3 日　县政府召开第十二届六次全体会议。讨论“金堂县‘八五’国民经济和社会发展计划”。

1 月 16 日　晏永和任中共金堂县委书记。

3 月 11 日　县委办公室发出《认真学习宣传贯彻中共中央 2 号文件》的通知，要求全县认真学习邓小平视察南方的重要谈话。

3 月 24 日　县委召开常委扩大会，会议确定了全县加快改革和发展经济的基本思路。

3 月　金堂县灭蝇工作经四川省爱国卫生委员会考核验收已达到先进县城标准。

4 月 1 日　金堂住房制度改革实施方案开始施行。

4 月　建立金堂县十里坝综合经济开发区。

4 月下旬　县委决定在全县试行农村户籍改革。

4 月 30 日　开始实施户籍改革，金堂县率先在全市试行农村户口缴纳城市建设配套费即可转为城镇户口的改革。县城入户每人 5000 元，乡镇入户每人 4000 元。此项改革为金堂县筹集到 2700 余万元的开发资金。

6 月 29 日　金堂县政府与云南省蒙自县政府缔结友好县。

7 月 1 日　金堂国营企业试行全员劳动合同制。

8月19日　金堂县政府与甘孜州石梁县政府缔结友好县。

8月22日　总投资1228万元的金堂第一条国家二级公路淮（口）广（汉）路金堂段36公里竣工通车。

8月　县财贸办、县体改办联合发出《关于金堂县供销社职工承包经营责任制的试行意见通知》。

9月2日　金堂县政府与新疆博乐市政府缔结友好市县。

9月22日　唐巴公路金堂段改建工程开工奠基仪式在十里坝举行。全长8.60公里，总投资1722万元。1994年7月18日竣工。

10月9日　四川省政府批准金堂县撤销6个区、30个乡，原乡镇建制调整为9个乡、15个镇实行县管镇（乡）体制。

10月9—16日　哈萨克斯坦共和国阿拉木图州伊犁区代表团到金堂访问。

10月　金堂首家复合肥厂在清江镇建成，日产量为8万公斤。

11月1日　金堂县改革粮食购销体制，粮价正式放开。

12月6日　北河大桥加宽改造工程动工，大桥改造为车道宽18.80米，人行道宽2×1.60米；1993年10月竣工。

1993年

1月3日　中共金堂县第九次代表大会召开；代表380人，特邀代表4人，会期3天。县委书记晏永和在会上号召：全县党员干部艰苦奋斗3年至5年，使金堂经济接近或赶上成都市中等区（市）县的水平。

1月14日　政协第九届金堂县委员会第一次全体会议召开，代表229人，会期5天；李再发当选为主席。

1月15日　金堂县第十三届人民代表大会召开，代表247人，会期4天。李扬德当选县人大常委会主任，陈效全当选金堂县人民政府县长。

5月13日　建立金堂县综合经济开发区管理委员会。

5月15日　金堂第一家股份企业——成都九龙电业股份有限公司成立。

7月8日　县委、县政府制定了《关于进一步深化工业企业改革　加快工业企业转换经营机制的意见》。

9月13日　赵镇荣获“四川乡镇企业200强”。

12月15日　金堂人民广播电台获“联合国教科文组织农村文化交流鼓励奖”。

12月22日　金堂首家规范化股份合作制企业——金堂水电设备制造股份合作公司成立。

12月28日　中国银行金堂县支行金融大厦动工，1995年11月竣工。

12月　金堂织造厂“三江牌”毛巾系列产品在省旅游商品展销会上获熊猫金奖。

1994年

1月5日　建立成都九龙电业股份有限公司九龙滩电厂。

3月10日　清江镇被列为四川重点小城镇建设试点镇。

3月18日　金堂县商会成立。

4月4日　达（县）成（都）铁路金堂段炮台山隧道发生天然气瓦斯爆炸，死亡11人。

4月29日　农业部将金堂县列为全国“绿色证书工程”试点县。

5月4日　金堂县移动电话设备安装完毕并投入使用。

5月中旬　在首届成都旅游商品博览会上，金堂县荣获8枚金熊猫金奖。

5月30日　经四川省政府批准，在金堂县十里坝建立四川中美（外）中小企业发展园区（简称三中园区）。

6月3日　金堂县县城旧城改造指挥部成立，指挥长邓全忠。

6月9日　上海申银证券公司向栖贤乡小学捐资20万元，建立“申银希望小学”，于1995年6月20日建成。

6月　县委、县政府作出《关于加速发展个体私营经济的决定》。

7月18日　唐巴公路金堂段改建工程竣工。

8月29日　金堂县被国家计委列为建设农业资源综合开发型示范县。

8月中旬　金堂县被列为四川省秸秆氨化养牛示范县。

8月　金龙罐头食品厂“袁桥牌”青豆罐头获“1994年蒙古乌兰巴托国际博览会金奖”。

9月8日　县政府第二十六次常委会议召开。会议讨论通过了《完善金堂住房改革工作实施方案》。

10月1日　赵镇橘园市场动工，总投资800万元，占地1.24公顷（18.60亩），1995年4月竣工。

10月7—8日　四川省中小企业产权制度改革现场会在金堂召开。

11月8日　金堂至广汉天然气输气管线工程竣工。此线段全长18公里，总投资500万元，日输气能力10万立方米。

11月26日　县邮电通信大楼投入使用。

12月13日　赵镇新生村、三星镇蓝家店村等10个村被县委、县政府确定为县级奔小康示范村。

12月2日　金堂县第一台自动取款机在县农行三星第三储蓄所开通。

12月28日　金堂县首届“梅花节物资交流大会”在赵镇举办，历时10天。

12月　金堂县水果罗脐、华脐在中国第二届农业博览会上双获国优金奖。

12月　新编《金堂县志（1911—1990）》出版。

1995年

1月2日　金堂县首届梅花节招商签字仪式暨现场办公会在成都三九沱江大酒店举行。

2月25日　赵镇、三星镇、清江镇、淮口镇被评为成都市乡镇企业“综合百强”乡镇。

2月　淮口镇被列为四川省小城镇建设试点镇。

3月13—14日　成都市小型企业制度改革座谈会在金堂召开。

3月　土桥镇湖包村被全国绿化委员会授予全国造林绿化千村。

4月12日　成都发往南部县的成都运输公司川A－07706号峨眉牌大客车，在行至唐巴公路40公里又560米处，翻入80米的深坎，死亡21人，伤23人。

5月18日　金堂首次对国有土地使用权实行公开招标转让。

5月　省政府授予金堂县劳务输出先进基地称号。

6月13日　金堂出台《关于改革公费住宅电话管理的试行办法》，把全县党政机关群众团体、事业单位公费住宅电话一次性转让给个人。

6月30日　晏永和荣获“全国（百名）优秀县委书记”称号。

7月24日　五凤镇街上发生持枪歹徒袭击警察事件。歹徒贺中禄当场被击毙，贺中兴落网。

8月16日　成都市副市长狄廷国率市建委、防汛办等单位领导，到金堂慰问受灾干部和群众，并现场办公。在考察了赵镇下横街、南滨路低洼地段后指示：“低洼地段受灾居民房，要在一月内拆迁完，这件事作为市委、市政府、县委、县政府为群众办实事之一。”

8月22日　县政府组织力量对县城低洼地带的旧危房进行统一拆迁；拆迁面积1.30万平方米，其中：38个铺面、335户住宅，拆迁安置率达100%；9月15日结束。

8月28日　珠海鸿达工贸发展公司独资改造赵镇综合市场动工。

9月28—29日　省人大常委会主任杨析综、市人大副主任靳双林到金堂考察并指导工作。

9月29日　金堂县国营四川果汁厂以800万元有偿转让给四川阳公集团成都海伟实业有限责任公司。

9月　投资760万元的金堂实验中学开工。1997年8月竣工。

9月　金堂体育中心动工，总投入1012万元，占地5.33公顷（80亩）。1997年9月竣工。

10月5日　在达成铁路重点工程的金堂炮台山隧道修建的3078米主洞工程贯通。整个工程于1996年3月4日完工。

10月　金堂全面推行全员劳动合同制。

10月　金堂评选出国优教师2人、省优教师2人、市县优秀教师122人。

11月5日　金堂县公安局交警大队城市中队在赵镇6个交通要道正式上岗。

11月　金堂开始在农村推行社会养老保险制度。

12月6日　省政府同意金堂县撤销隆盛乡、同兴乡，设置隆盛镇、九龙镇。

10月10—12日　省、市教委检查团到金堂检查、验收普及中小学实验教学工作，认定金堂为“普实”合格县。

12月22日　金堂5000门程控电话开始调试，26日开通。

1996年

1月1日　金堂县全面推行住房公积金制度。

1月18日　金堂县人民政府第十三届八次全体会议召开，会上讨论通过《一九九六年政府工作要点》，讨论修改《金堂县国民经济社会发展九五计划和2010年长期规划》。

1月23日　县委、县政府发出《关于计划生育工作实行一票否决的通知》。

1月25—27日　中共金堂县委第九届五次全委会议召开。会上通过了《中共金堂县委关于制订全县国民经济社会发展九五计划和2010年长期规划的建议》。

1月　金堂有线电视开通电视加密频道。

2月13日　淮口镇民用天然气工程建成。

3月10日　毗河大桥动工，投资1600万元，全长610米，宽40米；1997年10月10日竣工。

4 月 10 日　金堂被列为四川省综合改革试点县。

5 月 29 日　淮口镇万福村、三星镇天灯村、清江镇双江村、赵镇天乐村通过县农村达小康工作领导小组的验收，被评定为“金堂首批小康村”。

5 月 30 日　达成铁路金堂段在转龙镇与中江县接轨。

6 月 25—27 日　四川省县属企业改革工作会议在金堂召开。23 个地、市、州，13 个省级单位，18 个县（市）的党政主要领导和有关方面负责人共 320 人，出席或列席了会议。会上，省委书记谢世杰、省委副书记蒲海清、省长宋宝瑞、副省长张中伟先后发表了重要讲话。

7 月下旬　金堂县食用菌种植技术队 9 人到俄罗斯车里雅宾斯友州果仁农场，种植食用菌。

10 月 22—25 日　金堂普及九年制义务教育经省、市政府验收，达到国家“普九”标准。

10 月 30 日　金凤肥料有限责任公司举行集体合同签字仪式，成为金堂县首家签订集体合同的工业企业。

12 月 17 日　经四川省城市卫生检查团考核验收，金堂县城被确认为省级卫生县城。

12 月 26 日　县运输公交公司成立。投入 8 辆中巴小公交车开通赵镇—成都无缝钢管厂金堂分厂线路。

12 月　由中国柑橘研究所主持的国家科委“星火计划”项目柑橘早、中、晚熟优良品种配套研究验收会议在金堂召开。

1997 年

1 月 22 日　金堂首次评出十佳文明市民。

3 月 12—14 日　金堂县第十三届人民代表大会第六次全体会议召开。出席会议代表 241 名。李昆学当选为金堂县人民政府县长。

3 月 26 日　金堂县农业发展银行正式营业。

3 月 27 日　赵镇、清江镇经市达小康领导小组复查验收，两镇的农民生活水平达到小康标准。

3 月　地矿部西南石油地质局第二勘探大队在金堂境内进行石油及天然气勘探施工作业，5 月底完成全部野外数据采集工作。

4 月 25 日　世界银行官员罗里·琼斯和威廉·马格拉斯在林业部、省林业厅的有关人员陪同下，到赵镇、三星镇、九龙镇检查经济林业项目及实施情况。

6 月 20 日　四川省劳务工作会在金堂召开，县委副书记、常务副县长沈有春在会上发言。金堂县先后向国外输出员工 1260 人，国内劳务输出突破 10 万人，劳务输出总收入突破 30 亿元。

6 月 27 日　金堂县首届个体私营经济表彰大会在红旗礼堂召开。

6 月 27 日　三星职中被评为省重点职中，同时更名为金堂县职业高级中学。

7 月 2 日　县城实施夜景工程，9 月 20 日完工。

7 月 9 日　金堂县达到省级全面绿化标准。

7 月 14—21 日　炮台山灵开寺召开四川省佛教界首届水陆大法会。到会有各界人士 6000 余人。

7 月 17 日　隆盛镇丰收村小学四年级学生邱霞，在丰收水库抢救落水儿童英勇牺牲，年仅 12 岁。中共金堂县委宣传部、团县委、县教育局联合发出《关于开展向邱霞同学学习活动的通知》。

7 月 29 日　县委、县政府组织 1000 名机关干部，分赴三星镇、栖贤乡、官仓镇部分村组，帮助农民防治清除拉美斑潜蝇。

10月8日　中共金堂县委书记晏永和因工作调离，李昆学任县委书记。县委副书记、副县长邓全忠协助李昆学主持县政府全面工作。

10月13日　五凤镇高峰村被金堂县列为“公司＋农户”的农村改革试点区。

10月15日　四川省计划委员会批准三中园区为省级开发区，纳入省级开发区管理序列。

11月9日　成都市皇城商业广场杯第六届市、区（市）县领导干部运动会在县体育中心举办。

11月19日　中共眉山地委书记李吉荣，副书记、行署专员尹志君率眉山地区党政代表团一行36人，在省政府副秘书长辜仲江、成都市政府市长助理晏永和，市政府副秘书长罗大常的陪同下，到金堂参观考察。

12月19日　金堂中学创省级重点中学验收合格。

12月　成都金风肥料有限公司获首届“四川省民营企业百强”称号。

1998年

1月6日　金堂县公安局公路巡逻民警大队成立。

1月12日　中共金堂县委第十次代表大会在赵镇红旗礼堂召开，会期3天。李昆学当选县委书记。

1月15日　首届“东方杯”金堂、新都中国象棋对抗赛在赵镇东方茶楼举行。历时2天。经过5轮29盘角逐，金堂县选手以20胜6和3负取胜。

1月18日　中国人民政治协商会议金堂县第十届委员会第一次会议在县法院召开，历时4天。李再发当选政协主席。

1月19日　金堂县第十四届人民代表大会第一次会议在红旗礼堂召开。历时4天。全县285名代表出席大会。李昆学当选县人大常委会主任。大会选举产生了第十四届金堂县人民政府班子；邓全忠当选县人民政府县长。

1月21日　金堂县荣获成都市第一项全国农业普查领导小组颁发的唯一特等奖。

1月22日　金堂县8000门农村程控电话扩容成功。

2月23日　中央电视台经济部记者到清江镇采访养鸭女能手古兴华。并完成专题片《女能手——古兴华》的拍摄任务。

2月25日　金风现代农业股份有限公司被国家体改委列为全国农业产业化综合改革试点企业。

3月5日　金堂县首批5个棉花专业合作社在土桥镇甑水村成立。

5月7日　金堂县第十四届人民代表大会第二次会议在红旗礼堂召开。大会选举出33名成都市第十三届人民代表大会代表。

5月29日　省、市、县政法机关在赵镇召开公捕公处大会，依法对刘方元等30名犯罪嫌疑人执行逮捕，对抢劫团伙主犯王兵、郑平原，抢劫杀人犯文礼军执行死刑。

6月1日　县唐（唐家寺）巴（巴中）公路先锋收费站、北河桥收费站的收费经营权转让给成都高速公路发展有限责任公司。

9月26日　中央电视台大型历史纪录片《新中国》摄制组到金堂，采访当年的“老土改”，反映新中国成立之初的土地改革和第一部《中华人民共和国婚姻法》颁布实施后给四川农村带来的巨大变化。

9月29日　金堂县邮电局分开营业，分别成立金堂县电信局、金堂县邮政局。

10月1日　总投资4000万元的赵镇中毗河防洪工程全面启动。

10月8日　韩滩水电站动工，总投资2000万元。

10月9日　四川金堂中央直属粮食储备库工程动工。该工程征地13.72公顷，总投资7325万元人民币。

10月16日　成都至南充高速公路金堂段建设协调指挥部成立，县委常委、常务副县长谢瑞武任指挥长。

10月24日　成都市委副书记、市长王荣轩到金堂考察金堂广场、中毗河防洪工程。

10月　金堂县农村土地二轮承包工作结束，承包总户为213943户，人口695492人，承包土地37555.33公顷。

11月　由国家科委、农业部主办的第二届全国菜篮子工程科技交流暨成果展示会上，金堂县脐橙、食用菌系列获金奖。

12月2日　金堂县新华书店图书发行中心落成暨赵镇复兴街营业厅开业。中心投资300万元，营业厅投资30万元。

12月18日　赵镇第一幼儿园达到成都市一级幼儿园标准。

1999年

3月15日　金堂县24个乡镇、三中园区共98条边界线，51个三乡（镇）交会点的勘界工作全面开展，9月底完成。

3月23日　成都可口可乐饮料有限公司捐赠30万元给清江镇修建一所希望小学，同时又捐赠了价值1万元的书籍。

4月14日　金堂县被成都市列为“无公害蔬菜”试验示范基地。

4月29日　金堂县被列为四川省优质肉羊生产示范县。

5月6日　四川省体改委副主任高峰到金堂考察企业改革情况指出：金堂经济体制改革已从深化企业改革向事业单位、农业产业化和所有制等综合经济体制改革方向延伸，取得了实质性进展，为加快县域经济发展打下了良好的基础，是“川西模式”的完善和深化。

5月7日　中央电视台“金土地”栏目摄制组到清江镇录制“利用秸秆栽培食用菌”专题片。

5月10日　金堂县被市政府命名为“科技工作先进县”。

5月28日　成都市工商行政管理局金堂分局正式挂牌。

5月30日　白果镇4名女中学生划船游玩，翻沉于杨溪河中，死亡3人。

5月　金堂中学升为省级重点中学。

6月2日　全县26个农村合作基金会并入农村信用社。

6月16日　金堂县第三人民医院成立。

7月7日　中国农业银行金堂支行一艘橡皮舟，驶入禁航河段，造成7人落水，其中4人死亡。

7月16日　在竹篙镇农机站附近的公路上，一辆车牌号为川A31121的中巴客车撞车后，翻入20多米的深沟中自燃，造成1人死亡，20多人受伤。

7月29日　金堂县被省外经委、省劳务办公室确定为全省首家外派劳务基地县。

8月20日　金堂县面对党旗“问三问”教育活动全面展开。

9月21日　金堂县巩固“省卫”成果、创灭蚊先进城区通过成都市除“四害”考核验收。

9月27日　金堂县获成都市第九届区（市）县“三优一学”创建文明城市一等奖。

9月28日　四川省第四届书市农村展场暨成都市第三届农村书市在赵镇举行。

10月2日　香港著名企业家、宝兰实业有限公司总裁郭炎先生夫妇及子女在市长王荣轩、市纪委书记晏永和、县委书记李昆学、县长邓全忠的陪同下，出席沱江小三峡万亩生态林建设开工暨鱼苗放养仪式。郭炎先生为金堂生态林建设工程捐款500万元人民币。

10月18日　金堂县“两路一桥”工程之一的成环公路赵镇至云绣段改造竣工。

同日　成都市质量技术监督局金堂分局挂牌。

10月28日　成都至南充高速公路金堂段破土动工。该工程途经金堂9个乡镇，37公里，路基宽为26米，4车道，由铁道部第五工程局第四工程处承建。

同日　金堂法院首次审结中国公民在国外犯罪案。被告人陈先贵在科威特非法组织工人罢工，犯扰乱社会秩序罪被判处有期徒刑二年。

11月15日　云绣乡蜜柚在全国优质柚类商品评比会上，以综合排名第一的成绩获金杯奖。

11月29日　经国家林业局批准，省计委立项，在金堂规划占地283公顷（4200亩），总投资3亿元的“成都野生动物世界”生态旅游项目，在成都锦江宾馆举行签字仪式。

12月3日　“1999中国国际农业博览会”上，金堂的脐橙被认定为名牌产品。

12月8日　《金堂年鉴（1991—1997）》开始发行。

12月14日　成都市科技、卫生、文化三下乡活动在土桥镇举行。市委副书记黄忠莹、副市长黄忠康、市委宣传部副部长刘国章、县委书记李昆学、县长邓全忠参加了活动。

12月28日　县委常委、县委办公室主任周道义在乘车前往金堂中央直属粮库检查工作时，因公殉职。中共金堂县委追授周道义为优秀共产党员。

12月29日　四川金堂中央直属粮食储备库建设竣工。

2000年

1月6日　成都野生世界金堂建设协调指挥部成立。

1月20日　官仓镇天然气站通过试压和验收，其技术指标符合要求，当地居民用上了天然气。该工程投资26万元，铺设管道3公里。

1月20日　中共金堂县第十届三次全委（扩大）会召开。会议审议通过了《中共金堂县委2000年工作要点》；增补代心平为县委委员。县委书记李昆学作题为《坚定信心 知难而进 抢抓机遇 加快发展》的讲话。

1月24日　三星镇被省委、省政府授予“社会治安综合治理模范乡镇”的称号。

1月25日　成都市世界野生动物园项目在金堂的四川中美（外）中小企业发展园区（简称：三中园区）征地266.67公顷（4000亩），拆迁房屋35700平方米，搬迁农户278户的任务完成。

1月28日　金堂县第十四届人大常委会第十三次会议召开，讨论通过了县人大常委会的工作报告；讨论修改了县政府的《工作报告》。

1月　设置县行政管理学校。校长谢瑞武（兼），同县委党校实行两块牌子一套班子。

1月　县人事局在全县范围内建立统一的代码证书，并实行年检制度。

2月12日　金堂3号橡胶坝开工。位于毗河绿岛下游200米处，由市勘测设计院设计，县市政工程处施工，坝长87.50米，宽23.60米，总投资348万元。5月15日竣工。

3月1日　县公安局“110”报警服务台开始受理群众投诉。

4月21日　土桥镇、福兴镇分别被中共四川省委、省政府列为省级小城镇建设试点镇。

4月26日　县人民银行行长李远雪被国务院授予全国先进工作者。同时，被中央金融委和人民银行总行分别授予全国金融系统的劳动模范和中国人民银行先进工作者光荣称号，并到北京参加了全国劳动模范表彰大会。

5月8日　金堂县兴运公司20辆“街的”奥拓车开始营业。起价2元，超2公里加收1.20元。

5月29日　赵镇至淮口公路8公里加650米处发生特大交通事故。川A80147号中巴车载客26人，22担桃子，在凌晨4时20分时坠入公路右侧14米深的崖下，当场死亡3人，抢救无效死1人，重伤3人，轻伤19人。

6月8日　中央电视台“焦点访谈”栏目对栖贤乡梨花沟村开展的“三问三比”活动进行了专访。（“三问”：即昨天你说了什么？今天你做了什么？明天你将留下什么？“三比”：即一般党员比思想觉悟，比工作干劲，比实际贡献；党员干部比思想解放程度，比工作作风的深度，比参与支持经济的力度。）

6月22日　四川省乡镇企业管理局批准竹篙镇回乡创业示范区为全省乡镇企业的示范区。

6月　金堂建成地面气象卫星接收站。

6月　三星、栖贤、福兴、赵家、五凤、广兴镇被县政府命名为“优质肉羊生产基地乡镇”。

6月　县法院审理一起养父母虐待养女致残案，并判处罪犯邓向芝有期徒刑6年，田贵思有期徒刑5年。

7月15日　赵镇到杨柳公路改建工程动工。全长2公里，投资800万元，11月竣工。

7月17日　金堂县被定为生猪“三元杂交”（“三元”杂交：即由三种血缘相互杂交所产生的后代，其毛纯白、瘦肉率达60%以上，生长发育快）良种繁育基地推广县。

7月19日　金堂中学科技大楼破土动工。该楼建筑面积8100平方米，集教学、科研、实验、会务为一体，总投资800万元。

8月4日　金堂县设置市容环境卫生管理局。

8月28日　四川金天生态彩棉有限公司与四川农大合作项目“高强优质陆地棉”被市政府认定为金堂第一个高新技术成果转化项目。

9月12—14日　全国棉纺织行业协会、全国棉纺织产品调研中心在成都召开有134家中外棉纺织企业参加的“2000年全国棉纺织印染产品开发年会”，金堂县的四川金天生态彩色棉有限公司开发的“高强优质陆地棉系列”和“彩棉布系列”两项高新产品荣获“优秀创新奖”，是四川仅有的获奖企业及产品。

9月25—26日　县工会第十次代表大会召开。参会代表182人。大会选举委员35人，常务委员13人，经费审查委员11人，卫平当选为主席。

9月26—27日　共青团金堂县第十三次代表大会召开，尹贤鹏选为书记。

10月12日　中央电视台“农村新视角”栏目组到清江镇摄制“三问三比”专题采访。

10月　金堂被中国食用菌协会评为全国食用菌行业“十佳商品基地县”。

10月　台湾商人上官剑璧女士在三星镇蓝家店村投资港币50万元，修建台商投资策划中心并动工。

11 月 1 日　第五次全国人口普查工作开始。

11 月 3 日　盼盼集团成都晋江福源食品有限公司三星生产基地在蓝家店村破土动工。

11 月 4 日　县第十四届人大常委会第十八次会议召开。会议审议通过了县财政局关于 2000 年财政收支预算调整方案的报告；接受了县长邓全忠的辞职请求，任命何冰为金堂县人民政府代理县长；任命廖国琏为副县长。同时，会议听取和审议了县政府关于编制的《金堂县沱江上游生态屏障十年建设规划》的情况汇报。

11 月 5 日　金堂县城 IC 电话开通。

11 月 7 日　金堂县第一座压缩天然气加气站在三中园区十里大道建成并投产使用，该加气站耗资 300 多万元，可供 8 台汽车同时加气。

11 月 18 日　专销金堂绿色产品的四川省首家绿色食品配送中心，在成都市锦里西路 100 号成立。

11 月 21 日　经中国农业科学院柑橘研究所农业部柑橘及苗木质量监督检测中心专家论证，确定金堂为四川省首家优质脐橙生产基地。

11 月 22 日　三溪镇被评为全国的优质脐橙生产基地。

同日　毗河南岸滨江路工程动工。全长 2100 米，宽 7 米，总投资 200 万元。

12 月 18 日　金堂县首届黑山羊节在栖贤乡梨花沟村举行。

12 月 19 日　四川省暨成都市第三届“乡村青年文化节”在赵镇举行。

12 月 24 日　5 名劫匪从中江县窜至中江县与金堂县交界的唐巴公路 39 公里处，持枪抢劫过往车辆和行人。县公安局击毙抢匪 1 名，擒获 3 名。

12 月　全省第一个农业专家网络系统服务站在三溪镇建立。

2001 年

1 月 8 日　中共金堂县第十届五次全委会在绿岛会议中心召开。参加会议人员 170 人。会上县委书记李昆学作了《坚定信心振奋精神 共同创造美好的新金堂》的讲话；县委副书记、代理县长何冰作了《认清形势把握全局 努力开创金堂跨越式发展的新局面》的报告。会议审议通过了《中共金堂县委 2001 年的工作要点》。

1 月 10—12 日　金堂县第十四届人民代表大会第五次会议召开。出席会议的人大代表 256 名。会上听取和审议了《政府工作报告》《关于金堂县国民经济和社会发展十五计划及 2015 年长期规划的编制说明》等。

1 月 12 日　在金堂县第十四届人民代表大会第五次会议上，何冰当选金堂县人民政府县长。

4 月 2 日　金堂县首期国家公务员普通话培训班在三星职中举行开学典礼。学员 200 人参加了培训。

4 月 4 日　县委宣传部、县教育局派出首批赴甘孜州丹巴支教的 11 名青年骨干教师到达目的地，受到藏族同胞的热情接待。同时，丹巴县选派了 20 名教师到金堂挂职锻炼或跟踪学习。

4 月 11 日　金堂县获全国绿化委员会授予“全国造林绿化百佳县”；栖贤乡获得“全国造林绿化百佳乡镇”；林业局局长彭友金获“全国造林绿化奖章”。

4 月 13 日　中共成都市委在金堂召开全县领导干部大会。宣布市委任免决定：李昆学任中共成都市委秘书长；邓全忠任成都市计划经济委员会党组书记；赵德喜任中共金堂县委委员、常委、书记。

4月17日　金堂县农村税费改革、乡镇机构改革工作全面启动。

4月19日　成都市严打整治“狂飙—B”集中统一行动开始。县公安局出动警力283人，车辆108台，对194个重点地区、路段、场所进行了清查。破获刑事案件25起，抓获犯罪嫌疑人40人，收缴管制刀具4把，枪支1支，挡获证照不全摩托车98辆。

5月25日　四川锅炉厂子弟幼儿园正式与企业剥离，纳入地方管理，并成立金堂县第四幼儿园。

6月5日　县委书记赵德喜、县长何冰一行检查全县重点地区防汛工作。强调除加强重点堤防、重点河段、病害水库的检查、防范外，要坚决取缔20升以下小型采沙船，以确保全县安全度汛。

6月8日　四川金堂中央直属储备粮库工程全优通过验收。

7月6日　金堂县科技大会召开。省科技厅柳小衡副厅长到会并讲话，并为金堂获得“全国科技工作先进县”，“四川省科技工作先进县”授牌。

7月12日　县委、县政府召开全县乡村公路建设大会。

9月26日　省委副书记王三运、省委常委、省军区政委周光荣，省委常委、市委书记王荣轩，市委常委、成都军区司令员谭佑贤，市委常委、市委秘书长李昆学带领省、市民政、农业、水利、粮食部门的负责人到金堂考察灾情，慰问抗洪第一线的干部群众，切实解决抗灾自救中的一些具体问题。

10月28日　金堂县召开第十四届人大常委第二十三次会议。会议同意谢瑞武辞去金堂县人民政府副县长职务，决定任命施跃华为人民政府副县长。

10月22日　位于金堂半岛的“上海——温州商业城”动工。全城占地7.07公顷，建筑面积6万余平方米，总投资6500万元人民币。

11月5日　金堂县召开全县乡镇换届选举暨县级机构改革工作动员会。

11月7日　中央电视台“中国建设”栏目摄制人员到金堂，实施拍摄“花园水城”新貌，现场采访了县委书记赵德喜、县长何冰。

11月12日至12月12日　金堂首次在8个乡镇实行公推公选副乡镇长。全县63名干部报名，59名干部符合参选条件，8名年轻干部在乡镇人代会上当选。

11月16日　又新撤乡建镇。县领导何胜英、吴幼章、龙敏等为又新镇党委、人大、政府、纪委、人武部授牌授印。

11月23日　四川金堂国优绿色脐橙商品交易会在三溪镇开幕。

11月24日　中国建筑工程总公司、外交部交远对外承包合同公司、华西集团、攀枝花建筑工程总公司的主要负责人一行4人到金堂县考察金堂外派劳务工作开展情况。

11月27日　金堂县召开第十四届人大常委会第二十四次会议。会议听取了《关于县级机构改革中县级部门机构设置的情况汇报》，并作出了人事任免的决定。

11月28日　成都市药品监督管理局金堂分局成立。

12月9日　金堂县法定选举乡镇人大代表日。全县城乡62万选民集中在736个选区投票站投票选出了人民代表1489名。

12月28日　成都野生世界开园。

2002年

1月16—18日　县第十四届人民代表大会第六次会议在红旗礼堂召开。会议通过了6项决议，补选赵德喜为县人大常委会主任，王晓华为县人大常委会委员，景逢均为县人民检察院检察长。

2月17日　120名金堂农民坐包机从成都双流国际机场起飞到广东东莞，金堂农民第一次包机出省打工。

3月5日　县委书记赵德喜、副县长罗兴国率劳动和社会保障局、劳务开发办公室等部门负责人赴北京参加3月8日、9日举行的“川京劳务洽谈会”，会上与中国建筑总公司国际劳务部、中国交远公司、北京市建筑总公司、四川华西集团驻京公司达成2000人的劳务意向协议合同。

3月13日　四川抗美援朝一级战斗英雄胡修道在南京军区医院病逝。

3月26日　金堂县成立城市管理“110”。

4月16日　全省首家农民用水者协会在金堂县黄家乡挂牌成立。

4月18日　县委、县政府在红旗礼堂召开个体、私营企业表彰会。会议表彰奖励了四川金泉源实业有限责任公司等10家“十强”私营企业和30多名个体商户。

4月19日　金（堂）乐（至）公路高（板）竹（篙）段二级水泥路改造工程正式开工。该工程按山岭重丘二级公路的标准设计，工期为8个月。

5月17日　三中园区工业新区规划评审会在绿岛会议室召开。省、市、县领导组成的评审组通过查看资料、规划图、现场走访等，一致同意通过了三中园区新区规划的审定。

5月20日　全县农村“三个代表”重要思想学教活动总结表彰大会在绿岛举行。会议总结了全县“三个代表”重要思想学习教育活动情况，表彰了“三个代表”重要思想学教活动的先进集体和先进个人。

6月20日　上海市人大代表宝山团、上海保钢国际公司团委向金堂希望工程捐献人民币20万元，电脑20台。

6月24日　由可口可乐（中国）有限公司捐建的清江镇可口可乐希望小学网络学习中心正式启动，系全省首个、全国第19个启动建设的希望网校。

6月26日　金堂县抗洪抢险民兵应急分队成立。

7月14日　县政府驻广东东莞办事处成立。

7月　三中园区实验小学与县实验小学合并为金堂县实验小学。两校合并后，总占地面积2.80公顷，校舍建筑总面积1.10万平方米。

8月19日　金堂县实现村村通电话。

8月27日　成都市农村劳务开发工作会在金堂召开。

9月3日　金堂县知识产权局成立。

9月27日　河坝街低洼棚户区改造工程正式破土动工。一期投资700万元。

9月　成都第二纺织总厂因资不抵债由成都市中级人民法院宣告破产。

10月11—15日　在“2002—四川·中国西部农业博览会”上，县送展的真姬菇、明参、“金骑士”脐橙、“牛牛牛妞”熟油辣椒、玫瑰香柑、高级优质陆地棉、彩色棉、“真实惠”膨化土豆片8个产品获农博会优质奖。

10月26日　香港基督教青年会董事会会长杨泽麟为金堂县三星镇捐资100万元人民币，修建三星镇爱国村“港青小学”。

10月　金堂县创建全国种植业无公害（水果）被农业部验收通过。

11月13日　金堂县首家民营企业——成都华康生物工程有限公司取得出口自营权，年内出口创汇额达8万美元。

12月10日　沱江金堂峡拓宽工程正式开工。工程对沱江右岸1.20公里河段进行拓宽，河底宽度由原来的40米拓宽至90米，土石方总开挖量160万平方米，改建公路1.12公里，宽度12米。批准施工总工期为16个月，概算总投资6674.46万元，属成都市重点水利工程。

12月11日　金堂县第十四届人大常委会第三十一次会议召开。会议接受何冰辞去县人民政府县长职务的请求，决定任命舒刚为人民政府代理县长；接受江海澜辞去县人民法院院长职务的请求，决定任命黄勇智为县人民法院副院长（主持工作）；增补曾祥斌为金堂县选举委员会副主任，王锋为选举委员。

12月20日　总投资1400万元、占地3.33公顷的金堂县汽车客运中心竣工并投入营运。

12月20日　唐巴公路赵（镇）中（江）段改建工程通车典礼隆重举行。该路段全长17公里，路基宽8.50米，路面宽7米。

12月23日　成（都）南（充）高速公路正式通车。该高速公路途径金堂县境内九龙镇、白果镇、淮口镇、高板镇、平桥乡、隆盛镇、竹篙镇、转龙镇、广兴镇，其中县内公路工程总投资12亿元，公路全长36.42公里。

12月31日　金（堂）乐（至）路（高板至土桥段）竣工通车。该公路按山岭重丘二级公路技术标准建设，全长35.45公里，设计时速40公里/小时，工程总投资2430万元。

2003年

1月6—8日　中共金堂县第十一次代表大会在赵镇红旗礼堂召开。大会选举出27名委员、4名候补委员组成中国共产党金堂县第十一届委员会，选出纪委委员17名。赵德喜当选书记。

1月20—23日　金堂县政治协商会议第十一届一次会议召开。何胜英当选为主席。

1月21—24日　金堂县第十五届人大第一次会议召开。郑天奇当选为主任。

4月19日　十一届县委第13次常委会议召开，传达贯彻全市非典型肺炎防治工作会议精神，研究部署县防治传染性非典型肺炎工作。

4月21日　省委书记、省人大常委会主任张学忠，省委副书记、省长张中伟，省委副书记陶武先，省委常委、市委书记王荣轩，省委常委、省委组织部部长魏宏，副省长陈文光，市委副书记、常务副市长李登菊，副市长吴平国等省、市领导赴金堂考察劳务开发工作。

4月22日　县委召开常委扩大会议，专题研究部署非典型肺炎防治，并成立了以县委副书记、县长舒刚为组长，县委副书记吴幼章，县委常委、县委宣传部部长张孝军，副县长杨齐英为副组长的预防传染性非典型肺炎领导小组，建立了由卫生、药监等部门组成的专业预防机构，制订了完善的预防方案。

4月26日　县委办主任彭禄君率领县劳动和社会保障局、县公安局、县卫生局、县疾控中心、竹篙镇有关人员组成的6人工作组，赴广东省东莞市厚街镇看望劝解金堂籍外出务工人员非正常返乡，使其安心地在当地工作。

5月5日　赵德喜、吴幼章、杨齐英、李光辉到高板镇慰问海军361号潜艇金堂籍战士李兵烈士亲属。

6月9日　全县民营经济工作会议在绿岛召开。会上提出了县民营经济发展的总体要求；县委、县政府授予10户民营企业为“金堂县十强”民营企业荣誉称号。

6月10日　县内国家级“微水治旱”工程全部完工。工程分布县龙泉山区和丘陵地区共15个乡镇的41个村，总计完成微型水利工程9017处，其中新建蓄水池8844口，新增蓄水量166万立方米，新增灌溉面积3333.33公顷。

6月20日　“让世界充满爱——成都市500名抗非典英雄游成野”活动在金堂成都野生世界举行。副市长苏培玮和县领导赵德喜、舒刚、郑天奇及市、县旅游局、卫生局负责人参加了活动开幕仪式。

6月30日　四川华西民工救助中心金堂办事处成立。

7月1日　1927—1978年《中国共产党金堂县党史大事记》第一辑出版发行。

7月1日　县委、县政府搬入金堂广场新办公大楼正式办公。

7月14日　舒刚、吴幼章、李光辉参加九龙滩灌区续建配套与节水改造第三期工程可研审查会。总投资3000万元九龙滩灌区续建配套与节水改造第三期工程通过40余名省、市水利专家审查。

8月11日　县长公开电话开通使用，实行首次受理责任制。

8月11—12日　县第十五届人大第二次会议召开，会议选举产生了赵德喜、舒刚、郑天奇等32名出席市第十四届人代会代表。

8月20日　县信息办完成了信息中心节点站建设。中心节点设在县政府大楼，总投资80万元，传输为光纤2.5千兆，最终端用户可达100兆带宽。

8月　金堂县被列入省级基础教育课程改革实验区。

8月　赵镇被省政府列入首批省级重点镇。

9月14日　由《人民日报》《光明日报》《中国青年报》《科技日报》4家媒体组成的中央采访团对金堂县开展“心桥工程”活动进行了专题采访。

9月25日　金堂县再就业援助中心成立。

9月　县城沱源大道即毗河大桥至成达铁路1100米路段完成整个拓宽整治工程。工程将原路宽40米、四车道路面拓宽为80米、八车道，附带较宽绿化带的城市交通景观大道。

9月　占地5.33公顷的亲水公园A区竣工开放。

10月1日　蒙牛乳业（集团）股份有限公司冰淇淋生产项目落户金堂。

10月14日　县域城镇体系规划和县城总体规划修编汇报会在县建设局举行。会上提出了“一个中心、三个沿线、三大片区、四个支点”的城郊型城镇体系构架，即以县城为中心，以成南高速公路、金乐路、唐巴为发展轴线，建成以县城和清江镇为中心的西北部城镇辐射区，以淮口为中心的中部城镇辐射区，以竹篙、土桥为中心的东南部城镇辐射区，形成清江镇、淮口镇、竹篙镇和土桥镇四个支点。县城总体规划，布局为沿江河分片区组团，形成三角洲、十里坝、三星、杨柳北、杨柳南和龙威6个以三河一江交汇处为核心的开敞式组团，进一步突出花园水城的特点。

11月17日　成都金堂电厂一期2×600兆瓦燃煤机组工程项目建议书评估会召开。成都金堂电厂一期2X600兆瓦燃煤机组工程建议书顺利通过评审。金堂电厂总装机容量3600兆瓦。一期工程建设两台600兆瓦国产亚临界凝汽式燃机组，总投资51亿元。

11月28日　金堂县第一家星级酒店——金裕大酒店开业。

12月2日　共青团中央书记处常务书记赵勇一行在市委常委唐川平，团省委书记罗强，团市委书记张彤及有关县领导的陪同下看望了正在县云绣乡为群众服务的青年志愿者，并与6名西部计划大学生志愿者代表进行了座谈。

12月3日　中共成都市委在金堂召开全县领导干部大会。市委常务副书记邓川代表市委宣布中共成都市委关于金堂县委班子调整的决定：付毅任中共金堂县委委员、常委、书记；何立斌任中共金堂县委委员、常委、副书记；齐彦民任中共金堂县委委员、常委。免去赵德喜中共金堂县委书记、常委、委员职务；免去舒刚、吴幼章中共金堂县委副书记、常委、委员职务。

12月11日　经十一届县委第47次常委会通过，2004年1月，金堂报社改名为今日金堂编辑中心，《金堂报》改为《今日金堂》刊登内部资料。

12月29日　金堂县食用菌联合会成立。

12月　"县城基础设施建设项目"获中央地方预算内专项资金支持，批准总投资3500万元，2003年投资计划1800万元。该项目建设规模及主要内容是城市道路建设1700米；防洪堡坎综合整治2500米；铺设供水和排水管网15公里。

12月　在省食用菌协会第六次代表大会暨商贸洽谈会上，县清江镇、赵家镇获"十佳食用菌商品生产基地乡镇"称号，成都市金茹菌业有限公司、淮口食用菌联合会获"优秀企业"称号。

12月　四川锅炉厂跻身2003年四川省工业企业50强之列。

2004年

1月12日　中共金堂县十一届四次全委会在绿岛会务中心召开。县委书记付毅代表县委常委会向县十一届全委会作《提速升位 富民强县 努力开创金堂经济社会事业新局面》的工作报告，县委副书记、代理县长何立斌总结2003年全县经济工作，安排部署2004年经济工作。

1月13—15日　金堂县第十五届人民代表大会第三次会议在赵镇红旗礼堂召开，大会选举何立斌为金堂县人民政府县长。

4月21—22日　共青团金堂县第十四次代表大会在绿岛会务中心召开。廖冬云当选书记。

4月21日　"东方伊甸园之旅——2004年中国·西部花园水城游乐节"新闻发布会在市政府小礼堂举行，市政府秘书长、新闻发言人毛志雄向与会的中央、省、市新闻媒体介绍了游乐节举办的情况，县委副书记、县长何立斌盛情邀请各界朋友光临金堂。

5月1日　"东方伊甸园之旅——2004中国西部花园水城游乐节"开幕，开幕式由县委副书记、县长何立斌主持，市委副书记刘佩智宣布游乐节开幕。同时与成都电视台合作，对游乐节进行了现场直播，完成金堂历史上首次电视现场直播。

同日　金堂县文化体育广播电视局举办四川省县域中国象棋比赛。

5月24日　中共中央政治局委员、国务院副总理曾培炎来金堂视察沱江污染及整治情况，并代表党中央、国务院看望慰问来自资阳、内江等地遭受污染损害的群众代表。省、市、县领导张学忠、张中伟、葛红林、付毅、何立斌等陪同视察。

6月22日　2004年成都端午节民俗活动——"金堂龙舟闹锦江"在成都锦江望江公园段举行。金堂有16支男子代表队、3支女子代表队参加了龙舟速划比赛，栖贤、九龙、赵镇代表队分获速划比赛前三名，教育局代表队女子获速划比赛第一名。

7月1日　全县实行财政国库集中支付制度。

7月1日　《金堂县事业单位全员参加基本养老保险的实施意见》开始执行。

8 月 16 日　实行县级行政事业单位国有资产统一管理工作。

8 月 27 日　赵镇桐梓园村治保会巡逻队成立，为首个全县村级正规化建设的村治保会巡逻队。

9 月　五凤镇被批准为成都市重点镇。

9 月　全县首列公推直选村支部书记在高板镇天堂村举行。

9 月　金堂县抽调 25 名民警成立四川省内第一支水陆缉捕队。

9 月 10 日　成都纺织印染工业集中发展区市县联动建设签字仪式在金堂举行，市经委、市纺织工业协会和金堂县三方联合签署协议。正式启动了淮口纺织印染工业集中发展区建设。

9 月 14 日　国家农业标准化示范项目（脐橙）验收会在金堂召开。金堂脐橙以 93 分一次性合格。

9 月 28 日　上海·温州商业城开业。

10 月 1—7 日　金堂成功举行“2004 百姓生活游·西部花园水城钓鱼节”。吸引外地游客达万余人，创旅游收入 567 万元。

10 月 22 日　白果水电站开发建设项目签字仪式在县委常委会议室举行。白果水电站装机容量 1.55 千瓦，总投资 1.20 亿元。

11 月 2 日　金堂县警务用车暨装备发放仪式在金堂广场举行。为县内 9 个基层派出所发放了 30 辆警务用车、20 辆警用摩托和 20 台电脑等价值 300 万元的警用物资。

11 月 5 日　举办金堂县首届残疾人运动会。

11 月 10 日 县委对三中园区机构职能进行调整，将三中园区原管辖的村、社区全部划归赵镇，相关村、社区的工作全部移交给赵镇党委政府。

11 月 12 日　民革金堂支部获民革全国先进支部。

11 月 23—25 日　2004 年四川省食用菌协会年会暨商贸洽谈会在金堂召开。会上签订 7 个协议，协议资金 6000 万元人民币和 200 万美元。

12 月 5 日　“中国·成都金堂国优脐橙推介仪式”在上海山华果品市场举行。《文汇报》《解放日报》《东方早报》、东方和上海等电视媒体进行了报道。

12 月 22 日　2005 年成都文化科技卫生“三下乡”活动启动仪式暨土桥镇第八届“文化赶场”在金堂县土桥镇举行。

12 月 27 日　金堂县城市防洪综合整治工程获建设部“2004 年中国人居环境范例奖”。

2005 年

1 月 1 日　金堂县范围内全部停征农业税及附加。

1 月 31 日　由成都电视台、成都日报报业集团主办的“激情看成都——2005 十大魅力城镇”评选揭晓电视晚会在成都电视台演播大厅举行。经过专家评议、市民考察和问卷调查三大阶段，赵镇排列第二名，荣获“成都十大魅力城镇”殊荣。

3 月 18 日　实施干部队伍建设“双百工程”动员会在县建设局召开。“双百工程”即外派 100 名年轻干部到发达地区挂职学习锻炼，乡镇、县级部门互派 100 名干部挂职学习锻炼。

4 月 1 日　金堂县乡镇机构改革通过成都市乡镇机构改革检查组验收，取得圆满成功。

4 月 15 日　金堂县新型农村合作医疗管理委员会成立。

4 月 27 日　四川锅炉厂六分厂二工段集箱焊接组组长胡明被中华全国总工会评选为全国劳动

模范。

5月1日 “2005中国·西部花园水城游乐节”开幕。当天接待游客30余万人次。

5月 成立金堂兴网广播电视传媒有限公司。

5月24日 “2005四川国际友城合作与发展周”交流与合作协议签字仪式举行。法国拉法基博罗亚洲石膏板建材集团与金堂签署《拉法基公司金堂石膏板材项目备忘录》，计划投资9960万元在淮口工业集中发展区建石膏板材厂。

6月 国家商务部正式批准金堂县作为“万村千乡市场工程”试点县。

6月23日 中共成都市委在金堂召开全县领导干部大会。市委决定：何立斌任中共金堂县委书记；施跃华任中共金堂县委副书记。免去付毅中共金堂县委书记、常委、委员职务。市委同意提名：施跃华为金堂县人民政府县长人选，提名免去何立斌金堂县人民政府县长职务。

7月1日 金堂县全面启动新型合作医疗报销制度。

9月1日 重庆东方纺织有限公司落户金堂县工业集中发展区B区。

9月20日 全县第二批“双百”工程暨“一村一名大学生”工程启动。

10月19日 《金堂建设志》出版问世。全书40多万字，重点记述了中华人民共和国成立后，特别是在改革开放的大好形势下金堂县城面貌发生的巨大变化。2006年11月，《金堂县建设志》在成都市第四次哲学社会科学成果评奖中，荣获“社科界优秀成果奖”。

10月27日 淮口镇光荣村金堂黑山羊原种场通过省级验收。

11月4日 县城赵镇被省委、省政府命名为“四川省文明县城”。

11月25日 金裕大酒店被市旅游星级饭店委员会被评为三星级旅游饭店。

12月 五凤镇被列入省级历史文化名镇。

12月6日 金堂县第三批保持共产党员先进性教育活动开始。

12月24日 四川省“金土地”工程启动仪式在金堂栖贤乡向前村举行。“金土地”工程计划在2006—2015年十年期间投入150亿元，通过土地平整、增加肥力、沟渠配套、改善农田道路，引导农民向中心村集中等综合措施，对全省130个县1000万亩土地实行“田、水、路、林、村”综合整治。

专题记述

沱江金堂峡拓宽工程建设

一、沱江上下游地理环境

沱江起自金堂县城赵镇，由上游北河、中河、毗河在赵镇汇集后始称沱江，流经6.5公里后横穿龙泉山脉，经12.4公里流程冲出龙泉山脉进入川中丘陵区，这12.4公里流程就是金堂峡。峡谷内河道呈“S”形，进入峡口的1.2公里段是沱江河道最窄的地段，河底宽仅40米。金堂峡以上有6590平方公里的集雨区，沱江之源位于绵竹县茶坪山南麓，是四川三大暴雨区之一的鹿头山暴雨区。沱江上游无调洪水库，暴雨洪水汇集于金堂峡，形成滞洪，造成金堂县峡口以上洪灾频繁。据史料记载和三皇庙水文站实测资料，从公元893年至1949年，沱江发生大洪水39次，几乎每次洪灾都是“淹没民舍数千，决田数千上万，溺死居民数百千名”。1949年后，金堂县发生8100立方米/秒洪水1次（1981年）。7000立方米/秒以上洪水2次（1995年和2001年），6000立方米/秒以上洪水2次（1949年和1959年）。5000立方米/秒以上洪水9次。南宋王象之《舆地纪胜》卷164引《华阳国志》：“会巫山雍江，蜀地潴水，鳖灵遂凿巫山峡，开广汉金堂江，民得安居。”明曹学佺《蜀中名胜记》卷831引《图经》言金堂“峡口相传为鳖灵所凿。”《水经·江水注》也言“东别为沱，开明之所凿也。”这些记载表明，2700年前，蜀王开明曾治理金堂峡，金堂是四川治水事业发展最早的地方之一。

二、规划治理沱江金堂峡工程

金堂县城赵镇城区位于北河、中河、毗河交汇成千里沱江之首的口岸地，年年上游汇集的雨水形成较大的洪流灾害，为改变这种状况，中央、省、市、县极其重视，并决定开展沱江金堂峡拓宽工程建设，减轻洪灾。从1998年开始，拓峡及沱江治理工程的各项前期准备工作开始进行。编制完成了《沱江治理可行性研究报告书》。1999年，组织水利工程专家对峡口雍水进行多次踏勘、论证，确认金堂峡口雍水的关键部位在三皇庙段。只要拓宽峡口段，洪水下泄就会加大，上游水位就会下降，而减少淹没。2000年，成都市水利水电勘测设计院编制完成《沱江金堂段综合防洪整治工程规划报告》并通过了水利厅专家的评审。同年，再次委托成都市水利水电勘测设计院编制完成《沱江成都段防洪整治工程可行性研究报告》。2001年初，又委托省水利水电勘测设计院德阳分院编制完成《沱江成都河段防洪整治工程环境影响评价报告》和《沱江成都河段防洪整治工程水土保持报告》，并请四川大学国家高速水重点实验室对拓宽金堂峡口段1.2公里作了全面的水工数模实验。2001年3月，省水利厅下发《关于沱江干流成都河段防洪整治工程金堂峡实施方案的批复》，拓峡工程被正式列入国家计划。2001年6月上述三个报告经省水利厅、省环保局、省水保局组织专家评审通过。并由省水利厅将该项目报水利部长江水利委员会评审、批准该项目。2001年8月水利部同意并批准拓宽金堂峡1.2公里，在毗河、中河、北河上新建防洪堤8段共18.30公里，新建二阶防洪墙14.33公里。加固堤防3段共2.16公里，批准工程总投资15360.60万元。2002年3月，省水利厅批准了《沱江干流成都河段防洪整治工程金堂峡拓宽实施方案初步设计报告》。

金堂峡拓宽建设规模为：拓宽金堂峡河道1.2公里（标号20+600至21+800），改建公路1.12公里。该段河道枯水期水面宽一般为60米至70米，最窄处仅50米，河底宽约40米左右。拓宽工程是将峡谷西岸1.20公里长，拓峡段河底宽平均比拓峡前宽40米，将河底拓宽至90米，与原河底高程一致，土石方总开挖量为160万立方米，西岸边坡衬护4万平方米，改建赵淮公路1.12公里（宽12米），批准建设工期16个月，批准工程总投资6774.46万元。

三、实施沱江金堂峡拓宽防洪工程建设

2002年9月5日，金堂县拓宽金堂峡工程协调领导小组正式成立。沱江金堂峡拓宽工程于2002年12月10日下午4时，在金堂峡拓宽工程现场举行隆重开工典礼，中共成都市委书记王荣轩宣布正式开工。成都市防汛办公室作为金堂峡拓宽工程建设业主，负责主体工程的实施，金堂县政府及有关部门负责协调占地征用、移民安置工作与辅助工程建设等。2003年5月31日完成一期工程；2004年3月20日主体工程完成，26日全面完工，工程投资完成5300万元。主体工程由中国水利建设集团第五局、四川省水利工程局承建。金堂峡拓宽工程建设完工后，赵镇县城金堂峡增大了泄洪能力。

重大抗洪抢险工作

一、1995年8月11日抗洪救灾

金堂县城沱江洪峰流量高达7650立方米／秒，是1949年后的第二大洪灾（仅次于1981年7月14日凌晨2点金堂县城洪水流量8110立方米／秒）。灾害特点：降雨面广，沱江上游普降暴雨，洪水来

势猛，上涨速度快，洪峰持续时间长，给金堂县造成严重洪涝灾害。11 日 2 时，沱江上游的绵远河汉旺水文站和石亭江高景关水文站都出现 210 立方米／秒的洪峰流量，湔江关口水文站出现 4800 立方米／秒（50 年一遇），三皇庙水文站 8 月 10 日 17 时洪峰流量达到 3120 立方米／秒，8 月 11 日 18 时 30 分三皇庙处发生最高洪峰流量达 7650 立方米／秒，并持续到 11 日 23 时左右。造成金堂县 9 个镇（乡）、136 个村、11.98 万人被淹受灾。县城赵镇全城进水，淹没深度达 0.6—3.5 米；全县进水镇 6 个，集水城镇 3 个，被困人口 5.36 万人；损坏房屋 827 户、2070 间、面积 3.11 万平方米；倒塌房屋 1165 户、1485 间、面积 2.23 万平方米；死亡 2 人；农作物受灾面积 8020 公顷。毁坏耕地面积 2277.6 公顷，死亡牲畜 450 头；淡水养殖损失成品鱼 211 吨；全县停产企业 216 个；毁坏公路 15.4 公里，共 6.16 万平方米，毁桥涵 10 座共 115 米；供电线路中断 3 条次，中断时间 30 小时，损坏长度 4.80 公里；倾倒电杆 18 根，损坏通讯电杆 27 根，长 50 公里；冲毁损坏地方、护岸 15 处，损坏渠道 27.41 公里；淹没损坏装机 1050 千瓦水电站 1 座；损坏水文站 1 座。直接经济损失已达 1.62 亿元。

县防汛指挥部在 8 月 9 日晚收到市防汛指挥部电话通知的暴雨天气预报后，加强防汛值班工作，并开始抢险准备，10 日 10 点，指挥部向沿江 9 个乡镇电话通报洪水信息，先后发布五次抢险通告，组织各部门抢险。11 日市委、市政府领导黄寅逵、王荣轩、陶武先、刘家忠等领导到达金堂县，并在十里坝建立"市委、市政府金堂抗洪抢险指挥中心"，安排部署防汛工作。并请求成都军区空军和舟桥部队支援。11 日、12 日省委副书记蒲海清和省军区副司令员罗列文少将赶到金堂考察灾情。国家防总副主任李代鑫来金堂县考察、慰问。省军区罗副司令员带领 800 余名官兵，在金堂县连续战斗 30 余小时，解救出数名遇险群众；驻金堂县部队武警中队共 200 多名官兵，抢救出了数百名群众以及粮食和中小学课本等大量物资。12 日王荣轩市长下达了三项命令：（一）市消防支队马上派出 5 辆消防车向金堂送水，解决灾区群众饮水问题；（二）市财政组织市级有关部门向受灾群众送粮；（三）市卫生局、市防疫站马上组织人员、药品、器械，协助金堂消毒、防疫。温江县、青白江区派员支援了抗洪救灾工作。

二、2001 年 9 月 20 日抗洪救灾

金堂县城洪峰流量高达 7390 立方米／秒，为 1949 年后第三大洪水灾害。自 19 日 2 时起，至 20 日 8 时上游地区普降暴雨。其中：绵竹县汉旺镇、天池乡、什邡县红白乡、德阳市黄许镇，降雨量分别为 393 毫米、371 毫米、321 毫米和 313 毫米；降雨量达大暴雨（200 毫米以上）的有什邡县高景关站、德阳市清平站；降雨量达暴雨（100 毫米以上）的地区有彭州市、郫县、金堂县、都江堰市。19 日 8 时，三皇庙水文站测到沱江流量为 352 立方米／秒。自 20 日 3 时 40 分至 5 时，沱江金堂上游地区的湔江彭州市关口站、彭州市蒲阳河新桥站、什邡县石亭江高景关、绵竹县绵远河汉旺水文站分别出现洪峰，洪峰流量分别为 2200 立方米／秒、1160 立方米／秒、1610 立方米／秒和 1040 立方米／秒。上游洪峰奔泻下排中，沿途汇集了大量的区间暴雨洪水。致使流量猛增，20 日 8 时，三皇庙水文站实测流量猛涨至 5070 立方米／秒，到 12 时，洪水上涨为 6870 立方米／秒，至 16 时，洪水达到峰值 7390 立方米／秒，洪水淹没到十里大道四横道，这是金堂县历史上最晚的一次洪灾。

全县受灾乡镇 12 个，重灾乡镇有清江、赵镇、官仓、五凤等 9 个乡镇；农作物受灾面积 7600 公顷，直接损失价值 5300 万元；受灾村 101 个，受灾社 1398 个，受灾居民 39615 户，人口 12.82 万人；损坏民房 14720 间，倒塌 5679 间，直接损失价值 1350 万元；水利设施直接损失价值 3226 万元；公交工程直接损失价值 1020 万元，市政设施和其他物资直接损失价值 1000 万元；水利工程，损坏堤防 39 处、长 7500 米；损坏机电提灌站 90 处、毁坏农业灌溉渠道 165 处，长 17590 米；损坏变压器 15 台

240千伏安；水利设施直接损失价值2650万元。全县直接损失共计1.97亿元。洪灾发生后，省、市、县开展抗洪救灾工作。

三、2004年7月26日抗洪抢险救灾

金堂县城沱江三皇庙洪峰流量2590立方米/秒，洪水不大，但由于洪水主要集中于中河和毗河，北河来水较小，所以造成的损失较大。暴雨区主要集中在都江堰、彭州、郫县、新都、广汉等地，雨量较大，其中都江堰为55毫米；郫县为133.9毫米；彭州70.40毫米；新都144.70毫米；广汉55.30毫米；而北河上游的德阳、什邡、绵远等地的降雨多在50毫米以下。毗河和中河沿岸造成较大损失，农作物受灾面积达3075公顷，食用菌被淹100万袋、房屋进水602户、倒房549间、损坏2106间、企业设备被淹损失达150万元、冲毁耕地2.07公顷、损坏公路5公里、桥梁4座、水利设施损坏132处3050米、堤防损坏3处、洪水中死亡3人。本次洪水累计经济损失达1200余万元，洪灾中以抢救人员和物资为主，出动抢险船8架次，紧急转移人员480人。

城乡一体化建设

2003年10月，成立金堂县统筹城乡经济发展推进城市化进程领导小组，组长由县委书记赵德喜担任，副组长由县长舒刚、县委副书记吴幼章、副县长陈文建、副县长李光辉、县委调研员王世录担任，副县长陈文建兼任办公室主任，办公室设在县建设局。2004年4月，领导小组进行调整，办公室改设县农工办。城乡一体化的重点是抓好“三个集中”（指在贯彻国家宏观调控政策和市场机制推动下，工业向集中发展区集中；按照依法、自愿、有偿原则，土地向适度规模经营集中；在产业聚集和城镇建设推动下，农民向集中区居住。即简称：工业向园区集中、土地向业主集中、农民向城镇集中）。

一、工业向园区集中

从2004年起开始组建金堂工业集中发展区（简称金堂工业区），规划面积11.60平方公里，辖1个省级开发区和1个市级重点镇工业集中发展点，其中：省级开发区——四川金堂工业园区成立于1994年，位于金堂县城赵镇，规划面积6.60平方公里；市级重点镇工业集中发展点——成都纺织制鞋工业园成立于2004年，位于淮口镇，规划面积3平方公里。2004—2005年，金堂工业园区完成发展规划，成功引进的蒙牛乳业集团、川威集团、台湾禹昌集团、明达玻璃厂等一批重点项目已落户工业园区。淮口工业区依托成都热电厂、成都纺织印染工业集中发展区的建设，广泛引进生产性企业落户兴建。

二、土地向适度规模集中

按照“依法、自愿、有偿”原则，通过集中、竞标、业主承包和股份合作等多种模式，把推进土

地流转作为调整农村产业结构的重要手段，加快土地在社区内重组和社区外合理流转，使土地逐步向资本足、技术强、懂经营、善管理和效益好的规模型业主集中，从而实现土地规模化、集约化经营，整合土地资源，加快农业产业化进程，推进传统农业向现代化农业转变。至2003年，县涌现出一批土地流转的成功典型：川湘生化有限公司在清江镇利用土地53.33公顷，大规模经营种植盾叶薯蓣；四川天华集团在五凤镇高峰村租用土地53.33公顷种黄金果；成都豪清实业公司和福建厦门一位业主分别在隆盛芦茅村租用土地31.33公顷及官仓农场租用土地发展水果、蔬菜等。截至2003年，全县土地流转的总面积6243.40公顷，占耕地面积的14%，受让户数25234户，涉及流转农户34568户，占全县总农户的16%。

三、农民向城镇集中

农民向城镇集中是推进城乡一体化进程的一条主线，通过广开就业门路，加大培训力度，提高农民素质，引导农民逐步向城镇转移。同时，建立健全农民基本养老保险制度和新型农村合作医疗保险制度，使农民成为城市化、工业化的建设者和受益者，从身份、待遇、思想观念、生活方式上等各方面都转化为市民。至2003年，全县先后建立国家级示范小城镇2个：赵镇、淮口镇；省级试点小城镇10个：清江、淮口、高板、竹篙、土桥、福兴、隆盛、五凤、三溪、官仓镇：重点省级试点小城镇4个：淮口、福兴、竹篙、土桥镇。全县373个行政村中有中心村58个，初具规模18个，每年约有2.1万农业人口到城镇从事非农业生产。

2004年3月，金堂县新型农村合作医疗工作正式启动。同年11月底，参合农民在各定点医院门诊8355人次，合计报销6.18万元。2005年，全县全面推行新型农村合作医疗制度；7月1日起正式实行医药费用结算报销制度。10月，全县参合农民总数达329702人，参合率46.54%。

第一篇　政　区

金堂县境自有政区建置起，即先后设有郡城、县城、军城、州城。有文字记载的即有：西魏时期建城2座，唐代建城1座。1950年10月县治从城厢镇迁至今赵镇玉龙街25号驻地，2003年6月废。2003年6月，县委、县政府办公大楼分别从赵镇复兴街51号、玉龙街25号驻地迁入赵镇十里大道一段800号新县委、县政府办公大楼，7月1日正式办公。至2005年，金堂县政区总面积1155.61平方公里。

第一章　建置沿革

第一节　建县前

金堂县历史悠久。县地古为梁州境域；商、周、春秋战国时为蜀国地；秦惠王更元九年（公元前316年），秦灭蜀后入秦国蜀郡版图。汉高祖六年（公元前201年），割巴蜀二郡地，置广汉郡，郡治设在雒县乘乡。乘乡，即今四川省金堂县赵镇东。汉、晋时属广汉郡新都县东地、雒县东南地及犍为郡牛鞞县西地。东晋安帝义熙九年（公元413年），晋将朱龄石率军讨平占据蜀地的谯纵后，因牛鞞县东山地区扼成都东部门户，建置金渊戍，戍所在（今县治东南淮口镇）州城村，因戍所前江水出金沙，江中有深渊而得名。此为县境有建置之始。南北朝时，县境仍然主要为新都、雒、牛鞞三县之属地。

第二节 建县后

一、西魏金渊郡与金渊、白牟县

西魏废帝二年（即梁元帝承圣二年，553 年），梁益州刺史萧纪派军东下与梁元帝对抗。梁求西魏援助，西魏派军平蜀后于金渊戍所建置金渊郡，又割新都县、雒县、牛鞞县各部分地区建置金渊、白牟二县，隶属金渊郡。郡治与金渊县治同城，驻今淮口镇州城村；白牟县治驻今青白江区城厢镇。

二、北周金渊县

北周时（557—581 年）废金渊郡，并白牟县入金渊县（白牟县城废为古镇），改属武康郡。金渊县治驻今淮口镇州城村。

三、隋代金渊县

隋初，金渊县仍属武康郡。开皇三年（583 年）废武康郡，金渊县隶属益州。仁寿二年（602 年）隶属简州。三年，分绵竹、玄武、金渊、飞乌四县，建置凯州，金渊县改属凯州。大业二年（606 年）废凯州，金渊县往隶蜀郡，县治驻今淮口镇州城村。

四、唐代金水县与金堂县

唐武德元年（618 年），因避唐高祖李渊讳，改金渊县为金水县，隶属益州。三年（621 年），金水县改隶简州。县治仍驻今淮口镇州城村。咸亨二年（671 年）割新都、雒、金水三县的部分地区建置金堂县。以县界有金堂山而得名。隶属益州。武后垂拱二年（686 年），改属汉州。县治驻今赵镇韩滩社区旧城址。

五、五代金水县与金堂县

唐末及五代时期，金水县与金堂县先后属前蜀（907—925 年）、后唐（923—936 年）、后蜀（934—965 年）版图。县名及隶属关系未变，金水县隶属简州，县治住今淮口镇州城村；金堂县仍属汉州，县治驻址未变。后晋天福七年（942 年），曾遥改金堂县为汉城县，因当时四川已建立后蜀政权，后晋政令未达蜀境，实际未能改县名。

六、宋代怀安军与金水、金堂县

宋乾德三年（965 年）灭后蜀，五年（967 年）于金水县地立怀安军，隶属西川路，管辖金水、金堂二县。金水县从简州划来，县治与军治同城，驻今淮口镇州城村；金堂县从汉州划来，县治驻今赵镇韩滩社区旧城址。咸平四年（1001 年），怀安军改隶梓州路。嘉祐二年（1057 年），因金堂县城被洪水冲毁，县治迁往原西魏白牟县治所城厢镇（今成都市青白江区）。重和元年（1118 年），梓州路升为潼川府路，怀安军仍为其辖地。

七、元代怀州与金水、金堂县

元代至元十三年（1276 年），怀安军改置怀州，隶属成都路，仍辖金水、金堂二县。州治与金水县治同城，仍驻今淮口镇州城村。同年，省金水县入怀州；元二十年（1283 年），又省怀州入金堂县。金堂县治驻城厢镇。至正二十二年（1363 年），农民起义军明玉珍据有四川，建立大夏政权，金堂县隶属大夏上川西道成都刺史府，县治仍驻今青白江区城厢镇。

八、明代金堂县

明洪武四年（1371 年）大夏灭亡。明仍置金堂县，隶属成都府。洪武十年（1377 年）五月，金堂县并入新都县；明洪武十三年（1380 年）复置金堂县，县治仍驻城厢镇。明代曾在怀口镇建置怀口镇巡检司，驻今县治东南淮口镇。

九、清代金堂县

清顺治元年（1644 年），张献忠在四川建立大西政权，县为大西政权属地。顺治三年（1646 年），四川处于明军、清军、李自成农民军余部、张献忠农民军余部互相混战时期。顺治九年（1652 年），四川大部分境域为张献忠余部占领。顺治十五年（1658 年），清军南下，逐步占有川、黔。仍因明制，置金堂县，属成都府。康熙十二年（1673 年），吴三桂叛清，四川大部陷入吴手。康熙二十年（1681 年），清军收复全川，金堂县仍属成都府，嘉庆七年（1802 年），划全川为五道，金堂县隶属成绵龙茂道成都府，县治仍驻城厢镇。

十、中华民国时期的金堂县

1912 年 1 月 1 日，中华民国成立，仍置金堂县。民国 2 年（1913 年）划全川为七道，金堂县隶属川西道。民国 3 年（1914 年），改川西道为西川道，金堂县隶属西川道。民国 7 年（1918 年），四川由军阀各部划区驻防并掌管政权，称为“防区制”。由于军阀互相攻侵，防区时有改变。民国 14 年（1925 年）9 月，金堂县为陆军三十师邓锡侯部杨秀春旅驻地。民国 17 年（1928 年）后，废除道制，县由省直辖。民国 24 年（1935 年），川政统一，防区制结束。划全川为十八个行政督察区，金堂县隶属于第十三行政督察区。民国 37 年（1948 年），改隶第一行政督察区。中华民国时期，县治仍驻城厢镇。

十一、中华人民共和国成立后的金堂县

1949 年 12 月 27 日金堂县解放。中共金堂县委于 1949 年 12 月 31 日组建，金堂县人民政府于 1950 年 1 月 4 日成立。1950 年，划全川为四个行政公署区，金堂县隶属于川西行政公署绵阳专区。1950 年 10 月 28 日，县治从城厢镇迁往赵镇玉龙街 25 号驻地。1952 年 9 月，恢复四川省建制，金堂县仍隶于绵阳专区。1953 年 7 月改隶属于温江专区。1958 年 3 月 14 日，新都县的华严乡和永乐乡第三村划属金堂县管辖。1959 年 12 月 10 日，华严、大同两个人民公社划归成都市管辖。1968 年 9 月，温江专区改为温江地区，金堂仍为属县。1977 年 9 月 24 日，金堂县划归成都市。1980 年 12 月 17 日，成都市人民政府将金堂县城厢镇、太平二区的 1 镇、11 个人民公社划归成都市青白江区管辖。此后，县境至今无变化。

第三节 县城变迁

一、淮口州城村

西魏时于（今治东南淮口镇）州城村境内设金渊郡及金渊县城。以后又为北周和隋朝金渊县城，唐朝为金水县城，宋朝为怀安军城及金水县城，元朝为怀州城及金水县城。元世祖至元二十年（1283年）撤州并入金堂县，此城遂废。共历6个朝代730年。

二、城厢

县城故城城厢镇，西魏废帝二年（553年，即梁元帝承圣二年），置金渊郡，割新都、雒、牛鞞县的部分地区置金渊、白牟二县，隶金渊郡。白牟县治驻城厢镇（今成都市青白江区）。北周时（557—581年）废金渊郡及白牟县并入金渊县，此城废为镇。宋嘉祐二年（1057年）因金堂县城被洪水冲毁，县治迁（今成都市青白江区）城厢镇。民国时期，县政府驻西街。中华人民共和国成立初此城为金堂县人民政府驻地。1950年10月28日县治迁赵镇后，此镇为区所在地。城厢镇此县城从宋嘉祐二年第二次建为县城至1950年迁治，历时893年。

三、赵镇新生村

金堂县故城，唐咸亨二年（671年）建置金堂县时，于县治南赵镇新生村（今赵镇韩滩社区）旧城址设置金堂县城。宋嘉祐二年（1057年）因县城被洪水冲毁，县治迁（今成都市青白江区）城厢镇，此城遂废为镇，宋代名金堂镇。20世纪50年代修水利掘土修沟时发现，原城基呈椭圆形，傍毗河由北向南延伸，西邻阎王坎山足下，东枕中河码头至县农场一带，城周约2公里。

四、赵镇玉龙街

1949年10月1日，中华人民共和国成立后，赵镇街市大体分为老镇、新区两部分。老镇系指三江镇以内至梅林公园，是中华人民共和国成立前的旧镇。新区系指三江镇以北，平安桥以西郊山上下一片，是为解放后1990年以前逐渐形成的新区。老镇面积约1.5平方公里，新区面积约1.5平方公里（均包括河流面积）。

1950年10月28日，县治从城厢镇址迁驻赵镇玉龙街25号处，成为全县政治、经济和文化的中心。

五、赵镇十里大道

2003年6月25至30日，县委、县政府机关分别从赵镇原复兴街51号和玉龙街25号处旧址迁入赵镇十里大道一段800号大楼，于7月1日正式办公。

第二章　地理位置

第一节　位置　面积

一、位　置

金堂县是成都市辖郊县，位于成都市东北部，北纬30°29′10″~30°57′41″、东经104°20′37″~104°52′56″之间。县境东邻中江县，西连成都市青白江区、龙泉驿区，南靠乐至县、简阳市，北接广汉市、中江县。县城经成都至金堂快速通道距成都市中区31.25公里、广汉市20公里、中江县45公里、成都市青白江区3.55公里、龙泉驿区36公里。地处四川盆地西部，跨盆中和盆西两大褶皱带，成都平原东沿，川中丘陵西缘，龙泉山脉中段由东北转向西南横卧县域中部，形成西北高逐渐向东南降低的地势。县域位于成都平原与川中丘陵接壤地带。

二、面　积

金堂县域总面积1155.61平方公里，南北长68公里，东西平均宽36.9公里。县境周边界线总长383.2公里，地域由平坝、丘陵、低山组成，西北部属川西平原，冲积平坝与浅丘占土地面积的14.7%；东南部属川中丘陵区，丘陵占74%；中部低山占11.3%。地势最高峰在栖贤乡尖山村老牛坡，海拔1048.7米；最低处在云合镇江龙桥村金简桥，海拔385米。

第二节　区　位

一、优　势

（一）人居环境

金堂县城赵镇2004年12月荣获国家建设部颁发的“中国人居环境范例奖”，2005年评为“成都十大魅力城镇”。

位于成都平原东部、川中丘陵西缘，居我国亚热带季风气候区中部，气候温和，四季分明。1991—2005年常年日平均气温16.69℃，最低气温-4.4℃，最高温度37.7℃，年平均风速1.1米/秒。年平均日照1196.3小时。年均降雨量759毫米、无霜期296天、降雪日1.5天，年平均相对湿度80%。

山清水秀、空气清新。三条大河（北河、中河、毗河）穿过县城汇聚入沱江，乃千里沱江第一镇，也是古蜀四大名镇之一，历史上赵镇就是川西平原水运中心、物流中心和商贸中心。

成都市区龙谭寺到金堂的成（都）金（堂）快速通道仅31.25公里，为成都市城市主干道，金堂至成都仅20分钟车程。

（二）交通及物流

公路运输 金堂地处川渝两地腹心地带，铁路、公路四通八达，作为成都东部、北部之门户，向东经成南高速（即沪蓉高速）可辐射遂宁、南充、达县、广安等地区至宁波、上海等出海口岸；由成南高速经遂渝高速直达重庆，使金堂与重庆之距离缩短为267公里，比成都至重庆（成渝高速340公里）减少73公里；向北经成绵高速可辐射广汉、德阳、绵阳、江油、广元等地区至大连、青岛等出海口岸；向南经成渝高速可辐射简阳、资阳、内江、泸州等市并至福建、广东、广西等沿海省市。金堂到与成都市区经成南高速、成绵高速距离分别为38.56公里、45公里。

铁路运输 距四川金堂工业园区1.5公里处有达（州）—成（都）铁路金堂客货站，可直达上海，是物流、客流出川的直接通道。站内设有四股到发线、三条货物线、一条牵出线。距“四川金堂工业园区”10公里内有成（都）—渝（重庆）铁路、宝（鸡）—成（都）铁路、成北铁路编组站及国际集装箱中心站。

（三）水资源

金堂地处沱江源头，北河、中河、毗河三江汇流，水资源极为丰富。县境河流分属于沱江、岷江水系，县内有沱江、毗河、北河、海螺河、爪龙溪、溪木河、清溪河、万家河等大小江河13条，水资源理论蕴藏量为5.9万千瓦，可开发量为4.6万千瓦。

县自来水公司日供水能力为4万吨，自来水主输水管网已铺埋至四川金堂工业园区内。

（四）旅游资源

金堂，山水相连，风光秀丽，旅游资源奇特丰富：有得天独厚的赵镇“水城”；以古慈云寺、灵开寺、舒家湾天主教堂为主的宗教文化；以南宋瑞光塔、云顶城宋蒙古战场遗址等为主的历史文化；以“清幽奇丽”闻名蜀中的云顶山和源远流长、轻逸碧秀的沱江小三峡、九龙长湖为主的自然景观；以三溪果乡为主的特色生态旅游资源。

二、劣势

工业基础相对较弱，金堂县属于农业大县：工业起步较晚，工业企业规模小、数量少、缺乏龙头企业、品牌企业，优势特色产业不明显；农业产业化项目少，未形成规模效益。

第三章　行政区划调整

第一节　乡镇区划调整

一、1992 年 10 月 9 日金堂县撤区并乡建镇

截至 1991 年 11 月 22 日，全县共辖 6 个区、1 个区级镇（赵镇），41 个乡、2 个乡级镇（淮口镇、五凤镇）、16 个居民委员会、473 个村、4782 个组。1991 年 11 月 23 日，撤销竹篙乡，建置竹篙镇；撤销金乐乡，建置土桥镇。全县为 6 区 5 镇 39 个乡，辖 473 个村、4782 个村民小组、20 个居民委员会、206 个居民小组。1992 年 10 月 9 日，四川省人民政府批准金堂县撤区并乡建镇，将全县 6 个区公所，39 个乡、5 个镇调整为 9 个乡、15 镇：即撤销了原三江、淮口、福兴、高板、竹篙、土桥 6 个区公所；撤销了大安、永乐、云合、双流、新华、青松、广兴、九龙、大桥、石佛、高板、石龙、玉河、福兴、长乐、金龙、赵家、三烈、建设、淮口、清明、白果、悦来、盐井、四方、三星、官仓、清江、龙成、杨柳 30 个乡。新设置：云合、广兴、高板、赵家、福兴、金龙、白果、三星、官仓、清江 10 个镇。保留并扩大了原赵镇、淮口、竹篙、土桥 4 个镇和又新、转龙、隆盛、平桥、同兴、栖贤 6 个乡的行政区域；保留了五凤镇和三溪、黄家、云绣 3 个乡的建置。

二、1992 年 10 月 10 日至 2004 年 9 月 27 日撤乡建镇情况

1995 年 11 月 7 日，四川省人民政府批准金堂县人民政府撤销隆盛、同兴 2 个乡，设置隆盛镇、九龙镇。1996 年 8 月 6 日，省政府同意金堂县人民政府撤销转龙乡、三溪乡，设置转龙镇、三溪镇。1997 年 12 月，全县行政区划为 5 乡、19 镇、461 个村、4757 个村民小组、44 个居民委员会、328 个居民小组。2001 年 11 月 6 日撤销又新乡设立又新镇。至 2004 年 9 月 27 日，金堂县设 4 乡 20 镇：即赵镇、三星、清江、官仓、淮口、九龙、五凤、白果、赵家、福兴、金龙、三溪、高板、隆盛、竹篙、转龙、广兴、土桥、云合、又新镇和栖贤、云绣、黄家、平桥乡。

三、2004 年 9 月 28 撤销合并的镇乡

2004 年 9 月 28 日，为落实乡（镇）改革的各项工作，根据市委、市政府批准的《金堂县深化乡（镇）机构改革实施方案》，全县撤销合并的镇乡有：九龙镇并入淮口镇，云绣乡并入赵镇，黄家乡并入三溪镇。

四、2004 年 9 月 28 日至 2005 年 12 月 31 日金堂县设立的镇乡

从 2004 年 9 月 28 日至 2005 年 12 月 31 日金堂县设乡（镇）21 个：赵镇、三星镇、清江镇、官仓

镇、栖贤乡、淮口镇、白果镇、福兴镇、赵家镇、五凤镇、高板镇、三溪镇、平桥乡、竹篙镇、隆盛镇、转龙镇、广兴镇、又新镇、土桥镇、云合镇、金龙镇。全县辖19个镇、2个乡、187个村、4191个村民小组、42个社区居委会、674个居民小组。

第二节 并村建社区

1991年2月22日，经县政府批准，赵镇将原新生村7组设立为韩滩村。1993年3月11日，撤销赵镇十里、普利、韩滩3个村，分别设立十里坝、普光寺居委会，将原韩滩村辖区并入下横街居委会。7月8日，分别在土桥镇、福兴镇和同兴乡的场镇设立共4个居委会。1994年3月17日，将三星镇18个村撤并后设立为8个村（其中保留1个村）。同年6月20日，将赵镇三江村、永利村已处在县城新街道内的4个村民小组划出，设立“三江路居委会”。1995年12月6日，分别在隆盛镇、又新乡、三溪乡和转龙乡的场镇设立共4个居委会。1997年9月10日，县民政局经县政府101次常务会议批准，发出《关于赵镇居民委员会区域调整的公告》，除焦山路居委会辖区保持不变外，对9个居委会辖区分别作了调整并重新命名和更名；将新生村辖区内的韩滩开发片区建立为“韩滩居委会”，与新生村村民委员会（以下简称“村委会”）实行“两块牌子、一套班子”管理。赵镇共辖11个居委会。2000年3月8日，栖贤乡撤销1000人以下的村，将原来22个村撤并为8个村，其中，对新命名2个村进行旅游开发。2001年10月9日，赵镇撤销中兴寺、龙洞、先锋村，分别建立中兴寺、龙洞、先锋居委会；高板镇、福兴镇各撤并1个居委会，土桥镇撤并2个居委会。2002年9月10日经县人民政府批准，将赵镇焦山路居委会划归三中园区管辖；撤销了县城的北滨路、青果街、三江路、和平街、城隍庙、草市街、幸福横路、电业街、韩滩、焦山路、普光寺、十里坝、先锋村居委会；撤销新生村建制，同时批准成立了三江社区、北滨路社区、梅林社区、泰吉街社区和十里社区。同年12月20日，赵家镇撤销14个村和2个场镇居（管）委会，保留3个村；重新建立6个村、1个社区，其中保留村名4个，更名2个，新命名4个（含社区）。2004年，为推进城乡一体化建设，统筹城乡经济发展，在全县全面开展村级区划的优化调整工作，适度扩大村的规模，使山区的村达到2500人至3000人，平坝、丘陵地区的村达到3000人至5000人，对在城镇规划区内的村与场镇居委会合并，组建为社区。同年4月7日至12月22日，除原已进行村级区划调整的外，先后对21个乡（镇）的412个村、28个居委会予以撤销，重新组建为164个村、34个社区。至2005年12月31日，金堂县辖19个镇，2个乡，187个村，4191个村民小组，42个社区居委会。

第四章 镇 乡

1991—2005年，县各乡镇加大对农业的投入和农田水利基础设施建设，狠抓粮食生产，科学种田，广泛普及农业生产技术，农业实现了稳粮增收。1991—1997年，在农村普及九年制义务教育中，各乡镇加大对学校新建的资金投入，每个乡镇建有崭新的中、小学校。各个乡镇交通、道路、村道等发展变化很大。社会事业发展加快，各乡镇设有文化站、图书室、卫生院、计生站、幼儿园、福利院、供销社、农村信用社、邮政所、农村广播等服务机构；建有中国移动通信、中国联通通信、中国电信基站，开通有全国直拨电话；实现了村村、户户用电；天然气已通达多数乡镇。

第一节 赵 镇

赵镇位于沱江之首，为金堂县城驻地。距成都市区31公里。镇东靠三星镇、栖贤乡，南接淮口镇、成都市青白江区清泉镇，西邻青白江区城厢镇、姚渡镇，北与清江镇、官仓镇连界。镇域位于北纬30°45′43″~30°51′52″，东经104°20′37″~104°28′37″之间，海拔最低434.10米，最高817.60米。

2005年，全镇总面积79.31平方公里，耕地面积2691.67公顷，田1461.27公顷，土1230.40公顷，农业人均耕地面积0.05公顷。总人口138192人，其中：农业人口50097人，非农业人口88095人，男69945人，女68247人。有少数民族12种1771人，其中：回族80人，藏族11人、土家族43人、壮族7人、侗族3人、苗族5人、满族9人、彝族6人、白族1人、布依族1人、瑶族2人、羌族3人。

镇以原赵家渡而命名。古系四川四大名镇之一。唐高宗咸亨二年（671年）建置金堂县，县城设在今赵镇韩滩社区，曾驻此地386年。北宋嘉祐二年（1057年），县城被洪水冲毁后，迁往成都市青白江区城厢镇。1950年10月28日，金堂县城由城厢镇迁驻赵镇。

镇属于区域亚热带湿润季风气候区，气候温和，四季分明，雨量充沛。年均日照1268.7小时，年平均气温16.7℃，湿度较大通常为80%。境内地貌主要由低山、浅丘、平坝组成。

1992年10月撤销杨柳乡、龙威乡归隶本镇建制。1993年5月，赵镇普利村、十里坝村划归经济开发区。1997年1月，赵镇先锋、一致、米家巷三村划归四川中美（外）中小企业发展园区（简称：三中园区）。2001年11月，赵镇步云、春风、文武、前进四村划归三中园区。2004年5月，赵镇进行区划调整，将23个村5个社区调整为6个村、7个社区。即：撤销桐梓村、嘉陵村、祁家塘村，组建桐子园村；撤销月明村、莱坝村、石梯村，组建江源村；撤销同乐村、柳塘村、杨柳村，组建石子岭村；撤销同合村、新光村、胡家沱村，组建家珍村；撤销三合村、高明村，组建三合村；撤销永利村、三江村、中河村，组建赵渡社区；撤销中兴寺村、龙洞村、西家坝村，组建中河路社区；原三江社区、玉龙街社区、北滨路社区、梅林社区、韩滩社区不变。2004年9月，撤销云绣乡归隶赵镇建制。2004年11月，三中园区所辖的8个村、社区即米家巷村、一致村、步云村、春风村、文武村、前进村、十里社区、泰吉社区全部划归赵镇。2004年12月，赵镇将原云绣乡和三中园区的17个村2个社区调整为4个村、4个社区。即撤销文武村、民主村、文书堰村、爱国村组建香龙山村；撤销永乐村、接云村、喜鹊村，组建石槽堰村；撤销花龙村、心爱村，组建栖木河村；撤销瓦堰村、石云村、花家坪村，组建云绣社区；撤销米家巷村、步云村、前进村，组建沱源社区；原泰吉社区、十里社区不变。

城中梅林公园、北滨公园、南滨公园、绿岛与北河、中河、毗河、沱江相映生辉，被誉为“沱江第一城”，享有“天府水城”的美誉。2004 年，县城赵镇荣获“中国人居范例奖”“成都市十大魅力城镇”。2005 年被评为“省级文明县城”。

粮食总产：1991 年 6284.8 吨，2005 年 15944 吨。主产水稻、玉米、红薯、小麦、豌豆、胡豆；经济作物以油菜、花生、生姜、海椒、食用菌、橘子、大棚蔬菜为主。

自 1992 年起，不断调整农业产业结构，赵镇先后建立了 20 公顷的桐子园村无公害大棚菜蔬基地，存栏 1100 头的奶牛养殖基地、占地 133.33 公顷的食用菌基地和 800 公顷的金堂县立体农业循环经济示范带。全镇食用菌种植达 8500 万袋，产量达到 850 万公斤，产品销往 10 多个国家和地区。镇有个体工商户 4387 户，从业人员 10965 人。

镇有公路 266 公里，其中县道 20 公里，乡村公路 108 公里，村（社区）公路（机耕道）138 公里。城区占地面积 16.9 平方公里。2004 年，县城有街道 38 条、巷 21 条、路 31 条。

2005 年，镇共辖 10 个村、11 个社区。即三江、玉龙街、北滨路、梅林、韩滩、泰吉、十里、赵渡、中河路、沱源、云绣 11 个社区和桐子园、江源、石子岭、观音山、杨柳桥、家珍、三合、香龙山、栖木河、石槽堰 10 个村，共 400 个村（居）民小组。

第二节 淮口镇

淮口镇位于成都东部、县城东南，距成都市区 48 公里、离金堂县城 20 公里，东邻三溪镇、高板镇，南连白果镇，西靠赵镇及青白江区人和乡、云顶乡，北与赵家镇、三星镇接壤。镇域位于北纬 30°40′53″～30°48′15″、东经 104°27′57″～104°36′41″之间。海拔最低 422.50 米，最高 971.50 米。

2005 年全镇总面积 108.54 平方公里，耕地面积 2776.13 公顷，其中：田 639.73 公顷，土 2136.40 公顷。总人口 70619 人，其中，农业 53263 人，非农业 17356 人；男 36331 人，女 34288 人。有少数民族 10 种 42 人：藏族 5 人、彝族 12 人、回族 14 人、羌族 4 人、傈僳族 2 人、布依族 1 人、白族 1 人、苗族 1 人、满族 1 人、哈尼族 1 人。

元代为杨村地。明代于此置怀口镇巡检司，以镇西为古怀安军而得名。1992 年 10 月，淮口乡、建设乡与淮口镇合并，建置淮口镇。2003 年 5 月建置滨江路、瑞光、同兴社区。2004 年 9 月，合并九龙镇，仍名淮口镇。2004 年 11 月并村：万福、旭日村合为万福村，胜利、姜棚村合为姜棚村，龚家、乡台、两河村合为龚家村，九龙、天台村合为天台村，玉岭、小柏村合为小柏村，红卫、粮丰村合为粮丰村，新丰、红阳村合为红新村，一根、新建村合为一根松村，红岩、建设村合为红岩寺村，长江、三星村合为长江村，下坝、望江村合为望江村，金星、华兴村合为舒家湾村，中心、光荣村合为光荣村，东映、云顶村合为云顶村，州城、东升村合为州城村，双拱、兴隆村合为团结村。红光、金龙桥、五星、帽顶没有调整。

粮食总产：1991 年 5568.2 吨，2005 年 18655 吨。主产水稻、玉米、红薯、小麦等，经济作物以油菜、花生、蔬菜、伏季水果、中药材为主。五星、州城村及同兴社区所在的坝区村是成都市无公害蔬菜生产基地，年产绿色无污染蔬菜 630 万公斤，主要供应成都市场需求。光荣村的油桃、州城村的丰水梨、姜棚村的罗脐、云顶村的白凤桃是远近闻名的水果品牌。2005 年全镇水果产量 927.70 万公斤。云顶明参、丹参、桔梗等中药材在成都市五块石等中药材市场上畅销不衰，产销量达 54.20 万公斤。1998 年建成四川省农科院食用菌生产示范基地，同时成立淮口地区食用菌联合促进会，菌联会员达 3 万人，辐射淮口镇周边镇及简阳、中江等邻县，培育了一大批食用菌营销加工企业及个体户，全镇年产2000万公斤，产值达亿元，销往全国各地和日本、韩国等，解决2000人就业。2005年万福、姜棚村土地整理533.33公顷，新建五星村奶牛养殖小区1个，存栏200头，建双山、瑞羊黑山羊养殖场2个，养殖规模达千头。打造5000万袋生产加工规模食用菌产业化园区1个，在同兴社区建农村科技培训基地1个。

境内地处龙泉山脉的光荣、长江村储存有丰富的天然气资源。1999年，经中石油西南油气田分公司川西北气矿勘测队勘测，天然气无阻流量达1.9万立方米/日，日产量可达4000立方米。

淮口镇历史文化底蕴厚重，风景名胜众多。云顶石城筑于南宋，淳祐三年（1243年），是川西唯一宋蒙战争遗址。1991年，被列为四川省重点文物保护单位，县人民政府拨款按宋时形制修复了南城门及小东门之间的城墙，建立了四川山城资料展览馆。云顶山巅有始建于齐、梁间的慈云寺，为成都市级文物保护单位。云顶山上另有县级文物保护单位万年寺、居禅庵、圆觉庵、东映寺、千年寺、常乐庵等慈云寺脚庙六座。慈云寺中清代七佛坊。明清以前碑群各具特色；云顶山上清代摩崖石刻群文风隽永；后蜀经幢石刻（954年）年代久远，为县境已发现最早石刻。北宋继昭塔墓（1067年）是县内有年代款识的最早墓葬之一。炮台山灵开寺始建于清咸丰初年，楹联及各家题刻众多，为县文物保护单位。炮台山上地裂奇观和天星洞为地质奇迹，后者是国内首次发现的发育在中生代后期白垩系天马山组地层中的砂岩溶洞，具重要科研价值和旅游开发潜力。怀安古城遗址位于州城村、同兴社区内，怀安军古城遗址为县文物保护单位。南蛇山上南宋瑞光塔2006年6月，国务院颁布瑞光塔为第六批全国重点文物保护单位。塔后太平寺建于宋嘉定（1208—1244年）年间。南华宫是清代广东会馆，建于嘉庆十八年（1813年）。坐落于同兴社区的帝主宫是清初湖北麻城、黄州（今黄冈市）会馆，建于清乾隆年间，南华宫和帝主宫被列为县级文物保护单位。境内省级风景名胜有云顶山、炮台山灵开寺、国家级文物保护单位南宋瑞光塔、金堂小三峡等。小云顶山农家乐也初具规模。

20世纪90年代初期，淮口镇工业开始起步，国营成纺二厂是龙头支撑企业，在职职工达万人，产值上亿元，利税过千万元。1995年被评为成都市乡镇企业“综合百强乡镇”。至2005年，全镇有企业746个，其中：工业企业224个、建筑业12个、批发零售业217个，总产值12亿元，利润总额2524万元。

全镇有商业企业129户，职工2063人，个体工商户805户，从业人员1210人，有农贸市场1个，占地3万平方米。

1995年2月淮口镇被列为省小城镇建设试点镇，2005年被确定为成都市优先发展重点镇。

1991—2004年淮口镇街道名有：解放路、胜利路、兴隆街、公园路、文化街、烧房巷、中华路、公安街、建设街、上河街、下河街、青年路、胜利桥、淮白路、同兴街、糖市坝、太平路、新街、和平路、光明路、自由路、过境路、瑞光路、瑞龙街、淮州大道、真武路、书院街、万兴路、同心街。

2005年镇辖滨江路、瑞光、同兴、淮帆4个社区和万福、姜棚、龚家、天台、小柏、粮丰、红新、一根松、红岩、长江、望江、舒家湾、光荣、云顶、洲城、团结、红光、金龙桥、五星、帽顶、石心21个村，共413个村（居）民小组。

第三节 清江镇

清江镇地处县城西北，距县城9公里，东靠官仓镇，南邻赵镇，西接青白江区城厢镇，北与广汉市三水镇相接。镇域位于北纬30°52′50″~30°56′29″、东经104°20′54″~104°24′30″之间。海拔最低445.50米，最高477.40米。

2005年全镇总面积22.66平方公里，耕地面积1183.60公顷，其中：田948公顷、土235.60公顷。城镇面积2.04平方公里。人口24878人，其中：农业人口20277人，非农业人口4601人；男12462人，女12416人；有土家族、布依族各1人。

镇因境内有清白江（中河）而得名，是以前由赵镇到广汉的必经之路，因路旁有馍馍店，人们又俗称镇名为"馍馍店"。1992年10月撤乡建置清江镇。2004年11月前辖花牌坊、北河、双江、梓潼、齐心、觉华、草碾、红旗、一心、荣丰10个村，2004年12月花牌坊、北河村合并为花牌坊村，梓潼、齐心村合并为新水碾村，草碾、红旗、一心村合并为双堰村，觉华、荣丰村合并为荣华村，双江村、街道居委会和原梓潼村1组成立双江社区。

粮食总产：1991年11163吨，2005年11036吨。主产水稻、玉米、小麦、红薯、豌豆、胡豆等；经济作物主要有油菜、花生、生姜、食用菌等。镇内盛产食用菌，系全国食用菌生产基地和食用菌生产先进镇。2005年食用菌5000万公斤，蔬菜403.8万公斤。

2005年有规模以上企业5家：四川锅炉厂金堂分厂、成都市清江电力股份有限公司、成都鑫河纺织有限公司、成都金菊铸造有限公司、金茹菌业有限公司。镇农民人均纯收入4671元，财政收入达到460万元。

镇境内有金（堂）广（汉）二级水泥公路8公里横贯南北，距宝成铁路广汉火车站10公里、108国道7公里，民航广汉机场5公里，成绵高速9公里，达成铁路金堂火车站11公里，成南高速公路18公里。1991—2005年，镇投资650万元，修建乡村公路78公里，其中清（江）城（厢）公路6.70公里，实现了组组道路水泥硬化。

1994年3月，清江镇被列为四川省100个小城镇建设试点镇之一。清江镇中小学1996年10月通过国家"普九"验收。2000年镇中心小学接受可口可乐有限公司融资30万元，更校名为可口可乐希望小学。2005年，清江中学与可口可乐希望小学合并，投资140万元修建；修建教学楼980平方米，综合楼410平方米，实现了学校标准化建设。

镇内建有四川省监狱管理局中心医院。镇内在20世纪70年代初开始种植食用菌，主要菌种是平菇、蘑菇、鸡腿菇、姬菇、竹荪、木耳等10多个品种，竹荪为菌中上乘美味佳品；2005年食用菌种植达到4000万袋。有食用菌加工厂5家，产品远销国内外。1997年10月，投资800万元，修建1个占地2.67公顷的食用菌专业市场，从事食用菌原料、技术、生产、销售"一条龙"服务。

2005年镇辖双江社区和花牌坊、双堰、荣华、新水碾4个村，共107个村（居）民小组。镇街道有清江路、老街、火盆路、菌源街、梓潼街、兴隆街、双江路上街、双江路下街、双江路。

第四节 三星镇

三星镇以境内有金堂八景之一“三星伴月”而得名。镇位于县城北河东岸，是金堂县城的组成部分，为县城五大功能组团之一。东与福兴镇、赵家镇相连，北与栖贤乡接壤，西与赵镇隔河相望，南与淮口镇相邻。镇域位于东经104°22′22″~104°32′32″、北纬30°34′58″~30°53′48″之间。海拔最低432米，最高1011.10米。

2005年全镇总面积41.26平方公里，2005年有耕地面积1130.40公顷。总人口22659人，其中：农业人口20439人，非农业人口2220人；男11517人，女11142人。

镇以东西走向的橘乡路为主街道，长2公里，宽30米。金橘街、赵官街、圣灯路三条主街道向南北延伸。

1992年10月，三星乡、四方乡合并置三星镇，镇人民政府驻橘乡路73号。1997年，辖蓝家店、天灯、川福号、来宝沱、幸福、星月、四方、双龙8个行政村，118个村民小组，1个街道居委会。2004年居委会更名为竹林社区，辖10个居民小组。

粮食总产：1991年2490.2吨，2005年3687吨。主产玉米、红薯、小麦、豌豆、花生、生姜、石榴、大红柑、柚类水果、蔬菜等。坝区是成都市二线淡季蔬菜基地、无公害蔬菜生产基地。“金帅”牌早蒜薹以鲜嫩味正，上市早而闻名。山区是金堂黑山羊繁殖基地，金蒙乳业奶源基地。农村人均收入4369元。

有成都晋江福源食品有限公司、焊管厂、西马汽车配件厂、临江纸箱厂。

境内交通方便，省道唐巴公路3公里，县道赵官路1.48公里，村道水泥路60.20公里，全镇村村通水泥路和柏油路。距达成铁路金堂火车站1公里。镇内有果蔬批发市场、畜产业交易市场各1个。

1995年三星镇被授予成都市社会治安综合治理模范镇；1999年10月被授予四川省社会治安综合治理模范镇。镇有金橘街、赵官街、圣灯街。

2005年三星镇辖竹林社区和蓝家店、天灯、川福号、来宝沱、幸福、星月、四方、双龙桥8个村，共124个村（居）民小组。

第五节 官仓镇

官仓镇位于金堂县城以北10公里，距成都41公里。镇域在北纬30°53′30″~30°57′11″，东经104°23′14″~104°29′48″之间。海拔最低442.8米，最高651米。镇境东与栖贤乡接壤，南与赵镇、栖贤乡连界，北与广汉市松林镇相邻，西与清江镇隔河相望。

镇地处龙泉山脉中段，地势东高西低，平坝、丘陵、山区兼有。境内爪龙溪河、绵远河（北河）

穿流而过。年平均气温在16.7℃，年降雨量在800毫米以上，雨量充沛。

2005年全镇总面积39.44平方公里，有7个村和1个社区。总人口24748人，其中：农业人口21527人，非农业人口3321人；男性12895人，女性11853人。

镇1984年3月更名为官仓乡，1992年10月改置为官仓镇。2005年3月并村建社区，撤销原叶家店、七道沟村1、2、7组组建叶家店村；撤销原冯家林、凤凰村组建双凤村；撤销白马泉、安家村1、2组组建白马泉村；撤销原干堰塘村、街道、加上原七道沟村1、2、7组和原安家村1、2组组建官仓镇中孚社区；撤销原虎形、盘海店、顺河村组建红旗村；撤销原新安、新合村组建双新村；撤销原方家桥、鹅蛋山村组建鹅蛋山村；撤销原将军、爪龙溪村组建柿子树村。

镇内平坝、浅丘、山区兼有，2005年全镇耕地面积1506.07公顷，其中：田472.53公顷，土1033.53公顷。粮食总产：1991年9741.8吨，2005年8233吨。主产水稻、玉米、红薯、小麦、豌豆、花生、生姜、甘蔗、大红柑、柚类水果、蔬菜等。镇内有省级重点水利工程红旗水库，积雨面积67平方公里，蓄水量达1127万立方米，是金堂县城的取水保护区。有红旗水库的自留灌溉，2002年，被四川省农牧厅命名为"无公害蔬菜生产基地"。2005年，全镇蔬菜复种面积2133.33公顷，总产量1亿公斤；品种主要有黄瓜、豇豆、茄子、四季豆、黄豆荚、四季苔韭、萝卜、土豆、莲花白、海椒、花菜、苦瓜等，主要销往成都、重庆、武汉、陕西以及青海等地。有水果面积233.33公顷，其中伏季水果120公顷；品种主要有桃子、李子、梨子、柚子、脐橙、杂柑等。中日友好柑橘园建在鹅蛋山村。红旗水库已初步形成经济观光林带，具有较高的旅游开发价值。

坝区沿河有丰富的砂石资源，其颗粒级配良好，含铁极低，是建筑、制水工艺的理想材料；"白马涌泉"是金堂县八大景观之一，日自溢水1.40万立方米，四季自流，该涌泉含多种人体有益的微量元素及矿物质。

有宏宇砾石加工有限公司、成都德华生物制药有限公司、成都强力塑料制品厂、成都康源食品厂、成都犇牛实业有限公司、官仓火炮厂6家企业，个体工商户640户。

镇有县级公路一条即赵（镇）—官（仓）道路为三级水泥路面，有3路公交车通行。中孚场镇已完成中孚路、苍松街、围城路、安家街建设，街道总长3200米，同时完善了路灯、绿化以及地下管网等一系列附属设施。镇实现"村村通"水泥路（沥青路），村道总长67公里。

天然气管道由黄金输气管道接入镇苍松街，由南向北延伸到官仓镇加油站，整个城区天然气管网已形成，总长2680米。

场镇占地3.20平方公里，建有占地1.40公顷的果蔬综合市场1个。有中孚街、中孚北街、中孚南街、苍松街、三益桥街、黄桷树街、安家街。

2005年镇辖中孚社区和叶家店、双凤、白马泉、红旗、双新、鹅蛋山、柿子树7个村，共132个村（居）民小组。

第六节 栖贤乡

栖贤乡位于金堂县城东北，以境内有栖贤山而得名。乡政府驻岳公村东岳庙，距县城赵镇3公里、达成铁路金堂火车站4公里。乡境东与本县福兴镇和中江县兴隆镇接壤，南与三星镇相邻，西与赵镇隔北河相望，北与官仓镇和广汉松林镇、中江县石泉镇毗邻。乡域位于北纬30°51′01″~30°56′49″，东经104°25′07″~104°31′52″之间。乡境内最低点位于北河与石板河（又名海螺河）的相汇处，海拔432米；最高海拔（老牛坡）1048.70米，称为金堂县第一峰。

2005年全乡总面积55.72平方公里，耕地面积1464.60公顷，其中：田115.07公顷、土1349.53公顷。人口22603人，其中：农业人口22433人，非农业人口170人；男11951人，女10625人。有藏族2人，彝族3人。

1992年10月盐井乡并入栖贤乡，辖22个村，151个村民小组。2000年4月，实行撤村并村，将原22个村合并为向前、牛背、岳公、石板、三学寺、梨花沟、盐井、尖山等8个村。2005年10月，撤销盐井村，建立盐井社区。

乡境地处龙泉山脉东北地区，地势东高西低，有山、丘、坝地区，东部为低山区，中部为丘陵区，西部为平坝，分别占全乡总土地面积的75%、15%、10%。属亚热带常绿阔叶林带，其成林树种主要有柏树、松树、桤木等。有森林面积2933.33公顷，森林覆盖率达43%，多为人工栽培植被；1998年获全国百佳绿化乡（镇）。乡境内矿产资源丰富，北河有丰富的水利和砂石资源；尖山、盐井、石板、三学寺等村有丰富的天然气、铜、水泥矿石、页岩及条石资源。

乡属盆地亚热带湿润季风气候区中的盆地西部区，气候温和，雨量充沛，日照较丰富，四季分明，大陆性季风气候显著，春季气温回升早，但不稳定，冷空气活动频繁；夏季炎热，雨量集中，多大到暴雨，秋季气温下降快，常有阴绵雨；冬季气温干燥，温暖，雨量少，无霜期长。年平均气温16.7℃，热量丰富，冬暖春早，作物生长期长，能一年两熟或三熟。粮食总产：1991年5048.5吨，2005年7969吨。主产水稻、玉米、红薯、小麦、豌豆、胡豆、大麦等；经济作物主要有蔬菜、水果及食用菌。年产蔬菜300万公斤，水果260万公斤，系“成都市二线蔬菜生产基地”和“四川省无公害蔬菜生产基地”、成都市肉牛羊养殖基地和金堂黑山羊核心群培育基地。

主要河流有石板河及北河。北河为本乡与赵镇的分界河，有河岸线3.60公里。石板河是金堂县第四大河流，发源于本乡金堂县最高峰尖山村老牛坡（横梁子海拔1048.7米）山麓，流域面积在本乡境内为58.53平方公里，流长14.30公里，平均宽度33.72米，流入北河，是本乡境内较为重要的河流。

乡境内有省道“IS101成南路”（原唐巴公路）9.50公里，县道“旌金路”（原赵官公路）3.15公里、“集栖路”（原盐石路）8.40公里。全乡各村组皆通公路，乡村道路里程216公里，其中：有村道水泥路98.30公里，实现了村村通水泥路。

主要企业有：四川锅炉厂、成都福马食品有限公司、成都盐井酒业有限责任公司、成都吞拿金堂养殖场、成都经济林林木良种繁育中心、金堂铸造厂、金堂特制砂石厂等。

境内旅游资源丰富。栖贤山（圣灯山、三学寺）自古是蜀中旅游名胜，也是县内开放的佛教活动场所之一。境内松秀山有清代爱国名将宁远大将军、威信公岳钟琪的别墅“绿绕山庄”，庄后有岳钟琪墓。世人为了缅怀岳钟琪，称松秀山为岳公山。自乡政府沿唐巴公路北2公里处有桃花山、梨花沟风景区。梨花沟风景区土地面积为5平方公里，耕地面积46.67公顷。有村民160余户，600余人。梨花沟风光秀丽，有许多故事和传说，如“神仙洞”“三百梯”等。有明清时代的“观音庙”“月光庙”“花园寺”“系水桥”“桅杆石”等人文景观。1993年，村民易盛军首先利用自己家的院落开起农家乐，之后，村民纷纷效仿。1995年后，各级对景区开发建设相当重视。制定了《栖贤梨花沟景区发展规划》，修通景区环行旅游道路水泥路3公里，修建步游道3.50公里，建成具有川西民居风貌特色的农家院落，至2005年已建成20余户农家乐，4户星级农家乐，其中：三星级1家，二星级3家，总经营面积1.60万平方米。每年3—4月为梨花开花的高峰期。观景人数每天达3000人，收入可达5万元人民币，全年能接待游客30万人。梨花沟景区已成为金堂县的六大旅游区之一。1996年11月24日香港亚协公司总裁谭汉锦为栖贤乡石板村小学捐款20万元。

乡有希望街、长板桥街、长顺街、盐井街、安康街、通峰街。

2005年栖贤乡辖盐井社区和向前、牛背、岳公、三学寺、石板、梨花沟、尖山7个村，共151个村（居）民组。

第七节　白果镇

白果镇地处龙泉山脉东麓，位于沱江河上游、县城南部，境内山区、丘陵、坝地兼有。白果镇东邻高板镇、平桥乡，南接简阳市宏缘乡，西与五凤镇和青白江区人和乡相连，北靠淮口镇。镇人民政府驻白果场，距县城34公里，距成都三环路成南高速出口38公里。镇域位于北纬30°37′52″～30°42′18″，东经104°29′08″～104°36′40″之间。海拔最低414.8米，最高568.8米。

2005年全镇总面积60.94平方公里，耕地2791.60公顷，田753.87公顷，土2037.73公顷。2005年全镇总人口44042人，其中：农业人口44165人，非农业人口2877人；男23371人，女20671人。有少数民族5种共15人：白族2人，羌族3人，苗族3人，彝族5人，布依族2人。

1992年10月由原淮口区白果乡与原高板区清明乡合并为白果镇。2005年3月白果镇区划调整，由原来的24个村1个居委会合并为10个村1个社区：五通村、红石板村、顺江村、龙王村、罗盘村、古堰村、回龙桥村、马家林村、高庙子村、正云村和文武宫社区。镇人民政府内设机构4室1所1中心。

粮食总产：1991年10577.2吨，2005年17889吨。主产水稻、玉米、小麦、红薯；经济作物主要以油菜、花生、大豆等为主，年产量达600万公斤；水果生产以脐橙、椪柑、丰水梨、桃子为主。1991—2005年，白果镇大力进行农业结构调整，粮食和经济作物比重为2∶3。为加大产业结构调整，白果镇陆续建立了原虎心村循环经济示范园、龙王片伏季水果观光旅游基地、正云片杂柑基地、顺江村蔬菜生产基地。2005年，镇食用菌种植规模已发展到1.50亿袋；黑山羊养殖规模已达1.20万只，其中种羊2000只；各类小家禽养殖已达24万只。

有优质砂石资源，年产砂石达400万立方米，本镇砂石曾用于修建毛主席纪念堂；沱江河白果段河鲜特产——沱江河仔鲢，很有饮食业开发价值。

全镇拥有公路278公里，其中：水泥路8.50公里，柏油路21公里，碎石路248.50公里。成渝铁路红花塘火车站距白果仅2公里；达成铁路淮口火车站距白果6.50公里；至西南航空港——双流机场60公里；成南（成都—南充）高速公路穿越镇10公里，境内有大型互通式立交桥1座和占地13.33公顷的大型生活服务区1个，成南高速公路的建成把白果与成都的时空距离缩短为38公里的半小时经济圈。2005年，全镇已实现村村通柏油（水泥）路。

工业经济发展迅猛，利用毗邻淮口工业集中发展区与成都热电厂灰场正式落户高庙子村，以及白果电站建设契机，加大招商引资力度。不断完善回乡创业集中发展区，建成商住楼8000平方米，吸引60余户回乡创业人员创业、经商。全镇拥有大型砂石企业12家；中小型个体、私营企业200余家(各种预制板企业40余家，农产品加工企业30家)；总投资1.20亿元的白果电站项目正在建设中。

场镇面积0.64平方公里，街道2.40公里。有顺江街、临江街、文武宫街。

2005年镇辖文武宫社区和五通、红石板、顺江、龙王、罗盘、古堰、回龙桥、马家林、高庙子、正云10个村，共295个村（居）民小组。

第八节　五凤镇

五凤镇位于沱江河上游，龙泉山脉东翼中段。东邻金堂县白果镇、简阳市宏缘乡，南与简阳市桂花乡、灵仙乡相连，西与龙泉驿区万兴镇相邻，北靠成都市青白江区人和乡、金堂县白果镇。镇域位于北纬30°35′21″～30°41′53″，东经104°25′08″～104°31′51″之间。海拔最低411.20米，最高873.70米。五凤镇地处县城赵镇东南方向，成都正东方，距县城45公里、简阳46公里、成都48公里。

2005年全镇总面积59.29平方公里，耕地面积1542.67公顷：田237.60公顷，土1305.07公顷。人口28204人，其中：男15092人，女13243人。有少数民族5种、19人：藏族8人，彝族4人，羌族1人，回族5人，壮族1人。2005年并村建社区，撤销原黄狮、红字村组建金凤村；撤销原炳灵、跃进、史家沟村组建金箱村；撤销原高峰、战斗、白马村组建白岩村；撤销原百花、上游村组建玉凤村；撤销原友谊、红花村组建青凤村；撤销原柏木、九里村组建白凤村；撤销原金牛、鸣阳村组建小凤村；撤销原罗坝村和居民四段组建罗家坝社区；撤销原居民一、二、三段，加上原红字村1、2组和黄狮4组组建五凤溪社区。

镇属深丘地貌特征，山区面积占¾，土质为红黄壤泥，土质肥沃。境内气候四季分明，年平均气温17℃，降水量924毫米，日照为1241小时，无霜期290天。适宜于多种农作物种植，粮食总产：1991年13512.7吨，2005年10196吨。主产水稻、玉米、红薯、小麦。经济作物以花生、油菜为主，年产油料76.40万公斤，比1991年上升10.46%。1992年后，不断调整农业产业结构，建成了以伏季水果为主的水果基地。全镇水果种植2920公顷，比1991年上升13.04倍，其中：以北京系列为主的桃1533.33公顷，比1991年增加6.6倍；脐橙、椪柑866.67公顷，比1991年增加6.25倍；甜枣、黑宝石李子、樱桃等水果520公顷，比1991年增加0.19倍；年产水果3835.90万公斤，比1991年增加11.83倍。1994年五凤镇脐橙被农业部评为国家级优质水果。椪柑更是远近闻名，每年椪柑成熟时，被成都客商抢购。桃子远销西北市场的青海、兰州等地；“黄金果”入成都超市，1999年获广州南方食品博览会金奖。

沱江穿越镇境，形成巨大的沙石矿床，砂石质地优良，属英石、燧石，其颗粒饱满，含铁极低；1958年4月被国家建设部指定为重点工程建筑材料，已有50多年历史。1997年五凤镇肖坤全自办第一艘采砂船。2005年全镇有9艘采砂船，年采砂石113.40万立方米。五凤镇有建筑企业3家，上游建筑队、红花建筑队长期在成都铁路局铁路工地施工。五凤镇建筑队与淮口建筑队合并，组建为建筑公司，主要在淮口镇从事建筑活动。有酿酒企业4家，尤以罗家坝酒厂生产的“罗坝大曲”粮食酒最好，以其浓香，口感纯并畅销于市。镇有267户个体户主要从事食品加工生产，年创工业增加值1482万元。

有4家商业企业，职工50人，个体工商户890家，从业人员3360人；供销社门市17个，职工23人；商贸业增加值986万元，占地区生产总值5.39%。五凤农民利用五凤溪、红花塘两处火车站，自发进行农产品营销。

2004—2005年投资630万元，完成九年制义务教育学校标准化建设56245平方米。由香港打马洋制药公司赞助10万元，建学校名为满福小学2所。

场镇占地面积116公顷，公园1个，公共绿地面积22.85公顷，人均住房面积12.18平方米。镇区人口5520人。改建商业用房1700平方米。2004年以打造古镇，保护古镇为突破口，对古建筑物、历史文物投入350万元进行维修，维修面积达3.20万平方米。同时，对古民居和街道进行了恢复性维修。投资48万元建黄水河梯级挡水坝200多米。投资50多万元修建街道石板路1.5公里。镇区有公路257公里，其中：县道9公里，乡村公路122公里，村、社公路126公里，乡村公路中有2.50公里水泥路面，其余为柏油路面。

古镇文化：是成都市唯一的山地古镇，2000年被省委、省政府批准为全省小城镇建设试点镇，2004年被市委、市政府列入市级重点镇，2005年4月被四川省评为省级“历史文化名镇”。有十余座宫、庙、馆、楼、堂、祠。镇有青凤街、金凤街、玉凤街、白凤街、小凤街、爱国坝、望江路、临江路、青年街、前进巷、金鸡巷、共和里、天灯街。

2005年镇辖五凤溪、罗家坝2个社区和金凤、金箱、白岩、玉凤、青凤、白凤、小凤7个村，共180个村（居）民小组。

第九节　福兴镇

福兴镇以福兴区原驻地福兴场命名，象征幸福、兴旺。镇地处龙泉山脉中段，位于金堂县东北部，距县城28公里；东邻金龙镇、西接三星镇、栖贤乡，南靠三溪镇、赵家镇，北连中江县兴隆镇、太平乡，是一个山、丘、坝兼有的农业大镇。镇域位于北纬30°46′25″～30°53′06″，东经104°29′40″～104°40′57″之间。海拔最低451.40米，最高931米。

2005年全镇总面积73.71平方公里。耕地总面积2873.13公顷，其中：田974.33公顷、土1898.80公顷。总人口50385人，其中：男26450人，女23935人；农业人口45765人，非农业人口4620人；有回族3人、藏族4人，朝鲜族1人、羌族1人。

1992 年撤区并乡建镇，由原长乐乡、福兴乡合并置福兴镇。2004 年 10 月，实行村级区划调整，由水巷子居委会与伏牛村合并为福乐社区，原园觉村与七一村合并为园觉寺村，原宏观村与双篱村合并为双宏村，原长偃村与八田村合并为三福村，原龙桥村与茅谷村合并为金福村，原跳磴村与菱角村合并为清河村，原东风村和三合碑村合并为三合碑社区，原莲花磡村、羊毛沟村、花林村合并为长乐村，原独柏村、山王村、高石梯村合并为三王庙村，原牛角村、积善村不变。

粮食总产：1991 年 13737.7 吨，2005 年 16889 吨。主产水稻、玉米、红薯、小麦、豌豆、胡豆等；经济作物有油菜、花生、生姜、辣椒、大蒜、西瓜、南瓜、食用菌等。是成都市的食用菌生产基地和伏季水果、黑山羊生产基地。南瓜年种植 1200 公顷，年产量 2000 万公斤，被誉为“中国南瓜第一镇”。常年蔬菜种植达 1666.67 公顷，产量达 5000 万公斤；年种植食用菌 3200 万袋，产量 1.60 万吨，产值达 6400 万元。2005 年，粮食总产量 2517.30 万公斤，油菜籽产量 26.50 万公斤，花生 109 万公斤，蔬菜 3950.50 万公斤，柑橘 300 万公斤，食用菌 436 万公斤，生猪出栏 37399 头，羊 14796 只，牛 2408 头，小家禽 34.80 万只。全镇地区生产总值达 40640 万元，农业总产值 11543 万元。农民人均纯收入 4107 元，劳动力资源 27909 人，外出人口 14838 人（转移到省外 4325 人），年务工收入 5000 万元。

全镇有公路 221 公里，其中省道唐巴路途经镇三王庙、长乐村长约 4 公里，县道“兴石路”途经三合碑社区、园觉寺、牛角、积善、福乐社区、清河、卧龙、金福村 10 公里，“三金路”途经三合碑社区 2 公里。镇 1992 年 7 月建成三合碑经济开发区，建筑面积 1 万平方米。2003 年实现村通水泥（柏油）路，2005 年年底建成村道水泥路 24 公里，组道水泥路 47 公里。三合碑集镇位于省道唐巴路与县道淮兴路交汇处，与中江县兴隆镇相接。有汽车站、食用菌市场、超市、餐饮娱乐场所 18 处，各类企业 20 家，水、电、气、路皆通，是金堂、中江物资贸易集散地。

1991—2005 年全镇在基础设施建设方面共投入 3 亿元。2003 年 4 月投入资金 700 万元，在三王庙、长乐村建微水池 2000 余口。2000—2003 年投入资金 1200 余万元新建水泥（柏油）路 71.9 公里，2003 年实现了村村通水泥（柏油）路目标。2004 年投入资金 200 万元，安装程控电话 3300 余门。2005 年投资 300 余万元新建车站农贸市场 9600 平方米；投资 3000 余万元实施“三金路”“兴石路”改造；投资 4600 万元实施园觉寺、牛角村土地整理，平整土地 466.67 公顷；2000—2005 年，投资 800 余万元，实施农电改造，山平塘整治 50 口，改造机电提灌站 6 座，开发荒山荒滩面积 66.67 公顷。2003—2005 年，投资 800 余万元，实施农村中小学标准化建设，建成标准化学校 5 所，建筑面积 5 万余平方米，学生宿舍 1000 余平方米。有金兴街、金兴横街、铜钱街、酱园街、城皇庙街、城皇庙横街、商业街。

2005 年镇辖福乐、三合碑两个社区和牛角、园角寺、积善、双宏、三福、金福、卧龙、清河、长乐、三王庙 10 个村，共 282 个村（居）民小组。

第十节　赵家镇

赵家镇地处龙泉山脉的中部、金堂县东北部，距县城27公里、成都市76公里。东与福兴镇、三溪镇相连，南与淮口镇接壤，西与三星镇相依，北与福兴镇相邻。镇域位于北纬30°45′59″~30°51′05″，东经104°30′57″~104°37′14″之间。海拔最低438.8米，最高946.30米。

2005年全镇总面积61.47平方公里，地形山、丘、坝兼有，耕地面积2269公顷。其中：田751公顷，土1517.7公顷。总人口36072人，其中：男19028人，女17044人；农业人口30924人，非农业人口5148人。有少数民族7种，共15人，其中：彝族1人，回族2人，苗族4人，傈僳族1人，土家族2人，藏族2人，白族3人。

镇人民政府驻赵家场，嘉靖年间改名金山镇，清初于此设置赵家场。1992年10月撤乡并镇，撤销赵家乡、三烈乡，合并为赵家镇。辖17村民委员会、1个居委会，165个村民小组。2003年4月赵家镇进行了村级区划调整，将原来的17个村和1个居委会合并为1个社区和9个村。2004年12月三烈村建立三烈社区。

镇属热带湿润气候区，常年平均气温17.1℃，年降雨量740~880毫米，年平均相对湿度66%~71%，气候温和，四季分明，宜种面广。粮食总产：1991年9410吨，2005年11856吨。主产水稻、玉米、红薯、小麦、豌豆、胡豆等：经济作物有油菜、花生、生姜、辣椒、大蒜、西瓜、南瓜、食用菌等。重要特色产业是食用菌的生产、加工和销售。年食用菌种植量达6500万袋，是四川省食用菌种植实验示范基地，产品远销日本、东南亚、西欧各国。山区面积大，地理、气候优势突出，适应畜牧生产。畜牧业发展迅猛，基本实现“三元杂交”生猪生产改良，年出栏达3.54万头，山区获得金堂县“黑山羊养殖示范基地”称号。

1996年始建赵家镇食用菌公司，另有酿酒企业1家，建筑队1支。2005年，镇已建有成都山野菌业食品有限公司、成都天绿菌业有限公司、塑料制品厂、金堂赵家酒厂、金堂县赵家粮油厂、金堂县赵家加油站。2005年，全镇企业实现税收120万元、工业增加值1143万元；有个体经营户769户，从业人员达1893人，营业收入达到5091万元。2005年9月投资220万元在赵家中心小学进行成都市学校标准化建设，于2006年8月完工。

镇上有老年健身队；石峰村民间有敲锣打鼓闹新年的习俗，至今有35人继承，阳河街社区有龙灯队1支，老年舞蹈队一支20余人，每逢重大节日都会自发前往镇上表演。

全镇有省道“三金公路”淮口至兴隆段贯通全境，村道已建成水泥、柏油路32.80公里，全部实现了村通工程。镇区占地面积675公顷，公共绿地面积1.30公顷，人均住房面积30平方米。镇区人口5420人。有阳河街、顺发路。

2005年镇辖阳河街、三烈2个社区和翻山堰、红梁、莲墩、石峰、金山、平水桥、碧山、天星洞8个村，共169个村（居）民小组。

第十一节　金龙镇

金龙镇位于金堂县东南部，距金堂县城39公里。东邻中江县石笋乡、永兴镇，南与高板镇、隆盛镇相连，西与福兴镇、三溪镇接壤，北与中江县白象乡相邻。镇域位于北纬30°30′23″～30°33′29″，东经104°49′27″～104°53′26″之间。海拔最低422.60米，最高525.80米。

2005年全镇总面积42.67平方公里。耕地总面积1488.47公顷，其中：田505.93公顷，土982.53公顷。总人口为27133人，其中：农村人口23118人，非农业人口3976人；男14771人，女12323人。有3种少数民族，共5人，其中：藏族3人，彝族1人、纳西族1人。

镇设置于清代中期，因境内有一个金马庙和骑龙店的几个小山头绵延相连像一条龙，就取金马庙的“金”和骑龙店的“龙”而得名。1992年10月撤乡建镇，建置为金龙镇。1997年辖行政村15个，街道居民委员会1个，村民小组163个。2005年3月村级区划调整，将原15村1居委会并为6村1社区，即现在的谢杨坝（原八都、北兰、新店村）、河源（原桂花、五一、石泉村）、高粱（原解放、花磉礅村）、良园（原西沟、猫儿湾村）、獐子湾（原光芒、福宁村）、净因寺（原净因、新苗村）村，骑龙社区（原新街村、街道骑龙店居委会）；辖村民小组164个。

属龙泉山东侧浅丘陵地带，土壤成土母质，除良园、高粱二村为成都黏土区外，其余4个村和1社区均为白垩系下统砂岩，为黄红紫泥土，境内有丰富的页岩资源。

粮食总产：1991年14124.7吨，2005年9922吨。主产水稻、玉米、红薯、小麦、豌豆、胡豆等。经济作物有油菜、花生和萝卜、青菜、生姜、辣椒、大蒜、南瓜等蔬菜作物。1991年，镇内有桑树700万株，年产茧16.50万公斤，种茧1.45万公斤，系县蚕桑重点生产基地镇。农业总产值8940万元，常年外出务工人员7985人，其中转移到省外3873人，年务工收入达5800万元。

镇有金龙镇新街页岩砖厂，金龙镇页岩砖厂，蔡家寨页岩砖厂，金堂县金龙镇酒厂。2005年全镇工农业总产值为14540万元，农民人均纯收入3690元。

金龙场镇为金堂县东部的边境商贸小集镇。集镇有街道4条、巷18条。建有占地面积1246平方米的农贸市场1个。

爱国台胞王先远情系故乡，捐资5万美元，在河源村兴建“先远希望小学”，建筑面积达1000余平方米。1992年完成扫盲。1996年10月，通过国家“普九”验收。2005年，实施农村中小学标准化建设。镇内有文化中心、广播站、有线电视台等文化活动场所。非物质文化得到弘扬，金龙传统曲艺莲箫队于2002年重新组建，曾于20世纪50年代进京会演的传统曲艺金龙镇闹年锣鼓队于2005年重建。

镇的特产有：金龙有宜做陶器土壤，尤其有釉土矿藏，其釉泥（青釉）以其色泽青黝、细腻光滑而闻名，为青釉泥矿藏之上品。清初即建有土陶窑，主要生产日用陶器。做工精巧，造型美观，泥质优良而畅销川北一带，所产彩花釉陶“花货”曾被送北京展出。

金龙食品厂的“袁桥牌”青豆罐头深受消费者青睐，1994年获得蒙古乌兰巴托国际博览会金奖。有高升街、瓦窑街、金石街、骑龙街、金马街。

2005年镇辖骑龙社区和獐子湾、良园、高粱、河源、谢杨坝、净因寺6个村，共164个村（居）民小组。

第十二节 高板镇

高板镇地处县城东南，距县城35公里、成都48公里。镇域位于北纬30°38′05″~30°44′37″，东经104°35′05″~104°41′44″之间。东与隆盛镇相接，南与平桥乡、竹篙镇交界，西与淮口镇、白果镇相连，北与三溪镇、金龙镇毗邻。海拔最低431米，最高515.50米。

2005年全镇总面积45.98平方公里。耕地面积2103.40公顷，其中：田926.27公顷，土1177.13公顷。总人口39247人，其中：农业人口27423人，非农业人口11824人；男20726人，女18521人。汉族为主，有少数民族4人，其中：回族1人，彝族1人，苗族2人。

清初属大渡乡，一唐姓人家曾在此修建唐家祠堂，在祠堂前的杨溪河上搭建高而窄的木板桥供行人过往，后逐渐成场而得名。嘉庆中于此建置为高板桥场。1992年撤区并乡，与原石龙乡合并建置高板镇。辖高桥、银桥、明参、高观、青龙、凤树、竹林、天堂、高石、玉溪、安塘、石龙、会龙、东岳、九座房、水堆、包包店、茅庵堂、三教寺共19个村，268个组。2004年，村级区划调整，将包包店，茅庵堂两村划入隆盛镇，同时将其余17个行政村合并：由原高桥村、高石村、唐家祠、文昌宫居委会合并为兴桥社区，高观、青龙合并为杨溪村，石龙、会龙、三教寺合并为石龙社区，由原凤树、竹林合并为凤林村，安塘、银桥村合并为安桥村，玉溪、明参合并为玉溪沟村，九座房、水堆村合并为高龙村，原天堂、东岳村不变。

镇属浅丘地带，土质以黄、红、紫泥为主，地势东高西低，有丰富的页岩资源和地下水资源。境内有杨溪河、秧溪河、资水河，全镇河流总长21公里。

粮食总产：1991年11582.2吨，2005年15147吨。主产水稻、玉米、红薯、小麦、豌豆、胡豆等；经济作物有脐橙、杂柑、柚、桃、李、核桃、樱桃、油菜、花生、西瓜、辣椒、食用菌等。镇内盛产罗伯逊脐橙，其果肉脆嫩化渣、味浓甜、汁较多、无核，脐橙年产量1800万公斤，居全县第二位，远销省内外；1989年12月，获农业部“金杯奖”和“全国优质水果”称号。镇于2001年8月被省农牧厅评为无公害果品生产基地。是成都市优质伏季水果基地和农业科技示范园基地。养殖业主要以生猪、黑山羊、肉牛、鱼、鸡、鸭、鹅等家禽家畜为主，其中生猪年出栏4.15万头。高板镇党委政府以西部大开发和成南路建设为契机，大力推进产业化经营进程和加大农业结构调整力度，粮经比例由过去的7∶3调整为4∶5。2005年人均纯收入3797元，GDP 10091万元，其中：第一产业7092万元，第二产业231万元，第三产业2768万元。全镇劳动力21354人，常年外出务工人员11027余人。

镇是成都市小城镇建设试点镇，县级中心镇，场镇占地面积1.80平方公里，有商业街、中心街、杨溪河街、文化街、粮贸街、文昌宫巷、幸福街、瓦店街、幸福街、柏树桥巷、油厂街、希望巷、竹市巷、铁器巷、老市巷、梳房巷、万顺街、瓦店街、青丝街、兴学街、老市街、石堰街、爱民街、水厂街、石府街。

交通便利，村村通柏油路，金乐路、达成铁路、成南高速公路，成“川”字形纵贯全镇，其中县道金乐路起至玉溪沟村，途经兴桥村，直延石龙社区，沿途长7公里；村道柏油路、水泥路畅通。

2005 年镇辖兴桥、石龙 2 个社区和杨溪、风林、天堂、玉溪沟、安桥、高龙、东岳 7 个村，共 244 个村（居）民小组。

第十三节　平桥乡

平桥乡位于金堂县城东南，距县城 46 公里。乡域位于北纬 30°36′28″～30°41′32″，东经 104°35′46″～104°41′23″之间。海拔最低 423.40 米，最高 520.30 米。乡境东邻竹篙镇、南靠简阳市、西连白果镇、北接高板镇。

2005 年全乡总面积 51.34 平方公里。耕地面积 2651.73 公顷：田 829.93 公顷，土 1821.80 公顷。总人口 37769 人，其中：农业人口 31162 人，非农业人口 6851 人；男 20305 人，女 17708 人。有藏族 3 人，彝族 6 人，回族 3 人。

清光绪年间于此建平安桥场，因架有一座平石桥而得名，俗称平桥。1992 年 10 月 13 日撤区并乡。与玉河乡合并为平桥乡。辖石桅子、白竹、河安、柏林湾、马鞍山、小米塘、八角亭、鸿发、水磨河、观屋、双堰、双坊、大田、雨旺、七梁、飞龙、五显、丰盛、绣阳、梧桐、兰草、泰山共 22 个行政村，254 个社（组）。2004 年 10 月，村级区划调整。由原飞龙、兰草村合并为平安桥社区，双堰、七梁合并为清堰社区；由原泰山、双坊合并为同善村，大田、雨旺合并为大禹村，五显、丰盛合并为五盛村，绣阳、梧桐合并为三岔河村，石桅子、柏林湾合并为石桅子村，白竹、河安合并为金钱寺村，小米塘、马鞍山合并为小米糖村，八角亭、观屋合并为玉亭村，鸿发、水磨河合并为鸿河村。

乡境属浅丘地带，地势东高西低，有丰富的页岩资源和地下水资源。乡内土质以黄、红、紫泥为主，占全乡耕地面积的 70%，其余为棕黄色泥土。年平均气温 17℃，雨量充沛，年降雨量 880 毫米左右，无霜期约 290 天，日照偏多，四季分明。全乡共有河渠 42 条，全长 68 公里。境内有杨溪、金简两条自然河，全长 20 公里。有水库 4 座、塘堰 348 口，提灌站 17 座，蓄水池 619 口。每年可蓄水 228 万立方米。除两条自然河灌溉的几个村外，其余都属九龙滩灌区直灌村。粮食总产：1991 年 8569.5 吨，2005 年 22193 吨。主产水稻、玉米、红薯、小麦、豌豆、胡豆等；经济作物有脐橙、杂柑、柚、桃、李、核桃、樱桃、油菜、花生、西瓜、辣椒、食用菌等。乡内盛产华脐，其果形匀称，色泽光亮、脆嫩化渣，香甜可口，被誉为“果中之王”，远销省内外，1994 年 12 月，在第二届中国农业博览会上荣获国优金奖。养殖业主要以生猪、黑山羊、肉牛、鱼、鸡、鸭、鹅等家禽家畜为主。2005 年，乡党委、乡政府加大招商引资力度，引资 1000 万，引进全球销量第一的 PIC 五元杂交生猪良种繁育项目，年产仔猪 3600 头。平桥的 PIC 生猪良种和华脐已成为平桥的两大支柱产业。

有年产 1000 万匹页岩砖厂 1 个，年总产值 100 万元；全乡工业企业营业收入 5121 万元；有商贸单位 312 个，职工 1315 人，个体工商户 187 户，从业人员 279 人。

2005 年，乡政府机关设有：党政办、经济发展办、社会事业与计生办、城乡建设管理办、财政所、事业管理服务中心共 4 办 1 所 1 中心，财政供养的行政事业人员共 33 人。1991 年，平桥电影队被四川省文化厅、四川省精神文明建设活动办公室评为文明电影队。

乡有公路 215.70 公里，其中机耕道 207 公里，县道金乐路途经乡小米塘村，长约 3 公里。省道成南高速途经小米塘、金钱寺村，全长 3.80 公里。金简水泥路（平桥段）途经小米塘、石桅子、金钱寺、五盛村和平安桥社区。全长 8.76 公里。村村通水泥、柏油路。2003 年，小米塘村投资 62.8 万元，建成长 3.60 公里，宽 3.50 米的水泥路；三岔河村投资 72 万元，建成长 4.50 公里，宽 3 米的水泥路；

2005 年，金钱寺村投资 65 万元，修建长 3.25 公里、宽 3.50 米的水泥路；2004 年，鸿河村投资 34 万元修建长 2 公里，宽 3 米的水泥路。

集镇有东、南、西、北、新西、兴平、文化商业街共 7 条街和 1 个飞龙巷，有西街、新西街、北街、南街、东街、飞龙巷、兴平街，街道总长 1.80 公里，房屋面积 16.75 万平方米，场镇建成区面积 0.80 平方公里。2005 年，乡党委政府采取市场配置资源、土地置换等手段，启动场镇改扩建工程，引资 1200 万元，新建回乡创业集中居住区 8800 平方米，改扩建 A 区、B 区综合农贸市场 7000 平方米；投资 260 万元新（迁）建平桥卫生院 2677 平方米；投资 600 多万元实施学校标准化建设 5300 平方米。

2005 年乡辖平安桥、清堰 2 个社区和石桅子、金钱寺、小米塘、玉亭、鸿河、同善、大禹、五盛、三岔河 9 个村，共 254 个村（居）民小组。

第十四节　三溪镇

三溪镇因境内有 3 条溪河纵贯全境而得名，镇位于金堂县城东南，东接金龙镇，南连高板镇，西与淮口镇接壤，北与福兴镇、赵家镇接界。镇人民政府驻三溪场镇，距县城 35 公里。镇域位于北纬 30°43′01″～30°47′35″，东经 104°34′09″～104°40′27″之间。海拔最低 427 米，最高 508.20 米。

2005 年全镇总面积 57.16 平方公里，耕地面积 2745.87 公顷，田 1055.73 公顷，土 1690.13 公顷。总人口 46335 人，其中：男 24295 人，女 22057 人；农业人口 42093 人，非农业人口 4259 人。全镇劳动力 2.50 万人，外出务工 1.80 万人。

1992 年 10 月，县行政区划调整时，仍为三溪乡。1996 年 8 月撤乡并镇，更名为三溪镇。辖高河、四方井、泉水堰、金竹、花石、白云、米坊、瓦盖墙、崇岭、治理共 10 个行政村，134 个组，1 个居委会。2004 年 10 月与黄家乡合并，仍名为三溪镇。辖高河、四方井、泉水堰、金竹、花石、白云、米坊、瓦盖墙、崇岭、治理、明星、千厢、长良、万鸭、石庙、八一、七根、长沟、柏林共 19 个村，269 个组。2004 年 10 月村级区划调整后，将原来 19 个村合并为 9 个村，2 个社区，279 个组。

镇属龙泉山东侧平谷缓丘地带，气候温和，四季分明，年平均气温 16.9℃，降水量 900 毫米，日照充分，年无霜期 290 天。境内土壤以黄红紫泥土为主，土质肥沃，物产丰富。粮食总产：1991 年 10648.2 吨，2005 年 17939 吨，主产水稻、玉米、红薯、小麦等；经济作物有脐橙、杂柑、西瓜、油菜、食用菌、花生、蔬菜等。国优脐橙 3600 万公斤，水果总产量 4200 万公斤，油菜籽 88.30 万公斤，食用菌 900 万公斤，生猪出栏 34977 万头。农业总产值 12973 万元。

2005 年，镇政府机关设有：党政办、经济发展办、社会事业与计生办、城乡建设管理办、财政所、事业管理服务中心共 4 办 1 所 1 中心，财政供养的行政事业人员共 44 人。

镇有公路 90.92 公里，其中：水泥路 28.62 公里，沥青路 29.50 公里，村组碎石路 26.60 公里，泥路 6.20 公里。达成铁路途经镇白庙村 11 组，长 3.80 公里。镇有淮口至金龙县道三溪段水泥路 12 公里，2005 年 5 月投资 98 万元，将三溪场镇至长林村委泥路改建为水泥路，长 3.60 公里。村村通水泥路、柏油路。

三溪集镇有上正街、下正街、文化街、新兴街、花园东街、花园西街、花园南街、花园北街、三圣街、向阳街，长明街。

镇特色产业：境内气候独特，适宜脐橙种植，主要品种是华盛顿脐橙和罗伯逊脐橙，脐橙品质优良，风味独特，是全镇的支柱产业，多次荣获国家金奖：1991 年荣获全国菜篮子工程园林金杯奖；1995 年荣获全国第二届农业博览会金杯奖；1997 年荣获全国国际农业博览会优质产品称号等。并于 1997 年在工商局注册“三溪”商标。2005 年末，果园面积 1200 公顷，年产 3600 万公斤，农民人均脐橙收入 1357 元。镇享有“中国脐橙第一乡”的美誉之称。

2005 年镇管辖：金河、黑凤寺、龙桥、白庙、金峰、玉堂、明月、岳山、长林 9 个村和三河、三圣 2 个社区，279 个组。

第十五节 竹篙镇

竹篙镇位于县东南部，东与广兴、又新镇接壤，南与云合镇、简阳市踏水镇相连，西与平桥乡毗邻，北与高板、隆盛、转龙镇相接。镇域位于北纬 30°33′00″～30°37′02″，东经 104°40′31″～104°46′04″之间。海拔最低 412 米，最高 557.80 米。距县城 50 公里。

2005 年全镇总面积 72.67 平方公里，耕地面积 2981.67 公顷：田 861.07 公顷，土 2120.60 公顷。2005 年底，总人口 48219 人，其中：农业人口 33865 人，非农业人口 14387 人；男 25676 人，女 22576 人。有少数民族 8 种 98 人，其中：苗族 5 人，彝族 19 人，藏族 37 人，傈僳族 14 人，白族 7 人，傣族 8 人，蒙古族 5 个，满族 3 人。

竹篙场因境内有竹篙寺而得名。1992 年 1 月，撤销竹篙乡建立竹篙镇。1992 年 10 月撤区并乡，新华乡、青松乡并入竹篙镇。2004 年 6 月将双辉村划给隆盛镇。11 月，实施村级区划调整，由原 32 个行政村 2 个居委会调整为 11 个行政村 3 个社区：撤销原竹篙村、五才村、下正街居委会组建成竹篙寺社区；撤销原常乐社村、大华村、上正街居委会组建成常乐社区；撤销原高升村、石船村、双河村、白果村组建成青松社区；撤销原周家村、凉水村、古井村组建成凉水井村；撤销原劳动村、永济村、金龙村组建成红观音村；撤销原长龙村、汤家村组建成老虎寨村；撤销原晏家村、永丰村组建成凤凰村；撤销原康家村、大明村组建成马鞍村；撤销原团结村、联盟村组建成道沟湾村；撤销原石江村、新华村组建成八棵松村；撤销原白鹤村、金简村组建成金简河村；撤销原太平村、回龙村组建成天宝寨村；撤销原新星村、永胜村组建成半边街村；撤销原金马村、龙华村组建成金华村。

粮食总产：1991 年 10389.8 吨，2005 年 21329 吨。企业有：竹篙建筑公司、页岩砖厂。镇属金堂、中江、乐至、简阳四县边界附近商贸集散中心。

2005 年，地区生产总值达 3.95 亿元，其中：农业 8700 万元，工业、建筑业 4350 万元；全年财政收入 231 万元，财政支出 460 万元；农民年人均可支配收入 4110 元。

境内有水泥公路 50 公里，柏油公路 5 公里，机耕道 150 公里。1995 年投资 76 万元修建竹篙至转龙路、竹青柏油公路 9 公里。1996 年投资 220 万元修建金乐路竹篙绕场镇段二级水泥公路 1.10 公里；

投资210万元修建竹篙邮电支A网移动电话机站，安装程控电话640门，国内电话可直拨。1998年投资20万元整治村道20公里；投资25万元实施村村通电话工程，安装电话105部。1999年投资180万元整修碎石路20公里，新建村道路6公里，整治水泥路1.10公里。1999年投资105万元安装程控电话350部。同年修建塘堰石砌33口、蓄水池3120口。2000年新建农田水渠1公里，提灌站1处，蓄水池300口，投资50万元修建节水喷灌工程。同年投资25万元修建公路5公里，投资90万元新修水泥路1公里。2005年投资100万元，新建水泥路4.20公里。同年修建提灌站1处，蓄水池6口。

场镇有上正街、下正街、创业街、金竹街、青松街、宏展街、双河街，南华街、禹王街、关音巷、河坝街、狮子巷。街道总长6.20公里，商业铺面1169间，街道房屋总面积42万平方公里。1991—1997年投资5002万元用于场镇改造，扩建面积14.87万平方米。1998年投资8万元完成竹篙场镇1座木拱桥改造；投资17万元修建长132米、宽10米的十字街口；投资192万元修建街道房屋面积1.40万平方米；铺面29间。1999年投资150万元修建政府办公大楼1座；投资280万元改造茶旅社、上正街、煤建站、规划创建“金堂回乡创业示范区”。2000年投资685.50万元新建住房15320平方米。2004年投资30万元改造河滨路。2005年投资50万元用于拓宽抬高木拱桥、五才路硬化；投资20万元，新建住房0.2万平方米。

2005年镇辖清松、竹篙寺、常乐3个社区和凉水井、红观音、老虎寨、凤凰、马鞍、八棵松、天宝寨、金华、半边街、金简河、道沟湾11个村，共319个村（居）民小组。

第十六节 隆盛镇

隆盛镇位于金堂县东南部，距县城48公里、成都市区60公里。东邻转龙镇和中江县永门镇，南接竹篙镇，西靠高板镇，北连金龙镇。镇域位于北纬30°39′33″～30°45′15″，东经104°41′19″～104°45′37″之间。海拔最低406.80米，最高533.50米。镇人民政府设于隆盛场，新平街19号。

2005年全镇总面积56.60平方公里，耕地面积2110.07公顷，田656.60公顷，土1453.47公顷。总人口33733人，其中：男17895人，女15838人；农业人口30639人，非农业人口3094人。有少数民族6种35人，其中：蒙古族10人，回族8人，彝族12人，藏族2人，侗族2人，黎族1人。

清光绪时，于此置新民镇，俗称隆盛场。1992年，撤销石佛乡，并入隆盛乡。1995年改置为隆盛镇。2004年12月并村建社区，从高板镇划进包包店村和茅庵塘村。撤销原青云村、松柏村、金中村组建松柏村；撤销原宝象村、粟木村、古顶村组建古顶村；撤销原泉水村、春华村组建泉水沟村；撤销原红月村、三塘村、铁岭村组建白果湾村；撤销原大桥村、新开村组建新开村；撤销原丰收村、新民村组建丰收村；撤销原芦茅村、双辉村、包包店村组建黄桷垭村；保持原石竹村、茅庵塘村不变。

镇属川中丘陵地区，年平均气温在16.5℃。水利资源较为丰富，资水河自西南向东南流经本镇白果湾、古顶、泉水沟、新开、丰收等5个村。九龙滩引水渠道经过白果湾村、泉水沟村、兴隆社区、黄桷垭村。有库容220万立方米的丰收水库1座，库容50万立方米的百合堰水库1座。粮食总产：1991年8374.8吨，2005年12282吨。主产水稻、玉米、红薯、小麦为主，经济作物以花生、油菜为主，年产花生65.60万公斤，年产油菜149.30万公斤。2000年起，不断调整农业产业结构，全镇建成了1万亩杂柑园，其中建有黄桷垭杂柑核心园200公顷，全镇年产果84.50万公斤。

镇有公路119.57公里，其中：国道1.50公里，县道4公里，镇、村、组道194.07公里。乡村公路中有水泥路21公里，其余为柏油路面。达成铁路过境隆盛4公里并设有火车站。

场镇街道有新平街、兴隆街、北竹街、南林街、凤盛街、松泉街，总长1.60公里，街道房屋总建筑面积10900平方米，有综合农贸市场1个，占地0.37公顷。

2005年镇辖石竹、泉水沟、白果湾、松柏、古顶、新开、丰收、黄桷垭、茅庵堂9个村和兴隆社区，共239个村（居）民小组。

第十七节　转龙镇

转龙镇俗称转龙场，因境内有转龙庵而得名。位于县城东南，距县城60公里、成都市区76公里。镇东邻中江县妙峰乡，南靠金堂县广兴、竹篙镇，西接隆盛镇，北连中江县永兴镇、柑柏乡。镇人民政府驻转龙场。镇域位于北纬30°38′34″～30°43′20″，东经104°44′48″～104°49′08″之间。海拔最低405.40米，最高563米。

2005年全镇总面积42.64平方公里，耕地面积1089.07公顷，田262.27公顷，土826.80公顷。总人口24796人，其中：男13300人，女11496人；农业人口21156人，非农业人口3640人。

1992年10月，原转龙乡、大桥乡合并为转龙乡。1996年8月28日撤乡建置转龙镇。2004年12月区划调整原19村1社区调整为7村（神仙桥村、仁和村、红豆村、桑园村、龙灯桥村、龙堰村、大桥村）1社区（桂龙社区），共辖167个村民小组。

全境地处浅丘，属亚热带气候，常年平均气温17℃。有资水河支流纵贯南北，流经6个村；天然植被丰富，山清水秀，1991年被命名为“成都市绿化之乡”。2000年后，全镇大规模退耕还桑，新拓展良桑园万亩。粮食总产：1991年6749.9吨，2005年9118吨；主产水稻、玉米、红薯、小麦、豌豆、胡豆等；经济作物有蚕桑、油菜、花生、海椒、食用菌、柑橘、中药材等。

有转龙丝厂、高光丝厂和成都欧康科技植化有限公司，转龙丝厂被评为“成都市乡镇明星企业”。

场镇由新街和老街组成，有桂龙街、云龙街、回龙街、玉锦街、农民街、双龙街、余子街、东林桥街、龙桥街。

成达铁路贯穿镇全境，成南高速公路将镇纳入了成都市一小时经济圈内。乡镇主干道为宽5米的水泥路，全长11公里，乡村公路四通八达，有公路通往竹篙镇、广兴镇、隆盛镇、中江县的永兴镇，村组道路通过近几年的建设，交通状况大为改观。全镇共有村道水泥路16.10公里；柏油路13公里；村道碎石路30公里。

特色产业：1999—2005年全镇栽桑树1300万株，新拓展良桑园600公顷。2004—2005年，养蚕规模在万张以上，年产值均超过800万元，其规模和效益占全县50%，占成都市的¼，是成都市有名的蚕桑之乡。转龙镇探索出“协会+公司+共育户+农户”协调发展的路子，蚕桑特色产业初具规模。建立了金堂县大桥蚕桑产业专业生产合作社，开辟了土地流转和农民增收致富的新路子。2005年11月20日，《人民日报》以《转龙：专业合作社助农增收》为题对大桥村“村企合一”产业模式予以报道，并高度赞扬：“专业合作社将一家一户的小生产组织起来，提高了农民抗御市场风险的能力，给农民持续稳定增收注入了活力。”

2005年镇辖桂龙社区和神仙桥、仁和、红豆、桑园、龙灯桥、龙堰、大桥7个村，共167个村（居）民小组。

第十八节 广兴镇

广兴镇位于县城东南边缘，距县城58公里，东南与中江县冯店镇、李都镇接壤，南与又新镇相连，西与竹篙镇隔河相望，北与转龙镇毗邻。镇域位于北纬30°34′58″~30°37′34″，东经104°45′07″~104°50′45″之间。海拔最低406米，最高567米。全镇以浅丘为主，有少数深丘地区。

2005年全镇总面积45.60平方公里，耕地面积1809.27公顷，其中：田510.67公顷，土1298.60公顷。全镇总人口34734人，其中：农业人口29825，非农业人口4909人；男18467人，女16267人。有苗族1人、藏族2人、彝族2人、回族2人。

宋代曾置三节镇于广兴镇内，清雍正时改置广兴场。1992年10月，广兴乡与九龙乡合并，更名为广兴镇。2004年10月，全镇23个村合并为10个村（社区），居委会；黄果村、永安村1组、2组、白庙村1组、2组合并为广严寺社区，白庙村（1、2组除外）、大泉村、梨园村合并为何家沟村，红日村、进步村、大屋村合并为桂花湾村，永安村（1、2组除外）、风岭村合并为风岭村，龙虎村、前胜村、赵家沟村合并为九龙村，红林村、宝塔村合并为宝塔村，斩龙村、七井村、联新村合并为龙井村，小罗村、优秀村合并为兴乐村，玉红村、永和村合并为和平村，熊安村不变。

镇气候温和，平均相对湿度70%~80%，日照率为29.8%，平均气温在17℃左右，无霜期长达280天，年均降水量880毫米，雨热同期，四季分明。植被很好，以榆钱树、梧桐树、油桐树、黄果树、桤木树、白杨树、苦楝树等为主；多山坡，草资源颇丰。粮食总产：1991年10935吨，2005年11448吨。主产水稻、玉米、小麦、红薯；经济作物主产花生、油菜籽、大豆、蚕桑、柑橘、柚子；柑橘中，以不知火、津之香、天草、春见为主的杂柑年均总产量在45万公斤，脐橙、夏橙、蜜橘、红橘、广柑、玫瑰香柑等年均总产量在25万公斤，柑橘年均总产值约168万元；以中江柚和蜜柚为主的柚子年均总产量达2万公斤。全镇牧业以黑山羊为主，有少量水牛、黄牛和奶牛养殖户。常年外出务工人员约1万人。

2002年6月至年底，全镇除熊安村、原梨园村、大屋村等地的碎石路外，其余各村村道公路均完成了泥土路水泥化或柏油化工程，全镇以场镇为中心的路网已经形成。有兴店路、三及街、邮电街、万寿街、宝庵街、下水巷。

2005年镇辖广严寺社区和风岭、宝塔、九龙、兴乐、熊安、桂花湾、和平、龙井、何家沟9个村，共235个村（居）民小组。

第十九节　土桥镇

土桥镇位于县城东南端，距县城65公里。东邻乐至县良安镇、金顺镇，南接简阳市五合乡、金马镇，西连云合镇，北与又新镇和乐至县金顺镇毗邻。镇域位于北纬30°29′29″～30°33′29″、东经104°47′04″～104°53′26″之间。海拔最低397米，最高589米。

2005年全镇总面积40.21平方公里，耕地面积2010.13公顷，其中：田532.73公顷，土1477.40公顷。总人口32102人，其中：农业人口24659人，非农业人口7443人；男16738人，女15364人。有少数民族7种44人，其中：藏族26人，回族3人，侗僮族1人，壮族3人，苗族4人，彝族4人，白族3人。

镇俗名土桥沟。古时有以此为枢纽的6条石板路向东西南北通往金堂、中江、简阳、乐至四县，通往竹篙寺的北大门石板路（现油坊坎街）下端处，有丈余宽的溪沟，沟上有一大榕树的根横跨对岸，人们利用此树根扎成一桥，上铺泥土，称为土桥。1992年10月，大安乡并入土桥镇至今，镇政府驻土桥沟场。2004年8月并村建社区，撤销水磨村、朝阳门居委会组建朝阳社区；撤销江西村、三桥村、永兴门居委会组建永兴社区；撤销花果村、龙兴村、棉丰村组建花果村；撤销金光村、梁平村、中梁村、上梁村组建梁家沟村；撤销高山村、长一沟村、板桥村组建高山村；撤销蒋严沟村、枇杷村、瓦店村、平山村组建平山村；撤销书房湾村、湖包村、流存湾村、双柏村组建湖包村；撤销铁炉冲村、金壶井村、甑水村组建金壶村。

镇地处深丘，东高西低。土质以紫色壤泥为主，适宜于各种农作物生长。利用丘区地势种植各种水果1266.67公顷，其中：柑橘类水果1000公顷，伏季水果266.67公顷。境内气候温和，四季分明，年均气温16.8℃，平均降雨量1000毫米，无霜期285天。常年冬干伏旱，秋季雨量集中。一年两熟，旱地一年三熟。粮食总产：1991年6637.3吨，2005年13189吨。主产水稻、玉米、红薯、小麦为主。经济作物以花生、油菜为主，年产油料178万公斤。2005年建成了千亩以上优质杂柑镇级示范园3个。

明末清初，清廷组织湖广、广东、黄州、湖北、江西、贵州等地的居民移民四川。土桥虽地处丘陵，边远偏僻，却迁来较多移民。新来移民为了联络友谊、防人欺凌，先后在土桥建有湖广馆（禹王宫）、广东馆（南华宫）、黄州馆（帝王宫）、湖北馆（真武宫）、江西馆（万寿宫）、贵州馆（黔南宫）6个会馆和牛南庙、火神庙、药王庙、善因寺4座公庙。6个会馆加4公庙合为10个古典建筑群。经过保护抢修，全镇现存民国末年以前的古迹以禹王宫、南华宫保存最为完好，均已被列为成都市重点文物保护单位。

建有镇级文化活动中心1个，村级文化活动中心3个。其中镇级图书室藏书4000多册，阅览室能容纳读者100余人，长期设有书画长廊，娱乐室可供100余人进行娱乐活动。同时，建有“土桥镇廉政图书室”。有设备齐全的镇广播站1个和8个村广播室。2005年11月，全镇安装喇叭90只，线路长98公里，广播“村村通”工程全面完成，广播覆盖面达95%以上。有影剧院1个。篮球队、足球队、民间舞狮队、腰鼓队各1个。1996年至2004年，成功举办了7届“文化赶场”暨农民职工运动会。1999年12月和2004年12月先后两次承办了成都市科技、卫生、文化“三下乡”活动启动仪式。2001年1月金堂县“心桥”艺术团送文化下乡到土桥。2004年1月金堂县科技、文化、卫生“三下乡”启动仪式在土桥举行。以周乐茂、周英凡家族为传人的高台狮子被列为省级非物质文化遗产。

镇有县道柏油路28公里，乡道柏油路16公里，村道柏油路28.70公里，村道水泥路4.90公里。

场镇面积0.80平方公里，其中：回乡创业集中居住区于2005年启动，面积6000平方米；新建街道325米，商铺105间，住房160余套，可居住500余人。场镇人口7710人，旧城改造2000余平方米。筹集万元资金对禹王宫的花台、钟鼓楼等进行了多方位的维修。镇有禹王上街、禹王下街、上正街、下正街、中正街、油坊街、南华街、永兴街、江西街、文化街、同心街。

2005年镇辖朝阳、永兴2个社区和梁家沟、花果、高山、平山、湖包、金壶6个村，共195个村（居）民小组。

第二十节 又新镇

又新镇位于县城东南部，东临乐至县金顺镇，南靠本县土桥镇，西邻云合、竹篙两镇，北与广兴镇和中江县李都镇相接壤。镇域位于北纬30°30′23″～30°35′51″，东经104°44′22″～104°53′26″之间。海拔最低391米，最高557.30米。地处深丘，距县城58公里，距成都108公里。

2005年全镇总面积52.25平方公里，耕地面积2445.67公顷，田505.60公顷，土1940.07公顷。总人口34651人，其中：男18373人，女人16468人；少数民族35人，其中：藏族23人，苗族2人，彝族4人，回族3人，壮族3人。

又新，原名蔡家河，也曾叫玉河。清同治三年于此地置建制场，取“日日新，又日新”之意改名为又新场。1992年10月，撤区并乡区划调整时，将原又新乡与原永乐乡合并为又新乡。2001年11月经四川省委、省人民政府批准，撤销又新乡，建又新镇。2004年将镇辖区内的29个村、1居委会撤并为12个村和1社区，置247个村民小组，居委会为社区管辖，即：祝新村、净乐村、白鹤村、宝鼎村、三元村、红缘村、金龟桥村、永乐村、柏山村、油房堰村、太安村、万安村、蔡家河社区。

境内属中亚热带湿润性气候区，年平均气温在16℃～17.2℃。镇粮食总产：1991年7849吨，2005年13084吨。主产水稻、玉米、红薯、小麦、豆类等；经济作物主要有棉花、油菜、花生、食用菌、蔬菜。果园588.47公顷，占总面积的11.5%，有各类水果132.5万株，年产各类水果896.30万公斤，其中以橘类为主，脐橙70万株，年产450万公斤。养殖业主要有猪、牛、羊、鸡、鸭、鹅、兔、鸽、鱼等，年出栏生猪3.8万头；牛300头，羊存栏数8200头，出栏数12300头。

1991—2005年，投资1500余万元改建和新建乡村道路86公里，到2005年年底全镇境内公路里程

121.3公里。境内有两个场镇，一个是永乐场，位于金堂、中江、乐至三县交界处，自然成为周边地区重要商贸交易处。1997年，投资30余万元改造永乐场街道。2000年，投资70余万元改建又永路柏油路面4.50公里，同时相继修通了永李路，永乐场已成了连接乐至县金顺镇，中江县李都镇以及又新场、土桥镇的交通疏纽。又新场坐落在蔡家河与资水河交汇处，形成了两河三岸，依山傍水的别致景观。1992年，投资6万元，建成了月供水量20万公斤自来水塔1个；1995年，投资30余万元，建成占地5614平方米的农贸综合市场；1995年投资480余万元，征地0.67公顷改扩建又新中、小学教学大楼、住宿大楼、实验大楼6400平方米，运动场1.70万平方米；1996年，投资46万元新建又新卫生院1座，投资40余万元新建敬老院1座。2000—2004年，投资250余万元改造街道水泥路面2000余米；2003年投资31万元建成了长56米，宽7米的白鹤大桥。镇有新乐街、新云街、蔡家河街、文化街、橘乐街、新桥街、双桥街、新乐东街、新乐西街、中信街。

2005年，镇辖蔡家河社区和祝新、净乐、柏山、油房堰、永乐、万安、白鹤、金龟桥、宝鼎、太安、三元、红缘12个村，共247个村（居）民小组。

第二十一节　云合镇

云合镇位于金堂县最南端，东与本县又新镇、土桥镇相连，南接简阳市金马镇，西邻简阳市三合镇、踏水镇，北与本县竹篙镇接壤。镇域位于北纬30°31′36″~30°39′11″，东经104°41′51″~104°47′38″之间。本镇江龙桥村的金简桥为全县海拔最低点385米，最高海拔538.10米。镇人民政府驻云合场镇，距县城68公里。

2005年，全镇总面积45.96平方公里，耕地2427.53公顷，土1884.27公顷。总人口31913人，其中：农业人口27165人，非农业人口4748人；男性16985人，女性14928人；有彝族3人。

镇人民政府驻云合场。1992年10月，撤销云合乡、双流乡，并为云合镇。2005年3月并村建社区，撤销原新桥村、庙垭村并入云桥社区；撤销石门村、金简村组建江龙桥村；撤销磨盘村、玉架村组建磨盘山村；撤销姜家桥村、田坝村组建姜家桥村；撤销添定村、元乐村组建天元村；撤销黄鹤村、七螺村组建黄鹤村；撤销春菜村、龙寨村组建三桥村；撤销石河村、经济村组建石河村；撤销金鸡村、金桥村、尹家村组建金鸡山村；撤销白塔村、通海村组建白塔村；撤销白象村、沙河村、弯墩村组建白象村。

乡境地处浅丘，东北高，西南低，资水河纵贯镇境地。系棕紫泥土壤结构，少部分为沙壤土结构，页岩和水资源及为丰富。土质肥沃，适宜多种农作物栽培；气候温和，年均气温17.7℃；雨量充沛，日照偏多，四季分明。粮食总产：1991年6637.3吨，2005年13189吨。主产水稻、玉米、小麦、红薯：棉花、花生、柑橘、蚕桑、油菜籽。

镇是劳务输出大镇。2005年，镇有富余劳动力11201人，常年外出务工人员8174人，劳务收入达

3367 万元。

1991 年，全镇无一条沥青路、水泥路。1994 年修建长 4 公里的云土柏油路，2003 年，修建云合至又新的镇道水泥路。2005 年，全镇有三级镇道路 13.30 公里，其中：水泥路 6.30 公里，沥青路 7 公里；四级村沥青路 23.70 公里，碎石路 43.30 公里。有各类机动车 66 辆，其中：公有汽车 2 辆，私家车 51 辆，拖拉机 13 台；通讯信息转播基站 4 座，居民安装电话 3730 门。2003 年修建水运码头 1 处；2005 年 9 月，建云合历史上的第一座自来水厂，日供水 600 立方米，解决了场镇 4000 多人安全饮水问题。

1991 年，全镇街道街面总长 2000 米。1998 年，建成第一条云桥街水泥路面。2003 年，硬化路面 400 米；2005 年硬化路面 200 米。2005 年，有学道街、云桥街、拱桥街、南华街、老街、河坝街、玉河街、青龙街、两河口街、船行街；街道总长 2800 米，路面主要街道全部水泥硬化，街道房屋面积 7.56 万平方米，商业铺面 630 间。2005 年，场镇面积达 0.40 平方公里。建有垃圾池 7 个，垃圾处理场 1 处。

2005 年镇辖江龙桥、磨盘山、姜家桥、白象、金鸡山、三桥、天元、黄鹤、石河、白塔 10 个村和云桥社区，共 207 个村（居）民小组。

第二篇　自然环境

金堂县位于成都市东北部，面积1155.71平方公里，地质构造属于侏罗系、白垩系、新生界第四系地层，地势有平坝、丘陵、山地，山清水秀，河流众多，地理条件得天独厚。金堂成土母质比较复杂，全县有中生界侏罗系，白垩系和新生界四系等，共分八种。县域位于中国亚热带季风气候区中部，年平均气温为16.9℃，气候温和，四季分明，雨量充沛，湿度大，云雾多，日照少，平均风速小，无霜期长，大陆性季风气候显著。

第一章　地质　地貌　土壤

第一节　地　质

金堂县属四川省东部地台区。跨“成都断陷”“龙泉山褶皱带”和“川中台拱”三大构造单元。为新华夏系和旋扭构造体系。地层露头除西北平原与河谷地区外，多属中生代中上时期之红色地层。出露的地层主要是中生界河湖相沉积的侏罗系、白垩系红色地层与新生界第四系地层。

一、侏罗系地层（J）（1.95亿年—1.4亿年）　出露的侏罗系地层仅限于上侏罗系蓬莱镇组上段。蓬莱镇组上段（J3P3）为河湖相及滨湖相沉积。分布在竹篙东南、广兴、又新、云合、土桥及三星、栖贤、福兴、淮口等乡镇所在的龙泉山区。厚度360—440余米，岩性为紫红色泥岩、紫红色厚层块状细粒长石砂岩、夹紫灰色细砂岩和灰绿色页岩。纵向变幅较大，一般岩层产状平缓，与其下伏岩层遂宁组间呈整合状。

二、白垩系地层（K）（1.4亿年—0.7亿年）　白垩系地层仅限于下统苍溪组、白龙组、七曲寺组和古店组。总厚度450余米。其中苍溪组又相当于“城墙岩统”或“天马山组”。这是一套内陆河湖相建造。苍溪组（K_1C）分布在竹篙、平桥、转龙、淮口、金龙、赵家镇的四面山、龙泉山西侧栖贤乡境内。白龙组（K_1b）主要分布于五凤、淮口、高板、石龙、白果、隆盛、石佛等乡。龙泉山东侧四面山到淮口一带也有露头。七曲寺组（K_1a）主要分布在金龙和三溪以北地区。淮口、高板、赵家、龙威、赵镇、栖贤等也有露头。古店组（K_1g）主要分布在官仓以东，栖贤以北地区。赵镇也有露头。上述4组岩层间均为整合撞触状态。苍溪组地层与其下伏地层蓬莱镇组间属于假整合接触。

三、新生界第四系地层（Q）（0.02亿年以来）　第四系地层，分布于平原区、河谷区、丘间洼地及龙泉山东西两侧的山麓地带。从老到新的顺序：中更新统地层（$Q_2$2al）分布于官仓南及龙泉山西侧山麓地带，呈块状零星分布。上更新统地层（$Q_3$1al）下段（$Q_3$1al）主要分布于龙泉山西麓，平原边缘一级台地栖贤、官仓、赵镇蟠龙山及中河与毗河之间地区。高程460～500米。上段（Q_{3-3}1al）主要分布在龙泉山东西两侧的赵镇附近，五凤、白果、淮口等乡镇沱江河谷两岸以及淮口至赵家所在的龙泉山东麓狭窄地带。上更新统黄土段（$Q_3$3eol）为丘间坦谷堆积层。分布于淮口、三溪乡以西和福兴、赵家之间地带。全新统地层（Q4）分布于平原及沱江河谷底部。形成河漫滩一、二级阶地。为冲积、洪积、残坡积。沉积物多属砂、砾堆积。在县境内出露的有（$Q_4$3al）：下部分布于白果场附近之沱江沿岸，来宝沱及其以下沱江河谷沿岸，呈零星分布。上部（$Q_4$1+2al）：分布于龙泉山西侧之毗河、清白江、北河之间的赵镇、清江、官仓、栖贤一线以西地区。在淮口至白果、五凤的沱江沿岸也有大面积出露。

四、县城地质环境

金堂县属四川盆地成都市东北部地区。跨“成都断陷”“龙泉山褶皱带”和“川中台拱”三大构造单元。为新华夏系和旋扭构造体系。地层露头除西北平原与河谷地区外，多属中生代中上时期之红色地层。

县（赵镇）城区出露的地层主要是白垩系红色地层与新生界第四系地层。在县城区范围内，白垩系地层主要为棕红色砂岩、泥石组成，局部被县境内新生界第四系上更新统成都黏土层覆盖，主要分布于城区西北浅丘地带。第四系全新统地层，主要分布于河流冲、洪积平原及河谷底部，形成一级、二级阶地，沉积物多为砂、砾、卵石堆积。上部为灰黄色—灰色砂、土层，下部为砂卵砾石层，剖面反映，二元相结构较明显。

城区地貌类型有侵蚀堆积地形：主要分布于平原地区及北河、中河、毗河沿河两岸。包括有河漫滩，冰水堆积扇状平原、河流堆积一级阶地、二级阶地。构造剥蚀地形：主要分布于毗河与中河之间的浅丘地带，丘陵南缘高出毗河沿岸平原10米；丘陵北缘高出中河沿江阶地20米，丘谷高差小，无深沟岩壁，溪流稀疏。

地貌分区：金堂县城区属平坝浅丘区，位于龙泉山以西，成都平原之东部边缘，为扇状冲积平原、河流堆积一级阶地、河漫滩、冰积至冰水堆积一级台地以及河间垄岗浅丘组成。区内海拨高度440—493.1米。

气候特征：县城区内气候温和，雨量丰富，热量低于东部丘陵区，高于龙泉低山区。土地肥沃，河网密布，水资源丰富，灌溉便利。

县城区地质结构：赵镇县城旧城区地质构造上部为第四纪冲积层，上至下依次为粉土（厚1—2米）；粉细砂（厚1.5—2米）；中粗砂（厚2—3米）以及厚度不均的砂卵石层。下部为白奎纪、侏罗纪岩层以及砂岩、泥岩等构成。岩层倾向西北，倾角小于5度。岩顶标高一般为440米左右。城区地下水一般在砂卵石中，属孔隙潜水。地下水面标高为441—442米。一般掘地三、四米即可得水，取之不竭。

赵镇十里大道新县城区地表为第四纪堆积层（填土及耕土），厚度一般为0.5—1.0米；下部依次为粉土，粉质黏土层（厚1—3米）；泥质粉细砂层（厚1—2米）；卵石层（厚3—5米）；底部强一中风化基岩层（泥质粉岩夹砂质泥岩），厚度大于3米。场地地下水埋藏浅，一般在自然地平下1—2米，类型同赵镇玉龙街旧县城区。

第二节　地　貌

金堂县地处四川盆地西部、位于成都平原东部边缘，地形复杂、地貌多样，以丘陵为主，山丘坝皆有。龙泉山脉由北向斜贯县境中部，海拔高度500—1046米，地势起伏高低差在400—600米之间，形成低山地貌。龙泉山以东属川中台地，为丘陵地带。其中高板、黄家、三溪、平桥等乡镇和福兴、赵家、淮口、五凤镇部分地区位于龙泉山东侧，丘顶平园，地势起伏高低差在20—50米之间，呈浅丘地貌；竹篙、隆盛、转龙、土桥、又新、云合等乡镇及金龙镇大部分地区，丘体切割较深，地势起伏在100—200米之间，呈深丘地貌；在龙泉山西北部，沿江河两岸为冲积平原，沿龙泉山脉边缘为浅丘地带，地势高低起伏差10—20米。

一、地貌类型

分为（共有）平坝、台地、浅丘、深丘、低山、山原六种类型。

（一）平坝

全县平坝土地面积77.84万亩，占全县土地面积的44.9%，主要分布于赵镇、清江、官仓、淮口、福兴、赵家、五凤、白果等镇龙泉山区山前山后阶地及其丘陵区小溪冲积物组成。区域内河流主要有北河、中河、毗河，水源条件好，多属自流灌溉。共有农耕地42.48万亩，占全县耕地51.5%，占该地区土地面积的54.57%。

（二）台地

全县共有台地面积0.24万亩，占土地总面积的0.14%。县境内台地有三块，分布于赵镇、赵镇和广兴平坝与沟内谷溪流交汇处，海拔高度400—500米。台地的台面平坦、向阳、水源条件好。区内有耕地面积1217亩，占全县总耕地面积的0.14%，占该地貌土地面积的50.7%。

（三）浅丘

全县的浅丘地貌有两种类型，一是山前坪状浅丘，二是山后馒头状浅丘，前者分布于赵镇、三星、官仓、栖贤等乡镇以西山缘地带，海拔高度在450—480米之间，相对高度20—50米，丘顶平缓；后者分布于龙泉山以东的福兴、淮口、高板、五凤、竹篙部分地区，海拔高度在430—480米之间，相对高度20—50米。共有土地面积38.89万亩，占全县土地面积的24.8%。

（四）深丘

分布于竹篙、土桥及金龙镇部分地区，有土地面积19.64万亩，占全县土地面积的11.33%，其中大于25°的陡坡地0.4万亩，小于25°的土地为19.24万亩。山丘多为长条状、丘体切割较深，其间分布的田块，向阳性差，低产下湿田多，丘面耕地土层薄，不耐旱。该区域内共有耕地7.54万亩（大于25°陡坡耕地0.11万亩），占全县耕地面积的9.52%，占该地貌土地面积38.4%。

（五）低山

主要分布于龙泉山脉北段，海拔高度500—1046米。共有土地面积31.5万亩（210平方公里），占全县土地总面积的18.17%。低山区多为山岭深谷，坡度较陡，大于25°的陡坡地2.8万亩，占该地貌土地8.9%。有农耕地9.64万亩（大于25°陡坡地0.36万亩），占全县耕地面积的12.17%，占该地貌土地面积的30.6%。

（六）山原

主要分布在龙泉山脉的山顶、山坡及山脊上，坡度小于10°的平缓地带。山丘坡度不大，地势平缓，可开垦作旱地或栽植经济林。共有土地面积2.33万亩，占全县土地总面积的1.34%，其中耕地0.75万亩，占全县耕地0.95%，占该地貌土地32.19%。

二、地貌分区

全县分为中部低山地貌区、西部浅丘平坝区、东部丘陵区。

（一）中部低山区　主要分布在县境中部的龙泉山脉轴部，山势陡峭，多为断裂层割裂，地势起伏较大，最高海拔1046米。该区土地面积36.1万亩，占全县土地总面积的20.8%。包括栖贤、淮口、三星、五凤、福兴、赵家、官仓、赵镇等乡镇，有农耕地9.36万亩，占全县耕地的11.65%，土地复垦指数27.6%。

（二）西部浅丘平坝区　由沿江两岸的冲积平原和龙泉山脉边缘的浅丘区组成。共有土地面积24.56万亩，占全县土地总面积的14.17%，包括清江、三星、赵镇、栖贤、官仓，有农耕地11.6万亩，占全县耕地的14.43%。

（三）东部丘陵区　该区属龙泉山东面的川中台地，由深丘、浅丘和沿江两岸的小块平原、山间溪河两岸的小块平坝组成，至东南部的竹篙、土桥，地势逐渐低下，丘体高大，条状分布、沟深谷窄。共有土地面积112.6575万亩，占全县土地面积的64.98%。包括竹篙、广兴、转龙、隆盛、土桥、云合、又新、高板、平桥，三溪、金龙等乡镇全部，福兴、淮口、赵家、白果、五凤等乡镇的部分地区。

三、山脉

金堂县低山区属龙泉山脉。龙泉山脉由北向南纵贯县境中部，县境内长58公里，为一系列扭压断层，箱状背斜和舒缓向斜组成。海拔高度800—1000米，最高海拔1046米，其地势起伏高低差在400—600米之间。五凤、白果、淮口、赵家、福兴、赵镇、三星、栖贤、官仓的部分村、组属龙泉山脉低山地貌。

第三节　土　壤

一、成土母质

金堂成土母质比较复杂，全县有中生界侏罗系，白垩系和新生界四系等，共分八种。

（一）第四系全新统紫色冲积母质：属于紫色岩石风化后经流水搬迁至沿江、溪河的沉积层。主要分布在河漫滩和一阶地，具有水平冲积层次，质地沙壤至重壤，紫棕色。富含各种矿质养分，多数有碳酸盐反应，酸碱度中性至微碱性。成片分布在沱江两岸的三星、淮口、白果、五凤等乡镇的平坝村社，其次是全县的各中、小溪河的两岸，经耕种熟化后形成紫色冲积土和紫色冲积水稻土。

（二）第四系全新统灰棕色冲积层：属于近代河流（沱江及北河）河漫滩的冲积层，呈灰棕色。因受流量大小的影响，具有水平冲积层次和明显的质地层次，以及离河远近的质地变化。多数有石灰反应。质地轻—重壤，富含各种矿质养分。主要分布在北河两岸的清江、赵镇、三星、官仓等乡镇的一级阶地，淮口、白果、五凤等乡镇的沱江沿岸亦有少量分布，形成的土壤为灰棕冲积土和灰棕冲积水稻土。

（三）第四系全新统灰色冲积层：属于近代河流（毗河及青白河）河漫滩的灰色冲积层，富含各种矿质养分，形成的土壤质地轻—重壤，微碱性—微酸性反应，以中性为多数。主要分布在青白河（中河）以南、以西的清江、赵镇等乡镇的平坝村社。经人们的耕种熟化后形成灰色冲积土和灰色冲积水稻土。

（四）第四系上更新统成都黏土层：为黄棕色黏土，较紧实，富含 $CaCo_3$ 结核，绝大多数为中性和微碱性，极少数微酸性，发育形成的土壤质地黏重。集中分布在浅丘宽中谷地带，以三溪、福兴、赵镇等乡镇为主，其次是淮口、赵家、赵镇、栖贤、官仓等乡镇。发育形成姜石黄泥土和姜石黄泥水稻土。

（五）第四系广汉黏土层：属于上更新统黄褐色或灰黄色砂质黏土沉积物，富含铁锰结核，呈微碱至微酸性反应。发育形成的土壤质地黏重。分布在清江、官仓等乡镇的二级阶地上，其上风化的土壤为再积黄泥土和再积黄泥水稻土。

（六）白垩系上统夹关组：该组属内陆盆地河流——滨湖相沉积物，砖红色砂岩、粉砂岩夹薄层泥岩，含有少量长石，富含 Fe、Ti、Si、As 等元素，K、Ca、Mg、Cu 少量，微酸性至中性，发育形成的土壤质地砂，与第四系姜石黄壤成复区存在，零星出露于赵镇的三合、石槽堰、香龙山等村社的丘顶和半坡，发育的土壤为红紫泥，水耕熟化后形成红紫泥水稻土。

（七）白垩系下城墙岩群：属早期河流冲积平原和冲积扇相沉积物，砂岩与泥岩互层，含有少量长石，富含 Ba、Li、V、Cr、Ni、Zn、Zr、La 等化学元素，岩石砖红色或黄红色。微酸性与微碱性反应。发育形成的土壤质地轻—重壤、绝大多数有碳酸盐反应，柏树生长良好。主要分布在龙泉山北段两翼的福兴、淮口、赵家、五凤、三星、赵镇、栖贤、官仓等乡镇和中深丘的竹篙、高板、平桥、隆盛、转龙、广兴、白果等乡镇。这种母质经风化成土后，发育成黄红紫泥土和黄红紫泥水稻土。

（八）侏罗系上统蓬莱镇组：该组为浅湖相的泥岩和粉砂岩韵律式沉积物，砂岩与泥岩均为棕红色。位于龙泉山北段的岩组中部夹有苍山页岩作指示层，位于川中深丘的岩组下部有李都寺灰岩出露，其上为厚砂岩盖顶。此种母质风化的土壤，基本上是微碱性，少数中性，砂黏适中，具有强烈的碳酸盐反应。该类母质 Ba、Li、K、Na、Ca、Mg、Pb、Zn、V、Ni、Ti、La 含量较高，P、Cu、Co、Mo、B、I、Zr、Db、U 次之。胶体品质较好。主要分布在淮口、土桥、又新、云合等乡镇，广兴、福兴、栖贤、五凤、三星、赵家等乡镇的部分村社也有分布，经风化发育形成棕紫泥土和棕紫泥水稻土。

二、土壤类型及分布

（一）土壤类属

根据国家技术监督局发布的土壤分类国家标准（GB/T17296－1998），将全县土壤分为四个土类，八个亚类，二十个土属，三十个土种（详见附表）。

金堂县土壤分类

表 2－1

土类名称	亚类名称	土属名称	土种名称
黄褐土	黄褐土	黄土质黄褐土性土	姜石黄泥土
			姜石黄沙泥土
潮　土	灰潮土	钙质灰棕潮泥土	钙质灰棕潮泥土
			钙质灰棕潮砂泥土
		紫潮泥土	紫潮泥土
			紫潮砂泥土
		灰潮泥土	灰潮砂泥土
紫色土	酸性紫色土	红紫砂泥土	红紫砂泥土
	石灰性紫色土	棕紫泥土	棕紫泥土
			棕紫砂泥土
			棕紫石骨土
			棕紫黄泥土
		黄红紫泥土	黄红紫泥土
			黄红紫砂泥土
			黄红紫石骨土
			黄红紫砂土
水稻土	潴育水稻土	潴育灰潮田	灰棕潮泥田
		潴育黄泥田	大土黄泥田
		潴育钙质紫泥田	夹黄紫泥田
		潴育钙质黄泥田	钙质姜石黄泥田
	渗育水稻土	渗育灰棕潮田	灰棕潮大泥田
			灰棕潮砂泥田
			灰棕潮砂田
		渗育钙质紫泥田	棕紫泥田
			棕紫夹砂泥田
		渗育紫潮田	紫潮泥田
			紫潮砂泥田
			紫潮砂田
		渗育灰潮田	灰潮砂田
			灰潮油砂田
		渗育酸紫泥田	酸紫砂泥田
	潜育水稻土	潜育钙质紫泥田	钙质下湿紫泥田
			钙质鸭屎紫泥田
		潜育黄泥田	鸭屎黄泥田
		潜育潮田	下湿潮田
	漂洗水稻土	白鳝黄泥田	白鳝泥田

（二）土壤分布规律

由于地形、母质、气候、生物及时间等五大因素作用的不平衡性，形成土壤分布的复杂化，但就其水平分布（区域）和垂直分布（海拔高度）分别而论，全县土壤分布有如下规律。

1. 土壤分布的水平规律

清江、赵镇、官仓、三星等乡镇的平坝地区，是毗河、清白江、北河三大水系的流域，其中三星坝子为紫色冲积物，北河阶地为灰棕冲积物，清白江以南以西以及毗河阶地为灰色冲积土和灰色冲积水稻土，往东南进入浅丘地带，多为姜石黄泥土和姜石黄泥水稻土，局部有黄红紫泥土和黄红紫泥水稻土，龙泉山轴部为棕紫泥土，龙泉山两翼多为黄红紫泥土及黄红紫泥水稻土，山后缓丘主要是姜石黄泥土和姜石黄泥水稻土，沱江沿岸平坝为紫色潮泥土和灰棕潮泥土，再往东南高板——竹篙一带为黄红紫泥和黄红紫泥水稻土，土桥一带基本为棕紫泥土和棕紫泥水稻土。

2. 土壤分布的垂直规律

平坝一级阶地为冲积土沙壤至重壤的二砂灰棕（紫）潮砂泥土（田），灰棕（紫）潮泥土（田），二级阶地为姜石黄泥水稻土，阶地的低槽部位分布有下湿潮田。丘陵和低山随着海拔高度的上升，土层厚度减少，土壤质地变砂，土壤熟化度降低。浅丘丘顶为姜石黄泥土，一、二台为黄泥土（成都粘土），冲沟内为姜石黄泥田或鸭屎黄泥田（成都黏土）。中丘顶部为残积黄壤（成都黏土）及黄红紫泥的薄层砂土和干姜石骨土，一台土为黄红二夹泥土，紫泥土冲沟内为夹黄紫泥田或深丘地区若为白垩系城墙岩群母质，则顶土为黄红紫砂土或二台土，为黄红紫砂泥土，一台土为黄红紫泥土，冲沟内为水稻土；若为侏罗系重庆群蓬莱镇组母质，则顶土棕紫砂泥土，高台土为棕紫石骨子土，二、三台土为棕紫泥土或棕紫砂泥土，一台土为棕紫泥土，冲沟内为鸭屎紫泥田或棕紫泥田。

第二章　资　源

第一节　土地资源

一、各类土地资源数量

1991—2003 年，金堂县土地按耕地、园地、林地、牧草地、居民点及矿工用地、交通用地、水域、未利用地 8 大类进行分类。从 2004 年开始，土地按农用地、建设用地、未利用地三大类进行分类。以 1998 年土地利用变更数据为例，各类土地数量如下：耕地：年末面积为 49739. 85 公顷；园地：年末面积为 14234. 67 公顷；林地：年末面积为 14799. 09 公顷；牧草地：年末面积为零；居民点及工矿用地：年末面积 10027. 41 公顷；交通用地：年末面积 1259. 99 公顷；水域：年末面积 6332. 32 公顷；未利用地：年末面积 19167. 17 公顷。2004 年土地按农用地、建设用地、未利用地分类后，开始首次进入数据库的土地数量如下：全县土地总面积 115613. 45 公顷；农用地 92533. 69 公顷（耕地 50807. 04 公顷，园地 12947. 25 公顷，林地 13234. 05 公顷，其他农用地 15545. 36 公顷）；建设用地 13228. 11 公顷（居民点及工矿用地 11597. 61 公顷，交通用地 1069. 53 公顷，水利设施用地 560. 96 公顷）；未利用土地 6254. 65 公顷。

二、尚未开发利用的土地

2005 年末全县利用土地 7898.17 公顷，与 1996 年土地详查变更时的 5036.9 公顷比较，增加 2861.3 公顷，上升 56.8%。在现有面积中，荒地面积 3912 公顷，占未利用土地 49.5%，裸土地和裸岩石砾地 604.55 公顷，占未利用土地 7.6%；河流水面 2408.26 公顷，占未利用地面积的 30.5%；河滩地 939.09 公顷，占未利用地的 11.9%。

第二节 水资源

一、地表水

县境多年平均径流总量为 3.26 亿立方米，其中平坝浅丘区 0.6 亿立方米，占 18.4%；山区 0.78 亿立方米，占 23.9%；丘陵区 1.88 亿立方米，占 57.7%。全县 13 条江河中，多数为过境河流，其多年平均径流总量为 83.41 亿立方米，扣除县境内产生的地表径流后，外地流入县境的地表径流量为 80.15 亿立方米。

二、地下水

西部平坝及沿江洲坝区 出露地层为第四系洪积、冲积及冰水堆积的砂卵砾石层，孔隙潜水发育，分布普遍，补给良好，冲积厚达几米至几十米。地下水资源丰富，储量 7276 万立方米，可采储量为 2569 万立方米。其中官仓乡白马泉，泉流量昼夜可达 22464 立方米。又据官仓乡 1980 年资料，全乡 16 口沉井共提水 81 万立方米，平均每口出水量 5.06 万立方米，可开发作农田灌溉用水。平坝浅丘地带为红层风化带裂隙水，储量 44 万立方米，可供生活用水。

中部低山区 出露地层多侏罗系蓬莱镇组和白垩系砂泥岩，结构疏松，易于风化，具有储水地质条件，为风化裂隙水和层间裂隙水。因地质构造影响，较富水地段多在背斜翼部的转折部位和背斜的倾没端。其储水量由于沟谷汇水面积小，仅 15.4 万立方米，远远不能满足山区人畜用水的基本需要，为县内的缺水区之一。

东部丘陵区 出露地层为白垩系下统和侏罗系蓬莱镇组，岩层产状平缓，含水层不利于接受垂直补给和横向补给，水动力条件较差，蓄水程度决定于风化裂隙发育的深度。为风化裂隙水和层间裂隙水，主要分布于丘间谷地。但不均匀，金龙、三合、隆盛乡一带，单井出水量 300—500 立方米 / 昼夜，石佛、转龙、大桥、新华乡一带，单井出水量小于 50 立方米 / 昼夜。全区平均单井出水量可达 144 立方米 / 昼夜。一般含水层厚 30—50 米，总储水量为 600 万立方米，只能供生活需要。

金堂县地貌以红层丘陵为主，其浅表层地下水极为丰富，资源量可达 7276 万立方米/年，可采量达 2659 万立方米/年。2004 年、2005 年、2006 年三年全县共完成红层丘陵找水打井 10300 口。

三、矿泉水

在淮口同兴乡的七股水储有大量优质矿泉水。露头位于周家庄断层线上。流量 0.02 立方米 / 秒。

（一）饮用天然矿泉水。金堂县饮用矿泉水已探明的有淮口镇云顶山矿泉水，赵家镇的千秋雪矿泉水，其品位、水质较好，具有很大的开发价值，每年开采量可达 34.65 万立方米。其中千秋雪矿泉水属承压水（上升泉）含水层属裂、孔隙类，允许开采量可达412立方米/日；云顶山矿泉水属潜水（下降泉）类地下水，含水层则属压裂隙类，允许开采量可达528.49立方米/日。

（二）医疗用热矿泉水。已探明官仓镇白马泉村的医疗用热矿泉水属于氡温泉，其地下水类型为承压水（即上升泉），属孔隙含水层，允许开采量可达1.33万立方米/日。

四、水能资源

县内流域面积50平方公里以上的13条河流中，水能资源的理论蕴藏量为5.91万千瓦。可开发量为2.88万千瓦，占理论蕴藏量的48%。其中，沱江在县内46.7公里干流中，天然落差36.4米，可利用落差29米，可开发量2.56万千瓦。

五、水面资源

县内水面资源共有116701亩。据1990年统计资料，全县共有水利工程5225处，其中有小型水库83座，引水渠堰1处，山平塘4001处，石河堰240处，电灌站422处，蓄水池478处。蓄、引、提水总能力18223万立方米，有效水量为16885万立方米。有效灌溉面积2.77万公顷，其中水库为0.60万公顷，引水渠堰4840公顷，从江河取水提灌面积1.39万公顷。保灌面积1.76万公顷，其中水库0.38万公顷，引水渠堰0.44万公顷，从江河提水灌面0.829万公顷。此外，还有26061亩可养鱼水面，占全县水面资源面积的26.17%。

第三节　动植物资源

县境属亚热带常绿阔叶林之川西平原植被小区和盆底丘陵、低山植被区。热量充足，降水适中，无霜期长，利于喜湿性的亚热带常绿阔叶林木生长。因人类活动等因素的影响，除局部低山、陡坡及寺庙所在地仍保存有少许自然植被外，平坝、浅丘、台地、宽谷、缓坡、垅岗均已被开垦为农田。天然植被为农田植被或人工林所取代。野生动物量少而单一，且偏重于飞禽类。渔业和家禽养殖业兴旺发达。

一、野生动物

金堂县的脊椎动物有哺乳、鸟类、两栖、鱼类、爬行等5纲，34目，76科，341种。主要品种如下：

（一）哺乳纲

有6目、11科、26种。多属小型兽类。主要分布于低山丘陵地区。即食虫目有鼩鼱科：四川短尾、灰麝鼩、喜马拉雅水麝鼩。翼手目有蝙蝠科：普通伏翼、班蝠。食肉目有犬科：赤狐（四川重点保护动物）、豺（国家二级保护动物）；鼬科：黄鼬、獾、猪獾、山獾（鼬獾）、水獭（国家二级保护动物）；灵猫科：果子狸；猫科：金猫、豹猫。蹄偶目有猪科：野猪。兔形目有兔科：草兔。呲齿目有松鼠科：花鼠；豪猪科：豪鼠；鼠科：黑线姬鼠、黄胸鼠、巢鼠、大足鼠、褐家鼠、小家鼠、社鼠、黑腹绒鼠。

（二）鸟　纲

保存标本的有17目、43科、225种。包括裂留鸟、夏候鸟74种，冬候鸟50种，旅鸟93种。属于国家一级保护的有黑鹳、金雕两种；属于国家二级保护的有26种。在平坝、浅丘地区，有鸟类53种，其中以麻雀、家燕、白头鸭、棕背伯劳等小型田园类鸟为多。在沱江干支流及其河漫滩地区，有鸟类77种，以白鹡鸰、家燕、金眶鸻、绿翅鸭、翠鸟为多。凤头麦鸡、沙百灵、沙雉、赤麻鸭、红嘴鸭等冬候鸟或旅鸟也较常见。在深丘、低山地区，有鸟类95种。以大山雀、红头长尾山雀、金翅、杜鹃、鸮鸟等为多，雉鸡、鹰、隼、猫头鹰等也较常见。每年清明节、寒露节前后，可见大批的鹰、隼类猛禽沿龙泉山南北迁徙，高峰期的日过境数可达上千只，其种类之多、数量之大，迁徙气势之壮观，早已引起中外鸟类学家的关注。

金堂县国家二级保护的26种鸟类名目如下：隼形目鹰科有：蜂鹰、鸢鹰、苍鹰、赤腹鹰、雀鹰（鹞）、松雀鹰、风头鹰、灰脸鵟鹰、鸟雕、白头鹞、白尾鹞、秃鹫（座山雕）；鹗科：鹗（鱼鹰）；隼科：红脚隼、燕隼、灰背隼、红隼。雁形目有鸭科：普通鵟、大鵟；鹤形目有鹤科：灰鹤。鸮形目有鸱鸮科：领角鸮、雕鸮、斑头鸺鹠、短耳鸮、长耳鸮（猫头鹰）。鸡形目有雉科：雉（野鸡）。

（三）爬行纲

至2005年年末，县内爬行纲动物已知3目、6科、11种。即鱼鳖目有龟科：金龟（乌龟）；鳖科：鳖（团鱼）；鳞目蜥蜴亚目有壁虎科：蹼趾壁虎、蝘蜓（壁虎）；蜥蜴科：北卓晰；鳞目蛇亚目有游蛇科：黑眉锦蛇（黄领蛇）、王锦蛇、乌风蛇（乌梢蛇）、虎斑游蛇、赤链蛇；蝮蛇科：乌壳花蛇（烙铁头）。

（四）两栖纲

金堂县两栖纲动物有2目、3科、4种。即有尾目有大鲵科：大鲵（娃娃鱼），属国家二类保护动物；无尾目有蟾蜍科：大蟾蜍（癞疙疱）；蛙科：棘腹娃（石蹦）、青蛙（田鸡）。

（五）鱼纲

1983年的《金堂县渔业调查及区划报告》记载，县内有鱼类6目、13科、75种。广泛分布于沱江干支流及塘、库、堰等水域中。具体情况见本志第十篇农业第七章渔业中有翔实记述。

此外，猪、牛、羊、鸡、鸭、鹅、兔、蜂、蚕等家禽家畜养殖也兴旺发达。其中，家畜类以养猪为主，家禽类以养鸡为主。

二、森林植被

（一）植被类型和分布

农田植被　分布于全县43乡所在的农耕区。为一年四季的农作物和竹类及“四旁”（沟边、水边、路旁、屋前屋后）果桑及其他树种所组成的人工植被类型。

园林植被　分布于果园、公园、小林园、机关单位、工厂、学校、农村宅院、寺庙、街道及公路两旁。为各种果树、花卉及乔木、灌木、竹等观赏植物组成的人工植被类型。

竹林　分天然竹林和人工栽培竹林。天然竹林分布于云顶山南坡，常与常绿阔叶林和落叶阔叶林木混交。人工栽培竹林多成片、成块分布于农家宅院，且往往有零星的落叶乔木点缀其中。竹林类别主要为慈竹和荆竹。云顶山顶有少量箭竹存在。

森林植被　分自然植被和人工栽培林。（1）常绿阔叶、落叶阔叶混交林：主要分布于海拔650米以上的云顶山南坡山地紫棕壤上。结构复杂，树种繁多，其中以多代萌生的樟科、壳斗科、漆树科、楝科等树种为多。（2）针、阔混交林：主要分布于海拔600米以上的龙宝山和小云顶山东北坡悬崖陡坡地带。结构复杂，树种繁多，以多代萌生的马尾松、橡树、青冈、桤木、苦楝、乌柏等树种占优势。（3）马尾松林：以人工栽培为主，多分布于赵家、清明、淮口、悦来、石佛等乡海拔600米左右的向阳低山地区。代表植物为马尾松、铁芒萁。（4）柏木林：以人工栽培为主，成片分布于淮口、悦来、三星、盐井、栖贤等乡海拔600~800米的丘陵、低山的被阴谷坡地区。代表树种为柏木。（5）桤木林：以人工栽培为主，多属中幼龄林。主要分布于栖贤、长乐、五凤、赵家、四方、三星、杨柳等乡阴湿的沟谷、背风的谷坡与河漫滩一级阶地。代表树种为桤木。（6）桤柏混交林：以人工栽培为主，多属中幼龄林。成片分布于龙泉山区的阴湿沟谷及背风的谷坡。代表树种为桤木、柏木。

稀树灌丛　主要分布于龙泉山区水土流失严重的陡坡地带。为针阔混交林遭破坏后形成的次生植被。代表树种为马桑、黄荆、乌柏及橡树等。

稀树草丛　分布于龙泉山区的荒山荒坡地带。以多代萌生的多年生草本植物为多，有零星栽培的乔木点缀其中。因坡度大，水土流失严重，土壤贫瘠，草类长势不良，种类单一。代表植物为茅草和梭草。1990年，全县森林覆盖率为17.72%。

（二）林业资源

境内林业资源丰富，在本志第十篇农业第五章林业中有翔实记述。

第四节　矿产资源

县境矿产资源系沉积矿类型。金属矿种单一，分布广而储量小，非金属矿资源丰富。

一、金属矿

主要是孔雀石和蓝铜矿。产于侏罗系蓬莱镇组上段砂岩岩层中。主要矿点有广兴乡、金鸡山、晏家沟、帽顶山、空梁子、栖贤山、石板河等地。储量小，品位低，含铜量一般在0.2%~0.4%，矿点分散。经20世纪50年代开采说明，不具备开发价值。

二、非金属矿

主要是建筑用砂、砾石矿床。主产于第四系全新统上段，河床亚相的含砂砾石夹沙层及县境内主干河流中。矿石由河床相的砂和砾石组成。主要矿藏从官仓沿沱江东下至五凤溪一带，全长47公里，砂砾石年产量约50万—120万立方米。以五凤溪建筑用沙砾矿床的储量最大，质地最佳。中心地段的地理坐标是北纬30°36′55″N，东经104°30′58″E。产于第四系全新统上段河床亚相含砂砾石夹沙层。矿床共分8层，平均厚度7.15米，最厚达8米。走向呈断续延伸状。县境内罗家坝段长1200米；乱石堆段长2600米。矿石多以石英、燧石、石英岩、花岗岩、石灰岩为主体。属于迭瓦式构造类型。

金堂县砂石质量好，主要销往成都、德阳、中江、广汉、龙泉驿、青白江、新都等地区。金堂河砂储量约50亿立方米，品质居全国第二位，修建北京全国人民大会堂、南京长江大桥、葛洲坝等大型工程都采用了金堂河砂。

三、天然气

县境盐井、栖贤、长乐乡一带，还埋藏着一定数量的天然气矿。据西南石油局有关钻探资料，这些地区的天然气均属埋藏于地下4000米左右的深层天然气类型。地层系三叠系须家河组。

四、条石

以高板、土桥为广，质量以高板为最好，修建九龙滩电站所用条石主要来源于高板镇。

五、砖瓦用页岩矿

在全县均有分布，其品质好，潜在资源量大，基础储量在496.95万立方米以上。到2005年年底，全县已有27家砖瓦用页岩企业，矿石年消耗量达72.24万吨，矿总产值达3692万元。

第三章　山脉　河流

第一节　山　脉

一、龙泉山地段老牛坡

老牛坡位于盐井乡境，海拔1048.7米，为县内最高峰。北隔三叉河上源与中江县之西眉山对峙。走向北东至南西。地跨盐井、官仓、栖贤、长乐、四方等乡境。南北、东西纵横25公里多。西段、南段包括鹅蛋山、鹞子岩、三学山、圣灯山、栖贤山、四方山等低山地形。海拔高度一般都在800米以上。

二、龙宝山

龙宝山位于金堂峡左岸，地跨淮口、悦来、三烈、四方等乡界。最高峰在三烈乡龙宝村之炳灵庙，海拔1011.4米，是县内第二高峰。走向北东至南西。西坡陡，东坡缓。砂岩岩溶地貌较为发育，位于龚家村红石山中的天星洞是我国较为典型的砂岩溶洞。

三、云顶山

云顶山位于同兴、悦来乡境。东隔沱江金堂峡与炮台山对峙，其西坡断续没于青白江区之清泉镇境，走向北北东至南南西。属较典型的断块山。最高峰在同兴乡，海拔975米，是县内第三高峰。相对于前两个地区，气温偏低，降水较丰富，但拦蓄设施差，利用率低。林业用地面积大，占全县林地面积的54.73%。旱地为主，占该区耕地面积的96.14%，未利用地面积大，且以荒山荒坡为多。其荒山荒坡面积为32585亩，占全县的49.5%。

第二节　河　流

县境河流分属于沱江、岷江水系。

一、沱江

沱江为长江上游左岸一级支流，为四川盆地腹地重要水系之一。发源于四川盆地西北边缘之九顶山南麓，溪流自九顶山的东、中、西三处流出，逐渐汇成湔江、石亭江、绵远河，于广汉易家河坝汇合成为北河，在金堂县赵镇接纳岷江分流——清白江与毗河，称为沱江。《禹贡》就有“岷山导江，东别为沱”的记述。沱江流域为四川省内唯一的“非封闭型”流域。沱江与岷江一起成为双生河流。沱江上源5支，即绵远河、石亭江、湔江、清白江、毗河。其中以绵远河最长，为沱江正源，余分别为旁支和外来水系。沱江古称金堂河，是金堂县内最大河流。县境内包括北河段13公里，沱江在县境内流程共59.7公里，到五凤溪东入简阳境。多年平均径流总量76.7亿立方米，1984年最高，达111.0亿立方米；1969年最低，为46.38亿立方米。平均比降10.62‰，枯洪水位悬殊，流量变幅大。多年平均流量251.7立方米／秒，最大流量8110立方米／秒，最小流量仅11立方米／秒。沱江在龙威乡至同兴乡段，有干流上的第一道峡谷——金堂峡，长13公里，江面狭窄，河水深切基岩，谷坡25°~65°。因龙泉山背斜软硬岩层相间，河谷呈V－U－V交替状。按1981年7月14日三皇庙水文站实测资料，洪水位达446.28米，流量8100立方米/秒，河床宽135米。据查，当流量在39.8立方米／秒时，河床宽仅66.2米，显示金堂峡对宣泄沱江上游的大量洪水，有阻滞作用。但也因此缓解了上游的流速，使赵镇地区的泥沙不致因洪水而被大量冲刷。沱江出峡谷后，迂回绕流于海拔400米左右的丘陵地区。河谷呈宽广的U形或浅凹形。谷坡10°~20°，河床多为厚度不大的砂、卵石覆盖，河漫滩及沙洲发育，水道曲折，面宽200~450米，两岸有高出枯水面10~20米及40米左右的阶地零星分布。局部地段的一级阶地常与低缓浅丘相并构成缓丘带坝地貌。

二、清白江（中河）

中河古名中江，在金堂县境内称中河，属于岷江水系。岷江水出都江堰市宝瓶口后，东北流经都江堰市蒲阳，辗转东行，经郫县、彭县、新都、广汉，汇集各山溪水，在广汉接纳濛阳河，到金堂入沱江。属于“双生水源”河道。流程150公里，上段名蒲阳河，下段名清白江，嘉庆《金堂县志》称为湔江。清白江为金堂县西北平坝浅丘地区进行灌溉、养殖、排洪、输水的重要河道之一。在金堂县境内长16公里，水面面积165万平方米，平均比降1.5‰。河床平均宽67.9米，最宽处137.5米，最窄处37.5米。多年平均流量51.8立方米/秒。枯洪水位悬殊，流量变幅大。1981年7月13日广汉县境实测得流量2200立方米/秒，但一般年份的冬季枯水时节，不少河段几乎处于断流状态。河流深切基岩，部分河段枯水期常基岩裸露，河滩甚多。河床曲流发育，弯道多，弯曲系数为1.42。河床淤浅，河谷底部一般仅比谷缘低3米左右。洪水期易于成灾。清白江南流，穿过赵镇平安桥，先汇合毗河、经韩滩大桥后汇集北河流入沱江。

三、毗河

毗河又名郫河、毗桥河和湔江。属岷江水系。在都江堰市蒲柏闸与蒲阳河分水后，名柏条河，东南流经郫县，在新都境之石堤堰与府河分水后，始称毗河。再经成都市金牛区、青白江区入金堂境，至赵镇后先后汇合清白江、北河流入沱江。在县境流程9.9公里。河床平均宽103.3米，最宽处175米，最窄处37.5米。多年平均流量40.19立方米／秒，比降3‰，弯曲系数1.98，河漫滩一级阶地发育，多心滩，且常呈“分水鱼嘴”。平水期河床与河岸高差多在3米左右，以致洪水期易发生灾害。

四、北河

北河古名后江，系沱江正源绵远河下段。绵远河南流经广汉易家河坝，接纳石亭江、湔江水之后，入金堂境始称北河。至赵镇与中河、毗河相汇成沱江。县境内流程为 13 公里。水面面积 185 万平方米，多年平均径流量 115.6 立方米 / 秒。平水期河床平均宽 169.4 米，最宽处 287.5 米，最窄处仅 50 米。弯曲系数 1.15，比降 1.9‰，洪泛频繁，是金堂县境水害最大的河流。

五、山溪水

海螺河又名石板河。水源一出金堂东北境盐井乡之老牛坡横梁子，西南流经盐井沟、石板河至苟村，称盐井沟水；一出狮子梁和四方碑诸山，东南流经平水堰，纳鹅蛋山、周家岩、红岩子诸山水，再经周家堰至苟村与盐井沟水汇流，称海螺河。此水原从来宝沱入沱江，清末因下流淤塞，经踏水桥入北河。流程 14.3 公里，流域面积 58.53 平方公里，多年平均流量 0.68 立方米 / 秒。河床平均宽 33.72 米，最宽处 35.18 米，最窄处 21.99 米。比降 24.32‰。

爪龙溪又名官仓河。源于中江县石泉场诸溪。经汉金桥、螃蟹店、官仓场，入北河。沿途两岸先后接纳干沟桥、桂花园、尖峰山、林家祠诸水和黄家湾、花棚子、高冲及刘家营等溪水。县境内流程 12.95 公里，流域面积 34.58 平方公里。河床平均宽 25.44 米，最宽处 32.98 米，最窄处 21.99 米。多年平均径流量 1.14 立方米 / 秒。比降 19.2‰。

溪木河又名桤木河、三州水、沙河。源于桤木沟，接纳青白江区福洪乡、玉皇观、黄家沟等地山溪水并收沿河地面径流及东风干渠的溢洪和闲散水，经水打荡、庄家水碾、观音桥、庆远桥，于龙威乡石梯村入沱江。县内流程 11.2 公里，流域面积 29.73 平方公里。河床平均宽 32.43 米，最宽处 43.98 米，最窄处 26.39 米。多年平均径流量 1.2 立方米 / 秒，比降 2.8‰。

清溪河又名金溪河。源于中江县清河乡，西南流入金堂境福兴乡东转西南流，先后接纳中江县辑庆、兴隆及县境内福兴、赵家、三烈、淮口等乡溪沟水，于淮口乡红岩寺入沱江。县境内流程 25.7 公里，流域面积 125.2 平方公里，多年平均径流量 3.06 立方米 / 秒。河床平均宽 26.42 米，最宽 39.58 米，最窄 17.59 米。比降 12.6‰。

万家河又名毛家河、金水河。源于龙泉驿长安桥，纳蟠龙山、黄家山、茅店子、观音山、龙井沟、沙河沟等地山溪水，由西南转东，再转东南，经倒石桥、陈家湾至红花塘入金堂境，再经杨家湾、狮子桥、双龙垭至两河口的乱石滩入沱江。县境内流程 7.8 公里，流域面积 22.15 平方公里。河床平均宽 25.65 米，最宽处 30.78 米，最窄处 21.99 米。多年平均径流量 0.35 立方米 / 秒，比降 5.5‰。

黄水河即五凤溪河。源于龙泉驿区的清水乡将军顶。集安家沟、张家沟、文庙沟诸水，至操场坝和象鼻嘴间合流称黄水河。经娘娘庙纳毛家沟水，入金堂境到五凤镇金相寺的两河口纳蓝家沟和南家沟溪水，到太乙庙前纳陈家沟、杨家沟水，汇流后经五凤镇入沱江。县内流程 7.6 公里，流域面积 16.15 平方公里。河床平均宽 23.7 米，最宽处 26.39 米，最窄处 21.99 米。多年平均径流量 0.58 立方米 / 秒，比降 5.65‰。

杨溪河又名柳溪河。其源头一支出于高板乡东面的四方碑，经钟家桥、唐家沟、高观等地到高板桥；一支源于高板乡东南面的包包店，经石龙场、洼堰沟到高板桥，二流汇合后出高板桥，经回龙桥、金简桥、谢家桥，入沱江。县内流程 26.6 公里，流域面积 66.33 平方公里。河床平均宽 26.1 米，最宽处 30.78 米，最窄处 13.19 米。多年平均径流量 0.6 立方米 / 秒，比降 12.0‰。

资水河又名阳化河、三叉河。源于三溪乡的麻蝈寨、黑皇寺诸山麓，东南流经乐济桥、松茂桥、鱼栈滩、永济桥、板栗湾、白鹤嘴、老新桥等，沿途接纳9条山溪，迂回于县境东南丘陵地区，经云合乡入简阳，经资阳入沱江。流域面积393平方公里，多年平均径流量3.7立方米/秒，长58.4公里。河床平均宽34.2米，最宽处达65.97米，最窄处仅19.79米。平均比降9‰。9条山溪是：（1）骑龙店、桂花园等地山溪水，西南流经东岳庙至三溪乡入资水河；（2）芭茅堰山溪水，西南流，经金龙乡的净音寺至石佛乡的栗木村入资水河；（3）中江石笋场之水，南流，过土门垭，经金堂转龙乡的两河口、陈家店、五龙桥，至大桥乡的鱼箭滩入资水河；（4）中江冯店右侧诸水，南流转西至金堂县广兴乡的麻石桥、狮子桥、龙王潭入资水河；（5）垭口店左侧之水，东流，经凤形湾、竹篙寺、黄金桥入资水河；（6）源于乐至县金顺乡上游的三教堂山右之水，南流，经三教堂蛤蟆堰入金堂境，再经天生桥、三星桥、鼓钉寺、金龟桥，汇王家沟水成蔡家河，过望鹤桥、白鹤嘴入资水河；（7）三教堂山右之水，南流，经曹家沟、癞板桥、观音桥、万福桥、响水滩入资水河；（8）万家沟水，南流，经红土地、宏庆桥、响水滩入资水河；（9）土桥沟水，南流，经土桥镇、响水滩入资水河。

第四章　气　候

第一节　气候特征

一、四季特征

金堂县四季气候情况如下表。

金堂县四季气候划分

表2-2

四　季	春	夏	秋	冬	备注
标　准	10℃～22℃	>22℃	22℃～10℃	<10℃	按平均气温统计
起止日期	1/3～20/5	21/5～10/9	11/9～25/11	26/11～28/2	
天数	81	113	76	95	

春季　气温回升快，但不稳定。常出现"倒春寒"。会因降水少，蒸发量大，易出现春旱。后期，气温偏高，热量大，常出现大风、冰雹等强对流天气。

夏季　初夏受干燥的大陆性气团的控制，空气湿度小，降雨少，易形成夏旱，丘陵区突出。盛夏为高温潮湿多雨季节，大气层常处不稳定状态，西风带高空低压槽活动增强，冷锋活动频繁，县境正值西太平洋副热带发散的暖湿气流与西伯利亚南下冷空气的交汇地带，常形成大雨、暴雨天气过程，造成洪涝。

受青藏高压左右会导致降水增多或伏旱。同时，因西南低涡的影响，常引起大雨、暴雨或雷暴天气，1995 年 8 月 11 日，2001 年 9 月 20 日，出现的连续性大暴雨过程即是。

秋季　气温下降迅速。气压场形势由原来的印度低压和西太平洋副热带高压控制，转变为印度高压和蒙古高压的控制。夏季风势力减弱，冬季风开始南下入盆地。因地形和纬度影响，转换速度较缓慢，北来冷空气往往在低空呈冷高压状态，与南撤的暖气流在盆地内接触，形成准静止锋面，造成阴雨连绵天气。

冬季　金堂县受蒙古冷高压的控制，冬季风较盛，但由于秦巴山地和青藏高原的屏障作用，导致“温房效应”。因而冬暖、少雨、云雾多、霜雪也少。

二、气候区划

平坝浅丘区：位于西北部，海拔高度 440 ~ 500 米，以赵镇、清江、三星、官仓、云绣的平坝、丘陵为主，三河一坝贯穿全区。该区降雨充沛，湿度较大，年平均气温 16.9℃，大于 0℃总积温 6168℃，年降雨量 759 毫米，年相对湿度 80%。

山地深丘区：为龙泉山脉地区，海拔高度 500 ~ 1000 米，云顶山、炮台山、沱江峡、三学寺位于其中。山上常被云雾笼罩，湿度偏大。年平均气温 14.9℃，大于 0℃总积温 5439℃，年降雨量 800 毫米，年相对湿度 81%。

中丘区：位于中部和东南部，在福兴、赵家、高板、淮口、五凤、竹篙和土桥之间。气温偏高，湿度偏小，常发生干旱。年平均气温 17.2℃，年降雨量 700 ~ 800 毫米，年相对湿度 66% ~ 77%，大于 0℃总积温 6278℃。

第二节　气候要素

一、气温

年平均气温　1990—2005 年，年平均气温为 16.9℃，比 1959—1989 年年平均气温偏高 0.3℃，气温呈上升趋势。最高年为 2001 年达 17.6℃；最低年 1992 年 16.0℃。年平均气温在地区分布上有差异。低山深丘区，年平均气温为 14.8℃，栖贤乡的少数地区，年平均气温不足 13.8℃，是最低处。龙泉山东侧的中丘地带，如三溪、平桥、石龙等乡，年平均气温可达 17.5℃，是最高地区。总的趋势是东南部丘陵比平坝高，平坝比山区高。16.0℃等温线大致与龙泉山走向一致。龙泉山西侧等温线分布较密集，龙泉山东侧地带等温线分布较稀疏。气温分布的规律是由东南向西北递减。

月平均气温　1990—2005 年，最热月为 7 月，26.3℃；最冷月为 1 月，5.9℃，年温差为 20.4℃。16 年中月平均气温最高月为 2001 年 7 月达 28.3℃，最低月 1993 年 1 月 4.5℃。

1990—2005 年月平均气温

表 2 - 3　　单位:℃

月份	1	2	3	4	5	6	7	8	9	10	11	12	年均
气温	5.9	8.6	13.2	17.8	21.9	24.6	26.3	25.5	22.2	17.3	12.7	7.3	16.9

极端气温　1990—2005 年中，年平均气温最高年为 2001 年 17.6℃，最低年 1992 年 16.0℃，年际

变化为1.6℃。

年极端最高气温是2002年7月14日为37.7℃。1990—2005年，极端最高气温在36℃以上的有6年；在35℃以上的有10年。年极端最低气温是1993年1月24日为零下4.4℃。1990—2005年，极端最低气温低于零下3℃的有两年，分别为1991年（-4.3℃）和1993年（-4.4℃）低于零下4℃。

积温 县境年总积温（≥0℃）为6168℃，有效积温（≥10℃）为5450℃。地形不同，积温分布状况不同：平坝区，年总积温为6168℃，有效积温为5450℃；山区，年总积温为4782℃~5930℃，有效积温为4224℃~5352℃；丘陵区，年总积温为6220℃，有效积温为5606℃。这种热量条件能充分满足一年两熟制农作物生长的需要。县境内，≥10℃的作物生长期即3月12日至11月24日的最大累积温度为4956℃。其中作物生长期各阶段临界温度为10℃、12℃、15℃、18℃、20℃。由于地形、地势影响，上述各临界温度在县境内各地区出现时间不同。平坝、丘陵区出现早，结束迟，累年积温较多。龙泉山区出现晚，结束早，累年积温量减少，农事季节较东部丘陵地区晚1—2个节气。

金堂县1990—2005年中，>16.9℃（平均值）有8年，<16.9℃（平均值）6年，等于平均值有2年，1997年开始气温都在平均值以上，2001、2002年为最暖年，年平均气温达17.6℃，气候呈现为逐年偏暖的趋势。

二、降水

1990—2005年，总降雨量为12144.0毫米，年平均降雨量759.0毫米，1990年最多达1038.6毫米，1996年最少为487.9毫米。年平均降雨量比前30年偏少。6—8月平均降雨量为451.2毫米，占全年平均降雨量的59.4%，8月降雨量为最多，平均值达193.0毫米，占年均降水量的25.4%，1990年8月降水量达280.7毫米；夏季最多降雨月由1959—1989年的7月，转为1990—2005年的8月。12月至次年2月降雨量少，累计年平均降雨量21.4毫米，占全年平均降雨量的3%。3—5月，降水量126.2毫米，占全年降水的17%，9—11月，降水量150.1毫米，占全年降水的20%。

金堂县1990-2005年月平均降雨量

表2-4　　单位：毫米

月份	1	2	3	4	5	6	7	8	9	10	11	12	年
降雨	7.2	9.7	18.8	49.3	58.1	114.9	143.3	193.0	99.9	37.9	12.9	4.5	759.0

受地形影响，降水量自西北和东南部向中部地区递减。1990—2005年西北部平坝浅丘和龙泉山区年降水量在750毫米左右，中部地区的三溪、金龙、高板等年降水量仅650毫米。

降水强度 1990—2005年暴雨出现时间为6—9月，日降水量≥50毫米累积数为39次，年均2.5次；1995年最多，达6次；其次是1990年5次，1995和2001年各出现4次。1999年、2003年无暴雨。1990年8月12日至13日，连降暴雨、大暴雨，总降水量213.5毫米，其中13日降雨量达160.1毫米，为16年来最大日降雨量。1998年9月16至19日，连降大雨、暴雨、大暴雨，总降水量234.7毫米。2001年9月20日，日降水量115.3毫米。

从15个降雨时段表中分析出，60分钟最大降雨量73.5毫米，出现在1993年7月15日；2小时最大降雨量100.2毫米，出现在2005年7月2日；12小时最大降雨量165.9毫米，出现在1990年8月13日；24小时最大降雨量208.3毫米，出现在1990年8月12日7时至13日7时。

金堂县 1990—2005 年 15 个时段最大降雨量

表 2-5　　单位：毫米

时段（分钟）	5	10	15	20	30	45	60	90
最大值	16.1	26.1	31.5	36.8	53.9	67.1	73.5	97.0
时段（分钟）	90	120	180	240	360	540	720	1440
最大值	97.0	100.2	107.9	133.0	149.2	161.5	165.9	208.3

秋季绵雨　1990—2005 年出现了 15 次，前 7 年中 5 年有秋绵雨；后 9 年 4 年有秋绵雨。有 7 年未出现绵雨。最长天数 10 天为 2001 年 9 月 17—26 日，总降雨量为 221.1 毫米；其次 9 天，为 1994 年 9 月 20—28 日；再次 8 天，为 1996 年 9 月 1—8 日和 2000 年 9 月 5—12 日。

雨日、无雨日　年降雨日数在 165—197 天，平均 180 天。小于 0.1 毫米降雨日数 107—143 天。无雨日数 168—200 天，平均 185 天。

三、云、雾、日照和辐射

云　年平均总云量为 8.0 成，全年阴天多。累年平均阴天（总云量≥8.1 成）235 天，比前 30 年平均值偏少。全年晴天（总云量≤1.9 成）日数平均值 18 天。

雾　累年平均雾日 39 天，比前 30 年多 9 天。1990、1992 年最多达 68 天。2004 年最少仅 14 天。秋季雾日占全年的 26%；冬季雾日占全年的 53%。

日照和辐射　累年平均日照 1196.3 小时，前 30 年平均值 1295.5 小时。2002 年最多，为 1403.8 小时，1991 年最少仅 923.0 小时。日照百分率为 30%，为全国日照低值中心之一。春季日照时数为 360.2 小时，占全年 30%；夏季日照时数为 457.1 小时，占年日照时数的 38%，其中 8 月最多为 175.8 小时，日照百分率为 31%。12 月份日照时数仅 50.9 小时，日照百分率为 16%。日照年总辐射量 80 ~ 90 千卡/平方厘米。比同纬度的苏州、杭州、武汉偏少。春夏偏大，分别为 20 ~ 27 千卡/平方厘米和 30 ~ 35 千卡/平方厘米；秋冬季均在 20 千卡/平方厘米以下。

1990—2005 年金堂县月平均日照

表 2-6　　单位：小时

月	1	2	3	4	5	6	7	8	9	10	11	12	年
日照	57.2	58.3	90.0	131.5	138.7	130.3	149.0	170.8	89.4	69.7	63.5	50.9	1196.3

四、水气压、湿度、蒸发量

水气压　1990—2005 年累年平均水气压 16.3 百帕，1998 年最大为 17.3 百帕，2001 年最小为 16.0 百帕。夏半年大，冬半年小。7 月平均水气压 27.7 百帕，1 月平均水气压 7.5 百帕。

相对湿度　1990—2005 年相对湿度在 75% ~83%之间，累年平均相对湿度为 80%。在全国气候区划中，为高湿度区。

蒸发量　累年平均蒸发量 1046.0 毫米，1997 年最大，为 1145.6 毫米，1992 年最小，为 966.7 毫米。5 月最多 154.8 毫米，12 月最少 30.3 毫米。4—8 月蒸发大，3 月、9—11 月蒸发少，12—2 月蒸发最少。全年水面蒸发量为 732 毫米，陆面蒸发量为 549 毫米，降水量大于蒸发量，冬半年的蒸发量大于降水量。

1990—2005 年金堂县月平均蒸发量

表 2－7　　单位：毫米

月	1	2	3	4	5	6	7	8	9	10	11	12	年
日照	33. 1	42. 2	74. 4	118. 2	154. 8	137. 0	129. 4	128. 4	88. 3	63. 6	46. 3	30. 3	1046. 0

五、气压、风、雷电、霜期、雪

气压　累年平均气压 962. 5 百帕，极端最高气压值 989. 1 百帕，为 2005 年 12 月 21 日；极端最低气压值 939. 4 百帕，为 1990 年 5 月 24 日。5—9 月气压偏低，11—1 月气压偏高。

风　夏季多偏南风，冬季多偏北风。累年平均风速为 1. 1 米/秒，累年定时的最大风速 10 米/秒，为 1990 年 5 月 2 日的东北风。累年瞬间最大风速达 32 米/秒，相当于 11 级风，风向西北，出现在 2002 年 8 月 25 日，飑线影响，发生冰雹、强降雨。因受龙泉山脉及丘陵地形影响，官仓、福兴、隆盛等常有大风天气，一般出现在春、夏两季，且常常与暴雨或冰雹伴生。16 年中共出现大风天气 21 次。1990 年最多，共 6 次。冬季无大风。无大风年占 25%。

雷电　雷暴日数年平均 28 天，最早出现在 1996 年 3 月 8 日，最晚出现在 1993 年 4 月 25 日，结束日最早 2003 年 8 月 30 日，最晚 1994 年 11 月 14 日。初中间日数 143—221 天。

霜期　平均霜日数 12 天。1992—1993 年最长 22 天，1990—1991 年最短 6 天。初霜日最早为 1992 年 11 月 9 日，最晚为 1990 年 1 月 3 日。终霜日最早为 1991 年 1 月 16 日，最晚为 2004 年 3 月 4 日。

无霜期年均 296 天。无霜日年均 353 天。1990—1991 年度最长 359 天。1992—1993 年度最短 343 天。

雪　累年平均降雪日数为 1. 5 天，1995－1996 年发生过 5 天；有 37% 的年份无雪。初雪日最早为 12 月 25 日，终雪日最晚为 2 月 23 日，一次降雪持续时间为 1—5 天，一年发生 1—2 次。平坝区雪厚度一般在 1—2 厘米。1990—2005 年中仅有两年出现积雪，时间 1 天，云顶山、炮台山、四方山等龙泉山地区常出现积雪，丘、坝少见。

第三节　气候资源和农业气候区划

一、气候资源

热量资源　县内冬暖夏热，年温差小，无霜期长，夏无酷暑，冬季气温在 0℃以上。作物全年均能生长。山区与平坝、丘陵区的年均温差较小。稳定通过 10℃的年均初日为 3 月 12 日，年平均终日为 11 月 24 日，初冬日间隔天数 285 天。全年活动积温 4956℃，能充分满足水稻、小麦两熟和玉米、小麦两熟对热量的需求。

光能资源　县内虽属全国日照和太阳辐射低值中心之一，但仍能满足农作物对光能的需要。

降水资源　全县 74% 以上的年份降水的可靠率在 800 毫米以上，除个别年份外，一般较稳定。夏秋二季累年平均降水基本满足秋收作物在生长过程中的需水量。冬、春累年平均降水量对于春收作物在生长过程中所需水量略显不足。龙泉山东侧的丘陵地区，不时有冬干和春旱发生。

二、农业气候区划

金堂县农业区划委员会于1983年根据县境内的水、热组合情况及其地域差异，本着因地制宜，分类指导农业生产，逐步实行生产区域化、专业化的原则，将县内分为三大综合农业区。

西部平坝、浅丘粮果经济作物区 包括清江、三星、赵镇、云绣及龙威、栖贤、官仓、杨柳等乡的81个村。本区土地肥沃，气候温和，雨量充沛，地表径流发育，水利灌溉条件好，是县内粮、油生产高产区和柑橘生产的老区，也是金堂县水稻、玉米、小麦、杂粮、油菜籽、生姜、海椒、大蒜和其他蔬菜生产基地。耕作制度为一年两熟至两年五熟。

中部低山林果牧区 包括悦来、盐井、四方及龙威、栖贤、官仓、淮口、同兴、白果、五凤、赵家、三烈、长乐等乡的69个村。本区具有发展林、果、牧、药的有利条件，是县内林、果、牧、药的主产地。以种植业为主体。粮食生产构成中，以玉米、红薯等旱地作物为优势，是县境内杂粮主产区。耕作制度一年两熟。因森林覆盖率低，水土流失严重，以致土层瘦薄。地表水丰富，但因拦蓄措施差，而易受旱。

东部丘陵粮、棉、果、桑区 按累年平均水量的多少，又分为两个亚区：（一）干热浅丘粮、棉、果、桑区，包括高板区、福兴区、淮口区的一部分乡，是县内水稻、玉米、红薯、小麦、蚕豆、豌豆、棉花、柑橘、蚕桑的主产区之一，耕作制度一年两熟。年降水量偏少，地表径流偏低，缺乏植被保护，水土流失严重，时有旱象发生。（二）热润深丘粮、棉、果、桑区，包括竹篙、土桥两个深丘地区，是县内水稻、小麦、杂粮、棉花、村橘、蚕桑的主要生产基地。因受地形影响，降水量偏少。缺乏植被保护，水土流失严重，地表径流偏低，旱象也较常见。

第四节 农业气象

一、重大天气预报

县气象局在1993—1995年，为县举办第二届金橘会和首届梅花节，要求选择开幕式的天气不下雨，能见度要好。提前1个月时间，准确预报了开幕式日期无雨的天气。

1994年4月至6月，连续出现33天干旱。作出了准确的天气预报。

1995年4月中旬开始，降雨持续偏少，出现了52天的严重干旱，全县大春生产受到严重的损失，部分地区人畜饮水十分困难。在干旱出现的天气趋势预测中预报了有40天左右夏旱。县委、县政府根据气象预报，及时召开抗旱工作紧急会议，布置抗旱救灾工作。6月1日，气象局准确预报了未来24小时内有一次暴雨天气，发布了久旱转雨天气消息，使县抗旱工作重点转移到抢种满栽满播，于6月10日，全县关秧门，蓄水达1700万立方米，创直接经济效益140万元。

同年，县气象局在1至7月的长中期预报中多次指出：8月前半月有洪涝。8月9日和10日，又先后2次发布了暴雨天气消息，从8月10日开始，提供上游地区雨量和水情，同时加强对上游地区和本县暴雨的预测预报工作。8月11日，县境遭受了暴雨洪涝灾害，沱江洪峰流量高达7650立方米/

秒。县防汛指挥部及时采取措施紧急疏散人员1.5万人，转移粮食2000万公斤、五金、交电等3000件、农业生产资料20万公斤、中小学教材4万公斤、其他物资100万公斤，减少损失1.2亿元，县气象局受到省、市气象局的表彰。

1997年天气预报在“黄土地”电视栏目中播出，同时在《金堂报》刊载，内容有天气预报、气候实况、生产生活建议，共40期396份，预报准确率82%，受到群众好评。荣获市气象局“气象服务中成绩显著奖”。

1999年9月20日，准确预测9月30日天气晴好、无雨，30日全县万人团体操表演，50周年国庆大典庆祝活动顺利举行。

2000年4月至6月出现严重夏旱，57天总降雨量36毫米，偏少82%，气温在特高范围，农作物严重受灾。县气象局提前准确预报，为县抗灾减灾提供了决策依据。

2003年8月8日，预报9日金堂县有暴雨天气，上游地区有大暴雨，未来10小时后将有4000～4200立方米/秒的洪峰，发生洪涝。县防汛办发布了“防洪第一号、第二号公告”。实际9日金堂县上游普降大暴雨，沱江流量4210立方米/秒，金堂发生洪涝灾。

2004年4月26日和5月28日，分别发布6月28至30日有大暴雨消息。提前预报出这次大暴雨洪灾，防洪工作提前准备，减轻了洪灾的危害。

2005年5月1至7日，金堂县举办中国·西部花园水城游乐节。4月17日提前预报出游乐节天气情况，其中5月1日天气为晴间多云、无雨，可定为开幕式日期。在临近游乐节期间，局每天按时发布3天滚动天气预报。实际5月1日天气晴好，上万人参加的开幕式活动顺利举行，县气象局被县委、县政府评为游乐节活动优秀单位。

二、重大灾害天气

1991年3月31日—4月4日，出现连续低温阴雨天气，水稻烂种烂秧严重。

1992年11月—12月，出现严重的冬干天气，2个月总降水量仅1.0毫米，小春作物播种和出苗困难，丘陵山区人畜饮水困难。

1993年5月2日—31日，夏旱30天，县境内部分丘陵山区人畜饮水困难，小春粮油减产。

1994年1月17日—18日，全县普降大雪，积雪深度4厘米，日平均气温下降5.8℃，极端最低气温零下2.9℃，是1990—2005年最大的一次降雪。3月29日—6月1日，夏旱64天。出现长时间的高温少雨天气，总降水量仅26.1毫米，较历年同期减少70%。全县玉米、红薯、棉花、花生严重受灾，水稻苗床缺水干裂达60%，人畜饮水困难。7月中旬开始，出现持续高温、高湿、闷热的伏旱天气，龙泉山脉以东地区，从7月中旬到8月底，出现严重伏旱，全县有85个村，25169人和24738头牲畜饮水困难。7月17日，县内突然遭大风、暴雨袭击，赵镇、官仓、栖贤、清江、云绣等乡镇作物受灾，人员伤亡2人。

1995年8月11日，县境内及沱江上游地区普降暴雨和特大暴雨，沱江最大洪峰7650立方米/秒。全县9个乡镇、136个村、11.98万人被淹，损坏房屋2070间，倒塌房屋1485间，死亡3人。造成直接经济损失1.62亿元。

1996年5月23日—6月30日，夏旱39天，降水量仅24.7毫米，农作物受灾。

1997年6月—8月，三星镇、栖贤乡、官仓镇首次发生拉美斑潜蝇，由于降雨较少，无强降雨、暴雨天气，气温适宜，致使虫害严重，虫灾面积508.27公顷。7月23日19：50—20：00时，官仓镇白马泉村和清江镇接壤的地区发生冰雹和大风，冰雹直径达3~4厘米，瞬间最大风速21~23米/秒，经济损失180余万元。8月15日，上游地区降暴雨，北河、中河发生洪水，流量在5390立方米/秒。赵镇、九龙、清江、白果、五凤、淮口等6个镇受灾。12月17—20日，全天24小时有大雾，白天浓雾不散，交通事故频繁发生。

1998年4月23日17时30分冰雹灾。全县12个乡镇降冰雹，持续时间15分钟左右，冰雹直径最大4厘米左右，鸡蛋大，一般2厘米，作物受灾。

1999年6月14日—15日，洪涝灾，九龙镇降雨量158.7毫米，赵家117毫米，隆盛72.5毫米，大春作物受灾。

2000年3—6月干旱：春旱61天，夏旱41天，山区和丘陵的早播玉米中约有1333.33公顷小苗干死，5月上旬播种的玉米大部分无法出苗。红黄蜘蛛发生严重。

2001年9月20日特大洪涝。日降雨量115.3毫米，沱江最大洪峰流量7390立方米/秒，本次洪涝灾害的特点是发生时期晚，上游降雨面广，洪水来势猛，上涨速度快，洪峰持续时间长。造成直接经济损失1.66亿元。

2002年8月25日风灾、冰雹灾、雷电灾。18时30分，飑线影响，发生冰雹、强风、强降雨，出现瞬间最大风速32米/秒（11级风，1959年后金堂有记载的最大风速），造成灾害。

2003年干旱：发生严重冬干、春旱、夏旱、伏旱、秋旱，小、大春作物受灾，玉米受灾严重。7月15日夜，隆盛发生大暴雨，12小时雨量112毫米，同时伴有大风、雷电灾害。

2004年6月28日—30日，发生洪灾、风灾、雷击。降雨量：赵镇134毫米，淮口197毫米，官仓176毫米，赵家152毫米，隆盛164毫米。雷击死亡1人，洪涝死亡2人，直接经济损失1200万元。

2005年7月2日，发生大暴雨，日降雨量102.9毫米，3日沱江最大流量4570立方米/秒，沿江乡镇发生洪涝灾，赵镇绿岛进水，直接经济损失1200万。

第五节　自然灾害

1990—2005年，共发生自然灾害82次，直接经济损失5.3亿元。旱灾41次，暴雨、洪涝灾16次，冰雹灾、风灾、雷电灾总共发生11次；寒潮、低温、连阴雨、秋绵雨、浓雾总共发生14次，其中1997年气候性发生虫灾。

一、旱灾

1990—2005年，年年有干旱，春旱、夏旱发生，危害大。

1990—2005年干旱情况表

表2-8

项目	冬干 12—2月	春旱 3—4月		夏旱 5—6月		伏旱 7—8月		秋干 9—11月
	有无	降雨量（毫米）	天数（d）	降雨量（毫米）	天数（天）	降雨量（毫米）	天数（d）	有无
1990	—	25	46	42	47	—	—	
1991	—	29	60	21	54	—	—	严重
1992	—	17	38	—	—	—	—	严重
1993	—	—	—	8	23	—	—	—
1994	一般	16	39	26	32	—	—	—
1995	—	8	30	10	31	—	—	—
1996	—	12	31	25	39	32	22	—
1997	—	—	—	28	23	29	24	严重
1998	—	17	50	29	20	14	21	—
1999	—	19	54	7	22	—	—	—
2000	—	29	61	19	41	—	—	—
2001	严重	17	58	28	31	29	21	—
2002	一般	—	—	—	—	—	—	一般
2003	严重	16	38	12	24	11	24	严重
2004	—	—	—	28	25	18	20	—
2005	—	—	—	26	27	—	—	严重

二、暴雨、洪涝

暴雨、洪涝一直是危害金堂县工农业生产的主要气象灾害，存在着局地性、突发性、集中性等特征，也常常引发地质灾害、城市内涝等灾害。造成涝灾主要原因有金堂上游集雨面积广阔，沱江两岸山势较窄，县城赵镇和沱江峡口相对高差小，洪水排泄困难。2004年沱江拓峡后，洪灾有所缓解。1991-2005年金堂县主要有以下几次较大洪灾：

1993年7月15日，降雨量151毫米，流量5220立方米/秒，9个乡镇遭到严重洪灾，经济损失达1831.5万元。1995年8月11日，特大洪涝，流量7650立方米/秒，9个乡镇、136个村被淹，11.98万人受灾，损坏房屋2070间，倒塌房屋1485间，死亡3人。造成直接经济损失1.62亿元。1997年8月15日，流量5390立方米/秒，中等洪涝，县城赵镇被洪水围困，部分街道淹没。赵镇、九龙、清江、白果、五凤、淮口等6个镇受灾。1998年7月5-6日，流量3650立方米/秒，中等洪涝，10个乡镇受灾，农作物成灾2.28万亩，绝收333.33公顷，停产半停产企业23个，直接经济损失1196万元。8月19-20日内涝洪灾。19日夜，山丘区降特大暴雨，隆盛镇降雨量达342.7毫米，赵镇42.2毫米。全县12个乡镇受灾，农作物成灾1200公顷，绝收28.67公顷，渔业损失29.7万公斤，进水场镇6个，停产半停产企业13个，水毁渠道28公里、提灌站35个，毁桥1座，损坏房屋458间，全倒塌5间，重灾户60户，特重灾户20户，直接经济损失1513万元。1999年8月15日，流量4500立方米/秒，九龙、赵家、淮口、福兴、金龙、黄家、白果、五凤等8个乡镇降了暴雨和大暴雨，九龙镇降雨量达158.7毫米，赵家达117毫米，隆盛达72.5毫米。暴雨造成民房倒塌191间。大春作物绝收7.53公顷，淹没农田452.4公顷。2001年9月20日，金堂县城洪水流量7390立方米/秒，特大洪涝是1940年后的第二大洪涝（仅次于1981年7月14日凌晨2点金堂县城洪水流量8110立方米/秒），降雨面广，300毫米以上特大暴雨降雨面积广，洪水来势猛，上涨速度快，洪峰持续时间长。县城赵镇幸福路平均洪水深1.5—1.8米，最深淹到二层楼，三中园区淹到金龙路、57车队一带。全县12.82万人受灾，农作物成灾7600公顷，经济林木成灾706.67公顷，渔业60万公斤。进水场镇8个，被洪水围困663人，损坏耕地387.73公顷。造成81所学校2.56万人停课。损坏堤防16处7500米，淹没工业企业20家、商贸企业16家，损坏民房3231间，特重灾户298户980人，造成直接经济损失1.97亿元。

据沱江三皇庙水文站资料记载：沱江洪水流量超过3000立方米/秒的有9年，超过4000立方米/秒的有7年，超过5000立方米/秒的有5年，超过6000立方米/秒以上的有2年，超过7000立方米/秒的有2年，超过7500立方米/秒以上的有1年。根据历年洪水与受灾情况统计与观测，金堂峡（三皇庙）以上流域若洪水流量超过3000立方米/秒时，沿河流域就开始出现洪灾损失。超过4000立方米/秒时，沿河流域低洼地带大部分被淹没；洪水流量超过5000立方米/秒时，沿河流域农作物会被淹，县城及沿河城镇部分街道即被淹没；洪水流量超过6000立方米/秒时，沿河两岸大片耕地被淹，县城及沿河城镇即全面进水；洪水流量达到7000立方米/秒时，沿河大片农田被淹，县城水深达0.5－3.5米，沿河城镇被淹。金堂县1990—2005年洪水流量和降雨情况见下表：

金堂县沱江三皇庙水文站1990—2005年流量和降雨统计表

表2－9

年　份	最大流量	发生月	年降雨量	量大日降雨量	发生月	最大月降雨量	发生月份
	立方米/秒	月　日	毫米	毫米	月　日	毫米	月
1990年	5490	08－28	1038.60	208.30	08－12	280.70	08
1991年	—	—	639.90	78.20	06－29	192.60	08
1992年	—	—	854.80	73	08－03	274	08
1993年	5220	07－15	845.40	97.20	06－27	237.10	07
1994年	—	—	834.20	56.60	07－16	186.80	07
1995年	7650	08－11	884.20	104.50	07－15	253.90	08
1996年	—	—	487.90	61.20	07－31	184.50	08
1997年	5390	08－15	563.30	79.0	04－21	127.90	06
1998年	3650	07－15	943.90	129.90	09－16	278.80	08
1999年	—	—	630.50	61.1	08－17	137.90	07
2000年	1790	—	688.20	67.70	08－17	228.10	08
2001年	7390	09－20	942.60	134.50	08－18	336.60	09
2002年	3390	07－31	719.80	116.70	08－07	227.10	08
2003年	4210	08－09	506.60	54.80	08－20	160.20	08
2004年	2590	07－26	768.30	94.60	04－30	195.50	06
2005年	4570	07－03	795	115.40	07－02	244.10	07

三、冰雹、风、雷电灾

1994年7月17日，大风、暴雨，赵镇等乡镇玉米受灾666.67公顷，吹断高压电杆50根，房屋受损500间，人员伤亡2人。1997年4月22日大风、暴雨（雨量73.3毫米）。农作物受灾63万亩，直接经济损失2180万元。7月23日，官仓镇冰雹和大风，冰雹直径达3~4厘米，瞬间最大风速23米/秒，受灾面积500.47公顷，轻伤6人，经济损失180余万元。1998年4月23日冰雹灾。12个乡镇降冰雹，冰雹直径最大4厘米。农作物受灾4666.67公顷，受伤4人。1999年7月28日风灾。各乡镇出现雷雨大风天气，风速19米/秒，雨量18.8毫米，赵镇附近风灾严重。广兴、竹篙、转龙镇部分地区降冰雹。

2002年4月4日，土桥镇降冰雹，直径2厘米。全县354个村受灾。8月25日，飑线影响，发生冰雹、大风、强降雨，瞬间最大风速32米/秒（11级风，44年来最大风速）。农作物受灾611公顷，房屋全倒86户，伤2人。县城主要电力线路受损断电。赵镇附近灾情严重。2003年7月15日夜，隆盛暴雨、大风、雷电，镇政府附近2公里内家用电器遭雷击，电视机等损坏达70%。2004年7月19日广兴、转龙、又新、云合发生冰雹灾，冰雹直径2~3厘米，满地冰雹，风速15~18米/秒，作物受灾300公顷，倒塌房屋13间，直接经济损失24万元。2005年6月22日清江镇暴风、冰雹。作物受灾43.33公顷，损坏房屋86间，伤4人，经济损失40.5万元。

四、寒潮、低温、连阴雨、秋绵雨、浓雾

寒潮：冬季（12—2月）72小时内日平均气温连续下降≥6.0℃；春季（3—4月）和秋季（10—11月）72小时内日平均气温连续下降≥8.0℃的降温天气。对作物生长、果树、花卉、生产生活有影响。

冬季低温：12月下旬至2月气温<0℃的天气时段，常发生降雨、降雪、霜冻天气，对果树、花卉、大棚蔬菜、生产生活有影响。

春季低温：3月下旬至4月上旬，连续≥3天，日平均气温<10.0℃的天气，低温天气对水稻育秧，棉花育苗有危害。

连阴雨、秋绵雨：小、大春农作物收获期间，连续≥5天无日照，3天日降雨量≥0.1毫米的阴雨天气。对作物生长、收晒不利。

浓雾：水平能见度在500~1000米的浮游在空中的微小水滴称为雾，水平能见度在50—500米称为浓雾，<50米称强浓雾。金堂县12月至1月常出现水平能见度<50米的强浓雾天气，对高速公路、机场、交通有影响，行人安全危害大。

大雪：24小时降雪（含雨夹雪）量≥5毫米的降雪天气少见。

第三篇　国　土

1993 年四川省国土局印发《四川省城镇国有土地使用权出让审批管理暂行规定》，土地出让必须是国有土地，集体土地必须先行征用转为国有土地后才能转让。1999 年新《中华人民共和国土地管理法》实施后，所有国有土地使用权的审批均由省人民政府和国务院审批。2001 年 11 月，县国土局和县经济局主管的县矿管办合并成立金堂县国土资源局，属县政府主管全县土地、矿产等自然资源的规划、管理、保护和合理利用的工作部门；原县国土局承担的农业资源区划管理职能划归县农委，把一些事务性、技术性以及土地收购、储备、资源现状调查、地籍调查、地籍测量、土地整治、土地开发复垦、土地整理下放到事业单位承担。1991—2003 年，金堂县土地按耕地、园地、林地、牧草地、居民点及矿工用地、交通用地、水域、未利用地 8 大分类。从 2004 年开始，土地按农用地、建设用地、未利用地进行三大分类。

第一章　国土资源管理

第一节　机构与队伍

一、机构

1997 年 3 月 23 日，县国土局内设办公室，建设用地管理科（挂县建设用地统一征地办公室、县土地使用制度改革办公室牌子）、土地利用规划科（挂县农业区划委员会办公室、基本农田保护领导小组办公室牌子），地籍地政管理科、政策法规监察科（挂国土监察队牌子）5 个职能科室和金堂县地籍事务所、金堂县地产交易所、金堂地价评估事务所，全县 24 个国土管理办公室改为 24 个乡镇土地管理所，全系统共 27 个局属事业单位。乡镇土管所属局派出机构，由局垂直管理。2001 年 6 月，全县乡镇机构进行改革，局属 24 个乡镇土管所由局垂直管理改由乡镇管理。

2001年11月27日，县国土资源局内设办公室、财务统计科、土地规划利用科、耕地保护科、地籍地矿科、政策法规监察科（挂国土监察队、信访办公室牌子）6个职能科室和地籍事务所、地产交易所、地价评估所、土地开发整治服务中心5个事业单位。2002年3月19日，成立金堂县土地储备中心和金堂县土地拍卖中心，两中心作为县国土资源局的下设事业单位，做好全县土地储备和拍卖工作。2004年，全国土地市场治理整顿后，加强了对土地的管理，一级市场土地由政府垄断，原先开发区和各乡镇的征地职能取消，由县国土资源局代理县政府实施，县建设用地统一征地办公室职能恢复，县国土资源局的下属事业单位共8个。2004年10月25日，为适应规范化服务型政府建设和开展“窗口”的需要，县国土资源局增设综合科，设立国土资源局政务分中心，对外实行“一个口子进，一个口子出”的“一站式”办公服务。

2004年，全县原24个乡镇土地管理所进行撤销合并，调整为10个片区所，全县设立金堂县国土资源局赵镇（辖赵镇、清江、云绣、杨柳、龙威）、三星（辖三星、官仓、栖贤）、福兴（辖福兴、赵家、金龙）、淮口（辖淮口、九龙）、白果（辖白果、五凤）、高板（辖高板、平桥）、三溪（辖三溪、黄家）、隆盛（辖隆盛、转龙）、竹篙（辖竹篙、广兴）、土桥（辖土桥、又新、云合）10个片区所，作为县国土资源局的派出机构，由县国土资源局垂直管理。2005年，县国土资源局10个片区所机构再次归并，三溪所与高板所合并为高板片区所，隆盛所与竹篙所合并为竹篙片区所，截至2005年12月底，全县片区所共8个。

二、队伍

1991年，全县土地管理专业队伍49人，其中：局机关和事业单位21人，乡镇土管所28人。2005年12月，全县国土资源管理有124人，其中：局机关和事业单位78人，乡镇土管所46人。

第二节　管理体制

一、土地经营管理

1988年3月24日成立金堂县国土局，作为县政府工作部门序列，负责全县国土整治，城乡土地管理，土地资源调查统计，农业区划，认真按照土地管理法管理全县土地。1993年县国土局成立了土地使用制度改革办公室。1994年县政府制定《金堂县人民政府关于城镇国有土地使用权出让转让管理意见》后，改变土地无偿无期限使用为有偿有期限使用，并首先在赵镇和三星开始试点。1995年县政府制定下发《关于城镇国有土地使用权出让转让管理补充通知》，规范了全县对土地使用管理的范围，办理操作程序。1994—1997年，全县土地有偿出让173宗、面积47.01公顷，收取土地出让金141.34万元。2001年10月，全县对闲置土地进行了清理。2002年4月25日，金堂县对地处十里大道南五横道一宗面积为2.05公顷（30.78亩）的商住用地首次进行拍卖，开了成都市区市县土地拍卖的先河。经过12次激烈的竞争，江油市华泰房地产开发有限公司以15.80万元一亩，共计486.324万元的价格竞得。金堂土地拍卖第一次获得成功。2003年3月至7月，全省深入开展整顿和规范土地市场工作，重点清理供地主体，清理整顿违规建设各类开发区、严肃查处非法占地、非法入市、坚决纠正违法违规交易。对协议出让经营性用地坚决禁止并严肃查处。金堂县经过土地市场治理整顿，撤销九龙镇的四川省乡镇企业东西合作示范区，查处违法用地12件，面积113.709亩，清理闲置土地8宗，面积5.07公顷。2004年，由开发区和乡镇行使的土地统征职能重新由国土局行使。2005年，按照上级决定，对省以下国土资源管理体制进行改革，由省对市、市对县、县对乡镇国土机构实行垂直管理。建设占用耕地必须实行占补平衡，严格土地用途管理。

二、用地审批

1991年，金堂县的用地审批依据《四川土地管理实施办法规定》，建设单位持国务院主管部门或者县级人民政府按照国家基本建设程序批准的设计任务书或其他批准文件向县级以上地方人民政府土地管理部门提出申请，经县级以上人民政府审查批准后，由土地管理部门划拨土地。1992年，省国土局发出了《关于改革土地征（拨）用方式促进经济发展的意见》，规定对国家建设用地实行土地统征、开发、划拨或出让一条龙管理，减少中间环节，为解决“用地难”问题，以后各类建设用地，均实行由县国土资源局（原为县国土局）代表县人民政府统一向农业集体经济组织征地，依法办理有关的手续。建设单位不再直接向农业集体经济组织协调征地，只需向县国土资源局申请，经县国土资源局报上级有关部门按审批权限批准，办理手续后，即可取得土地使用权。1992—2005年，土地审批程序均按上述规定执行。

三、计划管理

1991年分配耕地指标65.33公顷。1992年分配耕地指标44公顷，非耕地指标35.33公顷；全县审批3167件，实际用耕地42.40公顷，非耕地36.06公顷。1993年年分配耕地指标42.67公顷，非耕地指标40公顷；全县审批2714件，实际用耕地42.27公顷，非耕地38.07公顷。1994年分配耕地指标30.67公顷。1995年分配耕地指标16.67公顷，非耕地指标28.67公顷；全县审批2131件，实用耕地16.67公顷，非耕地33公顷。1996年分配耕地指标46.67公顷，非耕地指标33.33公顷；全县审批3468件，实际用耕地43.73公顷，非耕地32.47公顷。

1997年4月14日，党中央、国务院下发了《关于进一步加强土地管理，切实保护耕地的通知》，国家土地管理局又下发了《关于冻结非农建设占用耕地的通知》，全国开始对非农建设用地进行冻结，直到1998年新《中华人民共和国土地管理法》实施后，省、市又重新下达年度土地利用计划指标，计划用地管理办法至2005年未变。

四、综合管理

1993年金堂县成立金堂县人民法院国土执法室，并建立县、乡、村、组4级监察网络，全县的用地纳入行政、经济、法律的综合管理。1988年12月29日，第七届全国人民代表大会常务委员会第五次会议作出《关于修改〈中华人民共和国土地管理法〉的决定》，即第一次修正《中华人民共和国土地管理法》。1998年8月29日，第九届全国人民代表大会常务委员会第四次会议修订，新的《土地管理法》，从1999年1月1日正式施行。2004年8月28日第十届全国人民代表大会常务会第十一次会议作出了《关于修改〈中华人民共和国土地管理法〉的决定》，即第二次修正《中华人民共和国土地管理法》；同年10月21日《国务院关于深化改革严格土地管理的决定》发布。土地管理法律法规的进一步完善，县综合管理土地的水平进一步提高。

第二章　土地利用与开发

第一节　土地利用

1996年7月，县国土局成立土地利用现状变更调查领导小组，抽调24人组成内业、外业作业组。此次土地利用现状变更调查，全部实行野外调绘，重点是城镇周围、道路沿线。新增铁路沿线以及土地开发重点乡镇和柑橘生产基地乡镇的农业结构调整等。农村居民点以村为单位。外业调绘工作3个月结束后，将已着色的工作底图按原图斑编码、碎部图斑量算，面积量算以方格网法为主，求积仪量算为辅。调查结果：全县土地利用现状发生变化7619.76公顷，其中耕地变化7246.70公顷。变更调查成果于1997年4月通过成都市国土局验收。从1997年开始，每年的9月至10月，县国土局都要进行土地利用详查变更调查工作。

一、农用地

（一）耕地：2005年年末全县实有耕地44091.80公顷（661377亩），与1996年土地详查变更时的42234.93公顷（633524亩）比较，增加1856.80公顷。其中：田13543.80公顷（203157亩），旱地30548公顷（458220亩）。

（二）园地：2005年年末全县实有园地12948.07公顷，与1996年土地详查变更的14250.6公顷比较，减少1302.52公顷，下降10%。其中：果园12711.46公顷，占园地面积的98%，与1996年土地详查变更时的14121公顷比较，减少1405.5公顷，下降10%；桑园235.41公顷，占园地面积2%，与1996年土地详查变更时的37.03公顷比较，增加198.38公顷。

（三）林地：2005年年末全县实有林地14332.05公顷，占全县土地总面积12.4%，与1996年土地详查变更时的14793.9公顷比较，减少461.8公顷，下降3.2%。现有林地中，有林面积2135.55公顷，占林地面积14.9%；灌木林59.65公顷，占林地面积0.4%；疏林面积10030.94公顷，占林地面积70%；未成林造林地2076.59公顷，占林地面积14.5%；苗圃地面积15.76公顷，占林地面积0.1%。成片林主要是柏树和马尾松，其次是桤木、青冈、油桐等；灌林主要是马桑和黄荆等，竹类主要是慈竹。

（四）其他农用地：2005年年末全县其他农用地面积为17255.36公顷，占农用地面积的14.9%。其中：设施农业用地面积36.15公顷，农村路580.69公顷，坑塘水面1787.29公顷，农田水利用地614.28公顷，田土坎14236.95公顷。

二、建设用地

（一）居民点及工矿用地：2005年年末全县有12173.6公顷，与1996年土地详查变更的9924.1公顷比较，增加2249.4公顷，上升22.7%。在现有面积中，建制镇用地面积1100.83公顷，占本类用地面积9%；村庄用地面积8919.15公顷，占本类用地面积73.30%；独立工矿用地472.65公顷，占本类用地面积3.90%；特殊用地面积67.96公顷，占本类用地面积0.60%。

（二）交通用地：2005年年末全县有940.6公顷，与1996年土地详查变更时的611.96公顷比较，增加328.64公顷，上升53.7%。在现有面积中，铁路用地201.2公顷（达成铁路复线工程未计算在内），占交通用地21.4%；公路用地739.39公顷，占交通用地78.6%。

（三）水利设备用地：2005年年末全县有水利设施用地面积672.41公顷，与1996年土地详查变更时的642.26公顷比较，上升4.70%。在现有水利设施用地面积中，水库水面657.92公顷，占水利设施用地97.80%。水工建设面积14.48公顷，占水利设施用地面积2.20%。

三、未利用土地

2005年末，全县未利用土地7898.17公顷，与1996年土地详查变更时的5036.9公顷比较，增加2861.3公顷，上升56.8%。在现有面积中，荒地面积3912公顷，占未利用土地49.5%，裸土地和裸岩石砾地604.55公顷，占未利用土地7.60%；河流水面2408.26公顷，占未利用地面积的30.50%；河滩地939.09公顷，占未利用地的11.9%。

第二节　土地后备资源开发

2000年，金堂县国土局组织有关科室技术力量进行“可开垦”的耕地后备资源大调查。查清全县有可开垦的耕地后备资源地块210个，面积达921.73公顷。其中：可开垦的荒草地174个地块，面积430.11公顷，占资源总量的46.7%；可开发的河滩地20块，面积448.08公顷，占可开垦资源总量的48.60%；废弃砖瓦窑，闲置居民点22块，面积3.90公顷，占可开垦资源4.70%。2001年4月10日，成都市国土资源局对金堂县土地开发复垦整理专项规划进行检查验收。

第三章　土地使用制度

第一节　制度改革

一、土地制度改革

1993年县政府批准县国土局成立土地使用制度改革办公室。1994年县政府制定《金堂县人民政府关于城镇国有土地使用权出让转让管理意见》后，县内正式实行土地有偿使用。1995年县政府又制定下发《关于城镇国有土地使用权出让转让管理补充通知》，规范了全县对土地使用管理的范围、办理操作程序。

二、土地管理委员会

2004 年 1 月 4 日，成立金堂县土地管理委员会。县土地管理委员会办公室设在县国土资源局。县土地储备中心负责土地收购储备的工作，办公室负责土地管理委员会的日常工作。同年 5 月召开金堂县土地管理委员会第一次会议。会议对涉及全县 9 宗闲置土地、四川三友房地产开发公司等 4 宗房地产开发用地的处理，对非法供地主体的 17 宗违规供地行为、成都精诚房地产开发公司和三溪镇罐头厂的历史遗留问题等重大土地处理事项进行议决。会议讨论了金堂县范围内征、供地程序，规定县内城市建设用地，场镇建设用地、单独选地项目用地，由县政府实行统一征用后进行储备。经营性用地必须实行招标、拍卖、挂牌和程序对外公开出让，其中，房地产开发用地必须以拍卖的方式供地。从县土地管理委员会成立至 2005 年 12 月共召开 13 次会议，研究议决全县土地重大事项 108 项。

三、税费征收

金堂县 1987 年 4 月 1 日起，按国务院、省、市、县的要求，县物价、财政和国土部门共同制定土地系列收费项目和标准。从 1996 年开始，根据金堂县实际情况和中央减轻农民负担的文件精神，作增减，取消部门收费项目。从 2001 年开始，涉及农房的费用，除收取工本费外，其他费用全部取消。从 1999 年开始，对城镇居民住宅用地开始实行有偿有期限使用。首先在县城赵镇开始试点，然后逐步推广到其他场镇。

第二节　土地出让

土地出让是土地使用制度改革的重要内容。土地使用权和所有权的分离，使土地使用权的流动有了可能。1993 年四川省国土局印发《四川省城镇国有土地使用权出让审批管理暂行规定》，该文规定了土地出让范围，土地出让必须是国有土地，集体土地必须先行征用转为国有土地后才能转让。审批出让国有土地使用权，按下列程序办理：市、县国土资源管理部门根据出让计划拟订出让方案；按照出让国有土地使用权批准权限，报经同级或上级人民政府批准；经政府批准后，由市、县国土资源管理部门与国有土地使用权受让人正式签订《出让国有土地使用合同》，交清出让金，依法办理土地使用权登记证手续，核发“国有土地使用证”。

1994—1998 年出让国有土地使用权的审批权限为：县（市）人民政府批准耕地 0.20 公顷（含 3 亩）以下，其他土地 0.67 公顷（含 10 亩）以下；省辖市、自治州人民政府和地区行政公署（受省人民政府委托，同下）批准耕地 0.67 公顷以下，其他土地 2 公顷以下，其中：成都市人民政府批准耕地在 1.33 公顷以下，其他土地 4 公顷以下；耕地 66.67 公顷以下，其他土地 133.33 公顷以下，由省人民政府批准；耕地 66.67 公顷（1000 亩）以上，其他土地 133.33 公顷（2000 亩）以上的由国务院批准。

1999 年新《中华人民共和国土地管理法》实施后，所有国有土地使用权的审批均由省人民政府和国务院审批。按照川国土文规定：行政划拨国有土地使用权必须补交或抵交出让金，签订土地使用权出让合同，依法补办出让手续后，才能转让、出租或抵押。

县政府 1994 年 4 月发出《关于城镇国有土地使用权出让和转让管理的意见》。同时成立金堂县土地使用制度改革办公室，设在县国土资源局内。1994 年县国土资源局先在赵镇和三星镇试行国有土地使用权的有偿出让和转让制度。1995 年 5 月，县政府印发《关于城镇国有土地使用权出让和转让管理的补充通知》，城镇国有土地使用权出让和转让范围从 7 月 1 日起，扩大到全县。1997 年 6 月，金堂县政府批转县国土局《关于制定国有土地有偿使用出让金暂行标准意见的通知》。从 1995 年起，除机关、军事、基础设施，公益事业用地和国家重点扶持的能源，交通、水利等用地及法律法规规定的其他用地，依法批准行政划拨使用土地外，其他用地全部纳入有偿使用；同年出让土地面积 15.52 公顷，收取出让金 78.34 万元。2003 年 6 月，县政府印发《关于调整城镇土地基准地价及出让标准的通知》。1994 年 4 月至 12 月，共办理划拨国有土地使用权出让手续 13 宗，签订划拨国有土地使用权出让合同 12 个，国有土地使用出让合同 1 个，出让土地面积 5.58 公顷，收取出让金 27.08 万元。1995—2005 年，全县共出让土地使用权土地 3704 宗，面积 365.19 公顷，收取土地出让金 10938.703 万元（不包括土地拍卖费）。

第三节 基准地价

1991 -2005 年，金堂县制定和执行了城镇土地基准价及出让金标准，对商业服务、综合用地、住宅用地、工业用地和土地级别出让制定了出售价格。对外商来金堂投资企业场地用地价制定了使用费标准 。随着改革开放，招商引资的深入进行，金堂县 2002 -2004 年经营性用地招拍挂出让政策的出台，全县在不同时期的土地出让金基本情况如下：

一、城镇土地用价

金堂县城镇土地基准地价及出让金标准

表 3 -1

项目 \ 土地级别			一年	二年	三年	四年	五级至十级
商服用地	基准地价（万元）		365	270	200	125	105
	出让金	元/年平方米	2.34—2.74	1.83—2.03	1.20—1.50	0.64—0.94	0.49—0.79
		万元/年亩	0.16—0.18	0.12—0.14	0.08—0.10	0.64—0.94	0.49—0.79
综合用地	基准地价（万元）		320	250	180	120	100
	出让金	元/年平方米	1.78—2.08	1.33—1.63	0.87—1.17	0.48—0.78	0.35—0.65
		万元/年亩	0.12—0.14	0.09—0.11	0.06—0.08	0.03—0.05	0.02—0.04
住宅用地	基准地价（万元）		270	220	160	100	85
	出让金	元/年平方米	0.92—1.22	0.69—0.99	0.42—0.72	0.30—0.45	0.30—0.38
		万元/年亩	0.06—0.08	0.05—0.07	0.03—0.05	0.02—0.03	0.02—0.03
工业用地	基准地价（万元）		200	160	135	85	75
	出让金	元/年平方米	0.80—1.10	0.58—0.88	0.44—0.74	0.30—0.47	0.30—0.41
		万元/年亩	0.05—0.07	0.04 -0.06	0.03—0.05	0.02—0.03	0.02—0.03

二、外商投资企业场地用地价

金堂县外商投资企业场地使用费标准

表3-2　　单位：元/年·平方米

土地用途 土地级别	商业、服务、金融、旅游娱乐业用地	工业、仓储用地	写字楼、公寓用地	科研、卫生用地	农业、畜牧种养殖业用地
一级	4—6	1.5—4.5	1.5—3.5	0.8—1	0.5
二级	3—5	1—4	1.2—3	0.6—0.8	0.4
三级	2—4	0.5—3.5	1—2.5	0.4—0.6	0.3
四级	1—3	0.4—3	0.8—2	0.2—0.4	0.2
五级及以下	0.5—2	0.3—2	0.5-1	0.1-0.2	0.1

三、拍卖土地用价

金堂县2002—2004年经营性用地招拍挂出让基本情况统计

表3-3　　单位：万元、亩

序号	供地方式	用地者	地块位置	土地面积	单价	土地款总额	竞得时间
1	拍卖	四川江油华泰房地产开发有限公司	三中园区五横道	30.78	15.8	486.32	2002.4.25
2	拍卖出让	金堂现代房地产开发有限责任公司	三中园区金橘花园	8.669	14	121.36	2002.6.13
3	拍卖出让	张云河	三中园区普利一组	1.455	31	45.1	2002.7.26
2002年合计				40.904			
1	挂牌出让	成都新方向科技发展有限公司	三中园区滨江路	16.31	8.22	134.7	2003.7.12
2	挂牌出让	肖向元	赵杨公路与赵淮公路之间	2.97	6	17.82	2002.12.7
3	拍卖出让	金海岸公司	毗河桥北侧	203.4	15.8	3213.72	2003.12.6
4	拍卖出让	禾嘉房地产开发有限公司	三中园区广场侧,阳公果汁厂西北侧	11.59	10.8	125.17	2003.12.16
2003年合计				234.27			
1	拍卖出让	成都干道建设综合开发总公司	三中园区、六横道间毗河	269.29	16.5	4504.50	2004.9.3
2	拍卖出让	成都市地建置业发展公司	赵镇野生世界大门东侧	144.01	8	1152.08	2004.10.11
3	挂牌出让	成都宏展房地产开发有限公司	竹篙场镇下正街	16.357	7	114.50	2004.11.26
4	拍卖出让	金堂县图腾房地产开发有限公司	淮口镇大桥北侧	3.526	宗地拍卖	284.00	2004.12.8
2004年合计				433.183		6055.08	

金堂县2005年经营性用地招拍挂出让基本情况统计表

表3-4　　单位：万元、亩

序号	供地方式	用地者	地块位置	土地面积	单价	土地款总额	竞得时间
1	挂牌出让	金海岸公司	毗河桥北侧	100	宗地拍卖	500.00	2005.4.19
2	拍卖出让	成都兴路房地产开发有限公司	温商到城关中学	40.225	36.6	1472.27	2005.4.29
3	拍卖出让	成都金阳房地产开发有限责任公司	金阳水景侧	71.316	23.4	1668.79	2005.4.29
4	挂牌出让	成都宏展房地产开发有限公司	县电影院及其周边	8.49	36	302.98	2005.5.13
5	挂牌出让	成都宏展房地产开发有限公司	县文化馆	2.3	25	106.20	2005.7.13
6	挂牌出让	成都长途汽车运输（集团）公司	龙洞村（安置房侧）	16.5	13	214.50	2005.7.13
7	拍卖出让	四川省三和房地产开发有限公司	平安桥头	21.55	76.2	1642.11	2005.7.19
			赵镇幸福路	5.24	76.2	398.98	2005.7.19
8	拍卖出让	金堂县鑫宇房地产开发有限公司	赵镇河坝街	7.8	58.6	457.08	2005.7.19
9	拍卖出让	张云河	淮口瑞光社区	8.74	宗地拍卖	220.00	2005.8.24
10	拍卖出让	普光运业公司	淮口过境路	22.174	7.5	166.32	2005.9.16
11	拍卖出让	中石化三川分公司	淮口过境路	4.41	35.2	155.23	2005.9.23
12	拍卖出让	成都金阳公司	金阳水景侧	102	28	2789.12	2005.12.7
13	拍卖出让	成都金海岸公司	原田园农家乐	58.706	25.2	1473.39	2005.12.7
14	拍卖出让	成都宏诚公司	北六横道	28	21.2	593.60	2005.12.7
2005年合计				497.451		12160.57	

第四章　土地管理

第一节　建设用地管理

一、建设用地统征

1992年7月成立金堂县建设用地统一征地办公室（以下简称：统征办）。按照国家建设征用土地的有关法律、法规、政策，依法统一办理区域内的土地征用，负责协调土地统征中有关征地业务事宜，并受理建设单位或个人使用零星土地进行建设的委托征地业务。建设用地的单位和个人均不得直接与被征地单位协商征地中的补、赔偿事宜，该工作一律由县统征办统一办理。统征办的业务经费按照统征土地包干费用金额与拆迁安置补、赔偿费用金额之和的3%~6%记取。统征办对建设用地按城乡总体规划实行统一规划、统一征地、统一开发、统一管理土地。土地统征、开发、划拨或出让按有关法规实行一条龙管理，减少办理环节，切实解决建设单位用地难的问题。各类建设用地，经规划管理部门认可，均实行建设、开发单位向国土局申请，统一由县统征办向农业经济组织进行征用，并依法办理有关征地手续。凡已经统征的土地在办完征地手续后，任何单位和个人不得以任何借口干扰国家建设用地，不得妨碍工程施工建设。

二、征地补偿

1991年9月，金堂县人民政府办公室批准金堂县国土局《关于统一土地补偿补助标准的试行通告》，对全县范围内的建设征用土地的补偿、人员安置补助费、青苗补偿费、附作物补偿费等作比较详细的规定。1996年年底，金堂县人民政府制定《关于国家建设征用土地补偿和人员安置工作有关问题的通知》，对金堂县范围内的建设征用土地的土地补偿标准，作了更详尽的规定。2004年2月，成都市人民政府下发《成都市征地农转非人员社会保险办法》和《成都市已征地农转非人员社会保险办法》，县已征地和新征地农转非人员按自愿全部进入社保体系。同年3月，成都热电厂从成都东郊搬迁金堂县淮口镇后，为了适应新的情况，金堂县人民政府又制定了《关于转发县国土局县电源点基地建设项目小组协调小组〈关于成都金堂电厂安置补偿方案的意见〉的通知》，对成都金堂电厂范围内的建设征用土地的补偿标准作了规定。2005年，为了加快推进淮口新区建设，县制发《金堂县人民政府批转县国土资源局关于淮口镇九龙大道及其配套建设征地拆迁安置补偿意见的通知》，主要强调了农转非人员的社会保险问题。同年4月，县制发《金堂县人民政府批转县国土资源局关于县城规划区范围内征地拆迁安置补偿方案意见的通知》，是全县征地拆迁补偿安置的规范性文件。

三、被征土地人员安置

1991年金堂县人民政府办公室转发《县国土局关于统一土地补偿补助费标准请示的试行通知》。1996年县政府印发《关于国家被征用土地补偿和人员安置工作有关问题的通知》，对被安置人员的去向，退养人员及抚幼对象作了比较详尽的规定。1996—2004年，人员安置农转非采取货币方式安置，安置补助费成人每人8000元，未成年人每人4000元。2004年后，按成府发文件，县农转非人员新征地均要购买社会保险及发放就业补助金。对2004年以前征地农转非人员，也按照文件要求进行政府补贴购买社会保险。2005年，按县政府文件规定，拆迁农房的农房拆迁补偿安置按附表规定的规格单价进行补偿后，另外，发放搬家费每户400元，发放过渡期费每人每月60元；在规定时间内提前拆迁的，按房款总价15%发放奖金，若按统建方式进行住房安置，每人享受20平方米优惠面积，优惠价格为均价140元/平方米，超出20平方米外，按均价420元/平方米购买，若按货币化方式进行住房安置，则每人发放7000元住房货币化安置费。2004—2006年，金堂县共有征地项目87个，征地面积达579.76公顷，农转非人员安置7580人，房屋拆迁3800户，修建先锋新区、同兴花园、瑞光新区、杨柳桥新区、沱源新区、毗河新区农房安置房建设40万平方米。

第二节　基本农田保护

一、规划

1995年成都市政府下达金堂县基本农田保护指标为47942.13公顷，占1994年耕地面积的90.60%。根据县政府文件规定，成立金堂县基本农田保护工作领导小组。各乡镇相应建立领导小组，办公室设在县国土局，先后印发《基本农田保护区划定工作规程》《制图技术规范》。通过登记、图件绘制、检查验收，共划定保护的基本农田49404.73公顷（统计面积59.29万亩），占耕地面积的92.75%，其中：一级基本农田16778.53公顷；二级基本农田32626.20公顷。全县24个乡镇设立基本农田保护标牌25个，县总标志1个。1996年全县基本农田面积调整为46666公顷。全县2005年耕地面积50953.20公顷，占土地面积44.09%，园地面积12948.07公顷，占土地面积12.33%；林地面积14793.87公顷，占土地面积11.2%；居民点及工矿面积14332.05公顷，占土地面积12.4%；交通用地940.60公顷，占土地面积0.81%；水域面积6310.59公顷，占土地面积5.46%；未利用土地面积（包括荒山、荒地、沙地等）7898.17公顷，占土地面积6.83%。

二、管理

金堂县对基本农田保护成立县、乡、村机构，负责日常管理；实行目标管理，县与乡镇，乡镇与村签订目标责任书，明确责任奖惩，大力宣传法律法规，制定乡规民约，职能部门依法行政。建立保护制度：（一）县、乡人民政府从本地实际出发制定配套政策，在土地承包合同中专列基本农田保护条款，责任到户。（二）制定奖惩政策，对保护工作成绩显著的单位奖1000元至1万元，个人500元至2000元，对工作差或有破坏的单位给予通报和1000元至1万元的处罚。县财政对基本农田的改良和保护给予投入。基本农田保护工作实行行政首长负责制，对干部考核进行一票否决制。

第三节　土地开发整理与复垦

一、土地开发

1991—1999年10月，共开发土地1344.53公顷，开发后用于种果树625.73公顷，栽桑树435.60公顷，其他283.20公顷。共投入土地开发资金198.48万元，其中省58万元，市113.2万元，县27.28万元。2000—2005年，全县共开发土地612.99公顷，其中河滩地33.15公顷、荒草地210.30公顷、旧宅基地99.53公顷，新增耕地582.52公顷，投入资金4394.49万元，其中：省40万元，市2851.65万元，县1399.72万元，乡31.4万元，其他71.72万元。1991—2005年共土地开发1957.52公顷，投入资金4592.97万元，新增耕地582.52公顷。前9年侧重荒山荒坡开发，后6年侧重于河滩地开发；从2005年开始转入土地整理。

二、土地整理

土地整理分为两大类，即农村农用地土地整理和城镇城市建设用地整理。金堂县主要是进行农用土地整理。金堂县1999年编制土地整理分区规划，2004年编制土地整理近期实施规划，从2004年开始按成都市国土资源局的要求，首先对福兴镇牛角村、圆觉寺村和栖贤乡向前村的土地面积1273.33公顷进行可行性论证和规划。2005年3月25日，经省国土资源厅批准立项，福兴镇牛角村、圆觉寺村土地整理规模827.50公顷，立项净增耕地160.65公顷，投资3849万元。同年6月17日通过公开招标正式确定了施工队伍；同年7月15日，福兴、栖贤2个项目正式开工建设，2006年6月1日，通过了省国土资源厅组织成都市国土资源局，金堂县人民政府、农业、水利、交通、建设、林业等部门组成的验收组验收。2005年8月1日，又新镇祝新村、净乐村整理土地736.94公顷，立项净增耕地146.32公顷，投资3950.64万元，经省国土资源厅批准立项；同年10月12日开标，10月30日正式动工建设；2006年11月22日竣工并通过省国土资源厅验收。2005年10月31日，经省国土资源厅批准，赵家镇平水桥村、莲墩村土地整理项目，区域面积913.17公顷，立项净增耕地161.45公顷，投资4164.60万元；赵镇石槽堰村（原云绣乡永乐村、喜鹊村、接云村）土地整理735.30公顷，立项净增耕地148.70公顷，投资3970.8万元；官仓镇柿子树村（原将军村、爪龙溪村）土地整理489.32公顷，立项净增耕地16.18公顷，投资2851万元。2005年12月24日，四川省“金土地”工程启动仪式在金堂县栖贤乡向前村土地整理现场隆重举行。赵镇石槽堰村土地整理项目2006年1月5日开标，2月23日动工建设，官仓柿子树村土地整理项目1月25日开标，2月28日开工建设；赵家镇平水桥莲墩村土地2006年2月13日开标，3月3日开工建设；2006年12月28日，这三个项目竣工通过省国土资源厅验收。2006年1月23日经省国土资源厅批准，竹篙镇凤凰村、马鞍村；五凤镇白凤村、小凤村；高板镇杨溪村、竹林村；三溪镇岳山村、玉堂村；金龙镇良园村、獐子湾村；淮口镇姜棚村、万福村共6个土地整理项目整理土地5666.67公顷，净增耕地1000公顷，总投资2.6亿元通过省国土资源厅立项。

三、土地复垦

1991—2004年，金堂县土地复垦主要针对水毁、砖瓦窑等废弃地，采取工程整治措施予以恢复耕种条件。1995年金堂发生洪灾冲毁耕地333.33公顷，由成都市国土资源局投入资金20万元，县国土局会同所在乡镇复垦成片水毁耕地125.87公顷；零散的水毁土地由当地村民投劳进行复垦，另外对采石场、废弃砖瓦窑、闲散土地等废弃地进行复垦。1991—1997年7年间复垦还耕面积414.47公顷。1998—2004年复垦砖瓦窑14.08公顷；通过市、省国土部门验收合格14.08公顷，作为县、乡镇耕地占补平衡指标使用。

2004—2006年金堂县土地整理情况一览

表3-5

项目名称	项目总机积（亩）	新增耕地（亩）	土地平整工程（亩）							农田水利工程			道路工程（米）		中心村、聚居点工程			
			总面积	坡改梯	荒草地	宅基地	河滩地	农田整理	废弃地	灌排水沟（m）	U型渠（m）	蓄水池（座）	碎石路	水泥路	中心村（个）	聚居点（个）	集中户（户）	集中人数（人）
福兴镇	12424.50	2409.70	9225.53	5752.43	231.50	304.50	45.70	2891.4	—	20248.10	36444.80	58	2648.00	23555.50	1	2	262	1070
栖贤乡	6681.10	1081.33	4475.40	813.10	146.60	59.70	110.00	3346.00	—	7217.00	25613.35	27	—	5093.70	—	1	24	88
又新镇	11054.12	2185.68	6705.51	5495.74	-	249.99	—	959.78	—	16978.50	21560.50	92	-	20181.96	1	4	189	776
赵　镇	11029.70	2231.93	8924.72	3758.83	61.59	449.57	24.50	3828.74	801.49	2741.35	31953.23	68	8241.70	9993.30	2	3	256	1089

续表

项目名称	项目总机积（亩）	新增耕地（亩）	土地平整工程（亩）							农田水利工程			道路工程（米）		中心村、聚居点工程			
			总面积	坡改梯	荒草地	宅基地	河滩地	农田整理	废弃地	灌排水沟（m）	U型渠（m）	蓄水池（座）	碎石路	水泥路	中心村（个）	聚居点（个）	集中户（户）	集中人数（人）
赵家镇	13697.60	2422.27	9863.82	6332.33	—	453.37	-	3078.12	—	19996.04	42071.41	52	16146.70	4916.00	2	3	201	887
官仓镇	7339.80	1600.88	4718.51	3784.00	—	137.96	—	796.55	—	9923.00	18342.44	35	1745.00	10796.00	1	3	69	280
合计	62226.82	11931.79	43913.49	25936.43	439.69	1655.09	180.2	14900.59	801.49	77103.99	175985.73	332	28781.4	74536.46	7	16	1001	4190

第四节 地籍管理

一、土地现状调查

1990 年 7 月，县政府土地利用现状调查领导小组进行调整，领导小组下设办公室，办公室设在县国土局。县国土局对金堂县土地利用进行调查，通过外业调绘，内业转绘，面积量标，查清了全县乡镇、村各级各类土地面积，查清了全县、乡镇、村各级境界和权属界，形成的成果：县、乡（镇）、村土地利用详查成果报告，乡镇土地利用调查说明书，耕地系数测算样方分布图，野外测算略图和登记表等。该项工作于 1992 年 6 月通过四川省国土局验收。2003 年 6 月至 10 月，全面查清全县镇、村组三级所有土地所有权权属和当年土地利用现状。共形成集体土地所有权地籍调查资料 5750 宗（套）。彻底查清了金堂县所有村界、社界、农、林场界、城镇和农村居民点以外的厂矿、机关团体、部队、学校等企事业单位的土地使用权界，完成了“新”“旧”分类系统的转换；查清了县国有土地和集体土地之间的界线。

二、数据库建设

经过近 5 个月内业数据处理工作，全面完成了金堂县土地利用现状数据库建设。完成的主要成果有：金堂县土地利用现状标准分幅图，金堂县土地利用现状分组图，金堂县分幅，分乡（镇）接合图表，金堂县图幅控制面积量算表；金堂县县、乡统计薄；金堂县土地初始台账；《金堂县土地利用数据库建设工作报告》《金堂县土地利用数据库建设技术报告》《金堂县土地利用数据库建设质检报告》《金堂县土地利用现状数据建设过程中的图历薄》。金堂县土地利用现状数据库建设成果于 2004 年 3 月通过省国土资源厅组织专家领导一次性验收合格，已广泛应用于国土资源的管理工作。

第五节 土地登记

一、土地登记与变更

根据《中华人民共和国土地管理法》《中华人民共和国城市房地产管理法》，原国家土地管理局《土地登记规则》和《关于确定土地权属的问题的若干意见》等法律法规，截至 1992 年 6 月，县国土局审核，报县人民政府审批，颁发“国有土地使用权证”4217宗。截至2005年末全县国有土地使用权设定登记，变更登记3274宗。

按《中华人民共和国担保法》，各专业银行为降低抵押风险，到国土资源部门办理他项权利登记。1996年县国土局为县农业支行与县审计实业公司办理了第一宗土地抵押贷款业务。该项工作逐步走上规范，县国土资源部门每年办理30宗至60宗土地抵押登记。

二、集体土地申报登记

1993年3月，县国土局组织44名技术人员在三星镇进行为期22天的集体土地申报登记试点，申报1263户，调查1335宗，其中符合发证1209宗，面积137920平方米；培训试点工作达到预期目的，此项工作在全县展开。2005年年末，全县农村集体土地使用权登记，变更登记发证226511宗。

第六节　闲置土地清理回收

一、闲置土地登记

1999年，全县24个乡镇普遍开展了闲置土地的清理工作。清查结果：闲置土地13宗，面积6.59公顷，分别采取收取闲置费、限期开发、政府调整使用等方式进行处理。

二、清理回收闲置土地

2000—2004年开展了闲置土地的清理，清理闲置土地136宗，面积129.47公顷（包括上年清理下年未利用面积）。2002年采取强有力的措施，依法收回闲置土地2宗，面积2.69公顷。2003年依法收回闲置土地使用权3宗，面积2.73公顷。2004年，对清出的25.17公顷土地进行了成功的拍卖，创土地收益8780.30万元；对淮口镇原骨伤科医院的存量土地进行了处置和拍卖，成交价每亩高达86万元。通过对闲置土地的清查和处置，纠正圈占地行为。

第五章　执法监督检查

第一节　土地执法与监督

一、土地执法

1991—2005年共接待群众来信来访541件，年均信访件36件，其中：来信334件，来访207件；主要反映历史遗留、权属争议、毁土取砂、非法占地、征地拆迁安置补偿等问题。1997年以前以反映历史遗留问题、权属争议、非法占地为主。1998 年后，以反映征地拆迁安置补偿、毁土取砂、非法占地为主。2001 年 7 月，由县国土资源局牵头，县信访办、法制局积极参与，组成专项调查组，高板镇高桥村 4 组村民集体屡次上访反映的 18 个土地历史遗留问题得到圆满的解决。1991—2005 年，全县共计发生国土资源违法案件 1394 件，查处 1321 件，结案率达 95%。1991 年、1992 年是违法用地高峰，分别为 365 件、452 件，其余年份均达 50 件。

二、监督

在土地行政执法过程中，一般采用单独和综合执法。查处各类违法案件坚持做到事实清楚、证据确凿、定性明确、依法查处。2003 年 5 月 17 日，按照《中华人民共和国行政处罚法》第四十二条第一款第四项之规定，根据金堂县临江纸箱厂的申请，县国土资源局组织第一例违法占地听证会。同年 5 月，赵镇沱源社区村民杨青志不服县国土资源局限期拆迁行政处理决定，向金堂县人民法院提起第一例国土资源行政诉讼案件，经法院行政裁定，准予原告杨青志撤回起诉。

第二节 治理整顿土地市场

一、闲置土地

2001 年，县国土资源局对全县 24 个乡镇和三中园区在 1999 年 1 月 1 日至 2001 年 6 月 30 日的各类违法批地、供地、用地以及擅自转让国有土地使用权的行为，进行全面的清理整顿。全县共有闲置土地 19 宗，面积 34.11 公顷，其中，闲置 1 年以上 2 年以下的 1 宗，面积 0.77 公顷；闲置两年以上 18 宗，面积 33.35 公顷。处置办法：对闲置 1 年以上 2 年以下的，收取每平方米 10 ~30 元的土地闲置费；闲置达 2 年以上未使用的，经原批准机关批准，由县级以上人民政府无偿收回用地单位和个人的土地使用权；因不可抗力或者政府、政府有关部门的行为或者动工开发必须的前期工作造成动工开发迟延的采取限期开发的办法处理。

二、未批用地

至 2005 年年末，全县共有未批用地 221 宗，面积 180.31 公顷，其中：（一）非农业建设未批用地 56 宗，面积 119.23 公顷（1998 年以前，未批用地 29 宗，面积 12.69 公顷；1999 年 1 月 1 日后，未批用地 27 宗，面积 106.54 公顷）。（二）临时性（砖厂和预制厂）未批用地 139 宗，面积 32.17 公顷（1998 年以前，未批用地 111 宗，面积 29.13 公顷，1999 年 1 月 1 日后，未批用地 28 宗，面积 3.04 公顷）。（三）需要完善手续用地 26 宗，面积 28.91 公顷（1998 年以前用地 4 宗，面积 6.43 公顷亩；1999 年 1 月 1 日后用地 22 宗，面积 22.49 公顷）。县国土资源局对未批用地处理办法：1. 对非农业建设项目未批用地。1999 年 1 月 1 日为界限，1998 年 12 月 31 日以前的未批非农业建设项目用地，限期在 2002 年 5 月底以前完善手续。1999 年 1 月 1 日以后未批非农业建设项目用地，符合土地利用总体规划的，处以适当的罚款后，限期在 2002 年 5 月底以前完善手续；不符合土地利用总体规划的，限期拆除非法占用土地上的建筑和其他设施，恢复土地原状，并处罚款。2. 对砖厂和预制厂用地的处理，限期在 2002 年 5 月底以前，按照临时用地办理用地手续。3. 对需完善手续的用地，限期在 2002 年 5 月底前完善用地手续。

三、规范供地市场

2003 年 3 月至 5 月底，开展整顿和规范土地市场，清理供地主体，治理整顿违规设立各类开发区、指挥部和不规范用地，全面清查各乡镇和各类开发区范围内的存量土地、闲置土地，以及擅自改变土地用途的情况，严肃查处非法占地、非法入市、坚决纠正违法违规交易。全县共清理出违法用地 12 件，面积 7.58 公顷；违规设立开发区 1 个，即 1998 年，经县政府批准设立的金堂县四川省乡镇企业东西合作示范区于 2003 年 8 月 24 日由县政府行文撤销。清理闲置土地 8 宗，面积 5.07 公顷，其中，收回土地使用权 3 宗，其余 5 宗责令限期动工。这次治理整顿，县政府出台《关于进一步规范供地行为的通知》，《通知》明确规定：各乡镇和三中园区不是供地主体，没有供地权；不能与农村集体组织签征（供）地协议；经营性用地是由国土资源局实行招标拍卖挂牌出让国有土地使用权供地。根据县委、县政府的安排，2004 年 11 月中旬，三中园区管委会已正式将其保管的土地档案资料移交县国土资源局，由县国土资源局代表县政府对土地实行统一规划、统一供地、统一监督管理。

第四篇　人　口

1991 年底金堂县总人口 810810 人，其中：农业人口 749692 人，非农业人口 61118 人。2005 年总人口 853610 人，其中：农业人口 651901 人，非农业人口 201709 人，比 1991 年增加 42800 人，增长 5%。1991—2005 年，全县迁入 121998 人、迁出 126290 人，县内迁出人口多达 4292 人。县内多为汉族，少数民族较少，据 2000 年全县第五次人口普查，金堂县有蒙古族、回族、藏族、彝族、满族、土家族、羌族、苗族、白族、傈僳族、壮族、布依族、侗族、瑶族、朝鲜族、傣族、哈尼族、哈萨克族、纳西族、黎族、维吾尔族、土族、达斡尔族、仫老族、撒拉族、仡佬族、锡伯族、普米族、独龙族、景颇族共 30 种少数民族 922 人，分布在全县 20 个乡镇。

第一章　人口规模

第一节　人口数量

1990 年金堂县总人口 805284 人，2005 年 853610 人，净增 48326 人。2005 年与 1990 年相比，出生率下降 3.80 个千分点，死亡率上升 0.17 个千分点，自然增长率下降 3.97 个千分点。

1991—2005 年金堂县人口自然增长状况

表 4 - 1

年　度	出　生		死　亡			自然增长	
	人数（人）	出生率（‰）	人数（人）	死亡率（‰）	婴儿死亡率（‰）	人数（人）	增长率（‰）
1991	11684	14.5	5862	7.3	16.33	5822	7.2
1992	9602	11.8	6121	7.5	18.12	3481	4.3

续表4－1

年度	出生		死亡			自然增长	
	人数（人）	出生率（‰）	人数（人）	死亡率（‰）	婴儿死亡率（‰）	人数（人）	增长率（‰）
1993	9502	11.6	6008	7.4	15.26	3494	4.2
1994	8991	11.0	5659	6.9	16.57	3332	4.1
1995	10062	12.3	5873	7.2	11.33	4189	5.1
1996	10140	12.3	5555	6.7	11.93	4585	5.6
1997	8380	10.1	5219	6.3	11.94	3161	3.8
1998	8751	10.5	5540	6.7	12.18	3211	3.8
1999	8137	9.7	5254	6.3	11.80	2883	3.4
2000	9022	10.7	5686	6.8	10.75	3336	3.9
2001	7033	8.3	5658	6.7	14.36	1375	1.6
2002	7034	8.3	5375	6.4	11.52	1659	1.9
2003	6923	8.2	5711	6.8	10.49	1212	1.4
2004	6759	8.0	5515	6.5	7.11	1244	1.5
2005	7462	8.8	4284	5.0	4.96	3178	3.8

第二节　人口分布

一、人口密度

全县土地总面积1155.605平方公里。1991年年底全县总人口810810人，每平方公里702人；2005年年末全县总人口853610人，每平方公里739人，人口密度每平方公里增加37人，增长5.30%。分布情况：2005年，全县21个乡镇，平坝地区（主要是赵镇、清江2个镇）面积101.98平方公里，占总面积8.82%。1991年聚居131908人，每平方公里1293人，2005年聚居163070人，占总人口19.1%，每平方公里1599人，增加306人，增长23.7%，人口密度较大。其余19个乡镇多为丘陵地区，三星、官仓、淮口、白果、三溪、平桥、转龙、福兴、赵家、土桥、云合、又新12个乡镇，面积为674.91平方公里，占总面积58.40%，1991年聚居416284人，每平方公里617人，到2005年聚居456542人，每平方公里674人，增长57人，增长9.20%。栖贤、五凤、高板、竹篙、广兴、隆盛、金龙7个乡镇，总面积378.53平方公里，1991年聚居262618人，每平方公里694人，2005年聚居233998人，每平方公里618人，减少76人，减少10.9%。

二、政区分布

按地形分布境内西部坝丘区人口稠密，沿江河两岸人口分布亦较多，丘陵、山区较少；农村人口多，城镇人口少。1990年年底赵镇、淮口、五凤3个镇，面积85.05平方公里，人口94604人，占全县人口总数的11.75%，人口密度为每平方公里1112人。三镇以外地区面积1068.95平方公里，人口710680人，占全县总人口的88.25%，人口密度为每平方公里664.84人。2000年11月1日第五次人口普查时，赵镇、淮口、五凤3个镇，面积276.24平方公里，人口176878人，占全县人口总数的22.82％，人口密度为每平方公里640.31人。三镇以外地区面积879.76平方公里，人口598336人，占全县总人口的77.18％，人口密度为680人。按政区分布2000年全国第五次人口普查时，金堂县乡、镇人口分布情况如下表：

2000年全国第五次人口普查时金堂县乡镇人口分布情况

表4－2

乡镇名	人口数	乡镇名	人口数
赵　镇	102145	高板镇	43934
淮口镇	45569	隆盛镇	27818
五凤镇	29164	竹篙镇	50235
三星镇	23241	转龙镇	25039
清江镇	24822	广兴镇	34922
官仓镇	24048	土桥镇	32247
九龙镇	25271	云合镇	32803
白果镇	43681	又新乡	34415
赵家镇	36534	栖贤乡	27594
福兴镇	49533	云绣乡	16746
金龙镇	27675	黄家乡	21989
三溪镇	24277	平桥乡	38619

三、劳动力资源

（一）城镇人口。按户籍统计，1991年全县农业人口749692人，非农业人口61118人，两者之比为0.92∶0.08。2000年全县农业人口744962人，非农业人口99685人，两者之比为0.88∶0.12。截至2000年年底，全县城镇人口比重1990年增加了38567人。2005年全县农业人口651901人，非农业人口201709人，两者之比是0.76∶0.24。

（二）劳动适龄人口。1. 数量与构成：2000年全国人口统计，金堂现行行政区划总人口数由1990年的805284人增长到2000年的853610人，净增48326人。同期劳动适龄人口由496121人增长到2000年第五次人口普查统计，全县劳动适龄人口595700人，增加99579人，增长率为20.07％。劳动适龄人口增长速度大于人口增长速度。2. 就业情况：1991—2005年金堂县人员就业不断增加。1990年第四次人口普查统计，全县劳动适龄人口496121人，其中：男268924人，女227197人，在业人口为509636人，仍比劳动适龄人口多13515人。2000年第五次人口普查统计，全县劳动适龄人口514447人，其中：15—59岁男性263924人，15—54岁女性228923人；在业人口为595700人，其中：有60—79岁以上男性45923人及55—79岁女性56930人，共102853人仍在从事劳动，除去未工作的19238人外，仍比劳动适龄人口多99579人。

金堂县2000年各业人口情况表

表4-3

项　目	合计（人）	男（人）	女（人）	占在业人口比例（%）
在业人口总计	595700	328510	267190	—
1. 农、林、牧渔业、水利管理业	589587	324746	264841	98.97
2. 采掘业	54	41	13	0.01
3. 制造业	1536	936	600	0.26
4. 电力、燃气及水的生产和供应业	77	55	22	0.01
5. 建筑业	395	350	45	0.07
6. 地质勘察、勘探业	9	7	2	—
7. 交通运输、仓储及邮电通信业	455	376	79	0.08
8. 批发和零售贸易、餐饮业	1512	740	772	0.25
9. 金融、保险业	112	59	53	0.02
10. 房地产业	17	7	10	—
11. 社会服务业	408	253	155	0.07
12. 卫生、体育和社会福利事业	269	140	129	0.05
13. 教育、文化艺术及广播电影电视业	692	398	294	0.12
14. 科学研究和综合技术服务业	22	13	9	—
15. 国家机关、党政机关和社会团体	516	365	151	0.09
16. 其他行业	39	24	15	—

第三节　迁移与流动

1991—2005年，全县迁入121998人、迁出126290人，县内迁出人口多达4292人。受改革开放政策的影响，外出务工人员逐年增多。劳务开发从1985年起步，截至2006年，全县累计输出劳务人员190万人次，常年在外务工人员达17万人次；国外务工人员4500人次。

1991—2005年金堂县人口迁入迁出统计

表4-4　单位：人

年度	迁入	迁出	净迁入	迁徙率（‰）	年度	迁入	迁出	净迁入	迁徙率（‰）
1991	8795	10033	-1238	-1.53	1999	4270	4262	8	0.01
1992	18102	18230	-128	-0.16	2000	4617	4709	-92	-0.11
1993	9131	9342	-211	-0.26	200	3248	4562	-1314	-1.56
1994	14334	16071	-1737	-2.12	2002	4815	6384	-1569	-1.86
1995	10750	11293	-543	-0.66	2003	4277	5689	-1412	-1.67
1996	9374	10220	-846	-1.03	2004	3862	4444	-582	-0.69
1997	8533	8373	160	0.19	2005	7755	2831	4924	5.80
1998	10135	9847	288	0.35					

第二章　人口构成

第一节　性别、年龄、文化

一、性别

1991年年末金堂县有810810人，男性424728人，女性386082人，女性人口100时，男性人口110；男性人口超过女性人口38646人。2000年末，总人口为844647人，男性441798人，女性402849人，女性人口100时，男性人口109.67；男性人口超过女性人口38949人。2005年年末总人数为853610人，男性446573人，女性407037人，女性人口100时，男性109.71；男性人口超过女性人口39536人。1991—2005年，性别构成差异逐年减少，女性人数比例由47.62%增加到47.68%；性别比由110减少为109.71，性别差异由4.76%降低到4.64%，绝对值由38646上升为39536人。2005年出生婴儿性别比例是：出生7462人，其中男婴3817人，女婴3645人，女性100时，男性104.72；男性人口超过女性人口的2.3%，性别比例失调呈现扩大趋势。同年死亡4284人，其中：男性2522人，女性1762人。性别比例是女性100时，男性146.13。

二、年龄

第四次、第五次两次人口普查反映出，人口年龄逐渐趋于老年化，第四次人口普查老年人（女55岁、男60岁）占总人口的11.43%，第五次人口普查老年人占总人口的14.47%。

三、文化

第五次全国人口普查，接受大学教育（指大专以上）的9516人；接受高中（含中专）教育的42237人；接受初中教育的249128人；接受小学教育的439045人，文盲人口35288人。同1990年第四次全国人口普查相比，每10万人中拥有各种教育程度人数的变化：具有大学程度的由366人上升到1228人；具有高中程度的由3490人上升到5467人；具有初中程度的由20943人上升到32749人；具有小学程度的由50400人下降为45474人。文盲人口（15岁及15岁以上不识字或识字很少的人）为35288人，同1990年第四次人口普查相比，文盲率由18.81%下降到5.84%。

第二节　职业、民族、姓氏

一、职业

农业与非农业人口。按户籍统计，1991 年农业人口 749692 人，非农业人口 61118 人，两者之比为 0.92∶0.08。2000 年农业人口 744962 人，非农业人口 99685 人，两者之比为 0.88∶0.12。2005 年农业人口 651901 人，非农业人口 201709 人，两者之比是 0.76∶0.24。

1991—2005 年金堂县农业与非农业人口数统计

表 4－5

年　份	总人口（人）	农业人口（人）	非农业人口（人）
1991	810810	749692	61118
1992	814185	742235	71950
1993	817295	743117	74178
1994	818873	738078	80795
1995	822616	738007	84609
1996	826333	738516	87817
1997	829473	738642	90831
1998	833108	740385	92723
1999	837271	741423	95848
2000	844647	744962	99685
2001	843833	742666	101167
2002	844833	740708	104125
2003	844846	735396	109450
2004	845508	714119	131389
2005	853610	651901	201709

二、民族

金堂县以汉族为主。第五次全国人口普查（2000 年 11 月 1 日 0 时）登记人口总数 775214 人，汉族 774551 人，占 99.91%，主要有 8 种少数民族，663 人，占 0.09%，同 1990 年人口普查数相比，少数民族人口增加了 0.04 个百分点。据 2000 年全县第五次人口普查，金堂县有蒙古族 24 人、回族 191 人、藏族 145 人、彝族 124 人、满族 50 人、土家族 79 人、羌族 20 人、苗族 87 人、白族 15 人、傈僳族 12 人、壮族 42 人、布依族 25 人、侗族 16 人、瑶族 8 人、朝鲜族 44 人、傣族 5 人、哈尼族 2 人、哈萨克族 1 人、纳西族 2 人、黎族 2 人、维吾尔族 16 人、土族 1 人、达斡尔族 1 人、仫佬族 2 人、撒拉族 1 人、仡佬族 2 人、锡伯族 1 人、普米族 1 人、独龙族 1 人、景颇族 2 人。共 30 种少数民族 922 人，分布在全县 20 个乡镇。

三、姓氏

本县人口多属清代各省移民后裔，来源不同，姓氏繁多。民国《重修四川通志金堂采访录》记载：清末金堂县姓氏在万户以上的有陈姓；在千户以上的有唐、张、李、王、曾、吴、刘、何、彭、杨、黄、沈诸姓；在五百户以上的有萧、余、徐等姓，其中望族有：陈氏、王氏、何氏、彭氏、范氏、余氏、萧氏、唐氏、曾氏、沈氏、雷氏等氏族。随着金堂疆域的变化，城厢、太平两区划出后，陈、曾、余、沈四姓人口显著减少，至2005年年末，金堂县人口中，依人口数量计的望族姓氏按乡镇分布情况如下：

赵　镇：廖、刘、黄、李、张、杨、林、钟、王；

淮口镇：唐、黄、李；

五凤镇：贺、罗、唐；

清江镇：樊、林、范、史、谢、何、阳、俸；

官仓镇：吴、张、林；

栖贤乡：廖、刘；

三星镇：廖、刘；

白果镇：傅、史、赖；

高板镇：唐、黄、张；

平桥乡：唐；

福兴镇：萧、解；

赵家镇：萧、高；

金龙镇：胡、文、王；

竹篙镇：贺、罗、吴；

广兴镇：刁、李、雷、刘、罗、王、孙；

又新镇：李、刁、周；

云合镇：伍、倪、孙；

土桥镇：彭、陈、颜、夏。

第三章　人口普查

第一节　第四次人口普查

金堂县第四次人口普查始于1989年9月，1990年7月1日，在全国统一的标准时间内，全县开始了第四次人口普查的正式登记。全县41个乡3个镇普查登记的总人口为791038人。1992年年底普查登记工作结束，历时两年半。从1991年2月起，普查工作转入资料的分析应用阶段。通过全县3000名普查工作人员的艰苦努力全面完成了任务。经省、市人口普查办公室质量验收检查，各项质量指标均优于国家规定标准，普查获得一次性成功，金堂被评为成都市第四次人口普查工作先进县。

第四次全国人口普查金堂县人口年龄结构

表4-6

年龄段	1990年普查						
	人口数			占总人口比例			性别比（女为100）
	合计	男	女	小计	男	女	
总　计	791038	413588	377450	100	52.3	47.7	109.57
0—4岁	68472	36050	32422	8.66	4.56	4.10	111.19
5—9岁	51689	26836	24853	6.53	3.39	3.14	107.98
10—14岁	67563	34787	32776	8.54	4.40	4.14	106.14
15—19岁	103876	53100	50776	13.13	6.71	6.42	104.58
20—24岁	96334	48490	47844	12.18	6.13	6.05	101.35
25—29岁	63741	33801	29940	8.06	4.28	3.78	113.90
30—34岁	52448	28364	24084	6.63	3.59	3.04	117.77
35—39岁	69400	36745	32655	8.77	4.65	4.13	112.55
40—44岁	44260	24315	19945	5.60	3.07	2.53	121.910
45—49岁	36206	19489	16717	4.58	2.46	2.12	116.58
50—54岁	31734	17533	14201	4.01	2.22	1.79	123.46
55—59岁	30365	16448	13917	3.84	2.08	1.76	118.19
60—64岁	26742	14497	12245	3.38	1.83	1.55	118.39
65—69岁	20838	10864	9974	2.63	1.37	1.26	108.92
70—74岁	13827	6733	7094	1.75	0.85	0.90	94.91
75—79岁	7991	3563	4428	1.01	0.45	0.56	80.47
80—84岁	5552	1973	3579	0.7	0.25	0.45	55.13
85—89岁	—	—	—	—	—	—	—
90—94岁	—	—	—	—	—	—	—

说明：此表数据为人口普查登记人数。

第二节　第五次人口普查

2000年金堂县进行了第五次全国人口普查。普查对象是具有中华人民共和国国籍并在中华人民共和国境内常住的人；人口普查采用按常住人口登记的原则，每个人必须在常住地进行登记，一个人只能在一个地方进行登记。普查登记的标准时间为2000年11月1日零时。通过普查，金堂县登记有家庭户240589户，人口775214人，其中：男性403022人，女性372199人，性别比为108.28；0—14岁人口170186人，15—64岁人口538221人，65岁以上人口66807人；汉族人口774551人，少数民族人口663人；接受大学及以上教育人口9516人，接受高中教育人口42237人，接受初中教育人口249128人，接受小学教育人口439045人，文盲人口35288人。

第五次全国人口普查金堂县人口年龄结构

表4-7

年龄段	2000年普查						
	人口数			占总人口比例			性别比（女为100）
	合计	男	女	小计	男	女	
总　计	775214	403022	372192	100	51.99	48.01	108.28
0—4岁	47202	25001	22201	6.09	3.23	2.86	112.61
5—9岁	52404	27515	24889	6.76	3.55	3.21	110.55
10—14岁	70580	36871	33709	9.1	4.76	4.35	109.38
15—19岁	41388	22049	19339	5.34	2.84	2.49	114.01
20—24岁	48020	23160	24860	6.19	2.99	3.21	93.16
25—29岁	78966	39951	39015	10.19	5.15	5.03	102.4
30—34岁	84878	42963	41915	10.95	5.54	5.41	102.5
35—39岁	63486	33244	30242	8.19	4.29	3.9	109.93
40—44岁	46992	25053	21939	6.06	3.23	2.83	114.19
45—49岁	66789	34918	31871	8.62	4.5	4.11	109.56
50—54岁	43734	23992	19742	5.64	3.09	2.55	121.53
55—59岁	34656	18594	16062	4.47	2.4	2.07	115.77
60—64岁	29312	16278	13034	3.78	2.1	1.68	124.89
65—69岁	25055	13240	11815	3.23	1.71	1.52	112.06
70—74岁	19914	10244	9670	2.57	1.32	1.25	105.94
75—79岁	12510	6161	6349	1.61	0.79	0.82	97.04
80—84岁	6347	2737	3610	0.82	0.35	0.47	75.83
85—89岁	2298	859	1439	0.3	0.11	0.19	59.73
90—94岁	584	164	420	0.08	0.02	0.06	38.9
95—99岁	93	26	67	0.01	—	0.01	38.81
100岁及以上	6	1	5	—	—	—	20

说明：此表数据为人口普查登记人数。

第三节　平均预期寿命

1990年全国第四次人口普查中根据1989年死亡人口编制的金堂县人口生命计算，得出平均预期寿命为68.21岁，男为66.72岁，女为69.65岁，男性比女性低2.93岁。

2000年全国第五次人口普查中根据1999年11月1日至2000年10月31日死亡人口编制的金堂县人口生命计算，平均预期寿命为72.76岁，男为69.89岁，女为75.20岁，男性比女性低5.31岁，比

1990 年的平均预期寿命高 4.55 岁。

第四章　人口控制

第一节　管理机构

一、县计划生育领导小组

县计划生育领导小组，由历届县委、县政府分管领导任正副组长，计经、计生、农办、宣传部、纪检、财政等相关部门的负责人为成员。1991 年 1 月至 1992 年 2 月：成立金堂县计划生育委员会。内设办公室、宣传调研股、计财股、政工股、政法股。1992 年 2 月至 1996 年 2 月金堂县计划生育委员会内设办公室、宣传科技股、计财股、政工股、政法股。1996 年 2 月至 1997 年 8 月，金堂县计划生育委员会内设办公室、政工股、计划财务股、宣传教育股、科学技术股、政策法规股、综合股。1991 年至 1997 年 8 月，县政府组建金堂县计划生育委员会，属政府组成部门。

二、县计划生育局

1997 年 8 月至 2000 年 6 月，成立金堂县计划生育局，内设办公室、政工人事科、计划财务科、宣传教育科、政策法规科（挂金堂县流动人口计划生育管理办公室牌子）、科学技术科、综合科。2000 年 6 月至 2005 年 12 月，金堂县计划生育局内设办公室、政工人事科、计划财务科、宣传教育科（挂县计划生育协会牌子）、政策法规科（挂金堂县流动人口计划生育管理办公室牌子）、科学技术科。

三、县计划生育服务站

1991 年 1 月至 2005 年 12 月，设立金堂县计划生育宣传技术指导站 1 个。历任站长：1990 年 8 月至 1993 年 12 月，孙昌田任站长，何秀容任副站长；1993 年 12 月至 1994 年 12 月李仁杰任站长；1995 年 1 月至 1996 年 12 月廖志金兼任站长，李悠缅 1996 年 3 月任副站长；1997 年 1 月至 2005 年 12 月黄汝霞任站长，李悠缅 1997 年 1 月至 1998 年 12 月任副站长，陈志华 2005 年 2 月聘任副站长。

四、乡镇计划生育办公室

1991 年 1 月至 1992 年 10 月金堂县在 6 区 3 镇 42 个乡镇均内设计划生育办公室。1992 年 10 月至 2003 年 5 月撤区并乡建镇后，全县 24 个乡镇内设计划生育办公室。2003 年 5 月至 2004 年 9 月，全县 24 个乡镇内设有科教文卫与计划生育办公室和中美（外）中小企业发展园区计划生育办公室。2004 年 10 月至 2005 年 12 月，全县 21 个乡镇内设有社会事业与计划生育办公室。

五、乡镇计划生育服务站

1997 年 6 月至 2004 年 9 月金堂县在 24 个乡镇建立计划生育宣传技术服务站。2004 年 9 月 28 日金堂县 24 个乡镇经合并后改设为 21 个，至 2005 年 12 月在全县 21 个乡镇设有计划生育宣传技术服务站。

第二节　计划生育管理

一、实行目标管理

（一）党政目标

县委、县政府每年将考核人口和计划生育工作的主要指标，如人口出生率、人口自然增长率、计划生育率、一胎率等作为主要目标，下达给各乡镇党委、政府，由县委书记、县长和县委分管副书记、分管副县长与各乡镇党委书记、乡镇长和党委、政府分管副职签订目标责任书。对完不成目标任务的，给予通报，直至“一票否决”。

（二）短期目标

2000 年至 2005 年，在每年春季开展的计划生育技术服务活动期间，将为育龄妇女办理《婚育证明》、征收社会抚养费等作为在此期间的目标任务，下达给各乡镇，实行短期目标考核，根据目标完成情况给予奖惩。

（三）季度目标

从 2002 年开始，在年初县委、县政府向各乡镇党委、政府要求完成全年人口和计划生育目标任务，根据每季度着重应做好的工作和对工作的具体要求。在每季度末，根据乡镇的季度目标任务考核内容、分值及评分标准，由县计生局组织力量对各乡镇季度目标的完成情况进行检查。

二、人口和计划生育综合改革

2005 年省政府办公厅发出《关于全面推进人口和计划生育综合改革的意见》，要求建立“依法管理、村（居）民自治、优质服务、政策推动、综合治理”的人口计生工作新机制。建立健全政府宏观调控机制、基层人口计划生育管理机制、服务型工作机制。金堂县实施项目管理，建立了流动人口计生管理新机制，建立和完善了领导干部人口与计划生育工作任期评估和离任追踪制度的通知（试行）和党政、部门、计生系统目标考核等长效监控机制。

三、流动人口计划生育管理

（一）管理与服务对象

金堂县是流动人口大县，1991—2005 年，常年在外地从事务工、经商服务的流动人口达 12 万人，占全县总人口的 15%。1991 年 12 月 26 日，国家计生委发布了《流动人口计划生育管理办法》，县加强了对流动人口计划生育的管理。

（二）流入与流出人口管理与服务

1. 流入人口。对流入金堂县的流动人口，由各乡镇计生办查验《流动人口婚育证明》（以下简称婚育证）并进行登记，为无证者办理临时“婚育证”，建立流入已婚育龄妇女信息卡，免费发放避孕药具和各种人口与计生法律法规及生殖保健知识等宣传资料，通知流入已婚育龄妇女接受免费“三查”（查环、查孕、查病）服务，督促向户籍地计生部门寄回避孕节育措施情况报告单，为流入已婚育龄妇女提供计生技术服务项目所规定的免费服务，为户籍地计生部门提供流入金堂县人员婚育信息；依法查处流入人口中的违法生育行为。公安、工商、劳动、建设、卫生、民政等有关部门对流入人员在办理相关手续时要查验《婚育证明》，对无证者要向当地计生部门通报。2. 流出人口。1992—2005年，金堂县为流出人口办理《流动人口婚育证明》达20万人次；对流出人员进行全面清理，掌握其现居住地具体单位及住址，为拟流出已婚育龄妇女提供“三查”服务，与现居住地计生部门建立联系制度，为外出已婚育龄妇女发放“生育证”，配合现居住地计生部门对违反计划生育有关规定的人员进行处理。

四、计划生育统计

（一）统计网络建设：全县自开展人口与计划生育工作后，建立比较完善的人口统计网络体系。各乡镇从组级设立组长，村级设立计划生育副村长，乡镇设立计划生育办公室，有专门的统计员负责人口统计工作。（二）统计例会制度：1991—2005年实行人口县乡统计例会制度。乡镇在每月3号之前召开村级例会，收集村组上报的上月人口变动和工作报告单并汇总数据。在每月5号之前将乡镇数据汇总后上报县计生局。县计生局每月5号召开统计例会，检查该乡镇的人口统计质量。（三）统计监督检查：县计生局对乡镇计生工作在不通知乡镇的情况下直接进村入户对人头出生、死亡、措施等信息调查核实，对出现的错报、漏报和瞒报进行考核和处理。2000年，县计生局联合县委组织部、人事局、纪委、监察局、统计局等6家部门联合发文，对在人口统计工作中出现的错、漏、瞒报进行严肃处理。责任追究的主要对象是乡镇党委书记、乡镇长；分管副书记、副乡镇长、计生办主任和统计人员。2005年，金堂县计生局成立了统计质量监测组，专门对人口统计质量进行监测和检查。

五、计划生育村（居）民自治

县从2002年开始推行计划生育村（居）民自治。村（居）民民主讨论制订计划生育村（居）民自治章程，按照权利与义务一致性原则，村（居）委会与育龄群众签订计划生育协议书，规范双方的行为，实行民主决策，全县实行了计划生育村（居）民自治。

第三节　执行计划生育政策

一、宣传教育

1991—2005年金堂县建立了人口婚育学校；各乡镇、村分别成立人口婚育学校分校和“五期教育”（青春期、新婚期、孕产期、育儿期、中老年期）辅导站。县成立婚育新风进万家活动领导小组；各乡镇、村分别成立婚育新风进万家活动领导小组。县计生局配合相关部门，运用广播、电影、电视、报纸、壁报、标语、“三下乡活动”、文艺演出等形式，大力宣传计划生育政策法规、晚婚晚育、少生优生、避孕节育、生殖健康、艾滋病预防、关爱女孩、奖励扶助等知识，倡导文明健康生活方式及家庭美德和社会公德。

二、照顾再生育

1990至2005年，金堂县共批准政策性照顾再生育6800人。

第四节 计划生育技术服务

一、机构建设

（一）县计划生育服务站：原名金堂县计划生育宣传技术指导站，建于1983年。2004年，金堂县计划生育宣传技术指导站更名为金堂县计划生育服务站。编制21人。

（二）乡镇计划生育服务站 1985年建立各乡镇计划生育服务站，技术人员由各乡镇聘用。1999年县人事局、编委批准24个乡镇建立计划生育服务站，并将原有技术人员招聘为临时聘用人员，基本工资60%由县财政拨付，40%由乡镇财政支付。2000年，三星、淮口、高板、竹篙、土桥镇、福兴6个计划生育服务站达到中心站标准，并通过验收。2005年乡镇服务站人员工资实行由县财政全额直发。

二、孕前型管理与服务

乡镇计生办聘请医学专业毕业或经过计划生育岗前培训的人员配合县站开展工作。2004年县计生局采取集中时间、集中人员、集中设备“三集中”的方式，组织县、乡技术骨干在春季、秋季分赴各乡镇进行免费查环、查孕、查病和低偿治疗（简称三查一治）。集中普查结束后，县服务站抽调人员，每月到各乡镇进行巡回技术服务。

三、免费技术服务

避孕药具管理与发放1990年开始，由各乡镇计划生育办公室人员到县计生委领取，由村计划生育副村长或村妇女主任免费发给使用者。1999年村建立服务室，配备有专兼职村专干后，由村专干每月领取免费发给使用者。2003年7月经成都市计划生育委员会批准，金堂县计划生育服务站、21个乡镇服务站和4个县级医疗保健机构、16个乡镇卫生院为计划生育免费技术服务定点机构。

第五篇 水 利

1990—2005 年，全县对过去已建水利工程进行大量整治、维修，兴建了一大批微型水利工程，水利“蓄、引、提水”能力进一步增强，2005 年达到 20046 万立方米，比 1989 年增加 8233 万立方米，年供水量达 9290 万立方米。1998 年起，针对山丘干旱区严重缺水问题，开展微型水利设施建设，建池、建窖、集雨屯蓄，共建蓄水池 16111 口，整治山平塘 626 口，新增蓄水 483.73 万立方米，新增旱地浇灌 0.94 万公顷。2002 年实施金堂峡拓宽工程，拓峡段河底宽平均比拓峡前宽 40 米，将河底拓宽至 90 米，赵镇地区洪水淹没问题得到缓解。自 20 世纪 90 年代至 2005 年，县政府成立了县农田水利基本建设指挥部，由县委副书记、县政府副县长任指挥长，成员由县委办公室副主任，县委宣传部副部长，县委外宣办主任，县目督办副主任，县发展改革局、县财政局、县国土资源局、县交通局、县水务局、县农发局、县林业园林局局长组成，指挥部办公室设在县水务局，由水务局局长兼办公室主任。水务局负责指挥部日常管理，从 1992 年全县撤区并乡建镇后，属原各区水管站改为片区水管站，负责全县各乡镇的农田水利建设与管理。

第一章 农田水利建设

第一节 水库建设

一、红旗水库续（扩）建工程

金堂县红旗水库位于金堂、广汉、中江三县交界处的沱江上流爪龙溪，距县城 18 公里，始建于 1970 年。1973 年由于技术原因被迫停工。1976 年经省地质局 101 地质队勘探，四川省水利设计院、成都市水电设计队和县水电局联合设计组提出了《红旗水库初步设计》方案。1977 年 4 月，由成都市计委、水电局批准工程的初步设计，同年 9 月红旗水库工程重新施工，1979 年停工缓建。1988 年，省计委委托省工程咨询公司对红旗水库设计任务书进行评估，省工程咨询公司行文下达了评估意见，红旗水库续建工程未能得到实施。县委、县政府为加大全县农业水利建设、增强农田灌溉抗御自然灾害的能力，积极组织对红旗水库续建的立项论证，坚持向省、市争取恢复红旗水库续建工程上马。

1997年，县委、县政府成立了红旗水库续建工程领导小组。县长李昆学为组长，县委副书记王世录、副县长廖兴恕为副组长，邀请成都市水利电力勘测设计院对红旗水库原设计方案进行补充修改，及时上报省、市政府，同年10月省水电厅批准同意恢复红旗水库续建工程。1998年县委、县政府积极组织红旗水库续建工程立项的对上争取工作。争取省、市领导和有关部门对该项目的支持；同时，县上组织完成了红旗水库续建工程设计、总概（预）算、施工组织与编制、招投标、淹没征地、部分移民搬迁和“三通一平”（水、电、路、施工现场平整）等前期建设准备工作。同年6月22日，红旗水库续建工程公开招标，四川省水利电力工程局中标。7月18日，金堂县红旗水库工程指挥部与四川省水利电力工程局正式签订工程承包合同。7月28日，施工单位的工程技术人员部分机构陆续进驻工地。1998年10月29日，四川省计划委员会同意金堂县红旗水库续建工程开工建设。

1998年11月6日，县委、县政府在官仓镇红旗水库工地举行隆重的开工典礼。省委常委、成都市委书记陶武先在红旗水库开工典礼上宣布：“金堂县红旗水库续建工程开工建设”，副省长邹广严、成都市副市长李登菊等有关省市领导参加了开工典礼。

红旗水库根据1976年设计洪水位在521.39米，上游淹没56户人家252人、耕地302.46亩。新续建的红旗水库工程是四川省、成都市、金堂县“九五”期间水利重点工程，水库规模为：拦河流域面积94.3平方公里，河流全长31.4公里。水库控制集雨面积67.1平方公里，河道长度17.6公里，平均坡降16.5%。水库大坝高50.6米，坝顶高程524.60米，正常蓄水位520.50米，库容蓄水量为1127万立方米，调节库容900万立方米，调洪库容309万立方米，重复利用库容182万立方米，死库容100万立方米，溢洪道进口溢流堰顶高程514.50米，设6米×6米（宽×高）平板钢闸门4扇。红旗水库根据水电部《水利水电枢纽工程等级划分及设计标准》，库容在1000万立方米以上，水库枢纽洪水标准按100年洪水设计，1000年洪水校核。

该水库工程主要建设项目：水库枢纽部分完成大坝筑至设计高程，兴修永久溢洪道，完成坝基岸遗留的3011米帷幕灌浆，整治放水隧洞。灌区渠系工程：开挖10公里渠道，21座隧洞衬砌总长2767米，渠道防渗31.67公里，新修渡槽2座，其他渠系建筑物42件。水库枢纽及灌区渠系总工程量有：开挖土方8.17万立方米、石方6.51万立方米，土方及石碴料回填33.99万立方米，砌石3.54万立方米，混凝土2.64万立方米，坝基帷幕灌浆3174米，钢闸门制作及安装69吨，其中：水库枢纽工程：开挖土方30472立方米、石方52067立方米，回填土方及石碴料33.36万立方米，砌石14474立方米，混凝土16218立方米，帷幕灌浆3174米，钢闸门制作安装52吨；灌区工程：开挖土方51195立方米、石方13029立方米，回填土石方6269立方米，砌石20898立方米，混凝土10184立方米，钢闸门制作及安装17吨。

该水库预计建设工期：1998年11月至2000年5月。工程总投资4255.13万元。

红旗水库以灌溉为主，兼有防洪、人畜饮水功能，属综合效益的中型水利工程，灌溉金堂县官仓镇、栖贤乡、三星镇及广汉市松林镇的耕地面积4.31万亩，其中：工程自流灌溉面积3.76万亩（田2.05万亩，土1.71万亩），控灌耕地面积达87%。

红旗水库续建工程上马后，县、乡有关部门积极做好库区征地移民安置等协调工作，施工单位重合同，抓质量，工程施工进度快，1999年年底完成工程投资2000万元，大坝填筑完成设计高程524.6米，填筑石碴料30余万立方米，大坝填筑量达100%。先后完成大坝迎水面处理、坝顶及后坡附属工程、部分大坝基础帷幕灌浆工程，溢洪道土石方开挖7万立方米，混凝土浇筑1.31万立方米，混凝土总量达到100%；同时，完成溢洪道金属结构、闸门安装、放水洞整治工程，浆砌条石2000立方米，完成大坝背坡植被绿化及部分大坝基础帷幕灌浆工程。

二、东风水库

东风水库位于福兴镇东风村，1958年11月开工，1960年10月建成。水库集雨面积16.80平方公里，总库容712万立方米。枢纽工程由大坝、溢洪道、涵卧管三大件组成，大坝坝型为均质土坝，最大坝高31.80米，溢洪道为开敞式，最大泄量116立方米/秒，涵卧管分上下两层，最大放水量1立方米/秒。水库防洪标准按30年一遇设计，300年一遇校核。渠道工程含上下干渠各1条，长17公里，支渠21条，共长49公里。设计灌溉面积1346.67公顷。

1990年9月，由成都市水电局，金堂县水电局、成都市水电设计院，省水电勘测设计研究院共同开始对东风水库扩建工程进行可行性研究，1992年3月，提出了《东风水库扩建可行性研究中间汇报提纲》。1993年4月，县政府批复东风水库扩建工程前期工作费地方配套27.5万元。

1994年12月，将《东风水库扩建工程可行性研究报告》报送市计委、市水电局审批。可研报告称：东风水库扩建工程坝高46.7米，总库容2610万立方米，有效库容2020万立方米，死库容180万立方米，冲水流量15立方米/秒，充水水渠长3.98公里，干渠设计流量6立方米/秒，长50.56公里，支渠10条，长72.94公里，灌面1.02万公顷，估算工程总投资13875.17万元。2003年6月完成工程项目。

1998年8月，省水电厅同意东风水库扩建工程建设：灌区范围包括福兴、淮口、高板、竹篙、土桥5个区20个乡，设计灌面1.02万公顷，年提供乡镇工业生活用水122万立方米；设置充水渠长3.98公里，设计流量10立方米每秒，水库正常蓄水位500米，相应库容2200万立方米，死水位478米，死库容180万立方米，汛限水位495.5米。东风水库扩建工程总库容2200万立方米，其洪水标准采用50年一遇设计，1000年一遇校核。工程总投资18883万元。

2005年，库容增至2620万立方米，从人民渠七工期工程年引水5000余万立方米充蓄，解决了灌区9个乡镇136个村近1.07万公顷耕地和5万余人的饮水。

三、幸福水库

幸福水库位于赵家镇金山村，该工程1971年8月开工，1975年3月建成。水库集雨面积11.11平方公里，总库容615万立方米，其中兴利库容512万立方米。枢纽工程由大坝、溢洪道、涵卧管三大件组成，大坝坝型为均质土坝，最大坝高33米，溢洪道为开敞式，堰顶净宽24.30米，最大泄量134立方米/秒。渠道工程含干渠2条，合计长18.55公里，支渠5条，合计长31公里，设计灌溉面积733.33公顷。1998年安全鉴定为三类病险水库，急待整治。2002年2月四川省水利厅批复，针对水库存在的严重病害，需对原大坝和放水设施等建筑物进行加固和改建。大坝加高采用增设放浪墙，坝顶高程513.44米，坝顶宽4米，下游边坡保持原有边坡不变。2005年1月25日成都市水务局下达2004年第三批病险水库除险加固中央预算内专项资金（国债）投资计划，幸福水库除险加固工程总投资378万元，其中：国债资金250万元，地方配套资金128万元。病害整治工程项目于2005年7月7日开工，2006年4月20日完工。

四、团结水库

团结水库位于淮口镇团结村，1971 年 10 月开工，1975 年 5 月建成。水库集雨面积 24 平方公里，总库容 920 万立方米，其中兴利库容 726 万立方米，枢纽工程包括大坝、溢洪道、涵卧管及放水底孔，大坝坝型为均质土坝，最大坝高 36.60 米，溢洪道为开敞式，坝顶净宽 17.50 米，最大泄量 191 立方米/秒，涵卧管位于大坝左端，最大放水流量 2 立方米每秒，为了大坝安全，大坝的右端设有竖井式放水底孔，最大放水量 8 立方米/秒。水库按 50 年一遇设计，500 年一遇校核。渠道工程含干渠 1 条，长 14 公里，支渠 36 条，合计长 15.73 公里，灌溉淮口、白果、五凤 3 个镇，18 个村 110 个组的农田 1733.33 公顷。

1988 年和 1989 年，国家补助 23.90 万元，整治渠道 8432 米，防渗 1634 米，修暗拱 96 米，整修隧洞 106 米，渠道输水损失有所减少。

1998 年经鉴定认定为三类病险水库，2001 年 7 月 17 日四川省水利厅批准了其整治病险工程初步设计。2002 年 5 月 29 日成都市水利局批准其工程实施方案。成都市发展计划委员会、成都市水利局下达该工程计划投资 392 万元，其中：中央预算内西部专项资金 260 万元，地方投资 132 万元。对大坝加高加宽加厚加固，2002 年 7 月 15 日开工建设，2002 年 8 月 31 日竣工。

五、友谊水库

友谊水库位于五凤镇友谊村，1970 年 10 月开工，1973 年 4 月建成。集雨面积 4.18 平方公里，总库容 115 万立方米，其中兴利库容 86 万立方米。枢纽工程包括大坝、溢洪道、涵卧管三大件，大坝坝型为均质土坝，最大坝高 21.75 米，溢洪道为开敞式，堰顶宽 12 米，最大泄量 80 立方米/秒，涵卧管位于大坝左端，最大放水量 0.50 立方米/秒。开灌溉干渠 18 公里，实际有效灌溉面积 106.67 公顷。

1988 年，国家补助 2.80 万元，整治干渠 5320 米，暗拱 108 米，维修溢洪道和管理房。共用钢筋混凝土 36.50 立方米，浆砌条石 142 立方米，开挖土石方 1511 立方米。改善灌溉面积 92 公顷，新增灌溉面积 22 公顷。1998 年，友谊水库大坝被鉴定为三类坝，对大坝进行病险治理，国家补助 42 万元，对后坝堆石棱体进行改造砌块石 4200 立方米。建坝预防墙长 125 米，高 1.50 米，建管理房 150 平方米。

六、大安水库

大安水库位于土桥镇湖包村，1971 年 10 月开工，1976 年 3 月竣工。水库集雨面积 54.50 平方公里，坝型为浆砌条石重力拱坝最大坝高 13.50 米，坝顶长 140 米，其中溢流坝段长 59.10 米，非溢流坝段长 80.90 米，大坝左侧尚有 1 条旁侧式溢洪道，侧堰净宽 6.90 米，溢流坝与侧堰最大泄量合计为 265 立方米/秒。灌溉放水设施为直径 80 厘米的钢管，水库防洪标准按规定为 20 年一遇设计，200 年一遇校核。总库容 275 万立方米，其中兴利库容 110 万立方米，灌溉云合镇农田 573.33 公顷。水库建成后于 1973 年、1974 年、1976 年、1986 年对大坝的裂缝和渗漏进行了较大规模的整治。

经水库安全鉴定为三类病险水库，急待治理。经省财政厅、水利厅和市财政局、市水利局批准，大安水库病险治理主要建设内容为：加厚加固拱坝，右坝肩固结灌浆，整治消力池，改造底孔放水设施，完善管理房及观测设施。整治工程于 2004 年 7 月动工，同年 12 月竣工。完成工程总投资 92.56 万元，其中省市共下达补助资金 90 万元，群众自筹 2.56 万元。

七、油房堰水库

油房堰水库位于又新镇油房埝村，1972年10月开工，1974年4月竣工。水库集雨面积8.9平方公里，总库容112万立方米，其中兴利库容89万立方米，大坝坝型为浆砌条石重力拱坝，最大泄量0.6立方米/秒，最大坝高13.50米，放水设施共两套，竖井放水量0.90立方米/秒，放空底孔放水量3立方米/秒。水库防洪标准，按20年一遇设计，200年一遇校核。灌溉渠1条，长24.40公里，灌面107.20公顷。

八、黄鹤水库

黄鹤水库位于云合镇黄鹤村，1971年10月开工，1972年7月竣工，集雨面积4.86平方公里，总库容111.74万立方米，其中兴利库容72.85万立方米。枢纽工程由大坝、溢洪道、涵卧管三大件组成，大坝坝型为均质土坝，最大坝高10米，溢洪道为开敞式。1981年，国家补助13万元，扩建整治溢洪道。涵卧管放水流量0.30立方米/秒。开渠2条，总长14.60公里，灌溉面积为133.33公顷。水库防洪标准按规定为30年一遇设计，300年一遇校核。2000年鉴定为三类病险水库。经上级批准病害整治工程项目于2002年9月开工，12月完工。大坝整治为干砌条石压脚、大坝护坡放水设施整治工程。完成工程量有：淤泥开挖221立方米，土石方开挖250立方米，土方回填夯实403立方米，块石回填318立方米，砂砾石回填198立方米，M7.5浆砌条石231立方米，M7.5浆砌砖28.80立方米，干砌条石5028立方米，建设闸房13.50平方米，金属结构3500公斤，启闭机1台套。工程完成总投资56.50万元。

九、丰收水库

丰收水库位于隆盛镇丰收村，1972年开工，1975年3月竣工，水库集面积0.68平方公里，除拦少量天然径流外，主要依靠九龙滩电灌站提沱江水源充蓄，水库总库容261.70万立方米，其中兴利库容130万立方米。枢纽工程含主坝、副坝、溢洪道和涵卧管，主坝为土石混合坝加干砌拱坝，最大坝高31米，附坝在库尾，坝高9.50米，修建副坝主要是为了减少库尾2公顷农田的淹没，溢洪道为暗拱式，净宽3米，最大泄量7立方米/秒，放水洞位于左岸贫湾、长97米，最大放水量1.40立方米/秒。水库防洪标准按规定为30年一遇设计，300年一遇校核。渠道工程分引水渠及灌溉渠，引水渠度132米，与九龙滩电灌站干渠沟通，具有复蓄条件，灌溉渠系3条，计长9公里（其中主干渠5公里），实际有效灌溉面积433.33公顷。1988—1989年，国家补助16.21万元，整治渠道5380米，防渗1110米，改善灌溉面积292公顷。2000年安全鉴定为三类病险水库。2005年，国家补助140万元，对大坝进行病害治理，建迎水面条石压重平台7000立方米，建防浪层3000平方米，建管理房100平方米。

十、金龙水库

金龙水库位于竹篙镇红星观音村，集雨面积0.34平方公里，属九龙滩电灌站的充蓄水库，距九龙滩电灌站35公里。该库原坝高31.20米，蓄水118万立方米，实际灌溉面积101.07公顷，坝型为浆砌条石独立体废渣坝，1976年11月动工，1985年6月竣工。该工程总投资154.79万元，其中国家投资105.3万元，共完成土石方7.48万立方米，浆砌条石3.14万立方米，干砌块石0.17万立方米。

十一、天宝寨水库

天宝寨水库位于竹篙镇天宝寨村，1976 年开工，1984 年竣工；水库集雨面积 0.33 平方公里，主要依靠九龙滩电灌站提沱江水源充蓄，总库容 105.69 万立方米，其中兴利库容 73 万立方米。大坝为土石混合坝，最大坝高 27.70 米，未设溢洪道，已开左右干渠 2 条，共长 12.42 公里。提灌渠 1 条，长 3 公里，灌溉该镇农田 226.67 公顷，其中提水灌溉占 40%。2000 年，鉴定属三类病险水库。经市财政局、市水利局批准，对天宝寨水库进行治理。该工程于 2003 年 8 月动工，12 月竣工。完成土方开挖 243 立方米，石方开挖 76 立方米，土方回填 56 立方米，干砌块石 2595 立方米，M7.5 砂浆砌条石 461.6 立方米，C15 砼 654 立方米，C20 砼 30.24 立方米，M7.5 浆砌砖 48.4 立方米，M10 水泥砂浆抹面 822 平方米，金属结构制安 3700 公斤启闭机 1 台套，闸房 10.89 平方米。工程实际完全投资 49.38 万元，其中省市补助资金 40 万元。2003 年，批准坝坡整治工程，新建、改造管理设施等工程项目。

十二、高光水库

高光水库位于转龙镇桑园村，1975 年 9 月开工，1982 年竣工，集雨面积 0.77 平方公里，除拦蓄天然径流外，主要依靠水轮泵站提水充蓄。总库容 115.90 万立方米，其中兴利库容 113.40 万立方米，枢纽工程含大坝、提水设施和放水设施。大坝坝型为均质土坝，最大坝高 19.79 米；提水设施为水轮泵站和输水渠；安装 60 型水轮泵 2 台，最大提水量 0.20 立方米每秒；放水设施为涵卧管，最大放水量 0.30 立方米 / 秒；开干渠一条，长 6.70 公里，实际有效灌溉面积 80 公顷。

1989 年，国家补助 10 万元，整治渠道 11.10 公里，防渗 2.30 公里，治暗渠 460 米。1992 年，国家补助提水设备 5 万元更新改造冲蓄水设备。1994 年，国家补助 10 万元，整理渠道 3.06 公里，防渗 2.19 公里。1995 年 10 月，国家补助 7 万元，用于水渠毁渠道 2021 米的修复。

十三、红花水库

红花水库位于广兴镇九龙村，1965 年开工，1966 年竣工，集雨面积 0.35 平方公里，主要依靠水轮泵站提资水河水源充蓄，总库容 188 万立方米，其中有效库容 166 万立方米。枢纽工程含大坝、提水及放水设施；大坝为均质土坝，最大坝高 8 米，提水设施建在风林寺，安装 60 型水轮泵 4 台，扬程 36 米，最大提水量 0.40 立方米 / 秒，设计年提水量 100 万立方米，从风林寺提水站到水库之间有输水渠 4 公里，放水洞为涵卧管，最大放水量 0.50 立方米 / 秒。实际有效灌溉面积 160 公顷。2000 年，进行安全鉴定，发现大坝有白蚁建巢危害，右坝肩和副坝坝基漏水严重，确定为二类病水库。经整治、配套，该水库有效灌面达 315.93 公顷。

十四、其他小（二）型水库

金堂县共有小（二）型水库 70 座，总计有集雨面积 55.80 平方公里，总库容 1343 万立方米，其中：防洪库容 161 万立方米，兴利库容 1087 万立方米，实际有效灌溉面积 2133.33 公顷；养殖水面 166.80 公顷。星罗棋布的小（二）型水库，为农田灌溉和渔业生产提供了良好的条件。

第二节 电力提灌站建设

一、九龙滩电力提灌站

金堂县九龙滩电灌站灌区是四川省20世纪60年代建成的大型提水灌区，灌溉金堂县15个乡镇，23026.67公顷耕地，占金堂县总耕地面积的42.9%，灌区内有人口33.32万人，占全县的40%。

1989年，将一级站站址迁移至电站上游左岸重新建站。2005年年末，该站装机5台，总容量2375千瓦，一级站总提水能力达6.94立方米/秒，扬程22.50米。灌溉工程由水源工程、干渠、支斗渠、渠道提水站等组成，提水站总装机容量已达3976千瓦。干支渠总长163.82公里。经过30年的使用，1991年3月成都市计委、市水电局批准九龙滩电灌站渠道整治：干渠57公里，万亩以上支渠5条共66.10公里，乌木沱渡槽改造420米。九龙滩主干渠整治分年实施如下：1990年11月至1992年1月整治完成了从渠首至桩号1+500段，共1500米。1991年10月至1992年1月底，完成了九龙滩干渠1+500至乌木沱渡槽进口段5.06公里长的整治防渗任务，总投资91.84万元。1992年9月至1993年1月底完成了乌木沱渡槽出口至桩号11+300段，长5000米整治，总投资115.85万元。1993年10月中旬至1994年2月，整治完成九龙滩干渠桩号11+300至白庙子二级站（桩号17+5877）段，总长6287米，总投资115.8万元。1994年10月至1995年2月，九龙滩干渠完成白庙子二级站出口至桩号21+087段，共3500米的整治，总投资84万元。1995年10月至1996年2月，九龙滩干渠整治完成从桩号21+087至九座房子渡槽进口桩号28+009段，长6922米，工程总投资143.5万元。1998年10月至1999年2月，完成了干渠九座房子渡槽以后渠系3公里整治，总投资106万元。

乌木沱渡槽是九龙滩干渠的咽喉工程，经30年使用随时都有垮塌的危险，严重影响运行安全和灌区20余万亩农田灌溉。乌木沱渡槽的改，1997年6月21日工程正式开工，1998年2月23日全部吊装完成。

2000年5月，省水电勘测设计研究院完成《四川省金堂县沱江九龙滩提水灌区续建配套与节水改造规划报告》，并经水利部审查通过，总投资3.29亿元，主要建设项目是：续建、配套、整治总干渠1条，长6.35公里，整治干渠2条，长33.09公里，整治支渠8条，长84.09公里，续建、配套支渠2条，长14.3公里，续建配套整治提灌站5座，以及田间节水工程9913.33公顷。实施年限为2001年至2015年。金堂县九龙滩续建配套与节水改造工程从2001开始，陆续对九龙滩提灌站及干支渠进行了整治。

二、资水河电灌站

资水河电灌站1980年建成，长年提水时间很短，平均灌面不足千亩，年平均运行时间不足100小时。该站分两级提水，一级站装机2台共600千瓦，干渠长12.91公里，提水流量0.60立方米/秒，扬程56米；二级站装机2台共200千瓦，渠道长6.63公里，提水流量0.40立方米每秒，扬程27米；两级站共有干渠19.54公里。

三、滴水岩电灌站

滴水岩电灌站于1991年12月动工兴建，1992年5月投入使用，总投资142.65万元。该提灌站是为解决东风渠东干渠金堂县境内来水不足而建的补充水源，取代青白江区境内的原丰收提灌站向东干渠金堂县境内提供补充水源的作用。该站建设资金由市、县东风渠管理处，金堂灌区群众共同筹资兴建，在原杨柳乡石龙埝内取水，该站装机两台，320千瓦，提水能力0.52立方米/秒，扬程21米，作为东干云绣、杨柳丘陵区共1266.67公顷田土灌溉的补充水源。该站共有管理运行人员10人，属县水务局直接管理，常年正常提水为30天，年提水量平均180万立方米。

四、其他小型电灌站

全县小型电灌站2004年以后，由于管理体制的变化，按照政府职能划分，全县除九龙滩、资水河、滴水岩三座大型电灌站仍由水电部门管理外，全县有1145个小型农村提灌站划归农机部门管理。

第三节　旱山村微水工程建设

一、旱山村集雨节灌工程

在省、市有关部门的支持下，1998—2005年，金堂县在龙泉山区以东丘陵区严重缺水的栖贤、福兴、五凤等11个乡镇23个村开展了旱山村集雨节灌工程试点，该工程共新建蓄水池2737口，整治山平塘35口，新增水65.18万立方米，新增旱地浇灌面积1187.93公顷，工程总投资1966.58万元。

二、旱山村微型水利工程

2001年7月，副市长李登菊到旱情严重的金堂县、青白江调研时强调，抗旱是当前的燃眉之急，要统一规划坚持不懈、大搞微水治旱工程，力争用5年时间，从根本上解决山丘区干旱问题。随即市政府召开了全市微水治旱工程建设会议，对微型水利工程建设作了统一布置。2001—2005年，金堂县在山丘区缺水的赵镇、三星、栖贤、官仓、淮口、白果、五凤、福兴、赵家、金龙、高板、平桥、三溪、竹篙、隆盛、转龙、广兴、土桥、又新、云合等乡镇233个村开展了微水治旱工程建设，共新建蓄水池13388口，整治山平塘591口，新增水418.55万立方米，新增旱地浇灌面积7953.33公顷，总投资9745.90万元，其中：国家补助3887.23万元，地方自筹5858.67万元。

第二章　江河治理

第一节　江河段工程修建

金堂县境内沱江、北河、中河、毗河为金堂县的主要河流、其河道曲折、滩多岸矮、泛滥频繁，常年洪水极易造成河堤溃决、河床改道、河岸冲毁、耕田遭毁、沿河人民的生命财产受到严重威胁。

1949年后，对主要河道的重点河段逐年进行了治理，治理以堤防建设为主，其次施以沿岸植树造林，护岸固土。1989年前，国家共投资2835万元，137处河段长28331米进行了治理1990年至2005年，建河道堤防25580米，总投资1.42亿元。

一、沱江金堂河段

沱江在金堂境内长46.70公里。自1990年起，先后在五凤镇柏木村、金牛村、罗坝、淮口镇东门滩，淮口城区，五星村，金堂峡拓宽等7处建堤防3990米，保护了淮口镇城区和五凤镇等地5万余人，333.33公顷耕地。

二、北河防洪工程

北河金堂境内长13公里。1990年前，共建各类堤防11223米；1990—2005年，先后在北河兰家店、朱家林、向前、冯家林、满天星、钟家河坝、刘家营、史家碾等10处建堤防5331米，可保护耕进达800公顷。

三、中河（清白江）防洪工程

中河在金堂境内长16公里，河道曲折，有急弯9处，一般河床低于河岸3米，洪水泛滥频繁，常淹两岸农田。1949年10月1日后已对原有堤防39处进行整治和新建，共达8807米。1990年后对易家堤、祁家塘、牟家堤等处共638米进行了新建和重建，对锅盔堤、秦家堤、雷打滩、黎家高桥、牟家堤等堤防进行了维修加固。结合赵镇城区河道治理于1999年在平安大桥以上左右两岸共建堤防2100米。

四、毗河防洪工程

毗河县境内流程9.90公里，河道曲折，河中有五个河洲。造成河水主流左冲右突，冲刷严重，河床比两岸低3~4米，两岸多属平坝，洪水常常泛滥上岸成灾。1949年10月1日至1990年，先后在米家渡、刘家碾、万石仓等地建护岸工程17处，长2470米。1990—2005年，结合赵镇城区向十里坝方向扩展，先后在一道碾、米家巷、月亮岛、绿岛、十里坝等，修建堤防、防岸11720米。

第二节　防洪救生台建设

金堂县的防洪救生高台建设始于1981年7月13日特大洪水之后，鉴于当年洪水对河谷低洼地造成的灾害，为使洪水来时当地居民有一个就地避险逃生的场地，而陆续开始在这些地方修建救水高台。1991年以前，共建了25座救生高台，属于框架式钢筋砼两层结构。1991—2005年，在沿江河及低洼地带修建了救生高台9处，投资565万元，共计2400平方米。1995年以后，对原有救生高台进行了维修加固，随着沿江河一带居民楼房的增多，部分救生台已失去了作用，对部分地（如三星）区已坏不能使用的进行拆除和停止使用。1982—2005年，全县实际拥有救生高台27处。

第三章 水利管理

第一节 水利管理机构及体制

一、水利局

2001 年，金堂县水利电力局更名为金堂县水利局。2006 年 10 月，更名为金堂县水务局。职能：贯彻党的方针政策，主办全县水利、水电、渔业、防洪、抗旱、灌溉、除涝、人畜饮水、水土保持河道管理与治理农田水利基本建设的规划，设计、施工、管理，乡镇供水等方面的工作。

1988 年，水电局设：办公室、政工股、水利股、电力股、计划财务股、勘测设计队、物资供应站、水产站、渔政管理站。1992 年增设水政股。1994 年增设金堂县水利电力局抗旱服务队，建立金堂县水利电力局河道管理站，将原 6 个水管站合并成立为 5 个基层水管站，1995 年，河道管理站更名为金堂县水利局河道管理处；同年建立金堂县水利电力执法大队，与金堂县河道管理处实行两块牌子，一套人马。

1997 年，金堂县水利电力执法大队更名为金堂县水政监察大队；同年县水利电力局设 8 个职能科室：即办公室、组织政工人事科（内挂保卫科牌子）、计划财务综合科（内挂审计科牌子）、水利电力科（内挂电力科牌子）、水政水资源管理科（挂县政府计划用水、节约用水办公室牌子）、渔政管理科、水利经济科、水利电力执法监察科（挂金堂县水土保持监督检查办公室牌子）。1999 年，金堂县渔政管理站更名为金堂县渔政渔港监督管理站。2000 年，建立金堂县水土保持生态环境监督中队。2001 年，金堂县水利电力局更名为金堂县水利局，内设办公室（挂组织政工人事科牌子）、政策法规科、计划财务科（挂内审科牌子）、水政水资源科（挂节约用水办公室牌子）、河道管理科、水利水保水电科（挂县水土保持办公室牌子）、水产科（挂科教科牌子，内设县渔政渔港监督站）7 个科室；金堂县人民政府防汛指挥部办公室设在金堂县水利局；为加强水政监察和渔政管理，成立金堂县水利综合监察大队。

二、基层管理机构

（一）片区水利水保站。1994 年，金堂县将原设置的三江、淮口、福兴、高板、竹篙、土桥 6 个水利水土保持管理站，调整为 5 个水利水土保持管理片站和一个河道管理站：赵三片水利水土保持管理站，负责三星镇、赵镇、清江镇、官仓镇、云绣乡、栖贤乡的水利水土保持管理工作；淮高片水利水土保持管理站，负责淮口镇、五凤镇、白果镇、高板镇、同兴乡、黄家乡、三溪乡、平桥乡的水利水土保持管理工作；福兴片水利水土保持管理站，负责福兴镇、金龙镇、赵家镇的水利水土保持管理工作；竹篙片水利水土保持管理站，负责竹篙镇、广兴镇、隆盛乡、转龙乡的水利水土保持管理工作；土桥片水利水土保持管理站，负责土桥镇、云合镇、又新乡的水利水土保持管理工作；河道管理站，负责金堂县“三河一江”（毗、中、北河，沱江）的河道管理、治理工作。

（二）乡（镇）水利水保水产管理站。1998年撤销金堂县水利电力局三江、淮高、福兴、竹篙、土桥片水利水土保持管理站。成立了各乡（镇）水利水保水产管理站。

（三）乡（镇）水管站划归乡镇管理。2001年县级部门下伸到乡镇的站、所下放到乡镇，债权、债务一并转移，人员经费、人员编制和人事任免、调整及所涉及的资产划归乡镇管理。

（四）乡镇水管站划回水利局。2004年年底，将2001年机构改革下划到乡（镇）的人员，通过竞聘岗位，划转回县主管部门，为县级业务部门派出机构，负责所辖乡（镇）的水利管理和服务工作，各配备事业编制5名（含站长1名）。水利局下设11个水利片站，其中包括：赵镇（辖赵镇）、三星（辖三星镇、栖贤乡）、清江（辖清江镇、官仓镇）、淮口（辖淮口镇、白果镇、三溪镇）、高板（辖高板镇、平桥乡）、福兴（辖福兴镇、赵家镇）、金龙（辖金龙镇）、五凤（辖五凤镇）、竹篙（辖竹篙镇、隆盛镇）、转龙（辖转龙镇、广兴镇）、土桥（辖土桥镇、云合镇、又新镇），共11个片区水管站。

三、直属管理机构

县水利局直属机构九个：滴水岩电灌站、淮口自来水厂、九龙滩电厂、人民电厂、红旗水库管理所与东风水库管理处、金堂县沱江供水有限公司、九龙滩灌区管理处、资水河电灌站、清江鱼种站。

第二节　水利执法监察

一、水利纠纷案件的调查与处理

1991年3—4月的禁渔期中，共进行8次大规模突击检查，查获违法人员18人，收缴各类网具14张，电瓶9部，木船2艘。同年4月26日，对东风水库查获的6名无证人员用自制毒药毒死水电局放养在该库的一条国家二级保护动物大鲵一事，经县水电局渔政管理站配合县公安局对6名违法人员进行了教育并处以罚款。1994年7月13日，县水电局对福兴镇菱角村菱角塘的使用权纠纷进行了行政裁定。1995年，查处违章捕鱼25起，电烧鱼10起，查处炸鱼案件4起。1996年6月28日，水电局对淮口镇两河口村1995年10月擅自修建在山溪河流中修建拦水工程一事作出行政处理，于7月5日予以拆除。2004年7月13日，金堂县人民政府防汛指挥部制发了《关于清除福兴镇龙吐水大桥拦河栅的决定》，强行清除谢斌、封德正所设拦河栅。1998年9月7日，县渔政管理站工作人员在沱江金堂县白果镇满刚浅河段内现场查获付利彬非法炸鱼，当场没收违法炸鱼工具和渔获物，并给予了1000元的罚款。1995—2005年，县渔政管理站对渔区共检查100次，印发渔业资料5000份，检验渔船200次，没收电瓶20部、地笼网500余副（当场销毁300余副，交市局销毁200余副），电网20余副，现场放流1万尾鱼。参加市水务局组织销毁非法捕鱼工具活动5次。

二、江河违章违法案件查处

1991—2005年，县水利综合监察大队常规检查江河违章违法案件200人次，抽调10人分成5个组进行河道巡逻，联合执法20次，下达责令停止水事违法行为通知书100起，炸毁“三无”船舶，依法强行拆除采砂机具100套，处罚采砂业主10人。

第三节　农业水费征收

一、农业水费征收历史变迁

从有都江堰灌溉起，历年皆有水费征收。1949年后，除都江堰灌区外，金堂县山丘区兴建了一大批水利灌溉工程。逐年参照都江堰灌区的按亩征收水费的办法征收水费，由于工程各异，后又有基本水费加计量水费的征收方法。从1990年以后，小（二）型以上水库灌区、都江堰灌区、九龙滩灌区、资水河提水灌区都完善了水费的征收办法和标准。水费征收原为实物计征（即收黄谷），后又改为实物计征，货币结算。又改为直接的货币结算等方式。水费粮征收由随粮入库统一由水利部门和粮食部结算。到财政代收，与财政结算等多种形式，水费征收的标准也逐年有所调整。

1991年2月，县水电局，物价局制订《关于调整征收水费标准的意见》，经县人民政府批准执行。水费征收实行“实物计征、货币结算”，征收水费按习惯亩计算，标准如下：都江堰灌区水费标准：东山地区田、大米25市斤/亩年，地大米5市斤/亩年；平坝地区田、大米25.50市斤/亩年，地、大米4.50公斤/亩年。九龙滩和资水河电灌区：实行“基本水费加计量水费”，即：田、基本水费大米3.50市斤/亩年；地、大米1市斤/亩年，计量水费；每立方米水大米0.1市斤（以支渠口计量）。小（一）型水库：田、大米20市斤/亩年，地、4市斤/亩年。小（二）型小库：田、大米15市斤/亩年，地、3市斤/亩年。

小型电灌站扬程15米，每100立方米水大米4市斤、扬程30米左右，每立方米水8市斤。从1991年起，由水电局在下属机构管理的水利设施收取的水费中提取20%，交县水电局统筹使用。

1992年，水费粮计价标准按国务院粮食定购价政策，每斤大米按0.38元计征，其余标准不变。1993年，水费征收实行“实物计征，货币结算，财政代收”，大米定价为每斤0.43元。1994年，都江堰灌区水费粮定价为0.68元/斤，其余灌区水费粮定价为0.62元/斤。1995年，由于电费等上涨，九龙滩灌区计量水费由立方米水0.05公斤大米调为立方米水0 .75公斤。1995年农业水费征收改为“实物计征”与国家定购粮同时入库，委托粮食部门代收代管，水电局与粮食局进行“货币结算”。1996年水费粮征收办法与1995年相同，直到1998年。2002年，九龙滩灌区取消了基本水费征收，全部按计量水费征收。1999—2005年，全县水费征收全部实行货币征收。

二、水费管理

多年都一直实行统一征收，按管理单位分别结算。都江堰灌区水费在扣除5%手续费后，余额按5%交都江堰管理局，剩余部分水费由县管理单位按43∶57分成外，（大埝占43%，县占57%），民埝水费由水电局征管使用。九龙滩提灌区及其余小（一）、小（二）型水库灌区的水费作2∶8分成（即20%作县统筹使用、80%留管理单位使用）。2005年，九龙滩提灌区实行体制改革，水费由灌区各乡镇收取，20%留作乡镇、协会工作费，80%全部用于灌区农田水利基本建设（使用由县水利局和九龙滩管理处审定，专户专账，接受监察、审计、财政、水利等部门的监管）用水户可在农田水利基本建设中投劳投资抵扣水费。九龙滩的人员经费及春灌基本运行费由县财政从农业切块资金中拨付90万元解决。

农业水费计征面积由小到大、又由大到小。其原因是新中国成立以后，由于大办水利事业，水费计征灌溉面积逐年增大，到1990年，全县实有水费计征面积达到19800公顷，其中：田8533.33公顷，土11266.67公顷（埝和小型电灌站的灌面未计），1990年以后，随着工业经济的发展，高速公路、铁路、公路、乡村道路及县城各乡镇城市化的发展，占用了不少耕地，至2005年，全县水费计征面积降低到19580公顷，其中：田7906.67公顷，土11673.33公顷（田减少0.94万亩，土增加了0.61万亩），土地面积减少最多是赵镇、清江、淮口等地。

第四节　河道及砂石资源管理

一、河道管理

金堂县有大江大河4条，总长85.60公里，有50平方公里以上流域面积的山溪河流共9条，长135.65公里。分散于全县境内。河道管理的量大面宽，金堂县人民政府于1982年制订《金堂县江河管理实施办法》，成立金堂县防汛抗旱江河管理指挥部，把江河管理纳入与防汛抗旱一起管理。江河管理办公室设在水电局。1982年成立赵镇和淮口两个江河管理站。1990年水电局设河道管理科。

二、砂石资源管理

自1990年起，因各项基本建设大量投资，工程项目多，对砂石资源的需求大增。由于河道采砂石由自然挖取到人工筛选，由人工筛选到打砂船水上挖掘分筛，由打砂船挖掘到机械粉碎卵石分筛，金堂县三河一江的砂石开挖量大幅度增加，开挖手段不断翻新，开挖人员在河道内最多时曾达到每日近万人。乱挖、乱采、毁地、毁堤现象时有发生。公安、水利、国土、司法等部门对违法采砂行为进行重点打击，对一些违法行为进行处理，河道采砂管理逐步走上正轨。县砂石资源开发逐步走上法制化，对砂石资源开采进行市场化运作，实行公开拍卖，公开竞争，规范了开采行为。

砂石资源主要分布在沱江、北河、毗河、中河四条河流中，境内的流程为85.60公里。常年的洪水将上游山区的砂石大量由河道带入金堂境内，由于沱江金堂峡的阻挡，在峡口以上滞洪区河道内沉积了大量砂石。峡口以下河段砂石相对少一些，细一些。根据调查，全县河道砂石有上亿立方米的蓄积量。金堂河段的砂石品质居全国前列，销往全国各地。

1991年金堂县首先实行砂石资源开采许可证制度，凭证开采。对大型采砂船只实行定点，定船管理。1993年起，由于砂石需求量不断增大，河道人工自然采集砂石已比较困难，因而全县江河内出现大量小型机械采砂船只，无证开采，无序开采多有发生；至1997年，砂石资源出现紧俏局面，砂石开采出现无序状态，船与船、采砂船与当地村民、采砂船与桥深、管道、水工建筑的安全等之间，发生大量矛盾。县河道主管机关与有关部门先后组织200人次，80辆车次制止违法采砂行为，先后处罚制止违法采砂9处次，收缴吸砂泵12台。2000年3月对沱江金堂段严禁20立升以下的采砂船作业。对30立升以上的采砂船，总量控制在20艘以内。旱采场控制在8个以内。2002年，根据省市规定，每年6月1日至9月30日期间，禁止一切采砂行为，对新建堤防河段上下游各200米范围内实行3—5年禁采期。除沱江外其余江河一律不准采砂船作业。严禁降水开采，开挖深度不得超过3米，并不得低于堤防基础1米以下开采，同时对所有符合采砂资格的船只重新进行申请审批，并规定以下河段实行禁采，即沱江起止点：北河段从嘉陵村五组朱家林堤防至赵镇公园过6.5公里；铁路桥至淮口段：达成铁路桥上游1000米处至淮口东门滩共22公里；成南高速沱江大桥段：成南高速路沱江大桥上游1000米处至下游1000米处；白果渡口段：白果渡口至光辉村一组共2公里；浮渡渡口段：五凤镇浮渡渡口上下各300米以内。金堂县砂石资源费征收标准，1991年规定最低标准为：砂（连砂石）：0.40元/立方米；预制构件：0.50元/立方米；石灰：0.50元/立方米。2005年，根据砂石资源的现状与砂石市场价格的变化，砂石资源费收取的标准一律调整为1元/立方米。

第六篇　体制改革

1978年12月18至22日，中共党的十一届三中全会后把全党的工作重点转移到社会主义现代化建设上来。1992年春，邓小平南方谈话发表不久，同年10月12日至18日中共党的十四大召开，明确建立社会主义市场经济体制。要建立市场经济体制，就要坚持解放思想、实事求是，深入改革开放，改变过去完全计划经济时期不适应社会生产力发展的方式和环节，建立和完善有利于市场经济发展的运行机制。1991—2005年，金堂县在党中央、省、市的领导下，坚持政治、经济、社会事业方面的改革。逐步建立和完善了与社会主义市场经济相适应的体制，促进了社会各项事业的发展。

第一章　政治体制改革

第一节　党政机构改革

一、党群系统

1997年8月，金堂县党政机构改革的“三定”（定职能配置、定内设机构、定人员编制）方案审批完毕并组织实施，完成了党政机构改革工作。

1991—1997年7月，县委工作部门设有办公室、组织部、宣传部、统战部、政法委、政研室、目标办、信访办、保密局、机要局、老干局、机关工委、档案局。县委工作机构设有县纪委1个；群团组织4个：即总工会、团县委、县妇联、县工商联。

1997年8月机构改革后县委机构设有：办公室、组织部、宣传部、统战部、政法委、政研室；县纪委；群团组织：总工会、团县委、县妇联、县工商联。

2001年机构改革，县委设置有：县委办公室、组织部、宣传部、统一战线工作部、政法委员会和纪律检查委员会机关（监察局与其合署办公）、机构编制委员会办公室6个工作部门和1个议事协调机构的常设办事机构；其中，县委政策研究室、县委机要局、县委目标管理督查办公室和县政府目标管理督查办公室、县委和县政府信访办公室并入县委办公室，保留牌子，其党政事务和后勤服务工作由县委办公室统一负责，并在县委办设立后勤服务中心；县委保密委办公室并入县委办公室，挂国家保密局的牌子；县委老干局、县直机关工委并入县委组织部，保留牌子；县委宣传部挂精神文明建设办公室、对外宣传办公室牌子，金堂报社为县委宣传部管理的事业单位；社会治安综合治理办公室与县政法委员会机关合署办公，保留牌子；机构编制委员会办公室为县机构编制委员会的常设机构，既是县委的工作机构，又是县政府的工作机构，挂靠县人事局。原县委党史研究室为县委直属事业单位，挂靠县委组织部。至2005年未变。

二、政府系列

1991年1月，建立县政府目标管理办公室；同年6月建立县政府法制办公室，7月，县政府法制办公室更名为县政府法制科。

（一）1997年前的机构设置

1991—1997年7月，金堂县政府机构设置52个：

办公室	目标办	外事办	体改办	人防办	法制科	宗教科	台办	财办
计经委	外经委	经协办	物价局	轻工局	医药局	财政局	国资局	人事局
编委办	劳动局	就业局	城建委	公安局	民政局	监察局	审计局	统计局
国土局	工商行政管理局		地方税务局		交通局	商业局	物资局	乡镇企业局
农业局	林业局	畜牧局	食品办	水利电力局		技术监督局	粮食局	文化局
体　委	教育局	科　委	卫生局	计生委	司法局	农经委	农机局	广播局
旅游局								

（二）1997年8月县机构改革

1997年8月，县政府设有29个部门：办公室、计划与经济局、财政局、人事局、劳动局、建设局、公安局、民政局、审计局、监察局、统计局、国土局、工商行政管理局、地方税务局、交通局、贸易局、乡镇企业管理局、农业局、林业局、水利电力局、粮食局、技术监督局、文化体育局、教育局、科学技术局、卫生局、计划生育局、司法局、广播电视局；议事协调机构4个：机构编制委员会办公室、农村工作领导小组办公室、流通工作领导小组办公室、保密委员会办公室；县政府直属事业单位5个：轻工业局、农机事业管理局、畜牧食品局、档案局、旅游管理局。

（三）2001年县机构改革

县政府工作部门由33个精简为29个，减少4个；人大、政协及党政群机关内设机构由252个精简为219个，减少33个，县级机关行政编制由679名精减为551名，减少128名；政法系统专项编制由457名精减为411名，减少46名；部门领导职数由160名精减为136名，减少24名；内设机构领导职数由293名精减为244名，减少49名。

机构改革通过制定分流政策，采取提前退休、离岗休息、充实事业等多种分流渠道，全县共分流减少在职人员：乡镇机关人员由改革前的1112人精减为720人，减少392人。县级党政群机关人员由776人精减为551人，减少225人；政法系统人员由588人精减为552人，减少36人；县级党政群机关、政法系统共分流减少261人，其中，到龄退休42人，提前退休170人，离岗休息23人，充实事业19人，辞职4人，病退63人。

2001年，县级机构改革后，县委设置工作部门6个，议事协调机构的常设办事机构1个；县政府设置工作部门23个，议事协调机构3个；县人大机关内设机构4个，即常委会、财政经济、法制、教科文卫办公室；县政协机关内设机构3个，即办公室、经济科技办公室、社会事业发展办公室。

2001年，金堂县实施乡镇机构改革。乡镇内设机构按省、市要求：一类乡镇设党政办公室、社会事务办公室、经济发展办公室、财政所、教科文卫与计划生育办公室；二类乡镇设党政办公室、社会事务与计划生育办公室、经济发展办公室、财政所。同年1至6月完成了乡镇机构改革任务，乡镇内设机构由原194个精简到120个，减少74个；精减392人，精减比例达35%。乡镇机关行政编制由998名精减为774名；领导职数由204名精减为168名；内设机构领导职数由221名精减为192名。机构改革通过制定分流政策，采取提前退休、离岗休息、充实事业等多种分流渠道。乡镇机关人员由改革前的1112人精减为720人，减少392人，其中：转入事业单位219人，到龄退休15人，提前退休117人，离岗休息22人，病退17人，自谋职业1人，辞退1人。

（四）2004年县机构改革

2004年9月28日，中共金堂县委、金堂县人民政府下发《关于金堂县深化乡（镇）机构改革的实施意见》，金堂县将原有的24个乡镇中的九龙镇并入淮口镇，云绣乡并入赵镇，黄家乡并入三溪镇后，改设为21个乡（镇）。乡镇内设机构106个。乡镇领导职数154名。机关行政编制624名，机关工勤人员编制65名，事业（社区）管理服务中心21个，事业人员115名；片区站（所）55个，事业人员275名。

2005年，按照省、市要求，设立县规划管理局为县政府组成部门，同时将林业局调整为政府直属事业局。组建金堂县农村发展局（挂县委农村工作领导小组办公室牌子），撤销县农村工作领导小组办公室、农业局、农业机械局、畜牧食品局，县农村发展局为县政府组成部门。同年末，县政府组成部门有24个：县人民政府办公室、发展计划局、经济局、监察局、教育局、科学技术局、公安局、民政局、司法局、财政局、人事局、劳动和社会保障局、统计局、建设局、交通局、水利局、农村发展局、规划管理局、文化体育局、卫生局、计划生育局、审计局、环境保护局、贸易与粮食局。县政府工作部门有3个：国土资源局、安监局（挂县安全生产监督管理委员会办公室牌子）、物价局。议事协调机构有2个：县机构编制委员会办公室、县流通工作领导小组办公室。归口管理部门有14个：县中小企业局、轻工行业协会（归口经济局）、信息化办（归口科技局）、爱卫办（归口卫生局）、城市综合管理指挥部办公室（归口建设局）、县政务服务中心、应急管理办公室、法制局、民宗局、台湾事务办公室、人民防空办公室、体改办、外事办、县志办（归口县政府办公室）。全县共有事业单位406个。县政府直属事业机构有档案局、林业局、风景旅游局、广播电视局、老龄委、县人民政府招商局。

第二节　实施公务员管理制度

1993年8月，国务院发布《国家公务员暂行条例》后，全县开始推行国家公务员制度。1994年起按照《国家公务员考核暂行条例》的规定，对党政群机关工作人员实行年度考核，考核内容包括德、能、勤、绩四个方面。1996年，开始对国家行政机关工作人员实行交流制度。1997年4月，组织县、乡、镇党政群机关工作人员进行普及国家公务员制度知识暨公务员过渡考试，参加考试的有2196人。1998年，制定了乡、镇推进国家公务员办法和非领导职务设置、职位分类、人员过渡等实施意见，全县乡、镇推行国家公务员制度全面实施。1999年，进一步规范完善国家公务员制度，单项法规全面实施。2001年，乡镇机关国家公务员制度“入轨”后，为规范国家公务员行为，在县乡镇机关公务员中开展了法制教育，整顿了机关作风，以及开展做人民满意公务员等活动。2002 年，国家公务员制度进一步规范完善，在全县机关公务员中开展了法制教育，行为规范教育，以及开展做人民满意公务员等活动，整顿了机关作风。2003 年，县组织人事系统开展“树组工干部形象”集中学习活动，加大对组织人事工作突出问题的查找整改力度，通过作风整顿，机关作风有了良好的转变。2004 年，在全县公务员队伍实施了《行政许可法》《公务员行为规范》。2005 年，县人事局举办了《公务员法》全员测试。

第三节 事业单位改革

干部人事制度改革主要涉及的是党政干部制度改革和事业单位人事制度改革。党政机关推行竞争上岗，竞争上岗是干部选拔任用方式的一项改革，是构建干部竞争激励机制的重要组成部分。对部分领导职位试行职务聘任制，对技术性、操作性、辅助性的职位试行聘用制。同时，机关新进人员一律采取公开考试和严格考核相结合的办法择优录用。1999 年，县清退乡镇自聘人员和临时人员 186 名。2000 年，制定了《金堂县中小学校人事制度改革实施方案》，教育系统实现了中小学全员聘任、聘用制。2003 年，为做好事业单位全员聘用制试点工作，制定了全县推行全员聘用制实施意见，并在卫生系统三个医院试行。2004 年 6 月，金堂县实行事业单位人事制度改革，建立和推行了以聘用制为核心、搞活内部分配和奖惩机制为重点，按照统筹规划，突出重点，分类指导，积极稳妥推进的工作方法，全面推行了事业单位人事制度改革。全县事业单位 348 个，职工 10089 人。2005 年年底，已办理方案审批的单位 237 个，共设置岗位 9972 个。已经聘用人员 8491 人，办理离岗待退 340 人，办理病退 88 人，缓聘和辞职 145 人。

第二章 经济体制改革

第一节 农村经济体制改革

一、稳定农村经济政策

1991—1997 年，全县农村经济体制改革总的特点是稳定和完善农村家庭联产承包责任制，实行统分结合、双层经营体制，由单一行政管理方式转变为全方位多功能服务职能。县委、县政府加强对农村经济工作的领导，集中精力、人力和财力促进了农村改革成果的巩固与发展。

1998 年，为进一步发挥家庭联产承包责任制的优势，金堂县按照国家的要求实行了土地二轮延包，生产关系得到稳定。2002 年，全面取消提留统筹费，对全县 2500 万元提留统筹下欠款实行不逼不催政策，免征农业税、特产税，农民负担减轻，土地收效得到改善，农民逐步向土地回流。2003 年 3 月 1 日起实行《中华人民共和国农村土地承包法》，农村土地管理有了法律依据。2004 年 3 月，为推动土地集中规模经营，县委、县政府出台了鼓励业主规模经营的一系列政策措施，并于 2005 年从县财政中拿出 20 万元用于奖励兑现，促进了金堂县土地流转。2004 年，中央制定的各项惠农政策在金堂县开始实施，主要是对全县种粮农民实行补贴（2004 年 581 万元、2005 年 726 万元），同时，良种补贴和农机具补贴也开始实行，提高了农民的种粮积极性。

（一）土地承包与流转

20 世纪 90 年代开始，金堂县家庭联产承包经营形势良好，为使农村经济稳定发展，充分调动农民的生产积极性，1998 年，全县按照中央要求完成了农村土地二轮延包工作，以家庭为单位承包，30 年不变，共发包土地 5.27 万公顷（79 万亩），接包农户 21.8 万户。2003 年月 3 月 1 日，《中华人民共和国农村土地承包法》正式施行，对农村土地承包的范围、期限、土地调整与流转、双方的权力义务、承包纠纷的调解等问题以法律的形式进行了明确，农村习惯以村规民约调整土地的办法得到了有效制止，承包关系进一步稳定。2005 年 4 月，金堂县在福兴、栖贤、又新 3 个乡镇，共 5 个村开始了土地整理工作，涉及面积 2000 公顷，由于田块归并和坡改梯打乱了原有的承包地界线，整理区开始参照二轮延包的办法重新发包。

金堂县 2001 年实行土地使用权流转，开始以委托代耕为主，逐步向转包、转让、租赁和入股等多种流转形式并存的格局发展，外来成片集中规模经营业主逐年增多。伴随中国市场经济体制的快速发展，分散的家庭经营已难以适应市场化生产的要求，表现为土地效益低下、产业结构调整难、农村经济发展缓慢等，为引导土地向规模经营集中，金堂县于 2002 年在栖贤乡建立了第一个农村土地流转服务中心，在总结试点经验的基础上，于 2005 年 8 月在全县 21 个乡镇推广建立了“农村土地承包流转服务中心”，挂靠乡镇经济发展办公室，具体管理和指导农村土地承包和流转工作。截至 2005 年年底，全县土地流转总面积达 0.96 万公顷（14.40 万亩），占耕地面积的 21%，3.33 公顷（50 亩）以上规模经营业主达到 88 户，66.67 公顷（1000 亩）以上规模经营业主达到 7 户。

（二）农民专业合作经济组织

从 2000 年开始，通过龙头企业和营销大户带动型及支部加协会型等多种组织形式建立专业合作组织，覆盖了水果、蔬菜、食用菌、黑山羊等全县主要产业。2005 年，发展专业合作组织达 94 个，其中科技协会 21 个，水果 14 个、食用菌 9 个、蔬菜 9 个、以猪、牛、羊为主的养殖合作社 27 个，其他合作社 14 个。发展会员 7.5 万人，联系带动农户 13.6 万户，带户面达 62%，每年为农户增收 7000 万元。

（三）农村集体经济

20 世纪 90 年代，金堂县集体经济基础薄弱，严重制约了村社集体经济的发展。截至 2005 年年底，全县集体经济总资产 8800 万元，债务总额 6300 万元，有效经营性净资产较少，主要集中在县城和大集镇周围的少数村社，80% 的村成了空壳村。2000 年后，村集体通过组建专业合作组织、与企业联合，发展“一村一品”产业，农村集体经济有了壮大。2005 年 7 月，全县建立村组代理会计核算中心，由县财政局、农业局统一委派到乡镇财会人员 60 人，负责村组财务核算，村上取消会计，只设报账员 1 人，财务混乱状况得到明显改善。

第二节 工业企业改革

一、转换经营机制

1992年7月，国务院颁布的《全民所有制工业企业转换经营机制实施办法》，县在6户直属企业中实行企业的所有权和经营权分离，政企分开，落实企业14项自主权，加快国有企业产品结构和组织结构的调整，增强企业活力，推动企业走向市场。1993年初，又开展了继续深化企业内部劳动、人事、分配三项制度的改革，在县酒厂、县罐头厂、县水泥厂先后推行了全员劳动合同制。7月，直属6厂主要领导参加了县政府体改学习考察团赴宜宾县学习县级国有企业产权制度改革的方法和经验。同年9月，县委、县政府召开全县体改工作会，金堂水电设备厂、金堂新华印刷厂作为县第一批产权制度改革试点厂，企业职工和少量社会个人购买企业全部国有生产性净资产434万元；1993年12月至1994年3月，金堂县水电设备厂、金堂新华印刷厂分别改组为金堂水电设备制造股份公司和金堂新华印务股份公司。1994年初，县氮肥厂、县水泥厂作为第二批产权改革试点企业，采取大股东控股和企业职工购股的方法，购买两个企业净资产366万元，同年5—7月分别改组为成都金凤肥料有限责任公司（简称：金凤公司）、金堂水泥制造有限责任公司。1995年9至12月，金凤公司分别以有偿转让的形式以1000万元和371万元购买了县罐头厂、韩滩液酒厂，1996年4月组建了成都淮州罐头食品有限责任公司和成都韩滩液有限责任公司。1995年金凤公司购买长宁县氮肥厂全套合成氮设备用于改造扩建兼并了宜宾氮肥厂、成都市青白江机械厂。7月又控股组建了成都云泰印业有限公司。1996年11月，成立四川成都金凤集团，注册资金3000万元。1997年6月，金凤集团兼并珙县氮肥厂，经过整顿当月投产，年生产能力3000吨合成氨。2003年，完成6户工业企业改制，新启动2户工业企业的改制。涉及资产总额2.45亿元，职工1650人，引进投资3300万元，重新组建了6户新公司，盘活了优质存量资产，绝大部分职工得到妥善安置。

1990年轻工局所属企业有22个，其中：全民所有制企业1个，集体所有制企业21个。全民所有制企业有：金堂县二轻供销公司。集体所有制企业有：成都起重设备厂、成都金堂织造厂、成都市金堂纸厂、金堂包装厂、县家具厂、县塑料厂、四川金堂服装一厂、县制鞋厂、县二轻印刷厂、县彩印厂、县金属制品厂、成都沱江起重机厂、成都市金堂染织厂、县淮口家具厂、县淮口服装厂、县五凤土陶厂、县金凤服装厂、县淮口文具厂、县衡器厂、县工艺旅游服务部。1991年将原金堂县家具工业公司撤销，分为金堂县家具厂和成都市金堂机械厂；同年10月，成都市金凤服装厂和金堂县土陶厂划归金堂县五凤镇人民政府管理。1991年轻工局实有企业21个，其中：国营1个，集体企业20个。1992年实有企业16个，其中：国营1个，集体15个。1992年5月，经县人民政府批准，金堂县彩印厂兼并金堂塑料厂，成都沱江起重机厂、成都起重设备厂、成都金堂轻工机械厂、金堂机械厂4厂联合组建成都沱江起重机总厂。8月，金堂轻工机械厂兼并金堂县淮口家具厂；同年10月，县城镇集体经济办公室批准金堂县塑印包装厂解体；全年轻工机械系统减少企业5个。1993年全局有企业13个，其中：全民1个，集体12个；同年4月，经县体改办批准成立成都技工贸有限公司，县淮口文具印刷厂变更隶属关系；金堂县二轻供销公司兼并县工艺旅游服务部，金堂染织厂兼并四川金堂服装一厂；同年4月，经县计经委批准，金堂县衡器厂解体；同年12月，县金属制品厂更名为金堂县金马实业有限公司。1994年全局有企业12个，其中：全民1个，集体11个，同年11月金堂包装厂解体。1995

年局有企业13个；同年9月，成都沱江起重机总厂更名为四川起重机厂，成都轻工机械厂更名为成都起重配件厂。县染织厂与攀钢集团钢城企业攀金轧钢厂组建蓉城工业公司；同年11月，九丰实业公司挂靠轻工局。1996年1月，经县体改办批准：县二轻印刷厂与金堂制鞋厂合并，组建金堂轻工印刷厂。1997年轻工局系统内企业无变化。2001年7月26日，攀钢集团钢城企业蓉城工业公司董事会决议；解散蓉城工业公司，由攀钢集团企业公司以400万元处置价买断。对全部资产进行清算处置，职工实行买断工龄，其中：197.62万元用于支付164名在职职工买断工龄安置费；131.42万元解决120名退休人员，一次性交县社保处的医疗保险及代管费。剩余70.96万元，由各股东按持股比例进行分配。同年9月26日，县对已停产三年的金堂县家具厂实行解体，资产一次变现，用于安置职工和偿还债务。2003年11月4日，经四川起重机厂管理机构、经理提议，职工代表大会同意，县相关部门批准，川威集团以1160万元整体受让四川起重机厂，投入资金4000万元整合资源，进一步建设新项目，同时为原企业80%职工提供就业岗位。四川起重机厂自有资产变现，资金全部用于在职、退休职工，其中：623万元用于支付366名职工按每年717元买断工龄、安置等费用；197万元解决148名退休人员，一次性交县社保处的医疗保险、代管费及后事等费用；缴纳土地出让金120万元。2003年5月，成都丰豪织造有限公司以100万元收购金堂织造厂，其中：87万元用于支付职工按每年240元买断工龄、安置等费用，113名退休人员，由新公司缴纳医疗保险等费用。从2003年7月4日起，县轻工协会的职能部分合并到县经济局。

二、产权制度改革

1993年，金堂县从转换企业经营机制开始，以产权制度改革为突破口，以股份合作制为重点，采取多种转机形式，全面推行企业产权制度改革。经过几年努力，全县乡镇以上254户独立核算的工业和89户商业企业中进行了产权制度改革的达到320户，其中42户国有工商企业全面完成改革任务。

同年为金堂县企业改革的第一步，工业企业进行股份制改造，为全县企业改革的总体推进奠定了坚实的基础。当年金堂县九龙滩电厂进行了股份制改造。经过转制后，该企业各项经济指标迅速增长。1994年为金堂县企业改革的第二步，主要从解决经营者的动力机制入手，按照大股东控股经营的思路，在全县大规模地推行了企业拍卖、出售和大股权转让。当年金堂县氮肥厂进行了大股权转让，成立了成都金凤肥料有限公司。公司先后购买了长宁县氮肥厂的设备，兼并宜宾氮肥、购买金堂罐头厂、金堂韩滩液酒厂，参股青白江机械厂、金堂县云泰包装厂，成为拥有总资产7000万元、职工1400人的中型企业。1995年为金堂县企业改革的第三步，主要以完善改组企业内部管理机制，狠抓综合配套，把企业改革与对外招商引资紧密结合起来，鼓励收购、兼并破产特困企业，使改革取得了突破性的进展。1995年四川果汁厂破产转让。2003年以后，按照《中共成都市委成都市人民政府关于加快国有企业改革的决定》，金堂县对国企改革情况进行排查。全县企业改革基本完成，继续抓了改革过程中转换职工身份、国有资产有序退出改制企业工作，如成都九龙电业股份有限公司九龙滩电压厂。另有一部分股份制企业进行再次改革，如成都新华印刷厂有偿转让给个人，转变为个体民营企业；成都金堂电力有限公司有偿转让给成都九龙电业股份有限公司；金堂罐头厂有偿转让给福建厦门国大食品公司等，同时明晰了职工身份，国有资产有序退出，金堂县企业产权制度改革得到了深化和发展。

金堂县进行经营机制转换和企业产权制度改革的主要形式有六种。（一）企业转让：将企业改组为股份合作制有限公司和有限责任公司，实行这种形式改制的有国有企业22户，集体企业7户，乡镇企业13户，其中采取大股东控股的12户。（二）拍卖出售企业：实行这种形式改制的有国有企业5户，集体企业2户，乡镇企业61户。（三）兼并联合：实行这种形式改制的有国有企业2户，集体企业4户，乡镇企业119户。（四）企业破产：实行这种形式改制的有国有企业1户，集体企业11户，乡镇企业18户。（五）外资嫁接：实行这种形式改制的有国有企业3户，集体企业1户，乡镇企业1户。（六）“国有民营，社有民营”：实行这种形式改制的有国有企业4户，集体企业13户。在体改中，盘活资产存量4.72亿元，占全部资产7.2亿元的65.2%；其中盘活国有资产存量2.5亿元，占全县国有资产4.7亿元的53.2%。国有企业设置股本1.3亿元，筹集资金0.51亿元。全县股份制企业设置股本1.4亿元，通过体改筹集现金7837万元。

金堂县企业体制改革工作的基本方法：（一）建立机构，加强领导。成立了县体改领导小组，由一位县委副书记、常委副县长、四位副县长等7名县级领导组成，下设工交、商贸、资产评估、股份合作制、拍卖、试点和国资管理组等7个改革小组及办公室，并抽调县政研室、财政局、国资局、司法局、人事局、审计局、计经委、财办和广播局共11人参加办公室工作。（二）政策开路，利益导向。县委政府出台了《金堂工商企业改革方案》《国有资产评估及转让办法》《企业选举规程》《金堂县试行股份合作制的十二条意见》《产权市场转让办法》《企业拍卖转让办法》等配套文件。（三）实事求是，正确处理和兼顾各方面的利益。（四）任务和目标同时下，每年初，县委、县政府将体改任务分解到企业和经济主管部门，作为年度综合目标之一下达。（五）及时抓好思想工作。（六）严格资产评估。（七）坚持资金到位。（八）部门协调配合。（九）认真解除职工的后顾之忧。金堂县转换经营机制，实行企业产权制度改革，使企业重现出生机，促进了工业经济发展。

三、综合改革试点县

1991年，金堂县独立核算工业企业244户，全民所有制独立核算工业企业19户，工业总产值9373万元，职工3002人；集体所有制独立核算工业企业225户，工业总产值18813万元，职工9369人。1991—1992年，金堂体改工作主要紧紧围绕搞活企业，增强企业活力，进行从企业经营体制入手的第二轮承包和兼并工作。1993年，全县独立核算工业企业271户，其中国有企业20户，总产值13772万元，非国有企业251户，总产值33530万元，同年亏损企业达81户。在1993年完成九龙滩电厂股份有限公司改组的基础上，全县企业产权制度改革开始。同年9月3日，县委、县人大、县政府、县政协四大班子联合召开了金堂县经济体制改革工作会议，提出深化工商企业改革以建立社会主义市场经济体制为目标，以产权制度改革为突破口，以股份合作制为主，采取多种形式，转换企业经营机制，把企业推向市场，使企业成为自主经营、自负盈亏、自我发展、自我约束的法人实体和市场竞争主体。县委成立了以县委副书记、副县长沈有春为组长的县企业转换经营机制领导小组，1994年作为县委七大工作组之一，更名为县体制改革工作组。同时，出台了县政府《金堂县深化企业改革方案》和《金堂县深化工商企业改革四个配套文件》，确定在6户企业进行试点。从1993年起，仅用三年的时间完成了全县343户各类型企业中333户改革，改制面达97%；国有企业改制面达100%，其中：资产转让企业改组为股份有限公司1户、有限责任公司和股份合作制22户、企业破产转让1户、企业兼并2户、公开拍卖5户、租赁和租售相结合8户、进行外资嫁接挂靠联合3户。1993—1997年，县体改工作每年各有特点。1993年主要是进行县九龙滩电厂股份有限公司的改革和以县水电设备厂的股份合作制改组，以及县供销社的“社有民营”的改革。1994年，企业改革实施以大股东控股经营的有限责任公司改组，按照《公司法》对金堂县氮肥厂为主要代表的企业进行改组。1995年主要是开展对困难企业、亏损企业的改革，四川果汁厂破产被四川阳公实业公司购买，组建了四川阳公果汁厂。金堂县企业产权制度改革具有超前性和实施运作的科学性，县属企业改革成效显著；1994年10月—1995年3月，四川省部分县属企业改革现场工作会和成都市国有小企业改革工作会相继在金堂召开。1996

年全县企业改革以市场为导向，建立现代企业制度，以资产重组为主要形式，调整产业结构，组建企业集团，形成了九龙、阳公、金凤、金阳集团，培育支柱企业，提高经济效益，推动县级经济的发展。1996年4月10日，四川省体改委批准金堂县为“四川省综合改革试点县”。1996年6月10日，国家体改工作会在安徽召开，县委副书记、副县长沈有春在大会上作了专题发言；同年25—27日，四川省县属企业改革工作会在金堂绿岛召开，省、市领导谢世杰、宋宝瑞、蒲海清、张中伟、黄寅逵、孙同川、邹广严、王荣轩在大会上充分肯定了金堂体改成绩。金堂县企业产权制度改革被省委省政府誉为四川中小企业改革的“川西模式”，并向全省推广。1997年3月，省长宋宝瑞带领省体改委及有关部门的负责同志又专程到金堂考察体改工作。1994—1997年，县体改部门接待到金堂参观学习考察人员786批次，达14203人次。之后，企业户数逐年减少，直至1997年，工业企业经济效益有所回升，全县独立核算工业企业经济效益综合指数达112.83%，但亏损问题仍然严重。1997年6月县政府向成都市体改委呈报阳分公司的股票上市申请。1998年，全县实施“工业富县”战略，当年销售收入100万元以上的独立核算企业达79户，亏损企业有29户，亏损面36.7%，其中销售收入500万以上的企业32户，工业总产值40390万元，比1997年增长14.07%；工业增加值21961万元，比1997年增长16.35%。2003年，金堂县提出发展以食品、能源、机械、冶金为主的四大主导产业，该四大产业占规模以上工业增加值的比重为72.3%。到2005年，规模企业53户，其中亏损企业17户，亏损面32.1%。规模工业总产值193567万元，工业增加值59645万元，工业综合经济效益指数117.27%。四大主导产业改为机械制造（金属制品）、食品、电力能源、纺织，工业总产值占规模企业总产值的85.3%。

四、合作手工业改革

1991年，合作手工业企业22户，职工1963人。完成工业总产值4238.5万元，销售收入4347.2万元，利税219.2万元。22户企业主要分为服装、五金、印刷、家具、包装装潢、轻工机械、起重设备等行业。由于集体企业的管理体制越来越不适应市场经济的发展，加之科技含量低、设备老化、流动资金短缺、产品在市场上无竞争力，导致很多企业出现了亏损，处于停产或半停产状态。1993年，企业变更隶属关系，全面推行租赁承包责任制，采取合并、兼并、解体，年底有企业13户，全年完成工业总产值7075.2万元，销售收入7088.50万元，利润138.70万元，税金223.80万元。1996年，随着改革的深入，企业总数减少至10户（几户企业合并），职工人数1905人，完成工业总产值9110.70万元，销售收入12854万元，利润大幅下降，亏损45.30万元。2000年，企业职工总数1199人，当年完成工业总产值8749.10万元，销售收入8373.20万元。2003年前，集体企业中，只有四川起重机厂、金堂织造厂、成都起重配件厂、轻工印刷厂、金堂县彩印厂、金堂县纸厂。2003年5月，金堂织造厂出让更名为成都丰豪织造有限公司。2003年10月，四川起重机厂出让给川威集团，更名为四川川起起重设备有限公司。轻工印刷厂2003年已停产。金堂县彩印厂2004年出租厂房给成都佳旺食品有限公司，以后破产解体。2005年，正常生产的集体企业只有成都起重配件厂、金堂县纸厂。

第三节 商业企业改革

一、国有商业改革

1991年金堂县有全民所有制商业机构221个、3084人，其中：县机构113个、1923人，县以下机构108个、1161人。当年县国有商业纯购进总额19741万元，纯销售18644万元。1991年，在实行第二轮承包经营的基础上，进一步深化流通经营机制改革。1992年3月，县政府在商贸企业中分步推行“四放开”“五自主”，首先在百货公司、五金公司、百货公司联营4店试点后全面推开，并对亏损门店实行租赁招标抵押承包，内部推行承包，分线承包等多种形式。1993年供销系统推进“社有民营”，开展对福兴供销社社有民营的试点工作，全县供销系统开展了社有民营的改革。县供销系统实行“社有民营”，全县1850名职工中有1098人参与了民营，多数职工个人收入有了明显增加。同时在其他商业流通服务企业进行了股份合作制改组和国有民营改革。通过五年的改制，全县乡以上343家独立核算企业共完成企业改组340家，42家国有企业的改制面达到100%。2005县国营经济全年实现营业收入10443万元。

二、国有商业改革的方式

1991—2005年，金堂县国有商业改革主要有以下几个方面：（一）企业产权改革。商业局系统下属的国有商业有百货公司、煤建公司、饮食服务公司、食品厂、赵镇酒厂先后推行股份制。企业产权由过去的国家所有、企业经营转变为国家控股、法人控股、职工参股的多种形式。百货公司、赵镇酒厂改制后，商业局代表国家投入一定资金控股。而饮食服务公司、食品厂由私人控股。煤建公司由于天然气供应未放开经营，得以持续发展。（二）经营体制改革。实行经营承包责任制，企业原有的经理、厂长、柜组长可以参与承包竞争，缴纳一定的承包风险基金。个人承包，实行厂长、经理负责制，厂长、经理代表企业与政府经济主管部门的商业局，签订年度经营承包合同，缴纳一定的承包风险基金。厂长、经理对局长负责，车间主任、柜组、班组长对厂长、经理负责，实行层层经营责任制。集体承包（柜组、车间），各商贸企业的厂长、经理参照对上级的承包合同，又搞一次内部承包合同，与车间主任、柜组、班组长签订劳务合同，商业局系统的国有商业公司和商办工业，先后都进行了经营体制改革。（三）企业用工和劳动分配改革。1992年前，企业都有固定职工和集体混岗职工，俗称大集体或混岗大集体。1992—1998年，企业基本招收合同制工人。县百货公司新建百货大楼后，招收了100多名合同制职工，食用菌加工厂也招收了50名合同制职工。如果工人违反劳动纪律和违法乱纪，可以辞退或者开除。随着企业经营的亏损和破产倒闭，合同制工人逐步解除劳动合同。而固定职工采用买断工龄、自谋生路、辞职、调离多种分流形式。劳动分配采取“定能耗、定业绩”的计件工资制，“多劳多得，少劳少得”的分配制度，从某种程度上调动了工人的积极性。

第四节 粮食购销改革

一、粮油价格改革

从1992年4月1日起，提高小麦、稻谷、玉米定购粮食收购价格，以中等计算，每50公斤小麦调整为29.20元，每50公斤大米调整为37元，每50公斤玉米调整为25.50元，每50公斤稻谷调整为26元。对定购任务内的粮食仍实行“三挂钩”政策，奖售标准不变，在保证完成国家定购任务的前提下，对非国家定购的粮食品种和油料，当年放开经营。对油菜籽实行指导性计划收购，主要由粮食部门收购，同时允许多渠道经营，取消收购油菜籽无偿返枯和奖售肥料的政策。按省规定每公斤油菜籽，以中等计价 1.41 元进行收购。在提高定购价的同时，按购、销同价原则，政府又相应提高面粉、大米和玉米的经销价格。购销同价是理顺粮食价格的又一次重大改革。根据中商部、省、市粮食局关于“供应体系不能乱，现行法规不能乱的要求”，粮食部门仍肩负着城镇居民的定量口粮供应任务，直到同年 11 月 1 日全国放开粮价，除军粮外，停止计划供应。

二、放开粮油购销市场

1992 年粮食购销体制“一步到位，全面放开”，打破了 40 年一贯制粮油购销体制，粮食企业转换机制走向市场。1993 年，是国家改革粮食经营体制，放开粮价的一年。全县粮食部门“以经济建设为中心”，兴办经营实体，跨行业经营，精减科室人员，实行二级核算。转变企业经营机制，划小经营单位，实行“自由组合，自主经营，自主分配，自负盈亏”的四自方针。管理实行“以人定岗、以岗定制，以责评分，以分计酬”的考核办法。粮价放开后，全县办证经营粮油的集体、个体有 48 个，经营量约 1200 万公斤，占社会粮食商品量的 20%。

根据国务院“维持定购数量，价格随行就市”的规定，市计委仍对金堂县下达了 1993 年粮油收购任务数，省市下达了收购指导价格，其中每 50 公斤中等小麦 35 元，油菜籽 75 元，稻谷 31 元，大米 44 元，玉米 33 元，可上浮 10%，但市场竞争激烈。截至年底，完成粮食收购任务 1761.70 万公斤，占市下达计划 97.44%，由于本年未实行农业税征实，扣除代金顶抵合同数占总量 20%，实际入库 1409.40 万公斤，其余为随行就市入库。油菜籽入库 324.90 万公斤。对粮油销售价格，市县物价、粮食局仍进行了监管，同年 2 月 25 日下发通知，每 50 公斤标二米销售中准价格 53 元，标一面粉 51 元；由于四季度市场粮油价格普遍上涨，12 月上级通知，每 50 公斤标二米零售价 68 元、标准面粉 60 元、二级菜油 290 元，并实行挂牌降价销售。1996 年又实现了政策性、经营性的双轨运行。

2004 年，《中共中央国务院关于促进农民增加收入若干政策的意见》颁发，提出了对种粮农民进行直接补贴，降低农业税、增加对粮食主产区的农业投入，实行重点粮食品种最低收购价制度等一系列有针对性的重大政策措施，保护粮食生产，提高种粮农民的积极性，按文件要求，粮油购销市场全面放开，小春粮油收购不再制定收购保护价，按市场价格敞开收购，优质粮油实行优价收购，“订单”粮油要保证收购，不得拒收和限收，严禁压级压价。大春稻谷实行最低收购价政策。中央规定四川省中等中籼稻最低收购价每 50 公斤 72 元，当市场价格低于此价格时，由国家委托能发挥主渠道作用的国有粮食经营企业按最低收购价格收购。2004 年 5 月，国务院颁发《粮食流通管理条例》，对粮食收购实行许可制度，并对粮食质量、卫生、统计、库存量、调控、监管等作了相应规定。金堂县当年对种粮农民直补资金 581 万元。全县按市场价收购粮食 4590 万公斤，油菜籽 461.40 万公斤，小麦、稻谷每 50 公斤收购均价 80 元，油菜籽 150 元。2005 年，粮油收购政策与上年相同，市场收购价格下降，小麦每 50 公斤收购均价 71.50 元，稻谷 72 元，油菜籽 115 元。

第五节　财政税收改革

一、财政改革

1991—2005 年，成都市对金堂县财政体制有三次大的变动，其具体的政策变动是：从 1987 年起至1993年，实行的是“上交递增”包干的财政体制。1994—2000年实行“上交递增”“分税制”双轨运行的财政体制。1994年中央对地方实行分税制财政体制改革，同时实行税改。2000年省财政对市县地方税实行增长分成政策。从2000年1月1日起，省市对县的财政收入实行税收分享；实行新老体制并轨，成都市取消双轨运行机制；进一步规范财政收支管理，确保新财政体制的顺利实施。这次新财政体制改革，成都市取消了金堂县“递增上解”和“分税制”双轨并行的财政体制，实行“分税制”并轨运行的财政体制。改1999年老体制“递增上解”为定额上解新体制，2005年仍然沿用。

二、税收改革

1994年，中国工商税制进行了全面性、结构性改革，主要内容是：（一）统一内资企业所得税，取消国营企业所得税和向国营企业征收的国家能交基金和预调基金；（二）原个人所得税、个人收入调节税和个体工商业户所得税统一为个人所得税；（三）改革旧流转税制。新流转税制由增值税、消费税、营业税组成；（四）扩大资源税征收范围；（五）开征土地增值税；（六）开征交易税、遗产税和赠与税；（七）调整城市维护建设税和城镇土地使用税，取消集市交易税、牲畜交易税、燃油特别税、奖金税和工资调节税，下放屠宰税、筵席税。根据税制改革方案，新的工商税制共有18个税种，即：企业所得税、外商投资企业和外国企业所得税、个人所得税、增值税、消费税、营业税、资源税、城市维护建设税、房产税、车船使用税、城镇土地使用税、土地增值税、证券交易税、固定资产投资方向调节税、印花税、遗产和赠与税、屠宰税、筵席税。从1994年1月1日起全面实施。金堂县实际开征14个税种。1999年9月30日，国务院颁布《对储蓄利息所得征收个人所得税的实施办法》，11月1日，金堂县开征储蓄存款利息个人所得税。2000年10月22日，国务院颁布《中华人民共和国车辆购置税暂行条例》，金堂县从2001年1月1日起，开征车辆购置税。至2005年全县税收政策按上级规定执行。

第六节　劳动用工改革

1991—1992年，为企业适应社会市场经济的要求，逐步实现政企分开，主动走向市场，建立起自主经营、自负盈亏、自我约束、自我发展的机制，成为社会主义商品生产者和经营者，促进企业改革，全县60户工业企业实行了劳动合同化管理，国营商贸企业全部推行了“四放开”的改革。1993年，县推行劳动制度综合配套改革，制定了贯彻《全民所有制工业企业转换经营机制条例》的实施意见。对5户企业实行了全员劳动合同制改制工作，职工签订合同达3487人。帮助24户企业建章立制，根据全县各用工企业的需要新增劳动指标269人，按国家有关政策规定补员106人。2005年，为1000家用工单位建立了劳动用工数据库，聘请60名思想素质好的民工为劳动保障监督员、联络员。以贯彻落实《成都市劳动用工和社会保险管理暂行规定》为契机，全面推进就业准入，持证上岗制度。

第三章 社会事业改革

第一节 教育改革

一、办学改革

金堂县在贯彻《中共中央关于教育体制改革的决定》过程中，大力推进办学体制的改革，推行“分级办学，分级管理”的教育体制。采取国家办学，集体办学和私人办学的形式，满足广大人民群众接受教育的愿望。1991 年县办县管学校 16 所，其中高级中学 8 所，中等专业学校 2 所，建制幼儿园 6 所；集体办学 651 所，其中乡镇初级中学 36 所，中心小学 53 所，村级小学 343 所，村办幼儿园点 219 个；私人办幼儿园 4 个。2001 年 5 月《国务院关于基础教育改革与发展的决定》颁发后，“以县为主”的教育体制给办学体制改革带来了深刻变化。教师工资、教育人事、办学体制收回县管。至 2005 年，经过学校布局调整，厂矿企业子弟学校剥离改制，国家办学 347 所，其中高级中学 10 所，乡镇初级中学 28 所，中心校 52 所，特教学校 1 所，村小教学点 224 个，成人学校 25 所，建制幼儿园 7 所；集体（乡村）办幼儿园 60 个，私人办幼儿园 67 个。

二、管理改革

《中共中央关于教育体制改革的决定》颁布后，金堂县教育管理体制改革主要是：（一）分级办学分级管理。1992 年，行政区划调整。金堂、淮口、三星职业、赵渡、城关、高板、竹篙、赵家职业、土桥职业中学改为县办县管学校；赵镇第一小学、赵镇幼儿园为县镇共办共管学校；城镇初级中学、小学、幼儿园（班）为镇管学校；乡镇初级中学、中心小学、农民文化技术学校为乡镇办乡镇管学校；村小幼儿园为村办村管学校。1998—2001 年，“调整学校布局，优化教育结构，盘活教育资源”，先后剥离川锅、成都无缝钢管厂、成纺二厂子弟学校为县办县管学校；赵镇龙威、土桥镇、赵家镇、高板镇、竹篙镇中学分别与城关中学、土桥职中、赵家职中、高板中学、竹篙中学合并，升格为县办县管学校。其余学校保持原管理体制。（二）经费预算包干。国家拨的教育经费实行经费预算包干，不足部分由乡镇人民政府按照有关规定多渠道筹措农村办学经费解决。（三）校长负责制。中、小学校长、幼儿园园长，实行任期目标责任制。校园长对学校的行政、教学、后勤、勤工俭学等工作完全负责，有权处理以上方面的重大问题。（四）教育管理体制改革。2001 年 5 月 29 日《国务院关于基础教育改革与发展的决定》颁发后，“农村义务教育管理体制，实行在国务院领导下，由地方政府负责，分级管理，以县级为主的体制”。县级人民政府对本地农村义务教育负有主要责任，抓好中小学的规划、布局调整，建设和管理，统一发放教职工工资，负责中小学校长、教师的管理，指导学校教育工作。乡镇政府承担相应的农村义务教育的办学责任，根据国家规定筹措教育经费，改善办学条件，提高教师待遇。乡镇村都有维护学校的治安和安全、动员适龄儿童入学等责任。“以县为主”分级管理的教育体制改革主要有以下特点：1. 教师工资收回县管。从2002年10月起，全县教师工资由县统一发放。2. 教育人事收回县管。金堂中学、教师进修校、金堂职业高级中学、淮口中学的校长由县政府考核任命；其余高级中学的校长由县教育局和县委宣传部共同考核任命；乡镇中小学校长由县教育局考核任命。3. 调整学校布局由县管。1998年9月7日，县人民政府批准了县教育局《关于调整学校布局 合理配置教育资源的意见》，开始启动调整学校布局工作，1998—1999年实行强强联合，县镇联合，迁并结合，金堂中学与师范学校合并，城关中学与龙威中学合并，实验中学与赵渡中学合并，县城地区由9所调减到6所。1999—2005年，重点调整有普通高中和职业高中所在地乡镇学校，对部分村小进行撤并。九年中裁减村小131所，乡镇中心小学3所，乡镇初中5所，普通高中1所，减少民师805人。4. 教学管理收回县管。全县中小学、幼儿园的教育教学质量、办学水平评估，分等定级，由县统一考核评估认定。

第二节　文化改革

一、四川金恒有限公司

1991—1997年，四川金恒有限公司是县内的川港合资文化企业，创产值3401万元。1998年引资300万元建成金堂县图书发行中心和复兴街营业部。1999年金恒有限公司创产值355万元。2000—2001年，县新华书店筹资50万元组建金堂新华实业有限公司。县金恒有限公司由于产业政策调整和企业负债太多，经营困难，职工全部辞退。

二、乡镇文化站

农村文化站是当地党委、政府所属的文化事业机构。1990—1992年，全县共有文化站44个，文化专职干部44人，其中正式招聘21人，待聘23人。全县共有文化活动队伍132支，培养文艺骨干1.50万人。文化站费用按农村人口年0.20元，用于当地文化事业的投入。文化站办有“以文养文”经营项目36个，年总创经济价值28万元（经营项目主要有录像、文化茶园、照相、台球、电器维修等）。有农村电影放映队44支。县文化站实现了机构、人员、场地、经费的落实。1992年，全县农村进行计划调整，文化站按照新的规划减少为24个。1993年，全县行政规划进一步调整，文化站减少为21个。1996年县文化馆、站升级达标，有一级站8个、二级10个、三级3个。1998年，全县有乡镇文化站（文化中心）24个，村文化室380个；乡、镇文化站（文化中心）有业余文艺演出队、运动队、文化服务队、美术、书法、摄影、创作、报道等队、组170个，文化骨干队伍4200人。1999年，金堂县成立文化艺术中心。全县共有24个乡镇文化站，3个乡镇文化中心，村文化室380个，各类业余队伍170个。2000年县有省一级文化站15个，二级站5个，三级别站4个。2001年，全县乡镇机构改革，21个文化站更名为文化服务中心。同年根据规定，文化专职干部只保留已招聘的21名，其余23人按临时人员分流政策进行妥善清退。2004年，文化服务中心撤销，新设置社会事务管理服务中心，原文化站工作职责和人员由社会事务管理服务中心派员兼职履行。

三、新华书店

金堂县新华书店成立于1956年，是自收自支的全民所有制图书发行事业单位；负责全县机关、企事业单位政治理论书籍的征订发行，一般图书的发行，中小学教材、教育辅导材料的征订发行和农村图书发行网点建设。2005 年 1 月加盟文轩集团，撤销金堂县新华书店，脱离县文体局。1991 年，金堂县新华书店书店年销售书 200 余万元，至 2005 年销售达 2500 万元。

四、电影放映与发行

1991—2005 年金堂县电影行业从兴旺走向低迷时期，农村电影放映停止，城市电影发行进行改革，开始建立电影院线制度，取消计划经济形式的电影放映供片制度，实行市场化运作的电影发行放映机制。各级电影发行放映单位生存困难，由于多元化的文化娱乐市场逐步兴起，市场管理机制的不完善，直接冲击了整个电影市场。

第三节　医疗卫生改革

一、医院改革

1991 年，金堂县卫生行政部门完善院（站）科分级管理和人员聘用制。由院（站）去聘科主任，科主任聘科室人员；继续推行目标管理责任制；在有条件的科室实行独立核算，也可承包单项工作；继续推行工资和奖金、津贴浮动。1993 年 2 月 25 日，县改革运行机制，建立与社会主义市场经济相适应的卫生管理体制。完善院长负责制、任期目标责任制、干部聘任制、职工聘用制、工人合同制、工资浮动制、卫生工作目标管理责任制，在全县国家医疗卫生单位试行了职称评聘分离双轨制。1994 年，金堂县赵家镇卫生院率先实行了股份制改革。2000 年 10 月，县卫生局对福兴、赵家股份制、金龙镇、土桥中心卫生院实行全员聘用制。县卫生局指派县第一医院承担福兴中心卫生院、赵家股份制卫生院、金龙镇卫生院，金堂县第三人民医院承担土桥中心卫生院的管理，由两所县级医院派出业务精、善管理的骨干担任 4 所卫生院主要负责人，保留原卫生院牌子，加挂“金堂县第一人民医院福兴分院”“金堂县第一人民医院赵家分院”“金堂县第一人民医院金龙分院”“金堂县第三人民医院土桥分院”牌子。4 所卫生院管理体制改革后，仍属独立法人，自主经营的集体所有制卫生事业单位。2003 年，全县乡镇卫生机构由县卫生局主管。县卫生局根据区域规划调整，实行一乡镇一个卫生院，采取合并、排名、取消地名卫生院等方式，撤销了 8 所地名卫生院。

二、基本医疗保险

2000 年前，全县农民一直实行自费医疗。1998 年 10 月，金堂县在赵镇、云合镇推行农村合作医疗试点。2000 年 12 月，公布实施《成都市城镇职工基本医疗保险暂行办法》。同年 12 月，县实施了 40 多年的公费医疗制度终结。2003 年 4 月，全县医疗卫生单位干部职工全部参加基本医疗保险。2004 年 3 月，金堂县实施新型农村合作医疗。2005 年全面推行了新型农村合作医疗制度。同年 9 月，金堂县成立少儿互助金管理办公室，与县新型农村合作医疗办公室合署办公。全县 0 ~ 18 岁的少年儿童有了健康保障。2003 年 4 月起，全县医疗卫生单位干部职工全部参加了基本医疗保险。2005 年，新型农村合作医疗制度在全县全面实施。

1991—2005 年，县基本医疗保险分两个阶段，第一阶段：1992 年 1 月至 2000 年 12 月的大病医疗费用统筹阶段。实行“大病医疗费用社会统筹”，从 1992 年 1 月至 2000 年 12 月结束，历时 9 年，为全县168个企业报销医疗费用663.05万元。第二阶段，2001年1月至2005年，实行城镇职工基本医疗保险阶段。1998年国务院出台《国务院建立城镇职工基本医疗保险制度的决定》，县根据国务院、省、市相关政策要求，制定了《金堂县城镇职工基本医疗保险试行办法》，自2001年1月1日开始在全县终止大病医疗费用社会统筹，实行城镇职工基本医疗保险。城镇职工基本医疗保险基金征集，2005年年末全县参保人数达35640人。2001年至2005年共支付医疗保险费用4412.98万元，平均每年882.60万元。支付个人账户仅2004年、2005年两年达1077万元，平均每年538.50万元。城镇职工基本医疗保险实行定点药店购药，定点医院住院管理，2005年全县有定点医疗机构37个，定点药店33个，本县转入市级医疗的病员以市社保局定点医院为准，异地出差、居住，其看病治疗的以当地社保机构指定的医院为定点医院。

三、补充医疗保险

根据《国务院关于建立城镇职工基本医疗保险制度的决定》，允许建立企业补充医疗保险的政策，县政府2005年出台了《金堂县补充医疗试行办法》，该办法规定缴费按工资总额1.5%缴费，支付分三段分别计算，累加支付，即符合基本医疗报销范围，起付标准及以下，扣除200元，按40%～60%报销；起付标准以上至上年市平均工资的4倍，（如在县医院治疗，按2005年标准：586元至58560元以内的医疗费用）扣除基本医疗保险报销金额而外的金额报销90%；封顶线以上报销90%。补充医疗保险为降低职工实行基本医疗保险自付比例起到了很好的作用，是基本医疗保险制度的补充。2004年、2005年，金堂县为5019人支付补充医疗310.9万元。

第四节　社会保障改革

1992年7月根据国务院《关于深化企业职工基本养老保险制度改革的决定》，开始实行职工个人缴纳社会保险费，每月工资在100元以下，每人缴纳2元，每月工资在100元以上，每人按3元缴费。

同年全县企业职工参加了成都市的统筹保险。1993年7月，企业退休人员养老金按标准工资20年工龄以上的为75%，20年以下工龄为70%计发的办法，按本人缴费工资、缴费年限（1992年7月前国家认可的工龄视为缴费年限）计发养老金，并实行三年的新老办法过度。即1993年新办法计发的养老金不高于老办法计发养老金的15%，1994年为20%，1995年为50%。2006年按新办法计发，在职职工缴费按工资总额的2%缴费。

1996年1月，金堂县完善了养老保险制度：一、企业缴费按职工缴费工资总额的22%，职工个人按本人缴费工资额的4%，个人缴费工资总额不得低于上年成都市平均工资60%，不高于上年成都市平均工资300%；二、社保机构按职工缴费工资的11%建立个人账户，作为养老金的一部分并可继承；三、全县1600余名城镇集体企业退休职工和4000余名城镇集体企业职工纳入全市统一的基本养老保险范围，与国有企业职工一样的缴费，一样的计发养老保险待遇，享受一样的调增待遇；四、按政策移交自收自支事业单位职工和机关事业单位合同工给人事局社保办经办。

1997年4月，金堂县开始个体工商户、自由职业者养老保险办理，并承接改制企业分流，辞退人员养老保险关系接续。同年12月贯彻实行《国务院关于建立统一的企业职工基本养老保险制度的决定》，年底实现全县养老保险一体化管理。

自1998年1月起，社会保险经办机构开始改自收自支为财政全额拨款，经办经费改由按比例提取业务费为由财政拨付。

1999 年，第一年出现县内职工基本养老保险基金收支倒挂，当年实收养老保险基金 1713. 75 万元，支出退休养老金 2724. 91 万元，向市社会保险事业管理局争取下拨基金 609 万元，加往年结余确保了养老金的按时足额发放。10 月，机关事业养老保险由人事局移交给劳动局所属社保机构经办，金堂县办理移交。原金堂县职工社会保险事业管理处改为金堂县社会保险事业管理处。

2001 年，农村养老保险经办由民政局移交县劳动保障局，由金堂县社会保险事业管理处负责全县农村养老保险经办及基金管理。2003 年，市属企业（成纺二厂破产），其退休人员养老金改由成都市社保局发放。金堂县当年企业职工养老保险基金收支结余，并每年接受中央转移支付养老基金 1200 余万元。

2005 年年底，金堂县养老保险政策已覆盖，所有城镇企业职工（农民工）、个体工商户，自由职业者，征地农转非人员，机关、事业单位合同工，全额、差额拨款事业单位、自收自支事业单位职员。参保人数达 38999 人。退休职工领取养老金 11366 人，（未含已征地农转非 5680 人）。全县养老保险基金至 2005 年累计结余达 10386. 32 万元。

第七篇　经济总况

1991 年金堂县地方财政收入 5866.4 万元，支出 5395.60 万元；金融机构各项存款余额 30628 万元，各项贷款余额 47540 万元；职工工资总额 7178 万元，人平均年工资 1953 元；农民人均总收入 609 元。2005 年全县实现财政收入 32509 万元，支出 51493 万元；金融机构各项存款余额 351327 万元，各项贷款余额 160883 万元；全县在岗职工平均工资 13183 元，农民人均纯收入 3834 元。1991—2005 年，金堂县在全国改革开放，建立社会主义市场经济体制的形势下，坚持以经济工作为中心，解放思想，实事求是，扩大招商引资，大力发展社会生产力，深化经济体制改革，建立和完善社会主义市场经济运行机制，促进全县的经济发展，经济总量不断增加。

第一章　国民经济概况

第一节　国内生产总值

1991 年全县社会总产值达到 170471 万元（均按 1990 年不变价计算为 165351 万元），比 1990 年增长 8.07%，其中：县属工农业总产值 112623 万元（按 1990 年不变价计算为 105903 万元,）增长 10.04%；国民生产总值达到 71423 万元,（按 1990 年不变价计算为 69116 万元,）增长 5.2%；国民收入 64745 万元,（按 1990 年不变价计算为 63167 万元），增长 4.3%。2005 年全县实现地区生产总值 573487 万元（比 1991 年增加 403016 万元），按可比价格计算比 2004 年增长 11.5%，其中：第一产业增加值 209259 万元，增长 6.1%；第二产业增加值 150612 万元，增长 23.8%；第三产业增加值 213616 万元，增长 8.7%。第一、第二、第三产业的比重关系为 36.5∶26.3∶37.2。

第二节　社会固定资产投资

1991年全县固定资产投资总额14745万元，比1990年增长34.94%，其中：城乡个人建房10215万元，增长25.85%；全民2815万元，增长37.59%，集体1715万元；增加2倍。全民固定资产投资中基本建设投资1328万元，增长40.23%，更新改造投资完成526万元，下降44.1%；生产性建设投资1292万元，增长26.54%；非生产性建设投资1523万元，增长48.59%，其中住宅投资764万元，增加1.2倍。全年新增固定资产13491万元，其中全民、集体为3276万元。住宅竣工面积2.6万平方米，建设项目55个。农户住宅面积增加117万平方米。2005年全社会完成固定资产投资完成308141万元（比1991年增加20倍），比2004年增长48.7%，其中：基本建设完成投资91873万元，增长126.3%，技术改造完成投资125954万元，增长68.2%；房地产开发完成投资21914万元，增长4.4%。

第三节　社会消费品零售总额

1991年全县社会商品零售总额为33034万元，比1990年增长6.18%，其中：农业生产资料零售额为6458万元，下降1%，消费品零售额26576万元，增长8.08%；全年完成社会集团消费品1784万元，增长1.42%；全民所有制8319万元，增长8.62%；集体所有制12396万元，下降3.96%；个体所有制零售额9331万元，增长18.55%；集市贸易成交额12632万元，增长8.26%。

2005年全县实现社会消费品零售总额162168万元（比1991年增加39倍），比2004年增长13.5%，其中：县城消费品零售额57687万元，增长8.3%；县以下消费品零售额104481万元，增长16.6%；批发、贸易业零售额131301万元增长11.8；餐饮业零售额29714万元，增长21.5%；其他行业零售额1153万元，增长15.3%；个体私营经济零售额142064万元，增长16.5%；其他经济零售额1600万元，增长1.4%。

第二章　经济结构

第一节　产业结构调整

1991年，第一产业增加值占地区生产总值比重为53.0%，此后逐年下降，至1995年为49%；至2000年为39.6%；2005年第一产业增加值占地区生产总值的36.50%。1991年，第二产业增加值为

27.10%，由于工业发展速度较慢，所占比重呈下降趋势，1995 年下降到 21.40%，此后又开始回升，2005 年第二产业增加值占地区生产总值的比重上升到 26.30%。第三产业增加值占地区生产总值的比重一直呈现上升态势，1991 年为 19.90%，1996 年突破 30%，达到 31.20%，2005 年已达到 37.20%。产业结构已由 1991 年的 1∶2∶3 改变为 3∶1∶2。

全县 1991—2005 年地区生产总值结构

表 7－1　　单位:%

年度	地区生产总值	其中		
		第一产业	第二产业	第三产业
1991	100.0	53.0	28.1	19.6
1992	100.0	54.9	25.8	19.3
1993	100.0	49.5	24.2	26.3
1994	100.0	52.1	22.5	25.4
1995	100.0	49.0	21.4	29.6
1996	100.0	47.0	21.8	31.2
1997	100.0	45.4	21.9	32.7
1998	100.0	42.4	22.6	35.0
1999	100.0	41.5	22.6	35.9
2000	100.0	39.6	22.8	37.6
2001	100.0	39.9	22.0	38.1
2002	100.0	38.7	22.3	39.0
2003	100.0	37.3	23.0	39.7
2004	100.0	37.6	23.1	37.2
2005	100.0	36.5	26.3	37.2

第二节　所有制结构调整

1991 年，金堂县全民所有制工业企业占 26.1%，集体所有制工业企业占 33.8%，其他经营工业企业占全县工业的 40.1%。1991—2005 年，全县所有制结构发生了较大变化，国营、集体和国营、集体联营企业所占比重有较大幅度的下降，个体、私营企业比重不断上升。工业企业所有制结构，从单一的国有、集体所有制转变成由多种所有制经济共同发展的现代企业所有制结构，到 2005 年年底，非国有经济占全部工业经济的比重上升到 82%；商业经济所有制结构从原以国营经济为主，逐步形成为以个体私营经济为主体。1991 年，国营社会商品零售总额占全社会商品零售总额的 24.6%，到 2005 年年末，仅有 6.4%，而个体私营却从 27.8% 增加到 87.60%.

第三节　第三产业发展

1991年，全县第三产业增加值为14880万元，1995年突破5亿元，1999年突破10亿元，2005年突破20亿元，达到213616万元。2005年第三产业增加值比1990年增加13.4倍，年均增长10.40%。三次产业结构中，第三产业占地区生产总值比例从1991的19.90%上升到2005年的37.20%，第三产业不断发展和升级，商贸流通业规模逐步壮大。1991年全县社会消费品零售总额27263万元，2005年，全县社会消费品零售总额实现162168万元；住宿餐饮、旅游业发展进一步繁荣。旅游业发展异军突起，从2004年起至2005年，成功举办了“五一”天府水城游乐节、“十一”美食钓鱼节、3月栖贤乡梨花沟乡村旅游节、4月三溪橙乡·花季·乡村旅游文化活动周、3月五凤古镇赏花会等系列主题旅游活动，创造了良好的社会效益和经济效益。现代服务业迅猛发展。金堂县第三产业发展取得了长足进步，第三产业中租赁和商务服务业、科学研究、技术服务和地质勘查、房地产、金融保险、信息传输、计算机服务和软件等现代服务业从无到有，发展十分迅速。

第三章　市场体系

第一节　市场培育建设

1992年，县投资1000万元，新增和改建门店555个，面积10152平方米。同年粮油全面放开，实行市场自购自销。商业网点进一步扩大，新建了橘园副食品、三星果蔬市场等共计6.21万平方米；县先后招商引资、改、扩、新建的粮贸大厦、凯悦大酒店、云天酒楼、金洲大厦、橘园商场、泰吉商业街等已投入营运。一批大小农贸综合市场建成，形成了以县城为中心向乡镇辐射的专业批发、零售市场体系。1993年后，县委、县政府把发展个体私营经济作为县级经济的主体和方向，个体私营商业蓬勃兴起。1991—1997年，全县投入商业网点建设资金达1.6亿元，新增和改造陈旧门点170处，新建改建营业面积达85766平方米。先后完成的工程项目有百货、五金、糖酒、燃建、日杂、粮贸、金融等综合性营业大楼，4个石油公司加油站，三星、赵镇、黄家、五凤、竹篙、高板等乡镇农副土特产品市场。1997年末，全县有的个体工商户17654户，私营企业234户，注册资金20010万元，从业人员达24512人，实现产值和营业额73713万元，上缴税金1780万元。社会消费品零售总额达9.15亿元，集市成交额7.16亿元，在农业方面，县委突出抓了粮食、油料、棉花、柑橘、食用菌、蔬菜、蚕桑、生猪、林业、水产十大商品生产基地建设。1998年，县城旧城区主要街道底层都建成商业门市；新建的主要街道有三江路、钟楼街、复兴街、玉龙街、清平街、青果街、下横街、南滨路等。2003年成功引进金水苑、罗马商城、奥克广场、华泰创新家园等一大批项目，完成投资9046万元。至2004

年，引进四川蓝光集团、珠海鸿达工贸发展公司，投资修建了“金洲商厦”“金堂商业城”，引资达2500万元。2001—2004年，引进建成了上海温州商业城。至2005年，金堂县基本建立了金融、劳务、人才、房地产、技术、信息、商贸等市场体系。

第二节　生产资料市场

一、农业

县农业生产资料由县供销社农资系统的主营，负责全县农业生产资料计划安排、调拨供应，包括化肥、农药、农机具、中小农具的储存、技术传授、病虫防治、植物保护等一系列工作，同时兼营服务业（旅店）。1991—2005年，随着经济体制改革的深化，农业生产资料市场全面放开，农业生产资料公司失去了主营公司的地位，主营业务逐渐萎缩。县供销社1991年为农服务组织形式有：庄稼医院32个，村级综合服务站86个，农村代销店203个，其中：生产资料代销店193个，生活资料代销店10个，棉花专业合作社9个，蔬菜专业合作社2个，“三农”服务中心2个，农资放心店201个。1994年，县供销社全面推行“社有私营”。各公司（经营部）、基层供销社将所属商店、分社、站、厂的生产经营业务停止，经营机构撤销。主营农业生产资料，烟花爆竹采取承包经营。1998年县联社在系统内推行“减员、减债、减负”措施。在调整集体商业企业经营机构及经营方式的同时，对餐饮业、服务业以及亏损、微利的商业企业均不实行集体经营。

二、工业

工业生产资料由县物资局主营。1991年，第二轮承包经营结束后，县物资局系统主要进行企业转换经营机制和产权制度改革，原指令和指导性计划物资分配全部取消，钢材、机电产品、橡胶制品市场放开，竞争激烈。同年12月30日，组建成都市金堂县物资综合公司，实行股份合作制。1995年县物资系统销售总额达11268万元。1996年县物资局在公司实行租赁风险抵押承包。1997年物资系统销售总额达15205万元。1991—1999年，金堂县物资局系统主要物资购销情况：生铁购进8250.8万公斤，销售8250.8万公斤；钢材购进1.13亿公斤，销售1.13亿公斤；汽车购进4767辆，销售4747辆；有色金属：购进4.3万公斤，销售4.5万公斤；纯碱购进5.3万公斤，销售6.1万公斤；轮胎购进103.6万公斤，销售105.9万公斤；水泥21.9万公斤，销售21.9万公斤；机电设备购进19669万元，销售20472万元；电动机购进21台/111千瓦，销售51台/252千瓦；烧碱购进18.6万公斤，销售20.4万公斤；硫酸购进120.7万公斤，销售95.4万公斤。2000—2005年，县物资系统公司随市场化竞争经营。

第三节　土地市场

一、土地使用

1992年12月，按照中央规定，任何单位和个人无权直接到农村征用土地，其所需用的土地，由县国土局依照审批程序和权限办理国有土地使用权，并依法对土地使用权的转让、出租、抵押、中止以及土地使用权受让方的使用行为进行监督。1993 年按四川省国土局《四川省城镇国有土地使用权出让审批管理暂行规定》的通知，土地出让必须是国有土地，集体土地必须先行征用转为国有土地后才能转让。金堂人民县政府于 1994 年 4 月发出《关于城镇国有土地使用权出让和转让管理的意见》。同时成立了金堂县土地使用制度改革办公室，办公室设在县国土资源局。1994 年县首先在赵镇和三星镇试行国有土地使用权的有偿出让和转让制度。1995 年 5 月，金堂县人民政府印发《关于城镇国有土地使用权出让和转让管理的补充通知》，城镇国有土地使用权出让和转让范围从 1995 年 7 月 1 日起，扩大到全县。1999 年开始，对城镇居民住宅用地开始实行有偿有期限使用。首先在县城赵镇开始试点，然后逐步推广到其他镇乡。自 2001 年开始，涉及农房的费用，除收取工本费外，其他费用全部取消。2004 年 1 月 4 日，成立金堂县土地管理委员会。同年 5 月 14 日召开金堂县土地管理委员会第一次会议。会议规定县内城市、场镇建设用地、单独选地项目用地，由政府实行统一征用后进行储备。经营性用地必须实行招标、拍卖、挂牌程序，对外公开出让，其中房地产开发用地必须以拍卖的方式供地。从县土地管理委员会成立到 2005 年 12 月县共召开土地管理会议 13 次，议决全县土地重大事项 108 项。从 1994 年 4 月 1 日起至 12 月 17 日止，县共办理划拨国有土地使用权出让手续 13 宗，签订划拨国有土地使用权出让合同 12 个，国有土地使用出让合同 1 个，出让土地面积 5. 58 公顷，收取出让金 27. 08 万元。1995 年出让土地面积 15. 52 公顷，收取出让金 78. 34 万元。1995—2005 年，全县共出让有使用权的土地 3704 宗，面积 365. 19 公顷，收取土地出让金 10938. 70 万元（不包括土地拍卖费）。

二、土地拍卖

为规范国有土地使用权出让行为，优化土地资源配置，建立公开、公平、公正的土地使用制度。根据《中华人民共和国房地产管理法》《中华人民共和国土地管理法》和《中华人民共和国土地管理法实施条例》等法律法规及国土资源部 2002 年 5 月《招标拍卖挂牌出让国有土地使用权规定》的要求，金堂县第一次于 2002 年 4 月 25 日对三中园区五横道一块 2. 05 公顷（30. 78 亩）的地块进行了公开拍卖，由四川江油华泰房地产开发有限公司竞买成功。本地块的拍卖价为 237 万元/公顷（15. 8 万元/亩），总价款为 486. 32 万元。金堂县土地招标拍卖挂牌工作从 2002 年到 2005 年年底止，地块为 25 宗，面积 80. 389 公顷（1205. 808 亩），地价总额 22359. 21 万元。

三、土地租用

1991—2005 年，全县的土地租用现象已非常广泛，在福兴、赵家、金龙、清江等乡镇，因发展食用菌，农户之间相互调换和租用土地，一般是租方付给土地承包经营权拥有者每年租金 300 ~ 1000 元/亩，白果镇沿江河农民自办预制厂多达 150 多家，每家占地 3—5 亩，多者 10 亩以上，不足的土地向邻居租用，按年支付租金 500—1500 元/亩；清江、赵镇、白果等沿江河的采沙、采石者，也采取租用他人承包地作堆场，付以租金。土地纳入统管后，短期租用地，必须通过审批。短期租土地，主要是不具备征地划拨条件，如季节性占用、临时设施占用，不改变土地用途搞多种经营和第二、第三产业的。1991—2005 年，全县发生短期租用土地 6530 宗，面积 2 万亩。

四、土地使用年限

1992 年，金堂县实行土地使用有限期制度。农村集体土地承包给农户使用，一般 30 年不变。按《中华人民共和国城镇国有土地使用权出让和转让暂行条例》规定：居住用地 70 年；工业用地 50 年；

教育、科技、文化、卫生、体育用地50年；商业、旅游、娱乐用地40年；综合或者其他用地50年。土地使用者使用期限一到，政府可依法收回土地使用权；同时，因经济、社会发展需要或其他特殊原因，政府也可提前收回土地使用者的土地使用权。

五、房地产交易

金堂县1992年全面推行小步提租不给补贴的房屋租赁方案。1994年全县有公有住房单位186个，参加房改单位有176个。1995年全面开展农房产权证的发证工作，发放产权证2.5万户，发证率达90%。1998年稳步开放房地产二级市场。推行住房分配从福利房到商品房的转变。2001年建立健全了房地产管理机构，建立了规范固定的房地产交易市场，促进了存量商品房的上市流通。2004年年底，建设局承办了金堂县第五届房交会，并通过市场动作，实现政府“零”投入，取得了圆满成功。2004年房屋中介有18家，成立业主委员会申报物管企业。2005年房屋中介41家，有2家物管企业。2005年年末，县城普通商品住宅最高价已达到2000元/平方米，均价也在1200元/平方米。

第四节　技术市场

1991—1999年，县对市场先进常规化监督管理。2000年4月，金堂县被确定为成都市农业标准化工作试点县。在脐橙、食用菌、无公害蔬菜、黑山羊、杂柑等特色农产品中推行农业标准化。同年8月15日，原劳动部门的锅炉、压力容器、压力管道、电梯、防爆电器等特种设备安全监察职能划转到质监部门，质监金堂分局在每个乡镇确定了一名安全协管员，层层签订了安全责任书，落实了责任制。每年逢节日前后均组织了对易燃易爆、有毒有害有危险的场所、企业进行了特种设备安全大检查，并加强了日常监察。质监金堂分局建立了食品专项打假责任制，对全县食品企业实行A、B、C分类监管，监管面达100%，食品生产企业巡查率达100%；共监督抽查各类产品的生产、经销企业2000家，合格率90.28%；对监督抽查不合格的企业进行帮扶，使其产品质量达到相关标准；配合市局对米、面、油、酱、醋、肉制品、乳制品等28类政府关心、社会关注的食品实行了市场准入制度。2003年开始认证查处至2005年，共进行认证执法10次，出动执法人员100人次，检查生产、经销企业45家，查处认证违法案5件。质监金堂分局每年均组织市场计量监督检查5次。

1991——2005年，质监金堂分局对全县46家年产值达300万元以上的企业建立了质量档案，建档率达95%；组织、帮助10家企业通过了质量管理和质量保证体系认证，2家企业通过强制性产品（3C）认证。加强工业产品生产许可证管理，开展白酒、危险化学品等10种产品生产许可证的复查、换（取）证，对17类重点产品开展了无证查处，出动执法人员1000人次，检查生产、经销企业500家，查处生产许可证违法案件30件。

第五节　人才市场

一、人事

金堂县人才市场自成立起，在县人事局的领导下，坚持“为用人单位服务、为各类人才服务、为全县经济建设服务”的宗旨，充分发挥人才市场的资源配置作用，为全县经济第一线吸引了大量的人才。人才市场自运行后，根据用人单位的人才需求，坚持不定期举办人才交流会，2003—2009 年共举办人才交流会 82 场，其中各种形式的大型人才交流会 8 场次，进入人才市场招聘的用人单位约为 200 个次，人才需求总数为 2800 余人；求职人才总数为 5000 余人次；招聘会现场招聘单位和求职人员初步达成聘用意向的有 800 余人次。县人才交流中心为大、中专毕业生就业提供服务。为推进毕业生就业，广泛收集了金堂县毕业生求职信息，建立毕业生人才库；在金堂县公众信息网、金堂人才网、县广播电视台、手机短信等媒体定期发布招聘信息；组织大中专毕业生专场招聘会，采取多种形式，对人事代理业务进行了广泛宣传。人事代理业务开展后，共代理大、中专毕业生及社会流动人员个人档案 5435 人，全县事业单位集体人事代理 12152 人，市场共计代理人事档案 17587 人。为加快金堂县经济建设发展，鼓励外地人才来金堂县工作，县人才中心主动到县公安局户籍科协商集体户相关事宜，至 2009 年已在金堂县赵镇玉龙街 25 号附 1 号开设人才市场集体户口，为金堂县部分人才办理了落户手续。

二、劳动

县劳动局 1991—2005 年，累计组织输出劳务人员 171.63 万人次，全年县劳务收入 12.4 亿元。金堂劳动力较多，一般在省内成都及周边地区务工，也有在远海一带地区打工，少数在海外地区，至 2005 年年末全县总人口 85 万，农村总人口 65 万，农村劳动力 44 万人，农村富余劳动力 27 万人，是四川省的农业大县之一。2005 年年末，在中国台湾地区务工人员有 71 人，日本 21 人，韩国 76 人，新加坡 26 人，哈萨克斯坦 14 人，阿尔及利亚 13 人，俄罗斯 35 人，德国 19 人，中东 171 人，主要从事建筑、捕鱼、蔬菜种植、餐饮等行业。

第六节　金融市场

1991—1997 年，中国人民银行金堂县支行（简称县人行），县人行积极推进金融体制改革，强化金融监督、搞好金融服务工作。依法履行监管职能，坚持对辖区的现场和非现场定期或不定期的稽核。先后审查、批准新建金融机构 47 个，其中：行、社机构 27 个，保险公司机构 9 个，审查规范了非金融机构 11 个。辖区内金融机构积极开展储蓄业务，有效吸收储蓄存款，不断扩大信贷来源。县金融管理在规范业务活动的同时，对一些部门乱设金融机构的违法行为进行了查处，维护了全县金融秩序和社会稳定。1991 年 12 月 16 日，成立中国银行金堂支行，是国家外汇专业银行转轨过度的国有商业银行。至 1997 年，中国银行金堂支行吸收各种存款余额达 9872 万元，其中：储蓄 6036 万元、对公存款 3836 万元，各种外币折合美元存款 85 万元；累计发放人民币贷款 33362 万元，外汇贷款 586 万元，代客调剂、兑换、买卖外汇达 14 种，涉及 12 个国家和地区的货币，折合人民币 7466 万元，累计创税 137 万元、利 169 万元；至 2003 年吸收各种存款余额达 22180 万元（储蓄 17101 万元、企业存款 4454 万元、金融机构存款 625 万元），外币存款余额 181 万美元。2003 年，县人行对金堂县 11 名金融机构主要负责人任职资格进行了审查和变更审批；完成了 14 个机构网点的迁址、撤销、暂停等审批。2005 年，除已注销的企业外，全县有外商投资企业 7 家，合同总投资额 5577.13 万美元，实际利用外资额 1073.43 万美元。

第四章 商品市场与流通

第一节 城乡商品市场

一、主要商品经销

赵镇主要商品流通情况：大米来自广汉、德阳、金堂、新都、新繁、彭县、什邡、绵竹、郫县和省外等一些地区。菜油、油枯来自金堂、新都、成都、广汉、崇宁、郫县等地，输往沱江流域及重庆；油枯年行销资阳等地。金堂产红糖主要销往成都及附近平原各县、中坝、广元、太和镇、三台、中江等地。县全年经销药材80万公斤，行销沱江流域、长江沙市以上城镇和川北区。卷烟由县烟草公司从什邡、成都、云南厂家购进和成都烟草公司调拨。盐巴来自四川省盐业总公司成都市分公司，供销金堂城乡各地。县内蔬菜主要销往成都或邻近地区。

二、商品市场培育

1992年第二届“金橘物资交易会”召开前夕，完成了赵镇临街门面的装修改造。县投资1000万元，新增和改造门店555个、面积10152平方米。1993年，县委、县政府把发展个体私营经济经济作为县级经济的主体和方向，全县个体私营经济得到了迅速发展。1997年年末，全县有个体工商户17654户，私营企业234户，登记注册资金20010万元，从业人员达24512人，实现产值和营业额73713万元，上缴税金1780万元。1994年，再次对90家公司进行清理整顿，给符合条件的各公司重新办理登记注册，对核准登记的3267户工商企业中具有法人资格代表的企业核发营业执照，新办登记注册企业2800户。1991—1997年，按照国家有关规定每年对农业生产资料、食盐、烟草、石油、猪肉、粮油、棉花等10个品种消费品市场进行清理整顿，实行专营，归口批发和统一经营，检查1400个网点，取缔无证经营户1500户，查处多头批发58个。同时，对烟摊、自行车修理、鞋子修理、书画、杂货、小食、冰糕、水果、腌卤、新建路菜摊等1000个摊点进行了全面整治，实行摊点归位、坐商归店，消除了沿街为市的现象。全县的农村代购代销点、组合服务站由1991年70个发展到1997年的86个，县有农资供应网点392个，庄稼医院32所，淮口等4个供销社的庄稼医院被评为全省百强庄稼医院。县有农技服务人员64名，在全县24个乡镇开展配售药品、供肥、发放技术资料、下乡巡回讲授农业技术课、技术联产承包、化学除草、多种经营生产等10多个服务项目。全县投入商业网点建设资金达1.60亿元，新建和改造陈旧门店170处，新建改建营业面积达85766平方米。先后完成的工程项目有百货、五金、糖酒、燃建、日杂、粮贸、金融等综合性营业大楼，4个石油公司加油站，三星、赵镇、黄家、五凤、竹篙、高板等乡镇农副土特产品市场。

1998年新发展个体商户3160户、私营企业102户。1999年全年新发展个体工商户750户，私营企业33户。年末，全县个体工商户已达18870户，私营企业294户，个体私营经济上缴税金2528.50万元。1999年，县商业总公司与四川庆华房地产公司达成项目转让协议，投资4500万元兴建金堂县综合批发市场，年底完成投资1200万元。2000年，财贸系统引进成都红旗商场连锁有限公司投资240万元开设金堂批发直销商场；县财贸办制定了《县城新区商业网点和市场规划布局方案》，进一步促进商品零售网点上规模、上档次。年末，全县国有、集体、个体商品零售网点21200个，营业面积达38.16万平方米。建成各类商品交易市场35个，营业面积6万平方米。全年新发展个体工商户2621户，新登记私营企业有限公司32户，合资企业3户；全县个体工商户达到21491户，私营企业达到329户。2001年，全县个体工商户23001户；私营企业361户；财贸系统引进成都晋江福源食品有限公司三星无公害蔬菜生产线投资500万元；金堂半岛上海—温州综合商业城投资6000万元。2002年，新发展个体工商户800户，新登记私营企业70户；引进成都红旗商场连锁有限公司设立红旗链锁金堂二分场投资110万元；投资2500万元的金裕大酒店基本建成；年底先后引进和发展了以红旗链锁一、二分场、汇集超市、鑫红星超市、万家超市等为代表的新型流通业态商品零售网点100多个，实现商品零售额12306万元。2003年，先后对县百货公司大楼、淮口油脂化工有限公司收回资金218万元。红旗链锁超市投资100多万元，在县城临江苑小区开办红旗链锁第三分场和淮口分场。金堂县首家三星级宾馆金裕大酒店于年前开业迎宾。老蜀人、三只耳、德庄等大型火锅链锁餐饮企业也相继落户金堂县。至2005年县建成各类商品交易市场40个，营业面积8万平方米。县各乡镇建有综合交易市场。县城赵镇建有1个农贸市场、1个大型的橘园副食品交易市场、1个服装综合市场、5个小型综合市场。

第二节 商品流通

一、商品流通管理机构

1991—1997年7月，金堂县人民政府财贸办公室（简称县财办）负责全县商品流通工作。1997年8月，县财办改名为金堂县流通工作领导小组办公室（简称县流通办）。分管协调商业、粮食、供销、工商行政管理、人行、工行、中行、农行、农发行、信用联社、城市信用合作社、烟草专卖局、人保、财保公司14个工作部门。1999年，县流通工作领导小组办公室内设综合科、企业管理科、工商金融科；8月增挂“金堂县人民政府财贸办公室”牌子，实行两块牌子一套人马；协调贸易、粮食、供销、物资、工商行政管理、人民银行、工商银行、农业银行、建设银行、中国银行、农业发展银行、农村信用联合社、城市信用社、烟草专卖局、中国人寿保险公司、中国人民保险公司等16个部门工作。2006年9月11日，成立金堂县商务局，县流通办的职能划入县商务局。

二、商品流通改革

1991年财贸系统总产值11781.40万元，集市贸易成交额12632万元，社会消费品零售总额33034万元。全县商贸企业改革，从1991年开始对商业、粮食、供销一些小型企业、边远社店，探索性的搞了很少一部分改、转、租、个人承包。1993年7月至1997年10月，县财办采取“社有私营”和“国有民营”、股份制、租赁、拍卖、兼并、加盟连锁、破产等形式，取得了显著成效。全县财贸系统实行民营形式的企业有24户，参与职工1800人，标的额570万元，收回商品资金950万元，每年减少支出360万元；股份制企业9户，设置股本金460万元，收回国有资产货币资金200万元；拍卖企业6户，收回资金620万元；加盟连锁企业6户；租赁企业2户，年租赁收入30万元；兼并企业1户；实施企业破产1户，盘活资产800万元；共计盘活企业存量资产7000万元。1991—1997年县供销社社员股金达953.30万元，固定资产原值4948.70万元，实现商品纯购进总值11.10亿元，供应农村生产资料达26573万元，有力地促进了全县农民“稳粮、增收、达小康”。全县集体商业有70户，年购进总额17524万元；销售18372万元；固定资产达1000万元。全县柑橘生产发展迅速，柑橘总生产量由1991年的3900万公斤，增加到1997年的6500万公斤。柑橘经营户由1991年的200户，发展到1997年的700户。1991—1997年，全县柑橘总量3.86亿公斤，总销售量2.60亿公斤，其中：通过火车发运出川2900车9310万公斤，边贸出口277车770万公斤，食品加工2500万公斤，市场零星交易等销售1.34亿公斤。

1998年，全县财贸系统完成商品部购进34335万元，比1997年42374万元下降19%。1998年，县财贸系统在三个方面进行体制改革：一、组织工商、贸易、粮食局进行了机关机构和人事制度改革。3个局参与职工130人。贸易局机关由原来12个股室精简为3个科室，职工由44人减至20人。二、积极推动商贸、物资企业进行股份制改革，转换企业经营机制。物资企业采取资产重组、风险抵押、租赁承包等，筹建成都市金宏业物资贸易有限责任公司，设置总股本50万股，定向募集股金100万元，按股份制企业规范运作。金堂兴淮曲酒厂实行股份制改造，由成都全兴酒厂与兴淮曲酒厂联合，将兴淮曲酒厂改组为金堂县兴淮酒业有限责任公司，由成都市全兴酒厂控股51%。公司在三年内投资200万元进行技改，“全兴”基础酒生产能力由原来的80万公斤提高到150万公斤。三、进一步完善供销社“社有私营”。除保留个别经营部及分社的化肥、农药、农膜经营外，其他业务允许个体经营。1999年财贸系统完成商品总购进28598万元，总销售39071万元，社会消费品零售总额12.40亿元，城乡集市贸易成交额10.53亿元，商办工业总产值达8475万元，个体私营经济税收入库达2528.3万元。完成粮食定购入库1688万公斤，上调成都市秋淡季蔬菜280万，棉花收购29万公斤。全年，县流通办根据县政府《关于规范股份合作制企业若干暂行规定》，对系统改制企业全部进行了规范和完善。各主管部门和企业在职工自愿的基础上，解除部分职工劳动合同，鼓励自谋职业。商业、供销社系统有580人解除劳动合同。贸易、粮食、供销等主管部门建立了“再就业服务中心”，全年财贸系统有400人实现了再就业。

2000年，县财贸系统所属企业实现税收入库380万元，完成商品总购进20203万元、总销售26983万元，商办工业总产值达6573万元；社会消费品零售总额137681万元；城乡集市贸易成交额达117486万元。完成粮食定购入库1806.80万公斤。上调成都市秋淡季蔬菜280万公斤。2001年，县财贸系统所属企业税收入库409.4万元，商品总销售31407万元，商办工业总产值6537万元；全县社会消费品零售总额156956万元；城乡集市贸易成交额136613万元。2000年，按照《金堂县人民政府印发（关于规范股份合作制企业若干暂行规定）的通知》和有关规章制度，继续对流通系统改制企业进行规范和完善，重点帮助和指导兴淮曲酒有限公司、县饮食服务有限公司、县燃料建材股份有限公司等改制企业完善了企业法人治理结构和健全公司董、监事会及股东代表大会制度，使改制企业进入良性发展轨道；积极开展“减员增效”。供销社、贸易局、物资局先后制定了完善全员劳动合同管理、处置资产安置职工的实施方案，对于企业职工全员劳动合同到期的，一般不再续签新的劳动合同，发给一次性生活补偿费3000元至8000元并解除劳动关系。到年末，供销社累计减员并解除劳动关系1752人，减轻企业负担2000多万元。物资总公司解除123人劳动关系，仅保留3人负责公司日常事务。贸易局蔬菜、糖酒、百货公司71人解除劳动关系。2001年供销社、贸易局系统继续按照已制定的减员实施方案，推进实施企业减员增效改革。全年有308名职工解除劳动关系；继续对改组为公司、股份制企业进行规范和完善，健全法人治理结构，加强监督、制约。全县连锁超市、特许加盟、专卖店达150多家，实现商品零售额7710万元，占全县社会消费品零售总额5%以上。2002年，县流通系统所属企业实现税收入库1032.8万元，完成商品总销售16721万元；社会消费品零售总额17.75亿元；城乡集市贸易成交额达15.35亿元。完成粮食定购入库1774.50万公斤。新发展个体工商户500户，新登记私营企业10户。2003年，全县社会消费品零售额19.99亿元；城乡集市贸易成交额17.33亿元。同年县流通办加大了对贸易与粮食局系统企业减员、减债、减负“三减”工作的指导和协调，与有关资产管理公司协商，向社会招商，将县百货公司大楼竞卖，收回资金885.70万元，划出大部分资金用于离退休人员和在职职工的安置，全公司146名在职职工与公司解除劳动关系。1991—2003年，县财办组织了规模较大的10次金橘物资交易会，商品总购进28725万元，销售98125万元。2004年县商业贸易实现社会消费品零售总额22.10亿元，2005年县商业贸易实现社会消费品零售总额16.22亿元，其中县城消费品零售额57687万元，县以下消费品零售额104481万元；批发零售贸易业零售额131301万元，餐饮业零售额29714万元；其他行业零售额1153万元，增长15.30%；个体私营经济零售额142064万元。

第五章　对外开放

第一节　机　构

1991—2005年，金堂县对外贸易先后由金堂县经济技术协作办公室（1984年6月设立）、金堂县外经委、金堂县计经委 、金堂县对外开放办公室、金堂县对外贸易经济合作局部门负责管理。1993年7月26日，金堂县成立对外经济技术协作办公室和对外经济贸易委员会；实行两块牌子一套人马，主管全县外贸、外经、外协、外资、外汇和横向经济联合与协作，推动和发展金堂的对外开放及经济技术交流与联合协作。1994年5月30日，由县外经贸委牵头成功地举行了“四川县级经济对外开放研讨会”，省政府批准金堂县建立四川中美（外）中小企业发展园区。1996年10月，四川中美（外）中小企业发展园区（即三中园区）成立内设招商机构三中园区招商局。1997年8月外经委并入县计经局。1999年4月，金堂县成立金堂县招商引资局，人员实行对外招聘。2001年11月，设置金堂县对外开放领导小组办公室，有在职6人，统一管理全县对外经济贸易合作、对内经济技术协作、对外开放、招商引资、项目策划、招商信息的工作；加挂金堂县对外贸易经济合作局牌子。2003年6月10日，组建金堂县人民政府招商局，撤销原金堂县招商引资局、三中园区招商局，将金堂县对外开放领导小组办公室并入金堂县人民政府招商局。金堂县人民政府招商局为主管全县对外开放、招商引资和外经贸工作的县政府直属的正局级事业单位。至2005年机构未变。2006年9月11日，组建县商务局，将原县招商局的职能划入县商务局。

第二节　招商引资

一、机构

1996年10月，四川中美（外）中小企业发展园区（即三中园区）成立三中园区招商局，作为三中园区的内设招商机构。1999年4月，成立金堂县招商引资局，人员实行对外招聘。2001年11月，设置金堂县对外开放领导小组办公室，有在职6人，统一管理全县对外经济贸易合作、对内经济技术协作、对外开放、招商引资、项目策划、招商信息的工作；加挂金堂县对外贸易经济合作局牌子。2003年6月10日，组建金堂县人民政府招商局，撤销原金堂县招商引资局、三中园区招商局，将金堂县对外开放领导小组办公室并入金堂县人民政府招商局。金堂县人民政府招商局为主管全县对外开放、招商引资和外经贸工作的县政府直属的正局级事业单位。至2005年机构未变。2006年9月11日，组建县商务局，将原县招商局的职能划入县商务局。

二、综合招商工作

1991—1997年，县财办组织了规模较大的4次招商引资物资交易会，实现商品总购进10.35亿元，销售12.82亿元。1998年县流通系统引进项目3个。协议引进资金9405元，实际到位资金3675元。1999年县流通系统引进项目18个。协议引进资金1.50亿元，实际到位资金6818万元。2000年县流通系统引进项目7个。协议引进资金1540万元，实际到位资金1048万元。2001年县流通系统引进项目7个。协议引进资金7000元，实际到位资金4286万元。2002年县流通系统引进项目3个。协议引进资金3420万元，实际到位资金1410万元。2003年全县引进项目134个。协议引进资金25.78亿元，实际到位资金3亿元；协议利用外资41万美元，实际利用外资32万美元。2004年引进项目129个。协议引进资金22.18亿元，实际到位资金11.38亿元；合同利用外资399万美元，实际利用外资280万美元。2005年引进项目131个。协议引进资金27.54亿元，实际到位资金14.67亿元；合同利用外资1280万美元，实际利用外资379万美元。

1994年5月30日，四川省人民政府批准金堂建立四川中美（外）中小企业发展园区（简称：三中园区），系成都市六大重点开发区之一。三中园区位于县城新区，规划建设管理面积18平方公里。主导产业为食品、冶金、机械、建材、旅游业等。2005年年底，三中园区行业涉及食品、机械、冶金等，主要投资者有蒙牛乳业集团、法国拉法基公司、攀钢集团、四川川威集团、台湾禹昌国际公司、河南中原总机厂石油设备公司等。

2004年10月21日，经成都市工业布局和开发区建设协调领导小组办公室批准，在金堂县淮口镇成立成都纺织印染工业集中发展区。规划建设面积3.40平方公里，主导产业为纺织、印染、能源服装等。12月底，引进包括国电成都金堂电厂、蒙牛金蒙乳业有限公司、川威起重设备、成异钢管等项目128个，协议引进资金近66.2亿元。全县规模企业达50余家。2005年年底，已入园的企业有重庆东方纺织有限公司、四川川棉纺织有限公司、康宝兴纺织有限公司、四川民康印染有限公司等7家纺织印染企业。1992—2005年，四川中美（外）中小企业发展园区共引进项目262个，其中工业生产性项目52个，到位资金达29.72亿元人民币。

三、引进外资和港澳台资

1991 年，四川省金堂磁带厂与香港永恒音像有限公司合资成立金堂县首家外商投资企业——四川金恒音像有限公司。至 1992 年年底，全县已兴办外商投资企业 2 家，均为合资企业，合同总投资 128.81 万美元，协议外资 70. 80 万美元，实际利用外资 70 万美元。1993 年批准成立外商投资企业 4 家，其中：合资企业 3 家，外商独资企业 1 家，合同总投资 167.2 0 万美元，协议外资 57.25 万美元，实际利用外资 57.87 万美元。1994 年，批准成立外商投资企业 3 家，均为合资企业，合同总投资 103.40 万美元，协议外资 37.96 万美元，实际利用外资 37.92 万美元。1995 年，批准成立外商投资企业 4 家，其中合资企业 3 家，外商独资企业 1 家，合同总投资 3433.59 万美元，协议外资 573.44 万美元，实际利用外资 155.92 万美元。1996 年，批准成立外商投资企业 1 家，为外商独资企业，合同总投资 120 万美元，协议外资 120 万美元，实际利用外资 417.2 万美元。1997 年，批准成立外商投资企业 1 家，为合资企业，合同总投资 16 万美元，协议外资 9.6 万美元，实际利用外资 108 万美元。1998 年，批准成立外商投资企业 1 家，为外商独资企业，合同总投资 140.68 万美元，协议外资 105 万美元，实际利用外资 127 万美元。1999 年，批准成立外商投资企业 3 家，其中：合资企业 1 家，外商独资企业 2 家；合同总投资 793.82 万美元，协议外资 435.02 万美元，实际利用外资 71.66 万美元。2000 年，批准成立外商投资企业 2 家，均为合资企业，合同总投资 154.62 万美元，协议外资 74.74 万美元，实际利用外资 374.74 万美元。2001 年，批准成立外商投资企业 2 家，其中：合资企业 1 家，外商独资企业 1 家；合同总投资 284.96 万美元，协议引资 187 万美元，实际利用外资额 187 万美元。2003 年，批准成立外商投资企业 1 家，为外商独资企业，合同总投资 150 万美元，协议外资 105 万美元，实际利用外资 32 万美元。2004 年，批准成立外商投资企业 2 家，其中：合资企业 1 家，外商独资企业 1 家；合同总投资额 415 万美元，协议外资总额 399 万美元，实际利用外资额 280 万美元。2005 年，批准成立外商投资企业 1 家，为外商独资企业，合同总投资 1280 万美元，协议外资总额 898 万美元，实际利用外资额 379 万美元。2005 年，除已注销的企业外，全县有外商投资企业 7 家，合同总投资 5577.13 万美元，实际利用外资 1073.43 万美元。投资客商中有 5 家来自中国香港地区，其余 2 家来自英国。投资项目涉及汽车修理、电力、食品、容器制造、建筑、电子、纺织等行业。

第三节　投资服务

1994 年 10 月，县委、县政府作出《金堂县加快四川中美（外）中小企业发展园区（以下简称园区）建设的若干政策》，由四川中美（外）中小企业发展园区管委会对批准进入园区的外商、外地投资者实行“一站式”服务，并提供投资咨询、介绍投资伙伴、审查项目、受理投诉等；对决定批准入园的投资项目，在申报材料齐备后，规定在 15 日内代办好下列审批手续：即项目建议书、可行性研究报告、企业名称核准、合同、章程、工商注册登记。2001 年 6 月，县政府规定凡是金堂县向外商（外来）投资企业实行行政收费的单位，一律实行“一证一卡一票”制，对经审批批准的收费项目一律实行公示制。2004 年 3 月，金堂县委、县政府作出对三中园区工业区实行“封闭式”管理的决定，在工业区内，兴办企业及企业生产经营过程中需要办理的事项，县级部门可以授权、委托园区管委会办理的，一律授权、委托管委会办理；县级部门不得向三中园区工业区延伸机构。县级部门组织开展的各项检查、评比活动，原则上不进入工业区，由园区管委会自主决定是否参加。有关部门组织的执法活动（公检法等部门执法除外），应事先通知园区管委会，经园区管委会同意或报县委、县政府批准。

2004 年 4 月，金堂县委、县政府作出决定，设立金堂县投资服务中心。县投资服务中心与三中园区合署办公，工作人员从三中园区抽调和县级有关部门借调。县投资服务中心成立后，专职为三中园区的入驻企业为国内外投资企业代办或协办从立项、开工建设至竣工投产前的各项手续，为投资者提供免费全程跟踪代理服务；受理投资企业的投诉，及时处理并报县对外开放领导小组，或直接提交县纪检监察部门处理。县委、县政府授权县投资服务中心对投资企业各项行政审批手续实行限时办结制，各部门必须按要求及时办理。

第四节　产业发展与横向合作

一、产业发展方向

1991 年按国家产业导向，全县允许外商直接投资的行业主要限于食品、电子化工、轻纺、饲料、种养殖、建材等工业和农业开发项目。1994 年 5 月金堂四川中美（外）中小企业发展园区成立，主要吸引中小型企业入住。此后，金堂开放领域逐步扩大至房地产、基础设施建设、餐饮娱乐、工艺美术、印刷、制药以及文化旅游等产业。允许外商直接投资兴办合资、合作和独资经营企业。至 2005 年，初步形成电力能源、食品、机械制造（金属制品）、纺织（服装）、新型建材、医药、旅游等特色产业格局，服务业和生态农业全面发展。

二、横向合作

1984 年 7 月，成立金堂县经济技术协作办公室，1992 年更名为金堂县人民政府对外经济技术协作办公室。1991—1994 年，县与国内 230 个区建立了长期信息交流和协作关系，与南坪（九寨沟）县、乌鲁木齐县、沈阳铁西区结为友好兄弟单位，引进资金 12846 万元，联办企业 81 个；引进各项工业技术 111 项，引进高级专业技术人员 34 人，物资协作总额达 36884 万元，输出农业专业人才 4300 余人，出访考察 1588 人次，接待来访及考察洽谈 1882 人次。1993 年年底，金堂县人民政府对外经济技术协作办公室更名为金堂县外经贸委员会，实施省“发展一条线战略”。2000 年后，由对外开放工作领导小组办公室全面领导经济技术协作等多方面工作。2000—2005 年，县每年均要参加“西博会”，“西洽会”等大型合作活动。2005 年，在纺织、食品加工、制鞋等工业密集、发达的地区如浙江绍兴、广东东莞、福建晋江等地城市开展经济交流，在当地政府的支持配合下，多次召开投资说明会等活动，吸引当地企业前来金堂考察投资。2005 年，成都市锦江区政府与金堂县政府成立“锦江—金堂”区域合作办公室，在招商引资、就业、医疗、教育、技术等方面进行全方位的区域合作。

第五节　“三资”企业

1994 年，以三中园区和县政府名义开展对外招商活动 8 次，接待外地客商 280 次，进入园区内的意向性协议项目 100 个，意向性资金总额 1.5 亿元，正式批准入园区的企业 46 家，总投资 5000 万元，其中三资企业 5 家，到位资金 1000 万元。1995 年，引进项目 15 个，引进资金 7600 万元，其中：外资企业5家，外资1100万元。1996年，引进项目9个，意向性项目10多个；引进资金4亿元，其中：外资1400万美元。1997年三中园区共计洽谈项目16个，引进落实项目10个，其中引进三资企业2家，共计引进协议资金16200万元，引进到位资金9405万元，引进到位外资726万美元。1998年，新办三资企业1家。1999年，新办“三资”企业3家（成都长江精密螺丝制造有限公司、成都拉法基博思彩瓦有限公司、成都福利生态工程有限公司）。2000年，新办“三资”企业3家，引进落实的项目有：英国拉法基博思彩瓦（中国）有限公司成都拉法基博思彩瓦厂。2001年新办“三资”企业2家，引进的项目有台湾总合物流有限公司投资组建成都总合物流企业有限公司，注册资金100万美元；成都必扬石材有限公司。2003年成都奇鼎包装容器有限公司于7月份签约时，用地是一片水稻田，缺乏基础设施。三中园区兑现承诺用两月时间，完成征地拆迁、土地平整和水、电、气、讯、路等配套设施建设。10月，该公司投资方台湾禹昌国际集团董事长赖松先生在园区考察时深受感动，当即决定扩大投资规模，用地由2.17公顷增加到4.33公顷，投资由200万美元增加到400万美元。至2005年，县有三资企业30余家。

第八篇 经济综合管理

1991—2005 年，金堂县经济综合管理经历了一个由计划经济向市场经济转变的发展过程。自 1978 年 12 月 18 日党的十一届三中全会召开后，全党工作以经济建设为中心，原来单一的计划经济体制已不完全适应社会主义市场经济的发展，为解放和发展社会生产力，以经济工作为中心，建立健全市场经济体制。全县经济综合管理部门在县委、县政府的领导下，与时俱进，采取一系列改革措施，建立与发展市场经济相适应的管理机制，促进县域经济的快速发展。

第一章 计划管理

第一节 管理机构

县计划委员会是县政府的职能部门，1993 年 2 月，与县经济委员会合并，组建金堂县计划经济委员会。1997 年 8 月，撤销县计划经济委员会、县对外经济委员会、县医药管理，组建金堂县计划与经济局（简称：计经局），为县政府管理全县国民经济、对外经济贸易和社会发展及协调经济运行的综合部门。计经局内设办公室、经济运行科、企业管理科、直属企业管理办公室、计划科、投资科、对外贸易经济合作外经科。金堂县能源办公室和金堂县医药管理办公室挂靠县计经局，其人员编制和经费渠道不变。2000 年 3 月 7 日，县计划与经济局分设为县计划委员会、县经济委员会，重新确定职能，矿产资源管理划给县计划委员会。由县计划委员会和县经济委员会分别承担，金堂县计划委员会、金堂县经济委员会为政府的工作部门。2001 年 11 月 27 日，金堂县计划与经济局更名为金堂县发展计划局。同日，设置金堂县经济局为县政府工作部门。2005 年金堂县计划委员会改组为金堂县发展计划局是主管全县国民经济和社会发展战略、发展规划、年度综合计划、总量平衡、结构调整的县政府工作部门。内设办公室、农经与社会发展科、投资与基础产业发展科、项目管理科、综合科。2006 年 9 月，金堂县发展计划局改组为金堂县发展和改革局，为县政府工作部门。撤销县体改办，其承担的指导、协调各类综合配套改革的职能划入县发展和改革局。县物价局、县统计局、县粮食局归口县发展计划局管理。

第二节　计划管理体制改革

一、转变计划工作职能

1991—1997年，县计经委转变工作职能，除保留复退军人安置、粮食定购任务、棉花收购任务、统招毕业生分配指令性计划外，其余的实行指导性计划。发挥优势搞好招商引资，成立了招商信息中心，加强项目储备、项目信息交流，提高招商引资成功率，积极向上争取重点项目建设，代县委、县政府制定出台了一系列加快招商引资与扶持工业、乡镇企业发展的政策。1998—1999年，县计经局在全县经济工作中，参与全县经济调控、研究，发挥“综合、规划、平衡、协调、服务、监督、参谋”作用，协助有关部门对退伍军人统筹归口安置、粮油征购工作、大中专毕业生分配、“农转非”计划管理，以及人口、教育等专业作了计划，并对“四川金堂中央粮食储备库”“沱江水土保持”“红旗水库”等在建项目进行跟踪、监督、协调，对成品油市场加强综合管理和进行了清理整顿，重新核发许可证，对不符合国家规定的坚决予以取缔。

二、参与经济管理研究

2000—2001年，县计委参与全县经济调控、研究，充分发挥计划职能作用，并对红旗水库、以工代赈坡改梯、以粮代赈退耕还林、天然气汽车加气站、汽车油改气、九龙滩灌区续建节水、农电网改造一期工程、天然保护公益林、天然气管网建设等在建项目进行跟踪、监督、协调。对原油、成品油经营市场加强管理与整顿，对许可证进行年审，保留37家、取消4家，使县内原油、成品油经营市场明显好转。2002年，根据市政府有关文件通知要求，县发展计划局代县政府起草了《金堂工程建设项目招标管理暂行规定》《金堂县政府投资项目管理暂行办法》。县项目管理和招标投标工作有章可循，有法可依。全年全县公开招标12个项目，邀请招标1个项目。2003年，全县共核准了9项施工单项合同在200万元以上的政府投资项目，县招投标工作逐步实行规范化、法制化。2002年，县发展计划局牵头组织县有关部门对全县14个国债项目按国家有关规定进行稽查，并顺利通过了省市稽查。同县交通、水利、供电、农业局等部门通过积极努力，争取到国家以工代赈无偿资金120万元，帮助了五个特困村的公路、水利、提灌站基础设施建设。在省、市领导的关心和支持下，经上级计划、经济部门组织协调，县委、县政府十分关注的“火电厂搬迁”项目开始启动。同年10月下旬，西南电力设计院组织专家和业主一道，对成都火电厂搬迁金堂建设涉及的铁路、公路、水源、环保、厂址位置、地质进行实地踏勘。完成了2×360万千瓦的项目可行性研究报告。会同县有关部门对全县加油站（点）进行专项整治，关闭了36个不规范并存在严重安全隐患的加油站（点）。2003—2005年对全县重点建设进行了立项、监督、服务。2007年，县发展和改革局行政审批制度改革深入推进，保留行政许可（审批）290项，其他行政行为434项。县级政务中心建成投入营运，乡镇政务中心建设有序推进。采取政府收购债务的方式，先后取消先锋、龙威、清泉交通收费站。农村义务教育经费保障机制、基层涉农服务体系、产权制度、农村公路管理养护体制改革进一步深化。

第三节　规划编制与执行情况

1991—2005年，县发展计划局牵头编制了“八五”“九五”“十五”生态环境规划，以及城市发展、国土开发整治保护总体规划，土地利用、水环境、交通发展等规划，加强了国民经济和社会发展计划的衔接。金堂经济和社会发展按照规划制定的战略目标和方向不断地向前推进。

一、第八个五年计划

1995年全县国内生产总值达到17.67亿元，比1990年增长157.2%，年均增长20.8%，提前1年完成“八五”计划调整目标；农业总产值增长39%，达到7.5亿元，年均增长6.8%；工业总产值增加6.34倍，达到31.55亿元，年均增长49%；乡镇企业总产值增加14倍，达到52亿元，年均增长72.1%；全社会固定资产投资增加3.52倍，达到5.2亿元，年均增长35.2%；地方财政收入增长93%，达到1.09亿元，年均增长14.7%，农业主要产品产量稳步增长，粮食总产量1995年达到3.65亿公斤，水果产量增长187.1%、达到8.04万吨，年均增长23.5%；蚕茧产量增加2.18倍，达到169.30万公斤，年均增长26%；食用菌种植规模增长188.2%，达到1.3亿袋，年均增长23.6%，多品种的食用菌格局初步形成，农民人均纯收入1995年达到1424元，比1990年增加872元，年均增收174元，各项社会事业全面进步。

二、第九个五年计划

2000年全县国内生产总值达到56.49亿元，比1995年增长87.96%，年均增长13.45%；农业总产值增长38.2%，达到18.06亿元，年均增长6.68%；工业增加值增长81.85%，达到18.74亿元，年均增长12.70%；乡镇企业增加值达到10.37亿元，比“八五”期间翻了一番，年均增长14.89%；财政总收入增长73.98%，达到1.89亿元，年均增长11.71%，其中：地方财政收入增长137.98%，达到1.42亿元，年均增长18.93%，农业主要产品产量稳定增长，粮食总产量在调减播种面积4.33万公顷的情况下仍达到3.33亿公斤，与1995年持平；水果产量增长74.13%，达到1.4亿公斤，年均增长11.73%；食用菌种植规模增长90%，达到1.9亿袋，年均增长13.72%。城乡居民收入增加，生活水平和生活质量明显提高；与1995年比，2000年农民人均纯收入达到2673元，人均增加1249元，人年均增收284.8元，高于“八五”期年均增收174元，城镇居民家庭均可支配收入2000年达到6400元，增加3046元，年均增加609元。各项社会事业不断进步，科技进步对经济增长贡献率达到43%；广播、文化、教育、体育、卫生等事业都有较大的发展。

三、第十个五年计划

“十五”期间，全县地区生产总值年均增速10.3%，2005年达到57亿元。2005年全口径财政收入达到3.25亿元、年均增速分别为9.2%，地方财政收入1.78亿元，年均增速6.8%；城镇居民人均可支配收入和农村居民人均纯收入分别年均递增7.2%、7.6%，分别由2000年的6446元和2686元提高到2005年的9143元和3834元。

城市建设步伐加快，城市功能不断提高。打造了迎宾大道，十里大道景观轴以及沿沱江、毗河、中河风光带，建成了行政中心广场和商贸中心，实施了城区光彩工程、道路畅通工程，旧城改造得到进一步完善，城市面貌焕然一新。县城赵镇享有“花园水城”美誉，荣获“2004年中国人居环境范例奖”，并评为“全国文明村镇”“省级文明县城”“成都十大魅力城镇”。城乡统筹稳步推进，社会事业全面进步。确定的“城乡一体化规划，壮大支撑产业，建设现代新农村”等方面发展加快。养老、医疗等社会保障体系不断完善，就业和再就业工作进一步加强，文化、体育、广播、电视、档案等社会事业全面发展。

四、重点项目建设

2003年5月29日县政府第六次常务会议研究决定，将“金堂县重点建设项目工作领导小组办公室”调整挂靠到县发展计划局，其主要职责是：负责拟定全县重点项目建设名单和计划；负责全县重点项目建设的组织协调工作；负责全县重点项目建设的监督、检查、定期反映金堂县重点项目建设情况；负责全县重点前期准备项目的规划和储备工作，承担县重点项目建设工作领导小组交办的具体工作。县重点项目办作为全县项目工作的牵头部门，坚定“抓项目就是抓发展，抓项目就是抓落实”理念不动摇，认真履行项目策划、协调、服务和管理职能职责，扎实做好各项前期工作，创新项目推动和工作机制，确保全县重点项目顺利实施。2003—2005年，全县实施各类重点项目300余个，累计完成投资近50亿元。

五、项目监督管理

项目监督管理工作是保证政府投资项目顺利实施，保证国家资金安全有效使用的手段。国家资金和各级政府投资项目下达后，县发展计划局相关科室对项目实施的全过程进行跟踪、监督、协调、服务，对项目实施中出现的问题及时进行协调，帮助解决，同时积极配合市政府稽查办对金堂县国债项目和有关政府投资项目进行稽查，对稽查中发现的问题及时通知业主进行整改，从而保证了国家及各级政府投资项目的顺利实施，保证了国家资金安全有效的使用。

六、以工代赈

以工代赈是国家拿出资金，以工程来启动贫困山区农村经济发展，着重是完善贫困乡村的基础设施建设，为贫困乡村脱贫致富奠定基础。2001年金堂成立“以工代赈”办公室挂靠在县发展计划局。2002—2003年省以工代赈办公室分两次下拨给金堂县以工代赈资金共计240万元，为金堂县云合、竹篙、白果、福兴、高板、九龙等乡镇修建的项目是：（一）乡村公路30公里，机耕道改建12.5公里；（二）小型水利：石河堰2处，渠道900米，新增蓄水池99口，整治塘7口；（三）农机提灌：建泵房及完善配套机电设备6处；（四）人畜饮水工程建蓄水池1600立方米，建引水渠1.1公里。国家以工代赈资金有效的帮助金堂县边远乡镇贫困乡村改善了基础设施条件，为脱贫致富打下了良好的基础。

第二章　工商行政管理

第一节　管理机构

一、机构

1991—1999 年 5 月 27 日，金堂县工商行政管理局隶属金堂县人民政府。县工商行政管理局内设人事、市场管理、财会、企业登记管理、个体登记管理、经济合同管理、商标广告管理科、监察室、经济监督检查队、个体劳动者协会、个体私营者协会、消费者委员会、工商事务所，辖 1 个直属分局、7 个工商所。按照国务院批转《国家工商行政管理体制改革方案的通知》，“实行省以下工商行政管理机关垂直领导”；1999 年 5 月 28 日，金堂县工商行政管理局改为成都市工商行政管理局金堂分局；7 月撤销了原“直属分局”，及时组建了城关工商所、三中园区工商所、三江工商所。2002 年 4 月 1 日，按照成都市工商行政管理局的规定，成都市工商行政管理局金堂分局更名为成都市金堂工商行政管理局；内设办公室、人教科、财会科、个体登记科、企业登记科（后个体、企业两科合并为注册监督科）、市场科、合同科、商广科、消保科、法制科、公平交易科；下设 9 个工商所；挂靠单位有消费者权益保护委员会、个体私营协会。2004 年 12 月 23 日成立成都市金堂工商行政管理局公平交易执法分局。

二、行政执法体制改革

为解决重复执法、交叉执法、多层执法的矛盾，按上级要求，成都市金堂工商行政管理局于 2004 年 12 月 23 日成立成都市金堂工商行政管理局公平交易执法分局。分局负责集中行政执法，为县局直属副局级机构；设分局局长 1 人，副局长 1 人，并从各科所抽调执法人员共 27 人组成；下设综合管理科、案件核审科、执法一科、执法二科；其主要职责：按权限承担金堂县辖区内各类违反工商行政管理法律、法规、规章案件的行政处罚职能；承担本局行政案件的管理和指导；负责本辖区各项整治等工作，各科、所不再单独执行行政执法。随着行政执法体制的改革，工商行政管理职能工作进一步整合。同年底，为全面加强工商行政管理工作，建设规范化服务型的政府机关，按照市工商局的安排和部署，金堂工商局开始全面贯彻执行 GB/T19001：2000《质量管理体系要求》，逐步实现全局服务管理工作的规范化、制度化、标准化。

第二节　市场管理

一、市场办管脱钩

2001年11月，按照《国务院办公厅转发工商总局关于工商行政管理机关限期与所办市场彻底脱钩有关问题意见的通知》和《成都市人民政府批转市工商局关于全市工商行政管理机关与所办市场彻底脱钩实施意见的通知》及省、市人事部门机构改革方案，成都市金堂工商局分流出50名非公务员到金堂县市场开发服务中心。同年12月14日对市场资产、债权债务、人员进行全面清理核实后，在县政府有关领导和部门的监督下，向金堂县市场开发服务中心进行了市场脱钩移交，移交人员50名；市场26个，债务1401.86万元，实现了所办市场与工商行政管理机关脱钩。

二、注册登记

注册科主要执行认真规范企业登记行为、严格登记条件、程序、审批核准，把好市场主体准入关。2003年7月，局所职能调整，将个体工商登记、打照、发照职能委托各辖区工商所履行，注册科负责对个体登记工作的指导、监督和档案归档。2003年9月，市工商局在全市范围实施企业名称预先核准并联审批制度。同年，全面推行企业登记"一审一核"制，一般登记程序由原来的"窗口受理、办事员审查、科长审查、报局长审核"，四个环节减为窗口审查员受理审查和核准员核准两个环节，提高了办事效率。通过支持企业产权制度改革，将国有企业改制向集体企业延伸，组建股份合作企业及其他新型企业，支持经济发展。截至2005年12月，内资企业为2348户，其中：企业法人785户，注册资金97798万元；私营企业383户，其中：个人独资98户，合伙9户，有限责任公司276户，注册资金31685万元。

三、市场监督

1991—2005年，工商管理部门根据《商标法》《广告法》《反不正当竞争法》等法律法规及有关规定，对城乡农资、种子、粮食、消费品、文化市场等，开展节日、常规、专项检查。在农忙时重点查处制售假冒伪劣农药、化肥、种子、农机具等危害农业生产的违法行为，对全县312户农资经营户实行农资销售"信誉卡"制度。加强与人民群众生活密切相连的食品、酒类、家电、服装、香烟等消费品的监督检查，查处无照经营；加强商标、广告监督，规范市场行为；以经济户口为基础，对市场经济秩序实行网络化监管；清理整顿保健、娱乐、美容等服务行业，打击违法活动。重点打击社会反响强烈的制假售假、合同欺诈、走私贩私等严重扰乱市场秩序和损害经营者、消费者合法权益的违法违章行为。累计立案查处6403件，移送司法机关5件。没收假冒（商标侵权）的名酒2万件，商标标识453套，假冒香烟3000条，不合格化肥118.2万公斤，伪劣和过期农药6700公斤，不合格饲料2.6万公斤，假劣种子28286公斤，假冒碘盐19.4万公斤，注水猪肉（病死家禽）3300公斤，非法出版物910册，虚假宣传资料3万份，捣毁制假窝点20个。创建"文明集贸市场"32个。

四、管理费征收

1991年后继续执行国务院城乡集市贸易管理办法征收市场管理费。收费标准：凡进入集市贸易交易商品，工业品按采购金额的1%收取；农副产品按采购金额的1.5%收取。同时征收个体工商管理费，按购销金额1%、劳务收入按2%计收。市管费和个体工商管理费的收取主要用于市场建设。2003年6月1日，按上级要求，金堂工商局停止征收个体工商管理费。

第三节　个体私营经济管理

一、消费者权益保护

1990年9月4日成立金堂县消费者协会，其办事机构挂靠在金堂县工商行政管理局。同年9月4日召开第一届消费者代表大会，选举产生了会长，副会长以及秘书长，成立8个消协分会，24个消费者投诉联络站、咨询站，在全县形成了保护消费者权益的组织网络。1993年，金堂县消费者协会更名为金堂县消费者委员会。1995年12月，金堂县消费者委员会召开第二届第一次会议。2003年5月，金堂县消费者委员会召开了第三届一次会议，完成换届。1990—2005年年底，本届消费者委员会共受理消费者投诉3517件，处理结案3140件，为消费者挽回经济损失164.80万元，免受损失438万元，收到感谢信120封，锦旗250面，受到消费者好评。2000—2003年，金堂县消费者委员会连续三年荣获中国消费者协会“落实消协首项职能”优秀单位称号。

二、个体私营协会

1993年10月20日，金堂县私营企业协会成立。协助工商部门管理全县个体、私营工商户，积极发挥“自我教育、自我管理、自我服务”的职能。组织全县个体私营企业进行政策法规、职业道德教育，先后印发学习资料3万册（份），参训5万人次。1994年6月，县委、县政府颁布了《关于加速发展个体私营经济的决定》，决定中明确提出：“把发展个体私营经济作为金堂县经济的主体和方向”。由此，金堂县个体私营经济得到了快速发展。2002年4月16日，在红旗礼堂隆重召开了千人参加的全县个体私营企业表彰大会，大会表彰了“全县十强私营企业”和30户先进个体工商户。截至2005年，县个体私协共组织8次“光彩服务周活动”为群众义务服务3000次，看望敬老院老人340人，向社会公益事业捐赠183万元，吸纳下岗、失地农民就业2万人。

第四节　经济合同与商标广告管理

一、经济合同

1991—2005年，自始至终宣传贯彻《经济合同法》《担保法》《仲裁法》等法律法规，开展经济合同鉴证、年检和每年开展企业“重合同、守信用”活动。鉴证合同7008份，金额达3.4亿元。办理动产抵押341份，主债权金额达9.2亿元。共评出“守合同、重信用”企业218户，2005年，评出AA级企业9户，A级企业4户。

二、商标管理

1991—2005年年底，县工商局贯彻《商标法》，打造金堂品牌，全县有注册商标239件，申办商标60件，变更注册商标15件，商标续展38件，转让商标2件，办理商标案71件。1991年，确立金堂韩滩液为企业商标管理重点单位。1992年，金堂县完成108个注册商标验证工作，荣获全市三等奖。1993年落实商标重点企业18家，同时对注册商标进行全面验证，合格93个。1994年，对新修改的商标法进行了为期3天的系统学习和培训。1997年，帮助10家企业制定和运用商标战略，并扶持和培育“华福宁”药品商标争创四川省著名商标。1998年，成都金凤集团首批被评为“成都市著名商标”。同时依照商标法，先后对在金堂县注册登记的福建“亲亲”“盼盼”“福马”三家外资食品企业签订商标使用合同实行了备案管理。2003年国家商标局正式受理“金堂食用菌”证明商标，注册的“盼盼”商标已获全省著名商标。2004年，积极推动金堂县注册“中国西部花园水城”商标，提升城市形象。2005年在成都市商标助农推进城乡一体化经验交流会上，金堂工商局以《小小食用菌 做好大文章》为题发言，获得认同。

三、广告管理

1991年，县发布《关于加强金堂县张贴广告管理的通知》，9月，制定《关于加强金堂县招牌管理的通知》。1992年，实行“核准张贴”制度，规定凡在城区内发布户外、牌匾广告，必须报经工商部门审查同意，核准后方可发布。1994年，同城建部门共同制定《关于加强金堂县户外广告规划管理》文件，依法拆除违章广告，同时规划设置大型路牌广告12幅。1995年，从十里坝干道至五十七队车站，从三江路到钟楼街，路牌广告、横幅广告、招牌店堂广告实行了统一标准，统一设置，进一步提升了县城形象，投资环境进一步改善。1996年，按照县政府《金堂县户外广告管理办法》，户外广告变事后规范为事前监督，要求发布广告必须事前登记核准，杜绝乱贴和超期陈旧广告的出现。1997年按照县政府《关于对县城户外广告进行集中整治的通知》，县工商局对县城范围内发布的布幅、路牌、招牌、灯箱、霓虹灯、张贴广告等进行全面整治，整治后的县城面貌一新。同年，对县城提出和全面实施了以“花园水城”夜景特色为重点的“夜景工程”，至2002年，县城玉龙街、文化街招牌设置率、规范率、登记率达100%。截至2005年年底，共查处违章广告案80件，收缴清除乱张贴广告3013份。

第三章　质量技术监督管理

第一节　管理机构

1989年4月10日，撤销金堂县标准计量局，组建金堂县技术监督局。1999年9月30日，撤销金堂县技术监督局，成立成都市质量技术监督局金堂分局；同时原金堂县技术监督局所属稽查中队也扩编为成都市质量技术监督局金堂分局稽查大队；分局下设金堂县产品质量监督检验所、金堂县计量测试所予以保留。2000年8月15日，原劳动局所属锅炉、压力容器、压力管道、电梯、防爆电器等特种设备的安全监督监察职能划转到成都市质量技术监督局金堂分局。2000 年 9 月 13 日，金堂县产品质量监督检验所与金堂县计量测试所合并，成立成都市金堂质量技术检测所。2005 年年末，成都市质量技术监督局金堂分局下设办公室、质量标准计量科、特种设备安全监察科、法规科、稽查大队和成都市金堂质量技术检测所。

第二节　全面质量管理

一、强化质量认证

1991—2005 年，实现县域内工业企业产品等级品率 75%，质量稳定提高率 88%，质量损失率 0.16%。对全县 46 家年产值达 300 万元以上的企业建立了质量档案，建档率达 95%。组织、帮助 10 家企业通过了质量管理和质量保证体系认证，2 家企业通过强制性产品（3C）认证。表彰 60 家质量管理先进企业。质监金堂分局加强工业产品生产许可证管理，开展白酒、危险化学品等 10 种产品生产许可证的复查、换（取）证，对 17 类重点产品开展了无证查处，出动执法人员 1080 人次，检查生产、经销企业 512 家，查处生产许可证违法案件 30 件。

二、严格质量检查

开展强制性认证产品生产企业的普查工作，金堂县有 2 家企业取得了 6 份认证书。从 2003 年开始认证查处至 2005 年，共进行认证执法 10 次，出动执法人员 100 人次，检查生产、经销企业 45 家，查处认证违法案件 5 件。质监金堂分局每年均组织市场计量监督检查 5 次。通过不懈努力，全县集贸市场、固定摊点、零售商店的计量器具受检率达 90%，集贸市场公平秤设置率达 100%；眼镜制、配企业计量器具受检率达 98%；县级医院计量器具受检率达 97%；乡镇、社会办医疗机构计量器具受检率达 85%；全县 38 家加油站计量器具受检率达 100%；定量包装商品净含量合格率达 90%；配合市局对水、电、气表授权检定站进行了规范化管理，其计量器具受检率 100%。2000 年 4 月，县农业标准化工作正式启动，金堂县被确定为成都市农业标准化工作试点县。通过标准化宣传、培训，引导农户不断扩大农业标准化生产范围，积极在脐橙、食用菌、无公害蔬菜、黑山羊、杂柑等特色农产品中推行农业标准化，全面提升金堂县农业整体效益。2004 年 9 月 18 日，金堂县脐橙（国家级）农业标准化生产示范基地通过验收。2005 年，金堂县食用菌正式申报国家级农业标准化项目；全县实现了标准备案、执行标准登记及食品标识、标签审查、代码办证、年检工作规范化。

第三节　特种设备安全监察

2000 年 8 月 15 日原县劳动部门的锅炉、压力容器、压力管道、电梯、防爆电器等特种设备安全监察职能划转到质监部门，质监金堂分局坚持“前期介入、服务企业”的方针，建立特种设备安全监察网络，在每个乡镇确定了 1 名安全协管员，层层签订安全责任书，落实责任制。每年元旦、春节、“五一”“六一”“十一”前后均组织对易燃易爆、有毒有害有危险的场所、企业进行特种设备安全大检查，并加强了日常监察。2000—2005 年，出动监察执法人员 1632 人次，检查学校 27 所次、生产企业、浴池、制衣和豆腐作坊、个体工商户 1700 家次，捣毁“土锅炉”25 台，消除安全隐患 300 处，对未履行安装、改造告知程序、超期未检等行为发出整改通知书 300 份，对逾期不改的依法立案查处 6 起；检验锅炉 280 台次、压力容器 320 台次、电梯 100 台次。2005 年县有从事特种设备作业的人员 579 人，取证 579 人，持证上岗率达 100%，到期复审换证率达 100%。县未发生特种设备安全事故。

第四节　行政执法

一、宣传

1990—2005 年，质监金堂分局以“3·15”国际消费者权益保护日为载体，大力加强法律法规宣传。自 2000 年开始，国家质检总局把每年的 9 月确定为“质量月”，质监金堂分局每年印制了大量的《中华人民共和国产品质量法》《产品质量监督管理条例》《中华人民共和国计量法》《中华人民共和国标准化法》《中华人民共和国特种设备安全监察条例》《中华人民共和国认证认可条例》《中华人民共和国工业产品生产许可证管理条例》等大量宣传单共计 20 万份向群众发放。与县委宣传部及《金堂信息》、金堂电视台等部门协作，开展相关法律法规宣传。同时，参加县级有关部门组织的“综合治理”“禁毒日”“公民道德”宣传，印制了部分《宪法》《民法》《公民道德建设》等宣传单 3 万份。

二、执法

质监金堂分局按照县委、县政府关于整顿和规范市场经济秩序的要求，重点对涉及人体健康和人身、财产安全、关系国计民生、消费者反映强烈的产品加大监督管理力度，开展了食品、农资、建材、妇女儿童用品等 45 类产品的专项整治。2001 年 3 月 26 日，质监金堂分局在打击“黑心棉”行动中查处的“雪花牌”棉絮的制售者汪某被县人民法院以“制售假冒伪劣商品罪”依法判处有期徒刑，在金堂县属首例。质监金堂分局在打假和整顿规范市场经济秩序工作中获市、县表彰的先进单位 8 次，先进个人 6 人次。质监金堂分局在 2003 年抗击“非典”、防治“禽流感”和打击在食品中使用“苏丹红一号”添加剂过程中，共出动执法人员 406 人次，检查生产、经销企业、药店 308 家，发出关于“苏丹红一号”的致企业告知书 200 份，维护了金堂县企业的产品质量声誉和市场经济秩序。2005 年 3 月，质监金堂分局建立食品专项打假责任制，实施“食品放心工程”和食品专项整治，加大了对制售假冒伪劣食品的打击力度，对全县食品企业实行 A、B、C 分类监管，监管面达 100%，食品生产企业巡查率达 100%；共监督抽查各类产品的生产、经销企业 2010 家，2020 批次，合格率 90.28%。对监督抽查不合格的企业进行帮扶，使其产品质量达到相关标准；配合市质监局对米、面、油、酱、醋、肉制品、乳制品等 28 类政府关心、社会关注的食品实行市场准入制度。1991—2005 年共出动执法人员 8060 人次，检查生产、经销、经营性服务企业 2 万家次，捣毁制假售假窝点 100 余个，查获假冒伪劣产品货值 1031 万元，查办制假售假违法案件 1072 案件，其中大要案 50 件。

第四章 物价管理

第一节 管理机构

1949 年 10 月 1 日新中国成立后，金堂县物价管理由县经济计划委员会负责。1960 年，设立金堂县物价委员会。“文化大革命”中，县物价委员会机构中断。1980 年 6 月，恢复县物价委员会。1983 年 10 月，金堂县物价委员会更名为金堂县物价局。1984 年 8 月，成立金堂县物价检查所，隶属于县物价局。1997 年 6 月，成立金堂县价格事务所。2000 年 6 月县价格事务所更名为金堂县物价局价格认证中心。2001 年，县机构改革时，县物价局内设办公室、价格与收费管理科；下设物价检查所、价格认证中心两个事业单位。

第二节 价格体制改革

一、价格放开

1990 年后，价格全面放开，由企业根据市场情况自主定价。对服务行业价格，实行政府定价和由主管部门按规定的毛利率制定价格。1991 年，根据国家有关规定，金堂县部分酒类、烟草类商品价格等完全融入市场经济，执行市场调节价格。1991 年 5 月，国务院提高粮油销售价格，粮食购销价格基本持平。1992 年，粮食购销价格继续上调，油菜籽收购和食油销售价格略有下降。当年国家对进口手表、饮食行业、理发、玻璃、42 种化工产品、日用品、酱油、醋、铁锅、建材产品价格全面放开。1993 年，根据四川省委和省政府文件精神，全面放开粮食销售价格，取消城镇居民口粮、食油凭证定量供应，统一按市场价格销售。粮食价格的上升，带动了其他主要农副产品购销价格上涨。同年，国家放开了牛奶购销价格、猪肉销售价格和铁矿石、锰矿石、民用载重汽车价格、烟叶调拨价格。1996 年，国家放开头痛粉等 50 个大项的药品销售价格。同年，为补偿粮食生产成本上升，国务院决定提高粮食定购价格。1998 年，按照国家有关规定，对公用事业价格、公益性服务价格、自然垄断经营的商品价格，在调定价前先进行成本认证及成本监审，召开有消费者、经营者和有关方面代表参加的价格听证会，按规定权限报上级价格主管部门或同级政府批准后公布。1999 年稻谷收购不分定购价和保护价，实行综合价。同年 10 月，县首次价格听证会召开，内容为制定县城自来水价格。

二、下放价格品种

1992—2000 年，金堂县各种物价进行了适当调整。2000 年 3 月 1 日，金堂县生猪税定额为 59.15

元/头；肉牛定额税为76.20元/头（其中：增值税40元，屠宰税25元，个人所得税10元，教育附加费1.20元）；肉羊定额为14.21元/头（其中：增值税7元，屠宰税5元，个人所得税2元，教育附加费0.21元）。自宰自食征收屠宰税生猪4元/头，羊3元/头。5月22日县小春粮油收购工作会召开。对当年小麦收购政策有所调整：即（1）小麦收购质量标准执行GB1351－1999新标准，GB1351－1986标准废止；（2）小麦收购实行二价合一的综合收购政策；（3）对不符合国家质量标准的劣质粮食，不列入敞开收购范围。可由国有粮食购销企业本着服务农民、方便交售并在农民自愿的前提下，按照购得进、销得出、不亏损的原则，依质论价，随行就市进行收购；（4）优质品种由国有粮食购销企业根据市场行情，在综合价的基础上加价收购；（5）执行农税征实政策，粮食品质差价由数量抵补。当年全县粮食收购任务为1774.50万公斤，油菜籽收购任务为566.50万公斤。其任务6月30日完成。

2001年，国家放开水泥、棉花、国产轿车、中药材料等97种产品的价格。2002年，国家全面放开粮食、食油、煤、农药、化肥、机械、报刊、宾馆、饭店等159种价格。同年，省政府颁布《四川省定价目录》，县按照《四川省定价目录》确定了县管商品定价范围。2003年“非典”期间，治疗和预防“非典”的药品成10倍价格的增长，县物价局根据上级有关规定，采取了应对措施，很快控制了药品价格。2003年6月1日，国家发改委颁布《重要商品和服务价格成本监审暂行办法》。根据国家发改委的这一规定，县物价局从当年开始，对全县部分重要商品和服务价格进行了成本监审。同年，首次对县自来水公司的自来水成本进行了监审。自2004年开始，原物业收费由政府定价改为政府指导价，实行备案制。2004年2月召开了全省首次降价听证会议，其内容为降低九龙滩灌区农业用水价格；从2004年春灌起，将九龙滩灌区农业用水价格由每立方米0.21元降为0.19元，当年减轻九龙滩灌区农民负担136万元。在总结2003年抗击“非典”期间价格监管经验的基础上，县物价局于2004年9月，制定《金堂县应对价格异常波动工作预案》，经县第十五届人民政府第36次常务会议讨论通过，并由县政府办公室印发全县各部门执行。同时，县政府成立了金堂县价格异动事件应急工作领导小组，领导小组办公室设在县物价局。2004年9月，实现了全县城乡电网同网同价，原竹篙供区农村居民生活用电价格由每千瓦时0.63元降为0.47元，每年将减轻原竹篙供区农民负担261万元。2005年4月，再次降低九龙滩灌区农业用水价格，由每立方米0.19元降为0.13元，每年将减轻九龙滩灌区农民负担210万元。

第三节　物价宣传

县物价部门运用各种形式宣传、解释政府的价格方针、政策、法规和价格改革步骤及措施，增强物价工作透明度。1997年12月29日第八届全国人民代表大会常务委员会第二十九次会议通过《中华人民共和国价格法》，同日颁布，自1998年5月1日起施行。1998—2005年，县物价部门认真宣传《中华人民共和国价格管理条例》《四川省价格管理条例》《成都市反价格欺诈和牟取暴利条例》《中华人民共和国价格法》《国家计委关于商品和服务实行明码标价的规定》等。2000年10月31日，国家发改委颁布《关于商品和服务实行明码标价的规定》，县物价部门先后多次组织物价人员到全县各大场镇利用广播、标语、电视进行半个余月的宣传，散发宣传资料4500份。先后召开动员、培训会36次、印发宣传资料3万份，进行电视广播宣传35期，办宣传专栏13期，出动宣传车80次共900人次，设宣传咨询点20次，张贴悬挂宣传标语1000幅，接待咨询人员300人次。

第四节　价格管理

一、物价调控

1991—1992年，全县实施物价三重目标管理（即零售物价上升幅度，直接监控的59种主要商品和8项收费及保证有效供应的12种商品），将控制物价任务分解落实到14个业务主管局，层层负责，各行其职。县物价局为全县国有、集体、工商企业和享有定价权的分支机构和部门颁发“企业定价资格认可证”420个，对规范企业定价起了重要作用。国家对大中型工业企业、日用工业品、农产品、零售商业、服务行业的定价权大部分下放，充分调动生产经营者积极性，物资丰富，市场价格稳定。1991年上级下达金堂县零售物价总指数为6.5%，实际为6.2%。1992年上级下达金堂县零售物价总指数为7%，实际为7.7%。1993—1995年，由于货币投放过多，固定资产投资过猛，社会消费基金增长过快，价格升幅大、涨价面宽；副食品、民用燃料、建筑材料、医药价格始终保持较高升幅，工农业生产资料在高水平上波动，工业消费品稳中有升，粮、油、肉、禽、蛋价格涨幅较大。1994年12月集市大米每公斤2.30元，较年初每公斤1.26元上升83%；菜油每公斤10.20元，较年初每公斤5.80元上升了75.86%。从1994年起，对居民生活必需品23种，重要收费2种实行监审和提价申报，对全县餐饮业、娱乐业加价率进行规范管理，发放价目400册、法规文件80本，对钢铁产品明确规定国家定价、指导价和提价备案品种。1995年对经营服装、食品、饮料类、餐饮娱乐和重要生产资料实行差率控制。1996年，随着《中华人民共和国价格管理条例》《价格违法行为处罚规定》《制止牟取暴利的暂行规定》《四川省价格管理条例》《成都市反价格欺诈和牟取暴利条例》等物价法规的深入贯彻实施，价格行为的进一步规范，国家基建投资减缓，反腐败的深入进行，公款消费进一步得到遏制，市场物资丰富，价格稳定。1997年市下达县零售物价指数升幅为11%，实际为8.10%。1997年，全县物价指数升幅3.30%，居民生活消费指数升幅5.30%。1998年成都市下达到县的物价指数控制一级目标为：商品零售价格总指数升幅4%、居民生活消费价格总指数升幅6%。全年全县平均商品零售价格总指数升幅为-0.9%，居民生活消费价格总指数升幅0.9%，分别比市上下达的一级目标控制幅度减少了4.9、5.1个百分点。1999年，成都市下达县的价格总水平调控目标：居民生活消费价格总指数为104，商品零售价格总指数为102。实际物价调控指数分别为：101.1、98.5，价格总水平继续降低。2000—2001年，全县居民消费价格总指数100.5，商品零售价格总指数98.8。价格总水平相对稳定。2002年制定了广兴镇红花水库农业水费标准。调整了五凤自来水厂供水价格、工程勘察设计收费标准。下达了市政园林设计和建设工程设计审查收费标准、2002年度稻谷收购价格和杂交水稻种子销售价格。核定了农村分类综合电价和加密付费电视及视频互动点播业务收费标准。2003年核定了九龙滩提灌区综合水价；制定了县城1—7路公交车票价、金堂中学等学校住宿收费标准；下达了有线电视收费标准和邮政延伸服务收费标准；公布了金堂县2003年中籼稻最低收购价格。2004年执行了房屋租赁市场指导价格。2005年制定了非机动车停放服务收费标准、出租汽车挂靠综合服务费标准、县城民用天然气“一户一表”安装工程包干费标准、沱江燃气有限责任公司工业用气销售价格。核定了康能水电有限责任公司农村分类综合电价。公布了2005年中籼稻最低收购价格。

二、价格调整

1991—1997年，全县几项主要商品的价格是：粮油收购价：稻谷1991年中等定购价每公斤0.46

元，1997年1.44元；标二米：1991年每公斤0.65元，1997年2.06元；小麦中等定购价：1991年每公斤0.46元，1997年1.36元；玉米1991年中等收购价：每公斤0.45元，1997年1.40元；油菜籽中等收购价：1991年每公斤1.48元，1997年2.52元。电力价格：1997年城镇居民生活用电每千瓦时0.40元，农村居民生活用电为0.66元至0.74元；普通工业用电为0.44元，农排用电为0.084元。天然气价格：1991年供应居民生活用气0.40元/立方米，1992年10月1日起调为0.60元/立方米，1994年10月1日起居民生活用气价格为0.90元/立方米。自来水价格：1991年居民生活用水0.25元/立方米，生产基建用水0.35元/立方米，行业用水0.40元/立方米；从1995年起居民生活用水0.80元/立方米，生产、基建用水0.90元/立方米，行业用水1.05元/立方米（此价包括加收自来水开发建设基金0.30元/立方米，价格调节基金0.10元/立方米）。1991年，对县421个收费核算单位颁发“行政事业性收费许可证”，并实行年审制度，从1992年起对全县行政事业性收费实行年审。1991年全县局级收费单位有41个，1997年58个；收费核算单位：1991年421个，1997年293个；收费点：1991年685个，1997年400个，收费项目：1991年694项，1997年557项；收费总额：1991年2338万元，1997年6755万元。1991—1997年，取消不合理收费143项107万元，降低偏高的收费标准284项1548万元，减轻了企业和群众负担。

1998年，全县几项主要常用商品的价格调整是：（一）粮油购销价格：全年中等品质小麦、杂交稻、玉米每公斤定购价分别为1.36元、1.44元、1.44元；保护价分别为1.28元、1.26元、1.24元。油菜籽收购价每公斤为2.60元。国有粮食收储企业必须按照保本微利的原则，坚持敞开收购、顺价销售。（二）种子价格：小麦良种、杂交油菜种、常规油菜种、杂交稻谷种零售价分别为每公斤2.40元、50元、20元、13元。（三）农用薄膜价格：农膜每1000公斤最高零售限价9900元，地、微膜1万元。（四）天然气价格：从1998年10月1日起，民用天然气、工业用气、商业用气价格分别调为1.10元/立方米、1.00元/立方米、1.50元/立方米。（五）自来水价格：居民生活用水价格，从1998年6月1日起调为0.90元/立方米。（六）电信价格：市内电话通话费（每3分钟为1次，不足3分钟按3分钟计算），每次0.14元；固定电话初装费：甲种（住宅）1500元、乙种（办公）2000元；移动电话入网费2000元。（七）行政事业性收费：1998年，全县有41个收费部门、收费项目494个，年收费总额9703万元。按规定，取消25个收费项目，降低7项收费标准，为企事业单位和人民群众减轻负担266万元。

1999年，全县几项主要常用商品的价格调整是：（一）粮油收购价：中等品质的小麦定购价为每公斤1.34元，稻谷定购价每公斤为1.18元，油菜籽收购指导价为每公斤2.34元。（二）种子价格：良种小麦零售价每公斤2.10元，油菜种子零售价每公斤25元，杂交油菜种子零售价每公斤50元。（三）自来水价格：居民生活用水价格1.20元/立方米，工业用水1.15元/立方米，行政事业用水1.35元/立方米，经营服务用水1.70元/立方米，均从12月1日起执行。电价调整：1999年3月1日起执行居民生活用电每度0.41元，农村综合用电价格从10月1日起执行每度0.72元。

2000—2001年，全县几项主要价格调整是：（一）客运出租小汽车基本租价：基价里程为1000米，起程基价2.00元。（二）小麦收购价：49元/50公斤（中等）。（三）种子价格：1. 小麦常规良种零售价1.50元/公斤；2. 常规油菜籽种子零售价13.80元/公斤；3. 杂交油菜籽种子零售价30元/公斤。（四）稻谷、玉米收购价格：1. 中籼杂交稻52元/50公斤；2. 中籼常规稻47元/50公斤；3. 玉米49元/50公斤。（五）有线电视费：1. 入网建设费550元/户；2. 收视维护费14元/户（从2001年1月1日起执行）。（六）车用压缩天然气销售价格1.50元/立方米。

2002年，县按照价格管理权限，先后调整、制定了农业用水价格、公路客运价格、五凤镇居民生活用自来水价格每1000公斤1.60元，市政园林、建设工程、工程勘察设计收费价格，春季蚕茧价格正茧中准级每公斤11.50元；农村分类综合电价、机动车停车场和临时占道停车收费、道路清障拖车收费、园林绿化收费、有线加密电视收费每月30元；互动点播业务每次收费8元；大春粮食（稻谷）收购价格（中等品质中籼杂交稻谷）每50公斤52元；杂交水稻种子销售价格，II优系列杂交稻种批发价每公斤7.46元，零售价每公斤8元。制定了学校学生宿舍收费、房屋租赁指导价格。部分药品价格，以及部分县级部门的各类培训收费等。2003年，贯彻省、市价格政策，下达教育服务性收费标准、春季蚕茧价格、稻谷收购价格、农村分类综合电价、防“非典”中药饮片和制剂最高限价、邮政延伸服务收费等。调整了部分中学校新建学生宿舍收费标准；调整了九龙滩堤灌区综合水价、金堂客运中心站服务收费、城市公交车票价、县城自来水价格等；对经营性服务价格实施许可证制度和年度审验制度。贯彻新的医疗服务价格政策，重新核定、规范医疗服务项目3966项。规范了一批县级部门和各类培训收费。2004年，调整农村分类综合电价、中学借续费和择校费收费标准。公布了2004年中籼稻最低收购价格。2005年，调整九龙滩提灌区农业用水价格、车用压缩天然气销售价格、九龙电业股份有限公司九龙滩电厂电价、沱江实验学校学费收费标准。

第五节　行政事业性收费管理

1991年8月，开始实行收费许可证制度，由物价部门负责管理和监督。国家正式对行政事业性收费严格执行收费许可证和收费许可证年审制度。1992年，在财政部门的配合下，物价、财政两家对全县709个“收费许可证”进行了年度审验，当年取消收费项目、降低收费标准共69项。从1992年至2005年，全县共取消不合理收费项目324项，降低偏高的收费标准393项，为企事业单位和人民群众减轻负担4493万元。为规范全县的收费行为，制止乱收费的行为发生，从2002年起，县物价局参照《四川省收费目录》，对全县的收费项目进行了归类，编制了1000本《金堂县行政事业性收费公示目录》，发放到全县各企事业单位。2003年，为改善金堂县投资环境，减轻企业负担，县物价局编制了2100本涉企收费目录，并分发到各企事业单位。2004—2005年对全县“经营性收费许可证”进行年度审验。

第六节　物价监督检查与服务

一、监督检查

1991—2005年，全县立案查处价格违法案件2297件，共查处违法金额1888万元，退还消费者270万元。2001年5月1日，全国统一的价格投诉电话12358在金堂开通。全县共接待各类投诉举报案470件，处理结案率99%，回复率100%。2003年，市委宣传部等八个部门在全市开展创“百城万店无假货”活动，赵镇玉龙街被市委宣传部等八个部门联合命名为“百城万店无假货示范街”。同年，县物价局将“百城万店无假货示范街”赵镇玉龙街列为“商品明码标价示范街”。

二、服务

1997年6月，成立金堂县价格事务所；主要负责收集市场价格信息，为相关部门提供价格信息服务和进行价格鉴定。2000 年 6 月，金堂县价格事务所更名为金堂县物价局价格认证中心，主要开展价格咨询服务工作，受聘担任企业价格顾问，搜集、发布价格经济信息。

金堂县农产品生产成本调查工作始于 20 世纪 50 年代，一直是国家定点直报调查县。1991 年，金堂县有农产品成本调查点 4 个，分别是位于原淮口乡的粮食调查点、原建设乡的柑橘调查点、原大安乡的棉花调查点和原高板乡的生猪调查点。调查户为 20 户。调查品种有：小麦、油菜籽、中籼稻、玉米、红薯、花生、广柑、红橘、棉花、生猪共 10 个。1997 年 7 月，根据省、市的有关规定，金堂县取消了红薯、花生、棉花的调查，并将调查点统一归并到淮口镇一根松村，调查户为 5 户。2004 年 10 月，再次将调查点调整到原云绣乡花家坪村，调查户为 10 户，调查品种有：小麦、油菜籽、中籼稻、玉米和生猪等 5 个，取消了广柑和红橘两个品种。1991—2005 年，金堂县农产品成本调查工作先后荣获全国先进单位 1 次、先进个人 1 次，四川省先进单位 6 次、先进个人 3 次，成都市先进单位 6 次，先进个人 4 次。

第五章　审计管理

第一节　管理机构与概况

一、机构

县审计局是县政府主管全县审计工作的职能部门，1991—1997 年局内设：办公室和财政、金融、工商企业、行政事业审计科及政策法规内（社）审指导科。有干部职工 21 人，其中：高级审计师 1 人，中级审计师 6 人，初级审计师 8 人，局辖县审计事务所 1 个。2005 年金堂县审计局内设办公室和政策法规、经济责任、行政事业、财政、投资、金融审计科。

二、审计概况

1991—2005 年，县审计局完成全县审计项目 892 个，查出违纪金额 28557 万元，其中：挪用财政有偿使用资金 76 万元，偷税漏税 198 万元，其他违纪 985.5 万元，核减财政补贴 1180 万元，处理上缴财政 249.7 万元，核减工程款 1987 万元，挪用财政有偿资金 42 万元，账外资金 470 万元，隐瞒截留 28 万元，查补入库税金 118 万元，纠正资金 170 万元，不规范资金 350 万元。同时，开展对自筹基建资金来源审计，以及对停缓建基建项目跟踪、外资经济效益的审计检查、调查，坚持每年对县财政年度决算实行审签制度，并对县级财政预算执行情况进行审计；每年对全县乡镇按 30% 的比例轮流进行财政决算审计；按照上级审计机关的授权对金融机构进行审计。先后对交通局、建设局、教育局、农业局、水利局、白果镇、土桥镇、又新镇、淮口镇、川锅厂、201 医院等 98 个单位的主要领导进行了任中、离任经济责任审计，共查出各类违纪金额 1770 万元。完成县委、县政府交办项目 127 个，写出审计报告、调查报告、信息1175篇，被《中国审计报》《现代审计》《成都财税与会计》等报刊，及县委、县政府相关部门采用489篇。

县审计局对县财政决算进行了审签，并对淮口、赵镇、金龙、广兴、赵家、竹篙、杨柳、云合、黄家等16个乡镇财政财务收支进行审计。从1995年开始，对县级财政预算执行情况进行审计，采用从银行账户入手，下审一级的审计方法。重点检查了全县财政的预收入、支出、上划是否合规、合法，有无违反《预算法》和其他有关财经法规的情况，财政决算是否真实，有无虚列财政支出、隐瞒、截留、转移财政收入情况，专题检查了有无挤占、挪用农业税、教育、科技资金和擅自减免税收等问题。同时，对24个乡镇及财政、税务、教科文卫、社保以及行政事业单位的预算内、外资金进行了审计，查出各类违纪金额1724万元，审计处理增加财政收入98万元，挪用财政有偿使用资金56万元，隐瞒转移预算处收入197万元。先后对县工商银行、建设银行、农业银行、中国银行、中国人寿保险、财险公司以及下属部分支机构等20个单位的财务收支、资产、负债、损益进行了审计，检查了这些银行的信贷资金质量、资产、负债及损益的真实性、合理性和转移截留收入，挤占成本及擅自提高贷款利率等问题。对赵镇农村信用社和城市信用社等非银行金融机构的资产、负债、损益进行审计，查出违纪金额1620万元、擅自提贷款利率多收利息97万元，处理收缴财政97万元，维护了全县金融秩序，加强了金融机构内部的管理工作。

第二节　各项审计

一、行政事业

1991—2005年，审计局对教育系统等210个行政机关及事业单位的财务收支进行了审计，查出违纪金额8610万元，收缴财政190万元。

二、企业

1991—2005年，每年开展对企业实行定期审计，进行企业经营承包审计、厂长（经理）经济责任和经济效益审计。企业审计中，对经济发展影响大的国有企业及国有资产占控股地位企业进行有计划的定期审计，由审计机关直接审计，实行社会审计查证制度。在审计内容上，改变过去单纯的检查财务收支，增加对国有企业的资产负债损益的真实性、合法性等方面的检查，加强对国有资产的安全完整以及保值增值的监督。先后对县氮肥厂、赵镇酿造厂、县中药材公司、罐头厂、棉麻公司、燃气股份公司及四川锅炉厂等35户重点企业的财务收支和资产负债损益的真实、合法效益性进行了审计，查出违纪金额2485万元，虚减利润180万元，查增亏损金额125万元。

三、专项资金

对县农业、县林业、水利、畜牧、人事、税务、教育、公安、计生、供电、交通、国土、环境局，县三医院、新华书店等127个单位的失业保险、医疗保险基金管理、企业社保资金、县天然林保护资金、计划生育专项资金、“一村一名”大学生专项资金、农业投入专项资金、团结水库、人畜饮水，教育改革专项资金进行了审计纠正。查出截留、挪用资金1570万元，对存在的问题提出了整改意见和建议，保证了专项款专用，加强了国家资金的管理，维护了正常的经济秩序。

四、经济责任

从1997年开始对县委管理的领导班子任期内经济责任和领导干部离任进行审计，重点对任期（职）内各项目标任务完成情况，贯彻执行财经法规，财政、财务收支及管理，内部控制制度的建立健全和执行，领导干部个人管理的工作和其他需要审计的有关事项进行审计，客观公正审计单位和人员的真实情况。查出各类违纪金额306万元，促进了干部队伍的廉政建设。

五、基本建设

县审计局坚持对新开工建设项目资金来源审计达100%，对资金来源不正当，不落实的建设项目不准开工。先后对自筹基建资金项目、以工代赈小型水利、人畜饮水工程、九龙滩电灌站干渠整治、唐巴公路金堂段、县金堂广场、县建设、县地税局培训中心等168个建设项目进行了在建、竣工预（决）算审计，审计项目总投资524933万元，核减工程款2547万元。检查了这些项目在建过程中资金使用是否合理，有无高估冒算，损失浪费和超规模、超概算、超标准建设问题，检查工程竣工决算的真实、合法性，并对项目建成后的投资效益作出客观公正的评价，确保重点项目建设。

六、外资

在外资审计中，把世界银行贷款作为监督重点。1994年，县审计局开始先后对县林业局世界银行贷款"森林源发展和保护项目"、亚洲银行贷款成南高速公路金堂段拆迁等项目进行了审计，重点检查贷款项目是否专款专用，有无挪用和损失浪费。通过审计查出各类违纪金额197万元，补缴税金17万元。同时，对外资利用效果以及外债偿还能力进行了专题审计调查。

七、农业资金

1991—2006年，共承办农业资金审计项目48个，查出违规金额1720万元，其中：应交财政97万元，已交财政67万元，应归还资金780万元，罚没金额11万元，纠正金额1120万元。通过对违纪金额的纠正，保证了农业专项资金的正确使用。

八、党政交办项目

完成了对县人事局、沱江实验中学，交通运输管理所、市政工程处，疾病预防中心、改建金乐路、九龙滩灌区续建配套与节水改造一期、二期、三期、四期工程、旱山村集雨节灌工程、淮口中学教学楼国债资金、人畜饮水、自来水公司、县殡葬管理所等127个单位的审计工作。

九、乡村债权债务审计核实

全县截至2003年共建内部审计机构125个，配备内审人员136名，共审计2451个项目，促进部门和单位增收节支493万元，查出损失浪费9021万元，纠正违纪违规金额21123万元。已纠正违规行为8442万元。提出审计建议、意见被采纳1518条。1991—2005年，金堂县审计局成立了审计行政执法领导小组。制定《审计局行政执法责任制度》《审计质量责任制度》《审计执法过错责任追究制度》。机关有4人次被省人事厅、省审计厅表彰，有10人次被市审计局表彰奖励；先后荣获并保持了"县级文明单位""全市审计系统先进单位""四好班子""行政执法先进单位""规范化党支部"等20项荣誉。共参加各类教育培训班190期270人次。组织法律法规培训60次、考试和考核29次。

第三节 审计师事务所

1988年3月28日，成立金堂县审计事务所，所属金堂县审计局下属全额自收自支的事业单位，从事全县社会中介审计服务工作，独立法人1999年7月27日前县审计事务所有从业人员21人（含聘用7人），注册（会计师）审计师7人，助理审计师（助理会计师）3人，审计人员（会计员）5人，工程技术员1人，下设7个分所。1991—1997年，县审计事务所先后验证工商企业3251户，核定注册资金62541万元，核增2542万元，核减虚假注册资金8258万元，完成审计项目2298项，审计总金额125401万元，核减基建预（决）算695万元，为国家挽回损失347万元，提高经济效益4525万元，查出违纪金额956万元。不断拓宽审计业务范围，加强对企业经济效益审计、经济责任查证、基建预（决）算审计，积极为企事业单位提供会计、财务管理和经济管理咨询等服务1256项，接受委托、承办经济监证案21件。1999年7月27日，局辖县审计事务所根据国务院、省、市有关文件规定，进行了脱钩改制被注销，所属职工按照有关文件精神发放一次性安置费进行了安置，注销后其职工自谋职业。

第九篇　经济开发区建设

金堂县经济开发区从1992年4月开始建设。1993年12月30日，成都市人民政府批准金堂县建立综合经济开发区。1994年5月30日，四川省人民政府正式批准在金堂建立四川中美（外）中小企业发展园区（简称：三中园区）。同年9月26日，建立四川中美（外）中小企业发展园区管理委员会。1997年10月15日，三中园区纳入省级开发区管理序列。2003年，县将金堂工业新区设为A区和B区；A区在赵镇县城，B区在淮口镇。2004年10月21日，在金堂县淮口镇建立成都纺织印染工业集中发展区。同年11月22日，县委、县政府决定正式批复成立金堂县淮口工业集中发展区管理委员会。2005年12月31日，撤销四川中美（外）中小企业发展园区党工委、管委会和金堂县淮口工业集中发展区管委会，组建金堂县工业集中发展区党工委、管委会。同年三中园区被成都市表彰为优秀开发区。金堂工业集中发展区主要发展机械制造、食品、纺织服装（制鞋）和新型建材、电力能源产业。2006年1月，金堂工业集中发展区设为东区和西区，西区在县城赵镇，东区在淮口镇。

第一章　金堂工业集中发展区西区

第一节　经济开发区管理机构

一、开发区

1992年5月3日，金堂县十里坝综合经济开发区管理委员会成立，主要职责：负责十里坝综合经济开发区的规划、土地二级开发、区内一切事务的协调、管理。同年5月9日，县编委行文建立金堂县经济开发区办公室，隶属县人民政府。同年5月18日，成立金堂县经济开发区管理委员会和金堂县经济开发区办公室；委员会和办公室重点抓十里坝综合经济开发区的管理、协调和指导，又要负责全县性的经济开发工作。金堂县经济开发区管理委员会与金堂县十里坝综合经济开发区管理委员会合署办公。同年5月20日金堂县经济开发区管理委员会、金堂县经济开发区办公室、金堂县十里坝综合经济开发区管理委员会已正式办公。

1993年5月7日，县委、县政府将开发区名称定为“金堂县综合经济开发区管委会”，级别按部、委、办对待，内部下设机构由管委会根据工作需要设置科室，科室正职按副局级对待。同年5月13日，县委、县人民政府决定成立金堂县综合经济开发区管理委员会。原金堂县十里坝综合经济开发区管理委员会机构及职权自行消失。同年5月17日，金堂县综合经济开发区管理委员会内设“四科一室”，即：办公室、土地征用拆迁安置科、项目引进服务科、工程技术科、计划财务科。

二、四川中美（外）中小企业发展园区

1994年5月30日，四川省人民政府同意金堂县建立四川中美（外）中小企业发展园区（简称：三中园区），利用省、市有关鼓励外商投资的优惠政策吸引外资改造中小企业。经四川省人民政府批准成立了四川中美（外）中小企业发展园区领导小组，组长：邹广严（省政府省长助理），副组长：陶武先（中共成都市委副书记）、何绍华（成都市人民政府副市长）、张应文（省经贸委主任）、杨志文（省经委副主任）、周富源（省计委巡视员），成员：杨守德（成都市经委主任）、朱昌问（成都市计委主任）、吴培贤（成都市外经委主任）、周茂福（成都市对外开放办主任）、韩平（中国人民银行成都市分行行长）、景金昌（中国银行成都市分行行长）、晏永和（中共金堂县委书记）、陈效全（金堂县人民政府县长）。同年6月7日，建立四川中美（外）中小企业发展园区工作小组。组长：晏永和；常务副组长：陈效全；副组长：李杨德、李再发、沈有春、史有惠、焦安靖、伍树林、屈德林、邓全忠；成员：姜家金、邹挺、薛友文、黄祖发、张明楷、张弟海、张茂泉、龙崇志、李远雪、易礼泽、陈邦涛。工作小组下设办公室，屈德林兼任办公室主任，张弟海、黄祖发、周道义、谢瑞武、彭禄君、陈锦辉任办公室副主任，办公地点设在县开发区管委会办公室。同年9月26日，建立四川中美（外）中小企业发展园区管理委员会，为县的正局级机构，负责四川中美（外）中小企业发展园区的行政管理和服务工作，与金堂县综合经济开发区管理委员会实行“两块牌子，一套人马”。下设办公室，负责日常事务工作。

1995年3月16日，四川中美（外）中小企业发展园区管理委员会内设“五科一室”，即：办公室、招商科、工程技术管理科、财务科、征地拆迁安置科、社会经济管理科。

1996年，三中园区党工委和管委会职责是：按县委、县政府授权，行使县级管理权限，统一领导和管理三中园区的党务和经济、行政、社会事业工作。同年11月5日，三中园区管委管委会内设3办1局2所，即：办公室、招商局、规划建设管理办公室、三中园区财税所、社会事业管理办公室、三中园区工商行政管理所。

1997年3月4日，县委、县政府批准中共四川中美（外）中小企业发展园区工作委员会、四川中美（外）中小企业发展园区管理委员会职能配置、内设机构方案，根据中共金堂县委、金堂县人民政府《关于进一步加快四川中美（外）中小企业发展园区建设的决定》精神。三中园区党工委和管委会仍设1局3办2所，按县级二级局对待，行使县级委、办、局的管理职能，即办公室、招商局、规划建设管理办公室、三中园区财税所、社会事业管理办公室、三中园区工商行政管理所。为便于省、市、县有关职能部门的工作衔接，可根据需要在上述部门挂职能机构牌子，合署办公。同年5月8日，成立金堂县四川中美（外）中小企业发展园区人民武装部。同年10月15日，四川省计划委员会经与省级有关部门研究，同意将三中园区列为省级开发区，并纳入省级开发区管理序列。

2000年7月25日，四川中美（外）中小企业发展园区管理委员会财税所更名为财政所，具体负

责辖区内财政工作。

2001年1月15日，四川中美（外）中小企业发展园区辖3个村、2个居委会，51个村（居）民小组。

2002年7月24日，县编委经研究并报县委审定批准，同意设立三中园区人大工作委员会，办理县人大常委会和三中园区党工委交办的事项。设主任1人，按正局级干部配置，工作人员2名。同年8月18日，县委、县政府批准四川中美（外）中小企业发展园区管理委员会机构改革方案。内设党政办公室、招商局（挂企业服务中心牌子）、建设管理办公室、社会事业管理办公室、财政所、拆迁安置办公室。

2003年6月10日，成立金堂县人民政府招商局。撤销原县招商引资局、三中园区招商局，将县对外开放办公室并入县人民政府招商局，县人民政府招商局加挂金堂县对外开放办公室牌子。主管全县对外开放、招商引资和外经贸工作的县政府直属正局级事业单位。

2004年4月9日，四川中美（外）中小企业发展园区被列为贯彻国务院清理各类开发区加强建设用地管理后全省保留的47个开发区之一。同年11月4日县委、县政府决定：三中园区党工委、管委会与县人民政府招商局、县投资服务中心合署办公；三中园区党政机构设办公室、建设管理办公室、企业发展办公室。同年11月10日，为了进一步加快三中园区工业集中发展区的发展，经县委、县政府研究，就调整优化三中园区机构职能作出如下决定：三中园区原所辖的村、社区全部划归赵镇，相关村、社区的工作全部移交给赵镇党委、政府；三中园区范围界定为县城杨柳片区工业集中发展区规划区域；三中园区党工委、管委会为县委、县政府派出机构，负责工业集中发展区内招商引资、投资服务和企业有关工作，负责工业集中发展区建成区内基础设施的管理维护工作；取消三中园区财政包干管理体制，将三中园区作为独立的一级预算单位。

2005年1月24日，四川中美（外）中小企业发展园区管理委员会、金堂县人民政府招商局、金堂县投资服务中心完善了“三合一”合署办公运行机制。同年1月31日，按《四川省发展和改革委员会关于上报保留开发区设立审核资料的通知》和根据国家发改委、国土资源部、建设部《关于整顿开发区的审核原则和标准的通知》文件精神，报经四川省人民政府初审公告，将四川中美（外）中小企业发展园区上报更名为成都现代工业园区。同年12月31日，经县委、县政府研究决定，撤销四川中美（外）中小企业发展园区党工委、管委会和金堂县淮口工业集中发展区管委会，组建金堂县工业集中发展区党工委、管委会，加挂成都现代工业园区管委会、成都纺织印染工业集中发展区管委会牌子。内设机构和人员编制由县编委会另行文明确。

三、四川金堂工业园区

2006年1月6日，县编委行文明确了金堂工业集中发展区主要职责。金堂县工业集中发展区党工委、管委会是县委、县政府的派出机构，机构级别为副县级。党工委、管委会实行合署办公，下设党政办、企业发展管理办、西区建设管理办、东区建设管理办四个办公室。西区在县城赵镇，东区在淮口镇。2006年1月26日，经中华人民共和国国家发展和改革委员会公告，将四川中美外中小企业发展园区正式更名为四川金堂工业园区。原曾使用过“成都现代工业园区”的名称不再使用。四川金堂工业园区是经中华人民共和国国家发展和改革委员会第三批通过审核公告的省级经济开发区。

第二节　园区基础设施建设

一、规划

1992年4月23日，县委、县政府为加快金堂县经济发展，决定在县城赵镇普利村、十里坝村，当时只有2.5平方公里的基础上建立十里坝综合经济开发区，作为县的经济发展特区。10月25日，县政府批准金堂县十里坝综合经济开发区办公室统征赵镇管辖的普利、十里坝、永利、三江村的294.15公顷（3737.198亩）土地，安排127个新建项目建设的用地，总投资控制在4亿元人民币。

1994年，三中园区共引进各类项目200个，其中工业和服务项目86个，园区基础设施建设投入4.5亿元，项目投资18.34亿元。三中园区面积达5平方公里。

1994年6月8日，经县委、县政府领导同意，在县综合经济开发区内新建一条个体私营经济街。规划位置：个体私营经济小区一条街，位于县综合经济开发区的南二横道连接县人民银行南侧，总长1200米，占地面积5.92公顷，建筑面积2.88公顷，主街道2.04公顷，便道1公顷。1996年11月11日，县决定在三中园区南四横道附近修建园区办公楼和县委、县政府办公大楼。园区办公楼选址在南四横道以西，南北长为94.5米，东西长为135米。县委、县政府办公区主要设办公大楼一座，大楼高为18层，总建筑面积为1万平方米，办公楼东西长度要超过40米。

1996年10月2日，县委、县政府决定从1997年1月1日起将先锋村、米家巷村和一致村成建制划归三中园区，三中园区面积扩大到11平方公里。

1996年12月19日，县计委同意三中园区管委会办公楼用房2000平方米，总投资200万元。1998年12月20日，县计委同意三中园区修建办公楼追加投资130万元。经追加后的项目总投资为330万元。

1997年6月，县提出花园水城建设规划。1999年5月，新建的金中路（今迎宾大道）三中园区办公楼，占地1.33公顷，总投资342.3万元人民币，正式投入使用。

2001年1月23日，县政府将赵镇前进、春风、步云、文武4个村移交给三中园区，三中园区规划建设管理面积18.75平方公里。同年，县委、县政府决定在三中园区建立工业新区，至2004年11月20日，县委决定将三中园区所辖村居委会全部移交赵镇。2005年10月31日，金堂县人民政府同意将杨柳北组团、杨柳南组团及同合村工业小区12.54平方公里范围内的8.7平方公里（其中发展备用地2平方公里）确定为工业集中发展区用地范围。

二、水电路气

1992年，开发区已投入近亿元人民币，用于基础设施建设，区内的11万伏变电站8月投入试运行。水、电、路、气已分别在10月铺设到开发区中心地段。区内一、二横道和南环路二横道至工农大桥段10月完成水泥路面和通车工程。

1996年，完成南二横道路灯，绿化及市政设施建设。完成开发区内3000米10千伏高压线路和2000米低压线路的安装架设工程。

1997年，园区自来水二期技改工程新增投入350万元，新增日供水能力1000万公斤，园区市话分局年内完成投入210万元，区内道路及基础设施配套工程完成投入680万元，主要完成了滨江路三段，金沙路、北四横道的基础路面和金中路水泥路面工程及园区水、电、气、路灯等配套工程。完成了十里大道路等7条街道的市政配套设施工程，构筑了区内供电、供水、供气及通信网络。

1998年，安装了泰吉街路灯11杆11盏，对十里大道、万方街、绿岛路、金中路、滨江路一、二段等路灯进行了多次整改和维修，更换电器材料和重新安装了用电控制柜1个，共计投入1.5万元，确保了新城区路灯按时照明。

1999年，完成了广场基础工程建设，完成广场铺砖，实施了广场绿化、喷泉、灯饰和南广场工程。

2000年，三中园区党工委、管委会完成了金堂广场人行道内圈的喷泉、灯光、绿化及广场外圈人行道的砼垫层浇筑等工程。整个广场建设共投入资金1600多万元，历时20个月，于2000年6月28日基本竣工。

2002年，完成南环线（金中路至南六横道段）配套工程。长1100米，宽40米的南环线水、电、气、视、讯配套工程建设于2002年3月20日动工，完成了供电、气、水、人行道回填等工程。

2004年新建完成了供水管线1700米，供气管线2500米，供电线路3000米，通信线路1260线对组，移迁工业新区光纤线路3000米。

2005年投入基础设施建设资金5000万元，完成赵杨路、钢城西路、东西干道、西二横道延长修建水泥路面2500米；新修建路2.7万平方米，排水管6600平方米；配套路灯150盏，形成“三纵、三横”的道路骨架网络。供水、排水、供气、供电、通讯及绿化等设施已配套至进场项目征地建设，提高了工业项目承载能力。

三、征地

1992年，金堂县确定建立开发区之初，县委、县政府十分重视选定开发区的地域位置，经反复论证后选择了紧临县城西南角的原赵镇普利、十里两个行政村作为综合经济开发区的试验区域。该区域地势平坦，交通十分方便，省级主要干线唐巴公路直穿而过，11万伏的变电站将在8月投入运行，距新建的二级火车站1公里；区内有四川果汁厂、华福宁制药总厂、成纺二厂金堂织布分厂、水电设备厂、肉类联合加工厂、意达汽车检测中心、金堂中学、有小学3所，县一医院、省车队、县轻纺业、食品加工业、医药工业、电子科技、商业贸易、生活办公的地方，投资环境在县内属第一位。

1992年10月25日，金堂县人民政府批准金堂县经济开发区办公室统征原属赵镇管辖的普利、十里坝两村的294.15公顷（3737.198亩）土地。1992年11月县拨出100万元和1993年5月7日县拨出50万元给管委会作启动资金，主要用于一横道建设和珠海宝成实业总公司到十里坝征地6.66公顷的前期准备费用。1993年完成开发区21个项目20.81公顷的征地。1994年完成新建项目的征地和普利4组、7组的统征、统转工作。

1994年，完成重大项目建设唐巴公路金堂段40米干道，110千伏变电站、金橘花苑、意达车检公司、华福宁制药总厂、县输血站、县物资大厦、九龙集团公司办公楼、县工商银行、县农业银行、县蚕业公司、县交通局、万方能源公司等县内外重大项目建设中的征地、拆迁、安置。

1995年，完成体育中心、北二横道、园区小学、南环线二段、南三、四横道征地拆迁任务。

1996年，完成长1436米，宽34米的南环线四横道至南六横道（南环线三段）；长377米，宽30米的南五横道；长667米，宽40米南六横道的征地。

1994年至1997年完成征地80公顷。

1998年完成中心广场征地4.73公顷，完成川交水泥制品有限公司、川交五处生活基地及宾馆、邮电电讯大楼、供电调度大楼、供电局职工宿舍、宣传部职工宿舍、县委和县政府1号、2号楼的征地共33.33公顷。

1999年，完成征地39.33公顷。全年完成十里大道改造、金龙路和南环线整治工程。在改造、整治工程中，三中园区与涉及的38个单位，250户住户做了大量的宣传、动员、协调工作，共完成新征土地1.33公顷。全年三中园区配合完成中毗河防洪整治工程，共投入资金600万元，完成中毗河沿线河岸13.33公顷征地。

完成了修建滨江路三段及金园街道路水泥路面长1500米，主车道宽15米的工程征地，建设总投入800万元。

2000年，完成重点工程建设新征地60公顷，野生世界园区共征用土地133.33公顷（2000亩），完成了“两路一线”（含西延线）综合整治改造工程征地，南环线新征土地45.80公顷。

2000年，新城区建设工程的主要项目有：下沉式花园、迎宾广场、县人大、县政协办公楼、县工青妇活动中心、县公安局110指挥中心、县检察院办公楼、县防汛指挥中心配套工程、县地税局大楼等。三中园区完成了各项目的征地拆迁安置任务，确保了各项目顺利进场动工修建。

2001年，全年征地73.33公顷。完成北一横道的征地、北三横道征地6.67公顷，西延线扩宽工程征地3.33公顷，客运中心建设征地3.27公顷。完成成都干道综合开发总公司生态居住园项目征地。完成了金阳集团生态住宅项目、现代房地产开发公司的项目、青白江房地产综合开发公司房地产项目、“金满堂”（金裕）大酒店项目的征地。

2002年，征地154.80公顷。2003年，完成征地45.35公顷。2004年，完成工业项目征地103.53公顷。2005年，完成征地35.47公顷。

1992年至2005年共征地954.20公顷。

四、拆迁安置

1993年，三中园区安置就业人员211人，新建房屋面积6000平方米。

1994年，完成新引进项目的征地、拆迁和安置工作，安置就业人员1000人。完成开发区内新建房屋2万平方米。

1995年，拆迁安置十里坝、普光寺两居委会7个组、126户、500人。新建房屋4万平方米。

1998年，修建中心广场（金堂广场）搬迁农户80户、200人，拆迁农房6000平方米；搬迁了亨通汽车修理厂，拆迁厂房1000平方米，搬迁了水电设备制造公司职工宿舍32户、1800平方米。整个中心广场的赔偿费、拆迁费、安置费等各种费用共计310万元。全年完成四川交通水泥制品有限公司、川交五处生活基地及宾馆、县邮电电讯大楼、供电调度大楼、供电局职工宿舍、宣传部职工宿舍、县委和县政府1号、2号楼拆迁安置。

1999年，整个中心广场（金堂广场）征地、拆迁、安置等各种经费付出438万元，基础工程土建部分付出520万元，合计投入资金958万元。拆迁农户118户，拆迁面积12127平方米，安置人员800人，共支付经费1300万元。进行十里大道改造，金龙路和南环线整治工程，拆迁面积4400平方米。全年完成中毗河整治，拆迁房屋1000平方米。

2000年，重点工程建设拆迁农户452户，拆迁房屋面积64280平方米，安置人员259人。全年野生世界拆迁住户278户，拆迁房屋3570平方米，建设安置小区2800平方米，共270套；春节前先锋村拆迁房农户搬进新居。“两路一线”（含西延线综合整治），金龙路共拆迁住户15户，拆迁房屋3100平方米。十里大道（含西延线）共拆迁住户95户，拆迁房屋18373平方米。南环线新征土地45.80公顷，拆迁住户 6 户，拆迁房屋 1199 平方米。两路一线整治拆迁结束。全年新区生活品市场建设，市场拆迁住户 56 户，拆迁房屋 6000 平方米，投入搬家、拆迁费 196 万元。

2001 年，征地 73.33 公顷，拆迁农房 341 户 5 万平方米，修建安置房 4 万平方米，安置农民 412 人，征地拆迁总投资 1600 万元。完成北一横道征地、拆迁、安置，完成北三横道工程征地 6.67 公顷，拆迁房屋 128 户 1.5 万平方米。完成西延线扩宽工程的征地 3.33 公顷，拆迁房屋 59 户 1 万平方米。完成南五横道拆迁户安置房、先锋小区二期安置房、生活品市场等安置房的修建，安置房修建面积达 4 万平方米。完成客运中心建设工程征地 3.27 公顷，拆迁房屋 42 户 5000 平方米，进行成都干道综合开发总公司生态居住园项目征地、拆迁，对十里 3、4、5、6、7 组和先锋 1 组附属物进行全面清点并给予赔付，12 月 20 日已交出部分土地。完成了现代房地产开发公司、金阳集团生态住宅、“金满堂”（金裕）大酒店项目征地、拆迁工作。启动了“金满堂”（金裕）大酒店项目建设。

2002 年，拆迁农户 238 户 707 人，拆迁农房 2 万平方米，赔付资金 690 万元。安置农民 1152 人，其中货币安置 295 人，领取生活费 857 人，修建安置房 1.1 万平方米。干道金翔置业有限公司征地二期拆迁工程，涉及拆迁农户 56 户 176 人，拆迁农房 7500 平方米，交地 8.67 公顷。完成青白江房产公司征地拆迁工程，该工程涉及农户 22 户 73 人，拆迁农房 3300 平方米。五横道拆迁安置房 2001 年 8 月开工，10 月竣工，建筑面积 1.1 万平方米。南六横道拆迁安置房 2002 年 9 月动工，计划修建安置房 3.4 万平方米，普光寺 2、3、8 组安置房建设准备就绪。

2003 年，拆迁 175 户 485 人，拆迁房屋面积 19580 平方米，发放拆迁费 378.7 万元，安置农民 473 人，发放安置费 326.4 万元。全年投资 1600 万元完成了六横道安置房建设，可安置农户 218 户。投资 600 万元进行普利 2、3、8 组安置房建设。9 月至 12 月，投入 500 万元进行“统规自建”安置房首期工程建设。3 月至 12 月，投入 40 万元对五横道安置房进行配套设施建设。

2004 年，完成十里小区安置工程和普利安置小区、川西民居整治工程。实施了工业新区拆迁农民 166 户安置房统规自建配套工程。全年拆迁农户 353 户 1629 人，拆迁面积 43900 平方米，安置农民 210 户 1200 人。

1992 年至 2005 年，共安置农民 5090 人，拆迁农房和居民房屋 24 万平方米，新建安置房屋 30 万平方米。

五、主要道路

1994 年 10 月 26 日，三中园区第一条水泥道路一横道竣工，长 440 米，宽 34 米。

1995 年 4 月 6 日，三中园区南环线水泥路面正式开工建设，该道路全长 2000 米，宽 30 米。1996 年 1 月竣工，总投资 272 万元。

1995 年 5 月 8 日，三中园区举行三、四横道开工典礼。三、四横道总长 800 米，宽 40 米；1996 年 6 月竣工，总投资 194 万元。

1996 年 8 月，三中园区泰吉路竣工投入使用，该路长 480 米，宽 15 米，投资 85 万元。

1996 年，完成长 491 米、宽 16 米的泰吉街水泥路面工程。完成长 491 米，宽 24 米的北二横道水泥路面工程。完成长 387 米，宽 34 米的南二横道水泥路面工程。完成长 377 米、宽 30 米的南三横道和长 377 米、宽 40 米的南四横道水泥路面工程。新建长 785 米，宽 34 米的南环线二横道至南四横道（南环线二段）水泥路面工程。

1997 年，主要完成滨江路三段、金沙路、北四横道的基础路面，金中水泥路面工程。

1997 年 1 月 8 日，三中园区二横道（华福宁大道）竣工通车，道路长 839 米，宽 40 米，总投资

200 万元。全年建成以十里大道为主轴线，滨江路为副轴线的两纵七横水泥街道，共计 193898.3 平方米。

1998 年，完成金沙路水泥路面全部工程。完成金中路水泥路面工程。

1999 年，修建滨江路三段及金园街道水泥路面，该路全长 1500 米，主车道宽 15 米。

2000 年，重点工程建设新修道路共 7700 米。全年为民办好事办实事，三中园区采取措施，自加压力，想方设法加快道路建设。修建了滨江路三段及南 1—4 横道之间商业街、滨江路毗河南岸、滨江路毗河北岸 4 条水泥路，其中：滨江路三段及金园街长 1500 米，宽 15 米，投入资金 800 万元，于 2 月竣工投入使用；商业街道长 2000 米，宽 7 米，投入资金 200 万元，于 11 月 14 日动工修建；滨江路毗河南北两岸道路长 2100 米，宽 7 米，各投入资金 200 万元，分别于 1 月 22 日、11 月 29 日动工修建。

2000 年 11 月 14 日，南 1—2、3—4 横道之间商业街水泥路工程开工，路长 2000 米，宽 8 米。

2001 年，完成北一横道和北六横道 410 米长的基础路面修建。动工修建有毗河南、北两岸的滨江路，毗河南岸完成 560 米，北岸完成 720 米道路修建。

2002 年，修建道路 6 条共 3000 米。

2002 年，工业新区钢城路于 8 月 23 日破土动工。钢城路东段设计宽 22 米，长 620 米，西段设计宽 22 米，长 900 米。全年钢城路东段完成基础水泥路面工程 200 米，西段路基推平压实 300 米。

北六横道建设工程设计宽 40 米、长 620 米，已完成 350 米基础路面建设。

南环线（金中路至南六横道段）配套工程基本完成。宽 40 米，长 1100 米的南环线水、电、气、视配套工程建设于 2002 年 3 月 20 日动工，年底已完成。

毗河上游堡坎工程长 2600 米，于 2002 年 4 月动工，8 月完成，总投资 250 万元。该工程由干道金翔置业有限公司修建 1020 米，青白江房产公司与县建设局市政工程处施工 1580 米。

干道金翔置业有限公司征地范围内宽 32 米，长 150 米，投资 40 万元景观道路工程 2002 年 8 月开工，11 月竣工。

北三横道横街工程长 240 米，宽 16 米，总投资 40 万元，该工程 2002 年 3 月动工修建，9 月验收。

2003 年，完成的道路有：9—12 月投资 100 万元的南六横道长 200 米，宽 40 米道路工程；5—8 月投资 150 万元长 700 米，宽 16 米的毗河右岸滨江路；6—9 月投资 200 万元的赵杨路扩建工程；3—12 月投资 580 万元的钢城路长 830 米，宽 16 米路基工程；投资 28 万元的泰吉横路工程。

2004 年，完成工业新区北区东西干道西一段、赵杨路西一段、钢城路西二段、西一横道建设工程。完成赵杨路西二段、东西干道西二段、西四横道 A 段、西六横道 A 段招标工作。

2005 年，完成赵杨路、钢城西路、东西干道、西二横道延长修建水泥路面 2500 米，新修建路基 2.7 万平方米。

2006 年三中园区（十里坝）街道建设情况

表 9 - 1

序号	道路名称	总投资（万元）	开工时间	竣工时间	长（米）	宽（米）	总面积（万平方米）	备注
1	十里大道	2576	1992.08	1993.06	2300	40	9.2	
2	一横道（万方街）	687	1994.06	2002.12	810	34	2.75	其中南段 410 米，1994 年 12 月竣工

续表9－1

序号	道路名称	总投资（万元）	开工时间	竣工时间	长（米）	宽（米）	总面积（万平方米）	备　注
3	二横道（康宁街）	582	1994.06	1995.02	北段420 南组390	24　34	2.33	其中南段1994年12月竣工
4	三横道（金航街）	290	1995.03	1995.09	385	30	1.16	
5	四横道（金中路）	378	1995.03	1995.08	377	40	1.51	
6	五横道（金沙街）	282	1996.09	1997.03	377	30	1.13	
7	六横道（金园街）	378	1996.11	1997.05	377	40	1.51	
8	滨江路	1955	1994.06	1997.05	2300	34	7.82	其中工农桥至二横道1995年9月竣工
9	泰吉街	172	1996.03	1996.07	430	16	0.69	
10	泰吉横街	140	2003.10	2004.06	330	17	0.56	
11	万安街	190	2002.05	2002.11	760	10	0.76	
12	永安街	337	2002.05	2005.12	900	15	1.35	其中三横道至四横道间 2002 年 9 月竣工
13	十里大道延伸线	1100	2003.05	2003.10	1100	40	4.4	
	合　计	9067					35.17	

2006年金堂工业集中发展区街道建设情况（毗河以南）

表9－2

序号	道路名称	总投资（万元）	开工时间	竣工时间	长（米）	宽（米）	总面积（万平方米）	备　注
1	赵杨东路	1440	2000.06	2000.12	1200	40	4.8	
2	钢城（金川）西路A段	555	2003.05	2004.07	1026	18	1.85	
3	钢城（金川）东路A段	124	2003.09	2003.12	230	18	0.41	
4	东西干道(金泉路)西A段	900	2004.04	2006.07	1001	30	3.00	其中：道路南半幅 2004 年 8 月竣工
5	赵杨西路A段	1254	2004.04	2004.09	1045	40	4.18	
6	钢城西路B段	573	2004.09	2006.03	1060	18	1.91	
7	东西干道(金泉路)西B段	954	2005.07	2005.11	1060	30	3.18	
8	赵杨路西B段	1281	2005.07	2005.12	1067	40	4.27	
9	西一横道（金鹏）	768	2003.09	2004.08	1066	24	2.56	其中：中段长340米2004年1月竣工
10	西二横道（金凤）	465	2005.04	2005.08	645	24	1.55	
11	西三横道（金鹰）	648	2005.10	2006.06	720	30	2.16	
	小　计	8962					29.87	

2006年11月1日，金堂县民政局关于县城赵镇部分街道命名更名的公告称：

经第十五届县人民政府第79次常务会议讨论通过，对县城赵镇部分街、路、巷进行了命名和更名，现公告如下：

（一）新命名的广场、路、街、巷：

金堂广场：县委、县政府广场。

香榕路：金沙街186号对面。

金泉路：新开发区内新形成的“现东西干道”。

“金鹏”、“金凤”、“金鹰”路：新开发区内新形成的现在叫作西一、西二、西三的三条横道。

安康街：从情真园后康怡巷中间至万方街。

平安街：公安局办公楼背后农民街。

银丰街：从幸福路32号至南滨路71号。

金华街：从幸福路24号至南滨路57号。

金茂街：滨江路二段130号至十里大道。

三凤巷：文化街277号至城隍小区居民院。

富康巷：滨江路一段58号至金龙路稽征所。

芳草巷：从十里大道一段532号至泰吉社区五组居民院。

（二）更名的路

原钢城路更名为“金川路”。

第三节　经济开发

一、优惠政策

金堂县经济开发区自1992年成立至2005年，在对外开放、招商引资、发展经济、建设新区等方面出台了一系列优惠政策。1994年5月30日，四川省人民政府正式批准建立四川中美（外）中小企业发展园区，县制定有十二个方面56条优惠政策，在土地使用、工商登记、项目审批、劳动人事、金融和外汇管理、户口和出入境管理等方面为投资者提供“一条龙”“一站式”服务，促进县的经济开发。1996年10月12日，县委、县政府作出了《关于进一步加快四川中美（外）中小企业发展园区建设的决定》。1997年7月4日，三中园区党工委、管委会制定了《关于加速三中园区企业发展的若干意见》，加快了三中园区发展的步伐。同年10月15日，四川省计划委员会同意将三中园区列为省级开发区，并纳入省级开发区管理序列。

1992—2005年，中共金堂县委、金堂县人民政府先后制定的优惠政策有：《关于加快金堂县个体私营经济发展的决定》《在金堂县综合经济开发区建立个体私营经济区有关政策的规定》《关于金堂县加快四川中美（外）中小企业发展园区建设的若干政策》《关于加快四川中美（外）中小企业发展园区工业化进程的意见》《关于四川中美（外）中小企业发展园区招商引资若干优惠政策的规定》；2004年8月12日，四川中美（外）中小企业发展园区管理委员会《关于三中园区奶牛发展和奶牛养殖小区建设实施方案》；2005年8月23日，县制定《关于推进“锦江—金堂”产业合作的若干优惠政策》。

二、对外宣传

1994年，金堂县加强对外宣传。制定了园区建设若干优惠政策12个方面56条，负责制定园区《投资指南》和《园区简介》，录制了宣传园区的投资环境的录像片，挂起了宣传园区的广告牌，修建了园区宣传墙，同时还利用各种新闻媒介采取多种形式宣传园区，先后在《四川日报》《成都晚报》、四川电视台、成都电视台、《四川政协报》《四川经济日报》《西南经济日报》《信息汇报》《香港大公报》《国际商报》，及《金堂报》、金堂人民广播电台、电视台等报刊、电视上刊登、播放新闻报道和系列报道，树立了金堂形象。

1995 年，录制《园区宣传专题录像片》（中英文版），参加韩国、新加坡、马来西亚、泰国等国家和昆明、上海、中国香港等地区的招商活动。在《四川日报》《成都晚报》、四川电视台、成都电视台、《四川政协报》《四川经济日报》《西南经济日报》等宣传了三中园区，扩大了对外影响，加快了园区建设速度。

2002 年，三中园区与县外宣办、金堂报社、金堂电视台共同研究和商定，采取各种形式加大对工业新区宣传力度，通过互联网发布信息，促进招商引资。为加强对外联络，三中园区受县人民政府委托，代表县人民政府设立了驻上海办事处。

三、引进项目

1992 年，进入金堂县经济开发区的各种项目 40 个，总投资达 2 亿元人民币，有与台湾联办的西南首家合资项目不锈钢镜面材料生产线。

1993 年，引进到县经济开发区的项目 21 个，投资总额达 1.3 亿元人民币。同年，先后争取县内外大批项目进入开发区。珠海宝成实业总公司、四川省通融租赁发展公司、新疆石油管理局总公司等 3 个外地项目先后进入开发区。6 月后县物资大厦、县血防站、县水电局、金建总公司、金建五公司、竹篙建筑公司、县工商银行、赵镇信用社、县交通局、赵镇二小、县工贸公司、普光汽车修理厂、沱企技改、县委机关宿舍、巨龙公司、开发区管委会办公室等单位的项目进入开发区建设。

1994 年，以三中园区和县政府名义开展对外招商活动 8 次，接待外地客商 280 次，进入园区内的意向性协议项目 100 个，意向性资金总额 1.5 亿元，正式批准入园区的企业 46 家，总投资 5000 万元，其中三资企业 5 家，到位资金 1000 万元。

1995 年，引进项目 15 个，引进资金 7600 万元，其中：外资企业 5 家，外资 1100 万元。

同年金堂县引进建设的成都爱依斯凯华燃机发电有限公司，是成都第一家中美合作电厂，是四川省唯一的外商投资环保型调峰电厂。公司拥有一套美国 PWPS 公司生产的 50 兆瓦单循环燃气涡轮发电机组。至 2005 年完成工业总产值 8420 万元，销售收入 10500 万元，利润总额 250 万元，上缴税收 2630 万元。

1996 年，引进项目 9 个，意向性项目 10 多个；引进资金 4 亿元，其中：外资 1400 万美元。引进项目分别是：装机容量 6.5 万千瓦的中美合资燃机电厂、投资 2000 万元的中韩合资金成丝绸有限公司、成都无缝钢管厂金堂分厂生活基地、投资 2000 万元的铁道部第十九工程局第三工程处金堂基地、西藏自治区轻化建材公司开发基础设施、地质矿产部西南石油地质局配气站及基地、四川金堂天力化工实业有限公司、成都金堂华川沙石有限责任公司开发基础设施、成都云天贸易发展有限公司和县内一些项目及民营企业等。

1997 年，县组织参加了中国·四川——德国·北威州经贸洽谈会、成都市政府北京投资说明会和北海、天津等地招商活动，并结合成都市产业转移，加强与成都五城区和成都市内知名企业的沟通与联系，先后与金牛区、都江堰、新都开发区、高新区取得了沟通与联系，成功地引进了四川三利公司、省川交桥梁有限公司等企业到三中园区投资开发。全年三中园区共计洽谈项目 16 个，引进落实项目 10 个，其中引进三资企业 2 家，共计引进协议资金 16200 万元，引进到位资金 9405 万元，引进到位外资

726万美元。引进的主要项目有：川交水泥制品有限公司，总投资2400万元，年内已完成选址、征地；西昌生物制品研究所与台湾客商共同投资兴办的成都广慈生物制品有限公司，项目总投资1200万元，已完成公司登记、注册，到位外资12万美元；四川三利公司投资开发王家河坝、月亮岛，项目初期计划投资4000万元，已完成征地，当年落实到位资金350万元；卡佳期（香港）国际有限公司独资兴办的南方（成都）食品工业有限公司，总投资1000万元，已建成投产；西藏轻化工公司投资开发南五横道，一期工程投资1000万元，年内已到位资金210万元；市、县邮电部门共同投资兴建园区市话分局，总投资3000万元，已选址征地，到位资金210万元。

中美合作成都爱依斯·凯华燃机电站一期工程投资3亿元，1996年10月动工，1997年6月并网试行商业发电。香港独资南方（成都）食品工业有限公司于1996年12月注册，1997年3月完成厂房改造和设备安装并全面投入生产，整个工期不到4个月；铁十九局三处金堂生活基地1996年9月动工，1997年，一、二期工程总投资3000万元基本完工；绿岛二期工程投资1000万元，于1997年5月动工，10月竣工交付使用；中韩合资成都金成丝绸有限公司，总投资2400万元，1997年已完成土建和设备引进。

1998年，三中园区加大招商引资力度，拓宽引资渠道。洽谈引进项目7个，引进协议资金12869万元，到位各类建设资金4925万元。引进的主要项目有：川交五处生活基地及宾馆，总投资3500万元；投入1569万元的四川阳公果汁厂利乐包生产线；西南石油地质局油漆工作公司招待所及综合开发，一期工程总投资3000万元；南方食品公司亲亲食品金堂生产基地，总投资1500万元；成都兴源实业有限公司等。兴办个体私营企业8家，发展个体工商户63户，完成企业投入3000万元，实现园区直辖企业总产值1.8亿元，实现税利800万元。采取“走出去，请进来”的方式开展招商。走访省经协办协作处、驻外部门、省政府招商局，建立了招商信息网络。邀请成都炬星高科技产业集团公司、四川客家海外联谊会、上海中马投资公司、香港恒隆（四川）装饰工程公司、燕兴公司、福建福马食品集团公司、香港龙昌机构（中国）公司四川华龙房地产开发有限公司等客商到三中园区考察和洽谈、共接待领导和客商300人次。

1999年，受东南亚金融危机影响，全国招商引资形势普遍不好，三中园区采取招商引资目标任务分解到班子成员，利用三中园区省级开发区牌子和对外开放“窗口”作用，通过新闻媒体、参加商品博览会、利用人员外出学习、参观等形式大力进行三中园区形象宣传活动。全年园区向各类报刊投稿96篇、出简报14期、向外散发宣传资料600份，与400家客商取得了联系。采取走出去、请进来的方法，加强对上外联系，使招商引资由被动“等”商变为主动“找”商。建立了每周固定到省、市有关部门联系工作制度；与省招商局、省经协办、省计委、省外商企业投资服务中心、市招商局等建立了对口联系制度；加强与彭州市、都江堰市、新都县等开发区的横向联系，互相学习，共同发展；先后邀请了香港龙昌机构（中国）公司四川华龙房地产开发有限公司、京龙开发公司、美国selby国际公司、新桃电力公司、台北市重庆同乡会、香港茶文集团、四川省海外联系协会、广东省政府成都办事处、法国拉法基公司等30多家客商到园区考察。实行“一站式”办公服务，提高了办事效率。全年共进入园区的项目17个，其中县外项目4个、外商企业2个、引进协议资金22750万元。引进的主要项目有：成南高速公路有限责任公司、西南民族装饰材料公司、四川锅炉厂科技大楼、成都格瑞皮业有限公司、县综合房地产开发公司安居工程、县劳动局培训中心、城建培训中心、国土再就业培训中心、工青妇活动中心、县法院审判庭、地税大楼等。通过艰苦努力，成功引进投资600万美元的成都拉法基博思彩瓦有限责任公司，是三中园区建立后引进的最大外商独资企业，并协助引进了投资4亿元的野生动物园。

2000年三中园区新购置了全套计算机设备，并入招商网络，主动做好引进项目的协调服务。全年工作重点是协调成都拉法基博思彩瓦项目建设的土方回填、用工、供电、通讯、厂区绿化等事宜，并将该项目列为四川省成都市的引进利用外资重点跟踪项目，由于园区协调服务工作好，整个项目从开工到完工投产仅用了9个月时间。全年先后接待来园区考察的客商200人次，共洽谈引进项目13个，引进协议资金2.63亿元，实际到位资金7218万元，其中：引进外商协议资金600万美元，到位300万美元。引进落实的项目有：英国拉法基博思彩瓦（中国）有限公司成都拉法基博思彩瓦厂、成都野生世界、四川一峰实业有限公司宾馆综合开发、成都森铧实业有限公司配套野生世界综合开发、成都居安达房地产开发有限公司的房地产开发、成都德正商贸有限公司蔬菜加工及餐饮项目、四川石油输气公司射洪分公司的输气站扩建、西南民族装饰有限公司综合开发8个项目。

2001年，引进的项目有成都天元投资有限公司、成都精诚房地产公司投资建设北三横道商业步行街，占地近6.67公顷，总投资1亿元，首期项目罗马商城已于11月16日开工建设；台湾总合物流有限公司投资组建成都总合物流企业有限公司，注册资金100万美元；成都必扬石材有限公司，引进外资生产电子元件项目，占地1.33公顷，项目总投资200万美元；成都干道综合开发总公司，总投资4亿元，占地46.67公顷，建设生态居住小区和中、高档别墅群；现代房地产开发公司总投资1亿元，占地13.33公顷，建设生态居住小区；成都金阳集团公司占地20公顷，建设毗河生态居住区，首期投资2000万元；“金满堂（金裕大酒店）”高档宾馆，总投资2000万元，占地3.33公顷；青白江房地产开发公司征地2.67公顷，总投资5000万元。

2002年，招商引资共协议引进项目25个，协议引进资金3亿元，到位资金2亿元。三中园区重新策划和印制了对外宣传图册、光盘，加强对外联络，受县人民政府委托派出人员并解决经费，代表县人民政府在上海设立了驻上海办事处，作为县人民政府和三中园区在沿海经济发达地区设立的招商引资“窗口”。

2003年，三中园区克服“非典”等不利因素影响，加大招商引资力度，取信于投资者。成都奇鼎包装容器有限公司于7月份签约时，用地是一片水稻田，缺乏基础设施。三中园区兑现承诺用了两月时间，完成征地拆迁、土地平整和水、电、气、讯、路等配套设施建设。10月，该公司投资方台湾禹昌国际集团董事长赖松先生在园区考察时深受感动，当即决定扩大投资规模，用地由2.17公顷亩增加到4.33公顷，投资由200万美元增加到400万美元。蒙牛乳业集团冰淇淋生产项目于10月1日签约，要求11月1日交地。三中园区干部职工放弃休息国庆长假，日夜奋战，仅用23天，完成4公顷用地的征地拆迁和水、电、气、讯、路等配套设施建设按约交地。全年招商引资引进项目80个，其中工业生产性项目9个，协议引进资金10.5亿元人民币，到位资金3亿元。7月，引进的成都奇鼎包装容器有限公司，投资400万美元，是县引进的首家台商企业。

全年进入县工业新区已签订协议，实施征地拆迁和破土动工的有：成都奇鼎包装容器公司、成都三江起重机制造有限公司、攀钢企业总公司脱硫剂及包芯线、攀钢及沈阳防锈包装公司合作生产防腐材料、蒙牛乳业冰淇淋生产、攀企蓉城实业公司异地扩建、成都三电股份有限公司电缆橡套线缆、成都大德实业有限公司医药中间体项目。

同年，引进的生产性项目是成都金堂电厂建设项目：总规模3600兆瓦，一期2×600兆瓦，总投资51亿元人民币，8月2日《初步可行性报告》评审通过，8月25日西南电力设计院进驻现场进行地质钻勘和测量，11月16日，中国国际工程咨询公司受国家发改委委托，组织专家对一期项目进行现场考察评估。

2004年，三中园区引进的项目有：成都成异钢管、攀企蓉城、成都一诺防锈材料等；当年引进的项目有3个建成投产：成橡胶、华仕钢结构、佳旺食品形成了生产线。当年协议引进资金55662万元，到位资金6230万元。全年三中园区完成引进工业生产性17个项目，总投资额1.4亿元；完成合同利用外资375万美元，实际到位资金272万美元，出口创汇110万美元。在引进的项目中上亿元的2个，上千万元的项目10个，500万以上的项目5个。当年蒙牛乳业企业二期项目增资2000万元，奇鼎企业增资375万美元。

2005年引进工业项目26个，其中生产性项目20个；协议引进资金7.9亿元，到位资金2.7亿元，竣工投产项目10个，在建项目17个。全年开发区新增规模以上工业企业6户，总数达到14户。开发区规模以上工业企业完成工业总产值4.5亿元。

1992—2005年，三中园区共引进项目262个，其中工业生产性项目52个。引进到位资金29.72亿元人民币。

四、工业新区

2001年四川中美（外）中小企业发展园区（以下简称：三中园区）是1994年5月30日经四川省人民政府批准建立的省级管理经济开发区，系成都市六大重点开发区之一。

三中园区位于金堂县城新区，规划建设管理面积为18平方公里，园区成立以省政府副省长邹广严为组长的领导机构，设立了党工委和管委会，受县委、县政府委托，全权行使行政和经济管理职能，并管辖3个居委会、6个村委会、81个村（居）民小组，总人口29331人，其中非农业人口17314人，农业人口12017人。三中园区连续几年被成都市对外开放办公室验收复查后评为“优秀开发区”。

三中园区推出的“一区三园”建设新思路，加快了三中园区发展步伐，建立了工业新区。三中园区已成为金堂政治、经济、文化、交通中心和金堂经济增长区域。

三中园区基础设施配套完善，新城区格局初步形成：

1. 基础设施配套到位。交通四通八达。修建了滨江路（一、二、三段）、泰吉街、绿岛路、金航街、华福宁大道、金中路、金沙街、金园街、1—4横道商业街、毗河南北岸滨江路等水泥街道，并配套了各条街、道的路灯和绿化，“三纵七横”的道路网络与达（县）成（都）铁路、省级干道唐（家寺）巴（中）公路，成（都）南（充）高速公路、金（堂）广（汉）公路等相连，形成了四通八达的道路交通网络体系。通讯方便快捷。国家级重点干线西（安）成（都）光纤途经三中园区，配套建设了邮电通信大楼，万门程控电话、无线电移动通信均已投入使用。电话已升至8位，有国内直拨电话线路240对，国际线路20对。

能源保障充足。电力方面，建有国家电网110千伏变电站、35千伏变电站各一座，装机容量6.5万千瓦的中美合资燃机调峰电站已并网营运。天然气方面：四川南、北两条输气管道在三中园区有两个配气站，日供气量达30万立方米以上。水资源方面：三中园区处在北河、中河、毗河三江交汇处，水资源极为丰富，工业、生活用水取之不尽，园区6000万公斤自来水厂和与之配套的加压站已建成并投入使用，自来水管网已全部铺埋完毕。园区内砂石资源丰富，砂质好、投资成本低、效益好。

2. 新城区格局形成。三中园区投入资金1700万元建设了占地6万平方米，具有集行政、休闲、景观、文化、市政等功能为一体的全省一流的县级综合性城市中心广场（金堂广场），树立了金堂对外开放的良好形象。随着县防汛指挥中心、法院审判庭、供电调度中心、国土大楼、建设培训中心、工青妇活动中心、防疫大楼、电信大楼、劳动保障局大楼、人大和政协办公楼、地税大楼、110指挥中心、检察院办公楼、川锅科技大楼等广场周边重点建设项目相继落成和“两路一线”（十里大道、金龙路、南环线）、中、毗河综合整治的全面结束，2001年三中园区已形成了集行政机关、商贸、学校、体育、医院、生活品市场、金融、旅游、休闲、房地产开发、工业等为一体的新县城格局。

三中园区对外开放与招商引资成绩显著：三中园区制定鼓励投资的项目范围、土地政策、税收及财政奖励政策、收费优惠、工商登记、劳动人事和其他等七个方面30条招商引资若干优惠政策的规定，进入区内项目建设实行“五个统一”，即：统一政策、统一规划、统一开发、统一建设、统一征地，实行“一站式”服务。三中园区先后与美国、日本、韩国、法国、德国、加拿大等80多个国家和中国香港、澳门、台湾、上海、广州、深圳、珠海等地区的300多户客商洽谈项目。截至2001年，进入三中园区的客商已达200家。引进协议资金40亿元。主要引进项目有：中美合资爱依斯凯华燃机调峰电站、全球十大建材公司之一的欧洲第一大建材公司、世界建材行业最好公司之一的法国拉法基公司独资兴办的成都拉法基屋面系统有限公司等。成都野生世界、攀钢集团钢城企业总公司、成都干道金翔置业有限公司、四川水泥制品有限公司、绿岛度假有限公司、现代房地产开发公司、成都金阳集团、三友集团等。经济发展实现大步跨越：三中园区2001年实现国内生产总值39350万元，其中：第一产业增加值6759万元，第二产业增加值14837万元，第三产业增加值17758万元，财政收入3080万元，成为金堂经济新的增长区域。

2001年，三中园区管委会班子在三中园区的定位、发展方向和急需解决的问题上研究、制定了一系列政策和措施，形成了三中园区“一区三园”的发展新思路，得到了县委、县政府的肯定。

工业新区建立后，三中园区主动与县外宣办、金堂报社、金堂电视台共同研究和商定，采取各种形式加大对工业新区的宣传。先后通过互联网在网上发布信息和多次利用《成都日报》《西南商报》《金堂报》、金堂电视台等新闻媒体对外宣传三中园区工业新区的情况，提高三中园区对外知名度。为改善投资环境，吸引投资者，加快工业新区启动和建设，三中园区管委会草拟了三中园区优惠政策规定，并报县委、县政府审批。2002年2月27日，县委、县政府发出了《关于四川中美（外）中小企业发展园区招商引资若干优惠政策的规定》，制定了鼓励投资的项目范围、土地政策、税收及财政奖励政策、收费优惠、工商登记、劳动人事和其他七个方面30条优惠政策。

第四节　金堂工业集中发展区A区

按照中共成都市委推行“三个集中”（工业向园区集中，土地向业主集中，农民向城镇集中），加快城乡一体化的要求，2003年正式将四川中美（外）中小企业发展园区定为金堂县工业发展区A区（以下简称：A区）。A区地处享有花园水城美誉的县城，是金堂的政治、经济、文化中心地带，距成都市区31公里，唐巴公路、达成铁路横穿全区并与成南高速公路连接，区内交通发达，通讯便捷，能源保障充足，基础设施配套完善；制定了45条投资优惠政策；实行了封闭式管理；向客商提供免费全程跟踪代理服务。

四川中美（外）中小企业发展园区，于1994年经省政府批准成立，是经清理整顿保留的省级开发区。从1994年至2002年为根治县城老区水患，以三中园区为载体，以县城新区城市建设为重点，实施行政中心、商品住宅、旅游产业和工业产业等功能区域建设，一座以水为特色的新区拔地而起，被誉为天府花园水城，2004年12月荣获建设部“中国人居环境范例奖”。2003年，在三中园区设立的金堂工业集中发展区A区，是成都市工业集中发展区之一。2004年园区机构职能优化调整后，三中园区与县招商局、县投资服务中心合署办公，以招商引资和投资服务为手段全力发展工业经济，促进工业集中发展区A区的快速发展。

A区规划面积767.6公顷，征地面积669.2公顷，开发面积616.2公顷。严格按照控制性详规和产业布局规划，把A区建成“一网两轴、两区三层”的生态型工业园区，以食品、药品业、冶金机械业为主导，以发展一类、二类工业为重点，禁止引入严重污染的工业项目进园。在产业定位上，将依托蒙牛集团等项目，充分发挥金堂县优质、丰富的农副产品资源，发展以农副产品深加工为主的食品产业；依托攀钢工业小区等项目，充分利用金堂县三线军工企业的人才、技术资源，发展冶金配套及机械加工业。2003年A区引进工业项目9个，协议引进资金1.47亿元，到位资金1.11亿元，当年开工建设项目6个。规模以上工业企业4家，完成工业总产值3675万元，完成工业增加值1103万元，实现产品销售收入3850万元，利税总额96万元，提供就业岗位500个。

2004年，引进工业项目17个，协议引进资金5.57亿元，到位资金1.4亿元，合同利用外资375万美元，到位外资272万美元，当年开工建设项目12个、投产项目8个。新增规模以上工业企业4家，总数达8家，全年完成工业总产值1.95亿元，比2003年增加3.32倍；完成工业增加值5706万元，增加3.17倍；实现销售收入1.9亿元，增加2.94倍；利税总额2046万元，净增1950万元，安置富余劳动力和下岗工人就业800人。

2005年度A区新增规模以上工业项目20个，完成工业总产值6亿元，工业增加值2.5亿元，销售收入5.5亿元，利税总额达8000万元，安置富余劳动力和下岗工人就业1000人。

A区从2003年成立至2005年共引进工业项目46个，协议引进资金15.23亿元，到位资金3.54亿元，已建成规模以上企业10家。按建设项目进度分：已投产工业企业13个，在建工业项目14个，2005年开工工业项目15个；按投资规模分：投资3000万元以上11个、1000万~3000万元15个、1000万元以下20个。主要有蒙牛乳业集团、法国拉法基公司、攀钢集团、台湾禹昌国际公司、河南中原总机厂石油设备公司等国内外知名企业。已投资就业岗位2350个。

至2005年，A区的基础设施已基本形成，具备一定的工业项目承载能力。道路已建成“三纵三横”网络，绿化、路灯等市政设施相应配套；生产和生活用水均配套到各项目征地边缘；建有110千伏变电站，主变容量为2×31500千伏安，可供用电负荷5万千瓦，区内主干道路均有10千伏输电线路配套；天然气输气干线横穿区内并设有配气站，日供气30万立方米，经过调压最大供气量可达100万立方米；通信网络覆盖整个A区，现代通讯和办公设施齐备完善，信息传递快捷、准确，企业对外联络畅通无阻。

A区与县招商局、县投资服务中心实行三位一体的招商引资运行机制，建立了简便、快捷、高效的外来企业投资通道，实现了“一条龙”服务。

2006年1月，金堂工业集中发展区A区设为金堂工业集中发展区西区，主要企业如下：

一、成都金蒙乳业有限公司

位于三中园区工业新区西一横道。该公司属食品、民营企业，是蒙牛集团独资建立，一期工程总投资5000万元，其中固定资产投资2900万元，厂区占地面积约3.3万平方米，其中建筑面积15209平方米，年设计生产能力约2000万公斤，其中：雪糕10000吨/年，冰淇淋10000吨/年，公司职工定员为800人，其中：工人740人，行政技术人员60人。公司以先进的技术为依托，立足于当地及周边地区较充足的鲜奶及奶粉资源，所有产品全部标注有产量居国内前列的冰淇淋生产厂家蒙牛公司的商标，由蒙牛集团公司销往川、渝、云、贵、广西等地。公司主要设备有：LY—15000花色雪糕生产线，每小时生产15000支；LD680挤压冰淇淋生产线，每小时生产12000支；RO11027N—2花色雪糕机，每小时生产15000支。2004年该企业完成工业总产值3211万元，实现销售收入2351万元、利润总额达

13 万元、利税 40 万元。2005 年，二期液体奶项目总投资 5000 万元，一条日产 3 万公斤的酸奶生产线和三条乳类饮料生产线已竣工投产。2005 年完成工业总产值 1.5 亿元，销售收入突破 1 亿元，利润总额和利税总额实现同步增长。

二、四川川起起重设备有限公司

该公司属民营企业、机械制造（金属制品）产业。1992 年 4 月由原沱江起重机厂、起重设备厂、县五金厂合并成立的县属成都沱江起重机厂，1995 年更名为四川起重机厂。2003 年转让给川威集团，更名为四川川起起重设备有限公司。该公司是原机械部和四川省定点生产起重机械的专业厂，是中国桥吊协助成员厂，葫、单、双协会理事厂，属股份制企业。企业有职工 400 人，工程技术人员占职工总数的 18%，固定资产原值 3293 万元，企业设计年生产能力 5000 万元。2005 年公司投资 4000 万元的技改搬迁工程即将在金堂工业集中发展区 A 区开工，建成后年产值达 1 亿元，利税 1000 万元。企业主要产品有：米 D1、CD1 型 0.5 ~ 20t 电动葫芦、LD1 ~ 10t 电动单梁、LX0.5 − 5t 单梁悬挂，LP3.2 ~ 12.5t 电单起重机、QD5 ~ 150t 通用桥式起重机、QDQ3 ~ 10t 吊钩起重机，米 DG 单主梁门式起重机，各种手动单、双梁、拉式吊、平衡吊等。产品分获省优、市优称号，曾被评为市百强企业、重点合同守信用特级企业，产品远销全国 20 余省市和东南亚国家。2004 年公司完成工业总产值 4855 万元，销售收入 4118 万元，实现利税 177 万元。2005 年 1 至 6 月该公司完成工业总产值 2644 万元，销售收入 2164 万元，实现利税 130 万元。

三、四川巨丰动物药业有限公司

2004 年，公司投资 1200 万元按照国家兽药 G 米 P 标准进行生产能力扩建，建成后年生产能力近亿元。该新公司位于金堂工业集中发展区 A 区。有员工 130 余人，其中高、中级技术人员所占比例超过 40%，公司已取得批文的药品有 48 个品种。2005 年新增 100 个品种。公司拥有水针、口服液、颗泣剂、粉散剂等现代化成套生产设备，生产工艺严格按照药品生产质量管理规范（GmP）进行控制。为保证产品质量，公司配备高效液相色谱仪、紫外光分光光度计等先进仪器设备。设立药物研究开发中心、质量控制中心、微生物检验室等，负责公司新产品研究及质量控制，所有产品均符合国家标准，亦可按照客户要求制定高于法定标准的企业内控标准。公司开发的“头孢王”“世纪金方”“血病克星”“热毒痢杀”等系列产品在同类企业中享有较高声誉，产品销往全国 30 多个省、市、自治区。2006 年公司年销售额达到 3000 万元，利税 800 万元。

四、四川川王动物药业有限公司

成立于 2004 年 6 月 18 日，占地面积 1.96 公顷，总投资 1500 万元，设计生产能力每年 1.2 亿元。四川川王动物药业有限公司的前身是乐至县川王牧业科技开发有限公司，创建于 1994 年，历经 10 年发展，在 2003 年于金牛区投资建立四川川王动物药业有限公司饲料添加剂厂，主要生产饲料添加剂、兽药散剂等一百余个产品。从 2004 年 5 月投产，6 月实现销售收入 3000 余万元。公司于 2004 年 4 月在金堂工业集中发展区 A 区投资新建符合国家兽药 GMP 标准的新型兽药厂，设计 8 个生产车间。在工程建设的同时该公司从各大院校、科研机构、成熟高科技企业引进各类技术人才 28 名。公司产品有水针剂、片剂、散剂、颗粒剂、粉剂、消毒剂、口服剂、预混剂八大剂型，能充分满足市场需要。公司计划在投产的第一财务年实现销售收入 3500 万元，创利税 700 万元，并逐年递增。

五、成都海纳尔设备有限公司

成都海纳尔设备有限公司是由自然人发起成立的股份有限公司。该公司投资2600万元在三中园区工业新区征地3.33公顷进行厂房、办公楼及附属设备的建设。整个项目分两期实施，第一期投资1000万元，第二期投资1600万元。总计建筑面积为1.5万平方米，其中：厂房建筑面积1.3万平方米，办公楼面积1000平方米，附属配套面积1000平方米；2006年7月第一期工程已全面投产完成工业总产值690万元。

六、成都奇鼎包装容器有限公司

成都奇鼎包装容器有限公司是台湾禹昌集团在三中园区建立的独资企业，该公司总投资480万美元，在三中园区工业新区征用土地65亩，进行高分子板材和新型环保容器制品等项目的建设，整个工程分两期实施。一期工程总计修建厂房及配套设施4200平方米，已于2004年10月竣工生产。

七、攀钢四川精工钢结构有限公司

攀钢四川精工钢结构有限公司是攀钢钢城企业总公司与浙江精工钢结构有限公司共同投资3.1亿元，在金堂工业集中发展区A区建设的钢结构生产项目。该项目占地面积16.67公顷，分两期实施。其中一期工程计划投资1.6亿元，于2005年第四季度动工，2006年第二季度投产，建成后形成年产新型轻钢建筑体系钢结构5万吨的生产能力，年实现产值4亿元；二期工程计划投资1.5亿元，于2008年建成，形成年产多、高层重型建筑体系钢结构3万吨的生产能力，年实现产值3亿元。

八、成都金杨珍菌食品有限公司

成都金杨珍菌食品有限公司，建于2000年11月，年生产能力80万公斤。占地面积约3000平方米，生产车间1680平方米，全厂有干部职工100人，是一个出口型企业。该公司地处金堂工业集中发展区A区，拥有资产总额190万元，其中流动资产122万元，固定资产68万元，负债率55%。建有粗加工区、盐渍保鲜区、水煮成品加工区。公司产品是采用优质新鲜原料，引进日本先进保鲜生产工艺和设备，通过无菌真空包装，高温杀菌等先进技术手段处理，不含任何防腐剂的绿色食品，产品已远销日本等国。公司投资800万元的扩建工程已竣工投产，年产销3000万元，利税500万元。2004年，该公司完成工业总产值770万元，实现销售收入773万元，实现利税11万元。

九、成都莲升有色金属制造有限公司

公司是一家有色金属制造、常用有色金属压延加工、销售生产铜料、铜线的企业。公司产品广泛应用于电线、电缆、机电设备、军工以及信息工程等行业。注册资金400万元，2006年全值达到1亿元。

十、成都干道金翔置业有限责任公司

2001年9月正式成立，是由成都干道建设综合开发总公司控股的有限责任公司。2002年，被省统计局评为四川房地产开发综合实力20强、最佳效益50强，2003年被四川省统计局评为四川省房地产开发企业最大市场占有份额50强、综合实力20强，成都市青羊区“明星纳税”企业。公司房地产开发资质为三级。经营房地产开发、房屋装修、批发零售建筑装饰材料、物业管理、房屋租赁。公司从

2001—2005 年投资 1.1 亿元人民币，开发建设项目有 57350 平方米。

第二章　金堂工业集中发展区东区

2003 年，县将金堂工业发展区定为 A 区和 B 区，A 区在赵镇县城，B 区在淮口镇。2004 年 9 月 3 日，县委成立金堂县推进城乡一体化工作领导小组和淮口镇、白果乡、九龙镇规划建设管理委员会。同年 11 月 22 日，成立金堂县淮口工业集中发展区管委会。淮口工业集中发展区规划面积 3.3 平方公里，其中：沱江东岸 1.6 平方公里印染片区、沱江西岸 1.8 平方公里纺织片区和 1 平方公里电力能源、建筑建材片区及工业备用区。2004—2005 年，金堂淮口工业集中发展区内总体规划，基础设施配套方面的生产和生活用水、电、天然气、通路、管网、土石方平整、绿化、污水处理厂、路灯等初具规模，区内有总投资 50 亿人民币，占地 80 公顷的国电成都金堂电厂和投资 7000 万元人民币占地 8.67 公顷的四川川棉印染有限公司等。2005 年，金堂县淮口工业集中发展区共引进项目 11 个。

第一节　淮口工业集中发展区

一、淮口工业区管理机构

2004 年 9 月 10 日成都市经委、成都市纺织行业协会与金堂县人民政府三方成立了“2 +1”市县联动建设成都纺织印染工业集中发展区的工作机制。同年 11 月 22 日，县委、县政府正式批复成立金堂县淮口工业集中发展区管委会。作为县委、县政府的派出机构，具体负责成都纺织印染工业集中发展区的规划、建设、管理和招商引资工作。内设“三室一科”。即办公室、规划建设管理办公室、招商引资管理办公室、财务科。

2005 年 12 月 31 日，组建金堂县工业集中发展区党工委、管委会时，撤销金堂县淮口工业集中发展区管委会。

二、淮口镇规划

淮口工业集中发展区位于金堂县淮口镇，是根据《成都市工业发展布局规划纲要》有关精神，在推进城乡一体化的背景下，由成都市工业布局和开发区建设领导小组于 2004 年 10 月批准建立的以发展纺织印染和建设成都市电力能源基地的专业园区。是金堂县推动工业向园区集中，壮大工业产业支撑的重要载体，是金堂县经济发展新的增长极。依据《成都市工业布局发展规划纲要 2004 -2020》和加快推进淮口镇城乡一体化的需要，按照“一江（沱江）两岸（河东、河西）三片（纺织片区、印染片区、电力能源和建筑建材片区）”和功能分区，产业分片的思路，工业区规划面积 3.3 平方公里，其中：沱江东岸 1 平方公里印染片区、沱江西岸 1.3 平方公里纺织片区和 1 平方公里电力能源、建筑建材片区及工业备用区。2005年9月26日，成都市人民政府正式把淮口列为以发展纺织印染产业的工业点。淮口工业集中发展区管委会围绕县委、县政府“超常规推进，跨越式发展”的工作思路，以打造中国西部纺织城为总体目标，完善基础设施配套，改善和优化投资环境，加大招商引资力度，快速推进了金堂县工业区的全面建设。根据县委、县政府确立把成都纺织印染工业集中发展区打造成为中国西部纺织城的工作思路，2005年11月22日淮口工业集中发展区管委会与四川省纺织工业设计院、成都纺织高等专科学校正式签署战略合作协议，主要在科研开发、项目规划与建设、对外宣传、教学、实习实训、培训、招商引资等实施战略合作。

三、淮口工业区建设规模

淮口工业集中发展区按照“一江（沱江）两岸（河东、河西）三片（纺织片区、印染片区、电力能源和建筑建材片区）”和“功能分区，产业分片”的思路，委托四川省纺织工业设计院编制了1.8平方公里纺织片区、1.6平方公里印染片区和1平方公里电力能源、建筑建材片区的总规和控制性详规，并于2005年11月通过县规划委员会审批。委托成都市环境保护科学研究院实施了区域环评。已完成区域环评大纲及报告书的编制。淮口工业集中发展区加大招商引资力度，管委会先后派人前往福建晋江、石狮，浙江绍兴、德阳、乐山、南充等地与纺织行业企业联系和沟通。编印招商宣传画册5000册，在中国第六届西部博览会、成都—鄞州经济合作洽谈会、四川省轻纺行业厂长（经理）座谈会、台湾纺纱工业同业公会座谈会发放1500册。通过省招商局、市外经局、省人民政府驻上海、浙江、福建办事处发放500册。制作了“成都纺织工业集中发展区”光盘，先后在台湾纺纱工业同业公会客商座谈会及成都金堂绍兴投资说明会暨项目签约仪式上重点宣传和推介。扩大了工业区对外影响，提升了形象。建立了淮口工业集中发展区国际互联招商网站，拓宽了对外招商窗口。

至2005年12月，淮口工业集中发展区在基础设施配套方面已会同县规划局、水利局共同确定了3个生产用取水点。生活用水：县委、县政府确定由沱江自来水供水公司承建，纳入淮口自来水厂供水范围。10千伏配网电力工程线路已架设至工业区。金堂供电局架设了两组160千伏安和800千伏安的临时施工用电。天然气：已由中国石油西南输气处佳源天然气公司下属的淮口沱江天然气公司铺设了3.5公里日供气8万立方米的天然气供气管网至工业区专用通道。修建了长573米，宽3.5米的货运通道。已完成573米的雨污管网配套。土石方场地平整25.07公顷，挖填土石方78万立方米，修筑堡坎370米，护坡280米。绿化种植草坪1763平方米，种植行道树486株。日处理2000万公斤的污水处理厂土建工程已开工建设，污水处理池底板浇筑已完成。设备招标已实施。项目建设有：成都民康印染有限公司已完成主体厂房建设，职工倒班房及办公楼已开工建设，一期生产设备已安装到位，一条生产线正在调试。成都武侯区华丰毛绒厂已完成工程量的70%，2006年3月将完成土建工程。四川川棉印染有限公司厂区道路、围墙、主体厂房基础工程已开工建设。福建龙山（晋江）织造有限公司场地平整已结束，土建工程已进场施工。重庆东方纺织有限公司第一期用地拆迁已完成，场地初步平整已实施。

第二节　主要企业简介

2006年1月金堂工业集中发展区B区改设为金堂工业集中发展区东区，主要企业如下：

一、四川川棉印染有限公司

四川川棉印染有限公司选址在金堂县淮口工业集中发展区（白果镇石燕村6组），占地面积8公顷。有三条染色生产线、五条印花生产线（包括机印、网印、真蜡染色印花）；生产品种有棉、涤、粘、麻及其他混纺或交织布的漂白、染色、印花布的系列产品，以及服装、床上用品、装饰用品等深加工产品和防油、防静电、拒水特殊面料。产品畅销全国各地，并远销至东南亚、非洲市场。公司出口产品占总产量的60%。在建项目总投资2970万元，建成投产年产印染布综合产品4000万米，销售收入8463.78万元，年交税金800万元，年利润400万元。

二、成都民康印染有限公司

成都民康印染有限公司是在吸收整合原成都印染厂、成都丝绸印染厂、成都二纺厂印染分厂等3家印染企业设备的基础上，成立的1家集各种纯棉、化纤、丝绸布料染色、印花深加工为一体的综合型印染企业。该公司属成都市东调企业，其调迁工程是市经委、市纺协、金堂“2+1”运行机制的重点招商项目，落户在金堂工业集中发展区东区建设。该项目占地8公顷，总投资6000万元；其中一期工程投资2800万元，建成一条160厘米的染色布料生产线，二条园网印花和一条平网印花生产线，已竣工投产，形成年加工300万至3500万米布料的印染能力；二期工程投资3200万元，新建一条国产宽幅（180—280厘米）连续快速染色长车线，形成年加工2000万—2500万米布料的印染能力。该公司产品50%出口，30%为服装行业提供布料。项目竣工后，每年将实现产销2.5亿元，利税1100万元，出口创汇1000万美元。

三、国电成都金堂电厂

国电成都金堂电厂2×600兆瓦项目是省市重点工程之一，该工程已列入四川省“十五电力发展规划开工项目”。位于淮口镇红阳村石庙子的成都金堂电厂一期2×600兆瓦燃煤机组工程项目总投资49.49亿元，占地约80公顷，建设工期为32个月。2007年，两台机组投运，发电量50.38亿千瓦时，年产值15亿元。2004年4月完成征地拆迁工作，5月开展场平工作，9月15日完成场平，9月底“五通一平”工作基本完成，10月完成主厂房、集控楼、锅炉岛负3米基础大开挖工程，11月浇筑了主厂房基础。12月底，完成了A、B、C、D排和集控楼柱基础放脚浇筑，1#机基础底板及锅炉钢架柱基础混凝土垫层施工结束，为2005年工程建设顺利推进奠定了坚实基础。全年完成投资6.5亿元。2005年，落实一级网络计划，实施主厂房基础、冷却塔基础、循环水系统、锅炉基础、烟囱施工及周围地下设施等工程，该网络工程筹集工程建设资金86569万元，完成工程投资8.2亿元。

第三节　成都纺织印染工业集中发展区

成都纺织印染工业集中发展区位于金堂县淮口镇金堂工业集中发展区东区，达成铁路以南，成南高速公路以北，规划面积为8平方公里。

2004年9月10日，成都市经委、市纺织工业协会和金堂县人民政府三方签订了“2+1”市县联动建设成都纺织印染工业集中发展区合作协议工作机制。同年10月15日，市协调领导小组办公室将该区作为全市三家重点联系点之一，将淮口镇列为全市唯一的重点联系镇。2004 年 10 月 21 日，成都市工业布局和开发区建设协调领导小组办公室同意在金堂县淮口镇建立成都纺织印染工业集中发展区。11 月 22 日，金堂县淮口工业集中发展区管理委员会成立。同时委托四川省纺织工业设计院编制了成都纺织印染工业集中发展区的可研报告、总体规划、控制性详规设计，并于 2004 年 11 月 19 日通过了专家组评审，按照产业分片、功能分区的思路，规划了 1.6 平方公里印染片区和 2 平方公里纺织片区，基础设施建设有序推进，前期 10 千伏双回路电力线路已架设完毕，已完成天然气供气工程设计。工业集中发展区内征地拆迁、水、电、气、路、场地平整、安置小区建设等相关基础设施配套，正按照《成都纺织印染工业集中发展区控制性详细规划》加紧实施。

2004 年，淮口工业集中发展区基础设施建设，投资 350 万元的淮口沱江大桥拓宽工程已竣工；投资 160 万元的淮白路改造工程已经完工；投资 2700 万元的工业区主干道公路工程已经竣工，污水处理厂、供水站、供热站项目已立项，其中污水处理厂正公开招标，3 月初开工建设；天然气工程于 3 月底开工。2004 年 9 月 10 日，成都民康印染有限公司投资 6000 万元落户发展区建设；2005 年 1 月 23 日，投资 1280 万美元的福建龙山（晋江）织造有限公司纺织和贸易投资项目签订投资协议落户淮口工业区建设；2005 年 2 月 2 日，总投资 7000 万元的川棉纺织印染项目签订投资协议落户淮口工业区开始建设。

淮口工业集中发展区以推进基础设施配套建设为重点，由县国投公司、川棉、民康和四川恒升环保科技有限公司共同出资组建项目公司担负日处理 2000 万公斤的污水处理厂设计、建设和运营，已进入设计施工阶段。区内电、讯、气、路等基础设施配套迅速完善，进一步增强了工业区承载重大产业化项目能力，吸引了一大批以电力能源和纺织印染相关产业的国内外投资项目的客商前来考察与洽谈，2004—2005 年年末进入成都纺织工业集中发展区的项目共 7 个，总投资 2.27 亿元；纺织印染项目协议资金 11.7 亿元。

第十篇 农 业

金堂县主要粮油作物有水稻、小麦、玉米、红薯、洋芋、杂粮、油菜、花生等，经济作物有柑橘、食用菌、蔬菜、水果、西瓜、棉花、中药材、花卉等。1991—1997 年，由于受计划经济的影响，种植业仍然是以粮油生产为主，粮经比例在 8∶2。1998 年开始，对种植业进行结构调整，在保持粮食生产基本稳定的前提下，重点加快食用菌、蔬菜、柑橘、水果等经济作物的发展，培植中药材、花卉等产业。2005 年，全县棉花种植面积仅剩 1.07 公顷。1990 年县粮食作物种植面积 98242.93 公顷，2005 年 74913.20 公顷。粮食总产量 1990 年为 3.50 亿公斤，2005 年为 3 亿公斤。1991—2005 年，经济作物大力发展，种植业经济收入大幅度增加，粮经作物种植面积比例为 6∶4。1998 年起县重视产品质量提高，大力发展优质粮、果、蔬菜、食用菌，突出无公害生产，创立品牌，扩大对外销售。2005 年，全县优质粮食生产达到 75%。无公害优质蔬菜大量销往成都、重庆、绵阳等大中城市，优质柑橘、食用菌远销国内外。

第一章 农业管理机构

第一节 农工办

1993 年 3 月，县人民政府农业办公室更名为金堂县人民政府农村经济委员会。1997 年 3 月 30 日，改为金堂县农村工作领导小组办公室。2006 年 3 月 16 日，县委决定撤销农村工作领导小组办公室、农业局、农业机械局、畜牧食品局，组建金堂县农村发展局（挂县委农村工作领导小组办公室牌子）。农村发展局是综合管理全县农业、畜牧业、农机、农村经济发展等工作的县政府部门，牵头实施推进城乡一体化工作，成立县农业推进办公室、畜牧食品产业推进办公室、农业机械化推进办公室。县农村发展局内设 14 个科室：办公室、政工人事科、发展计划财务科、推进一体化工作科、产业化发展科、种植业生产科、农机化管理科、农机安全监理科、农村基础设施建设管理科、扶贫开发科、科技教育科、经济作物科、畜牧饲料科、兽医兽药科。

县农业产业推进办公室、畜牧食品产业推进办公室、农业机械化推进办公室主任由县农村发展局副局长兼任，另分别配备3名副主任。2008年撤销县农业产业推进办，将其职能、机构、人员并入金堂县农村发展局。

第二节 农业局

1991—1997年农业局设办公室、政工科、计财科、内审科。局辖事业单位有：种子公司、棉花原种场、农科所、农技体系站、果蔬站、柑研所、植保站、土肥站、教科站、种子管理站、种子质量监督检验站、农经站、农业电视宣传中心等；在24个乡镇设有农技站和农经站。

2001年，农业局内设办公室、政工人事科、发展计划与财务科、政策法规科、科技教育科、粮油作物科、经济作物科、农村经营管理办公室。直属事业单位有15个，即县农经站、县农村土地承包经营权流转服务中心、信息中心、执法大队、果树站、蔬菜站、土肥站、农技体系站、科教站、植保植检站、种子管理站、县农产品质量安全中心、农科所、棉花原种场、县农业项目服务中心。2001年7月全县机构改革，撤销乡镇农技站和农经站，人员划入乡镇农技中心。2004年9月，乡镇机构改革，撤销乡镇农技中心，由县农业局在全县设置，乡镇事业单位人员竞聘上岗。下属11个片区农技站，即三星、三溪、土桥、竹篙、高板、福兴、赵镇、淮口、隆盛、清江、五凤片区农技站。

第三节 畜牧食品局

1995年5月13日，县机编委批准组建县畜牧食品局，县食品公司和县肉类联合加工厂成建制由县商业局划归县畜牧食品局管理。局系统职工由71人增加到553人。

1996年1月，县机编委批准县畜牧食品局内设三科一室，即办公室、政工人事科、计划财务科、企业管理科。

1997年12月，县机编委批准《金堂县畜牧食品局三定方案》，县畜牧食品局内设五科一室。

2001年11月27日，金堂县畜牧食品局设置县纪委派驻纪检机构。内设四科一室：即办公室、政工人事科、计划财务科、政策法规科、饲料工业管理科。

2003年11月，县机编委批准，将饲料工业管理科调整为事业站，机关内设科室调整为三科一室，即：办公室、政工人事科、计划财务科、政策法规科。

直属事业站：1991年，县畜牧食品局下设畜牧站、兽医站、经营管理站。1992年6月，建立县畜牧兽医站联站。1993年10月，成立县兽医卫生检疫站（挂金堂县兽医卫生监督检验所牌子），实行两块牌子，一套人马。1996年1月，县畜牧食品局下设县畜牧站、县兽医站、县兽医卫生检疫站三个直属事业站。2003年11月，成立县兽药饲料管理站。2005年4月，成立县奶业管理站。

片区畜牧防疫检疫站：2004年9月，县政府撤销24个乡镇畜牧兽医站，将乡镇动物防疫检疫公益性职能上划县畜牧食品局，组建赵镇（辖赵镇、清江镇）、三星（辖三星镇、官仓镇、栖贤乡）、淮口（辖淮口镇、白果镇）、五凤、福兴（辖福兴镇、赵家镇、金龙镇）、高板（辖高板镇，平桥镇、三溪镇）、隆盛（辖隆盛镇、转龙镇）、竹篙（辖竹篙镇、广兴镇）、土桥（辖土桥镇、云合镇、又新镇）

共 9 个片区畜牧防疫检疫站。

第四节　农机局

1991 年 2 月，机关财务管理职能从局办公室分离，增设财务科。1992 年 1 月，金堂县乡镇农机站职工退休养老保险统筹委员会成立，首次对乡镇农机站职工进行养老保险统筹。1996 年 12 月，明确全县乡镇农机站为国家在基层的全民事业单位。1998 年 4 月，农机局实行人事改革，全体中层干部由任命制改为聘用制，聘期两年。2000 年 12 月，建立了激励竞争的人才机制，进行了人事制度改革，实行竞争上岗，优化组合，通过民主评议、民主推荐、实施演讲，7 名中层干部当选。2001 年 7 月乡镇机构改革期间，按照县委、县政府的要求，顺利完成对乡镇农机站人、财、物的移交。2004 年乡镇机构改革，理顺了农业服务体系与业务主管部门的关系，按照县委文件要求，将农机站划归农机局主管。并将原 24 个农机站收编为高板、竹篙、土桥、福兴 4 个片站和一个直属站（辖赵镇片、三星片、淮口片），人员工资及办公经费全部由财政解决。

第五节　气象局

1991—1997 年金堂县气象局设地面气象测报科、气象预报科、农业气象服务中心、防雷技术中心和办公室。2005 年内设金堂国家气象观测站、办公室、气象科、县防雹降雨办公室、县防雷中心、农业气象服务中心、气象行政执法队。辖有官仓、赵家、淮口、隆盛炮点，竹篙和淮口自动观测气象站。有专业技术人员 16 人，其中：工程师 8 人，助理工程师 6 人。

第六节　林业局

1991 年金堂县林业局内设办公室、林政股、造林股、林业公安科。下属单位：森林病虫害防治检疫站、林业科技推广站、林产品经销公司、国营苗圃和三江区、淮口区、福兴区、竹篙区、高板区、土桥区、悦来乡、四方乡、长乐乡、盐井乡、五凤镇、赵镇、三星乡、龙威乡、官仓乡、栖贤乡、淮口乡、同兴乡、白果乡、三烈乡、赵家乡、隆盛乡、广兴乡、青松乡、转龙乡、又新乡、云合乡、永乐乡林业工作站。

1993 年局设办公室、造林股、林政股、公安科。下属单位：种苗服务公司、林产品经销公司、林业开发总公司、林业科技推广站、森林病虫害防治检疫站和淮口、隆盛、转龙、金龙、五凤、高板、三星、清江、官仓、又新、云合、广兴、同兴、三溪、平桥、赵镇、黄家、栖贤、云绣、土桥、竹篙、赵家、福兴、白果林业站。

1996 年局设办公室、财务室、林政股、公安科、科技生产股。下属单位：林业科技推广站、森林病虫防治检疫站、林产品经销公司、林业开发总公司、国营苗圃及 24 个乡镇林业站。

1997 年局设办公室、财务科、生产科、公安科、林政科、绿化办。下属单位与 1996 年相同。

1998 年局设办公室、财务科、生产科、公安科、林政科、绿化办。下属单位：林产品经销公司、国营苗圃、林木种苗服务公司、森林病虫防治检疫站、林业科技服务中心、林业工作总站及24个乡镇林业站。

2002年办公室、财务科、生产科、公安科、林政科。下属单位：林产品经销公司、国营苗圃、林木种苗服务公司、森防站、林业科技服务中心、林业工作总站

2003年局设办公室、计划财务审计科、资源林政科、森林公安科、科技造林科。下属单位：林产品经销公司、森林病虫害防治检疫站、林业科技推广中心、林业工作总站、国营苗圃和赵镇片区、栖贤片区、三江片区、福兴片区、赵家片区、九龙片区、淮口片区、高板片区、竹篙片区、土桥片区林业站。

2005年局设办公室、计划财务审计科、资源林政科、森林公安科、科技造林科。下属单位：林产品经销公司、森林病虫害防治检疫站、林业科技推广中心、林业工作总站、国营苗圃和赵镇片区、栖贤片区、三江片区、福兴片区、赵家片区、白果片区、淮口片区、高板片区、竹篙片区、土桥片区林业站。

第二章　农田基本建设

第一节　改田改土

一、改田

冬水田：对冬水田的改造主要采取的措施是：布置好灌、排渠系，降低地下水位。增施有机肥，防除草害，2005年金堂县实有冬水田面积不足133.33公顷。下湿田：改造下湿冷浸田，开沟排水是改造下湿田的根本措施。丘陵地区以开2—3条沟为宜，沟深应在1米左右，才能起到排水的作用。开沟前水稻每亩单产600斤，开沟后每亩单产达800斤，生产变一季为两季。早施追肥早薅秧：水稻栽后5—7天，应及时追肥薅秧。追肥薅秧结合晒田，能提高肥效，加速水稻转青和分蘖，防止水稻坐蔸。施用硫酸锌肥：不论冷害坐蔸，缺素坐蔸，与土壤缺锌有关。对那些常年坐蔸的冷浸下湿田，在栽秧前除施足有机肥和氮、磷肥外，每亩施2~3斤硫酸锌作底肥，能防止水稻坐蔸。

二、改土

改土针对的主要是丘陵区的坡耕地，坡耕地由于土层薄，一般为30~40厘米，有机质含量低，保水保肥能力差，生产力水平低下，比正常耕地产量平均低200~300公斤，再加之排灌系统不完善，遇大雨就容易造成水土流失，有水不能蓄，有旱没法抗。

金堂县利用国家项目如农业综合开发、以工代赈、节水农业等的投入，对一部分坡耕地实施了改良，先对应改的土规划，布置接、排水沟、蓄水池等坡面水系，按等高线规划地块，用机械深挖或人

工整平，修筑地埂，将坡薄地变为梯地，同时增加有机肥，对土壤培肥改良，成为肥沃的耕地。2005年全县已有2.2万公顷坡耕地得到了根治。

第二节 治理水土流失

金堂县水土流失面积为539.62平方公里，其中：冲刷流失面积0.26平方公里，强度流失面积173.52平方公里，中度流失面积329.52平方公里，轻度流失面积27.87平方公里。水土流失区域主要分布在龙泉山一带的深丘，低的丘陵和山岩沟壑区。土地瘠薄，植被差，水源涵养能力弱，保水、保土、保肥能力差。金堂县地处成都平原与川东丘陵交接地带，春干、冬旱、夏旱连伏旱，夏涝、秋绵雨，旱灾频繁，涝灾易出。1991—2005年，县抗旱排涝重点采取工程和农艺措施。工程措施包括：降缓坡耕地坡度，将大于5°的坡耕地改造成为5°以下的坡梯地；增厚土层，对耕层浅的土壤进行增厚土层（客土、深挖等）；改良质地：石砾多，质地粗造成土壤质地差、不抗旱，采取清除石砾、石块、碎细来提高土壤质地，可提高土壤的抗旱水平；修筑地埂，坡地改梯地，防治水土流失。在修地埂时，因地制宜，栽植既能绿化又能护埂的灌木或草类；建设坡面水系，重点建设排水沟、背沟、拦洪沟，增加土壤有机质。农艺措施：选用抗旱的作物品种，主要是合理安排播期，趋利避旱；间、套作种植，使作物的需水高峰期避开旱期时段；以水抗旱：主要是在减少流失，多滞留水方面下功夫，如环山做厢垄作，横坡种植，格网式（梯多坝）垄作，拦蓄降雨，延长自然降水在坡耕地的停留时间，使土壤形成地下水源；节水抗旱，因地制宜推广微喷、滴灌、渗灌节水技术，达到科学用水、节约用水的目的。在排灌上，重点是针对下湿田和大块的平整旱地，下湿田排涝重点利用工程措施，修建排、灌渠系，降低地下水位，平整的大块旱地主要采取开背沟、理边沟、开挖"井"字沟，畅通大中沟的排水办法，达到排除渍水，减轻涝害。1995—2005年，全县通过以工代赈、农业综合开发、节水农业、微水治旱等国家重点工程，实施了坡改梯、地肥覆盖栽培等农艺、工程措施，治理主要水土流失区域。

第三节 沼 气

1991年新建城镇净化沼气池15口，容积600立方米；新建农村沼气池200口。1993年建城镇净化沼气池20口共1270立方米；农村建沼气池136口。1994年新建城镇净化沼气池21口共1378立方米；新建农村沼气池106口。1995年新建城镇净化气28口，共1830立方米；在试点小城镇清江镇建沼气厕所1座；建农村沼气池170口。1996年新建城镇净化沼气池22口共3426立方米，新建农村沼气池110口。1997年新建农村沼气池188口。1998年建农村沼气池108口。1999年建农村沼气池96口。2001年建城镇沼气净化池48口共6622立方米，建农村沼气池48口。据2003年普查统计，全县农村正常使用沼气池16242口，年产气量362.22万立方米，废弃池41551口；建有城镇生活污水净化沼气池387处，总容量45600立方米，年处理污水量4.10亿公斤。2004年全县共建标准化农村户用能源型沼气池1400口。建管所新建农村沼气池1586口。新建城镇净化沼气池29口。2005年新建城镇净化沼气池10口。

第三章　种植业

第一节　主要作物与耕作

一、主要作物产区

水稻，小麦、油菜分布在县西部平坝浅丘和东部丘陵区，遍及全县所有乡镇。

玉米、红薯、花生、杂粮主要分布在东部丘陵和西部浅丘地区，中部低山地区也有部分种植。

洋芋在全县各生态区域均有种植，其中以西部平坝区的清江镇，中部低山、浅丘区的栖贤乡，东部丘陵区的福兴镇、赵家镇为主。

柑橘主要分布在东部丘陵区的三溪、高板、平桥、金龙、隆盛、广兴、又新等乡镇，以三溪、高板、平桥为最多。落叶水果主要分布在中部龙泉山脉金堂段东西两边的低山丘陵地带。

蔬菜主要集中在西部平坝浅丘区的三星、官仓、栖贤、清江、赵镇，以及东部浅丘区的淮口等乡镇。

食用菌主要分布在交通条件较好的清江、赵家、福兴、淮口、赵镇等乡镇的公路沿线。

中药材主要分布在中部山林地区，以及龙泉山脉金堂段一带。

花卉主要分布县城周围的赵镇、三星、栖贤等乡镇。

二、耕作制度

1991—2005 年，全县耕作制度的变革更加深入和全面：对东部丘陵地区的旱地进行改制，广泛推行大小春分带轮作，变一年两熟、三熟为一年三熟、四熟、五熟制；对西部平坝、浅丘区的稻田推行以增种 1—2 季蔬菜为主的改制，变一年两熟为三熟、四熟制。由此提高了全县耕地的复种指数，扩大了复种面积，多种经济作物得到全面发展。

（一）西部平坝浅丘区

1. 小麦（油菜）—水稻—秋菜的一年三熟制。2. 早春玉米（鲜食）—水稻—秋菜—冬菜一年四熟制，即水稻收后抢种秋菜，秋菜收后种冬菜，早春（二月上中旬）冬菜收后或早春菜预留行间移栽地膜玉米，6 月上中旬玉米收后栽插水稻。3. 小麦—西瓜—夏玉米＋大豆—秋菜一年五熟制，即小麦预留行间套种西瓜、西瓜后期套种玉米（鲜食），玉米行间间种大豆（菜用），玉米、大豆收后抢种秋菜，小麦、西瓜实行分带轮作。4. 小麦—花生—秋菜一年三熟制。5. 小麦—春玉米—红薯＋大豆一年四熟制，即小麦、玉米分带轮作。6. 大蒜—玉米一年两熟制。7. 水稻—洋芋—年两熟制。

（二）东部丘陵区

1. 小麦—玉米 + 红薯一年三熟制。2. 小麦—玉米 + 大豆一年三熟制。3. 小麦—玉米 + 大豆—秋菜一年四熟制。4. 小麦—玉米 + 大豆（或红薯）+ 秋菜—冬菜一年五熟制，即小麦、玉米分带轮作，小麦预留行间间作冬（或早春）蔬菜，菜蔬收后移栽春玉米、小麦收后栽种红薯或大豆，玉米收后抢种秋菜。5. 小麦（豌胡豆）—花生—秋玉米（秋红薯）一年三熟制。6. 小麦（油菜）—水稻一年两熟制。

（三）中部低山区

1. （一）小麦—玉米—秋菜一年三熟制，即小麦收后（或预留行间）播栽晚春或早夏玉米，玉米收后抢种秋菜。2. 小麦—玉米 + 红薯（或大豆）—秋菜一年四熟制，即小麦、玉米分带轮作，小麦预留行间播栽玉米，小麦收后栽红薯（或大豆），玉米收后种秋菜。3. 小麦—玉米—大豆一年三熟制。4. 早蒜—玉米一年两熟制。

第二节　粮食生产

金堂县属成都市粮食生产大县，常年种植粮食面积 8 万公顷（120 万亩）。随着县农村经济的发展，果树种植，蔬菜面积生产的扩大，粮食面积有所减少。1991 年全县粮食播种面积 7.69 万公顷（115.4 万亩），粮食总产 33.8 万吨。2005 年，全县粮食面积 7.24 万公顷，粮食总产 28.98 万吨。粮食作物主要包括小麦、水稻、玉米、红薯、洋芋及杂粮，其中：小麦 1.87 万公顷，水稻 1.35 万公顷，玉米 1.69 万公顷，红薯 1.47 万公顷，洋芋 0.49 万公顷，小杂粮 0.56 万公顷。

小麦、稻谷是金堂县主要粮食作物，玉米、红薯为粮饲兼用作物，洋芋是粮饲菜兼用作物，面积由原来的 0.13 万公顷扩大到 2005 年的 0.49 万公顷。杂粮历来有所种植，分布全县各地，包括豌豆、胡豆、黄豆、高粱等，杂粮用途十分广泛，如豌胡豆和黄豆除收嫩籽外，还可用于加工，高粱可用于酿酒等。

1991—2005 年金堂县粮食总产量

表 10－1

年份	粮食面积（万亩）	亩产（公斤）	总产量（万吨）
1991	115.4	293	33.8
1992	114.6	317	36.3
1993	117.9	302	35.6
1994	117.6	306	35.9
1995	114.7	318	36.5
1996	114.4	321	36.7
1997	115.0	323	37.1
1998	112.9	329	37.2

续表10－1

年份	粮食面积（万亩）	亩产（公斤）	总产量（万吨）
1999	137.1	275	37.8
2000	115.7	288	33.3
2001	110.1	230	25.3
2002	106.2	251	26.7
2003	100.7	254	25.5
2004	110.0	270	29.7
2005	108.7	267	28.98

第三节　良种良法与植保植检

一、良种良法

（一）良种：水稻、玉米主要推广杂交优质良种，油菜以常规种为主，也以杂交油菜为主，且主要推广双低油菜。

1991—2005年，金堂县推广的主要良种有：水稻有Ⅱ优7、63、725、838，冈优725、辐优63；玉米：成单18、19，川单9、13、21、24，东单60，农大60、108、1236，金龙118，临奥1，豫玉22、25，丹玉13、26，掖单13、51，沈单7号、中单2号、农大郧单1号；小麦：川农10、11，川育26，绵阳20、26、29、31、335，川麦107，豫农4号；油菜：川油15、16、18，蓉油3号、4号，中油杂1号，华油2790，中油821，西南302。

（二）良法

金堂县主要推广技术有：小麦疏株密植栽培技术，小麦稻草覆盖免耕栽培；双低杂交油菜，油菜宽窄行栽培，油菜套种洋芋、油菜稻草覆盖技术，水稻旱育秧，水稻软盘育秧大田抛秧，水稻规范化、强化栽培技术，杂糯间栽技术；玉米中带轮作技术，旱地新三熟技术，玉米育苗移栽技术，地膜玉米高产栽培技术等。

二、植保植检

（一）区域性病虫监测站建设

2000年12月金堂县植保工程区域病虫测报站建成并投入使用。建设面积736.48平方米，植保工程区域病虫监测站建设项目的完成，每年指导病虫防治40万公顷，挽回粮油果蔬损失5000万公斤，减少损失4500万元，可减少农药使用次数及施用量。

（二）重大病虫害发生情况

1. 水稻稻瘟病：1992年、1993年、1997年大发生。2. 小麦条锈病：1995年、2002年、2003年、2004年、2005年在金堂县大发生。3. 稻纵卷叶螟：2001年在金堂县竹篙镇常乐社区局部大发生。4. 稻飞虱：20世纪90年代中期在竹篙镇常乐社区大发生。5. 斜纹夜蛾：在蔬菜产区间隙性大发生。6. 水稻猎爪螨：分别在官仓、桐梓园、杨柳地区发生过。7. 红薯旋花天蛾：1999年在盐井山区局部大发生。

（三）新发生有害生物

1. 拉美斑潜蝇：1997 年从攀西地区调运蔬菜新传入金堂县，同年 5 月仅在三星镇快乐村一块豇豆地中发现，6 月初扩展到三星镇三个村 28 个组，栖贤乡三个村 8 个组，受害面积 133. 33 公顷，绝收面积达 13. 33 公顷，6 月底迅速扩展到官仓、赵镇、清江等乡镇，面积达 333. 33 公顷，造成 20 公顷作物死亡。当年政府高度重视，植保站采取强有力措施，拉美斑潜蝇的危害和扩散得到了有效的控制。

2. 柑橘溃疡病：2000 年新传入金堂县，同年 10 月在五凤镇金牛村二组育苗户苗圃中发现，面积 0. 05 公顷（0. 71 亩），苗子 19123 株，有溃疡病株 4123 株。经调查，此病是由于果农擅自从简阳乱引接穗所致，农业局植保站及时向政府汇报，政府高度重视，并采取了强有力的措施，将发病苗圃和相邻苗圃的果苗全部烧毁。同年 11 月县政府又发布了《关于严禁国际国内柑橘检疫对象传入金堂县境内的通告》。2005 年，调查全县未发现柑橘溃疡病。

第四节　油料生产

油料作物主要包括油菜、花生等。县年油菜种植面积达 0. 53 万公顷（8 万亩）。油菜是重要的油料作物，每亩单产在 140 公斤，主要种植杂交油菜，主要推荐品种有德油 5 号、蓉油 4 号、蓉油 11 号、早杂 2 号、蜀杂系列等。这些品种出油率高，芥酸和硫苷含量低，有利人体健康。花生以籽粒供食为多，同时用于榨油和工业原料等。

1991—1997 年，全县经济作物中油菜年均占 39. 20%，年均种植油菜 72462 亩，亩产 146. 86 公斤、总产 10613. 28 吨。花生占经济作物播种面积的 24. 40%，种植面积由 1991 年的 35202 亩增加到 1997 年的 55277 亩，年均单产 141. 85 公斤、总产 6656. 42 吨。1998 年，全县油菜种植 86859 亩，总产 10435 吨，比 1997 年减少 2. 6%。花生种植 75183 亩，总产 9848 吨，比 1997 年增长 13. 3%. 1999 年，全县油菜种植 87526 亩，亩产 0. 122 吨，总产 10696 吨；花生种植 72410 亩，亩产 0. 133 吨，总产 9595 吨。2000 年，全县油菜种植 12. 91 万亩，亩产 0. 13 吨，总产 1. 69 万吨，较 1999 年增长 57. 6%；花生种植 9. 25 万亩，亩产 0. 14 吨，总产 1. 27 万吨，较 1999 年增长 32. 3%，2001 年，全县油菜种植 13. 72 万亩，总产 1. 78 万吨，比 2000 年增加 0. 1 万吨；花生种植 9. 59 万亩，总产 1. 08 万吨。油料作物。2002 年，全县油菜种植 13. 65 万亩，总产 1. 81 万吨；花生种植 9. 84 万亩，总产 1. 4 万吨。2003 年，全县油菜种植 13. 6 万亩，总产 1. 9 万吨；花生种植 10 万亩，总产 1. 4 万吨。2004 年，全县油菜种植 146939 亩，亩产 140 公斤，总产 20600 吨；花生种植 89414 亩，亩产 144 公斤，总产 12905 吨。2005 年，全县油菜种植 146033 亩，亩产 149 公斤，总产 21795 吨；花生种植 87457 亩，亩产 145 公斤，总产 12686 吨。

第五节　棉花生产

金堂县种棉历史悠久，在龙泉山脉及其以东地区，自然地理、土壤、气候等条件适宜，群众种棉收益较高，积极性强。全县棉花生产由县棉花产销办公室组织实施，有 4 名专业技术人员，棉种由县棉花原种场提供；重点推广了地膜覆盖、增株减台、全程化控等新技术。棉花产区分布在全县 13 个乡镇，土桥、云合、又新、广兴、竹篙、隆盛、平桥、白果8个镇为主产区。

1991年全县棉花种植面积为62251亩，棉花总产量2988吨，其后每年棉花种植面积、产量呈下降趋势。1997年棉花种植面积40155亩，总产量2014吨。1998年，全县种植棉花5万亩，加大棉花产区以“三膜”（双膜保温育苗、地膜夜盖栽培）为中心系列技术的推广力度，棉花比1997年有较大增产，产皮棉2063吨，收购皮棉1705吨。1999年后，四川金天彩棉有限公司在县内推广种植生态彩色棉，公司选育成功的川彩1号、川彩2号品种经国家审定，属优质高科技品种，填补了省内彩棉生产空白。同年，全县种植棉花50294亩，总产达2399吨。2000年后，受政策、市场因素影响，棉花生产逐步萎缩。同年，全县棉花种植5.01万亩，通过推广“三膜”为中心的系列高产技术，亩产达0.05吨，总产0.25万吨。2001年，全县棉花种植2.43万亩，比2000年减少2.59万亩，棉花总产0.07万吨。2002年，全县棉花种植9836亩，棉花总产298吨。2004—2005年，县内棉花种植面积每年0.02万公顷（0.3万亩），品种主要是优质长绒棉及彩色棉。

第六节　蔬菜生产

一、品种

金堂县境内山、丘、坝兼有，土壤肥沃，气候温和，十分有利于蔬菜生产，一年四季都有大批量鲜菜供市，是成都市重要的蔬菜基地和著名的秋淡蔬菜基地；是全国有名的南菜北调基地之一。是金堂县农村经济的支柱产业之一。

金堂县有专业蔬菜批发市场4个，蔬菜加工、运销龙头企业18家，5个蔬菜专业协会。蔬菜加工已形成了泡菜、榨菜、盐渍菜等系列产品。鲜销蔬菜注册有“天慈”“金帅”牌等商标。金堂县蔬菜加工产品及鲜菜品质优良，种类多，十分畅销，近销成都、南充、德阳、广元、绵阳、阿坝，远销重庆、宁夏、甘肃、新疆、北京、东北等省、直辖市、自治区。

县大力引进蔬菜良种进行蔬菜品种结构调整，每年引进5个新品种，良种普及率达到了95%，金堂县蔬菜产业向着区域化、特色化、精细化、无公害化方向持续发展，形成了具有特色的金堂早蒜薹、二金条海椒、五凤野山椒、官仓黄瓜、栖贤豇豆、竹根生姜、三星香葱、福兴南瓜、雪山花菜等品种的区域化布局和生产基地。

随着农业结构的调整和商品经济的不断发展，全县蔬菜面积逐年扩大，品种增多、品质提高，产量增加、上市蔬菜做到了淡季不淡。蔬菜品种主要有：辣椒、韭黄、青笋、茄子、番茄、斑豆、冬瓜、胡萝卜、黄瓜、芹菜、花菜等。

二、产量

蔬菜生产面积从1991年的60514亩增加到1997年的115922亩，产量从125237吨增加到353050吨。1994—1997年，在三星镇、栖贤乡进行工厂化育苗和大棚蔬菜栽培试验。

1998年，全县充分发挥成都市二线蔬菜基地的优势，大力发展名、优、特、新及反季蔬菜，蔬菜面积逐年扩大，上市蔬菜做到了淡季不淡。全年蔬菜种植面积达到16.5万亩，产量26.87万吨，产值1.62亿元。1999年，全县蔬菜种植面积增加到27万亩，产量达到30.13万吨，产值2亿元。2000年，全县抓住西部大开发机遇，完成20万亩果蔬绿色食品生产基地的申报，并获国家绿办认证，准予使用绿争食品标识。2001年，全县以建无公害蔬菜基地为契机，在三星、赵镇、官仓、九龙、福兴等九个乡镇重点推广无公害蔬菜生产技术，积极引进和推广了商品性好的优新品种，蔬菜品质进一步提高；全县种植蔬菜复种面积达到30.53万亩，总产43.6万吨，产值3.6亿元，其中：无公害蔬菜示范9.5万亩，总产12.8万吨。金堂与四川天华公司联合在成都开设的“绿色食品配送中心”，已成为金堂绿色食品走向成都市场的窗口。全年县种植蔬菜达到35.97万亩，总产42.74万吨，产值2.6亿元。2002年，全县以建无公害蔬菜基地为契机继续在三星、赵镇、官仓、九龙、福兴等九个乡镇重点推广无公害蔬菜生产技术，积极引进和推广了商品性好的优新品种，蔬菜品质进一步提高。全县种植蔬菜复种面积达到36.08万亩，总产40.9万吨，产值3.2亿元。2003年，在三星、赵镇、官仓、九龙、福兴等九个乡镇重点推广无公害蔬菜优质品种和生产技术，全县种植蔬菜复种面积38.4万亩，总产49.1万吨，产值3.1亿元。2004年蔬菜面积216084亩，总产量34.61万吨。2005年蔬菜面积222351亩，总产量38.25万吨。

第七节 经济作物

一、糖蔗

金堂县种糖蔗的历史悠久，县内生产的红糖为传统名产。1990年，糖蔗面积为59.73公顷，平均亩产糖201公斤，总产18万公斤。由于县内蔗糖厂陆续关闭，常规甘蔗种植面积保持在66.67公顷，主要供人们直接食用。以官仓镇鹅蛋山红蔗为主的优质新品种，因其秆形肥壮，口味纯甜，食用后生津解渴，得到人们的喜爱。2005年年底，全县甘蔗种植面积133.33公顷，总产量200万公斤。

二、中药材

金堂县中药材主要分布在清江、淮口、五凤、白果、栖贤、福兴、官仓、三星、赵家等乡镇。

中药材主要有：党参、半夏、明参、菊花、丹参、桔梗、杜仲、陈皮、黄姜等优质品种。

中药材种植面积：419.80公顷，其中：主要品种云顶明参常年种植25067公顷，桔梗38公顷，丹参3.33公顷，杜仲8.73公顷，黄姜113.33公顷，其他4.53公顷。中药材总产量664.48万公斤、总销售额1871.2万元。

金堂县淮口镇云顶山为著名川明参产区。从历史上可追溯至明成祖年间（公元1403年），由于当时云顶沙参逐步发展为现今的川明参，迄今约600年的栽培种植历史。川明参品质优良，为典型的同原品种，具有润沛止咳，和胃止呕吐等解毒功效。药膳中广泛与药配伍或单独用于滋补食用，享誉中外。主要销往日本、东南亚等广大地区。

金堂县中药材发展快，制定了金堂明参规范化生产技术标准，建设了高产示范基地，打造了明参品牌，对金堂县农业经济发展具有重要意义。

三、花卉

金堂县花卉1991—2005年发展较快，主要集中培植于县城周边地区的赵镇、清江、三星、栖贤、官仓、淮口等乡镇，以观赏苗木为主，其次是盆景和切叶切花。观赏苗木以银杏、榕树、蜡梅、罗汉松、桂树等为主。盆景主要有：菊花、吊兰、杜鹃、文竹、茶花等；鲜切花主要有：红掌、菊花、桔梗、百合等。全县花卉生产设施栽培较少，粗施露地栽培为主。

县种植的花卉品种达几百种，观赏树木及木本花卉以玫瑰、月季、茶花、银杏、榕树、蜡梅、杜鹃、紫薇、女贞、罗汉松、雪松、广玉兰、棕树、橡皮树、天竺桂等为主；草本花卉以菊花、茉莉花、吊兰、满天星、紫锦草、晚香玉、凤仙花、鸡冠花、一品红、彩叶草等为主。

花卉市场及销售情况：（一）鲜切花市场。县城有固定鲜切花店10家，流动个体摊点10个。主要销售的鲜花品种有：玫瑰、百合、剑兰、康乃馨、鹤望兰、勿忘草、满天星、情人草、香雪兰、郁金香、黄莹花、美人蕉、晚香玉和各类菊花。鲜切花主要从成都鲜花批发市场购进，这些花80%从广东、昆明等地空运而来。（二）盆栽花市场。县城有固定盆栽花店10家。主要销售品种有：茉莉花、米兰、吊兰、杜鹃、茶花、黄桷兰、一品红、扶桑、菊花、龟背竹、发财树、富贵竹、椰子类、鱼尾葵、鱼叶木、竹芋等。其中室内品种均从成都批发市场购进，室外品种主要由自种花地中培育。（三）观赏绿化苗木市场。观赏绿化苗木的销售渠道较多，主要是绿化工程用、花坛建造用、家庭购买、规模销售到外地。金堂县城及周边地区的花卉年销售额达500万元。

第八节　食用菌生产

一、生产概况

金堂县人工栽培食用菌已有34年的历史。1991年全县食用菌生产总规模5000万袋、产量4500万公斤，产值1.40亿元。2004年全县栽培食用菌2.80亿袋。至2005年，全县食用菌生产总规模已达到3亿袋，产量2.64亿公斤（26.40万吨），产值10亿多元；占成都市的80%，四川省的50%，居全省之冠、西南第一、全国第三，成为全县农村经济的主要支柱。

二、品种结构

1991年生产规模分别为5000万袋、产量（鲜重）4500万公斤，生产产值9200万元，加工产值5000万元，其中：黄背木耳2800万袋、平菇1800万袋，姬菇300万袋，分别占总规模的56%、36%、6%。其次为榆黄菇、蘑菇、金针菇、香菇、鸡腿菇，生产规模为100万袋，占总规模的2%；金堂食用菌经多年的结构调整，至2005年已形成了以姬菇、黄背木耳、平菇为主，多品种发展的生产格局。全县食用菌生产总规模已达到3亿袋，产量（鲜重）2.64亿公斤，其中：姬菇16000万袋、黄背木耳5900万袋、平菇5400万袋，分别占总规模的53%、20%、18%；其他珍惜品种蘑菇、金针菇、香菇、鸡腿菇、榆黄蘑、草菇、鲍鱼菇、杏鲍菇、滑菇2700万袋，占总规模的9%。生产产值3亿元，加工产值7亿多元。

三、分布区域

金堂县食用菌分布较广，全县24个乡镇均有栽培，经过1991—2005年的发展，逐步形成了以赵家、福兴、淮口镇为主的黄背木耳生产基地；以清江镇、赵镇、淮口镇为主的姬菇、平菇生产基地；以赵家、福兴镇为主的食用菌原材料市场及专业市场；2005年在清江镇规划建设特色出口菇生产基地；在淮口镇、赵镇、清江镇规划建设食用菌循环经济示范基地。

四、加工情况

金堂县食用菌产品50%销往国外，50%内销。全县有大小食用菌加工企业20家，其中龙头企业6家：成都市金菇菌业有限公司、成都市天绿菌业有限公司、成都金成食品有限公司、成都鲜乐食品有限公司、山野菌业有限公司、成都金杨珍菌食品有限公司。年加工各类干品、鲜菇、盐渍菇、清水菇、脱水产品软包装、罐装、纸盒包装产品1亿公斤，加工产值7亿元。注册有“天绿”“金亚”“天慈”“金菇”等商标。产品畅销全国各地，并出口销售到日本、韩国、新加坡、泰国、美国、法国、俄罗斯等国家和中国香港、台湾等地区。

五、种植效益

1995年前，食用菌生产效益好、利润高，农户每生产1袋食用菌可获纯利1.0元，激发了农户种植食用菌积极性，食用菌生产快速发展。1995年后，食用菌价格波动较大，栽培利润逐年降低，由每袋1.0元降为0.5元。1999—2002年食用菌价格持续低迷，每袋纯利0.2~0.3元，2003年市场价格有所回升，每袋利润在0.3~0.5元，推动了县食用菌产业的发展。2005年栽培规模达到了3亿袋。

六、食用菌向规模化产业集群发展

随着食用菌生产迅猛发展，食用菌市场竞争的加剧、经验少、资金缺乏的小生产者被淘汰，食用菌生产向大户集中，据统计1991年全县户栽5000袋以下的菌农占10%，0.5万~1万袋占28%，1万~4万袋的占60%，4万袋以上的占2%左右，10万袋以上没有。2005年全县无1万袋以下的菌农，1万~5万袋占60%，5万~10万袋占30%，10万袋以上的农户占10%，30万~50万袋的农户逐年增加。以上数据说明，金堂县食用菌栽培正由分散小规模向集约化过度。

七、组织化建设

食用菌作为全县经济的产业支柱，县委、县政府对食用菌产业常抓不懈，县上成立了食用菌产业领导小组，由副县长任组长，成立了“金堂县食用菌产业联合会”，统一指导各食用菌分会，协会组织自觉为菌农服务，已成为食用菌产业的重要纽带。“清江镇食用菌协会”“赵家镇食用菌协会”“淮口镇食用菌联合促进会”“福兴镇食用菌协会”通过产、供、销“一条龙”服务，在应对大市场的变化和信息服务上做出了重大贡献，使农民由盲目生产、被动找市场变为订单生产、主动开发市场，大大降低了市场风险，提高了经济效益。2004年2月县上成立了蔬菜站，专门抓食用菌新技术、新品种推广。

八、无公害食用菌生产

县农业局加强无公害食用菌生产的宣传，制定无公害食用菌栽培技术标准、产品质量标准，推广无公害食用菌栽培技术，加强无公害食用菌基地和产品的认证工作。改进现有生产、引进层架香菇栽培、食用菌微喷、蘑菇大棚管理、废料种草菇、蒸汽灭菌、液体食用菌菌种生产技术，推进食用菌生产大棚的改进，推广发泡阻燃泡沫等新材料，运用防虫网、黄板、频振杀虫灯等物理综合防治技术，食用菌栽培用水要求为饮用水，禁止滥用高毒高残留农药，建立了食用菌生产档案，跟踪调查每个农户食用菌栽培全过程，提高了金堂县食用菌产品的信誉，县食用菌产品由无公害向绿色食用菌发展。

九、食用菌循环经济建设

以2005年全县生产食用菌3亿袋计算，产生食用菌废料有1亿公斤。2005年县出台了发展食用菌循环经济的实施意见，即以4种食用菌废弃物处理模式促进资源再利用：（一）推行“秸秆→食用菌→菌渣→饲料→牲畜饲养→沼气”的转化模式。（二）推行“秸秆→食用菌→菌渣→生态有机肥”的转化模式。（三）推行“秸秆→食用菌→菌渣→腐熟还田”的转化模式。（四）推行“秸秆→食用菌→菌渣→清洁能源”的转化模式。通过四种食用菌废弃物处理方式可有效解决环境污染问题，并创造更大的经济效益、社会效益、生态效益。

十、品种简介

姬菇：2005年生产姬菇1.60万袋，全县各乡镇均有分布。

黄背木耳：金堂县生产的黄背木耳以其耳片大，肉头厚，颜色红亮，商品性好而畅销全国各大中城市。2005年全县生产黄背木耳5900万袋，主要分布在清江镇、赵镇、福兴镇、赵家镇等。

平菇：又叫糙皮侧耳、北风菌等。金堂县有黑白平菇两种，效益较好，栽种量逐年增加，2005年全县栽培平菇5400万袋，主要分布在赵镇、淮口镇、赵家镇。

杏鲍菇：又叫刺芹侧耳、雪茸。杏鲍菇产量低，效益高，栽培技术不易掌握，在县发展速度较慢。2005年全县栽培杏鲍菇70万袋，主要分布在赵家、淮口、清江、福兴镇。

金针菇：是亚洲地区生产量最大的一种食用菌，也是一种低温条件下发生的朵形较小的伞菌。金针菇根据子实体的颜色分为黄色和白色两大类。金堂县主要生产的是黄色菌株，白色菌株有少量栽培。全县栽培金针菇30万袋，主要分布在三星、清江镇。

蘑菇：又叫白蘑菇、白色双孢蘑菇。2005年金堂县栽培蘑菇106.67公顷，主要分布在福兴、赵家、又新、赵镇。

鸡腿菇：又名毛头鬼伞，鸡腿蘑。鸡腿菇在金堂县栽培33.33公顷，主要分布在清江镇、赵镇。

草菇：又叫美味草菇、兰花菇、麻菇等。主要利用棉渣、棉籽壳、稻草、麦草等来栽培。生产成本低，易栽培。金堂县在赵家镇有少量栽培。

金福菇：金福菇学名 Tricholoma giganteum ，别名巨大口蘑、大白口蘑、裂片口蘑、洛巴口蘑。金堂县在赵家镇有少量栽培。

姬松茸：姬松茸学名 Agaricus balzei ，又名巴西蘑菇。金堂县栽培历史悠久，栽培规模不大。

鲍鱼菇：鲍鱼菇学名 Pleurotus abalones；别名台湾平菇、高温平菇。在金堂县发展迅速。2005年鲍鱼菇栽培规模有1000万袋，主要分布在赵镇、赵家镇。

香菇：又名香蕈、香信、香菰、椎茸，属担子菌纲伞菌目侧耳科香菇属。2005 年金堂县栽培香菇有 30 万袋，主要分布在三星、淮口镇。

十一、获奖情况

1991 年，金堂县食用菌系列产品在北京“七五”星火计划博览会中获银质奖。1995 年，“金亚牌”脱水菇获全国农业博览会铜奖。1997 年，金堂县被中国食用菌协会命名为全国食用菌行业先进县。2000 年，“天绿”牌食用菌系列产品获成都市消费者喜爱产品称号。2000 年，金堂县被评为全国食用菌“十佳商品生产基地”，也是四川乃至西部地区唯一的“十佳商品生产基地”。2001 年，“天绿”牌系列产品获省食用菌协会推荐名牌产品称号。2001 年，被中国食用菌协会评为全国食用菌行业十佳商品基地县。2002 年 2 月，金堂县被批准为成都市无公害食用菌生产基地。2005 年，金堂县被评为“全国食用菌优秀基地县”；清江、赵家被评为优秀基地乡镇；清江、淮口食用菌协会被评为全国食用菌先进协会。

第四章　水　果

1991 年，全县水果总面积 1. 11 万公顷，总产量 4463. 33 万公斤。柑橘栽培面积为 9413. 33 公顷，占全县水果总面积的 85. 16%，柑橘产量 3741. 23 万公斤，占水果总产量 83. 82%，三江区的三星乡、云绣乡，淮口区的淮口乡、建设乡、黄家乡，高板区的三溪乡、平桥乡、玉河乡、高板乡，福兴区的福兴乡、金龙乡、赵家乡，竹篙区的竹篙乡、广兴乡、转龙乡和土桥区的又新乡、大安乡、云合乡等盛产柑橘。1991 年，全县伏季水果（包括多种落叶果树和常绿果树中的枇杷，因熟期在夏季，习惯上称为伏季水果）1640 公顷，产量 722. 1 万公斤。伏季水果中以桃为主，有 800 公顷，产量 283. 16 万公斤。桃面积占伏季水果总面积的 48. 78%，产量占伏季水果总产量的 39. 21%，主要分布在五凤镇和白果乡的沱江西岸山丘地带；其次为苹果（品种主要为金冠），面积 0. 03 万公顷（0. 43 万亩）。产量 163. 37 万公斤，主要分布在龙泉山脉地区的盐井、悦来、五凤等乡。金堂县是个农业大县，为促进农村经济发展，县委、县政府十分重视果树生产发展。1991 年，调整农业产业结构，狠抓脐橙生产发展，除高接换种外，新栽大量的脐橙幼树。至 1993 年撤区并乡后，全县脐橙面积为 2893. 33 公顷。1997 年，全县脐橙面积 6233. 33 公顷，产量 4724. 63 万公斤。脐橙销售价跌至 2. 00 元/公斤。脐橙发展速度有所减缓。红橘更是利润微薄，果农又再不愿意用红橘高改脐橙。1998 年，全县水果出现负增长，直到 2001 年。1998 年 12 月，县农业局提出改造红橘树，发展良种杂柑。2004 年，县狠抓龙泉山区两翼以中晚熟桃为主的伏季水果生产发展。2005 年，全县柑橘总面积 1. 61 万公顷，脐橙 7753. 33 公顷，占 48. 25%；杂柑 6953. 33 公顷，占 43. 27%。

第一节　柑橘生产

一、红橘

1991—2005年，金堂柑橘生产可划为三个明显的阶段。1996年前是以红橘生产为主的阶段，这一阶段跨越时间最长，从1996年可追溯到民国以前。在相当长一个时期内，红橘在金堂柑橘生产中起到重要作用，曾以果大，色艳、味好享誉国内外。畅销全国各地。1991年全县红橘树824.77万株，5666.67公顷，产量2172.56万公斤，红橘面积占全县水果总面积的51.26%，占柑橘总面积的60.19%。红橘产量占全县水果总产量的48.67%，占柑橘总产量的58.07%。20世纪80年代后期1公斤红橘可卖2元多钱，果农喜欢种红橘，从县城附近的三星、赵镇到最远的土桥、云合等乡镇，到处广种红橘。每年通过火车发运到省外销售的红橘达到500多节车皮（1994年567节车皮）。

1991年开始，水果市场逐渐萎缩。价格逐渐下跌，每公斤甲乙级红橘收购价仅0.60—0.70元。比1990同期下跌1.00元，出现红橘在外省滞销，大量在成都市场倾销的局面。金堂红橘从此一蹶不振。至1996年，红橘在金堂柑橘生产中仍占相当大比例，面积占柑橘总面积38.56%，产量占柑橘总产量的34.58%。

金堂红橘经历了几年缓慢下降的过程，至1998年，全县红橘面积降到2573.33公顷，产量降到1189.9万公斤，面积仅为金堂柑橘总面积的21.61%，产量为全县柑橘总产量的14.41%，红橘果实挂在树上无人采收，或采下仅剥皮晒干当药材出售。

二、脐橙

金堂县委、县政府高度重视脐橙生产发展。1991年9月18日在高板召开了脐橙生产会议，部署全县脐橙生产发展工作，在全县大抓品种结构调整，用红橘高接换种脐橙等，掀起脐橙生产发展高潮。全县脐橙面积平均每年以666.67公顷速度递增，产量也成倍的增加。1996年全县脐橙面积与红橘面积持平，达到4726.67公顷，产量达到3072.61万公斤，超过红橘产量（2677.56万公斤），县上还确定当时高板区的三溪乡、高板乡、玉河乡、石龙乡和淮口区建设乡，福兴区的金龙乡等乡镇为县上的脐橙示范点，并为这些乡镇专门聘请脐橙技术人员。逐渐形成了以三溪、高板、平桥为中心，连接周围乡镇部分的金堂县中部浅丘脐橙生产片区。该片区脐橙树占全县脐橙总株数的74.95%，产量占全县脐橙总产量的73.09%（详见表10-3）。1996年11月，中国农业部、中国农科院柑橘研究所和四川省农科院的知名专家教授到金堂检查验收后一直认为“金堂脐橙基地建设成效显著，名列全国前茅”。中国农科院柑橘研究所所长沈兆敏还为三溪乡题词“中国脐橙第一乡”。

据2005年统计，全县脐橙面积7753.33公顷，产量1.25亿公斤。面积占全县柑橘总面积的48.25%，产量占全县总产量的82.99%。

三、杂柑

“杂柑”即杂交柑橘的统称。品种很多。如：“不知火”“天草”“津之香”“春见”“青见”等等，多为从国外引入的优新品种。1998年秋，从彭山县引入桔柚杂柑品种“大红柑”，在红橘树上进行高接换种。1999年，全县共发展大红柑16.59万株。1998年农业部“国外柑橘新品种引进与开发项目”在金堂县实施。1999年1月，金堂县农村工作领导小组发出《关于认真搞好改造红橘发展良种杂柑工作的通知》，大量采用红橘、血橙、温州蜜柑等进行高接换种，也有部分果农将脐橙高改为杂柑的。2004年和2005年又在一些重点乡镇大量新栽了一些杂柑幼树。2005年年底，全县杂柑已发展到1940公顷，部分前期高改的杂柑树初投产，全县杂柑产量620万公斤；主要分布在以隆盛镇、竹篙镇、广兴镇、金龙镇为中心的一些乡镇；品种主要以第二年3月成熟的晚熟品种不知火、津之香、清见和中晚熟品种（第二年1月成熟）的春见为主，发展了部分中熟品种，如天草。金堂县柑橘品种结构至2005年发生了重大改变，由以脐橙为主的格局改变为以脐橙、杂柑为主。

第二节 其他水果生产

一、梨

金堂县其他水果生产主要是落叶果树栽培历史久远，栖贤乡梨花沟村一带百年以上梨树尚多。但落叶果树在金堂县果树生产中所占比重不大。

二、桃

落叶果树以桃为主，1991年桃面积820公顷（1.23万亩），产量283.16万公斤，主要分布在五凤镇及其相接壤的白果镇部分山丘村组。1991年五凤镇有落叶果树25万株，折合面积186.67公顷（0.28万亩），其中桃18.95万株，折合面积0.211万亩，桃产量39.05万公斤。金堂县的桃多为早熟品种“北京27号”，品种结构单一、上市集中，销售压力大，1997年和1998年连续出现桃果滞销，均价仅在0.50~0.60元/公斤，损伤了果农管理积极性，造成部分老树因失管而死亡，到1999年全县桃树从1997年的402.30万株降到269.87万株。

三、苹果

是落叶果树中占第二位的，曾经辉煌一时的四川青苹（实为金冠），1991年时，全县仅存286.67公顷（0.43万亩），产量163.37万公斤。分布在现在的官仓、栖贤、三星、淮口、白果、五凤等龙泉山区。

四、落叶水果

1991 年全县落叶果树 1640 万公顷（2.46 万亩，包括枇杷 0.01 万亩），仅占全县水果总面积的 14.83%，产量 722.1 万公斤，占全县水果总产量的 16.17%。1993 年县柑橘研究所、果树站和县果办合署办公后，果树技术力量集中，在科技人员倡议下，落叶果树生产一度引起县领导重视，从人、财、物方面给予一定扶持，使全县落叶果树生产有了较大的发展。1994 年年底，全县落叶果树面积增长到 4366.67 公顷（6.55 万亩），产量 1640.91 万公斤，较 1993 年面积增加 2166.67 公顷（3.25 万亩），产量增加 534.81 万公斤。面积是 1991 年的 2.61 倍，产量是 1991 年的 2.27 倍。2004 年，落叶果树生产引起县政府重视，为发展果树作出了具体规划。2005 年，全县栽植落叶果树 5.54 万亩，产量 5.19 万吨，实现产值 1.3 亿元。

第三节　技术队伍

1991 年，县农业局下辖金堂县柑橘研究所和金堂县农业局果树站，两个单位共有在职人员 18 人，其中高级农艺师 1 人，农艺师 3 人、助理农艺师 10 人、技术员 2 人、另有以工代干人员 2 人。县果办招聘的乡镇果技员 60 人，其中区级果技员 9 人（6 个区和 2 个镇），乡级果技员 41 人（每个乡 1 人）；全年仅农业部门的果树专业技术人员和招聘的区、镇、乡果技员共有 78 人。1993 年，县农业局果树站、柑研所和县果办合署办公，人员增加到 22 人，其中高级农艺师 1 人，农艺师 4 人、助理农艺师 15 人、技术员 2 人。全年县果办有聘用人员 60 名。1994 年县果办招聘的乡镇果技员减少到 34 人，1995 年又增加到 50 人，1997 年乡镇果技员改为各乡镇聘用。2000 年乡镇果技员被全部清退。至此，全县乡镇无专门从事果树技术人员，业务工作交由乡镇农技站负责。同年，县果办挂靠农业局。果树站、柑研所合并为果蔬站（包括蔬菜和食用菌技术业务工作），有人员 21 人。2004 年，蔬菜业务工作和人员从果蔬站划出成立金堂县农业局蔬菜站，果树站又改名为金堂县果树站，专门从事果树技术业务工作，有科技人员 14 人，其中高级农艺师 3 人，农艺师 7 人、助理农艺师 3 人，属于工人编制的高级技工 1 人。2005 年未变化。

第四节　栽培技术

金堂县果树站的科技人员根据生产中存在的实际问题，不断总结推广了先进的栽培管理技术。

一、脐橙优质丰产栽培

先保果后疏果。保果技术包括：1. 对幼旺树和生长势旺的品种（如华盛顿脐橙）初花期在分枝上进行环剥。2. 谢花后喷 50ppm 的赤霉素，10ppM2，4－D 或二者的混合液等，谢花后 7 天内喷第一次，隔 25—30 天喷第二次，能起到很好的保果作用。（因喷激素会使果皮粗糙、果型变为畸形等，1995 年前后逐渐淘汰不用）。3. 3 月下旬（花前）结合进行蕾期修剪抹去部分春梢营养枝、长旺营养枝（包括 6 片叶以上的长旺顶花枝）留 3—4 片叶摘心，将新老叶比调整到 1∶1 至 1∶5。4. 抹除全部夏梢（谢花后至 8 月初发的新梢，隔 5—7 天抹一次）。5. 8 月进行疏梢。间隔 30～40 厘米留一枝新梢。6. 抹除全部晚秋梢（9 月初抽的发梢）。7. 旺树春肥控制氮肥，增施磷钾肥，树弱花又多的谢花后补施少量氮肥（稳果肥）。8. 花期前后遇干旱要及时灌水。疏花疏果技术包括：①对花量过多、春梢营养枝不足的树，在花蕾现白至初花前结合蕾期修剪进行疏花。疏除无叶花枝和弱花枝，短剪部分花蕾成串的长枝，摘除部分畸形花和过密花蕾使花叶比达到 1∶5。②第一次生理落果（5 月）进行第一次疏果，疏掉密生果。7 月上旬，按叶果比 50～60∶1（果间距 20～25 厘米左右）进行第二次疏果（定果）。脐橙还有防治脐黄落果、后期落果问题。脐黄落果主要发生在初投产树（包括幼树和高改树），以前不明原因，后经川农大试验。采用杀菌剂、涂抹脐部无效，而在脐黄发生初期用刀剜除幼果脐部，保果效果明显。证明是次生果（脐）生理失调原因。采取配方施肥，增施有机肥和磷钾肥，杜绝偏施氮肥；抹除夏梢；控制 8 月梢数量（疏梢）以春梢为主要结果母枝，减少夏秋梢母枝数量等。可基本避免脐黄落果。9—10 月的裂果主要是水分供应不协调所至，采用 7 月增施钾肥，多施有机肥。8 月干旱时及时灌水，并保持土壤湿润，避免土壤水分大起大落，灌水后可用秸秆等覆盖树盘土壤和控制 8 月梢抽发量等，可有效控制裂果造成的损失。

二、柑橘蕾期修剪

柑橘树在花蕾显现前很难掌握其花量多少，以前采用的冬季修剪和后来改为早春简易修剪，对调节花叶比都作用有限。为解决这一问题，四川省果树所（今重庆市果树所）曾对锦橙作过在花前再进行一次复剪，对提高坐果效果明显。1990—1991 年县果树站在又新乡血橙园、平桥乡脐橙园和官仓乡十一村叶大尹的红橘园进行试点，取得经验后大力进行宣传推广，1992 年在全县推广 866.67 公顷。在冬季或早春不进行修剪，待花蕾现后，再进行修剪。将花枝和春梢营养枝调整到 1∶1 左右，花叶比 1∶5～8左右为宜，此技术一直沿用至今。

三、果树配方施肥技术

1995 年前，果树施肥时，果农习惯偏施氮肥。扛一包尿素进果园，边撒尿素边灌水，方便省事。长期偏施氮肥，造成土壤板结，营养供给失调。果树着果率低。品质下降等诸多问题。就连红橘，销方市场反应味偏酸，品质大不如以前。1994 年在全县大力宣传配方施肥技术，克服偏施氮肥，并于 1995 年在原柑研所内建复合肥厂，用磷铵、尿素、硫酸钾等生产复合（混）肥，按照果树品种和生长季节不同需要调整氮、磷、钾比例。生产果树专用肥。最多年生产销售 100 万公斤供全县果树（主要为柑橘）施用。

四、柑橘高接换种

县果树站科技人员在实践中总结出柑橘高接换种最好在春季萌芽前后（2 月下旬至 3 月底），如能保管好接穗，可延长至 4 月上旬进行，9 月上旬至 10 月上旬可进行秋季高改，根据树干粗细即距地面 30 厘米处的干周来确定留干高度和需嫁接的刀数，要求每株树只选留 3 个分枝角度好的大枝做骨干枝，其余大枝应疏除，树干下部光秃部分要腹接补枝，顶部可进行切接并用薄膜封顶，防止水分散失，嫁接芽之间相隔 20～25 厘米。这种高改树冠恢复快，形成树冠紧凑，枝梢分布均匀。通风透光条件好，能立体结果，产量高、品质好。结合其他综合管理技术措施，可达到一年高改、二年试花、三年投产的目的。

五、脐橙留树保鲜

金堂县的脐橙都是在当年 11 月下旬至 12 月中旬成熟的中熟品种。选择背风向阳、管理水平较高，结果4—5年以上的成年果园；在10月中下旬按50公斤果施2.5公斤多元复合肥和100公斤人畜粪水；在10月下旬、11月上中旬喷施2次600倍大生M-45或代森锰锌与杀螨剂的混合液；10月下旬、11月中下旬各喷一次20-40PPM2，4-D；采摘粗皮大果、病虫果和树冠外部的果。选留树冠内膛和中下部果形好、无创伤和病虫危害果作为留树保鲜用果；成年正常结果树每亩留果量1500~2000公斤；12月中上旬，低温来临前套袋覆膜防止低于-3℃的低温冻害；保持果园土壤湿润；11月下旬和2月初各喷一次0.3%的磷酸二氢钾；11月底前用秸秆或薄膜覆盖树盘；2月上中旬气温升高后及时拆袋拆膜等措施，可使脐橙果实在树上保留到3月下旬。这时的脐橙果实新鲜色深红，味甜，富香气、品质佳、深受消费者欢迎。

第五节　产品与营销

一、加工

金堂县水果加工以橘瓣罐头为主，其他还有少量果汁（浓缩汁）、樱桃罐头及蜜饯（原赵镇食品厂生产）等。1991年后，加工企业主要生产橘瓣罐头。1993年，全县各加工企业共生产桔瓣罐头550万公斤，消化县内红橘220万公斤，在县外调入部分原料生产。1994年食品加工企业消化红橘460万公斤，生产成品420万公斤。1995年全县用于加工的红橘、蜜柑620万公斤（蜜柑300万公斤）。1996年，红橘鲜果销售步入低谷，食品加工企业大量加工，用于加工的柑橘2000万公斤，但是生产出的桔瓣罐头成品却销售不畅，造成积压。从此以后，全县果品加工企业逐渐衰退，到2005年无企业进行水果食品加工生产。

二、包装储藏

金堂县发运到省外销售的红橘等，一直采用竹筐定额包装，包装运输成本较低。外贸、边贸柑橘多采用专用纸箱包装。1995年后，省外销售的脐橙大部分进行洗果、打蜡后用纸箱定额包装，一般10公斤/箱。省内销售的脐橙，为了降低成本，绝大多数经销商采用汽车散装运输，到目的地后再分级包装销售或散装零售。作为礼品果销售的则采用印刷比较漂亮的手提式纸箱，按5公斤/箱包装。

1991年后，金堂县红橘少有进行贮藏的，但脐橙贮藏量较多，多为农户室内堆贮，没有专门的贮藏库。果农将采回的脐橙按大小进行分级，选出伤果先出售。贮藏的果实采回后马上进行专用保鲜剂浸果，如800~1000倍特克多或“鲜宝”等药剂浸果1分钟，捞出后放在阴凉通风处预贮5天至7天，待果面水分干后再入贮藏室堆贮。贮藏室及所垫稻草等，提前3天至5天进行杀虫灭菌，杀菌剂一般采用50%多菌灵600倍液。

三、营销

1991年红橘第一次出现滞销问题，每公斤甲乙级红橘收购价由1990年的1.60~1.70元降到0.60~0.70元。但随着政策的进一步开放，参加购销的集体和个体户的增加，销售市场进一步拓宽，红橘销售形式曾有所好转。1993年，参与购销活动的户数达68户，其中果农自己组织的13户，供销社13户，个体经营户35户，其他渠道的7户。共销售柑橘3590万公斤，通过火车发运567车，1600万公斤；汽车发运200万公斤。1994年，柑橘购销户增加到71户，共销售柑橘4000万公斤，通过火车发运545车，1800万公斤，汽车发运500万公斤。1995年，红橘等销势急转直下，购销经营户减少15户，只剩56户，火车发运300余车，1350万公斤，比1994年减少250车，汽车发运420万公斤。1996年，红橘甲乙级果收购价0.50元/公斤，在保定红橘15公斤（带包装），每件跌破12.00元。

1995年前，红橘是金堂水果的大宗产品，销往国内的三北市场和出口原苏联等。由县供销系统收购外销。脐橙从1996年起占水果销售的主导地位，省外销售量首次超过红橘，达1300万公斤（红橘900万公斤），脐橙价格稳中有升，甲乙级果收购价3.00～3.20元/公斤。销售地主要为三北市场和上海、广州、深圳、重庆、香港等大城市。1999年，脐橙收购均价2.80元/公斤，2000年，脐橙收购价2.60元/公斤，价格逐年走低，2003年脐橙价格降到1.00～1.20元/公斤。至2005年销售遭遇极大困难。

1991年后，金堂县柑橘出口采用边境贸易，出口俄罗斯及部分独联体国家。1994年完成口岸交货131.78万公斤，其中：广柑44.50万公斤、红橘87.28万公斤。1995年有所增加，发出机列40车，棚车11车、完成口岸交货153.90万公斤，其中：红橘107.70万公斤，甜橙46.20万公斤。1998年脐橙开始以多种形式出口到俄罗斯、泰国、越南等国家。

四、脐橙节

金堂脐橙生产从发展、规模、产量等均以三溪镇为先。为扩大金堂脐橙影响，促进脐橙销售。1996年在县委、县政府支持参与下，由三溪镇主办，在三溪镇举行金堂县首届脐橙节。除县上各部门参加外，还邀请了省、市有关部门领导参加。中央及省、市、县电视台等媒体到场作了相关报道。组织了果农庆祝游行、文艺表演等，当天的三溪镇街上人山人海，热闹非凡。1997和1998年，金堂县脐橙节由三溪镇主办。

1999年，三溪、高板、平桥建成金堂县优质脐橙基地，县第四届脐橙节由县政府直接主办，在三溪乡举行。此后，每年一次的脐橙节均由县政府主办。2003年起脐橙节改称为“中国成都·金堂国优脐橙节”，由成都市人民政府和金堂县人民政府共同主办。2005年，脐橙节采取成都启动，金堂举行，省外销售的形式，主会场设在三溪镇白庙村。在成都市锦江区域内设立金堂国优脐橙专卖店，在成都红星路步行街广场举行金堂—锦江区域经济合作之国优金堂脐橙闹锦江活动启动仪式，县与上海东方卫视台合作，包装东方卫视形象果。县领导带队到上海推介销售金堂脐橙。

第六节　名优特产

一、获奖产品

（一）金堂脐橙

1991年获北京菜篮子工程展园林金杯奖。1995年获中国第二届农业博览会金奖。1997年被中国第三届农业博览会认定为名牌产品。1999年被中国国际农业博览会认定为名牌产品。2005年在四川·中国西部国际农业博览会上获得银奖。金堂县2000年被农业部柑橘及苗木质检中心授予“优质脐橙生产基地”。2001年被国家林业局授予“中国脐橙之乡”的称号。2005年被中国果菜论坛授予“中国脐橙龙头县”。

（二）西瓜

金堂县也是盛产西瓜的地方，1991 年以金龙、福兴、赵家、三烈、黄家及淮口、同兴等乡镇为主，栽培西瓜 886.40 公顷，产西瓜 1662 万公斤。金堂所产的西瓜，1991 年 7 月在河南开封举行的全国西瓜评选会上获“全国优质西瓜”称号；1992 年 9 月，在成都市主办的名优农副产品展获“金奖”。以后多年未参加西瓜评优活动。2004 年 6 月，在四川省优质西瓜鉴评中，金堂西瓜名列第四，获“四川省优质西瓜”称号。

（三）大红番茄

2004 年 5 月金堂县名优蔬菜——大红番茄获“成都市‘种都杯’种植能手评比会”一、二、三等奖；墨茄获三等奖 。

二、特产

（一）生姜

金堂“竹根黄姜”块茎肥大，色泽金黄，药、菜两用价值极高，是金堂著名的名优特产。金堂县栖贤乡、云河镇等乡镇有多年种植的历史。金堂县常年种植黄姜面积保持在 266.67 ~ 333.33 公顷，全年总产量的 70% 销往重庆、陕西等地，10% 用于制成干姜片，出口欧洲、东南亚等国。四川金堂复兴食品总厂每年生产生姜油达 5 万公斤，该产品主要用于高级香精、香料及食用医药等方面，国际市场需求量大，主要出口美国、加拿大、东南亚等国家和地区。

（二）脐橙

1991 年前，金堂红橘畅销，脐橙虽然果大、色艳、风味好，但因生产技术要求较高，管理较麻烦，果实价格和红橘差异不明显，因此发展缓慢。1991 年年底，全县脐橙 230 万株，达 0.16 万公顷，产量 129.07 万公斤。随着人们生活水平提高，红橘逐渐受到冷落，1991 年红橘出现滞销现象，脐橙却价高畅销。1991 年金堂脐橙获“北京菜篮子工程展”金奖。县委、县政府专门召开了脐橙生产工作会议，部署全县脐橙生产发展工作，鼓励果农大力开辟脐橙园和将红橘等柑橘老品种高改更换为脐橙，掀起脐橙发展新高潮。至 1996 年，全县脐橙已发展到 687.81 万株，达 0.47 万公顷，产量 3072.61 万公斤，初步建成了以三溪、高板、平桥为中心的金堂县中部优质脐橙生产基地。1996 年金堂县提出了建设脐橙大县的奋斗目标。1998 年全县脐橙面积 0.67 公顷，产量达 5270.80 万公斤，成为四川省第一脐橙生产大县。金堂县脐橙运销全国各大中城市、中国香港地区和俄罗斯、东南亚等国家。2001 年县又提出了建立 0.33 万公顷成南路精品脐橙带和 0.33 万公顷资水河流域生态农业示范片的目标，全县脐橙种植面积进一步扩大。2005 年，金堂县脐橙面积 0.76 万公顷，产量 1.25 亿公斤（12.54 万吨）。

（三）椪柑

椪柑果大皮橙黄，外观漂亮；易剥皮，食用方便；质脆嫩，味浓甜，深受消费者喜爱。椪柑对生态环境适应性强，宜种地域广，但必须在积温较高的地区才能生产出优质的果品。1991 年，金堂县椪柑 6.89 万株，达 0.01 万公顷，产量 33.10 万公斤。到 2005 年，全县椪柑也只有 0.03 万公顷，产量

680 万公斤，主要栽培在五凤等积温偏高的乡镇。

（四）云顶沙参

云顶沙参，又称云顶明参，异名为明沙参、川明参、明党参、土人参，系仅产于四川省金堂县云顶山风景名胜区的名贵中药材。因其天然滋补功效卓著，被载入《本草从新》《饮片新参》《中药志》等各种本草、药志、药典。据传说：云顶山上慈云寺历代高僧都曾食用过，开山祖师云华长老献此于皇帝朱元璋，食后顿觉目明、神聪、精足，便赐名为“明参”。明参是无公害的纯天然绿色食品，含 20 余种氨基酸和 18 种人体必需或有益的微量元素。按药食同源之说，取明参适量，与食品烹饪为一体，便能达到润肺化痰，养肝明目、健脾和胃、滋阴补肾之功。明参在金堂县主产于淮口镇云顶山周围的几个村，年种植规模 66.67 公顷，产量 100 万公斤。

第五章 林 业

第一节 林业资源

一、资源普查

森林资源二类调查是林业生产建设的一项基础性工作。按照成都市林业局的统一安排，金堂县于 2003 年在全县境内开展森林资源二类调查工作，同年 12 月完成二类调查外业工作。内业工作于 2004 年 6 月开始，2004 年 10 月全面完成了面积求算、小班数据录入并校正、统计、制图、报告编写、自检等工作。2003 年，全县林业用地总面积 32485 公顷，其中：有林地 30077 公顷，疏林地 340.9 公顷、灌木林地 45.8 公顷，未成林造林地 1851.4 公顷苗圃地 92.4 公顷，无林地 77.5 公顷。

二、造林育苗

从 1991 年以来，根据林业工程建设和义务植树造林要求，每年培育柏木、桤木等苗木 20 公顷以上，产合格壮苗 1000 万株左右，满足了“长防工程”“世界银行贷款造林工程”等项目建设的需要。1997 年实现全面绿化以后，造林任务逐步减少，育苗面积也随之减少，到 2000 年，每年育苗在 6.67 公顷，主要的育苗树种有柏木、桑树、桤木等。1999 年年底，金堂县启动了退耕还林工程和天然林保护工程，在 2000 年造成了苗木紧缺，难以满足工程建设需要的状况。因此，从当年开始，育苗面积又逐渐回升，每年育苗均在20公顷，出苗达到800万株。从2003年开始，成都市启动了工业原料林基地建设，在培育的苗木中增加了107杨、巨桉等树种，育苗面积达到了16.67公顷。结合金堂县立地条件，2004年引进了香花槐、窄冠速生刺槐等树种。

三、林木蓄积量

以下为2003年统计数量：（一）活立木蓄积。全县活立木总蓄积为843457立方米，其中林分蓄积693914立方米，82.3%；疏林地蓄积2698立方米，占0.3%；散生木蓄积2847立方米，占0.3%；四旁树蓄积143998立方米，占17.1%。（二）活立木蓄积资源类型。活立木蓄积按林权分国有（零星国有、非林业单位）、集体与个人，其中，零星国有活立木总蓄积10526立方米，非林业单位24立方米，集体809622立方米，个人23285立方米。（三）竹林面积和株数。金堂县竹林主要为慈竹（杂竹），全县竹林面积2753.4公顷，竹林株数2542.72万株。（四）经济林面积和株数。全县经济林总面积9476.2公顷。其中果树林9275.4公顷，占经济林总面积的97.9%；食用油料50.0公顷，占经济林总面积的0.5%；药材林25.8公顷，占经济林总面积的0.3%；工业原料林9.9公顷，占经济林总面积的0.1%；其他经济林114.7公顷，占经济林总面积的1.2%。全县经济林总株数1317.9734万株，其中有林地1149.2524万株，占总株数的87.2%；散生经济树3.3319万株，占0.3%；四旁经济树165.3891万株，占12.5%。（五）生长量与生长率。生长量调查采用砍口法与收集资料相结合的办法，经过分析计算确定生长率、生长量。全县林分总蓄积693914立方米，综合生长率7.88%，总生长量为54738.93立方米。

四、树种资源分布

金堂县的主要植被类型有常绿阔叶林，常绿针叶林和山地灌丛，主要树种有柏木、桤木、喜树、桉树、香樟、栎类、构树、枫杨、油桐、柑橘、桃树、核桃、杏、李、杜仲、黄檗、马尾松、乌桕等。在龙泉山区主要树种有柏木、桤木、栎类等。四旁树种有桤木、喜树、麻柳等。木本药材有杜仲、黄檗等。灌木有马桑、黄荆、盐肤木、鼠李、刺梨、悬钩子类等。草本有铁线草、芭茅、丝草、梭草、蕨类、巴地草等。竹类多为慈竹和苦竹。主要经济林有柑橘和桑树。在灰色冲击土、灰棕积土和老冲击的平坝区。优势树种有千丈、桤木、桉树、柑橘、苹果、梨、泡桐等。草类主要有铁线草、巴地草、丝毛草、香附子、燕麦、马鞭草、游草、丝草、四叶草、野慈姑、鸭儿草、五朵云等。竹类主要有慈竹和苦竹。在浅丘和深丘地区（红紫和棕泥土壤）主要优势树种有柏树、桤木、千丈、桉树、马尾松、香樟、榆树、柑橘、李、桃、梨、苹果、泡桐、刺槐、黄连、银杏、油桐、乌桕、核桃等。草类主要有铁线草、丝茅草、麦麦草、四叶草、五朵云、灯笼草、奶浆草等。竹类主要有慈竹、苦竹和少量白夹竹。树种结构：金堂县森林天然林树种仅有青冈、红豆木等。其中在转龙镇红豆村集中分布着红豆树群。人工造林树种有柏木、马尾松、桤木、枫杨等，经济树种主要为柑、桃、柚等，竹林主要以慈竹为主。2003年，金堂县森林以柏木、桤木、青冈、枫杨、马尾松为主，面积分别占有、疏林地的85.1%，6%，4.5%，1.9%，1.9%，蓄积分别占有、疏林地的80.9%，5.7%，5.8%，2.6%，3.9%，樟树、榆树、杨树、桉树、梧桐、构树喜树、红豆木较少，面积约占0.6%，蓄积约占1.1%。

五、林权证

2000年全县实施退耕还林工程1333.33公顷，2002年全县实施退耕还林工程666.67公顷，2003年全县实施退耕还林工程666.67公顷，2005年全县实施退耕还林工程300公顷，2006年全县实施退耕还林工程 133.33 公顷。截至 2006 年年底，全县共实施退耕还林工程 3100 公顷，涉及赵镇、官仓镇、淮口镇、白果镇、栖贤乡、高板镇、三星镇、平桥乡、福兴镇、金龙镇、赵家镇、竹篙镇、隆盛镇、转龙镇、广兴镇。退耕还林均发放了林权证。2004 年 4 月 9 日，县政府组织召开了全县林权证换发、补发工作动员大会。会后，各乡镇对林地进行了现场勘验，登记造册和资料录入计算机。

第二节 林业保护

一、野生动物

金堂县境内的野生动物有兽纲、鸟纲、两栖纲、爬行纲、昆虫纲，五大种类。

为保护和管理好金堂野生动植物资源，采取了以下措施：

（一）2004 年，县政府拨付专款 9 万元，在本行政区域内建立了云顶、炮台山自然保护小区，赵镇白鹭自然保护小区，栖贤乡老牛坡老鹰自然保护小区，转龙镇红豆树自然保护小区，保护了金堂县珍稀动植物。

（二）人工驯养繁殖。根据国家“加强资源保护、积极饲养繁殖、合理猎取利用”的方针，县林业局先后批准建立了：1995 年九龙镇养蛇养蛙场；1997 年竹篙养蛇场；1998 年三溪镇野鸡养殖场，允许其人工驯养繁殖，将幼小的蛇、蛙、野鸡放归大自然，增加野生动物数量。成蛇、蛙、野鸡则合理利用，取得了很好实效。后来，由于政策的调整、经营户的经营等原因，以上养殖场相继停业。

（三）强化野生动物宣传。通过报刊、广播电台等媒介广泛宣传保护野生动物的重要性。自 1991 年到目前，县林业局出动宣传车 400 次（车）到林区宣传。散发宣传资料、图片（张）1.4 万份。刷写宣传标语 400 条，提高了广大群众保护野生动物的意识。

（四）开展活动，督促检查。从 2003 年始，每年 4 月的第一周开展“爱鸟周”活动，每年 10 月开展了“野生动物保护宣传月”活动，向广大市民散发保护野生动物的各种资料，督促、检查规范鸟市，发现问题及时处理。

（五）在林区投放笼箱，设立观测（察）站（点）。为了保护野生动物的正常、健康繁殖，增加野生动物资源，县林区局根据实际，于 1994 年在龙泉山脉一带投放了 4000 个用于野生动物繁衍的笼箱。2004 年，县林业局在栖贤乡老牛坡设立了观测站，目的在于观测野生动物生长、繁殖、迁徙动态和监测、防控禽流感。

（六）打击破坏野生动物资源的违法行为。县林业局野生动物保护科、森林公安科 1991—2005 年，共打击、处理捕捉、贩卖、运输青蛙、蛇、野兔、野鸡等破坏野生动物资源的案件 400 件，清理餐饮店 1009 家，取缔非法经营的养殖户、经营户 41 家，有效地保护了野生动物资源。

金堂县行政区域内受保护的野生动物有兽、鸟、两栖、爬行、昆虫纲，共五纲 22 目 42 科。

二、护林防火

金堂县历来十分重视森林防火工作，县上成立了以分管县长为指挥长的县护林防指挥部，21 个乡镇分别成立了乡镇护林防火领导小组，并建立森林消防半专业扑火队 21 支。切实做到了机构健全、人员落实。截至 2006 年 12 月 31 日，全县已实现第二十年无森林火灾发生。金堂县实施一大批国家、省、市重点生态建设项目，如：天保工程、长防工程、退耕还林工程、世界银行贷款造林等。金堂县森林覆盖率已达30.2%，生态建设取得了巨大成就，加之，林区经济得到了较大发展，林区群众生燃料发生了变化。从总体来看，金堂县森林防火的任务在不断加大，森林火险隐患的种类有所变化、数量有所增加。

三、病虫害防治

林业有害生物是林业发展的大敌，发生后如不积极进行防治，对森林资源将造成极大损失，1988年以来，以下是金堂县主要树种的林业有害生物发生种类危害和防治近况。

树种及主要林业有害生物发生种类及危害：

柏树是金堂县主要树种，分布面积广，林业有害生物发生严重，主要虫种有蜀柏毒蛾，云南松毛虫、舞毒蛾。近十年内以蜀柏毒蛾危害最严重，每年都或多或少有一定面积的发生，1990年蜀柏毒蛾曾给金堂县柏木资源造成巨大损失。

金堂县病虫害发生后，县有关部门进行了积极的防治，主要采取灯光诱杀、营造混交林、人工摘蛹、生物防治及仿生防治等措施。2006年，在金堂县林业有害生物防治中首次使用飞机进行防治，开创了使用科学技术防治林业有害生物的先河。在2002—2005年，对蜀柏毒蛾积极进行了防治。针对蜀柏毒蛾不同发育阶段分别采取了化学防治、仿生防治、生物防治，人工物理防治等措施，其中：化学防治面积3300公顷，仿生防治面积200公顷，生物防治面积600公顷，人工防治面积2.05万公顷，防治面积合计2.46万公顷，森林病虫害防治率达95.59%。2006年，开展飞机防治林业有害生物面积666.67公顷。

四、天然林资源保护工程

1999年天然林资源保护一期工程在金堂县启动实施，从此，县林业发展战略从以木材生产为主向，以生态建设为主转变，宝贵的天然林资源得到保护。项目涉及除清江镇以外的20个乡镇。2005年，县每年完成天然林资源管护25913.3公顷；完成公益林建设任务5553.33公顷，其中人工造林260公顷，封山育林3293.33公顷；全面停止了商品林采伐，每年少采伐0.25万立方米，至2005年，停伐量达1.75万立方米。金堂县新增森林面积260公顷。

第三节　林业开发

一、世界银行贷款造林

1995年至2000年，利用世界银行贷款在金堂县营造多功能防护林，总投资1140.04万元人民币。项目历时6年，前4年完成造林，每年造林连续抚育两年，至2000年项目结束。在营造的多功能防护林中，人工造林3272.6公顷，封山育林526.9公顷，封山育林补植1341.9公顷。

二、退耕还林工程

金堂县从1999年度开始启动退耕还林工程，截至2006年，已实施面积0.31万公顷，涉及赵镇、三星、官仓、栖贤、淮口、白果、五凤、高板、平桥、竹篙、隆盛、转龙、广兴、福兴、赵家、金龙十六个乡镇。其中：2000年退耕还林面积1333.33公顷，2002年退耕还林面积666.67公顷，2003年退耕还林任务1333.33公顷，2005年300公顷，2006年133.33公顷。

2000年全县又启动了荒山造林项目，截至2006年，已实施面积0.43万公顷。其中：2001年度荒山造林任务266.67公顷，2002年度荒山造林任务666.67公顷，2003年度荒山造林任务933.33公顷，2004年度荒山造林任务1333.33公顷，2005年666.67公顷，2006年466.67公顷。

三、全民义务植树

1992年1月25日四川省制定了《四川省绿化条例》，1997年10月17日对《四川省绿化条例》进行了一次修改；2002年2月28日四川省对《四川省绿化条例》进行第二次修改。修改后的条例中要求：凡是年满18岁至60岁的男性公民、年满18岁至55岁的女性公民，除丧失劳动能力者外，每人每年义务植树3株到5株，或者完成相应劳动的育苗、管护和其他绿化任务。1991—2005年，全县共义务植树200余万株。

第六章　养殖业

第一节　生猪养殖

一、良种繁育体系建设

1991—1998年，全县生猪品种主要是以成华母猪、内江母猪作母本，以长白或大约克公猪作父本，生产二杂肉猪。1998—2005年，金堂县先后引进了成都吞拿良种猪繁殖场和成都市天强养殖有限责任公司，全面启动了“LY”或“YL”二元杂交母猪和“PIC”五元配套系肉猪的推广工作。

（一）二杂母猪推广

二杂母猪是指两个外血缘种猪杂交后产下的母猪，一般是长白×大白（LY）或大白×长白（YL）杂交所产的子一代母猪，主要用于生产三元杂交商品猪。相同条件下，优质二杂母猪和杜洛克公猪进行三元杂交，其产仔数高于纯种大白或长白的15%，断奶仔猪窝重高于纯种的20%，一般从出生到育肥的天数较纯种猪提前15天。

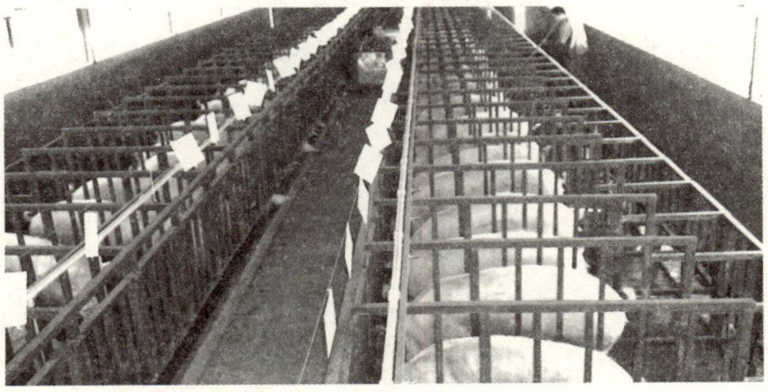

1998年，成都吞拿养殖有限责任公司投资数百万元修建了成都吞拿良种猪繁殖场后，县畜牧食品局与成都吞拿良种猪繁殖场协商，养殖场以每头二杂母猪优惠100元办法向金堂县广大农户销售，价格450~550元。

2000年3月，县委、县政府出台《关于加强生猪三元杂交良繁体系建设的通知》，2000—2005年金堂县推广纯外血源二杂母猪10693头。

（二）五杂肉猪推广

2005年，成都天强养殖有限责任公司在平桥乡建立“PIC”（五杂）母猪场后，五杂肉猪开始在金堂县养殖。PIC母猪每胎比其他母猪多产1.2头仔猪，每年每头母猪多产2.7头。“PIC”五元配套系肉猪比杜长二杂肉猪可早13天出栏，1头“PIC”肉猪可节约饲料18.5公斤，“PIC”五元配套系肉猪屠宰率比其他二元或三元高1.8个百分点，生猪体重超过100公斤后仍保持高屠宰、高瘦肉率和薄背膘。

二、优质肉猪基地建设

生猪产业是金堂县畜牧经济的支柱产业、肉食供应的主要来源、农民增收的重要途径。在“双推五改”的基础上，1991年起全县开始实施了瘦肉型商品猪基地县建设，推广猪的经济杂交和优良品种、红薯藤青贮技术、仔猪科学补饲和补铁等新技术，全县养猪生产稳步发展。

1998年后，县推进了以三杂和PIC为主的百万优质肉猪基地建设。2005年，全县优质肉猪基地建设完成投资2300万元，发展出栏肉猪200头以上的养殖户205户、500头以上的3户，存栏二杂母猪30头以上的饲养户达到60户。

三、生猪产业项目

（一）仔猪补铁新技术引进及应用

1991年，市农牧局解决该项目经费10万元。将“牲血素”肌肉注射于7日龄内的仔猪体内，以补充仔猪生长发育过程中铁的需要。项目实施主要在赵镇、淮口等乡镇，项目完成“牲血素”推广35780窝，新增产值229万元，新增纯收入106万元。该项目获四川省畜牧食品局科技进步二等奖；获金堂县人民政府科技进步三等奖

（二）提高母猪产仔性能配套技术推广

该项目由成都市农牧局下达，实施时间：1995年1月至12月。该项目主要是在母猪配种前半小时左右注射“促排2号”200微克后配种，提高母猪的配中率和产仔数。该项目在全县范围内实施，项目完成“促排2号”推广2420窝，新增产值69万元，新增纯收入29万元。该项目获成都市农牧局丰收计划三等奖。

（三）生猪三元杂交良繁体系建设

该项目由成都市农牧局下达，实施时间：2000年1月至12月，市局解决项目经费10万元。2000年推广纯外血缘二杂母猪1521头，引种杜洛克种公猪21头并合理布局，其中：隆盛、赵家、土桥镇二杂母猪526头，项目创产值452.5万元，创税利64.6万元。

第二节　牛、羊养殖

一、牛

（一）金堂县肉牛生产良种繁育体系建设。1991年，县在盐井、官仓、长乐等乡镇实施黄牛品种改良，设县家畜良种站、官仓、栖贤三个牛品种改良冷配点，用西门塔尔牛冻精与当地黄牛、摩拉水牛冻精与当地水牛配种。1991—1992年共计配种黄牛1783窝，产西杂一代牛1251头，配种当地水牛

187 头，产摩杂一代牛 103 头。1994 年，在官仓等乡镇实施“应用 LRH 提高母牛繁殖力试验示范”项目，提高了母牛繁殖率。2001 年，县实施“优质肉牛良繁体系建设”项目，建立县黄牛品种改良中心，并在官仓、三星、栖贤、福兴、赵家、淮口等乡镇建立人工授精站 20 个、人工授精点 16 个。2001—2004 年，全县完成黄牛改良配种 15587 窝。2001 年 3 月 28 日四川省畜牧食品局和 2002 年 3 月 28 日成都市农牧局分别在金堂县官仓镇白马泉度假村举办了全省的优质肉牛良繁体系建设培训班。2003 年 4 月，成都市畜牧兽医站从彭州市海昌公司引进了原产于英格兰的海福特、安格斯种公牛各 4 头，无偿配备给金堂县开展肉牛直配业务，分别寄养在官仓镇、三星镇、栖贤乡、淮口镇、五凤镇、高板镇，并分别签订了寄养协议。到 2003 年 6 月底，共配种 496 头，其中海福特 213 头，安格斯 283 头。

（二）优质肉牛基地建设。金堂县养牛历史悠久，境内龙泉山脉所在地的官仓、栖贤、三星、福兴、五凤、淮口等乡镇养牛较多。1991—2005 年，农户养牛以役用为主逐步向肉牛养殖发展。1991—1992 年，在盐井、官仓、三星等乡镇实施架子牛短期育肥试验示范，通过对架子牛驱虫、健胃、补饲、加强管理和对农户进行技术培训等措施，提高架子牛育肥速度。1993 年年初，在金堂县种畜站实施西杂一代牛强度育肥试验示范，购入 15 头西杂一代架子牛进行强度育肥，在 1994 年 5 月屠宰，育肥时间 1.5 年，头平增重 300 公斤。1994 年 1 月，在官仓、三星、栖贤、福兴、赵家、淮口等乡镇实施秸秆氨化养牛示范推广。1998 年，在官仓、三星、栖贤、福兴等 10 个乡镇实施优质肉牛综合配套技术推广，主要通过畜牧技术人员的宣传、培训和具体指导，推广黄牛杂交改良、肉牛育肥、种草养牛、牛病综合防治等技术。1999 年起，全面推广农区种草养畜综合配套技术，通过推广种植黑麦草、红三叶、白三叶、高丹草等优质牧草，增加肉牛养殖数量，增加农民收入。2003 年，金堂县被成都市农牧局授予肉牛基地。2005 年，年出栏肉牛 10—50 头的养殖户 215 户，年出栏肉牛 50 头以上的养殖户 3 户。

（三）肉牛产业项目。1. 架子牛短期育肥：1991—1992 年在：盐井、官仓、三星镇。选择淘汰牛，通过驱虫、健胃、补饲、加强管理和对农户进行技术培训等措施，提高育肥速度。2. 黄牛品种改良。1991—1992 年在盐井、官仓、长乐 。用西门塔尔牛冻精与当地黄牛、摩拉水牛冻精与当地水牛配种。设家畜良种站、官仓、栖贤三个牛品种改良冷配点，1990—1992 年共计配种黄牛 1783 窝，产西杂一代牛 1251 头，配种当地水牛 187 头，产摩杂一代牛 103 头。3. 西杂一代牛强度育肥试验示范。1993—1994 年。在金堂县种畜站。1993 年年初购入西杂一代架子牛 15 头，体重为 100～150 公斤，月龄为 6—10 个月，通过提高营养水平、加强饲养管理等措施，在日平均 1.5 公斤玉米的营养条件下，到 1994 年 5 月屠宰，育肥时间 1.5 年，平均体重达到 400～500 公斤，每头平均增重 300 公斤，每头平均日增重 833 克，料肉比 5.2∶1。4. 应用 LRH 提高母牛繁殖力试验示范。1994 年在官仓等乡镇，完成 95 头牛的试验示范，对于正常发情的母牛，在配种前的 0—6 小时，一次性肌注 400～600 微克“LRH”，可使情期受孕率提高 15%，该项目获成都市农牧局丰收计划二等奖。5. 秸秆氨化养牛示范。1994 年 1 月至 1996 年 12 月，省局解决项目经费 60 万元。在官仓、三星、栖贤、福兴、赵家、淮口等乡镇应用优良的肉牛品种改良本地黄牛，办高档肉牛养殖场，抓秸秆氨化养牛示范大户的巩固和发展。全县肉牛出栏由 1.9 万头增加到 2.3 万头，净增 4000 头，创产值 800 万元，创税利 120 万元。该项目获四川省畜牧食品局科技进步三等奖。6. 优质肉牛综合配套技术推广。1998—2000 年，省上解决项目经费 10 万元。在官仓、三星、栖贤、福兴等 10 个乡镇。推广黄牛杂交改良、肉牛育肥、种草养牛、牛病综合防治等技术。项目新增总产值 1573 万元，新增纯收益 1206.4 万元，获农牧渔业部丰收计划三等奖。7. 优质肉牛良繁体系建设。2001 年 1 月至 2004 年 12 月。项目总投资 16.35 万元，其中省财政解决项目经费9.75万元，市财政配套3万元，县财政配套3.6万元。在三星、官仓、栖贤、福兴、赵家、淮口、九龙等乡镇完成黄牛改良配种15587窝，出栏优质肉牛8918头，创产值3008万元，获纯利925万元。8. 农区种草养畜综合配套技术推广。1999年1月至2002年12月。项目在全县范围实施。项目投入资金63.3万元，其中：省局项目经费10万元，市、县财政经费50万元，农户投入3.3万元。项目完成人工种植牧草0.30万公顷新增收入6340万元。该项目获农牧渔业部丰收计划一等奖。

（四）奶牛生产。1. 奶牛养殖概况。1991年，金堂县奶牛养殖以零星散养为主，一般饲养1—2头，多者3—5头，奶产量也不高，一般一个泌乳期产奶2500～3000公斤。鲜奶价格每500克0.7元，一般是饲养户用自行车驮着走街串巷零售。由于人们的生活习惯逐步改变，鲜奶需求量逐渐增大，奶牛存栏量逐年增加，饲养规模也相应增大，到2002年，全县奶价也逐步增加到每500克1.5元，县人均鲜奶占有量不足1公斤。2003年11月8日，总投资5000万元，厂区占地面积约3.3万平方米的成都金蒙乳业有限公司破土动工，总投资2亿元。一期工程占地4公顷，投资6000万元的液体奶和冰淇淋工程于2004年5月建成投产，4期工程完工后日需鲜奶30万公斤。2. 奶源基地建设。2003年，金堂县将奶牛养殖作为全县农民增收致富的三大支柱之一，全面启动和实施了奶源基地建设。2004年，全县建成奶牛养殖小区4个，兑现奶牛养殖小区建设、奶牛引进补助79万元。2005年，全县建成收奶站1个，建成奶牛养殖小区17个，兑现奶牛养殖小区建设、奶牛引进补助166万元。年底，全县建成奶牛养殖小区21个，奶牛可饲养规模达3480头。年末存栏5～20头奶牛的养殖户47户、21～100头的7户、100头以上的2户。3. 金堂县奶业协会。2005年4月29日，金堂县奶业协会成立，7月20日举办成立仪式。

二、羊

1991—1995年，全县肉羊以杂羊为主，杂羊约占全县羊只的60%，黑山羊只占40%。1995年后，县进行金堂黑山羊品种选育和优质肉羊基地建设，推动全县黑山羊生产发展。至2001年，县建立金堂黑山羊原种场1个、基地乡镇10个、核心群11个、选育基础群11个，年可对外提供种羊2万—3万只。11个核心群存栏金堂黑山羊46561只（含配种公羊594只），其中选育特级羊7821只，一级羊11597只，基础母羊22813只，占49.00%。11个选育基础群存栏金堂黑山羊119036只，其中基础母羊64989只，占总数的54.60%，特一级羊（38999只）占等级羊的56.45%。建立和巩固配种点463个，种羊户4867户。在选育基地区所辖“金堂黑山羊原种场和11个乡的142个村”内形成了164603只的金堂黑山羊群体规模。2002—2005年，向省内外提供种羊53952只。全县金堂黑山羊存栏达到21.07万只。2005年8月，农业部批准《四川省金堂黑山羊原种场扩建项目可行性研究报告》，投资296万元，建设金堂黑山羊品种资源保护场。

良种繁育体系建设。金堂黑山羊是县特有的地方山羊品种，它具有适应性和抗病力强、耐粗放饲养、个体大、生长发育快、繁殖力高、遗传性能稳定、全身被毛油黑光亮、肉质细嫩无膻味等特点，作为群体标志的黑色被毛特征明显，而且作为肉用山羊的三个重要指标即繁殖力、早熟性和活重均在国内山羊中位居前列。1998年3月9日，县畜牧食品局、财政局农财科在三星镇青年农场（来宝坨村和新月村交界处），组建金堂黑山羊良种繁育基地，占地22.67公顷。同年9月18日，基地从土桥、又新选育第一批种母羊88只、种公羊2只。到2000年4月底，基地选育种母羊130只、种公羊8只。1998年《金堂黑山羊品种选育及饲养综合配套技术试验示范》项目被市科委批准为成都市“九五”科技攻关重点项目。

优质肉羊基地建设。金堂黑山羊通过省级地方山羊品种命名后，县加大金堂黑山羊“高速度、大规模、产业化”发展，狠抓优质肉羊基地建设。2003年，金堂县被四川省畜牧食品局授予“全省养羊十强县”和“无公害肉羊（金堂黑山羊）基地”，被成都市农牧局授予肉羊基地。2005年，存栏30～100只的黑山羊养殖户541户、100只以上的5户。2003年7月17日，金堂县成立黑山羊协会。

第三节　小家禽养殖

一、鸡

金堂农村普遍养鸡，以散养为主，每户养5～10只，公鸡逢年过节宰杀，母鸡产蛋自食，有少数小型蛋鸡养殖场。1991年，全县鸡存栏100万只，1992年发展到150万只，肉鸡饲养发展较快，出现小规模肉鸡和蛋鸡养殖专业户。2004年，成都华蓉禽蛋发展有限责任公司落户赵镇云绣社区，占地8公顷，总投资1200万元，其中固定资产400万元，建现代化鸡舍五栋，6500平方米，存栏蛋鸡10万只，带动了全县规模养鸡的发展。

金堂蛋鸡品种主要有来航鸡、罗斯褐鸡、罗曼粉色系列、罗曼褐色系列、海南灰色系列、海南褐色系列、尼克体一B280等，肉鸡品种主要有爱维英、“AA”鸡等，杂交鸡有河南的固始鸡青脚系、黑脚系等。2005年，出栏500只以下的肉鸡养殖大户85户、出栏500～10000只的68户；2005年12月，存栏500～2000只的蛋鸡养殖大户122户、2000～10000的35户，10000只以上的4户。

二、鸭

1991年，全县养鸭以产蛋鸭为主，主要品种有江苏麻鸭、建昌鸭、北京鸭等，养殖区域以三星镇、栖贤乡、淮口镇等水系发达地区。饲养一只母鸭年产蛋200个至260个，年获利20元。肉鸭主要是番鸭，谷称“贱鸭”，可长至7～8斤。1991年1月，金堂县家畜品种改良站引进一批樱桃谷鸭，该鸭个体大，公鸭体重可达8斤，母鸭体重可达7斤，但肉质较差，维持推广一年多，以后逐渐被淘汰。1991年4月，赵镇西家坝村民黄斌从四川农业大学引进了天府肉鸭品种，一直发展到现在。1994年，花边鸭被引入金堂县，在清江镇掀起了新一轮的养鸭热，存栏高峰达到20万只，产品销往广汉、华阳、青白江、重庆等地。2005年，出栏500—10000只肉鸭的养殖大户90户、10000只以上的2户；2005年12月，存栏500只以上的蛋鸭养殖大户112户。

三、鹅

金堂县养鹅主要品种是四川白鹅，另有少数斑鹅，成年公鹅重4公斤，母鹅重3.50公斤，年产蛋80个。鹅喜食青绿饲料，较耐粗，生长快，3个月体重可达2—2.50公斤，有条件的还可放牧。由于县缺少专业孵抱房，有邻近地区如中江、简阳、广汉等地的商贩到金堂县收获种鹅蛋，根据鹅苗市场行情，价格1元至3元不等。每年交易种鹅蛋数量2000个。金堂县20世纪80年代曾宣传推广过活拔鹅毛技术，随着羽绒制品的兴旺发达，刺激了农民养鹅的积极性，县养鹅生产稳步上升。2001 年，出栏 100 至 500 只的肉鹅养殖户 32 户、500 只以上的 1 户。

四、兔

1991 年后，金堂农村饲养兔品种以青紫兰兔及其杂交后代为主，有少数的四川白兔。青紫兰成年公兔体重可达 3 公斤，成年母兔体重可达 2.50 公斤。四川白兔成年公兔体重可达 2 公斤，成年母兔体重可达 1.50 公斤。四川白兔繁殖力较青紫兰兔高 20%。1992 年 9 月，建立县畜牧食品局种兔场，引进 8 个品种，为农户提供良种兔源。1993 年，县畜牧食品局、县妇联在三星镇鸡公岭村（新月村）开展万兔村竞赛活动，利用山区丰茂牧草自然条件，组织指导农户大量养兔，当年办养兔培训班 5 期，培训农民 400 人，至 7 月中旬，全村养兔达到 7000 只。2005 年，全县有饲养 100 只至 500 只肉兔的养殖户 45 户、500 只以上的 2 户。

五、小家畜禽产业项目

（一）齐卡肉兔配套系的开发应用。该项目由四川省科委下达。1993—1994 年在三星、淮口、白果、隆盛、云合镇推广“青粗料 + 配合饲料”的饲养方式，推广仔兔“早期补饲技术”，建立规范化笼舍，发展商品肉兔养殖。县建立了专业示范户和万兔村，项目组技术人员重点指导和成片发展商品肉兔生产。项目创产值 1208 万元，新增纯收益 336 万元，获四川省农牧厅科技进步二等奖。（二）肉兔生产及加工综合技术示范。该项目由四川省畜牧食品局 1994 年下达，四川省畜牧兽医研究所主持，金堂、双流县等协作。1995—1996 年在三星、九龙、隆盛等乡镇。示范乡镇良种率达到 75%，配套技术推广面达 82%，共出栏齐卡兔 60 万只，杂交兔 100 万只，获纯效益 751 万元。该项目获四川省畜牧食品局科技进步三等奖。（三）肉鸡自由放牧饲养技术示范推广。该项目由四川省畜牧食品局 1991 年下达，实施时间：1991—1992 年。四川省畜牧兽医研究所主持，金堂协作。项目利用果园或农闲耕地，放牧饲养肉鸡，探索四川省肉鸡生产的新模式。在赵镇、淮口、高板、平桥等乡镇。项目完成出栏肉鸡 68.90 万只，创产值 718 万元，创纯收入 76.60 万元。该项目获四川省畜牧食品局科技进步推广二等奖。

第四节　动物疫病预防及控制

一、防疫

（一）动物疫病监测及免疫标识管理。1. 动物疫病监测。每年按省市动物防疫主管部门给金堂县下达动物疫病抗体滴度检测任务，通过县兽医诊断室进行检测完成的，有一部分由县采集样品后，送省动物防疫监督总站实验室检测完成。1991 年，县兽医诊断室检测和送省站实验室进行抗体检测完成奶牛布病 32 头，阳性 2 例；奶牛结核病 40 头，阳性 4 例；鸡新城疫 332 只，阳性 146 例；猪瘟 281 头，阳性 35 例。2005 年，县兽医诊断室检测和送省站实验室进行抗体检测完成奶牛结核病 213 头，阳性 26 例；猪瘟 184 头，阳性 146 例；猪细小病毒 180 头，阳性 168 例；猪乙脑 180 头，阳性 167 例；猪伪狂犬病 180 只，阳性 177 只；鸡新城疫 207 只，未查出阳性；鸡白痢 200 只，阳性 9 例；猪蓝耳病 180 头，阳性 168 例。2. 生猪免疫耳标管理。金堂县从 2001 年起全面实施生猪免疫耳标佩带制度，即在对生猪进行猪三联苗注射防疫的同时，给生猪佩戴耳标，作为已经免疫的标记。

（二）动物防疫项目建设。1. 无规定动物疫病区建设。该项目由农业部下达，投资 80 万元，其中：农业部拨款 40 万元，地方自筹 40 万元。建设时间：1999—2003 年。项目建设完成对原办公楼的改造，建成比较规范的实验用房；采购实验器材，配备专业化验人员，完成动物防疫冷链体系建设。项目实施后畜牧业产值增加 53%，发病和死亡率减少，获经济效益 2908.2 万元，新增收益 1.48 亿元，提高了肉品的质量。2. 农业血防基本建设。该项目由国家农业部下达，建设时间：2001—2003 年，实施地点：血吸虫病区。投资 80 万元，其中：农业部投资 20 万元，地方农户自筹配套资金 60 万元。项目建设完成资金投入 77.44 万元，新挖（整修）鱼池 13.47 公顷，扶持养鸭专业户 21 户，修建沼气 114 口，购买灭螺药品 1.20 万元。通过项目的实施，县动物血吸虫病感染由原 0.5% 下降到 0.17%。2004 年后未检验出阳性病畜。

（三）猪瘟　猪丹毒　猪肺疫。猪瘟是一种由猪瘟病毒引起高度传染性急性、发热、接触性传染病，以高热稽留、死亡率高、小血管变性引起的出血、梗塞、坏死等为特征。猪丹毒又称打火印，是由猪丹毒杆菌引起的急性败血性传染病，部分病例呈亚急性疹块型。猪肺疫又名猪巴氏杆菌病或猪出败、俗称“锁喉风”“清水喉”，是由巴氏杆菌引起的一种急性、热性传染病，以败血症，咽喉炎或胸膜肺炎为主要特征。1991—1995 年，全县实行生猪三联苗（猪瘟、猪丹毒、猪肺疫）每季度普注射和上市交易仔猪免疫注射方式。1996 年起，推行仔猪拆窝注射猪三联苗，效果明显。2005 年起，在继续做好仔猪拆窝分点深部注射猪三联苗的基础上，同时在春秋二季再次进行生猪三联苗普注射。1991—2005 年，基本控制了猪瘟的发生，猪丹毒、猪肺疫时有零星发生。

（四）牲畜口蹄疫。牲畜口蹄疫病是由口蹄疫病毒引起的，1991—1998 年无牲畜口蹄疫疫情发生。1999 年 4 月 30 日和 5 月 2 日，分别在官仓镇 2 村 4 组叶贞富家一头 2.5 岁黄公牛和云绣乡民主 1 组甘化林家一头 1.5 岁公水牛发病，并被确诊为 O 型口蹄疫病，分别于当天扑杀，焚烧后深埋。随后赵镇、栖贤、三星、清江等乡镇均出现疫情，县人民政府紧急印发 3 个专门性文件和 1 号至 4 号政府令，对疫区进行封锁。7 月 6 日，金堂县牲畜重大疫情得到消灭，通过了省、市验收小组验收。2002 年白果、隆盛、又新、栖贤、金龙等乡镇零星散发口蹄疫疑似病例。2005 年，受成都市其他区市县相继发生猪疑似口蹄疫疫情影响，金堂县广兴镇发生 2 例生猪疑似口蹄疫疫情，扑杀生猪 13 头（包括同群畜）。2005 年底到 2006 年初，金堂县零星发生生猪口蹄疫疑似病例，扑杀生猪 98 头。

（五）生猪链球菌病。猪链球菌病病源是链球菌，根据鲜血琼脂生长情况分为溶血性链球菌、草绿色溶血性链球菌和不溶血链球菌。根据抗原特性分为 A－V（缺 I、J）20 个群，致生猪发病的病原主要是 C、D、E、L 群，各地流行的病源主要为 C 群 β－溶血性链球菌（猪Ⅱ型链球菌）。1991—2004 年无重大疫情发生。2005 年 6 月中旬，简阳、乐至等地相继发生猪链球菌病疫情波及金堂县。同年 7 月 28 日，竹篙镇大明村村民廖俊华感染生猪链球菌病死亡。从 2005 年 7 月 25 日起，全县上下紧急行动，密切配合，扎实开展了生猪链球菌病的防控工作，迅速扑灭了疫情。同年 8 月，县生猪链球菌病得到控制。2005 年 7 月 25 日至 8 月 21 日，全县无害化处理生猪补偿 2717 头，补偿金额 37.21 万元，是自 1991 年后县财政投入补偿最多的一年。

（六）高致病性禽流感。禽流感是由正粘病毒科、流感病毒属 A 型流感病毒引起的禽类疾病综合征。2004 年年初，全国大面积发生高致病性禽流感疫情，引起各级党委、政府的高度重视。金堂县成立了高致病性禽流感防治工作领导小组，制定了《金堂县高致病性禽流感防治预案》。在省、市、县动物重大疫病防治指挥部的领导下，县级各部门通力合作，经全县干部群众、全体畜牧专业技术人员的努力，狠抓对家禽高致病性禽流感的防控，未发生禽流感疫情。

（七）牛出败。牛出败（牛出血性败血症）是由巴氏杆菌引起牛的一种急性、热性传染病，表现出广泛的出血性特征。病牛多数呈急性或亚急性死亡。本病常见败血型和肺炎型。败血型：主要表现体温升高达41℃—42℃，精神沉郁，脉搏加快，肌肉震颤，皮温不整，鼻镜干燥，结膜潮红，反刍停止，后期下痢，粪便混有黏液，恶臭，病期为12—24小时。肺炎型：主要呈纤维系性胸膜炎症状，呼吸困难，痛咳，流泡沫样鼻汁，后呈脓性，后期便秘，有时下痢，粪便由乳糜粥状变为液状，并混有血液，恶臭。1995年4月5日，三星镇、栖贤乡、淮口镇4个村5个组发生牛出败。1996年4月至5月，栖贤、三星、赵家、淮口等乡镇发生牛出败，县兽医站及时组织乡镇畜牧兽医站实施紧急预防措施，紧急免疫耕牛1000头，救治病牛50头，阻止了疫情的扩大。2001年，淮口镇发生牛出败疫情，经县兽医站和淮口镇组织力量实施紧急预防后，疫情得到了控制，未造成大的经济损失。

（八）耕牛血吸虫病。耕牛血吸虫病原是日本血吸虫，是耕牛吞食了从中间宿主钉螺体内钻出的附着于水草表面或浮动于水中的尾蚴后而感染发病。1991—2004年，全县耕牛血吸虫病的检测采用"粪孵法"。2005年采用"金标免疫"法，检测3个乡镇，涉及15个村（社区）的1123头耕牛，其中包括省动物防疫监督总站监测的金堂县两个历史疫区的重点村，即清江镇荣丰村和赵镇米家巷村，受检率达100%，其中：34头出现阳性反应；对34头阳性反应耕牛均采用传统粪孵法两次检测确诊，全部为阴性。同时，利用各种有利条件养殖水禽和鱼，生态灭螺面积达20公顷，并实行农业机械化替代传统的耕牛耕地习惯，以机代牛耕地面积折合约210头，减少了耕牛耕地感染血吸虫病危险，有利于控制和消灭耕牛血吸虫病。

（九）狂犬病。狂犬病俗称疯狗症或恐水症，是由狂犬病病毒引起的一种人畜共患急性接触性传染病。本病毒在动物体内主要存在于中枢神经组织、唾液腺和唾液内，人和动物被疯狗咬伤后病毒由伤口传入发病，死亡率近100%。1991—2005年金堂县狂犬病防制指挥部由一名副县长任指挥长，公安、畜牧、卫生、县人武部的领导任副指挥长，办公室设在县卫生局，各乡镇设立"狂防"领导小组，由一名副乡镇长任组长，畜牧、卫生、人武部、派出所派人参加。畜牧部门主要负责犬用狂犬病疫苗和犬的预防注射及疫情监测工作，其他部门通力合作，每年冬、春季节对健康犬只实施狂犬病疫苗注射，对于拒绝预防注射的犬只就地处死。县狂犬病防制指挥部每年冬季布置狂防工作，2月至3月检查验收并评比。1991—2005年，金堂县未发现人感染狂犬病。2006年上半年，成都市发生多例人感染狂犬病，金堂县有1人发病死亡。

（十）羊传染性胸膜肺炎。羊传染性胸膜肺炎的病源是山羊支原体，革兰氏阴性、专性需氧菌，病原抵抗力强，对四环素和氟苯尼考较敏感。症状：潜伏期短者5—6天，长者3—4周，平均18—20天。最急性型：病初体温升高（41℃～42℃），食欲废绝，呼吸急促而有痛苦鸣叫，数小时后出现肺炎症状，呼吸困难、咳嗽，并流浆液带血鼻涕，倒地不起，黏膜高度充血，发绀不久窒息死亡。急性型：病初体温升高，继之咳嗽，浆液鼻漏，4—5天后咳嗽变平而痛苦，鼻液转为黏液—脓性并呈铁锈色。高热稽留，黏液—脓性眼屎，口半张，流泡沫状唾液，头颈伸直，腰背拱起，孕羊大批流产，濒死期体温降至正常以下。慢性多见于夏季，全身症状较轻，休温升至40℃，间有咳嗽和腹泻，身体变弱，被毛粗乱无光。羊传染性胸膜肺炎是危害县养羊业发展的重要疾病之一，由于本病的发生，受多种因素影响，在金堂县时有发生，死亡率较高。长途运输、气候突变、饲养管理突变等可引起本病发生。2002年，金堂黑山羊良种繁育基地羊只发病，经治疗疗效较差，且羊只反复发病，病羊送往四川农业大学被确诊后，对县黑山羊良种繁育基地羊只和部分养羊大户的羊只进行羊传染性胸膜肺炎疫苗预防注射，收到一定效果。

二、动物检疫

（一）产地、屠宰、运输检疫及检疫“五证”管理。1. 产地、屠宰、运输检疫。1991 年生猪产地检疫 27.80 万头、屠宰检疫 17.50 万头、运输检疫 6.50 万头。2005 年生猪产地检疫 33 万头、屠宰检疫 22.30 万头、运输检疫 17.50 万头。1991 年肉牛产地检疫 3760 头、屠宰检疫 1265 头、运输检疫 3010 头。2005 年肉牛产地检疫 1.12 万头、屠宰检疫 3200 头、运输检疫 9240 头。1991 年山羊产地检疫 6 万头、屠宰检疫 1.10 万头、运输检疫 5.20 万 头。2005 年山羊产地检疫 11 万头、屠宰检疫 3.25 万头、运输检疫 9.70 万头。2. 检疫“五证”使用情况。1991 年发产地检疫证 20 个，出县境检疫合格证明 70 份、动物及动物产品运载工具消毒证明 70 份、县境内动物产品检疫合格证明 20 份、县境动物产品检疫合格证明 9 份。2005 年发产地检疫证 160 个，出县境检疫合格证明 380 份、动物及动物产品运载工具消毒证明 380 份、县境内动物产品检疫合格证明 140 份、县境动物产品检疫合格证明 80 份。

（二）检疫体制变更及报检制度。1. 检疫体制变更。1993 年 9 月前，金堂县兽医卫生检疫站属金堂县兽医站内部临时机构。1993 年 10 月，金堂县兽医卫生检疫站从金堂县兽医站独立，同时设立赵镇和淮口镇兽医卫生检疫站。1994 年 1 月，成立金堂县兽医卫生检验所，与县兽医卫生检疫站实行两块牌子，一套人马。1995 年 1 月，全县 24 个乡镇均在乡镇畜牧兽医站内设检疫站。2004 年，撤销乡镇畜牧兽医站，成立 9 个片区畜牧防疫检疫站。2002 年 8 月 31 日前，乡镇畜牧兽医站代表县检疫站行使检疫执法权。2002 年 9 月 1 日，县畜牧食品局贯彻农业部 13 号、14 号、15 号令，将检疫执法权收回到县级主管部门，并在全县设立了 4 个检疫分站，具体实施动物检疫。乡镇畜牧兽医站接受县畜牧食品局委托，协助县兽医卫生检疫站开展动物检疫工作。2005 年 6 月，片区畜牧防疫检疫站正式履行动物防疫检疫公益性职能，负责辖区动物检疫工作，并接受县兽医卫生检疫站监督管理。乡镇兽医院接受委托，协助片区畜牧防疫检疫站开展动物检疫工作。2. 动物报检制度。动物报检制度是指动物饲养者或动物经营者必须提前向当地动物检疫部门申报实施定期检查的制度。1993—1998 年，县兽医卫生检疫站以监督检查为主，动物检疫工作具体实施人员是乡镇动物检疫人员，要求检疫人员主动上门开展动物检疫工作。1999—2005 年，县兽医卫生检疫站和各乡镇动物检疫站建立方便群众的报检网络，要求动物饲养者和动物经营者自行申报，严格执行动物检疫前报检制度。对规模饲养场出栏动物，无论大小、用途、去向，检疫人员都必须到场、到点检疫，绝不允许漏检，绝不允许染疫动物出场。检疫员和检疫协助员在检疫时要查验“动物防疫合格证”和动物免疫耳标，对申报不实者，以检查核实的数据为准，按规定进行处罚。

（三）检疫消毒制度及“动物防疫合格证”管理。1. 检疫消毒制度。检疫消毒包括：定期对饲养场地进行全面彻底消毒；运输动物时装载动物前对车辆的消毒、对动物的消毒、御后对车辆的清洗消毒和对场地的消毒；对动物屠宰场和畜禽经营市场的定期消毒；发现疫情时对疫区和疫点及周边环境的重点消毒等。全县的检疫消毒，除全面按规定消毒外，还定期发放消毒药品到大型饲养场、屠宰场和畜禽产品交易市场，并定期或不定期进行检查。金堂县畜禽及产品运载工具消毒工作于 1993 年开始实施，要求在运输畜禽及畜禽产品前和运输后，对运载工具进行全面消毒，防止病毒和细菌传播。对畜禽及产品交易市场的检疫消毒工作是从 1998 年开始实施的，要求对活畜禽交易市场、畜禽屠宰场（厂）、畜禽产品交易市场及案板、工具进行每天消毒。2. “动物防疫合格证”管理。金堂县从 1994 年开始，对生猪屠宰户进行“动物防疫合格证”管理制度，实行分区域举办培训班，印发宣传培训资料，培训合格者办理“动物防疫合格证”，不参加培训或培训不合格者，取消畜禽及产品经营资格。至 2005 年，全县累计发放“动物防疫合格证”6390 个。

（四）检疫收费。金堂县现行的动物检疫收费标准是根据国务院办公厅中办发〔1993〕10 号文、国家物价局、财政部〔1992〕价费字 452 号文及四川省物价局、财政厅，畜牧食品办公室川价非〔1994〕225 号文件规定制定的。1991—2003 年，由乡镇畜牧兽医站在开展动物检疫工作后收取动物检疫费，定额上缴县检疫站检疫平衡调节费后，余额由乡镇畜牧兽医站开支。2004—2005 年，乡镇畜牧兽医站收取的动物检疫费需先全额缴入县财政专户，后由县畜牧食品局向县财政提出工作经费申请，经批准后返还县畜牧食品局，县畜牧食品局按一定比例返还乡镇畜牧兽医站作为工作经费。

第五节　畜牧行政执法

一、种畜禽执法

1994 年，国务院《种畜禽管理条例》全面实施，当年对县种畜站、31 个乡镇牲畜授精站、189 户配种户的 221 头种公猪进行了年审，淘汰不合格种公猪 6 头，并引进优质种公猪 60 头供种畜养殖户更换，以保证种公猪的质量。2000 年 11 月，成立金堂县畜牧行政执法大队，下设动物防疫监督执法中队、兽药饲料管理执法中队和种畜禽管理执法中队。执法大队有执法人员 173 人。1994—2003 年，县畜牧站在每年种公猪年审工作中，对成华和内江公猪、所产后代是黑色或黑花色的长白种公猪和产仔特别低的种公猪进行淘汰。淘汰时请当地政府和公安执法人员配合强行阉割。2000—2004 年，县畜牧行政执法大队种畜禽执法中队对不合格种公猪进行淘汰，共出动执法车 20 次，出动执法人员 79 人次，查处种畜禽违法案件 2 起。2004—2005 年，种畜禽执法工作处于停止状态。

二、动物防疫监督执法

（一）动物免疫耳标管理执法。动物免疫耳标管理执法主要是指对不依法使用国家统一制作的动物免疫耳标、买卖免疫耳标和伪造免疫耳标等违法行为进行的执法。2003 年 10 月，三溪镇 1 兽医从业人员向县畜牧食品局举报，三溪、黄家等乡镇有人使用假耳标。县畜牧食品局接到举报后，立即汇同县公安局经济侦察大队进行了调查，经过侦察，县公安局按照《中华人民共和国刑法》有关规定，对该案进行了立案查处，公安机关在此案中捣毁制造假耳标生产模具 200 公斤，查处成都市龙舟路销售假耳标批发部 1 个，拘捕涉案人员 3 人（其中金堂县涉案人员 1 人），收缴假耳标 60 万副。此次执法行动受到省、市畜牧主管部门的充分肯定，市农牧局为此专门拨付金堂县畜牧食品局办案工作经费 2 万元。

（二）动物检疫执法。1993—1995 年，根据国务院《动物防疫条例》，全县动物检疫执法主要由乡镇畜牧兽医站检疫执法人员实施。金堂县兽医卫生检疫站主要对动物屠宰、销售和运输过程中没有检疫、逃避检疫或者偷逃防检费等行为进行监督检查，对无检疫证明和无收费票据的畜禽及其产品进行补检，对违法行为进行查处。1996—2001 年，部分乡镇政府实行动猪防检费、工商管理费和税收采取承包制，逃避检疫或者偷逃防检费行为较严重，县检疫站在原同兴乡畜牧兽医站设立报检点，由县检疫站和原同兴乡畜牧兽医站检疫人员共同值班，通过围、追、堵、截等措施，抓住证据进行教育和查处，有效地打击了违法行为。2002 年，县兽医卫生检疫站成立赵镇、淮口、黄桷垭、三河碑四个检疫分站，负责全县的检疫执法工作，同时赵镇分站执行路检执法工作。2004 年 5 月，结合南充一肉联厂屠宰死猪和母猪的情况被曝光，全县召开检疫人员行风整顿会议，制定了不准隔山出证，不准给病猪出证，不准给注水猪肉出证，不准给公母猪出证的规定。同年11月，成立九个片区畜牧防疫检疫站，负责片区内动物检疫工作。自2000年县畜牧行政执法大队检疫执法中队成立至2005年，全县共出动执法车辆756次，出动检疫执法人员2824人次，检查肉品摊点2500摊次，查处违法案件83起，查处逃避检疫行为300次，无害化处理病猪2653头，病死禽475只，车辆消毒5000辆次。

三、兽药饲料执法

1991—1998年，全县兽药饲料由金堂县兽医站管理。1999年，县畜牧食品局内设兽药饲料管理科后，主要从兽药饲料生产环节、经营环节、兽药饲料使用过程三个方面进行监督管理。2000年成立兽药饲料执法中队，至2005年共出动执法车500辆次，出动兽药饲料执法1870人次；检查兽药、饲料经营户1000次；抽查兽药饲料24个品种，查处兽药饲料违法违规经营人员201人次；没收销毁过期变质饲料5800公斤，变质过期兽药300件，不合格添加剂及预混料6800公斤。

第七章　渔　业

金堂县江河较多，有较大江河13条，水域面积达2.71万余亩；有水库、塘堰池4800余处，水面达2.78万余亩，总水面面积达5.49万余亩。可养殖水面达2.70万余亩。自1990—2005年，成鱼产量逐年增长，1990年789吨，2005年达到6150吨。养殖成鱼产量占总产量的97%，江河自然捕捞鱼量，由于江河污染加重，呈逐年下降的趋势。1968年开始人工繁殖草鱼苗示范，逐渐发展到草、鲢、鳙、鲤四大家鱼的人工繁殖，1989年达到高峰，年产鱼苗1785万尾，除满足本县放养外，还大量外销。1990年后，10个较大的繁殖鱼苗场点逐年减少，1994年全县所有场点都停止了草、鲢、鳙鱼的人工繁殖，所需苗种全部从广东、中江、乐至等地引进，有少量鲤、鲫、团头鲂等品种的人工繁殖。金堂养鱼饵料主要以投放人工饵料为主。2005年县内鱼类资源有65种，5个目、13个科。每年2月1日至4月30日为金堂县江河的禁渔期。近年来积极开展江河人工投放增殖，但由于江河污染严重，鱼类资源受到严重破坏，违法违章捕鱼案件也时有发生。

第一节　鱼类资源

民国10年（1921年），《金堂县续志》载：鳞介类共21种：鲤鱼、鲢鱼、白条鱼、白甲鱼、青波鱼、草鱼、花鱼、鳜鱼、督鱼、青鳝、白鳝、鳅鱼、花纲鱼等；另外，贝类有六种；龟、鳖、虾、蚌、蟹、螺。螺蛳中有一种红螺蛳，产于云顶山林中，属罕见的珍品。

1983年《金堂县渔业资源调查及区划报告》表明：县境内的水域中有鱼类65种，分别属于鳗鲡目、鲤形目、鲶目、鳢形目、合鳃目、鲈形目等6个目，13个科。由于江河污染等原因，至2005年，鳗形目的鳗鲡在金堂水域内已绝迹，其中主要种类为鲤形目中的鲤科鱼类，计有39种，有鲤、鲫、草鱼、青鱼、鲢鱼、鳙鱼、红鲤、团头鲂、白鲫、银鲫、镜鲤、马口鱼、逆鱼、蒙古红鱼白、翘咀红鱼白、棒花鱼、船丁鱼、黄尾密鲴中华倒刺鱼巴等（见附表）。水库和山平塘则以养殖草鱼、链、鳙、鲫、红鲤、镜鲤、银鲫等为主，占总产量的90%。在江河、稻田养殖的鲶鱼、黄尾密鲴、船丁鱼、逆鱼、黄鳝、中华倒刺鱼巴，也占有一定数量。

第二节　人工养殖

一、水库与稻田养鱼

自1991年起，施肥养鱼技术在全县水库中迅速推广，全县所有水库都在进行施肥养鱼，水库鱼产量从1990年的105吨提高到2005年的1660吨，单产从1990年的7.7公斤/亩提高到2005年246公斤/亩。1992年稻田养鱼最高亩产达到31.2公斤，当年放养9163亩，产成鱼15.4万公斤。由于受市场影响，1998年以后，稻田养鱼逐渐减少。1996年又新乡养殖户刁玉明等在资水河开始网箱养殖鲤、草鱼，取得了较好的效益，1997年资水河沿岸的广兴、竹篙、又新、云合等乡镇都在资水河发展网箱养鱼，到1998年，资水河网箱养鱼面积达1.5万平方米，仅又新乡就有网箱400只，面积1万平方米。之后，由于资水河水质变肥，水胡芦繁殖，网箱养鱼面积逐渐减少，到2005年仅存310箱，养殖品种也由以前的主养鲤、草、大口鲶改为主养花白鲢、草鱼。1998年全县水库网箱养鱼成鱼产量达239吨，面积3075平方米。之后由于鱼价下降，饲料价格上涨，水库网箱养鱼逐年减少，到2001年，水库网箱养鱼全部停止。人工养殖的饵料，以人工饵料为主。其中栽培植物有引进种植的宿根黑麦、苏丹草等，配合饲料主要有通威、新希望、正大、凤凰等品牌，有鲤、草鱼、甲鱼、江团等各种鱼类从苗种到成鱼的全价配合饲料。

二、鱼病治理

金堂县发生的鱼病较多，危害较大的有以下11种：肠炎病、赤皮病、烂鳃病、打印病、白头白嘴病、水霉病、车轮虫病、锚头鳋病、气泡病、跑马病、萎瘪病。敌害生物，为害较大的有：水蜈蚣、松藻虫、青泥苔、水网藻等。预防方法是在鱼病易发生季节，定期用生石灰、漂白粉、敌百虫等进行水体、食场消毒。对细菌性鱼病，如：肠炎病、赤皮病、烂鳃病、打印病、白头白嘴病、白皮病、草鱼三病等，主要用：漂白粉、生石灰、三氯异氰尿酸、二氧化氯、二溴海因等进行水体消毒，用磺胺嘧啶、大蒜、大黄等中、西药拌铒投喂；真菌性鱼病（如水霉病等），主要用菌霉净（水杨酸）等治疗。

三、成鱼产量

自1991年起，全县水产事业持续稳定发展，水产品总产量和渔业总产值都有了较大幅度的提高，至2005年，成鱼总产量达6150吨，产值达6064.66万元，其中：山平塘养殖产量3890吨，水库1660吨。

第三节 渔政管理

2001年前，金堂县江河禁渔期为每年的3月5日至4月25日；2002年，根据《四川省〈中华人民共和国渔业法〉实施办法》的规定，禁渔期为每年的2月1日至4月30日。禁渔期前，县水利局将禁渔期有关规定行文发至各个乡镇及捕捞渔民。在此期间，不准任何单位和个人用任何工具或任何方式在天然水域中捕鱼。向江河人工投放鱼苗，确保自然水域增殖。2004年6月县水利局组织人员向沱江投放草、鲤、鲫等鱼种10万尾。2004年10月，在毗河投放草、鲤、鲫5万公斤。2005年10月，在毗河投放草、鲤、鲫2万公斤。处置污染事故。1993年，因钻井队排放油污，造成东风水库网箱鱼大量死亡。县渔政管理站与环境监测站一起调查、取证，最后由钻井队赔偿了养殖户损失。2004年1月17日起，金堂县毗河、沱江金堂段发生了严重的水污染事件，从发生污染开始，毗河、沱江出现了大量死鱼，在此过程中，沿江两岸成千上万的群众打捞死鱼，最多的一人捞了2000多斤，一般的也有300~400斤，死亡的鱼类主要有鲤鱼、鲫鱼、土鲶鱼、花白鲢、草鱼、黄辣丁等，给金堂县江河渔业资源造成了很大的损失，估计共死亡鱼30万公斤，沱江鱼类基本灭绝。2004年处理违章捕鱼6人，没收电鱼工具5套、禁用渔具40余件。

第八章 农业机械

第一节 主要农机与管理

一、农业机械

2005年全县有各类农业机械近5万台（套），农业机械总值达1.26亿元，农业机械总动力为14.85万千瓦。除原有农业机械外，金堂县主要新增了以下农业机械：

（一）大中型联合收割机：1997年县农机局首次引进一台半喂入自走式久保田联合收割机，改变了金堂县长期靠手工收割小麦，水稻的落后面貌。截至2005年年底，全县已拥有各类大中型联合收割机32台（套），机收面积达2766.67公顷。

（二）重庆合盛微耕机：2001年县引进1Z-135型和1Z-105型微耕机，并运用于农业田间作业，主要用于耕作和开沟起垄，改变了金堂县长期以来弯弯刀、锄头犁的传统耕作方式，2005年年底金堂县已拥有各类耕作机械300台（套），共计832千瓦。

（三）重庆万业公司汽油泵：2002年县引进了E43、152型、147型二冲程、四冲程汽油机泵，额定功率分别为3马力、5马力，主要用于加工、提水及脱粒。

（四）温江和盛机械厂：2000 年，在县推广运用温江生产的成丰机动脱粒机，配套动力为 4－6 马力，该机采用转鳞振动筛，新增挡灰板，添加了离合器，装配了分离器，该机结构完善，操作轻便，经久耐用，维修简单。

（五）植保机械：县已于 2002 年引进山东担架式植保喷雾机，型号为 3W－18 型，该机油耗小，单位作业面积大，轻便适用，喷射压力大，距离远，适用于大面积作业。

（六）运输型拖拉机：随着大中型拖拉机的减少，该机型在金堂县发展较快。该机驾驶室采用封闭室，增加了减震性，极大地改善了驾驶条件，减轻了机手的操作强度。

（七）其他动力机械：2005 年，金堂县拥有各类汽油机 800 台（套），合 1054 千瓦，脱粒机 7546 台（套），机动喷雾机 568 台（套），合 743 千瓦；手动喷雾机 84910 台（套）；各型微型电动机泵 5722 台，48662 千瓦。

二、农机作业与收费

随着计划经济向市场经济过渡，各种农机作业机械收费均采用市场化运作，大多由机手与农户协商解决。2005 年底，金堂县各种农机作业机械收费如下：机耕 50～70 元/亩，机械排灌 10－20 元/小时，机械植保 15～25 元/亩，农副产品加工 200～300 元/1000 公斤，机脱 20～25 元/亩，运输作业 1～1.5 元/1000 公斤公里，联合收割机收割 60～70 元/亩。

三、乡镇农机站的经营和管理

乡镇农机站由县级农业机械主管部门与乡镇人民政府分工实行双重领导，乡镇政府是农机站的行政领导，农机站的工作主要在乡镇进行。县农机局是农机站的业务主管部门，直接向乡镇农机站提供业务指导、农机技术、各种信息、必要的资金和物资服务。乡镇农机站属自收自支的事业单位。农机站负责组织油料供应，机具维修，零配件供应。随着农村经济的发展和农民收入的提高，农民对农机服务的需求不断提高，农机作业服务市场不断拓宽和扩大；在平坝地区提供稻麦收割，高质量的耕整地，秸秆还田和施肥播种等机具和技术服务；在丘陵地区，主要提供机电提灌设施新建、维修改造及零配件供应的配套服务。

第二节　农机推广与培训

一、农机推广

（一）新型农机具的推广

1. 化肥深施机械。（1）EF－1 型：半机械人力化肥深施器，属中耕施肥机具。将化肥配成水溶液装入贮水桶，跟打农药一样背负喷雾器，将追肥枪插入土层，压入化肥溶液，即可完成施肥。全县共计推广 8 万支，年实施肥 2.67 万公顷次，分布各个乡镇。（2）LYJ 系列追肥枪：该施肥器具系甘肃省多功能追肥枪公司生产，施肥量较 EF－1 型化肥深施器大，用于果园化肥深施，全县推广 50 支，主要集中在高板、三溪、平桥、隆盛、竹篙等乡镇。（3）2F－6/8 旋耕施肥机：主要对小麦、水稻的化肥深施。每年每台可承担 26.67～33.33 公顷的施肥任务，全县共计推广 100 台套，年实施 0.27 万公顷。

⑷2F－1 型耕地施肥机：主要对小麦、水稻、玉米、棉花的化肥深施。每年每台可承担 13.33 公顷的施肥任务，全县共计推广 1000 台套，年实施 1.33 万公顷。

2. 收获机械。⑴稻、麦联合收获机械有①背负式联合收割机：1992 年金堂县开始引进第一台背负式联合收割机，系广西桂林联合收割机厂生产，型号为 4L2.5B，与上海－50 拖拉机配套使用。1993 年引进 1 台桂林－3 号与江西丰收－180 拖拉机配套使用，同年又引进 2 台桂林－2 号联合收割机与上海－50 拖拉机配套。②自走式联合收割机：2002 年县清江镇农民范元凯自行购买第一台日本生产的久保田/PR0488 型自走式半喂入联合收割机。2005 年利用国家农业机械购置补贴政策在金堂县平坝地区推广了 29 台国产全喂入自走式联合收割机，3 台久保田/PR0488－0588 半喂入自走式联合收割机。2004 年又从广西桂林引进了 20 台斜挂式割晒机进行推广。1992 年从成都市崇庆县割晒机厂引进金堂县第一台小型手扶式割晒机，型号为 1L－1.6 型，配套动力为 F165 型柴油机，共计推广了 16 台等。

（二）农机新技术的推广。金堂县先后进行了 195 型柴油机节能改造、化肥深施、节水灌溉、作物肥团育苗、气流抛秧、秸秆气化、农村电力提灌站节能技术的推广。

（三）大型农机推广现场展示会。1992 年 11 月 20 日四川省节水农业灌溉现场会在金堂县召开。为推广金堂经验，全省各区的地、市、县农机局领导和推广负责人参加了会议，金堂县在全省会上介绍了经验。1993 年县在三溪乡推广小型喷灌机达 30 台。

1993 年 5 月 17 日金堂县果园节水灌溉现场会在三溪镇白云村召开，省农机局局长黄彦蓉一行亲临现场考察，并给予高度赞扬。

1999 年 4 月科技部九省市秸秆综合利用培训现场会在金堂县清江真花牌坊村召开，现场展示了秸秆粉碎、食用菌基料搅拌、装袋、废弃菌糠的旋耕还田；秸秆直接粉碎由埋草旋耕还田；秸秆直接由水田埋草旋耕还田。三种秸秆还田方式得到与会专家和领导的高度评价，被誉为秸秆综合利用“金堂模式”。同年 5 月 7 日，中央电视台到金堂专访，并在金土地栏目播出，向全国宣传。

2000 年全省农机科技工作会议在金堂县召开，县农机局作了经验介绍。

2001 年 8 月，农业部农机化司在四川省郫县举办全国农机管理干部培训班，现场展示了四川规模最大的旱地农业节水灌溉工程（黄桷垭固定喷灌），为与会代表提供了很好的培训教材。在培训期间，培训班学员及国家农机技术推广站站长杨林专门到金堂参观。

二、农机教育与培训

金堂县农机化技术学校 1990 年成立。1991 年 9 月至 2003 年，金堂县农机化技术校有职工 8 人。1991 年全校建筑面积 919 平方米，固定资产 30 余万元。2004 年县农机化技术学校岗位设置总数 11 个，实聘岗位人数 14 人，有管理人员岗位 3 个（校长 1 名，副校长 2 名），专业技术人员共 11 人，工勤人员 3 人。县农机化学校有拖拉机驾驶培训工作人员共 7 人，其中：理论教员 3 人，教练员 2 人，教学负责人 1 人，财务人员 1 人，具有工程师职称的 4 人，具有助理工程师（助理会计师）职称的 3 人。

农村农机实用技术培训对象主要是使用农业机械和农机技术的农民群众。采取集中培训和分散培训相结合，首先在县农机化学校集中理论培训和上机操作，然后把学员分散组织到乡镇培训点以及田间地头，统一时间、统一地点的分散到各有机户家中、田间进行教学。1996 年，培训新技术推广人员 640 人，农机技术员 75 人，耕整机、割晒机、联合收割机驾驶员 60 人，修理工 130 人，其他人员 115 人。全年共计培训 1152 人，收入 3.22 万元。1990 年，组建了“金堂县农机作业服务队”，开展机耕、机收、机脱和机灌等作业，实行有偿服务。金堂县首创以学校为基础，将教育培训、技术推广、农机作业服务为一体的办法，为全省首创，被省农机主管部门誉为“金堂模式”向全省推广。

2003年四川省农机局承担了《柑橘生产机械化技术》教材的编写。由于金堂是全省果树生产大县，农业机械推广使用具有一定实践经验，省农机局将此项任务布置给金堂县农机局。金堂县由彭世选、史德军具体负责编写，彭世选担任主编。编审后，2003年8月彭世选代表四川省农机局参加了全国教材审编会，会上，全国农机技术推广站杨林站长对金堂编写的教材作了高度评价，并同意该教材在全国农机技术推广网上发表。

第三节　农机灌溉

一、农机灌溉基本情况

金堂县地处成都平原东北部，属“川中旱片区”，是成都市农业生产大县之一。全县耕地面积为43400万公顷，其中旱地为30733.33公顷，而丘陵山区占全县耕地面积86.15%，地高水低，提水灌溉占有极其重要地位。金堂县1964年，水电局成立后，电灌站即由水电局管理。1972年年底，排灌职能划给县农机局，1982年后，机电提灌站仍由水电局管理。农村机电提灌站管理体制与省市不完全对接，全省农村机电提灌站管理均由省农机局进行行业管理。为进一步明确职能，四川省人大第八届二十三次会议，以法律条例形式作了进一步明确规定，于1996年8月19日正式颁布了《四川省农村机电提灌站管理条例》，明确了县农机主管部门主管本行政区域内的农村机电提灌。由于历史和体制原因，金堂县农村机电提灌站仍属水电局作行业主管，柴油提灌农机局属行业主管。2001年，县农机局职能划分时，金堂县按照省上要求正式将农村提灌站管理职能划给县农机局。原水电局直属提灌站仍由水电局进行管理，金堂县农机局主要承担对镇、乡、村、组、户电力提灌站依法进行行业管理。

金堂县农村机电提灌站经营管理形式多数为承包经营，有极少数是买断经营权和股份合作形式，赵镇柳塘村是金堂县第一处由集体与个人（两人）共用新建的机电提灌站，装机容量为37千瓦。为进一步加强对改建后提灌站的管理，把责任制落到实处。2005年，县人民政府下发了《关于深化农村机电提灌站经营管理体制的实施意见》，由县农机主管部门进行试点，积极探索路子。

二、农机电力提灌站

金堂县第一处电力提灌站建于1956年，位于栖贤乡曾家庙，电机产自日本，水泵产自苏联，装机容量为40千瓦。事后，机电提灌站陆续建立，建设提灌站高潮期是1975—1979年，全县建立了一大批机电提灌站。随着电网进入农村，坚持民办公助的原则，截至2002年年底，全县拥有15千瓦固定式电力提灌站590处，装机容量16421千瓦（不含县水电局直属九龙滩，资水河一级站，滴水岩提灌站），灌溉面积2.2万公顷。2003年年初，农机部门组织对全县15千瓦以上（含15千瓦）电力提灌站逐台登记调查，摸清了全县提灌站基本情况，运行时间25年以上的电力提灌站达440处，涉及全县21个乡镇205个行政村。这440处电力提灌站中20世纪60年代建站14处，70年代建站197处，80年代初建站281处，20世纪90年代至2005年建站98处。2003年更新改造提灌站13处，19台套机组装机容量1225千瓦。2004年，提灌站改造继续进行，当年共改造18处。20台套机组装机容量 831.50 千瓦。

2005 年，市财政加大了对金堂提灌站改造的投入，在每年 100 万元的基础上增加到了 150 万元。2005 年共计改造提灌站 33 处、装机容量 1321.5 千瓦。2003—2005 年，全县新建、更新改造农村机电提灌站 93 处，装机容量 4397 千瓦。

第四节　农机企业

一、农机公司

1993 年，县农机供应公司作为全县农机产品主要销售渠道，年销售额达 600 万元，同时，县个体也开始经营销售小型农业机械产品。1993 年年底，全县个体经营户县城（赵镇）统计达 3 家。

随着农机市场进一步开放，农用汽车大力发展，个体经营农机零配件逐步增加，个体经营户的增加，给农机公司经营增大了竞争力，为调动公司的经营积极性，农机局对农机公司实行目标考核，实行超利润分成，极大地调动了农机公司的经营性。同时，金堂成达线的开工建设给农机公司经营农用汽车创造了有利条件。1995 年年底，农机公司销售金额超过千万元。1996 年，农机公司由于市场的竞争激烈，农用汽车销售急剧滑坡，农机公司出现了较大亏损。1997 年年初，农机公司主管单位农机局提出了申请改革农机公司经营体制，集体不再经营，农机局根据县委、县政府深化企业改革的精神，将农机公司实行国有民营形式转换经营体制，上报县政府，县政府体改办以金堂体改发〔1997〕007 号文件批复：对农机公司经营体制进行转换。1997 年 7 月 1 日起，农机公司集体不再从事经营活动，完全由个人（或几人）实行独立经营，公司管理人员实行兼职补贴，运行一年后，农机公司仍面临许多矛盾和问题。1999 年 7 月 1 日，县农机公司正式解体。金堂县国营经营农机即彻底结束。农机产品、农业机械的供应销售由农机经营个体户担负，在县城具有规模的有 3 家。

二、农机直属企业

1991—2005 年，金堂县农机小型企业主要是：（一）四川金堂灌喷设备厂。1992 年，农机局为贯彻邓小平南方讲话精神，在省市农机主管部门的支持和推介下，县农机局率先在全省农机系统建立生产新型涂塑软管厂。由金堂县农机校与云绣农机站共同联办；从考察到建设和产品的生产，仅仅用了 4 个月时间。1992 年 11 月 20 日四川省旱地农业灌喷会在金堂县召开，为全省推广小型喷灌机提供了物质条件。该产品投放市场后，受到了全省各地用户的青睐，产品供不应求，年销售额最高时达 500 万元。1997 年年底，县农机校退出了股份直接由云绣农机站独办。1999 年后，由于该厂管理不善和市场疲软等因素，喷灌站连年亏损，2004 年该厂停止了生产和营业。（二）韩滩农机综合服务公司。1992 年，县农机局和龙威农机站共同组建了韩滩农机综合服务公司，主营油料供应和销售，建成后，对于全县农机系统的油料供应起到了纽带作用，同时在经营方面也收到了较好效益。1999 年，体制改革，该公司转让给社会个体户。（三）脱粒机生产厂。金堂县生产机动脱粒机历史较早，1972 年以后，在全省具有较好的知名度。全县有生产脱粒厂家 6 家，生产规模最大，质量最好的是金堂县农机厂（原赵镇农具厂）。全县生产脱粒机生产规模达 1 万台，除满足当地农民购买需要，还大量供应省内周边县市。

第九章　农村主要工作与政策

第一节　农村主要工作

一、调整农业生产结构

为主动适应计划经济向市场经济的转变和经济全球化趋势，县委、县政府从20世纪90年代后期开始，提出加快农业战略性结构调整，并制定了一系列优惠政策和工作措施，强力推进农业结构调整。围绕“两线”（成南路沿线3333.33公顷精品脐橙带、资水河沿岸3333.33公顷生态农业示范带），两片（13333.33公顷中晚熟优质杂柑示范片、龙泉山脉3333.33公顷微水治旱结构调整示范片），三大窗口（成南路出口的赵镇云绣片、白果镇、隆盛镇分别建休闲观光经济林、脐橙、杂柑三大示范窗口），四大品牌（精品脐橙、优质食用菌、生态黑山羊、无公害蔬菜）的总体布局，坚持用抓工业的思路抓农业，以政策导向、龙头企业带动和业主开发为主，推进农业产业化经营，开创现代农业新局面。2005年年底，全县优质脐橙达1.20亿公斤，杂柑基地6666.67公顷，食用菌规模达3亿袋，蔬菜产量6.30亿公斤，以种粮为主的传统农业正向以多种经营为主的现代农业转变。

二、农业产业化经营

按照县委、县政府把发展农业产业化龙头企业和特色基地建设作为推进农业产业化进程，提高农村经济发展水平的要求，金堂县按照“抓龙头、建基地、兴产业”的发展思路，依托区位优势和良好的生态条件，确立了以柑橘、食用菌、黑山羊、生猪、蚕桑、蔬菜、奶牛等特色产业，发展了一批与特色产业关联较高的龙头企业。2006年年底统计，规模以上的龙头企业已达59家，其中农产品加工企业31家，食品制造企业10家，畜禽养殖企业5家，其他企业13家。经营的品种有乳制品、食用菌、水果、蔬菜、畜禽、蚕桑、种子种苗、饲料、粮油、小食品、白酒、林木、中药材半成品等13个大类，上百个品种。农民人均纯收入由2002年的2591元提高到2005年的3834元，增幅29.9%，人均增收294.3元。年销售收入突破5000万元的龙头企业15家，其中市级以上重点龙头企业7家，龙头企业全年总销售收入达16.7亿元，其中销售收入均突破亿元的龙头企业有4家，吸纳就业人员1万人以上。全县专业合作组织119个，有会员7.2万人，年组织农产品销售达12.6亿元。带动农户总数13.8万户，带动面68%以上；促进了全县社会主义新农村建设，带动了种养殖业、农副产品加工、商贸流通、劳动力就业等相关产业的发展，为农民增收做出了贡献。

三、开发农业

金堂县按照“专业化、规模化、标准化、科技化、品牌化”的要求，至2005年年末开发农业主要通过培育主导产业，实施规模化经营：紧紧围绕龙头企业和市场原料需求，大力培育了以1.33万公顷杂柑、0.67万公顷脐橙、0.67万公顷伏季水果、3.6亿袋食用菌、30万只黑山羊、2.67万公顷蔬菜、4000头奶牛、0.30万公顷蚕桑、百万头生猪、优质粮油、高档中药材等特色优势产业，逐步形成了具有鲜明特色、结构合理的优势主导产业集群。经过优化基地布局，实施区域化开发：在基地布局上，围绕“两线、两片、三大窗口、八大示范园区”产业规划，坚持因地制宜、统筹规划，围绕龙头建基地，依托市场建基地，突出特色基地、发展名牌基地。实施柑橘生产“211”工程，即：发展1.33万公顷（20万亩）杂柑基地、0.67万公顷（10万亩）伏季水果基地、0.67万公顷（10万亩）精品脐橙基地。实施食用菌产业化工程，清江镇100公顷优质食用菌出口集中生产基地已初具规模，赵镇26.67公顷、淮口镇13.33公顷优质食用菌集中发展区建设。实施无公害蔬菜“一片一线”（福兴、赵家、金龙片，资水河及其支流沿线）基地建设，在已建西片（龙泉山脉以西）蔬菜基地的基础上，在东片和资水河沿线大力发展蔬菜生产。至2010年，新增蔬菜基地0.67万公顷（10万亩），全县年蔬菜种植面积要达到3.33万公顷（50万亩），总产量达到1亿公斤。发展“飞地农业”：扩大锦金农业合作推进万亩锦·金农业飞地——新希望农业（花卉）基地建设。依托成都晋江福源公司在三星、栖贤、官仓等乡镇建成666.67公顷666.67公顷无公害标准化蔬菜生产基地；依托成都四汇农业有限公司在中国脐橙第一乡三溪镇（1996年10月三溪镇被原中国柑橘研究所所长沈兆敏命名为“中国脐橙第一乡”）建立了666.67公顷无公害标准化脐橙生产基地。

四、农村合作基金会

根据中央、省、市有关政策，全县于1988年建立了32个农村合作基金会，制定了10项管理制度；当年纳入资金542.4万元；通过种养殖业和 副业融资，增值77.33万元。1992年全县43个乡镇全部建立了农村合作基金会，资金总额达到3800万元，1996年达到3.5亿元。1996年7月29至30日，全省农村合作基金管理工作会在金堂绿岛召开，金堂县受到农业部、省、市的表彰；1998年底资金总额达到4.55亿元，呆账准备金1860万元，积累资金4050万元。1999年3月，根据中央的决定予以关闭。

五、减轻农民负担

1991—1997年，全县加强农民负担管理工作。从1993年开始，全县农民负担管理连续4年实行总量控制、定额限额、专款专用、财务公开、统一审批，农民负担总量全部控制在上年人均纯收入的5%以内。县每年开展减轻农民负担管理专项检查，制止各级乱集资、添项加码等不正之风。1998年全县对做好农民负担工作提出了具体要求：严格控制集体提留和乡镇统筹费总额；对农村义务工和劳动积累工管理提出了严格要求，坚持以出劳为主；每年每劳不超过3个；村社两级在村社范围内兴办生产和公益事业所需资金，需要向农民筹集的，必须按《中华人民共和国村民委员会组织法》和《农民负担管理条例》规定，由村民会议讨论决定。严禁向农民强行派款筹资。1999年，全县461个村均设置了“村务公开栏”，对群众关心的农村财务热点问题，通过清理后及时公开。同时，进一步建立健全了三项制度（即：村民委员会的民主选举制度，村民会议或村民代表会议的民主议事制度，村务公开、民主评议和村民委员会定期报告工作的民主监督制度），推进了村民自治的制度化、规范化。2000—2001年，加强了农村财务、经营、土地承包合同管理，全面贯彻执行中央、省、市、县减轻农民负担的各项方针政策。农民人均负担提留统筹费均在42.34元，比1999年减少0.11个百分点。2002—2003年，县加强了农村财务、农村经营和土地流转管理。全县自2002年4月开始，全面贯彻中央、省、市农村税费改革政策，采取了三取消，即：取消乡镇统筹费，取消农村教育集资等专门面向农民收取的行政事业性收费和政府性基金；两调整，即调整农业税和农业特产税政策；一改革，即改革村提留收取使用办法。税改后，全县农业税及附加总计2703.51万元，较税改前减少5241万元。税改后农村农民人均负担36.40元，较税改前减少70.75元，减负66.03%。2006年1月1日全县范围内全部取消农业税及附加。

第二节　贫困村建设

一、基础设施

金堂县2002年有50个村被列入省级贫困村。从2002年1月开始启动，扶贫开发取得了比较明显的成效。贫困村已累计修建村、组道路252.88公里（其中：水泥路41.88公里，沥青路111.40公里，碎石路99.60公里），修建蓄水池1700口，整治堰塘105口，新增蓄水10万立方米，整治渠道66.40公里，改造提灌站23座。

二、产业结构调整

各贫困村根据发展规划，围绕全县红、白、黑、绿、花（柑橘、食用菌、黑山羊、无公害蔬菜、奶牛）“五彩”产业，结合成南路精品脐橙带、资水河生态农业示范带建设，新栽植和高改优质脐橙及杂柑240万株，伏季水果400公顷，发展无公害蔬菜0.19万公顷，食用菌6000万袋，发展奶牛206头，生猪21.30万头，黑山羊4.70万只，新增养蚕1.14万张。

三、改善办学条件

已改建标准化村小10所共9630平方米，改善了10个贫困村及周边20个村4000余名小学生的学习条件，改造和新建村卫生室28个共1090平方米，新建村活动室26个共1990平方米，已有15个贫困村建立了信息网点，安装电脑98台，培训信息教员80人次。

四、增加农民收入

全县479户特困户住房得以改造，新建住宅3.09万平方米。截至2005年年底，金堂县共引进各类扶贫资金5128.38万元。全县贫困村的农民人均纯收入达到3469元（其中：3000元以上村35个，已退出贫困村序列22个），比2001年增加了2321元。金堂县2002年50个村被列入省级贫困村，2005年有22个村基础设施及居住条件得到改善已退出贫困村。

第十一篇　工业　建筑业

1991—2005 年，工业发展步伐加快，个体、民营经济不断增加，以解决企业困难、盘活存量资产、建立股份制为重点的企业产权制度改革取得成功，逐步形成以机械制造（金属制品）、食品、电力能源、纺织为主的四大产业。金堂县工业基础比较薄弱，支柱产业、骨干企业和拳头产品未形成优势，市场竞争力不强、融资困难、效益不理想。2005 年，全县有规模以上工业企业 53 户，其中：国营 3 户，集体 10 户，股份合作企业 3 户，股份制企业 34 户，民营企业 3 户。

从 1994 年开始，金堂县加快旧城改造和新区建设。截至 2005 年，先后拆除 46 个片区 15 万平方米旧房，修建各类新住宅 9500 套，改造旧街 38 条，建成新街道 28 条，新建住宅 358 万平方米。随着金堂广场、县防汛指挥中心大楼、县建设培训中心、110 指挥中心、劳动培训中心大楼等一批标志性建筑的完工，形成了以金堂广场周边建筑为标志的现代化城市景象，2005 年金堂县有建筑施工企业 25 家，其中：房屋建筑工程施工总承包二级企业 3 家，总承包三级企业 15 家，市政工程总承包三级企业 1 家，公路施工总承包二级企业 1 家，专业承包三级企业 5 家。同时，新办企业劳务资质 1 家，三级装饰资质企业 2 家。

第一章　工业企业

1991 年县属国有企业有 7 家，即金堂县氮肥厂、金堂县水电设备厂、新华印刷厂、金堂县罐头厂、韩滩液酒厂、金堂县水泥厂、金堂县农机二厂。7 家国营企业的固定资产总值为 3124.9 万元，职工 1887 人。

1992 年，金堂县开始实施产权制度改革。首先在水电设备厂进行试点，采取入股的方式购买企业的部分产权。1994 年，金堂氮肥厂以购买生产性净资产的方式实行转制。1996 年，成都金凤肥料有限公司对韩滩液酒厂、金堂县罐头厂实施了协议转让。1999 年，水泥厂实施经济性裁员。2004 年，新华印刷厂转让，成为私营企业。以企业转机改制为重点的产权制度改革取得了突破性进展，被誉为“川西模式”。

2005 年，7 户国营企业只剩 1 户，成都金凤肥料公司（含韩滩液酒厂）2001 年宣告破产，金堂罐头厂 2004 年出让给厦门国大食品公司。此外，市属企业除四川锅炉厂外，成都第二纺织厂 2003 年破产，成都无缝钢管厂金堂分厂随着总厂被攀成钢兼并而更名为攀成钢金堂分公司。

第一节　工业门类

金堂县工业门类有电力、建材、冶金、机械、食品、化工、医药、造纸、印刷、纺织等。2005 年，机械制造（金属制品）、食品、电力能源、纺织为金堂县工业四大主导产业。

金堂县 1991—2005 年工业增加值

表 11－1　　单位：万元

企业分类	1991 年	1992 年
全民所有制独立核算企业	2384.60	7719
集体所有制独立核算企业	3067.80	4781

续上表　　单位：万元

企业分类	1993 年	1994 年	1995 年	1996 年
国有工业企业	6730.90	2110.20	553.40	1107.60
非国有工业企业	9194.10	20513.80	10652.70	32578.90

续上表　　单位：万元

企业分类	1997	1998	1999	2000	2001	2002	2003	2004	2005
规模企业	20748.7	23348.3	23348.3	24989	23508	18792	30470	41500	59645

一、食品加工业

1991 年，全县有食品制造业 120 家，工业总产值 15305 万元，占全县工业总产值的 43.6%。1991—1995 年，县有食品制造产业发展平稳。1996 年，该产业下滑，企业降至 83 家。1998 年，金堂县实施“工业富县”战略，重点扶持规模以上企业，形势有所好转。至 2005 年，全县有规模以上食品企业 6 家，工业总产值 39262 万元，占全县规模工业总产值的 20%。

二、建材工业

1991 年，全县有建材企业 46 家（建材及其他非金属矿采选业 4 家，建材及其他非金属矿制品业 42 家），工业总产值 2546 万元，占全县工业总产值的 7.2%。1991—2005 年，建材工业发展势头良好，呈上升趋势。至 2005 年，全县规模以上建材企业 3 家，总产值 2925 万元，占全县规模工业总产值的 1.4%。

水泥企业：1991年，全县有水泥企业3家，其中：全民所有制水泥厂1家，总产值178万元；集体所有制水泥厂2家，总产值900万元。1995年，集体所有制水泥厂只剩1家（三星水泥厂）。到2005年，全县规模以上水泥企业2家，工业总产值2074万元，占全县规模工业总产值1.1%。

三、纺织工业

1991年，全县有纺织企业10家，工业总产值3445万元，占全县工业总产值的9.8%。1991—1995年，纺织行业发展较好。1996年，纺织行业开始下滑。至2005年，全县规模以上纺织企业5家，工业总产值9905万元，占全县规模工业总产值的5%。

四、机械工业

1991年，全县有机械制造（金属制品）企业25家（机械工业16家，金属制品业9家），工业总产值3463万元，占全县工业总产值9.8%，其中：全民所有制企业1家，工业总产值515万元。1991—1994年，机械制造（金属制品）工业发展较好。1995年起，该产业开始下滑，1996年降至13家，直至1998年"工业富县"战略的实施，该产业有所回升。2005年，全县规模以上机械制造（金属制品）企业16家，工业总产值101479万元，占全县规模工业总产值51.9%。

五、化工　医药业

1991年，全县有化工、医药企业9家，工业总产值3394万元，占全县工业总产值的9.6%，其中：全民所有制企业2家，总产值2265万元。1992—1993年，该产业增长较快；1994年增至18家，总产值达11792万元，之后发展形势平稳。2005年，全县规模以上化工、医药企业11家，工业总产值14458万元，占全县规模工业总产值的7.3%。

六、造纸　印刷业

1991年，全县有造纸、印刷业20家，工业总产值3234万元，占全县工业总产值的9.2%，其中：全民所有制企业2家，总产值762万元。1991—1993年，该产业发展平稳；1994年开始下降，1996年降至15户。2005年，全县有规模以上造纸、印刷企业5家，工业总产值5834万元，占全县规模工业总产值的2.9%。

七、电力工业

1991—2005年，全县电力工业有：成都爱依斯凯华燃机发电有限公司（1996年11月动工建设，1997年7月投入商业运行）。成都九龙电业股份公司九龙滩电厂（1988年9月17日1号机组运行，同年11月14日2号机组运行，1989年1月13日3号机组运行）；成都金堂江源电力有限公司（2004年由原成都金堂电力股份公司改制组建而成的股份制企业）；成都康能水电有限责任公司（创建于1996年）。4家公司共有职工1092人，其中工程技术人员137人，企业资产总额30928.58万元，固定资产17588万元。2005年发电24065万千瓦时，完成工业总产值14010万元，实现销售收入12675万元，实现利税总额3882万元，完成入库税金2266万元。

第二节　二轻企业

一、管理机构

1990年7月21日，金堂县第二轻工业局更名为：金堂县轻工业局。1992年2月21日，县政府设立金堂县机械工业局，县机械工业局与县轻工业局合署办公、实行两块牌子，一套人马。1997年轻工业局设四科一室：人事劳动科、保卫科、财务审计科、生产技术科、办公室。

1990年轻工局所属企业有21个，其中：全民所有制企业1个，集体所有制企业20个。全民所有制企业有：金堂县二轻供销公司。集体所有制企业有：成都起重设备厂、成都金堂织造厂、成都市金堂纸厂、金堂包装厂、县家具厂、县塑料厂、四川金堂服装一厂、县制鞋厂、县二轻印刷厂、县彩印厂、县金属制品厂、成都沱江起重机厂、成都市金堂染织厂、县淮口家具厂、县淮口服装厂、县五凤土陶厂、县金凤服装厂、县淮口文具厂、县衡器厂、县工艺旅游服务部。1991年将原金堂县家具工业公司撤销，分为金堂家具厂和成都市金堂机械厂，同年10月，成都市金凤服装厂和金堂县土陶厂划归金堂县五凤镇人民政府管理。1991年县轻工局有企业20个。金堂县轻工、机械系统1991—1997年有四川起重机厂、攀钢集团钢城企业蓉城工业公司、成都起重配件厂、成都金堂织造厂、成都市玉虹纸厂金堂分厂、成都唯克丝网印刷公司、金堂轻工印刷厂、金堂家具厂、成都技工贸有限公司9个企业。涵盖机械冶金、轻化工、纺织等行业；有职工1777人，其中：专业技术人员224人，高中级专业技术人员19人；全系统拥有固定资产原值6559万元，净值4160万元。2003年7月4日起，县轻工协会的职能部分合并到县经济局。

二、企业改革情况

20世纪90年代“八五”期间全系统固定资产投资共计3256万元，通过技改和上新项目，配套水、电等基础设施，改建厂房5.31万平方米，更新设备116台（套）；开发QD型100吨电动双梁桥式起重机、LH型5－10t单主梁门吊金属防护门、阻燃液压油、全棉缎档及螺旋毛巾、砂洗工作服等新产品，其中：四川起重机厂LDA型1－10t电动单梁桥式起重机荣获四川省优质产品，CDI型5－5t电动葫芦系列产品、JZQ250、500型圆柱齿轮减速器、成都金堂织造厂全白小方巾等被评为成都市优质产品三江牌巾类制品获四川省旅游商品博览会“熊猫”金奖。成都唯克丝网印刷公司岚牌覆膜纸包装、商标荣获中国丝网印刷协会“金网奖”金奖和铜奖。

1991—1997年，县轻工、机械系统所属企业推行产权制度改革，以资产优化重组，调整结构，加强横向经济联系，推进科技进步，外引和挖潜相结合，促进企业稳步的发展。四川起重机厂、攀钢集团钢城企业蓉城工业公司是县轻工局组建的企业集团，其中：四川起重机厂为国家机械委首批颁发的单、双梁起重机生产许可证企业，实行生产、运输、安装“一条龙”服务，产品远销全国各地。1996年列为成都市“百强”企业。蓉城工业公司为攀钢集团与金堂共同投资建成的现代化轧钢、轻化工综合企业，经济效益显著，其他企业通过兼并、租赁、合资及推行内部三项制度改革（用工制度、工资制度、社会保障制度改革），逐渐发展壮大。全系统企业由1991年22个减少到1997年9个（其中：组建企业集团2个，兼并企业4个，合并企业1个，解体企业5个，组建股份合作制公司1个，租赁企业1个，组建合资企业1个）。每年完成工业产值49942.6万元，销售收入60573.49万元，利润

（盈亏相抵后的盈利）209.25万元，上缴国家税金1475.44万元。1992年有企业16个，其中：国营1个，集体15个。1992年5月，经县人民政府批准，金堂县彩印厂兼并金堂塑料厂；成都沱江起重机厂、成都起重设备厂、成都金堂轻工机械厂、金堂机械厂4厂联合组建成都沱江起重机总厂；8月，金堂轻工机械厂兼并金堂县淮口家具厂；10月，县城镇集体经济办公室批准金堂县塑印包装厂解体；全年轻工机械系统减少企业5个。1993年全局有企业13个，其中：全民1个，集体12个；4月，经县体改办批准成立成都技工贸有限公司，县淮口文具印刷厂变更隶属关系，金堂县二轻供销公司兼并县工艺旅游服务部，金堂染织厂兼并四川金堂服装一厂；4月，经县计经委批准，金堂县衡器厂解体；12月，县金属制品厂更名为金堂县金马实业有限公司。1994年全局有企业12个，其中：全民1个，集体11个；同年11月金堂包装厂解体。1995年局有企业13个；同年9月，成都沱江起重机总厂更名为四川起重机厂，成都轻工机械厂更名为成都起重配件厂，县染织厂与攀钢集团钢城企业攀金轧钢厂组建蓉城工业公司；11月，九丰实业公司挂靠县轻工局。1996年1月，经县体改办批准：县二轻印刷厂与金堂制鞋厂合并，组建金堂轻工印刷厂。1997年县轻工局系统主要企业有四川起重机厂、攀钢集团钢城企业蓉城工业公司、成都起重配件厂、成都金堂织造厂、成都唯克丝网印刷公司、成都市玉虹纸厂金堂分厂、金堂县轻工印刷厂、金堂县家具厂、成都技工贸有限公司。1998年，全县轻工、机械系统有机械、冶金、轻工、化工、纺织等行业。研制开发6个新产品，有企业9个，职工1641人，固定资产净值3462万元，工业总产值（1991年不变价）9809万元，总额9284万元，其中：产品销售7265万元，完成税金263万元，企业上交管理费56万元，工资总额584万元，全员劳动生产率年每人58666元。1999年，研制开发5个新产品，完成工业总产值7589万元，销售7216万元，实现利润45万元，上缴税金181万元，招商引资950万元，产品出口创汇13万美元。攀钢集团钢城企业蓉城工业公司的轧钢生产线，由于市场钢材价格和成本方面的原因，于1999年3月全面停产，以化工、塑料包装、防锈纸等项目逐步取代。1999年，轻工系统有企业8个，职工1296人，固定资产原值6571万元；工业总产值7589万元，销售7216万元，其中：产品销售5201万元；完成税金181万元，企业上交管理费48万元，工资总额512万元，全员劳动生产率年每人52015元。2000年，县轻工、机械工业局系统有机械、轻工、化工、纺织等行业，所属企业有8个，职工1199人，拥有固定资产原值6580万元，固定资产净值3303万元；完成工业总产值8749万元、销售8655万元，其中产品销售4663万元，全年盈亏相抵实现利润68.5万元，企业上交管理费45万元，工资总额535万元，全员劳动生产率年每人16165万元；上缴税金204万元，完成招商引资590万元。2001年，县轻工、机械工业局系统有机械、轻工、化工、纺织等行业。所属企业9个，职工838人，拥有固定资产原值7411万元，固定资产净值4065万元。完成工业总产值10042万元，销售9041万元，其中产品销售4621万元，盈亏相抵全年实现利润172万元；企业上交管理费44万元，工资总额480万元，全员劳动生产率年每人14487万元。上缴税金462万元，完成招商引资950万元。2002年，金堂县轻工局、机械工业局系统有机械、轻工、化工、纺织等共9个企业。所属企业拥有固定资产原值4002万元，固定资产净值2427万元。完成工业总产值10.11亿元，销售8551万元，盈亏相抵全年实现利润165万元，上缴税金330万元，完成招商引资600万元。2003年，县轻工、机械工业局系统有机械、轻工、化工、纺织等行业。有直属企业4个，改制企业2个，挂靠企业2个；拥有固定资产原值3108万元，固定资产净值1652万元。完成工业总产值5155万元、销售5281万元，全年盈亏相抵实现利润57.8万元，人库税收310万元。2003年5月，成都丰豪织造有限公司以100万元收购金堂织造厂，其中：87万元用于支付职工按每年240元买断工龄、安置等费用，113名退休人员，由新公司缴纳医疗保险等费用。11月4日，经四川起重机厂管理机构、经理提议，职工代表大会同意，县相关部门批准，川威集团以1160万元整体受让四川起重机厂，投入资金4000余万元整合资源，进一步建设新项目，同时为原企业80%职工提供就业岗位。四川起重机厂自有资产变现，资金全部用于在职、退休职工，其中：623万元用于支付366名职工按每年717元买断工龄、安置等费用；197万元解决148名退休人员，一次性交县社保处的医疗保险、代管费及后事等费用；缴纳土地出让金120万元。

第三节　乡镇企业

一、机构

1991—1997年，县乡镇企业局（简称：乡企局）内设行政办公室、政工、生产、科教、财务、审计股。直属企业12个。1997年8月，县丝绸公司划归县乡企局管理。金堂县中小企业局2001年10月成立。其职能职责为：指导、协调、监管、服务全县中小企业，承担前乡镇企业管理局的全部职能。金堂县中小企业局与县乡镇企业管理局实行一个机构，两块牌子。金堂县中小企业局（县乡镇企业管理局）是县政府主管全县中小企业工作的行政机构。2001年11月27日，县编委明确金堂县中小企业局内设办公室、发展指导科、融资担保科（县融资办）、政策法规科（县煤管办）、民营经济科（县民经办、县回引办）；划入职能：中小企业局是主管全地区中小企业工作的行政机构，受县经济局委托，将逐步接受原轻工局、教育局、建设局、贸易与粮食局、水电局、畜牧局、交通局、民政局、卫生局、文化体育广播电视局等所有中小企业的行政管理职能和行政督查职能；转变职能：取消对局直属企业的管理职能，积极探索在社会主义市场经济下，从主要依靠行政手段管理乡镇企业逐步转变到对全县不同所有制中小企业的扶持、指导、监督和技术服务，促进全县中小企业持续快速健康发展。

二、乡镇企业发展状况

1991年全县乡镇企业总产值38189万元。1992年县委、县政府制发了《关于加快乡镇企业发展的决定》。1993年1月4日，金堂县乡镇企业局批准四川金堂经纬染织厂投资195万元进行技术改造。8月31日，金堂县乡镇企业局成立转换经营机制领导小组。12月31日，金堂县体改办批准乡镇企业系统的金阳建筑公司改组为成都金阳股份合作公司。1994年12月26日，金堂县乡镇企业局对原金堂县建筑材料厂划小核算单位，划分后的企业实行独立核算、自负盈亏，具有独立法人资格。

1995年2月25日，金堂县赵镇、三星镇、清江镇、淮口镇被评为成都市乡镇企业“综合百强”乡镇。

1996年8月7日，县委办、县政府办转发四川省委、省政府《关于进一步加快乡镇企业发展的决定》，推动了县乡镇企业的发展。11月14日，县体改办批准，县乡镇企业局直属企业金堂县竹艺开发公司改组为股份合作制企业。12月31日，县体改办批准金堂县北河长安汽修厂兼并县第二建材厂。1997年金阳集团：年产值超过亿元，营业收入达5112万元，利税总额200万元，在科威特承包单包工程。同年，阳公集团从双流搬到金堂，兼并四川果汁厂，实现总产值60.97亿元。同年，全县有乡镇企业10348个，从业人数44461人，实现总产值32.12亿元，拥有固定资产36338万元。

1993年开始，县乡镇企业局成立体改领导小组，配备人员具体进行改制。在企业改革中，采取拍卖、出售、租赁、解体、兼并、化小核算单位等形式，推动企业转换经营机制。1994—1997年，县乡镇企业有200个企业转换经营机制，其中：股份合作制企业16家，拍卖、出售和转让产权45家，租赁127家，解体9家，兼并2家，化小核算单位1家；资产总额达5285.5万元，盘活资金1154万元，提高了企业的经济效益。同时，对2000名企业干部、职工分别在人事、劳动、民政局和县保险公司参加了养老保险。

1998年，全县乡镇企业完成改制企业18家。企业改革特点是：金阳集团资本实行扩张模式，收买了绵阳年产3亿公斤的水泥厂；实施沱源公司转为私营企业，土桥正业农牧公司股份合作制，成都福马金堂食品厂租赁模式。

1999年4月21日，金堂县最大的生产性招商引资项目——福建（福马）食品集团与杭州三佳食品有限公司等企业联合到金堂投资食品加工项目。福马集团与金堂玉锦丝厂达成租赁协议，从日本引进国内最先进的生产线，总投资港币4000万元，建设膨化食品、小食品生产线。

2000年创办了2个省级示范区，即金堂县竹篙回乡创业和东西合作示范区（九龙工业经济发展示范区）。同年引进县外资金4130万元，引进利用外资75万美元，实现出口交货额9718万元。

2001年10月成立金堂县中小企业局。办理自营出口经营权企业3家。出口产品：植物原材料药、树皮油、生丝、食用菌、皂素等产品出口到欧美、东南亚国家。

2002年6月29日颁发《中华人民共和国中小企业促进法》，自2003年1月1日起施行。

2003年1月1日，施行《中华人民共和国中小企业促进法》。2004年全县已停产乡镇企业共有46家，拥有资产5285万元，占地面积24.40公顷，设备价值1647万元。

2005年，县中小企业局新建“牛牛、牛妞”金堂熟油辣椒厂。对全县已有123户企业进行了信用评级。帮助企业融资共计1635万元。完成固定资产投资额1.86亿元。全县实现乡镇企业增加值247877万元。

三、经营管理与企业改革

（一）经营管理。1997年1月1日起施行《中华人民共和国乡镇企业法》，金堂县乡镇企业局其主要职责是对本行政区域内的乡镇企业进行规划、协调、监督、服务。2003年1月1日起施行《中华人民共和国中小企业促进法》，金堂县中小企业局其主要职责是对本行政区域内的中小企业进行指导和服务，依据国家宏观政策的要求，企业生产经营的特点，市场的变化进行目标、财务、生产、科技、质量、安全、教育、培训、职称等常规管理。

（二）企业改革。金堂县从1993年开始，采取拍卖、出售、租赁、解体、兼并、化小核算单位等多种形式，对企业进行转机和改制。同年完成转机企业31家；沱江水泥厂、金阳建筑公司股份合作制企业实现正常运行。1994年全县转换经营机制企业112家，资产总额4185.5万元，其中：股份合作制企业7家（新办2家，改制5家），拍卖32家，转让3家，租赁67家，解体3家。1995年完成转换经营机制企业87家，其中：股份合作制企业9家，兼并2家，拍卖和转让产权10家，租赁（承包）60家，解体6家。1996—1997年实行以资产重组、资本运营为主要内容的第二次企业改革：实现了阳公与华福宁的资产重组，从县外引进资金4000万元，加快了企业改革的步伐。1997年新增个体工商户7505户，私营企业达900家。个体私营企业在全县工业总产值的比重达52.55%，在251家集体企业中，承包租赁了141家，除此之外，通过转卖的企业较多，集体所有制企业已所剩无几。1998年认真贯彻执行县委、县政府《关于深化企业改革的决定》，共改制78家企业。新办股份合作制企业1家，改制为股份合作制企业1家，新办或改制为股份有限公司1家，有限责任公司5家，实行部分产权转让企业2家，组建企业集团1家，租赁企业34家，承包企业17家，转让企业3家，拍卖企业5家，兼并企业1家，破产企业2家。在改制过程中，对企业实行一企一策，其中：有金阳集团资本扩大（收购绵阳水泥厂3亿公斤/年产)、沱源公司私有化、土桥正业农牧公司股份合作制、成都福马金堂食品厂租赁模式。采取改、转、租、并、卖、破等各种企业改革形式，深化以产权制度为核心的企业改革，推进了金堂县乡镇企业（中小企业）体制创新。1999—2001年，县乡镇企业局以明晰产权制度为核心，增强企业市场竞争力为导向，进行转换企业经营机制，乡镇企业中集体企业由1997年284个减少到2001年的145个，县乡镇企业1997年总产值321182万元，其中：集体61400万元，私营和个体259782万元；2001年总产值546159万元，其中：集体75133万元，私营147210万元，个体323816万元。增强了乡镇企业（中小企业）的市场竞争力，至2005年，乡镇企业（中小企业）经营收入达676950万元，利润总额12313万元。

四、主要经济发展指标

1991—2005年金堂县中小企业（乡镇企业）主要经济指标完成情况如下：

1991—2005年金堂县中小企业主要经济指标完成情况

表11-2　　单位金额：万元

项目名称＼年度	1991	1992	1993	1994	1995	1996	1997	1998	1999	2000	2001	2002	2003	2004	2005
企业个数（个）	10074	10598	12376	16859	24359	18625	10348	15776	14219	—	16770	—	17074	—	—
职工人数（人）	32273	38723	49250	65273	83841	60692	44461	66077	66627	—	63239	—	68361	—	—
总产值	38189	63420	137755	310272	528680	444496	321182	435285	500035	513913	546159	582894	642680	—	—
经营收入	31077	45700	112318	220760	411852	353749	273225	346840	394682	423170	475220	541191	586482	614292	676950
利润总额	674	968	2428	4194	4460	7374	1118	2947	8734	7305	8193	8271	10993	11000	12313
税金	433	1223	2007	3356	4343	4814	1917	2850	3351	4506	5308	5473	6764	7200	8687
劳动力报酬	2591	3168	6319	12021	15074	12386	9474	14521	—	—	—	—	—	—	—
固定资产	5246	7228	14934	30065	45124	46412	36338	—	—	—	—	—	—	—	—
乡镇企业增加值	—	—	—	—	—	—	66921	81628	90244	124240	141369	163591	194124	221715	247877

五、直属企业

金堂县玉锦丝厂：地址在金堂县栖贤乡。属县乡镇企业管理局与成都蜀锦厂投资联办的企业，主要生产白丝，1991年年底，正式投入生产。2004年8月31日，金堂县玉锦丝厂将财产整体转让给成都福马食品有限公司。

成都金星钢管厂：位于金堂县赵镇前进村10组。1992年投资兴建，1994年建成投产。2003年10月11日，由成都异型钢管有限公司（成都东郊东迁企业）成功竞拍，金星钢管厂彻底改制。

金堂县农药器械厂：位于金堂县土桥镇。主要从事农用“喷雾器”的生产。2000年8月16日金堂县农药器械厂企业解体。

金堂县城乡建筑工程公司：1991年2月22日成立，主要从事建筑工程施工。1999年10月24日，金堂县城乡建筑工程公司改为由职工组建的金堂县城乡建筑装饰有限公司，公司实行现代化制度管理。

金堂县建筑材料厂：位于金堂县五凤溪火车站。主要从事砂石生产和销售。1994年8月，金堂县建筑材料厂划小核算单位，分别组建：四川省金堂县宏昌建材厂、四川省金堂县第二建材厂、成都市竹艺开发公司、金堂县金凤塑料包装厂、成都长发建筑有限公司共5家分离企业，实行独立核算，自负盈亏。

金堂县宏昌建材厂：位于金堂县五凤溪火车站。主要生产和经营砂石。工厂由金堂县建筑材料厂1994年9月1日分离成立。2003年3月14日，全厂417名职工参加，召开职工大会，依法解除劳动合同。宏昌建材厂改制。由股东组建成立金堂县耀华建材厂。

金堂县第二建材厂。位于金堂县官仓镇。主要生产和经营建筑材料。工厂由金堂县建筑材料厂1994年9月1日分离成立。1996年12月21日，金堂北河长安汽修厂接收兼并金堂县第二建筑材料厂。

成都市竹艺开发公司：公司位于金堂县赵镇三江村。主要生产和经营竹艺制品。公司由1994年9月1日从金堂建筑材料厂分离成立。1996年11月14日，成都竹艺开发公司改组为股份合作制企业。

金堂县乡镇企业供销公司：位于金堂县赵镇金广路。主要从事乡镇企业所需原料和产品的购销业务。2003年8月解体。

金堂县物资商贸公司：位于金堂县赵镇幸福路336号，经营范围：钢材、水泥、农副产品。1994年度以前累计亏损101.77万元，1995年实现收入83.02万元，1996年实现收入7.23万元。1997年至2005年，公司一直是歇业未经营。

金堂县转龙丝厂：位于金堂县转龙镇，主要生产产品：白厂丝。工厂由原竹篙区所属的有关乡镇联合投资开办。1992年，乡镇建制改革，由于撤区设乡、镇，划归金堂县乡镇企业管理局进行管理。2002年5月22日，工厂由四川省金堂县龙腾茧丝绸有限责任公司租赁经营。

金堂县蚕丝绸总公司：位于金堂县十里大道旁。1991—1993年，公司主要从事蚕茧收烘、织绸，主管部门为县乡镇企业管理局。公司下辖8个蚕茧站。公司名称为：茧丝绸工业公司。1994年3月，经县人民政府批准，县蚕桑技术推广站与县茧丝绸公司合并组建金堂县蚕业总公司。公司下辖8个蚕茧站，17个乡镇蚕桑站。直属企业有：金堂县蚕种场、金堂县丝绸厂、合资企业成都嘉晟线缆有限公司。公司由金堂县计委主管。1996年8月，金堂县蚕业总公司更名为四川省金堂县丝绸总公司。公司由县计委主管。1997年，公司撤销部分乡镇蚕桑业萎缩的乡镇蚕桑站。公司只保留8个蚕茧站，公司主管部门县林业局。1998—2005年公司主管部门属县企业局。1998年，金堂县蚕种场停产。1999年，撤销高板蚕茧站，丝绸厂租赁给平桥绸厂。2000年，丝绸厂租赁给邛崃县私营企业。2002—2005年，金堂县蚕丝绸总公司租赁给四川金堂县龙腾茧丝绸实业有限公司经营，原公司所属蚕种场、丝绸厂、合资企业成都嘉晟线缆有限公司、成都金成丝绸有限公司，因资不抵债被银行抵押拍卖。

第四节　调整乡镇企业结构

一、产品发展

金堂县乡镇企业1991—2005年不断调整乡镇企业结构，到2005年止，已发展有“天绿”食用菌注册商标；1994年，5个乡镇企业获成都市旅游产品博览会金奖，即：清江镇“松茸竹荪”、淮口镇“云顶参”、赵家镇“千秋雪矿泉水”、竹艺公司“居竹牌凉席”、经纬染厂“文化衫”；华福宁制药厂的“双花连翘提取生产工艺”、成都回生实业“回生酒”、金达建筑公司“彩色层钢板门窗”在1998年被市乡镇企业管理局分别评为二等奖、二等奖、一等奖；福马集团、盼盼集团生产的“福马”“盼盼”休闲小食品、膨化食品等系列产品畅销省内外；盐井酒业公司生产的“金海棠”“再思”“阿甘”

系列酒得到消费者的好评；成都天艺塑料制品厂生产的“防伪瓶盖”2000年被评为成都市科技进步一等奖。

二、创立省级示范区

1998年3月，成立金堂县回乡创业示范区；同年12月成立金堂县九龙经济综合开发区；2000年创立省乡镇企业示范区2个，即：竹篙回乡创业示范区、东西合作示范区（九龙工业经济发展示范区），并制定了示范区若干优惠政策。示范区的建立，促进了乡镇企业向园区“集中、集群、集约”发展。

三、特殊行业规划管理

（一）对烟花爆竹行业的整治、规划和管理。全县烟花爆竹生产厂家由原来的7家（竹篙、平桥、九龙、金堂县云顶、高板、官仓秦川、清江红旗火炮厂）减少为4家，即：金堂县云顶、高板、官仓秦川、清江红旗火炮厂。（二）对页岩砖厂的整治和规划。2003年组织页岩砖生产厂家的厂长（经理）到龙泉驿区等地参观学习。县中小企业局编制出了《金堂县页岩砖行业安全生产管理制度汇编》和页岩砖生产厂家的安全警示标牌、标语，并下发至生产厂家。关闭了不符合省、市矿业秩序整治和规范要求的转龙、竹篙镇砖厂，确保了金堂县页岩砖行业的发展和规范化生产。

四、发展支柱产业

（一）食品饮料业。福马集团、禾嘉阳公、盼盼集团、金堂油脂化工、复兴食品、盐井酒业、蒙牛乳业、犇牛公司为代表的食品饮料业得到了快速发展。食品饮料业在乡镇企业中的比重逐步上升。以宏兴、天绿、金菇、金扬、金琳、山野菌业为代表的食用菌产业，是成都市四个特色产业之一。（二）能源工业。以AES. 凯华、九龙滩电站、白果电站、华能热电为代表的能源工业发展，改变了金堂县工业经济发展的结构。（三）医药化工业。以恒兴化工、川湘生化、华康生物、植物药中间体、华福宁制药、超人药业为代表的医药化工业发展，填补了金堂县乡镇企业医药化工生产的空白。（四）冶金工业。以成异钢管、沱江冶金工具厂、磊狮钢管、金菊铸钢、三冶铁合金、民政福利机械、川锅联营焊管、金堂冶金炉料厂家的建立和生产，改变了金堂县乡镇企业没有冶金企业的历史。（五）纺织工业。鑫河纺织、经纬印染、忠诚纺织、乐意织造、正和纺织企业的建立和生产，促进了金堂县纺织行业发展。

五、出口创汇

2000年转龙丝厂、云合复兴食品厂两家企业申请办理自营进出口权后，金堂县又增添了金阳集团到科威特的劳务输出和华康生物的产品直接出口。

六、培育优势企业

1991—2005年，县乡镇企业局对成长型、规模型企业积极扶持和培育，至2005年，已培育出成长型规模型企业32家，即：丰豪织造、成异钢管、磊狮钢管、三冶铁合金、川锅联营焊管、晋江福源、福马食品、金扬珍菌、金成食品、龙腾茧丝绸、乐意织造、正和帆布、川湘生化、华康生物、恒兴实业、玉凤肥料、金阳实业、三星水泥、沱源实业、超人药业、美迪康生物、金菊铸钢、鑫河纺织、新世纪线缆、复兴食品、华福宁制药、西马汽配、川王动物药业、山野菌业、天绿菌业、金琳食品、金菇菌业；占全县67家规模型企业的47.76%。

七、发展龙头企业

积极引导农副产品加工企业充分利用本地农副产品资源优势，进一步强化公司与农户、基地的利益连接机制，推进种养一条龙，贸工农一体化经营，拉长产业链，壮大农业产业经营龙头企业。龙腾茧丝绸有限责任公司与农户签订栽桑、养蚕、收茧、制丝、织绸，是农、工、贸一体化的典型农业产业化龙头企业。天绿、金菇等食用菌生产厂家是种植、加工、销售为一体化的农业产业化龙头企业。利用本地农副产品资源，农村剩余劳动力，生产休闲小食品、膨化食品的福马集团、盼盼集团是省、市级农业产业化龙头企业。

第五节　蚕桑、丝绸

一、机构

1991年，金堂县蚕业分两部分，栽桑养蚕由县农业局所属的蚕桑技术推广站负责，推广站下辖17个乡镇蚕桑站。蚕茧收烘、织绸由县乡镇企局所属的茧丝绸工业公司负责，工业公司下辖8个蚕茧站。1994年3月，县蚕桑技术推广站与县茧丝绸工业公司合并组建金堂县蚕业总公司，由县计经委主管；总公司下辖8个蚕茧站，17个乡镇蚕桑站；直属企业：金堂县蚕种场、金堂县丝绸厂；合资企业成都嘉晟线缆有限公司。1996年8月，金堂县蚕业总公司更名为四川省金堂蚕丝绸总公司；下辖8个蚕茧站，17个乡镇蚕桑站；直属企业：金堂县蚕种场、金堂县丝绸厂；合资企业成都嘉晟线缆有限公司；成都金成丝绸有限公司。1997年，金堂蚕丝绸总公司撤销部分蚕桑业萎缩的乡镇蚕桑站，其余蚕桑站并入8个蚕茧站，由林业局主管。1998年，金堂县蚕种场停产，蚕丝绸总公司由县企业局主管。1999年，撤销高板蚕茧站，丝绸厂租赁给平桥绸厂。2000年，丝绸厂租赁给邛崃县私营企业。2002年，金堂县蚕丝绸总公司租赁给四川金堂县龙腾茧丝绸实业有限公司经营，由县企业局主管；原金堂蚕丝绸总公司直属企业蚕种场、丝绸厂、合资企业成都嘉线缆有限公司、成都金成丝绸有限公司，因资不抵债，被银行抵押拍卖。2005年，县蚕丝绸总公司继续由四川金堂县龙腾茧丝绸实业有限公司续租至2007年。

二、蚕业生产

1991年，金堂县实施“亿株桑工程”，全县育苗5842公顷，栽桑13205.60万株，蚕农养蚕40610张，产茧85.12万公斤，企业缫丝10万公斤，织绸20万米。1992年，全县各乡镇育苗7108公顷，栽桑11614.2株，蚕农养蚕59973张，产茧137.65万公斤，企业缫丝11万公斤，织绸25万米。1993年，全县育苗6174.67公顷，栽桑10408万株，蚕种场制合格种3.15万张，蚕农养蚕70608张，产茧175.30万公斤，企业缫丝11万公斤，织绸20万米。1994年，栽桑面积5472.67公顷，栽桑园株数10421.7万株。1995年，栽桑面积5774公顷，栽桑园株数10801.40万株。1996年，栽桑面积3331.33公顷，栽桑园株数6437.6万株。1997年，栽桑面积2796.67公顷，栽桑园株数5008万株；1993—1997年蚕种场制合格种18.95万张。1998年，栽桑面积1035.33公顷，栽桑园株数2089.80万株。1999年，栽桑面积1064.33公顷，栽桑园株数2124.10万株。2000年，栽桑面积1121.53公顷，栽桑园株数2241.50万株。2001年，栽桑面积1165.60公顷，栽桑园株数2328.40万株。2002年，栽桑面积2261.80公顷，栽桑园株数4476.90万株。2003年，栽桑面积2452公顷，栽桑园株数4927.20万株。2004年，栽桑面积2581.33公顷，栽桑园株数5194.60万株。2005年，栽桑面积2723.33公顷，栽桑园株数5412万株。

金堂县1991—2005年乡镇养蚕情况

表11-3　　　　单位：张

项目	1991	1992	1993	1994	1995	1996	1997	1998	1999	2000	2001	2002	2003	2004	2005
土桥镇	389	1189	1968	1230	1400	864	89	159	183	188	257	163	—	—	—
云合镇	1025	1567	1225	1045	610	287	48	59	—	—	—	—	—	—	—
又新镇	2544	3610	3944	5131	4427	2537	500	464	313	353	415	468	324	370	384
竹篙镇	5515	9689	10832	11472	8178	2082	981	906	640	613	601	668	563	1068	1520
广兴镇	2064	2682	3611	5347	5852	2070	930	1140	936	902	1016	1210	824	1231	1818
转龙镇	2727	13866	16576	18462	18788	12191	11800	10904	8050	8932	9046	9484	8299	12104	13939
隆盛镇	5399	7157	10230	11770	11990	6224	4776	4519	3231	3130	2887	2978	2268	3058	3805
高板镇	1188	3629	4087	3459	3649	705	75	93	47	44	61	—	—	—	—
平桥乡	1008	2556	2485	2021	1524	400	45	—	—	—	—	—	—	—	—
三溪镇	750	1323	1122	1669	1361	375	79	107	59	—	—	—	—	—	—
淮口镇	246	436	271	300	195	54	6	—	—	—	—	—	—	—	—
白果镇	624	1098	842	492	313	121	9	—	—	—	—	—	—	—	—
黄家镇	261	950	770	696	520	193	3	—	—	—	—	—	—	—	—
九龙镇	25	201	215	631	—	—	82	113	76	88	118	103	—	—	—
金龙镇	6506	7215	10022	11378	12064	7903	5830	4877	3728	3910	3772	4498	4053	5647	6578
福兴镇	840	1805	1625	1978	2326	1436	410	247	230	191	196	243	200	231	218
赵家镇	450	573	378	320	191	150	12	—	—	—	—	—	—	—	—
赵　镇	11	114	117	121	79	31	9	—	—	—	—	—	—	—	—
其　他	538	313	238	48	585	3	3	15	—	—	9.5	70	74	486	720
合　计	40610	59973	70608	77571	74052	37820	25787	23613	17493	18351	18378.5	19885	16605	24195	28982

三、蚕茧收购

1991年收购蚕茧851.18公斤；1992年1376.50公斤；1993年1753公斤；1994年1831.60公斤；1995年1596.90公斤；1996年628.90公斤；1997年548.90公斤；1998年543.30公斤；1999年431.30公斤；2000年521.60公斤；2001年528.70公斤；2002年418.50公斤；2003年559公斤；2004年783公斤；2005年742.60公斤。1991—2005年收购蚕茧13114.98公斤。

四、缫丝生产

金堂县 1991—2005 年缫丝生产情况

表 11-4　　　　单位：吨

年份	1991	1992	1993	1994	1995	1996	1997	1998	1999	2001	2002	2003	2004	2005	合计
产量	100	110	110	160	160	150	120	120	120	100	80	100	120	120	1670

五、丝绸生产

1991—2005 年丝绸生产情况：1991 年生产 20 万米；1992 年生产 25 万米；1993 年生产 20 万米；1994—2004 年年均生产 25 万米；2005 年生产 20 万米。

金堂县丝绸行业 1991—2005 年主要经济指标

表 11-5　　　　单位：万元

项目＼年份	1991	1992	1993	1994	1995	1996	1997	1998	1999	2000	2001	2002	2003	2004	2005
产值	2800	2850	5895	4492	3268	3320	2530	2000	2800	2713	3000	3180	3200	4000	4500
收入	3480	3500	6200	5000	4200	3500	2800	2600	3000	2600	3150	3200	3200	4100	4600
税金	115	120	220	180	136	120	44	46	110	40	60	110	100	120	140
利润	50	60	121	90	-260	344	136.8	80	-129.2	-148	-121.8	-130	-150	220	-125

第六节　民营企业

一、概况

1991 年后，大力发展个体私营商品经济，民营经济结构发生了较大变化。1991 年全县个体有证商业 4410 个，从业人员 5576 人，其中县城镇、个体劳动者年末人数为 998 人。2005 年全县个体工商户 25721 户，社会消费品零售总额私营个体经济 142063.6 万元，股份制及其他经济 1600.9 万元。至 2005 年年末，国营、集体经济下降，个体私营经济增大。截至 2005 年 12 月，县工商局登记的私营企业 383 户，其中：个人独资 98 户，合伙 9 户，有限责任公司 276 户，注册资金 31685 万元。2005 年县规模以上工业民营企业 3 家，产值 8758 万元，销售 8757 万元；全部从业人员年平均人数 6098 人。

全县社会消费品零售总额按经济类型机构分：1990 年私营、个体经济占 25.30%，2000 年占 52.40%，2005 年占 87.60%；按行业结构分：1990 年批发零售贸易业占 77.30%，2000 年占 70%，2005 年占 81%；餐饮业 1990 年占 4.60%，2000 年占 10.90%，2005 年占 18.30%；按隶属关系结构分，县的零售额 1990 年占 28.10%，2000 年占 41.60%，2005 年占 35.60%；县以下的零售额 1990 年 71.90%；2000 年占 58.40%，2005 年占 64.40%。

二、县主要民营企业

2005 年年末，金堂县主要民营企业如下：

金堂县现代房地产开发有限责任公司：成立于1995年，是一家集建筑施工、房地产开发、营销策划和物业管理为一体的建筑工程施工企业。公司资产总值达1亿元，年开发和施工能力2亿元，拥有国家房地产开发二级和建筑总承包二级资质及一批中高级技术人员。公司先后获省、市、县有关部门荣誉。

四川华晶实业集团公司：1996年成立，地址在金堂县城，是具有国家三级资质和独立法人资格的民营控股企业。经过多年发展为集房地产开发、工程施工、酒店经营、装饰装修广告、饰材经营、牧业管理等多领域、跨行业为一体的集团式企业。公司注册资金2280万元。

四川金阳实业集团有限公司：公司以建材工业、机械设备制造业为龙头，以房地产开发为支柱，集建筑、商贸为一体的多元化企业集团。集团公司下属8个子公司，2000年进入四川省工业企业最佳经济效益500强。公司生产的“剑门”牌水泥和“金泉”牌榨油机历史悠久，品牌声誉高，产品畅销省内外；其建筑公司是建筑施工总承包二级企业，多年来承建过各种类型的建筑施工工程，并赴科威特承接住宅楼及清真寺等工程业务。该公司总计占地面积40万平方米，建筑面积26万平方米，车间面积100200平方米，资产总额1.1亿元，净资产6527万元，资产负债率25%。2004年完成工业总产值4445万元，实现销售收入3825万元，利税总额301万元。2005年公司决定兴建金阳工业园，于5月26日奠基开工，2006年6月正式投产。

成都福马食品有限公司：福建福马食品集团是全国著名的食品加工企业，具有极强的带动能力的国家级龙头企业。成都福马食品有限公司成立于2000年4月。有三个股东组成。主要产品：蛋黄派、休闲小食品、膨化食品。

金堂金裕大酒店有限责任公司：金裕大酒店东连县城，南接毗河，相连成南高速公路，北邻野生世界，相连成绵高速。占地3公顷，建筑面积近1.20万平方米，建有水塘、花园、苗圃和生态停车场，绿化面积达1.70万平方米。

金堂图腾房地产开发有限责任公司：金堂图腾房地产开发有限责任公司成立于2003年1月，注册资产800万元；经营房地产开发、商品房销售、装饰材料销售、维修、物业管理；有中、高级职称人员25人，其中高级职称13人。

四川成都金堂万和房地产开发有限公司：四川成都金堂万和房地产开发有限公司是四川省建设厅批准成立的房地产开发三级企业。万和房产公司位于金堂县赵镇十里大道，距成都市区31公里。开发修建了以“十里花园”“旭景苑”等一批精品楼房。

四川小康建设装饰有限公司：四川小康建设装饰有限公司组建于1988年1月。1999年12月改制重组，是集建筑、装饰、彩瓦生产为一体的综合性房屋建筑施工总承包三级企业，注册资金845万元。

成都恒兴实业发展有限责任公司：成都恒兴实业发展有限责任公司，地处金堂县淮口工业发展区，距成南高速公路白果出口5公里。公司占地面积2公顷，有资产3000万元，年产值2500万元。公司连年被评为金堂县十强民营企业和成都市2003年度62强私营企业。

四川成都盐井酒业有限责任公司：公司位于金堂县老牛坡盐井沟。盐井沟环境优美、气候宜人且无任何工业污染，具备了良好的酿酒条件。公司占地面积1万平方米，有150口窖池，年产原酒100万公斤，产品畅销省内外。

四川康宝兴纺纱有限公司：四川康宝兴纺纱有限公司属改制重组的集团公司，是在成都康宝兴棉纺织实业股份有限公司的基础上投资组建的全资控股企业，具有专业化的核心纺纱技术和先进的管理经验。集团公司成立于2001年5月，有员工1118人，其中：具有高级职称6人、中级39人、初级68人。

四川金堂复兴食品总厂有限公司：1995 年 9 月建厂，有进出口权，生产各种天然香料油，年产值 800 万元，产品主要销往美国、德国、英国。2005 年开发新产品香叶油，种植香叶草 10 公顷。公司占地面积 7000 平方米，建筑面积 5269 平方米，生产车间面积 3000 平方米，拥有固定资产 320 万元，净资产 280 万元，资产负债率 25%。有职工 200 人，其中工程技术人员 20 人。2005 年完成工业总产值 760 万元，销售收入 687 万元，利税 46 万元，入库税金 16 万元。

第二章 工业管理

第一节 行政管理机构

全县工业除由县政府职能工作部门县经济委员会（计划经济委员会、计划与经济局、经济局）、县乡镇企业局（中小企业局）、县轻工业局（轻工业行业协会）主管外，1994 年 5 月 30 日，四川省人民政府正式批准在金堂建立四川中美（外）中小企业发展园区（简称：三中园区）。2006 年 1 月 26 日，经国家发展和改革委员会公告，将四川中美（外）中小企业发展园区正式更名为四川金堂工业园区，直接负责管理本辖区的工业规模企业。县委成立了由分管县领导任组长、14 个工业主管局、7 个重点工业发展乡镇及相关职能部门负责人组成的金堂县工交生产工作领导小组（2004 年 10 月更名为金堂县工业经济工作领导小组，其成员单位进行了调整），下设办公室在县经济局，负责全县规模企业的直接协调服务工作，24 个乡镇（2004 年 9 月撤乡并镇为 21 个）设乡企办（2001 年改为经济发展办公室），管理本乡镇的乡镇企业。

金堂县经济委员会是负责全县工业、乡镇企业和国民经济运行宏观调控的县政府工作部门。1993 年 2 月，金堂县经济委员会与金堂县计划委员会合并成立金堂县计划经济委员会；1997 年 8 月更名为金堂县计划经济局；2000 年 1 月，县计划经济局划分为计划委员会、县经济委员会；2001 年 11 月，县级机构改革，经济委员会更名为经济局。金堂县乡镇企业局负责全县乡镇企业的协调管理，2001 年 11 月并入县经济局，挂中小企业局牌子，同时保留乡镇企业管理局牌子。金堂县轻工业局负责全县轻工集体工业企业，2001 年 11 月轻工业局更名为金堂县轻工业行业协会，经县委第二十次常委会、县政府第八次常务会讨论，决定将轻工行业协会部分职能、编制及部分人员划入县经济局，保留县轻工行业协会牌子，实行两块牌子，合署办公的体制。

第二节 行政管理体制

2001 年 11 月前，全县工业沿袭由企业所在主管部门、乡镇直接管理的体制。2001 年 11 月，县级机构改革，解除政府主管部门与所办经济实体和直接管理企业的行政隶属关系，取消企业的行政级别。

政府部门不再直接办企业，不直接干预企业的生产经营活动和投资决策；承担从企业剥离出来的社会事务，解决好企业办民企的问题；不再保留工业、商业等专业经济管理部门，行政性公司改为经济实体，其行政管理职能划归经济贸易管理部门，撤并工业、商业等专业经济部门；加强和改善对国有企业的监管，积极探索新型国有资产管理的有效形式。完善监管方式，健全和规范监事会制度；按照国家所有、分级管理、授权经营、分工监督的原则，逐步建立国有资产管理、监督、营运体系和机制，建立和健全严格的责任制度。坚持政企、政事分开和所有权与经营权分离的原则，切实转变政府职能，政府部门不直接干预企业的生产经营活动，保证企业自主经营，自负盈亏。

第三节 生产管理

一、管理机制

1991年开始，在直属各企业中实行第二轮全面承包经营责任制，时间为3年。1992年7月，国务院颁布的《全民所有制工业企业转换经营机制实施办法》，在6户直属企业中实行企业的所有权和经营权分离，政企分开，落实企业14项自主权，加快国有企业产品结构和组织结构的调整，增强企业活力，推动企业走向市场。1993年年初，因企业转换经营机制，结束承包，开展了继续深化企业内部劳动、人事、分配三项制度的改革，在县酒厂、县罐头厂、县水泥厂先后推行了全员劳动合同制。同年9月，县委、县政府召开全县体改工作会，金堂水电设备厂、金堂新华印刷厂分别改组为金堂水电设备制造股份公司和金堂新华印务股份公司。1994年年初，县氮肥厂、县水泥厂作为第二批产权改革试点企业，采取大股东控股和企业职工购股的方法，购买两个企业净资产366万元，同年5月至7月分别改组成为成都金凤肥料有限责任公司、金堂水泥制造有限责任公司。

1994年改制前，直属工业企业均实行厂长负责制，厂长是法人，内设行政机构有厂办、生产、供销、人事劳资，保卫等科室、车间（分厂）；党群系列有党委（总支、支部）办、支部、工会、团总支（支部）等。改制后则实行股东代表大会、董事会、监事会；董事会选出的董事长为法人。设有办公室、生产、供销、人事劳资、保卫等部门，车间（分厂）仍设党委（总支、支部）、共青团委（支部）、工会等。改制之后，为建设“服务型”政府，做到政企分离，企业的生产管理体制由企业自行拟订实施。

二、质量管理

1991—2005年，县经济局坚持“质量第一”的方针，加强全县企业质量管理工作，努力推进“质量兴县”工作，配合成都市质量技术监督局金堂分局，实施名牌增效战略，积极组织金蒙乳业等企业争创四川名牌产品、国家免检产品。

开展食品质量专项打假，实施“食品放心工程”和食品专项整治，加大对制售假冒伪劣食品的打击力度，组织有关企业参与质量管理基本知识普及教育活动，加强分类指导，对全县食品企业实行A、B、C分类监管，监管面达100%，食品生产企业巡查率达100%；共监督抽查各类产品的生产、经销企业2000家，2000批次，合格率90.28%；对监督抽查不合格的企业进行了帮扶，使其产品质量达到相关标准。实现全县工业产品等级率75%，质量稳定提高率88%，质量损失率0.16%，有10家企业通过了质量管理和质量保证体系认证，对全县产值达300万元以上的46家企业建立了质量档案，建档率达95%。

三、科技管理

1991—2005年，县制定一系列扶持工业发展有关技术创新和技术改造方面的政策措施，组织共开发重点新产品139个，完成创新产品产值1.28亿元，应用新技术35项。工业产品科技开发创新与技术改造如下：

1991—1999年有3个列入省上技术创新项目：四川起重机厂开发的通用桥式起重机、成都金阳（集团）实业公司开发的下传动立式对撞粉机和金堂县水电设备制造股份公司开发的微型整装水轮发电机组；引进拥有品牌为“盼盼”、生产小食品的福源食品有限公司，生产膨化系列小食品的福马食品有限责任公司等企业。完成技改项目：金堂县交通局金乐路（30公里）改造工程，总投资4648万元；县自来水厂1亿公斤扩建工程，总投资8500万元。引进了建成5万千瓦燃气轮机电厂的成都爱依斯凯华燃机发电有限公司等企业。

2000年开发的新产品有：金堂县玉虹纸厂引进宜宾化工研究所新技术，开发“科创”牌系列生态高效有机肥；金堂县三星天然健康实业有限公司开发了耆尔康、耆尔健等新产品；金堂县农机厂开发了小型半喂入稻联合收割机。

2001年技术创新开发新产品主要产品有：四川锅炉厂生产的循环流化床锅炉；攀钢成都无缝钢管公司金堂分公司生产的冷、热轧无缝钢管；成纺二厂生产的新品种棉纱；拉法基屋面系统（成都）有限公司生产的彩瓦；成都大地绿色公司生产的高效生态有机肥。实施的技改主要项目是：恒兴化工厂氢氧化钠技改、成都天艺塑料制品、四川千金方生物科技开发公司的黄姜深加工和川锅油燃气锅炉技改等。

2002年技术创新主要新产品有：四川锅炉厂开发的热—电—气三联产装置循环流化床锅炉、循环流化床垃圾焚烧锅炉等；四川阳公食品有限公司生产的鲜橙、鲜橙乳、青葡萄饮品；恒兴化工公司生产的三氯氢硅；攀企蓉城实业有限公司生产的钢花涂料；润德药业有限公司生产的甲基橙皮甙等。实施技改主要项目是：四川锅炉厂黑液炉国产化项目、九龙滩节水改造工程、电信公司管线设备扩容等。制定《金堂县非政府投资技术改造项目办事工作程序》和《扶持金堂县食用菌加工龙头企业发展的实施意见》，提出帮助扶持食用菌加工龙头企业的具体措施，编印《企业发展信息指南》，为企业发展提供政策导向。

2003年开发的新产品有：成都恒兴实业公司的三氯氢硅和纳米级气相法二氧化硅；成都超人药业有限公司甲基橙皮甙和新橙皮甙二氢查尔酮；川起厂的QD型桥式起重机和矩形组合式电动葫芦；川锅厂的75t/h垃圾炉、150t/h循环流化床锅炉、220t/h循环流化床锅炉（异型水冷分离技术和高温旋风分离技术）、670t/h超高压煤粉炉、10万公斤/日循环流化床垃圾焚烧锅炉；川湘生化公司的双烯醇酮、沃氏、螺内脂等新产品。技术改造主要项目有：四川锅炉厂黑液炉国产化项目，四川阳公食品公司的食品生产线，成都磊狮钢管厂的钢管生产线和燃气公司的天然气气化工程等。

2004年开发新产品10项，四川锅炉厂220t/h循环流化床锅炉、75t/h循环流化床垃圾炉和成都恒兴实业公司的二氧化硅项目纳入市重点技术创新项目。实施技术改造项目31项；华康生物工程有限公司的地奥司明和四川锅炉厂的600兆瓦电站辅机项目被纳入四川省重点技术改造项目。成都金堂电厂、成都纺织印染集中发展区和金蒙乳业有限公司鲜奶加工被成都市纳入重大产业化项目；成都金堂电厂和金蒙乳业鲜奶加工项目纳入市重点项目计划。

2005年技术创新开发引进新产品11项：青蒿素、酸奶、高分子板材、卷材涂料、轧辊、爽口片、防腐保温材料、果蔬多糖、柚皮甙、超高压煤粉炉、高压加热器。四川禾嘉华福宁制药公司酶法提取果蔬多糖和成都攀企阿科力化工有限公司卷材涂料技术开发项目列为省、市重点技术创新项目计划。县经济局组织四川川起起重设备有限公司申报了成都市2005年成长科技型企业。全年实施技术改造项目64项，完成技术改造投资12.6亿元，工业投资项目78项，完成工业投资15亿元。四川锅炉厂600兆瓦电站辅机制造、成都金蒙乳业有限公司的乳制品项目和成都金堂电厂列为四川省重点技术改造项目计划，其中四川锅炉厂600兆瓦电站辅机项目纳入省第一批技术改造资金计划；金蒙乳业公司乳制品项目纳入省2005年批二批技术改造资金计划。四川川起起重设备公司列为2005年四川省“小巨人”企业。

四、安全管理

1991—2005年，县及经济局主管部门，全县各企业，均相继建立了安全生产领导小组，落实了安全生产责任制。企业成立义务消防队，六五分厂、四川锅炉厂、成都第二纺织厂购置消防车，有专业队伍。各企业相继成立安全科（安全处），车间配备专（兼）职安全人员。各企业的车间岗位上均将安全生产责任制挂于墙上。1995年起，每年的安全生产月、“119”消防日组织进行大规模的宣传活动。县对各企业进行安全管理的方法是：组织上岗前培训，凡新进厂和新签订劳动用工合同的员工在进厂前进行为期一周的安全生产、厂规厂纪培训。车间班组每天上班有十分钟举行“班前会”，重要内容就是安全、生产任务、工艺流程规范。实行发生事故按照“三不放过”的原则，事故原因必须查清，当事人必须处理，职工必须受到教育常讲不懈。落实安全措施经费，购置安全生产器材。安全工作由县安全生产管理委员会同各职能部门签订安全生产责任书，按照属地管理原则，各相关部门和乡镇对所属企业实施安全生产监管；经济局对水电设备公司、新华印刷厂、金堂县纸厂、丰豪织造公司、起重配件厂、四川起重机厂等直属企业的安全生产工作负责。

第四节　经济管理

一、财务管理

1991—2005年，县属企业财务管理以单位为基础进行独立核算，自负盈亏。每个企业均有主管会计、成本会计，车间设有核算员，负责成本核算、原辅材料的收发、领退登记、消耗数据统计、维修费用的申领。制订和修订原材料、能源等物资消耗和工时定额，定期或不定期地进行财产清查。每月由各企业上报经济技术指标，即工业产值、销售产值、原燃材料消耗、利润和上缴税收等给主管部门。各企业全年结算后，全年利润上交财政75%～65%，企业所得用于生产发展及福利基金、奖励基金。按进货原辅材料和销货抵扣税额17%。

二、经济责任制

1991年，县直属国有工业企业有6家：金堂氮肥厂、水电设备厂、新华印刷厂、韩滩液酒厂、县水泥厂、金堂罐头厂；当年开始，在直属各企业中实行第二轮全面承包经营责任制，在总结前一轮（1988—1990年）承包经营责任制的基础上，坚持了第一轮的承包政策，“包干基数、确保上交、超收多留、歉收自补、自负盈亏”，调整了承包基数（即以前三年平均上交利润为基数），明确承包形式，突出承包抵押金的收取与管理，完善全面承包责任制，金堂氮肥厂、金堂水电设备厂、金堂新华印刷厂、县罐头厂实行原班子集体承包，县水泥厂、县酒厂实行招标承包、竞争上岗。后因企业转换机制，于1993年初结束承包。1993年9月，全县进行企业产权制度改革，100%变动产权、100%转换经营机制、100%转换职工身份，企业实行自主经营、独立核算、依法纳税、自负盈亏、照章分红，从根本上改变了企业传统的管理模式。

1993年12月22日，金堂首家规范化股份合作制企业金堂水电设备制造股份合作公司成立。1993—2005年，金堂县直属企业陆续实施改制。2000年10月，成都金堂水泥制造有限公司进行经济性裁员。2001年6月5日，成都金凤肥料公司与金堂韩滩液酒厂宣布破产。2004年6月10日，成都新华印刷厂完善改制。2004年6月15日，金堂罐头厂有偿转让给福建厦门国大食品公司，明确了职工身份、国有资产有序退出。

1991年金堂县轻工局全系统有21个企业，其中国营1个，集体企业20个。厂长向轻工局承包，承包的主要指标有总产值、销售、产品、产量、利润、成本、安全等主要指标。至2003年，由于市场经济竞争激烈，加之企业管理等原因，县轻工局有机械、轻工、化工、纺织等共8个企业，根据县统一安排，从2003年7月4日起，县轻工协会（县轻工局）的部分职能合并到县经济局。

第三章　主要厂矿企业简介

1991年，县属企业270家，其中全民所有制企业27家；市属企业4个，全民所有制企业3个。2005年，全县县属规模以上工业企业51家，市属规模以上企业有3个。分为机械制造（金属制品）、食品、能源、纺织四大主导产业和其他产业。

第一节　机械制造

金堂成异钢管有限公司：原系成都金星钢管厂，于2000年完成企业改制，2003年第二次改制重组为金堂成异钢管有限公司，公司性质为股份制企业。公司主要从事中厚种类热轧无缝管，产品从直径57~114毫米，多达120个规格品种，并经二次穿孔整理，完全符合GB8162-99国家标准。公司采用德阳二重厂生产的先进90型机组及匈牙利进口空径机组，年产量5000万公斤，产品市场以川渝两地为主，云、贵及西北地区为辅，辐射全国。2003年公司获得出口商品质量许可证证书和中国冶金工业质量体系认证中心GB/T10001-2000-ISO 9001:2000证书。公司占地面积2.67公顷，其中建筑面积18328平方米，生产车间面积12332平方米，有固定资产1983万元，净资产258万元，流动资产734万元，负债总额1398万元，资产负债率48%；有职工130人，工程技术人员占15%。2005年完成工业总产值10258万元，产品销售收入10084万元，利润总额320万元，利税总额495万元，入库税金194万元。

成都磊狮钢管制品有限责任公司：创建于2002年12月，公司属股份制企业。公司主要从事直径70毫米以下、壁厚10毫米以下的各种规格的冷轧、拔无缝钢管，以及各种规格的异型管、精密管机流体管，年可供产品800万公斤。公司具有先进的直径60毫米穿孔机组，其产品已取得ISO 9001质量管理认证，主要销往成都地区。公司地处金堂县赵镇江源村，占地面积2公顷，建筑面积10820平方米，其中生产建筑面积10532平方米；总资产6396万元，其中：固定资产3487万元，流动资产2909万元，资产负债率34%。公司有职工87人，其中工程技术人员28人。2005年完成工业总产值2572万元，销售收入2629万元，实现利税94万元，入库税金88万元。

金堂三冶铁合金有限公司：成立于2002年5月，是由自然人投资组建的有限责任公司。公司性质为股份制企业，拥有两台冶炼炉，主要从事铁合金系列产品生产，月生产能力60万公斤，产品取得ISO 9001质量管理认证，客户遍及全国各地。公司位于金堂县淮口镇，占地面积4000平方米，建筑面积2300平方米，其中生产性建筑面积1500平方米。公司总资产8979万元，流动资产8637万元，固定资产342万元，资产负债65%；有职工120人，其中：管理人员20人，技工10人。2005年实现工业总产值8161万元，销售收入7979万元，实现利税115万元，入库税金100万元。

四川省金堂水电设备制造股份公司：由1958年创建的国有企业金堂水电设备制造厂在1993年经产权制度改革而组建的股份制企业，是中国电器工业协会水电设备分会会员单位，曾完成了国家重点科研项目双转轮混流式水轮机的研制任务、轴流式水轮机检定为一等品并由原国家经委和机械工业部推广为新型节能产品；抽水灌溉用6Z－120泵曾获原农机部重大科技成果奖；与中科院联合研制的SYC－1轴流式水轮机转轮叶片型线三座标自动检测仪荣获中国科学院科技进步二等奖，成为东南亚国家及非洲发展中国家期盼的小水电产品。公司位于金堂赵镇，占地面积17768平方米，建筑面积9259平方米，其中生产建筑面积5674平方米；企业资产总计2477万元，流动资产1434万元，固定资产1043万元，负债率81%；有职工171人，其中：在职职工135人，工程技术人员13人；2005年实现工业总产值2803万元，销售收入2644万元，利税142万元，利润44万元，入库税金104万元。

四川锅炉厂七分厂：是四川锅炉厂主要分厂之一，是四川锅炉厂定点专业生产锅炉备品配件、锅炉辅机及燃油（气）锅炉和电锅炉的分厂。该厂主要生产的产品有0.35兆瓦－7兆瓦WNS系列燃油燃气热水锅炉、0.5吨/小时－15吨/小时WNS系列燃油燃气蒸汽锅炉、0.1t/h－2t/hDL系列电锅炉及各类压力容器，化工设备及非标设备等，并对各类锅炉提供配套辅机和提供各类锅炉备品配件。所生产的系列产品均通过了ISO 9001质量认证。其中为铁道部提供的电机清洗机被评为铁道部优秀产品。公司占地面积6666平方米，建筑面积3277.29平方米，其中生产面积3721.29平方米，拥有总资产1900万元，固定资产121万元，流动资产674万元，资产负债率57%。有职工200人，其中：工程技术人员20人，高级技术职称10人；2005年完成工业总产值1849万元，实现销售收入1671万元，实现利税65万元，入库税金70万元。

四川锅炉厂联营焊管厂：是由四川锅炉厂和金堂县三星镇政府联合投资组建的乡镇集体企业，1993年2月建厂，是金堂县重点乡镇企业之一。主要产品为：直缝焊管、钢结构件、锅炉配件、石化容器等。年生产能力为400万公斤，企业拥有一套76#高频焊管设备生产线，产品质量性能深受用户好评，客户遍布全国各地。工厂位于金堂县三星镇川锅厂岔路口，占地面积12750平方米，建筑面积2000平方米，其中生产建筑面积1200平方米，拥有固定资产2077万元，资产总额500万元，资产负债率61%。有职工42人，其中：中级以上职称10人，初级职称及技工25人。2005完成工业总产值

895万元，实现销售收入893万元，实现利税57万元，入库税金58万元。

金堂金菊铸钢厂：始建于2001年3月，由个体户经营者投资组建的企业，企业性质是个体私营企业。主要生产铁合金系列产品。产品主要销往省内。厂址：清江镇云丰村七组，该企业占地面积6000平方米，其中：建筑面积2500平方米，生产车间占地面积2500平方米。资产总额200万元，净资产150万元，资产负债率25%。企业有职工150人，其中工程技术人员23人。2005年实现工业总产值1615万元，销售收入1631万元，实现利税14万元，入库税金93万元。

四川金堂新世纪线缆有限公司：建于2000年12月，属股份制企业。公司专业生产电工圆铜线、电工圆铝线、各型电线电缆。年生产能力裸铜、铝线800万公斤、电线电缆8万公里。公司位于金堂工业集中发展区十里大道六横道，占地面积3000平方米，其中建筑面积1700平方米，车间面积1400平方米，拥有资产总额310万元，净资产190万元，资产负债率87.5%。有职工78人，工程技术人员60人。2005年，完成工业总产值4035万元，销售收入3892万元，实现利税17万元，入库税金10万元。

成都西马汽配制造有限责任公司：建于2000年6月，主要生产设备有50万公斤压机、3.15万公斤压机、中频加热炉及井式炉等。2003年，公司共生产汽车配件约5300件，其生产的汽车配件夏利滑套等已取得ISO 9000认证，产品远销河北。公司位于金堂县三星镇天灯村，占地面积约2000平方米，建筑面积1200平方米，车间面积1800平方米。公司拥有资产总额约150万元，净资产100万元，资产负债率为33%。2005年，全年实现工业总产值997万元，实现销售收入1031万元，利税37万元，入库税金34万元。

成都攀金板材配送有限责任公司：于1999年9月在金堂县注册成立，由攀钢集团钢城企业总公司、攀钢集团钢城企业总公司成都销售部共同出资发起，并以其所汇缴的出资额对企业承担有限责任，注册资金700万元。主要经营范围包括生产加工、销售金属板材、仓储、冶炼原料、燃料、辅料、抗燃液化油、小型钢材产品、染织品、劳动保护用品、服装、塑料制品、来料加工、金属材料及制品。公司拥有资产总额2464万元，有在册职工20人。2005年实现工业总产值5477万元，销售收入5355万元，实现利税1562万元，入库税金1599万元。

成都三江起重机制造有限公司：该公司总投资1500万元，是按现代企业管理制度新组建的股份有限公司。专业设计、制造起重机械。主要生产产品有电动双梁桥式起重机（5吨-250吨），电动单梁桥式起重机（1吨-10吨），电动单梁悬挂起重机（0.5吨-10吨），门式起重机（1吨-50吨），手动起重机（1吨-20吨），电动葫芦（0.5吨-10吨），同时承接各类非标产品的设计、制造和安装及其他金属结构件。曾获得中国西昌卫星发射中心高技术含量起重机的制造权（总价值近1000万元），为国防建设作出了一定贡献。公司坐落在成都金堂县城工业集中发展区A区钢城路西段，占地面积18000平方米。2005年，该公司完成工业总产值1561万元，销售收入899万元。

四川锅炉厂环保设备公司：位于金堂县清江镇内，是四川锅炉厂的下属独立核算单位，集设计、制造及安装为一体的规模性企业。主营环保设备和工程，锅炉辅机和备品备件，锅炉改造和安装；兼营销售金属结构加工，常压容器，木制品，管道安装；主导产品有锅炉配套设备等。公司有职工140人，中高级技术管理人员30人。2005年实现工业总产值1562万元，销售收入1142万元，利税40万元，入库税金36万元。

成都攀鑫金属制品有限责任公司：于2004年2月24日在金堂县工商局注册成立，注册资本198万元。拥有拉丝设备108台，设计年生产能力为2500万公斤。该公司主要利用攀钢冷轧厂生产工艺过程中产生的酸洗碎边进行深加工，将这些废料由原来的碎边状态改为卷曲状态进行收集（能够在酸洗连轧的机组上完成这次改造，又不影响冷轧厂原来的工艺速度参数，在国内还是首家）。公司占地

5.33公顷，租用厂房5000平方米、办公楼860平方米。2005年实现工业总产值4194万元，销售收入4191万元，实现利税225万元，入库税金289万元。

成都海纳尔设备有限公司：是由自然人发起成立的股份有限公司。公司投资2600万元在金堂工业集中发展区征地3.33公顷进行厂房、办公楼及附属设备的建设。整个项目分两期实施，第一期投资1000万元，第二期投资1600万元。公司建筑面积为15000平方米。其中：厂房建筑面积13000平方米，办公楼面积1000平方米，附属配套面积1000平方米。2005年实现工业总产值838万元，销售收入716万元。

第二节 能 源

成都九龙电业股份公司九龙滩电厂：1985年开工，1989年建成。1988年9月17日1号机组运行；同年11月14日2号机组运行；1989年1月13日3号机组运行。九龙滩电厂位于金堂县淮口镇金堂峡口出口处，拦沱江建闸坝而成。占地面积66666.67平方米，建筑面积5298平方米；拥有固定资产4238万元，职工人数116人，其中工程技术人员30名。电站设计水头10.5米，总引用流量188.1立方米／秒，单机流量62.7立方米／秒，装机1.35万千瓦；电厂隶属于县水电局行业管理。1994年，企业转换经营机制，改为成都九龙电业股份公司九龙滩电厂，原电厂下属企业石材厂及其相关遗留问题由县水利局处理。2005年发电9795万千瓦时，完成工业总产值1824万元，销售收入1619万元，利税总额1079万元，入库税金417万元。

成都金堂江源电力有限公司：属2004年由原成都金堂电力股份公司改制组建而成的股份制企业。公司以电力生产、供应为主，兼营电力电气的修制和电气材料营销零售。公司下辖发电、供电、变电等公司，其下属贯子山发电车间装机容量1000千瓦，年发电量486万千瓦时；隆石供电所、竹篙供电所、新兴供电所、土桥供电所、安（用）监大队，全供区年趸售电量2000万千瓦时；久明电力服务公司，主要经营电力设备和工程施工，建设及维修服务；土桥页岩砖厂生产建筑用砖；华达热处理车间等下属单位运行正常。该公司金属大电网趸售供电，占地面积15605.67平方米，建筑面积5836.42平方米，其中生产建筑面积5150.42平方米，资产总额564.58万元，净资产332.06万元，负债率49.96%。有职工136人，其中工程技术人员48人。2005年发电326万千瓦时，实现工业总产值3258万元，销售收入3258万元，利税542万元，入库税金230万元。

成都康能水电有限责任公司：创建于1996年，主要从事水力发电、销售。主要设备有发电机320千伏安、160千伏安发电机及120水轮机。公司地处清江镇，占地面积43600平方米，建筑面积1662平方米，车间面积1034平方米；资产总额为1503万元，净资产522万元，负债率为34.46%。2005年公司发电608万千瓦时，实现工业总产值622万元，销售收入663万元，利税242万元，入库税金147万元。

金堂县白果水电站：是2005年由成都市计委、市水利局批准立项的水电站。由成都市聚发水电有限公司开发建设，总投资为1.3亿元，是沱江干流梯级规划的第二级，电站具有日调节性能的河床式电站。除以发电为主外，尚兼有航运、交通、灌溉养殖及旅游等综合效能。电站上网条件较优越，所发电量直供四川主网。总装机容量16500千瓦，多年平均发电量7143万千瓦时，按2005年四川省上网电价0.288元/千瓦时计算，全年总产销2057万元，年毛利润达1543万元。

贯子山水电站：利用原有拦毗河引水灌田的溥利堰渠首兴建，1958年2月建成。属原金堂县人民电厂发电车间，装机720千瓦，该站与大网并网运行，只发不供，年发电量280万千瓦时。1993年，被确定为成都市转换企业经营机制的重点企业。1994年县人民电厂（含贯子山水电站）更名为成都金堂电业股份公司；公司股份86.9万元，其中集体所有资产为26.5万元作为企业的公积金，产权属国有。1996年5月18日，电力股份公司对淮口镇自来水厂实行委托代管，产权属于县水电局，经营管理权属电业股份公司。2000年10月新建土桥35千伏变电站1座，容量3150千伏安，架设35千伏线路14.61公里，投资176.68万元。2001年，电业股份公司对其下属竹篙供电区农村电网进行全面改造，共改造35千伏线路21.96公里、10千伏线路258.93公里，低压线路201.22公里，新安装10千伏配电变压器279台共14118千伏安，总投资达3407.22万元。2002年1月在转龙镇新建35千伏安变电站1座，容量3150千伏安，架设35千伏线路7.58公里和10千伏出线23.33公里，投资297.2万元。2004年5月，电业股份公司转让给江源电力公司经营，除淮口自来水厂划归2002年组建的金堂县沱江供水公司经营外，原人民电厂所属的贯子山水电站、竹篙供电区所属供电经营权全部转为江源电力公司经营管理。

清江一、二电站：统属于原清江电厂。清江一电站始建于1963年，历经1966年到1969年扩、改建，装机为250千瓦（2×125），1980年5月与清江二电站并网运行，该电站系利用清白江（中河）引水灌田的青茅埝水在原清江榨油厂处建成。清江二电站系利用清白江主河槽筑坝引水建成，引水渠长1.06公里，引水流量25立方米/秒，电站水头3.5米，1980年建成，装机800千瓦，总投资129万元，清江电厂1996年4月前属于清江镇管理。1996年4月，清江电厂与金堂供电局联合成立成都清江电业有限责任公司，股份288万元，其中：金堂供电局控股51%，清江电厂占49%，其经营管理权由金堂供电局负责。2002年6月30日，企业转换经营机制，清江电业有限责任公司改制为成都康能水电有限责任公司、属于私营民营企业。2004年，公司对清江二电站进行技术改造，增容425千瓦。2005年对清江一电站进行技术改造增加1台机组；清江一、二电站共有发电机组9台，总装机1745千瓦。

韩滩电站：位于金堂县城赵镇韩滩桥下100米处，系结合修建一号橡胶坝建设而形成水头；2001年建成，位于三江汇流处，沱江右岸取水于毗河与清白江（中河）之汇流水源，装机2000千瓦。建成后，经转换企业经营机制，属于民营企业投资管理。

成都爱依斯凯华燃机发电有限公司：1995年为缓解成都地区用电紧张局面和满足电网调峰及事故备用的需要，经四川省计委批准建设成都第一家中美合作电厂，是四川省唯一的外商投资环保型调峰电厂，企业属股份制企业，1996年10月动工建设，位于金堂县工业集中发展区A区十里大道中段。占地面积21721平方米，建筑面积20291平方米，其中生产车间面积1128平方米，企业资产总计22561万元，流动资产7058万元，固定资产10847万元，负债率43%。公司现有职工37人，其中工程技术人员25人。1997年7月投入商业运行，至2003年已累计发电7亿千瓦时，上缴税收7000万元，被评为成都市工业20强企业、四川省电力50强企业及成都市先进技术企业。公司拥有一套美国PWPS公司生产的50兆瓦单循环燃气涡轮发电机组。2004年该企业完成工业总产值7016万元，实现销售收入8770万元，完成利润总额206万元，上缴税收2193万元，产销率100%。2005年完成工业总产值8420万元，销售收入10500万元，利润总额250万元，上缴税收2630万元。

国电成都金堂电厂：（详见第九篇第二章第二节主要企业简介）。

第三节 食 品

成都市晋江福源食品有限公司：属中澳合资福建省晋江福源食品有限公司（以下简称总公司）创办于1998年3月的分公司。该公司主要从事膨化、泡菜、土豆片、果冻、蛋黄派、糖果等产品生产销售，被四川省评为“巴蜀质量跟踪定点企业”“省名优农产品”；成都市评为“成都市农业产业化龙头企业”“成都市科技企业”“成都市无公害农产品”“成都市农村农产品营销大户”；被金堂县评为“重点企业”“农业产业化龙头企业”“重合同、守信用”企业、“金堂县私营十强企业”等荣誉称号。公司常年有550个附近农民务工，带动农户1.35万户。2005年，其“盼盼”商标被四川省认定为“著名商标”。该公司地址位于金堂县三星镇，占地面积6.67公顷，拥有资产3200多万，职工300人，其中工程技术人员36人。2005年公司实现工业总产值2601万元，销售收入2606万元，利税53万元，入库税金48万元。

福马食品集团公司：福马集团成立于1995年，下属9家（晋江、成都、长春、咪咪、雪饼、包装、贸易、糖果、饮料）国内全资子公司和3家（马来西亚、香港、菲律宾）海外经贸投资公司。集团2001年9月企业顺利通过英国国家质量认证公司（NQA）ISO 9001:2000版质量管理体系国际认证。1996年起先后荣获省、市政府、工商、银行、税务等上级部门的“省食品行业管理先进企业”“重合同、守信用”“三A信用企业”“甲类纳税企业”等荣誉称号。福马（成都）食品有限公司在金堂投入1500万元兴建巧克力系列、蛋黄派、香橙派、虾条等产品生产线。

福马（成都）食品有限公司：位于金堂县栖贤乡，占地面积26664平方米，建筑面积7500平方米，其中车间面积6400平方米，拥有固定资产1300万元，净资产700万元，资产负债率10.6%，有职工500人，其中工程技术52人。2005年度完成工业总产值17240万元，实现销售收入16186万元，实现利税1324万元。

金堂县金成食品有限公司：属专门从事各种食用菌、蔬菜等加工的民营企业，2000年10月建厂。公司生产的产品大部分出口到日本等国家，其产品质量受到外商和广大客户的好评。该公司是通过国家检验检疫局认证的生产出口产品的企业。年生产能力150万公斤，出口产品达100万公斤。公司坐落在工业集中发展区西区，距达成铁路金堂站仅500米，交通十分便利。公司占地面积4000平方米，生产用房2000平方米，拥有固定资产200万元，净资产102万元，负债率56%，固定职工60人，其中技术管理人员10人。2005年实现工业总产值976万元，销售收入881万元，利税3万元。

成都禾熙食品有限公司：是一家民营企业，于2002年开始从事专业的速冻食品生产、销售，是一家取得国家“QS食品生产许可证”的大型食品生产企业，其产品有“川香源”宁波汤圆，“川香源”东北手工水饺，产品覆盖四川、贵州、云南、重庆等地。公司原位于成都高新区，2005年迁往金堂工业集中发展区西区钢城西路。金堂公司生产厂占地1.47公顷，建筑面积8600平方米，其中生产建筑面积5300平方米。公司有员工200人，其中中高层管理人员20人；净资产约0.36亿元；2005年实现工业总产值583万元，销售收入583万元。

第四节　纺　织

四川金堂县龙腾茧丝绸实业有限责任公司：属四川金泉源实业有限责任公司下属控股子公司，是2002年5月金泉源实业有限责任公司租赁金堂县蚕丝绸总公司和金堂县转龙丝厂后新注册的有限责任公司。公司行使全县蚕业行政管理职能，并担负全县蚕桑基地的建设组织及服务，蚕茧的收烘经营，缫丝贸易等，实行栽桑养蚕，蚕茧收烘，缫丝织绸一条龙的企业+农户+工厂的产业化经营模式。公司包括公司机关（蚕业生产部、工业部、财务科、办公室）及下设8个蚕业管理部、7个蚕茧站、金堂县转龙丝厂、新世纪线缆有限公司、龙腾印业分公司等。丝厂有自动缫丝机5组，年收购蚕茧65万公斤，年生产出口白厂丝16万公斤，蚕农户均增收1000元。公司占地面积8000平方米，生产车间5000平方米，拥有固定资产510万元，流动资产464万元，净资产210万元，负债率72%，有员工398人，各类大中专生和专业技术人员183人，高中级专业技术人才相关各类专业技术工人285人。2005年实现工业总产值2273万元，销售收入1775万元，实现利税184万元。

成都市乐意织造有限公司：创建于2000年10月份，注册资本50万元。公司主要生产雨鞋内套布，一般干布，主要产品销往省内。公司地址在金堂县土桥镇，占地面积10000平方米，建筑面积4100平方米，其中车间面积3500平方米。拥有固定资产112万元，净资产48万元，流动资产100万元，资产负债率64%；职工110人，其中技术人员28人。公司2005年实现工业总产值3900万元，销售收入3275万元，利税85万元，入库税金76万元。

成都市正和帆布织造有限公司：是一家小型私营纺织企业，1993年建厂，该厂主要产品是以细棉为主的白坯服装面料布，防水篷布。产品主要销往川内成都市场，产品是经过成都市纤维检验站、金堂县技术监督局检验合格的优质产品，授予"产品质量信得过单位"的称号。公司位于金堂县淮口镇，面积约3000平方米，生产用房2000平方米，有资产总额340万元，固定资产150万元，流动资产119万元，净资产80万元，资产负债率87%；有职工200人，专业技术人员10人。2005年实现工业总产值875万元，销售收入756万元。

金堂县鑫河纺织有限公司：建于2001年8月，属股份制企业，注册资金150万元。公司主要生产雨鞋内套布、一般干布，产品主要销往重庆。公司地址金堂县清江镇，占地面积4000平方米，建筑面积2000平方米，其中车间面积1900平方米。拥有固定资产180万元，净资产80万元，资产负债率45%；有职工130人，其中工程技术人员21人。2005年实现工业总产值985万元，销售收入931万元，入库税金17万元。

第五节　其　他

四川川王动物药业有限公司：2004年6月18日正式投产，拥有4条生产线、8个生产剂型，设计年生产能力为1.5亿元。公司属国内以兽药GMP标准建设成立的新型动物药业公司，其厂房和生产设备符合国家农业部要求，具备完善的产品检测技术设施。公司占地面积19620平方米，建筑面积7500平方米；拥有总资产1680万元。2005年实现工业总产值532万元，销售收入520万元，利税11万元。

成都一诺防锈材料有限公司：是由沈阳防锈包装材料有限责任公司和攀钢蓉城防腐包装材料有限

责任公司共同投资组建的有限公司，成立于2004年3月6日，注册资金200万元，固定资产100万元。生产车间1500平方米，办公室占地200平方米；有工作人员30人，其中管理人员8人，技术人员5人，生产工人17人。2005年实现工业总产值520万元，销售收入515万元，利税81万元，入库税金36万元。

攀企蓉城实业有限责任公司：于1993年成立，属于股份制企业，下属企业有化工厂、橡塑厂、塑料编织厂、防腐包装材料厂、染织厂、涂料厂等。经营项目有染织品、劳动保护用品、服装、塑料制品、抗燃液压油、轧制油、来料加工金属制品、收购废塑料、废纸包装、冶金设备、备件的制造、加工及修复、生产油漆。产品通过ISO9000∶2000国际质量认证体系。地处金堂工业集中发展区西区钢城东路，占地面积5万平方米，建筑面积为15000平方米，生产车间面积2.6万平方米，有职工74人，其中专业技术人员30人。2005年完成工业总产值2805万元，销售收入2060万元，利税395万元，入库税金301万元。

成都川湘生化有限公司：成都川湘生化有限公司及下属成都盾叶薯蓣综合开发研究所，地处四川省成都市金堂县清江镇。占地面积12360平方米，建筑面积3786平方米，其中车间面积3564平方米，资产总额500万元，净资产300万元，资产负债率56%。公司注册资金380万元。公司有员工88人，其中：生物技术研究人员10人，各类专业技术人员28人。开发项目“发酵法提高皂素收率及盾叶薯蓣产业化”2002年被科技部确定为国家级星火计划。公司被列为重点支持企业，荣获“成都市科技企业”“金堂县私营十强企业”。公司年产皂素15万公斤、双烯7万公斤、沃氏5万公斤等产品，主要销售天津、上海、扬州等国内大型药业，且供不应求。完成了盾叶薯蓣研究所的133.33公顷盾叶薯蓣黄姜种植示范基地建设。2005年实现工业总产值554万元、销售收入522万元。

成都华康生物工程有限公司：建厂于1989年12月，是按国际标准生产植物原料药的专业厂家，产品远销美国、法国、德国、日本等10个国家和中国香港等地区。是金堂县农业银行唯一一家“AAA”企业。被金堂工商行政管理局授予“重合同守信用企业”，被金堂县国家税务局授予增值税一般纳税人“A类企业”。公司地处赵镇桐梓村，占地5000平方米，生产用房3500平方米，有员工40人，公司资产总额1200万元，净资产700万元，负债率28%。2005年共计完成工业总产值1360多万元，实现销售收入1348万元，实现利税146万元，入库税金34万元。

成都恒兴实业发展有限责任公司：始建于1995年6月，从原来的手工业发展到后来的机械业，2002年6月投资近400万元，新建一条年产80万公斤的三氯氢硅生产线，同时经营磷酸二氢钾、氰化钾等钾肥系列，年产120万公斤。公司2005年产氢氧化钾片状、液状达1000万公斤，合成盐酸近1200万公斤。公司坐落在淮口镇，占地面积为2公顷，建筑面积为12000平方米，车间面积5570平方米，总资产15123万元，固定资产7730万元，流动资产7393万元，资产负债率27%。企业拥有职工人数135人，其中技术人员24人。2005年实现工业总产值3400万元，销售收入2859万元，实现利税701万元，入库税金53万元。

金堂县玉凤肥料有限责任公司：组建于1998年，为股份制企业。产品主要为普通磷肥、有机磷肥、高品位磷肥等，年生产能力达9000万公斤，产品主要销往成都周边地区。2003年该公司开发的新产品高品位磷肥初获成功，产销率达83%。公司地址位于赵镇江源村，占地面积14000平方米，建筑面积8000平方米，其中车间面积2600平方米；拥有固定资产600万元，净资产150万元，资产负债率20%，有职工58人，其中技术人员10人。2005年公司完成工业总产值744万元，销售收入685万元。

四川金阳实业集团有限公司：四川金阳实业集团有限公司创业20年，已发展成为一个以建材工业、机械设备制造业为龙头，以房地产开发为支柱，集建筑、商贸为一体的多元化企业集团。集团公司下属8个子公司，2000年进入四川省工业企业最佳经济效益500强。公司生产的“剑门”牌水泥和“金泉”牌榨油机历史悠久，品牌声誉高，产品畅销省内外；房产公司开发的大英“川中批发城”首期已建面积21000平方米。公司开发的“金阳水景”占地20公顷，项目定位为省内一流社区品质，是金堂地区在建小区中规模最大，集居家、休闲、度假为一体的大型生态综合社区；建筑公司是建筑施工总承包二级企业，承建过各种类型的建筑施工工程，并赴科威特承接住宅楼及清真寺等工程业务，具有较高的社会声誉。公司地址金堂赵镇，占地面积400020平方米，建筑面积26万平方米，车间面积10.02万平方米，资产总额11283万元，净资产6527万元，资产负债率25%。2005年，公司完成工业总产值5402万元，实现销售收入4866万元，利税总额435万元。

金堂县三星水泥厂：是金堂县三星镇镇办集体企业，主要生产“云顶山”牌普通硅酸盐水泥，年设计生产能力为8800万公斤。厂址建于三星镇天灯村，紧邻省道唐巴公路左侧，占地面积1.32万平方米，建筑面积6500平方米，车间面积6000平方米。拥有固定资产近800万元。职工总人数为204人，其中各类工程技术人员36人、管理人员11人，2005年实现工业总产值1014万元，销售收入1006万元，利税95万元，入库税金16万元。该厂于2007年12月因淘汰落后生产力被关闭。

成都市金堂沱源实业有限责任公司：始建于1985年，1998年转制为民营企业，公司主要生产、销售水泥，年产“沱源”牌32.5级普通硅酸盐水泥1.6亿公斤，是金堂县的重点企业之一。1993年被成都市政府评为科技明星乡镇企业。产品畅销成都、德阳、绵阳、简阳、广汉、中江等地。1994年被成都市政府评为重点乡镇企业。1998年被成都市政府评为私营企业50强。公司位于县城南面，赵淮路3公里处，占地28000平方米，建筑面积19610平方米，车间面积1863平方米，现有总资产2000多万元，流动资产858万元，固定资产1202万元，负债率87%。职工168人，技术人员32人（其中高级技术人员12人，中级技术人员20人）。2005年，实现工业总产值1060万元，销售收入1166万元，创利税98万元，入库税金10万元。公司于2007年12月因淘汰落后生产力，水泥生产被关闭。

拉法基屋面系统（成都）有限公司：原名成都拉法基博思彩瓦有限公司，系世界500强、全球最大建材生产供应商——拉法基集团在金堂投资设立的一家外商独资企业，也是拉法基屋面系统继广东三水、浙江绍兴、北京、南京、青岛后，在中国投资的第六家生产企业。成都公司总投资600万美元，设立于1999年年底，于2000年9月底顺利建成投产，设计年产各种坡屋面瓦100万片。公司地址金堂县工业集中发展区西区钢城西路。公司占地面积2万平方米，建筑面积6000平方米，车间面积5000平方米，有职工158人，其中技术人员32人，公司拥有总资产2417万元，流动资产452万元，固定资产1965万元，资产负债率10%。2005年完成产值851万元，销售收入912万元，入库税金114万元。

成都临江包装有限公司：转制前系金堂县实验小学校办厂，1984年贷款7.8万元始建，拥有现代化的五层瓦楞纸板生产线和先进的三色纸箱印刷成型机及其他纸箱生产、检测设备20台（套），年生产瓦楞纸板（箱）可达2000万平方米，是生产瓦楞纸板、纸箱的专业厂家，也是全县唯一能自己生产出口瓦楞纸箱的纸箱厂，产品主要销往重庆、成都、绵阳、德阳、广汉、大英、资阳等地。该厂连年被列为县重点企业、县教育系统重点骨干企业，被评为“成都市优秀校办明星企业”、县“重合同守信用企业”。是金堂县唯一取得“全面质量管理合格证”“三级计量合格证”、国家“一类瓦楞纸箱生产许可证”“会计基础工作二级合格证”四证的纸箱厂。公司地址金堂县三星镇，厂区面积1公顷，厂房建筑面积4000平方米，生产车间3600平方米，固定资产450万元，流动资产503万元，资产负债率87%。有职工80人，其中工程技术人员20人。2005年实现工业总产值1505万元，销售收入

1467 万元，利税 34 万元，入库税金 37 万元。

成都新兴印刷有限公司：是金堂县城关中学校办集体企业，始创于 1984 年 9 月，工厂从当初在学校腾出几间教室，借款 5 万元开办的小铅印厂发展壮大为市校办明星企业和县重点企业。2000 年，该公司征地 1 万平方米建厂，拥有单色、双色、四色、五色等胶印设备、一套较先进的激光照排系统和书刊装订设备，形成了较强的书刊印装能力，成为“四川省 100 家规模最大的印刷企业”，是成都市校办印刷厂中少数几家获得“书刊准印证”的企业之一。业务领域拓宽到杂件、学生副本、商标、彩画、包装、书籍等多个方面，除在成都及周边地区有部分市场外，还辐射到绵阳、仁寿、简阳等地。公司位于赵镇十里大道北－段，厂房面积 3500 平方米，生产车间面积 2400 平方米；拥有总资产 924 万元，固定资产已达 500 万元，净资产 210 万元，资产负债率 77%；有职工 100 余人，其中专业技术人员 20 人，2005 年实现工业总产值 800 万元，销售收入 510 万元，入库税金 23 万元。

成都虹彩塑料包装印刷有限公司：2003 年 4 月初由原成都新兴印刷厂丝印分厂和四川省金堂中学塑料厂转制组合而成的有限责任公司。原成都新兴印刷厂丝印分厂成立于 1993 年 6 月，在建厂两年后，由于成绩显著从 1995 年至 2002 年，年年获得“校办先进企业”称号，被评为“教育系统骨干企业”。公司生产的主要产品有各类 PVC、聚乙、聚丙膜塑料包装袋；各类合成带、丝带、不干胶商标及其条码标；各类聚乙烯、聚丙烯塑料日用制品。该公司客户集中于成渝两地，散布于西南各省区。成都虹彩塑料包装印刷有限公司地址位于赵镇中河村，占地面积约 0.33 公顷，厂房面积 2000 平方米，生产车间用房 1300 平方米，拥有总资产 265 万元，固定资产 120 万元，净资产 63 万元，资产负债率 76%。拥有职工 110 人，其中技术人员 30 人。2005 年实现工业总产值 830 万元，销售收入 841 万元，利税 8 万元，入库税金 16 万元。

成都新华印务有限公司：于 2004 年由成都新华印刷厂改制重组而来，属股份制民营企业。公司生产能力 10 万纸令，胶印印刷 18 厅对开色令。主要市场为北京、上海、海南、成都。公司占地面积 0.67 公顷，建筑面积 21293 平方米，厂房面积 12828 平方米。有固定资产 2132 万元，资产总额 1756 万元，资产净值 982 万元，资产负债率 68.2%。有职工 131 人（其中：专业技术人员 9 人，高级技工 4 人），离退休职工 43 人（其中：离休 2 人）。2005 年该公司实现工业总产值 2098 万元，销售收入 1782 万元，入库税金 85 万元。

成都超人药业有限公司：2003 年 5 月正式取得“药品生产许可证”并注册成立的药品生产企业。公司租用原金堂酒厂场地，有两条原料药生产线，生产的产品主要有甲基橙皮苷、皂素、知母皂甙等产品，同时研发水溶性皂苷、新橙皮苷二氢查尔酮、大黄素、大黄酸、紫杉醇等产品。公司属民营科技型企业。2005 年 6 月顺利通过 GMP 认证。公司占地面积 30315 平方米，建筑面积 1.10 万平方米，车间面积 1 万平方米；总资产 1000 万元，流动资产 80 万元，固定资产 900 万元，资产负债率 32%。2005 年实现工业总产值 2102 万元，销售收入 1630 万元。

成都美迪康生物工程有限公司：成都美迪康生物工程有限公司（CHENGDU MEDICAN BIOCHEMIE CO LTD），2002 年 6 月 19 日在金堂县工商局注册，从事医药生物行业，为有限责任公司，主营研制、生产、销售天然植物提取物，医药中间体；销售化工产品（不含危险品）。公司拥有多功能提取罐，全自动软水处理设施，旋转气流快速干燥机，4000 公斤工业锅炉，25 千伏变压器，2 万公斤的地磅，喷雾干燥器，产品混合机等大型设备。公司生产主要的原料是枳实，其来源为芸香料常绿乔木植物酸橙及其栽培变种或甜橙的干燥幼果。产品有橙皮甙系列（重质橙皮甙、轻质橙皮甙）；枳实提取物（辛弗林）等。该公司地处金堂县金广路，占地 0.63 公顷，建筑面积 3200 平方米，生产车间面积 2600 平方米；拥有资产总额 3915 万元，流动资产 2190 万元，固定资产 1724 万元，资产负债率

37.5%；有职工 43 人，其中技术人员 17 人，下岗工人 10 人。2005 年实现工业总产值 717 万元，销售收入 543 万元。

第四章　建筑业

第一节　重要建筑工程

一、绿岛公园

绿岛公园建于 1994 年 9 月，是以休闲、娱乐、度假、经营为一体的开放性公园。位于工农桥与毗河桥之间的毗河中央，占地 13.8 万平方米（200 亩），投资 3000 万元。1994 年前系赵镇前进村农耕土地或河滩地。1986 年至建公园期间，县城各机关、团体、企事业单位在此广植麻柳、枫树、桤木、榆树、杨柳树等，开展全民义务植树活动。公园的西端保持原植树造林形成的森林风貌。在公园的北侧与县城南环线之间的河流上架设桥梁，从此天然孤岛有通道。在岛周边砌筑堡坎，铺设道路，栽植垂柳，形成独特岛屿风景。园内中央南侧建有宾馆、茶楼、餐饮、会议室、别墅等现代楼房。公园东头设有川西民间茶摊，供普通游人消费。园内道路四通八达，均系混凝土路面。公园进门右侧挖掘有圆形荷塘，塘内养鱼可供垂钓。在会议厅的东侧也建有弧形水池，南侧与毗河相连，池岸卵石丁步，且池岸栽植垂柳，风景醉人，在宾馆的西边设有网球场 2 处，供游人锻炼身体。在荷塘的西侧广植脐橙、广柑、柚树，形成成片柑橘林。在绿岛进门正对方和左侧设置大片草坪，草坪中植有部分人工造型灌木，供集会、大型文艺演出、观赏使用。在公园东侧散植红叶李、蜡梅、红梅、黄花槐，琴丝竹、观音竹、芭蕉等园林树木。

二、亲水公园

亲水公园建于 2003 年 8 月。位于毗河大桥南端西面，占地 56667 平方米（85 亩）。园内中央有水池一处，北辟小溪与毗河相连，南掘曲渠与毗河大桥旱桥桥下穿过，池面面积约 1.13 万平方米。常有渔翁垂钓，池岸、溪壁平坦，用大卵石铺砌而成，形似自然溪、湖。水池南侧小溪口建直廊 60 平方米，廊之中央建双层亭。建筑形式为绿色筒瓦古建筑，下部结构梁、柱、飞来椅等为钢筋混凝土，上部吊花和瓦桷为实木结构，供人们休闲观景。在南侧曲溪的中段建有仿竹小桥一座，钢筋混凝土结构。在水池北侧曲溪口也建有仿树小桥，仍为钢筋混凝土结构。公园南入口设有约 6 米高，直径 40 厘米的彩色灯柱 10 柱，且沿道路两旁满园设置照明园景灯、夜幕降临景色迷人。园内主要道路与次要的游园道路迂回曲折，青石板铺面。满园种植蜡梅、桂花、石榴、柚树、海棠、杜鹃、月季等几十种花木。黄桷树、三叶树、雪松、垂柳、蒲葵、杨树、琴丝竹等散置园内，为公园营造绿色风景。亲水公园由金堂县工业集中发展区管委会出资兴建，金堂县园林局负责日常管理，系无围墙的开放性公园。

三、十里大道

1992年9月22日上午，唐巴公路金堂段改建工程奠基仪式在十里坝综合经济开发区内举行。唐巴公路金堂段全长8.6公里，穿十里坝综合经济开发区2.3公里，大道宽度为40米。1994年7月18日，在北河大桥上隆重举行唐巴公路金堂段改建竣工剪彩仪式。省市县领导参加竣工典礼。唐巴公路金堂段改建工程全长8.6公里，总投资2867万元，系原宽9米的旧柏油路改建为高等级15米宽的4车道水泥混凝土路面（其中经县综合经济开发区的2.3公里路段为40米宽），同时加宽改造了北河大桥；全线从1992年11月动工至1994年4月竣工。经市交通局验收合格，评为优良工程。

四、成都野生世界

成都野生世界（简称：成野），坐落在距成都市区47公里的金堂新县城区，是经四川省人民政府省长办公会议同意，省计委、国家林业局批准立项的大型特色生态旅游项目，是由成都五牛科美实业发展有限公司、成都前程实业有限公司、金堂县旅游开发总公司、四川省野生动物保护协会共同出资，依据《中华人民共和国公司法》设立的一个股份制企业。内设有董事会，实行自主经营、自负盈亏。

成都野生世界由英国卢纬纶公司和加拿大ACL公司，按亚洲一流、中国最大的标准进行项目规划设计。委托中国成达公司深圳分公司制作项目详细规划，由中国成达公司深圳分公司牵头，英国卢纬纶公司和加拿大ACL公司分包，公司工程建设专家组协助制作的详细规划项目。成野项目于1999年12月正式鉴定协议落户金堂。项目前期的征地、拆迁、安置及小区建设、园内建设用工协调等工作，由专门成立的四川中美外中小企业发展园区（简称：三中园区）野生世界工作指挥部负责筹建实施。成野项目工程规划占地280公顷（4200亩），一期开发240公顷（3600亩），投资3.6亿元。2000年1月至10月7日，成野项目在三中园区先锋等3个村拆迁安置农户800多户3000多人，拆迁房屋3.57万平方米，建设安置小区2.8万平方米，共270套，于2001年春节前先锋村拆迁户全部进住新居。协助项目公司安装围栏5公里，修机耕道6公里，新修道路4公里，栽竹子1600窝，绿化栽树500亩，为后期各项目全面铺开打下了基础。成野园区先后同70多家施工单位达成合作协议。成野项目建设于2000年10月8日正式破土动工，2001年12月17日竣工，18日至27日试开园，28日正式开园。成野从筹建到正式建成，历时2年。工程建成后，占地333.33公顷（5000亩），总投资5亿元人民币。工程建设主要有：园区大门、行政中心、后勤保障区、弱电系统、消防管网、围场道路建设等。园区主干道总长6.44公里，路基已完成；净水站工程面积154平方米，停车场工程面积92030平方米，属西南最大的停车场；自来水管网工程长6000米，消防管网工程长6000米，天然气管网工程长5000米，弱电工程等已完成；行政中心工程建筑面积2200平方米，商业街工程建筑面积2734平方米；广场及水池工程已完成；售票处及大门钢架工程已完成；兽医院工程建筑面积600平方米；草料库工程面积938平方米；兽舍、活动场内外工程等已完成。2001年11月12日由深圳锦绣中华发展有限公司管理景区。园区划分为观光车游览区和步行游览区。观光车游览区包括：占地400亩的风云草场——草食动物和占地200余亩的王者部落——猛兽区；步行游览区景色分为娇子山寨——杂食动物区；澳洲阳光——澳洲动物区；灵猴演义——灵长类动物区；鸟区——包括水禽湖、申报吉尼斯纪录的大鸟笼、鹦鹉馆、火烈鸟苑、雄鸡苑、热带鸟苑等。园内设置有4个表演项目：俄罗斯马戏、大象、鳄鱼、雀鸟等表演；标准化旅游公厕20个，服务网点14处。成都野生世界，有来自世界各地的珍禽异兽，如：中国国宝大熊猫、澳洲白袋鼠、国内首次引进的美洲红鹳、孟加拉白虎、非洲狮、东北虎、巨嘴鸟、鳄鱼；并生长着各种各类的珍稀植物。成野从2001年12月28日开园至2002年6月30日止，入园游览人数达56.5万人次，经营总收入5000万元。成野景区可供人们旅游、休闲、度假、观光。2006年3月，成都野生世界企业因改制，转让给四川蓝光集团。

五、正心堂

成都市文物保护单位正心堂和大成殿曾是成都市春熙路大科甲巷和文庙前街石室中学校内的古建筑，因国家重点建设需要将这两处文物必须拆迁。金堂县人民政府会商四川省及成都市文物保护管理部门决定将上述两处文物易地迁建至金堂县城十里大道二段483号对面处，由金堂县提供土地，古建筑使用单位提供大部分迁建费用，省、市文物主管部门提出迁建要求。在各方面的支持下，该两处文物迁建工作从1994年开始，于1996年12月26日完成迁建工作，总投资203万元，迁建后的文物移址以旧复旧，内部结构更加牢固。

第二节　建筑科研与建筑技术

一、建筑墙材革新

1990年5月30日，成立金堂县墙体材料改革领导小组。办公室设在县城建局。1991年7月15日执行成都市墙体材料改革奖励试行办法，对推广应用各种空心砖、蒸压粉煤灰砖、硅酸盐中型砌块、加气混凝土砌块墙材较困难的实际制定了奖励政策。从1991年10月30日起执成都市城建委“对积极推广应用混凝土空心小石切块的设计施工建设单位、实行奖励，即建设单位每平方米奖3元；设计和施工单位每平方米奖1角”。1991年10月17日，县经委对县城赵镇维护队预制构件厂生产新型墙体材料技术改造批复。同意技改年产砼空心砌块200万块。在房屋建筑中，墙体具有承重、围护和分隔作用，在混合结构建筑中，墙体约占房屋建筑总重的50%。墙材革新、建筑节能工作，不仅对节约能源、改善建筑功能具有重大意义，而且是保护耕地、保护环境的重要措施。在国务院发布《关于加快墙体材料革新和推广节能建筑意见的通知》后，1993年墙材生产量1.2亿标块，其中新墙材产量1.1亿标块，县页岩砖厂建成投产，砼空心砖块，灰沙砖、页岩砖、炉渣砖等新型墙材建筑设计面积达6.9万平方米。1994年生产新型墙材1.19亿标块。1999年生产新型墙材1.66亿标块，推广应用面积58.77万平方米。县墙改办1992—2003年，积极宣传贯彻国家、省、市相关政策法规。严格收取墙改基金，积极扶持县内墙材企业的发展。截至2005年，全县有23家新型墙材企业，其中：设计能力年产量达3000万标块的企业2家，引进合资彩瓦企业1家。在全县加强墙材专项基金的征收、监管、建筑节能管理和建筑节能检查，做好建筑节能备案管理。加大了墙体材料技术革新，推广使用了新型墙体材料。

二、抗震

县抗震工作从1991年7月10日起执行国家建设部建抗《企业抗天地工作暂行规定》。1996年7月1日，县建委对有关工程抗震设防审查管理程序作了明确规定。（一）审查范围：1. 需报送市级专家组审查的项目：①需要提高或降低设防标准的项目；②采用新结构、新材料、新工艺的项目；③高度超过60米的项目；④体型及技术复杂的项目。2. 需报送县级专家组审查的项目除应提交市专家组审查的项目之外的所有工程项目（含市政工程）。（二）审查程序：1. 方案图阶段：由建设单位报县抗震办，安排专家小组审查，专家小组审查后，填写审查意见表一式三份返回建设单位。2. 施工图阶段：建设单位将施工图及有关资料报县抗震办安排专家小组审查，专家小组审查后，填写审查意见表一式三份，交回建设单位。3. 建设单位将审查意见及有关资料报县抗震办经认可后，办理有关手续，领取审查合格证，凭此合格证方能办理工程质监、施工许可证及建设工程规划许可证。（三）本通知从1996年7月1日起施行。同日，县建委贯彻执行《成都市新建工程抗震设防管理实施细则》，对场地及设防标准、建筑抗震设计管理、工程施工管理、实施与管理均作了详细规定。2004年完成新改、扩建工程的抗震审查31个，面积37.5万平方米；完成《金堂资源利用与花园水城》课题研究和《金堂县农村民房抗震设防调查》。2005年完成新改、扩建工程抗震审查43个，面积47.6万平方米；编写完成《金堂县突发地震应急预案》。

第三节　装饰装修

一、装饰规模

金堂县装饰装修在20世纪90年代初有很少量的房屋装饰装修，墙内壁贴有墙纸，地面在客厅堪有小方格瓷砖，墙外贴有瓷砖；至90年代末，兴对房屋进行简单装修，墙内堪有地板瓷砖，墙外外贴有瓷砖；有钱者进行重点装修，不惜投资上万元，甚至高达十万或几十万不等。由此逐步兴起了房屋装饰装修业民营和专业团体的发展。

二、装饰装修企业

2005年，金堂县具有专业承包建筑装饰三级企业2家，具有装饰资质的企业共计7家。至2005年年末主要装饰装修有以下几家企业：

金堂县城乡建筑装饰有限责任公司：1988年2月成立，改制于1999年12月。位于赵镇龙洞。2001年年末从业人员513个，在册职工202人有大中专学历70人；有专业技术人员64人，其中：中级16人，高级1人；项目经理13人。公司属工业与民用建筑总承包三级企业。注册资金845万元，资产总额1096万元，固定资产518万元。流动资金577.5万元。有施工机械设备145台套，有设备库场地5000平方米。2002年8月更名为四川小康建筑装饰有限责任公司。

成都市金飞建筑装修有限责任公司：位于县城赵镇钟楼北街，2001年从业人员559人，有大中专学历65人；有职称人员57人，其中：中级18人、高级3人。注册资本1500万元，资产总额2648万元，固定资产673万元，流动资产1780万元。成都市金飞建筑装修有限责任公司始建于1992年，公司原名成都市金飞建筑装修工程公司，1997经县体改办批准改制为股份制企业，更为现名。公司主要以从事建筑工程施工、室内外装饰装修设计施工为主，兼营道路桥梁施工、房地产开发、广告、园林绿化等。

成都金堂新兴装饰工程有限公司：由原县土桥建筑工程公司和成都金堂新兴装饰工程公司联合改制组建而成。县土桥建筑工程公司系三级建筑资质企业，组建于20世纪80年代，主要从事工业与民用建筑施工，承建有土桥镇中学综合楼、宿舍楼、政府住宅楼等一大批民用建筑工程。2001年，金堂县土桥建筑工程公司与成都金堂新兴装饰工程公司合并，转向从事装饰装修工程专业承包，更名为成都金堂新兴装饰工程有限公司。成都金堂新兴装饰工程有限公司是成立于1995年的校办企业。

第四节 建筑勘察设计单位

一、金堂县建筑勘测设计所

1978 年 8 月 7 日成立金堂县勘测规划设计队，1980 年 12 月 24 日撤销金堂县勘测规划设计队，成立县建设局设计室。1982 年 5 月 31 日，撤销县建设局设计室，成立金堂县建筑勘测设计处。1993 年 7 月 15 日，县建筑勘测设计处更名为金堂县建筑勘测设计所。隶属于金堂县建设局，系全民事业按企业管理自收自支、自负盈亏的单位。全所共有 29 名在职职工，下设一个设计室，专业设计骨干人员 19 名，其中：高级工程师 3 名，二级注册建筑师 4 名，工程师 11 名。下设一个地质勘查队，有专业人员 5 名；总工办 1 人，行政管理 5 人。有 18 台微机，3 台打印机，2 台绘图仪，PKPM，ABD，EGTOOLS 软件各一套。所自成立后，主要承担民用住宅的设计。

二、金堂县测量队

1998 年 4 月成立，为金堂县建设局下属的一个差额拨款事业单位，具丙级测绘资质。现有职工 11 人，其中工程技术人员 8 人。金堂县测量队在 1998 年前为金堂县勘测设计测量队。主要从事的服务项目有：工程测量（控制测量、地形图测量、城市工程测量）、地籍测量和房产测绘。主要测绘设备有：全站仪 3 台、经纬仪 2 台、电子平板仪 2 台、水准仪 3 台、测绘成图软件 1 套以及计算机 3 台，具有数学化成图能力。测量队主要职责：宣传贯彻国家有关的政策、法律和法规。负责全县范围内的地形图，地籍图的测绘工作。负责城市道路中线放设，建筑红线放设。负责权限范围内的征地测量工作。负责新建、改建平面范围测量工作。负责竣工工程平面范围测量工作。截至 2005 年，完成的主要工程项目有：金堂县城及各乡镇城市控制网的布设，控制面积 60 平方公里，测绘金堂县城及各乡镇的 1∶500 和 1∶1000 地形图约 50 平方公里（其中有 10 平方公里为数字化地形图）。完成赵镇、淮口镇、竹篙镇、福兴镇、金龙镇、高板镇 6 个地区的地籍控制网测绘和赵镇旧城区 1∶500 地籍图 1 平方公里，1054 宗地籍调查。完成各类建设项目征地测量 974 宗。至 2005 年，完成全县范围内的城市规划道路中线放设共 151 条，总长为 130 公里。完成电力供应线，通讯线，供水主管线、光缆线、天然气主管线的放设 80 公里。

第五节 建筑施工单位

一、建筑施工管理

1991—2005 年，全县坚持开展施工现场综合管理及质量、安全、文明施工检查工作，确保安全生产。2004—2005 年共对工程建设项目进行了 13 次执法检查，受检工程达 136 个，共发出整改通知 38 份，停工通知 18 份。同时接受国家、省、市建委对县施工现场的检查 8 次。办理 60 余个施工现场压证施工手续，有效地抑制"以包代管"的局面，保证施工场管理人员的素质，提高了工程质量及安全、文明施工水平。2005 年年末，金堂县具有建筑施工企业 25 家，其中房屋建筑工程施工总承包二级企业3家，总承包三级企业15家，市政工程总承包三级企业1家，公路施工总承包二级企业1家，专业承包三级企业5家。同时，新办企业劳务资质1家，2家装饰资质企业（四川小康建筑公司三级装饰资质、教育建筑公司三级装饰资质）。

二、金堂县主要建筑施工单位

金堂县华川建筑装饰工程有限公司：1996年3月3日成立，位于县赵镇二横道街，从业人员2001年年末305人，其中：中专51人，有职称人员51人，中级职称12人，高级1人，三级项目经理8人。注册资本668万元，资产总额949万元，固定资本222万元，流动资金663万元。1996年获省建委颁发的工业与民用建筑三级施工资质证书，施工优良工程有中国民用航空管理局空中交通管理局金导航台、富康小区5号楼、金堂县交通局1号A、1号B住宅楼、金堂县农机局综合大跨度的工业厂房、民用建筑、框架半框架的办公楼、金沣宾馆、医院、达成铁路金堂火车站、达成铁路金堂指挥部等各类建筑安装工程。公司于2002年8月更名为四川华晶建筑装饰有限公司。

金堂县城乡建筑装饰有限责任公司：1988年2月成立，改制于1999年12月，位于赵镇龙洞。2001年年末从业513人，在册职工202人中有大中专学历70人；有专业技术职称64人，其中：中级16人，高级1人；项目经理13人。公司属工业与民用建筑总承包三级企业。注册资金845万元，资产总额1096万元。固定资产518万元。流动资金577.5万元。有施工机械设备145台套，有设备库房、场地5000平方米。旧城内有门面16间，面积820平方米。承建工程：阿坝州汶川百花水泥厂车间、天工实业公司主厂房、承建了大量民用商住楼和住宅、影剧院等。2002年8月更名为四川小康建筑装饰有限责任公司。

金堂县第五建筑工程公司：1979年8月25日成立，位于县赵镇工农路13号。2001年年末有员工469人，其中：三级项目经理13人、大中专学历以上116人、工程技术人员39人、管理人员52人；有职称62人，其中：中级17人，项目经理13人。隶属县劳动部门主管，系国家二级建安企业，注册资本1250万元，资产总额1535万元，固定资产648万元，流动资产887万元。公司总部设办公、财务、人事、企管、技术、质安、法律顾问等科室。下设装饰分公司、预制构件厂、木材加工厂、建材化工经营部、机具租赁站、运输队等分支机构，检测仪器180台套。

成都市金堂县三星建筑工程公司：1991年4月19日成立。位于县三星镇金橘街48号。2001年6月18日，成都市三星建筑工程公司与成都市金堂县三江建筑工程公司合并成立成都市金堂三星建筑工程有限公司。属承建各类工、民用高层建筑，道路桥涵的县以上三级企业。2001年有职工总数885人，其中固定职工447人，合同制职工438人，有各类工程技师286人，高级工程师2人，工程师15人，助理工程师17人，技术员24人，施工员39人等。有三级项目经理12人，有中专以上学历32人。注册资本1580万元，资产总额1800万元，固定资产900万元，流动资产993万元。公司属县大规模施工企业，设有办公室、生产科、质安科、财务科、统计科、保卫科。下属有12个项目部、两个预制构件厂、一个材料加工厂、一个机械修造厂、一个钢筋拉丝厂、一个装饰涂料厂、一个装饰装修项目部；自有办公用房4000平方米，生产及库房场地2.32公顷，拥有机械设备212台（件），总功率2688千瓦，价值500万元。公司为有利发展决定以三星建筑有限公司为主体组建房地产开发企业。2002年12月28日，经成都市计委、市建委、市工商局等批准正式成立四川欧康房地产开发有限公司。公司注册资本1180万元，具有房地产开发、建筑施工物业管理配套的综合性职能。

金堂县教育建筑工程有限公司：1993年5月29日成立，位于县赵镇滨江路体育中心侧面。公司原名金堂县教育建筑工程队，建于1988年6月，1993年5月29日更名为金堂县教育建筑工程公司，属工民建三级施工企业。可承担16层以下的建筑物，高度50米以下的构筑物的建筑施工。2001年从业人员786人，有工程技术、经济管理75人，其中：高级职称2人，中级14人。公司注册资本800万元，总资产2088万元，净资产1057万元，固定资产324万元，流动资产1333.8万元。拥有机械设备净值288万元；生产车间、库房3973平方米，办公综合楼3666平方米。

成都万盛建筑工程公司：2001年6月13日成立。位于县城赵镇十里大道246号。公司由原金堂县建筑安装工程公司（1993年1月成立）、成都金达建筑工程有限公司（于20世纪70年代转制于1995年）、盛达建筑工程有限责任公司（于20世纪80年代转制于1995年）、福兴建筑有限公司（转制于2000年）、广兴建筑工程队（建立于1984年）五家建筑企业联合组建而成立。2001年有工程技术55人，其中：高级职称4人、中级10人。注册资本1970万元，资产总额2580万元，固定资产486万元，流动资产1938万元。有二级项目经理1人，三级项目经理9人。

成都市金堂建设实业总公司：位于县城赵镇滨江路临江苑A1幢号。2001年从业人员560人，有中专以上学历46人；有职称人员53人，其中中级10人。注册资本680万元，资产总额1070万元，固定资产364.1万元，流动资产745万元。有二级项目经理3人、三级7人。总公司原为金堂县兴业建筑工程公司，创建于1992年3月，隶属县建设局、建筑施工三级总承包企业。1996年县建设局为规范局属企业管理，将下属金堂县兴业建筑工程公司、金堂县屋面防水工程公司、金堂县沼气服务公司、金堂县园林绿化工程公司合并成立成都市金堂县建设实业总公司。公司施工机械达170万元。完成县城屋面防水10万平方米，净化沼气池9000平方米，县城绿化工程2万平方米。

金堂县第三建筑工程公司：1955年6月12日成立。位于赵镇万方街1号。2001年从业人员564人，有中专以上学历56人；有职称人员52人，其中：中级11人、高级2人；有三级项目经理11人；注册资本660万元，资产总额3117万元，固定资产314万元，流动资产2634万元。有各类机械设备154台，价值212.26万元。

金堂县现代建筑工程有限责任公司：1995年10月20日成立。位于县赵镇一横道街。2001年从业人员969人，有中专以上学历173人、职称人员173人，其中：中级41人，高级6人；有一级项目经理2人，二级14人，三级1人。注册资本2000万元，资产总额3856万元，固定资产1710万元，流动资产2319万元，有大中型机械设备86台，试验设备10台。公司2001年6月兼并金堂县现代建筑装饰工程有限责任公司（1996年3月获建筑装饰二级资质证书）。

成都市利德实业有限公司：1995年10月22日成立。位于县城赵镇十里大道362号。2001年从业人员585人，有中专以上学历128人；有职称人员57人，其中：中级19人，高级1人；有三级项目经理13人。注册资本800万元，资产总额1102万元，固定资产492万元，流动资产625万元。

成都珠峰建筑有限责任公司：2001年6月由金堂县建筑工程公司、金堂县第四建筑工程公司和金堂县隆盛建筑工程有限责任公司、成都普新建筑工程有限责任公司及金堂县云绣建设工程队合并改制组建的有限责任公司。公司具有独立法人资格，注册资本2120万元，固定资产1239万元，流动资金8789万元，是集房屋建筑、屋面防水、公路工程施工、水电安装、生产销售预制构件、批发、零售建筑材料、装饰材料经营业务，年施工生产能力达1.2亿元，施工面积30万平方米以上的中型建筑施工企业。公司职工1968人。

成都恒杰建筑工程有限公司：位于金堂县淮口镇，2001年6月由原金堂县同兴建筑股份有限公司吸收改制后的金堂县淮口建筑工程公司、五凤建筑工程队、成都富丽建筑工程有限公司合并成立的成都恒杰建筑工程有限公司。

金堂县同兴建筑股份有限公司：公司始建于1976年1月，属集体企业，1995年改制升为三级企业，有工程技术员2人，持证上岗20人，项目经理10人，职工470人。

金堂县淮口建筑工程公司：公司始建于1978年1月，属集体企业，有职工572人，各类技术管理人员50人，项目经理11人，持证上岗18人。

成都富丽建筑有限公司：始建于1983年，在原赵家建筑工程公司的基础上于1998年改制而成。公司有职工180人，技术人员70人，固定资产288万元，流动资金200万元，施工机械50台套。

金堂县五凤建筑工程队：始建于1997年，曾承建的民用建筑有：住宅楼、商业综合楼、影剧院、医院、学校、政府办公楼等；工业建筑有玻璃厂生产厂房、35KV，110KV变电站、民用航空导航台等。

成都恒杰建筑工程有限公司：以房屋建筑为主，集道路桥梁、装饰装修、水电安装、仿古园林等于一体。有职工1442人，各类各级技术人员、经济管理人员88人，拥有各种机械210台套，总功率2000千瓦以上，公司注册资金748万元，固定资产1209万元。

金堂县清江建筑工程公司：成立于1975年，2001年6月更名为成都图腾建筑工程责任有限公司。原清江建筑工程公司是经省建设委员会批准的集体三级施工企业。公司下设办公室、生产科、经营科、技术质安科。有职工776人，其中：有高级工程师2人、工程师14人、经济师2人、会计师2人、统计师1人等；有各类技术职称人员共计57人。公司拥有固定资产494万元，机械总台数177台，机械设备总功率1389.2千瓦。先后承建施工房屋建筑、工业厂房、道路、桥梁、隧道、市政工程及水电厂、水泥厂、水厂构筑物等工民建筑工程项目，所建工程分布于陕西甘肃、新疆、西藏、成都及附近的县及本县等地。

金堂县栖贤建筑工程公司：1976年成立，获“工业与民用建筑三级”施工资质证书，是具有法人地位的工业与民用建筑及预制构件厂、装饰与广告设计于一体的多元化综合性经济实体，有职工344人。公司注册资金1100万元，拥有大中型施工机械与生产设备共计96台（件），公司下属企业有：华晶建筑装饰广告分公司、金堂县盘龙预帛厂。2002年3月更名为四川省华晶建筑装饰工程有限公司。

金堂县五凤镇建筑工程队：始建于1985年，为五级企业。1988年升为四级建筑企业，于1996年晋升为三级建筑企业。2003年有职工60余人，工程技术人员45人，其中：建筑高级工程师14人，工程师4人，助理工程师6名和助工、技术员16人，经济师、会计师等经济管理人员5人。企业现拥有固定资产40余万元，流动资产38万余元。

成都金阳建筑有限公司：成立于1975年，原为金堂县杨柳建筑队，于1990年正式更名为成都金阳建筑公司。2001年6月，公司转化为股份制。注册资金2120万元，为有限责任二级资质的施工企业，公司实行独立核算，自负盈亏。有职工792人，其中：经营管理184人，有职称156人。公司拥有机械设备673台。

金堂县净化沼气服务有限公司：原为金堂县沼气服务公司，成立于1985年1月，属独立核算的法人集体企业，主管部门为县建设局。1996年6月，金堂县沼气服务公司并入为成都市金堂县建设实业总公司，2003年3月，沼气服务公司从建设实业总公司分离，改制为金堂县净化沼气服务有限公司。公司是承建城镇污水净化工程的专业公司，拥有多名专业工程技术人员和管理人员，承担全县城镇污水净化池80%以上的工程。2003年完成产值198万元。

金堂县给排水建筑安装有限责任公司：成立于1995年，为三级资质的建筑安装企业。主要从事城市供水、排水工程，城市道路工程及工业与民用建筑施工。公司下设计财科、工程科、总工室、材料室、机具管理站、技术部、安装队、安检站。2003年管理人员138人，其中工程技术33人，具有中级职称10人，初级23人，持证上岗27人。公司注册资金500万元，固定资产708.60万元，流动资产 73.8 万元。公司现有各种建筑及安装设备 96 台，具备中小型市政公用工程和民用建筑的施工能力。

成都市金堂路桥工程公司：始建于 1958 年，为国家二级施工企业，注册资金 3134 万元。公司完成的水泥路建设工程及业绩：1991 年完成金广路 11.1 公里二级水泥砼路建设，获市优良工程称号。1992—1993 年完成唐巴公路 13.45 公里一级水泥砼路，获市优良工程。1993—1994 年完成成彭公路 14.1 公里一级水泥砼路，获市优良工程。1996—1997 年完成赵淮路 35 公里二级水泥砼路、成绵高速公路青白江接口段、金堂县十里坝开发区公路 13.03 公里。1998 年完成成环公路 38.3 公里二级水泥砼路。

竹篙建筑工程公司：1975 年 1 月成立，原为竹篙基建队，后改为竹篙建筑工程队，1987 年改为金堂县竹篙建筑工程公司。公司的资质等级为二级资质。公司发展成集建筑、制造、销售为一体的多元化公司，拥有 7 个项目经理部，3 个页岩砖厂，1 个加油站，两个铝合金门市部，1 个木制家具厂。公司注册资金为 1518 万元，有职工总人数 324 人，年均总产值 4260 万元，年营业额 2824 万元。

第六节　建筑监理单位

金堂县建筑工程质量监督站和金堂县建筑工程质量监督检验测试站：金堂县建筑工程质量监督站成立于 1986 年 8 月；金堂县建筑工程质量监督检验测试站成立于 1988 年 7 月；两块牌子，一套人马，属事业单位。1997 年 6 月 4 日，金堂县建筑工程质量监督检验测试站更名为金堂县建设工程质量监督检测所。主要职责：承担本县建设工程现场检验、工程原材料及构件的现场复验，负责县工程质量事故的仲裁检测。

金堂县建设工程招标投标监督办公室：成立于 1996 年 6 月 5 日，属自收自支的全民所有制事业单位，机构级别为股级，隶属金堂县城乡建设管理委员会；2002 年 4 月 10 日，由金堂县建设工程招标投标管理站更名为金堂县建设工程招标投标监督办公室，同时加挂金堂县建设工程造价管理站牌子。主要职责：贯彻执行国家、省建设工程招标投标的方针政策与法律、法规，进行全县建设工程项目登记；审查批准代理招标投标单位的资格；审定批准建设单位招标文件及标底；核准签发中标通知书；监督中标后的实施情况。

金堂县建设工程交易中心：成立于 1999 年，属自收自支全民事业单位，隶属县建设局。主要职责：为建设工程交易活动提供服务的固定场所和设施；收集、存贮、发布建设工程交易与工程建设活动等各类信息；为建设工程发包承包等交易提供开标、评标、定标并办理有关手续的“一条龙”服务；为建设工程承包交易及工程建设提供各类经济技术、法律中介咨询服务。

金堂县白蚁防治所：成立于 1997 年 3 月 15 日，为自收自支的全民事业单位，隶属县建设局。主要职责：贯彻执行国家、省、市新建房屋白蚁预防工作方针、政策与法律、法规；进行全县新建、改建、翻建、扩建房屋、重要建筑物、大型住宅区、开发区工程项目登记；严格按照《房屋建筑白蚁预防工程施工技术规定》建立健全竣工验收制度，健全施工档案管理并记录在案。

金堂县城市房屋装修结构安全监督管理站：成立于 2001 年 3 月 15 日，属自收自支全民事业单位，隶属县建设局。主要职责：贯彻执行《成都市城市房屋装修结构安全管理》；负责全县国有土地上的新建、改建、扩建、自建、办公用房、营业用房及其他民用非住房、私房的装饰、装修、危房鉴定、工程规范管理；加强对施工企业资质管理与个人施工人员上岗证得管理，定期开展抽查、业务技术培训的指导工作，建立健全装饰、装修工程的审批、竣工验收、施工档案的管理制度。

金堂县工程建设监理公司：成立于1998年4月25日，属自收自支全民事业单位，隶属金堂县建设局。主要职责：贯彻执行国家、省、市有关工程建设监理的法律、法规、规章，制定本县建设监理实施办法；负责对全县范围内受监单位委托的建设工程进行监理，对进人本地区承担建设监理业务的监理单位进行注册登记和管理。

金堂县建设工程造价事务所：成立于1999年7月13日，属自收自支事业单位，隶属金堂县建设局。主要职责：促进建设工程造价工作的健康发展，维护建设市场经济秩序，确保工程预决算工作的顺利进行。

金堂县建设工程设计审查事务所：成立于2000年11月10日，属自收自支的全民事业单位，隶属于县建设局，主要职责：受建设行政主管部门委托，依据国家法律、法规、地方的技术标准与规范，对县境内建设工程设计文件中涉及国家、人民及社会公众利益的生命财产安全等内容进行监督、审查。

金堂县房屋面积测绘站：成立于2001年3月15日，属自收自支全民事业单位，隶属县建设局。主要职责：认真贯彻执行国家制定的政策与法律法规，严格按照《中华人民共和国城市房地产管理法》及《城市房屋权属登记管理办法》，为房地产管理部门管理本县的房产市场提供科学依据；按照建设部房产测量规范，负责全县国有土地上的新建、改建、扩建、自建、划拨、分割、抵偿、转移、变更、拆迁等房屋测绘工作。

金堂县宏宇工程建设监理有限公司：1998年成立，是从事工业与民用建筑工程及市政工程监理的服务性企业。公司经营管理实行经理负责制、技术业务管理实行总工程师负责制、监理项目实行总监负责制。公司设有：综合办公室、计划财务室、工程监理部。公司的资质等级为丙级。2004年有职工32人，其中：高级职称6人，中级技术职称15人，助工7人，技术员4人；取得注册监理工程师16人，其中：全国注册监理工程师6人，省注册监理工程师8人，省注册造价工程师2人。有土建、水电、装饰、道桥、石油管道安装、财会等多个专业人员。至2002年年底共监理工程200项，面积达80万平方米，总投资4亿元。监理工程合格率为100%，优良率达20%。公司地址在金堂县赵镇金中路58号。

金堂县正大建设工程代理服务有限责任公司：2000年10月成立，2003年10月，取得招标代理机构暂定级资质，公司现有专业技术人员17人，其中：本科以上学历6人，大专学历6人，中专学历5人，高级职称6人（技术经济专家6人），中级职称9人（具造价师执业资格2人），初级职称2人，外聘技术经济专家5人。职责：代办报建手续；对建设工程的勘察、设计、施工、监理以及工程建设有关的重要设备（进口机电设施除外）、材料采购招标进行代理，招标代理的内容包括：招标咨询、代办招标项目登记、代编招标文件、代拟评标办法、组织现场踏勘、解答工程现场条件和招标答疑，组织开标、评标和进行招标工作总结。2000—2004年，公司代理35个工程项目的招投标业务，总面积2.9万平方米，投资额831万元，其中：公开招标1个，面积6.87万平方米，投资额351万元。

金堂县建筑行业安全监督站：1996年成立，挂靠县建设局建筑业管理科，实行两块牌子、一套人马。2001年4月，金堂县建筑行业安全监督站独立为建设局直属科室。金堂县建筑行业安全监督站设有站长1人，副站长1人，工作人员2人。主要职责：宣传贯彻国家、省、市有关安全生产的法律、法规、规范和标准，依法对建设工程施工安全实施强制性监督。

金堂县建设工程验收备案办公室：2001年4月9日成立，为金堂县建设局直属事业单位。备案办主要职责：代表建设行政主管部门按房屋建筑工程和市政基础设施工程负责行政区内的新建、扩建、改造各类工程竣工验收备案管理。对工程质量监督机构报送的《工程质量监督报告》和备案建议进行审查。对工程建设过程中各方主体执行有关法律、法规和强制性标准的情况进行综合审查。对符合要求的工程进行备案登记，审查符合备案要求的文件，同意备案，办理备案证。对违反国家法律、法规规定的，责令限期整改和处罚。

金堂县建设工程设计审查事务所：2000年11月10日成立，是经四川省建设厅批准的从事建筑工程施工图设计文件审查的专业审查机构，承担本县内丙级建筑工程施工图审查。位于金堂县赵镇金中路。属县建设局主管。2004年3月，更名为金堂维众建设工程咨询有限公司，公司性质为有限责任公司，按乙级审查机构充实技术力量，承担乙级范围内的施工图审查。2004年末有职工总数20人，其中：高级职称15人，中级职称3人；注册资金20万元。

金堂县建设工程交易中心：1999年9月成立。为县建设局下属全民事业单位，经费自收自支，财务实行独立核算，自负盈亏。内设办公室、业务科。职责：为建设工程交易活动提供服务的固定场所和设施。收集、存储、发布建设工程交易活动等各类信息。为建设工程发包、承包等交易活动提供开标、评标、定标并办理有关手续的“一条龙”服务；为建设工程承发包交易和工程建设提供各类经济技术、法律中介咨询服务。建设行政主管部门依法对建设工程交易活动进行管理，并组织协调有关职能部门进驻有形建筑市场联合办公，维护交易中心正常秩序。1999—2004年，在中心报建手续的工程165个，投资额5.9亿；涉及引资项目10个，投资额6864万元。

金堂县建设工程造价事务所：1999年7月13日成立。2001年6月按国家建设部规定改制为金堂县正兴工程造价咨询有限公司。原属县建设局下属全民事业单位，经费形式自收自支，主要职责是面向社会接受委托，承担建设项目可行性研究，投资估算，项目评估，工程概算，竣工决算，工程决算认证，工程招标标底，投标报价的编审，对工程造价进行监控及提供有关工程造价的信息资料。所设有办公室、编审室、造价事务服务部、财务科。该所其性质为全民所有制单位，实行企业化管理，自收自支，独立核算，工商注册，照章纳税，具有独立法人资格，负责对各机关、行政事业单位，全民集体，股份制企业单位社会团体及外来单位的工程造价事务管理工作，服务范围为面向社会性接受委托，承担建设项目可行性研究投资估算，项目经济评价，工程概算、预算、结算、竣工决算、决算审计、估算认证、工程招标标底、投标报价的编制审查，工程造价纠纷的调解、仲裁、对工程造价进行监控以及提供有关信息资料等工作，严格按照国家有关政策法规办事。

金堂县城乡建设质量管理协会：1992年10月16日成立，属于成都市城乡建设质量管理协会分会，2003年有协会团体成员单位14个。分别为：金建三司、竹篙建司、金阳建司、图腾建司、珠峰建司、小康建司、教育建司、华川建司、市政处、三星建司、实业公司、恒杰建司、现代建司、万盛建司。协会组织会员单位和城乡建设广大职工，在社会主义市场经济的新形势下，认真宣传、贯彻、落实党和国家有关工程质量的方针、政策，推行全面质量管理和科技进步，提高县建设工程质量。

房地产评估事务所：1997年3月17日成立金堂县房地产评估管理所。系县建设局下属的全民事业单位，与赵镇房地产管理所合署办公，实行“两块牌子，一套人马”。同年8月27日成立金堂县房地产评估事务所。1999年12月金堂县房地产评估事务所脱离赵镇房地产管理所，实行了独立办公。金堂县房地产评估事务所职责：为房地产交易、抵押、拆迁、仲裁、拍卖、清产核资提供价格评估。提供房地产有关法规、政策咨询。

第七节　建筑市场管理

一、管理机构

1976 年 6 月建设局成立时即设立了建筑工程管理股。1990 年建立金堂县城乡建设管理委员会时改设为金堂县建工管理办公室。1997 年金堂县城乡建设管理委员会更名为金堂县建设局时又改为建筑业管理科。2003 年机构改革时由建筑业管理科改设为金堂县建筑行业管理办公室。主要职责：指导和规范建筑行业管理工作，负责按建筑业企业资质管理权限对企业资质等级进行初审上报，负责对施工许可证的核发和对外来建筑施工企业的资质审查验收、注册、登记、备案，负责建筑行业项目经理，“九大员”资质及岗位人员综合考核、复查及培训办证，负责指导协调管理工程招标、投标、质量、安全监督、工程监理、有形建筑市场、建设工程竣工备案等工作。

二、市场管理

2001 年建设部颁发新的《建筑业企业资质等级标准》，新标准颁发前，县有 44 家施工企业，在县建筑业企业按新的资质标准执行后，有施工企业 25 家，其中：有 3 家房屋建筑施工总承包二级资质企业，14 家房屋建筑施工总承包三级资质企业，1 家防腐保温工程专业承包三级资质企业，1 家管道工程专业承包三级资质企业，2 家装修装饰专业承包三级资质企业，具有装饰资质的企业共计 7 家，1 家市政工程总承包三级资质企业，1 家环保工程专业承包三级资质企业，1 家公路工程总承包二级资质企业，1 家送变电专业承包三级资质企业。2003 年全县建筑业总产值为 7.1 亿元，实现利税 3000 万元，年平均就业人员达 2.8 万人，年对外施工产值达 1 亿元。2004—2005 年全县有项目经理 312 人，其中：县有二级资质的项目经理 70 人，一级资质的项目经理 1 人，三级资质的项目经理 241 人。具有持证上岗的“九大员”900 人，具有各职称证书的共 1600 人。

2005 年金堂县具有建筑生产资质的生产企业 9 家。建筑材料市场：金堂县 2004—2005 年建筑材料价格大部分有一定程度上涨，其中：建筑主要材料钢筋、水泥、页岩砖、煤渣、中砂、元石、平板玻璃 2004 年涨幅分别为：0.06%、11.14%、2.38%、-2.10%、-9.34%、-15.31%、-12.50%；2005 年涨幅分别为：1.72%、-0.81%、15.13%、17.36%、7.35%、26.71%、-2.84%。随着金堂县建筑业不断发展，建筑材料有不同程度上涨趋势。建筑市场管理：金堂县严格按照《中华人民共和国建筑法》《建筑工程施工许可管理办法》及省市建委有关规定执行，依法审批施工许可，严肃查处无证施工和设计等违章行为。2004—2005 年共对工程建设项目进行 13 次执法检查，受检工程达 136 个，共发出整改通知 38 份，停工通知 18 份。同时接受国家、省、市建委对金堂县施工现场的检查 8 次。

第十二篇　城乡建设

金堂县规划室从1996年成立至2005年，完成小城镇规划12项，详细规划15项，总体规划28项，总平面规划300项。县城1994年总体规划由成都市规划设计研究院编制完成并实施。1991年至2005年，全县除县城赵镇外，其余20个县镇，在县规划部门的统一部署下，从1994年开始至2004年对本乡镇未来的发展进行了规划建设。1990—2003年，县城镇建设省、市投资：常年维护投资6854.80万元；专项投资2661.05万元。2004年，市建委为淮口给排水及七路风貌整治补助等460万元，县常年维护资金投入815万元。2005年，县常年维护资金投入815万元。县建设局对城建资金的收支严格按县有关统一规定执行。

1991—2005年，金堂县城乡建设事业加大对公共基础设施、城乡环境面貌、居住条件改善的投入。县委、县政府带领全县人民解放思想，实事求是，实施"大开发、大投入、大发展"的兴县战略，狠抓旧县城改造和新城区规划与建设，重点体现在"新、绿、亮、美、净、畅"方面，突出了天府水城建设的特色。全县乡镇交通道路、场镇街道、房屋改造等建设方面变化很大，居民住宅和人民生活条件不断得到改善。

第一章　管理机构

第一节　金堂县建设局

一、局机关

1976年6月15日，成立金堂县建设局。有领导、工作人员5人，接管原分散在各部门管理的建设事业及市政设施维护工作。1977年县建设局机关正式设一室三股，即办公室、城镇建设管理股、建筑工程管理股、建筑材料管理股。1983年12月19日，金堂县环境保护办公室、金堂县沼气办公室、金堂县建设局合并成立金堂县城乡建设环境保护局（以下简称县城建局）。1990 年 8 月，县城建局机关设七股：政工股 、保卫股、财务股、科技信息股、城镇建设管理股、建筑工程管理股、房地产管理股；八室：办公室、金堂县沼气办公室、规划设计室、金堂县环境保护办公室、金堂县村镇建设办公室、金堂县节约用水办公室、金堂县危房鉴定办公室、基本建设拆迁管理办公室。所属单位 25 个：金堂县建筑勘测设计处、金堂县建筑工程质量监督站、金堂县建筑工程质量监督检验测试站、金堂县建筑工程公司、金堂县第三建筑工程公司、金堂县房地产综合开发公司、金堂县预制构件厂、金堂县自来水厂、金堂县园林管理所、赵镇城镇维护队、赵镇环境卫生管理所、金堂县城管监察队、金堂县环境监测站、金堂县基本建设拆迁管理办公室、金堂县民用建筑统一建设办公室、金堂县环境保护技术咨询服务部、金堂县村镇建设开发服务部、金堂县沼气服务公司、淮口建设管理所、五凤建设管理所、竹篙建设管理所、高板建设管理所、土桥建设管理所、福兴建设管理所、三江建设管理所，有职工 945 名。1990 年 8 月，撤销城建局，建立金堂县城乡建设管理委员会（以下简称县城建委）。设办公室、政工人事监察科、计统财务科、审计科、规划科、建设科、管理科。1991 年 11 月，撤销金堂县旅游风景区规划建设办公室，有关全县旅游风景区规划建设管理职能由县建委行使。至 1997 年 3 月 24 日止，县城建委设办公室、政工人事监察科、计统财务科、审计科、规划科、建设科、管理科。所属单位 25 个：金堂县风景名胜旅游办公室、金堂县村镇建设办公室、金堂县建筑工程管理办公室、金堂县沼气办公室、金堂县地下水资源管理节约用水办公室、金堂县城管监察队、金堂县环境保护办公室、金堂县园林管理所、金堂县勘测设计处、金堂县自来水厂、金堂县房地产综合开发公司、金堂县环境监测站、金堂县建筑工程质量监督站、金堂县建筑工程质量监督检验测试站、金堂县民用建筑统一建设办公室；新建机构三个：金堂县城乡建设档案室、金堂县赵镇房地产管理所、金堂县房地产管理办公室；七个派出机构：金堂县城乡建设管理委员会三江、淮口、五凤、高板、福兴、竹篙、土桥管理所。有城建职工 1006 人（含建筑工人）。1997 年 3 月 25 日，金堂县城乡建设管理委员会更名为金堂县建设局，加挂环境保护局牌子。内设：办公室、政工人事科、综合计财科、城乡规划科、建设管理科、建筑业管理科。2001 年县机关机构改革，设置金堂县建设局。负责全县建设事业（工程建设、村镇建设、建筑业、房地产业、市政公用事业、城市园林绿化和农村能源建设）的工作。内设机构 4 个职能科室：办公室（挂目标督查办公室、机关服务中心牌子）、组织人事监察科、综合计统财务科、城乡规划科；直属机构：建筑行业管理办公室、建设管理办公室、政策法规办公室、金堂县散装水泥管理办公室、金堂县重点建设项目领导小组办公室。至 2005 年年末，金堂县建设局内设机构有办公室、组织人事监察科、综合计统财务科、城乡规划科；直属机构及直属事业办公室有：政策法规办公室、重点建设项目领导小组办公室、散装水泥管理办公室、建设管理办公室、建筑行业管理办公室、村镇建设管理办公室、房地产管理办公室、沼气办公室、节约用水办公室、墙改办公室、抗震办公室、风景名胜旅游办公室、城建档案室、建筑行业安全监督管理站、建设工程竣工验收备案办公室、内部审计办公室、县城市综合管理指挥部办公室。

二、下属单位

金堂县建设局下属单位共计下属单位 38 个：金堂县园林管理局、金堂县市容环境卫生管理局、金堂县城建管理监察大队、金堂县市政工程设施管理处、金堂县路灯管理处、金堂县赵镇房地产管理所、金堂县测量队、金堂县房地产交易所、金堂县建设局直属建设管理所、金堂县住房制度改革办公室、金堂县自来水公司、金堂县房地产综合开发公司、金堂县建设工程质量监督站、金堂县建设工程质量监督检测所、金堂县建筑勘测设计所、金堂县建设工程招标投标监督办公室、金堂县房地产评估管理所、金堂县建设工程交易中心、金堂县白蚁防治所、金堂县工程建设监理公司、金堂县建设工程造价事务所、金堂县建设工程设计审查事务所、金堂县规划设计室、金堂县房屋面积测绘站、金堂县市政园林设计研究所、金堂县城市房屋装修结构安全监督管理站、金堂县建设局培训中心、淮口建管所、五凤建管所、竹篙建管所、土桥建管所、高板建管所、福兴建管所、成都珠峰建筑有限责任公司、金堂县第三建筑工程公司、金堂县建设实业公司、金堂县净华沼气服务公司、金堂县天然气公司。

第二节　金堂县规划管理局

1980 年县建设局增设规划管理股。负责城建规划，征用土地手续，测量勘探及城镇建设规划管理工作。1988 年 7 月 25 日，更名为规划设计室。1990 年 8 月 18 日成立县城建委时设规划科。1996 年 8 月 13 日成立金堂县城乡建设管理委员会规划设计室。2000 年 11 月 10 日成立县建设工程设计审查事务所。2001 年 11 月 27 日县建设局内设城乡规划科。

2005 年 9 月 1 日设立金堂县规划管理局，加挂金堂县规划委员会办公室、测绘管理办公室牌子。内设办公室、规划管理科、执法监察科。设县政府派驻淮口镇、高板镇、竹篙镇、土桥镇、福兴镇、五凤镇、清江镇、三星镇规划助理员，负责所驻乡镇规划实施与监督管理工作。将县建设局负责的城乡规划管理职能和测绘行政管理职能划入县规划管理局；将建设局下属的测量队、建设勘测设计所、规划设计室、市政园林设计所及在编在职人员、退休人员划归县规划管理局管理。

第三节　金堂县城市管理局

2006 年 10 月 16 日组建金堂县城市管理局（简称县城管局）。承担金堂县城市园林管理、市容环境卫生管理、市政设施管理及城管执法职能。内设办公室（挂目督办牌子）、政工人事科、财务科、综合管理科、督查室。将原建设局下属事业单位县市容环境卫生管理局，县园林管理局，县城建监察执法大队（含淮口、隆盛、福兴、高板、清江、三星、土桥、五凤、竹篙 9 个城管综合执法中队），县市政设施管理处，县路灯管理处的人员编制、领导职数、职能职责划入金堂县城市管理局，为城市管理局下属事业单位。

第四节　金堂县市容环境卫生管理局

1966 年 7 月金堂县城赵镇原有清洁工 4 名，负责镇区垃圾除运工作；另有镇办粪管会 1 个，管理镇区粪便除运工作。同年 8 月将赵镇粪管会整顿改组后成立赵镇清洁管理所，由县卫生防疫站代管，赵镇联合诊所协助，镇人民委员会领导。1981 年 5 月 1 日赵镇清洁工、清洁管理所合并成立赵镇环境卫生管理所，由县建设局领导。1998 年 6 月 23 日赵镇环境卫生管理所更名为金堂县环境卫生管理所。主要职责是：贯彻执行国家、省、市、县的市容环境卫生管理法规、方针、政策，编制全县市容环境卫生管理事业的发展计划、年度计划和实施计划；负责搞好“门前五包”，并对市容环境卫生管理秩序及“门前五包”工作实施监督管理；参与全县内新建、扩建、改建项目中的配套市容环卫设施的审核、监督，对全县内的直管环卫设施进行管理；参与全县城镇静态交通管理和各类市场、停车场的审批等。1999 年 1 月成立环境卫生监察队，由环卫所领导，具体负责县城“门前五包”、市容环境管理及环卫设施管理行政执法。2000 年 3 月 26 日，建立金堂县市容环境卫生管理局，为副局级，隶属于金堂县建设局。局内设办公室；局下设市容环卫监察中队，机械化作业队；机械化作业队下设一所、二所，属全民所有制事业单位。2006 年 10 月 16 日县市容环境卫生管理局职能职责划入县城市管理局。

第五节　金堂县园林管理局

1976 年建设局城建股主管全县的城市园林绿化工作。1977 年，组建园林绿化建设维护小组。1987 年 11 月 28 日，成立金堂县园林管理所。1991 年，县建设局建设科将城市绿化工作移交给金堂县风景名胜旅游管理办公室，后由建设局风景园林管理办公室管理。2002 年 1 月 21 日成立金堂县园林管理局，主要职责：宣传、贯彻国家及省、市有关园林绿化管理的有关法律、法规及规定；编制县城绿化发规划、目标、年度计划和实施步骤，为县人民政府城市绿化主管部门。负责制订和组织实施县园林绿化管理的工作标准；直接管理县城公共绿地。负责对城区内的名木古树实施登记造册，挂牌标示和养护管理。依法进行城市园林绿化的行政执法。负责县上重点绿化工程设计、施工、管理。实施绿化行业管理，根据《城市园林绿化企业资质管理办法》对绿化施工企业进行资质审查、管理。至 2005 年未变。

第二章　城乡规划

第一节　规划设计

金堂县规划设计室 2001 年协助高板、隆盛、三溪、官仓、五凤 5 个乡镇和县总体规划修编工作。完成十里大道西延线等重点地段规划。完成了中、毗河整治、沿岸绿化规划体系，野生世界以南详规。2002 年，完成九龙镇中心村及光荣中心村的规划及编制，毗河桥上游沿岸绿化和道路规划，北河桥以西片区整治规划，金堂县沱源大道的规划及设计等。2003 年，协助四川省规划设计研究院完成了金堂县城总体规划修编工作。配合各建管所完成中心村规划 5 个。完成金堂县南环线规划、沱源大道规划，以及清江镇、竹篙、福兴、土桥、高板、又新镇的总体规划修编。2004 年 6 月至 2005 年 2 月完成金堂县城总体规划；2005 年 7 月完成金堂县淮口镇总体规划。

2004 年，金堂县图纸设计采用审查批准制，共计审查批准设计项目 64 个，其中外地设计单位设计 42 个；2005 年实行审查备案制，共计备案 114 个，其中外地设计单位设计 89 个。对外地设计单位采取准入制度，对其设计资质等级、业务范围、设计人员进行审查备案登记后，方可进入金堂县设计市场。

第二节　县城规划

一、县城总体详规

金堂县城1994年总体规划由成都市规划设计研究院编制完成。规划期限：近期2000年，远期2010年，远景2050年。

二、县城分区

城市功能分区：整个城市形成六大功能组团，各大功能组团就业岗位和生活居住相对就近基本配套，其六大功能组团如下：（一）三角洲组团：以旧城为核心，向北延伸至中河坝，东、西以北河、中河为界，建成城市商业服务中，配套居住。（二）十里坝组团：指毗河以北，中河以西，西至成都野生世界，建成城市行政办公、文化体育和教育科研中心，配套生活居住。（三）杨柳北组团；指毗河以南、铁路以北，东至曾家垭口，西以青白江为界，属近期重点发展区域，建成金堂县城的主要门户，人居典范以及一、二类工业园区。（四）杨柳南组团：指铁路以南，南至民主村、西至猫猫桥，规划建成城市主要二类工业园区和仓储区。（五）三星组团：指北河以东，东至天灯村，北至乌龟坟，南以来宝沱为界，建成生活居住区，二类工业园区和蔬菜批发中心。（六）龙威组团：指铁路以东、沱江以西，北至月亮山，南以石梯村为界，规划建成城市三类工业园区，适当配以生活居住。

三、道路对外交通

保留现状的达成铁路并紧邻建成铁路复线，火车站由现状的三级车站提升为二级车站。保留现状汽车客运中心，唐巴公路改线从城市北部边缘过境；赵淮、金广和龙泉至广汉的成都市域快速通道由城市东部过缘过境，与唐巴路衔接，形成金堂县城市对外交通网络。城市道路：规划以“四横”、“四纵”为基本骨架，辅以过境路和其他道路，形成大环套中环，中环扣小环的组团间环形复线联系的道路网系统。规划城市道路分为主干路、次干路、支路和组团间联系路。城市道路宽度分别为：主干路30—50米，次干路20—24米，支路16—18米。

四、主要技术经济指标

人均城市建设用地100平方米，其中：工业用地19.23平方米/人，占19.31%；居住用地27.61平方米/人，占27.73%；道路广场用地14.69平方米/人，占14.76%；绿地15.46平方米/人，占15.52%。人均用水量600升/人·日，人均用气量0.45立方米/人·日，人均用电指标1500瓦/人，电话普及率55%。防洪标准按20年一遇洪水设防。

第三节　乡镇规划

1991年至2005年，全县除县城赵镇外，其余20个县镇，在县规划部门的统一部署下，从1994年开始至2004年对本乡镇未来的发展进行了规划。主要在规划期限：近期、远期、远景，城镇化水平；城镇规划，城镇人口的近期、远期、远景规模，年规划人均用地、总用地范围控制，城建区主要道路重点发展，功能区形成，道路交通公路主线，城镇道路网络，城镇性质；主要技术经济指标，耕地、对外交通用地；居住用地，城镇建设总用地的主干道线、次干道、支路；城镇人均用电指标，人均用气，电话普及率，防洪标准等。结合各乡镇的实际进行了详细的规划，通过规划实施，各乡镇基础设施建设、各项社会事业发生了很大变化。

第三章 镇乡建设

第一节 旧城改造

一、县城街道建设

1991—1997年，金堂在赵镇县城旧城区投入2000万元，新、扩、改建总长9.07公里，宽11—31米的18条街道，总面积13.28万平方米；县在四川中美（外）中小企业发展园区（简称三中园区）投资2300万元，新建总长7.32公里，宽15—40米的12条大街，总面积23.46万平方米；县城现有房屋建筑面积176.2万平方米，人均住宅使用面积11.2平方米。同时，加强对县城市政公用设施的改造和建设，改造人行道2.96万平方米、排水管道4804.6米、安装街灯230柱436盏、维修堡坎2413.4米、新设隔离栏杆1546米。

二、防洪工程、旧城改造

1991—1997年，全县防洪投资2100万元、完成防洪堤5000米、县城三江路、复兴街排洪沟2500米，建防拱疏散桥1座。1994年4月，县旧城改造指挥部成立，旧城改造全面展开。3年中，先后组织拆除33个片区旧房面积7.73万平方米；新建优良住宅2200套，修建各类建筑40万平方米。引进和争取县内外资金1.2亿元，引资项目50项，新、扩、改建了主要交通干道，完成了所有街的下水管道、人行道路灯和绿化等配套工程。

三、城市供水

县自来水公司原为金堂县自来水厂，1992年改为金堂县自来水公司。县自来水公司有75毫米以上管网29.9公里，固定资产原值634万元，占地44.5亩，售水量每年以13%的速度递增，自来水普及率达95%。1992年投资299万元扩建取水配套工程，1994年5月投入使用，达到日供水2万吨能力，供水面积近6平方公里，用水人口达5.3万人。1995年公司4万吨自来水技改扩建工程立项批准，工程总投资3300万元；第一期改建2万吨自来水工程投资1500万元，于1996年10月动工，1997年底完工投入使用。

四、环境卫生

赵镇环境卫生管理所辖有县城19万平方米的街道清扫面积，现有垃圾桶420个、桶点136个、垃圾车5辆、洒水车3辆、吸尘车、工具车各1辆，环卫工人141人，县城街道坚持一日两洒两扫，全天保洁，垃圾日产日清，日清运量达60吨。1992年县城建委租用栖贤乡枯进村10亩废石场作为垃圾场。1996年5月，投入350万元，征用栖贤乡向前村10组土地31亩，新建金堂县固体废弃物处置场。7年间，县委、县政府在县城城区开展创建卫生县城活动，1992年创建市级卫生县城，1996年12月创建省级卫生县城，被省市建委推荐为全国100个环境综合整治优秀县城。

五、园林、绿化

1991年，县城赵镇绿化达标。从1992年开始实施“梅林工程”，采用梅花等高档花木，先后对南、北滨路、梅林公园、街道绿化进行更新改造。1994年底成功地举办首届梅花节。1995年，县园林绿化普查工作圆满完成。1996年，县政府引资3000万元，建成一个占地200亩的新园林——绿岛度假村。1997年7月，县全面绿化达标通过省市验收，县城镇园林绿地184.71公顷，人均园林绿地21.08平方米，公共绿地24.16公顷，人均公共绿地2.76平方米，绿化覆盖率达22%。

六、县房地产综合开发

1998年，在竹筏市街、水市巷、金广路、下横街、青果街、复兴街等10个地段建安居工程1.86万平方米、商住楼2.3万平方米、防洪安置楼0.85万平方米，使居住危房旧房、住房困难的280户搬进了新居。

1999年，完成复兴街下段商住楼及4个单位的配套设施建设。完成青果街危旧房拆迁改造工程，拆迁房屋25户，修建安置房4600平方米。完成水市巷6号安置楼建设2560平方米；公园小区3号安置楼建设3900平方米。完成安居工程建设6.5万平方米，安置住房户276户，解决城镇住房特困户39户。

在1994年的钟楼街、三江路建设中，动员和组织全社会力量，采取政府投入部分，沿街单位和收益个人出资部分，驻县的单位支持支援部分等方式，完成投资上千万元的改造工程，对县旧城改造项目进行市场化运作：在三江小区、北一、三横道、北河桥以西片区、韩滩片区、河坝街片区实行统一规划、统一改造、统一建设、统一安置政策，达到旧城改造的目的。1994—2003年，完成25万平方米的旧城改造，总投资达5个亿。2004年改造河坝街低洼棚户区A区，对河坝街低洼棚户区拆迁、新建安置房及市政配套设施建设总投资1200万元。2005年旧城改造建成面积58873平方米，投资额6720万元，拆迁安置200余户。

第二节　金堂广场

1998年1月，中共金堂县委、县人民政府提出把赵镇建成全省一流县城的奋斗目标，作了加快新县城建设步伐和新建金堂中心广场的规划，目的是加大对外开放和招商引资力度，创造更加优美的环境吸引外地投资者，带动旅游和第三产业的发展，培育全县新的经济增长点。

金堂广场位于金堂县赵镇十里大道一段800号县委、县政府办公大楼前。十里大道与金中路成T字型交汇处，以十里大道为中心，分为南北两个半圆形广场，广场总占地70.94亩。金堂广场以北广场为主，北广场位于赵镇十里大道一段以北。北广场南北宽180米，东西长176米；南广场为金中路双弧线，单行道与十里大道相交形成半圆形广场。新建的金堂中心广场是新县城区的标志工程。

广场工程建设由四川中美（外）中小企业发展园区（简称三中园区）管理委员会负责前期准备工作。从1998年4月27日起，三中园区管委会进入拟建广场征地，对农房土地进行实地丈量、复核，开始进行拆迁居民协议的签订工作。5月上旬，广场动工前的拆迁、安置工作全面展开。同年6月底完成中心广场征地70.94亩和拆迁、安置任务，拆迁房屋11480平方米，支付拆迁安置、作物赔偿等金额达310万元。同年修建中心广场搬迁农户80余户200余人，拆迁农房6000平方米；搬迁了亨通汽车修理厂，拆迁厂房1000平方米，搬迁水电设备制造公司职工宿舍32户、1800余平方米。金堂广场建设是全县第一个公开招标的建设项目，同年8月28日，经4家建筑单位的竞争，由7名评标专家的评审，成都市建筑机械化施工公司以510万元的标底取得总承包权。同年9月28日，三中园区管委会与该公司正式签订广场《建设工程施工合同》；同年10月8日，北广场正式破土动工兴建后，承建单位出动挖、压、推土机4台，运输车30辆，昼夜施工，挖填土方5万立方米。全年县上投入广场工程建设资金共计761万元，北广场工程已具雏形。1999年12月8日，南广场开工兴建。1999年，整个中心广场征地、拆迁、安置等各种经费付出438万元，基础工程土建部分付出520万元，合计投入资金958万元。2000年5月，县中心广场土建、装饰、绿化、灯饰、喷泉、道路等建设项目基本完成。同年6月28日，县中心广场全面竣工。工程建设从1998年10月8日动工，历经20个月，总投资1600万元，广场总面积4.7万平方米，其中绿地面积24675平方米。是当时西南地区县级第一大广场。广场规模宏伟壮观，气势磅礴，有现代化装饰的配套设施、喷泉、音乐、华灯和优质的草坪、树木、花卉等绿化植被，池中喷泉奔泻，水花晶莹跳跃，水中灯光五彩斑斓。县委、县政府大楼坐落北广场北边中央，广场夜晚景灯齐放，五光十色，绚丽多彩。该广场坐北向南、北高南低，系叠落式的梯台广场和斜面绿化，集休闲、娱乐、庆典、会议于一体的综合性广场。十里大道将广场分成南北两部分。由四川国际高尔夫俱乐部草坪园林公司设计，三中园区投资兴建。广场中间一线设置彩色喷泉，喷池用花岗石铺面，地面用小块花岗石铺成，广场周边道路为炒油路面，广场内散置广播音箱、清音悦耳，令人心旷神怡。在广场的北端设有一根10余米高的不锈钢旗杆，鲜艳夺目的五星红旗庄严肃穆，迎风飘扬（2006年11月1日，金堂中心广场改名为金堂广场。

第三节　城市经营

一、科学理念

1998年1月，县委、县政府提出把赵镇建成全省一流县城的奋斗目标。至2003年年末，县城城区面积达到16.80平方公里。2003年确定了以下几个定位，即城市发展战略定位：主动融入成都市经济圈，当好成都市区的服务区、配套区和建设好后花园，把金堂建设成成都市区的工业、旅游、休闲次中心。城市体系架构定位：完善城市功能，增强城市综合竞争力，基本形成中等城市框架。城市产业格局定位：以科技产业为先导，以食品加工业和医药、新型建材等基础产业为支撑，旅游业为龙头的服务和绿色农业全面发展。城市特色定位：生态旅游、休闲名城。

县城建设改造，重点体现在“新、绿、亮、美、净、畅”六个字上：

“新”。观念更新：做到“五破五立”。即：破除城市建设非生产性建设的观念，确立城市建设产业化的思想；破除城市建设政府包办的观念，确立动员全社会的力量办城建事业的思想；破除城市建设有多少钱办多少事的观念，确立举债建设、超前发展的思想；破除城市建设纯社会效益的观念，确立经济效益、环境效益、社会效益并举的思想；破除重工轻农抑商、封闭落后的农耕文化意识，确立大市场、大开放、大发展的现代化城市思想。规划编制创新：请重庆大学、省设计院编制金堂县新一轮规划，正确处理好城市形态城市与自然环境、区域布局与整体规划、单体建筑与街景设计、人造景观与自然景观、城市小品与街道风格、设施建设与空间环境、视线走廊与天际轮廓等方面的关系，突出“花园水城”特色，讲究别致新颖、浑然一体。

“绿”。围绕把县城建设成为“城在水中、水在城中、楼在树中、人在绿中、树木葱茏、四季飘香、环境优美”的“花园水城”这一目标，坚持“四个并举”“见缝插针”，实施了“六绿工程”。“四个并举”即：城市建设与城市绿化并举；新建城市园林绿地与城市园林绿化更新改造并举；公共绿化与庭园绿化并举；平面绿化与主体绿化并举。“三缝插绿”即：见缝插绿、找缝插绿、造缝插绿。“六绿工程”即绿街道：沿街建筑退墙还绿，县城街道见缝插绿，栽植行道树隔离绿化带等。绿小区：居住小区及小街小巷实现墙上披绿，住宅院落见缝插绿。绿空地：搞好单位内部空地游园4个，建成县级以上园林式单位118个；修建绿化面积达5.2公顷的休闲广场1个，建成占地13.33的亲水公园。绿景点，构筑街头小品：在县城主要街道交叉口、构筑街头绿化小品；在主要街道十字路口人行道上摆设绿化盆景，构思独特、样式别致、奇花异卉，组成新颖别致的街头景点，形成一道亮丽的风景。绿河岸：综合整治了北滨路、南滨路绿化带；修筑北河桥头至自来水公司600米的绿化带；修筑800米的毗河湾；修筑毗河大桥下游2000米以绿化为主的斜坡式休闲游乐小区等。引进成都野生世界建设项目，新增绿化面积280公顷。至2003年，县城绿地率37%；人均公共绿地达9.53平方米，绿化覆盖率达39.12%，县城绿地508.9公顷，公共绿地78.22公顷。

“亮”。亮化城市。1998年实施“光彩工程”，共安装路灯387柱；改造水泥杆路灯为钢柱路灯200柱；安装高杆灯3柱；安装灯箱广告196个；安装沿河灯、引桥灯369盏；安装草坪灯、灌木灯104盏。县城路灯总数现已达4500盏，基本达到省“亮化”县城标准。

“美”。美丽、美观。即注重建筑物、构筑物造型美：力争做到一栋建筑就是一个作品，新县城区建设了长2公里的欧式一条街和独具风格的罗马商城、防汛大楼、温州半岛等标志性建筑。注重绿化与美化相结合：在绿化布局上做到“点、线、面、圈”相结合，城市街道已形成四季有花、四季常青、层次丰富的街景线。并通过绿化植物滞留灰尘、阻隔噪音、吸收有害气体，达到了美化环境、净化空气的街道绿化综合功能。县城安装主要街道复合不锈钢隔离栏杆6500米；更换人行道混凝土方块砖为彩色混凝土砖8万平方米；修砌新街沿石6万米，既美化了城市街道，又提高了城市品位。实施中毗河综合一期整治工程、建设了一、二、三号橡胶坝，县城形成常年水位在3米至4米高，水域面积达3.6平方公里的自然景观。

“净”。整洁、干净。即强化市容环卫管理：1996年改革环卫用工制度，在定人、定段、定标准，严格落实环卫清扫保洁岗位责任制，在全省创先例，其经验和做法在西南大多数省作过交流。至2003年，金堂县城60条街道清扫保洁，招标达95%以上。在“脏、乱、差”上下功夫，严格实施“门前五包”，县城商家店铺、单位3000户均签订责任书。

“畅”。畅通、舒畅。狠抓城市街道、道路网络畅通，新、扩、改建宽11米至30米的街道68条，总面积74万平方米；改造宽40米的十里干道2.3公里；修筑宽6米至15米的滨河路13.5公里，县城市人均道路面积达10.64平方米。主要是通过旧城改造和房地产开发运作，走以房带路、以路建房之路。狠抓地下管网畅通：建城区内新修排水沟管网52.88公里，排水管网基本到位。1999年，完成了自来水1亿公斤技改一期4000万公斤改造工程。新建沿河堡坎25公里，进一步增强了县城防洪能力。狠抓空间视野舒畅。改造的钟楼街、复兴街、新建路和新建十里大道、南环线、迎宾大道、赵杨路等的广播、电视、电信线路实施了入地暗埋工程，空间视野达到宽敞、明亮、干净、舒畅。

二、市场运作

"经营好城市就是发展先进生产力"，1994—2005年，县充分利用好政策和整合资源两个手段，把经营城市与经济结构调整、产业布局调整、招商引资和培育经济发展后劲结合起来，实行土地资源资本化、城市基础设施市场化和无形资产市场化，吸纳民间资金，推进项目融资，以项目争取集资、信贷和社会资本的投入。县招商引进的攀钢集团钢城企业工业小区、成都奇鼎包装容器有限公司、成都三江起重制造有限公司、法国拉法基水泥有限公司等企业进入金堂省级经济开发区。引进的蒙牛集团冰淇淋生产线已在工业园区动工兴建。金堂以工业为基础推动城市化建设的格局基本形成，实现了城市经营。

2002年4月25日至2003年政府采取调控土地，垄断土地一级市场，推行招商拍卖和挂牌出让，全县土地收益达1.68亿元，较好地盘活存量土地资产。县进行中毗河一期整治、3座橡胶坝建设、迎宾大道整治、亲水公园建设、北河桥以西片区整治、金龙路A段、B段整治、赵杨路整治、北三横道建设、河坝街低洼棚户区改造、使土地明显增值，由原来2万—3万元一亩，增加到10万—20万元一亩。县城商贸口岸1处46平方米的土地，经过拍卖，折算每亩达150万元。县城房产由过去均价每平方米500元增加到每平方米1000元，最高价达每平方米1500元。全县依法清理闲置土地，土地二级市场"消肿"达85%，房地产开发用地"消肿"达70%，增加土地收益达3000万元。县盘活国有有形资产，实行城市资本的市场化经营，对直管公房变以出租为主为出售为主，对职工住宅实施全产权改革，为房改房办理土地使用权证等，县共筹集城市发展资金4000万元。县城区投资5000万元进行中毗河一期工程整治河岸现代光彩亮化工程，亮出沿河地带和花园水城优越的自然环境，带动城市增值，绿岛度假中心、金海棠、绿园、现代房产、成都干道房产等企业抢占市场，建设一批高档次服务场所、别墅。1998年起先后对十里大道、南环线、钟楼街等广告发布权进行公开拍卖收益100万元；把城市出租车、公共汽车、人力三轮车的经营权推向市场，实行公开拍卖，收益3000万元。全县城市主要街道清扫保洁、公厕管理实行招标竞标，达到90%。

三、培育经营市场体系

围绕县丰富的旅游资源配置，优化整合，着重打好成都野生世界旅游"名牌"，县旅游业由"门票经济"向"产业经济"的转变。县清理、整顿、规范土地市场，坚决、严格依法处置闲置土地，加大土地统征、储存力度，实现土地潜在收益。2003年，县政府将处于旧城商业价值较高地段的行政中心迁出，作为县城商贸中心。将县城内部企业外迁，把他们所在商业口岸集中成片、整体开发，建设旅游核心区和中心商务区。2003年6月，县委、县政府等县级部门办公已迁住新区，置换土地12公顷，旧城出现巨大商机。县继续拓展城市广告、公交路线、冠名权、特许经营权等无形资产经营的广度，实现无形资产的有形收益。在全面规划、统一管理、特许经营、有序放开的前提下，培育适度竞争的市政公用事业市场体系，走专业化、企业化、社会化经营的路子，在已成功实施的道路清扫保洁、公厕公开招标发包的基础上，逐步将市政设施、园林绿化、环境卫生等非经营性设施的日常养护、所有城市公共场所、公厕保洁等推向市场，实行“用事管人、用钱管人”的方式，逐步建立市政公用事业市场化经营制度。

全面扩大开放区域。扩大投融资领域，搭建投资主体多元化、融资方式多样化、运作方式市场化的融资新平台。广泛采用 BOT、TOT 等融资方式激活民间资金，促进民间资金向民间资本转化。不断聚集壮大全县高级策划、企业创业、文化教育、市场营销、高新技术开发管理等各类人才，建立与经济、社会发展相适应的人才体系。推进“三个集中”，即工业向园区集中、农民向城市集中、土地向业主集中。

全县深化户籍制度改革，加速农村人口向城镇转移。加强小城镇户籍管理制度改革，打开城门，降低门槛，让城里城外的人平等自由迁徙，实现城乡户口一体化管理，凡在城镇有合法稳定的非农职业或者有稳定的生活来源或有合法固定住所的，可根据自愿本人与家属直接登记为非农业户口；中心村形成一定的规模，在村内从事经营活动或非农职业的，可根据自愿登记为非农业人口；在县外务工人员，可根据自愿本人与家属登记为非农业人口；城市内或周边的农民，新出生的人口根据自愿可登记为城市户口；人均耕地不足 0.3 亩的，可保留一段时间，已征用使用土地的，整体纳入城市、风景区规划的，农村第三产业收入已超过平均农耕收入的村组可建制转移非农业人口。完善配套措施，吸引民营企业特别是农产品加工企业向城镇聚集。改革土地使用制度，对农村土地使用流转制度进行创新，实现土地使用权流转制度与户籍制度改革相结合，对自愿放弃土地使用权的农民，让其获得城镇永久的居住权。政府大力推进医疗等社会保障制度，发展农产品加工业，走农业产业化与农村工业化相结合的路子，对分散各村的乡镇企业要加以引导，促进城市化进程。

第四节　小城镇建设

1991—2003 年，金堂县建设局按照省、市城乡建设的规划，统一部署县城和各乡镇小城镇建设，在公共、生产、住宅建筑、集贸市场、砼道路、建下水道、安装街灯、植行道树等方面逐年加大资金投入，新建、改建、扩建了各乡镇的公共道路、住房、集市贸易场所。各乡镇小城镇建设有了显著的变化。2004 年 9 月，县对乡镇进行调整，将原 24 个乡镇中的黄家乡撤销并入三溪镇，九龙镇撤销并入淮口镇，杨柳乡撤销并入赵镇后，全县设为 21 个乡镇后，因职能调整，2004 年至 2005 年对小城镇建设未作统计。

1991—2003 年金堂县小城镇建设情况

表 12－1

乡镇名称	建房					道路及配套设施						
	公共建筑（平方米）	生产建筑（平方米）	住宅（平方米）	集贸市场（平方米）	投资（万元）	砼道路 宽（米）	砼道路 长（米）	砼道路 面积（万平方）	建下水道（米）	安街灯（盏）	植行道树（株）	投资（万元）
又新镇	19485	4114	486481	5145	12880.6	8—24	1870	2.14	1800	22	360	166.05
五凤镇	12200	30000	22500	5000	—	5	1000	0.5	2200	120	400	120
隆盛镇	42568	33764	83485	3264	5234	16	1500	2.4	2800	32	1120	425
平桥乡	30054	2590	10894	7500	2	6	900	0.54	500	—	80	25.6

续表12－1

乡镇名称	建　房					道路及配套设施						
	公共建筑（平方米）	生产建筑（平方米）	住宅（平方米）	集贸市场（平方米）	投　资（万元）	砼道路 宽（米）	砼道路 长（米）	砼道路 面积（万平方）	建下水道（米）	安街灯（盏）	植行道树（株）	投资（万元）
赵家镇	31500	12500	306300	5480	1380	8—20	1837	2.4	2100	20	210	130
土桥镇	59149	40970	41276	13000	5869	14	2100	2.94	6900	60	1200	234
九龙镇	3100	45000	80000	5400	4842	5—12	15000	7	500	25	3000	350
栖贤乡	24500	4210	25600	-	-	6	850	5.1	380	—	750	35
三溪镇	—	—	1200	—	36	4	10000	4	50	—	100	162
竹篙镇	7500	45000	125000	2800	1300	4—12	4000	2.8	1800	50	1000	220
广兴镇	6000	14200	43500	1998	460	6	1800	1.11	1700	47	110	220
云合镇	34000	36000	20000	6000	7840	6—20	2040	1.31	1200	—	463	12.5
清江镇	13290	8800	47810	9384		18—30	5078	11.8	10160	76	450	-
官仓镇	1800	1200	23800	4662	1672	5—8	2140	1.28	1360	26	250	51.31
云绣乡	26800	9000	40700	2000	6215	16	1500	2.4	1000	—	100	800
转龙镇	21730	13750	41809	2980	3870	8—15	2000	2700	1100	18	350	276.35
福兴镇	3000	10000	30000	1200	—	12	3200	4.24	4100	36	920	750
黄家乡	27000	5900	8900	—	340	6	1000	0.6	1100	—	200	20
高板镇	1200	100	24000	10000	—	20	600	1.2	1200	22	1000	—
三星镇	8500	35650	23800	14674	2748	4—8	2000	8	3000	8	200	691.24
白果镇	—	—	11000	3300	1030	20	280	0.56	610	28	100	61
金龙镇	920	—	1200	1200	—	12	13880	16.67	1400	28	200	930
淮口镇	152200	155000	788300	1400	10600	6	18500	11.1	1350	135	860	1800

第四章　城市维护及建设资金

第一节　城市维护费资金收取

一、收取城市维护费

（一）省、市拨款。从建设局成立起，成都市每年均将金堂列入全市安排城建投资单位之一。1990—2003年，县城镇建设省、市投资：常年维护投资6854.80万元；专项投资2661.05万元。2004

年市建委为淮口给排水及七路风貌整治补助等460万元，县常年维护资金投入815万元。2005年县常年维护资金投入815万元。(二）工业用电附加费及工商税附加费。城镇建设和维护资金来源，除了上述由省、市拨款补贴外，1979年省革委会批准成立金堂县开征工业用电附加费（即按工业用电电费征收8%的附加费），加上原来从工商税收人中提取1%的附加费作为地方城市维护费的资金来源。1985年开征城市维护建设税后，工商税附加费停征。1990—2005年，县收取工业用电附加费1206.94万元。(三）城市维护建设税。由税务部门收取，自1985年开征（1985年之前为1979年开征的工商税附加费)。为加强城市的维护建设，扩大和稳定城市维护建设资金的来源，按1985年《中华人民共和国城市维护建设税暂行条例》规定："凡缴纳产品税、增值税、营业税的单位和个人，都是城市维护建设税的纳税义务人，都应当依照条例的规定缴纳城市维护建设税"。城市维护建设税税率条例规定："纳税人所在地在市区的，税率为7%；纳税人所在地在县城、镇的税率为5%；纳税人所在地不在市区、县城或镇的，税率为1%"。城市维护建设税的用途条例规定："应当保证用于城市的公用事业和公共设施的维护建设，具体安排由地方人民政府确定"。

1985年县政府发文，对纳税人所在地作出了明确的补充规定，即"纳税人凡在金堂县县城赵镇和淮口、五凤镇的，税率为5%，其余的税率为1%。赵镇、淮口镇、五凤镇范围的划分，以城镇规划范围和户口管理为依据，即凡是三镇规划范围或三镇户口管辖之内的均按5%的税率征收城市维护建设税"。

按照国家规定，地方收取的两项附加费（工商税附加费、工业用电附加费）均系预算外管理的收入，应按收取的金额向国家缴纳交通能源重点建设基金。除1983年12.5%缴纳外，从1984年起改按15%缴纳。上述两项附加费均已扣除交通能源重点建设基金。1990—2005年，县收取城市维护费4116.77万元。

二、征收排污费

1990—2000年，县建设局征收排污费346.03万元。2001年环境保护局从县建设局系统划出，排污费不再统计。

第二节　城建资金收支与管理

金堂县建设局1990—2005年城建资金收支与管理由财务股按照相关规定，结合实际，提出方案，报县计委批准后下达执行。每年经费由建设局会同财政局根据实际情况，提出计划，报县政府批准后执行。局按照规定，设置健全的会计账簿，使用统一的会计科目，做好计账、算账、报账工作，做到账账、账表、账实相符。按时编制会计报告，正确、及时、完整地核算和反映资金、财产变化情况。县建设局对城建资金的收支严格按县统一规定执行。

城市建设资金由城建部门统一归口、计划、财政、城建等部门密切合作，加强城建资金收支与管理，保证资金用于城市维护和建设。重点项目的投资，县政府作出决定指令划拨支付；一般城建项目的投资，由县建设局提出年度计划，经县政府批准后支付使用；较小项目的投资、零星工程，城市当年维护管理与建委下属事业单位所需要业务及管理费用，由县建设局领导直接决定，或县建设局各科、股，室及下属单位提出报告，经县建设局领导审查认可后支付使用。

1990—2005 年金堂县建设局资金收支统计

表 12－2　　单位：万元

项目	收入							支出															
	合计	城市维护税	城市公用附加费	排污费	市政设施配套费	房管收入	水资源费	合计	道路建设费	桥梁涵洞	街灯人行道	城镇绿化	自来水工程	防洪排水设施费	公房建设及维修	公园宾馆建设	环境卫生	公安消防费	环保	广播事业费	医院建设	中小学维修费	其他费
1990	265	151	34	16	27	37	—	265	22	41	18	—	20	—	49	—	30	—	10	—	—	13	62
1991	292	162	45	17	20	43	5	292	14	10	—	34	11	158	11	—	39	—	—	—	—	14	
1992	368	216	52	17	23	56	4	368	67	—	—	15	15	204	—	—	52	—	—	—	—	15	
1993	375	215	54	18	19	69	—	375	56	—	39	19	5	170	23	—	45	—	—	—	—	18	
1994	374	148	87	19	27	93	—	374	15	—	—	53	10	10	27	—	40	—	18	—	—	10	191
1995	548	306	107	20	28	87	—	548	64	—	69	44	2	—	100	—	130	3	—	—	—	16	120
1996	495	250	116	21	19	89	—	495	60	10	70	45	10	69	90	—	90	3	18	—	—	15	12
1997	623	200	121	22	10	135	—	564	189	20	58	16	10	17	—	—	38	—	—	—	—	15	201
1998	1170	519	300	45	94	212	—	1170	310	—	—	74	57	485	—	—	145	—	74	—	—	5	94
1999	1551	636	300	65	333	212	7	1551	213	—	—	204	310	431	—	—	246	—	83	—	—	15	42
2000	1875	1313	—	85	310	167	—	1875	789	—	392	327	65	248	371	—	356	3	98	—	—	15	—
2001	1246	860	—	—	243	136	7	1246	365	—	181	172	—	200	—	—	313	—	—	—	—	15	—
2002	1193	690	—	—	405	98	—	1193	219	40	113	228	20	173	50	—	329	21	—	—	—	—	—
2003	1250	900	—	—	247	103	—	1250	240	90	167	272	—	187	50	—	244	—	—	—	—	—	—
2004	1862	815	—	—	1019	28	—	1862	1098	—	191	204.50	0		19.50	—	235	—	—	—	—	—	114
2005	2159	915	—	—	1209	35	—	2159	878.70	—	504	347	8		18.80	—	187	—	—	—	—	—	215.50

第十三篇　公用事业

1991—2005 年，金堂县加大城乡各项公用设施投入，公用事业迅速发展。通过旧城改造，新县城扩建，2005 年，县城先后改造旧街 30 条，建成新街道 21 条。对道路、街、巷，桥、火车站、汽车中心客运站、河岸、防洪堤、城乡公共交通运输、用电、燃气、城市绿化、环境卫生、通讯等投入增大。同时，加强公共管理和执法力度，创造了新、亮、绿、洁、美的环境，为广大人民生活提供了极大的方便。2004 年 12 月，金堂县城市防洪综合整治工程获国家建设部颁发的中国人居环境范例奖。

第一章　县城基础设施建设

第一节　街　市

一、旧街道

金堂县城建设 1950 年至 1989 年止，新修二层以上楼房 791 幢，总面积 504194 平方米；至 1990 年有街 21 条，巷 12 条，路 9 条。

二、新建街道

1991—2004 年年底，县加快旧城改造和新区建设，先后改造旧街 30 条，建成新街道 21 条。

1996年9月金堂县政府会议新命名的街道

表13－1

序号	定名	拼音	定名原因及含义
三江片区			
1	金广路	Jinguang Lu	以金堂和广汉各取一字故名
2	江城路	Jiangcheng Lu	此街位于北河、中河之中故名
3	临江路	Linjiang Lu	此街沿北河故名
4	兴农街	Xingnong Jie	北街北通农贸市场，南通桔园市场以农民于此交易之意故名
5	望江街	Wangjiang Jie	以此街望北河之意故名
6	沙河街	Shahe Jie	此街左右两河产河沙故名
7	中河街	Zhonghe Jie	此街西临中河故名
8	北河街	Beihe Jie	此街东临北河故名
9	双河街	Shuanghe Jie	此街东西临北河和中河之意故名
三中园区			
序号	定名	拼音	定名原因及含义
1	滨江路	Binjiang Lu	以西临毗河故名
2	十里大道	Shili Dadao	以十里坝故名
3	金山路	Jinshan Lu	以金堂和焦山各取一字故名
4	金玉路	Jinyu Lu	以金玉满堂故名
5	金西路	Jinxi Lu	以金堂和西家坝各取一字故名
6	学府街	Xuefu Jie	以此街左有金堂中学，右有金堂进修校得名
7	泰吉街	Taiji Jie	以泰吉集团故名
8	万方街	Wanfang Jie	以万方集团故名
9	金航街	Jinhang Jie	此街位于成都金航公司之意故名
10	金中路	Jinzhong Lu	以金堂和三中园区各取一字故名
11	金沙路	Jinsha Jie	以县境内出产金沙故名
12	金园街	Jinyuan Jie	以金堂和三中园区各取一字故名
13	金文街	Jinwen Jie	以金堂和附近的文庙故名
14	华福宁大道	Huafuning Dadao	以华福宁制药总厂故名
韩滩片区			
序号	定名	拼音	定名原因及含义
1	赵杨路	Zhaoyang Lu	以此街赵镇通杨柳故名
2	石城路	Shicheng Lu	南宋时代修的云顶石城故名
3	金水路	Jinshui Lu	唐代县境内置有金水县故名
4	金渊路	Jinyuan Lu	西魏废帝二年（公元553元）县境内置有金渊县故名
5	韩滩路	Hantan Lu	以街接韩滩桥故名
6	蟠龙路	Panlong Jie	以蟠龙寺故名
7	汉城街	Hancheng Jie	以后晋天福七年（公元942年）曾遥改金堂县为汉城县（未遂）之意故名

续表13—1

8	古城街	Gucheng Jie	此街为唐宋时金堂县治驻地故名
9	老街	Lao Jie	此街为唐宋时县城驻地之意故名
10	金州街	Jinzhou Jie	东汉时（公元25—200年）为益州地故名
11	驿道街	Yidao Jie	赵镇有“接官厅”，清代官府往来亦从此道之意故名
12	望岚街	Wanglan Jie	以此街远望“云顶晴岚”之意故名
13	米家渡街	Mijiadu Jie	以米家渡故名

三星片区

序号	定名	拼音	定名原因及含义
1	海螺路	Hailuo Lu	以地处海螺河故名
2	天灯路	Tiandeng Lu	以天灯村故名
3	橘乡路	Juxiang Lu	以此地经营100年橘子故名
4	竹林路	Zhulin Lu	以此街位于原竹林寺故名
5	兰家路	Lanjia Lu	以此街地处兰家店故名
6	川福路	Chuanfu Lu	以此街地处川福号故名
7	金桔街	Jinju Jie	以此街地处三星果子批发市场故名
8	赵官街	Zhaoguan Jie	以此街赵镇通官仓镇故名
9	圣灯街	Shengdeng Jie	以金堂八景之一的“圣灯朝佛”故名
10	三星街	Sanxing Jie	以三星镇故名
11	四方街	Sifang Jie	以“四方碑”故名

新建二座桥

序号	定名	拼音	定名原因及含义
1	毗河大桥	Pihe Daqiao	此桥位于毗河故名
2	中河大桥	Zhonghe Doqiao	此桥位于中河故名

旧城街道

序号	定名	更名	拼音	定名原因及含义
1	光明路	南滨路	Nanbin Lu	
2	解放路	文化街	Wenhua Jie	
3	上正街	文化街	Wenhua Jie	
4	下正街	文化街	Wenhua Jie	
5	太平街	复兴街	Fuxing Jie	以复兴街更名
6	东风路	复兴街	Fuxing Jie	以复兴街更名
7	复兴上街	复兴街	Fuxing Jie	去掉“上”字
8	复兴中街	复兴街	Fuxing Jie	去掉“中”字
9	复兴下街	复兴街	Fuxing Jie	去掉“下”字
10	工农路	金龙路	Jinlong Lu	以金堂和蟠龙寺各取一字更名
11	幸福南路	橘园路	Juyuan Lu	以橘园市场故名
12	幸福北路	橘园路	JuyuanLu	以橘园市场故名

1989—2004 年金堂县赵镇街道情况

表 13－2

街		巷		路	
1989 年前（21 条）	1989—2004 年（38 条）	1989 年前（12 条）	1989—2004 年（21 条）	1989 年前（9 条）	1989—2004 年（31 条）
上正街	上正街	向前巷	向前巷	光明路	光明路
文化街	文化街	齐心巷	齐心巷	公园路	公园路
下正街	下正街	团结巷	团结巷	解放路	解放路
下横街	下横街	三倒拐巷	三倒拐巷	幸福路	幸福路
河坝街	河坝街	立新巷	立新巷	幸福南路	幸福南路
烟市街	烟市街	五星巷	五星巷	幸福北路	幸福北路
新街	玉龙街	水市巷	油坊巷	幸福横路	幸福横路
草市街	青果街	永兴巷	红星巷	新建路	新建路
玉龙街	清平街	油坊巷	爱国巷	郊山路	郊山路
青果街	太平街	保庆馆巷	荣禄巷		滨江路
清平街	复兴上街	红星巷	观音巷		金龙路
北河边街	复兴中街	爱国巷	柑子市巷		十里大道
太平街	复兴下街		草市巷		金西路
柑子市街	和平街		普利巷		金中路
复兴上街	竹筏市街		橘南巷		金广路
复兴中街	泰吉街		橘北巷		江城路
复兴下街	万芳街		民生巷		橘园路
右复兴街	金航街		利民巷		北滨路
和平街	金沙街		康怡巷		南滨路
中河边街	金园街		八一巷		韩滩路
竹筏市街	沙河街		建设巷		橘乡路
	钟楼街		金沣巷		天灯路
	电业街		幸福巷		新龙路
	兴农街		雅苑巷		观潮路
	油坊街		朱家巷		汇龙路
	古城街		一道碾巷		永利路
	赵官街				沱源大道
	圣灯街				河畔路
	城门洞街				钢城路
	新生街				赵杨路
	回水沱街				三江路
	望月街				环岛路上段
	万安街				环岛路下段
	永安街				郊山北路

续表13－2

街		巷		路	
1989年前（21条）	1989—2004年（38条）	1989年前（12条）	1989—2004年（21条）	1989年前（9条）	1989—2004年（31条）
	顺安街				
	庆云街				
	新运街				
	江北街				
	金顺街				
	沙园街				
	顺运街				
	朝阳街				
	秀阳街				
	金航横街				
	永乐街				
	江河街				

三、2003年县城街道状况

1989年赵镇街道总面积为11万平方米。新建改建的有路面铺装街道18条，总面积8．8万平方米。1989年后，在新城区，先后建成了具有重大影响的十里大道；一、二、三、四、五、六条新城横道；迎宾大道；赵杨路；钢城路；滨江路；金龙路等。在旧城区也新建了三江路；北滨路；钟楼街；金广路等，城区道路面积也从原来的8.8万平方米增加到63.8万平方米。至2003年12月，县城继续保留使用街名71条，注销的14条，变更的13条，新命名的街、巷、路13条。

四、2004—2005年县城街道

2004—2005年，金堂县城有街道38条，巷21条，路31条。

第二节　市政设施维护

一、光彩工程

1989年赵镇街灯线路总长20公里，水银灯共408盏，合45千瓦，使用光控开关，自动明灭。1989年后，县城区的路灯随着城区的扩大而不断完善增多，由原来的合计功率48千瓦（408盏），至2003年年末合计功率达825.34千瓦（4500余盏）。样式由原来的大多是单臂水泥杆灯发展到2003年的全铁杆双臂、单臂、中杆、高杆、庭园型5大类，在能耗上更趋于环境保护。在县城区4个广场上更装备了亮度大，能耗低的高杆灯，极大地美化了城市，方便了市民，提高了城市的环境质量。

2000年，金堂被列为成都市“光彩工程”示范县后，县城完成了“两路、四桥、三坝、一水体”的彩灯安装。县城区内安装水中喷泉1处、大桥灯具493盏、美耐灯3900米、广告灯箱196个、河堤

灯346套。完成了十里大道、南环线、金龙路、金中路、三江路路灯的改造工作，共改造路灯700多杆。

自2004年1月起，根据县委、县政府提出的城市经营目标，县政府加大了对光彩工程建设的投入，县城全面实施夜景工程，安装河堤灯632盏12.48万瓦；地埋灯350盏8.75万瓦；射光灯200盏3000瓦；梦幻灯204盏，3.06万瓦；梦幻支架灯1365米2700瓦；轮廓灯554盏1.11万瓦；激光灯5盏6000瓦；夜景工程总投资6000万元。每当夜幕降临金堂县城景灯炫耀，红、黄、绿、紫等彩灯、探照灯光芒四射；节假日、喜庆日五彩斑斓的烟花爆竹响彻云霄，给人们带来美的生活享受，极大地美化了花园水城。

二、街道设施维护

1998年，完成复兴街上段、玉龙街、钟楼街和幸福横路的综合整治。拆除混凝土隔离墩安装不锈钢隔离栏4720米，更换混凝土方块砖，铺设人行道混凝土彩砖9431平方米；制作安装不锈钢灯箱广告30个、街牌45个。增设人行道护道桩749根，不锈钢果屑箱30个。坚持市政设施的常年维护保养制度，清掏下水道10450米，抢修照明设施185件次，维修人行道2703平方米、排水管道825米，改造安装街灯37盏，安装高杆灯1柱12盏；维修安装隔离栏杆3800米；县城道路及人行道保持了平坦、整洁、美观、排水畅通、亮灯率达到了98%，线路设施完好率达100%。1998年，金堂县城被建设部评为“全国城市环境综合整治优秀县城”。

1999年，投资3939万元，完成中毗河整治二期工程，修筑堡坎13公里。投资160万元，完成48米长的中河2号橡胶坝建设，并通过省、市专家验收被评为优良工程。投资30万元完成了水厂至北河桥头的混凝土道路铺设、路灯安装、绿化建设等。韩滩电站完成投资1644万元。完成中毗河示范段建设，铺设安装了3600米长的排水管网、1900米长的供水管网。完成安装沿河护栏1300米，护栏灯68套，主路灯62套；路沿石4000米等市政公用设施和绿化工程。完成韩滩大桥河心岛小游园及一道碾120米的堡坎建设任务。完成韩滩桥至工农大桥防洪护岸635米；南滨路绿化改造2800平方米，防洪堤改造549米，新建游园码头2处，面积70平方米，新安装复合铜护栏1031米。全年铺设排污管道5160米，铺筑人行道18640平方米；清掏下水道7270米，维修人行道254.4平方米，新增路灯电源750个。县城道路及人行道常年保持整洁、美观，城区排水管道畅通，亮灯率达95%，线路设施完好率达100%。

2000年，县建设局把新区街道、毗河两岸综合整治、市政基础设施放在首位。完成了南环线示范段，十里大道和金龙路、毗河弯左岸滨江路、十里大道西延线及迎宾广场、金中路、南环线街景、毗河桥上游南环线外侧、毗河桥上游毗河南岸综合整治。投资2500万元，拆迁房屋5万平方米，搬迁菜市场1个，挖填土石方34.52万立方米，铺设供给排水管道1.88万米，安装路沿石2.14万米，建人行道13.7平方米，建砼游园道1.38万平方，砌条石堡坎6250米，种植草坪9.53万平方米、乔木4215株、灌木70万株，安装护栏3600米、石徽200座、路灯312杆、草坪灯126盏、庭院灯18杆、高杆灯1柱、河沿灯120杆。完成了供电、通讯、电视线路的规范整治。仅用3个月，建成87.5米长的3号橡胶坝，在县城建成区内已形成了一个2平方公里，库容量达310万立方米的一个长湖；完成自来水加压站及其管网建设，保证了先锋安置小区的供水。县城面积扩展到17.6平方公里，日供自来水4000万公斤，天然气气化率达87%。

2001年1月，完成毗河湾综合整治。共建成滨河道路1400米、滨河绿带2.57万平方米、滨河下沉式小游园1600平方米，安装河栏1200米、排水管1000米、路灯46杆138盏，植乔木842株、灌木

16 万株、草坪 1.6 万平方米，移植名木古树 3 株。全面完成西延线整治。整治路段 1090 米，共挖填土石方 9 万立方米，铺设供水管 2300 米、排水管沟 4278 米、光彩工程路灯线路 4150 米、人行道彩砖 19071 平方米，安装路灯 42 杆，植行道树 4000 株，砌条石挡墙 4775 立方米。5 月底完成金中路整治，共挖填土石方 7000 立方米，铺排水管沟 300 米、路沿石 1800 米、花岗石人行道 3600 平方米，安装路灯 14 杆 1232 盏，植乔木 166 株、灌木 22 万株。北一横道初步打通。完成投资 500 万元，拆迁单位 11 个、农房 37 户房屋共 1.72 万平方米，修建砼道路 380 米、排水沟 602 米，安置楼 5000 平方米主体已竣工。北三横道路整治完成投资 500 万元，拆除 124 户房屋 2 万平方米，步行街建设详规已经完成，罗马商城开工后，于春节正式营业。钟楼街延伸整治房工程全面完成。完成投资 30 万元，建砼道路长 215 米共 3870 平方米、人行道 2795 平方米，挖填土石方 617 立方米，铺排水管 285 米。沙河路突击 27 天完成，共投资 80 万元，开挖土石方 4798 立方米，铺设人行道彩砖 2500 平方米、路沿石 550 米，筑砼道路 235.7 米共 2830 平方米、安装路灯 12 杆，植街行道树 120 株。迎宾市政广场初具规模。完成房屋拆迁 40 户 6000 平方米，广场初设规划已完成。投入资金 200 万元，完成自来水加压站建设，确保城区供水管网末梢压力不低于 0.2 兆帕；全年共安装各类管网 16.2 公里；安装市政消防栓 45 个，县城消防栓共达 145 个；更换、维修各类水表 418 只，清洗黑水表 278 只，维修供水阀门 143 只，全年完成供水 540 万平方米，总产值达 650 万元。新建城镇沼气净化池 48 处，容积 6622 立方米。协助各乡镇新扩改建农房 8493 户、集镇道路 1.35 万平方米、排水沟 6500 米，植行道树 3100 株，安装路灯 250 盏，推广运用小康住宅图 750 套。

2002 年，修复两岸水毁堡坎 350 米，坝体铺段灌浆 48 米、加长水漫段 5000 平方米。完成堡坎建设 2336 米，挖填方 5000 立方米。清除淤泥 2 万立方米。安装十里大道两延线路灯 64 盏。在金堂广场、南环线（一横道位置）建环保公厕各 1 座，客运中心建公厕 1 座。建罗马商城 8000 平方米。投资 90 万元，完成毗河滨江路北一段长 900 米路段的堡坎建设。

2003 年城区沿河绿带安装庭院灯 112 套，栏杆灯 36 套，河堤灯 50 套，完成绿化面积 1 万平方米；对金龙路 A 段、泰吉路、二横道、毗河湾综合整治铺设彩砖 3.5 万平方米。

第三节　排水与县城防洪

一、排水

建国以前，赵镇为乡村集镇无现代市政设施。1976 年以前，也未系统建设。排水问题由自然形成的石板沟，路边沟自由排水，大通小塞，每逢暴雨，有些地段积水盈尺。1976 年开始在新修街区的同时修筑了雨污合流的排水道，同时对旧排水系统增加断面、增加横沟进行改造。

1989 年赵镇下水道总长为 12.5 公里。

新建排水道统计（1989 年）

表 13－3

街　道	排水道长（米）	排水道断面（米）（Φmm）	排　向
新建路	595	0.6×0.5 米	中河
幸福路	1943	0.9×0.5 米	中河、北河

续表13－3

街　道	排水道长（米）	排水道断面（米）（Φmm）	排　向
幸福横路	470	Φ500mm	中河
幸福北路	26.5	Φ500mm	中河、北河
幸福南路	200	Φ400mm	中河、北河
解放路	385 242	0.6×0.5米 Φ500mm	中河
河滨北路	135 108	1.2×0.75米 Φ250mm	北河
太平街	151	Φ500mm	中河、北河

1989年后，新旧城区的排水道随着城市扩大而增加，由原来的12.5公里增加到2005年的54公里。

2005年金堂县城新建主要排水道统计

表13－4

街　道	排水道长（米）	管径（毫米）	排　向
三江路	944.5	600	中河、北河
钟楼街	496.4	600	北河
南滨路	278	600	中河
金广路	562.4	600	中河
文化街	1138	600	中河、北河
古城路	1041.3	600	中河
韩滩路	895	600	中河
赵杨路	3000	600	中河
泰吉街	842	600	毗河
金航路	693.8	700	毗河
五横道	711.6	600	毗河
十里大道	5268 366	250×300 600	中河
钢城路	2200	600	毗河
绿岛路	1434.6	700	毗河
金中路	2521.2	600	毗河
滨江路	3872	600	毗河
中心广场	832	600	毗河
金龙路	2000	600	毗河
迎宾大道	2000	600	毗河

二、县城防洪

赵镇位于鹿头山暴雨区下游。雨水经绵远河、什亭江、蒙阳河、清白江、毗河等多条水系，向赵镇汇集，汇水面积6590平方公里。1995年8月11至12日，金堂县遭受洪灾，县城被淹0.6米至3.5米，洪峰流量7350立方米/秒；沿江9个乡镇，136个村，3334户、11.98万人受灾。造成直接经济损失1.62亿元。2001年9月20日，金堂上游4000多平方公里的地域普降暴雨，造成县城的中河、北河、毗河水位猛涨，其沱江流量为7390立方米/秒，全县受灾乡镇9个，直接经济损失达1.97亿元。1991—1997年，全县防洪投资2100万元，建防洪堤5000米，建县城三江路、复兴街街排洪沟2500米，建防洪疏散桥1座。1998—2005年，县城进行了河堤防洪工程改造与建设。

第四节　县城河道整治

一、防洪堡坎建设

1998年年初，县委、县政府决定实施县城中毗河防洪综合整治，要求全县人民行动起来，用三年至五年时间，有计划、分阶段地搞好县城中毗河防洪综合整治，开发中毗河两岸，进一步改善、优化、美化县城生活环境、生态环境和投资环境，充分发挥县城中毗河的防洪、环保、安居、旅游功能，以旅游为突破口带动县第三产业的兴旺，促进全县经济和社会的跨越式发展。

由于金堂县财政资金匮乏，为确保中毗河防洪综合整治的顺利实施，县委、县政府及时地把一期工程堡坎建设任务分解到县级各大系统（口），纳入目标管理。按照县委、县政府的统一部署，中毗河防洪工程各牵头责任单位：县委办口、县府办口、县计经局系统、县流通办口、县农工口、县宣传部口、县建设局、赵镇人民政府、三中园区管委会投入大量的人力、财力，克服重重困难，抽调专人，精心组织，狠抓中毗河防洪堡坎建设。

中毗河防工程堡坎建设从1998年10月18日开始陆续开发建设，开工前夕，各牵头责任单位成立了责任段防洪工程领导小组，分解责任段目标任务，落实责任人和现场管理人员，发动职工群众为防洪工程捐款。工程开工后，各建设单位、施工单位密切配合，克服了任务重、时间紧、水下施工难度大等重重困难，至1999年夏季洪水前，各牵头责任单位的堡坎先后建成。共投入建设资金7650万元，建成堡坎13公里，河道清淤200万立方米。完成的中毗河整治堡坎任务的负责部门有县委办口：毗河左岸毗河大桥至绿岛大桥堡坎共944米；县府办口：毗河右岸毗河大桥向下1000米；县计经局系统：毗河右岸杨家河心岛至工农桥1140米；县流通办口：毗河左岸绿岛桥至工农大桥1200米；县农工办口：中河右岸华福宁制药厂至平安桥800米堡坎；宣传口：中河左岸平安桥至三江路口667米堡坎；县建设局：毗河左岸五金公司（原址）至平安桥800米，毗河右岸工农桥至中河共600米，南滨路堡坎加高860米；赵镇人民政府：堡坎建设所需土地的征用，地上建筑物的拆除，毗河左岸工农大桥下游100米堡坎建设，协调省高速公路公司完成神秘岛堡坎1200米，协调苏泊利尔公司完成杨家河心岛堡坎800米；三中园区管委会：堡坎建设所需土地的征用，地上建筑物的拆除，协调成都市干道金翔置业公司、青白江房地产开发公司和金阳集团完成毗河大桥上游段堡坎2000米，协助绿岛建成堡坎2500米。

二、橡胶坝

中河1号橡胶坝位于韩滩大桥下游100米处，橡胶坝长105米，宽55.05米，正常蓄水高程448.97米；建冲砂闸1座，长17.4米，工程由成都市市政工程设计院设计，工程建设由县建设局负责，县建设局从局机关和下属市政工程处等单位抽调部分人员进行施工现场管理，工程投资450万元，1998年1月19日破土动工，4月下旬建成。

中河2号橡胶坝平行位于韩滩大桥下游100米处，橡胶坝长48米，宽55.05米。橡胶坝高3.6米，正常蓄水位448.97米，工程由成都市政工程设计院设计，工程施工建设由县市政工程处实施，工程投资300万元，于1998年11月26日开始围堰，于1999年4月完成。

毗河3号橡胶坝位于绿岛下游200米处，橡胶坝长87.5米，宽55.05米，坝高2米，正常蓄水位450.5米，工程由成都市政工程设计院设计，县市政工程处建设，投资400万元，2000年2月开工，5月竣工。

三、河道清淤

中毗河3座橡胶坝陆续建成，沿岸13公里的生态式一阶堡坎也先后验收竣工，为能确保3座橡胶坝关水后形成一个有一定深度，便于游船行驶的长湖，有关责任单位开始了中毗河河道清淤，从1998年11月开始，各牵头责任单位开始中毗河清淤，县建设局负责工农桥下游1000米河道清淤，清除1个大滩涂，清淤90万立方米；县府办口与县委办口负责毗河大桥下游1000米河道清淤，清淤30万立方米；县计经局系统负责工农桥上游南河道清淤，清除淤泥15万立方米，县流通办口负责工农桥上游1000米北河道清淤，清除淤泥20万立方米；宣传口和农工办口负责平安大桥上游800米河道清淤，共清除淤泥15万平方米。清淤从1998年11月开始，1999年7月完成。2001年11月至2002年5月，三中园区管委会组织金阳集团，清除毗河大桥上游长1000米河道淤泥40万立方米。中毗河先后2次组织清除淤泥200万立方米，中毗河橡胶坝关水后，县城城区中毗河流交汇处形成了一个平均深度3米至4米，面积3.6平方公里，库容达310万立方米的碧水长湖，为县城赵镇花园水城创造了条件。

四、滨河绿化带建设

中毗河堡坎工程竣工后，从1999年5月开始，中毗河滨江绿化建设全面展开。滨江绿带多采取斜坡式、开放式造型，以满足人们亲水亲绿愿望，即以迂回曲折的河岸生态式堡坎为纽带，采用“虚、实、收、放”等造园艺术，乔、灌、草、花巧妙搭配，点、线、面彼此融合，园林小品点缀等艺术，建成了有较高水准的城市滨江园林绿地11.5万多平方米。南环线示范段滨江绿带建设1999年5月开工，2000年5月建成，全长2200米，共安装给排水管网5900米，下河管道1300米，各类绿带草坪灯436盏，建成游道4120米，园林小品建筑2座，新增绿地5.4万平方米。毗河弯滨河绿化带建设从2000年6月开始，2001年6月建成，建成滨河道路1400米，下沉式小游园1座，面积5454平方米，工农桥小游园1个，面积3921平方米，新增绿地2万平方米。南滨路绿化带改造于1999年11月开始，2000年4月完成，安装不锈钢河栏1200米，更新改造滨河绿带86米。韩滩桥小游园于1999年12月开工，新增绿地4899平方米。毗河桥头亲水公园（A区）于2003年3月开始建设，同年10月竣工，建亭廊1座，新增绿地5.4万平方米。毗河大桥上游北岸滨江绿化带建于2002年上半年，绿带长500米，平均宽30米，面积1.5万平方米。通过中毗河防洪综合整治，中毗河水质有了较大的改善，宽阔的水面得到了有效的利用，县城的生活环境、生态环境较大改观，投资环境进一步优化，一个以水体绿带为核心，水、绿、城融为一体的“花园水城”呈现在人们眼前，县城赵镇成了沱江起点口岸上的一座现代化城市。

第五节　环境卫生

一、县城

1990年县城赵镇有垃圾集装桶102个，更换垃圾集装桶62个；更新洒水车1辆，新增三轮车7辆、痰盂43个，新建公厕2个。1991—1992年清扫街道1万平方米，清运垃圾2200万公斤。1992年7月，县城创市级卫生达标。1993年清扫街道9万平方米、清运垃圾1100万公斤；县城更换垃圾桶170个，新增垃圾集装车1辆，人力三轮车6辆，清除卫生死角40处，新建垃圾场1个，街道做到一日两扫两洒，垃圾日产日清。1994年清扫街道19万平方米，清运垃圾1400万公斤；新增垃圾车1辆，更换垃圾桶200个，新增清扫人员30人。环卫所负责承担清扫面积9.92万平方米。县城垃圾日产日清，统一运到垃圾场深埋，并定期消毒，配有专人管理，粪便及时清运，无害化处理率达75.2%。1995年新增环卫清扫保洁面5万平方米，清扫街道面积19万平方米，清运垃圾1600万公斤。1996年县环卫所承担县城17.91万平方米的清扫保洁任务，街道面做到“四无”，垃圾清运率100%。新增清扫工人80名，新购垃圾桶30个，新购果屑箱125个。县成立创建省级卫生城指挥部，县建委于5月将垃圾场选址定点栖贤乡向前村10组，征地2.13公顷，投资130万元，修建垃圾填埋场1个。为创建省级卫生县城，新建成1个粪便处理场，建成县城水冲式公厕19个，对汽车站、街道卫生设施及单位、商店门市、摊点均落实“门前五包”责任制，配备有监察环卫专业队伍。县城设有垃圾桶点136个，垃圾桶420个，配有垃圾车5辆，洒水车3辆、吸尘车、工具车各1辆。1996年9月县城获创灭蝇先进城区，同年12月17日金堂创省级卫生县城通过验收达标。1997年，县城街道环卫清扫面增加10186平方米，总面积达28万平方米，县建设局采取实行工作量与报酬同时增加，定人、定段清扫保洁，按车定岗清运，坚持23条大中街20万平方米的一日两扫三洒，全天保洁，日产日清4.5万公斤垃圾，380个垃圾桶点，128个果屑箱坚持一日两清洗；翻新更新旧垃圾桶200个、果屑箱35个。1998年，新添置垃圾桶120个，果屑箱30个，维修翻新垃圾桶200个、果屑箱9个。修建垃圾处置场值班房92.27平方米，迁移、架设垃圾场电力线路2根长130米。环卫工作严格落实目标管理责任制。坚持从环卫所领导到一般职工做到分片管理、分段包干、责任到人，定期检查与不定期巡查相结合，县城28万平方米大中街道及人行道全天保洁、垃圾日产日清，日清垃圾8万公斤，清运率达100%。1998年，推行环卫事业改革，对几条主要街道52784平方米的清扫保洁工作实行面向社会公开招标竞争上岗。为巩固省级卫生城成果，实现灭蟑螂达标，县建设局出动干部4000人次，突击清运垃圾32万公斤。1998年8月，县城创卫灭蟑螂通过卫生城市复查验收。1999年清扫街道面积34万平方米。同年9月底，县环境卫生通过创省卫复查及灭蚊先进城区检查。2000年，清扫街道面积34万平方米。11月上旬，县环境卫生通过创省卫及秋季灭鼠达标复查验收。2001年，县城市容环卫严格实行定人、定路段、定标准制度。坚持对主要街道实行一日两扫两洒一冲洗、全天候保洁制度，县城每天8万公斤垃圾做到日产日清，坚持对县城256个垃圾桶、156个果屑箱天天清洗、消毒、归位。继续推行环卫清扫保洁承包面向社会公开招标制，全年县城清扫面积增加到60万平方米。创建玉龙街、钟楼街、三江路、幸福横路等9条市容示范街。全年市容监察执法队共收缴影响市容市貌的物品6011件，纠正随意出摊占道4000起，规范自行车乱停乱放5000次，拆除遮阳棚420处，取缔遮阳伞210把，没收麻将60副，查处违章占绿地经营38家，责令18处工地整治出入口环境卫生，纠正60架次超载洒漏车辆，处罚污染道路口工地2个，长期对县城19座公厕保洁。正式把成都野生世界环境卫生纳入县城统一清扫管理。2003年，县城市容环境管理以中河、北河、毗河、沱江为分界线，实行分片、分段包干、责任到人；街道坚持一日两扫三洒两冲洗，垃圾日产日清，全天候保洁，保洁率达95%。已纳入市容环卫管理工作的街道日清扫面积达110万平方米，其中成都野生世界清扫面积38.6万平方米；清除垃圾2.78万公斤。县城人口10.41万人，有环卫职工267人，环卫垃圾车8辆，洒水车4辆，垃圾桶317个，果屑箱127个，公厕19座，其中行政管理13座，生活垃圾填埋处理场1个，曾获全国城市环境综合整治优秀县城。同年12月县通过省级卫生县城复查考核验收。至2005年县城环卫清扫范围未变。

二、乡镇

乡镇环境卫生由当地政府负责。县对各乡镇环卫进行部署与指导，把农村改厕与村镇与卫生村建设，创建卫生集镇活动与新建房相结合。1991年前农村集镇已有60%的乡场配备1名清洁工。1994年全县农村实现初级卫生保健达标。1996年，全县24个乡镇全面开展创建卫生集镇活动。1997年，三溪、隆盛、清江镇被命名为县级卫生集镇。1997年清江镇创建成市级卫生集镇。2000年，县农村已建立乡、镇、村、组、院落爱国卫生组织网络，主要对农村开展改水改厕，全年农村改厕达到101995户，占农村总户数的47.50%，农村粪便无害化处理率达4%。2000—2003年，土桥镇购置配备垃圾车、垃圾桶，招聘4名清洁环卫工人，做到垃圾日产日清，街面整洁。2003年11月20日，隆盛镇芦茅村首创正式建立村级环卫专业队伍，配有3名清扫工人负责全村1.6万平方米公共地段垃圾清扫、除运工作。至2005年末，全县有市级卫生乡镇1个，市级卫生村3个，县级卫生集镇9个。

第六节　县城园林建设

县城园林绿化始建于民国15年（1926年），由湖广会馆和乡绅集资兴建横渚公园（今梅林公园），成为当时第一个可供众人游览、娱乐、休闲的场所。1952年翻修正街三合土路面时街道两旁部分地段栽了一些行道树。1978年后开始注重绿化庭院，阳台种树养花，县城设园林管理所。先后在幸福路、文化街、钟楼街、十里大道等街道栽植梧桐、黄桶树、小叶榕等行道树。1981年开始规划、设计、建设北滨公园（河滨北路），并对梅林公园进行重新设计和完善。1987年园林绿化普查时，通过市绿化验收达标。赵镇街道绿地0.57公顷，栽种各种行道树8718株。公共绿地6.72公顷。1997年园林绿化普查时，全县城绿化覆盖面积已达214.42公顷，绿地面积已达141.42公顷，绿地面积126.05公顷，绿化覆盖率25.62%，绿地率22.84%，人均绿地25.27平方米，人均公共绿地4.1平方米。随着县行政中心由旧城向十里坝新区迁移，县城建设重点突出“花园水城”城市特色风貌，县城的园林绿化发生了巨大的变化，新城区的南环线滨河绿化、十里大道绿化、迎宾大道绿化、亲水公园绿化、金堂广场绿化项目等相继完成。2002年县城成功创建为省级园林城市，金堂广场被评为成都市优秀园林绿化工程。2005年年末县城绿化覆盖面积543.94公顷，公共绿地面积74.24公顷，建成区绿化覆盖率为40.9%，人均公共绿地8.7平方米。绿地率37.21%。

一、街旁游园

梅林公园　位于金堂县城赵镇三角洲顶端，占地27333平方米（41亩）。园内顶端有草亭1座，广益图书馆1座，左有佛学社1处，公园入口处有灵湘剧院1所。中华人民共和国成立后横渚公园改名人民公园。1956年朱德委员长来梅林公园小憩。广益图书馆前开设为集会广场，供开群众大会之用，兼作体育运动场。至“文化大革命”时期，花木已相继被毁，园内荒草丛生。1976年始将公园重新作了规划，兴修园门，砌筑堡坎，修筑花台，建立苗圃，布置花木，设立儿童乐园。1987年建水池、假山。1988年建古典长廊189平方米，池中岛上建六角亭10平方米，增设电瓶车场、迪斯卡场，迁出文化馆、体育运动委员会和十几户居民，更名为梅林公园。1989年由青温铁路金堂工程指挥部捐资35万元，在公园与河心岛之间架设浮香桥，端头修建芳渚亭。1992年由建设局投资96万元，拆除文化馆，新建梅林公园1060平方米，园内设四合院两个，两院之间为一楼一底的转角楼，其他为单层平房，且均为仿古琉璃瓦园林建筑。1999年由建设局投资90万元，在公园与河心岛之间兴建橡胶坝。

北滨花园（河滨北路）　北滨公园是1981年在北河防洪堤上开辟的。北起自来水厂，南迄下复兴街口，全长1100米，面积28873平方米，利用防洪堤上狭长地带，沿河岸用石砌栏杆，沿岸种植绿色垂柳、黄桷树、小叶榕，靠环城公路一方，香樟、大叶女贞、梅花、蜡梅等，形成绿色围墙。中间布置各式各样花坛、花台、假山水池等，植以塔柏、雪松、女贞、象牙红等风景花木，杂以梅花、海棠、芙蓉、樱花、宝珠香、南天竹等各色花树，镶以葱兰、韭兰。

成都野生世界　1999年开始新建，位于县城西北边陲，西边与青白江区的玉虹接壤，北临中河，占地面积287公顷，在各类动物区之间广植杨树、水杉、香樟、垂柳、竹类等造林树种，形成森林景观。在车行道路和步行道路两旁遍植天竺桂、女贞、红叶李、玉兰、桂花、栀子、六月雪、金叶女贞等园林花木，形成游道景观。于2006年3月停业。

滨河绿化　自1981年5月开辟北滨公园后，滨河绿化发展迅速，按发展先后有北滨路公园、南滨路、毗河弯、南环线北岸和南岸滨河绿化带。长度达7000米，宽10米至100米不等，面积达16万平方米。南、北滨路主要以乔木、灌木为主，采用对称式的园林布置方式，其他均种于美国混播草和本地麦冬草为主，辅以部分乔、灌木的园林布置。在南滨路绿化带中主要以黄桷树和小叶榕为基本树种，辅以蜡梅、红梅、南天竹和圈于小叶女贞绿篱，整个南滨路形成风景秀丽的防护林荫带。毗河湾滨河绿化以体现金堂地方特色的柚树为主，辅以麦冬草坪。毗河北岸（南环线）绿化带以美国混播草坪为基础，在河侧栽植金丝柳，靠混凝土车行道路侧种植柚树，在车行道的北侧栽植了三叶树、小叶榕形成滨河绿化景观。中间辅以南天竹、山玉兰、红叶桃、雪松、水杉、黄花槐、黄桷树、琴丝竹等。

下沉式游园　1998年9月在毗河防洪堤上开辟建设。位于工农大桥西头的北侧，面积7210平方米。利用防洪堤内的低洼地势，填土筑路，路面以丁卵石和瓷质广场砖建成，花台用瓷砖嵌面。沿岸种植常绿柚树，靠金龙路一方，栽植黄桷树。游园中心有1棵黄桷树，直径约0.7米，枝叶盛密，古老苍朴。

韩滩三角洲游园　1982年6月兴建韩滩桥时兴建，面积6865平方米，位于韩滩桥东侧，南北均为河流，形似三角状。沿河修筑条石防洪堤，分一阶和二阶，在一阶防洪堤的平坦位置，沿岸植垂柳，在二阶平坦的大面积内种植三叶草坪，且缀于小叶女贞绿篱、紫荆、棕榈、黄花槐、大叶女贞等乔木和灌木。

皂荚树游园　1998年7月兴建，因有一棵大皂荚树而得名。1997年旧城拆迁改造时，将原居民的平房拆除后，为了保留这棵115年的皂荚古树，特别设置了这处小游园。游园面积710平方米，位于复兴街南端与北滨路南端交汇处。游园的周围均为街道，园内还栽植有蒲葵、金叶女贞、混播草坪等。

迎宾广场　迎宾广场建于2001年4月，位于成都野生世界大门前，地处唐巴路与县城围城交汇处，形成三角形，面积21668平方米。游步道将游园分隔成若干个形状各异的块状。游园周边用彩色路沿石镶嵌，栽植蒲葵数株，形成园周热带风光。园内满铺麦冬草坪，植有金叶女贞、红花 木、小叶女贞、月季、红枫、中间杂植大叶榕、雪松，形成中间高、周边低观赏效果，成为金堂大门第一观赏佳景。

截至2003年4月，县城街道绿地面积达9.08公顷，绿化覆盖面积18.28公顷，主要绿化树种有梧桐、大叶女贞、大叶榕、小叶榕和三叶树等4个品种，另外有辅助树种如广玉兰、天竺桂、小叶女贞、金叶女贞、龙爪槐、紫薇、六月雪、红叶小粟等用于街道造型造景等。

二、单位绿化

单位附属绿化在1950年前赵镇基本没有。1985年四川省号召用10年绿化全川时，各单位大搞绿化、美化家园活动。1987年园林绿化普查时，单位附属绿地约达5.23公顷。通过1991年基本绿化达标和1997年全面绿化达标活动，单位绿化面积迅速增加。2002年创建省级园林城市，建设中国西部花园水城，从单一的绿化向美化纵深发展。2003年4月，县城园林绿化普查时，单位附属绿化面积已达51.95公顷，绿化覆盖面积67.46公顷。

三、居住区绿化

1986年实现了绿化栽植达标，至1987年绿化普查时，居住区绿化面积达5294平方米。至2003年居住区绿化面积达114857平方米，绿化覆盖面积124343平方米，有绿化的居住区达51个。

四、风景防护林地

2004年绿化普查时，县城风景林地达259.91万平方米，防护绿地39.07万平方米，其树种主要有杨树、天竺桂、水杉、香樟、构树、朴树、无患子、苦楝、麻柳等杂树。

第二章 城乡供水

第一节 县城供水

一、机构

金堂县城赵镇供水由金堂县自来水公司经营。赵镇饮水曾经以河水为主，1961年赵镇镇办农具厂生产手摇水泵，始抽取地下水解决饮水问题。1975年动工修建自来水厂，1976年竣工试产。先后建成大口水井4口，300立方米清水池1座，每小时最大可供水24万公斤。1988年经县政府批准自来水厂改为事业单位，按企业化管理。1992年3月23日经编委批准建立金堂县自来水公司，与金堂县自来水厂实行两块牌子一套人马，属县建委下属全民事业单位。公司占地58亩，设有办公室、水质化验室、工程科、生产科、计财科、安装队、管网稽查所、营业所、校表室、保卫科。

二、金堂县自来水公司

金堂县自来水厂、金堂县自来水公司属自收自支的事业单位。当时日供水能力200万公斤，固定资产40万元。经过几次扩建，供水能力达到4000万公斤/日，建成一部分相配套的城市管网。公司位于金堂赵镇，占地面积3.33公顷，其中生产用房1.2公顷，固定资产达2296万元，流动资产451万元，负债率73%。有职工79人，技术管理人员23人。供水面积12平方公里。1997年1月金堂县自来水公司改制为有限责任公司。

1992年自来水公司新建1万吨渗渠取水井1口，1993年投入运行。1995年11月新建DN600水泥管出厂水供水主管2398米经北滨路至工农桥。1997年4万吨一期2万吨工程实施；4万吨供水取水头部DN600水泥管400米双管取水工程建设，均于1998年投入使用。1999年建滨江路DN500钢管336.5米和水泥管1991.6米从工农桥至毗河大桥。2000年为满足六横道以上供水需要，新建先锋加压站1座，供水能力6000吨/日，并于2001年投入运行。2002年新建毗河桥到六横道DN300水泥管供水主管1067米。2005年县城日供水量达4万吨，实现工业总产值712万元，销售收入567万元，入库税金65万元。

第二节 场镇供水

2002年6月，金堂县水利局为了配合“人饮工程”国债项目的实施，委托金堂电业股份公司与金堂县久明电力服务公司合资组建了金堂县沱江供水有限公司，对国债项目建好后的水厂进行管理，公司注册资金110万元，主要经营：自来水生产、销售，自来水工程施工，供水设备、管材销售。截至2006年8月，相继对淮口、福兴、金龙、官仓、栖贤、隆盛、土桥、五凤、三溪、又新、云合等自来水厂实施经营管理，有用水户7333户，自来水生产泵房24处，员工38人，年供水量达89.40万立方米，年销售收入100万元。各乡镇水厂基本情况如下：

一、淮口自来水厂

淮口自来水厂原为淮口镇管理的城镇供水机构，业务受县建设局指导，由于水厂水源水质等问题，1991年，供水水源由团结水库投资48.38万元建输水管道从团结水库供水至淮口水厂。1993年3月6日，金堂县水电局接管淮口城镇供水工程，4月1日更名为金堂县水电局淮口自来水厂。1996年5月18日，经县水利局与成都金堂电业股份公司协商，将淮口自来水厂移交给成都金堂电业股份公司管理，由成都金堂电业股份公司自主经营、自负盈亏。1998年，投入资金70万元对水池、主管网进行了改建。2003年，投资6万元增设了恒压供水系统和二氧化氯加氯机，节约了能源，提高了水质。2005年，敷设了淮口水厂至成都印染工业园区主管道。2005年有用户2719户，年供水量52万立方米，生产水井3口，日出水量3200立方米，600立方米清池1座，各型管道48.48公里。

二、福兴自来水厂

2002年6月26日“人饮工程”建成移交，有深井泵房3座，岸边式取水泵站1座，日生产能力600立方米，各型管道15.78公里。2005年供水量7.20万立方米，用水户562户，用水人口0.52

万人。

三、金龙自来水厂

2002年11月26日移交，有深井取水泵房2座，日生产能力300立方米，各型管道9.57公里。2005年供量水3万立方米，用水户406户，用水人口0.21万人。

四、官仓自来水厂

2002年11月28日移交，有深井取水泵房2座，日生产能力300立方米，60立方米水塔1座，200立方米高位水池1座，各型管道12.21公里。2005年供水量2.80万立方米，用水户542户，用水人口0.36万人。

五、土桥自来水厂

2002年8月28日移交，有深井取水泵房6座，300立方米高位水池1座，日生产能力600立方米，各型管道15.6公里。2005年供水量7.40万立方米，用水户830户，用水人口0.54万人。

六、隆盛自来水厂

2003年4月21日移交，有深井取水泵房1座，200立方米，高位水池1座，日生产能力240立方米，各型管道7.06公里。2005年11月，由于原取水井含沙量太高，另钻深井1口。2005年供水量1.40万立方米，用水户245户，用水人口0.11万人。

七、盐井自来水厂

2004年3月6日移交，原主要饮用山泉水，“人饮工程”新建深井取水泵房1座，180立方米、110立方米高位水池各1座，100立方米调节水池1座，日生产能力500立方米，各型管道14.98公里，2005年供水量1.50万立方米，用水户378户，用水人口0.25万人。

八、五凤自来水厂

2005年3月1日移交，有深井取水泵房2座，100立方米高位水池1座，日生产能力500立方米，各型管道21.45公里。2005年供水量5.20万立方米，用水户660户，用水人口0.35万人。

九、三溪自来水厂

2005年6月17日移交。有深井取水泵房2座，30立方米、50立方米，水塔各1座，日生产能力480立方米，各型管道6.74公里。年供水量5.40万立方米，用水户544户，用水人口0.29万人。

十、又新自来水厂

2005年6月1日移交。有深井取水泵房1座，各型管道5.12公里，日生产能力300立方米。年供水量3.50万立方米，用水人口0.28万人。

十一、云合自来水厂

2006年6月移交。有大口井泵房1座，管理房200平方米，一体化净水设备1套，浸水池1座200

立方米，各型管道 24.2 公里，日生产能力 300 立方米，年供水量 10.95 万立方米。用水户 880 户，用水人口 0.5 万人。

第三节　农村饮水

一、农村饮水工程建设

农村饮水工程建设从 1991 年开始，至 2000 年主要分布在龙泉山脉一带以人畜饮水解困工程为主。工程建设采取相对集中的方式供水建成后由乡镇、村、组自行管理运行。由于受水文地质的变化和管理不善等因素影响，工程效益发挥不是很好。从 2001 年开始，农村饮水问题采取的农村场镇为中心，以集中成片的方式供水并逐步延伸各网到附近村组，按照基本建设程序进行管理，建成后交由县沱江供水公司统一管理。全县农村饮水工程，主要以解困为主，把解决旱山村人畜饮水工作放在首位。从 1991 年至 2005 年解决了 121500 人的生活用水问题。

二、农村人口安全饮水

全县在开展多年人口饮水解困工作后，对农村饮用水不安全的情况进行普查，全县有 52.79 万人存在饮水不安全的问题，占全县总人口的 62.70%，其中：饮水水质不达标人数为 29.88 万人，水量不达标人数为 12.02 万人，用水方便程度不达标的 6.83 万人；水源保证率不达标的 4.06 万人。按照统筹规划、突出重点原则，金堂县计划于“十一五”“十二五”“十三五”期间分别解决 30 万、14.9 万、7.7 万人饮水不安全问题，至 2020 年基本解决全县农村人口饮水不安全问题，其中：“十一五”期间，全县 21 个饮水不安全乡镇全部纳入规划，以赵镇、淮口、高板、竹篙、土桥、福兴、清江、五凤 8 个乡镇为重点，其余 13 个乡镇为次，实施城乡一体化集中供水，工程规划总投资 1.20 亿元人民币。

第三章　供　电

第一节　电网建设

一、城乡电网建设

1991—2005 年，金堂县电网建设加快发展，共有配电器 1094 台，总容量 88295 千伏安，10 千伏线路 1170.36 公里，低压线路 10165.85 公里。1999—2005 年，通过城乡电网改造，共新建改造 10 千伏线路291.57公里，380伏线路622.88公里，220伏线路2228.56公里，接户线129.92公里，实现了城乡用电的基本要求。经2005年至2006年规划与实施，至2007年上半年投入资金1382万元，新建改造10千伏线路57公里，新增配变85台，容量8210千伏安，新建改造380伏架空线路38公里。完成了城乡“户户通电”工程任务，使678户无电户用上电，结束了金堂无电户的历史。

二、城乡变电站建设

1991—2005年，全县建成35千伏变电站5座，总变电容量3.48万千伏安，投入营运110千伏变电站1座，总变电容量6.30万千伏安。（一）罗坝变电站。为35千伏变电站，建于1993年7月，总变电容量为7500千伏安。（二）福兴变电站。建于1998年9月，为35千伏变电站，总变电容量为8000千伏安。（三）三星变电站。建于1999年12月，为35千伏变电站，总变电量为8000千伏安。（四）高板变电站。建于2000年7月，为35千伏变电站，总变电量5000千伏安。（五）清泉变电站。位于金堂云绣与青白江清泉镇接界处。建于2000年11月，总变电容量为6300千伏安。（六）金堂变电站。位于赵镇十里坝，建于1995年1月，为110千伏变电站，总变电容量6.30万千伏安。

第二节　供　电

一、供电用电

1991—2005年，县境内城乡用电，是按需配电的原则，进行供电，主要是保工农业生产用电和城乡居民用电。其他是保林牧渔水利业、建筑业、交通运输业及仓储邮政业、信息传输及计算机服务和软件业、商业住宿及餐馆业、金融业、房地产业、商务及居民服务业和公共事业及管理组织等用电。大量用电的主要是以下三个方面：（一）工业用电。1991年达9420万千瓦时，2005年县境内工业用电量达到10824万千瓦时。用电企业主要有金蒙乳业、攀成钢金堂分公司、四川锅炉厂、明康印染厂等。（二）城乡居民用电。1991年达2743万千瓦时，2005年全县城乡居民生活用电达到9364万千瓦时。（三）农业用电。1991年达670万千瓦·时，2005年全县农林牧副渔用电达到1188万千瓦时。

金堂县境内2002—2005年各行各业用电供电情况

表13-5

行业分类	用电容量（千瓦）	2002年		2003年		2004年		2005年	
		完成	增长	完成	增长	完成	增长	完成	增长
合　计	-	20442	-	22004	7.60%	24343	10.63%	27268	12.01%
农林牧渔水利业	37688	1643	-	1584	-3.60%	1725	8.90%	1188	-31.13%
工　业	91958	9008	-	9049	0.45%	9387	3.74%	10824	15.30%
建筑业	1940	192	-	416	116.67%	483	16.11%	579	19.87%
交通运输仓储和邮政业	1700	182	-	191	4.95%	211	10.47%	224	6.16%
信息传输计算机服务和软件业	313	108	-	143	32.40%	176	23.07%	192	9.09%
商业住宿和餐馆业	18719	997	-	1148	15.14%	1459	27.09%	1534	5.14%
金融房地产商务及居民服务业	1075	279	-	566	102.87%	620	9.54%	715	15.32%

续表13—5

行业分类	用电容量（千瓦）	2002 年		2003 年		2004 年		2005 年	
		完成	增长	完成	增长	完成	增长	完成	增长
公共事业及管理组织	2543	116	-	117	0.86%	342	192.30%	461	34.79%
城市居民生活	55255	6191	-	6884	11.19%	8241	19.71%	9364	13.64%
其中；城市居民生活	55150	2644	-	2936	11.04%	3204	9.13%	3443	7.50%
乡村居民生活	26805	3547	-	3948	11.31%	5037	27.58%	5921	17.55%
趸　售	-	1727	-	1905	10.38%	1698	-10.87%	2184	28.62%

二、电费电价

县境内，按照市场经济的发展，电费电价执行国家物价部门的指导价格。1991 年金堂全社会用电量 14970 万千瓦时，售电平均单价 124 元/千千瓦时。1999 年开始，全县全面在城镇乡村推行用电同价收费政策，实现了农村供电同网同价收取电费。2002 年县供电局完成农村户电表改造 120475 户，农村生活电价由改造前的 0.71 元/千瓦时降至 0.47 元千瓦时。2003 年县供电局完成售电量 24724 万千瓦时，售电平均单价 0.402 元/千瓦时。电费回收率达 100%，农村和城镇用电单价至 2005 年未变。

第四章　天然气　石油　煤炭供应

第一节　天然气

金堂县燃气公司成立于 1962 年，一直从事煤炭经营，后投资天然气的开发经营。金堂县燃气公司是负责全县天然气开发、利用和管理的实体单位（独立法人），隶属于金堂县建设局，主要从事天然气管道的规划、设计、安装，以及天然气的经营管理和燃器具的销售、安装、维修服务工作。公司设工程分公司和六科一室，即：办公室、财会科、安全保卫科、工程技术科、燃气管理科、材料经营科和煤炭经营科。公司注册资本 820 万元人民币。1994 年公司进行股份制改革，改革后属股份合作制企业。2001 年，县天然气公司由县建设局接管行政管理职能。

一、管线设施与供气

1991 年 1 月，金堂县燃气公司建成县天然气配气站，铺设天然气主管网 20 公里，县城赵镇首批 2751 户民用气安装完成，2 月 5 日正式通气，改善了县城赵镇居民的燃烧结构。1994 年投资 1000 万元建成广汉至金堂天然气长输管线 17.12 公里，新建天然气配气站 1 座。至 2003 年止，全县已建成高压输气管 82 公里，煤气表检测站 1 座，城区管网 230 公里，楼栋调铝 652 个，各种施工设备 33 台/套，输配气站 7 座，CNG 汽车加气站 1 座；铺设高、中、低压天然气输气管网 265 公里。日输气能力达 80 万立方米，累计投资 3398 万元人民币。县城赵镇用气户已达 22000 户，其中：居民用气 20129 户，商业公共用气 198 户，工业用气 8 户，用气率达 100%。至 2004 年止，公司为适应县城城市发展的需要，以赵镇北河配气站为中心，向东穿越北河直到福马集团、栖贤乡，全长约 8 公里；向西穿越中河经十里坝开发区到达成都野生世界，全长约 10 公里；向西南穿越中河、毗河经韩滩开发区到金星钢管厂，全长约 5 公里；总投资 680 万元。输气范围辐射整个县城赵镇、成都野生世界、杨柳工业开发区、韩滩开发区、金堂氮肥厂、三星镇、栖贤乡。清江镇、官仓镇、淮口镇、福兴镇、赵家镇也相继开通了天然气。2004 年，公司有职工 205 人，其中工程技术人员 57 人。各种机械、设备、车辆 40 台/套。公司主要从事天然气管道设计、安装、维护、天然气的供应、经营，燃器具的销售、安装、维修和煤炭的经营业务，保障金堂县生活、生产所需燃料的供给。2005 年 1 月金堂县福兴顺风燃气站在福兴镇和赵家镇新建天然气管线 18 公里，为两个镇 1800 户居民提供天然气供应，年用气量 50 万立方米。截至 2005 年年底，已建成天然气管网 295 公里，建成天然气配气站 6 座，用户总数达 20688 户，年供天然气 1085 万立方米。实现工业总产值 1418 万元，销售收入 1258 万元，利税 188 万元，入库税金 93 万元。2007 年四川佳源燃气有限责任公司金堂分公司在金堂县工业集中发展东区和西区内投资 7000 万元新建天然气管线 33 公里及配套设施，为工业区内 1725 户民用、商用、工业等用户用气提供了保障。明达玻璃厂投产后，年供气量将达到 1 亿立方米。2008 年四川金堂石化燃气有限公司在赵镇投资 1432 万元，新建天然气管线 15. 8 公里。2008 年四川晶盛燃气工程建设有限公司金堂县白果分公司在白果镇、三溪镇投资 900 万元，新建天然气管线 35 公里，为两个镇 2188 户居民提供天然气供应，年用气量 90 万立方米。2008 年成都市中仁投资有限公司金堂燃气分公司在竹篙、高板、又新、广兴、云合、金龙、隆盛、土桥、转龙 9 个乡镇投资 2300 万元，新建天然气管线 100 公里，为 2000 户居民提供天然气供应，年用气量约 140 万立方米。2005—2009 年 5 月，金堂县新增天然气供应企业 5 家。

二、液化气

2000 年成都市市政公用局正式将液化石油气经营资质管理全部下放到各区（市）县建设行政主管部门。金堂县建设局建设管理科是负责管理全县液化石油气安全经营的部门。2000 年，县建设局接液化石油气业务时，全县液化石油气经营门市不足 10 户，有赵渡大众液化石油气安装店 1 个。2003 年由金堂大众燃气有限责任公司在赵镇建成储存量 80 立方米的液化气充装站；同年由金堂淮口宏发燃气有限责任公司在淮口建成储存量 130 立方米的液化气充装站。到 2004 年年底，液化石油的经营门市已发展到 52 户，建有赵渡大众液化石油气充气站，淮口宏发液化石油充装站，供气区域遍布全县各乡、镇。至 2009 年 5 月，金堂县有液化气经营企业 3 家，下属 83 个液化气配送点和销售门市部，有液化气用户 1 万户，年用气量达 150 万公斤。遍布全县各乡镇，作为以天然气为主要清洁燃料的补充，极大地方便了城乡燃气用户。

第二节　石　油

一、机构和网点设置

1980 年 9 月，由原金堂县煤建石油公司划出石油业务，成立四川省金堂县石油公司，由金堂县商业局管理，汽油、柴油由县计委分配，成都石油站供应。公司设办公室、业务股、财会股、储运股和赵镇、淮口、高板、竹篙、福兴、土桥供应站，108 油库、8110 油库和淮口油库。公司有职工 79 人。

1985 年 1 月，成立四川省石油公司金堂支公司，划归四川省石油公司成都分公司管理。设立行政办公室、业务科、财会科、储运安全科、赵镇加油站、淮口加油站、竹篙供应站、土桥供应站、新建龙威加油站、三星加油站和石油车队，108 油库改为润滑油库，8110 油库改为十里坝油库，淮口油库进行扩容改造，设立石化产品经营部，公司职工 104 人。1998 年 10 月上划中国石油天然气集团公司，进行企业改制重组。

2001 年 10 月成立中国石油天然气股份有限公司四川成都金堂销售分公司，下设金堂、赵镇、天山、平安、中河、清江、三星、龙威、九龙、淮口、白果、隆盛、竹篙、三溪 14 座加油站，撤销原科室、车队编制，关停油库。员工实行合同化管理，按岗位定员。

公司先后评为金堂县安全生产、消防安全、内部治安保卫、价格质量信得过先进单位，中国石油四川成都销售公司先进单位、操作人员技能竞赛团体先进、企业文化建设文艺会演优秀奖、抗震救灾先进单位，连续多年列为金堂县"纳税大户"50 强。

二、购销情况

1984 年以前，汽油、柴油、煤油一直由地方县计委按品种、季节分配，由石油公司根据各区、乡、重点企业单位户数、机具马力、汽车、发电机等提出分配方案计划，报县计委平衡行文下达，各石油供应站点如数按计划供应。1985 年，煤油完全敞开供应。1985 年，全县有汽车 963 辆，拖拉机 778 台，机具 2183 台，摩托车 116 辆，供需矛盾突出，计划物资不能满足需要，公司从新疆、兰州等地组织计划外油供应当地车辆使用，至 1988 年停止计划供应。

石油商品价格的制定和调整，一直以来均由国家物价总局和省发改委统一确定基准价，由当地物价部门和石油公司根据品质差率计算销价，1988—1998 年市场经济发展阶段，成品油价格按进价上报县计委，销价按品质差率计算报物价部门备案，1998 年以后成品油价格由国家发改委统一确定基准价，由各省发改委和石油公司确定销价，石油价格管理原则一直沿用。

1991—2005 年金堂县石油购销：70 号汽油购 1343. 30 万公斤，销售 1348. 40 万公斤；90 吨汽油购 1058 万公斤，销售 2703. 80 万公斤；93 号汽油购 131. 50 万公斤，销售 876. 70 万公斤；97 号汽油购 7 万公斤，销售 77. 10 万公斤；0 号汽油购 2530 万公斤，销售 6502 万公斤；总购进 5069. 80 万斤，销售 1. 15 亿公斤。

第三节　煤　炭

金堂县燃气公司设煤炭管理科经营煤炭。科室曾下设了淮口、福兴、竹篙、五凤、青白江、洪安、高板、土桥、赵镇 9 个民营转运站，后因煤炭市场萎缩，9 个民营站分别拆除。

1991—2005 年金堂县煤炭销售情况分别为：1991 年销售煤炭 11452. 20 万公斤；1992 年销售煤炭 11823. 80 万公斤；1993 年销售 10572. 90 万公斤；1995 年销售 7118. 40 万公斤；1996 年销售 5621. 80 万公斤；1997 年销售 5110 万公斤；1998 年销售 5754 万公斤；1999 年销售 5526. 70 万公斤；2001 年销售 4300 万公斤；2002 年销售 3570 万公斤；2003 年销售 5380 万公斤；2004 年销售 2620 万公斤；2005 年销售 1500 万公斤。1991—2005 年金堂县总计销售煤炭 803498 万公斤。随着市场的放开，少数私人也经营煤炭。

第五章　公共交通

第一节　县城公路运输

一、汽车客运

（一）金堂客运中心站：金堂普光运业公司于2002年投资1500万元，征地3.33公顷，新建的1个二级枢纽站，于2002年12月18日正式投入使用。该站设前、后广场，前广场4280平方米，供进站城市公交车及的士车停放，后广场11998平方米，供待发班车停放，分别设置进站、出站通道。候车室面积812平方米，容纳旅客5000人，站房面积1521.45平方米，设售票窗口4个。金堂客运中心站，主要始发金堂至成都、县内主要乡镇的班车线，始发金堂至绵阳、德阳、广汉、青白江、都江堰、崇州等周边区县的班线。2005年始发金堂至广东、金堂至上海超长班线。接纳进站发班车150辆，日发300班次，日均运送旅客4000至5000人次。

（二）淮口汽车站：位于淮口镇白塔山麓、金乐路淮口绕场路口，属三级客运站。建于1995年，1996年元月开业。占地2495平方米，建筑面积1983平方米，停车面积2100平方米，建设总投资240万元。日平均发班210班次，始发班车84台，客流量3000人次。

（三）其他汽车站：

1. 三合碑客运站：属三级客运站，建于1996年5月，占地4000平方米，站房750平方米。该站地处金堂福兴与中江兴隆交汇处，是农村城镇公交的始发站。每天发班至福兴、金龙、赵家、淮口等地，滚动发班，每天发班60班次，日运送旅客1000人次。

2. 土桥客运站：属四级客运站，建于1984年，占地面积2100平方米，是金堂县与简阳县、乐至县旅客运输的集聚地，至2005年，站内日均发班客车18台，日均旅客流量300人次，每日发班至赵镇、成都等地，其中5辆乡镇公交客运汽车发往云合、永乐等地，方便农民出行。

3. 竹篙客运站：属三级客运站，建于2002年，于2003年完工投入使用，占地1673平方米，停车场1561平方米，站房275平方米。站内发班车40台，日均发班50班，日均发送旅客1000人次。

4. 福兴客运站：属四级客运站，建于1985年8月，开通福兴至县城的班车10台和福兴至成都班车7台。2005年，开通三合碑至金龙镇和三合碑至淮口镇的城镇公交车20台，日均客流量1500人次。

5. 金龙客运站：属四级客运站，建于1989年3月，占地1971平方米，站房面积300平方米，每天向成都、三合碑、淮口等地发班车。投入客运车辆20台，日平均发车26班次，日均客流量1000人次。

6. 云合客运站：属四级客运站，建于2003年，车站租用云合镇新桥村综合楼作为站房，车场租用面积2646平方米。该站位于成都与简阳、乐至交界处，是成都至简阳、乐至交通运输的必经之地。日均发车10班次，发送旅客700人次。

（四）全县设有港湾式车站

全县设有港湾式车站3个（港湾式车站，是公路旁具有候车标志、辅道、乘车位的旅客上下客点，为农村群众搭乘乡村公交车提供了方便，避免日晒雨淋）。

1. 三星镇盐井农村客运站：位于金堂县盐井场镇口，建于1998年5月。该站占地71平方米，站房38平方米，车场33平方米。发班线路盐井—三星，日发车次22班，日均客流量800人次。

2. 转龙镇农村客运站：位于金堂县转龙镇场镇口，建于2000年8月。该站占地81平方米，站房33平方米，车场48平方米。发班线路为转龙—竹篙、转龙—赵镇、转龙—成都，日发车次24班，日均客流量1000人次。

3. 淮口镇九龙滩农村客运站：位于金堂县九龙滩场镇口，建于2001年10月。该站占地142.8平方米，站房67.2平方米，车场75.6平方米。发班线路为九龙滩—淮口，日发车次42班，客流量1400人次。

（五）公交车客运

以县城道路为主线的汽车客运。1997年金堂县城推出城市公交线路3条，投放中型公交客车28辆，根据社会需要，至2005年，县城的城市公交路线发展到9条，总共9路，投放公交车69辆，设置9个招呼站，日均客流量达1.30万人次。

1997—2005年金堂县县城公交车一览

表13-6

序号	运行路线	车辆数（台）	座位数（个）
1路	赵镇至六五分厂	10	19
2路	川锅厂至中心站	9	19
3路	赵镇至官仓	9	19
4路	赵镇至201医院	8	19
5路	赵镇至姚渡	8	19
6路	赵镇至清泉	8	19
7路	中心站至梅林公园	6	19
8路	火车站至通达公司	6	19
9路	赵镇至盐井	5	19
合计	—	69	171

（六）出租车客运

在县城和中心城镇，以小轿车型出租的客运。1995年在县城投放出租车5辆“夜明珠”，至2005年先后根据市场需求发展投放“奥拓”“夏利”“桑塔纳”“捷达”“爱丽舍”型170辆出租车，满足乘客的需要。

（七）乡村客运

是乡与乡、镇与镇、乡与镇、乡与村、村与村的客运。2005年结合统筹城乡经济发展，总共投放乡村客车164辆，其中乡镇公交车80辆，乡村面包车28辆。确立乡村公交线路14条。淮口—三合碑、淮口—金龙、淮口—白果、三合碑—金龙、淮口—五凤、成纺二厂—九龙滩、高板—平桥、竹篙—石佛、竹篙—青松、竹篙—广兴、土桥—云合、土桥—永乐、竹篙—转龙、竹篙—隆盛。

（八）人力三轮客运

是指人力蹬三轮车运客。人力三轮车主要在县城和乡镇所在地拉客。1990 年县城有 154 辆，2005 年三轮车发展到了 1500 辆。

二、汽车货运

1990 年全县有货运汽车 1003 辆和总吨位 340.20 万公斤，因受其他机动货运车辆的影响，至 2005 年货运汽车只有 952 辆，相比 1990 年减少 51 辆，货运周转量为 193.42 亿公斤公里。汽车货运的业主，90% 是城乡个体经营者。

三、拖拉机货运

拖拉机货运主要是农村农民车主经营。2005 年从事货运的拖拉机数量为 642 辆，相比 1990 年减少 455 辆。原因是受其他机动车运输的影响。

四、装卸搬运

搬运装卸工，1991 年起，逐步被农村农民工所代替。集体的城镇装卸搬运队已转业退出市场。2005 年，只有五凤火车站存在 1 户搬运装卸队。1991—2005 年，客货运输的机动车辆至 2005 年汽车客车 460 辆，货车 952 辆。

1991—2005 年金堂县年客货运输统计

表 13－7

年份	客运量（万人）	客运周转量（万人公里）	货运量（万吨）	货运周转量（万吨公里）
1991	271	16371	170.5	14079
1992	354	17232	194	14819
1993	382.4	18138	217.2	15599
1994	502	19093	242.4	16462
1995	551.2	20100	265	17328
1996	623	21204	27.5	18240
1997	273.1	12289.5	183.9	11953
2000	327.8	11000	706.9	26800
2001	845	25078	526.7	22000
2002	947	27820	580	23360
2005	812	21454	380	19342

五、运输企业

（一）金堂县通达运输有限责任公司：位于赵镇新建路（平安桥头），属股份制企业。原名为金堂县汽车运输公司。2000 年 5 月实行股份制改革，将金堂县第三汽车运输公司、金堂县交通运输服务公司和白果、平桥、三合碑运输市场兼并，更名为金堂县通达运输有限责任公司。公司经营城市公交车、出租车、班线客运车、农村客运车和修理厂。该公司为旅客运输三级企业，2005 年 12 月通过 ISO 9001 质量认证。

（二）成都市金堂出租汽车有限责任公司：成立于 1995 年，是金堂地区第一家股份制出租汽车公司。成金公司于 2003 年 1 月兼并金堂交通局驾校，驾校更名为金堂县成金交通驾校。至 2005 年公司共经营出租车 100 辆，其中在淮口镇发展经营出租车 20 辆。

（三）成都长途汽车运输（集团）公司金堂公司：组建于 2000 年 8 月，隶属成都长途汽车运输（集团）公司。2002 年与金堂县通达公司股份合作，组建金堂客运中心站，主要经营班线客运、超长线班车客运、成野观光游客运、货运、旅游客运、乡村客运，为旅客运输一级企业。同年兼并金堂县供销车队。

（四）金堂县兴运交通服务有限责任公司：成立于 1999 年 11 月，是金堂县集出租车客运、四级危险品运输、普货运输一体的专业运输企业。2005 年有出租车 39 辆，危险品货运车辆 17 辆，普通货物运输车辆 30 辆。

第二节　村村通公路

乡村公路是金堂县内乡镇、村、车站、码头之间相互连接的交通运输线路，1995 年全县实现了乡乡镇镇通油路，1997 年实现了村村通公路的目标。至 2005 年，全县共有乡道 100 条，总计 466. 40 公里；村道 291 条，992. 82 公里，其中：水泥路 48 条、沥青路 52 条，水泥（沥青）路占 90%。1990 年以前的农村机耕道，已作为村道公路建设统计。

金堂县 2005 年乡道公路概况

表 13 - 8　　单位：公里

路线名称	起讫地点	按路面等级分（公里）			
		合　计	沥青表处	水泥混凝土	砂石路面
黄金路	黄土地—铜管厂	5. 326	—	—	5. 326
前杨路	前进村—杨柳乡	3. 283	—	3. 283	—
盐官路	盐井七村—新安村—官仓	9. 739	—	9. 739	—
高麻路	高涧村—麻柳村	5. 04	—	5. 04	—
川枯路	川锅厂—枯井椏	5. 934	—	5. 934	—
官红路	官仓—红旗水库	8. 015	—	8. 015	—
官爪路	官仓—爪龙溪	3. 65	—	3. 65	—
爪龙路	爪龙溪—农场	1. 868	1. 868	—	—
河龙路	河西村—龙王村	5. 081	5. 081	—	—
白高路一	白果—高板	10. 143	10. 143	—	—
白高路二	白果—高滩	8. 1	8. 1	—	—
云杨路	云溪—杨柳	8. 091	—	8. 091	—
赵福路	赵家—福兴	5. 298	2. 132	3. 166	—

续表13－8

路线名称	起讫地点	按路面等级分（公里）			
		合　计	沥青表处	水泥混凝土	砂石路面
赵金路	赵家—金山	4.816	—	4.816	—
清高路	清水乡—高峰村	3.152	—	3.152	—
柏鸣路	柏本村—鸣阳村	5.033	5.033	—	—
伏兴路	伏牛村—兴安村	1.108	1.108	—	—
福卧路	福金路—卧龙村	1.337	1.337	—	—
福双路	福兴—双篙村	6.435	6.435	—	—
福八路	福兴—八田路	5.261	—	4.177	1.084
同七路	同兴—七股水	4.514	—	4.514	—
兴团路	兴隆村—团结水库	3.699	3.699	—	—
凉云路	凉水井—云顶乡	8.578	8.578	—	—
淮罗路	淮口—罗坝村	18.123	12.349	5.774	—
淮红路	淮口—红岩村	1.66	—	—	1.66
玉龚路	玉岭村—龚家村	7.321	7.321	—	—
淮天路	淮口—天台山	5.13	—	5.13	—
黄长路	黄家—长沟村	6.442	5.786	0.656	—
黄旭路	黄家—旭日	3.224	1.57	1.654	—
三四路	三星—四方村	3.334	—	3.334	—
三天路	赵官路—天灯村四组	0.703	—	0.703	—
天川路	天灯村—川锅厂	2.686	—	2.686	—
小　计	**—**	**172.124**	**80.54**	**83.514**	**8.07**
双红路	双江村—红旗村	4.551	4.551	—	—
云龙路	云合—龙寨	3.239	3.239	—	—
高瓦路	高板—瓦店子	1.138	—	1.138	—
高三路	高板—在溪	8.46	8.46	—	—
高风路	高板—风树村	7.072	—	7.072	—
石九路	石龙—九座房	4.433	4.433	—	—
石水路	石龙—水堆	2.665	2.665	—	—
黄石路	黄桷椏—石佛	12.554	0.919	11.635	—
竹转路	竹篙—转龙	9.168	—	9.168	—
竹踏路	竹篙—踏水	5.434	5.181	0.253	—
广李路	广兴—李都	4.771	—	4.771	—
红永路	红土地—永乐	4.645	4.645	—	—
又八路	又新—八角	3.601	—	3.601	—
永风路	永乐—风形湾	3.778	—	3.778	—
永李路	永乐—李都	3.359	—	3.359	—

续表13—8

路线名称	起讫地点	按路面等级分（公里）			
		合　计	沥青表处	水泥混凝土	砂石路面
又云路	又新—云合	9.789	—	9.789	—
土云路	土桥—云合	11.128	10.829	0.299	—
枣上路	枣子坪—上梁	5.635	5.635	—	—
白双路	白塔—双流	2.31	2.31	—	—
双龙路	双流—龙寨	6.08	6.08	—	—
赵四路	赵家—四方村	10.152	9.199	0.953	—
三五路	三岔—五星	3.683	—	3.683	—
尖三路	尖山—三岔	2.028	—	2.028	—
清荣路	清江—荣平	3.858	—	3.858	—
四车路	四方—车棚	2.97	2.97	—	—
来幸路	来宝沱—幸福	4.702	—	4.702	—
天圣路	天灯—圣灯	3.722	—	3.722	—
石梨路	石板滩—梨花沟	2.145	—	2.145	—
平向路	平水—向前	2.783	—	2.783	—
官方路	官仓—方家桥	3.615	—	3.615	—
赵中路	赵镇—中兴寺	3.151	—	3.151	—
跃史路	跃进—史家沟	3.229	3.229	—	—
凤灵路	五凤—灵仙	1.669	—	1.669	—
五黄路	五凤—黄狮	2.107	—	—	2.107
小　计	**—**	**163.624**	**74.345**	**87.172**	**2.107**
百上路	百花—上游	3.955	3.955	—	—
白回路	白果—回龙	3.264	3.264	—	—
赵三路	赵家—三烈	4.654	4.654	—	—
新白路	新街—白果	7.661	—	7.661	—
双光路	双拱—光荣	7.076	—	—	7.076
七柏路	七根—柏林	2.773	2.773	—	—
三金路	三溪—金竹	3.096	—	—	3.096
白云路	高山路—白云村	4.597	4.597	—	—
风竹路	风树—竹林	4.001	4.001	—	—
平水路	平水桥—水磨河	5.791	—	5.791	—
平双路	平桥—双坊	4.782	4.782	—	—
平大路	平桥—大田	3.339	3.339	—	—
金中路	石佛—金中	1.242	1.242	—	—
磨铁路	隆盛—铁岭	6.04	6.04	—	—
隆丰路	隆盛—丰收	3.617	3.617	—	—

续表13－8

路线名称	起讫地点	按路面等级分（公里）			
		合　计	沥青表处	水泥混凝土	砂石路面
红松路	红月—松柏	3.061	3.061	—	—
青永路	青松—永胜	6.527	6.527	—	—
茅柏路	茅草—柏盛	1.525	—	1.525	—
中花路	中沟—花园	4.989	—	4.989	—
广小路	广兴—小罗	4.015	—	4.015	—
永土路	永乐—土桥	5.579	2.612	2.967	—
又马路	又新—马鞍	3.649	—	3.649	—
白通路	白塔—石河	1.236	1.236	—	—
双石路	双流—石河	2.788	2.788	—	—
三蒋路	三桥—蒋平	5.466	5.466	—	—
跃花路	金乐路—花果	4.394	4.394	—	—
盐尖路	盐井—尖峰	4.217	—	4.217	—
农鹅路	农场—鹅蛋山	3.072	1.968	1.104	—
白前路	白果—前峰	1.834	1.834	—	—
八七路	八一—七根	1.987	1.987	—	—
光西路	光芒—西沟	3.42	3.42	—	—
云石路	云合—石门	1.8	1.8	—	—
瓦店路	大安—瓦店	1.2	1.2	—	—
长柏路	长华—柏山	4	4	—	—
小　计	**—**	**130.647**	**84.557**	**35.918**	**10.172**
合　计	**—**	**466.395**	**239.442**	**206.604**	**20.349**

第六章　公共管理

第一节　街道卫生

一、公共场所清扫

1990－2005年，金堂县城环境卫生规章制度：道路、广场、桥梁、地下通道、机场、火车站、汽车站、码头、停车场、集贸市场、商场（店）、公园、街道游园等公共场所和居民小区，应按照责任分工进行清扫、保洁，做到垃圾日产日清，保持容貌整洁。

二、禁止的行为

禁止下列影响环境卫生的行为：（一）随地吐痰、便溺；（二）乱扔果皮、果核、纸屑、烟蒂、玻璃瓶（渣）、饮料罐、口香糖、废电池、塑料袋（盒）等废弃物；（三）乱倒垃圾、渣土、污水、污油、粪便、乱扔动物尸体、禽畜脏器及其他污物；（四）在露天场所和环境卫生设施内焚烧树叶、枯草、垃圾或其他废弃物；（五）占用道路、桥梁、广场、街道游园从事各类车辆的清洗、维修活动。

三、规范管理

（一）道路、广场、街道游园等公共场所及居民小区应按照环境卫生设施设置规定和设置标准配备足够的环境设施，并保持设施的完好、清洁；（二）集贸市场、商场（店）等商品交易场所应保持场（店）内设施整洁，商品摆放有序，排水畅通，无积存垃圾，无污水溢流；（三）各种机动车辆，应保持车身完好、车容整洁、标志齐全醒目。车容不洁的车辆，不得在城市道路上行驶或停放；（四）载运容易散落、流漏、飞扬的物品的车辆，应对箱体进行严密封盖，实行密闭运输，不得沿途洒漏、污染道路；（五）对生活垃圾投放点（桶）、袋装生活垃圾中转房等环境卫生设施，应定期清洗、消毒灭菌，保持其完好、整洁；（六）公共厕所应保持地面、墙面、门窗、蹲位的清洁卫生，排污畅通，无蝇蛆、尿碱、恶臭；（七）犬只不得敞放，不得进入公共绿地及明示禁止犬只入内的场所，不得搭乘公共汽车，犬只外出产生的粪便，犬主应及时清除。

第二节　园　林

一、管理机构

1976 年成立金堂县建设局，建设局城建股主管全县的城市园林绿化工作。1977 年，成立园林绿化建设维护小组，1987 年 11 月，成立金堂县园林管理所。1991 年，县建设局建设科将城市绿化工作移交给金堂县风景名胜旅游管理办公室管理。2002 年 1 月 21 日成立金堂县园林管理局，负责县城的园林绿化建设与管理。

二、管理制度

1990—2005 年，金堂县城园林绿化管理规章制度：

（一）各单位因基建施工等原因，经批准砍伐、移植公共绿地及公房园内正常生长的树木，各单位应按规定向城市园林主管部门缴纳损失费。凡经批准砍伐、移植收益单位或个人树木，申请单位亦应向收益所有赔偿损失费。但金额不得高于国家规定。

（二）县城一切园林设施，必须加强保护和管理，不准任意拆除、移动。

（三）县城公共绿地、公园和苗圃基地，任何单位和个人不得损毁和擅自占用。如任意占用绿地乱堆乱放，不听劝阻，县城市园林主管部门可派人强行拆除，以料抵工、并赔偿占用绿地所造成的损失。

（四）任何单位和个人不得擅自砍伐或移植古树名树木，因国家重点工程需要移植古树名木，由县城市园林主管部门审查后，报县人民政府审批，并报市人民政府备案。

（五）电力、电讯、市政和交通等部门需要修剪或移动树木时，须经园林主管部门同意后，有关部门互相配合，协商处理。

凡违反上述管理规定，应视其情节轻重，分别不同情况，给以批评教育，赔偿损失，处以罚款、拆除违章建筑，直到追究法律责任。

第三节　城　市

一、执法监察

1998—2005 年，金堂县城建管理监察大队执法监察主要是实施以下几个方面的管理：

（一）城市管理。1. 按照《中华人民共和国城市规划法》《四川省〈城市规划法〉实施办法》《城市禁止违法建设管理规定》等法规、规章的规定，对城市规划区范围内的建设行为进行监察。2. 按照《城市道路管理条例》《成都市市政设施管理条例》等法规、规章的规定，对擅自损坏城市道路进行经营活动和堆放物品等行为进行监察，对擅自损坏城市道路及其护栏、桥涵、排水设施、防洪堤坝、道路照明设施和城市公共景观照明设施等进行监察。3. 按照《城市市容和环境卫生管理条例》《成都市城市市容和环境卫生管理条例》，铺如临街面擅自搭建遮阳棚，乱捆、乱拉、乱挂、乱钉，在人行道上散发广告资料、乱吐痰、乱排泄、乱扔（丢）果皮和烟头等物品，在临街树木、护栏、路灯杆等设施上晒晾、吊物品的行为进行监察。对损坏城市环境卫生设施的行为进行监察。4. 按照《城市绿化条例》《成都市城市园林绿化条例》等法规、规章的规定，对擅自占用城市园林绿地，损坏城市绿地、花草、树木及园林设施，擅自砍伐城市树木的行为进行监察。5. 按照《城市供水条例》《城市燃气管理条例》等法规、规章的规定，对损坏城市供水供气设施，危害供气、供水安全的违法违章行为进行监察，对城市规划区地下水资源的开发、利用、保护以及城市节约用水方面的违法、违章行为进行监察。6. 对县城城市营运的人力客运三轮车进行管理。

（二）城市管理执法监察。1. 推行城市管理执法监察责任制：县城城市管理执法监察工作将城市建成区划分为 5 个责任片区和 1 个城管监察执勤岗点，实行片区管理和执勤岗点相结合的管理方法，并落实“四定”（定人、定岗、定段、定惩罚），责任到人，层层落实管理执法监察任务。中队长是责任片区和目标任务完成的主要责任人，负责各中队日常工作的安排和处理。队员向中队负责，中队向大队负责。2. 实施“一、二、三类”街道管理模式：对城市建成区的主要街道实行宽严不同的分类管理标准模式。将其划分为“一、二、三类”街道。一类街道管理严格按照县城市容市貌管理标准，严格依法管理，其标准是：无摊点、无拾绳挂物，无乱涂（画）、乱钉、乱贴、乱挂，无污垢，无随地吐痰，无瓜果皮、果核、纸花、冥纸、烟蒂、玻璃瓶（渣）、废物、垃圾、倒污水等污染环境的行为，市政公用设施基本无损坏，无不规范太阳伞、遮阳棚（篷），无空桌椅和打麻将现象，无越门占道和蜂窝煤炉子，单车按规定位置停放有序。二类街道按照一类街道管理标准执行外，只允许在人行道和门（店）面前设置一定摊位。三类街道可设一定数量的摊点。2003 年为体现新、绿、美、亮、洁、畅的县城形象，县对一类街道中的十里大道、一至六横道、平安桥、钟楼街、玉龙街、幸福路等实行了更加严格标准的示范街道管理。3. 坚持依法行政，严格城市管理：城市管理执法监察大队在城区主要街道设立了10个固定执勤岗点，每一岗点由3名城管队员轮流固定执勤，及时纠正和处理责任区范围内的违法违规行为。建立了城市管理执法监察快速反应系统“城管110”，全队配备有执法监察机动车2辆，摩托车7辆，对讲机20部，每天早上7：30至晚上22：30不间断实行全天巡查，对群众反映和举报的违法事件，在第一时间进行调查和处理。坚持推行“门前三包”责任制，责任书签订率达99%；坚持依法行政，严格执法，加大执法监察力度。1998—2003年，县城建执法监察对城市街道集中整治400次，出动执法人员8000人次，纠正出摊占道46800次，查处乱挖城市街道170处起、建筑工地污染街道事件247起、违法占用城市绿地324起、超载运渣车和洒污染城市道230起；拆除城市街道不规范遮阳棚（伞）1560处；查处不规范布幅广告1560幅、门店牌5500处、损坏市政公益设施事件836起、损坏园林绿化设施135起、沿街打麻将现象2427次，收缴128副麻将，拆除沿街蜂窝煤炉1256个。

（三）建设管理执法监察。对违反法定建设程序和法律法规的建设项目进行执法监察。1. 查处城市规划区范围内的违法违章建筑。在县城城市规划范围内，特别是城乡接合部未经建设行政主管部门审批，擅自新建和在原建筑物上搭建房屋的现象较为突出，随着城市建设和旧城改造的实施，这些违法建设已严重影响、阻碍城市规划建设。县建设局执法监察在2001—2003年，对赵镇十里村、新生村、米家巷村、永利村和普利村等城郊接合部的违法违章建设进行查处，查处违法建设面积达13679平方米，其中强制拆除的违法建设面积为9335平方米。2. 对建设项目的执法监察。县建设局每年对县境内开工的建设项目都要实施执法检查，2001—2003年对建设项目全县性的执法大检查进行了20次，受检工程127个。对违反《中华人民共和国建筑法》《建筑施工现场管理规定》《建设施工现场安全检查标准》的事项，县建设局共发出停工通知73份，整改通知89份，对20个施工企业进行通报批评，处罚违章作业人员50人次，纠正安全违章作业和排除施工安全隐患828起，对建设单位和施工企业进行了处罚，罚款金额达2万元。

二、非机动车管理

全县非机动车管理工作始于1997年，10月25日县建设局发出《关于进入城区内行驶的人力货三轮管理通知》。通告规定：凡在县城内行驶的所有人力货三轮车（包括单位、个体、店铺货运、个体经商、蔬菜运输、废品回收、燃料运输、营运等），必须在县城建管理监察大队办理“入城许可证”。未取得“入城许可证”的车辆不得在城区内行驶。车辆须在城区指定地点停放。1997年10月、12月，办理货运三轮车400辆。1998年3月，将客运三轮车的营运正式纳入管理。1998年为巩固创卫成果，办理2200辆客运三轮车营运资格手续。

金堂县城建管理监察大队非机动车管理职责：负责客、货三轮车的“入城证”和客运三轮车营运服务证、营运证的制发工作，对客运三轮车营运进行指导、监督、服务，管理乘客投诉等工作；负责客运三轮车营运资格的变动手续；负责客货三轮车年度审验和换发年度“入城证”的管理工作；对客货三轮车违反城市管理法律、法规的行为进行纠正和处罚。1999年制定《金堂县城人力客运三轮车管理暂行规定》，明确规定：凡进入城区的非机动车辆，必须办理入城证。营运的客运三轮车经营者必须是18周岁以上的成年人。营运的客三轮车要带准营证件，佩戴服务证，做到人、车、证相符。营运者须衣着整洁，仪表大方，文明营运、礼貌待客，树立良好的职业形象。营运车辆要定期检修，确保营运安全，经常保持车辆整洁。1999年出动城管队员6000人次，检查车辆2000辆次，查处违规营运车750辆次。同年7月，县城2200辆客运三轮车统一换上崭新的不锈钢篷架，2000年10至12月，为适应城市发展需要，适当应控制和减少三轮车辆在城市道路上的行驶，对客运三轮车营运权进行拍卖，使县城区客运三轮车减至1500辆。1998年起，每年县城管大队对非机动车辆均进行年度审验，换发新的“入城证”，对客运三轮车的车况、车容车貌及安全性能均要仔细检查，以保证行车安全。

第四节　用　电

一、机构

1977年成立成都供电局金堂供电所；属于成都电业局。自1957年开建贯子山水电站以来，金堂结束了无电的历史。之后，又逐步建成了清江发电站、三星五爱电灌站、白果电灌站、九龙滩电灌站以及35千伏赵镇变电站等。1991年成都供电局金堂供电所改名为成都电业局金堂供电局，承担着金堂县22个乡镇和青白江区8个乡镇的供电任务。2005年，局的干部职工有124人。所承担的供电区内，有变电站9座，其中：110千伏变电站2座，35千伏变电站7座，主总容量173.10万千伏安，供电管理范围达1000平方公里，35千伏至110千伏高压输配电线路150公里。1991—2005年，金堂供电局先后获国家电力部“电力三为达标单位”“省级文明单位”“省级最佳文明单位”；成都电业局“一流供电企业”；金堂县“文明行业”和“十佳文明单位”等荣誉。

二、安全工作

1991—2005年，金堂供电局把安全生产作为主要的管理任务，加强员工安全教育培训，实行安全生产目标及过程管理，落实各级各类人员安全生产责任制，贯彻“谁主管，谁负责”“管生产必须管安全”的原则，实行“安全生产重奖重罚”，强化生产人员安全责任，狠抓生产现场的安全管理。坚持“领导和工程技术人员到现场”的制度不动摇，加大反违章查处力度，严格监督，考核逗硬，确保了安全生产工作的顺利开展。同时，坚持每月开展一次交通安全和消防安全学习制度，落实防范措施，杜绝了重特大交通事故和消防安全事故的发生。

第七章　环境保护

第一节　环境质量

金堂县环境监测站始建于1986年，为三级站。至2005年有在职人员18人。主要职能：完成对辖区内大气、水、噪声的环境质量监测，并向社会发布监测结果；完成环保主管部门为进行环境管理所需要的环境影响评价监测、环境保护竣工验收监测等各项委托监测任务；参与污染事故仲裁；宣传环境保护的方针、政策，积极组织和发动群众参加环境监督活动；兼有科研、对社会监测服务、技术开发。县用 TH－150C 型仪器对环境进行监测。

一、地表水

（一）1996—2005 年地表水监测结果

金堂县在沱江流域金堂段共设置 5 个地表水水质监测段面，监测结果见下表（地表水环境质量标准 GB3838－2002）。

1996—2005 年沱江流域金堂段水质监测结果统计

表 13－9　　　　单位：mg/L

断面	指标	PH(无量纲)	DO	高锰酸盐指数	BOD_5	挥发酚	氰化物	砷化物	汞	铬	镉	铅	铜
	标准	6~9	≥5	≤6	≤4	≤0.005	≤0.2	≤0.05	≤0.0001	≤0.05	≤0.005	≤0.05	≤1.0
清江大桥	平均数	7.31	5.52	3.86	2.77	0.001 *	0.009	0.018	0.00004	0.016	0.022	0.086	0.024
	样品数	68	68	68	68	68	60	68	68	60	60	60	60
	超样率%	0	7.1	0	5.4	0	0	0	0	0	0	0	0
	最低值	6.68	4.50	0.60	1.10	0.001 *	0.002	0.004	0.00003	0.002	0.0005	0.0005	0.0005
	最高值	8.00	8.30	8.00	4.60	0.006	0.034	0.01	0.00005	0.055	0.025	0.1	0.094
201医院	平均数	7.29	6.39	3.65	2.75	0.001	0.003	0.004	0.00004	0.014	0.022	0.086	0.023
	样品数	68	68	68	68	68	60	60	68	60	60	60	60
	超样率%	0	3.6	0	3.6	0	0	0	0	0	0	0	0
	最低值	6.80	3.80	2.30	1.10	0.001	0.002	0.004	0.00003	0.002	0.0003	0.003	0.0001
	最高值	8.30	7.90	7.70	4.50	0.005	0.020	0.040	0.00005	0.099	0.02	0.	0.025
工农（毗河）大桥	平均数	7.52	6.08	3.90	2.61	0.001	0.003	0.008	0.00004	0.016	0.022	0.086	0.043
	样品数	64	64	64	64	64	60	60	60	60	60	60	60
	超样率%	0.39	1.9	3.9	3.9	0	0	0	0	0	0	0	0
	最低值	6.85	4.05	0.98	1.30	0.001	0.002	0.003	0.00003	0.002	0.0005	0.0005	0.0005
	最高值	8.58	8.10	7.14	5.8	0.009	0.014	0.029	0.00005	0.033	0.025	0.1	0.487
三皇庙	平均数	7.53	6.04	3.87	2.59	0.001	0.008	0.015	0.0004	0.014	0.022	0.086	0.021
	样品数	55	55	55	55	55	55	55	55	55	55	55	49
	超样率%	2.2	6.5	0	0	0	0	0	0	0	0	0	0
	最低值	7.00	3.80	1.10	1.10	0.001	0.002	0.003	0.00003	0.002	0.005	0.005	0.0005
	最高值	8.52	7.50	5.40	3.70	0.004	0.030	0.032	0.00005	0.041	0.025	0.1	0.324
五凤	平均数	7.47	6.05	3.58	2.45	0.001	0.009	0.016	0.00004	0.015	0.022	0.086	0.019
	样品数	68	68	68	68	68	60	60	68	60	60	60	53
	超样率%	0	8.9	0	1.8	0	0	0	0	0	0	0	0
	最低值	6.90	3.74	1.60	1.10	0.001	0.002	0.003	0.00003	0.002	0.0005	0.0005	0.0005
	最高值	8.50	7.50	5.60	4.90	0.005	0.026	0.00005	0.00005	0.044	0.025	0.1	0.025

（二）沱江金堂段进出口水质

沱江入金堂断面为北河 201 医院、中河清江大桥、毗河工农大桥，金堂的出境断面为五凤鸣阳。1996—2005 年沱江进出口断面，地表水监测见表（地表水环境质量标准 GB3838－2002）。

1996—2005 年沱江进出口断面地表水监测

表 13－10　　单位：毫克/升

断面	指标	PH(无量纲)	DO	高锰酸盐指数	BOD_5	挥发酚	氰化物	砷化物	汞	铬	镉	铅	铜
	标准	6~9	≥5	≤6	≤4	≤0.005	≤0.2	≤0.05	≤0.0001	≤0.05	≤0.005	≤0.05	≤1.0
清江大桥	平均数	7.31	5.52	3.86	2.77	0.001	0.009	0.018	0.00004	0.016	0.022	0.086	0.024
	样品数	68	68	68	68	68	60	60	68	60	60	60	60
	超样率%	0	7.1	0	5.4	0	0	0	0	0	0	0	0
	最低值	6.68	4.50	0.60	1.10	0.001	0.002	0.004	0.00003	0.002	0.0005	0.0005	0.0005 *
	最高值	8.00	8.30	8.00	4.60	0.006	0.034	0.034	0.00005	0.0005	0.025	0.1	0.094
201医院	平均数	7.29	6.39	3.69	2.75	0.001	0.003	0.014	0.00004	0.014	0.022	0.086	0.023
	样品数	68	68	68	68	68	60	68	68	60	60	60	60
	超样率%	0	3.6	0	3.6	0	0	0	0	0	0	0	0
	最低值	6.80	3.80	2.30	1.10	0.001	0.002	0.004	0.00003	0.002	0.0003	0.0005	0.0005 *
	最高值	8.30	7.90	7.70	4.50	0.005	0.020	0.030	0.00005	0.099	0.025	0.1	0.025
工农（毗河）大桥	平均数	7.52	6.08	3.90	2.61	0.001	0.003	0.03	0.00004	0.016	0.022	0.086	0.043
	样品数	64	64	64	6464	64	60	60	60	60	60	60	60
	超样率%	0.39	1.9	3.9	3.9	0	0	0	0	0	0	0	0
	最低值	6.85	4.05	0.98	1.30	0.001	0.002	0.003 *	0.00003	0.002	0.0005	0.0005	0.0005 *
	最高值	8.58	8.10	7.14	5.8	0.009	0.014	0.029	0.00005	0.033	0.025	0.1	0.487
五凤	平均数	7.47	6.05	3.58	2.45	0.009	0.009	0.016	0.00004	0.015	0.022	0.086	0.019
	样品数	68	68	68	68	68	60	60	68	60	60	60	53
	超样率%	0	8.9	0	1.8	0	0	0	0	0	0	0	0
	最低值	6.90	3.74	1.60	1.10	0.001	0.002	0.003 *	0.00003	0.002	0.0005	0.0005	0.0005 *
	最高值	8.50	7.50	5.60	4.90	0.005	0.026	0.035	0.00005	0.044	0.025	0.1	0.025

二、大气

县内大气环境质量主要污染物有二氧化硫（SO_2）、二氧化氮（NO_2）和总悬浮颗粒物（TSP）。金堂县城区范围内属环境空气二类区，执行国家《环境空气质量标准》（GB3095—1996）二级标准。

金堂县城区环境空气监测统计

表 13－11　　单位：毫克/立方米

项目＼年度	1996	1997	1998	1999	2000	2001	2002	2003	2004	2005
二氧化硫	0.021	0.010	0.007	0.018	0.017	0.021	0.012	0.030	0.035	0.035
二氧化氮	0.025	0.023	0.017	0.034	0.026	0.025	0.021	0.016	0.019	0.024
总悬浮颗粒物	0.180	0.205	0.179	0.182	0.170	0.143	0.234	0.183	0.134	0.216

三、降尘

金堂县城区 1996—2005 年环境空气沉降量监测如下：

金堂县城区1996—2005年环境空气沉降量监测统计

表13－12　单位：t/km²·月

项目	1996年	1997年	1998年	1999年	2000年	2001年	2002年	2003年	2004年	2005年
自然降尘	5.16	7.72	6.18	3.99	3.80	4.99	5.32	4.85	6.02	5.89
清洁点降尘	5.06	6.05	5.34	3.89	3.78	4.89	5.30	4.26	6.00	5.67

四、酸雨

1995—2005年金堂县城区两个酸雨监测点，逢雨必测。

1995—2005年金堂县城区降水监测结果统计

表13－13　单位：个

年度	1995年				1996年				1997年			
统计量	样品数	最大值	最小值	平均值	样品数	最大值	最小值	平均值	样品数	最大值	最小值	平均值
pH值	23	6.8	5.6	6.2	44	6.31	5.30	6.07	28	6.31	5.42	5.76
年度	1998年				1999年				2000年			
统计量	样品数	最大值	最小值	平均值	样品数	最大值	最小值	平均值	样品数	最大值	最小值	平均值
pH值	24	6.81	6.07	6.51	25	6.53	5.45	6.27	25	6.59	5.71	6.10
年度	2001年				2002年				2003年			
统计量	样品数	最大值	最小值	平均值	样品数	最大值	最小值	平均值	样品数	最大值	最小值	平均值
pH值	28	6.89	5.56	6.33	15	7.13	5.33	6.49	6	6.8	6.4	6.6
年度	2004年				2005年				-			
统计量	样品数	最大值	最小值	平均值	样品数	最大值	最小值	平均值	—	—	—	—
pH值	23	7.2	6.1	6.7	48	6.8	6.3	6.5	—	—	—	—

说明：从以上年监测数据可见，金堂县城区在1996、1997、1999、2001、2005年5个年度出现酸雨。

第二节　环境监测

一、水监测

1992年1月至1998年12月沱江流域金堂段共设6个监测断面：北河201医院、水厂辐射井（饮用水监测断面）、中河清江大桥、毗河工农大桥、沱江三皇庙、五凤鸣阳。每年枯水期（3月）、丰水期（9月）、平水期（11月）的9日、16日上午10时采样。监测项目共计22项，分别为水温、pH氨氮、悬浮物、总硬度、DO、BOD_5、CODmn、非离子氨、亚硝酸盐氮、硝酸盐氮、挥发酚、总氰化物、总汞、总砷、六价铬、部铅、总镉、总铜、色度、大肠菌群、石油类。

1999年开始沱江加密监测。监测时间为：每年4月、5月的2日、16日上午10时。监测项目为：水温、pH、DO、非离子氨、亚硝酸盐氮、高锰酸盐指数共6个。

1999 年起饮用水源水质监测在地面水质量监测项目的基础上，增加氟化物、细菌总数 2 个项目。

2003 年 1 月开始增加沱江水系成都段主要河流流经各区（市）县和城区出入境断面的水质监测。（一）断面设置：沱江流域金堂段共设置出入境监测断面 4 个，分别为：北河入境“201 医院”、中河入境“清江大桥”、毗河中支入境“毗河大桥”、沱江出境“五凤鸣阳”；（二）监测时间及频次：1. 监测时间：每年 1、3、5、7、9、11 月的 9 日上午采水样；2. 监测频次：每月监测 1 次；（三）监测项目，共计 14 项：水温、电导率、pH 值、溶解率、高锰酸盐指数、BOD_5、氨氮、总磷、汞、铅、挥发酸、石油类、阴离子表面活性剂、粪大肠菌群。

二、大气监测

（一）环境空气监测点位布设：为真实反映金堂县县城的大气质量状况，金堂县环境监测站 1996—2005 年，对空气质量监测设二氧化硫、氧化物、总悬浮颗粒物和降尘监测点位各 4 个，设降水点位监测 2 个。（二）监测时间及仪器：金堂县对二氧化硫、氮氧化物、总悬浮颗粒物，监测从 1996—2005 年 1 月、4 月、7 月、10 月 10 日—14 日进行监测，实行五日法监测；监测仪器用 TH－150C 型。自然降尘从 1996—2005 每月连续监测；降水从 1996—2005 年 1、4、7、8、10 月逢雨必测，均用常规仪器监测。（三）分析方法：金堂县环境监测站严格按照国家空气质量标准分析方法和国家《空气与废气监测分析方法》操作，二氧化硫采用甲醛吸收—盐酸副玫瑰苯胺比色法，氮氧化物用盐酸萘乙二胺比色法，总悬浮颗粒物、自然降尘用重量法，降水（pH、电导率）用电极法。（四）评价标准：金堂县城区范围内属环境空气二类区，执行国家《环境空气质量标准》（GB3095—1996）二级标准：对污染物二氧化硫、氮氧化物、总悬浮颗粒物均取日平均时间，标准分别为 0. 15、0. 10、0. 30，为毫克/立方米；自然降尘用月、年平均时，标准对照点月测值 +3，单位为吨/平方公里·月；降水酸度 pH，取任何一次，标准为≤5. 6。

三、污染源监测

金堂县污染物排放情况：（一）废气污染物排放现状及变化。1991—2005 年金堂县能源消耗以煤、电力、天然气为主，城区和大部分企业已改用清洁能源，煤消耗逐年下降。（二）工业废气及污染物排放量。1995—2005 年金堂县工业污染物排放量见下表：

1995—2005 年金堂县工业污染物排放情况

表 13－14

项　目	工业废气排放量（万标立方米/年）	工艺废气排放量（万标立方米/年）	工业粉尘排放量（吨/年）	排放废气中主要污染物	
				二氧化硫（吨/年）	烟尘（吨/年）
1995	28069	9487	—	—	425. 50
2000	78373	58316	1387. 00	1778. 70	3064. 07
2005	28575	32499	1088. 75	1220. 02	646. 59

（三）废水污染物排放。工业用水量呈增加趋势，主要分布在化工、造纸、纺织业等。工业废水中主要污染物为化学需氧量、石油类、悬浮物，县各企业对污染物治理力度的加大，兴建了各种污水处理设施，各种污染物排放逐年减少。

1991—2005 年金堂县工业废水及污染物排放情况

表 13－15

项　目	废　水					
	工业废水排放量（万吨）	排放达标量（万吨）	达标率（%）	化学需氧量（吨）	石油类（吨）	悬浮物（吨）
1995	317.10	96	30.27	96.00	21.10	673.8
2000	594.97	436.13	73.30	10156.31	283.06	480.79
2005	455	452.22	99.39	448.01	0.95	—

第三节　环境管理

一、管理机构

金堂县环境保护局成立于 1998 年 3 月 15 日，2001 年 11 月 1 日列为政府工作部门；内办公室、政策法规科、污染管理科、建设项目环境管理科和环境监测站、环境监察大队 2 个下属事业单位。1998 年，局成立环境监理科。2001 年在原环境监理科基础上成立金堂县环境监理大队，2003 年更名为金堂县环境监察大队。2004 年达到四川省环境监察机构标准化建设二级标准。

二、环境保护行政执法

1991—2005 年全县认真开展环境保护行政执法活动。1996—1997 年，根据国家、省、市规定，金堂县关闭不符合产业政策的 5 家皮革、冶炼企业，减少废水排放量 2400 万公斤，COD 削减量 24.70 万公斤，六价铬削减量 0.0023 吨。1997 年对 1 家无手续的涂料厂进行限期拆除处理，对无手续并造成污染事故的成都华宇生物制品厂进行行政处罚，限期补办手续，责令停产整顿处理。1998 年加强了对排污单位的管理，对全县企业进行不定期的现场监理，对违反中华人民共和国环境保护法的 3 家单位进行行政处罚，关闭了金堂冶炼厂。2003 年依法取缔赵鑫铸造厂、玉岭冶炼厂等 5 家十五小企业，限期治理 2 家。2004 年，对未正常使用污染防治设施的成都玉虹金堂造纸厂实施行政处罚 1 万元。

三、环境监督管理及污染监察

环境监督管理及污染监察主要是环境监测站完成辖区内大气、水、噪声的环境质量监测，并向社会发布监测结果。完成环保主管部门为进行环境管理所需要的环境影响评价监测、环境保护竣工验收监测等各项委托监测任务；参与污染事故仲裁；宣传环境保护的方针、政策，积极组织和发动群众参加环境监督活动；科研、对社会监测服务和技术开发。

四、建设项目环境管理

县环保局建设项目管理科成立于 1998 年，负责贯彻执行国家和地方有关建设项目环境管理的法律、法规、规章和标准等。1998—2005 年全县审批的工业项目共 15 个（巨丰药业、川王药业、才坤制药等项目），房地产项目 261 个，社会服务业 11 个。

五、排污费征收

1991—2005 年，县环保局加强污染源监管和排污费征收管理。对全县 73 家企事业单位征收超标排污费。1998 年将第三产业的排污纳入环保管理，对全县 22 家上规模的畜禽养殖和餐饮企业征收超标排污费。

第四节　环境污染防治

一、重点污染行业防治

1994 年 8 月，县组织人大常委会、政府及各职能部门参加环保执法检查活动，对全县重点污染源和一些新建企业进行检查，查处 1 家未申报手续的皮革厂。1995 年，对成都无缝钢管厂金堂分厂和金堂县氮肥厂进行了排污申报登记。2000 年，完善污染物申报登记和排放许可证制度，工业企业换证 75 家，第三产业换证 36 家，新办证 18 家。建立和完善企业监理 43 家。2000 年在赵镇、清江、三星等几个交通干线乡镇开展大小春秸秆禁烧工作。协助农业部门作好秸秆还田和秸秆综合利用工作，利用农作物秸秆生产食用菌，被中央电视台誉为综合利用秸秆金堂模式。同年金堂县分别被正式列为省级生态示范区建设试点县和国家级生态示范区建设试点，12 月，《金堂县国家级生态示范区建设规划》通过省市专家评审。县对饮用水源环境每月进行 1 次现场监察。

二、江河流域综合整治

1991 年完成 5 个污染项目的治理，总投资 15.6 万元，减少了对环境的污染。1993 年促使成都无缝钢管厂金堂分厂投入 5 万元完善酸洗车间的废水处理设施；县氮肥厂投入 70 万元建造冷却水循环使用系统；沱江水泥厂投入 6 万元安装粉尘回收装置；省劳改局 201 医院投入 5.40 万元建造病毒废水处理设施。1995 年全县共安排 20 万元用于成都金堂造纸厂锅炉烟尘治理和成都华福宁制药厂废水治理，县内局部环境量有所改善。全年金堂县共有废水处理设施 14 套，噪声处理设施 1 套。2001 年 2 月 21 日，金堂县通过了成都市工业污染达标领导小组的验收，县城大气环境质量、辖区地表水环境质量基本稳定在国家二级标准和国家三类水域标准内。2004 年对成都九龙纸业有限公司、四川锦绣华福宁制药股份有限公司、成都市金堂三星制革厂、金堂云合复兴食品总厂有限公司、成都市晋江福源食品有限公司 5 家企业实施限期治理，除金堂云合复兴食品总厂有限公司自然停产外，其余 4 家均于规定时限内完成了限期治理任务。2005 年对不能实现达标排放的成都美迪康生物工程有限公司限期治理，实现了水污染物达标排放。2001 年至 2005 年的限期治理和综合整治共投入 915.90 万元资金，新增处理设施 16 台（套），其中工业废水治理投入 865.9 万元，新增处理能力 4790 吨/日，COD 削减量为 25.85 吨/年。2005 年县的废水排放达标率达到 95% 以上，废气排放达标率达到 80%。

第十四篇　交通　邮电

1991—2005年，金堂县境内新、扩建省、县道公路、高速公路、乡镇和村道公路总计为1772.46公里；新建铁路50.4公里，新、改、扩建大中型桥梁63座。全县道路建设，形成了以高速、省、县道公路、铁路为主，乡村公路四通八达的格局。县邮电、科技迅速发展，金堂移动公司从电信分离，电信局改设金堂电信公司。在社会主义市场经济的运作下，金堂邮政、移动通信、电信、联通公司的建设和业务的拓展，为金堂带来了快捷的通讯服务。

第一章　交通道路建设

第一节　公　路

1991—2005年，国家投入公路建设资金18.9亿元。截至2005年年底，全县共有公路408条，1772.46公里。

一、国道公路

成（都）至南（充）高速公路。正线全长208.36公里，起于成都螺蛳坝，途经四川省4个市、12个县（区）。向东经成都龙泉驿区、青白江区、新都区、金堂县，德阳的中江县，遂宁的大英县、市中区、蓬溪县，南充的嘉陵区、高坪区，与318国道（老线）相连。

1998年10月16日，协调指挥部成立，县委常委、常务副县长谢瑞武任指挥长。后由副县长罗兴国任指挥长。成南高速公路金堂段工程建设从1998年10月24日起开始启动，至2002年12月23日竣工。征用土地总面积284.88公顷（4273.14亩）；房屋拆迁总面积147312.68平方米；拆迁1200余户，共7000余人；拆迁学校4所：白果镇龙王小学，高板镇包包店小学，竹篙镇凉水小学，广兴镇红日小学；拆迁广兴镇进步村、竹篙镇周家提灌站2个。

成南高速公路途经金堂县境内9个乡镇，全长36.42公里，占地284.88公顷（4273.144亩）；路线起于九龙镇（现为淮口镇）冒顶村，经白果、淮口、高板、平桥、隆盛、竹篙、转龙，止于广兴镇红日村，均采用高速公路标准按4车道建设，计算行车速度每小时100公里，路基宽度为26米。金堂段在白果镇石燕村、隆盛镇芦茅村黄桷垭设有互通口；白果镇高庙子村和石心村之间建有一个占地约10公顷（150亩）的大型生活服务区。成南高速公路金堂段工程建设总投资12亿元，其中拆迁占1244.49万元。

二、省道公路

省道唐巴公路金堂段：唐（家寺）巴（中）路金堂段（金堂赵镇—中江兴隆界）25.60公里，原为三级黑色路面。改建青白江界十五里至川锅厂路口段8.6公里为二级水泥路面，并加宽北河大桥。该工程由金堂县交通局测设，县路桥公司施工，唐巴公路改建工程指挥部管理、监督。1992年，遵照中共金堂县委、县政府指示，十里坝为金堂对外经济开发区，道路要宽而平直。为此，开发区路段2.7公里按一级路标准设计，路基宽40米、行车道宽15米、非机动车道宽25米（其中包括人行道2.60米、绿化带宽2.20米），其余路段宽度为15.60米。1992年9月开工，1993年12月竣工，完成涵洞40道，防护工程量16100立方米，占地12公顷，拆迁房屋2020平方米，搬迁高压杆线46根，总投资2160万元。经市上质监站组织全面检测验收，评为优良工程。1994年年底完成40米宽的干道工程，加宽部分投资360万元。2000年10月动工改建十里坝段的1.6公里为平微区一级水泥路面，路面宽15米，于2001年6月竣工，投资680万元。由金堂县交通局公路规划设计测设，成都路桥公司施工。川锅厂路口至中江兴隆界油路共25.6公里按山重区二级路标准改建成水泥路。1998年10月动工改建，当年12月底完成4.4公里，投资300万元。由金堂县交通局公路规划设计所测设，县路桥公司、栖贤建筑公司、教育建筑公司中标承建。2001年11月动工改建12.1公里，于2002年10月底竣工，投资8825万元，由成都市交通规划勘察设计院设计，邛崃市公路桥梁工程有限公司、成都市华川公路建设有限公司、四川瑞通工程建设有限公司承建。唐巴路赵镇绕城线，从赵镇先锋站接广金路，全长3公里（含大桥一座），按平微区一级路标准新建，砼路面宽15米，荷载：汽—20，挂—100。该工程由金堂县交通局公路规划设计所测设，1999年10月18日动工修建，占地14公顷，拆迁房屋3000平方米，于2000年11月30日竣工通车，总投资1270万元。

三、县道公路

2005年年底，金堂县境内共有县道15条，253.46公里。

广金路：金堂至广汉，全长21.1公里。从金堂清江入境至金堂赵镇，金堂境内长11.43公里，原为平微区三级油路。1991 年 7 月改建动工，1992 年 8 月竣工，投资 613 万元。该路是金堂县第一条水泥路。

成环路：成都经龙泉至金堂的环线公路。金堂段原称赵（镇）云（绣）路。全长 11.11 公里，经 1993 年、1996 年和 1998 年三次改建成路面宽 14 米的水泥路。1999 年 10 月竣工通车，总投资 3850 万元。

金乐路：金堂至乐至公路，金堂县境内总长 70.63 公里。1991 年前为三级油路。后经 1992 年、1996 年、1998 年、1999 年、2002 年和 2005 年 6 次对金乐路的金堂境内的不同路段进行水泥路与沥青路改建和新建，淮口过境段道路等级达到二级公路的标准。总投资为 1.56 亿元。

三金路：三台至金堂的公路，2005 年 7 月动工，2005 年 12 月 30 日竣工。全长 19.25 公里，途经福兴、赵家、淮口三镇，是连接成南路白果互通进出口的一条交通要道。建设标准为路基宽 7.5 米、路面宽 6.5 米的水泥混凝土路面，三级公路，总投资 1202 万元。

桂竹路：中江桂花至金堂竹篙的公路，2005 年 3 月动工，2005 年 12 月 30 日竣工。全长 12.74 公里，途经广兴、竹篙两镇，是中江冯店和金堂广兴等乡镇至成南路竹篙互通进出口的一条主干线。建设标准为路基宽 7.5 米、路面宽 6.5 米的水泥混凝土路面，总投资 1320 万元。

兴石路：中江兴隆至中江石笋的公路，2005 年 7 月动工，2006 年 1 月 20 日完工。全长 14.86 公里，途经福兴、金龙两个镇，是金堂与中江连接的一条交通要道。建设标准为路面宽 6.5 米的三级水泥混凝土路面，总投资 1201 万元。

淮金竹路：淮口—金龙—竹篙的公路，2000 年动工修建，2003 年竣工通车，全长 27.66 公里，途经金龙镇、隆盛镇、转龙镇、广兴镇。建设标准为 3.5—6 米的水泥混凝土路面。三级、四级公路，总投资 650 万元。

旌金路。广汉松林至赵镇的公路，1993 年动工修建，1994 年建成通车，全长 10.55 公里，途经官仓、三星、栖贤。建设标准为 6 米宽（三星段 K37 +106—K38 +236 为 9 米宽）的双车道水泥混凝土路面，三级公路，总投资 630 万元。

积淮路：中江石笋至金堂淮口，2001 年动工修建，2003 年建成通车。全长 18.27 公里，途经金龙、三溪、淮口。建设标准为 6 米宽的水泥混凝土路面，三级公路，总投资 850 万元。

金简路：高板至简阳的公路，2003 年年初动工修建，2003 年底竣工通车，全长 8.819 公里，途经高板、平桥至简阳界。建设标准为 6 米宽的水泥混凝土路面，三级公路，总投资 510 万元。

集栖路：石泉盐井界至栖贤石板河，2003 年年初动工修建，2003 年竣工通车，全长 8.06 公里，途经栖贤盐井至中江界。建设标准为 5 米宽的沥青表处路面（K32 +099—K33 +832 段为 3.5 米宽的水泥混凝土路面），四级公路，总投资 160.3 万元。

龙赵路：青白江姚渡至金堂赵镇，1996 年年初动工修建，1996 年年底竣工通车，全长 8.22 公里，途经赵镇米家巷村。已建成 15 米宽的水泥混凝土路面 5 公里，其余路段为 5 米宽的沥青表处路面，总投资 950 万元，

桂红路：青白江仁和至金堂五凤镇红花桥，1998 年 6 月动工修建，1998 年 12 月竣工通车，全长 2.94 公里，建设标准为 6 米宽的沥青表处路面，三级公路，总投资 50 万元。

淮洛路：淮口至洛带，1998 年动工修建，1998 年年底竣工通车，全长 23.12 公里，建设标准为宽 6.5 米的沥青表处路面，三级公路，总投资 575 万元。

唐巴路支线：金堂赵镇先锋至桐梓园村，2000 年 3 月动工修建，2000 年年底竣工通车，全长 2.98 公里，建设标准为宽 15 米的水泥混凝土路面，二级公路，总投资 1355 万元。

2005 年金堂县道公路一览

表 14－1 单位：公里

路线名称	总里程	沥青	水泥混凝土	公路等级
广金路	11.43	—	11.43	三级
成环路	11.11	—	11.11	一级
金乐路	70.63	20	50.63	二级
三金路	19.25	—	19.25	三级
桂竹路	12.74	—	12.74	三级
兴石路	14.86	—	14.86	三级
淮金竹路	27.66	4.1（表处）	23.56	三级、四级
旌金路	10.55	—	10.55	三级
积淮路	18.27	—	18.27	三级
金简路	8.82	—	8.82	三级
集栖路	8.06	5.93（表处）	2.12	四级
龙赵路	8.22	3.22（表处）	5.0	二级、四级
桂红路	2.935	2.94（表处）	—	三级
淮洛路	23.12	23.12（表处）	—	三级
唐巴中支线	2.98	—	2.98	二级

四、专用公路

2005 年，经新建和改建，全县有水泥混凝土专用公路 4 条，即东机路：由唐巴路 27 公里处至四川锅炉厂，长 2.8 公里，路基宽 8 米，路面宽 6 米，三级公路。65 分厂路：由金乐路 6.8 公里处至成都无缝钢管厂 65 金堂分厂，长 3 公里，路基宽 8 米、路面宽 6 米，三级公路。热电厂路：由金乐路淮口车站处至淮口热电厂，长 4.32 公里，路基宽 12 米，路面宽 11 米，公路标准为平微二级。淮帆路：由三金路（原来的淮口至中江兴隆的路）2.3 公里处（加岔道口至沙坝段）至成都市第二纺织厂（原名淮口帆布厂），2003 年改建，长 1 公里，路基宽 7.5 米，路面宽 6 米，三级公路。

第二节 桥 梁

金堂境内河流多、沟渠多、丘陵及山区多，是成都地区公路桥梁较多的县之一。随着公路建设步伐的加快，金堂县公路桥梁快速增加，1991—2005 年，共投资新建大中型桥梁 14 座，长 1312 米，改建 6 座，长 979.3 米；新建小桥 12 座，总长 207 米；改建小桥 31 座，总长度共 568 米。金堂县公路桥梁均为永久性桥梁。桥梁结构主要有石拱桥、梁式桥、双曲拱桥、桁架桥等。桥梁结构有了新的发展，出现了钢架桥、无黏结预应力空心板梁桥等运用高新技术修建的新桥梁。

一、毗河大桥

位于金堂县城新区四横道与成环路公用段，横跨毗河。河床宽，起伏多，中间高，两侧低，属变迁性河槽。1996年3月，经成都市经委批准建设，市交通局设计，主为8孔，净跨20米的无黏结预应力钢筋铪空心板梁桥，长177米，支流设计4孔净跨20米，长96米的同类型桥梁，中间为路堤连接贯通，路堤长237米，全桥总长度510米（含引桥），属路堤式桥梁。桥面宽40米，其中：主车道宽15米，分隔带宽2×2米，非机动车道宽2×7米，人行道宽2×3.5米，桥面高6.5米，属漫水性桥梁。下部构造为石台，铪柱墩基础建于天然砂岩上，埋置深度5.5—6米。空心板梁采用后张法施工，中板1片梁重1.9万公斤，边板1片重2.3万公斤，共有中板444片，边板24片。毗河大桥共投资1650万元，由省路桥工程公司承建，1996年3月动工新建，1997年6月建成通车、经市交通局组织检查验收，评定为优良工程。该桥是当时成都地区横跨度最宽的桥梁。

二、沱江铁路大桥

位于沱江上游金堂县赵镇狮子坨，是达成铁路金堂段三大重点控制工程之一。1992年12月19日开工建设，1995年1月顺利完工。该桥长647.12米，宽6米，属下沉式钢梁和“丌”形梁结构，有19个墩台，其中一联两孔跨度64米钢梁是施工的重点，承担施工的铁十五局一处，采用新技术、新工艺顺利解决了难题。

三、其他新改建桥

1991—2005年，金堂县共新建大中型桥梁14座，总长度共1312米，改建6座，总长度共979.3米。

（一）新建大中型桥梁

大桥村桥：位于隆盛村道，横跨资水河，桥长48米，桥宽9.6米。荷载：汽—20，挂—100。上部构造为钢筋混凝土板梁桥，下部构造为石台。1991年7月建成。

飞凤桥：位于五灵路，横跨黄水河，桥长40米，桥宽7米。荷载：汽—20，挂—100。上部构造为铪板桥，下部构造为石台。1991年8月建成。

友谊桥：位于红人路，横跨万家河，桥长44米，桥宽9米。荷载：汽—20，挂—100。上部构造为石拱桥，下部构造为石台。1992年5月建成。

白龙桥：位于旌金路，横跨爪龙溪河，桥长57米，桥宽9米。荷载：汽—20，挂—100。上部构造为钢筋混凝土板梁桥，下部构造为石墩台。1993年5月建成。

为民桥：位于上游路。横跨万家河，桥长44米，桥宽7米。荷载：汽—20，挂—100。上部构造为石拱桥，下部构造为石台。1993年12月建成。

回龙桥：位于白高路。横跨杨溪河，桥长32米，宽6.5米。荷载：汽—20，挂—100。上部构造为铪板桥，下部构造为石台。1993年12月建成。

粟木桥：位于隆盛村道，横跨资水河，桥长35米，桥宽5米。荷载：汽—20，挂—100。上部构造为钢筋混凝土板梁桥，下部构造为石墩台。1994年7月建成。

红月桥：位于隆盛村道，横跨资水河，桥长30米，桥宽5米。荷载：汽—20，挂—100。上部构造为石拱桥，下部构造为石台。1995年7月建成。

麻石桥：位于白果村道。桥长30米，桥宽5米。荷载：汽—20，挂—100。上部构造为石拱桥，下部构造为石墩台。1996年7月建成。

庆远桥：位于金乐路，横跨桤木河，桥长50米，桥宽12米。荷载：汽—20，挂—100。上部构造为石拱桥，下部构造为石台。1997年12月建成。

大观音桥：位于成环路，横跨观音河，桥长26米，桥宽15米。荷载：汽—20，挂—100。上部构造钢筋混凝土空心板梁桥，下部构造为石台。1999年9月建成。

中河大桥：位于唐巴路绕城线，横跨中河，桥长160米。桥宽22米，荷载：汽—20，挂—100。上部构造为钢筋混凝土板钢拱架，下部构造为钢筋混凝土柱。2000年9月建成。

云合金山桥：位于云合镇金山村，为石拱桥结构，桥宽4.5米，桥长58米，总投资43万元，2005年12月建成。

（二）改建大中型桥梁

平安大桥：1964年7月建成，位于唐巴路，横跨中河，桥长124米，宽10米，荷载：汽—13，拖—60。1991年6月按总宽22.2米，荷载汽—20，挂—100的标准改建竣工。

北河大桥：1959年7月建成，位于唐巴路，横跨北河，主桥长241米，宽8.5米，荷载：汽—15，挂—80。1993年10月按总宽22.7米，荷载汽—20，挂—100的标准改建竣工。

双拱桥：1976年5月建成，位于金乐路，横跨沱江支流，全长42米，宽7米，荷载：汽—18，挂—100。1992年12月按桥宽12米，荷载汽—20，挂—100的标准改建竣工。

踏水桥：1965年5月建成，位于龙金路，横跨海螺河，全长42米，车道宽4.2米，荷载：汽—13，挂—50。1997年12月按桥宽12米，荷载汽—13，挂—60标准改建竣工。

桂红路友谊桥：位于红人路，横跨万家河，桥长44米，宽9米，荷载：汽—15，挂—80。2001年6月按汽—20，挂—100标准改建竣工。

淮口大桥：1973年7月建成，位于金乐路，横跨沱江，桥长332米，宽8.5米，荷载：汽—18，挂—80。2004年9月按桥长486米，宽12.5米，荷载汽—20，挂—100的标准改建竣工。

金龙肖家古堰桥：原为3×8.5米石拱桥，横跨资水河，2005年改建为钢筋混凝土板桥，桥长37.5米，宽4.6米，荷载汽—20，挂—100级。

金龙镇五一桥：原为3—10净垮石拱桥，横跨资水河，2005年改建。桥长37.5米，宽4.60米，荷载汽—20，挂—100级。

（三）新（改）建小桥

1991—2005年，金堂县新建小桥12座，总长度共207米；改建小桥31座，总长度共568米。合计43座，总长775米，总投资344万元。

2005年金堂县大中型桥梁概况

表14-2

序号	桥名	所在路线	河名	结构		桥长（米）	桥宽（米）	孔数-跨径	载重（吨）		建成年月		新改建投资额（万元）
				上部	下部				汽	挂	新建	改建	
1	毗河大桥	成环路	毗河	砼空心梁	砼柱	610	40	8-20+4-20	20	100	1997.06	—	1650
2	淮口大桥	金乐路	沱江	石拱	石墩台	486	12.5	11-25+2-6	20	100	1973.07	2004.09	198
3	韩滩桥	城区	中河	砼刚拱架	石墩台	300	6.5	3-40+3-35+2-10	10	50	1983.06	—	—
4	工农大桥	金乐路	毗河	砼双曲拱	石墩台	278	12	6-40	18	80	1970.07	—	—

续表14—2

序号	桥名	所在路线	河名	结构		桥长（米）	桥宽（米）	孔数-跨径	载重（吨）		建成年月		新改建投资额（万元）
				上部	下部				汽	挂	新建	改建	
5	北河大桥	唐巴路	北河	石拱	石墩台	241	22.7	10-20	20	100	1959.07	1993.10	350
6	中河大桥	唐巴路绕城线	中河	砼刚拱架板	砼墩	160	22	3-43	20	100	2000.09		820
7	平安大桥	唐巴路	中河	砼T梁	砼及石墩台	124	22.2	8-14.1	20	100	1964.07	1991.06	160
8	双流大桥	白双路	资水河	石拱	石墩台	124	5.5	1-70+2-15	15	60	1972.06	—	—
9	团结大桥	桂竹路	资水河	石拱	石墩台	108	7	5-15	13	80	1971.05	—	—
10	云合大桥	又塘路	资水河	石拱	石墩台	108	8.5	3-25+2-6	18	80	1979.05	—	—
11	革命大桥	金乐路	资水河	石拱	石墩台	102	7	5-15	13	80	1967.06	—	—
12	净乐大桥	又净路	资水河	石拱	石墩台	100	4.5	5-15	13	60	1973.05	—	—
13	清江桥	清城路	中河	砼板	石墩台	81	4.5	13-6.5	15	80	1963.05	1987.03	—
14	转龙桥	兴广路	资水河	石拱	石墩台	66	7.5	1-4+1-6	18	80	1978.05	—	—
15	永济桥	淮龚路	清溪河	石拱	石墩台	60	4.5	3-11	15	60	1975.05	—	—
16	白龙桥	旌金路	爪龙溪河	砼板	石墩台	57	9	7-7	20	100	1993.05	—	—
17	河心桥	三幸路	北河支流	砼板	石墩台	52	5.0	6-7	20	100	1987.05	—	—
18	庆远桥	金乐路	桤木河	石拱	石台	50	12	1-30	20	100	1997.12	—	—
19	胜利桥	兴广路	资水河	石拱	石墩台	50	4.5	1-25+2-3	13	60	1979.05	—	—
20	高板桥	金乐路	资水河	石拱	石台	48	10.5	1-25	20	100	1986.12	—	—
21	大桥村桥	隆盛村道	资水河	砼板	石墩台	48	5.0	7-3.25~7.3	20	100	1991.07	—	—
22	矮子桥	兴广路	清水河	石拱	石墩台	45	6.0	3-10	13	60	1958.05	—	—
23	新拱桥	黄石路	资水河	石拱	石墩台	45	7.0	1-25	15	80	1982.01	—	—
24	兰家桥	三烈村道	兰家河	石拱	石墩台	45	7.0	3-10	20	100	1987.05	—	—
25	友谊桥	桂红路	万家河	石拱	石台	44	9.0	1-30	20	100	1992.05	—	—
26	为民桥	上游路	万家河	石拱	石台	44	7.0	1-20	20	100	1993.12	—	—
27	红兴桥	黄金路	桤木河	砼板	石台	43	9.6	1-30	20	100	1984.12	—	—
28	双拱桥	金乐路	沱江支流	石拱	石台	42	12	1-24	20	100	1976.05	1992.12	—
29	踏水桥	龙金路	海螺河	石拱	石墩台	42	12	2-13	13	60	1965.05	1997.12	—
30	万民桥	龙金路	官仓河	砼板	石墩台	42	5.0	3-10	20	100	1981.05	—	—
31	积善桥	福兴村道	资水河	石拱	石墩台	42	5.0	3-10	20	100	1988.05	—	—
32	广兴桥	兴广路	资水河	石拱	石墩台	40	8.0	2-15	18	80	1979.05	—	—
33	麻石桥	淮洛路	五凤溪河	砼板	石墩台	40	7.0	4-6	15	80	1981.11	—	—
34	金山桥	赵金路	山溪沟	石拱	石台	40	4.5	1-25	10	30	1983.07	—	—
35	四季春桥	三四路	场溪河	石拱	石台	40	4.5	1-25	15	60	1984.05	—	—
36	神仙桥	大桥村道	资水河	砼板	石墩台	40	5.0	5-7	20	100	1987.05	—	—

续表14—2

序号	桥名	所在路线	河名	结构		桥长（米）	桥宽（米）	孔数-跨径	载重（吨）		建成年月		新改建投资额（万元）
				上部	下部				汽	挂	新建	改建	
37	飞凤桥	五灵路	黄水河	砼板	石台	40	7.0	1-22	20	100	1991.08	—	—
38	唐家桥	赵黄路	杨溪河	砼板	石墩台	38	4.5	5-6	15	60	1984.05	—	—
39	又新桥	金乐路	资水河支流	石拱	石台	37	7.0	2-12	15	80	1965.05	—	—
40	大观音桥	成环路	观音河	砼空心梁板	石台	26	15	1-16	20	100	1999.09	—	—
41	粟木桥	隆盛村道	资水河	砼板	石墩台	35	5.0	4-4.5	20	100	1994.07	—	—
42	平水桥	三金路	清溪河支流	砼板	石墩台	34	8.0	5-5	13	60	1959.09	1987.05	—
43	谢家桥	渣宏路	杨溪河	石拱	石台	34	7.5	1-15	20	100	1984.11	—	—
44	倒石桥	竹转路	资水河支流	石拱	石墩台	32	4.8	4-6	13	60	1965.06	—	—
45	回龙桥	白高路	杨溪河	砼板	石台	32	6.5	1-20	20	100	1993.12	—	—
46	竹篙桥	金乐路	资水河支流	石拱	石台	31	10.5	1-15	20	100	1985.05	—	—
47	红月桥	隆盛村道	资水河	石拱	石台	30	5.0	1-12	20	100	1995.07	—	—
48	麻石桥	白果村道	—	石拱	石墩台	30	5.0	4-6	20	100	1996.07	—	—
49	肖家古堰桥	金龙镇	—	砼板	石墩台	35	—	3-8.5	20	100	—	2005.12	—
50	五一桥	金龙镇	—	石拱	石墩台	28	—	3-7	20	100	—	2005.12	—
51	金山桥	云合镇	—	石拱	—	50	—	2-18	20	100	—	2005.10	—

第三节 铁路

金堂县境内，至2005年年末有2条铁路运行。自1952年7月1日建成通车，至2005年改建成电气化快速铁路。成渝两地铁路运输时间缩短到3个半小时以内。从青白江区仁和乡入县境，经白果镇至五凤镇出境，长14公里，有隧道8座，县境内设红花塘、五凤溪火车站。

达成铁路：达成铁路（达州市至成都市）于1992年12月中旬动工兴建，1997年12月26日建成通车。东起四川省达川市，西至成都市。途经营山、蓬安、南充、蓬溪、遂宁、中江、金堂等县（市）至龙潭寺接入成渝铁路线，引入成都东站。全长395公里，国家投入建设资金15.4亿元。

达成铁路由东往西至四川德阳市中江县冯店入境由金堂县转龙镇迎龙村一组起，途经隆盛、高板、三溪、黄家、淮口、九龙、三星、西至赵镇同合村二组止，途径9个乡镇，并与青温铁路33公里并轨至成都。县境内的达成铁路线，俗称达成铁路金堂段。全长50.4公里，设有隆盛、淮口、金堂3个客货车站，有大中小型铁路桥19座，涵洞169个，隧道8座。炮台山隧道、沱江铁路大桥、金堂车站为达成铁路重点控制点。金堂段的建设，占用土地210.56公顷（3158.4亩），拆迁房屋89411.07平方米，拆迁电力线、通讯线、广播线409处，砍移竹木果树36万株。工程于1992年动工兴建，1997年12月26日正式通车，是金堂县历史上投资最大、任务最重、工期最短的一项宏大工程。达成铁路在修建中利用金堂县境内青温铁路里程8公里进行改建，省上决定该段地方铁路在核定资产后作入股处理。达成铁路金堂段正式通车后取代了青温铁路金堂段。

第二章　运　输

第一节　陆　路

随着交通经济和科学技术的进一步发展，1997 年 12 月 26 日至 2005 年 12 月，县境内的陆路运输主要靠火车运输和汽车等机动车运输来满足方便旅客出行与货畅其流，促进城乡经济和社会事业的发展。

一、铁路运输

（一）金堂火车站：位于达成铁路 311 公里 +537 米处，赵镇新生村地段。1997 年 12 月 26 日建成通车，属中转站，经办客、货运输业务。隶属于遂宁车务段，归达成铁路有限公司管辖。站内设 4 股道（其中正线 1 股，到发线 3 股，另设货物线 2 股），站台线长 922 米/2 条。候车室面积 477 平方米，售票窗口 2 个，广场面积 4200 平方米，仓储面积 8356 平方米。日通过列车 18 对，其中客车 15 对。发送旅客量：1999 年 13 万人次，2002 年 14.5 万人次，2005 年 16 万人次。发送货物量：1999 年 1200 万公斤，2002 年 600 万公斤，2005 年 4500 万公斤。（二）淮口火车站：位于达成铁路 290 公里 +633 米处，淮口镇红岩村与金龙桥村交界地段。建于 1997 年 12 月，属四等客、货运站。隶属遂宁车务段，归达成铁路有限公司管辖。站内设 6 股道（其中正线 1 股，到发线 5 股；另设货物线 1 股，电厂专用线 1 条），站台线长 320 米，候车室面积 300 平方米，售票窗口 1 个，广场面积 2500 平方米，仓储面积 8686 平方米。日通过列车 18 对，其中客车 13 对。1998—2005 年，平均每年发送旅客量 0.92 万人次，平均每年发送货物量 1700 万公斤。（三）红花塘火车站：建于 1952 年，四等车站，隶属成都车务段，归属成都铁路局管辖。车站位于成渝铁路 44 公里 +225 米处，地理位置属五凤镇红花塘村，为成都铁路局的路料基地。站内共有 5 股铁道（其中正线 1 股、到发线 2 股、货物线 2 股）。站台线长 280 米，候车室面积 260 平方米，无仓储设施。该站于 1992 年停办客货运输业务，为方便当地群众，仍有客车停靠上下旅客，由列车上直接售票。2004 年 8 月，该站完成设施技改，由原有的半自动闭塞改为自动闭塞，采用微机联锁，区间内同向发车数由 1 列增至 3—4 列。2005 年每天通过列车 33 对，其中客车 9 对，年发送旅客 7.3 万人次，中转货物 240 万公斤。（四）五凤溪火车站：建于 1952 年，四等车站，隶属成都车务段，由成都铁路局管辖。位于成渝铁路 52 公里 +265 米处，地理位置属五凤镇罗坝村。站内共有 4 股道（其中正线 1 股道、到发线 2 股道、货物线 1 股道），站台线长 210 米，候车室面积 150 平方米，仓储面积 4000 平方米，可存储货物 24 万公斤。每天通过列车 33 对，其中客车 9 对。自 1997 年起，受五凤水泥厂、磷肥厂等企业相继倒闭、当地沙石资源枯竭、中江中转站停运，以及成渝高速公路通车等因素影响，该站客运、货运业务逐步萎缩，1990 年发送旅客 11.6 万人次，到发货物

1.21亿公斤；2005年发送旅客7.3万人次，到发货物6300万公斤，分别减少37.1%和24.0%。（五）隆盛火车站：位于达成铁路277公里+800米处，隆盛镇兴隆社区地段。建于1998年，属五等客运站。隶属于遂宁车务段，归达成铁路有限公司管辖。站内设3股道（其中正线1股，到发线2股），站台线长380米，候车室面积70平方米。每天通过列车15对，其中客车11对、货车4对。2002年前，平均每年发送旅客4.5万人次，受成南高速公路通车影响，2003—2005年平均每年发送旅客1.4万人次，减少68.9%。

二、公路运输

见第十三篇公用事业第五章第一节县城公路运输。

第二节　水　路

在金堂水运历史上，过去一直是以木船作为主要工具。1991—1995年，在沱江北河、中河、毗河水域中有大小客货运输木船200艘，总载重141万公斤。随着社会经济的发展和科学技术的进步，至2005年水上运载情况发生了变化。木船客货运输逐步被钢质船舶所替代。

一、水运工具

按其用途分为以下7种：钢质驳船。2005年，金堂县有钢质驳船134艘，总吨位229万公斤，质量越来越好，逐步占领了整个水上货运市场。

钢质采砂船。2005年，沱江河流金堂段拥有20立升以上采砂船24艘，215.40万公斤。

钢质拖轮船。随着金堂县采砂船的逐步发展配套，拖轮船同步增加。2005年，金堂县有钢质拖轮船24艘，总吨位16.90万公斤。

钢质客船。1991年，金堂县开通了1条金堂五凤至简阳宏缘的沱江水路客运航线，3艘客船参加营运。

1992年，五凤镇又开通了1条罗坝至五凤镇的沱江水路客运航线，由2艘客船进行营运。另外，还开通了赵镇至龙洞的中河水路客运航线，由1艘客船进行营运。截至2005年年底，全县共有客船6艘，均为个体经营。

钢质渡船。1991年起，金堂县渡口已全部采用钢质渡船，2005年有钢质渡船13艘，总吨位14.10万公斤。

玻璃钢旅游船。1991年，金堂沱江水域九龙有游船3艘，2004年，从龙泉湖引进29艘准载24人的游船、3艘准载6—8人的快艇，搞活金堂水上旅游业。截至2005年，全县共有旅游船舶22艘，总吨位8.60万公斤主要集中在赵镇毗河水域经营。

乡镇自用船。乡镇自用船属沱江、北河、中河、毗河金堂段3河1江8岸村民自用于农业耕作、种子、肥料、农作物收割运输及捕鱼、防洪自救等的小型木质船舶（载重3000公斤以下），由各乡镇自行管理。1991—2005年，沱江河金堂段的乡镇自用船共有120余艘，总载重14.76万公斤。

二、水上渡运

水上渡运以江河两岸的渡口和码头为始终点，目的是方便江河两岸群众出行和生产生活需要。至

2005 年县已建成的渡口、码头 14 个。

五凤金牛渡口：为顺江渡口，西岸码头位于五凤镇场口，东岸码头位于该镇金牛村，相距 1.5 公里，现有钢质机动渡船 1 艘，核定载客人数 42 人，由金牛村村民个体经营。

五凤鸣阳渡口：为横江渡口，西岸位于五凤镇场口，东岸为镇鸣阳村，渡口现有钢质机动船 1 艘，核定载客人数 70 人。1998 年前为金堂县渡口管理所直管的公渡，1999 年 1 月，由渡口管理所无偿移交给五凤镇鸣阳村经营管理。由该村集体经营，自负盈亏。

五凤罗坝渡口：为横江渡口，北岸位于五凤火车站，南岸为五凤九里村，有钢质机动船 2 艘，核定载客人数 80 人，属个体经营。

五凤渣浮渡口（又名渣巴沱渡）：为横江渡口，西岸位于五凤镇罗坝村，东岸为柏木村。有钢质机动渡船 1 艘，核定载客人数 40 人，属于个体经营。

白果代坝渡口：为横江渡口，西岸为代坝村，东岸为光辉村，有钢质机动船 1 艘，核定载客人数 40 人，属个体经营。

白果渡口：为横江渡口，东岸位于白果镇场口上游 300 米处，西岸为沱江村。1999 年 3 月前为金堂县渡口管理所直管公渡。1999 年 3 月由渡口管理所转让给白果镇沱江村村民经营管理。该渡口有钢质机动船 1 艘，核定载客人数 70 人，属个体经营。

清江渡口（又名双江渡）：为横江渡口，位于北河，西岸为清江镇火盆山，东岸为官仓镇凤凰村。1999 年 12 月前为金堂县渡口管理所直管公渡，1999 年 12 月由渡口管理所有偿转让给官仓镇凤凰村村民经营管理。有钢质机动船 2 艘，核定载客人数 185 人，属个体经营。

淮口滴水岩渡口：为横江渡口，现有钢质非机动船 1 艘，核定载客人数 17 人，由淮口镇管理。

易家渡口：为横江渡口，位于北河，东岸为金堂县官仓镇冯家林村，西岸为广汉市三水镇易家河坝。有广汉籍钢质非机动船 2 艘，核定载客人数 22 人。

淮口悦来渡口：为横江渡口，现有钢质非机动船 1 艘，核定载客人数 17 人，由淮口镇管理。

团结水库渡口：位于淮口镇双拱村团结水库库区，现有钢质非机动船 1 艘，核定载客人数 12 人，由淮口镇管理。

九龙湖码头：建于 2004 年，为九龙旅游码头，有旅游船 3 艘，核定载客人数 66 人，由长湖山庄经营人经营。

云合码头：建于 2004 年，位于资水河云合镇场口，有简阳籍客船 3 艘，核定载客人数共 60 人，由个体经营。

五凤鸣阳码头：建于 2004 年，有五凤至简阳宏缘的旅客运输船舶 3 艘，核定载客人数 130 人。

三、养河费

养河费即航道养护费，由航道养护工程费、航道养护事业费及航道养护其他费构成，主要用于维护航道、航道改善工程、航道普查、航道保护管理等。1991 年，航道养护费的征收按《四川省人民政府办公厅关于调整养河费征收标准的通知》执行，养河费征收具体标准是：专业运输船按营业收入总额 8% 征收；非营运性质的驳船按载货净吨位每 1000 公斤每月 1.30 元征收；非营运性质的货轮、客货轮、客轮、机驳、机动木船按载货净吨位和乘客定额每 1000 公斤每月 12 元征收；非营运性质的拖轮，按主机每马力每月 2 元征收。1995 年客轮（包括客货轮、旅游客轮、涉外旅游客轮），每千瓦每月征收 24 元；快速客船（包括水翼船、气垫船等航速在 35 公里/小时以上的船舶）每千瓦每月 20 元；货轮（包括机驳）每千瓦每月 11.60 元；拖轮每千瓦每月 11.60 元；驳船每总吨位每月 1.40 元；人力船每总吨位每月 1 元；作业船每主机千瓦或每总吨位每月 15 元。金堂县航道养护费 2002 年 10 月前由县航务管理所征收，后由地方海事处征收。1991—2005 年共征收航道养护费 26.38 万元，全部按规定解缴财政专户。

第三章　交通经营

第一节　收费站转让

一、转让

收费站转让，指的是公路收费经营权转让。1998 年 6 月 1 日，为盘活公路存量资产，加大公路基础设施建设的投资力度，促进金堂县经济持续稳定地发展，经省、市交通主管部门同意，金堂县交通实业总公司依照相关规定，对唐巴公路金堂段收费经营权实施转让。金堂县交通实业总公司将自己拥有的唐巴公路金堂路段，共计 11.3 公里的收费经营管理权的 80% 作为股份，转让给成都高速公路建设开发有限公司，转让期限 30 年，转让金额 2892.8 万元。

二、撤销

收费公路经营管理权包括收费权、广告经营权、服务设施经营权。随着公路收费经营管理权的转让，唐巴公路主管单位先锋收费站、北河大桥收费站（因收费期满于 2000 年 9 月已撤除）作为公路收费权的具体实施单位，变更为成都高速公路建设开发有限公司，公司具体负责唐巴公路金堂段收费经营管理，依法从事经营活动。

第二节　客运线路经营权转让

根据《成都市城市公共汽车管理条例》《成都市人民政府特许经营权管理规定》及相关管理规定，对公交客运线路和出租车的经营权均实行有偿转让。1998 年 7 月，金堂县交通局本着“公开、公平、公正”的原则，交管所对城郊 4 路（赵镇—清江 201 医院）9 辆车、5 路（赵镇—杨柳）6 辆车共计 15 辆公交车的经营权进行公开招标。由金堂县运输公司（即通达公司）中标，取得 15 辆公交车 5 年的经营权，转让金额共计 51.39 万元。金堂县首次客运线路经营权转让取得圆满成功。截至 2005 年，共有 23 条公交线路 142 辆车和 170 辆出租车实行经营权转让，吸引了来自蓬溪、简阳等地的投资者参与竞标，引资 5000 万元。

第三节　运输价格

1991—2005年，交通运价在县境内外，经历了由国家计划指令价格到市场调节指导价格的过程。

一、公路水路运输价格

1991—1992年，运输单位执行上级物价与交通管理部门联合发文规定的指令性价格。1993年因原材料调价、税费增加、提高工资等，经营矛盾突出。公路、水路货运价格实行放开，由货物承、托运双方根据运输成本、运力供求情况和货源稳定情况分别协商制定一次性包车（船）运价、短期合同运价和长期合同运价。货物运输迈入了市场经济轨道。水陆客运价格随货运价格的放开后，1995—2005年按市场调节和政府指导价格执行，采取民主听证的方式，根据市场情况，对价格进行适当的调整。春运期间，实行浮动价格，中、短途班车客运价格上浮不超过原票价的20%，长途班车客运价格上浮不超过原票价的10%的原则执行。

二、公路客运附加

1995年，经营公路客运的班车、计时（程）车、包车、旅游车、出租汽车、行驶城市近郊的公共汽车（以上均含12座以下的小车）和从事公路客运的其他机动车和非机动车均应缴纳客运附加费。征收标准是：对从事公路客运的机动车和非机动车均应按每人公里2分加收客运附加费。所有从事公路客运的单位或个人统一实行客座位月定额结算办法，客座位月征收结算定额为：20座（含20座）以下客车，每月每座定额不低于65元；21座（含21座）以上客车，每月每座定额不低于52元。车座位数根据出厂客车规定的座位并由稽征部门核定确认，每车限减扣驾驶员、售票员各1座位数。1991—2005年共征收客运附加费2491万元。

第四章　交通管理

第一节　机　构

1991—2001年前金堂县交通局设置有办公室、政工科、计财科、公路管理科、法规科、运输管理安全科、质检站等科（室）。2001年，县交通局进行了调整改革，取消了原有的政工科、质检站2个科室，将政工科与办公室进行了合并统称办公室，将法规科的职能合并到运输管理安全科，将质检站与公路科进行合并，统称公路规划建设管理科。局下辖交通运输管理所、公路路政管理大队、地方海事处、公路管理所、收费路桥管理所、公路规划设计所以及淮口交通办、三星交通办、竹篙交通办、土桥交通办、高板交通办、福兴交通办等6个交通办。2005年金堂县交通局设有办公室、运输管理安全科、公路规划建设管理科、计财内审科4个科室。另设有县交通战备管理办公室、客运出租汽车管理办公室。下辖：交通运输管理所、公路路政管理大队、地方海事处、公路管理所、收费路桥管理所、公路规划设计所以及淮口、三星、竹篙、土桥、高板、福兴6个交通办。

第二节　公路保养与费用征收

一、公路养护

1991—2005年县境内公路养护坚持“国道国养、省道省养、县道县养、乡道乡养、村道村养”的原则，金堂县交通部门负责县道公路的管理与维护，行道树的栽植管理和公路路产路权的维护，并指导乡村道路的养护。

二、公路绿化

1991年起，随着公路的新建、改建和扩建，通过公路绿化加美化的方式改变了过去单一栽植行道树品种的情况，本着公路绿化既注重树的栽植，又注重树的管护的原则，栽植了水杉、毛叶丁香、冬青、梧桐、榆树、杨树、夹竹桃、南抗杨、小叶女真、意杨、油麻藤、红叶李、蔷薇、迎春、天竺桂、月季等16个品种的乔木、花灌木和草坪。县境内的国道、省道、县道、乡村道总里程1772.46公里。2005年公路绿化1500公里，平均公路绿化率达85%，主要公路绿化实现全面达标。

三、公路收费

（一）公路道桥通行费。县道路收取公路（桥梁）通行费，用于公路建设和银行还贷。1992年3月设立平安桥收费站、淮广路赵镇收费站。经省交通厅批准，赵镇收费站于2000年9月1日撤除，停止收费。1994年经省交通厅批准，设立唐巴路先锋收费站和北河大桥收费站。2000年北河大桥收费站被撤除停止收费。1998年6月20日，经省交通厅、财政厅、物价局批准，在广（汉）乐（至）公路广汉界至高板段设立龙威、九龙收费站。2001年6月10日，撤除九龙收费站，改设新丰收费站。2003年12月30日按省交通厅要求，撤除新丰收费站，停止收费。2002年4月30日，省交通厅批准设立毗河大桥收费站。2003年12月20日撤除毗河大桥收费站，其车辆通行费并入龙（泉）赵（镇）路清泉收费站收取。（二）公路养路费。是国家向车主征收的用于公路养护、建设和管理的专项经费。金堂县交通稽查征费所具体负责全县汽车（含农用车）养路费的稽查征收工作，金堂县交通运输管理所具体负责全县拖拉机养路费的征收管理工作。1991—2005年，共计征收汽车养路费1.77亿元；农用车养路费877.56万元；拖拉机养路费877.96万元。总计征收养路费1.95亿元。（三）运输管理费。是交通运输管理部门向参加运输的各种机动车辆和非机动车辆以及搬运装卸的单位和个人征收的行政费用。具体由金堂县交通运输管理所按国家规定实施征收。1991—2005年共计征收运管费1939.20万元。（四）路政管理。金堂县交通局公路路政管理队依照国家法律法规，对县境内的县道公路进行路产路权的管理和保护。1991—2005年，清除路障（堆积）3100处，1.10万立方米，共查处在公路两侧控制区内的违章建筑80处，设置平面交叉道口交通标志牌12个。取缔非法设置的收费站卡25个，查处污染公路车3000辆，治理超限超载车2900辆，卸载170万公斤，共查处损坏公路路产案210件，征收路产损失补偿费235万元。

第三节　交通市场

金堂县交通市场管理职责由金堂县交通运输管理所履行，实行搬运装卸、汽车维修、驾培、客运和货运五大市场管理。

一、搬运装卸

1991—1994年，全县有专业搬运装卸组织34户，2000年减少到7户，2005年只有五凤火车站存在。专业组织搬运装卸占领市场减少的原因是：市场被农民临时搬运装卸工所占领，短途搬运装卸被多种途径的机动车所代替，专业搬运装卸组织逐步解散。

二、汽车维修

为规范维修市场秩序，使市场健康发展，全县坚持对维修市场实行统一开业条件、统一质量标准、统一收费标准、统一结算凭证、统一大修合格证的“五统一”管理，使管理者和经营者都有法可依、有章可循。1991—2005年，全县有一类汽车维修业1家、二类维修业22家、三类维修业92家，摩托车维修业33家。

三、驾驶员培训

驾培市场在2003年以前由公安部门管理，2003年起交由交通部门管理。主要管理机动车驾驶员培训基地3处：成金交通驾校（原交通局驾校）、华安驾校金堂培训点、金箭驾校金堂培训点。

四、客运

1995年全县客运市场运力开始饱和，运力和运量的供求矛盾逐渐尖锐，县境内在市场运力总量控制的前提下，严格控制新增运力，坚持“报废一辆，更新一辆”的原则，缓解了运力与运量的矛盾。1996年，加强小型客车管理，做到车归站、人归点，切实规范线路，利用赵镇三江路停车场和工农桥停车场来分别实现赵镇至广汉，赵镇至六五分厂、太平、云绣、杨柳等方向的车归站、人归点，解决了短途客运出现的矛盾。1997年，全县开展了争创“优质服务车”“三优三化文明车站”和“运输服务质量信得过企业”为主要内容的客运优质文明服务竞赛活动，1997年7月至11月，各乡镇客运市场整治，对培育和发展道路运输市场起到了推动作用。至2000年，由于农村客运市场的迫切需求，金堂县在三合碑运输市场农村客运试点的基础上，大力发展农村客运，满足农民出行。积极按照农村客运线路“成熟一条、发展一条”的原则，至2005年年底，全县开通了农村客运线路36条，实现了“镇镇有公交”的目标。

五、货物运输

1995—1999年，在规范客运市场的同时，又加强货运市场的秩序整治，正确处理运力与运量的矛盾关系，2005年县货运市场良性发展。

第四节 渡口安全

1997年12月29日，四川省人民政府第103号令修改发布的《四川省乡镇船舶和渡口安全管理办法》、1998年6月12日，四川省第九届人民代表大会常务委员会第三次会议通过，当年8月1日实施的《四川省水路交通管理条例》对渡口管理作了专门的规定，从设置和撤销渡口的审批、渡口的设置应具备的条件、渡口和渡工必须具备的资格、渡口日常安全管理等列出了相应的条款，使渡口安全管理有法可依，有章可循。

2002年6月28日国务院355号令公布了《中华人民共和国内河交通安全管理条例》。县境内的内河渡口，严格按照“船况不好不出港、证照不齐不出港、载客超额不出港、天气不好不出港、身体不适不出港”的五不出港制度和安全管理承诺制度管理。对日均渡运量超过300人次的清江、白果、鸣阳三处重点渡口，落实专职船管员，实行现场签单和管理，杜绝了超载现象和违章行为。1991—2005年，金堂县渡口没有任何水上交通事故发生，保持了事故次数、经济损失和伤亡人数三项指标为零的纪录。

第五章 电 信

第一节 电信企业

一、金堂县邮电局

金堂县邮电局属国有通信企业，原归成都市邮政局管理；从1997年1月1日起，属成都市电信局管理。局设办公室，邮政、电信、人教、后勤科，下辖淮口、高板、竹篙、福兴、土桥、五凤、清江7个邮电支局，职工228人，共有高、中、初级技术人员43人。

1991—1997年，邮电事业迅速发展，先后投入建设资金7730万元，固定资产由1990年270万元增加到1997年的8000万元；县通讯能力增强、自动化、电子化程度提高，邮电业务量年均增长74.53%。业务收入年均增长56.83%，其间，连续5年被成都市邮政局评为先进企业，6年被评为先进职工之家。1993年被四川省邮电局评为西成光缆建设单位，1996年被成都市委、市政府评为文明单位，1997年被四川省邮电管理局评为西成渝微波工程建设单位。

二、中国电信集团四川省电信公司金堂县分公司

金堂县电信局属国营通信企业。1998年10月1日从邮电局分设，局设办公室、建设维护部、市场

营销部。设局长1人，副局长2人，有职工147人，其中：高级职称1人、中级16人。金堂县电信局归属成都市电信局管理。2000年12月27日，金堂县电信局更名为中国电信集团四川省电信公司金堂县分公司。

三、四川移动通信有限责任公司金堂县分公司

1999年7月30日，从金堂县电信局分离移动通信，成立了中国移动通信四川移动通信金堂县分公司，主要经营、发展移动通信。2001年7月1日，四川移动通信金堂县分公司改名为四川移动通信有限责任公司金堂县分公司（简称：金堂移动分公司），下设综合部、市场营销部、建设维护部、账务部、营业厅。1999年成立至2001年年末发展移动通信用户5.50万户，年营业额5500万元。2002年，建成111个基站，移动通信城区所有重点场所、乡镇一流网络覆盖率达100%。移动信号稳定，通话过程中不会出现断线现象，能完成承担大型活动、重要应急事件对网络的需求。2005年12月，金堂移动分公司共有12个自建营业厅。乡镇建有移动专营柜，每个村建有移动服务点。金堂移动分公司移动通信产品种类多，不同的产品可适合不同的用户群，短信、农经网信息、彩铃、彩信等能为用户提供除传统话音之外的精彩数据业务。2005年年末，金堂移动通信分公司有移动客户13万户。

四、中国联合网络通信有限公司金堂县分公司

中国联合网络通信有限公司金堂县分公司（简称：联通金堂分公司）成立于2003年1月，为外商投资企业分支机构，一级法人企业，主要经营国内、国际长途业务；无线寻呼业务、互联网业务和IP电话业务、技术咨询和技术服务。历经6年的发展，分公司已从最早的4人发展到2009年的27人。2003年1月中国联合通信有限公司成都分公司金堂县营销部成立。2004年10月中国联合通信有限公司成都分公司金堂县营销部成立改为中国联通有限公司金堂分公司。2008年10月15日中国联通有限公司金堂分公司改为中国联合网络通信有限公司金堂县分公司。2003年成立中国联通金堂营销部，主要负责指导当地的业务发展，产品有GSM、CDMA号卡及数固业务，代理商家为金堂文龙、金堂伟杰、金堂华商。2005年10月，金堂分公司第一家自建营业厅在金堂县赵镇滨江路现代生态水城开业，可办理话费缴纳，套餐变更等业务。2008年4月开通网上营业厅，可向用户提供缴费、充值、购买套餐产品等服务；6月按上级部门的要求清理CDMA网络资源及用户，10月正式将CDMA网络及用户移交中国电信经营；同年10月15日，中国联通及中国网通合并，成立中国联通金堂县分公司，经营GSM、数据宽带和大灵通、无线宽带接入（WLAN）、固网业务，自建有2个营业厅；截至年末，联通金堂分公司，陆续在淮口、高板、竹篙、赵家、隆盛、转龙、白果等乡镇建立合作厅，合作厅由原来的4家增加到14家，方便了用户在乡镇办理业务。

第二节　电信业务

一、电话

金堂县境内电信业务的主要内容是电话、电报等。1991—2005年，电信为金堂经济、政治、文化和社会事业发展服务，促进了国民经济和社会事业的发展。2005年全县固定电话户数100700户，其中住宅电话80560户。

（一）市话容量。1991年金堂县有纵横制交换机1000门，磁石100门。1993年12月安装程控交换机5000门。1996年10月再次扩容程控5000门，1997年程控总容量达到1万门。2000年，全县市话交换机容量达2.56万门，市话电缆长2073.35公里。

（二）农话容量。1991年有纵横制交换机980门。1995年福兴支局扩容程控500门、土桥支局扩容程控250门、竹篙支局扩容程控1000门、清江支局增容500门、五凤支局扩容程控500门。1996年4月淮口支局扩容程控1000门。1997年农话总容量已达到6800门，至2000年，全县农话交换总容量达到26176门。

（三）城乡电话。1990年城镇电话用户有628户，1997年发展到7963户；同年乡村电话用户有398户，1997年发展到4400户。自1996年12月15日开通光缆通信，电话与成都028并网后，1997年全县有电话机总数12363户。1999年城乡座机电话的用户，发展到25566户，其中住宅电话23107户，93.73%的村已安装电话。2000年全县电话用户达到34934户，其中：市话16563户，农话18371户。2003年，城乡电话总数达到了5.11万户，2005年全县实现了村村通话。

（四）移动电话。1994年县境内正式开通无线移动电话业务，信道78个，铁塔5座；1997年用户1704户；1998年用户3529户。1999年全县移动电话处于大发展期间，电话用户当年达到1万户，完成业务收入1711万元，销售手机1106台，建成C网基站5个，用户满意率达到98%。移动通信基站达到18个，其中：A网基站4个，80个信道，C网基站14个，68个载频，覆盖了全县人口密集区，保证了人民群众的对移动通信的需要。

（五）来电显示。来电显示业务是2001年新增设的一项电话座机服务。当年完成安装电话来电显示9996户。2002年增加5756户。2003年增加8879户，3年共安装来电显示座机固定电话24631户。2005年少有增加。

二、电报

1991—2005年，开展劳动竞赛和优质服务活动和业务培训，提高了服务质量，电报差错率为零。2000年金堂县有公众电报业务电路1路，本地电话业务电路10479路，完成公众电报0.94万份，无一差错。至2005年随通讯事业的发展，电报业务逐渐减少。

三、电信安全

2000年，对乡镇片区安装15台报警器，监控65条干线。2002年县境内组织电信安全检查30次，查出隐患3处，整治3处；安装报警器5台，整治线路815处，反光标志183处；同年3月，破获盗割通信线路案件9起；同年7月破获盗割通信线路案件28起，抓获犯罪嫌疑人12人，其中：逮捕7人，刑拘3人。电信当年为“省护线先进”。2003年破获盗割通信线路案件2起，逮捕5人，发生通信线路被盗案件27件，电缆被盗抢修费用为14.85万元。

四、公用电话网建设

为尽量满足市场群众的需要，1998—2005年，县电信局在县境内设立IP公话网点301户。2003年在县城赵镇、淮口镇等地主要街道和闹市区设立IC卡公话亭，方便群众拨打电话。随着移动手机的迅速发展，2005年公话网点和公话亭有所减少或有的已停用。

第三节　信息基础设施建设

一、通信光缆金堂段线路建设

在金堂县经境内的通信光纤线路建设，主要是1992—1993年西成光缆金堂段工程建设。

1992年3月18日至28日，由金堂、中江、三台、盐亭、南部、仪陇、巴中、南江和南充、达县（即两地八县）的领导和邮电局领导组成的“西成光缆改走东线赴京代表团”，达县地区行署专员夏宗明带队到北京，分别向国家邮电部、国家计委、专家组及设计司、规划司、基建司呈送了10个地、县的联合报告，汇报了10个地、县经济发展和准备配合光缆工程建设的情况。这是全国有名的“八县上书”。金堂县委副书记史有惠、县计委主任薛友文、邮电局局长汤世万参加了该项目的争取。国家邮电部同意实施“西成光缆”线路走东线的方案。1993年2月24日，金堂县副县长伍树林到成都金牛宾馆参加“两地八县”西成光缆工程开工动员会，接受了西成光缆工程金堂段33.30公里的建设任务。同年3月15日，县在赵镇杨柳首先动工，开始实施西成光缆金堂段工程建设。11月8日，5000门程控主机从成都市运抵金堂县城安装；12月26日零时全县5000门程控电话正式割接成功。5000门程控电话成功投入使用，为县城乡通信事业发展，起到了重要作用。

1991—1997年，完成光缆建设里程为155.761皮长公里（下同）。1994年，赵镇至淮口26.59，淮口至五凤16.05；1995年，淮口至福兴19.14，淮口至竹篙21.57，赵镇至清江9.04，竹篙至土桥17.28；1996年，隆盛镇1.93、高板镇2.42、赵家镇三烈场7.64、平桥乡玉河场镇3.23、平桥乡1.55；1997年，栖贤乡1.55、云绣乡0.84、五凤镇11.13。1997年，全县长途光缆电路达到270条。

电缆街市网调建设：1991—1997年，网调建设达到119.33皮长公里（下同）。1991年，福兴镇2.35；1992年淮口镇8.15；1994年，赵家镇7.46、黄家乡5.49、官仓镇4.15、白果镇13.8；1995年，三溪镇0.78、金龙镇0.83、清江镇9.15、广兴镇10.44、转龙镇12.32、竹篙镇2.85、淮口镇万福村3.72、白果镇清明场镇4.65、福兴镇三合碑7.80；1996年，隆盛镇1.93、高板镇2.42、赵家镇三烈场7.64、平桥乡玉河场镇3.23、平桥乡1.55；1997年，栖贤乡1.55、云绣乡0.84、五凤镇11.13。

1996年12月15日金堂开通了光缆通信，万门程控电话并入成都大网（028），号码升为7位数。

1997年全县电话机总数达到了12363户，比1990年增加了11337户。到1998年，完成光缆线路建设165公里、网调工程1.50万线、管道建设66管孔公里。2000年，县境内计划新建光缆线路11公里，实际完成144.42公里。2002—2003年，光缆线路工程建设出现新的高潮。2002年投资62.20万元，完成建设规模16.51皮长公里，211.13芯对公里。2003年，投资86.70万元，建成光缆工程3个，形成规模55.67皮长公里，新增杆公里3.10公里。2004—2005年，保障了通信线路的畅通。

二、通信网建设

（一）专网建设。1991—1997年，在县境内，经县邮电局与厂方协商，先后对四川锅炉厂、成都无缝钢管厂金堂分厂的通信进行了改造：第一次改造由厂方投资，邮电局给号源，厂方用户并入县邮电公网等位拨号，第二次改造由邮电局负责，对成都第二纺织总厂的通信，厂方将原杆线设备无偿转让给邮电局，由邮电局负责更新改造，厂方用户全部并入电信公网。（二）通信网络设施建设。1991

年全县建有邮电用房14899平方米，到1997年已达到46892平方米。7年间，全县先后投资新建、扩建邮电基建工程有：1991—1993年修建淮口自动机房，职工宿舍。1994年10月，竹篙支局改址修建。1994年11月28日，金堂县邮电通信大楼（俗称钟楼）建成投入使用。楼房面积为5600平方米，楼高14层、楼顶铁塔26米，总高程为88米，楼建总投入资金650万元。同年12月新建清江支局。1995年6月，扩建高板支局营业室。1996年土桥支局改址修建。1997年，修建淮口通信枢纽大楼。1999年，完成模块局（点）建设17个投入使用，完成网调2.30万线。（三）电信网络设施建设。1993年建成云顶山铁塔，县城赵镇主要街道架空电缆埋管入地。1994年建成县局房顶铁塔。1995年建成竹篙镇和尚梁子铁塔。1996年建成淮口镇炮台山铁塔。1997年建成土桥镇三桥山铁塔，同年新建架空电缆埋管入地。1998年，县电信公司坚持负重发展，投入7568万元，完成电话扩容1.50万门，安装可视电话会议系统1套，410个村已通电话，14个模块局征地14个，其中：土建竣工6个、GSM基站8个，建成A网基站2个。固定资产原值达到1.26亿元。完成市话1940户、农话3209户、移动通信3529户。国营业务量达3168万元，农话业务量达到361.82万元。1999年电信网络 设施建设投入资金4648万元。市内电话扩容1.50万门，农村电话扩容7128门，架设电话杆线117公里；SDH设备二期扩容达到990中继，完成网调2.30万线。同时，实施“用户满意工程”，用户满意率达90%。长途线路可用率达到100%、长途电话电路合格率达到95%、长途来话接通率达到60.50%、长途省内去话接通率达到50%、本地网接通率达到63%。市话修障及时率达到97%，装机及时率达到97%。（四）电信重点工程建设。2000年，县境内完成村组村通工程60个。固定资产投入计划2548万元，实际完成4250万元，占年计划的166.79%；计划电话扩容0.50万门，实际完成0.90万门，占年计划的153.33%；计划完成配线架0.50万线，实际完成0.96万线，占年计划的1.92%。2001年，固定资产投入计划2054万元，其中：线路建设投入1083万元，管道建设投入373万元，设备投入784.33万元，实际完成年计划固定资产投入的100%。同时，新增官仓、三中园区的小区建设，成都野生动物世界等主干线11600对和相应的配线，设备扩容投资新增9712线，新增6个模块局点4660线，扩容8个模块局点5052线，完成配线2.40万线和乡镇模块局2个。2002年，金堂电信固定资产投入1096.5万元。完成交换扩容11个局点，新增交换容量9472线。完成第一期、第二期小灵通建设工程，新建基站210个。新建三中园区、清江、淮口ADSL设备，容量272线。新建三中园区DDN设备、端口4个。2003年金堂电信完成交换扩容1280线，ADSL扩容1016线，DDN扩容8个端口。新建500MW小灵通基站271个、完成钟楼街老供电局供电系统改造工程；完成可视会议设备的搬迁工作。（五）电信线路工程建设。2002年，线路工程建设投资582万元，完成建设规模77.87皮长公里、15454.50线对公里、34.31杆公里。管道工程建设投资284万元，完成建设规模11.58沟公里、64.56孔公里。2003年，总的线路建设投资358万元，完成线路工程14个，形成规模95.18皮长公里，新增杆公里23.35公里。完成管道工程1个，形成规模1.80皮长公里，合7.33公里。经过线路建设，网络规模进一步扩大，全县境内共建成38个模块局，交换机总容量达到8.20万门，市话电缆2770.93皮长公里，杆线总长度2145.76杆程公里。全县形成赵镇、淮口两大传输中心，五个环网，肩负着国家重点干线西成一干、西成渝一干、成巴达渝二干的重要维护任务。2004—2005年，对线路建设成果进行巩固维护及检查维修，保障电信畅通。

三、无线寻呼建设

随着社会人们对信息的需要，1993年3月，县境内对外开通无线寻呼，用上了随身携带的BP机（寻呼机）。至1997年，全县建有无线寻呼基站4个，拥有用户2889个。同时，建有无线电话信道78

个、铁塔5座。1998年建无线寻呼基站4个，已有用户5702户。自从1994年县境内开通无线移动电话之后，至2002年，县内移动通信手机和电信小灵通手机的用户得到了普及，无线寻呼机在2002年结束了历史使命，被移动、电信手机和小灵通所代替。

第四节　公共信息传递服务

随着成都电信业因特网的开通，和电信通信业的发展，从2002年始，至2005年，增设了小灵通业务和宽带业务。

一、小灵通业务

2002年，金堂电信分公司就小灵通计划放号2640户，实际完成3083户，占年计划的116.78%。2003年，小灵通放号3971户，2002—2003年总计完成小灵通放号7054户。至2005年，小灵通业务在已有用户的基础上，又有新的发展。

二、因特网宽带业务

2002年，开通因特网宽带业务，用户达到500余户。金堂电信分公司2003年比2002年增加1272户，两年总计完成宽带安装用户1772户。2010年达2万户。小灵通业务和宽带业务，主要是通过积极的营销策划，付诸营销实施，开展促销活动发展起来的。小灵通的用户比宽带用户多。

第六章　邮　政

第一节　金堂县邮政局

金堂县邮政局隶属成都市邮政局。1998年9月29日，按照四川省邮电管理局《关于印发四川省市地州县邮电局分管工作实施方案的通知》，金堂县邮政局于1998年10月1日正式从邮电局分离出来，是成都市邮政局管辖的国营邮政企业。局内设办公室、经营服务部、邮政储汇科、财务部以及营业部、邮政储蓄班、封发班、质检班、营销公司、收投公司、集邮公司、速递公司、汽车队，下辖福兴、淮口、高板、竹篙、土桥、五凤、清江、城关7个邮政支局以及县城韩滩、幸福路、钟楼街、文化街、65分厂、四川锅炉厂6个邮政所。2004年机构改革，局内设综合办公室、监督检查部、市场部以及综合班、质检班、汽车队等4个班组。下辖福兴、淮口、高板、竹篙、土桥、清江、赵镇城关7个邮政所。全县有18个乡办邮政所，“村邮工程”网点126个、社区服务点2个。金堂县邮政局1998年完成邮政业务量280万元，完成邮政收入408万元，邮政储蓄余额6859万元。2005年，邮政局完成邮政业务总量1043万元，比1998年增加763万元；完成邮政业务收入1066.90万元，比1998年增加658.90万元；邮政储蓄余额36095万元，比1998年增加29236万元，全员劳动生产率达到7.50万元。

第二节　邮政业务

一、普通函件

1991年，全县函件出口量为89万件，邮电分营后的1998年，函件出口量为111万件，比1991年增加22万件，增长124%；随着电信通信的发展，信息技术与网络技术的高速对接和信息化的广泛应用，函件业务逐年下降。2005年，全县函件出口量为25万件，比1998年减少86万件。

二、邮政快件

1991年，出口邮政快件11.09万件；至1998年6月，出口邮政快件7.50万件，比1991年减少3059件，减少32.37%。金堂县邮政机构从1998年7月1日停止开办邮政快件业务。

三、包裹

金堂县邮政局（所）均开办了邮寄包裹业务。除国家法律法规规定禁止寄递的物品以外，凡适于寄递的物品，均可按包件寄递。包裹资费标准，按“国内包裹资费表”规定收取。以每500克为一个单位，每件收取挂号费2.00元，要求保价的另按所填保价金额的1%收取保价费，每件最低收1.00元。1999年，为适应市场需求，开办了邮政直递业务，采取直收、直送、直投的方式，实现邮件的直接传递。2001年8月1日，开办了国内快递业务，以快于普通包裹的速度，低于特快专递邮件的资费，为用户的物品运递提供新选择。1991年全县出口包裹9374件，2005年出口包裹4万件。

四、报刊发行与零售

金堂县邮政担负着全县党报党刊等多种报刊的发行工作。1999年3月，将投递班改为收投公司，设立了报刊零售公司。实行早报早收，利用多种形式开展宣传，不断加强硬件投入；启动了“户箱工程”，在赵镇机关单位，商住小区安装群体式和单体式邮政信报箱1800个。为方便广大村民使用邮政，改善农村邮政通信质量，实施“村邮工程”，共建“村邮网点”126个。同时，组织人员上门服务收订，开通了“11185”报刊订阅服务，增设报刊邮亭13个。为方便金堂广大用户及时看到当天《成都商报》《成都晚报》等早报，改原报刊零售公司为金堂报刊零售经营部，实行市、县连锁经营，配备邮政专用通信车1辆，每天深夜两点钟出发到成都自取《成都商报》、《成都晚报》等精品报刊，确保了早报及时送到金堂用户手中。2005年，全县发行各种报刊310种，订销报纸期发数50万份，订销杂志期发20万份，报刊流转额由1991年度180万元，发展到270万元，增加了90万元；发行精品报刊2000余份。

五、集邮

1999年9月，换届改选成立了金堂县第三届集邮协会，并在四川锅炉厂、成都帆布厂设立集邮分会，共有会员63人。1998—2002年，分别在赵镇幸福路、钟楼街设立3处集邮门市和窗口，全县16

个支局（所）也增设了集邮台席。2003 年，由于邮政新局房搬迁，分别在赵镇幸福路、园区邮政分局设立了两处集邮门市。为方便广大集邮爱好者，每年在新邮预订期，专门在金堂电视台“邮政之窗”节目开展新邮业务宣传。1999—2005 年，共举办“金堂县集邮邮展”2 次，展出展板 28 个，展出展框 280 个，参加人数达 730 人次，组织了获奖作品到成都市参加展览。2002 年 9 月，县集邮协会参展的《中国水利》获综合类三等奖；参展的《中国花卉》获极限类银奖。2005 年，全县共有集邮预订户 1000 余户，出售集邮邮票 21 万枚。

六、邮件分拣封发

金堂邮件分拣封发以邮局为基本分拣单位，在淮口、高板、竹篙、土桥、福兴、五凤、清江邮政支局（所）设置二级邮件分拣封发室，担负邮件的分发和经转任务。对于五凤镇的邮件，1991—1996 年进出口邮件经成都处理中心经转，经成渝火车邮路运递到五凤；为加快邮件的经转速度，1997 年五凤邮件改为县内直封邮件，由当日县内自办汽车邮路运递到淮口，并新增淮口至五凤的委办汽车邮路。全县配备专（兼）职分拣封发人员 14 人，实行封闭式作业。1991—2005 年共处理进出口邮件 3219 件。

七、邮路邮运

1991—2005 年，全县共有邮政通信车辆 14 辆，邮运（投递）人员 20 人；自办汽车邮路 2 条共 350 公里；自办自行车邮路 9 条，有农村邮路 118 条，农村投递员 68 人，邮路总长度 2146 公里。形成了以赵镇为中心的邮路和邮运通信网络，切实为乡镇村社和机关单位、厂矿、学校、商店等 84 万人邮政通信服务。针对金堂地处深丘、点多、线长度特点，开通了赵镇至福兴、淮口、高板、土桥的县内干线汽车邮路和赵镇至清江、韩滩、65 分厂、四川锅炉厂的干线汽车邮路，邮路总长为 350 公里。在乡镇，开通了福兴至金龙、三合碑、赵家、三烈；淮口至清明、白果、黄家、建设；淮口至五凤；高板至平桥、石龙、三溪，竹篙至转龙、广兴、九龙；竹篙至隆盛、石佛、青松；土桥至永乐；土桥至又新、双流、云合共 9 条自办自行车邮路。县城设自行车投递段道 6 条，投递点 210 个，长度 116 公里。2005 年 12 月，为使特快专递邮件更快捷地送到用户手中，增加邮政通信车 1 辆，改县城自行车班次投递为汽车投递，每天投递二班。为服务农业、农村、农民，从 1999 年起，充分利用邮运投递网络，提供多方面的邮政通信服务，开办邮政连锁配送业务，把优良种子、饲料、肥料等生产资料以及生活必需品送到农村。至 2005 年，共配送种子 7300 公斤，配送饲料 2. 10 万公斤、配送农产品 1496 件，名列全省县级局第一名。

八、特快专递

1993 年 12 月 15 日起，金堂县在赵镇、福兴、淮口、高板、竹篙、土桥、五凤、清江等邮政支局（所）开办了邮政特快专递（即 EMS）业务，全县进口特快专递邮件 284 件，出口 250 件。为提高特快专递的处理时限，县局设专业台席进行分拣封发，赶发当班县局至各邮政局（所）的县内自办汽车邮路，赵镇以及各邮政局（所）均按自行车班期投递。2003 年 12 月，中国开通了上海至大阪自主航线，将自主网络延伸到国外。2004 年起，相继开通了“次晨达”“次日递”“全夜航”业务。2005 年 7 月，中国大陆、美国、韩国、澳大利亚、日本五国，以及中国香港地区邮政共同全面启动 EMS 承诺服务；同年 12 月，改赵镇自行车班投递为汽车班投递，每天二班；建立了 11185 特服号服务、EMS 动态跟踪实时查询以及新门户网站上线，使 EMS 的信息技术水平进入先进行列；同年末，全县进口特快邮件 29368 件。

第十五篇　商业　贸易

金堂县人民政府财贸办公室（简称县财办），1997 年 8 月改名为金堂县流通工作领导小组办公室（简称县流通办）。先后分管协调商业、粮食、供销、工商行政管理、人行、工行、中行、农行、农发行、信用联社、城市信用合作社、烟草专卖局、人保、财保公司 14 个工作部门。2006 年 9 月 11 日，成立金堂县商务局，县流通办的职能划入县商务局。县财办深化流通体制改革，推进计划经济向市场经济，粗放型向集约型转变。积极开拓市场，加速商贸设施基础建设，促进县流通领域不断发展。全县流通系统购进、销售、集市贸易成交额、利税上缴大幅度增长；1991 年财贸系统总产值 1. 18 亿元，集市贸易成交额 1. 26 亿元，社会消费品零售总额 3. 30 亿元。2005 年，县商业贸易实现社会消费品零售总额 16. 21 亿元。

第一章　商业结构

1991 年后，在改革开放、放开搞活，建立和发展社会主义市场经济的新形势下，大力发展个体私营商品经济，金堂县商业经济结构发生了很大的变化，至 2005 年年末，国营、集体经济下降，个体私营经济增大。1991 年全县商业企业机构全民所有制商业 221 个，从业人员 3084 人；集体所有制商业 1455 个，从业人员 4041 人；个体有证商业 4410 个，从业人员 5576 人。2005 年，金堂县商业企业国有、集体经济完成改制，全县社会消费品零售总额国有经济 10443 万元，集体经济 8070. 9 万元，私营个体经济 14. 2 亿元，股份制及其他经济 1600. 9 万元。截至 2005 年 12 月，县工商局登记的内资企业为 2348 户，其中：企业法人 785 户，注册资金 97798 万元；私营企业 383 户。个人独资 98 户，合伙 9 户，有限责任公司 276 户，注册资金 31685 万元。

第一节　国有商业

金堂县国有商业企业有百货公司、五金交电公司、糖酒公司、煤炭建材公司、蔬菜水产果品公司、肉类食品公司、饮食服务公司、盐业公司。1991—2005 年，金堂县的国有商业企业和集体企业进行多种改造，小型商业企业逐步以股份合作、个人承包或买断以及租赁经营等方式转变为集体或私人所有。商业企业的经营机制更为灵活。县商业企业和商办工业，由于经营逐步萧条，采取了“改、转、租、卖、关”的商业体制改革。县商业体制改革，具体表现在“企业产权、企业用工形式、经营方式”等方面，进行了深化改革。金堂县商业经营企业简介如下：

一、金堂县百货公司

1950 年 5 月中国百货公司赵家渡支公司在赵镇成立，直属川西区百货公司领导。1951 年划入绵阳百货分公司领导。在赵镇设立门市部，经营棉布、针织品、百货、文化用品等批发零售业务。1955 年 6 月，改称中国百货公司四川省金堂县百货公司，随后多次变革。为适应商业网点建设，1990 年新建百货大楼，1992 年百货大楼正式营业，招收合同制工人 100 余名。公司内设业务、财会、集体商业管理股、办公室；下辖赵镇、淮口、竹篙三个批发部。随着市场经济改革的深入，公司经营严重亏损，1996 年公司进行股份制改造，成立金堂县百货股份有限责任公司。到 2001 年，由于公司亏欠银行债务，拍卖公司门面资产，解除合同制工人，固定职工买断工龄，自谋职业。

二、金堂县五金交电化工公司

1958 年以前，五交化商品由百货公司兼营。1958—1962 年，并入金堂县商业局生产资料经理部兼营。1962 年 11 月，成立中国五金机械公司四川省金堂县经理部，与百货公司一套班子领导，合并办公，分别核算。1978 年 7 月成立金堂县五金交电化工公司，直接受商业局领导。至 1995 年末，公司内设办公室和财会、业务、统计科；下辖赵镇、淮口批发部；赵镇有 3 个零售部，其中一个兼办交电商品的修理业务。2001 年，由于公司亏欠银行债务，拍卖公司门面资产，解除合同制工人，固定职工买断工龄，自谋职业。

三、金堂县煤建公司

1956 年 6 月，成立中国煤业建筑器材公司温江分公司金堂批发部，经营煤炭。1957 年 4 月并入县商业局，实行“政企合一”，统一核算，仍然保留名称。1958 年 5 月，并入金堂县商业局生产资料经理部兼营。1960 年划出。1962 年成立中国煤业建筑器材公司四川省金堂县公司，经营煤炭、煤油、汽油等。1978 年 7 月，改称四川省金堂县煤建石油公司。1980 年 9 月，将石油经营业务划出，移交新成立的四川省金堂县石油公司，公司更名为四川省金堂县煤建公司，经营烟煤、无烟煤和焦炭等产品。公司设办公室和业务、财会、储运、节煤科，下设青白江、洪安、五凤 3 个转运站和淮口、高板、福兴、竹篙、土桥供应站。由于国家对煤炭管理的放开，煤炭业经营逐步萎缩。1994 年增加了天然气供应与销售业务。2001 年，天然气公司划归建设局管理。

四、四川省金堂县糖酒公司

1951 年 6 月，国家决定实行酒类专卖，6 月 1 日成立金堂县专卖事业管理局和金堂县酒类专卖事业公司，两块牌子，一套班子。1962 年，成立中国糖业烟酒公司四川省金堂县公司。1984 年 7 月，移交卷烟业务和部分人员，另组成金堂县烟草公司。原糖业烟酒公司只经营糖、酒业务，改称四川省金堂县糖酒公司。公司在赵镇、淮口、竹篙设立批发业务部。

1991—1998 年，国家对名酒没有完全放开，公司经营业务还能简单维持。到 1998—2005 年后，各种超市和食品连锁店、个体副食店等参与竞争，糖酒公司逐步走入困境，位于新建路的公司新门面，由于亏欠银行贷款，被迫抵押债务，职工分流。

五、金堂县饮食服务公司

公司原为 1962 年建立的金堂县蔬菜饮食服务公司，1964 年撤销公司改称金堂县国营饮食服务总店。1984 年，蔬菜水果业务划出，成立金堂县饮食服务公司；下设有金堂旅馆、洁净旅馆、金堂饭店、胜利面店、利民饮食店、竟春园小餐、三江农副产品经营部等 7 个国营企业和幸福路、醉三江两个大集体饭店。1991—1996 年，公司将饭店业与旅馆业，实行承包经营。1996 年后，实行股份制改造，允许职工参股，成立金堂县饮食服务股份责任公司，潘大果个人控股，商业局领导机构只存在业务和政策指导。

六、金堂县蔬菜水果公司

1957 年设立赵镇副食品中心商店，1958 年改为赵镇中心商店，负责城关蔬菜供应和饮食服务的管理工作，1962 年 10 月，成立金堂县蔬菜饮食服务公司。1984 年，将饮食服务公司业务划出经营，正式成立金堂县蔬菜水产工贸公司。公司主要经营蔬菜、水果、海水产品，兼营日用工业品，并直接管理六五分厂、四川锅炉厂、淮口帆布厂 3 个工贸商店。公司设办公室和财会、业务股。1991—1998 年，公司除了经营蔬菜、水果、海水产品外，也经营糖酒副食和开设了“伊甸园”火锅店。1998—2005 年，公司业务萎缩，实行经营门面承包或转让、拍卖，对职工进行了分流。

七、金堂县食品公司

1950 年，原区公所相继建立公营屠宰场，由各区税务所管理。1956 年 3 月，成立中国食品公司四川省金堂县公司。1979 年改称中国食品总公司四川省金堂县公司，在原区公所设立 6 个分公司，各乡镇设立 40 个经营部另有冻库（肉联厂）、腌卤厂（具体位置在今“橘园市场”内）、养鸡场等下属机构。1996 年划转归畜牧食品局管理。

八、四川省盐业公司金堂县支公司

1950 年 7 月，由中国盐业公司川北分公司河边支公司派出人员成立赵家渡销盐店和淮州销盐店，直属河边支公司管理。1951 年划为广汉支公司领导，同年 10 月更名金堂县盐业公司，下设淮口分销处，公司由成都市盐业公司领导。1962 年划入新成立的糖业烟酒公司经营，1965 年成立四川省盐业公司金堂批发部，直属成都盐业运销站领导，1983 年 10 月，更名四川省盐业公司金堂县支公司。

九、金堂县石油公司

1980年9月，由原煤建石油公司划出石油业务，成立四川省金堂县石油公司，经营汽油、柴油、煤油、润滑油、润滑脂五大类商品。公司原下属7个供应站，1984年公司成立贸易货栈，综合经营副食杂品，公司设立办公室和业务、财会、储运股。1993年公司从商业局系统划出。

十、金堂县中药材公司

1955年供销社设立中药材采购站。1956年成立金堂县供销合作社中药材经理部，1959年与西药合并为商业局中西药经理部。1977年7月，划分为中药材公司和医药公司。1985年7月，改由商业局代管，设立医药股。公司主要经营中药材和中成药，组织县内中药材生产，在赵镇、淮口、竹篙设立批发部，1994年，划归县经济局管理，后归药监局。

十一、金堂县医药公司

1956年7月，成立中国医药公司四川省温江分公司金堂县推销处，由县百货公司代管，1957年4月并入商业局，改为医药股。1959年与中药材合并为商业局中西药经理部。1962年成立中国医药公司四川省金堂县公司。以经营中西药批发为主，设有门市经营部零售，在赵镇、淮口设有中西药批发部。1985年7月，改由商业局代管，设立医药股。1994年，划归县经济局，后归县药监局管理。

第二节　集体商业

金堂县商业局城镇集体商业企业均分布在县城城区内，1991年有核算单位37个，门市部38个，职工345人，自有资金20.60万元，年营业额468.10万元，上缴税利15.10万元。至1997年，在城建规划、旧城改造，公房直售以及行业归口、兼并过程中，县城镇集体商业先后有8个企业被兼并，6个企业被解体。1997年年底，县城镇集体商业有核算单位21个（商业12个，饮食业5个，服务业4个），门市部21个，职工118人，自有资金21万元，年营业额106万元，上缴税金6.50万元。1998年，县贸易局有城镇集体企业独立核算单位19个，门市19个，职工251人，城镇集体企业主要分为商贸和饮食业两类。百货公司联营一店因产权归属问题解体。全年实现营业收入75.49万元，纳税4.20万元，亏损单位9个，亏损额23.88万元。1999年，有独立核算集体企业18个，职工225人，其中：退休130人；城镇集体企业主要分商业和饮食服务业两类。全年实现营业收入43.17万元，纳税1.92万元，亏损单位3个，亏损额达0.23万元。因县城旧城改造，赵镇立新副食杂货商店拆除，企业解体。2000年，局有集体企业独立核算单位16个，门点16个，职工79人，其中退休125人；集体企业主要分为商贸、饮食服务业，全年实现营业收入47万元，纳税2.14万元，同年8月完成赵镇新建副杂店企业解体。2001年，局有集体企业独立核算单位17个，门点17个，职工61人，其中退休124人。集体企业主要分为商贸、饮食服务业，全年实现营业收入48.67万元，纳税2.21万元。2002年，全局有集体企业独立核算单位13个，门点13个，职工54人，退休120人，全年实现营业收入48.28万元，纳税2.3万元。2003年，县贸易局有城镇集体企业10个，分为商贸和饮食业两类。有职工151人，其中：在职32人，退休119人。全年实现营业收入34万元，纳税1.50万元，亏损0.80万元。2005年县贸易局城镇集体企业全年实现营业收入8070.90万元。

第三节 个体及私营商业

1991 年个体所有制零售额 9331 万元，比 1990 年增长 18.55%。1993 年以来，县委、县政府把发展个体私营经济经济作为县级经济的主体和方向，全县个体私营经济得到了迅速发展。1997 年年末，全县有个体工商户 17654 户，私营企业 234 户，登记注册资金 20010 万元，从业人员达 24512 人，实现产值和营业额 73713 万元，上缴税金 1780 万元。1998 年，全县新发展个体商户 3160 户、私营企业 102 户。1999 年个体私营经济税收入库达 2528.3 万元。全年新发展个体工商户 750 户，私营企业 33 户。年末，全县个体工商户已达 18870 户，私营企业 294 户，个体私营经济上缴税金 2528.5 万元。2000 年，县全年新发展个体工商户 2621 户，新登记私营企业有限公司 32 户，合资企业 3 户。全县个体工商户达到 21491 户，比 1999 年新增 2621 户；私营企业达到 329 户，比 1999 年新增 35 户。2001 年，全县个体工商户 23001 户，比 2000 年增加 1510 户；私营企业 361 户，比 2000 年增加 32 户。2002 年，县新发展个体工商户 500 户，比 2001 新增 500 户，全县个体工商户达到 23501 户；私营企业达到 371 户，比 2001 年新增 10 户。全县个体私营经济实现税收 4000 万元，占全县财政收入 17.6%。2003 年，全县个体工商户 24221 户，比 2002 年增加 720 户；私营企业 421 户，比 2002 年增加 50 户。全县个体私营经济实现社会消费品零售额 126793 万元，比 2002 年增长 16.8%。全年非公有制经济实现增加值 34.5 亿元，上缴税金 5242 万元。2003 年 4 月，省委、省政府出台《关于进一步加快民营经济发展的决定》，县委、县政府也发出了贯彻省委省政府《决定》的实施意见，金堂县个体私营经济迅速发展。至 2005 年全县个体工商户 25721 户，个体私营经济零售额 142064 万元，增长 16.50%；其他经济零售额 1600 万元，增长 1.40%。

第四节 集市贸易

1990 年全县农村集贸市场建筑面积 11.57 万平方米，其中：棚顶市场 2.56 万平方米；场内设有售货台、肉架、水泥座位等。1991—1997 年，全县投入商业网点建设资金达 1.6 亿元，新建和改造陈旧门店 170 处，新建改建营业面积达 85766 平方米。先后完成百货、五金、糖酒、燃建、日杂、粮贸、金融等综合性营业大楼，4 个石油公司加油站，三星、赵镇、黄家、五凤、竹篙、高板等乡镇农副土特产品市场。1991 年集市贸易成交额 12632 万元，比 1990 年增长 8.26%。1991—1997 年，集市贸易成交额 71557 万元。1998 年，城乡集市贸易成交额达到 90012 万元，比 1997 年增长 31.03%。1999 年集市贸易成交额 104507 万元，比 1998 年增长 16.10%。2000 年城乡集市贸易成交额 117468 万元，比 1999 年增长 12.40%。2001 年城乡集市贸易成交额 134232 万元，比 2000 年增长 14.30%。2002 年城乡集市贸易成交额 153546 万元，比 2001 年增长 12%。2003 年城乡集市贸易成交额 173283 万元，比 2002 年增长 12%。2004 年城乡集市贸易成交额 194076 万元。2005 年城乡集市贸易成交额 216365 万元；城乡集市贸易营业面积达 20.15 万平方米。

第二章　商业体制

第一节　商业管理体制改革

1991—2005 年，金堂县商贸管理体制，是以国营、供销合作社商业为主体，集体商业、个体商业为补充，同步发展的多种渠道流通体制。随着经济的发展，特别是中国加入世界贸易组织相关协议的执行，集市贸易进一步扩大开放，商贸流通业向“大商贸、大流通、大市场”的总趋势发展。

1997 年金堂县商业局改为金堂县贸易局。2001 年 12 月 31 日，县贸易局与县粮食局合并，组建金堂县贸易与粮食局，保留县贸易局牌子。县贸易与粮食局是综合管理全县商贸流通、粮食流通工作的县政府工作部门。2003 年 7 月，县贸易局与粮食局实质性合并为金堂县贸易与粮食局，县贸易局人员迁至文化街 304 号与粮食局人员混编合署办公。当年，局机关设办公室（挂保卫科牌子）、政工科、财务科、业务科、政策法规科、集管科、生猪执法大队。局机关在职人员 33 名。2005 年组织机构人员未变。金堂县粮食局 1950 年 8 月成立至 2005 年，为粮食行政管理机关，纳入政府行政机关序列，归口县财贸办公室（1997 年更名为县流通办）管理，行政上受县政府、业务上受上级粮食主管部门双重领导。

2002—2006 年 9 月 10 日，金堂县贸易与粮食局设一室五科一队，即：办公室（挂保卫科牌子）、政工科、业务科、计财科（挂统计科牌子）、政策法规科、集体商业管理科、贸易与粮食执法大队。下属企业：粮食系统有赵镇粮站、金堂赵镇国家粮食储备库、淮口粮站（省粮食储备库）、高板粮站、福兴粮站、竹篙粮站、土桥粮站及金堂县粮食局粮贸大厦。金堂县化工股份有限公司、金堂县金得利面粉股份有限公司资产全部拍卖，职工全员分流。全系统在职职工 121 人。贸易局系统 2002 年 3 月与县粮食局合并，并入企业有金堂县食用菌加工厂、赵镇酿造厂、县生化厂、淮口酿造厂、金堂县百货公司、五金公司、蔬菜公司、成都调味品有限责任公司、粮酒公司、金堂县兴淮酒业有限责任公司，共划入职工 251 人，离退休职工 201 人。2006 年 9 月 11 日，组建金堂县粮食局，设三科一室，即办公室、政工科、计划财务科、业务科。撤销县贸易与粮食局，其承担的粮食行政管理职能划入县粮食局。撤销原贸易与粮食局管理的县贸易与粮食行政执法大队，成立县粮食行政执法队，为县粮食局下属事业单位。县粮食局归口县发展和改革局管理。组建县粮食局同时，组建县商务局，为县政府直属事业局。将原贸易与粮食局罗世君等 12 人划入县商务局，原贸易与粮食局离退休干部全部划归县粮食局管理，原贸易系统企业划归县商务局管理。12 月，县粮食局机关有人员 23 人，离退休 97 人。下属国有粮食购销企业 7 个及粮贸大厦，国有粮食企业在职职工共计 121 人，离退休 242 人。2006 年底全县粮食企业总数由 2003 年底 16 个减至 8 个，职工总人数由 2003 年底的 1516 人减至 121 人，减幅达 90%

以上。

2006年9月11日，金堂县政府机构改革，组建县粮食局。撤销县贸易与粮食局，其承担的粮食行政管理职能划入县粮食局。撤销原县贸易与粮食局管理的县贸易与粮食行政执法队，成立县粮食行政执法队，为县粮食局下属事业单位。县物价局、县统计局、县粮食局归口县发展和改革局管理。组建县商务局，为县政府直属事业局。将原县贸易与粮食局承担的综合管理商贸流通行业及相关服务业的职能，原县招商局、县流通办承担的职能，县经济局承担的国内外经济技术合作、报废汽车回收的组织协调、典当行业的监管和重要工业品、原材料进出口计划的组织实施管理职能、原县物资总公司的行政管理职能划入县商务局。保留县招商局牌子，归口县商务局管理。撤销流通办，保留县物资总公司牌子。成立县商贸监察队，为县商务局下属事业单位。

第二节 商业经营体制

流通系统的企业体制改革，分为三大部分：商业系统、粮食系统、供销系统。由于所有制和国家政策不同，在改革过程中，略有差异。在前期大体相同，后期的职工分流安置，资金来源有差异，安置费用的标准也不同。

一、商业系统改革

金堂县的商贸企业主要是指原金堂县商业局（1997改称金堂县贸易局）下属的国有商业企业、国有商办工业和集体商业。国有商业企业有金堂县百货公司、金堂县五金交电公司、金堂县糖酒公司、金堂县煤炭建材公司、金堂县蔬菜水产果品公司、金堂县肉类食品公司、金堂县饮食服务公司、金堂县盐业公司。国有商办工业有金堂县食品厂、金堂县赵镇酿造厂、金堂县淮口酿造厂、金堂县赵镇酒厂、金堂县淮口酒厂、金堂县食用菌加工厂、金堂县肉联厂、金堂县天然调味品公司。集体商业有豆制品厂、饮料厂、照相馆、洁净旅馆、交通食堂、三江餐厅等近30家。商贸企业改革，主要包括企业经营体制改革、企业用工、企业产权改革三方面。

（一）经营体制改革。实行个人承包：实行厂长、经理负责制，厂长、经理代表企业与政府经济主管部门的商业局，签订年度经营承包合同，象征性缴纳一定的承包风险基金。实行厂长、经理对局长负责、车间主任、柜组、班组长对厂长、经理负责，层层经营负责制。

集体承包（柜组、车间）：各商贸企业的厂长、经理参照对上级的承包合同，搞一次内部承包合同，与车间主任、柜组、班组长签订劳务合同，实行定能耗、定标准、计件工资与“多劳多得，少劳少得”的分配制度，从某种程度上调动了工人的积极性。商业局系统的国有商业公司和商办工业，先后采用了这种经营体制改革。

（二）企业用工制度的改革。随着经营体制的改革，企业用工制度也发生变化。1992年前，企业都有固定职工和集体混岗职工（俗称大集体）。1992年后，企业基本招收合同制工人。如县百货公司新建百货大楼后，招收了100多名合同制职工，食用菌加工厂也招收了50名合同制职工。工人有违反劳动纪律和违法乱纪行为的，企业可以辞退或者开除。随着企业经营的亏损和破产倒闭，合同制工人逐步解除劳动合同。而固定职工实行可以买断工龄、自谋生路、辞职、调离多种分流形式。

（三）企业产权制度改革。1996—1998 年，企业产权由过去的国家所有、企业经营转变为国家控股、法人控股、职工参股的多种形式。

商业局系统下属的百货、煤建、饮食服务公司和食品厂、赵镇酒厂先后推行了股份制。煤建公司由于垄断天然气供应，得以持续发展。

二、粮食企业改革

县粮食系统的企业改革始于 1998 年，由于一些企业走入严重的困境，金堂面粉厂、淮口油脂化工厂、赵镇粮站靠借债度日，局机关给职工发放基本生活费。2003—2006 年，局实施彻底改革，制定“减员、减债、减负”、积极稳妥的改革方针。多方筹集分流职工安置资金，得到县委政府、省市粮食主管部门和农业发展银行的大力支持。县粮食局向社会公开拍卖闲置资产和经营门面，向上级粮食部门和农业发展银行借款粮食风险基金 1900 万元。改革先从最困难和经营停产企业入手，如金堂面粉厂、淮口油脂化工厂、赵镇粮站，积累经验，在基本能够经营的企业中开展，后是组建新型粮油购销公司。

县粮食系统改革用工方式，职工分流采取多种方式。1. 调离：调离到其他企业或单位。2. 自己辞职：这部分职工，“下海”经商时间早，有基础，自己提出辞职申请。3. 解除劳动合同，给予一定补偿，大部分是 1990—1992 年招收的合同制职工。4. 买断工龄：主要是 20 世纪 60 年代末至 80 年代初，招收的固定职工。5. 退休：对到了退休年龄或者差 2—3 年即将退休，政府出一系列政策（主要是养老保险金缴纳），实行退休。通过这些办法人员由粮食企业原来的 1856 人缩减到 150 余人。改革经营方式，撤站并库。将原有的各粮站撤销，仓库统一管理，将没有分流的业务骨干等人员，组建新的国有粮食经营公司与金堂县金粮粮油股份有限公司合署办公。

三、供销企业改革

金堂县供销社 1988 年起在全系统推行承包经营责任制。1991 年，县供销社根据省供销社和金堂县政府要求，拟定实施了第二轮承包经营责任制。承包经营方法：采用二级承包方法。县联社为发包方，向所属公司（栈）、各区供销社和直属淀粉厂等实体企业进行发包，各公司（栈）、区供销社（厂）向县联社承包；各公司（栈）、区供销社（厂）所属的商店、分社、厂、站、经营部等向各公司（栈）、区供销社（厂）承包（少数经营农副产品风险大的企业也可采用目标管理等其他责任制形式）。承包经营期限：第二轮承包期限为三年，从 1991 年 1 月 1 日始至 1993 年 12 月 31 日止。采取推行经营、价格、分配、用工四放开管理模式，推行“集体所有，社有私营”经营管理模式，调整机构，裁减人员。1994 年供销系统推行“社有私营”经营管理模式后，各商业企业集体经营业务停止，供销社出现了人多事少的局面。不断地探索妥善解决企业冗员，负担过重这一状况的办法。1998 年县联社在系统内强力推行“减员、减债、减负”措施，加大裁员力度，对富余人员采用解除劳动合同，终止与企业劳动关系，或调离企业的办法，减员、减负工作收到了显著效果。1991—2005 年金堂县供销系统减员，终止或解除劳动合同 1340 人，年末人数减至 257 人。

第三章　商业网点

第一节　市场建设

1991—1997 年，全县投入商业网点建设资金达 1.60 亿元，新建和改造陈旧门店 170 处，新建改建营业面积达 85766 平方米。先后完成的工程项目有百货、五金、糖酒、燃建、日杂、粮贸、金融等综合性营业大楼，4 个石油公司加油站。三星、赵镇、黄家、五凤、竹篙、高板等乡镇农副土特产品市场。1992 年第二届“金橘物资交易会”召开前夕，县财办配合城建委，赵镇人民政府抽调专门力量，集中时间，对县城赵镇的镇容镇貌进行综合治理，完成了赵镇临街门面的装修改造。县投资 1000 万元，新增和改造门店 555 个、面积 10152 平方米，对于搞活县城商品流通，培育市场，促进金堂经济发展，起到了很大作用。2000 年，县流通办加强系统商业网点和商品市场规划建设，制定《县城新区商业网点和市场规划布局方案》。年末，全县国有、集体、个体商品零售网点 21200 个，营业面积达 38.16 万平方米。建成各类商品交易市场 35 个，营业面积 6 万平方米。至 2005 年县建成各类商品交易市场 40 个，营业面积 8 万平方米。县各乡镇建有综合交易市场。县城赵镇建有 1 个农贸市场、1 个大型的橘园副食品交易市场、1 个服装综合市场、5 个小型综合市场。

第二节　连锁商场

1991—2005 年，全县城乡商品买卖出现了连锁商场和代理商。全国、省、市的一些大型商场、商店、餐饮店等将分店下伸设置到县内大的商贸集聚地。在金堂设置连锁商场有红旗商场、桂花商场、新桂花商场、罗马商场，电脑、手机、小灵通、电动自行车、电摩、汽车等连锁代理商。截至 2002 年，县商贸流通办抓住大中城市流通企业及链锁集团不断向周边及农村延伸的有利时机，邀请外地企业集团来县考察布点。鼓励县内商品零售企业、有实力的个体私营企业积极引进和推广现代流通业态，用连锁方式进行改造，提升流通产业竞争力。先后引进和发展了以红旗连锁一、二分场、汇集超市、鑫红星超市、万家超市等为代表的新型流通业态商品零售网点 100 多个，实现商品零售额 12306 万元，成为县流通经济新的增长点。同年，成都红旗商场连锁有限公司设立红旗连锁金堂二分场投资 110 万元。投资 2500 万元的金裕大酒店基本建成。2003 年，县流通办县进一步加大对省内外大型流通企业和连锁企业集团的引进力度，引导大型超市、购物中心和连锁店铺向乡镇延伸。红旗连锁超市投资 100 多万元，在县城临江苑小区开办红旗连锁第三分场和淮口分场。金堂县首家三星级宾馆金裕大酒店开业迎宾。老蜀人、三只耳、德庄等大型火锅连锁餐饮企业也相继落户金堂县城，餐饮业进一步繁荣。

第四章 商品购销

第一节 物资企业经营与改革

一、机构

1991—1997 年，县物资局设办公室、政工科、财务科、经营管理科、安全保卫科；下属有金属材料、化轻建材、机电设备、物资协作、民用爆破和综合公司 6 个企业。2000—2005 年，随市场化竞争经营县物资系统公司效益不佳，县物资局机构改革后，县物资总公司留有办公室值守人员。2006 年 9 月 11 日，县政府机构改革，保留县物资总公司牌子。

二、承包经营

1991 年，县物资局对下属公司实行政企分开，放权、让利于企业，将各项工作的目标管理和考核指标，分解到各公司，实行二级目标管理。金属材料公司向成都无缝钢管总厂集资 500 万元，厂方在 4 年内向公司以优惠价格提供 900 万公斤无缝钢管，集资款到期还本并按银行利率付息。县物资贸易中心并入机电公司，县生产资料服务公司并入物资协作公司，局集中对 4 个公司承包，加强领导和管理。1991—1993 年，物资系统落实第二轮承包经营责任制，局与各公司分别签订了承包经营合同，实行上缴利润、递增包干、超收分成、全员风险抵押承包形式，调动了职工积极性。1991 年完成物资销售额 2981 万元，占全年承包数的 175.4%，完成利润 42.90 万元，上缴税利 40.30 万元。1993 年物资销售额达 10751 万元，首次突破亿元大关，上缴各种税金利润 213 万元；同年在赵镇十里坝征用土地 1.49 公顷（22.31 亩），修建门市、仓库、职工住宅，扩大经营场地。在第二轮承包经营结束后，主要是进行企业转换经营机制和产权制度改革，建立了股份合作制企业金堂县物资综合公司，从过去单一的计划销售进入市场经营，原物资部门独家经营的钢材、机电产品、橡胶制品，个体、集体、国营都在经营，市场竞争激烈。金属公司参加期货交易，盈利 30 万元，其后机电、协作、综合公司也相继参加期货，把资金、人力投入到期货交易中，4 个公司参与期货交易亏损 205.69 万元，并影响了现货生意。1995 年县物资系统销售总额达 11268 万元，第二次突破亿元大关，上缴税金 42 万元。1996 年局在机电公司实行租赁风险抵押承包，金属公司、民用爆破器材专营公司实行个人风险抵押承包，物资协作公司实行个人合伙承包门市、承包期为 2 年；对盈利公司下达利润计划、对亏损公司下达扭亏计划，当年潜亏 543 万元 。1997 年继续完善个人风险抵押承包和租赁承包责任制；同年 5 月 20 日，金堂县人民政府与中国第一汽车集团贸易总公司签订了共建“解放县”协议书，金堂作为第一汽车集团贸易总公司的 A 级网点销售县，享受省公司的优惠价格。增强了在成都地区价格竞争优势，扩大了解放牌汽车系列产品的销售。当年物资系统销售总额达 15205 万元，比 1996 年增长 58.9%。

1991—1997 年县在物资管理及购销方面：（一）在计划经济向市场经济过渡中，国家取消管理的计划分配，物资产品全部进入市场。（二）改革经营机制：1. 实行承包经营目标管理：进行企业产权制度改革，推行承包经营责任制、个人承包、目标考核管理等办法和措施，转换企业经营机制。1991 年，实行第二轮承包，局与金属、机电、化建、协作公司分别签订承包合同，实行上缴利润、递增包干、超收分成，承包期 3 年。1991—1993 年，销售收入为 2981 万元、6240 万元、10751 万元，3 年实现利润 269. 9 万元。实现销售收入为 19. 97 万元，超额完成了承包任务。1994—1997 年，县级物资供应销售指令性计划取消，市场疲软，物资销售收入和经济效益逐年下降，4 年实现销售收入 44612 万元、利润为一 609. 2 万元。2. 进行目标考核：从 1994 年开始，局把指标任务层层分解到公司，落实到岗位、责任到人。同时，成立了目标管理工作领导小组，加强了对下属公司的管理。经县政府考核，各项指标都达到要求，其主要经济指标均已超额完成。3. 实行个人承包：1996 年，根据下属公司的不同情况，采取承包经营，交纳风险抵押金的形式，对盈利公司下达完成利润任务，实行包干上缴利润基数，超收全留；对亏损严重的公司下达减亏任务，实行包干减亏基数，减亏分成；1996 年下半年，局与金属公司签订了个人承包合同；1997 年实现利润 83 万元，比 1996 年增长 5. 2%。4. 实行股份合作制：局注重深化企业改革，理顺企业产权关系；1993 年 12 月 30 日，组建了成都市金堂县物资综合公司，实行股份合作制。5. 实行租赁承包：1996 年下半年，机电公司改制为租赁承包的形式，由承包人交租赁费 4 万元，公司职工带资上岗。1997 年，机电公司亏损 25 万元，比 1996 年减亏 10. 4%。

三、组建股份制企业

1998 年，县物资总公司购进 1. 07 亿元，销售 1. 24 亿元，利润负 88. 9 万元，比 1997 年减亏 30%，实现税金入库 40. 6 万元。县物资总公司在推进改制、实施改组的过程中，立足于从根本上转换企业经营机制，采取重组、风险抵押、租赁承包等多种形式，健全了新的内部机构和工作制度，实行定岗、定员和优化组合。同年 3 月，由职工自愿募集股金，筹建一个民营股份制企业，民主选举了董事会成员。在经营上扩大销售网点，坚持以业为主，开展综合经营，背靠包钢大企业，继续在上海、成都设立销售点；年初，在重庆设立了办事处，重点销售以包钢的各种产品为主。同时，争取了向成都市金属回收公司收购报废汽车的业务，拓宽流通市场，实行优质优价优良服务，使物资购销工作取得显著成效，销售再次突破亿元大关，圆满完成了各项经济指标任务。1999 年，县物资总公司总购进 7579 万元，实现销售收入 7824 万元，实现税金入库 21. 5 万元。由于以往盲目参与期货交易，造成经营性亏损 201 万元（已进账处理 100 万元），对外投资损失 720 万元，未弥补损失 545 万元，累计亏损 1366 万元。在 1998 年对部分公司进行改制重组，经过两年的运作，金属、中心、民爆、回收、外贸公司均能正常开展经营业务工作，为拓宽流通市场，实行优质优价优良服务，使物资购销工作取得了显著成效，并获得了一定的经济效益。与此相反，化建、机电、协作、综合 4 个公司却濒临破产，各公司除有 1 至 2 人留守人员外，其余职工已下岗自谋出路，企业经营已经瘫痪。1991—1999 年，金堂县物资局系统主要物资购销情况：生铁：购进 8250. 80 万公斤，销售 8250. 80 万公斤；钢材：购进 1. 13 亿公斤，销售 1. 13 亿公斤；汽车：购进 4767 辆，销售 4747 辆；有色金属：购进 4. 30 万公斤，销售 4. 50 万公斤；纯碱：购进 5. 30 万公斤，销售 6. 10 万公斤；轮胎：购进 103. 60 万公斤，销售 105. 90 万公斤；水泥：21. 90 万公斤，销售 21. 90 万公斤；电动机：购进 21 台，销售 51 台；烧碱：购进 18. 60 万公斤，销售 20. 40 万公斤；硫酸：购进 120. 70 万公斤，销售 95. 40 万公斤。

2000 年 6 月以前，县物资总公司有机电设备、化轻建材、民用爆破器材专营、物资协作开发、物资综合、金属回收、物资外贸公司，在职 86 人，土地协议工 4 人。6 月底，有总资产 1359. 6 万元，负债总额为2395万元，资产负债率高达176.2%，企业严重资不抵债；实现税金入库8.4万元。因体制改革，金属公司于1998年1月1日，物资贸易中心2000年7月2日改为股份制私营企业。2000年1月至6月，金堂县物资系统主要物资购销：钢材购进754.2万公斤，销售757.4万公斤，生铁购进522.1万公斤，销售522.1万公斤，汽车购进33辆，销售34辆，化工材料及制品15.7万公斤，销售15.8万公斤；物资总购进3583万元，销售3629万元。县物资系统和全国其他省、市、县物资行业一样，从1994年下半年起，经济一直滑坡。因经营管理不妥，决策失误，盲目参与期货交易和对外投资，累计亏损和损失1466万元。由于债务诉讼缠身，仅一笔诉讼总标的就高达191万元，干部、职工情绪动荡，已无法正常开展工作。

四、处理资产安置职工

2000年1月，县政府批准《金堂县物资总公司关于处置部分资产安置职工》的改革方案。按照中共成都市委、市人民政府《关于加快国有小企业改革的决定》和成都市加快国有小企业改革领导小组、文件及有关规定，县物资总公司系统发放职工安置费的年限界定为：1985年9月30日以前参加工作的和同年10月1日以后按政策性分配的大中专毕业生、军队、转业干部、城镇退伍军人、三州内调干部，按6个月基数计算，每满1年工龄，发给一个月安置费，最高不超过36个月（含6个月基数）；1985年10月1日以后参加工作的合同制工人，每满1年工龄，发给1个月安置费，最高不超过12个月。从2000年7月6日开始安置，到11月底止，县物资总公司系统88名人员已全部安置完毕。安置费总额为949524元，人平安置费11170元。一次性发给职工一定的安置费后，职工与企业解除劳动合同，终止劳动关系，职工自谋职业。以上7个非独立核算公司也随之终止一切经营活动。局下属公司仍保留牌子的有：金堂县物资总公司县金属材料、县机电设备、县化轻建材、县物资外贸、县物资贸易中心、县物资协作开发、县物资综合公司、成都市物资回收总公司金堂分公司。县物资总公司仅有留守6人；由县物资总公司负责债权债务的处理、退休人员、计生工作、社会治安综合治理、剩余资产的管理工作。至此，整个物资企业已全部歇业，职工已离开单位自谋职业。

第二节 农业生产资料

1991—2005年，金堂县农业生产资料购销随市场发展，放开经营，购销部门出现多渠道、多元化格局。1991年农业生产资料零售6458万元。1992年农业生产资料零售6015万元。肥料销售：主要包括硫铵、碳铵、氯化铵、硝酸铵、尿素、氨水等多种氮肥，以后又有磷肥、钾肥以及少量进口复合肥等。由供销合作社的生产资料公司和各乡镇基层供销社经营。农药销售：由供销合作社农业生产资料公司经营，经营品种有石灰硫黄液、棉油皂、硫黄粉等土农药；有机氯粉剂、乳剂化学农药。1991－1995年，有高效低毒农药供应。先后销售1%～6%六六粉、六六六混合粉、25%敌百虫粉、25%二二三乳剂、精制敌百虫、敌敌畏、乐果、西力生、赛力散、硫酸铜、稻瘟净、杀螟松、磷胺、马拉松、杀虫脒、多菌灵、托布津、杀灭菊酯、叶蝉散、速灭威、甲铵磷、乙酸甲铵磷、亚胺硫磷、西维因、稻脚青、1605和1059剧毒农药等。并先后供应“九二〇”“七〇一”“五四〇六”“春雷霉素”等植物生长素，各种除草药剂。1996—2005年，供应的农药以低毒高效品种为主。农药器械销售：1991—1995年，县供销合作社销售手动单管式喷雾器和压缩式喷雾器。1996－2005年，又有机动喷雾机销售，随着绿色农业和绿色产品兴起，农药器械销售逐渐滞销。农具销售：县农具销售品种。大型农具历来有抽水机、打谷机、风车、电动机等，小农具无大变化，铁器有锄头、镰刀、铁锹等；木器有粪桶、粪勺、水桶、木犁、木耙、木扁担等；竹器有拉柴扒、连枷、竹箕、栈条、竹箩筐、竹筛子、竹背篼、竹篮、竹篓、竹丝扫帚、竹扁担等。1991—1995 年，由供销合作社的生产资料公司和各乡镇基层供销社经营。1996—2005 年，基层供销社解体，改为个人承包和私人经营。农用塑料薄膜：农用塑料薄膜主要用作蔬菜暖棚、蘑菇覆盖、水稻和西瓜育秧、蔬菜育苗等。后来又有用于菜田的塑料地膜。薄膜销售，由县供销合作社的生产资料公司和各乡镇基层供销社经营。1996—2005 年，基层供销社解体，由个人承包和私人经营。农机机电销售：大型的拖拉机、抽水机、提灌机、输水管道、电动机由县农业机械化局下属的农业机械公司经营，小型的农业机械由供销社经营。1991—1995 年，主要有大小拖拉机、机动喷雾机、柴油机、收割机、插秧机、农用泵、稻麦脱粒机、饲料切粉碎机、风扇扬谷机、手推翻斗车以及部分农机配件等。1996—2005 年，有耕作机械、植保机械、农副业加工机械、排灌机械、运输装卸机械、半机械化农具、工业机械设备、电力设备、汽车及其配件、量具、刀具等 60 多类，1000 多个规格品种。竹材销售：主要是原来轻工业局下属的竹器社，生产竹椅子，数量极少。木材销售：主要由林业局下属的木材公司经营。

第三节　工业生产资料

1991—2005 年金堂县工业生产资料购销，随市场发展，放开经营，购销部门出现多渠道、多元化格局。1992 年全年物资系统销售各种生产资料 6246 万元，比 1991 年增加 1. 1 倍；销售钢材 1359. 80 万公斤，增长 90. 90%。1993 年县生产资料市场购销两旺，全年购销总额 26076 万元，比 1992 年增长 68. 80%，其中：购进总额 12610 万元，增长 64. 10%；销售总额 13466 万元，增长 73. 40%，销售黑色金属 8320 万元，比 1992 年增加 I. 2 倍；建筑材料 26 万元，化工材料 97 万元，增长 1 2. 80%。机电设备 4865 万元，增加 1. 4 倍。1994 年县物资系统购销总额 17564 万元，其中：销售总额 8572 万元，黑色金属 3700 万元，建筑材料 3 万元，化工材料 86 万元，机电设备 4774 万元，生铁 188. 20 万公斤，钢材 769. 20 万公斤。

1995 年，县物资系统购销总额 21456 万元，其中：销售总额 11268 万元，黑色金属 6342 万元，建筑材料 3 万元，化工材料 124 万元，机电设备 4802 万元，生铁 385 万公斤，钢材 1160. 70 万公斤。1996 年后经营放开，未作专项统计。1991—2005 年，金堂县工业生产资料购销经营情况如下：

一、工业生产资料销售

（一）生产资料销售概况。1991—2005 年，金堂县经营生产资料由商业、物资、供销、林业、农机系统分别经营。商业系统的煤炭建材公司经营煤炭、天然气、建筑材料。石油公司经营汽油、煤油、润滑油。物资系统销售金属材料、化工、钢材、水泥、砖瓦、化工原料、机电设备、玻璃等。供销合作社经营农用生产资料、农用薄膜、煤油（基层供销社）、化肥及铁木竹器农具等。林业局系统下属的木材公司经营经营木材、竹材等。农业机械化局下属的农机公司、农机厂，经营农用拖拉机、农用抽水机、自产自销中小农具打谷机等。（二）生产资料商品品种。1991—1995 年，有木材、竹材、砖瓦、沙石、水泥、煤炭、煤油、化肥、农药、农药器械、农具、复合肥、玻璃等。1996—2005 年，又销售有金属、建材、农机（拖拉机、抽水机）、机电、石油、天然气、化工产品、农用塑料薄膜等 60 多个种类，1000 个规格品种。

二、主要大类产品

（一）建筑材料销售。水泥销售：1991—1995 年，大部分由政府部门计划管理调拨，供应常年紧俏。1996—2005 年，市场开放，外地水泥到货充足，供应稍有缓和。县内供应有余。品种以 400、500 标号水泥为大宗，其次是白水泥，常有土水泥供应小乡镇。有金堂县本地乡镇企业生产水泥供应市场。砖瓦销售：1991－1995 年，政府鼓励发展乡镇企业，全县有砖瓦厂 9 家，其中以五凤建材厂、粮食局页岩砖瓦厂、玉河砖瓦厂为较大规模。1996—2005 年，村办企业和私人办砖瓦厂逐渐兴旺，主要是农村老百姓新修住房需求量大增加。沙石销售：沙石主要是沿中河、北河、沱江流域的私人和村办企业、乡镇企业，在河边采沙船，获取沙石资源和鹅卵石，供应本地建筑市场或成都地区，部分销往外地。每年销售达几亿万公斤。玻璃销售：1991—1995 年，玻璃是国家计划分配物资，主要用于工农业、建筑业，少量供民用零配，供应紧张。1995 年起，除国家计划分配外，县物资局向外采购，货源增加，逐步敞开供应。1995—2000 年，私人建材铺和装饰小老板，也开始经营玻璃产品，县每年销量达 10 余万平方米。（二）金属材料销售。1991—1995 年，金属材料大多由县物资局直接向县内各部门供应，数量较少。品种有线材、型钢、螺纹钢、角钢、钢管、钢带、钢片、金属制品、钢材及生铁等，线材为大宗。1996—2005 年，改革开放，个体、私人经营加入竞争，供应逐年增加，仍供不应求，尤以线材需求量最大。物资局经营不善，破产倒闭。金属材料销售市场主要在县城一横道。每年销量达达千万公斤。（三）化工原料销售。化工原料销售以物资局的化轻材料公司承担，以工业原料酸碱为主，其次为橡胶制品、油漆、颜料、塑料等。1995—2000 年，个体建材商经营加入，致使物资局倒闭。（四）燃料销售。煤炭和天然气由金堂县煤建公司经营，1991—1993 年，经营煤炭业务，1993—1995 年，增加县城民用天然气供应。2000 年后，该公司划归县建设局管理。随着市场放开，煤炭业务出现了个体经营者。

第四节　生活日用品销售

一、百货

1991 年，县有百货商店零售机构 115 个、596 人，其中县 23 个、305 人，县以下 92 个 291 人。1991—1996 年县百货经营随市场放开后，营业额逐渐下降。金堂县百货公司经营棉布、针织品、百货、文化用品等批发零售产品。1990 年新建百货大楼，1992 年百货大楼正式营业，招收合同制工人 100 余名。公司内设业务、财会、集体商业管理股、办公室；下辖赵镇、淮口、竹篙三个批发部。由于市场放开，公司经营销售严重亏损，1996 年公司改为股份制企业。到 2001 年公司被拍卖，单位经营停止。1991 年金堂县百货零售经营主要有以下品种：销售毛巾 2832 百条，针织内衣 2247 百件，床、褥、单 159 百件，毛线 46 百公斤，皮鞋 450 百双，胶鞋 1053 百双，火柴 79 百件，肥皂 53 百箱，洗衣粉 38.70 万公斤，保温瓶 648 百个，缝纫机 1134 架，手表 127 百只，自行车 8427 辆，半导体收音机 3423 架，电视机 3566 台（彩电 773 台），录音机 398 台，电风扇 8787 台（吊风扇 2063 台），洗衣机 912 台，电表箱 220 台，机制薄纸 2.10 万公斤，煤油 95.10 万公斤，煤炭 6178.50 万公斤。2005 年全县随着经济发展，社会购买力增大，上述百货商品放开经营，批发和零售业务成倍增加。

二、日用杂品

1991—1995 年，金堂县日用杂品由国营商业和供销合作社零售门市、店经营，全县有数十家专营、兼营日用品零售店，以供销合作社下属的金堂县日杂公司为主营单位。

日用品品种繁多，主要有热水瓶、搪瓷品、铝锅、铁锅、陶瓷器、玻璃器皿、缸盆、草席、棉絮、煤炉、扫帚、肥皂、火柴、洗衣粉、卫生纸等家庭日常生活必需品。

1996—2005 年，国营商业、集体联营商业和供销合作社的百货业逐步倒闭停业，个体私营业占据市场。同时，糖酒副食超市如红旗连锁、新桂花、鑫红星等商场也经营日常用品，品种多、销量广泛。

三、五金交电

金堂县五金交电化工公司于 1978 年 7 月成立金堂县五金交电化工公司，直接受商业局领导。至 1995 年末，下辖赵镇、淮口批发部；赵镇设有 3 个零售部，其中一个兼办交电商品的修理业务。公司有五金、自行车、电器材料、家用电器等业务，市场放开后商品竞争激烈，销售不畅。2001 年，由于公司亏欠银行债务，被迫拍卖门面资产，停止销售。2005 年全县五金交电商品以私人经营为主。

四、糖果

1991 年全县购进食糖 93.70 万公斤，纯销售 149 万公斤；糖果购进 11.80 万公斤，销售 9.20 万公斤；糕点购进 15 万公斤，销售 14.10 万公斤。2005 年城镇居民每人消耗食糖 87.39 元，农民每人消耗食糖 1.12 元。

五、酒

1991 年全县购进酒 181.20 万公斤，销售 425.90 万公斤。2005 年城镇居民每人消耗酒 87.39 元，农民每人消耗酒 7.56 元。

第五节　医药经营

一、管理机构

金堂县医药管理局于 1991 年 3 月 28 日成立，是县人民政府管理医药的职能部门，负责医药商品的生产经营及行业管理。1997 年 8 月，撤销金堂县医药管理局成立医药管理办公室，并入计经局。下辖金堂县中药材公司、医药公司。行业管理单位：成都制药十一厂、四川金和医用材料实业有限公司。2001 年 8 月 28 日县在机构改革中，撤销县医药行业管理办公室。设立成都市药品监督管理局金堂分局（简称金堂药监分局），为成都市药品监督管理局的直属派出机构；内设办公室、市场监督科、综合监督科。分局于 2001 年 11 月 28 日正式挂牌成立，县药监分局有职工 13 人。

二、医药企业体制改革

1991—1997 年，随国家医药行业政策的调整，医药局对县医药工作和所属中、医药公司，坚持实行政企分开，从微观管理转到宏观指导，进行行业协调，依法为企业生产经营服务。各企业内部机构设置、用工制度、经营分配方式、规章制度建立和完善，由企业自主决定，实行厂长、经理负责制，自负盈亏。金堂县医药公司于1997年4月实行资产重组，成立金堂县药业有限公司。1998年，县医药行业管理办公室挂靠县计划与经济局，下辖金堂县药业有限责任公司、金堂县中药材股份有限责任公司。行业归口管理四川阳公华福宁制药公司、四川金和医用材料实业有限公司和集体、个体药品经营企业。县医药办在县体改办和银行大力支持下，积极解决县药业公司进一步完善转机过程中所遇到的问题；同12月8日，原县中药材公司实行资产重组，成立四川金堂县中药材有限公司，企业法人代表由董事会选举产生。县药业有限责任公司和县中药有限责任公司改制转机后，加强内部管理，提高服务水平，企业经营状况大为改变。

三、医药购销

金堂县中药材公司从1990年开始亏损，县内中药材市场疲软，购销环节出现原始的以货换货的经营方式，收购的中药材仅满足县内药用需要。1991—1997年，县中药材公司商品购进1582.53万元，实现销售2462.95万元，上缴税金17.92万元，亏损371.79万元。医药公司药品购进1435.99万元，销售1699.65万元，实现税金16.92万元，亏损161.43万元。1999年，县药业有限责任公司实现销售280万元；县中药有限责任公司实现销售250万元；企业走出了困境。全年，县中医药公司总购进460万元，上缴税金9.80万元。2000年，全县药监系统实际销售收入818万元，入库税金8.3万元；2001年，实现销售收入920万元，入库税金9.40万元。

四、行业管理

1991年经国家计委、经贸委和国家、省、市、县医药局批准，成都制药十一厂为全国第一家原料药生产厂家，列为“八五”期间原料药重点技术改造项目，省医药设计院按GMP的标准设计与国际医药工业惯例接轨，总投资4831万元。主要产品：原料药方面有芦丁、橙皮甙、黄芩甙、槲皮树、左旋多巴、盐酸黄连素、C－胱胺酸、丹参浸膏等，出口日本、法国、德国、东南亚20个国家和地区；生产有针剂、片剂、口服液产品等。1991—1996年，总产值达17062万元，利润350万元，税金390万元。1992年12月，经省、市医药管理局批准，四川省金和材料实业有限公司在金堂布点建设，投资180万元，占地8566平方米，建有3个车间，职工70人，于1994年1月投产。主要产品有：脱脂纱布、脱脂棉绷带、手术薄膜、医用胶带；年产值超过300万元，1994—1997年，总产值达975.16万元，缴纳税金39.40万元。2002年，县共有药品经营批发企业9家，药品经营零售企业209户，非医疗器械经营企业零售家用医疗器械备案74户，药品、医疗器械生产企业3家：四川三和医用材料有限公司、四川锦绣华福宁制药公司、成都超人药业有限公司。2003年，县内共有药品经营批发企业9户，药品经营零售企业226户，非医疗器械经营企业零售家用医疗器械备案125户，药品、医疗器械生产企业4家。分别是：四川三和医用材料有限公司、四川锦绣华福宁制药公司、成都超人药业有限公司、成都双正医药包装有限公司。

五、药品生产企业监管

成都市金堂食品药品监督管理局对企业监管，企业基本情况如下：

成都超人药业有限公司：生产芦丁、橙皮苷、甲基橙皮苷、青蒿素等。四川锦绣华福宁制药公司：生产肌醇、芦丁、罗通定、盐酸小檗碱、左旋多巴、橙皮苷、曲克芦丁、喜树碱、胱氨酸、黄芩苷、槲皮素、银杏干浸膏等。四川三和医用材料有限公司：生产医用胶贴、医用胶带、手术薄膜、医用脱脂纱布、医用脱脂棉、医用棉签、医用纱布口罩、医用压敏胶粘剂、纱布绷带、医用脱脂纱布块、医用橡皮膏、石膏绷带、医用自粘敷料、弹性绷带、创可贴、输液贴等。

2001—2002 年，全县有药品、医疗器械生产企业 3 家，即四川金和医用材料实业有限公司、四川锦绣华福宁制药公司、成都超人药业有限公司。从业人员 150 余人，年产值 1000 余万元。2003—2004 年，全县有药品、医疗器械生产企业 4 家。即：四川三和医用材料有限公司（原四川金和医用材料实业有限公司改制）、四川锦绣华福宁制药公司、成都超人药业有限公司、成都双正医药包装有限公司。2003 年从业人员 180 余人，年产值 2400 万元。2004 年从业人员 200 余人，年产值 3600 万元。2005 年，全县有药品、医疗器械生产企业 3 家。即：四川三和医用材料有限公司、四川锦绣华福宁制药公司、成都超人药业有限公司。从业人员 200 余人，年产值 4100 余万元。

六、医药市场管理

金堂县 1992 年 4 月 30 日，县政府批转了县医药局《关于加强医药市场管理意见的通知》。1995 年 1 月 30 日，县政府出台《关于进一步加强药品管理的通知》。1996 年 7 月 14 日，县成立金堂县药品管理领导小组，从 1992—1997 年起先后多次召开全县整顿医药市场工作会议，对全县药品生产、经营单位、医疗部门、个体医生进行 3 次抽查验收，检查 2100 户次，查处销毁伪劣药品 140 个，金额达 21 万元，罚款 16.50 万元，对不符合要求的 40 家药店进行了整改，吊销药品经营合格证 5 家，取缔江湖游医 67 人。1998 年检查经营者 1600 户次，查处、销毁伪劣药品 28 个。1999 年检查 860 户医药经营企业，销毁假药 12 个，金领达 3.20 万元。2000—2001 年监督检查全县药品经营企业、药品使用单位 305 户次，查处违法案件 2 起。2002 年，监督检查药品经营企业、药品使用单位达 1150 户次。2003 年，查处违法案件 39 件。2001—2005 年，对药品、医疗器械经营、使用单位违法案件的查处，出动执法人员 3100 余人次，车辆 600 余台次，检查药品经营、使用单位 3400 户次。

七、“非典”防控工作

在 2003 年“非典”时期，县“非典”防护物资紧缺、采购困难，县分局与市药监局联系，争取市局的支持协调，为县上采购了“非典”防护衣帽、体温计等物资。县药监分局印发《关于进一步做好“非典”防治工作的通知》，要求县内各药品经营企业严格执行购药登记和疫情报告制度。认真做好发烧、发热人员购药登记工作，做到早发现、早报告、早诊断、早治疗，切实搞好“非典”防控工作，有效地切断“非典”传播途径。加大对药品、医疗器械生产、流通秩序的整顿，开展严厉打击制售假劣药品、医疗器械违法行为的活动，完成了“抗非典”专项药品抽验任务，保证了“非典”期间群众用药安全有效。为金堂县“非典”防治工作的顺利开展解了燃眉之急，得到县领导的充分肯定，被县委宣传部评为“县非典防控工作先进单位”。

八、药品经营与使用监管

2001 年，在原来由卫生局和医药局共同管理证照的基础上，对全县 250 余家药品经营企业进行重新核发“药品经营企业许可证”，全县取得“药品经营企业许可证”的有 226 家，2003 年 244 家，2004 年 247 家，2005 年 253 家。

（一）药品质量监管

成都市药品监督管理局金堂分局以监督为中心，加强对药品经营、使用单位药品购进渠道、药品入库验收、保管、销售和使用全过程的监督管理，对药品经营、使用单位监督检查覆盖面达 100%。

（二）特殊管理药品的监管

对特殊管理药品的监督管理：建立特殊药品监督管理责任制，要求特殊药品使用单位对特殊药品严格实行“五专”管理；对依法办理“麻醉药品专用卡”的情况进行公示；对特殊药品管理人员进行专业法规的培训；开展日常监管和专项监督检查相结合，监督覆盖面达100%，确保了辖区内群众用药安全。

2003年6月，成都市统一换发麻醉药品、一类精神药品购用印鉴卡，全县共37家，其中：县级医疗机构5家，中心卫生院3家，工矿医院3家，省属医疗机构1家，县计生指导站1家，乡镇卫生院24家。2003年12月，淮口痔瘘专科医院与县二医院合并，使用特殊管理药品的乡镇卫生院减少到23家。2004年10月，因龙威卫生院与赵镇卫生院合并，石龙卫生院与高板镇卫生院合并，青松卫生院与竹篙镇卫生院合并，使用特殊管理药品乡镇卫生院减少到20家。2005年11月1日，根据《麻醉药品和精神药品管理条例》的规定，将属于药监部门的麻醉药品和精神药品使用环节的审批、监管职能调整到卫生行政部门。2005年年底，金堂县使用特殊管理药品的医疗机构共33家。

（三）医疗器械监管

对医疗器械监管完善了档案管理工作制度；建立了医疗机构一次性使用医疗器械购进登记制度；要求医疗机构对一次性使用医疗器械回收、销毁做好记录，严禁重复使用，避免事故发生。

（四）药品分类管理

根据国家、省、市要求，金堂县积极推进药品分类管理工作，全县药品零售企业实现了大店分区、小店分柜。截至2005年年底，全县257家零售药店中，已有32家零售药店取得了“药品分类管理示范店”称号。

（五）全面推进连锁加盟，促进药品经营企业GSP认证达标

按照国家、省、市的规定，药品经营企业必须达到药品经营质量管理规范（GSP），金堂县药品零售企业大多数自身没有能力达到GSP认证，因此造成的停业关门和人员失业，势必将造成严重的社会问题和不稳定因素。为解决这个难题，成都市药品监督管理局金堂分局积极向上汇报争取，引导企业带证加盟连锁公司使零售药店在连锁公司的带动、规范和指导下，与连锁公司一道通过GSP认证；规范了药品进购渠道，由连锁公司统一配送、统一管理、统一价格。2004年分局动员全县226家药店带证加盟成都市内信誉好、规模大、实力强的成都百信、四川康贝、四川好医生等连锁公司，并于当年发展2家直营店。随着市场经济的不断发展，城镇面积和人口的不断增加，2005年全县新增直营店25家，单体药店1家。截至2005年年底，金堂县共有药品经营企业257家，其中：批发企业3家、带证加盟店226家，直营店27家、单体药店1家。

（六）放心药房（店）评选活动

2003年3月，根据《中华人民共和国药品管理法》和《药品经营质量管理规范》，制定标准，开展第一届“放心药房（店）”评选活动。全县共评出57家“放心药房（店）”，并实行动态管理，每年进行复查，未保持的将摘牌。

九、药品配送

金堂县从2002年11月开始，开展农村药品监督供应网络建设。

（一）开展农村药品集中配送试点工作

2002年11月22日，成立金堂县农村药品集中配送工作领导小组。选定三星、五凤、高板、福兴、广兴、土桥镇等乡镇卫生院、62个村卫生站作为试点，拉开了全县农村药品集中配送工作的序幕。经

过一年试点，金堂县人民政府印发了《关于加强农村药品监督供应网络建设工作的实施意见》，在金堂县乡、村医疗机构全面推开了农村药品集中配送工作。

（二）领导小组的变更及人员调整

2005年3月14日，金堂县农村药品集中配送工作领导小组更名为金堂县药品监督供应网络建设工作协调小组，由县领导任金堂县药品“两网”建设工作协调小组组长。

（三）药品集中配送招投标工作

1. 第一次招投标：2003年10月23日。中标企业：成都旭康药业有限公司。2003年11月28日，全面开展配送工作。乡、村医疗机构签约率100%，配送率90%以上，年配送金额1000余万元。

2. 第二次招投标：2004年3月26日。中标企业：成都科讯药业有限公司。乡、村医疗机构签约率100%，配送率100%，年配送金额1320余万元。

第六节 食盐供应

一、机构

四川省盐业总公司金堂支公司成立于1965年，隶属于成都盐业分公司。金堂支公司设业务科、盐政科、财会科、办公室及淮口批发部，2005年在册职工12人，位于金堂县赵镇郊山路44号，淮口批发部位于淮口淮洲大道265号。

二、经营

公司供应金堂县食盐人口85万余人。全县工、农、畜牧业用盐，年销量2300万公斤，年税利达300万元，纯利润150万元。金堂支公司全体职工严格执行国家供应政策和价格原则，本着保证质量、顾客至上的服务宗旨，为广大用盐单位和代理批发户、零售户服务。1991—2005年，金堂县盐总销售12865.34万公斤，其中口盐销售3626.25万公斤。

1991—2005年金堂县盐业销售情况

表15-1　　单位：万公斤

年度	总销量	口盐销量	年度	总销量	口盐销量
1991	777.20	85.11	1999	468.86	329.19
1992	659	90	2000	480	280
1993	800	90.20	2001	519.55	215.66
1994	858.85	124.13	2002	1327.10	336.30
1995	680	168	2003	1346.20	383
1996	432.50	307.04	2004	1459.20	323.70
1997	384.01	287.42	2005	2274.60	310
1998	398.27	296.50	总计	12865.34	3626.25

第七节 烟草专卖

一、机构

1984 年 8 月 14 日，建立四川省烟草公司金堂县公司。同年 11 月 14 日，建立金堂县烟草专卖局，负责全县烟草专卖的行政和烟草市场的管理与整顿。县烟草专卖局与四川省烟草公司金堂县公司同属一套机构两块牌子。同年 12 月，金堂县烟草专卖局、四川省烟草公司金堂县公司属县局级单位，完成组建上划工作，归属成都市烟草专卖局、成都烟草分公司和金堂县人民政府双重领导。以成都市烟草专卖局、成都烟草分公司领导为主，业务上受县政府财贸办公室领导。2003 年 10 月 25 日，按照国家局的要求，取消了金堂县烟草公司的法人资格，将原四川省烟草公司金堂县公司更名为四川省烟草公司成都分公司金堂卷烟营销管理中心。金堂县烟草专卖局执法主体不变。2005 年 6 月 22 日，四川省烟草公司成都分公司金堂卷烟营销中心更名为：四川省烟草公司成都分公司金堂营销部。2005 年 10 月 26 日，四川省烟草公司成都分公司金堂营销部更名为：四川省烟草公司成都市公司金堂营销部。

二、卷烟购销

1991—2005 年金堂县烟草公司卷烟销售量

表 15 - 2　　　　单位：箱（100 条）

项目	1991 年	1992 年	1993 年	1994 年	1995 年	1996 年	1997 年	1998 年	1999 年	2000 年	2001 年	2002 年	2003 年	2004 年	2005 年	合计
购进	12733	14628	12713	12798	12053	14635	12669	12220	13988	17417	18252	15795	—	—	—	169901
销售	12280	15199	13160	12833	12649	14589	12718	11414	14407	17144	18035	16288	16057	14983	15424	217180

说明：2003 - 2005 年，卷烟购进由成都烟草分公司统一调拨，金堂县卷烟无购进。

随着市场经济的发展，县烟草公司于 2001 年 4 月正式全面启动网建工作。公司设有 3 科 1 室，下辖 4 个批发部。有正式职工 21 人，临时用工 102 人，其中：访销员 18 人，送货员 16 人；送货车 8 辆。辖烟区面积 1155.6 平方公里，全县总人口 84.40 万人，其中外出打工 16 万人，有卷烟零售户 753 户。公司对全县卷烟销售供应实行货访销配送率达到 94%，入网销售率 100%，零售户入网率 95%。至 2005 年，县烟草专卖实行了访销送货制。

第五章　粮油购销

第一节　机　构

一、粮食局与总公司

1990 年 4 月，金堂县粮食局机关设：办公室、人事科、保卫科、教育科、财会科、统计科、审计科、农管科、储运科、城管科。1994 年 1 月设党委办公室、行政办公室、购销科、会统科、储运科、审计科。1995 年设党委办公室（政工科）、行政办公室、保卫科、储运科、审计科、农管科、城管科（兼军供站）、工业科、议价管理科。1997 年底局机关设：政工科、保卫科、会统科、审计科、购销科、储运科、工业科和办公室。1998 年根据国务院和省、市、县关于粮食流通体制改革的要求，7 月将局机关 6 科 1 室归并为 2 科 1 室，科室中层干部由 9 人减为 5 人，对局机关在职 45 人中男满 55 周岁、女满 50 周岁、工作年限满 20 年或年龄不够上述标准但工作年限已满 30 年的 18 人按《国家公务员暂行条例》第 79 条之规定办理了提前退休。并选派 7 名有一定组织领导能力、管理能力的中青年干部到赵镇企业工作，其本人身份、工资、行政关系不变。同年 10 月 29 日，成立金堂县粮食行政执法大队。2000 年，局机关设业务科、计财科、办公室，有在岗人员 26 名。2001 年 12 月 31 日，根据《中共金堂县委 金堂县人民政府关于金堂县级机构改革的实施意见》，县贸易局与县粮食局合并，组建金堂县贸易与粮食局，保留县贸易局牌子。县贸易与粮食局是综合管理全县商贸流通、粮食流通工作的县政府工作部门。2003 年 7 月，县贸易局与粮食局实质性合并为金堂县贸易与粮食局。人员混编合署办公。局机关设办公室（挂保卫科牌子）、政工科、财务科、业务科、政策法规科、集管科、生猪执法大队。在职人员 33 名。2005 年组织机构人员未变。金堂县粮食局 1950 年 8 月成立至 2005 年，为粮食行政管理机关，纳入政府行政机关序列，归口县财贸办公室（1997 年更名为县流通办）管理，行政上受县政府、业务上受上级粮食主管部门双重领导。

1992 年 4 月成立金堂县粮油贸易总公司，实行两块牌子，一套人马。下设办公室、经营部、财务部、办事机构。7 月设置建材经营部、综合经营部，8 月设置农副土产公司、基建修缮队，同年先后又成立金堂县粮油外贸公司、金堂县粮油收储公司，负责全县粮油收购、专储粮油和平价粮油周转库存、仓储设施和城镇人口粮食供应。为实行管理、经营相结合，成立了成都五块石贸易公司。全县共有企业在职职工 1383 人。总公司先后设立下属分公司、经营部等 11 个单位，除修缮队有微利，金堂县页岩砖厂连续亏损继续生产、负债经营外，其余 9 个企业因选项不准、经营管理不善、严重亏损等原因被县局先后撤销、转让、关闭。1993 年 9 月，广西北海市合浦县福城镇湛兴砖厂有偿转让给金堂县粮食局粮油贸易总公司，享有经营权和所有权，单位名称为金良建材公司，实行自主经营、独立核算、自负盈亏。1994 年 1 月在上海市江口区唐山路 457 号开设上海市峨眉火锅城，同年底转让。

二、站、厂、队、公司

1990年全县有赵镇、淮口、高板、福兴、竹篙、土桥粮站，火车站粮库，粮食局面粉厂、淮口油厂、饲料厂，粮食局汽车队，劳动服务公司。全县共有在职人员985人。1990年7月撤销劳动服务公司。同年8月1日起将劳动服务公司人员并入赵镇火车站粮库，纳入粮库统一经营、统一管理、统一核算，并入人员性质不变。1992年1月1日起，赵镇粮站兼并赵镇粮油制品厂（老集体）接收资产、承担债务、安置职工。同年4月16日，金堂县粮食局粮油工业饲料供应公司更名为金堂县粮油工业饲料贸易公司，金堂县粮食局议购议销公司更名为金堂县粮食局议购议销贸易公司。同年7月1日，赵镇火车站粮库有偿兼并金堂县兴达经营部、赵镇针织百货经销店（合作集体企业），接收70.09平方米门市1个和其他固定资产，安置职工10人，付给被兼并方2万元。同时，淮口粮站兼并淮口粮油代销店（老集体），有在职职工9人，退休职工4人；土桥粮站兼并土桥榨油生产合作社（老集体）。同年10月4日，土桥粮站兼并土桥物资供应站、综合服务部（合作集体企业）。1993年5月19日，成立金堂县粮食局直属仓库（站、厂级），实行独立核算、自负盈亏。1994年4月18日，金堂县粮食局面粉厂改组为金堂县粮食局面粉股份公司，注册资金40万元；同年10月26日该公司实行全员合同制。同年4月，将金堂县粮食局淮口植物油厂改组为金堂县粮食局油脂化工股份公司。同年11月30日，撤销金堂县粮食局汽车队。撤队后原有在职人员和运输车辆划拨到局属各企业，房屋及资产划归赵镇粮站。1995年1月1日，成立金堂县粮食局粮贸大厦（站、厂级）实行独立核算、自主经营、自负盈亏，按照“优化配置”原则，同时撤销金堂县粮食局直属库，将其全部人员及资产划归粮贸大厦统一安排和经营。同年撤销金堂县粮油工业饲料公司、金堂县粮食局议购议销贸易公司，两个公司在职人员安排赵镇粮站、火车站粮库。同年6月10日，撤销金堂县粮食局亏损较大的饲料厂，将原厂加工设备、人员全部划归金堂县粮油工业饲料贸易公司直接管理，建立“贸工一体化”的生产经营体系。1996年1月成立金堂县粮食局畜禽公司。该公司以原淮口饲料厂兼并的四川省棉麻仓库（即金堂县202信箱），粮食局规划为1万头养猪场，实行独立核算，自主经营、自负盈亏，因选项不准、维持不久，处于停产状态倒闭。1997年10月，北海市银海区金良建材公司转让原湛江湛兴砖厂。1997年年底，粮食局下属赵镇、清江、淮口、高板、福兴、竹篙、土桥、云合粮站，火车站粮库，粮贸大厦，赵镇面粉厂，淮口榨油厂，畜禽公司。全县共有在职干部、职工1717人。

1998年4月撤销云合粮站，人员、资产仍并回土桥粮站，同年12月撤销畜禽公司，人员、资产分别划给淮口粮站、淮口油厂。同年10月，根据政企分开，收储企业与附营业务分开的原则，将收储企业中的附营业务、场地、设施、固定资产、资本金划定，经上级批准，组建具备独立法人资格的独立核算、自主经营、自负盈亏的赵镇、淮口、高板、福兴、竹篙、土桥粮油经营站6个附营业务企业。收储企业有赵镇、淮口、高板、福兴、竹篙、土桥、清江粮站和火车站粮库、粮贸大厦。工业企业有：面粉厂、植物油厂。全系统共有干部、职工1625人。2000年4月撤销清江粮站，人员资产划归赵镇粮站，设清江仓库。2002年全县有赵镇国家粮食储备库，赵镇、淮口、高板、福兴、竹篙、土桥粮站，金得利面粉股份公司，油脂化工股份公司。同年3月，金堂县贸易局与粮食局合并，并入企业4个厂、7个公司，即金堂县食用菌加工厂、赵镇酿造厂、县生化厂、淮口酿造厂、金堂县百货公司、金堂县饮食公司、五金公司、蔬菜公司、成都调味品有限责任公司、糖酒公司、金堂县兴淮酒业有限责任公司，共并入在职职工251人，离退休职工201人。2004年，根据有关粮食流通体制改革的文件精神，8月，粮食流通体制改革在全县7个粮食购销企业、2个股份公司全面启动，实行减员减债、下岗分流，截至12月底，全县共分流、买断工龄1089人。2005年12月底，全县除下岗分流人员以外，有在职职工340人（局机关33人），退休人员583人。

第二节　粮食企业改革

一、承包经营责任制

金堂县粮食系统所属商业、工业、运输企业1988年起全面实行了承包经营责任制。1990年是第一轮承包的最后1年，全面推行企业承包经营责任制，全县粮食系统通过公开招标，择优选择所属企业10个独立核算单位，实行自负盈亏的承包经营责任制。同时制定改革用工制度，在定员、定编的基础上实行优化劳动组合。同年7月1日，金堂县财政局、金堂县粮食局根据承包方的申请，按有关程序正式终止与金堂县粮食局汽车队合同关系。

1991年，第一轮经营承包终结。对承包期满、需离任的赵镇、福兴、竹篙粮站和淮口油厂、淮口饲料厂进行离任审计。对承包期满的淮口、高板、土桥粮站和面粉厂进行终结审计。同年1月1日，第二轮承包开始，承包期限为3年，承包经济指标实行一年一订3年结算。对原粮食局车队承包人已作离任的，按合同进行兑现审计。

二、机构改革

1990年，本着“精简、提高、适应”的原则进行了机构调整和人员精简，在原有基础上精简机构22个，减少中层干部和管理人员40余人。

1992年，精简机构，合并股室，局机关设两室四科：党委办公室、行政办公室、会统科、购销科、储运科、审计科。压缩行政人员30%，增加营销人员，实行聘任制和“双向”选择。改议购议销公司、工业公司由现行的行政管理型向管理经营型转变。搞活用工和分配制度，粮食系统各企业对职工实行优化劳动组合及合同化管理，并积极创造条件向合同制管理过渡。为适应粮食商业流通体制改革，局决定在赵镇粮站开展四放开的试点工作，经县体改办先后行文批复同意县粮食局所属相关企业分别兼并和有偿兼并，先后兼并了金堂县兴达经营部、赵镇针织百货经销店、淮口粮油代销店、金堂县土桥榨油生产合作社、土桥物资供应站、综合服务部。为大力促进系统多种经营工作开展，县粮食局报经金堂县人民政府财贸办公室批准分别成立了金堂县粮油贸易总公司、粮油外贸公司、粮油贸易总公司新都分公司、粮食局成都五块石贸易公司、粮食局赵镇粮油贸易公司、粮食局淮口粮油贸易公司、粮食局高板粮油贸易公司、粮食局福兴粮油贸易公司、粮食局竹篙粮油贸易公司、粮食局土桥粮油贸易公司、粮食局火车站粮油贸易公司。同时成立了以下单位：金堂县粮油贸易总公司综合经营部、粮油贸易总公司建材经营部、粮油贸易总公司农副土产公司、粮油贸易总公司物资供应站、粮食局粮油收储公司、粮油工业饲料贸易公司成都新鸿路经营部。由金堂县龙威乡人民政府企业办公室、金堂县粮油贸易总公司、金堂县审计事务所金堂县欣荣综合经营部三家分别按投资比例20%、60%、20%联合出资兴办成都市金堂页岩砖厂，经济性质：全民所有制。

1994年，经县体改办批准，汇同县财政、国资、国土等部门，在4月完成了对植物油厂和面粉厂的股份合作制改组，成立了油脂化工股份公司和金得利面粉股份公司。撤销了金堂县粮油贸易总公司新都分公司和金堂县粮食局汽车队。经县粮食局批准撤销了金堂县粮油贸易总公司综合经营部。经县民政局先后行文批复，同意注销金堂县粮食经济学会。

1995 年，经县财贸办同意县粮食局成立了金堂县粮食局粮贸大厦。同年撤销金堂县粮食局成都五块石贸易公司、金堂县粮食局饲料厂。

1996 年经县财贸办批准成立了清江粮站、云合粮站、金堂县粮食局畜禽公司。

1998 年，县粮食局原有在职人员计 45 人，按县政府要求定编为 20 人，从 7 月中旬起至 9 月 25 日止，分三个阶段，经过组织动员、自愿申请、上级批准等程序，按有关规定办理提前退休 18 人。选派优秀中青年到基层 7 人，达到定编 20 人要求，同时将原有 6 科 1 室并为 2 科 1 室，中层干部由原 9 人减少为 5 人。机关上岗人员通过严格考试、答辩竞争上岗实行一年一聘。机关减少人员 54%，平均年龄下降 5.44 岁。

1999 年，粮食收储企业分流到经营性企业人员 297 人，占收储企业职工总人数的 28%。2000 年，加大内部改革力度，调整企业领导班子，实行定编、定岗、定员、择优聘用、竞争上岗；同年 3 月撤销清江粮站并入赵镇粮站。

三、放开粮油购销市场

1993 年，国家改革粮食经营体制，全面放开粮价。由统购统销体制向社会主义粮食市场经济体制转变。主要是深化内部改革，改革现行管理体制，建立与市场相适应的经营机制。县 7 个粮食商业企业组建成立了粮油贸易公司，在粮站内部实行二级承包，以站属仓库和门市为依托，组建成立半独立核算子（分）公司和经营实体 30 余个。进一步完善各种形式的承包经营机制，积极引入风险机制、竞争机制、激励机制和约束机制，与 13 个独立核算企业签订年度承包经营合同，调整分配指标，实行“包死基数、定额上缴、超额全留、欠交自补”为主要形式的承包办法。对新成立的 4 个公司、1 个队和一个部实行“按实现利润五五分成”（即 50% 上缴县局）。跨行业经营和联办企业按实现利润全额上缴，年终视其情况进行奖励。粮油工业饲料贸易公司实行“国家所有、个体经营”（即：个体“五定一包”经营责任制）。

1994 年，深入贯彻《中共中央关于建立社会主义市场经济体制若干问题的决定》和《企业法》及《全民所有制工业企业转换经营机制条例》，县粮食局积极进行“国有民营”的探索，全系统参与“国有民营”的职工 500 人，通过撤、并、转等形式，解体个别发展前景不好、效益比较差的实体。全年共引进资金 692 万元，组织内联项目 2 个。

1995 年 6 月，采取有偿接收兼并了四川省棉麻公司五凤 202 仓库，购买了土桥供销社罐头厂。通过撤、并、转，终止了饲料厂的法人资格，利用 202 仓库闲置仓库设施，开办“万头养猪场”。进一步完善股份公司的内部运行机制。在全系统内实行“全员劳动合同制”，完成了改制的前期工作。

四、政策性和经营性业务分开

1998 年，按照政企分开的要求，首先从机关入手，以机制带动企业改革。原粮食局一套人马，两块牌子（即粮食局、粮油贸易总公司），与企业在人、财、物等方面脱钩。

2001 年，全县 7 个国有粮食购销企业全部实行了政策性和附营业务分离。对分流、分离出来的人员，广开就业门路，开展跨行业经营。根据县委、县政府关于加大改革力度，加快改革步伐的要求。各企业继续实行以业务量定编、定员，人员编制与工资总额双重控制，多渠道分流人员，淡季季节性轮岗、停薪留职，鼓励调出粮食系统等。

2002 年，继续抓好政企分开，以机关改革带动企业改革，经营性业务实行股份制 2 个（金堂县金得利面粉股份公司、金堂县油脂化工股份公司），实行租赁、承包2个（赵镇、土桥粮油经营站）。

五、减员分流

按照国务院要求，全国粮食企业改革、人员实质性分流下岗在1998年就已全面展开。1998年前，全县国有粮食购销企业在职职工共1177人，2005年年底，已分流、分离人员655人，占总人数的56.5%，其中：退养244人，离退休48人，停薪留职29人，解除合同24人，租赁、承包门市88人，新办实体180人，其他4人，分流分离出来的人员全部在工资总额中体现出来。到2002年年底已分流、分离人员831人，占总人数的70.6%，其中：退养264人，离退休人员68人，停薪留职59人，解除合同24人，租赁、承包门市118人，粮油加工48人，新办实体242人，其他8人。

2002年已基本结束分流工作，进入改制程序。金堂县2002年前职工分流并未下岗，只是从政策性企业划分到经营性企业，除赵镇经营站外，淮口、高板、福兴、竹篙、土桥5个经营性与政策性企业一套人马、两块牌子、一个法人代表。2003年，金堂仍然是成都市乃至全省唯一没有进行粮企改革实质性减员分流的县。当时，农发行已严禁粮企挪用收购资金用作粮改，并且停贷，企业资金极度匮乏，国家已取消各种优惠政策，企业生产经营状况发生严重困难，濒临破产，已到企业改革非改不可的地步。2003年，成立了金堂县国有粮食企业改革领导小组。经县委、县政府研究决定：县油脂化股份公司作为粮食企业改革试点单位，经董事会协商和职代会同意，决定拍卖厂房资产，该公司按有关规定和程序拍卖成功。同年10月6日，按2002年本系统县企业人均工资标准451元/年标准，工龄有一年算一年买断工龄，全员分流下岗。油脂公司当月底有40余人签了合同。

2004年7月，金堂先后争取两次获得省、市粮食风险金借款共计1900万元，拍卖油厂、粉厂、赵镇粮站永久仓库、朱家仓库，淮口、福兴、土桥等粮站、经营站门市，变现资产筹措资金500余万元，争取土地出让金、契税、土地留成返还120万元。根据国务院、四川省政府、金堂县人民政府文件精神，补偿金依虚年工龄按照2002年县职工人平月工资717元为基数计算，全县统一标准，不因时间推迟而变化。全县分企业召开全体职工大会或召开职工代表大会，对停产多年已被拍卖的淮口油厂所有职工于2004年8月27日，由局主要领导主持召开全体职工大会宣布重新采取一次性分流，对购销不济、职工生活费发放都比较困难的赵镇粮站（含赵镇粮油经营站）、金得利面粉股份公司分别于2004年9月21日、10月21日召开全体职工大会宣布，采取按职工工龄分段分批分流的办法，逐步分流安置职工。年底已减员433人。

2005年，针对不同企业的资产、人员、现状，仍然按照“一企一策、分步推进”的改革分流实施方案，实行六个统一（即：粮改政策、实施意见、安置方案、资金筹集、时间安排、补偿标准），先后对土桥、竹篙、高板、福兴、淮口等粮站和赵镇国家粮食储备库、粮贸大厦实施改革分流。全年累计分流职工1034人，占原计划的70.3%。截至2006年年底，全县共计接待1800余人次来访职工，处理100余件职工来信。粮食企业总个数由2003年底的16个减至8个；职工总人数减员分流1395人，由2003年底的1516人减至121人，减幅90%以上。在做好粮企改革、减员工作的同时，县粮食局班子抓住粮审挂账机遇，争取政策，合理筹划，尽可能减少债务，最终使负债由2003年的19500万元减至2006年底的5000万元；组建了新的公司，资产状况较好。

1990—2005年金堂县国有粮食企业进行改革，改革形式包括改制（改制、改制为国有独资、控股、参股公司）重组（兼并、合并）、破产、解体。具体改革企业是：赵镇粮站（含赵镇粮油经营站），2004年9月至2006年职工下岗分流。赵镇国家粮食储备库2005年5月至2006年职工下岗分流。

淮口粮站（含淮口粮油经营站），2005 年 6 月至 2006 年职工下岗分流。高板粮站（含高板粮油经营站），2005 年 7 月至 2006 年职工下岗分流。福兴粮站（含福兴粮油经营站），2005 年 8 月至 2006 年职工下岗分流。竹篙粮站（含竹篙粮油经营站），2005 年 6 月至 2006 年职工下岗分流。土桥粮站（含土桥粮油经营站），2005 年 1 月至 2006 年职工下岗分流。金堂县金得利面粉股份公司，2004 年 10 月至 2005 年资产拍卖，职工全员下岗分流。金堂县油脂化工股份公司，2004 年 8 月至 2005 年资产拍卖，职工全员下岗分流。粮贸大厦，2005 年 3 月至 2006 年职工下岗分流。

六、经营管理

粮食企业的财务、会计核算严格依照《中华人民共和国会计法》《企业财务制度》《企业会计制度》《会计基础工作规范》，以及《粮食流通企业财务制度》等法规开展工作。截至 2005 年年底，金堂县粮食系统财务、会计独立核算单位共计 22 个，其中：粮食购销企业 7 个、粮食经营企业 12 个（处于停业状态）、军粮供应企业 1 个、县局机关企业核算和行政核算各 1 个。1990—2005 年，金堂县粮食企业核算单位以工商部门核准的营业执照所确立为独立核算单位，企业所属库点实行报账制。1990—1991 年县粮食局设立计划统计股，1992 年计划统计股与县局财会股合并，更名为金堂县粮食局会统科、负责本县粮食企业粮油商业统计、计划管理工作。县粮食局审计工作，由局长主管、副局长分管、局审计科组织、实施。1990—2005 年金堂县粮食企业政策性补贴形式，实行“亏损包干、节亏分成”、粮油价差、费用、利息、政策性粮食财务挂账本金补贴；如 1996—1999 年每年消化 1992 年前的财务挂账本金 300 万元。

第三节 粮油贸易市场与管理

一、市场

金堂无粮食批发市场，粮食大宗批发业务一般在粮站或与买卖方直接接洽。农村粮油贸易市场遍布全县，1985 年国家规定定购以外的粮食可以自由上市。为繁荣市场，场期不断调整变化。1995 年，区所在地赵镇、淮口、高板、福兴、竹篙、土桥场镇按公历逢双赶场，其他乡级场镇或一、四、七，或三、六、九赶场。1992 年全县撤区并镇后，原区所在地场镇逢双赶场日期不变，其他场镇大多改为逢单赶场。1992 年 11 月 1 日粮价放开后，全县停止对农村缺粮人口、菜农、回乡人员及八大员粮油的计划供应，只保留了救灾粮和退耕还林粮食供应。2004 年，因粮价上涨，退耕还林补助粮停止供应，改为补助现金。除此之外，农村口粮除自产自销外，品种之间余缺调剂主要通过全县农村粮油贸易市场进行。

二、1998 年前农村粮油收购市场管理情况

1992 年前，农村粮食收购只能由国有粮食部门统一收购，定购任务内粮油按定购价，此外按议购价收购。1992 年放开经营，对油菜实行指导性计划收购，主要由粮食部门收购，同时允许多渠道经营。1993 年取消定购，粮价放开后，全县办证经营粮油的集体、个体有 48 个，经营量约 1200 万公斤，占社会粮食商品量的 20%。年底，全国出现粮油涨价风，全县实行公开挂牌限价销售，使粮油价格基本稳定。1994 年恢复粮食定购，未完成粮食定购任务，不放开农村收购粮油市场，除承担国家粮食收

购任务的国有粮食企业外，其他任何单位和个人（包括粮食部门的加工厂、饲料厂）都不得直接到农村收购粮食，所需粮食必须到县粮食局指定粮站（库）购买，对违反国家规定直接到农村收购粮食和套取国家差价的单位和个人，粮食部门配合工商行政管理部门进行查处。1998 年前各粮站农管员配合各乡镇党委、政府按照县政府下达的全年粮食定购任务，分解落实到村、组、户，每户填制“国家定购粮食任务通知单”任务数，实行农业税征实。1998 年全县农户交纳定购粮后，凭粮站填制“国家定购粮食任务通知单”交纳数，收购单与村组清算农业税，粮站凭农户交纳的定购粮收购单，分别归集到村组、乡镇，并将定购粮款作为农业税缴付税务部门。这期间农村收购市场管理主要是限制个体粮商到农村直接收购，管理主体是工商部门。

三、1998 年后农村粮油收购市场管理情况

1998 年《粮食收购条例》和《粮食购销违法行为处罚办法》颁布。当年全县仍坚持不放开农村粮油收购市场，严禁除国有粮食收储企业以外的单位、企业和个人直接收购农民粮食。1999 年 1 月 29 日，县对粮食市场管理作出规定，粮食收购只能由国有粮食收储企业承担，严禁私商和非国有粮食收购企业直接到农村或集市中收购农民的粮食。未经批准，擅自从事粮食收购活动的，由工商部门没收非法收购的粮食，并处以非法收购粮食价值 1 倍以上 5 倍以下罚款，依法吊销营业执照。构成犯罪的，依法追究刑事责任。粮食加工、经营企业和用粮单位，只能从国有粮食收储企业或县以上粮食批发市场购买粮食。凡从事粮食批发业务的单位和个人，于 3 月以前必须经县粮食行政主管部门审批发给“粮食批发准入证”，再由工商、税务部门发给营业执照和税务登记证方可营业。重点加强对粮食加工、经营和用粮企业的管理和整顿，坚决取缔无证经营。工商、粮食、公安等部门设立、公布举报电话，加大粮食市场执法监管力度，坚决打击粮食购销非法活动，维护好正常的粮食流通秩序。同年 5 月 11 日，金堂县粮食行政执法大队和 8 个粮食市场巡查队正式成立，与工商部门配合对粮油加工、经营个体户进行了两次全面清理、整顿，办理了 20 家“粮食批发准入证”单位（其中：17 家国有粮食企业，3 家集体和个体面粉加工厂）。全年查处非法购销和贩运粮食案件 54 起，没收粮食 199870 公斤，协助工商部门对违法者给予了经济制裁罚款 7. 80 万元。2000 年省政府决定保留粮食定购制度，继续实行农税征实政策，以利国家掌握必要的粮源。县粮食局继续配合工商行政管理部门加强对收购市场的监管力度，打击违法收购和运销行为，全年查处案子 19 件，粮食 92096 公斤。2001 年继续实行农业税征收粮食实物为主的政策，对没有种粮或没有粮食定购任务的农户，可直接征收代金。农税粮的征收数量以税金折合粮食计算，其折算价格按当年收购的实际品种、实际等级的综合价执行。农税粮入库后再与税务部门结算。全县同年 5 月中旬集中开展粮食市场专项整治，全年共出动检查人员 180 人次，协助工商部门查处个体私商、粮贩违法收购粮油 16 件，涉及粮食 84. 10 万公斤。2002 年省政府确定小麦、玉米退出保护价收购范围。成都市确定了没有放开的 10 个县（市）继续实行“三项政策、一项改革”，农业税继续征实。5 月小春粮油入库以后，全县集中开展粮食市场专项整治，全局先后出动执法人员 340 人次，查处个体私商粮贩违反规定无证收购粮食案件 11 件，涉及粮食 17. 50 万公斤，罚款 1. 80 万元。2003 年取消农税征实，粮食定购任务变为粮食收购任务。金堂县将任务层层分解到各粮站、仓库以及个人，实行奖惩挂钩。收购期间，全县出动检查人员 40 余人次，查处个体私商粮贩无证经营 12 人。2004 年金堂县对原颁发的“粮食批发准入证”全部收回，重新进行资格审核，新颁发“粮食收购许可证”9 个单位，其中 8 个国有粮食购销企业，1 个私营加工企业。

第四节 粮食油料收购

一、农业税实物收购

1990—2002年，除1993年放开粮价未实行农业税征实外，金堂县坚持农业税征实的政策。每年初，政府层层下达农业税收任务和粮食收购任务，到乡镇、村、组、户，实行“粮金双下，分别考核，货币结算”办法。全县农业税总的税额每年为1700万公斤中等稻谷实物量（其中正税1500万公斤，地方附加200万公斤），每年农业税指标因占地、受灾等原因核减而逐年下降。2003年降低农业税。2004年中央财政对种粮农民直补，再次降低农业税。2005年继续直补及取消农业税，农业税征实即自行结束。

二、合同定购

1990年，因遭受暴雨、大风、洪水、冰雹等自然灾害，上级调减金堂县粮食合同定购任务20万公斤，为1865万公斤，县政府按照市下达县粮食合同定购任务，将任务分解下达到各区，各区落实到乡、村、组、户。全县仍执行上年国家调高的粮食定购价格。每百公斤中等粮食计算，小麦46.6元，白元豆76元，麻元豆70元，大米65元。按照“先定购任务，后议价收购，分别计价，一次结算”的办法进行收购。合同定购任务内的粮食按比例价结算，超任务部分要随行就市议价收购。粮食合同定购任务继续实行化肥、柴油、预购定金“三挂钩”政策的标准不变。即农户每交售100公斤贸易粮，奖售标准化肥20公斤，在落实农户粮食定购任务时，将化肥票发放到户；奖给挂钩柴油三公斤，实行补差办法，补差标准是交售100公斤定购贸易粮付差价款2.40元；支付预购定金，粮食预购定金根据省、市规定采取补息办法，按交售100公斤定购贸易粮补息0.60元。柴油价差款和预购定金补息，由粮食部门在收购粮食结算价款时一并付给农户。

三、国家定购

1990年国务院决定从秋粮开始，将粮食合同定购改为国家定购，属指令性计划，必须保证完成。粮食收购继续实行“双轨制”，粮食三挂钩政策不变。

1991年因全县发生严重春、夏旱灾，上级调减后全县粮食定购任务为1841.10万公斤，当年实际完成大米收购任务798.20万公斤，超任务322.20万公斤。从1993年起全市粮油商品退出指令性计划全面放开购销价格。国务院决定改革“三挂钩”兑现方式，将“挂钩”的化肥、柴油按平议价差折成现金，作为价外价，农民向国家交售定购粮时，一次直接支付给农民。

1994年粮食收购价格每50公斤中等计：小麦51元，稻谷（中籼稻）50元，玉米46元。

1995年，对定购粮食在1994年价格基础上实行价外补贴的办法。定购粮食补贴标准：稻谷每市斤补0.10元，玉米每市斤补0.12元，按“谁用粮、谁负担”的原则，由用粮单位自行消化。

1996年粮油收购价格再次提高，全省统一价格收购：小麦中等品质每市斤定购价为0.68元：水稻中等品质每市斤定购价为0.72元；玉米中等品质每市斤定购价为0.72元（玉米分为三个等级，1级0.74元，2级为0.72元，3级为0.70元）。全年完成国家粮油收购任务，入库粮食1889万公斤。

1997年收购政策和价格与1996年相同。1998年全省粮食定购价除常规稻谷外，仍按1997年省政府规定执行，暂不分价区，仍执行全省统一定价，以每50公斤中等品质计价：中籼杂交稻定购价收购72元，保护价收购63元；中籼常规稻定购价收购67元，保护价收购60元；小麦定购价收购68元；玉米定购价收购72元、保护价收购62元。1999年，大春粮食稻谷收购价格也实行定购价和保护价二价并轨：以中等每50公斤计：杂交稻定购价59元（新粮）、56元（陈粮）；普通常规稻定购价54元（新粮）、51元（陈粮）；保护价杂交稻57元（新粮）、54元（陈粮）；常规稻保护价52元（新粮）、49元（陈粮）；当年全面完成市下达全年定购任务1688.40万公斤。

2000年小麦稻谷继续实行定购价格和保护价格合并，执行综合价，收购综合价格分三个价区执行，金堂为三价区，中等品质每50公斤小麦49元，稻谷52元，玉米49元，县内不再划分价区。当年贸易粮食合计收购5285.40万公斤。

2001年小麦、稻谷继续纳入保护价收购范围，玉米退出保护价范围。小麦收购价格维持2000年水平，继续实行定购价和保护价两价合一的综合收购价和地区差价、品质差价、新陈差价政策，对优质粮食实行优质优价。中籼杂交稻收购保护价在2000年的基础上，每50公斤提高1元。金堂县为市划定的三价区，每50公斤中等品质中籼杂交稻谷收购保护价53元（新粮），陈粮50元；常规稻新粮48元，陈粮45元。中籼杂交稻和常规稻两个品种各5个等级新陈粮食差价，同等级50公斤低3元，常规稻与杂交稻谷差价，同等级每50公斤低5元。对存放一年以上的稻谷，其收购价格比当年产新粮每公斤低0.06元，常规中籼稻比同等级中籼杂交稻每公斤低0.10元。当年全县共敞开收购农民余粮3047.40万公斤、收购玉米477.40万公斤。

四、订单收购

2002年继续执行粮食定购制度和农税征实政策。为了全面完成粮食定购任务，确保农业税按时足额入库，对农业税大于粮食定购任务和因粮食品质差价而形成的差口，在农民自愿的前提下，主要以增加粮食数量来弥补，要求各乡镇在分解落实粮食定购任务时，必须将农业税征收任务一并落实到村、组、户。同时，各粮站与各乡镇签订订单。按照国务院关于“粮食主产区要坚持按保护价，敞开收购农民余粮”的政策，认真做好敞开收购农民余粮工作，对农民种植的优质粮食，按照优质优价的原则组织收购，并认真履行与农民签订的订单合同，切实保护农民利益和种粮积极性。同年小春粮油收购指导价为：小麦：中等小麦每50公斤收购指导价46元，实行5个等级，每个级差0.02元；油菜籽：每50公斤中等指导价95元，各购销企业可以根据当地市场行情上下浮动5%进行收购。稻谷收购价格：按照省、市规定，金堂县每50公斤中等品质中籼杂交稻收购保护价52元（新粮）、陈粮52元，常规稻新粮47元、陈粮44元。新陈各5个等级，级差每50公斤3元。收购保护价格一律不浮动。2005年粮油收购小麦均价每50公斤71.50元，稻谷均价每50公斤72元。全年收购粮油2876.20万公斤，其中：小麦1380.20万公斤，稻谷225.90万公斤，玉米704.40万公斤，其他粮食287.60万公斤，油菜籽278.10万公斤，当年收购粮油均能顺价销售。

五、市场收购

金堂是丘陵地区，历来粗细粮矛盾突出，计划经济时期，每年除上级调入部分大米保证城镇供应外，还从省内外议价购入100万公斤大米兑换农民手中的粗粮和售给缺细粮农户，解决农民食用的粗细粮矛盾。金堂是养猪大县，每年从省内外购入玉米100万公斤，弥补本县玉米缺口。年均从农民手中保护价和市场价购入粮食2000万公斤，除满足本县城乡居民口粮消费、食品酿造、工业饲料用粮外，每年销往成都地区小麦1000万公斤，菜油100万公斤。

六、油料收购

金堂县既产油菜籽也出花生，1987 年以后花生实行自由贸易，粮食部门收购油料主要是油菜籽，城乡人民的生活用油以菜籽油为主。1991 年金堂县油菜籽收购任务 825 万公斤，县实际定购 585 万公斤、完成 1457.30 万公斤。1993 年放开粮油购销市场。金堂县油菜籽种粮面积从 6666.67 公顷减少至 4266 公顷，由于受灾单产只有每亩 96 公斤，总产由 1000 万公斤降至 614 万公斤，收购价格按县上指导价每市斤 0.75 元收购，全年全县入库 324.90 万公斤。2003 年，中央划定四川省是粮食主产区，四川确定除稻谷外其他粮食油料退出保护价范围。2004 年粮油购销市场全面放开，降低农业税，对种粮农民进行直接补贴，油菜籽不再制定价格，由各企业按市场指导价格收购；当年全县油菜籽按市场价格收购每市斤达 1.50 元，个别企业达 1.60 元，收购数量全县 334.30 万公斤，由于市场食用油价下跌，全县油菜籽当年收购全部亏损。2005 年油菜籽收购价比 2004 年同期下跌，收购均价 1.15 元/市斤，收购数量 278.10 万公斤，收购油菜籽顺价销售。

第五节 粮油供应

一、居民口粮供应

1990 年，粮食部门对居民仍严格执行凭证凭票，对伙食单位实行包干供应办法。同年 6 月起，又实行了当月口粮当月购买，当月购不完的，限期在三个月内购买。城镇人口食油每月定量供应半市斤。1991 年 10 月前，实行凭购粮证凭票供应，10 月起实行凭购粮（搭伙）证明和粮票供应。在时限上，按照市粮食局规定：在 7 月前实行当月口粮当月购不完的限期在三个月内（含当月）购买；从 7 月份起，又改变为当月指标在两个月内有效，过期作废。对单位口粮管理，继续实行包干供应。从 1992 年 3 月 1 日起，对城镇人口口粮供应（包括居民口粮）使用的“购粮证明”和购粮指标实行当月有效，过期作废；定量口油供应限期与口粮供应相同。同年 11 月 1 日全国放开粮价，停止计划供应。由于市场粮油供应偏紧，价格上扬，1993 年 12 月 30 日，按市政府规定，每 50 公斤标二米 68 元，标粉 60 元，二级菜油 290 元，公开挂牌降价销售粮油，保证市场供应。1994 年 6 月 9 日，因物价上涨，粮食实行挂牌限价销售后，临时从 6 月 10 日起，对市镇人口凭居民购粮证，在指定的粮店、门市部（库），按国家规定的价格每人每月供应标二米或标准粉（面条）7.50 公斤（金堂师范学校学生食堂每人每月凭证供应 15 公斤）。按照上级有关规定，金堂县从 1995 年 1 月起，凭粮油优惠供应票，每月每人供应城镇居民口粮 7.50 公斤（米 4.50 公斤，面 3 公斤），“两劳”人员 13.50 公斤，金师校学生口粮 15 公斤（米 9 公斤，面 6 公斤）。1996 年 1 至 3 月，金堂县对城镇居民、“两劳”人员的基本口粮作了计划平衡和安排，保证了居民、“两劳”人员的基本需要，没有突破市局下达的供应计划。年末，市场粮价每公斤大米 1.90 元、面粉 2.00 元。1998 年市场粮价仍偏低，在国有粮食企业在能顺价的情况下，尽可能多销，加快销售还贷，减少利息支出。从 1999 年开始，因粮改逐步深化，除军粮和退耕还林粮食供应外，上级不再下达供应计划，以县为单位，只下达销售目标任务。

（一）工种粮供应。根据省政府决定，从 1992 年 4 月 1 日起，全省市镇定量供应人口工种粮实行议价供应。工种粮改按议价供应后，不再征收粮食调节基金，企业职工按人月平均 15 公斤口粮标准包干供应，企业自行调剂，合理安排；凡企业职工人月平均口粮标准低于 15 公斤的，维持原定量标准不变，不能提高到15公斤；其余市镇人口定量口粮标准一律不变。工种粮改按议价供应后，粮食部门仍要加强人头基本口粮管理，健全制度，核实市镇供应人口的增减变化，确保合理供应。对原口粮“续包”单位历年节余粮食指标停止使用。同年11月1日，全国放开粮油市场，停止包括工种粮在内的计划供应。

（二）工商行业用量供应。1. 酿造、副食、饲料用粮。在1990年12月份前，执行“计划供应、指标控制”的管理办法。从同年7月10日起，管理办法不变，供应价格改统销价为比例价。从同年12月1日起，改比例价为议价供应，原计划和管理办法自然消失。2. 饮食业用油。从1990年7月10日起改统销价为议价供应；饮食粮食收票部分从3月份起保留县城继续收票，其余区、乡停收粮票全供议价；从7月10日起，全县停止收票，全供议价。3. 糕点业用粮。从1990年3月起，全县已停收粮票，全供议价；食油从12月1日起，由统销价改议价供应。

（三）军用粮油供应。金堂县驻军军用粮油的供应由县粮食局办理，所在辖区内驻军部队由赵镇、淮口镇两个粮站对驻军的供应。从1989年10月16日起，执行商业部发布《军用粮票管理试行办法》规定，军用粮票由商业部统一印制发行的军用价购票和军用供粮票两种。1991年2月1日起，部队凭军用供给粮（料）票领粮料时，粮食部门仍按《军粮供应与管理办法》按票面品种、数量和规定的质量标准付给部队粮食。部队凭军用价购粮票购粮，按标准购食油，按实购粮比例购副食大豆，食油按全省调整后的统销价格，每公斤4.46元执行，副食大豆不加价外补贴，执行调整后的统销价格。1993年4月1日起，按商业部、总后勤部的通知精神，供应军队的小麦粉由标准粉提高到特制二等粉，大米由标二等提高到标准一等。同年粮食购销体制改革，全面放开粮油购销市场，省内军粮供应动用的仍是国家平价库存粮油。从1994年6月1日起，部队凭“军粮供应证”和军用大米购买标一大米、面粉票购买特二面粉，执行1992年确定的大米、小麦粉统销价格；购买大豆执行1993年确定的大豆统销价格，购买食油执行1991年确定的食油统销价格。1997年军粮供应执行价格，中籼稻特等米每500克0.42元，小麦特二粉每500克0.48元。2000年军供伙食单位减少，当年军供粮大幅下降。

从2001年4月1日起执行：改进军用粮票管理办法，启用新版军用粮票，新版军用粮票仍为大米、小麦、面粉两种。按照上级要求，金堂县粮食局军供站从2002年1月1日起改名为成都市粮食局军供中心金堂县粮食局代供点。2003年四川省粮食局、四川省财政厅、成都军区联勤部军需部规定，从2004年1月1日起，将节日增供菜油、绿豆、汤圆粉的结算价分别由原每公斤6.60元、6.00元、4.00元调整为每公斤7.60元、6.00元、4.50元。从2004年1月1日起，对军粮结算价调整，在原价格基础上，特米每公斤增加0.10元，特一粉每公斤增加0.12元价格标准执行。

（四）供应网点及多种经营。1992年11月以前，金堂县计划粮油供应网点32个，其中粮站、仓库所在地门市23个，城镇街道、厂矿粮食供应点9个。1992年11月后，随着放开粮价和粮油购销市场，粮食部门的经营网点增至85个。其中：农村增加17个，城镇增加36个；从管理形式上划分，对粮站、仓库等实行目标管理的单位26个，对门市、粮店实行租包的42个（其中个人承包的64人，集体承包的195人）。1993年粮价放开后，全县办证经营粮油的集体、个体有48个，经营量约1200万公斤，占社会商品量的20%。2003年至2005年，按照有关政策，处置资产分流安置职工，金堂县拍卖了部分粮店和门市，国有粮食部门粮油销售点只保留了粮站、仓库所在地门市。除国有粮店外，2005年全县经营粮油批发零售国有经营粮店5家、连锁超市13家，集体企业25家，个体私营192家。

（五）城镇居民粮油供应管理。迁入、新生、转业、回国、农转非等增加人口和迁出、参军、出国、死亡等减少人口必须凭法定手续办理，做到增有凭、减有据（登记等记载）。人口增、减资料、原始凭证保存备查。人口转移，一般当月转出，次月停供，若路途遥远，次月不能到达迁入地者，可作特殊处理再延一个月停供。“市镇居民粮食供应转移证”的签发、接收、使用范围和填写要求，必须按规定办理。口粮粮票的发放，每次不准超过三个月定量口粮。严格执行凭粮票和购粮证明售粮（即双证）的规定，购粮证明当月有效，过期作废。

二、农村粮油供应

（一）农村缺粮人口粮食供应和食油供应

1990 年，对农村中经济作物地区和人多地少的缺粮户仍实行按计划统一的办法。即在核实产量和留粮的前提下，由乡、村、组评定缺粮户每户的供应数量，且一年一定，在上级下达的农村包干供应计划内，分月计划供应。该供应办法一直延续到 1992 年 11 月 1 日，全国放开粮价，停止计划供应。

1994 年，上级安排金堂县农村常年缺粮销售计划 50 万公斤。

（二）菜农供应

1990 年在专业蔬菜户 6 个，农业人口 1832 人，年产蔬菜 153 万公斤。除自产粮食外，国家全年供应口粮 30 万公斤。根据换菜实绩，换菜用粮指标一年一定，1991 年菜农补助粮供应为 28. 30 万公斤，1992 年为 22 万公斤，1992 年 11 月 1 日粮价放开，供应停止。

（三）回乡人员及“八大员”供应

按照上级有关规定，对回乡人员和乡镇聘用干部凭通知和证明发给“农村比例价粮油供应证”，每月补助供应口粮 10 公斤（米 6 公斤，面 4 公斤），口油 0. 25 公斤，凭证按比例价（不加费用）购买粮油。农村乡镇卫生院医务人员和畜牧站畜牧兽医人员（两医人员）及其子女口粮供应按城镇人口供应政策对待。供应延续至 1992 年 11 月 1 日粮价放开即行停止。

（四）救灾粮

金堂县地处山区浅丘沱江上游，每年均有部分乡、村遭受干旱、水患等自然灾害。当发生自然灾害时，民政部门和粮食部门组织人员深入灾区分户摸清缺粮时间、数量，上报审批后，张榜公布。对救济口粮凭政府出具的三联单到指定粮店购粮，民政部门与粮食部门统一结账。

（五）退耕还林粮食供应

金堂县 1990 年供应退耕还林补助粮 20 万公斤，1992 年 60 万公斤。

2000 年开始实施的退耕还林还草，中央确定在四川进行以粮代赈退耕还林试点，省委、省政府实施“治水兴蜀、绿化全川”战略决策。金堂县地处沱江上游，积极争取项目，被列为退耕还林试点项目县，2000 年争取退耕还林任务 1333. 33 公顷，2002 年 666. 67 公顷，2003 年 666. 67 公顷。按有关文件规定，退耕还林粮食补助标准为每亩每年补助粮食 150 公斤（原粮），一定五年，补助粮食品种为稻谷、小麦、玉米，其中稻谷占 50%，以标一米形式供应，折率按 68% 计算；小麦、玉米两品种合计占 50%，品质要求，国标中等以上。2000—2003 年金堂县共计供应退耕还林补助粮 1650 万公斤（原粮）。2004 年因粮价上涨，退耕还林补助粮停止供应，改为补助现金。

三、粮油票证管理

（一）粮票管理

粮票购粮证明的发放、回收，必须做到收有凭、支有据，收、支两条线管理，保证账账、账据、账表、账实四相符，安全无事故。供应人口因外出、死亡、整销等收回的票证，必须由专（兼）职人员经收后，开出收据，管户员凭据登记、办理手续，管户员不得又办手续又收票据。

粮票库存，必须由主管站长、财会、市供、保卫人员每月一次盘点，按规定时间上报县局。粮票的领取、解缴，必须两人以上同行办理，否则，发生事故，要追究单位领导责任。

（二）粮油票证的销毁

1992年11月1日全国粮油购销价格全部放开后，实行市场调节，除军供使用全国粮票外，一切地方粮票均已停止流通使用，从粮食流通体制改革的发展趋势看，县粮油票的历史功能已告完成，继续封存、保管已无必要。按照省市粮食局有关文件通知精神，经请示县政府，金堂县粮食局1993年6月将本县印制、使用的大米票、面粉票、食油票（简称县票）随同省、市粮、油票证一并销毁。

金堂县县票系1981年经省粮局批准，在旺苍510厂印制，印数为：大米票567.15万公斤，面粉票564.65万公斤，食油票51.51万公斤。销毁时账存大米票412.61万公斤，面粉票411.06万公斤，油票49.68万公斤。经县粮食局主管局长组织保卫、财务、购销、票管等同志进行现场盘点，实际库存与账存完全相符。

（三）粮油优惠供应票

1993年底至1994年6月，由于市场粮油供求偏紧、价格上扬，继公开挂牌降价销售粮油后，金堂县从1994年6月10日起，对城镇居民实行了定点、限量、限价、凭购粮证供应粮油。从1995年1月起，对城镇居民发放使用粮油优惠供应票。1996年四季度市场价粮油低于国家定价。1997年10月粮油优惠供应票作废。

第六节　粮油储运

一、粮油储藏

（一）粮库库容。金堂县赵镇火车站粮库：1987年新建金堂县赵镇火车站粮库，1988年9月1日破土动工，1991年7月竣工，争取省、市投入资金394.50万元，其中：投资373.50万元新建楼房仓4978平方米、仓容1亿公斤（器材库315平方米，综合楼1964平方米）。1991年申请批准扩建赵镇火车站粮库房式仓房两幢，容量500万公斤，投资137万元。1993年扩建房式仓房1幢，容量166.70万公斤，投资10万元。1997年申请投资80万元新建房式仓房1幢，容量250万公斤，于1998年竣工。至1998年年底，赵镇火车站粮库总投资621.50万元，占地总面积2.86万平方米，其中建筑占地10326.55平方米；储粮仓房容量1916.70万公斤，油容器容量75万公斤，3万公斤电子地中衡1台。1998年6月申报批准命名为四川金堂赵镇国家粮食储备库。福兴粮站三烈仓库：1991年，投资18万元新建三烈仓库，占地总面积1884.44平方米，仓房面积548平方米，容量99万公斤。新建竹篙粮站青松仓库：1991年，投资26万元新建青松仓库，占地总面积1225.05平方米，仓房460平方米，容量79万公斤，职工住宿及综合楼、营业楼638平方米。改新建仓房：1991年，修理费投资18万元改造清江仓库仓房718平方米，容量96万公斤，职工住房560平方米。同年投资5.40万元改建土桥粮站真武宫粮点仓房140平方米，容量20万公斤。1992年，争取财政支持投资19万多元，淮口同兴新建仓房容量250万公斤。（二）仓储管理。1990—2005年，金堂县粮食仓储坚持粮情检查、清洁卫生、安全保卫、粮油进出库制度。粮油安全普查仍实行粮站（库）每月查、县粮食局每季查的制度。1990年金堂县划转中央专储粮油和省专储粮油后，专储粮油做到账账、账实相符。坚持出入库制度，严格规范管理，1999年各地中央直属粮库建立，储备粮逐渐实行集中垂直管理，金堂县属国有粮食购销企业逐渐减少专储库存，至2005年最后一批省专储出库。（三）安全储藏。商业部修订了原有关“四无”粮仓规定，于1991年9月颁布了《四无粮仓和四无油罐评定办法》。即：“四无粮仓”标准：（无害虫、无变质、无鼠雀、无事故），“四无油罐”标准：（无变质、无混杂、无渗漏、无事故）。金堂县按照“一符四无”粮仓标准，县局每季、各粮站每月由领导带队，组织保防人员对库存粮油进行检查，并认真分析粮情，总结经验，解决存在的问题，提高储粮质量、减少了各种事故的发生。

二、粮油调运

（一）计划调拨。从1990年开始，金堂县粮油调拨统一按照1989年年底国家颁发的《商业部粮油调运管理规则》和省市粮食局有关粮油调拨的通知文件执行，严格执行调拨计划。县内站平价专储粮油调拨，仍由县局下达批准调拨通知书后方可执行，未经批准不准擅自调运。各企业议购议销和粮站内的库点因腾并仓库，品种调剂等的调拨由各企业自行掌握。

（二）粮油运输

金堂县粮食系统按照1990年11月上级要求的粮油运输要做到无污染、无湿损、无差错、无伤亡的“运输四无”要求，坚持粮油调运工作的“五不装”“三检查”“三不放过”的原则。1990—1994年均实现了“运输四无”。金堂县粮食局汽车队成立于1979年11月，长期担负全县粮油调拨运输任务。1992年后，由于国家改革粮食购销体制，汽车队原所担负的平价运输任务急剧减少，加之汽车运输业的迅猛发展，竞争加剧，运输成本提高，汽车队面临十分困难的境地。1994年1月至10月，该队营运收入比1993年同期大幅度减少，产生亏损10.50万元。1994年11月30日解散了金堂县粮食局汽车队。1995年后，放开粮油运输市场，全县仍注重运输安全工作，未发生任何事故。

第七节　粮油工业

一、粮食工业

1991年投资12万元完成了面粉厂提高特粉出粉工艺流程的技改项目，提高了特一粉、特二粉的出粉率，增加了企业经济效益。1993年，县局协助面粉厂完善了“工效挂钩”的经营形式，充分体现了企业与市场结合，较好地解决了产品积压的老大难问题。1994年4月，完成对县局面粉厂的股份合作制改组，成立了金得利面粉股份公司，公司当年底完成2个车间的技改项目，投资32万元。1996年，粮食流通体制改革实行两条线运行后，遇到了前所未有的困难。面对严峻形势，金得利面粉股份公司积极探索与市场经济相适应的管理制度和运行机制，调整产品结构，开发粮油加工新产品，遏制住了严重亏损。1998年后，随着经济体制改革的进一步深化，粮办工业所面临的竞争也越来越激烈。粮油产品销售不畅，资金严重不足，企业机构臃肿等问题，已严重制约着企业的发展甚至影响着企业的生存。1999年，引进长粉路制粉工艺购置气压磨粉机等配套设备。2000年开始，面粉股份公司已处于停产状态。2004年1月开始，职工分批给予补偿金，解除劳动合同关系。

二、油脂工业

1990年淮口油厂创建为市级达标企业。1992年，局对植物油厂（原淮口油厂）从3月份起对综合经营部实行了以“利润定额承包、超利分成”的分配形式承包经营，给企业注入了生机和活力。1994年4月，顺利完成了对植物油厂的股份合作制改组，成立了金堂县油脂化工股份公司。1995年，内部运行程序逐步规范，经济效益继续提高。1996年，金堂县的粮油加工业在粮食流通体制改革实行两条线运行后，受新旧体制交替冲撞，遇到了前所未有的困难。从1998年开始，粮办工业进一步面临一系列困难，粮油销售市场疲软，资金严重不足，企业经济出现负增长。2003年，经局研究决定，对长期亏损并且已经停产的淮口油脂化工股份公司进行拍卖出售，以解决职工分流安置所需资金。

三、饲料工业

1990年淮口饲料厂仓房及配套设施全部竣工并交付使用；1991年淮口饲料厂投资18万元，建成生产经营、示范试样、开发新产品的畜禽养殖场，建立饲料销售点40个；全县饲料工业生产经营和技术设施已初具规模。1992年6月，粮油工业饲料贸易公司实行“包死基数、定额上缴、超额全留”的经营方式。1993年，在内部实行“国家所有、个体经营”。1994年淮口饲料厂投资25万元生产颗粒饲料的技改项目建成投入生产。年生产能力达400万公斤。1995年通过撤、并、转，终止了饲料厂的法人资格，工业饲料公司与饲料厂合并。1997年，局对职能单一、经营困难的金堂县工业饲料贸易公司实行合并，对产业结构不合理、效益无前途的淮口饲料厂进行了重组。

第六章　供　销

第一节　机　构

1991年年初，县联社机关设办公室、财会基建科、业务计统物价科、工业储运科、集体商业管理科、劳动人事科、宣传教育科、保卫科、监察室，经济检察室、法律顾问室、人武部。当年7月，县联社调整部分职能机构，将原业务计统物价科、集体商业管理科合并为业务计统物价科。1992年10月，将原保卫科、监察室、经济检察室、法律顾问室、人武部合并为保卫科。1993年3月，将原业务计统物价科、工业储运科合并，组建为业务科；财会、基建、计划、统计、物价、审计职能整合，组建为财会科；保卫科、劳动人事科、宣传教育科合并到办公室；社机关设：办公室、业务科、财会科。1994年3月，县联社实施机关改革方案，实施机关创收，精简人员，定岗定员，将财会科的物价管理职能并入业务科；新组建了经营科，直接从事商品经营活动为机关创造收入。机构设置为：办公室、财会科、业务科、经营科。1999年3月，县联社机关进行部分职能调整，将财会科的计划管理、商业统计职能并入业务科。2002年3月，县联社机关再次调整职能机构，撤销经营科，设置资产经营管理科，其他机构不变。2005年，县联社机关设办公室、财会科、业务科、资产经营管理科。

第二节 基层单位

一、公司

（一）金堂县农业生产资料公司

1971 年 12 月成立，是县供销社直属专业性业务机构。主要业务是负责全县农业生产资料计划安排、调拨供应，包括化肥、农药、农机具、中小农具的储存、技术传授、病虫防治、植物保护等一系列工作，同时兼营服务业（旅店）。1991—1996 年设办公室、财会物价计统股、化肥经营部、农药经营部、农机经营部、金堂县供销合作社蓉城公司（旅店）。由于经济体制改革的进一步深化，农业生产资料市场全面放开，农业生产资料公司失去了主营公司的地位，主营业务严重萎缩。根据市场的变化，1997 年公司机构调整为：办公室、业务科、财会科、金堂县供销合作社蓉城公司；2002 年将财会科合并到办公室。2005 年设有办公室、业务科、金堂县供销合作社蓉城公司。

（二）金堂县供销合作社棉麻公司

1975 年 1 月成立，是县联社的一个独立核算的业务机构。公司主要业务是负责棉花收购、加工、调拨和经营麻类。1991 年设办公室、财会股、业务股、工业股、棉花经营部、农副产品经营部、茶叶经营部、劳保用品经营部、工业品分公司、果菜食杂公司。1998 年进一步深化流通体制改革，调整棉花产业政策，放开棉花市场，取消了定购任务，公司主营的棉花购销业务大幅下降，购销量锐减，而附营业务也经营惨淡，公司业务缩小。1999 年公司内设：办公室、财会科。后因资不抵债，2004 年 12 月 14 日经金堂县人民法院裁定，棉麻公司破产。

（三）金堂县棉麻针纺织品经营部

1998 年 11 月经县流通工作领导小组办公室批复，成立金堂县棉麻针纺织品经营部，将棉麻公司的附营业务分离出来，独立核算、自主经营、自负盈亏、自担民事责任和法律责任，是独立的企业法人。经营范围：主营植物纤维、动物纤维、化纤及其制成品，兼营农副产品、肉食、化工、建材等。经营部设有：办公室、财会科。

（四）金堂县供销合作社日用杂品公司

1971 年成立。是县联社的直属业务机构。主营业务是负责日用杂品的货源组织、储存、调运和供应。随着经济体制改革不断深化，市场逐步放开搞活，公司经营业务大量缩减，经营困难，1996 年 8 月，金堂县人民政府批复金堂县供销合作社日用杂品公司为特困企业。1998 年 10 月，公司与农业银行金堂县支行就贷款债务达成以资抵债和解协议，日用杂品公司用资产抵偿了农业银行贷款 281 万多元，消除了历史债务。

烟花爆竹是日用杂品公司仅存的主营业务。2002 年国务院对烟花爆竹生产经营加强安全管理，整顿规范市场生产经营秩序，对烟花爆竹实行统一管理、统一经营。2003 年 4 月，公司加盟成都市吉顺烟花爆竹连锁有限责任公司，分别在赵镇和淮口、高板、福兴、竹篙、土桥镇建立了烟花爆竹配送中心，全县有连锁加盟店 438 个，网点遍布各村各镇。公司机构设置有：办公室、财会股、日用杂品经营部。

（五）金堂县供销合作社物资回收公司

1985 年 4 月县联社决定将金堂县供销合作社日用杂品公司的废旧物资、畜产品购销业务分离，单独组建成立金堂县供销合作社物资回收公司，独立核算，自主经营、自负盈亏、自担民事责任和法律责任，是独立的企业法人，属县联社的直属业务机构。主营废旧物资和畜产品收购、加工、储存、调运、销售，附营农副产品、建材。公司设有：办公室、财会股、废旧物资经营部、畜产品经营部、农副产品经营部。随着经济体制改革的不断深入，市场进一步放开，专业公司不能专营，形成了国营、集体、个体大家经营的格局，市场竞争激烈，公司主营业务大量缩减。1995 年物资回收公司放弃主营业务，转换经营机制，将商品经营为主转换为以资产经营为主，把闲置门面、仓库承包、租赁给职工或个人，企业资产实现了保值增值。

（六）金堂县供销合作社土产果品公司

原为金堂县外贸土产果品公司，1980 年改为金堂县土产果品公司；1988 年 3 月更名为金堂县供销合作社土产果品公司，是县联社的直属业务机构。公司主要经营干鲜果品、干菜调味品、海产品等土特产品。1991 年公司设有办公室、财会计统物价股、土产经营部、果品经营部、综合经营部、食品饮料厂。由于经济体制改革逐渐深化，市场全面放开，公司主营业务严重缩减，2000 年公司精简压缩人员，退出经营阵地，转换经营机制，由商品经营转换为资产经营，将房屋承包、租赁给经营者，企业资产实现了保值增值。

（七）金堂县供销社综合贸易公司

原为金堂县供销社贸易货栈。1980 年 1 月经县革委批准成立金堂供销社贸易货栈，开初由县供销社业务股负责开展工作，同年 7 月交日杂公司领导，统一经营业务，分开核算。1983 年 7 月，贸易货栈从日用杂品公司划出，成为县属公司级货栈，是县联社的直属企业，其主要任务是为基层供销社服务。经营范围：三类农副产品、废旧物资、干鲜果品、各类副食、日用杂品、五金化工电料、百货文化用品、工农业生产资料、轻工试销产品、手工业产品、乡镇企业产品、完成国家统购、派购任务后的一、二类产品，以及其他需要交流的物资。经营方式：接受顾客委托、代购、代销、代储、代运、代订合同、代办结算，同时兼自营、议购议销业务。

1992 年 4 月，更名为金堂县供销社综合贸易公司，是县供销社直属企业，经营范围：主营食品、百货、针纺织品、五金交电、日用杂品、烟，兼营农业生产资料、建筑材料、农副产品收购（不含粮食）、金属材料（不含贵金属）、矿石、塑料生产与加工、化工产品（不含危险品）。经营方式：批发、零售、代购代销、生产与加工。2002 年年底停业。

（八）金堂县供销合作社汽车运输公司

1978 年 1 月成立金堂县供销合作社汽车队，1985 年改为金堂县供销合作社汽车运输公司，是县联社直属的专业运输机构。1990 年 2 月，淮口区供销合作社汽车队合并到汽车运输公司，公司设办公室、调度室、货车队、客车队、修理厂。货车队设在赵镇，客车队设在淮口镇，修理厂两地分设。主营客、货运输，兼营汽车修理，有客运线路 28 条。1993 年后运输市场发生变化，私营客、货车增多，公司业务萎缩，货运量大幅下降。1994 年公司货运队停业。1995 年 2 月，金堂县人民政府批复“金堂县供销合作社汽车运输公司”为特困企业。2001 年 11 月，金堂县供销合作社汽车运输公司与四川省长途汽车运输（集团）公司签订了移交、吸收协议书，将金堂县供销合作社汽车运输公司客车营运经营权（即 28 块线路牌）和所有职工（包括退休职工）移交给四川省长途汽车运输（集团）公司。金堂县供销合作社汽车运输公司停业。

（九）金堂县土产外贸公司

1992 年 4 月成立。挂靠金堂县供销合作社土产果品公司，实行两块牌子一套人员。以柑橘内销为主，是金堂县首家通过边境口岸对俄罗斯开展边境贸易的企业，当年边境贸易出口柑橘 270 万公斤。

在开展边境贸易中，年度出口柑橘最多时，超过300万公斤，同时，也在黑龙江省满洲里边境口岸购进俄罗斯的日用工业品等产品供应国内市场，丰富了国内市场供应。由于果品市场的全面放开，主营业务严重萎缩，柑橘购销量大幅下降，公司于1997年退出经营阵地。2003年11月撤销金堂县土产外贸公司。

（十）成都市金堂供销合作总公司。

1992年10月成立。总公司由县联社新办实体、公司（厂）、基层供销社组成，根据成员企业的不同情况，分别实行统一经营、统一核算、统负盈亏、分级管理、责任承包的管理形式和总公司领导下的独立核算、自负盈亏、承包经营的管理，以及新发展跨地区、跨部门、跨所有制性质的其他管理。总公司具有法人资格，总经理由县联社主任担任，副总经理原则上由县联社副主任担任或由总经理聘任。主营食品、零售五金交电、建筑材料、建筑辅材、农业生产资料、保险代理业务、市场管理，兼营农副产品。经营方式：批发、零售、制造、加工，以总公司开展集团经营和由各级经营部门独立对外自主经营并举。

二、工厂

（一）成都市金堂淀粉厂

原名金堂县淀粉厂。1984年由淮口区和同兴乡乡镇企业办公室、淮口区供销合作社筹建联办，主要生产淀粉、液糖、玉米油，厂址在淮口镇东升村2组（原名为同兴乡东升村2组），占地面积1.21公顷。设计能力：年产淀粉1800吨、玉米油40吨。淮口区供销合作社投资48万元，淮口区乡镇企业办公室筹集10万元，同兴乡乡镇企业办公室投资49万元，成都淀粉厂负责技术，1985年10月初步建成投产。企业性质属乡镇集体所有制企业。

县淀粉厂建成投产后，由于设备不配套、紧缩银根、市场变化、管理落后生产不景气等诸多原因，长期经营亏损，负债累累，于1988年7月电器设备被雷电击坏后停产。1989年，金堂县淀粉厂董事会决定终止联办。同年9月，更名为成都市金堂淀粉厂，是县联社直属县公司级商办厂，属集体所有制企业。

2002年4月，农业银行金堂县支行向法院提起诉讼，要求成都市金堂淀粉厂偿还2000年11月后发放的2002年3月30日到期的贷款本金及其利息747万元，金堂县人民法院依法冻结了淀粉厂的银行账户及资产，生产经营停止。当年经银企双方达成和解协议，金堂县人民法院裁定：用成都市金堂淀粉厂资产清偿全部银行债务、清退集资款、供销社社员股金以及应付款、职工分流安置。

（二）成都市金堂供销社食品罐头总厂

组建于1992年7月，厂址在赵镇十里坝经济开发区（今十里大道），租用国营四川果汁厂部分闲置场地及设备进行生产。1993年迁址三星镇，租用三江供销合作社闲置场地生产。食品罐头总厂自产自销各类罐头、饮料、食品。随着人们消费观念和消费习惯逐渐转变，市场需求发生变化，食品罐头逐步被鲜果鲜菜更替，罐头行业走向衰落。2000年6月，成都市金堂供销社食品罐头总厂停业。

（三）金堂县江源化工厂

2000年6月兴建，厂址在赵镇西家坝村，系租用原金堂县供销干部学校场地建厂生产，是集体所有制法人企业，隶属金堂县供销合作社联合社管理。主要生产醋酸丁酯、醋酸乙酯等有机化工产品。

当年建设当年投产。由于资金短缺，生产时断时续，不能形成规模化生产，市场竞争力弱，抗风险能力差。2003年5月停产。

（四）金堂县淮口轧花厂

1957年兴建，厂址在淮口镇解放路，占地面积25072平方米。房屋面积9528平方米，加工棉花，以皮棉、棉短绒、棉絮为主。金堂县供销合作社棉麻公司代行管理。棉麻公司破产后，2005年起由棉麻针纺织品经营部代行管理。1997年后，金堂县棉花产业崩溃，轧花厂无棉花加工，仅靠加工棉絮勉强维持企业生存，处境窘迫。2001年金堂县淮口轧花厂停业。

（五）金堂县高板轧花厂

1969年兴建，厂址在玉河乡马鞍村，占地面积10619平方米。房屋面积3418平方米，加工棉花，以皮棉、棉短绒为主。金堂县供销合作社棉麻公司代行管理。1991年后，金堂县棉花种植面积减少，轧花厂加工原料严重不足。1993年8月，县联社撤销金堂县高板轧花厂，所有财产交金堂县淮口轧花厂管理，债权债务由金堂县淮口轧花厂承担，在职人员分别安置到淮口轧花厂、竹篙轧花厂、土桥轧花厂，退休人员由淮口轧花厂负担。

（六）金堂县竹篙轧花厂

1960年兴建，厂址在竹篙镇，占地面积19645平方米。以皮棉、棉短绒、棉籽油为主。金堂县供销合作社棉麻公司代行管理。1995年后，加工原料极度匮乏，无法生产。1997年2月，县联社撤销金堂县竹篙轧花厂，所有财产、人员交金堂县淮口轧花厂管理，债权债务由淮口轧花厂承担。

（七）金堂县土桥轧花厂

1964年兴建，厂址在土桥镇，占地面积8758平方米，以加工棉花，以皮棉、棉短绒为主。县联社委托金堂县供销合作社棉麻公司代行管理。1995年后，无棉花加工，处于停业状态。1997年11月，县联社撤销金堂县土桥轧花厂，所有财产、人员交金堂县淮口轧花厂管理并承担债权债务。

三、基层供销社

（一）赵渡区供销合作社

赵渡区供销合作社，始建于1952年，原名赵镇区供销合作社。1982年始用今名，地址原在赵镇文化街；1975年迁至赵镇十里大道1号。1991年赵渡区供销合作社行政管理机构设置有：办公室，财会物价计统股，集体、农村商业管理股。业务机构有：农业生产资料、工业品、副食品、日用杂品、五金商店，农副产品采购站、食品厂。辖清江、云绣、杨柳、龙威分社。赵渡区供销合作社为独立核算单位，所属商店、分社、厂、站为半独立核算单位。1992年6月，撤销金堂县赵渡区供销合作社。

（二）三星区供销合作社

三星区供销合作社建于1975年，地址在三星镇。1991年行政管理机构设置有：办公室，财会股，集体、农村商业管理股。业务机构有：农业生产资料、日用杂品、工业品、副食品、五金商店，农副产品采购站、食品厂。辖官仓、栖贤、盐井、悦来、四方分社。三星区供销合作社为独立核算单位，所属商店、厂、站、分社为半独立核算单位。1992年6月撤销。

（三）三星镇供销合作社

三江供销合作社原名称为三星区供销合作社。1992年6月，撤销金堂县赵渡区供销合作社和金堂县三星区供销合作社，组建金堂县三江区供销合作社，同时增加县联社综合贸易公司和农业生产资料公司的经营阵地。新组建的金堂县三江（区）供销合作社，由原金堂县三星区供销合作社和原金堂县赵渡区供销合作社所属的清江、云绣、杨柳、龙威四个供销分社组成，负责三江区所辖各乡的生产、生活资料供应和农副产品收购任务。地址在原三星区供销合作社原址。

1992年，金堂县三江区供销合作社行政管理机构设置有：办公室，财会股，业务股，农村、集体商业管理股；业务机构设置有：农业生产资料、工业品、副食品、日用杂品、五金商店，农副产品采购店、食品厂。辖清江、云绣、杨柳、龙威、官仓、栖贤、盐井、悦来、四方分社。区供销社是独立核算单位，所属商店、分社、厂、站为半独立核算单位。同年，县政府撤销“三江区”行政区划。1993 年，金堂县三江区供销合作社更名为金堂县三江供销合作社。

2000 年 11 月，县联社决定，县人民政府财贸办公室批复同意，将金堂县三江供销合作社划分为金堂县三江供销合作社和金堂县三星镇供销合作社。原金堂县赵渡区供销合作社清江副食门市，原金堂县赵渡区供销合作社云绣分社，原金堂县三星区供销合作社悦来分社、栖贤分社、炸药仓库和四方碑门市划归金堂县三江供销合作社；其他资产划归金堂县三星镇供销合作社。金堂县三江供销合作社承担银行债务；金堂县三星镇供销合作社承担在职职工、退休职工安置和社员股金及集资款的兑付债务。资产以划分范围内的房产、国土证为依据进行分割，并办理相关手续。

2003 年 3 月，县联社决定将金堂县三江供销合作社并入金堂县三星镇供销合作社。金堂县三江供销合作社的人、财、物、债权、债务全部移交金堂县三星镇供销合作社。自此，金堂县三星镇供销合作社将所辖九个分社（与原三江区供销合作社相同）纳入统一核算。经营范围：化学肥料、农用薄膜、针纺织品、五金交电、文体用品、农副产品。经营方式：批发、零售、代购、代销。截至 2005 年年底，机构设置有：办公室、财会股。

（四）淮口镇供销合作社

金堂县淮口供销合作社原名称是金堂县淮口区供销合作社。始建于 1952 年。1991 年金堂县淮口供销合作社辖五凤、白果、黄家分社。1992 年五凤镇单独组建供销合作社后，淮口区供销合作社有白果、黄家 2 个分社。同年 5 月，关闭了淮洲曲酒厂、五凤玻瓶厂；同年 6 月将五凤玻瓶厂和五凤食品厂划归五凤供销合作社。同年底，政府撤销“淮口区”行政区划。1993 年更名为金堂县淮口供销合作社，地址在淮口镇建设街 30 号。行政管理机构设置有：办公室，财会计统物价股，集体、农村商业管理股；业务机构设置有：农业生产资料、工业品（一、二）、副食品、日用杂品、五金商店，农副产品采购店、瑞光食品厂、淮口食品厂、淮洲曲酒厂、五凤食品厂、五凤玻瓶厂（1984 年 12 月由五凤轧花厂改建）。金堂县淮口供销社是独立核算单位，所属商店、站、厂、分社为半独立核算单位。经营方式：批发、零售、代购、代销、生产与加工。1994 年 10 月关闭了瑞光食品厂、淮口食品厂。从此，金堂县淮口供销合作社社办工业全部停业。

1999 年 6 月，县联社决定将金堂县淮口区供销合作社划分为金堂县淮口供销合作社和金堂县淮口镇供销合作社。以黄家分社、瑞光食品厂、淮洲曲酒厂、原淮口供销合作社农业生产资料商店和农副产品采购站组建金堂县淮口供销合作社。2004 年将淮口镇建设街商场，营业面积 1100 平方米。2005 年，金堂县淮口镇供销合作社机构设有办公室、财会股、农业生产资料商店、白果分社。全社实行统一核算。

（五）五凤镇供销合作社

1992 年县政府实施撤区并乡建镇，原“淮口区”行政区划被撤销，五凤乡更名为五凤镇。1992 年 6 月，组建金堂县五凤镇供销合作社，直接隶属于县联社管理；地址：五凤镇玉凤街。金堂县五凤镇供销合作社设有：办公室、财会股、农村商业管理股；业务机构设置有：农业生产资料、工业品、副食品商店，农副产品采购站。经营方式：批发、零售、代购、代销。

1993 年起，供销社推行实施社有私营和“减员、减债、减负”的改革措施，精减人员、偿还债务。2000 年金堂县五凤镇供销合作社用五凤玻瓶厂的土地、建筑物及附属设施抵偿农业银行金堂县支行的贷款本金及利息 323 万多元债务，消除历史包袱。2001 年，金堂县五凤镇供销合作社继续深化改革，转换经营机制，转变经济增长方式，变业务经营为资产经营，将房屋承包租赁给经营者，相应撤销了行政管理机构和业务机构。

（六）高板供销合作社

金堂县高板供销合作社原名称是金堂县高板区供销合作社，组建于1952年，地址：高板场镇。1992年县政府撤销“高板区”行政区划，1993年金堂县高板区供销合作社更名为金堂县高板供销合作社。内设有：办公室，财会股，集体、农村商业管理股；业务机构有：农业生产资料、工业品、副食品、五金日杂、中西药商店，农副产品采购站、食品厂、酿造厂。辖平桥、三溪、石龙、清明、玉河、红花分社。金堂县高板供销合作社是独立核算单位，所属商店、站、厂、分社为半独立核算单位。经营方式：批发、零售、代购、代销、食品生产与加工。1993年起收缩业务范围，专业商店、站相应撤销，将房屋承包、租赁给职工或其他人经营。1995年6月关闭食品厂、酿造厂，经高板镇人民政府批准，利用自有的抽水设备设施，将原食品厂、酿造厂改建为高板镇自来水厂。由于人员减少和经营机制的转换，截至2005年年底止，金堂县高板供销合作社机构设有：办公室、财会股、自来水厂。全社纳入统一管理、统一核算。

（七）福兴供销合作社

金堂县福兴供销合作社原名称是金堂县福兴区供销合作社，组建于1952年，地址：福兴场镇。1992年县政府撤销福兴区行政区划，1993年金堂县福兴区供销合作社更名为金堂县福兴供销合作社。内设有：办公室，财会股，集体、农村商业管理股；业务机构有：农业生产资料、工业品、副食品、五金日杂商店，农副产品采购站，食品厂；辖赵家、三烈、长乐、金龙4个分社。金堂县福兴供销合作社是独立核算单位，所属商店、站、厂、分社为半独立核算单位。经营批发、零售、代购、代销、食品生产与加工业务。1993年起，供销社以为资产经营为主，收缩业务范围，专业商店、站、厂相应撤销，将房屋承包、租赁给职工或其他人经营。由于人员锐减和转换企业经营机制，截至2005年年底止，金堂县福兴供销合作社实行了全社统一管理、统一核算，内设有办公室、财会股。

（八）竹篙供销合作社

金堂县竹篙供销合作社原名称是金堂县竹篙区供销合作社，组建于1952年，地址：竹篙场镇。1992年县政府撤销竹篙区行政区划，1993年金堂县竹篙区供销合作社更名为金堂县竹篙供销合作社；内设：办公室，财务基建股，集体、农村商业管理股；业务机构有：农业生产资料、工业品、副食品、五金日杂商店，工业品、西药批发部，农副产品采购站，食品厂。辖隆盛、广兴、九龙、转龙、大桥、石佛、青松分社。金堂县竹篙供销合作社是独立核算单位，所属商店、批发部、站、厂、分社为半独立核算单位。经营方式：批发、零售、代购、代销、食品生产与加工。1993年起，供销社为走出困境，加大改革力度，推行实施“社有私营”和“减员、减债、减负”的改革措施。竹篙供销合作社精减压缩人员，积极偿还债务，转变经济增长方式，将商品经营为主转变为资产经营为主，收缩业务范围，各专业商店、批发部、站、厂相应撤销，把房屋承包、租赁给职工或其他人经营。截至2005年年底，金堂县竹篙供销合作社实行统一管理、统一核算；机构设有办公室、财会股、西药批发部。

（九）土桥供销合作社

金堂县土桥供销合作社原名称是金堂县土桥区供销合作社，组建于1952年，地址：土桥镇。1992年县政府撤销土桥区行政区划，1993年金堂县土桥区供销合作社更名为金堂县土桥供销合作社；内设有：办公室，财会计统物价股，农村、集体商业管理股；业务机构有：工业品、副食品、五金、日杂、中西药商店，农副产品采购站，食品厂。辖云合、又新、金乐、永乐、大安、双流分社。金堂县土桥供销合作社是独立核算单位，所属商店、站、厂、分社为半独立核算单位。经营批发、零售、代购、代销、食品生产与加工业务。由于人员减少和企业转换经营机制，2005 年年末，金堂县土桥供销合作社内设办公室、财会股。全社实行统一管理，统一核算。

第三节　购销业务

一、农资供应

1991—2005 年，金堂县供销系统农资产品供应情况，见下表：

1991—2005 年全县供销系统农资产品供应情况

表 15－3　　单位：万元

年　度	合　计	三　星供销社	淮　口供销社	五　凤供销社	高　板供销社	福　兴供销社	竹　篙供销社	土　桥供销社	农资公司	综贸公司
1991	4494. 80	537	664. 30	103. 70	697. 90	596. 30	835. 40	723. 40	307. 80	1. 70
1992	3675. 80	432. 60	549. 10	85. 30	570. 70	525	672. 80	606. 50	195. 10	99
1993	3369. 60	338. 20	492. 30	93. 30	507. 70	488. 90	540. 40	476. 20	282. 60	141. 30
1994	2908. 20	317. 90	612. 90	87. 80	433. 50	432. 70	421. 60	443. 60	136. 70	11. 40
1995	3868. 10	475. 60	931. 40	170. 60	527. 50	476. 90	715. 20	403. 90	150. 90	9. 60
1996	4108. 30	456. 20	840. 10	175. 20	591. 20	739	667. 50	478. 60	145. 20	15. 40
1997	4121. 20	354. 60	695	133. 60	508. 50	1257. 30	538. 10	496	138. 10	—
1998	3191	312. 80	662. 20	189. 20	379	701. 70	469. 10	432	45	—
1999	3188. 30	274. 90	738. 60	107. 10	176. 20	857. 50	700	291. 20	43. 20	—
2000	1957	236	642. 20	21	24. 50	174. 30	547. 10	297. 10	14. 80	—
2001	934. 70	81. 10	126. 50	23. 40	23. 40	149. 10	374. 90	156	0. 30	—
2002	689. 10	65. 70	36	—	21. 60	148. 40	272. 30	144	1. 10	—
2003	648. 30	55. 90	31. 60	—	20. 80	116. 80	267. 20	156	—	—
2004	384. 90	53. 20	31. 60	—	27. 30	116. 80	—	156	—	—
2005	384. 90	53. 20	31. 60	—	27. 30	116. 80	—	156. 0	—	—

二、农副产品收购

1991—2005 年金堂县供销系统农副产品收购经营情况见下表：

1991—2005 年全县供销系统农副产品收购经营情况

表 15－4　　单位：万元

年度	合计	三　江供销社	淮　口供销社	五　凤供销社	高　板供销社	福　兴供销社	竹　篙供销社	土　桥供销社	棉麻公司	日杂公司	回收公司	土产果品公司	综贸公司	供　销总公司	三中园区供销社
1991	2628. 20	46. 80	165. 80	59. 20	94	85	554. 20	1261. 90	101. 50	28. 80	7. 60	124. 90	42. 60	—	—
1992	2478. 50	18. 50	150. 10	58. 30	85	58. 70	389. 60	1425. 10	78. 56	20	26. 30	85. 50	36. 20	—	—

续表15 —4

年度	合计	三江供销社	淮口供销社	五凤供销社	高板供销社	福兴供销社	竹篙供销社	土桥供销社	棉麻公司	日杂公司	回收公司	土产果品公司	综贸公司	供销总公司	三中园区供销社
1993	962.30	1.69	65.50	35.30	22.20	1.10	139.50	296.70	355.30	3.50	5	59	9.30	—	—
1994	805.80	10	20.70	4.20	14	13	138.70	480.10	119.70	—	4.10	1.30	—	—	—
1995	1535.90	21.60	7	—	14.10	95.20	404.50	821.50	69.60	—	—	3.90	—	98.60	—
1996	1536.60	7.60	—	—	9	107.80	267.90	884	55.10	7.70	—	48.70	24.10	124.90	—
1997	875.30	15.20	—	27.10	—	108.10	192.40	477	27.70	1	—	17.11	2.90	6.80	—
1998	2477.80	7.60	0.20	23.30	1.20	159.60	150.60	377.40	1653.90	1.30	—	102.80	—	—	—
1999	543.80	13.60	—	13.80	—	170.80	1.50	44.10	138.70	—	—	161.40	—	—	—
2000	279.90	15.20	0.10	1.60	—	17.90	0.50	36.40	85.90	—	—	122.30	—	—	—
2001	66.90	7.60	—	0.30	—	39.20	—	—	11.40	—	—	8.40	—	—	—
2002	72.50	5	—	—	—	35.80	—	3	—	—	—	—	6	22.70	—
2003	49	0.50	—	—	—	32.30	—	7.20	—	—	—	—	—	—	9.0
2004	45.50	—	—	—	—	29	—	7.20	—	—	—	—	—	—	9.0
2005	45.50	—	—	—	—	29	—	7.20	—	—	—	—	—	—	9.0

第四节　供销改革

一、推行承包经营责任制

随着市场经济体制的发展变化，县供销社1988年起在全系统推行承包经营责任制。1991年，县供销社根据省供销社和金堂县政府要求，拟定实施了第二轮承包经营责任制。承包经营方法：采用二级承包方法。县联社为发包方，向所属公司（栈）、各区供销社和直属淀粉厂等实体企业进行发包，各公司（栈）、区供销社（厂）向县联社承包；各公司（栈）、区供销社（厂）所属的商店、分社、厂、站、经营部等向各公司（栈）、区供销社（厂）承包（少数经营农副产品风险大的企业也可采用目标管理等其他责任制形式）。承包经营期限：第二轮承包期限为三年，从1991年1月1日至1993年12月31日止。承包经营又分为一级承包和二级承包两种形式，制定了一级承包企业（公司、栈、区供销社、淀粉厂）的奖惩与兑现和二级承包人奖惩与兑现方法。

二、推行“四放开”政策

随着市场竞争日趋激烈，供销社受传统经营观念和经营方式的影响，受政策约束多，已不适应市场竞争的需要。1991年县供销社根据省政府文件要求，在供销社系统逐步推行“经营、价格、分配、用工”四放开经营管理模式，促进企业经营机制转换，增强活力，让企业逐步成为自主经营、自负盈亏、自我发展、自我约束的商品经营者。

当年选择在赵渡和三星供销社、日杂公司、贸易货栈、土产果品公司饮料厂试点，1992年在全县供销系统各企业扩大推广。

“四放开”的内容：

（一）经营放开。突破原有的经营业务限制，除国家规定的专营、专卖和指定单位经营的商品外，企业可以根据市场需要，充分发挥自己的条件和优势，一业为主，多种经营，批零兼营，扩大经营范围，增加服务项目。

（二）价格放开。除国家计划内供应的平价商品和物资，仍按现行规定办法执行外，其余商品和物资均由企业依照价值规律和市场供求情况自主灵活定价。

（三）分配放开。改革分配制度，使职工收入与自己的劳动质量、数量挂钩，在确保国家多收、企业多留和不突破工效挂钩工资总额的前提下，对职工收入实行全浮动，上不封顶，下不保底。企业内部分配，打破平均主义，将职工工资级别作为档案保留，采取金额纳入，核算到人，新老兼顾，以丰补歉的办法，鼓励职工多劳多得。

（四）用工放开。改革用工制度，在企业内部实行全员劳动合同制、干部聘任制、内部待业制和在岗、待岗、试岗的“三制三岗”管理办法。实行全员劳动合同化管理，打破原有的所有制界限，将职工的身份记入档案保留，全体职工与企业签订劳动合同书，明确双方的责、权、利；实行干部聘任制，打破干部工人的界限，按工作岗位享受相应的待遇；实行内部待业制，通过定编定员，平等竞争，择优上岗，优化劳动组合；对未组合上的人员，由企业安排两个月的待岗学习，只发生活费；待岗学习期满合格后，由企业安排三个月的试岗工作，只发试岗工资；待岗学习和试岗工作仍不合格者，符合《企业职工奖惩条例》和《国营企业辞退违纪职工暂行规定》的有关规定，企业有权予以辞退、除名或开除。职工有权申请辞职自谋职业。企业对除国家、省规定必须安置的人员外，有权拒绝任何部门向企业安置人员。

三、推行社有私营

“四放开”经营管理模式经过1991年试点，1992年推广扩大，仍不能完全适应市场经济发展的需要，职工的经营观念不能完全转变，经营方法不能更新，灵活经营受到制约，经营积极性受到束缚，不能从根本上扭转工副食品零售经营困难的局面。

1993年，县联社及时调整改革方向，在福兴供销社试行“社有资产，私有资金，自主经营，自负盈亏，自缴税费，自担民事责任”为核心的“社有私营”经营管理模式，推动全社系统工副食品零售经营业务的改革。福兴供销社“社有私营”试点获得成功。

1993年9月，县联社结合福兴供销社“社有私营”经营管理模式试点情况，制定了《关于印发社有私营操作（试行）办法的通知》，在全县供销社系统各企业推行“社有私营”经营管理模式。同年三江和竹篙供销社先后推行了“社有私营”，综贸公司、五凤供销社、高板供销社年底完成了“社有私营”的前期准备工作。1994年供销系统全面推行“社有私营”，到2005年仍沿用这一经营管理模式。

四、调整机构与裁减人员

1994年供销系统推行“社有私营”经营管理模式后，各商业企业集体经营业务停止，供销社出现了人多事少的局面。1998年县联社在系统内强力推行“减员、减债、减负”措施，加大裁员力度，对富余人员采用解除劳动合同，终止与企业劳动关系，或调离企业的办法，减员、减负工作收到了显著效果。1991—2005年金堂县供销系统减终止或解除劳动合同1340人。

五、出售公有住房

1992年，供销系统住房改革从改革住房低租金和无偿分配入手，改企业全包为企业、个人分别承担，通过提高房租、向职工优惠出售公有住房（成套），执行住房公积金制度等措施，推行了住房改革。（一）提高房租：全县公有住房每年每平方米使用面积月租金调高至0.10～0.30元，平均为0.15元；新建住房月租金每平方米不低于0.35元；超住房标准加收租金。不发住房补贴。（二）向职工优惠出售公有住房：出售房屋按标准价计算，新建住房的标准价按住房本身的建筑造价和征地拆迁补偿费计算，旧住房标准按重置价（指各类新建住房的标准价）成新折扣计算。为鼓励职工购买公有住房，实行售价在标准价基础上给予优惠的办法，但仅出售部分产权，到1998年出售全部产权。（三）住房公积金：职工个人按月缴交占工资一定比例的公积金，单位按月提供占职工工资一定比例的公积金，二者均归职工个人所有。县联社机关执行缴交比例为：1992年职工和单位均是5%，2005年调至6%。

六、退还社员股金

1998年年底，全县有社员股金920.55万元。根据国务院和省委、省政府对供销社股金整顿规范的精神，供销社积极筹集资金，充实备付，并得到县委、县政府在政策上给予优惠，用3年时间分期退还，确保到期股金的兑付。县供销社退还社员股金：1999年兑付430.61万元，2000年兑付147.01万元，2001年兑付113.66万元，3年累计兑付社员股金691.28万元。2002—2005年又陆续兑付社员股金36.09万元，截至2005年，全系统仍有社员股金193.18万元。

第五节　集体商业

一、企业概况

金堂县供销社是受县人民政府委托，代行管理农村集体商业企业。1991年全县集体商业企业分为商业、饮食业、服务业，分布在全县各乡镇，共有核算单位97个，经过逐年的企业合并、划拨、停业等变化，到2005年年底止，核算单位已减少到11个，即：（一）赵镇、三星地区。1991年赵镇、三星地区共有企业核算单位15个，到2005年减至4个：1.1991年原赵渡中心店、杨柳综合店、新建百货店合并为今赵镇城关商贸公司；2.1991年原清江、云绣、三星、官仓综合店，清江面食店，官仓副杂店，三星、官仓饮食店，官仓理发店共9个店合并为三星综合店；3.1991年原赵渡副杂店，已无职工，今已停业；4.1991年益民饭店、三江旅馆今保留不变。（二）淮口地区。1991年淮口地区共有企业核算单位18个，截至2005年减至3个：1.1991年原商业公司、副杂商店、中心商店、淮白饭店、淮安饭店、兴隆饭店、淮口餐厅、团结小食店、沱兴茶旅店共9个店合并为今淮口饮食总店；2.1991年原淮口百货店、新国药店、淮口商场、照相馆、理发二店、美容理发店共6个店合并为现淮口商场；3.1991年原白果食杂店、白果饭食店合并为今白果食杂店；1991年原小百货店，后改名为协和经营部，已无职工，已停业。（三）五凤地区。1991年五凤地区共有企业核算单位7个，1992年划拨给五凤镇政府实行属地管理。7个企业是：五凤国药店、副杂店、日杂店、工业品店、五凤饭店、饮食二店、火车站饮食店。（四）高板地区。1991年高板地区共有企业核算单位9个，至2005年全部合并为高板集体商业中心商店。9 个企业是：高板棉百店、高板国药店、石龙副杂店、三溪和平桥综合店、高板中心店、高板食堂、高板茶饮店、高板理发店。（五）福兴地区。1991 年福兴地区共有企业核算单位 12 个，至 2005 年全部合并为福兴集体商业总店。12 个企业是：福兴中心店，赵家和金龙副杂店，福兴棉百店，福兴中西药店，赵家和金龙国药店，长乐综合店，福兴、赵家、金龙饮食店，福兴理发店。（六）竹篙地区。1991 年竹篙地区共有企业核算单位 17 个，至 2005 年全部合并为竹篙集体商业总店。17 个企业是：竹篙五金日杂店，竹篙中西药店，竹篙和广兴棉百店，广兴综合店，广兴中西药店，隆盛和转龙综合店，竹篙劳动、竹篙友谊、广兴、隆盛、转龙饭店，竹篙旅馆，竹篙照相馆，竹篙和广兴理发店。（七）土桥地区。1991 年底土桥地区共有企业核算单位 14 个，至 2005 年全部合并为土桥集体商业中心商店。14 个企业是：土桥和云合棉百店，土桥和又新综合店，云合日杂店，土桥和云合国药店，土桥中心店，土桥永兴店，土桥小食店，又新和云合饮食店，土桥茶旅店，土桥照相店。

二、管理机构

金堂县供销社归口管理的集体商业，县联社和基层社分别设置了管理机构，配备专职管理人员负责日常管理工作，对企业经营和计划、财务、基建、人事、劳动工资管理等实施专门管理职能。1991 年，县联社设置集体商业管理科，配备专职人员 4 名，各基层供销社设置集体商业管理股，分别配备专职人员 1—2 名，各县属公司配备兼职管理人员 1 名。1993—2005 年，县联社将集体商业管理科合并到业务科，配备专职人员 2 名，专门对集体商业企业负责政策和业务指导。1994 年，赵镇地区成立赵镇集体商业管理委员会，行使对赵镇地区归口管理集体商业企业管理职权；县综贸公司、土产果品公司、日用杂品公司、物资回收公司不再对集体商业企业实行归口管理，终止代管职能。1999 年，三星供销社集管股与赵镇集管委职能合并，原三星代管的集体商业企业由赵镇集管委行使管理职权，同时撤销三星供销社集管股，终止其代管职能。2005 年，成立竹篙、土桥片区集体商业管理委员会，行使对竹篙、土桥片区集体商业企业管理职权，同时，撤销竹篙和土桥供销社集管股，终止其代管职能。

三、管理措施

金堂县供销社归口管理的集体商业企业执行供销社管理制度。1991 年后，集体商业企业经营困难，负担沉重，亏损面大，有的企业倒闭，有的企业停业或歇业。1993 年起，供销社不断探索，进一步建立和完善管理措施，尽力提高经济效益。县联社实施完善企业管理制度，组织参加养老保险社会统筹，盘活资产即：从 1995 年起，对经营困难的企业门店推行转、租、卖、解体。对已无业务经营，长期闲置，经营亏损的门店推行转让、出租、出售，盘活企业资金；对经营困难，扭亏无望的企业，依照有关法定程序，在安置落实好职工的前提下，予以解体。对企业实行资产重组：1998 年为使集体商业企业尽快适应市场经济形势，根据各企业的不同情况采取与之相适应的措施对企业的资产制度进行改革，进行企业资产重组，具体形式有零价转让：企业按总资产折股，由职工认股，债务随资产走，资产归职工所有；折价出售：企业资产价值重估后一次性折价出售。购买者承担企业原有债务。竞价拍卖：对企业实行公开拍卖。购买者购买企业全部产权后，承担企业原有债务；改造为股份合作制：企业原有资产（净资产）分解到职工作为职工基本股份，重新认购的股份作为股份合作资产。认购股份在总股份 51%（含 51%）以上的为企业董事长（法定代表人）；租赁、兼并（合并）：将企业资产（职工）全部或部分租赁，收取租赁费；优势企业兼并劣势企业或企业合并重组新的企业，原有企业的债务由新的企业（或兼并企业）承担。歇业或解体：经营困难，无法扭亏的企业可以歇业或解体；

歇业企业报经主管部门批准并在工商行政管理机关办理歇业手续后，终止企业经营活动，该企业法定代表人承担企业资产保全责任。歇业企业在一年后无力恢复经营活动的即可解体。解体企业将企业净资产按主管部门批准的分配方案一次性分配给职工（退休职工分配金额解缴县社会保险处，不分配给退休职工本人）后终止一切活动，职工不再保留原有身份，可以重新组建新的企业或自谋职业；资产委托主管部门管理：无人企业的资产，实行委托主管部门代行管理。下岗分离，减员增效。1998 年起，在调整集体商业企业经营机构及经营方式的同时，对餐饮业、服务业以及亏损、微利的商业企业均不实行集体经营。在产权未重组或未改变原有企业性质前，可实行“职工承包经营”“租赁经营”“店有民营”“全面承包经营”“分门市、摊点承包经营”等形式；除已形成一定经营规模且经济效益较好的企业外，其他企业不再设专职管理人员，必须设的要精简编制。企业的现有门市须优先安置下岗分流职工。除自然减员按政策补员外，各企业均不再新增职工；除确因工作业务需要外，各企业均不再留用退休（退职）职工。对富余人员，实行解除劳动合同，终止与企业的劳动关系，或调离企业。1991—2005 年金堂县集体商业终止或解除合同减员 576 人。

第十六篇　金融　保险

1991—2005 年，金堂县各专业银行实现业务多元化、运作商业化、管理规范化、操作电子化。1996 年 10 月，金堂县农村信用合作社与农业银行脱离行政隶属关系独立运作。1991 年后，全县金融运行总体态势逐年趋好。2005 年年末，全县金融机构各项存款余额达 41.18 亿元，各项贷款余额达 18.96 亿元，实现利润 2007 万元。1996 年起县保险事业不断发展，承保与理赔进一步规范化。2005 年，县有中国人民银行、工商银行、农业银行、中国银行、建设银行、农业发展银行金堂县支行、中国财产保险股份有限公司金堂县支公司、中国人寿保险股份有限公司金堂县支公司。银行类金融机构网点数 32 个、合作类金融机构网点数 41 个。

第一章　金融机构

第一节　中国人民银行金堂县支行

1991—1997 年，中国人民银行金堂县支行（以下简称：县支行）内设科室为“五科一室”，即办公室、货币发行科、会计国库科、保卫科、金管稽核科、计划科。1997 年 11 月，支行增设农村合作金融机构管理科。2000 年 4 月，经人行成都分行营业管理部批准，农村合作金融机构管理科更名为金融机构监管科，计划科更名为综合业务科。支行内设机构调整为“三科一室”：即金融机构监管科、综合业务科、会计国库科、办公室。2003 年 12 月，银监会金堂监管办事处成立，撤销了金融机构监管科，县支行调整为“二科一室”即办公室、综合业务科和会计国库科。2005 年 12 月，支行有职工 23 人。业务工作是经理国库，支付结算管理，对人民币管理，反假人民币，办理反洗钱。依法行政，对金融进行监督管理，实行行政许可，人民币银行结算账户的核准，办理贷款卡。

2003 年 12 月 10 日，中国银监会驻金堂监管组筹备组在金堂人行办公楼组建，年底完成金堂人行的人、财、物划转。2004年4月21日监管组撤销，正式成立中国银行业监督管理委员会四川监管局金堂办事处。金堂银监办在四川监管局授权范围内履行对金堂辖内7家银行业金融机构的监督管理职责。2005年银监办有工作人员4人，6月起雷仕文任主任。

第二节　中国工商银行金堂支行

1991年前，中国工商银行金堂县支行（以下简称金堂县工行）内设2室、5股、外设3个储蓄所、2个分理处。1991年增设政工股、稽核股、保卫股（科）经警队。1993年增设人事科。到1997年，机构设置为4科、2室、4处、9所。1998年以来，县工行所属机构又多次进行撤并、增设。到2003年，机构设置为2科、2室、2处、5所。2005年7月13日起，中国工商银行成都市青白江支行与金堂县工行进行整合。同年8月23日，金堂县工行的业务、人员并入工行成都市青白江支行。2005年10月，中国工商银行金堂县支行改设为中国工商银行股份有限公司成都青白江支行金堂支行。2005年末，工行成都市青白江支行在金堂县的营业机构有职工82人。业务网点设有中国工商银行股份有限公司成都青白江支行金堂滨江、金堂广场分理处和中国工商银行股份有限公司成都青白江支行金堂支行。

第三节　中国农业银行股份有限公司金堂支行

1991—1997年，中国农业银行金堂县支行（以下简称金堂县农行）先后内设办公室、会计出纳科、监察稽核科、人事科、保卫科、资金组织科、计划科、信贷科、支行营业部，外设赵渡、韩滩、三星、赵镇、淮口、成纺二厂、淮口新区、高板、竹篙、土桥、福兴、赵家、五凤、五凤溪火车站等14个分理处和14个储蓄所。1991年以来，金堂县农行业务项目逐步增加，由原来主要办理农村信贷业务，拓展为既能办理城乡信贷，又能办理汇兑结算、参与信托、租赁、咨询、债券发行等业务。2005年末，共有在职职工164人。业务网点设有中国农业银行股份有限公司金堂支行赵镇文化街、中心、十里坝分理处、支行营业部和高板、福兴、竹篙、土桥、分理处，淮口金堂支行。2009年1月18日中国农业银行金堂县支行改为中国农业银行股份有限公司金堂支行。

第四节　中国银行股份有限公司金堂支行

1991年12月4日，经中国人民银行成都市分行批准，同意中国银行蜀都分行在成都市金堂县赵镇幸福路95号，设置中国银行蜀都分行金堂办事处。业务范围：仅限于办理对外贸易和非贸易结算；外币存、贷款以及外汇业务有关的人民币存、贷款和结算；国际汇兑、华侨汇款和外币兑换；个人人民币和外币储蓄业务以及经中国人民银行批准的其他金融业务。

1992年7月1日，中国银行蜀都分行金堂办事处更名为中国银行成都市分行金堂办事处。在1992年9月4日经中国人民银行成都市分行批准，同意中国银行金堂办事处更名为中国银行金堂支行。设有办公室、计划信贷科、会计出纳科、储蓄科、稽核监察科、保卫科等。

1995 年 10 月，中国银行金堂支行新建的营业办公大楼"中国银行大厦"建设落成。1995 年 10 月 26 日，经中国人民银行成都市分行批准，同意中国银行金堂支行自 1995 年 10 月 31 日起将中国银行金堂支行营业办公地址从赵镇幸福路 95 号迁至赵镇幸福路 4 号，正式对外营业办公，办理各项业务。

1999 年 7 月 1 日，中国银行金堂支行由中国银行四川省分行直接管理。

2003 年 6 月 18 日，中国银行金堂支行的青白江分理处和团结路储蓄所两个网点，从金堂支行划分予此日新挂牌成立的中国银行成都市青白江支行管理。2003 年 7 月 1 日，中国银行金堂支行与中国银行青白江支行正式分账经营。

2005 年 6 月 6 日，中国银行业监督管理委员会四川监管局批准，同意中国银行金堂支行更名为中国银行股份有限公司金堂支行（简称：中国银行金堂支行）；中国银行金堂支行东风路分理处更名为中国银行股份有限公司金堂支行东风路分理处（简称：中国银行金堂支行东风路分理处）。其业务范围，营业地址均不变。2005 年 7 月 11 日，中国银行金堂支行发布了因股份制改革新印章启用的通知，启用中国银行股份有限公司金堂支行等业务用章。

2005 年年末，中国银行金堂支行有内部管理机构 2 个，综合管理部和业务发展部；有 2 个经营机构网点，1 个支行营业部和 1 个东风路分理处。2005 年共有员工 37 人。2004 至 2005 年业务网点，内设机构不变，外设机构为 1 个营业部，1 个分理处，1 个储蓄所。

第五节　中国建设银行股份有限公司金堂支行

中国建设银行金堂办事处成立于 1973 年 6 月，成立初为国家在金堂县管理基本建设资金的专业机构，隶属建设银行温江地区支行领导。1988 年 9 月，金堂建设银行正式开办储蓄业务，标志着银行职能开始发挥。1989 年，中国建设银行金堂县支行（以下简称金堂县建行）；内设会计出纳股，业务股，保卫股，储蓄股，办公室，储蓄专柜（对外称为文化街储蓄所），外设工农路、下复兴街、东风路、幸福路、幸福南路储蓄所。1990 年 10 月，设立上正街储蓄所。1991 年，设立房地产信贷部及其储蓄专柜。1994 年设置淮口分理处。1995 年内设：会计出纳、信贷、筹资、房信、保卫、稽审科，办公室；外设支行专柜，淮口分理处，上正街、工农路、钟楼街、幸福路、下福兴街、东风路、文化街储蓄所（1995 年设立），有职工 85 人。1996 年，撤并淮口分理处。1997 年，撤并下福兴街、文化街、东风路储蓄所。1998 年，撤并幸福路储蓄所，房地产信贷部与幸福路储蓄所合并。至 1999 年，内设 6 个科、室，外设 4 个所（柜），有职工 66 人。2000 年以后，内设会计出纳科、信贷经营科、零售业务科、科技科、保卫科、办公室，外设幸福横路、文化街、金龙路和支行储蓄专柜，有员工 48 人，代办员 9 人。2004 年，金堂县建行按照上级行部署，进行机构改革，优化整合业务部门架构和职能：内设机构减为 4 个，减少 50%，对外营业机构减为 2 个，减少 50%，员工减少 25 人，减少 44%；将办公室、保卫科、科技科合并为综合部，信贷经营科和零售业务科合并为客户部设立计划财务会计部；外设支行储蓄专柜、水城花园分理处。2004 年 4 月 1 日，中国建设银行金堂县支行更名中国建设银行股份有限公司金堂支行。2004 年机构改革后，至 2005 年共有职工 33 人。业务网点设有中国建设银行股份有限公司金堂支行专柜和中国建设银行股份有限公司金堂水城花园分理处。

第六节　中国农业发展银行金堂县支行

中国农业发展银行金堂县支行（以下简称金堂县农发行）是1994年5月金堂县农行政策性业务与经营业务分离后，于1995年5月成立的一家办理粮棉油收购资金供应和管理业务的政策性银行。1997年4月前，金堂县农发行业务由县农行代理。1997年3月26日，金堂县农发行（内设办公室、计划信贷科、营业室）与金堂县农行脱钩，正式办理业务。2005年年末，有在职职工18人。无下设网点。

第七节　中国人民财产保险股份有限公司金堂县支公司

中国人民保险公司金堂县支公司经批准于1980年9月1日恢复办理国内保险业务，至1995年经营财产损失、责任、信用、保证、人身保险等业务。1995年6月30日，第八届全国人民代表大会常务委员会第十四次会议通过了《中华人民共和国保险法》。1996年4月，按照《中华人民共和国保险法》的规定和上级公司的部署，中国人民保险公司金堂县支公司分设为中保财产保险有限公司金堂县支公司（以下简称：中保财险金堂县支公司，经营财产类保险业务）和中保人寿保险有限公司金堂县支公司（以下简称：中保人寿金堂县支公司，经营人身保险业务），分别隶属于“中保财产保险有限公司成都市分公司”和“中保人寿保险有限公司成都市分公司”。1999年3月20日，中保财产保险有限公司金堂县支公司更名为中国人民保险公司金堂县支公司。2003年7月19日，中国人民保险公司金堂县支公司更名为中国人民财产保险股份有限公司金堂支公司，隶属于中国人民财产保险股份有限公司成都市分公司。经营范围扩大为：财产损失保险、责任保险、信用保险、意外伤害保险、短期健康保险、保证保险等人民币或外币保险业务；各类财产保险、意外伤害保险、短期健康保险的服务与咨询业务；代理保险机构办理有关业务；国家法律、法规规定的或国家保险监督机构批准的其他业务。2005年末，金堂县财产保险支公司有职工22人，设有赵镇水城、赵镇、淮口九龙营销服务部。

第八节　中国人寿保险股份有限公司金堂县支公司

1991年，中国人民保险公司金堂县支公司下设人险科负责全县的人寿保险业务。1996年6月中国人民保险公司金堂县支公司更名为中保人寿保险有限公司金堂县支公司。1999年4月中保人寿保险有限公司金堂县支公司更名为中国人寿保险公司金堂县支公司。2003年8月中国人寿保险公司金堂县支公司更名为中国人寿保险股份有限公司金堂县支公司。2005年年末，金堂县人寿保险支公司有职工25人。设有赵镇复兴街、官仓、清江、淮口、竹篙、福兴、高板土桥营销服务部。

第二章 银行业务

第一节 负债业务

1991—2005 年，随着金融体制改革不断深化和社会主义市场经济的建立和发展，金堂县各商业银行优化传统存款、贷款业务，不断拓展新业务，以求生存、发展和效益。

一、金堂县工行

金堂县工行坚持抓储蓄存款与对公存款并举，合理设置储蓄网点，开办上门收款、代发工资、“存、汇、兑”三位一体服务以及牡丹卡等项业务，为客户存、取款提供方便，并积极开展各项代收款项业务，培植存款增长点，全行存款稳定增长。2004 年年末，各项人民币存款余额达 63915 万元，比 1991 年增加 6. 09 倍。

二、金堂县农行

金堂县农行采取调整储蓄机构、实行储蓄存款任务承包责任制、增加储蓄种类、开办夜间储蓄、工资转存、“通存通兑”和安装自动取款机（ATM）、发行金穗信用卡、银信卡等措施，为客户存、取款提供方便，稳定老客户，吸引新客户。1991 年起，储蓄存款和对公存款保持稳定增长，至 2005 年，各项存款余额达 112017 万元，比 1991 年净增 95845 万元，年均增长 6387. 70 万元。

三、金堂县建行

金堂县建行针对开办储蓄业务晚、金堂县经济欠发达的状况，采取合理设置储蓄网点，完善网点设施。实行科室与网点挂钩、存款任务分配到科、室、储蓄所每个职工，以大企业、大行业为重点，上门服务，上门揽储等措施。开办代发工资、代收异地手机话费等项业务，培植存款增长点。稳步推进储蓄电子化，于 1996 年开通通存通兑业务，1997 年使用电子储蓄卡，储蓄和对公存款稳定增长。1991 年末一般性存款余额为 2816 万元，1995 年突破亿元关，达 11815 万元，2005 年达 52165 万元。

四、金堂县中行

金堂县中行牢固树立“存款兴行”思想，开业初期，对内实行吸储工作责任制，对外广泛开展多种形式的吸储宣传，除已开办的储蓄品种外，又开办了国内外旅游有奖储蓄等新品种，吸引更多储户存款。通过不断完善服务设施、优化柜台文明服务、加强对客户的分类管理和对 VIP 客户的差别服务，使各项存款逐年上升，连年超额完成上级行下达的目标任务。

截至 2005 年，中国银行股份有限公司金堂支行的各项人民币存款为 40849 万元，其中：企业存款为15047万元；储蓄存款为25802万元。各种外币折美元为142.71万美元。

第二节　资产业务

一、金堂县工行

1994年，向工行成都市分行累计拆借资金4.86亿元，用于保证赵镇粮站粮油收购资金需要，并向四川锅炉厂75T/H循环流化床锅炉示范工程、赵镇11万伏变电站、金堂县自来水厂2000万公斤取水工程等15个重点项目提供贷款2686万元。1999—2001年开办了个人消费贷款（个人汽车、个人耐用消费品、个人综合消费）、个人住房装修贷款、个人商品房首付贷款、储蓄小额授权贷款、法人商业用房按揭贷款和封闭贷款（对资产负债率高，亏损严重，按照正常条件不能取得贷款，由政府决定救助的国有工业企业发放的流动资金贷款）等贷款业务。1991—2004年，累计发放各类贷款268359万元。

二、金堂县农行

2005年各项贷款余额达41914万元，比1991年净增9003万元，年均增长600.20万元。

三、金堂县建行

1991—2005年，金堂县建行以交通能源、邮电通讯、城镇建设和职工房改购房为放贷重点，支持地方经济社会发展。1991年，向淮广公路、唐巴公路金堂段工程投放贷款3105万元；1994年，向金堂北河大桥扩建工程投放贷款470万；1996年，向金堂“两路一桥”（金淮路、赵淮路、毗河桥）工程和金星钢管厂分别投放贷款1000万元、2178万元。先后向四川锅炉厂、金堂广播电视局、金阳集团、金堂输血站等单位的技改项目分别投放贷款1300万元、300万元、300万元、600万元。1998年，投放贷款3000万元，支持金堂县邮电、公路等重点项目建设。2003年，加大公司类客户结构调整，积极拓展重点行业、重点客户和政府类资产业务，并拓展个人住房按揭贷款业务，共发放公司类贷款1750万元（含回收再贷款），向华泰房地产开发公司、图腾房地产开发公司等发放个人住房按揭贷款计450万元。2004年，除票据贴现外，共发放公司类贷款2800万元，占贷款总额的73%。2005年，进一步加强资产质量管理，注重优质服务，开展公司类贷款营销，发展贷款业务：与宣汉大路监狱员工签订87份合同，贷款金额达400万元；加快公司类贷款营销，完成对金堂血站的授信与贷款400万元，积极申报对交通局的1500万元的授信与400万元的回收再贷，向金堂国资公司投放贷款2000万元，完成调峰电厂3000万元的贷款授信申报工作。1991—2005年，累计发放各类贷款112665万元。

四、金堂中行

1992—2005年，共发放人民币贷款12亿元，支持工业、商业、邮电通讯、广播电视、医疗卫生、石化、能源燃气、轻工纺织、蚕业丝绸建筑建材、餐饮等企业的兴建和技术改造。支持成纺二厂、金龙制衣有限公司、长发建材有限公司、合基仓储有限公司、意达车辆检修厂、嘉晟电缆有限公司等“三资”企业兴建和技改。1993年11月，争取中行四川省分行专项贷款1100万元给金堂县邮电局，使其按时以人民币与美元的汇率牌价进行结算，向成都川美电讯设备有限公司支付了所购美台五号5ESS（R）数字程控交换机货款，从而避免了违约责任损失，保证了工程如期竣工。2004年，金堂中行积极发展零售贷款业务，审慎发展公司资产业务。截至2005年，中国银行金堂支行授信贷款余额为12392万元，其中：公司授信贷款5174万元，零售授信贷款7218万元。

第三节　中间业务

1991年以来，金堂县各商业银行在不断拓展和优化存、贷款业务的同时，竞相开办中间业务，并逐步增加经营项目。

一、金堂县工行

1992－2005年，金堂县工行先后开办了信托、信息咨询、代发工资、代收水电气费、固定电话费、财政预算外资金、各种行政罚款、牡丹信用卡、各种保函、信托、咨询、代理个人保险和企业、个人网上银行和电话银行等项业务。1991—2005年，中间业务收入累计达137万元。

二、金堂县农业银行

1998年起，金堂县农行先后开办了信托、租赁、咨询、债券发行、代发工资，代理保险（财险、寿险）和邮政储蓄运钞，代收移动电话费、“蜀都”寻呼费、固定电话费，代售“神州行”充值卡等项业务。1998—2005年，中间业务收入累计达567万元。

三、金堂县建行

金堂县建行从1997年起，先后开办代收异地手机话费、“126”台寻呼费、“130”手机通话费、电子汇兑、银行卡、代理结算、代理保险、代发职工工资和离退休人员养老金等项业务。1997—2005年，中间业务收入累计达189.30万元。

四、金堂县中行

金堂县中行从2000年起，先后开办了代发工资，个人电子汇款、代发行国债卷和代收代付各类款项等业务。与招商部门合作，通过营销，奇鼎包装、金龙染坊、信元工艺等外商企业先后在金堂中行开立资本金账户，办理外汇结汇，并加强因私购汇业务宣传，增加汇差收入。2001年7月27日中国银行四川省分行转发中国人民银行《商业银行中间业务暂行规定》。为进一步促进商业银行发展中间业务，规范与完善银行服务，提高竞争能力，同时有效防范金融风险，根据法律法规制定，对开办中间业务应符合要求、审批制和备案制、审批制的中间业务品种、备案制的中间业务品种、新开办中间业务应统一向人民银行申请；审批制提交的资料等作了规定，自发布之日起实施。2005年，通过营销，国家开发银行委托金堂中行代理其在金堂县的中、小企业贷款业务。

第四节　外汇业务

1992年起，中国银行金堂支行先后开办了国内、国际贸易和非贸易结算（有汇票汇兑、本票、支票、委托收费、托收承付、信汇、私人汇款、挂失和长城卡等结算方式）、外币存、贷款、国际汇兑、华侨汇款和代客兑换、调剂、买卖外汇、外汇同业拆借等项外汇业务。截至2005年，金堂支行的各项人民币存款为40849万元，其中：企业存款为15047万元；储蓄存款为25802万元。各种外币折美元为142.71万美元。2005年，中国银行金堂支行授信贷款余额为12392万元，其中：公司授信贷款5174万元，零售授信贷款7218万元。

中国银行金堂支行1992—2003年主要金融指标情况

表16－1　　　　单位：万元

项目	人民币总存款	对公	储蓄	外币总存款	对公	储蓄	人民币贷款	公司	零售
1992	1387	755	629	10	—	10	1200	1200	—
1993	2748	1597	1148	49	—	49	2800	2800	—
1994	4554	1920	2748	61	—	61	3125	3125	—
1995	4031	1021	3010	48	—	48	3675	3675	—
1996	6204	1771	4433	83	—	83	4638	4638	—
1997	9872	3836	6036	85	—	85	7684	7684	—
1998	13506	5768	7739	155	—	155	12528	12528	—
1999	17411	6203	11129	165	—	165	12960	12960	—
2000	24380	11541	12772	229	—	229	13627	13627	—
2001	34940	14278	20353	268	—	268	18047	18047	—
2002	33406	12521	17789	314	—	166.92	21157	16154	5003
2003	22180	5079	17101	177	15.80	161.32	14127	7268	6859
2004	26396	5694	20702	153	7.79	145	10589	3431	7158
2005	40849	15047	25802	143	7.66	135	12392	5174	7278

1993年，金堂县工商银行开办个人外币储蓄存款业务。1993—2005年，个人外币储蓄存款累计达10万美元。

金堂县工商银行1991—2005年主要金融指标情况

表16－2　　　　单位：万元

年　度	存款余额	贷款余额	中间业务收入	利　润
1991	8990	12841	—	137
1992	10341	15514	—	283
1993	11692	17921	—	170
1994	13100	16253	—	76
1995	19812	17896	—	－166
1996	20593	20520	—	36
1997	24704	21803	—	98
1998	30228	26385	—	338
1999	35863	26349	—	154

续表16－2

年　度	存款余额	贷款余额	中间业务收入	利　润
2000	44090	17668	—	271
2001	47560	17627	13	722
2002	48616	20349	18	716
2003	56551	19633	38	497
2004	63915	17600	68	1068
2005	54206	6100	80	1320

1994年4月，经成都市农业银行批准，金堂县农业银行设立国际业务代办处，办理外币兑换、外币汇款、外汇抵押人民币贷款和外汇存款等项业务。

金堂县农业银行1991—2005年主要金融指标情况

表16－3　　单位：万元

年　度	存款余额	贷款余额	中间业务收入
1991	16172	32911	—
1992	16801	44020	—
1993	20753	52061	—
1994	21369	46101	—
1995	25920	51170	—
1996	23882	56657	—
1997	23542	60849	—
1998	29706	61217	46
1999	38123	61794	7
2000	46704	40940	15
2001	56817	42570	18
2002	65072	41142	29
2003	71601	41272	54
2004	88357	40809	154
2005	112017	41914	295

金堂县建设银行1991—2005年主要金融指标情况

表16－4　　单位：万元

年度	存款余额			中间业务收入	经营成果			贷款余额
	合　计	其　中			营业收入	营业支出	利润总额	
		企业存款	储蓄存款					
1991	2816	1765	1015	—	192	96	5	1747
1992	4332	2842	1490	—	284	138	68	3610
1993	5619	3114	2505	—	530	412	90	5265

续表16—4

年度	存款余额			中间业务收入	经营成果			贷款余额
	合计	其中			营业收入	营业支出	利润总额	
		企业存款	储蓄存款					
1994	7704	3741	3963	—	867	956	-128	7714
1995	11815	6118	5697	—	1171	1403	-293	8613
1996	10808	5530	5278	—	1667	1646	-480	9485
1997	15475	8642	6833	0. 90	1425	1358	42	13119
1998	16161	9440	6721	0. 50	1015	1234	-325	14996
1999	17368	9463	7905	19	1002. 8	1357. 5	-355	9686
2000	15186	5755	9431	8. 10	592	934	-403	7834
2001	21033	7935	12774	14	317	106	-557	9058
2002	21258	5626	15632	17	717	720	-75	8064
2003	29392	9213	19289	13. 80	764	2500	-2065	4106
2004	31954	9372	22582	39	1017	865	191	4106
2005	52165	24667	27498	77	1194	852	158	5262

第三章　金融管理

第一节　金融业务管理

一、金融监管

中国人民银行金堂县支行（以下简称支行）加强对辖内金融机构的监管。2001 年全县国有独资商业银行不良贷款由年初的 53. 05% 下降为 49. 88%，下降 3. 17 个百分点。全县农村信用社不良贷款比例由年初的 79. 93% 下降为 66. 91%，下降 13. 02 个百分点。全辖金融机构不良贷款绝对额较年初下降 5263 万元；同年共向农村信用社发放支农再贷款 4000 万元。2003 年全县国有独资商业银行不良贷款比例由年初的 51. 46% 下降为 49. 13%，下降 2. 33 个百分点。农村信用社不良贷款比例由年初的 69. 43% 下降为 59. 93%，下降 9. 50 个百分点。全辖金融机构不良贷款绝对额较年初下降 2537 万元。

支行认真组织开展清理整顿金融“三乱”工作，规范辖内金融秩序，防范金融风险。1999 年对金堂县工商联互助储金会、金堂县高板镇救灾扶贫互助储粮储金会进行了清理整顿：（一）金堂县工商联互助储金会：1994 年 10 月成立。该储金会成立后，即以高息对外广泛吸收资金，发放借款。1995 年底开始挤兑，1996 年初开始清理整顿。截止清理整顿时，共吸收储金 137. 20 万元，发放借款

139.90 万元。在清理整顿期间，支行及时向上级行反映、汇报，该储金会于 1999 年 5 月公告关闭。（二）金堂县高板镇救灾扶贫互助储粮储金会：于 1995 年 5 月经金堂县民政局批准成立。该互助储粮储金会成立后，逐渐发展成为对公众吸收存款和发放贷款，办理金融业务的组织。对此，支行于 1997 年 3 月开始进场调查、取证，并以书面调查报告及时向上级行反映、汇报。1999 年 5 月 21 日予以关闭，同时进行清产核资。经清理，至 1999 年 6 月末，储金余额为 205 万元，其中：个人储金 168 万元，团体会员储金 37 万元，借款余额为 141 万元。至 2005 年，已收回借款 70 余万元，余下未收回的借款大部分是乡政府、农经站借款。支行于 2001 年积极配合金堂县委、县政府对金堂县财政信用投资公司进行清理整顿。2002 年，支行开展了对辖内金融机构及邮政储蓄 2001 年度的年检工作，按照管理权限对机构变更、高管人员任职资格进行审查审批。对县邮政局违规揽储、办理公款私存等行为依法进行了处罚。2003 年年末，四川省银行业监督管理局金堂办事处成立，支行的金融监管职能移交“四川省银监局金堂办事处”履行，做好农村信用社改革相关工作。

二、货币信贷

1991—2005 年，中国人民银行金堂县支行继续贯彻执行稳健的货币政策，保持辖内信贷总量的平稳适度增长。加强窗口指导和政、银、企的沟通协调，引导金融机构信贷资金的合理投放。抓好支农再贷款的管理，促进“信贷支农”工作的有效开展。2002—2005 年，支行累计向金堂县农村信用社向投放支农再贷款 19607 万元。农村信用社累计向 25884 户农户发放贷款 40826 万元，促进了农村经济发展和农民增收。

三、货币发行

支行货币发行库于 2000 年 12 月撤销。从 1998 年至 2000 年共投放发行基金分别为 5.29 亿元、3.52 亿元、6.56 亿元。回收发行基金分别为 2.27 亿元、6.89 亿元、3.75 亿元。2000 年支行发行库撤销，其业务由人民银行新都县支行代理。2005 年，工行金堂县支行缴存现金 524 万元，现金支出累计 562 万元，现金净投放 38 万元；农行金堂县支行缴存现金 1373 万元，支出现金累计 2925 万元，现金净投放 1552 万元；中行金堂支行缴存现金 210 万元，现金支出累计 306 万元，现金净投放 96 万元；建行金堂县运载行缴存现金 236 万元，现金支出累计 415 万元，现金净投放 175 万元；金堂信用联社缴存现金 2343 万元，现金支出 1863 万元，现金净回笼 480 万元。

四、会计与国库管理

2001 年，支行先后制定《中国人民银行金堂县支行会计国库科岗位职责》《中国人民银行金堂县支行国库业务核算与管理规定》。2003 年，增添、改造了国库会计科、贷款卡办理处设施，继续推行“首问责任制”和在窗口部门全面推行对外服务承诺，公开“首问责任制”和服务承诺的具体内容，公开服务承诺举报电话，设置了客户意见簿，在基础服务部门营业场所显著位置规范并设置开立银行账户、申办贷款卡业务的必备手续、办理程序、办结时限及咨询电话。在窗口服务部门评选设置“模范示范岗”，促进服务水平的提高。支行国库会计科 2001 年被认定为中国人民银行总行级“青年文明号”，2003 年，被继续认定。支行切实加强会计结算监管工作，充分履行中央银行监管职责，按季开展支付结算检查。加强国库资金监督，确保国库资金及时、准确入库。

五、电子化建设

1995 年 3 月支行承担原成都市分行的局域网试点任务，顺利建成全辖第一个以 TCP/IP 为互联协议、以 SCO Open Server 为中心计算机局域网络系统，将支行全部业务并入局域网，实现了信息资源的共享。1996 年 7 月中旬市分行在支行召开了成都市人行网络建设现场会，对支行计算机局域网进行检查验收。1997 年 3 月，支行接受了原成都市分行下达的《中央银行会计核算系统》试点任务。至 2005 年支行 90% 的干部职工较熟练地掌握了计算机操作知识并能独立上机处理所在岗位业务。

六、银行结算及代理业务

（一）国库业务

2005 年全县中央级预算收入 11708 万元，比 2004 年增长 17.80%，其中：国税部门征收 10287 万元，同比增长 18.30%；地税部门征收 1606 万元，同比增长 28.90%。全县地方预算收入 26870 万元，同比增加 3287 万元，增长 13.90%，其中：增值税收入 1967 万元，同比增加 358 万元，增长 22.20%；营业税收入 2606 万元，同比增加 471 万元，增长 22.10%；企业所得税收入 987 万元，同比增加 367 万元，增长 59.20%；个人所得税收入 431 万元，同比增加 17 万元，增长 4.20%；城市建设费收入 701 万元，同比增加 126 万元，增长 21.90%；国有资产经营收益收入 1895 万元，同比增加 759 万元，增长 66.80%；行政性收费收入 2250 万元，同比增加 509 万元。地方预算支出 63175 万元，同比增加 7414 万元，增长 13.30%。公务员及教师工资发放 63175 万元，同比增长 13.30%。预算退库 812 万元，同比减少 311 万元。

（二）国债业务

2001 年 4 月 1 日至 9 月 30 日，金堂县各金融机构兑付个人国债 32605 元，人民银行兑付单位国债 10437 元，共计兑付国债本息 63051.10 元，其中：本金 43042 元，利息 20009.10 元。

截至 2003 年 11 月 20 日，金堂辖区国有商业银行共发行凭证式国债 563 万元。各商业银行发行情况分别为：金堂工行发行 111 万元；金堂农行发行 100 万元；金堂建行发行 252 万元；金堂中行 100 万元。共兑付凭证式国债 674.32 万元。各商业银行兑付情况：金堂县工行兑付 308.62 万元；金堂农行兑付 148.62 万元；金堂建行兑付 217.08 万元；金堂中行无兑付。

截至 2004 年 11 月 30 日，金堂辖区国有商业银行共发行凭证式国债 800.36 万元。各商业银行发行情况分别为：金堂工行发行 116.96 万元；金堂农行发行 32.40 万元；金堂建行发行 60 万元；金堂中行 591 万元。共兑付凭证式国债 763.51 万元。各商业银行兑付情况：金堂县工行兑付 324.89 万元；金堂农行兑付 82.80 万元；金堂建行兑付 229.42 万元；金堂中行兑付 126.40 万元。

2005 年，金堂辖区商业银行、邮政局通过各系统平台，在营业网点面向社会共发行 2005 年凭证式国债：829 万元。各行、局发行情况分别：金堂工行 100 万元、金堂农行 4 万元、金堂建行 55 万元、金堂中行 610 万元、金堂邮政局 60 万元。兑付凭证式国债 777.07 万元。各行、局兑付情况分别为：金堂农行 98.20 万元、金堂建行 268.72 万元、金堂中行 340 万元、金堂邮政局 70.15 万元。

（三）资金的监督支付

加强账务核对工作，确保内外账务一致。每日打印财政预算内外科目分户账交财政部门核对当日发生额和余额，按月打印对账未达清单与有关部门核对预算内、外存款账户余额，无误后双方签章确认。坚持按月上门与财政、国税、地税部门收入的对账制度，按级次、按收入款项认真核对金额，核准后双方签章确认，保证国库内外账务准确无误。

第二节 现金管理

支行贯彻《中华人民共和国人民币管理条例》，完善各项规章制度，对辖内个别金融机构假币收缴中存在的问题，支行制定了《关于进一步规范假币收缴有关事项的通知》，要求辖内金融机构做好规范一线工作人员假币收缴、防止侵害客户利益行为。做好反假人民币工作，加大对辖内各金融机构贯彻执行《人民币管理条例》的检查，发现不规范性的问题，提出整改措施，督促被检查单位限期整改。要求辖内各金融机构把好兑换关，认真开展残缺污损人民币的兑换工作。切实提高流通人民币的整洁度，维护人民币的信誉。每年根据上级行的安排，县支行组织辖内金融机构开展“反假宣传月”活动，通过在报纸、电视上宣传反假知识。在县城主要街道设置宣传点，向群众散发宣传资料，设立咨询站点，向群众宣传反假人民币的知识。

第三节 外汇管理

中国银行金堂支行从建行起就经营各种外币存款、贷款、汇兑等业务，经营的外币均为能是世界流通的货币，其币种主要为英镑（GBP）、港币（HKD）、美元（USD）、瑞士法郎（CHF）、新加坡元（SGD）、瑞典克朗（SEK）、丹麦克朗（DKK）、挪威克朗（NOK）、日元（JPY）、加拿大元（CAD）、澳大利亚元（AUD）、欧元（EUR）、澳门元（MOP）、菲律宾比索（PHP）、泰国铢（THB）、新西兰元（NZD）、韩国元（KRW）17 种等。2005 年，中国银行金堂支行各种外币折美元为 142.71 万美元，其中：企业外币存款 7.80 万美元，储蓄外币存款 134.91 万元。

一、外汇存款

（一）外汇贸易存款

1995 年 11 月 10 日县支行执行中国银行成都市分行转发国家外汇管理局等四部局《出口收汇核销管理办法补充规定》。1996 年 9 月 9 日，执行中国银行成都市分行转发国家外汇管理局《关于下发〈资本项目外汇收结汇暂行办法〉的通知》。

1996 年 12 月 1 日中国人民银行总行印发《外汇存款准备金管理规定》。从 1997 年 1 月 1 日起实施外汇存款准备金，按当季月平均余额乘缴存比例，每季调整，不计付利息。美元存款按币种计缴，其他币种的外汇存款统一折算成美元计缴。

1997 年 1 月 17 日国家外汇管理局下发《贸易进口付汇核销监管暂行办法》，自 1997 年 3 月 1 日起，实施新的核销监管办法。

1998 年 1 月 1 日起执行国家外汇管理局《银行外汇业务管理规定》。1999 年 1 月 1 日，启动中国银行总行《关于下发涉及欧元实施业务转换文件的通知》。1999 年 1 月 1 日起加入欧元的国家将逐渐使用本国货币转换为欧元，欧元区 11 个国家的货币包括：奥地利先令（ATS）、比利时法郎（BEF）、德国马克（DEM）、法国法郎（FRF）、芬兰马克（BEF）、爱尔兰镑（IEP）、意大利里拉（ITL）、卢森堡法郎（LUF）、荷兰盾（NLG）、葡萄牙斯库多（PTE）、西班牙比塞塔（ESP）。另外，欧洲货币单位（ECU，又称：埃居），也将在 1999 年 1 月 1 日以 1∶1 的比率全部自动转换为欧元。欧元与 11 种原欧币间折算率于1999年12月31日确定，该折算率一经确定，在原欧币退出流通之前将维持固定不变。欧盟国家中英国、丹麦、瑞典、希腊4国不加入欧元。同年11月10日国家外汇管理局四川分局《关于重新核准中国银行金堂支行外汇业务经营资格的批复》。同意中国银行金堂支行继续经营外汇业务。重新核准业务种类：外汇存款、外汇贷款、外汇汇款、外币兑换、国际结算、结汇、售汇、资信调查、咨询见证业务。国际结算、资信调查、咨询见证业务须通过上级行办理。持批文到中国人民银行成都市分行换领上述外汇业务范围的“金融机构营业许可证”，收缴BZG045号“经营外汇业务许可证”正副本。

1999年7月27日中国银行四川省分行印发《中国银行四川省分行国际结算业务集中化处理实施细则》，1999年9月1日起实施。

2001年6月25日中国人民银行金堂县支行以金堂人行《关于同意中国银行成都市青白江分理处等四个营业网点经营外汇业务的批复》。同意中国银行成都市青白江分理处、中国银行金堂支行幸福路储蓄所、中国银行金堂支行三江新村储蓄所和中国银行成都市青白江团结路储蓄所开办外汇业务。有效期3年。

2002年8月28日中国银行四川省分行《关于授权中国银行金堂支行所辖29个机构开办居民个人因私售汇业务的通知》。同意授权蜀大支行等29个机构网点开办“居民个人因私售汇”业务。同时授权的有中国银行金堂支行，按规定到当地人民银行办理审批或报备手续。

2003年4月22日中国银行锦江支行转发《境内机构经常项目外汇账户管理操作规程》，从2003年4月15日起执行。

（二）外汇非贸易存款

1997年3月3日中国银行总行《关于不再收兑外国铸币的通知》，决定从1997年4月1日起对外国铸币不再予以收兑。同年11月19日中国银行成都市分行印发《中国银行成都市分行外币储蓄通存通兑业务及资金清算会计核算办法》。要求省辖内各网点所办理的个人外币活期储蓄存、取款均开办外币通存通兑业务。1998年9月24日中国银行成都市分行转发国家外汇管理局《境内居民个人外汇管理暂行办法》。对境内居民个人外汇管理对外汇收入管理；外汇支出管理；外汇个人账户管理；监督管理等作了相应规定。

二、外汇购汇

（一）对公批汇。1996年9月17日中国银行成都市分行转发市外管局《关于下发因公出国批汇业务的通知》。国家外汇管理局成都分局将因公出国批汇业务下放到市级各外汇指定银行，指定了市中行以及所属十八个区（市）县支行，中国银行金堂支行行使经营权。（二）因私购汇。1996年6月21日执行中国银行成都市分行转发国家外汇管理局《境内居民因私兑换外汇办法》和《境内居民外汇存款汇出境外的规定》。同年12月31日国家外汇管理局、海关总署印发《关于对携带外汇进出境管理的规定》。对携带外汇进出境管理的规定：凡居民携带出金额折合2000美元内，非居民携带出金额折合5000美元以下，不需申领“携带证”，海关放行；超出以上金额银行凭核准文件签发“携带证”。1997年8月15日国家外汇管理局《关于提高境内居民因私兑换标准的通知》，提高境内居民因私兑换标准，境内居民按规定兑换外币，原办法规定500美元提高到1000美元；原兑换1000美元提高到2000美元，从1997年9月10日起执行。2002年7月25日执行中国银行转发国家外汇管理局《境内居民个人购汇管理实施细则》。8月1日起国家外汇管理局全面推广使用“境内居民个人购汇管理信息系统”，为规范境内居民个人购汇管理，方便境内居民个人以自有人民币购买外汇，为银行创造公平的竞争环境，依据“外汇管理条例”等法规制定，对银行居民个人售汇业务的准入与退出，居民个人购汇业务管理等作了规定。

三、外汇贷款

1997 年 8 月 27 日执行中国银行成都市分行印发《中国银行成都市分行外汇贷款业务管理暂行办法》。2003 年 5 月 8 日执行中国银行锦江支行转发《中国银行福费廷业务暂行管理办法》。

四、外汇业务收费

1996 年 11 月 25 日，中国银行成都市分行转发《关于发送中国银行金堂支行外汇业务收费率表的通知》。同年 12 月 1 日起开始执行。

五、国际结算档案管理

2004 年 6 月 10 日，中国银行锦江支行印发《中国银行成都市锦江支行国际结算业务档案管理实施细则（试行）》，对国际结算业务档案的管理原则、国际结算业务档案管理细则等作了规定。

第四章　非银行金融机构

第一节　金堂县农村信用合作社联合社

金堂县农村信用合作社联合社系经营农村金融业务的集体所有制金融机构，其前身为金堂县信用合作联合社。1991 年 3 月，金堂县信用合作联合社设立营业部（具有法人资格的集体所有制金融组织）。1992 年金堂县撤区并乡建镇后，部分信用社业务明显萎缩。1996 年 10 月 31 日，金堂县农村信用合作联合社与金堂县农行脱离行政隶属关系，由成都市金融体改领导小组办公室进行行业管理和金堂县人行负责监管。1998 年 4 月 20 日，根据中国人民银行颁布的《农村信用合作社机构管理暂行办法》规定，金堂县信用合作联合社更名为“金堂县农村信用合作社联合社”（以下简称金堂县农村信用联社）。1999 年 3 月，金堂县按照中共中央、国务院和省、市政府的部署，对全县 43 个农村合作基金会进行清理整顿，同年 6 月，26 个符合并入条件的基金会并入县信用联社，共接收基金会资产 18845 万元，接收负债 18700 万元；同时，县联社对 11 个基金会的 157 万元有效信贷资产进行了收购。2000 年 8 月起，金堂县农村信用联社改由成都市农村信用合作社联合社行业管理，金堂县人行负责监管。2003 年 12 月，金堂县农村信用联社改由四川省银监局金堂县办事处监管。2005 年年末，联社内设人事教育科、信贷管理科、信贷审查科、中间业务科、资产保全科、财务会计科、技术保障科、稽核科、保卫科、办公室、监察室、营业部（不具有法人资格）。金堂县农村信用合作社联合社共有独立核算的农村信用合作社22个（含联社），非独立核算的分支机构25个（联社营业部1个、信用分社19个、储蓄所5个），在岗员工316人。设有成都市农村信用合作联社股份有限公司金堂信用社城区、沱源、广场、三江路、幸福路、桔园路、金龙路、龙威和21个乡镇等40个分社。2009年6月16日，金堂县农村信用合作社联合社改为成都市农村信用合作联社股份有限公司金堂信用社。2009年年末，成都市农村信用合作联社股份有限公司金堂信用社有员工364人。

1991—2005年，金堂县农村信用联社坚持以服务“三农”为重点，扎实抓好对公存款和储蓄存款，各项存款逐年增长。续办和新开办了农业贷款、农户小额信用贷款、农户联保贷款、支持民营经济贷款、住房按揭贷款、支持下岗失业人员再就业贷款和助学贷款等项信贷业务。

2000—2005年，金堂县农村信用联社先后开办了代收电话费、代理保险、银行承兑汇票贴现、交通罚没款、农业税、过路费，代发民政款项、党政干部、村组干部和教师工资、发行成都市农村信用社天府借记卡和代理保险等项中间业务。中间业务收入累计46万元。2005年年末，金堂县农村信用联社各项存款余额达到106747万元，各项贷款余额65708万元，实现经营利润329.09万元。

金堂县农村信用合作联合社1991—1997年主要经济指标情况

表16－5 单位：万元

项　目	1991年	1992年	1993年	1994年	1995年	1996年	1997年
各项存款余额	11622	13420	16111	25177	24106	40625	44820
其中：储蓄存款	10443	11885	13992	22622	30759	36277	40550
各项贷款余额	5488	8530	10782	16281	22644	27964	30331
其中：农业贷款	4367	4640	5770	6860	11131	13582	16303
累计发放贷髋	8022	13491	16726	32926	42872	39071	31469
累计收回贷款	6827	10449	14474	27427	36509	33751	29102
社员股金余额	73	138	2525	142	141	136	127
上缴税金	32	46	88	119	166	191	206
利　润	88	117	91	81	－430	－837	－289

金堂县农村信用合作社联合社1998—2005年主要经济指标情况

表16－6 单位：万元

项　目	1998年	1999年	2000年	2001年	2002年	2003年	2004年	2005年
各项存款余额	49070	61744	65230	66818	70958	80116	94278	106747
其中：储蓄存款	45336	55910	56330	61684	66177	75618	89148	100750
各项贷款余额	26600	33992	40814	41509	44366	56695	65396	65708
其中：农业贷款	25694	32475	39495	38130	38246	51512	58587	57518
累计发放贷款	19169	17472	10382	17999	19830	41541	34428	48557
累计收回贷款	15508	10691	19096	15985	16973	34395	25727	34607
社员股金余额	236	247	341	648	680	782	2020	10937
上缴税金	164	92	154	131	121	146	117	149
利　润	－1735	－2934	－1028	－1142	－745	－382	5	329

第二节　金堂县城市信用社

金堂县城市信用合作社于1988年8月经成都市人民银行批准成立，是一家面向城市集体企业、个体私营业户和城市居民聚集资金，支持生产和流通，搞活城市经济的金融机构。金堂县城市信用合作社内设办公室、信贷科、保卫科、财务科、微机室，所属机构有文化街营业部、幸福路分社。2001年2月，更名为金堂县城关农村信用社，归口金堂县农村信用合作社联合社行业管理。归口管理前，有职工21人，总资产5175万元，各项存款4804万元，各项贷款3019万元，所有者权益259万元。

1991—2000年金堂县城市信用社各项存贷款余额

表16-7　　单位：万元

年度	各项存款	各项贷款
1991	335.6	204
1992	534.5	360.6
1993	904.4	639
1994	1282	708
1995	2581.5	1356
1996	3516.6	1965.8
1997	4363	2363
1998	5257	2731
1999	6080	3280
2000	4774	3090

第三节　金堂县邮政储蓄

一、机构

1991年至1998年9月，金堂县邮电局内设邮政科，邮政科负责全县邮政储蓄的发展和管理。全县共有邮政储蓄机构13个，其中：通存通兑储蓄网点12个；分别为赵镇钟楼街储蓄所、赵镇幸福路储蓄所、赵镇韩滩邮政所、金堂邮政一所、金堂邮政二所、金堂邮政三所以及清江、福兴、淮口、高板、竹篙、土桥、五凤邮政支局（所）。1999年以后，按照成都市邮政局机构改革要求，金堂县邮政局先后设经营服务部、邮政储汇科、市场部、监督检查部，以上科室先后负责对全县邮政储蓄业务的发展和管理。2005年年末，全县共有邮政储蓄机构16个，有员工48人。2005年年末，金堂县共有邮政储蓄机构16个：即1991年至1998年9月分别为赵镇钟楼街、赵镇幸福路、赵镇韩滩邮政所，金堂邮政一、二、三所及清江、福兴、淮口、高板、竹篙、土桥、五凤邮政支局（所）；1999年以后，新增广兴、永乐、又新三个邮政储蓄所。同时，因县城城区发展变化，迁址了2个邮政储蓄所到新城区，分别设三中园区和金沙街邮政储蓄所。

二、邮政储蓄

1991年，全县邮政储蓄余额为1574万元；在邮电分营的1998年，邮政储蓄余额达6859万元，比1991年净增了5285万元。为更好的发展邮政储蓄，使邮政储蓄更加规范化，从而树立邮政储蓄良好的服务形象，不断加大硬件投入，对邮储网点进行改造，安装了电视监控系统。1997年，从赵镇幸福路邮政储蓄所第一个率先全国联网，逐步发展到全县淮口、高板、竹篙等12个邮政储蓄网点全国联网实现邮政储蓄全国通存通取。引入计算机和通信技术，邮政储蓄的业务处理从手工走向电子化。2004年10月，邮政储蓄业务处理系统又一次升级，全县各邮储网点首次全面投入使用新版本应用软件，办理邮政储蓄业务更加便捷、准确。为确保全县储汇资金的安全，在1997年配备运钞车的基础上，2004年又新增运钞车1辆；为方便客户分别在赵镇幸福路储蓄所、城关分局安装了ATM。2005年，全县邮政储蓄余额从1998年的3859万元发展36095万元，比1998年上升了29236万元。

三、邮政汇兑

全县邮政支局（所）均开办了邮政汇兑业务，邮政汇兑业务的开办，极大方便了广大用户。1991年，全县共进口汇票87153张，开发汇票32319张。1995年至2000年，金堂地区大量农民外出务工，很多务工人员通过到邮政局汇款方式把钱寄回家，使用汇兑业务迅速发展；至2000年年底，进口汇票214351张，开发汇票3.40万张。2000年以后，先后开办了方便快捷的2小时汇款、实时汇款、礼仪汇款等国内汇款增值业务和西联汇款国际汇款业务。县局事后监督、汇兑会计正式使用计算机处理系统。邮政储蓄全国联网后，很多务工人员使用了更加快捷的全国通存通取的绿卡业务，从而使邮政汇兑业务有所下降。截至2005年12月，全县共进口汇票137016张，比2000年下降了77335张；开发汇票7.40万张，比2000年上升4万张。

四、其他业务

1998年，为满足邮政储蓄客户多元化需要，县邮政储蓄与中国人寿保险公司合作，在淮口、福兴、高板、竹篙、土桥、清江以及赵镇幸福路、钟楼街等邮政支局（所）开办了代理保险业务。1998年到2001年，全县共代理保费11万元。为使代理保险业务健康发展，安排职工参加代理保险业务培训，有8名职工取得了保险代理资格证书。县邮政储蓄先后与中国泰康人寿保险公司、中国生命人寿、中国太平洋人寿、中国太平人寿、中国平安保险公司合作。2005年7月，开通了“邮保通”业务，全县邮政代理保险业务有了较快的发展。截至2005年12月，共代理保费1013万元，比2001年前增长1002万元。同时，开办了代发工资养老金，代收电信话费等业务。至2005年，共代发工资养老金5366户。

第四节　证券公司

一、国泰君安证券成都金堂县复兴街证券营业部

国泰君安证券由原国泰证券有限公司和君安证券有限责任公司通过新设合并、增资扩股，于1999年8月18日组建成立。国泰君安成都金堂县复兴街营业部成立于2001年4月，营业面积580平方米，

设有散户交易大厅和大户室。2010 年 7 月服务部规范升级为“国泰君安成都金堂县复兴街营业部”。营业部经营范围：证券经纪、融资融券、证券投资咨询、固定收益类业务，有营业面积 800 平方米，设散户交易大厅和大户室，2011 年年末，共有客户 4500 户，托管的证券市值和保证金 1.4 亿元。

二、和兴证券经纪有限责任公司成都金堂县幸福路证券营业部

于 2010 年 5 月 28 日成立。营业部原为 1999 年 8 月成立的和兴证券成都一环路西二段营业部金堂服务部，是金堂县最早设立、实力最雄厚的证券经营机构。地处金堂县幸福路 2－30 号三楼（平安桥头），营业面积 800 平方米。有员工 16 人。有国内最先进的电脑硬件设备，实行全国统一集中交易系统，股票、基金、债券、权证全国统一买卖委托，保证金实现建设银行、农业银行、工商银行、中国银行、兴业银行、招商银行等第三方存管，客户资金资产安全保障。交易网络高效快捷，使用高速卫星、地面专线传送数据方式，安全快速准确；能为客户提供及时、全面信息服务；能提供多种交易方式供客户选择使用：柜台交易、电话委托、自助委托、网上交易、手机炒股等。

第五章　保险业务

第一节　机构与险种介绍

中国人民保险公司金堂县支公司（以下简称人保金堂县支公司）于 1951 年成立，先后开办了人身保险类、财产保险类共计 10 个险种业务。1959 年 5 月，机构撤销后停办。1980 年 9 月恢复机构，从当年 9 月 1 日起，至 1996 年 4 月，办理国内财产损失保险、责任保险和人身保险等项保险业务。

1996 年 4 月，按照《中华人民共和国保险法》的规定和上级公司的部署，人保金堂县支公司分设为中保财产保险有限公司金堂县支公司（以下简称中保财险金堂县支公司，经营财产类保险业务）和中保人寿保险有限公司金堂县支公司（以下简称中保人寿金堂县支公司，经营人身保险业务），分别隶属于中保财产保险有限公司成都市分公司和中保人寿保险有限公司成都市分公司。

1999 年 3 月 20 日，中保财产保险有限公司金堂县支公司更名中国人民保险公司金堂支公司，经营范围不变。

2003 年 7 月，中国人民保险公司金堂支公司更名为中国人民财产保险股份有限公司金堂支公司，经营范围扩大为：财产损失保险、责任保险、信用保险、意外伤害保险、短期健康保险、保证保险等人民币或外币保险业务；各类财产保险、意外伤害保险、短期健康保险的服务与咨询业务；代理保险机构办理有关业务；国家法律、法规规定的或国家保险监督机构批准的其他业务。2003 年 8 月中国人寿保险公司金堂县支公司更名为中国人寿保险股份有限公司金堂县支公司。至 2005 年年末，中国人民财产保险股份有限公司金堂支公司和中国人寿保险股份有限公司金堂县支公司主要经营的业务工作未变。

第二节 人身保险

人身保险，亦称人寿保险。以人的生命和身体作为承保对象的保险。1980 年 9 月至 1996 年 4 月，金堂县人身保险由中国人民保险公司金堂县支公司承保。1984—1995 年，先后开办了人身意外伤害、简易人身、公路旅客意外伤害、中小学生团体人身意外伤害、个人养老金、团体人身意外伤害、少年儿童两全、幼儿园幼儿安康、旅客住宿平安（1988 年停办）、团体人身、母婴安康、自用客车定座乘客人身平安、团体人寿、城镇集体所有制企事业单位职工养老统筹（1995 年 5 月移交金堂县劳动和社会保障局社会保险处）、乡镇企业职工养老年金、独生子女两全、村干部养老、乡镇“八大员”养老保险等业务。1996 年 4 月，中国人民保险公司金堂县支公司分设财产保险支公司和人寿保险支公司后，上述保险业务转由中保人寿金堂县支公司承保。

2003 年 5 月，中国人民财产保险股份有限公司金堂支公司，开始承保人身意外伤害和短期健康保险；先后开办了人身意外伤害、团体人身意外伤害、人身意外伤害综合、附加意外伤害医疗费用、机动车驾驶人员意外伤害、建筑人员团体意外伤害保险及健康保险的“乐安康”“众安康”基本保险和综合保险组合险等。

第三节 财产保险

财产保险，亦称非寿险。以各种财产及其有关利益为保险标的保险。1980 年 9 月起，中国人民保险公司金堂县支公司恢复办理保险业务；1996 年 4 月，中保财险金堂县支公司成立后，根据国家有关保险法规、上级公司和金堂县政府的有关文件，逐步拓展此项业务。企业财产保险：至 2005 年，开办了企业财产保险基本险及其附加险、企业财产保险综合险及其附加险等。家庭财产保险：1982 年 4 月，开办城镇居民个人和集体单位职工家庭财产保险业务；1984 年 7 月，在全县开办农村家庭财产保险业务，1986 年起，在全县逐步推行农村家庭财产（包括农村房屋）保险，以乡镇为单位统保。由于政策方面的原因，1997 年到 1998 年，在全县逐步停止农村家庭财产保险业务，以乡镇为单位统保，实行由农民自愿投保。1982—2005 年，中国人民财产保险股份有限公司金堂支公司先后承保的家庭财产保险有：家庭财产综合保险、农村家庭财产保险、家庭财产两全保险、城镇家庭财产长效还本保险（1999 年 7 月停办）及其附加盗窃险、人保理财—金牛投资保障型家庭财产保险和个人贷款抵押房屋保险等 7 个保险项目。此外，开办了机动车辆保险及其附加险业务。

第四节 承保与理赔

承保是保险人接受投保人申请办理承保手续的行为。中国人民财产保险股份有限公司金堂支公司坚持依法诚信承保，文明优质服务，保险业务不断拓展。

理赔是保险人在承保的保险标的发生事故后，根据被保险人提出的索赔要求，依照保险合同的规定，对物质损失或人身伤害进行查勘验险，确定保险责任、核定赔偿金额的全过程。金堂县保险机构坚持依照保险合同诚信理赔，尽责防灾减损。1995 年 8 月 11 日，金堂县遭遇洪灾，县城赵镇和县境内沱江沿岸 8 个乡镇数千户居民房屋，大片农田的农作物被淹。成都市保险分公司和金堂县保险支公司于当天成立了以市公司领导为组长的“抗洪救灾查勘理赔领导小组”，并组成 18 个查勘定损小组，迅速全面地展开查勘定损和赔付工作。同年 9 月底，理赔工作全部结束，共处理各险赔案 4639 件（户），赔付 762.70 万元，其中：企业财产险赔案 196 件，赔付 677.57 万元；家庭财产险赔案 4405 件，赔付 76.05 万元；机动车辆险赔案 38 件，赔付 9.08 万元。2001 年 9 月 20 日，金堂县再次遭遇洪灾，县城赵镇和县境内沱江沿案 8 个乡镇居民房屋和大片农田作物被淹。市、县保险公司于当天成立了以市公司领导为总指挥的“抗洪救灾查勘理赔指挥部”，并组成 15 个查勘定损小组，迅速展开查勘定损和赔付工作。同年 10 月底，理赔工作全部结束，共处理各险赔案 603 件（户），赔付 591 万元，其中：企业财产险赔案 49 件，赔付 316.47 万元；个体私营业户财产险赔案 166 件，赔付 242.59 万元；家庭财产保险赔案 352 件，赔付 19.13 万元；机动车辆险赔案 36 件，赔付 12.56 万元。1991—2005 年，中国人民财产保险股份有限公司金堂支公司共收取财产保险 13828 万元，赔付 10301 万元；中国人寿保险股份有限公司金堂县支公司收取人身保险 3.4 亿元，赔付 4913.61 万元。

第十七篇 房地产业

赵镇机关，企事业单位1989年总计新建房屋2083幢，建筑面积91.98万平方米，其中：二层以上楼房1797幢，建筑面积50.40万平方米；住宅989幢，建筑面积31.20万平方米。计20世纪50年代新建砖木结构房屋177幢，建筑面积4.15万平方米；60年代新建砖木、混合结构房屋211幢，建筑面积5.99万平方米；70年代新建钢筋混凝土结构房屋915幢，建筑面积45.35万平方米；80年代新建钢筋混凝土结构房屋779幢，建筑面积36.50万平方米。1991年年末实有房屋建筑面积118.20万平方米；2005年房屋建筑面积160.31万平方米。

第一章 机构设置

第一节 沿 革

民国时期，公产公款，由各机关、团体、学校自行管理。民国24年（1935年）川政统一，始将各机关、团体、学校的款、产由县设置财务委员会统一管理。民国34年（1945年）由经收处负责。1951年根据川西人民行政公署规定，金堂县人民政府成立了公产管理科。各乡（镇）成立公产管理委员会，由工商、农林、公安、法院、公产干部、农会联合组成，由乡（镇）长兼任主任。各区、乡设专职公产管理员1人，负责区、乡公产的调查、清理、登记、统计、修建、调配、租赁、经营等。1953年根据四川省人民政府《四川省公产管理暂时办法》规定：撤销公产管理科和各区、乡（镇）公产管理员，由财政科设专职干部管理。各区、乡（镇）由财粮干事负责。各乡（镇）仍设公产管理委员会，由乡（镇）长兼任主任，财粮干事任副主任。1954年区设专职公产管理员1人。1979年4月28日金堂县对房产工作归口管理作了如下规定：一、县房产管理（包括私房）工作，从1979年5月1日起，归县建设局。原有各房管所及专职房产管理人员，由县财税局全部移交县建设局。二、房产管理工作移交后，凡设有房管所及专职房管员的场镇，房产管理（包括私房）工作均归房管部门。各公社没有专职房管员的场镇，房产管理工作仍由区、社财粮兼管。三、为了加强对房产管理工作的领导，决定县建设局增设房产管理股，专门负责全县房产管理（包括私房）的指导工作。各房管所及专职房管员受当地党委和县建设局的双重领导。四、公房租的收费办法及上交办法不变，仍执行50%留当地安排公房维修，50%上交县财政集中，由县建设局统一安排用于全县公产改造。1980年2月建设局成立房地产公司。1981年7月4日，决定新成立淮口、五凤、竹篙、土桥四个场镇所在地的房地产管理所，其全称为“金堂县建设局某某房地产管理所”。为地方人民政府管理城镇建设和房地产的职能部门，各地房产管理所受当地人政府和建设局的双重领导；将长乐、金龙、赵家、福兴、石龙、三合、玉河、平安、高板、又新、云合、转龙、隆盛、广兴、白果、栖贤、官仓、三星、清江、云绣等公社场镇的公产房屋，从1981年起下放各公社管理。1980年12月，成立商品住宅经营公司。1981年10月27日，成立淮口、五凤、竹篙、土桥房地产管理所。1982年5月，合并房地产公司、商品住宅经营公司、赵镇房地产管理所为房产经营公司。1988年房产经营公司村镇建设开发公司成立房地产综合开发公司，承担统一征地，统一拆迁安置，统一建设，房地产经营和房地产市场管理工作。1984年7月17日，金堂县建设局淮口、五凤、竹篙、土桥房地产管理所更名为金堂县城乡建设环境保护局淮口、五凤、竹篙、土桥建设管理所。1988年，成立福兴、高板建设管理所；同年7月25日，金堂县房产经营公司更名为金堂县房地产综合开发公司；同年8月20日建立金堂县危房鉴定办公室。

第二节　房地产管理所

1980年2月建设局成立房地产公司。1992年3月22日，成立金堂县住房制度改革办公室，属全民事业单位，设在县城建委；同年7月16日建立金堂县房地产租赁公司，隶属县城建委，全民所有制事业单位，实行企业管理。1997年3月17日成立金堂县房地产评估管理所，为自收自支全民事业单位，属县城建委领导，与赵镇房管所实行合署办公；同年8月27日成立金堂县房地产评估事务所。1998年6月24日成立金堂县房地产交易所，为县建设局下属全民事业单位；同年12月10日成立金堂县物业管理公司，属县房地产综合开发公司管理，集体企业。2001年3月15日成立县城市房屋装修结构安全监督管理站，与县危房办合并办公。2002年3月10日县危房鉴定办公室更名为县房屋安全鉴定办公室。

第二章　住房制度改革

第一节　住房改革

1991年制定、修改、完善和报送了县房改实施方案。1992年，全面推行了小步提租不给补贴的房屋租赁方案，县政府执行小步提租单位143个共8847户，建筑面积达49万平方米。县实行优惠售房；

同年3月，金堂县房改工作开始启动，县成立住房制度改革领导小组和房改办，制定了一系列公房出售优惠政策，以售房为主，实行租、售、建的配套政策；首先在县委、县人大、县政府、县政协机关中开始试点，其后在全县机关、企事业、厂矿中推行。1994年全县有公有住房单位186个，参加房改单位有176个，房产管理及执行《房屋维修管理办法》和《成都市城市房屋拆迁管理条例》。全年出售41.25%的国有公房产权。1995年进一步完善了剩余58.75%的产权，实现了住房产权私有化。

1995年，金堂县全面开展农房产权证的发证工作，发放产权证2.50万户，发证率达90%，1996年全面推行机关单位住房公积金制度。建立了成都住房制度改革资金管理中心金堂分中心，负责住房公积金和其他房改资金的归集、支付核算和营运，建立公积金制度，住房公积金面达52%，加大租金改革力度，调租面达100%，举办房改培训班4期，培训单位房改工作人员1000余人。按照上级要求，全面推行直管公房的销售，6月县政府将直管公房管理权下放给当地乡镇。1998年，办理城镇房屋产权证2558户。1999年，办理房屋产权证2070户，全县干部职工住房建立了住房档案。2000年，进一步深化住房改革，全面推行住房公积金制度，归集面达95%，2001年建立健全了房地产管理机构，新成立房屋面积测绘站、房屋装饰装修管理站。首次开展全县房屋产权证换证验证工作，共换证8000户，验证4000户。完善了房地产市场供应体系，建立了规范固定的房地市场，促进了县存量商品房的上市流通。2003年起全面实施住房制度改革，至2005年未变。

第二节　公　房

一、房租

民国末期，由于法币贬值，房租均以租米按间数一季度计算，中华人民共和国成立后沿用至1965年。

从1966年起公房租改按平方米每月计算。1973年金堂县革命委员会因公房租金偏低，以租养房困难，决定从1974年1月1日起按下列标准进行调整：甲：生产营业用房：每月每平方米一等0.20元；二等0.15元；三等0.10元。乙：居民住房：鉴于调整居民住房涉及面宽，且直接关系到广大居民的生活，不宜普遍调整。除对个别较高较低的作适当调整外其余一律不动，即每月每平方米租金高于8分的适当降低，低于3分的适当提高。

1976年改为生产营业用房：最高0.30元，最低0.10元。旧有居民住房：每月每平方米最高0.08元，最低0.03元。新建住宅房屋（包括楼房）：每月每平方米最高0.08元，最低0.06元。各楼层月租金标准：1楼0.06元，2楼0.08元，3楼0.08元，4楼0.08元，5楼0.07元，6楼0.07元。

1986年结合换发公房使用证，对住房月租每平方米在0.04元以下的，或以间数估租，以居住面积计租的，按照平衡、统一原则，规定月使用面积租金每平方米最低0.04元。同时将赵镇下横街57号建筑面积354平方米的木结构住宅楼改建为青年公寓，按标准成本租金，底层每平方米月租0.60元，楼层每平方米月租0.50元计租。1987年5月在全面调查测算的基础上，制定了非住宅租金标准调整方案，原平均每平方米月租0.15元，调整后营业用房每平方米月租0.54元，生产用房每平方米月租0.36元。1987年，经县政府批准公房租赁实行有偿使用，首先在赵镇新建公房试行，即住户按房屋基本造价的15%～60%交纳公房保证金后方可取得公房使用权。1996年，赵镇非住宅面积7180平方米，月租金标准：1～3元/平方米；住宅78767平方米，月租金标准0.30～0.80元/平方米；1997年开始对公房租金进行调整，公房租金非住宅 2.50～8 元/平方米，住宅 0.40～1 元/平方米。2001—2005 年公房住宅按每月 1 元/平方米收取。1990—2003 年公房租金收入 500.91 万元。2004 年公房租金收入 24.78 万元。2005 年公房租金收入 25.59 万元。

二、维修

民国时期，公房维修由住户自行料理。1951 年《川西区公产管理暂行办法》规定："公有房屋之维修与改建非商得公产管理部门同意，不得动工。修缮费用，属于机关团体使用者，由机关团体自行料理；属于出租者，除补漏、疏沟、粉饰墙壁修理门窗等小修工程由承租人自理外，换梁、换柱、房屋倾斜倒塌，其修缮费用，即由公产管理部门负责"。

金堂县房管部门 20 世纪 70 年代初期，根据上级主管部门对租用公房规定："承租人必须保护好国家财产，不得任意撤毁和损坏，否则要给予赔偿。捡漏、补洞等小整范围由承租人负责，脱梁换柱大整范围由国家负责（承租人发现危险应及时向主管人员报告）。但如果属于小整补不及时而引起的危险损失造成大整应由承租人全部负责，凡属国家或集体单位承租，房屋维修不论大、小整修，均由单位负责。"

1981 年特大洪灾后，赵镇绝大多数公房改蔑壁为砖墙，换柱梁，加盖瓦，添门窗，几年来共维修房屋 2 万平方米。1982 年后，县房屋损坏按房屋产权所属者进行维修管理。

1990 年排除危房 44 户 2.10 万平方米。1994 年维修公房 6.50 万平方米，其中县城 7200 平方米。1998 年维修公房 956 平方米，投入资金 41.20 万元。1999 年维修公房 424 户 15208 平方米。

三、商品房

1980 年县委、县政府为了缓和城镇居民住宅紧张状况，加快改造旧城步伐，于 1980 年 12 月 3 日成立了金堂县商品住宅经营公司。要求 1981 年冬至 1982 年春向赵镇地区提供 1 万平方米的商品住宅，待取得经验后，再扩大到淮口，并拨给流动资金 20 万元。截至 1989 年年底，赵镇共修商品房 31261 平方米，其中：住宅 522 套，营业用房 66 间，全部出售完毕。1990—1997 年，县投资 1.7 亿元，房地产综合开发开工面积达 24.30 万平方米，竣工面积 22.30 万平方米，建筑合格率 100%。1990—2003 年全县城镇房屋建筑面积达 509 万平方米，农村新建房屋面积 437 万平方米。

四、集资建房

从 20 世纪 90 年代起至 2001 年，为缓解城镇单位职工住房、买房困难，有条件的单位实行向职工集资一部分、单位自筹一部分资金集中建房，分配给职工居住。2002—2005 年单位很少有集资建房，职工实行购买商品房居住。

五、公房出售

1992 年县实行优惠售房，批准 108 个单位，占 143 个单位的 75.50%；建筑面积为 30.70 万平方米，占总面积 49.30 万平方米的 62.41%，已交购房款的单位 105 个，归集售房资金 1000 万余元。1994 年全县有公有住房单位 186 个，参加房改单位有 176 个，房产管理及执行《房屋维修管理办法》和《成都市城市房屋拆迁管理条例》。1996 年 6 月县政府将直管公房管理权下放给当地乡镇。完成全县农房产权证的发放工作，县城共发放房屋产权证 1000 余本。1998 年，办理城镇房屋产权证 2558 户，稳步开放房地产二级市场，推进住房分配从福利房到商品房的转变。1999 年，办理房屋产权证 2070

户，开展全县干部职工住房普查，建立了职工住房档案。2000—2005 年，县城单位有少数的公房出售。

第三节　住房公积金管理

一、机构

住房公积金，是指国家机关、国有企业、城镇集体企业、外商投资企业、城镇私营企业及其他城镇企业、事业单位、民办非企业单位、社会团体及其在职职工缴存的长期住房储金。1992 年 4 月 7 日，成立金堂县住房委员会，住房委员会下设办公室，与金堂县住房制度改革办公室、金堂县住房制度改革资金管理中心合署办公，系三块牌子、一套人马。2003 年 9 月 28 日，对金堂县住房委员会成员进行调整。县住房委员会下设办公室、住房制度改革办公室、成都市住房制度改革资金管理中心金堂分中心，办公室和中心均设在县建设局。住房委员会办公室和住房制度改革办公室合署办公。

1992 年 3 月 22 日建立金堂县住房制度改革办公室。办公室设在县城乡建设管理委员会，系全民事业单位，所需经费从房改资金增值资金中列支。主要职责是负责组织和管理全县的住房制度改革工作。具体任务是负责全面调查，摸底测算，制定全县的住房改革方案、规划和各项配套政策。审批各单位的房改实施方案；统一对各单位租金标准、售房价格，集资建房办法，住房保证金标准，住房公积金标准等进行审定、评估；负责统一管理城镇、单位、个人三级住房基金。

1996 年 6 月 7 日，设立成都市住房制度改革资金管理中心金堂分中心，原来设立的"金堂县住房制度改革资金管理中心"名称不再使用。1996 年，办公地址由县建委迁至赵镇三江路 131 号。2002 年 8 月 27 日，金堂县住房制度改革办公室的办公地址，由金堂县赵镇三江路 131 号迁至金堂县赵镇金中路 27 号。

2004 年 11 月，成都住房公积金管理中心成立了邛崃市、蒲江县、金堂县等 14 个管理部。"管理部"是成都住房公积金管理中心的派出机构，负责各区（市）县住房公积金归集、提取、使用等业务的承办和管理工作。同月，金堂县住房公积金资产全部移交成都住房公积金管理中心直接管理，金堂县管理部在中心授权范围内开展工作。

二、住房公积金收取与使用

1992—1994 年，根据 1992 年《金堂县人民政府关于县城实施住房制度改革的通知》，少数单位实行了住房公积金制度。1994 年，县政府规定从 1995 年起金堂县所有行政和企事业单位及职工均应缴纳住房公积金，建立住房公积金制度，缴纳率为工资总额的 5%。1995 年，县政府要求从 1996 年 1 月 1 日起，在金堂县境内的所有行政、企事业单位及其职工全面实行住房公积金制度。1997 年，全县有 279 个单位缴交住房公积金，新增住房公积金归集额 430 万元。1998 年，县政府明确金堂县住房公积金缴交比例为 5%，有条件的单位可提高到 10%，住房公积金必须逐月缴交。当年新增住房公积金归集额 550 万元。1999 年，中共金堂县委办公室、金堂县人民政府办公室联合发文要求从 1999 年 7 月 1 日起，住房公积金缴交比例个人部分和单位补贴部分各为 6%，有条件的单位经批准可适当提高。1999 年新增住房公积金归集额 514 万元，全年住房公积金使用额 26 万余元。2000 年，新增住房公积金归集额 480 万元，全年住房公积金使用额为 1052.2 万元，其中发放住房公积金职工个人贷款 994.5

万元，支持职工个人购房2.40万平方米。2001年，新增住房公积金归集额480万元，全年住房公积金使用额为81.61万元，发放住房公积金职工个人贷款16万元。2002年，根据《关于成都市住房公积金缴存比例和缴存基数调整的通知》，从2002年起，成都市住房公积金缴存比例上限调整至15%，下限仍按6%执行。2002年，住房公积金新增归集额612万元，全年住房公积金使用额为213.2万元，发放住房公积金职工个人贷款327.30万元，支持职工个人购房9000余平方米。2003年，县政府明确从2003年5月1日起全县各单位必须按月缴交住房公积金，缴交比例为6%~8%。全县新增住房公积金归集额1047万元，全年住房公积金使用额152.70万元，发放住房公积金职工个人贷款232.80万元，支持职工个人购房8000余平方米。成都市住房公积金管理中心金堂分中心正式启用住房公积金管理系统，实现了住房公积金的规范化、电算化管理。2004年，新增住房公积金归集额1324.80万元，住房公积金个人贷款发放新增193.40万元，对符合住房公积金使用条件的职工个人支取和转移等使用住房公积金300.20万元，支持职工个人购房4000余平方米。2005年，新增住房公积金归集额2418.14万元，新增开户单位19个，住房公积金个人贷款发放新增728.20万元，个人贷款回收率达99.97%，对符合住房公积金使用条件的职工个人支取和转移等使用住房公积金838.50万元，当年支持职工购房2万平方米。从2005年8月份起，金堂县住房公积金核算管理模式由直接归集模式变更为委托指定归集银行办理公积金业务模式。至2005年12月31日，根据《成都市人民政府办公厅关于进一步加强住房公积金监督管理的通知》和《关于回收违规使用住房公积金的督办通知》，金堂县单位违规借贷住房公积金本息全部归还，保障了缴存人的合法权益。

自1992年3月建立金堂县住房制度改革办公室，1996年全面实行住房公积金制度后，截至2005年年底，全县累计归集住房公积金8756.66万元，累计提取1910.48万元，累计向396户职工家庭发放住房公积金贷款1941.50万元。

第四节　私　房

一、私房改造

1965年金堂县根据省委房产工作会议精神，开展了私房改造工作。1965年11月17日金堂县人民委员会批转县人委财政科《关于对私有出租房屋进行社会主义改造的报告》，根据报告中提出的政策界限，于1965年下半年至1966年年初，在县6个建制镇（包括已划出的城厢镇）开展了私房改造工作，共经租私人出租房屋4.50万平方米。1984年4月成立金堂县私房改造遗留问题领导小组，对1965年私房改造工作进行了全面复查。复查前，全县共有经租房主327户（不包括已划出的城厢镇），经租房屋面积如房产31144平方米。复查结果，完全符合出租私房改政策的122户，房屋面积126%平方米；基本符合政策需要处理部分问题的66户，保留经改面积5084平方米，撤销改造房屋面积2121平方米。不符合政策应撤销改造的137户，房屋面积9328平方米。撤销改造以后，原房屋还在的，发还原房屋；原房屋不在的，折价偿还。2003年年末全县有私房26103套共321万平方米。

二、所有权管理

1982年至1985年先后两次对城镇私有房屋1063户，建筑面积56107平方米进行了普查登记，产权登记和换发证。为保护私有房屋产权，《城镇私有房屋管理实施办法》还对私房转移、变更、消灭、典当等作了规定。(一)私房所有人须向房屋所在地房管机关申请办理所有权登记，领取房屋所有权证，按规定交纳规费和契税。(二)私房所有权发生转移、变更、消灭、所有人必须向房屋所在地房管机关申请办理登记，按规定交纳规费和契税。(三)申请私房所有权登记，应由房屋所有人亲自办理。登记处姓名须同户口登记一致，不得使用别名、化名；房屋所有人因故不能亲自办理的，可书面委托他人代为办理。(四)私房所有人因故不能按期办理私房所有权登记的，应向房屋所在地房管机关申请缓期办理。对无正当理由不办理登记者，由房管机关按每逾期1个月处以规定费1至2倍的罚款。(五)对无合法继承人的绝房户房产，收归国家所有，由房屋所在地房管机关管理；房屋所有者生前是集体所有制组织成员的，归所在集体所有制组织所有和管理。(六)过去典当的私房，典期已到的，由承典人补足房价，出典、承典双方签订买卖契约申请办理房屋所有权转移登记；或由出典人赎回房屋，解除典约。典期满后超过10年以上未经赎回，而出典人及其法定继承人均无下落的，可由承典人或其法定继承人取得有关证明，连同原典当契约，申请所有登记，经公告3个月后无异议，准许承典人或其法定继承人申请办理所有权转移登记。本办法颁布后，不再办理私房典权登记。(七)房屋所有权证遗失，所有人应及时向房屋所在地房管机关申请补发。严禁涂改，伪造房屋所有权证。

三、买卖管理

(一)买卖私房，卖方应持房屋所有权证和身份证明，买方须持购买房屋证明和身份证明，一起到房屋所在地房管机关申请办理买卖手续。(二)出卖数人共有房屋，须提交全体共有人同意的证明书，在同等条件下，共有人有优先购买权。(三)私房所有人出卖出租的房屋，须提前三个月通知承租人。在同等条件下，承租人有优先购买权。(四)凡享受国家，企事业单位补贴建造或购买私房出卖时，只准卖给原补贴单位或房管机关。(五)买卖私房，双方应根据房屋的结构，室内设施、装饰、成色等级，并参照当地政府规定和私房评价标准，按规定价格，经房屋所在地房管机关审查同意，才能成交。(六)机关、团体、部队、企事业单位不得购买或变相购买私房。如因特殊需要必须购买须报经县以上人民政府批准。未经批准购买的私房，房管机关有权接收管理，并对单位领导直接责任人处以罚款。(七)严禁倒买倒卖私房进行投机倒把活动。违者，由房屋所在地房管机关给予批评教育或处以罚款；触犯刑律的由司法机关依法处理。

第三章　房地产管理

第一节　商品房交易与租赁

1992年4月县住房委员会成立，采取国家、集体、个人三个一点的集资建房方式，开始向职工优惠出售公有住房，至1997年，全县有100个单位新建了职工住房，建筑面积32万平方米，总投资1.50亿元，其中职工集资50万元，有3200户的职工搬进了新房，解决特困户154户。1996年，金堂建房方式纳入成都市国家安居工程建设，当年开工3.02万平方米，竣工2万平方米，向职工出售2万平方米，回收房款1000万元。1997年投资3000万元，建筑面积3万平方米，竣工面积3万行米，已形成3个物业管理小区。1998—1999年，进一步开放房地产市场，逐步推进房屋出售。2001年，首次开展了全县房屋产权换证、验证工作，完善了交易市场程序，房屋买卖已市场化。1998年6月24日，建立金堂县房地产交易所，属县建设局的全民事业单位，与金堂县赵镇房地产管理所合署办公，实行“两块牌子，一套人马”。2001年4月金堂县房地产交易所脱离赵镇房地产管理所独立办公。地址：金堂县三中园区金中路建设培训中心底楼。金堂县房地产交易所主要职责：为房地产交易洽谈、交流信息、中介服务提供场所；收集和发布房地产市场信息，展示市场行情；提供房地产有关法规、政策咨询；对房地产交易行为进行指导和监督；审查房地产交易合同和有关资料，办理交易手续；房地产主管部门委托办理的其他市场业务。2001年共办理商品房交易手续449件，二手房交易手续137件，房改房交易手续68件，继承、赠与、财产分割手续6件，交易成交面积约4万平方米，成效金额3400万元，实现交易代理服务收入15.90万元，上缴税收9780元。成功竞卖商业门面550平方米，成交金额200万元，实现竞卖服务收费1.50万元。2002年共组织房屋竞卖活动7次，竞卖成功商业门面2100平方米，成交金额245万元，实现竞卖服务收入2万元。为加强县城房屋租赁管理，成立了租赁管理科，共办理租赁登记备案房屋4800平方米，租赁交易金额达48万元，实现租赁鉴证收入1.20万元。2003年共为开发商办理金水苑、金阳水景等商品房分户600余套，面积9万平方米，金额4000万元；办理二手房过户34处营业房、163套住宅，面积合计为39298.52平方米，成交金额1093.64万元。实现交易收入60万元，上缴税金3.30万元。共组织竞卖活动4次，竞卖成功商业门面1089平方米，住宅1085平方米，成交金额1198万元，实现竞卖服务收入8.50万元。办理房屋租赁登记备案9742.48平方米，租赁交易金额130余万元，实现租赁鉴证收入3.30万元。2004年共办理商品房交易手续1628件，交易成交面积17.20平方米，成交金额8480万元；全年办理二手房交易手续1130件，交易成交面积22.10万平方米，成交金额98万元；全年办理房屋租赁办证68户、租赁登记备案房屋面积4016平方米。2005年共办理商品房交易手续1732件，交易成交面积18.40万平方米，成交金额9430万元；全年办理二手房交易手续1450件，交易成交面积23.20万平方米，成交金额4571万元；全年组织房屋竞卖活动3次，成交金额104万元；全年办理房屋租赁证78户、租赁登记备案房屋面积4886平方米。

第二节　拆迁安置与规划建设

一、拆迁安置

1988年金堂县制订《赵镇防洪改造地区拆迁安置问题暂行规定》。1994年5月20日县建委出台《关于公布一九九四年城镇旧城改造拆迁安置几个价格的通知》称：拆迁管理办公室、房地产开发公司：

根据《成都市城镇基本建设拆迁管理条例》及1992年金堂县人民政府办公室文件的规定，现将城镇旧城改造拆迁安置几个价格公布如下：

（一）住宅统一收购价为每平方米建筑面积220至250元，非住宅统一收购价为每平方米建筑面积350至450元。

（二）住宅原房屋面积优惠销售价为每平方米建筑面积 300 元至 400 元，超过原房屋面积商品销售价为平均每平方米建筑面积 580 元，并按楼层和结构情况可在 30% 内上下浮动；非住宅优惠销售价为每平方米建筑面积 700 元至 1000 元、商品销售价为每平方米建筑面积 1400 元至 1800 元，具体价格按房屋口岸、结构、新旧成色、平房或楼房等因素，逐间确定价格。

（三）自行过渡费标准：住宅每人每月 10 元，非住宅以从业人员每人每月 60 元计，过渡期达到一年半的，住宅按每人 150 元，非住宅从业人员每人 1000 元。

2003 年金堂县房屋拆迁工作程序：

（一）拆迁应向房屋拆迁主管部门申请“拆迁许可证”，同时提交以下证件：（一）建设项目批准文件；（二）建设用地规划许可证；（三）国有土地使用权批准文件；（四）拆迁计划和拆迁安置方案；（五）银行资金证照。（六）经拆迁主管部门审核无误后，在一周内发“拆迁许可证”，并发布拆迁公告，实施拆迁封户。（七）拆迁人在领取“拆迁许可证”后，召开拆迁动员会。（八）拆迁人逐户商谈补偿安置 协议，达成一致意见后签订“拆迁安置协议书”。（九）对期限内不按时搬迁的，依法裁决实施强制拆迁。（十）对达不成补偿安置协议的，经当事人申请，拆迁主管部门进行裁决。

二、规划建设

1994 年 6 月 2 日，县委、县政府为改变金堂旧县城区落后面貌，决定对原旧县城区道路狭窄、低矮陈旧瓦房进行统一规划、统一拆迁、统一安置、成片开发建设，此项工作于 1998 年完成。2000 年 1 月至 10 月，成都野生世界工程占地 4200 亩，一期开发 3600 亩，投资 3.6 亿元。成野项目在三中园区先锋等 3 个村拆迁安置农户 800 多户 3000 多人，拆迁房屋 35700 平方米，建设安置小区 22.80 万平方米，共 270 套，于 2001 年春节前先锋村拆迁户全部进住新居。1994 年开始至 2005 年，县加快旧城改造和新区开发建设，先后拆除了 6 个片区 19153 万平方米，修建各类住宅 7500 套。

第四章　商品房开发

第一节　开发规模

一、开发企业与项目

2001 年建设部颁发新的《建筑业企业资质等级标准》，新标准颁发前，金堂县有 44 家施工企业；至 2005 年县具有建筑施工企业 25 家，其中：房屋建筑工程施工总承包二级企业 3 家，总承包三级企业 15 家，市政工程总承包三级企业 1 家，公路施工总承包二级企业 1 家，专业承包三级企业 5 家；同时，新办企业劳务资质 1 家，装饰资质 2 家（四川小康建筑公司三级装饰资质、教育建筑公司三级装饰资质）。其主要建筑施工企业开发如下：

四川金堂金泰房地产发展有限公司：成立于2001年8月，公司注册资金800万元。具有房地产开发三级资质；有各类高、中级技术管理人员20名。公司开发项目“上海温州商业城”占地7.33公顷，建设面积7.10万平方米。

金堂县富康房地产开发有限公司：成立于1999年，有职工260人，工程技术人员120人（其中高中级7人），各类机械设备70台，机械设备原值150万元。年施工能力在800万元以上，具有房屋建筑施工总承包三级，房地产开发三级资质。承建的优良工程有：西南民航空中交通管理局、金堂县富康小区5号楼、交通局1号楼A，1号B住宅楼、农机局综合楼等。

四川成城房地产开发有限公司：公司成立于2003年，是四川金堂从事房地产开发的专业企业。具有房地产开发三级资格，有各类专业技术和管理人员22人，其中高中级技术职称12人。开发建有金堂县“水城花园”西区8幢、“水城花园”东区3幢、“幸福小区”。

金堂县现代房地产开发有限责任公司：建于1995年，是一家以房地产开发为龙头，集建筑施工、物业管理、广告为一体的综合性民营企业。公司地址：金堂县赵镇十里大道一段金堂广场。为房地产开发二级资质企业、建筑公司为建筑施工总承包二级、建筑装饰专业承包二级、建筑幕墙工程专业承包二级资质企业。注册资金4000万元人民币，固定资产和流动资产逾1亿元。工程技术人员和管理人员100余人，其中：中、高级工程技术人员36人，各种施工机械设备154台（件），具有开发、承建本企业资质允许范围内的建筑工程、装饰工程和安装工程能力。公司先后承建了金堂县国土培训中心、金堂县工青妇活动中心、金堂县防汛指挥中心、国际金融大厦等标志性工程；开发建设有现代花园1—12期商品住宅工程。总建筑面积30多万平方米，总产值达2.50亿元。

成都金阳房地产开发有限责任公司：1995年2月21日成立，地址：金堂县钟楼街，注册资本2000万元，企业资质等级为二级，主要从事房地产开发与销售，室内外装饰、装修、生产销售建筑材料等。职工56人，其中：高、中级职称管理技术人员46人。1995年，率先在金堂县进行旧城改造，完成了对金堂县玉龙街、清平街建筑面积2.50万平方米的旧城改造2000年公司进入四川大英县，开发了“金阳万福商城”项目，该项目占地7.67公顷，已建面积2.10万平方米。2002年3月，公司金堂县三中园区投资1.16亿元，开发具有高档次、高品位的生态小区—金阳水景。该项目一期占地13.47公顷，总建筑面积16.80万平方米，先后被评为“小康人居生态环境AAA示范区”。

成都干道金翔置业有限责任公司：2001年9月成立，地处三中园区六横道金园街137号，该公司是由成都干道建设综合开发总公司控股的股份制公司。成都干道建设综合开发总公司是成都市干道建设指挥部直属的国有企业，于1993年9月成立，是经成都市人民政府批准的二级房地产开发企业，以市政基础设施建设为依托，房地产开发为主导，从事多产业综合经营的经济实体。注册资金2000万元，下设11个部门和7个分公司，公司拥有固定资产5亿，流动资金7000万元，年利税实现3500万元，工程技术人员占95%。成都干道金翔置业有限责任公司是成都干道总公司继青白江“怡湖芳邻”住宅区之后在金堂开辟的又一个房地产项目。有房地产开发资质三级。公司2001年投入1200万元进行前期工作。2002年投入3500万元，开发金翔商业城1.12万平方米、超市600平方米。2003年投入500万元开发水云山庄3700平方米、金鹤苑一期工程建筑面积3.53万平方米、高档会所1500平方米。

四川省江油市华泰房地产开发有限公司：2000年12月成立。注册资本807万元，三级资质企业；公司经营地址：江油市中坝镇人民中路南侧岳家桥。公司有职工总人数32人。承建的工程项目有：金堂县十里大道五横道华泰创新家园小区4.50万平方米。

四川金泉源实业有限责任公司：1995年9月12日成立，二级资质企业，公司地址：金堂县赵镇金航路15号。公司成立后在金堂投资800余万元修建1.28万平方米的泰吉商城。2000年，公司在金堂县三中园区修建高档欧式住宅楼—绿岛花园，建筑面积1.74万平方米，开发六五分厂住宅小区金航苑，建筑面积2.60万平方米。

金堂县鑫宇房地产开发有限公司：1999年成立的一家从事房地产开发的专业公司。位于县城赵镇南滨路89号。具有房地产开发三级等级资质。建有金堂县新建路商住楼、红旗小区商住楼、河坝街夜市商住楼，三个工程总计4万平方米。另建有：三中园区四横道侧国土局商住楼小区、三中园区管委会商住楼小区、三中园区五横道侧检察院商住楼小区、金龙路商住楼。公司2002年动工改造的县河坝街低洼地带，修建的居住房和商业新街于2003年竣工投入使用。

房地产开发：2004年金堂县内房地产开发企业20家，新开盘面积25万平方米。2005年，在金堂县实际从事房地产开发的企业有27家，新开盘面积30.62万平方米，主要有金阳水景、现代生态水城、金鹤苑、在水一方、金海岸等高档楼盘。全年总投资3亿元，实现税收1500万元。

二、人居面积与小区建设

1991年年末，实有房屋建筑面积118.20万平方米；实有住宅使用面积55.20万平方米，实有住宅居住面积24.90万平方米；平均每人居住面积7.40平方米。1995年城镇居住小区25个，面积12.50万平方米，居住人员9.60万人，城市住宅总面积161.10万平方米，人均住房面积16.78平方米。2005年居住小区93个，面积160.31万平方米，居住人员12.15万人，城市住宅总面积403.23万平方米，人均住房面积33.19平方米。2003年末全县农村人均居住面积26.55平方米。

第二节　房产市场

一、房地产交易会

2000年金堂县首届房地产交易会在梅林公园举办，有14家房地产开发企业、3家装饰材料商家、500个体户参加房交会，成交商品房、二手房858套，面积7.90万平方米，成交金额5189.69万元，实现税收117万元。2001年12月26日至29日，金堂县第二届房地产交易会在县建设培训中心一楼房产交易市场内举办。在交易会现场由县房管办、县交易所、县评估所、县面积测绘站、县白蚁所等县建设局科室和县公安局、县国土资源局、县工商局、县地税局、县公证处等部门构成了办理产权证的一站式服务办公区。此次房交会共办理商品房807户，面积104249.65平方米，成交金额7696.97万元；二手房470户，面积29823.94平方米，成交金额1119. 80万元。2002年12月29日至2003年1月1日在县建设培训中心一楼房产交易市场内举办了金堂县第三届房地产交易会。共办理商品房交易562套，二手房236套，面积6.45万平方米，成交金额达6300万元，实现税金395万元。2003年9月29日至10月2日在金堂县体育中心举办金堂县第四届房地产交易会。共有17家县内外房地产开发企业参与，成交二手房232套，商品房302套，成交金额3660万元。

二、房价

2001—2005年，金堂县城交易房价在500元至1100元之间成交。房价呈逐年上升趋势。

第五章　城镇乡村房屋建设

第一节　农村住房建设

民国时期，农民住房条件极差，大都土墙草盖，人畜混居，阴湿昏暗，四周环境污浊，饮用极不卫生的井水、沟水、堰塘水。中华人民共和国成立后（20 世纪 50 至 60 年代）变化不大。1978 年后，农民收入逐年增加，逐步改善了居住条件。1989 年统计，县村组共有农房 1788.96 万平方米，其中楼房 238.27 万平方米，占农房总数的 13%；砖瓦房 1196.74 万平方米，占农房总数的 67%；土草房 347.52 万平方米，占农房总数的 19%；其他房 1.43 万平方米，占农房总数的 1%。1978—1989 年全县建房户 107197 户，其中：建楼房户 17060 户，建筑面积 862.50 平方米，楼房建筑面积 238.27 平方米。有 167 个村庄吃上了自来水、483 个村庄通了电。

1990 年后，县委、县政府加强对农房建设的领导，成立农房改造领导小组，把农房改造工作纳入县委、县政府一级目标考核，制定农房改造的优惠政策，减轻农民负担。有关部门改进工作作风，简化办事程序，提高了农民建房的积极性。全县农村 1990—2003 年新建农房户 38800 平方米，新建农房面积 437 万平方米；扩建农房 22600 户，扩建面积 180.40 万平方米，扩建楼房面积 107.50 平方米；改建农房 38700 户，改建面积 461.35 万平方米，改建楼房面积 349.30 万平方米。

据 2003 年统计：全县农村共有住房 2239 万平方米，其中楼房 779.8 万平方米，占农房总数的 31.87%，砖瓦房 1505.73 万平方米，占农房总数的 67.2%；土草房 17 万平方米，占农房总娄的 0.765%；倒塌房 3.7 万平方米，占农房总数的 0.165%。全县农村人均住房 26.55 平方米。2003 年全县农村有 380 个村庄吃上自来水，5366 个村庄通了电。2005 年据农民家庭抽样抽查，2005 年农民人均住房面积 34.8 平方米。

第二节　城镇住房建设

民国时期，金堂县城镇住房破旧、简陋，居住条件极差。中华人民共和国成立后 20 世纪 50 至 70 年代变化不大，长期以来职工住房靠实物福利分配，居民住房靠经济租房，住房困难，条件较差。20 世纪 80 年代，虽然国家新建和改建了一些住宅，住房仍然十分紧张。1984 年全县开展了国有土地上的各类房屋普查登记工作。据 1984 年年末统计：全县实有各类房屋建筑面积 134 万平方米，其中实有住宅建筑面积 58 万平方米，全县城镇人均居住面积 5.70 平方米。县城住宅居住面积 26.40 万平方米，人均居住 6.17 平方米。同年新建住宅竣工面积 5 万平方米。房管部门直管公房 81517 平方米。

1992 年，全县城镇实行住房制度改革。全面推行住房公积金制度，积极推进住房租金改革。稳步出售公有住房，加快旧城改造步伐，加快经济适用房建设，单位企业集资建房，房地产开发商积极开发建设住宅小区。建设主管部门精心培育发展房地产市场，建立由市场形成价格、决定住房资源配置的机制，发挥市场在住房建设、交换和消费中作用，促进了全县房地产业和住房建设的健康发展，极大地改善了全县城镇居民的居住条件。据2003年年末统计：全县实有房屋建筑面积509万平方米，其中住宅建筑面积340万平方米（私有住宅建筑面积321万平方米）。全县实有住宅3.10万套（私有住宅26103套）。成套住宅建筑面积316万平方米，人均居住面积28平方米。住宅成套率93%，住宅自有率达94%。全县人均建筑面积在10平方米以下的住户仅有78户。年内新建住宅竣工面积22万平方米。房管部门直管公房32883平方米。

第三节　建设管理

一、城镇

1976年6月建设局成立时即时设立了建筑工程管理股。1990年建立金堂县城乡建设管理委员会时改设为金堂县建工管理办公室。1997年金堂县城乡建设管理委员会更名为金堂县建设局时又改为建筑业管理科。2003年机构改革时由建筑业管理科改设为金堂县建筑行业管理办公室。主要职责：指导和规范建筑行业管理工作，负责按建筑业企业资质管理权限对企业资质等级进行初审上报，负责对施工许可证的核发和对外来建筑施工企业的资质审查验收、注册、登记、备案，负责建筑行业项目经理，“九大员”资质及岗位人员综合考核、复查及培训办证，负责指导协调管理工程招标、投标、质量、安全监督、工程监理、有形建筑市场、建设工程竣工备案等工作。

2001年建设部颁发新的《建筑业企业资质等级标准》，新标准颁发前，县有44家施工企业；在县建筑业企业按新的资质标准执行后，有施工企业25家，其中：有3家房屋建筑施工总承包二级资质企业，14家房屋建筑施工总承包三级资质企业，1家防腐保温工程专业承包三级资质企业，1家管道工程专业承包三级资质企业，2家装修装饰专业承包三级资质企业，1家市政工程总承包三级资质企业，1家环保工程专业承包三级资质企业，1家公路工程总承包二级资质企业，1家送变电专业承包三级资质企业。2003年全县建筑业总产值为7.10亿元，实现利税3000万元，年平均就业人员达2.80万人，年对外施工产值达1亿元。同时建筑施工企业的人员素质提高，2004年全县有项目经理312人，其中：县有二级资质的项目经理70人，一级资质的项目经理1人，三级资质的项目经理241人。具有持证上岗的“九大员”900人，具有各职称证书的共1600人。

二、村镇

（一）*农村建房规定占地面积*。1982年《金堂县土地管理实施办法》规定：农民新建、扩建住宅确需新占土地的，其新占地连同原有宅基地一并计算，以组为单位，人均耕地4分以下的，每人不得超过20平方米；人均耕地4分以上，9分以内的，每人不得超过24平方米；人均耕地9分以上的，每人不得超过30平方米（独生子女按2人计算，超生子女不算面积）。以上占地面积包括住房、厨房、牲畜圈舍、院坝、沼气池和屋前屋后等用地。1987年《四川省土地管理实施办法》规定：农村居民修建住宅，其他基地面积。

每人20—30平方米，4人以上的户按4人计算。扩建住宅新占面积连同原有宅基地面积一并计算。

1999 年 7 月，县委、县政府《关于加快金堂县农房改造步伐的决定》规定：在农房改造中，符合各乡（镇）村庄、集镇土地利用总体规划占用耕地的，坚持占一还一的还耕政策（即改建新房以后所有农户的旧房必须拆除还耕），对多还耕的面积在 2 年内免收农业税；农房改建要尽可能利用荒坡、废弃地，要因地制宜，对占地建新房拆旧房还耕的农户，坚持占一还一的政策，有条件的地方，要把农房改造与农村小集镇和中心村建设结合起来，与农村精神文明结合起来，在有关部门的指导下积极引导农民拆小院并大院，集中修建、集中还耕，进行中心村镇、社建设试点，以增加有效耕地面积，保证总耕地面积不减少。

（二）*农村建房审批程序*。1982 年《金堂县土地管理实施办法》规定：占用非耕地的，由占用本人提出申请，村民小组讨论通过，村民委员会审核同意，报乡（镇）人民政府批准；占用耕地、园地、林地的逐级审核后，报县级管理部门审查，县人民政府批准。执行中出现了一些乡（镇）政府将耕地作非耕地对待，使土地严重失控。1984 年后将占非耕地建房的批准权收归县人民政府。1987 年《四川省土地管理实施办法》规定：农民修建、扩建住宅需要重新占土地的由本人提出申请，经乡（镇）人民政府同意，村镇规划管理部门许可，土地管理部门审核，报县级人民政府批准。1999 年县委、县政府《关于加快金堂县农房改造步伐的决定》规定：改进工作作风，简化办事程序，提高办事效率。有关部门可采取集中办理手续的办法，以村为单位，定期集中为农民办理建房有关手续。农民新扩改建住房需占用非耕地的，由建房户提出申请，领取建房申请表，经村、组讨论同意盖章后，送乡（镇）建管所审核同意，报乡（镇）人民政府批准；农民新扩、改建住房，需占用耕地的，坚持占一还一的还耕政策，经逐级审核后，报县级主管部门批准。2001 年 6 月 22 日，原建设局所属建管所转移到各乡镇建管所。2004 年 9 月 28 日，县乡镇机构改革全县各乡镇设城乡建设管理办公室，其职能由各乡镇负责。

第六章　房屋测绘管理

第一节　房屋测绘

2001 年 3 月 15 日成立金堂县房屋面积测绘站，为金堂县建设局下属自收自支全民事业单位。主要负责全县国有土地上的新建、改建、扩建、自建、划拨、分割、抵偿、转移、变更、拆迁等房屋的测绘工作。2002 年 9 月取得四川省测绘局颁发的丁级测绘资质证书。2003 年年末有职工 8 人，其中：工程师 2 人，会计师 1 人，助理工程师 1 人，房产测量员 3 人，技术员 1 人。有全站仪 1 台，水准仪 1 台，手持式测距仪 2 部，微机 1 台。年测算房屋面积达 50 万平方米以上，测绘产品质量符合国家测绘局《测绘生产质量管理规定》的要求，房屋面积测绘达三级精度等级以上，测绘资料档案管理达“省三级标准”。2001 年测绘站完成房屋面积测算 50. 50 万平方米，出具相关测绘报告 1068 份；2002 年完成房屋面积测算 51. 30 万平方米，出具相关测绘报告 1021 份；2003 年完成房屋面积测算 52. 70 万平方米，出具相关测绘报告1077份。2004—2005年测绘与2003年相同。

第二节　房屋管理

一、白蚂蚁防治

1997年3月15日成立金堂县白蚁防治所。有6名专业技术人员。于1997年I1月8日与县房管办一起搬迁至赵镇南滨路89号赵镇房管所三楼办公。1999年12月21日金堂县白蚁防治所正式脱离县房管办独立运作。2001年1月实行财务独立核算。同年6月28日搬迁至三中园区毗河大桥头县建设大厦三楼办公。

县白蚁防治所主要职责：贯彻执行国家、省、市新建房屋白蚁预防工作的方针、政策和法律、法规。进行全县新建、改建、扩建、翻建房屋、重要建筑物、大型住宅区、开发区工程白蚁预防，装饰装修白蚁防治。严格按照《房屋建筑白蚁预防工程施工技术规定》建立健全竣工验收制度，健全施工档案管理。1997—1999年共完成白蚁防治预防建筑面积55万平方米，收入100万元。1998年完成预防灭治0.43万平方米。2000年11月1日，中华人民共和国建设部《城市房屋白蚁防治管理规定》开始实施，全年共完成预防白蚁面积28万平方米，灭治面积0.30万平方米，收入50万元。2001年完成预防面积30万平方米，灭治面积0.50万平方米，收入60万元。2002年，全县装饰装修白蚁防治工作开始进行，全年共完成装饰装修面积12万平方米，收入30万元；预防面积30万平方米，灭治面积0.83平方米，收入50万元。2004—2009基础装饰装修面积逐步增加，每年增长10%，至2009年基础预防35万平方米，装饰装修面积21万平方米，灭治达2万平方米。

二、房屋安全

1986年8月成立金堂县建筑工程质量监督站。1988年7月25日建立金堂县建筑工程质量监督检验测试站，与金堂县建筑工程质量监督站实行两块牌子一套人马。同年8月20日建立金堂县危房鉴定办公室。与县房管办两块牌子、一套人马。

主要职责：负责全县危房鉴定申请的受理，按照部颁标准和有关规定组织管理危房鉴定，行使危房事宜仲裁权，出示危房鉴定通知书。工作程序先后为：被鉴定单位申请、提供房屋基本情况资料、现场检查、技术鉴定、出示房屋质量报告。1990年维修公房44户、面积2990平方米，新建房屋2292平方米。1995年维修公房620户、面积56585平方米，新建62788平方米。1997年维修公房面积3000平方米，新建3.50万平方米。1998年维修公房280户、建安居工程1.86万平方米，修建商住楼2.30万平方米。1999年，维修公房25户，建安居工程7.67万平方米。2000年改造场镇旧危房1.80万平方米。2003年拆迁152户，新建安置房1.30万平方米。2001年3月15日，建立金堂县城市房屋装修结构安全监督管理站，与县危房鉴定办公室实行两块牌子、一套人马。金堂县城市房屋装修结构安全监督管理站主要职责：负责全县国有土地上的新建、改建、扩建、自建、办公用房、营业用房和其他非住房、私房的装饰装修、危房鉴定工程的规范管理；加强对施工企业的资质管理和个人施工上岗证的管理，定期开展抽查、进行业务技术培训与指导工作，建立健全装饰装修工程的审批，竣工验收、施工档案的管理制度。2005年办理建筑工程安监登记项目61个，开展有建设工程执法检查6次，受检工程达72个，全年无重大安全事故发生。

三、物业管理

县物业管理从1996年3月1日起执行国家计委、建设部《城市住宅小区物业管理服务收费暂行办法》，住宅小区公共性服务收费的费用构成包括：管理服务人员的工资和按规定提取的福利费；公共设施、设备日常运行、维修及保养费；绿化管理费；清洁卫生费；保安费；办公费；物业管理单位固定资产折旧费；法定税费。1998年12月10日成立金堂县物业管理公司，隶属县房地产综合开发公司管理，集体企业性质。县城县级单位垃圾桶每月按15元一个算清运费，单位私人住宅物业管理清运费每月按每月住户14元收取；租用户按每月每户按20元收取。各住宅小区按不同的物业管理费向各住户收取，一般在50元内。

第十八篇　服务与旅游业

1991—2005 年，随着改革开放的推进，全县实施旅游兴县战略，狠抓旅游服务事业的配套建设，以各种节、会为载体，兴起了各项服务业，促进了金堂县第三产业的发展。县饮食服务业有国营、集体、供销合作商业及个体饮食业，大型饭店有虹桥宾馆、三江餐厅、益民饭店、稻香饭店、伊甸园火锅，小型饭馆以经营早餐食品的面食店众多。2005 年，金堂县有三星级旅游饭店 1 家，社会旅馆 110 余家，床位 2000 余张。金堂县有国家级淮口南宋瑞光塔文物保护单位 1 处，省级淮口镇云顶山石城遗址和五凤镇关圣宫文物保护单位 2 处，市级 7 处，县级 28 处，境内有天府水城、梨花沟、沱江小三峡等旅游景点，能吸引游客，美不胜收。

第一章　住宿餐饮业

第一节　住　宿

一、旅馆

1991 年，商业局的集体企业旅馆有 3 户。1993 年县商业服务开发公司兼并了赵镇东风合作旅馆。1994 年 7 月旧城改造拆迁，赵镇工农兵合作旅馆停业。1991 年至 1995 年，金堂县城有大小旅馆 10 余家，分为国营、集体、供销合作社三大块，出名的有金堂旅馆（后改为虹桥宾馆）、洁净旅馆、东风旅馆、三江旅馆、新建旅馆、县政府招待所。旅馆大多二三十床位至七八十张床位，客房分单间、套间两种，设备简陋，宿费低廉，客户多为过境小商贩。1997 年年底，县集体企业旅馆仅有赵镇民生茶旅合作社 1 家，该企业有职工 22 人、床位 81 个。1998 年，服务业旅社有住宿床位 80 张，年开房率仅为 50%，年亏损达 10 万元。同年集体商业实行“改、转、租、卖、关”的改革措施。先后关闭、租卖的企业有：工农兵旅馆、东风旅馆、民生茶旅社。同时，全县各地私人开办的旅馆、住宿店、休闲山庄陆续兴起，方便了旅客。1999 年，全年县服务业旅社有住宿床位 370 张，年开房率为 60%，年亏损 16 万元。1996 年起至 2005 年，新增加绿岛宾馆、金裕大酒店等高级旅馆。个体旅馆众多，金沙、金玉、沙河、绿园较为出名。金裕大酒店为三星级，造型新颖别致，装饰豪华，内设室内酒吧、餐厅、舞厅、大小会议室、桑拿浴室、健身房等，拥有各种类型客房 100 余间（套），是一座功能齐全的花园别墅式高级宾馆。

二、宾馆介绍

（一）金裕大酒店

金裕大酒店于 2001 年开工建设，投资 2000 万元，于 2002 年投入使用，2005 年 11 月被评为三星级酒店，是金堂县首家三星级旅游饭店，东连县城，南接毗河，相连成南、成绵高速公路，居高地而建。占地 3 公顷，建筑面积近 1.20 万平方米。水塘、花园、苗圃和生态停车场错落有致，绿化面积达 1.70 万平方米。宽敞明亮的大堂、强大的中央空调系统，大小规格齐全的会议中心，超大观景客房及豪华典雅的餐厅雅间群，构成了酒店气派。

（二）金海棠酒店

投资 500 万元的金海棠酒店位于金堂县三中园区滨江路中段毗河边，于 2001 年开业，环境优美，交通便利。酒店按星级标准修建，硬件设施完善，是集餐饮、娱乐、客房、商务会议为一体的综合酒店。

（三）虹桥宾馆

虹桥宾馆是金堂县一家有名的“老字号”服务明星企业。宾馆创建于 1987 年，地处县城赵镇中心，交通方便，总营业面积 6800 平方米。宾馆集餐饮、住宿、会议、休闲功能服务为一体，拥有豪华的贵宾间、风格各异的雅间、雅座和宽敞明亮的大厅，能同时容纳 800 人用餐。客房部拥有各式标准间、套间 105 间，床位 220 个。

（四）绿园宾馆

投资 500 万元的绿园宾馆于 2000 年开业，建筑面积 3000 多平方米，2001 年建造有一艘船停在河中、高三层，共 450 平方米，含餐饮住宿。

第二节　餐　饮

一、概况

金堂县饮食服务业包括国营、集体商业、供销合作商业以及个体商业饮食业，以国有饮食业为主导，其他为补充。1991—1995 年金堂县城有饭菜馆、小食店 50 余家，从业人员 300 余人，年营业额达 2000 万元。全县大型饭店有虹桥宾馆、三江餐厅、益民饭店、稻香饭店、伊甸园火锅，小型饭馆以经营早餐食品的面食店居多。1991—1997 年，县饮食业面临激烈的市场竞争，先后有 4 个企业被兼并，解体 5 个企业。1997 年年底尚有独立核算单位 5 个，其中：仅有 3 个维持正常营业、2 个转租经营，有职工 52 人，网点 5 个，三级厨师 2 人。1996—2005 年，改革开放，竞争激烈，导致国有饮食业改制（主要是金堂县饮食服务公司），集体和供销合作商业饮食业关闭、转、卖、租，而个体饮食业经营灵活，得以生存和壮大。1998 年，县饮食、服务业迅猛发展，消费对象和结构呈现多元化，团体消费大幅度减少，特别是“农家乐”以低价休闲、方便迎合消费者，冲击了原有规模的饮食、服务业。县饮食股份有限责任公司有大小餐厅4个，可同时容纳400人就餐，全年县饮食业经营比1997年下降10个百分点。1999年，县饮食、服务业的快速发展，“农家乐”及中小型中、高档餐饮业的兴起，冲击了传统饮食、服务行业，县饮食服务公司当年的饮食经营下降15个百分点。2002年，县努力开发会展经济，激活商品市场。打造餐饮服务品牌，促进餐饮消费持续增长。支持餐饮服务单位积极扩大投资，完善配套设施，增加服务功能，争创星级。积极发展以农家乐、观光果园为特色的休闲、假日经济。截至12月末，全县餐饮业共实现社会消费品零售总额307719万元，比2001年同期增长46.2%。1991年，县商业局管理的集体饮食企业有14户。1998—2005年，县集体商业饮食业有：豆制品厂、三江餐厅、交通食堂、水产饭店、平安食堂、稻香饭店等9个。2005年全县有大型餐饮企业3家，重点餐饮企业11家，住宿和餐饮业营业额29713.80万元。

二、传统餐饮

菜肴，以川菜居多，同时兼收并蓄其他菜系，1991—1995年，强调菜肴大众化。1996—2005年，竞争激烈，货源充沛，顾客消费水平提高，菜肴品种增加，烹调注重色、香、味，熟食卤菜、花色冷盆、各式热炒、风味和菜品、喜庆筵席，均有销售。

1998年11月，县开展了首届名优小吃评比活动。评出金堂县名优小吃20个。

1998年金堂县首届评出的名优小吃名录：

名次	菜　名	单位（个人）
1	烘　糕	赵镇—兰志明
2	迎宾花篮	凯悦大酒店
3	玉峰小刺猬	凯悦大酒店
4	小吃彩盘	虹桥宾馆
5	荷花莲藕	凯悦大酒店
6	繁丽斯糕点	繁丽斯食品厂
7	绿荫玉兔	虹桥宾馆
8	蛋　茶	虹桥宾馆
9	海味双花包	三九大酒店
10	罗 汉 酥	益民饭店
11	豌豆油糕	竹篙—代胜利
12	富贵黄金大饼	绿岛旅游开发有限责任公司
13	水晶蛋盏	成都大成酒店
14	肥肠粉	赵镇—张世碧
15	芝麻葫芦	成都大成酒店
16	象生草莓	大自然度假村
17	油　糕	赵镇—花万琼
18	背花蛋糕	三九大酒店
19	葱子糕	土桥—胡万达
20	鸳鸯酥盒	虹桥宾馆

三、特色餐饮

金堂县传统的风味名小吃，主要有珍珠元子、慈菇饼、红薯饼、蓝烘糕、鲜花饼、酥锅魁、椒盐酥锅巴。金堂县的菜系是以当地出产的蔬菜和肉类为基础，在传统川菜的基础上兼收并蓄全国其他菜系的特长，推陈出新自己特色菜品。

金堂特色菜有凉拌菜：荤素均有，常见有糖醋黄瓜、凉拌茄子、泽尔根、豆腐干、青菜丝、拌芹菜、凉拌豆皮、豆筋等。凉拌鸡丁、猪头、猪心肝、肺片。县城常见的有“棒棒鸡”“一瓢油”等。卤菜：使用香辛料和少量中药材配置卤料，将鸡、鸭、鹅、兔以猪头、猪肝、牛肉、鸡珺等，卤制成色香味俱佳的菜品。炒菜：利用金堂丰富的蔬菜资源，与肉类搭配，炒、溜、煎、炸、爆，烹制丰富菜品。炒鸡杂、生爆盐煎肉、辣炒鱿鱼丝、红椒爆鲜虾、酱肉丝等。烧菜：利用土豆、莲藕、萝卜、竹笋烧制各种菜品。蒸菜：清炖鲫鱼、清蒸甲鱼、盐水虾、清蒸河蟹等。汤菜：家常酸辣汤、亲亲靓汤等10几个。

1998年县开展特色菜肴评比，评出10个特色菜和1个特色火锅：

特色菜名	单　位
红烧牛肉、宫廷活吃鱼、软炸班脂	虹桥宾馆
牛气冲天、冬瓜景盒	三九大酒店
鱼香酥皮兔糕	凯悦大酒店
银杏牛冲	凯悦大酒店
青石黄辣丁	大自然度假村
蒜泥白肉	益民饭店
盐包牛蛙	花园酒店
麻辣白鲢	三九大酒店
八宝甲鱼	三九大酒店
酸菜肥肠	大自然度假村

特色火锅	单　位
涮 羊 肉	虹桥宾馆

四、吃火锅涮烫经验与艺术

2005年，金堂巴乡鱼头餐馆重庆火锅涮烫经验与艺术：火锅吃出好味道，涮烫经验有一套；先下荤后下素，油碟还可加上醋；下鱼头下鳝片，加点黄葱和蒜段；烫毛肚涮鸭肠，素菜调味来帮忙；脆不脆炽不炽，全靠火候来当家；鸭肠毛肚和腰片，旺火滚烫是关键；鱼肚牛筋与鸭掌，微沸水中要煮长；粉丝海带及冬瓜，半沸久煮才能炽，血旺暴煮就很怪，微沸水中多等待；别说已经全掌握，尚有天机还未说；毛肚要起泡，鸭肠要起圈；鱿鱼烫至卷边边；鱼片、肉片和肝片，挺直身板就起锅；虾金贵、它不同，煮到尾巴涨、壳变红；涮好火锅并不累，多吃才能深体会。

五、点心业

点心业包括糕点和小食店。1991—1995年，金堂县有点心店10余家，共有从业人员六七十人，大多为二三人、三四人的小店，业主为师傅，家属做帮手，或有雇佣学徒。开设较早的有文化街繁利斯食品店，经营面包、蛋糕等。1996—2005 年，外地和本地个体经营者较多，有点心店 60 余家，共有从业人员 300 余人，大型的有幸福横路唐中刊开设的“金麦食品”，雇工大约 20 余人。点心品种：1991—1995 年，以馒头、包子、面条、抄手、稀饭、油条、豆浆等为主，1996—2005 年，点心品种逐步增加，除大众品种外，还有小笼馒头、锅贴、葱油饼、炒面、北方窝窝头、夏令冷拌面等销售。西餐点心热狗、汉堡包、麦当劳也有出现。

第二章　居民服务业

第一节　居民生活服务

一、美容美发

1989 年，全县有合作理发业 22 个店，有证个体理发店 240 户，从业 364 人。1991 年全县理发业机构有 236 个、469 人，其中：县机构 29 个、37 人，县以下 207 个、432 人。1991—1995 年，县内多数理发店为仅置 1 至 4 个座位的小店，业主兼师傅，或雇一二名学徒，或家属做帮手，营业时间不限，服务周到。1996—2000 年，大量下岗职工、自谋职业和农村剩余劳动业者，从事理发业较多，涵盖各种发型设计、美容美发。附有捶背、推拿、按摩、挖耳垢、翻眼皮、搬落枕等传统服务项目。2000—2005 年全县理发店各乡镇驻地一般设店 5 至 8 家，小镇 3 至 5 家，全县达 500 家，有 1000 从业人员。

二、洗浴洗涤

1991—2005 年，全县工商登记的洗浴行业有集体 1 家、个体 174 家。2005 年年末，县城专业洗浴店有 10 家，经营专业洗浴洗涤用品的商店有 12 家。

三、照相

1991 年全县照相业机构有 28 个、71 人，其中：县机构 9 个、23 人，县以下 19 个、38 人。1997 年县有 3 户照相馆，职工 18 人。县城赵镇长征和美多合作相馆经济效益差，企业利润微薄。赵镇朝晖合作相馆因经营困难，在 1993 年 9 月与县广播电视局联营，改为经营餐饮娱乐业务，仅保留了照相馆名称。2005 年县城有朝晖、美多、康达、婚纱、金夫人、长征等家照相馆。

四、家政服务

随着市场经济的建立，服务业的兴起，金堂县城在 1996 年开始出现了家政服务行业，有私人聘请教师到自已家中队孩子进行英语、数学、语文等辅导；有 4—5 家组成的专业打扫清洁卫生的私人公司，凡有聘请者，清洁公司将派人上门为住房主人打扫卫生，一般收费按一次20—30元计算。也有主人长期包聘打扫卫生的，分半年或一年，收费与主人商定。

第二节　中介机构

一、房介

1992年开始建立市场经济体制后，县个体私营经济兴起，出现了房屋买卖的中间介绍私人经营行业。一般是卖房主人到房屋介绍店去登记、备案，要求房介商将自己的房屋介绍给买房户，同时提出卖房的价格，供对方参考。房介商与买方初步协商后，将买方介绍给卖房主人最终定成交价，房介商从中收取一定的手续费。2005年，金堂县城乡有房介商20户。

二、职介

1992年起，县城劳务市场放开，农村剩余劳动力外出打工的现象很普遍。赵镇县城最早有2家私人个体户开起了职介所，职介所收集用工对象，对求职者进行引介去打工，从中收取求职者30—60元不等的求职登记费。2005年，县城赵镇有职介店10家。

三、婚介

1991—2005年，县城赵镇出现了婚介个体经营者，个体经营者对有求配偶的介绍对象，收取求婚者30至120元不等的登记或见面费。2005年县城有婚介个体经营者5户，其中：红双喜、佳缘、泰吉街婚介较集中。

第三节　各类修理与服务

一、汽车维修

1991—2005年 全县城乡各地私人设有汽车维修点。县城有3家大的汽车维修店，单位一般实行定点进行维修。

二、家电维修

1991—2005年全县城乡街道个体设有家电维修店，对人们生活用损坏了的电饭煲、电风扇、洗衣机等家电用品进行维修，县城有20家家电维修店。

三、日用品维修

1991—1995年，金堂县百货公司家电组和金堂县五金交电公司家电组，为了提高销售量，按照工商行政管理及消费者权益，实现“售后三包服务”，以卖带修，设立两个修理点，承接钟表、电视机、收音机等修理业务，小修理由个体户经营。1996—2005年，由于两个公司先后倒闭破产，职工分流，修理业务转变为个体经营。随市场经济的放开搞活，商品市场竞争激烈，县经销商对出售的商品如电脑、电视机、洗衣机、照相机、手机等空调日用品一般进行包质量维修1年服务。

四、补鞋

1991—2005年，县城个体经营补皮鞋开店的有8家。各个乡镇均有2—3家补鞋店。

五、广告

1991—2005年金堂县广告业兴旺发达。随着社会主义市场经济体制的建立，广告业出现了多元化格局。全县城乡广告表现形式有广播、电视、报纸、杂志、简报、标语、印发宣传传单、街头文艺表演、腰鼓队沿街表演、悬挂大型画刊、设立公路标示牌、电脑互联网传播等。1991年广告业务简单，不普遍，从1992年开始建立社会主义市场经济后，县广告业逐步加强，发展较快。县城1991年专业广告不足10家。至2005年，有高档次的专业广告现代化设施的商店10家，一般中小型的个体广告设计商家如：北斗星广告印务有限公司、新兴印刷厂、长枫印务等20家。

第三章　旅　游

第一节　旅游资源

一、旅游特色

金堂县是成都市郊县，地处成都平原和龙泉山脉的交汇处，距成都市区31公里。县城先后荣获“中国人居环境范例奖”“四川省文明城市”“四川省园林城市”“成都市十大魅力城镇”等的殊荣。县城城市风貌极为独特。北河、中河（清白江）、毗河环抱赵镇县城区并汇合成千里沱江源流，构成金堂县城“一河三江八岸线”的水景环境；三河汇聚，四面环水，城内水域面积达5平方公里，占城区面积的17.80%，形成了犹如“城在水中生，水在城中流，城在林中长，林在城中见”的自然风貌特色。此外，长10余公里，清幽奇丽的沱江小三峡，有水域面积24.50平方公里，水资源十分丰富，金堂县城被美誉为“天府水城”。

二、名胜古迹

金堂县有国家级淮口瑞光塔文物保护单位1处，省级淮口镇云顶山石城遗址和五凤镇关圣宫文物保护单位2处，市级7处，县级28处，馆藏文物4000余件，其中包括166件珍贵文物；有四川省历史文化名镇——五凤古镇、享有脐橙之乡美誉的三溪镇、“韩滩春涨”“圣灯朝佛”“白马涌泉”“宝塔临江”“云顶晴岚”等著名自然或生态景点。沿沱江而下，沱江小三峡蜿蜒曲折，景色秀美，九龙长湖水面宽阔，清幽奇丽，发展旅游产业的优势十分明显。按照市委、市政府把金堂县规划为市域旅游服务次中心和“花园水城”的总体要求，加快实施“旅游兴县”战略，加大旅游营销宣传力度，推出金堂旅游线路，积极招商引资，动员全社会力量办旅游。随着“天府水城 休闲之城”旅游品牌和格局的初步形成，旅游产业的聚合效应和综合功能将得到充分释放。围绕“水、桥、路、景、园、船、食、游、滩、馆”等旅游资源特色，金堂县城市旅游综合服务功能日臻配套和完善。

第二节　主要胜迹与文物景点

一、云顶山

云顶山又名紫云山，海拔986米，相对高度513米，坐落在金堂县城赵镇南19公里处，为金堂山主峰。龙泉山脉于万千丘陵中逶迤蜿蜒，至此突然奇峰耸起，层峦叠嶂。山巅列石数重，绝壁悬崖，状如城垣，所以古名石城山。唐天宝六年（公元747年）改为云顶山。

云顶山似巨龙横卧，形伟势峻，雄踞沱江三峡右岸。由于地理位置特殊，是东西两川的咽喉要道，为成都东北之门户，川西诸县之屏障，自古乃兵家必争之地。过去四川道路险阻，云顶山地区是从四川东北方向进成都的一条重要军事通道；若出成都经水道下巴渝，也必经沱江三峡。云顶山北恃危隘高定关与小云顶山（又称白鹤峰）互为依托，控成都至潼川府之孔道，为东西川之要冲；东与炮台山夹江对峙，可扼沱江三峡江防。三国时诸葛亮，东晋朱龄石讨伐焦纵，均在这里屯兵；隋文帝游军、后蜀孟知祥龙虎卫军、宋代怀安军、元代隆兴西京军等都曾驻扎此地。张献忠、吴三桂等也曾驻兵云顶山。上述史事充分表明了云顶山在古代的重要战略地位。尤其是南宋余王介在云顶山建石城抗元军，并先后设潼川、成都府衙、利洲洲衙于其上。宋军在云顶共守十余年，多次打退蒙军的进攻，对打乱蒙军“取蜀灭宋”的战略方针，支撑南宋江山，起到了重要作用。

云顶山有历史悠久的川西名刹慈云寺，其始建于汉代，完备于齐梁。明末清初，寺庙毁于兵灾，清康熙七年（1678年），由僧竺意重建，名慈云寺。经历代增建，到光绪十二年（1887年），规模达到十殿、四楼、三堂、二园一坊及四房，占地近20亩。寺院僧侣众多时约近三千，成为佛教名刹。后屡被损毁。十一届三中全会后，慈云寺又开始重建，恢复了佛事活动。寺庙已恢复到过去的格局，香火日益兴旺。寺内建筑气势雄伟，有大量的匾额、楹联及名人书画作品。尤其是正殿前的七佛坊及大殿石柱上的龙抱柱雕刻，具有很高的艺术和观赏价值。

云顶山林木蓊郁，风光秀丽。大小云顶共有古柏千余亩，长势繁茂，苍劲挺拔。除古柏外，还有众多的银杏、古桉椤、红豆木及楠木、金桂等古树和珍稀林木。据林业资源调查，云顶山有林木60科，172种之多。山顶众多的旅游景区及旅游曲径均林荫蔽日，夏日漫步，凉风习习；冬日览胜，春意融融；是极好的冬暖夏凉的旅游风景区。晴日云顶，常有白云缭绕，县志所记：“遥望奇峰插汉，霞卷云飞，岚翠欲滴，令人作海外三山想”的“云顶晴岚”奇观，其美景可见一斑。雨中云顶，云雾起伏奔涌，林中珍珠撒落，泉水叮咚；殿宇缥缈，山峰若隐若现；人行其间，若进蓬莱胜景，飘飘若仙。故《全国名胜词典》称云顶风光为：“清幽奇丽，闻名蜀中”。

云顶山优美的自然景观和丰富的历史文化，吸引了众多的名人雅士来此寻幽览胜，吟诗作画。后汉主刘禅曾在此山读书，踪迹犹在；梁画家张僧繇慕其美景，在山上安居作画，今洗墨池尚存；宋代文学家诗人苏轼、黄庭坚、陆游都曾来此游历题咏；辛亥革命元老于右任和现代国画大师张大千等也曾登山赋诗题字。为云顶山留下了珍贵的墨宝和段段佳话。

随着社会的不断进步，旅游业得到了长足发展。寺庙得到了恢复，众多的文物古迹和景点得到了重建和开发。交通、通信及服务设施，都得以配套发展。除此之外，云顶旅游产品——“云顶明参”也远近闻名，是食用和馈赠的佳品。

1992 年，为加强对云顶石城景区的建设、开发，成立云顶石城风景名胜管理处，编制 5 人；

1994 年，开工建设融景区游客服务中心和云顶石城多功能展示厅为一体的仿古城楼式景区大门；并通过寺僧自筹千万元，对慈云寺按照原貌 8 重 13 殿在原址逐步进行重建；

1994 年，集资将云顶石城招待所改建为晴岚山庄；

1995 年，云顶石城被评为省级风景名胜区；

1996 年，县物价部门以金物价 199629 号文件批准景区门票为 5 元/人。2003 年，在县委统战部的组织协调下，将景区门票下调为 2 元/人，且 5 大佛事活动期间不收取门票；

2000 年，制定景区 3—5 年的资源开发利用规划，投入资金 20 万元，新建北城门—七佛岩—瓮城门游山道 1000 米，完成城墙、炮台的维修；

2002 年，配合市建委完成《成都市风景名胜志》材料的编写，新建和维护游山道 3 公里，加固和维护了部分城墙、马道、炮台，重建 11 个停车点；

2003 年，完成云顶石城景区的修编，新建游山道 2 公里，维护游道 5 公里。

二、三学寺

三学山位于县城东 6 公里处的栖贤乡圣灯村。相传为“蜀中八仙”之一的李八百三次修道之地。山踞通往川北之古代“阴引道”上，山下“三学隘”道险而长，扼成都东北门户。唐景福元年（892 年），西川王建攻杨晟于彭州，兴元帅杨守亮派昭救援，符昭进军成都，在三学山扎营，被王建部将华洪驱走。民国 5 年，“四川讨袁军”又曾于此设伏，围歼了一营骁悍的北洋军。

隋唐时山上建有延祥、广济、鸿都三寺，后改名为法海、普济、广济，总称三学寺。寺前有古开照寺，俗名前庵。诸寺前后竹树掩映，泉壑交错，原有飞来石、佛迹石、盘陀石、皇姑坟、黄犊塔、鹦鹉舍得塔、支提石塔、七佛岩以及栖贤洞（又名琴泉）、仙人洞、仙人井、洗马池和被列为金堂八景之一的“圣灯朝佛”等胜迹。唐代书法家李阳冰曾篆刻“龟鹤齐寿”四字于山岩上，剑南西川节度使韦皋、段文昌等，又为鹦鹉舍得塔、支提石塔撰文立碑。隋代高僧智炫、唐代高僧悟达国师、鉴源、慧观等均曾来寺讲经，悟达还请四川名画家李升在成都大圣慈寺绘制一者《汉州三学山图》加以推崇。古代，寺内曾藏有碧玉佛龛、藕丝袈裟、锦字《心经》、贝叶金字《涅槃经》等珍贵文物，今无存。三学山唐、宋以为即驰名川西，唐代诗人王勃、薛能、王雍、张虫宾 、杜光庭和前蜀后主王衍、太后、太妃（花蕊夫人）等都曾到此游历题咏。唐宋时代不少人开龛造像，题词刻壁，后人的题咏不可胜数。

明洪武中，“以三学、云顶赐蜀藩为金雁庄”。三学寺改名“栖贤禅院”，并在寺后盘陀石上修建一座由大小八万四千座塔聚成的“释尊无量宝塔”。旅华日僧东升为塔书写了《栖贤山道场禅寺石塔记》碑文。明末兵燹，“三石”“四塔”和珍贵文物毁灭不久殆尽。三学寺第三十二代住持僧大觉（法名性智），于康熙年间募化重修了三学和开照寺，均为三殿二厢房的四合院式建筑。“文化大革命”中，各寺殿宇佛像石刻多数毁破。1978 年后，山上遍种果树，登山游览，山川依旧，泉甃仍存。春满桃李，夏艳榴花，秋丰柑橘，冬挺松柏。前庵开照寺前，中二殿及左右厢房已修复。中殿关化等像仍然保留，有明嘉靖十八年（1593 年）等重修碑记六通。清康熙五十八年（1719 年），铸有蒲牢和各种纹饰古钟一口，高 1.3 米，口径 1 米。寺前永远乐年间的经幢巍然屹立，下寺尚存山门香樟和观音殿一间，透雕门窗，形式古朴，存南宋建炎四年（1130 年）的记游碑一通，历述当时山上名胜古迹。寺侧有千年凤尾松一株，主干高 2.5 米，径粗 1 米，上有七个分枝，大者径 0.2 米，挺拔茁壮，连年开花。寺后有唐代摩崖造像。中寺现尚存正殿，有清道光九年（1829 年）重修碑记一通，石雕卧牛柱础 1 件。上寺门前植有巨樟二株，重檐歇山式正殿基本完好，脊上绿琉璃宝珠和鸱吻安放完整，殿内存有部分佛龛，四面观音像一座和乾隆、嘉庆、道光年间四次重修碑记。另有一件石质香炉底座，四周透雕十二人物，姿态各异，殿后“释尊无量宝塔”之顶塔依然屹立，铭刻中日文化交流的《栖贤山道场禅寺石塔记》石碑亦完好保存。

三学寺于 1981 年被列为金堂县文物保护单位。

三、炮台山

炮台山与云顶山夹江对峙，海拔 844 米。因清代咸丰年间曾挖出 1 尊铜炮而得名。其山形似五瓣莲花，所以又名莲花山。

灵开寺坐落在炮台山顶，原名拈花寺，始建于清咸丰初年。光绪二十二年（1896）增修扩建，改名为灵开寺。原有伽蓝、弥勒、送子观音、大佛、祖师等 8 重佛殿及 1 所藏经楼。民国 25 年（1936 年）该寺悟道和尚圆寂，肉身不化，被供奉在藏经楼内。

“文化大革命”中，神像、经书均被毁，仅存大雄宝殿和残破的观音殿。1985 年，落实宗教政策后，由住持僧常太主持开展佛事活动，逐步复建庙宇。到 1990 年，共占地 4080 平方米，整个建筑有 3 条轴线，依山而建，从西向东。中轴线上为天王殿，然后依次是山门、观音殿、大雄宝殿。右轴线上依次为钟楼、药师殿、五观堂、内客堂与厨房。左轴线上依次为鼓楼、大悲阁与西客堂。观音殿建于民国元年，为石木结构，悬山式屋顶。全殿面宽 5 间，通高 7.4 米，素面台基高 2 台，有带栏杆垂带式踏道 12 级。后壁上还有“洪宪元年”碑刻一通。大雄宝殿建于清光绪二十二年（1896 年），为石木结构，悬山式屋顶。全殿面宽 7 间，通高 7.4 米，素面台基高 0.8 米，垂带式踏道 5 级。大悲阁为大殿怀观音殿间原有西厢房，石木结构，悬山式屋顶，面宽 3 间，通高 6 米。

寺内其余殿堂均修复，山门巍峨多姿，殿堂布局整齐，多数楹柱均有楹联及名家题刻。整个山寺颇为清幽雅洁。寺内保存清道光二十二年（1842 年）铸有蒲牢及多种纹饰，高 1.25 米、口径 1.1 米的古钟 1 口。寺内有 1 株奇特的桂花树，高约 3 米，1966 年枯死，1985 年复活，年年开花。为生物界一个奇迹。

1989 年区乡政府在山上增植数百亩银杏幼树。寺僧计划于 12 年内重建修复原有七重八殿，加筑围墙和增修罗汉堂 1 处，寺貌将更加宏伟。

1997 年，炮台山灵开寺召开四川省佛教界首届水陆大法会，到会有各界人士 6000 余人。

四、淮口南宋瑞光塔

瑞光塔在淮口镇南蛇山上。仿木楼阁式，通高 33 米，素砖建造，黄泥、白灰浆砌。塔有 2 层塔基，素面须弥座，塔身方形 13 层。底层 6.80 米见方，四角有半圆砖柱，各层渐次收缩，直至塔顶。底层四方开门。门下设阶梯式踏道 7 级，每层均为四楹三开间。底层有斗模栱 7 朵，角头铺作有假昂。以上各层每层半栱 5 朵。第六层前后塔铭均已剥落。塔身每层形成流线型塔檐，塔内 9 层塔室，与外表 11 层同高，有右旋式砖砌蹬道可达顶层。在第三至十一层中间，除第六层因有塔铭堵塞外，其余各层均有券洞假门及券洞假窗。有假门的各层高有佛龛，在第五层的壁老墙皮上留有“府城孙寄行定祐癸丑仲夏吉日到此游”的宋代墨书题记。塔原有塔刹，清代被雷电击落。根据此地行政建置沿革，塔与佛寺的位置、建塔材料，形制以及古籍记载等判断，此塔应建于南宋嘉定年间或以后。

此塔于 1981 年被列为成都市文物保护单位。2006 年 6 月，国务院颁布瑞光塔为第六批全国重点文物保护单位。

五、五凤古镇

五凤镇为成都市历史文化名镇，成都市重点镇，四川省历史文化名镇。是沱江码头集镇，镇内古建筑遗产和传统文化资源比较集中，保留了清朝传统风貌地方特色，具有独特的宗教文化、码头文化体系。有关圣宫、南华宫、火神庙、观音堂等十余座宫、庙、寺、堂、馆。有基督教合法活动场所。

哲学家贺麟，就出生在古镇五凤，其故居在金凤街。南华宫位于青凤街，200 多年前入川广东籍人修的会馆。占地 6500 平方米，建筑面积 3500 平方米，是古镇规模最大的公共建筑。关圣宫位于玉凤街，供奉关羽。属省级文物保护单位。建于康熙年间，乾隆、嘉庆又多次修缮。建筑卓具特色，整体布局，洋洋大观，正殿高大雄伟，廊柱粗壮威严，殿顶宝顶映日，翘角参天，戏台藻井彩绘及台沿木雕，栩栩如生；徽派风格的风火墙，被专家称赞为川西建筑风火墙的典型。来凤楼是民国年间修建的特色民居，既有前店后宅、四合院式的川西民居的传统风格，又兼有宅、厅、阁结合，融戏台、观景台、回廊于一体的风雅气派。门枋左长右短，暗合“左青龙、右白虎”，房屋依山而建，前低后高，取“步步高升”之意；整体建筑呈“凹”字形，是为“招财进宝”；墙体宅内用火砖，四周用土坯，因宅建筑在“黄狗恋窝”上，缘于狗喜土，不喜火。“宅大门小、天井小、宅水沟东南流”，符合《宅经》忌“五虚”宜五实之说。体现了中国古代的风水理论。龙凤井，“龙井”位于小凤街，与小溪南岸对应的“凤井”，合称为“龙凤井”。安凤廊桥，五凤溪穿街而过，有 5 座不同风格的桥梁。安凤桥取“平安五凤”之意，原为木石合建之廊桥。桥墩、桥头系浆砌条石；桥面及桥上栏杆、柱、顶均为木质。廊桥造型典雅、彩绘绚丽、雕镂精细。栏柱影壁，多有文人题咏。

六、天府水城

金堂县城赵镇居沱江之首，东依龙泉山，西接成都平原。赵镇汉代名“大渡”。北宋熙宁年间（1608—1077 年），梓州转运使韩王寿曾疏濬了金堂峡口外的险滩，以通舟楫，后人记其功，改大渡为

“韩滩渡”。清初，外来移民赵氏在此摆渡便利行人商贾，这里又称赵家渡。清康熙年间改为赵镇。因其地处毗河、中河（青白江）、北河交汇处，人们又习惯叫做“三江镇”。自古即为川西水陆交通枢纽，为古蜀四大名镇之首。被誉为“千里沱江第一城”，赵镇三河汇聚，四面环水，水在城中、城在水中，江中绿波回环，堤岸绿树葱茏、花园锦簇，享有“天府花园水城”“成都十大魅力城镇”之美誉，获“中国人居环境范例奖”“四川省文明县城”等殊荣。

在历史上，赵镇与江油中坝、渠县三汇、射洪太和并称为四川四大名镇，是川西通往川东直至长江中下游各省的水路咽喉要道，是川西的物资集散地和水运中心，川、陕、甘、鄂等省商贾云集，公私银行、钱庄10余家，商行、货栈、店、铺林立，三江河上每日停泊0.5万~5万公斤的大小木船上千只。原水运商埠的盛况，加上“韩滩春涨”的自然美景，有文人学士曾留下“镇含云岭千重雾，门泊长江万里船”“浩森三江合，千家古渡头。轻航天上坐，远市水中浮”“春色满江头，韩滩漾急流。水趋金灌口，人坐木阑舟。霭霭云光合，重重树影浮。平沙今夜月，沽酒拟登楼”“一棹闲寻渡口涛，鸭头新涨水滔滔。烟迷柳色刚三月，浪卷桃花恰半篙。人在桥西春似梦，笛来江上酒初豪。烟波最好斜阳外，独倚栏杆兴倍高”“万柳含烟浮碧浪，千峰环翠压春涛”等许多描绘水运繁忙和风光旖旎的佳句。

历经数年投入建设，今日金堂更加秀丽，天府花园水城特色更加突出。通过城市道路改造工程、城市自来水备用电源配套工程，金海岸公园、金阳公园、金山公园、金沙公园、南滨路、北滨路综合整治工程，韩滩桥至工农大桥沿河景观打造，毗河湾左岸建筑屋面改造、新建城市道路工程、滨江路综合改造工程、码头建设、游艇（船）建设等。“天府花园水城”整体形象得到进一步提升，城市休闲旅游功能日趋完善。

漫步这绿丝垂柳、花团锦簇的滨河公园；眺望龙泉山迤逦起伏、郁郁葱葱；俯视洒水如蓝，波光潋滟；水上荡舟、江岸品茗、河边垂钓，令人心旷神怡，实为旅游休闲胜地。

七、梨花沟

梨花沟景区位于金堂县栖贤乡境内，距成都至南充高速公路清泉互通口19公里、县城6公里处，位于省道唐巴公路侧面处。地处龙泉山支系，海拔540~1050米，为石板河流处。地跨梨花沟、盐井、尖山等三个村，总面积约30平方公里，主景区8平方公里，因沟内遍种梨树、春天梨花烂漫而得梨花沟之美名。是天府花园水城建设，打造乡村旅游的重要组成部分。

梨花沟种梨的历史久远。据专家考证，“百年老梨树”多达200余株，最老的围径1.50米以上的“梨山老母”10余株，树龄已达150年以上。遍山梨树品种繁多，1980年来，由于大力发展农村多种经营，引进和开发了不少诸如“三水”“鸭梨”“黄金梨”等系列新品种，对部分老梨树采取了高枝嫁接和培育复壮等技术措施。2000年后，又引进了适合当地经济发展的优良品种。2005年景区已种植梨树18万余株，桃树8万余株。

景区群山环抱，松柏成荫，森林覆盖率达42%以上。每当春暖花开、鸟语花香时，似置身于雪白的花海之中，有世外桃源之美感。

每当阳春三月，梨花飞舞、桃花映衬，整个梨花沟呈现一片花的海洋。万塍梨花，皑如凝霜飞雪，千亩桃花，艳似剪锦流霞。加之山顶森林茂密，清流成溪，幽潭影碧。游览此处，令人心旷神怡，愁虑皆消。农家小餐品茗，更具田园情趣。慕名而来的游客络绎不绝，是城郊接合部独一无二的自然休闲胜地。

梨花沟不仅风光秀丽，而且还演绎出许多动人的故事和传说。也留下了不少的名胜和古迹。“神仙洞”的美丽传说、“三百梯”数不清的玄虚故事，明清时代“观音庙”“月光庙”“花园寺”“系水桥”“桅杆石”等人文景观，和被当地人流传有“一里三座庙、三步两洞桥”的美妙传说，令人流连忘返、遐思万千。实为春天观花、夏季避暑、秋日品果、严冬赏雪的娱乐、休憩、度假的旅游胜地。

八、沱江小三峡及九龙长湖

全长620公里的沱江，发源于四川盆地西北边缘的九顶山。上游的绵远河、石亭江、湔江穿过崇山峻岭，与岷江水系的青白江、柏条河、毗河交织成网而流入金堂，形成毗河、中河、北河。三条河于县城赵镇的三江半岛顶端汇流成沱江。

沱江从三江半岛的梅林公园东下10公里处，切开龙泉山，形成险峻的沱江三峡——鳖灵峡、明月峡、九龙峡。

鳖灵峡为沱江第一峡。相传此峡为古蜀王望帝相鳖灵所凿，山崖上现还有“三皇庙”供奉鳖灵。宽阔的沱江在此突然收缩，峡口状如瓶颈，又俗称“葫芦口”。峡口江水下有巨石如船，天然造设，留下了“金船叙峡”的美好传说。鳖灵峡全长0.80公里，高峰插云，奔涛如驶，气势磅礴，雄峻异常。

明月峡，长6.50公里。因江流逶迤前行，弯状似月，故叫明月峡。两岸青山如画，层峦滴翠。左有山峰浑圆的龙宝山，山顶如台的炮台山；右有形如巨龙的大云项，状似白鹤的小云顶。左右夹江对峙，翠色各异。峡中有江水迂回、波涛汹涌、堆雪惊空的三皇滩；泡沫翻飞的走马滩，一滩接一滩，如烈马奔腾，险象环生。船行于此，浪遏飞舟，惊涛拍岸，无比壮观。

九龙峡，长1公里。从明月峡进入九龙峡，只见左岸有九条凸出地面的山脊，沿山而下，空江而过，又顺左岸的山势，窜上山巅，犹如九条蛟龙戏于山水之间，人称“九龙穿江”。故此峡口名曰九龙峡，江中险滩名叫“九龙滩”。今峡口已修筑大坝，建起了电厂。

沱江在九龙峡出口处，被九龙滩电厂大坝拦腰斩断，形成约16公里的人工湖——九龙长湖。

如今经过2002年12月10至2004年3月20日拓宽金堂峡谷1.20公里工程建设，乘舟畅游沱江三峡，虽不能再见当年的激流险滩。但那多姿的峻岭，苍翠的山林，神奇的悬崖，平静的湖水，迷人的倒影，还有那恩爱的鸳鸯，成群双蒸水的鱼群，扑翅追逐的野鸭，构成了大自然的美景。桃、李、杏、梨满山种植，一年四季，果香醉人。来此泛舟、钓鱼、游泳等，别有一番风情。

九、梅林公园

“浩渺三江合，千家古渡头，轻航三上坐，远市水中浮”。这就是游人乘船游沱江回道眺望赵镇所得的独特感受。在三江汇合的三角洲头沱江起点上，有一座风景秀丽、颇具特色的梅林公园。该园始建于1926年，原名横渚公园，1977年重建，更名为梅林公园。公园三面环江，一面依城。看江面，烟波浩渺，鱼跃鸢飞，常有白禽点点，渔舟片片；看河堤，桃花艳艳，垂柳依依，桃红柳绿，相映成趣。园内百鸟争鸣，嘤嘤成韵，花木葱茏，四季如春；小桥流水，迂回曲折；亭台楼榭，错落有致，景色十分幽雅。梅林公园以梅花而得名。朱德总司令在护国军中任职时曾到此赏梅；1956年朱德委员长来川视察，再次游历梅园，为梅园增辉添彩，被后人传为佳话。公园重建时，造湖垒山，增植各种名贵花木。园内有双人合抱的古树数十株，老树新枝，格外苍劲。新辟梅园，遍植春梅、蜡梅和桂花。如今梅桂佳木成林。岁末年初，梅花怒放，傲雪迎春，幽香宜人；金秋时节，丹桂哇蕊，满园清香，沁人心脾。每当梅桂开放时节，游人络绎不绝。1990 年，园内新建浮香桥一座，把公园同河心岛连接起来。2006 年，在园内沱江源头修建梅林码头，成为赵镇—云顶石城水上旅游的起点。

十、绿岛

绿岛公园位于享有“中国西部花园水城”的赵镇，是一座地处“千里沱江第一城”的天然岛屿，素有“天然氧吧，绿色典范”的美称。绿岛公园建于 1994 年 9 月，由一个体商出资兴建。是以休闲、娱乐、度假、经营为一体的开放性公园。位于工农桥与毗河桥之间的毗河中央，占地 13.80 万平方米（200 亩），投资 3000 多万元。1994 年前系赵镇前进村农耕土地或河滩地。1986 年至建公园期间，县城各机关、团体、企事业单位在此广植麻柳、枫树、栖木、榆树、杨柳树等，进行全民义务植树活动。1994 年建成开放的绿岛休闲会务中心可为您提供餐饮、娱乐、住宿、健身、商务、会议、休闲等旅游服务。全岛碧水环绕，绿茵如毯，岛上千树鲜果，百木成林，莺歌燕舞，有“身在绿岛中，人在画中游”之说，可领略大自然清新的芬芳。

公园的西端仍保持原植树造林形成的森林风貌。在公园的北侧与县城南环线之间的河流上架设桥梁，从此天然孤岛有通道。在岛的周边砌筑堡坎，铺设道路，栽植垂柳，形成独特岛屿风景。园内中央南侧建有宾馆、茶楼、餐饮、会议室、别墅等现代楼房。公园东头设有川西民间茶摊，供普通游人消费。园内道路四通八达，均系混凝土路面。公园进门右侧挖掘有圆形荷塘，塘内养鱼可供垂钓。在会议厅的东侧也建有弧形水池，南侧与毗河相连，池岸卵石丁步，且池岸栽植垂柳，风景迷人，在宾馆的西边设有网球场 2 处，供游人锻炼身体。在荷塘的西侧广植脐橙、广柑、柚树，形成成片柑橘林。在绿岛进门正对方和左侧设置大片草坪，草坪中植有部分人工造型灌木，供集会、大型文艺演出、观赏使用。在公园东侧散植红叶李、蜡梅、红梅、黄花槐，琴丝竹、观音竹、芭蕉等园林树木。

十一、舒家湾

舒家湾天主教堂位于原同兴乡三皇庙对岸上山两公里处的舒家湾。它始建于清代乾隆年间。由罗马教廷任命主管四川云南教区的法国司铎李德组织兴建。清光绪二十八年（1902 年）被金堂义和团捣毁后重建。教堂占地数十亩，石砌护围设七道门，正门有石牌坊，中为宽敞庄严肃穆的礼拜堂，内部装饰华丽，左右为两院居室。俨若立体建筑的牌坊墙面，用红砂石雕花精砌，与精工制作的圆形花窗相配，既具有西方建筑艺术的特点，又具有中国建筑的风味。中西合璧，是西南地区保存完好的早期教学建筑群之一。到舒家湾教堂，不仅可以观赏工艺精湛的建筑，还可以凭吊当年金堂义和团反洋反清的战场遗址。

十二、亲水公园

亲水公园建于 2003 年 8 月。位于毗河大桥南端西面，占地 56667 平方米（85 亩）。园内中央有水池一处，北辟小溪与毗河相连，南掘曲渠与毗河大桥旱桥桥下穿过，池面面积约 11300 平方米。常有渔翁垂钓，池岸、溪壁平坦，用大卵石铺砌而成，形似自然溪、湖。水池南侧小溪口建直廊60余平方米，廊之中央建双层亭。建筑形式为绿色筒瓦古建筑，下部结构梁、柱、飞来椅等为钢筋混凝土，上部吊花和瓦桷为实木结构，供人们休闲观景用之。在南侧曲溪的中段建有仿竹小桥一座，钢筋混凝土结构。在水池北侧曲溪口也建有仿树小桥，仍为钢筋混凝土结构。公园南入口设有约6米高，直径40厘米的彩色灯柱十柱，且沿道路两旁满园设置照明园景灯、夜幕降临景色迷人。园内主要道路与次要的游园道路迂回曲折，青石板铺面。满园种植蜡梅、桂花、石榴、柚树、海棠、杜鹃、月季等几十种花木。黄桷树、三叶树、雪松、垂柳、蒲葵、杨树、琴丝竹等散置园内，为公园营造绿色风景。亲水公园由金堂县三中园区管委会出资兴建，金堂县园林局负责日常管理，系无围墙的开放性公园。

第三节　节会旅游

一、金橘节

1990年10月20至30日，金堂县举办了首届“金橘会”。“金橘会”以丰富的物资、多彩的活动、整洁的环境、上乘的服务、热情的接待，迎来了全国各地嘉宾，这是一次融文化、民俗、贸易、旅游为一体的空前盛会。金橘会在赵镇中河举行，70多个单位、万名演员，表演了长龙戏桔、乘舟报捷、水中擒鸭等8组节目。金橘会的物资交易十分活跃，柑橘质优量多，地方产品琳琅满目，充分展现了“果乡水城”物资丰富，繁荣兴旺。1992年11月27日至12月4日，第二届金橘物交会召开。接待客商510家共1895人参会，商品购进2428.51万元，总销售额5477.31万元。第三届金橘物交会：1996年11月30至1997年1月10日，商品购进2428.51万元，总销售额5477.31万元。1997年11月28日至12月6日，第四届金橘会物资交易会举行，商品总额4799.50万元，总销售额1.30亿元。1998年11月18日，第五届金橘会物资交易会开幕，历时8天，商品交易额10875万元，接待客商121个，签订期货合同95个，总额为405.80万元。1999年11月18日，第六届金橘物资交流会举行，历时8天，商品成交总额11078.50万元。2000年11月，举办县第七届金橘物资交易会，实现商品成交总额12340.70万元。2001年11月，举办县第八届金橘物资交易会，实现商品成交总额10570万元。2002年，金堂县开发会展经济，激活商品市场，11月举办了金堂县第九届金橘物资交易会。据统计，全年交易会实现商品成交总额11415.70万元，其中：批发4142.40万元，商品零售4246.60万元，商品购进3026.70万元，接待客商1200人次。打造餐饮服务品牌，促进餐饮消费持续增长。支持餐饮服务单位积极扩大投资，完善配套设施，增加服务功能，争创星级。积极发展以农家乐、观光果园为特色的休闲、假日经济。2003年11月，县举办第十届金橘物资交易会，历时七天，共接待省内外客商1000余人，实现商品成交总额12054万元。2005年12月28日 第五届房地产交易会隆重召开。

二、金堂县首届梅花节

1994年12月28日，首届梅花节物资交流会在赵镇举办，历时8天。1995年1月，梅花节招商仪式举行。

三、脐橙节

1996年11月21日，首届三溪脐橙节在三溪乡举行。1997—1998年三溪举办了第二、三届脐橙节。1999 年 11 月 21 日，第四届脐橙节在三溪乡举办。2002 年 11 月 19 日“中国・四川・金堂第七届国优脐橙节”在黄家乡举行。2003 年 11 月 21 日，由成都市人民政府主办，金堂县委、县政府承办的 2003 中国成都・金堂国优脐橙节在县城绿岛隆重开幕。县委副书记吴幼章主持开幕式，县委副书记、县长舒刚致欢迎辞，副市长邓全忠讲话并宣布脐橙节开幕。省政府顾问赵文欣、省农业厅厅长滕彩元、市政府副市长邓全忠、市政协常务副主席张继海等省、市领导，省市部门领导，成都市各区（市）县领导，广汉市、简阳市、中江县的领导，500 多家外地客商，新闻记者及县四大班子领导，各部门、乡镇负责人，农产品生产大户和营销大户，农技人员和群众共 5000 多人参加了开幕式。2005 年 11 月 18 日，2005 中国・成都金堂国优脐橙节在三溪镇白庙村举行。

四、端午节

1999 年 5 月 18 日 金堂县举办“庆端午”夏季商品交易会，历时 7 天成交总额 410 万元。

五、历届金堂黑山羊节

金堂县自 2000 年举办第一届黑山羊节至 2005 年，全国各省、市、县来金堂县引种羊的客户络绎不绝，极大地提高了广大农户饲养金堂黑山羊的热情，推动了金堂黑山羊产业的快速发展。全县黑山羊存栏由 1999 年的 11.90 万只增至 2005 年的 21 万只，市场价格也节节攀升，全县黑山羊产值翻了一番。同时，通过每年举办“金堂黑山羊节”，宣传了金堂黑山羊作为四川省优良地方山羊品种的品牌，提升了金堂黑山羊在市场中的占有率，为金堂县养羊业健康、快速发展创造了良好的外部环境和内部生产条件，保护了作为四川省优良地方山羊品种的资源，加快了金堂县养羊业的规模化、产业化发展进程。

（一）第一届金堂黑山羊节

2000 年 12 月 18 日，由中共金堂县委、金堂县人民政府主办，金堂县畜牧食品局、栖贤乡人民政府承办的首届金堂黑山羊节在栖贤乡犁花沟村举行。四川省畜牧食品局副局长罗毅、四川省畜禽改良总站副站长付昌秀等省市领导，县委副书记郑天奇，各乡镇党委书记、乡镇长及农口系统各局负责人、社会各界群众参加了开幕式。开幕式上，举行了金堂黑山羊赛羊会，并现场拍卖了优良种羊，参加者达 1.20 万人。

（二）第二届金堂黑山羊节

2001 年 12 月 18 日，由成都市农牧局、中共金堂县委、金堂县人民政府主办，金堂县畜牧食品局、三星镇人民政府承办的第二届金堂黑山羊节暨金堂黑山羊品种命名大会在金堂县三星镇来宝沱村举行。四川省畜牧食品局副局长李昌平，县委书记赵德喜、副书记郑天奇、县长何冰，各乡镇党委书记、乡镇长及农口各局负责人和社会各界群众参加了开幕式，参加者达 1.50 万人。县委、县政府表彰了第二批优质肉羊基地乡镇和黑山羊养殖大户；对优质黑山羊种羊评比，并进行种公羊、种母羊竞价拍卖。三星镇、竹篙镇、福兴镇选送的种公羊分别获得种公羊一、二、三等奖，又新镇、广兴镇、高板镇选送的种母羊分别获得种母羊一、二、三等奖。

（三）第三届金堂黑山羊节

2002 年 12 月 18 日，由中共金堂县委、金堂县人民政府主办，金堂县畜牧食品局、赵镇人民政府承办的第三届金堂黑山羊节在赵镇狮子村举行。省市领导，县委书记赵德喜、副书记郑天奇、县长何冰，各乡镇党委书记、镇长及农口系统各局负责人及社会各界群众参加了开幕式，本届黑山羊节的主要内容是：品尝金堂黑山羊肉、羊肉汤及羊系列产品展示。参加人员达 6.80 万人，打出了金堂黑山羊的品牌气势，迎来成都附近上万人专程赶来品尝金堂黑山羊肉、汤锅。

（四）第四届金堂黑山羊节

2003年12月18日至19日，由四川省畜牧食品局、成都市人民政府主办，成都市农牧局、中共金堂县委、金堂县人民政府承办的“2003中国·四川首届山羊节暨成都市第四届金堂黑山羊节”在绿岛会务中心举行。省、市局领导，全省各地市州畜牧主管部门的领导，省内著名养羊专家，县委、县人民政府、县人大、县政协等县领导及各乡镇、农口系统负责人及社会性各界群众参加了开幕式。开幕式上，成都市锦城艺术团演员和四川著名笑星李伯清前来助兴。

为扩大本届黑山羊节影响，12月12日，县长何立斌主持了在成都太城宾馆举行的第四届金堂黑山羊节新闻发布会。

本届黑山羊节邀请四川省内比较有名的超市及县内外畜产品营销大户在金裕大酒店召开了金堂畜产品营销座谈会。在绿岛会务中心举办了四川省养羊业成果展示会，全省各市、地、州畜牧主管部门组团参展。12月19日，在绿岛会务中心召开了四川省养羊业工作会和四川省养羊研究会年会，全省各地市州畜牧主管部门的领导和四川省养羊研究会会员参加了会议。会上，省畜牧食品局授予金堂县等10个县为“全省养羊十强县”，并命名金堂县为“无公害肉羊（金堂黑山羊）基地”；召开了养羊专题学术报告会，举办了烤全羊篝火锅庄晚会。

（五）第五届金堂黑山羊节

2004年12月17—19日，由中共金堂县委、金堂县人民政府主办，金堂县畜牧食品局承办的成都市第五届金堂黑山羊美食节在赵镇滨江路口举行，省畜牧食品局常务副局长李昌平等领导和县委书记付毅、县长何立斌等领导，各乡镇分管领导及社会各界群众参加了开幕式。12月18日，由中共金堂县委、金堂县人民政府在成都老房子大酒店举行金堂黑山羊特色菜品推介会。

（六）第六届金堂黑山羊节

2005年12月18日至25日，由中共金堂县委、金堂县人民政府主办，金堂县畜牧食品局承办的成都市第六届金堂黑山羊节在赵镇绿岛会务中心举行，省市畜牧主管部门领导，县委、县政府、县人大、县政协领导及各乡镇、农口系统负责人及社会各界群众参加了开幕式。本次活动采用政府主导，企业参与的全新模式策划运作，活动特邀成都市星宇星河演艺策划有限公司和甘孜州文化旅游局策划并组织开幕式专场文艺晚会和藏族风情文艺表演。本次活动主题是“品金堂黑山羊美食，览西部花园水城风光”，参加人员达3万人。通过举办本届黑山羊美食节，以金堂黑山羊美食为亮点来支撑金堂的休闲旅游业。

六、天府花园水城游乐节

从2004年开始，金堂县在每年“五一”黄金周期间，举办了游乐节。2004年在上海温州商城及附近水域举办了“东方伊甸园之旅—2004年中国·西部花园水城游乐节”，此次活动称为“中国百姓生活游”和东方伊甸园系列活动之一，内容丰富，有渔舟表演、龙舟表演、中国国家滑水队大型滑水表演以及群众喜闻乐见的民间活动。2005年举办了“第二届中国西部花园水城游乐节”地点在金堂县城——上海温州商城及附近水域，活动内容有大型水上竞技表演，水中焰火、水上演唱会、水中擒鸭、渔舟表演、美食节、水上服装表演等。“五一”期间活动内容丰富，吸引了大批游客和市民，展示了天府花园水城的魅力。

七、钓鱼节

从2004年开始，共举办了二届钓鱼节，接待游客49.53万人，旅游收入1450.92万元。2005年9

月 30 日，2005 中国·西部花园水城钓鱼节在县城毗河大桥侧亲水公园开幕，为期 7 天。

八、五凤古镇赏花会

2005 年 3 月 16 日五凤镇在五凤场镇的江西馆丫口举办了以“游古镇赏桃花”为主题的首届桃花节。五凤镇党委书记尹全红主持桃花节开幕式，成都市和金堂县领导在开幕式上讲了话。当天有成都市、金堂赵镇和简阳市、德阳市等地游客 1000 多人参加开幕式。以后的几天游乐时间，举办了游客参与的拉响篝游乐，坐鸡公车等。在三天的游乐节活动中，近万人游五凤古镇，品尝五凤草堆子馍馍和艾巴馍馍（一种用野菜做的锅边馍馍）等相传久远的名小吃。五凤的老人们自发组织起拉船队，唱起船工号，集中展示了五凤作为清朝中叶年间川西大码头的文化风采，在古镇的场镇内，关圣宫，王爷庙等古迹地，当年的成都知青自动地当起了导游，讲述这些地方发生的故事以及他们在这里的生活。从此，每年桃花盛开和端午等节日都有大批游客来五凤观赏古镇风采，高峰时每天接待游客达四五千人，逐步扩大了五凤古镇的知名度。

九、物资商品交易会

2000 年 5 月，县举办“庆端午”夏季商品交易会，成交总额 4100 万元。2001 年 5 月，举办夏季商品交易会，成交总额 4500 余万元。2002 年，金堂县开发会展经济，激活商品市场；5 月，成功举办了夏季商品交易会，实现商品成交总额 4400 万元。2003—2005 年每年夏季举办了一次物资交易会，较好地实现了旅游商业交易。

第四节　乡村旅游

一、翠云居

位于金堂县三星镇天灯村赖家弯，属农家风格，准三星级农家乐。

二、田园

田园为二星级农家乐，位于赵镇金广路右侧赵镇赵渡社区 7 组（原三江村 6 组），占地面积 2000 平方米，建筑面积 1000 平方米，园内整洁，环境幽雅，具有独特农家乐风味，可容纳 400 人同时就餐，承接团队婚宴、生日聚会、朋友聚餐等。特色菜品：家常菜、风味菜。

三、江涵园林

江涵园林坐落在栖贤乡梨花沟中心地带，占地 0.80 公顷（12 亩），可一次容纳游客 500 人。江涵园林体现人与自然和谐相处，展现百年老梨树的沧桑风姿，感受山野风光的无限乐，特色菜肴：回锅黑山羊肉、野生黄辣丁、生态猪老腊肉、原始烧烤。为“★★”级农家乐。

四、万和楼

万和楼坐落在风景秀丽的金堂县栖贤梨花沟主景区，新建于 2006 年秋季。背靠森林、空气清新，自然条件得天独厚，该山庄占地 0.93 公顷（14 亩），设有餐饮、中小型会议室、机麻室、雅间、住房部，并建有健身房、乒乓台、篮球场等运动设施。山庄内部设施高档，休闲桌椅齐全、园林绿化美观，配有小桥流水、喷泉、草坪音响。四季鲜花盛开、树林丛中配有休闲桌椅，在园中喝茶、娱乐让人心旷神怡。山庄邀请了长期从事既有农家风味特色，又具有川菜、湘菜、粤菜相结合的专业厨师主橱，既注重营养，又注重味道，可同时容纳500人就餐，也可开展露营、篝火晚会等活动，是梨花沟景区唯一的“★★★”级乡村酒店。

五、梨花第一村

梨花第一村幽立于栖贤乡梨花风景区，长廊亭阁，古朴典雅。泉水鸡、泉水兔、烧烤系列四季飘香。烤全羊更为该村一绝，吸引了成都、新都、青白江等外地的游客“春赏花，夏乘凉，秋采果，冬烧烤”，为“★★”级农家乐。

第五节　旅游服务机构

一、旅游局

1992年6月，县成立金堂县旅游事业管理局。1993年3月，县旅游事业管理局与金堂县文化局合并成立金堂县文化旅游局。1996年8月，县政府批准重新组建金堂县旅游事业管理局。内设办公室、业务管理科、经济管理科，至2005年未变。直属单位有：金堂县旅游开发总公司、云顶石城风景区管理处、成都青年旅行社金堂分社。

二、下属机构

金堂县风景旅游局云顶石城管理处成立于1992年，系全民所有制事业单位，县风景旅游局下属事业单位。主要负责云顶山风景区开发，建设、管理及旅游经济实体工作。金堂县风景旅游局旅游开发总公司成立于1992年，系全民所有制事业单位，实行企业化管理，为金堂县风景旅游局的下属单位，主要负责从事旅游开发业务；从事旅游产品开发；按规定从事房地产开发业务和商品贸易经营以及承办旅游项目等其他有关业务。金堂县风景旅游局旅游执法中队成立于2001年，为金堂县风景旅游局直属的正科级执法机构，负责进行全县旅游市场执法检查，查处旅游经营单位、从业人员的违法经营行为，受理旅游投诉、举报，承办旅行社质量保证金理赔案的赔偿；协调县重大旅游安全事故的救援与处理。

第十九篇　财政　税务

金堂县财政局按照县委、县政府决策，履行财政职能，强化预算管理，全县财政收入逐年增加。1991—2005 年，全县实现财政总收入 255383.50 万元；财政支出：314221.50 万元。2005 年全县实现财政收入 32509 万元，实现财政支出 51493 万元。金堂县地税局负责全县地方税（费）征收管理工作。1994 年 9 月，金堂县地方税务局与国税局分设成立。1994—2005 年，地方税共征收入库税款 89713 万元，征收各费 7133 万元。金堂县国税局负责中央税、中央和地方共享税的征收管理工作。1994—2005 年，共组织国税入库 105132 万元，其中增值税、消费税入库 95167 万元。

第一章　财政状况

第一节　财政机构

一、财政局

金堂县财政局 1991 年内设：办公室、预算股、行政财务管理股、工交股、商贸股、农财股、农税股、综合股、会计管理股、控制社会集团购买力公室、财政调研室、公费医疗办公室和证券交易所。1992 年 6 月 26 日成立金堂县国有资产管理局。1992 年 8 月 28 日成立金堂县财政信用投资公司。1994 年 9 月 30 日，根据成都市财政局文件通知，财税分设，金堂县地方税务局挂牌成立，财政局农税科划归地税局，局机关 10 人归属地税建制。1995 年 5 月 4 日建立财政局人事股。1995 年 5 月 26 日，财政局对内部机构进行调整：撤销“控制社会集团购买力办公室、监察科”。“控办”并入行财科，“监察科”并入会管科。局内科室设置由原来的 8 股（1995 年前）、4 室、1 所改为 6 科、3 室、1 所、1 公司、1 局（国资局）。2001 年 5 月，县财政投资公司停业，年底注销。2001 年 11 月，根据上级机构改革要求，财政局内设机构精简。撤销“国库综合科、国资办秘书科、企业经济建设科、政府采购办公室（并入行财科）”局机关科室由原来的10个精简为8个。同年在机构精简的基础上，局机关首次实行中层干部竞争上岗，一般干部双向选择的用工制度。

2004年5月19日建立金堂县国库集中支付中心，隶属财政局内设科室。2004年12月27日成立社会保障科，从原行财科分离。截至2005年年底，局机关共有职工71人。

二、下属单位

1991年年初全县共有区、乡镇级财政所51个，在职职工186人。1992年10月根据四川省人民政府文件和市县有关撤区并乡建镇精神，进行机构改革，全县由51个区、乡、镇财政所撤并为24个乡镇财政所，在职职工187人。1994年10月根据成都市财政局文件通知，财税（地税）分设，乡镇财政所人员部分划归地税局建制，全县乡镇财政所保留96人。2001年6月乡镇财政所人员划归乡镇政府管理，财政所人员档案移交给乡镇，财政局与乡镇财政所由主管部门改为业务指导关系。2004年12月机构改革，乡镇合并，全县乡镇财政所由原来的24个缩编为21个，全县共有财政职工82人。

第二节　县财政体制

一、预算管理体制沿革

1991—2005年，成都市对金堂县财政体制有三次大的变动。具体的政策变动如下：

（一）1991年至1993年。1987年财政管理体制实行较大改革，改原来的“超收分成”财政体制为“上交递增”包干一定三年的财政体制。此次体制改革，市财政局核定金堂县的收入基数为32788万元，财政支出基数为1893.60万元，递增包干上解基数为1385.20万元，年递增上交比例为5%。

（二）1994年至2000年实行“双轨运行”“分税制”财政体制。1994年中央对地方实行分税制财政体制改革，同时实行税改，比照1993年基数增长的部分，按30%返还县级财政。此次分税制改革，市核定金堂县上划“两税”（即增值税，消费税）基数为4086.60万元，税收返还基数为3890.90万元。

（三）2000年省财政对市县地方税实行增长分成政策。

省财政对地方税的营业税、个人所得税、房产税、资源税、城镇土地使用税、印花税、契税和增值税25%，实行超1999年按比例分成，省分成35%，市县留成65%。同时取消老体制的每年“递增上解”。省财政的这一财政体制政策，旨在对市县实行单轨运行的分税财政体制，1999年老体制上解2444万元进入定额上解数，本次体制调整金堂县新增上解500万元。

二、财政体制

2000年省政府、市政府对区（市）县财政管理体制进行了调整完善。即从2000年1月1日起，省市对县的财政收入实行税收分享；实行新老体制并轨，成都市取消双轨运行机制；规范财政收支管理，确保新财政体制的顺利实施。此次新财政体制改革，成都市取消了金堂县“递增上解”和“分税制”双轨并行的财政体制，实行“分税制”并轨运行的财政体制。

第三节　财政主要支出状况

1991年全县行政管理财政支出772.4万元，2005年支出6844万元。财政支持农业的资金主要分为三大类：一类是支援农村生产资金，主要用于小型农田水利和水土保持、支援农村合作生产组织、农村农技推广和植保补助、农村草场和畜禽保护补助、农村造林和林木保护补助、农村水产和发展粮食生产专项补助等资金；二类是农业事业费，主要用于农业企事业单位的人员工资、基本建设支出和科技三项支出等费用；三类是农业综合开发。1989年起至2005年，一直都是项目县，同时争取到“微水治旱”“坡改梯”“集水节灌工程”“以工代赈”“提灌站改造”等一大批项目。通过这些项目资金支持，使金堂农业发生了根本性变化，打破了传统的“小农经济”局面，建立起了“商品型、科技型、高效型、生态型”“三高农业”新格局，建成了一批优质农产品基地。1991—2005年，全县用于支援农业的资金达45144.40万元，其中：支援农村生产支出17393万元，占农业总支出的38.50%；农业事业费22820.70万元，占农业总支出的50.60%；农业综合开发4930.70万元，占农业总支出的10.90%。整个农业支出占全县财政总支出的14.40%。金堂县财政支持农村经济发展，逐年增加对农业的投入。1990年财政支农资金为879.10万元，占当年财政总支出16.80%，2005年达到9192万元，占当年财政总支出的17.90%。2005年比1990年净增财政支农资金8312.90万元，增加了8.5倍。

第二章　支持经济体制改革

第一节　国有资产管理

1992年6月26日，成立金堂县国有资产管理局，负责对企、事业单位的国有资产进行产权登记，评估等工作。1992年全县实有国有资产25625.20万元，其中：事业行政单位占用额为13933万元，占54.40%；国营建设单位使用国有资产为419.60万元，比例为1.60%；股份制企业使用国有资产为350万元，比例为3.30%；城市房产部门使用国有资产1148.40万元，比例为4.50%；其他金融企业使用国有资产1002.20万元，比例为3.90%。1993年4月根据国务院、市清产核资领导小组关于清产核资工作的统一部署，金堂县82个部门（包括乡镇）及所属的232个单位开展了财产清查登记工作，清查面达100%。通过清查，全县行政事业单位资产总值为23987万元，占清查前账面数的15.60%。国有资金清查核实数为16676万元。根据成都市人民政府办公厅《成都市清产核资试点工作方案》的通知，选择了金堂县天然气建筑材料总公司、金堂县赵镇面粉厂、金堂县九龙滩电厂、金堂县氮肥厂为试点企业。对四户试点企业进行了资产清查、产权界定、价值重估、国家资金的核实、产权登记、建章、建制。通过资产清查，资产价值15049万元，比清查前增加了3890万元，增加了34.80%；核实了国家资金 7443 万元，比清查前增加 3890 万元，增长 109.50%。

1993 年 7 月，根据国家体改委、国家国有资产管理局《股份制试点企业国有资产管理暂行规定》，同意金堂县九龙滩电厂改组为股份制试点企业，将该厂评估的生产经营性净资产 4246.20 万元转为成都九龙电业（集团）股份有限公司的国有股股权，并委托该公司对评估后的非经营性净资产 252.40 万元进行专项管理。1994 年，按市清产核资领导小组的安排，对县水电局下属 5 个事业单位进行了清产核资工作。清查了资产总值 1453 万元（含待处理损失 15 万元），比清查前增加了 263 万元（属盘盈和产权界定增加），增加 22%。固定资产重估增值 802 万元，核实国有资金 2133 万元，比清查前增加 787 万元，增长 58.46%，同时也增加了注册资本金 787 万元。1998 年 10 月 25 日，根据金堂县企业转换经营机制领导小组文件，同意成都全兴酒厂金堂兴淮分厂改组为有限责任公司。2000 年 12 月 11 日，根据成都市人民政府成府《成都市人民政府关于同意成立金堂县国有资产投资经营有限责任公司的批复》，将国资管理局持有的成都九龙电业股份有限公司 4246 万元国有股份划拨给金堂县国有资产投资经营有限责任公司管理和经营，并用 3000 万元作为该公司的注册资本。2005 年 4 月，县国资办同意金堂县广播电视台以拥有的金堂县有线广播电视网络净资产的 51%，作价 666276.28 元，向成都市兴网传媒有限责任公司投资；49% 向成都市兴网传媒有限责任公司金堂子公司投资。2005 年 4 月，根据市委、市政府《关于深化成都市乡（镇）机构改革的意见》、县委《关于金堂县深化乡（镇）机构改革的实施意见》和县政府办《关于批转〈金堂县畜牧食品局关于妥善处理原乡镇畜牧兽医站撤销改制有关报告〉的通知》的要求，对原乡镇畜牧兽医站撤销改制后的资产遵照公开、公平、公正的原则进行了处置。

第二节　支持企业转制

县对中小型国有企业全面推行改革，主要形式有：股份有限公司、股份合作制、有限责任公司、改组、出售、破产、租赁、承包和国有民营等形式。1998 年，改制 16 户股份合作制企业，转让生产性国有企业资产 945 万元（不含土地使用权）；组建九龙股份有限公司，盘活存量资产 10800 万元，设置国有股份 4200 万元，1994—1997 年分红 3570 万元；经县政府批准用国有企业转让收入组建了金堂国有资产投资公司和科技进步投资公司，建立了国有资产发展和科技进步基金。以两个公司为依托对外引进资金 3130 万元。2005 年底，金堂县对部分国有企业和事业单位进行了改革和资产重组。

一、对金堂县粮食企业改革

金堂县粮食企业有 11 个，负债达 28204 万元，资产负债率 128%，职工总人数达 2000 人，拖欠各项社保 1200 余万元，可变现资产不仅少而处在偏远乡镇，难以变现筹措减员分流职工所需资金。2004 年 8 月启动粮企改革、减员分流工作。全县粮食企业实现减员分流职工 1235 人，占全部粮食企业职工人数的 83.96%，基本完成粮企减员分流工作，年节约经营成本 700 余万元。

二、深化成都金堂电业股份公司改革

2003 年底，全县农网改造工程基本完成后，为实现“同网同价”，同时又确保企业不亏损，经股东大会通过，县政府批准，将成都金堂电业股份公司转让给成都九龙电业股份有限公司（县江源公司）。新公司接收和安置原公司员工 103 人，并于 2005 年 1 月实现了整个供区的同网同价。每年可为供区群众节约电费支出达 300 余万元。

三、对金堂殡仪馆资产和经营改革

金堂县殡仪馆是民政局下属的国家全民所有制事业单位。始建于1974年，1977年正式投产，位于金堂县赵镇同乐村，占地面积8166.71平方米，房屋建筑面积约2898.26平方米。截至2004年11月30日，经评估，资产总额602.55万元，固定资产287.85万元，流动资产96.19万元，无形资产218.51万元，净资产534.97万元。职工50人，其中纳入人事编制部门管理的31人；为纳入人事编制部门管理的合同工15人；退休4人。经公开拍卖实现转让收入920万元，分流人员44人，支付安置费174万元。

四、对乡镇畜牧兽医站改革

金堂县有24个畜牧兽医站，机构臃肿，资源浪费严重，负债累累，全部资产总额256万元，负债高达162万元。县政府决定实行人员分流，资产整合，建立畜牧兽医片站的改革。通过改革分流人员288人，支付安置费338万元，其中：资产变现67万元，临时借款271万元，年节约财政资金200余万元。

五、财政信用资金管理

金堂县财政信用投资公司经金堂县人民政府批准，于1992年8月1日组建，主要开展拆借、融资、发行和代理发行债券业务。截至2001年，公司总规模达13447万元，其中向社会发行和代理发行债券8400万元。资金主要用于金堂县重点企业发展、基础设施建设。清理整顿金堂县财政信用投资公司，关停时间：2001年5月21日起对金堂县财政信用投资公司实行关闭，停止发行和转存业务。清理整顿原则：对原由金堂县财政信用投资公司向社会发行的金堂经济建设集资券，实行“政府承诺，财政兜底，严格依法，确保利益，还本付息，分期兑付”的原则。本金兑付期限及比例：兑付期限为5年，从2001年到2005年兑付完毕。分年兑付比例为：2001年10%；2002年15%；2003年20%；2004年25%；2005年30%。付息标准：严格按照国家法定利率标准计算，在分年度兑付本金时一并支付利息。分年兑付资金：2001年1080万元，2002年1442万元，2003年1815万元，2004年2179万元，2005年2534万元。五年合计兑付9050万元。

第三章　财务管理与监督

第一节　会计事务管理

一、会计管理

1991年累计实现会计工作达标119个，升级3个。1992年56个单位会计工作达标。1996年全县620个会计单位，2350名会计，全部参加了自查自纠工作。2000年，按照财政部、省、市财政部门和县上布置，县财政部门，与有关部门配合；认真开展专项检查，确保了财经纪律的严肃性。2003年，按照市财政局对财政监督工作的总体要求，加大监督力度。加强对“收支两条线”执行情况检查，促进“国库集中支付工作的顺利开展”。2003年底，全县已纳入财政专户管理资金达5100万元。杜绝各类“小金库”，强化预算外资金管理，增大了政府可支配财力总量；在24个乡镇实行乡镇财政统一核算，取消了乡镇行政事业单位的原银行账户，重新开设相关账户。对乡镇所有单位收费票据实行统管，保证“缴收分离”和“罚缴分离”，规范了会计核算；重点对享受工资直发的人员基础资料进行核实，保证了全县行政事业单位人员工资从9月份、乡镇和民政优抚救济人员补助以及农村税费改革转移支付人员经费从7月份起实行国库集中支付银行直发。2004年，开展行政执法检查，规范行政执法行为。加强对预算外资金、财政预算资金、国债资金等财政监督检查；对全县申请以计算机代账的33个事业单位，按照《成都市计算机替代手工会计核算验收确认工作规范》的要求，进行了实地验收。

二、会计委派

2000年，金堂县试行会计委派制度有下列几种：（一）集中账户统一管理形式。（二）委派会计机构负责人形式（三）委派财务总监形式。主要是以产权管理形式来体现。（四）审核所在单位对外报送的财务会计报告，并与单位负责人共同确认其真实性、完整性。（五）派出部门规定的其他职责。金堂县稳步推行会计委派制，从最初的6个委派制会计单位发展到2005年共36个，其中：县级行政及事业单位15个，乡镇21个。

三、建账监管

实施建账监管制度是依法建账、规范会计行为、实现会计基础工作规范化的基础性建设。2005年，全县已纳入建账监管单位580户。从2001年1月1日起，金堂县范围内的国家机关、社会团体、企业（含在本县工商注册登记的外资企业）、事业单位和其他组织的所有建账单位依法建账，全面实施建账监管。所有监管账簿启用前，由县财政局在账簿上加盖“金堂县财政局账簿监管专用章”。建账会计单位在接到通知后于2000年12月31日前向县财政局（会计科）申领《四川省建账注册登记证》。对建账监管实行年检制度。

第二节　财政监督

财政监督工作是以加强和完善财政管理为中心，建立涵盖财政收支、体现财政管理特色，对财政运行进行监测、预警、分析、保障、规范功能的财政监督新机制，实行收入与支出监督并举，专项检查与日常监管并重，并逐步实现监督工作规范化、法制化、科学化。

一、税收财务大检查

从1985年至1997年，金堂县连续开展13年的税收、财务、物价大检查（以下简称：三大检查）。累计参检人员达1421人次，完成对137家企事业行政主管部门和个体工商户进行的重点检查，检查面均在50%。对有问题的企事业行政单位和个体工商户累计违纪金额3945万元，应入库3736万元，实际入库3627万元，入库率94%。

二、票据监督

统一使用票据，是完善财政、财务监督管理基础工作的一项重要措施。建立健全监管制度，治理“三乱”，规范使用行为；健全票据管理制度，加强财政财务监督，保障合法收费，制止乱收费行为，以利严格划分行政事业性收费与经营性收费界限，避免国家税收流失，使票据的使用，购领、核销、稽查等工作有序化、法制化。票据监管上，制定了一系列的管理制度，从源头上治理乱收费，健全财政票据管理制度，规范财政收据使用行为。

第四章　乡镇财政管理

第一节　乡镇财政概况

1992 年机构改革，撤区、并乡建镇，全县财政所撤并为 24 个，2001 年 6 月乡镇财政所人事管理划归乡镇政府管理。2004 年机构改革，乡镇财政所合并为 21 个。

一、乡镇财政所职责和职能

职责：乡镇财政所必须认真贯彻执行党和国家的方针、政策，严格按照国家税法和各种财经规章制度办事，必须认真负责本乡镇范围财政收支的组织管理工作，开辟税源、培植税源，讲究生财、聚财、用财之道，保证国家下达的各项财政任务的圆满完成。职能：各乡镇财政所逐步完善一级政府、一级财政的职能，严格执行国家预算、国家决算制度，按期编报乡镇财政预算、决算方案，预算、决算方案必须报经乡镇人民代表大会审查通过，并报县财政局。在业务上各乡镇财政所要接受县财政局的领导，按县财政局要求按期报送报表及有关资料。

二、乡镇财政的预算制度

预算是乡镇政府筹集、分配财政资金的基本计划。乡镇财政的预算必须按照县财政规定的体制内容来编制乡镇年度预算，即乡镇财政预算的收支基数。县财政根据县人代会批准的年度收支预算，结合各乡镇的具体情况，逐个落实。报政府批准后，再下达给各乡镇。各乡镇根据县财政下达的收支基数及体制内容来编制本乡镇年度预算，并报乡镇人代会批准。乡镇财政所编制预算后，再由财政所将收支指标下达乡镇各企事业单位执行。

三、乡镇财政预算执行制度

预算一经乡镇人代会批准，乡镇各企事业单位则按预算数贯彻执行。预算收支计划能否顺利完成，都取决于预算的执行。乡镇各企业单位按预算组织的收入入库。同时，严格控制支出。年度财政决算按成都市乡镇财政总决算执行，要求项目清楚且各种数据齐全，决算真实、准确、完整。同时，县财政对乡镇财政决算实行批复。对于乡镇的超收分成和包干结算留用都按体制进行结算。乡镇财政负责平衡本级的财政收支，在划分的收支范围内多收才能多支，少收就必须紧缩相应的开支，在实行了乡级预算后应做到自求收支平衡。对于按照体制规定超收留用的资金应用于生产性支出，如作为发展农业投资或支持乡镇企业更新改造等；用于非生产性投资，发展本乡镇范围内的公益事业，如文化、教育、卫生等的使用一律按预算规定，纳入各预算支出科目进行核算，在县财政局批复预算后才能执行。

四、乡镇财政总会计制度

按财政职能的要求，乡镇财政必须建立总预算会计制度。金堂县按成都市乡镇财政总预算会计制度规定的会计科目和会计账务设计的内容，结合金堂县情况，建立了乡镇总预算会计制度，主要内容是：（一）各乡镇财政设置三套账，即预算内资金账、预算外资金账、自筹资金账，并在银行开设3户头，做到钱账分管，会计管账不管钱，出纳管钱不管账，月月对账、日清月结；（二）建立健全各项财务制度，严格建立一支笔审批制度，乡镇总预算会计负责对企事业单位会计财务进行检查，并协助其完善各种财务制度，严格财经纪律；（三）建立评比制度，县财政每年都要对乡镇财政进行检查，一般是由预算科出面，组织人员统一检查或抽样检查，发现问题及时纠正处理，年终综合检查结果及日常工作进行评比。

五、乡镇建立预算体制

乡镇建立预算体制后，对于县财政局已核定的各预算科目的支出基数一律不得调整，不得搞科目流用，对于所下达的专款（或一次性补助），必须保证专款专用。

第二节　乡镇财政体制

金堂县人民政府根据中央、省、市要求和规定及不同时期的社会经济发展状况，结合金堂实际，对全县乡镇财政体制逐步进行了完善和改革。

一、1988 年乡镇财政体制

1988 年县人民政府决定，从 1988 年起，对乡镇实行“定收定支，递增包干，定额上解，超收全留”的财政体制，这个体制一直延续到 1997 年。

二、1997—1999 年乡镇财政体制

1997 年 1 月，金堂县人民政府《关于对乡镇实行分税包干财政管理体制的通知》，决定从 1997 年起对各乡镇实行“核定收支范围、包干递增上解、乡镇自求平衡、一定五年”的分税包干财政管理体制。并对收入、支出范围作了具体规定。（一）乡镇财政收入范围。按照税收属地化的要求，凡发生在各乡镇辖区内的乡镇所属财政收入原则上均纳入相应乡镇财政收入范围；在新体制期内，各乡镇与上与外联办、引进新办企业的税收以及按投资比例分得的税收，也纳入相应乡镇财政收入范围；乡镇财政收入范围具体包括乡镇企业、街道企业、基层供销社、集体商业、农村基层信用合作社、县以下农村合作基金会、乡镇建筑公司、乡镇学校校办企业、乡镇民政福利企业、私营企业、个体工商业户

(不含县本级企业的个体承包户)、集贸市场等工商各税和农业税、农业特产税、契税及其他收入。(二) 乡镇财政支出范围。包括乡镇政府机关及所属部门各项行政事业人员工资性支出、公务费支出以及农业、教育、乡镇企业等部门事业费支出。

三、2000—2004 年乡镇财政体制

2000 年，金堂县人民政府决定从 2000 年 1 月 1 日起，“调整乡镇收入范围，实行税收分享”。其具体要求：(一) 调整省与市、县和乡镇财政收入范围，实行税收分享；(二) 实行新老体制并轨运行，适当调整县对乡（镇）体制上解额和税收返还基数。

四、2005 年乡镇财政体制

2005 年 3 月 31 日，中共金堂县委、金堂县人民政府《关于建立乡镇公共财政保障机制推行乡镇财政管理方式改革的意见》决定从 2005 年 1 月起在全县建立乡镇公共财政保障机制，推行“乡财县管乡用”的财政管理方式。

第五章　财政改革

第一节　工资银行直发

2003 年 7 月，根据《金堂县人民政府关于财政工资及税费改革转移支付人员经费实行银行直发的通知》，对金堂县县乡（镇）财政全额负担的行政事业单位人员工资及农村税费改革转移支付人员经费实行银行直发。

一、工资直发实行“五统一”

(一) 统一方式。1. 县本级财政工资由县财政局统一委托一家国有商业银行进行直发。2. 乡（镇）级财政工资（包括乡镇教师工资，下同）及税改转移支付人员经费，由各乡（镇）统一委托本乡（镇）农村信用社直发。

(二) 统一范围。1. 县本级和乡（镇）财政工资直发范围。全县县本级、乡（镇）级财政全额负担工资的行政事业单位人事编制范围的在职人员基本工资和离退休人员的离退休金纳入财政工资直发范围。在职人员基本工资包括：实行行政工资结构管理的基础工资，职务工资、工龄工资及级别工资和实行事业工资结构管理的固定工资、活动工资，教师、护士提高 10% 工资，教龄津贴未纳入直发范围的个人津补贴和差额补助及自收自支单位的人员工资，仍按原渠道和办法发放。2. 农村税改转移支付人员经费发放范围包括：农村税费改革后，享受税改转移支付补助的民政优抚救济对象，农村五保户（散户），遗属生活补助，农村及城镇低保对象，农村代课教师工资，乡镇广播人员工资和村干部

报酬。

（三）统一标准。1. 财政工资直发标准。全县工资直发标准按照全县已执行的工资政策直发。2. 税改转移支付直发标准。各乡（镇）应按照全县已执行的各项统一政策标准直发，但农村五保户（散户）补助，应按扣除支付粮油实物折金和统筹医疗费后的余额进行直发，全县统一标准每人每月70元。

（四）统一时间。1. 财政工资按月直发。2. 税改转移支付人员经费全县统一直发时间：农村代课教师工资、广播员工资、城镇低保、遗属生活补助、农村五保户（散户）统一按月发放；民政优抚救济对象统一按季发放；农村低保及村干部报酬统一按半年发放。

（五）统一程序。财政工资和税改转移支付人员经费实行银行直发，统一“单位启单，财政审定，财政直拨银行，银行直发到人”的直发程序。各乡（镇）、县级各部门，不得擅自在银行开设工资及人员经费账户。

二、直发后的财政预算管理

财政工资及税改转移支付人员经费实行银行直发，只是财政资金拨付方式上的改变，各单位的财政预算编列口径和已下达各乡（镇）的农村税改转移支付均不因直发而改变。财政工资直发和税改转移支付人员经费直发所拨资金，直接计入各单位财政预算和乡（镇）税改转移支付补助拨款。

第二节　国库集中支付

2004年6月，根据《中共金堂县委 金堂县人民政府关于在县级部门实行财政国库集中支付制度的意见》，决定在县级部门实行财政国库集中支付制度。

一、基本原则

实行财政国库集中支付制度要坚持“三权不变”原则。即所有权不变：属于部门的资金仍然归该部门所有；使用权不变：属于部门的资金仍然归该部门按规定使用；会计核算主体不变：部门的财务会计核算主体仍然在原部门，财政国库集中支付中心作监管会计核算。

二、制度的范围

（一）实行财政国库集中支付制度的单位范围：凡与财政有缴拨关系的县级机关、事业单位和社会团体等财政预算单位，一律纳入县级财政国库集中支付的单位范围。包括财政全额管理的一级预算单位及其下属单位，差额预算管理的单位分次逐步纳入。

（二）实行财政国库集中支付制度的资金管理范围：预算内资金、预算外资金、政府性基金、上级拨入经费、专项资金及其他收入资金等。

三、支付执行机构

根据财政国库管理制度改革的需要，设立金堂县财政国库集中支付中心，隶属县财政局，作为金堂县财政国库集中支付的执行机构，所需人员原则上由县财政局在财政系统内部进行调剂，不新增编制。

四、支付模式及管理

（一）实行监管财务国库集中支付模式。部门的财务仍然以部门为主体，在原部门进行财务会计核算，县财政国库集中支付中心作监管财务会计核算。（二）建立财政国库集中支付单一银行账户体系。取消各部门银行账户，由财政开设国库集中支付单一银行账户体系，集中反映部门的资金支付。（三）实行计划管理。在财政对部门下达支出预算的基础上，由财政部门通过县财政国库集中支付中心，对部门的用款实行计划管理。

第三节　公费医疗与国有资产

一、公费医疗

金堂县从1991年实行公费医疗制度至2000年，10年的“大包大揽”，共支出公费医疗费达2651.10万元，导致财政支出增长过快，难以承担。2000年12月25日制定了《金堂县城镇职工医疗保险实施暂行办法》。2001年全面实行城镇职工基本医疗保险制度的重大改革，改变了过去那种“小病大养，老毛病长养”，医院开“大处方、人情方，一人看病全家吃药”的弊端。2001年至2005年推行医疗保险制，实际开支461万元，医疗制度改革前的1991年至1995年，实际支出额达936.90万元，同期相比，五年中财政支出减少475.90万元。

二、国有资产

2004年，为规范金堂县企业、行政事业单位国有资产管理，县国资办制定《金堂县国有资产管理暂行办法》，进一步明确：国有资产范围 、营运机构、界定和产权登记、国有资产处置的管理、收益的收缴和管理、评估及产权纠纷调处的管理办法。

第四节　政府采购

政府采购是西方发达国家公共支出管理普遍采用的一种手段，也是中国财政支出改革的重要内容。是实行市场经济体制财政管理直接支出的基本手段，是中国现阶段节约预算资金最直接、最有效的一种符合国际惯例的财政制度。2000年根据《中华人民共和国招投标法》的要求和成都市《关于推行政府采购的试行意见》的精神，金堂制定并执行了《金堂县政府采购实施办法》。

根据《采购实施办法》成立了金堂县政府采购领导小组，领导小组下设办公室，办公室负责采购管理工作；办公室下设采购中心，采购中心负责政府采购日常事务工作。金堂县对实施政府采购作了以下规定：

一、政府采购使用范围

本县国家机关，实行预算管理的行政事业单位、社会团体。

二、资金范围

政府采购的财政性资金包括财政预算内资金、预算外资金以及按国家规定收取的各种资金，主要有：财政拨款（含上级专款）；预算外资金；捐款、赠款；按国家规定收取的各种资金。

三、政府采购的范围

汽车的购置及保险；单位价值在2万元以上或单位价值虽不足2万元但批量购置金额在5万元以上的货物，如计算机、教学、医疗仪器、图书、办公桌椅等装备及其他设备；县政府采购领导小组确立的应当纳入政府采购的其他物资或服务。

四、政府采购方式

询价采购和公开招标，主要有：采用询价采购方式，要综合比较供应商及服务单位的资质信誉、经济实力和经营业绩条件，以及采购货物的品牌、质量、价格及售后服务等经济指标；有特殊要求的政府采购项目，还应综合比较采购项目的特殊条件和经济指标。符合下列条件之一的应该公开招标：合同价值在10万元以上的物资；合同价值在5万元以上的服务项目。

五、主要程序

每年年初，全县各单位将本年度纳入政府采购范围的项目计划报财政部门和政府采购领导小组办公室；县政府采购办公室按照财政部门核定的采购数量，打破行业和部门界限，编制采购计划；领导小组审定采购办公室的采购计划；县政府采购办公室根据采购计划，指导和监督采购中心对外招标、谈判、签约、验收及售后服务等项工作；县政府采购办公室要定期将采购情况汇总，报县人民政府和县采购领导小组。

第六章　税　务

第一节　机　构

1991年1月，金堂县税务局遵照成都市税务局关于区（市）县税务局内部机构设置的规定，改股为科，撤销税政一、二、三股、计会股、政工股、监察股、调研室；设置办公室和税政、征管、计会、人事教育、监察5个科及稽查中队。同年3月，撤销赵镇分局，设立国营企业征收分局、城关税务所和赵镇个体征收管理所。

1994年1月1日起，中国全面实施新税制和分税制财政体制，遵照国务院决定和上级政府的部署，金堂县于1994年9月30日分设金堂县国税局（实行上级国家税务局垂直管理体制）和金堂县地方税务局（实行地方政府和上级地方税务局双重领导，以地方政府为主的管理体制）。同年11月，两局分别设置了相应工作机构。金堂县国税局内设办公室、人事教育科、监察室、税政科、征收管理科（1997年3月，撤销税政科、征管科，设置综合科）和计划财务科；派出机构为城关、赵镇集贸个体、三江、淮口、五凤、高板、福兴、竹篙、土桥9个税务所。金堂县地税局内设办公室、人事教育科、监察科、工商和农业税收管理科、征收管理科和稽查队；派出机构按乡，镇设立，共24个税务所（以所驻乡、镇冠名），并根据税源集中情况设立直属征收分局和三中园区税务所。1995年1月1日，金堂县国税局、金堂县地税局正式独立办公。

1995年后，全国国税、地税系统进行税收征管模式和机构改革，金堂县国税、地税局所属机构随之进行了多次调整。

金堂县国税局：1995年7月，设立稽查分局，9月设立征收税务所（办税大厅）。1998年3月，撤销五凤税务所；10月，稽查分局更名为稽查局。2001年6月，国税系统进行机构改革，将原设9个税务所撤并为一、二、三、四、五管理分局，综合科更名为法制征管科，征收所更名为征收分局。2003年，按成都市国家税务局关于区、市、县局机关基层办公一体化改革的要求，将5个管理分局集中到县局办公；2004年，设立县局信息中心（事业单位），征收分局更名为征收科，管理分局更名为税务分局。2005年6月，增设计划征收科（对外称办税服务厅）、税源管理一、二、三科，分别负责赵镇、三中园区和三星镇、清江镇、栖贤乡、官仓镇的国税征管工作；设立派出机构第一税务分局，征管辖区为税源管理一、二、三科辖区外的15个乡镇和金堂工业集中发展B区。

金堂县地税局：1996年3月，撤销稽查队，设立稽查分局。1998年7月，设立征收所。1999年3月，撤销原设26个税务所，改按经济区划设立赵镇、三星、淮口、高板、竹篙、福兴、土桥等7个税务所和赵镇个体税务所，稽查分局更名为稽查局。2000年11月，金堂县地税局改为由上级地税局垂直领导。2001年12月，所属机构改革：撤销赵镇个体税务所，改征收所为第一税务所，改直属征收分局为第二税务所。2002年12月，增设法制科。2005年6月，机构再次调整：局机关设办公室、监察室、人事教育科、计划财务科、综合税收管理科、农业税收管理科、法制科；基层单位为稽查局、第一、第二、第三税务所和赵镇、三星、淮口、竹篙税务所。2005年年末，金堂县国税局有职工117人，金堂县地方税务局有职工161人。

第二节　国税税种及征收

金堂县国税局负责中央税、中央和地方共享税的征收管理工作。1994—2005年，共组织税收入库105132万元，其中增值税、消费税入库95167万元。

金堂县1994—2005年国税收入情况

表19-1　　单位：万元

项　目	年　度											
	1994	1995	1996	1997	1998	1999	2000	2001	2002	2003	2004	2005
一、工商税收	5855.7	6707.5	7304.7	7930.3	7884.9	8333	9257	7548	7752	10424	11974	14034
增值税	5546.8	6554.6	7092.3	7598.1	7309.3	7696	8101	6383	6404	8825	10558	12359
消费税	33.20	69.2	83	78.1	83	82	59	59	35	35	34	29

续表19 —1

项　目	年　度											
	1994	1995	1996	1997	1998	1999	2000	2001	2002	2003	2004	2005
金融保险营业税	—	—	—	157.5	326.8	264	190	131	58	10	—	—
涉外企业所得税	0.5	—	—	—	110	248	484	103	7	150	289	307
企业所得税	158.1	76.9	129.4	91.8	55.8	41	85	179	405	588	208	331
利息个人所得税	111.2	—	—	—	—	2	338	595	661	649	743	843
车辆购置税	—	—	—	—	—	—	—	98	115	127	134	158
滞纳金、罚款	5.9	6.8	—	4.8	—	—	—	—	7	40	8	7
其他收入	100.7	26.4	0.2	—	—	—	—	—	—	—	—	—
国家能交基金	57.6	12.2	0.1	—	—	—	—	—	—	—	—	—
国家预调基金	43.1	14.2	0.1	—	—	—	—	—	—	—	—	—
合　计	5956.4	6733.9	7304.9	7930.3	7884.9	8333	9297	7548	7752	10424	11974	14034

说明：国家能交基金、国家预调基金收入系清理企业 1994 年以前欠缴入库数。

一、增值税。1991—2005 年，国家对增值税的有关政策和征管办法进行了调整和完善，全县增值税收入逐年增长，累计入库 103984 万元。二、消费税。1994 年 1 月 1 日开征。1994—2005 年，金堂县共征收入库消费税 680 万元。三、金融保险业营业税。金堂县国税局从 1997 年 1 月 1 日起，对全县金融保险业营业税纳税人（除金堂县农业发展银行外）征收 3% 的营业税。2001 年 3 月，国务院决定从 2001 年起，分三年将金融保险业营业税税率从 8% 降低到 5% 。2001 年起，征收金融保险业营业税的税率每年下调一个百分点，2004 年 1 月 1 日起，停止征收。1997—2004 年，金堂县国税局共征收金融保险业营业税 1137.30 万元。四、外商投资和外国企业所得税。1994—2005 年，金堂县共征收入库涉外企业所得税 1699 万元。五、企业所得税。1994—2005 年，金堂县国税局共征收入库企业所得税 2349 万元。六、中央企业所得税。由国家税务局征收管理，税率为 33% ，金堂县缴纳中央企业所得税的有金堂县烟草公司等企业。七、储蓄存款利息个人所得税。金堂县于 1999 年 11 月 1 日开征储蓄存款利息个人所得税。1999—2005 年，累计征收入库税款 3833 万元 。八、车辆购置税。金堂县从 2001 年 1 月 1 日起开征车辆购置税，2005 年 1 月 1 日前，由金堂县交通稽征所代征；2005 年 1 月 1 日起，改由金堂县国税局车辆购置税征收所负责征收，车辆购置税按不含税价 10% 计征；当年 8 月 1 日起，该所业务并入县国税局办税服务厅。2001—2005 年，全县共征收入库车辆购置税 632 万元。

第三节　国税管理与服务

一、加强税收征管

（一）征税管理。1995—2005 年，各项代征和代扣代缴税款累计入库 13200 万元。（二）税收征管信息化建设。1995 年，建立了有 8 台无盘工作站的小型局域网。1999 年 10 月，设立中心机房，将办税服务厅与局机关职能科室征收、管理、检查业务统一纳入局域网。2001 年，正式实施“金税工程（二期）”，全县增值税一般纳税人全部纳入防伪税控系统管理。2002 年，全面推行 CTAIS1.0（中国税收征收管理信息系统），全县国税系统征管户全部纳入该系统管理，完全取代了传统的手工操作方式，实现了全县征管数据集中。（三）税源管理。2004 年起，建立并严格执行纳税约谈制度、纳税评估制度、信用等级评定制度、税收管理员制度（税收管理员主要负责税源监控，不具有税收减免、税额核定、税款征收和税收处罚权）和税源动态分析办法，从而取代了“一员进厂，各税统管，集征、管、查于一身”的传统税收专管员制度。税源管理基本上达到了分类管理、重点监控、动态掌握、工作到户、责任到人要求。（四）强化税务稽查。1995—2005 年，通过开展日常检查、所得税汇算、专项和专案检查，补税、罚款共 2414. 76 万元；查处税收违法案件 51 件，其中移送司法机关处理 12 件，补税、罚款计 405. 33 万元。

二、优化税收服务

2001 年，办税服务厅功能由过去单一的开票征税，拓展为能办理各项纳税事宜。2003 年以来，在营造温馨、舒适办税环境的同时，在办税服务厅设置 8 个专业窗口，实行“一窗式”管理模式，并实行“延时服务”制，“首问责任制”，开展“电话提醒服务”“预约服务”和“优质服务明星”活动。2005 年，实施“一窗受理、内部流转、限时办结、窗口取件、及时引导、全程代理”的“一站式”办税服务模式。2003 年荣获并一直保持了“省级最佳办税服厅”称号。

第四节　地方税种及征收

一、地方税种概况

金堂县地税局负责全县地方税（费）征收管理工作。1994—2005 年，共征收入库税款 89713 万元，征收各费 7133 万元。

金堂县 1994—2005 年地方税收入情况

表 19－2　　单位：万元

项　目	年　份											
	1994	1995	1996	1997	1998	1999	2000	2001	2002	2003	2004	2005
一、税收收入	3617	4295	5837	6444	8455	8543	8644	9951	7460	8178	8870	9419
营业税	1380	1621	2151	2309	2542	2848	2170	2063	2419	2572	3629	4317
个人所得税	111	120	150	398	636	503	640	671	529	560	847	813
资源税	—	—	4	15	12	31	25	—	25	26	27	8
房产税	101	199	304	412	335	585	520	376	397	454	398	317
印花税	15	37	18	18	43	24	34	51	43	89	80	178
土地使用税	28	50	74	57	129	107	123	98	166	151	174	225
城维税	198	306	416	613	312	363	377	292	389	539	575	701
土地增值税	—	1	—	1	3	—	4	1	—	1	50	105
车船使用税	28	21	23	25	26	29	27	30	35	28	9	53
企业所得税	109	203	169	129	1805	1562	824	3440	542	686	1230	1863
投调税	17	21	14	13	15	20	5	1	—	—	—	—

续表19－2

项目	年份											
	1994	1995	1996	1997	1998	1999	2000	2001	2002	2003	2004	2005
屠宰税	162	197	224	234	361	390	390	267	68	—	—	—
农业税	1268	1309	1940	1938	1938	1588	1406	1359	1870	2076	1379	—
耕地占用税	57	44	52	26	13	190	1463	738	812	812	6	10
契税	10	12	20	19	53	52	226	114	155	184	466	829
农林特产税	133	154	278	237	232	251	410	450	10	—	—	—
合　计	3617	4295	5837	6573	8445	8543	8644	—	—	—	—	—
二、其他收入	—	—	—	—	—	—	—	—	—	—	—	—
教育费附加	79	96	104	97	84	101	446	201	222	244	319	433
文化建设费	—	—	—	—	—	3	1	1	—	—	1	7
教育费	—	1	1	—	—	—	—	—	—	—	—	—
职工教育费	—	21	22	11	3	26	10	59	35	137	22	—
残保金	—	—	—	—	—	—	—	—	—	—	—	—
地方教育费	—	—	—	—	—	—	—	—	—	—	56	139
农业税附加	254	262	388	388	388	318	281	272	374	416	299	—
税务罚没	—	—	—	—	—	—	—	51	—	—	3	2
交通费附加	—	—	—	—	—	56	41	51	129	—	—	—
五路一桥费	—	—	—	—	—	—	—	—	—	—	—	62
工会经费	—	—	—	—	—	—	—	—	—	10	13	26
合计	333	380	515	496	475	504	779	635	760	833	733	690

说明：工会经费收入为代收。

二、税种简介

（一）营业税：1994—2005年，金堂县地税局共征收营业税30021万元。（二）企业所得税：根据国税、地税机构征管职责划分，从1994年1月1日起，金堂县地税局负责县境内内资企业所得税的征收管理。2002年实施企业所得税分享改革，当年1月1日起，县境内新办企业所得税由金堂县国税局负责征管。1994—2005年，金堂县地税局共征收企业所得税12562万元。（三）个人所得税：1994—2005年，金堂县地税局共征收个人所得税5978.97万元。（四）城镇土地使用税：1994—2005年，全县共征收入库城镇土地使用税1382万元。（五）城市维护建设税：1994—2005年，全县共征收入库城市维护建设税5081万元。（六）固定资产投资方向调节税：投资方向调节税从1997年7月1日起减半征收，2000年1月1日起暂停征收。1994—1999年，金堂县累计征收投资方向调节税106万元。（七）土地增值税：1994—2005年，金堂县共征收入库土地增值税166万元。（八）房产税和城市房地产税：从1994年1月1日起，对涉外企业应征收的城市房地产税，按照《房产税暂行条例》执行。1994—2005年，金堂县共征收入库房产税4398万元。（九）车船使用税和车船使用牌照税：从1994年起，对涉外企业征收的车船使用牌照税依照《车船使用税暂行条例》执行。1994—2005年，金堂县累计征收车船使用税334万元。（十）屠宰税：金堂县2002年4月以前，猪、牛、羊征税定额分别为每头

（只）15 元、25 元、5 元，其中自宰自食猪、羊，征税定额分别为每头（只）4 元、3 元。2002 年 4 月 1 日起，金堂县停征屠宰税。1994—2002 年共征收税款 2293 万元。（十一）印花税：2000 年 5 月 15 日起，四川省全面推行按购销金额的一定比例征收印花税。1994—2005 年，金堂县共征收印花税 630 万元。（十二）资源税：从 2001 年起，按四川省政府规定的每吨 1 元的税额标准计征，由收购砂石的单位代扣代缴。1994—2005 年，全县共征收入库资源税 173 万元。（十三）农业税：1993 年实行农业税征实，实行“实物征收，货币结算”方法。1996 年、2000 年，金堂县对 1986—1994 年农村有税无地进行了核减，两次共核减计税面积 2782.02 公顷。经上级政府批准，金堂县分地区核定税率：1994—2001 年平均税率为 12.99%；2002—2003 年平均税率为 8.40%；2005 年税率为 4.80%。1994—2004 年，金堂县共征收农业水及附加 20924.65 万元，减免农业税及附加 1851.13 万元。根据四川省地方税务局《关于作好农业税停征工作的通知》规定，金堂县从 2005 年 1 月 1 日起停征农业税。（十四）农业特产税：金堂县农林特产品主要为食用菌、水果、蚕茧三大类。1994—2003 年，全县共征收入库税款 2314.92 万元。金堂县从 2003 年 6 月 1 日起停征农林特产税。（十五）契税：1994—2005 年，共征收入库契税 2140 万元。（十六）耕地占用税：1994—2005 年，共征收入库耕地占用税 4223 万元。（十七）教育费附加：1994—2005 年，全县共征收教育费附加 2426 万元。（十八）交通建设费附加：1999—2002 年，金堂县共征收交通建设费附加 276 万元。2003 年，全省停征交通建设费附加。（十九）文化事业建设费：从 1999 年 1 月 1 日起，全省对各种营业性娱乐场所和新闻媒体、广告媒体单位以及户外广告经营单位，按其营业收入计征文化事业建设费，由地税机关在征收营业税时一并征收。1999—2005 年，金堂县共征收文化建设事业费 13 万元。（二十）地方教育费附加：按照《四川省地方教育费附加征收使用管理办法》规定，金堂县从 2004 年 1 月 1 日起，对县内缴纳增值税、消费税、营业税的纳税人，按其实际缴纳“三税”税额的 1% 征收地方教育费附加；2004—2005 年，共征收 195 万元。

第五节　地方税管理与服务

1995—2005 年，金堂县地税局针对地方税收税种多、税源零散、征纳矛盾多、征管难度大的特点，在严格按照《税收征管法》规范征管业务工作的同时，细化税源管理，强化税务检查，优化税收服务。

一、细化税源监控

县地方税务局分税种掌握税源变化，尤其是纳税大户税源变化。坚持开展个体定期定额户典型调查，按乡镇、街道、地段核定纳税定额，并实行跟踪管理，对纳税定额及时进行调整，实行个体大户备案制，推行建账建制征管。从 2002 年起，将税务登记、纳税申报、税源税户和发票领购审核全部纳入计算机管理。2005 年，对个体户实行分类征管，加强了税源监控信息化管理。

二、强化税收检查

县设置稽查局，充实稽查力量，完善工作机制，形成稽查局与各税务所协调联动，日常税收检查与税务专案稽查相结合的税务检查格局。1995—2005 年，查补税款、罚款计 5942 万元，其中查处税收违法案件 3451 件，补税、罚款计 5429.70 万元。

三、优化税收服务

1996 年，建立办税服务厅，实行计算机开票征税。赵镇、三星镇、清江镇、云绣乡、栖贤乡纳税人在县城赵镇集中申报纳税，并设立福兴、淮口、高板、竹篙、土桥五个税收征收点，负责办理各自辖区的纳税申报和税款征收。1997 年，为了方便纳税人，在离县城较远的 5 个农村税务所设立办税服务室。2000 年 4 月，计算机征税点增至 7 个，基本上实现了税款征收开票计算机化（除生猪税、农业税和个别零散税收外）。2002 年后，按照“多功能、一站式、规范化”的要求，逐步完善征管软件，将“纳税申报、税款征收、领购发票、税务登记、资料领售、税务咨询、税法宣传、代开发票、银行经收”等事项全部纳入计算机关管理；在大厅设置电话、文具、意见簿、桌椅、饮水机等服务设施，公布税收政策法规、纳税须知、办税规程、服务规范和税务违章处罚、廉政自律等项制度，发送“税企联系卡”和“税风税纪监督卡”，并实行服务承诺制与工作问责制；在金堂公众信息网建立地税网页，拓展税收宣传与纳税服务。县地税部门为金堂县经济发展和社会稳定服好务。1994—2005 年，用于政策性税收减免达 2918. 30 万元。

第六节　税务师事务所

1988 年 10 月 25 日，金堂县税务咨询服务事务所成立，挂靠于同时成立的金堂县税务学会。1995 年 10 月 29 日，金堂公正税务师事务所成立。属集体所有制、独立核算、自负盈亏的社会中介代理服务机构。2000 年 6 月 23 日，按国家税务总局要求，进行了在人员、财务、职能、编制、名称五个方面与税务部门脱钩改制第一阶段的工作，成立成都市金堂公正税务师事务所有限责任公司，并重新到工商局登记办理了企业法人营业执照。2002 年 5 月 31 日，该公司进行了脱钩改制第二阶段工作，与县国税局在人、财、物等各方面彻底脱钩，完全独立，成为自然人投资的有限责任公司。人员结构重组，公司无一国家公职人员。公司业务范围：代办税务登记、变更、注销等手续，代办发票（增值税专用发票除外）领购、纳税申报、缴纳税款及申请退税、减税、免税手续，代理制作涉税文书，代办增值税结算与审核、企业所得税年度汇算清缴、一般纳税人资格认定前的涉税财务辅导等。税务师事务所代理增值税纳税审查：2002 年 78 户补税 10 万元，2004 年 80 户补税 80 万元，2005 年 20 户补税 60 万元；代办增值税退税：2004 年 8 户退税 1800 万元；鉴定财产损失 2004 年 4 户 1000 万元、2005 年 5 户 2000 万元。

第二十篇　中国共产党地方组织

1991 年，全县设有党委 51 个，县级机关工委 1 个，党组 40 个，党总支 27 个，党支部 956 个（其中 6 区 1 镇 42 个乡党支部 577 个），党小组 2977 个，党员 20454 名（其中农村党员 16043 名）。2005 年，全县设有党委 26 个，县级机关工委 1 个，党组 44 个，党总支 33 个，党支部 707 个（其中 21 个乡镇 338 个党支部），党员 25563 名（其中农村党员 15290 名）。1993 年 1 月至 2005 年，中共金堂县委先后召开第九、十、十一次党代表大会。2000 年，金堂县“面对党旗”问三问党员教育活动被中宣部评为先进典型，同年 12 月中央领导胡锦涛在成都农村调查了解党建工作时，有 2 名金堂党员受到接见。1991—2005 年，中共金堂县委带领全县人民贯彻执行党的路线、方针、政策，加强党的建设，以经济建设为中心，坚持改革和对外开放，科学决策，推动了全县政治、经济、各项社会事业的全面发展。

第一章　党代表大会

第一节　历届党代表的产生

1992 年 10 月 13 日，县撤区并乡建镇后，全县有党委 34 个、县级机关工委 1 个、党组 40 个、党总支 26 个、党支部 944 个（其中 24 个乡镇党支部 567 个），党小组 2902 个，党员 20795 名（其中 24 个乡镇党员 17070 名）。通过召开党员大会选举，产生出席县第九次党代会的代表 380 名。

1997 年，全县党组织有党委 35 个、县级机关工委 1 个、三中园区党工委 1 个、党组 44 个、党总支 30 个、党支部 951 个（其中 24 个乡镇党支部 121 个、村党支部 461 个），党小组 2830 个（其中农村党小组 2248 个），党员 23250 名（其中 24 个乡镇党员 17615 名）。通过召开党员大会选举，产生了第十次出席县党代会的代表 400 名。

2002 年，全县有党委 31 个，县直机关工委 1 个，三中园区党工委 1 个，党组 34 个，党总支部 33

个，党支部901个（县级机关及单位党支部419个、乡镇党支部38个、村党支部444个），党小组260个，党员24826名（其中农村党员16175名）。通过召开党员大会选举产生了县第十一次党代会的代表391名。

第二节　县党代表大会

一、第九次党代表大会

中共金堂县第九次代表大会于1993年1月3—5日在赵镇召开。全县380名党员代表，4名特邀代表出席，县级有关部门的党员负责人列席了会议。会议期间，晏永和受八届县委的委托，作了题为《坚定不移地贯彻党的十四大精神，把金堂改革开放和经济建设推上新的台阶》的报告。《报告》在总结上届工作的同时，提出了第九届县委的工作目标，即艰苦奋斗3—5年，使金堂经济接近或达到全市的中等水平。在“八五”期间金堂经济发展的主要指标是：在1992年实绩的基础上，国民生产总值年均增长13%，国民收入年均增长10%；工农业总产值年均增长15%，乡镇企业总产值年均增长30%，财政收入年均增长9%，农民人均纯收入年均增长13.2%。大会选出中共金堂县第九届委员会委员25人，候补委员4人；选出纪律检查委员会委员15名。

二、第十次党代表大会

中共金堂县第十次代表大会于1998年1月12—14日在赵镇召开。出席大会正式代表400名，特邀代表14名，列席26名。县委书记李昆学作了《继往开来，艰苦奋斗，把金堂两个文明建设推上新台阶》的报告。大会提出五年的奋斗目标是：各项经济指标的增长速度均要超过全市的平均水平。国内生产总值年平均增长15%，农业总产值年均增长6%，工业总产值年均增长20%，乡镇企业总产值年均增长25%，社会消费品零售总额年均增长20.6%，财政收入年均增长15.5%，农民人均纯收入年均增长11.7%，城镇居民人均生活费收入年均增长8%，使人民的小康生活更加宽裕，初步展现“成都市东北部工业、商贸次中心和旅游服务中心”的规模，建设全省一流县城，建设富裕文明新农村，综合经济实力跨入全省30强。大会选举产生了中共金堂县第十届委员会委员25人，候补委员4人。选出纪律检查委员会委员15名。

三、第十一次党代表大会

中共金堂县第十一次代表大会于2003年1月5—8日在赵镇红旗剧场召开。出席大会的正式代表391人，列席代表和特邀嘉宾50人。县委书记赵德喜代表十届县委作《继往开来，与时俱进，努力把金堂县建设成为成都市城郊型经济强县》的报告。大会提出后五年小康社会的主要目标是：实现金堂发展新跨越，努力将金堂建设成为成都市城郊型经济强县。到2007年，全县国内生产总值力争达到100亿元，年均增长10.5%，人均达到1.2万元。财政收入力争达到3.7亿元，年均增长10.5%。城镇居民收入力争达到9700元，年均增长6%；农民人均可支配收入力争达到3600元，年均增长140元。大会选出中共金堂县第十一届委员会委员25人，候补委员4人。选出纪律检查委员会委员15名。

第三节　历届出席省市党代会的代表

一、选举出席成都市党代会的代表

1993年7月15日金堂县选举出席中共成都市第八次党代会的代表：方家祥、晏永和、沈有春、钟志文、陈效全、史有惠、李佐群、何胜英、张开柱、刘前江、薛友文、马新建、罗明寿、李永海、钟德建、刘继福、骆坤芳、廖兴恕、谷业全。

1998年5月6日 中共金堂县第十届委员会第二次会议召开。会上选出李昆学等21名代表出席中共成都市第九次代表大会。

2003年7月17日金堂县选举出席中共成都市第十次党代会的代表：刘丽蓉、李玲英、吴幼章、汪光友、张成明、张孝军、张朝汉、陈爱武、周倩、赵德喜、胡政权、施跃华、袁旭、

晏万长、曹乾斌、蒋治汉、舒刚、曹祥斌、裴成科。

二、选举出席四川省党代会的代表

金堂县选举出席中共四川省委第六次党代会的代表：晏永和、陈效全。

金堂县选举出席中共四川省委第七次党代会的代表：李昆学。

金堂县选举出席中共四川省委第八次党代会的代表：赵德喜、刘显勇。

金堂县选举出席中共四川省委第九次党代会的代表：何立斌、吴飞。

第二章　中国共产党金堂县委员会

第一节　县委全委会

1991—2005年，召开中共金堂县委全委会（含扩大会）如下：

1991年8月13日，召开县委八届五次全委扩大会。会议主要任务是以经济建设为中心，总结经验，查找差距，振奋精神，加强和改善党对经济工作的领导，动员全县广大干部和群众，以强烈的紧迫感和高度的责任心，全面完成和超额完成全年的各项目标任务。

1992年3月11日，县委办公室发出《认真学习宣传贯彻中共中央2号文件》的通知，要求全县认真学习邓小平南方重要谈话。

1993年1月5日，召开九届一次全委会。选举产生县委常委：晏永和、陈效全、钟志文、沈有春、史有惠（女）、李佐群（女）、何胜英（女）、竹志鹏、刘前江、吴幼章。书记：晏永和；副书记：陈

效全、钟志文、沈有春、史有惠（女）。

1994 年 10 月 22 日，召开九届二次全委（扩大）会。会议传达中央十四届四中全会和省、市委全委（扩大）和农村工作会议精神，讨论并通过中共金堂县委关于学习、宣传、贯彻中央十四届四中全会《决定》的决议。要求各级党组织要认真学习宣传和贯彻落实党的四中全会精神，在四中全会精神指导下，坚持党的基本路线和基本理论，结合金堂县实际全面加强党的建设，加快经济建设和改革开放的步伐，为全面完成县委的一系列重大战略任务而奋斗。

1995 年 1 月 18 日，召开九届三次全委会。会议审议通过《中共金堂县委一九九五年工作要点》。全县总的工作指导思想和要求是：坚持邓小平建设有中国特色社会主义理论和党的基本路线，全面贯彻党的十四届三、四中全会的精神，继续实施“出好新政策、选好突破口、找好结合点、大搞五个开发（即抓好综合经济开发区建设、加快城镇建设和房地产开发、加快流通开发、加快旅游开发、继续抓好以“三三工程”为主的农业综合开发）、大步推进改革”的发展战略，进一步解放思想，抓住机遇，深化改革，扩大开放，加快发展。以经济建设为中心，党的建设为重点，确保全县经济持续、快速、健康发展和社会全面进步，为 1998 年“建市，达小康”打好坚实基础。同年 8 月 29 日，召开县委全委（扩大）会议。会议的中心议题是结合金堂县实际情况传达贯彻成都市农村奔小康工作会议精神；简要小结抗旱救灾情况，安排部署当年后四个月的工作。

同年 8 月 29—30 日 中共金堂县第九届四次全委（扩大）会议召开。会上讨论通过了《中共金堂县委关于加快农村奔小康步伐的决议》。

1997 年 1 月 21 日，召开九届六次全委会。会议通过了中共金堂县委 1997 年工作要点主要内容为：一、坚持发展的观念；二、坚持“稳粮调结构，增收奔小康”的农村经济工作方向，确保 1998 年全县达到小康的工作思路；三、贯彻工业、乡镇企业工作务虚会议精神，掀起工业、乡镇企业发展的新高潮；四、高度重视财贸金融工作，搞好流通，增加政府收入；五、进一步深化改革，扩大开放；六、加快基础设施建设步伐，增强经济发展后劲；七、认真贯彻落实六中全会的精神，大力加强社会主义精神文明建设；八、加强社会主义民主与法制建设；九、切实加强党的建设。

1998 年 1 月 12—14 日，中共金堂县第十次代表大会在县城赵镇召开，在中共金堂县第十届委员会第一次会上选出县委常委：李昆学、邓全忠、王世录、何冰、何胜英（女）、吴幼章、郭建平、谢瑞武、龙敏、周道义、罗腾元。书记：李昆学；副书记：邓全忠、王世录、何冰。在纪律检查委员会第一次会上选出书记：何胜英；副书记：陈应柱、邓清明。

1999 年 4 月 22 日，县委发出《关于深化干部制度改革若干的试行意见》。

2000 年 1 月 5 日，召开县第十届三次全委（扩大）会。会议审议通过了《中共金堂县委 2000 年工作要点》，县委书记李昆学作了题为《坚定信心 抓机遇 加快发展》的讲话。

同年 7 月 7 日，召开县十届四次全委会，会议通过了中共金堂县委、金堂县人民政府《关于抓住西部大开发机遇，推进跨越式发展的意见》。金堂跨越式发展的基本思路是：以邓小平理论和党的基本路线为指导，遵循江泽民关于“中国共产党始终代表中国先进生产力的发展要求、代表中国先进文化的前进方向、代表中国最广大人民的根本利益”（简称：“三个代表”）的要求，坚持“开放强县，旅游活县，科教兴县，依法治县”的方针，实施“一二三二”① 发展战略，进一步解放思想，开拓进取，以提高效益为中心，大力调整经济结构，实现“两个根本性转变”；在推进产业化进程中强化农业基

---

① 即：强化一个基础（农业），突出两个重点（工业、旅游业），再上三个台阶（基础设施建设、企业改革、对外开放），实现两个翻番（国内生产总值和县财政收入）。

础，在深化改革扩大开放中壮大工业经济，在完善基础设施建设中全面开发旅游，在创建全省一流县城中推进乡村城市化进程，促进经济、社会、人口环境协调发展，实现金堂历史性跨越，并确定未来十年金堂在西部大开发进程中发展的总体目标是：构建沱江上游生态屏障，建成全省一流“花园水城”。

2001 年 1 月 8 日，召开县十届五次全委会，会议通过了《县委 2001 年工作要点》。2001 年县委工作的指导思想和总的要求是：以邓小平理论和十五届五中全会精神为指导，遵循“三个代表”的要求，认真贯彻市委九届六次全委会议精神，坚持“开放强县、工业富县、旅游活县、科教兴县、依法治县”的方针，进一步解放思想，开拓进取，全面推进“一二三二”跨越式发展战略。

2002 年 1 月 8 日，中共金堂县委十届七次全委会在绿岛会务中心召开。会上，县委书记赵德喜作了《统一思想，坚定信心，转变作风，扎实工作，努力开创金堂县经济发展和社会进步的新局面》的报告；何冰作了《抓住机遇坚定信心求实务新为实现金堂县跨越式发展目标而奋斗》的报告；会议审议通过了《中共金堂县委 2002 年工作要点》。

同年 8 月 1 日，中共金堂县委十届八次全委会在绿岛会务中心召开。县委书记、人大常委会主任赵德喜传达了中共成都市九届十次全委会会议精神并作《振奋精神，坚定信心，真抓实干实现目标》的报告；县长何冰作了《认清形势，明确任务，振奋精神，扎实工作，推进金堂经济社会事业全面进步》的报告。

2003 年 1 月 8 日，选举产生第十一届县委常委：赵德喜、舒刚、胡政权、吴幼章、袁旭、曾祥斌、张孝军、施跃华、陈双泉、彭禄君、王道明、李晓旭（女）。书记：赵德喜；副书记：舒刚、胡政权、吴幼章、袁旭。

2003 年 8 月 21 日，中共金堂县委召开十一届三次全委（扩大）会，县委委员，候补委员、县纪委委员，县人大党员副主任、县政府副县长、县政协党员副主席，县委各部委办、县级各部门、各人民团体主要负责人，各镇乡党委书记、镇（乡）长，市属驻县各部门、各金融机构主要负责人和县老领导代表参加了会议。

2004 年 1 月 12 日，中共金堂县十一届四次全委会议在绿岛会务中心召开。会议对市委十届二次全委会精神进行了学习贯彻，总结了全县 2003 年工作，明确了当时和今后一段时期的指导思想、奋斗目标和工作思路。付毅代表县委常委会作了题为《提速升位，富民强县，努力开创金堂经济和社会事业新局面》的报告。《报告》总结了过去一年的工作，分析了金堂县面临的形势和任务，提出了当时和以后一段时期全县工作的指导思想是：实践“三个代表”，推进“三个转变”，落实“政治上树新形象，经济社会事业开创新局面”的要求。

2005 年 1 月 12 日，中共金堂县委召开了第十一届六次全委会。会议的主要任务：学习贯彻党的十六届四中全会和市委十届三次全会精神，紧紧围绕提高执政能力，推进城乡一体化，加快金堂发展，总结工作，研究部署 2005 年及以后一段时期工作，进一步动员和组织全县广大干部群众振奋精神，坚定信心，为实现“提速升位，富民强县”的目标而努力奋斗。县委书记付毅作了《切实提高执政能力，积极惟进城乡一体化，努力加快金堂经济社会事业发展》的报告。

同年 7 月 27 日，县委召开十一届七次全委会。深入贯彻市委十届四次全会、省委八届五次全会精神，认真总结了 2005 年上半年工作，客观分析了金堂县加快发展面临的形势和机遇，围绕“超常规推进，跨越式发展，构建和谐金堂”的总体思路，布置了后一段时期的工作任务。

第二节 县委常委会

1991—2006年先后选举产生了第九、十、十一届县委常务委员、县委委员。县委常委会不定期召开全体成员会或常委扩大会。常委会在党代会和全委会闭会以后，依据党章规定，领导全县党务、经济建设、社会事业。各届常委会、委员成员及分工情况如下：

（一）第八届县委书记、副书记、常委、委员于1990年2月12日至15日选举产生。书记：毛显为（1990年2月至1992年1月）、副书记：吴逢根（1990年2月至1992年10月）、陈效全（1990年2月至1993年1月）。常委：毛显为、吴逢根、陈效全、李存杰（1990年2月至1993年1月）、竹志鹏（1990年2月至1993年1月）、吕宗明（1990年2月至1993年1月）、李再发（1990年2月至1993年1月）、沈有春（1990年2月至1993年1月）、刘前江（1990年2月至1993年1月）。委员：马华贵、刘前江、马志生、毛显为、史有惠（女）、吕宗明、竹志鹏、刘运沛、刘栓榈、李再发、李存杰、李兴禄、李扬德、李远雪、严国康、吴逢根、沈有春、陈安盛、陈宜荣、陈效全、张明楷、罗远柱、倪正之、唐中鉴、薛友文。候补委员：唐坤洪、李晓旭（女）、邹挺、韦泰启。届中调整县委班子：钟志文（1990年9月至1993年1月任县委副书记）、晏永和（1992年1月至1993年1月任县委书记）。

（二）第九届县委书记、副书记、常委、委员于1993年1月5日选举产生。书记：晏永和（1993年1月至1997年10月）；副书记：陈效全（1993年1月至1996年9月）、钟志文（1993年1月至1998年1月）、沈有春（1993年1月至1997年10月）、史有惠（女）（1993年1月至1998年1月）；常委：晏永和、陈效全、钟志文、沈有春、史有惠（女）、李佐群（女）（1993年1月至1997年11月）、何胜英（女）（1993年1月至1998年1月）、竹志鹏（1993年1月至1998年1月）、刘前江（1993年1月至1998年1月）、吴幼章（1993年1月至1998年1月）；届中调整县委班子：杨荣章（1994年3月至1998年1月任县委副书记）、王世录（1994年7月至1998年1月任县委副书记）、李昆学（1996年3月至1997年10月任县委副书记、1997年10月至1998年1月任县委书记）、何冰（1996年6月至1998年1月任县委副书记）、罗腾元（1996年8月至1998年1月任县委常委）、邓全忠（1997年2月至1998年1月任县委副书记）。县委委员：马华贵、王世录、史有惠（女）、竹志鹏、刘前江、孙中德、李再发、李扬德、李兴禄、李远雪（女）、李佐群（女）、李晓旭（女）、吴幼章、何树明、何胜英（女）、邹挺、沈有春、张明楷、陈安盛、陈绍忠、陈效全、钟志文、姜家金、晏永和、薛友文；候补委员：陈邦涛、唐坤洪、叶永明、黄航。

（三）第十届县委书记、副书记、常委、委员于1998年1月14日选举产生。书记：李昆学（1998年1月至2001年4月）；副书记：邓全忠（1998年1月至2001年1月）、王世录（1998年1月至2003年1月）、何冰（1998年1月至2002年12月）；常委 ：李昆学、邓全忠、王世录、何冰、何胜英（女）、吴幼章、郭建平、谢瑞武、罗腾元、龙敏、周道义。届中调整县委班子，书记：赵德喜（2001年4月至2003年1月），副书记：何胜英（女）（1998年8月至2003年1月）、郑天奇（1998年12月至2003年1月）、胡政权（2002年2月至2003年1月）、舒刚（2002年12月至2003年1月）。届中任县委常委的有：黄勤（1999年8月至2003年1月）、王平江（2000年1月至2001年10月）、陈双泉（2000年9月至2003年1月）、秋生（2001年5月15日起任职，挂职锻炼

8个月）、袁旭（2002年12月至2003年1月）、曾祥斌（2002年12月至2003年1月）、彭禄君（2002年12月至2003年1月）；县委委员：马华贵、王世录、邓全忠、龙敏、刘仁雄、江海澜、李再发、李远雪（女）、李昆学、李晓旭（女）、吴幼章、何冰、何安兴、何胜英（女）、陈文建、罗腾元、周厚金、周道义、郭建平、阎彦琦、舒刚、曾道国、谢瑞武、廖兴恕、潘昆。候补委员：代兴平、唐坤洪、尹贤鹏、彭禄君。

（四）第十一届县委书记、副书记、常委、委员于2003年1月8日选举产生。书记：赵德喜（2003年1月至2003年12月）；副书记：舒刚（2003年1月至2003年12月）、胡政权（2003年1月至2005年10月）、吴幼章（2003年1月至2003年12月）、袁旭（2003年1月至2005年10月）；常委：赵德喜、舒刚、胡政权、吴幼章、袁旭、曾祥斌（2003年1月至2003年12月）、张孝军（2003年1月至2005年6月）、施跃华（2003年1月至2005年10月）、陈双泉（2003年1月至2005年9月）、彭禄君（2003年1月至2005年12月）、王道明（2003年1月至2005年10月）、李晓旭（女）（2003年1月至2005年12月）。届中调整县委班子，书记：付毅（2003年12月至2005年6月），何立斌（2003年12月至2005年6月任副书记，2005年6月至2008年8月任书记），齐彦民（2003年12月至2005年10月任常委），张孝军（2004年7月至2005年6月任副书记），罗兴国（自2004年7月1至2005年12月任常委），施跃华（2005年6月至2005年12月任副书记），蒋德鹏（自2005年9月任常委）。县委委员：何胜英（女）、郑天奇、舒刚、吴幼章、张孝军、胡政权、陈文建、罗兴国、袁旭、陈志勇、彭禄君、景逢均、蒲勇、尹贤鹏、刘显勇、陈双泉、赵德喜、黄勇智、曾祥斌、刁先锋、廖国琏、王道明、施跃华、李光辉、曾绪伟、李晓旭（女）、钟思勇；候补委员：贺正余、廖冬云（女）、胡德彬、施尚书。

1990—2005年中国共产党金堂县委员会书记、副书记名录

表20－1

届次	职　务	姓　名	性别	民族	籍　贯	出生年月	文化程度	任职起止时间	备注
第八届	书　记	毛显为	男	汉族	四川省金堂县	1933.12	高　中	1990.02—1992.01	选举
	副书记	吴逢根	男	汉族	四川省金堂县	1945.02	大　专	1990.02—1992.10	选举
	副书记	陈效全	男	汉族	四川省金堂县	1950.08	大　学	1990.02—1993.01	选举
	副书记	钟志文	男	汉族	四川省金堂县	1955.12	大　专	1990.09—1992.12	选举
	书　记	晏永和	男	汉族	四川省双流县	1952. 08	大　学	1992.01—1992.12	任命
第九届	书　记	晏永和	男	汉族	四川省双流县	1952.08	大　学	1993.01—1997.10	选举
	副书记	陈效全	男	汉族	四川省金堂县	1950.02	大　学	1993.01—1996.09	选举
	副书记	钟志文	男	汉族	四川省金堂县	1955.12	大　专	1993.01—1994. 05	选举
	副书记	沈有春	男	汉族	四川省金堂县	1951.08	大　专	1993.01—1997.10	选举
	副书记	史有惠	女	汉族	四川省金堂县	1952.06	大　专	1993.01—1996.03	选举
	副书记	杨荣章	男	汉族	四川省泸州市	1947.12	大　学	1994.03—1998.01	任命
	副书记	王世录	男	汉族	四川省金堂县	1949.11	大　专	1994.07—1998.01	任命
	副书记	李昆学	男	汉族	云南省昆明市	1961.11	研究生	1996.03—1997.10	任命
	副书记	何　冰	男	汉族	北京市	1959.12	大　专	1996.05—1998.01	任命
	副书记	邓全忠	男	汉族	四川省绵阳市	1962.03	大　学	1997.01—1998.01	任命
	书　记	李昆学	男	汉族	云南省昆明市	1961.11	研究生	1997.10—1998.01	任命

续表20－1

届次	职　务	姓　名	性别	民族	籍　贯	出生年月	文化程度	任职起止时间	备注
第十届	书　记	李昆学	男	汉族	云南省昆明市	1961.11	研究生	1998.01.14—2001.04	选举
	副书记	邓全忠	男	汉族	四川省绵阳市	1962.03	大　学	1998.01.14—2001.01	选举
	副书记	王世录	男	汉族	四川省金堂县	1949.11	大　专	1998.01.14—2003.01	选举
	副书记	何　冰	男	汉族	北京市	1959.12	研究生	1998.01.14—2002.12	选举
	副书记	郑天奇	男	汉族	四川省彭州市	1957.12	研究生	1998.12—2003.01	任命
	副书记	卢万才	男	汉族	四川省会理县		大　专	1999.04.23—1999.10	任命
	副书记	何胜英	女	汉族	四川省金堂县	1954.10	大　学	1999.08.19—2003.01	任命
	书　记	赵德喜	男	汉族	四川省盐亭县	1957.04	大　专	2001.04—2003.1.07	任命
第十一届	书　记	赵德喜	男	汉族	四川省盐亭县	1957.04	大　专	2003.01.08—2003.12.01	选举
	副书记	舒　刚	男	汉族	四川省双流县	1963.04	大　学	2002.12—2003.12.01	任命与选举
	副书记	胡政权	男	汉族	四川省崇州市	1956.03	大　学	2003.01—2006.11.04	任命与选举
	副书记	吴幼章	男	汉族	重庆市江津县	1958.02	大　学	2003.01—2003.12.01	选举
	副书记	袁　旭	男	汉族	四川省成都市	1963.09	研究生	2002.12—2006.09	任命与选举
	书　记	付　毅	男	汉族	四川省蓬安县	1963.12	研究生	2003.12.1—2005.05.27	任命
	副书记	何立斌	男	汉族	陕西省三原县	1961.01	研究生	2003.12.1—2005.06.09	任命
	副书记	张孝军	男	汉族	四川省金堂县	1965.11	研究生	2004.07.1—2005.06.29	任命
	书　记	何立斌	男	汉族	陕西省三原县	1961.01	研究生	2005.06.10—2006.11.30	任命
	副书记	施跃华	男	汉族	江苏省金坛市	1958.04	研究生	2005.06.10—2006.11.30	任命
	副书记	吕信伟	男	汉族	重庆市合川县	1964.07	研究生	2006.11.04—2006.11.30	任命

第三节　县委常委会自身建设

一、县委中心组学习会

县委定期召开中心组学习会，成员固定为县委常委，并吸纳县人大常委会党组书记、县政协党组书记、党员副县长和部门、乡镇有关负责同志参加，设学习秘书 1 人。1991—2005 年，共组织中心组学习会 123 次。先后组织学习了科学共产主义经典文献，党和国家领导人的理论著作，党的十四、十五、十六大报告及各次全会精神，中央领导人的重要讲话及上级党政重大决策，社会主义市场经济理论，法律法规和党纪党规等。学习与调查研究相结合，每人每年有两个以上调研课题，至少写一篇调研文章。

二、县委常委民主生活会

县委常委民主生活会每年召开一次，由县委书记主持；1991—2005 年，共召开了 15 次。议题按各时期上级党委要求和党内外干部群众意见确定，提前通知各常委准备，并报告市委。历年会议主要议题有：坚定社会主义信念；学习邓小平南方谈话；学习江泽民在全国省、市、区党委研究室主任会议上的讲话；减轻农民负担；坚持和健全民主集中制；廉洁自律自查自纠等。会议期间，常委围绕议题，联系工作、思想实际对照检查，总结经验教训。会议开展批评和自我批评，互相帮助，互相监督，统一思想，促进团结，共同提高。会议反映的问题，分清集体和个人责任，及时制定整改措施；需要上级党委帮助解决的，及时请示报告；违纪违法行为，按干部管理权限处理。市委、市政府领导多次到会，现场指导。每次民主生活会的会议报告均上报市委。

三、创四好活动

1991 年 7 月 25 日，县委发出《关于县委常委开展学习、团结、勤政、廉洁活动的意见》，决定在县委常委中开展“学习、团结、勤政、廉洁”的“四好”活动。《意见》规定每年要结合年终工作总结和民主评议党员、干部以及目标责任制考核等开展活动，县委在广泛听取党内外群众意见的基础上进行认真的总结，发扬成绩，克服不足。

四、执行廉洁自律

1991 - 2005 年，县委领导班子成员先后系统学习了《党章》《关于党内政治生活的若干准则》《关于实行党风廉政建设责任制的规定》以及江泽民、胡锦涛等中央领导人关于党风廉政建设的重要讲话等。对照中央文件和中央领导人讲话精神，在中心组学习会、半年一次的民主生活会、各次专项治理、“三讲”和“三个代表”教育中，进行自查自纠，保持廉洁，反对腐败。其间，带头进行清理整顿和治理的项目主要有：制止党员干部奢侈浪费、清理公车送子女上学、干部违规建私房、党政机关违规购买小汽车、行政事业性违规收费、农民负担过重等，对反映出的问题开展批评和自我批评，制定整改措施，对查出的违法、违纪案件依法、依纪律、按程序进行严肃处理。

五、集体领导与个人分工负责制

县委坚持民主集中制原则，实行党委负责制，全委会或常委会议事，书记主持会议，遵循少数服从多数的原则，坚持集体领导和民主决策。在集体领导下，常委有明确分工：书记主持全面工作，副书记分别负责党务、农村、城市、政法等；其他常委主管所在部门或单位的工作。每届常委分管的具体工作项目及责任，行文至各级党组织，接受党员监督。常委在半年民主生活会上自查，年末述职。

六、调查研究

县委坚持决策于调查研究之后。规定县委常委要把深入基层、深入群众、随机调研作为了解真实情况、检查工作落实的经常性方法，切实解决基层、群众的困难和问题。每年下基层调查研究和检查工作的时间不少于60 日。每年承担 1 个以上调研课题，并形成调查报告报县委。调查研究方法主要有：一、常委在各自的联系点常年调查；二、按照县委各项工作确定的试点单位蹲点调查；三、按照县委中心组确定的调研项目，分专题组织力量带队调查；四、对县人大议案、县政协提案中涉及全局的重要问题组织力量专题调查。1991—2005 年进行调研的重大项目有：经济科技社会发展战略、第三产业和工农业普查、农民负担改革、农业产业结构调整、民主与法制建设、编制机构改革及推行公务员制度、民主法制建设、政治稳定和社会治安综合治理等，为正确决策提供了依据和保证。县委委员平均每人每年写调查报告类材料 2 篇以上。

七、常委联系基层制

县委常委分别联系一个村、一个社区，每年至少到一户企业调研 1 次。在基层开展调研时要轻车简从，不准搞层层陪同、边界迎送、拉挂欢迎标语等。联系工作时，不干预基层业务，听取意见，调查研究，帮助解决具体问题；同时，学习基层，学习群众，充实自己。

第四节　领导制度

一、全委会议

县委全委会原则上每年召开两次，遇有重要情况可随时召开。县委全委会由县委常委主持，议题由县委常委会研究确定。会议筹备工作由有关副书记、常委牵头，县委办公室主任负责组织协调、承办会务工作。

出席县委全委会的人员为：县委委员、候补委员。根据工作需要，可确定有关人员列席县委全委会，列席的范围：县纪委委员，非县委委员、候补委员的县人大常委会、县政府、县政协党员负责人，乡镇党政主要负责人，县人大常委会、县政府办公室主任，县政协秘书长，县政协办公室主任，县委办公室副主任，县级各部门主要负责人，必要时邀请重点企业主要负责人参加。县委全委会必须有三分之二以上委员到会方能举行。

县委全委会的议事范围：（一）对全县经济建设、社会发展、社会稳定、党的建设等全局性重大问题作出决策；（二）制定贯彻执行中央、省、市、县党代表大会决议、决定的措施；（三）听取和审议县委常委会工作报告，对县委常委会及其成员的工作进行监督和评议；（四）决定召开党代表大会或党代表会议；（五）选举县委常委会和书记、副书记，通过县纪律检查委员会全体会议选举产生的县纪委常委会和书记、副书记；（六）对县委常委会提请决定的事项或必须由县委全委会决定的其他重要事项作出决策。县委全委会作出的决策，由县委常委会组织实施。对县委全委会决策进行重大调整或变更，由县委全委会决定。

县委1991—2005年共举行21次全委会和全委扩大会，先后作出《加快金堂县改革开放和经济发展步伐的“三好两大”（出好新政策、选好突破点、找好结合点、大搞五个开发、大步推进改革）战略》《关于认真贯彻落实党的十四届四中全会的决议》《关于贯彻落实成都市农村奔小康工作会议精神》《关于抓住西部大开发机遇 推进跨越式发展的意见》《提速升位 富民强县 努力开创金堂经济和社会事业新局面》《超常规推进 跨越式发展 构建和谐金堂》等决策。

二、常委会议

1991—2003年，县委常委会按需要召开。从2004年起，县委常委会原则上每周召开1次，根据工作需要可临时变动。县委常委会由县委书记召集并主持，书记不能参加会议时，可委托副书记召集并主持。县委常委会的议题由县委书记确定，或由县委副书记、常委提出，书记确定。县委常委会必须有半数以上常委到会方能举行。讨论干部任免、奖惩事项时，必须有三分之二以上常委参加。县人大常委会党组书记、县政协党组书记，县政府办公室主任、县委办公室副主任，县委有关部委办负责同志可列席县委常委会。根据县委常委会讨论的内容，可适当扩大列席人员范围。县委1991—2005年共召开常委会（含扩大）409次。

县委常委会主要议题有：（一）学习研究国家法律法规及中央、省、市的重要会议、重要文件精神和中央、省、市领导人的重要指示，并提出贯彻意见；（二）分析研究县委全委会决议、决定的贯彻执行情况；（三）讨论决定以县委名义发布或上报的涉及全局重要文件和重要工作部署，审议县委常委会向县党代表大会和县委全委会所作的工作报告；（四）研究决定全县改革开放和现代化建设中带有全局性和政策性的重大问题，对经济社会发展长远规划、年度计划、财政预算、大额度资金安排和重大建设项目等重要问题提出意见和建议；（五）研究决定党的建设和社会主义精神文明建设、社会主义民主法制建设等方面的重大事项，研究决定全县社会政治稳定方面的重大问题，对突发事件及时提出处理意见；（六）制定干部管理政策，讨论决定县管干部的任免、提名、调动、处理，并向县人大常委会、县政府、县政协及群众团体推荐干部；（七）讨论决定县纪委，县人大常委会、县政府、县政协、县法院、县检察院党组，县人武部党委提出的需要由县委讨论决定的事项，讨论决定各乡镇、县级各部门报请县委研究决定的重大问题；（八）讨论需要由县委常委会决定的其他事项。

县委常委会议题议决程序：议题主要提出人就议题作简要说明；常委就议题发表意见；会议主持人归纳讨论情况，提出初步意见；到会常委表决。

经县委常委会讨论决定的任免、提名、推荐领导干部的文件，由书记或书记委托分管副书记、常委签发。县委常委会作出的决定，由分管常委负责在规定时间内贯彻落实，并向书记和分管副书记汇报，重要事项应向县委常委会汇报。对县委常委会作出的决定进行重大调整或变更，应由县委常委会决定。

三、县委工作会

县委工作会是县委研究部署全县性重要工作的会议，经县委常委会研究决定召开。会议筹备工作由分管副书记、常委或县委办公室主任牵头，县委办公室会同有关部门承办。以县委名义召开的工作会议，由承办部门提前向县委报告，经县委常委会批准后召开。会议筹备工作由分管副书记或常委牵头，相关部门承办。

四、书记办公会

县委书记办公会由县委书记根据工作需要决定召开并主持，县委副书记参加。县人大常委会党组书记、县政协党组书记、县委办公室主任可列席会议。根据会议内容可通知分管常委参会。县委书记办公会议事范围：酝酿提交县委常委会讨论决定事项；协调县委常委会拟议决事项；交流日常工作情况；其他需要讨论的事项。

五、干部任免票决制

根据中央《党政领导干部选拔任用工作暂行条例》的规定，从1991年起，县委常委会在决定任免干部时改口头通过或举手表决为无记名投票办法。常委会在任免领导干部时，先由组织部部长介绍被任免干部推荐（举报）、考察情况，经常委会讨论，书记主持投票表决，票数过半即行成决议。

六、健全人民代表大会制度

县委定期听取人大常委会党组的工作汇报，研究解决存在问题；正确处理坚持党的领导和坚持依法办事的关系，教育各级党委转变观念，转变工作方式和工作习惯，坚持依法决策，运用法律手段推动工作；正确处理党管干部、人大依法选举和任免干部的关系，坚持在县委的统一领导下，依法选举和任免地方国家机关工作人员；尊重和支持人大及其常委会监督“一府两院”（即县政府、县法院、县检察院）及其工作人员的工作，通过审议、评议、听取汇报、执法检查，组织考察等形式，把依法治县落到实处；支持县人大及其常委会抓大事、议大事，坚持组织人大代表深入调查研究，在充分发扬民主的基础上，按照邓小平“是否有利于国家稳定、是否有利于国民经济发展、是否有利于人民生活水平提高”（简称“三个有利于”）的标准，依法作出决议、决定；加强领导，保证县人大及其常委会切实抓好基层建设，依法推进以民主选举、民主管理、民主监督为主要内容的村民自治，促进乡务公开、村务公开、组务公开；充分发挥人民代表的作用，认真执行党委和人大决定。

七、健全政治协商制度

县委继续坚持和完善政治协商制度，推进协商监督、参政议政工作的规范化、制度化；始终把政协工作提上议事日程，坚持每年至少有两次专题研究政协工作，听取政协党组的工作汇报，解决存在的问题；坚持县政协主席列席县委常委会、书记办公会，县政协副主席分别列席县人大会、县政府常务会和全体会议制度，坚持县委、县政府领导参加县政协常委会和其他重要会议制度，把政治协商、民主监督纳入党委决策相关实施程序，做到协商于党委决定之前、人大常委会通过之前、政府实施之前，实施之中；凡政协的提案、报告，经县委、县政府办公室以正式文件送达有关方面或部门按照“分级管理，归口办理”原则，及时办理，并将办理结果以正式文件作出答复。

第五节　县委重要会议与重大决策

一、重要会议

1992 年 3 月 11 日，县委办公室发出《认真学习宣传贯彻中共中央 2 号文件》的通知，要求全县认真学习邓小平南方重要谈话。3 月，县委决定依托县城，在赵镇十里坝村、普利村建立金堂县十里坝综合经济开发区，作为金堂对外开放的窗口。3 月 24 日至26 日，在县委常委扩大会上，制定出好新政策、选好突破口、找好结合点、大搞五个开发（即综合经济开发区建设、城镇建设和房地产开发、流通开发、旅游开发、以“三三工程”为主的农业综合开发）、大步推进改革的“三好两大”发展战略。

1993 年 1 月 3—5 日，中共金堂县委第九次代表大会召开，县委书记晏永和代表第八届委员会作《坚定不移地贯彻党的十四大精神 把金堂改革开放和经济建设推上新的台阶》的报告，大会作出了“以发展社会主义市场经济为目标”，按照“三好两大”发展战略，进一步加快金堂改革和经济建设步伐的重大决定。

1994 年，县委继续把对外开放作为全县经济工作的重点，并把该年作为金堂对外开放年，确定了对外开放目标。同年 10 月 10 日，县委、县政府印发了《金堂县加快四川中美（外）中小企业发展园区（简称：三中园区）建设的若干政策》的通知，对金堂县的经济发展制定了具体实施政策，经县委、县政府同意在开发区内设立一片个体私营企业小区，面积为 4 万平方米。

1995 年，县委、县政府联合作出《关于制定和实施农村小康工程的决定》。

1996 年县委、县政府印发了《关于加快工业发展的若干意见（试行）》。

同年底，县委、县政府作出《关于进一步加快四川中美（外）中小企业发展园区建设步伐的决定》，赋予三中园区特别行政管理权，对园区机构进行了改革、充实和完善。

1997 年 4 月 21 日中共金堂县委、金堂县人民政府制订了《关于印发金堂县招商引资奖励办法实施意见的通知》。

1998 年 1 月 12 日，中共金堂县第十次代表大会召开，县委书记李昆学作《继往开来艰苦奋斗把金堂两个文明建设推上新的台阶》的报告，大会提出了促进全县经济的跨越式发展战略。同年 4 月 3 日，县委办、县政府办印发了《关于认真贯彻进一步稳定和完善农村土地承包关系的通知》，明确了土地承包期再延长 30 年不变等农业政策。6 月 10 日，县委、县政府印发《关于实施中毗河防洪工程的决定》，为“天府花园水城”建设奠定了基础。

1999 年 4 月 22 日，县委发出《关于深化干部制度改革若干的试行意见》。全面推行四项改革：公开选拔领导干部；推行中层干部竞争上岗；推进干部轮换；实行委任领导干部试用制和领导干部任期制。实施中进行了三项改革试点：干部任前公示制；任用票决制；推行干部能上能下。经过试行，改进和完善了干部考核，形成了一套管理严格、制度完备、群众参与的监督体系。5—9 月，采取组织推荐、个人自荐的方法，对两个副局级岗位进行公推公选，全县 55 人参加竞选，通过笔试、组织考察、公示等程序，经常委会讨论决定了两个职位的人选。任用干部的“公正、平等、竞争、择优”，受到党内外群众的好评。

2000 年 9 月 12 日，县委、县政府印发《关于抓住西部大开发机遇加快工业发展的决定》。

2002 年 9 月 19 日，县委、县政府印发《关于加快信息化建设和信息产业发展的意见》。

同年县委、县政府印发《关于四川中美（外）中小企业发展园区招商引资若干优惠政策的决定》《关于加快新一轮个体私营经济发展的决定》《关于进一步加快民营经济发展的决定》。

2003 年 1 月 6—8 日，中共金堂县第十一次代表大会召开，县委书记赵德喜作了《继往开来 与时俱进 努力把金堂县建设成为成都市城郊型经济强县》的报告。

2004 年县委、县政府印发《关于优化投资软环境的实施意见》。同年县委、县政府印发《关于推进城乡一体化进程促进丘陵区经济社会协调发展的实施意见》。同年 4 月，县委、县政府为了统筹城乡经济社会发展，全面建设小康社会，完善社会主义市场经济体制，确保国民经济持续健康发展，解决农业、农村、农民（简称：“三农”）问题。根据中共成都市委、成都市人民政府《关于统筹城乡经济社会发展推进城乡一体化的意见》精神特制订《推进城乡一体化实施意见》。总体奋斗目标是：到 2007 年，初步建立城乡统一的经济社会发展管理体制和运行机制。同年 8 月 26 日，县委、县政府印发《关于进一步开发旅游资源打造成都游乐中心的实施意见》。同年 11 月 22 日，县委、县政府印发了《关于进一步加快食用菌产业发展的意见》。

2005 年 1 月，县委、县政府印发《金堂县 2005 年推进城乡一体化重点项目责任规划情况》，扎实推进了城乡一体化进程。同年 1 月 24 日，县委、县政府印发《关于金堂县项目年工作的意见》。

同年 7 月 27 日，中共金堂县第十一届七次全委会在绿岛召开，何立斌代表县委常委会作题为《超常规推进 跨越式发展 为构建和谐金堂而努力奋斗》的报告。会议提出“超常规推进，跨越式发展，构建和谐金堂”的工作思路和具体措施。同年 8 月 3 日，县委提出《关于超常规推进 跨越式发展的意见》。

二、重大决策

（一）政治决策

1993 年 1 月，中共金堂第九次县党代会报告提出，党的十四大确定了我国经济体制改革的目标是建立社会主义的市场经济体制，这是我们今后一切工作的出发点。现在我们正处在经济体制转换时期。建立和完善社会主义市场经济体制，是一个长期发展的过程。我们既要做到持久的努力，又要有紧迫感；既要坚定方向，又要从实际出发，区别不同情况，积极推进。

1998年1月12日，县第十次党代会报告提出，以“三个有利于”作为评判标准，促进全县经济跨越式发展，今后五年工作总的指导思想是：高举邓小平理论伟大旗帜，认真贯彻党的十五大精神，坚持社会主义初级阶段的基本路线不动摇，坚持发展主题不动摇，坚持“两手抓，两手都要硬”的方针不动摇，抓住机遇，深化改革，扩大开放，促进发展，保持稳定，着力调整经济结构，实施科教兴县战略，发展、效益并重，促进两个转变，切实加强精神文明建设、民主法制建设和党的建设，把金堂经济和各项社会事业全面推向21世纪。在经济发展上后五年初步展现“成都市东北部工业、商贸次中心和旅游服务中心”规模，建设全省一流县城，建设富裕文明新农村，综合实力跨入全省30强。

1998年3月，县委、县政府执行《金堂县编制委员会工作规则》，规范了机构编制工作的组织体制、主要职责、制度、审批权限、工作程序、行文规则等；县委又制发《关于参照实施国家公务员的意见》，在机关、群众团体等部门进行国家公务员制度改革。9月，县级各部门和各乡镇党政机关干部分别推行公务员制度。同年县政府先后发出《金堂县国家行政机构改革方案的意见》《关于金堂县县级机构改革“三定”工作的实施意见的通知》《关于金堂县机关人员分流的实施办法的通知》；县编委组织力量逐单位检查指导，审定职能、编制定员、定编、定职能（简称“三定”）方案。年底，县、乡（镇）基本完成机构改革任务，对已登记的183个事业单位进行了年检，30个初登记的事业单位进行了法人登记和建档工作。

1999年4月22日，县委发出《关于深化干部制度改革若干的试行意见》。全面推行四项改革：公开选拔领导干部；推行中层干部竞争上岗；推进干部轮换；实行委任领导干部试用制和领导干部任期制。实施中进行了三项改革试点：干部任前公示制；任用票决制；推行干部能上能下。

2003年1月6日县第十一次党代会的主题是：高举邓小平理论伟大旗帜，全面贯彻“三个代表”重要思想，认真贯彻党的十六大精神，继往开来，与时俱进，推进金堂发展新跨越，努力把金堂建设成为成都市城郊型经济强县。

（二）经济和社会发展决策

1991—2005年，全县大力实施经济发展战略。1989—1992年期间，全县国民生产总值在1992年达79197万元，比1989年增长（下同）15.6%；国民收入1992年达72611万元，增长13.7%；工农业总产值达122300万元，增长35.4%；其中工业总产值64000万元，增长80.1%，农业总产值58300万元，增长7.7%；农民人均纯收入659元，增长31.1%；乡镇企业生总产值60000万元，增加1.2倍；第一次实现了工业产值超过农业产值，第一次实现了乡镇企业产值超过了农业产值。

从1992年起，县委加快全县经济建设步伐，先后制定了《深化机关乡镇改革服务经济建设的意见》，批转了《金堂县乡镇企业领导小组关于大力发展乡镇企业促进全县经济发展的报告》，出台了《加快金堂个体私营经济发展的意见》和《依靠科技振兴经济的决定》等一系列发展经济的政策措施，推动了全县经济的发展。自1992年邓小平南方谈话发表和3月中共中央2号文件下发后，县委审时度势，及时召开县委常委扩大会议。于1992年3月24日至26日，在县委常委扩大会上，制定了“三好两大”发展战略。

1993年1月3日，县第九次党代会做出了以发展社会主义市场经济为目标，按照“三好两大”的发展战略，进一步加快改革开放和经济建设步伐的决定。

1993年1月，在县第九次代表大会上，县委提出了“艰苦奋斗三至五年，使金堂经济工作接近或达到全市的中等水平目标”。八五期间，全县经济社会发展的主要奋斗目标是：在1992年的基础上，国民生产总值年均增长13%；国民收入增长10%；工农业总产值增长15%；乡镇企业总产值增长30%；财政收入增长9%；农民人均纯收入年递增13.2%。

1996年县委、县政府印发了《关于加快工业发展的若干意见（试行)》。

1991—1997年，县委认真贯彻党的十三、十四、十五大精神，制订执行县“八五”“九五”计划和2010年长期规划，经历经济治理整顿，扩大开放，深化改革，转换企业经营机制，在全省率先进行企业产权制度改革试点，建立和完善县域市场经济体系，寻求培育新的经济增长点。经过努力全县实现了中共金堂第九届县委提出的奋斗目标。

1998年1月12日，在县第十次党代会上，县委提出后五年的奋斗目标是：各项经济指标的增长速度均要超过全市平均水平。国内生产总值年均增长15%，农业总产值增长6%，工业总产值增长20%，乡镇企业总产值增长25%，社会消费品零售总额增长20.6%，财政收入增长15.5%，农民人均纯收入增长11.7%，城镇居民人均生活费收入增长8%；初步展现“成都市东北部工业、商贸次中心和旅游服务中心”规模；建设全省一流县城，建设富裕文明新农村，综合经济实力跨入全省30强。经济发展战略：1998年至2002年，全县经济工作的总体思路是强化一个基础（农业），突破两个重点（工业、旅游业），再上一个新台阶（基础设施建设、企业改革、对外开放），实现两个翻番（国内生产总值和县财政收入）。

2003年1月6日，在县第十一次党代会上提出未来五年是全县建设城郊型经济强县、全面建设小康社会的关键时期，全面建设小康社会的主要目标是：实现金堂发展新跨越，努力将金堂建设成为成都市城郊型经济强县。到2007年，全县国内生产总值力争达到100亿元，年均增长10.5%，人均达到12000元。财政收入力争达到3.7亿元，年均增长10.5%。城镇居民收入力争达到9700元，年均增长6%；农民人均可支配收入力争达到3600元，年均增长140元。

（三）农业发展决策

1995年，县委、县政府联合发出《关于制定和实施农村小康工程的决定》。1998年4月3日，县委办、县政府办印发了《关于认真贯彻进一步稳定和完善农村土地承包关系的通知》，明确了土地承包期再延长30年不变等农业政策。2004年4月，县委、县政府为了统筹城乡经济社会发展，全面建设小康社会，完善社会主义市场经济体制，确保国民经济持续健康发展，解决农业、农村、农民（简称“三农”）问题，根据中共成都市委、成都市人民政府《关于统筹城乡经济社会发展推进城乡一体化的意见》精神，结合金堂县实际，特制定了《推进城乡一体化实施意见》，总体奋斗目标是：到2007年，初步建立城乡统一的经济社会发展管理体制和运行机制。

（四）工业发展决策

1996年县委、县政府印发了《关于加快工业发展的若干意见（试行)》。1998年1月12日，县第十次党代会提出实施工业富县战略，努力促进工业、乡镇企业快速、健康发展。2000年9月12日，县委、县政府印发《关于抓住西部大开发机遇加快工业发展的决定》。

（五）改革开放决策

1992年3月11日，县委办公室发出《认真学习宣传贯彻中共中央2号文件的通知》，要求全县认真学习邓小平南方重要谈话。同年3月，县委决定依托县城，在赵镇十里坝村、普利村建立了金堂县十里坝综合经济开发区，作为金堂对外开放的窗口。同年3月24至26日，在县委常委扩大会上，制订了出好新政策、选好突破口、找好结合点、大搞五个开发（即综合经济开发区建设、城镇建设和房地产开发、流通开发、旅游开发、以“三三工程”为主的农业综合开发）、大步推进改革的“三好两大”发展战略。

1993年1月3—5日，县第九次代表大会召开，县委书记晏永和代表第八届委员会作《坚定不移地贯彻党的十四大精神 把金堂改革开放和经济建设推上新的台阶》的报告，大会作出了“以发展社会主义市场经济为目标，按照‘三好两大’的发展战略，进一步加快金堂改革和经济建设步伐”的重大决定。

1994 年，县委决定，继续把对外开放作为全县经济工作的重点，并把当年作为对外开放年，确定了对外开放目标。同年 10 月 10 日，县委、县政府印发了《金堂县加快四川中美（外）中小企业发展园区（简称“三中园区”）建设的若干政策》的通知，对金堂县的经济发展制定了具体实施政策。同年经县委、县政府同意在开发区内设立一片个体私营企业小区，面积为 4 万平方米。同年 5 月 30 日，四川省人民政府正式批准在金堂建立四川中美（外）中小企业发展园区。三中园区属省级开发区，系成都市六大重点开发区之一。

1996 年年底，县委、县政府作出《关于进一步加快四川中美（外）中小企业发展园区建设步伐的决定》，赋予三中园区特别行政管理权，对园区机构进行了改革、充实和完善。

1997 年 4 月 21 日，县委 、县政府发出了《关于印发金堂县招商引资奖励办法实施意见的通知》。

1998 年，县委、县政府指导全县村委会依法制定了《村民自治章程》《会议学习制度》《工作制度》《财务管理制度》《村务公开制度》《廉政建设制度》《管理制度》以及《村委会主任职责》《村委会委员职责》《村委会工作职责》等，新《中华人民共和国村民委员会组织法》颁布实施后，对“一章三责六制”进行重新修订，各村装框上墙执行。同年，县委、县政府制发了《开展村务公开民主管理的通知》，规定各村委会的财务收支、兴办公益事业开支、计划生育指标、征用土地、农民负担、集体经济项目承包、经营情况、农用物资分配和救灾救济款物、干部工作目标、工资报酬等群众普遍关注的热点和难点问题，在“村务公开栏”中明确记录，实行全体村民监督。同年，制订了《乡镇政府政务公开暂行规定》，形成了县级各部门、乡镇、村、组四级联动公开的格局，构架起党内、党外和公开单位自身三方面的监督网络及县、乡、村、组四级责任体系，建立了村务公开，良性循环的工作机制。截至 2000 年，全县各个乡（镇）实行政务公开，普及率 100%；3973 个组实行组务公开的达 3258 个，普及率 82%。

2004 年县委、县政府印发了《关于推进城乡一体化进程促进丘陵区经济社会协调发展的实施意见》。

（六）党的建设决策

1993 年 1 月 3 日，县第九次党代会作出坚持从严治党，切实加强党的自身建设的决策。把加强党的思想建设放在首位，加强党的组织建设，转变观念，加强党风和廉政建设，以适应社会主义市场经济的需要。

1998 年 1 月 12 日，县第十次党代会作出加强党的思想建设，坚定不移地用邓小平理论武装全体党员、干部头脑，把党建设成为坚强的领导核心，改进工作作风，坚持党风廉政建设和反腐败斗争的决策。

1998 年 9 月 25 日，县委印发了《关于切实抓好乡（镇）两级换届选举工作的意见》，在全县村党支部委员会和村委会的选举工作中，坚持“公正、平等、竞争、择优”的原则，条件成熟的村推行了“公推公选，竞争上岗”。在 1998 年村委会换届选举中，全县各村委会全部实行了公推公选，一次成功率达 93%。

2003 年 1 月 6 日，县第十一次党代会提出全面推进党的建设，加强党的思想建设。认真学习马列主义、毛泽东思想、邓小平理论、“三个代表”重要思想和党的十六大精神，努力掌握马克思主义的立场、观点和方法，提高理论素养和党性修养，增强政治敏锐性和鉴别力，打牢思想政治基础。

（七）实施旅游兴县决策。

1998年1月12日，县第十次党代会指出：以商资流通为主要内容的第三产业发达，前提是人流、物资流的集散。金堂县商贸、服务业与周边地区相比，差距主要是流动人口少，购买力不高。改革开放以来，我国人民的生活水平有了极大的提高，旅游必将进一步升温。金堂背靠成都，是成都连接川东北各地的重要门户。以山、水上特色的旅游资源在附近各市、县中得天独厚，特色鲜明，金堂旅游的发展必将成为带动第三产业繁荣的龙头、全县上下应当进一步统一认识，确立旅游兴县的战略思想。

（八）实施科技兴县决策。

1998年1月12日，县第十次党代会提出：抓好科技和教育工作，科学技术是第一生产力，科技进步是经济发展的决定性因素，强化实用技术推广。大力发展科技产业，深化科技体制改革，深入开展争创科技工作先进县和争创科技工作先进乡镇活动，力争五年内将金堂县创建成全国科技工作先进县。

第三章　纪律检查和行政监察

1991—2005年，县纪委、监察局是县委的纪检工作部门，负责全县党的纪律检查和行政执法监督，落实党风廉政工作责任制，对违纪违法案件进行查处，对党员领导、干部实施反腐倡廉教育，以确保党的路线、方针、政策的贯彻执行。

第一节　机　构

1993年3月11日，县纪委、县监察局合署办公，履行党的纪律检查和政府行政监察两种职能，接受县委、县政府和成都市纪委、监察局双重领导。主要职责是：主管全县党的纪律检查工作；主管县行政监察工作；负责调查处理县级党政群机关各部门和乡镇党的领导干部违反党的章程及其他党内法规的案件，决定给予或取消对这些案件中的党纪处分；负责调查处理县政府各部门及其工作人员和乡镇及其主要负责人违反国家的政策、法律、法规以及违反政纪的行为，并根据情节轻重，作出撤职及撤职以下的行政处分；受理监察对象不服政纪处分的申诉，受理个人或单位对监察对象违纪行为的检举、控告；负责组织实施全县科级以上领导干部廉洁自律工作；对选拔任用党政领导干部工作实行检查监督；承担县廉政和县纠风办公室的日常工作。1991—2005年，中共金堂县纪委、监察局内设办公室，综合监察、执法监察室，信访室，纪检监察室，案件审理室，党风廉政建设、宣传教育室、纠风办，投诉中心。

第二节　历届纪律检查委员会常委

一、中国共产党金堂县第八届纪律检查委员会

中国共产党金堂县第八届纪律检查委员会第一次会议于1990年2月召开，选举产生书记、副书记、常委共7名。书记：李存杰；副书记：何胜英、罗远柱；常委：李存杰、何胜英、陈丁久、陈光华、罗远柱、谢显清、曾祥林。

二、中国共产党金堂县第九届纪律检查委员会

中国共产党金堂县第九届纪律检查委员会第一次会议于1993年1月召开，选举产生书记、副书记、常委共9名。书记：何胜英；副书记：唐诗海、李笃安、周厚金；常委：何胜英、唐诗海、李笃安、陈丁久、谢显清、黄鸣、黎家华、周厚金、黄帮全。本届有纪律检查委员会委员15名。

三、中国共产党金堂县第十届纪律检查委员会

中国共产党金堂县第十届纪律检查委员会第一次会议于1998年1月召开，选举产生书记、副书记、常委共7名。书记：何胜英；副书记：陈应柱、邓清明；常委：何胜英、陈应柱、邓清明、罗玲、刘守平、廖顺华、伍智。届中调整班子：书记：龙敏（1999年12月3日—2002年2月）、胡政权（2002年2月—2003年1月7日）；常委：崔东风（2002年4月—2003年1月7日）、尹全红（2002年4月—2003年1月7日）。本届有纪律检查委员会委员15名。

四、中国共产党金堂县第十一届纪律检查委员会

中国共产党金堂县第十一届纪律检查委员会第一次会议于2003年1月召开，选举产生书记、副书记、常委共7名。书记：胡政权；副书记：邓清明、黄安军、李俊茹；常委：胡政权、邓清明、黄安军、李俊茹、廖顺华、尹全红、崔东风。届中调整班子：副书记：陈光华（2004年8月10日—2006年11月6日）；副书记：李大彦（2004年8月10日—2006年9月）；常委：张先芸（2004年7月—2006年12月）；书记：邓忠（2006年11月4日任）；副书记：易宏（2006年11月1日任）。本届有纪律检查委员会委员15名。

第三节　党风廉政建设

一、党风廉政建设责任制

党风廉政建设实行“一把手”负责、“一票否决”制。1991—1997年县纪委先后向县委常委会汇报反腐败工作情况10次。2000年制定《关于进一步落实党风廉政建设责任制的意见》。2002年起，全县党风廉政建设和反腐败工作由所有县级实职领导分工负责。2003年对白果中心小学发生的幼儿溺粪身亡事件和县公安局城郊派出所干警“6·21”渎职案件进行了认真追查，对6位负责人进行了责任追

究，分别给予了党、政纪处分，在全县范围内进行通报。2004 年党风廉政建设的重大事项县委书记亲自过问，召开专题会议，成立专门机构，落实具体人员，解决了一些重大问题。2005 年制定《村级党风廉政建设工作实施意见》，在全县村级党风廉政宣传专栏上张贴，同时发行小册子，做到村级干部人手一册，金堂县的做法受到上级的肯定。

二、廉洁自律

1991—1997 年按上级要求，每年 6—7 月在全县县、正、副局级干部中开展以中纪委“新老五条规定”和补充“四条”为内容的廉洁自律自查自纠工作。1998 年起对县委常委管理的干部实行建档制，做到一人一号一档，每年按期填写领导干部廉政建设档案表。1999 年起，进一步规范和完善党风廉政建设，各级领导干部廉洁自律自查面达 100%。2000—2001 年在廉洁自查自纠工作延伸到了中层干部，2001 年，共退回现金 5000 元。2002 年狠抓落实领导干部廉洁自律“六条”规定，干部作风明显好转。2003 年，对全县公务用车进行了清理，会同组织部门对 254 名副局级以上领导干部进行了廉政谈话。2004 年，在全县范围内召开专题民主生活会，针对干部“是否在状态”和清理领导干部收受“红包”、礼金问题开展了自查自纠。制作“金堂县领导干部廉洁自律警示卡”，认真开展了专项清理。2005 年，制定下发《参与干部考察的实施办法》《与领导干部党风廉政谈话的实施办法》《村级党风廉政建设工作的实施意见》，对拟提拔的 44 名领导干部进行廉政审查，对 2 名拟提拔对象提出了暂缓和不宜提拔建议，签订《领导干部廉政承诺书》。

第四节　纠风与专项治理

一、清理公路三乱

1991—1997 年，取消行政事业性不合理收费项目 33 个，金额 83 万元，降低收费项目标准 61 项，金额 183 万元；检查公路乱设卡，乱收费 11 次；取消不符合规定的收费站卡 18 处。纠正公路“三乱”违规收费 7 起。2000—2001 年，取消金广路等违规收费项目。2002 年查处公路“三乱”行为 2 件。

二、清理中小学乱收费

检查发现中小学乱收费 11.4 万元，清退 11.35 万元，纠正违规收费两项。查处中小学违规收费 4 起，清退违规金额 15 万元。2000—2001 年共检查中小学校 23 所，查处乱收费案件 32 件，清退查处金额 4.77 万元，减轻学生各项负担 188.87 万元。2002 年查处中小学乱收费 13 件。2003 年对 88 所中小学校收费情况进行了检查，查处违规金额 105 万元，减轻学生各项负担 188 万元。2004—2005 年，严肃查处教育乱收费违规违纪行为 6 起。

三、治理和减轻农民负担

1998 年，把农民负担管理工作纳入一级目标管理，组织开展全县农民负担占上年人均纯收入的 2.07%。1999 年，先后在 6 个乡镇开展了“农民负担合同公证”试点工作，取消对企业不合理收费项目 4 项，减少收费金额 27 万元，全县药品质量监督覆盖率达 100%；2000—2001 年，减轻农民负担 1031.5 万元。取消不合理收费项目 55 个，金额 65 万元。

四、治理投资软环境

2000—2001年，查处4500元的假劣、失效药品；取缔无证照或证照不齐的药品生产、批发企业3家，降低虚高定价药品额达10.2万元。2002年，建立了县治理经济发展软环境投诉中心，受理投诉112件，乡镇投诉网点共受理1023件，办结率97%；实施了药品和一次性医疗用品集中招标采购，使价格下降40%，对医药生产经营户的检查31次，受理药品经营批发企业换证511个，取缔非法药品生产经营户3个，查处违法违纪案件34件，涉及金额12.32万元。查处加重农民负担行为15件，减轻农民税费负担500万元。纠正医药购销中的不正之风，集中采购药品金额约630万元，让利给患者60%，全面推行农村药品配送，健全了县镇（乡）村药品三级监督管理网络。2004—2005年，认真治理投资软环境。出台了《进一步加强和改进投资软环境建设工作的意见》等一系列制度，县长每季度亲自主持召开的企业座谈会，为企业解决问题，“两固定一流动，无障碍服务”模式在全市推广；牵头对金堂县从1999年后，经省以上人民政府批准的征用土地进行自查；追讨农民工工资137.72万元。对河坝街拆迁改造二期工程及电影院、文化街部分改造工程进行了跟踪调查处理；参与了金堂县电业股份公司、成都新华印刷厂、淮口罐头厂的改制监督工作，对金堂县氮肥厂破产后职工享受低保的情况进行摸底调查，并跟踪监督公示情况。查处3件价格违法行为，涉及金额2.17万元。2005年集中招标采购金额占全县医院用药总金额75%，让利患者总金额达33.3万元；全县28个乡镇卫生院和245个村卫生站药品配送签约率达100%，配送面达100%，药品让利老百姓达210万元。推广新型农村合作医疗制度，全县农民参合率达62%；查处违法案件64件，没收非法物品货值金额8767.86元，没收违法所得80473.17元；对县畜牧局兽药饲料管理站乱办班、乱收费、乱发证的“新三乱”进行了查处，给予党政纪处分1人，追缴乱收费17820元交入了财政。2005年金堂县被市纪委监察局、市纠风办评为“纠风工作先进”。

第五节　违纪案件查处

一、受理来信来访

1991—1997年，受理来信来访1934件次，其中：属纪检监察业务范围的967件次、批评教育的239件次、澄清是非的415件次、其他问题313件次。立案查处违纪案件249件，给予党纪处分228人，政纪处分55人，挽回经济损失110万元。1998年，县纪检监察系统共受理群众来信来访455件次，其中县纪委监察局直接受理231件次，办结231件次，办结率为100%，全年处分违纪案件43件43人，结案率为100%，给予党纪处分28人，给予政纪处分13人，其他处理5人。挽回经济损失70.8万元。在处理违法违纪者的同时，保护党员干部36人，其中副局级以上干部13人。1999年，县纪检监察系统受理群众信访412件次，查处案件43件，结案率为100%，其中：大要案件14件，占总案件数的36.84%，贪污、贿赂、挪用公款案件18件，涉及局级以上领导干部3件。给予党纪处分38人，政纪处分6人，挽回经济损失70万元。协助全县检察机关立案查办各类经济犯罪案件7件，挽回经济损失1600万元；协助县法院系统审结经济犯罪案件4件，挽回经济损失46万元。2000—2001年，县纪委监察系统共受理群众来信来访639件次，办结427件次，办结率

100%。处分违纪案件45件45人，结案率100%，其中：大要案17件，贪污、贿赂、挪用公款案件8件，涉及局级领导干部2件。给予党纪处分70人，给予政纪处分22人。挽回经济损失315.18万元，同时，保护党员干部38人。2002年，受理群众来信来访566件次，县纪委监察局直接受理办结254件。搜集案件线索103件，初核81件，立案65件，结案65件，结案率100%，其中，大案43件，给予党纪政纪处分61人，政纪处分7人，受党纪、政纪双重处分3人，其他处理3人，挽回经济损失150万元。案件查处工作名列全市第一。2003年，搜集案件线索83件，初核69件，立案66件，结案62件，结案率95.4%，其中，大案22件，给予党纪处分50人，政纪处分19人，受党纪、政纪双重处分10人，其他处理6人，移送司法机关追究刑事责任4人（正局级1人，正科级3人）；挽回经济损失200万元；处分59人，对已处分的党员干部回访教育43人；为34名党员干部澄清了事实。2004年，受理来信291件次，来访35件次，共立信访案件7件，其中，市纪委信访室交办2件，县自办5件，结案率为100%。通过信访渠道提供案件线索36件，其中受到纪律处分的11人。立信访案件19件，检查室移送案件4件，给予党纪处分3人，其他处理1件，澄清2件，批评教育13人。

二、受理举报

2004年受理群众举报344件次、电话举报18件。2005年受理群众举报436件次，其中：来信191件次，来访28件次，电话举报196件次，网络举报21件次；共立信访案件3件，市纪委交办1件，自立信访案件2件，结案率为100%。全年办结案件190件，办结率98.95%，其中：县纪委、监察局自办63件；通过调查处理批评教育50人，免职1人，澄清是非125人。全年通过信访渠道提供案件线索18件，其中受到纪律处分的18人。

2005年共计受理省纪委“84444444”举报件201件次，办结166件，应回复实名举报人84人，已经回复82件，举报人满意76件，满意率92.68%。通过“84444444”的举报处理征地拆迁中损害农民利益的问题2起，为群众兑现欠账20.07万元；为1户“五保”老人解决治病难的问题；通过民政部门为1户困难群众改造住房3间；纠正违规处理国有资产的问题1起，涉及资产10万余元；纠正粮食直补中损害农民利益问题11件，涉及农户602户，退还粮食直补款13271.4元；为外出务工人员解决劳动纠纷2起，退还保证金5000余元。

第六节　行政执法监察

一、农民负担监督

1991—1997年，减轻农民不合理负担196万元，纠正处理违法违规行为20件，处理农民集体上访5件，建立农民负担监测网点36个、农民负担举报箱46个，查出预算外资金各种违纪金额286万元。

二、工程监督

1992年县纪委、监察局对全县11个重点企业实行挂牌保护。1997年对全县13个私营企业进行挂牌保护。1998年，对县红旗水库、中毗河防洪工程、中央直属粮食储备库等7个重点工程进行了全程监督，全年20个工程项目签订廉政合同，共节约工程资金547万元；全县各乡镇共461个村建立了村务公开、民主管理领导小组，对违规的问题及时进行了纠正；开展执法监察10项，查出违纪违规金额5万元；纠正处理违法违规问题16个，挽回经济损失548万元。1999年全县村务公开率达到100%，厂务公开率达到95%；新开工20万元以上的51个工程招标率、工程受监率、“双合同”签订率均达100%，通过招投标节约资金500万元，对全县14个重点单位进行了预算外资金检查，查出违纪金额141.2万元。2000年，县工程建设项目总招标52项，其中：公开招标30项，邀请招标22项；招标建筑面积36万平方米，总投资50954万元，共节约资金180万元。2001年，对赵中科技大楼、九龙滩提水灌区续建配套与改造等6个重点工程进行综合执法大检查，通过招投标节约资金230余万元；查处个体工商、粮贩违法收购粮油案件8件，涉及粮食841余吨。监督建筑工程，公开招标44项，27.74万平方米，总投资1.4亿元，节约资金305万元。

三、行政监督

2001年，对三中园区、交通局等5个单位7名领导干部进行了离任审计；对计生局、林业局等12个单位开展了会计委派工作试点；全县24个部门共80项行政审批事项被取消、调整。2002年，全年开展了对国债和社保资金的管理使用、重点建设项目、天然林保护、退耕还林、农网改造等执法监察，立案查处24件，给予党纪政纪处分17人，查处违纪违法金额129.5万元，挽回经济损失105万元；取消行政审批事项37项，对40余亩经营性土地使用权出让实行了招标拍卖或挂牌出让，政府采购额达290万元，节约资金13万元。24个乡镇和三中园区试行了“财务统一核算，集中交付”会计委派制。2003年，农网改造材料全部实行招标采购，节约资金近100万元。查处中草药违规违纪资金50余万元。成立了构建规范化服务型政府办公室，县纪委、县监察局及时制定了《关于对规范化服务型政府建立监察流程的通知》，分“硬件、软件、言行、结果”四类进行处置。县开展了4次安全大检查，对危险化学品、交通运输安全、易爆物品和烟花爆竹等9项安全生产专项整治。全县及时组织各部门对照中央、省、市取消行政审批项目进行全面清理审核，共拟取消行政审批项目112项，实现了全县财政全额负担的行政事业单位人员和农村税费改革转移支付人员3179人、1400万元/月的工资和人员经费的银行直发，各乡镇建立了会计核算中心，对乡镇所有的收支实行财政单一账户管理。建立了土地经营的管理机制和制度，建立了土地储备中心和土地拍卖中心，招标核准、备案政府投资项目102项，招标拍卖和挂牌出让经营性土地5宗共30.96亩，成交金额212.57万元，收益120.09万元，实现了土地资源优化配置及地方财政增收。国有产权进入交易市场交易金额达到1050万元，挽回国有资产365.8万元，盘活国有资产1200万元，争取有偿贷款1930万元，收回国有资产转让收入920万元。全县政府采购额428万元，节约资金15万元。纳入全县脱钩半脱钩范围的57户企业全部实现了与部门的脱钩。

2004年4月，公开监督在全县公开推荐选拔团县委副书记1名；8月，17个正局级岗位，21名优秀的干部得到了提拔重用，通过竞争上岗的乡镇、部门中层干部达164名，全年共诫勉谈话3人，免职1人；21个乡（镇）政务公开规范率达100%，378个村村务公开规范率达到95%；全县200余家企事业单位厂务公开率达到了95%。建立了劳动用工数据库，取消295项行政审批项目，保留220项审批项目；推行“乡财县管乡用”的财政管理方式改革，实行村组代理会计委派制度。

四、土地买卖监督

2004年，采用挂牌、拍卖方式公开出让和转让国有土地使用权3宗，面积420.515亩，实现土地收益5788.99万元，参与现场监督3次，检查、抽查项目16宗；开展招投标项目共40项，投资总额35813.7万元，节约资金314.9万元；完成了500万元的政府采购计划，共节约资金40万元，避免经济损失6万元；第四批取消了66项行政审批项目；首次对开采河砂进行拍卖，成交价80万元。

第四章　组织工作

县委组织部是县委负责全县组织机构、干部管理、党员教育、基层组织建设、领导干部任免、人才工作等的部门。1990年7月16日，建立金堂县党员电化教育工作办公室，隶属县委组织部。1991—2001年12月20日，县委组织部设办公室、干部科、组织科，2004年3月4日增设干部监督科，2005年，内设办公室、干部科、组织科、干部监督科。1991—2005年，全县加强党的组织、作风、思想建设，各项组织工作成绩突出。

第一节　党员教育管理

1992—2004年9月，全县乡镇党校245个。2004年10月，撤并为21个。1991—2005年，各乡镇利用乡镇党校和村活动室每年集中7天对全县农村党员进行党性、党纪、党风教育和农村科技知识培训；县委组织部、县级机关工委、县级部门党委、党组每年组织县级机关党员开展学习教育活动。县委组织部在县电视台先后开办了“改革之声”“时代风”等党建电视宣传栏目，先后拍摄了党建宣传专题片64部。拍摄了《金堂蜜桔丰产栽培技术》等农村新型实用技术科教片3部，邀请专家、教授为县级机关和乡镇党员作形势报告；利用县乡两级党组织开展集中培训，全县有50%的党员掌握了1—2门实用技术。1999年8月，结合新时期党员的特点，在全县广泛开展了“面对党旗问三问”教育活动，即面对党旗问三问：昨天你说了什么？今天你做了什么？明天你将留下什么？重温党章想一想：入党为什么？在职干什么？为民做什么？2000年4月中旬至12月中旬，开展“三问三比”教育活动。2001年，全县开展“保持党员先进性”教育活动认真学习实践“三个代表”重要思想，组织党员收看电教专题片3576场次，受教育面达96%。按照中央和省、市委的安排部署，全县从2005年1月26日开始，历时1年半，分3个批次在全体党员中开展了以学习实践“三个代表”重要思想为主要内容的保持共产党员先进性教育活动。教育活动达到了“提高党员素质，加强基层组织，服务人民群众，促进各项工作”的目标要求。1991—2005年，全县坚持一年一度的民主评议党员工作，参评率达95%。每年七一前对评出的先进基层党组织、优秀共产党员、优秀党务工作者进行了表彰奖励，对个别不合格党员进行了组织处理。

第二节　基层组织建设

一、基层党组织调整

全县基层组织建设以“围绕经济抓党建，抓好党建促发展”为主线，加强村级组织配套建设。1991年，对全县437个村级组织进行了整顿，调整村干部354人，其中：调整党支书39人，村主任42人，支委92人。1992年，在全县村级组织中首次推行目标责任制，推行面达90%，先进村级组织上升率占全县村级组织的32%。1993年，对全县473个农村党支部进行全面摸底调查和综合分析，85个村党支部进行了换届选举，集中整顿软弱涣散村党支部17个，调整支书7人，支委16人。1994年，利用4个市级先进示范村的“带头羊”作用，大力加强农村基层组织建设，对全县32个后进村党支部进行了整顿，调整支书15人，支委11人。从各乡镇机关中选派482名干部到村任职，全县461个村党支部分别与乡镇党委签订党建目标责任书。1995年，在全县农村基层党组织中全面推行了目标管理责任制，全县调整村支书67人，村主任75人，副主任31人。1996年，本着“多换思想少换人，不换思想就换人”的原则，切实加强农村基层组织的建设，狠抓农村经济发展，对6个软弱涣散村党支部进行了整顿，调整村支书4人，村主任3人，增设副支书1人。1997年，与24个乡镇党委签订农村党建工作目标，以“达五好，促小康”为目标，巩固农村党建整顿成果，6个相对后进村党支部组织整改取得了初步成效，全县90%的村级组织基本达到了“五好”的目标要求。1998年进行相应的村支部人员调整1999年，县委组织部狠抓了软弱涣散村党支部的整顿，成立各乡镇整软领导班子，调整村支书34名、村主任27名。加强农建工作指导，组织乡镇管党书记学习交流。机关事业单位党建工作进一步规范，全县规范化党支部创建率达90%。对全县部分党组织设置进行了调整，新建党支部24个，新设党总支3个。2000年，县委组织部重点加强村党支部建设。年初，制定《县级领导干部县级部门联系制度》，组成24个工作队赴乡镇开展驻村帮社。全县67个软弱涣散村党支部共调整34名支部书记、27名村主任。整顿后明显改观的村有62个，变化一般的村5个。按照村党支部建设“五个好”的要求，加大村干部队伍建设力度，首次实行公推公选出的村支部党支部书记平均年龄39岁，按照“三个一点”的办法，落实村干部养老保险。同时，为加强村干部的监督管理，突出抓了“村账乡（镇）管”“组账村管”财务清理整顿，解决遗留问题443件。2001—2005年，对基层支部成员进行了调整。

二、村务公开

1998年在全县全面推行了村务公开工作。1999年全面规范了乡镇村务公开。2000年全县村务公开工作进一步规范，447个村都设置了公开栏；本着“参与不干预，支持不拆台”的原则，指导企业、非公有制企业党组织建设，参与企业厂务公开检查、调查研究，写出了《非公有制企业党组织建设情况报告》。2001—2005年，县全面实行了村务公开。

三、创先争优

1991—1997年，全县党组织开展了创先争优活动，对全县优秀党员进行了表彰。1998年，全县树立了10个“红旗村”、5个建设“富裕文明村”，评选出受市委表彰的“五好村”7个，先进党支部书记7名。1999年县委组织部向县委推荐40个受表彰的基层党组织，向市委推荐4个受表彰的基层党组织。2000至2001年，创“五好”的村增至317个；在“六好”乡镇党委建设方面，推行了“首问责任制”“记民情日记”“政务公开”和“双向选择驻村干部制度”，向市委推荐了清江、栖贤等5个乡镇作为县创“六好”优秀乡镇党委标兵单位；向市委推荐了赵镇狮子村、栖贤乡梨花沟村等6个党支部为市“五好”村党支部；向市委申报了金堂县创基层组织建设先进县相关材料，全县规范化党支部创建率达96%，向县委推荐了40个受表彰的基层党组织。2002年，全县实现“五个好”的村党支部达75%，实现“六个好”的乡镇党委达60%。6月荣获农村基层组织建设“三级联创”先进县，受到省委和市委表彰。广兴镇党委、县贸易与粮食局党委、栖贤乡梨花沟村党支部、赵镇狮子村党支部分别荣获“六好”“五好”先进党组织，受到市委表彰，其中：县贸易与粮食局党委、栖贤乡、梨花沟村党支部受到省委表彰；全年，县委组织部加强对机关、企事业党建工作的研究和指导，机关创规范化党支部超过90%，10个机关支部荣获“十佳党支部”称号；评选表彰先进基层党组织41个，优秀党务工作者9名，优秀共产党员101名。2003年，深化“三级联创”活动，初步建立了直接责任人职责考核体系，实现“五个好”村党组织达65%，“五个好”乡镇党委达83%；“三村建设”推进面达30%以上，建立县级示范村25个；全年共新建党组织20个，撤销党支部10个；“七一”表彰抗非典先进党组织44个，优秀共产党员80名；建立社区党建示范点1个；分片区培训村干部共计1000余人。2004年，进一步巩固“三级联创”活动成果，全年党员干部联系贫困户1828户，解决农村实际困难和问题335件，研究处理遗留问题49个；在开展“爱民干部”活动中，4名乡党委书记和7名村党支部书记受到市委表彰；全面推进“三村建设”，进一步加大农村“支部+协会”的覆盖面，深入开展了“双向培养”“党员农贷快车”“双强”“双带”等活动。2005年大力实施选派扶贫新村驻村指导员和“一村一名大学生”工程。全县15个乡镇成立了“党委+协会”组织，建成党建示范点42个，全县42个社区新建了社区党支部，“一社区一支部”覆盖率达100%，创建党建示范社区3个，建立非公企业党支部2个。积极开展部门帮村工作，年内县级部门为联系村解决实际问题256个；结合庆祝建党84周年活动，全县表彰基层党组织40个，优秀共产党员80名，优秀党务工作者10名和优秀村（社区）党组织书记21名；完成全县保持共产党员先进性教育活动，各乡镇建立流动党员和农村务工青年信息库，切实加强对流动党员的教育管理，在广东建立了2个党支部、设立党员工作站4个，同时建立完善了“一找一”“一帮一”“一联一”等制度。全年，120余名外出务工青年递交了入党申请书，其中80名确定为入党积极分子，9名发展为中共预备党员。引导流动党员回乡创业，先后已有10余名务工党员回乡创办了企业。

四、公推直选村干部

1998年结合村级班子换届，实施了公推公选。换届后村支书、村主任平均年龄41.1岁，村级班子成员平均年龄39.56岁。2000年实行公推公选出的村支部党支部书记平均年龄39岁。2001年年底，全县447个村级班子换届，实行“公推公选”，经群众推荐提名的候选人439名，连任村支书、村主任598名，新任村支书、主任278名，2004年进行村（社区）党组织书记公推直选试点工作，先后在4个乡镇和4个村开展了公推直选。2005年，县委组织部与各乡镇签订了目标责任书，结合农村党组织换届，全县209个村（社区）党组织书记进行了公推直选，公推直选面达91%。

五、发展新党员

1991—2005年全县严格按照党员标准，发展新党员6012人。

第三节　干部制度改革

一、工资改革

根据省、市有关文件精神，县委组织部结合全县实际，先后制发了《关于深化干部制度改革，为加快发展金堂县经济服务的意见》和《关于机关、事业单位干部人事制度改革若干问题的试行意见》，逐步完善了机关干部的分流。1991—1997 年，全县分流党政干部 311 人，在党政群机关工作人员中推行公务员职务升降制度，完成了以国家公务员制度为核心的机关、事业单位工资制度改革。

二、干部人事制度改革

1993 年 1 月，县委组织部会同县人事局向县委提出了县级机关 28 个机构合并、合署办公和归口管理的方案，并在县级机关中实施。加强干部人事制度改革，把竞争、激励机制引入机关干部管理中，对县供销社、水电局、交通局、县法院等单位实行中层干部聘任制、一般干部聘用制；对县级机关中补充工作人员实行“公开、平等、竞争、择优”的办法，面向社会公开招聘，提高了县级机关工作人员的素质。1994 年，全县开始实施党政群机关、乡镇机关的国家公务员年度考核。

1998 年，按照十五大关于干部制度改革的总体部署，围绕“扩大民主、完善考核、推进交流、加强监督”的内容，在调查研究的基础上，制定了《全县深化干部人事制度改革的意见》和全县党群机关参照《国家公务员暂行条例管理的实施意见》，圆满完成了党群机关参照执行工作。县委组织部参与、指导了县法院、县工商局、县检察院、县粮食局、县广播局、县乡企局中层干部竞争上岗，一般干部“双选”上岗的聘任制改革。根据机构改革方案，审核了各单位机构设置、人员编制、职级划分、职位说明书的编写，按照“公开、平等、竞争、择优”的原则，面向社会公开招聘县招商引资局正、副局长 4 名，对公开招聘领导干部工作进行了尝试。

1999 年，县委组织部起草了《金堂县关于党政机关推行竞争上岗的实施意见》《金堂县关于进一步做好县级机关中层干部轮岗交流工作的实施意见》和《金堂县关于党政干部交流工作的实施意见》。进一步扩大了中层干部竞争上岗的范围，一批县级部门、乡镇干部通过竞争方式走上了中层干部的工作岗位。建立和试行了干部管理末位淘汰制，增强了干部的紧迫感和危机感，对乡镇包括“八大员”在内的中层干部任期情况进行了摸底调查，为乡镇机构改革奠定了基础。2000 年，全县推行部门中层干部竞争上岗、轮岗、双向选择，云绣乡、转龙镇试行领导干部任前公示制，公示干部 4 名，其中正局级干部 1 名。实行干部末位淘汰制，调整干部 2 名。实行新任干部任前廉政谈话制，对 41 名新提拔干部进行了廉政谈话。指导县教育局在全市率先进行教育人事制度改革。

三、公推公选领导干部

2001 年，首次在 8 个乡镇实行“公推公选”副乡镇长。全县 63 名干部报名，59 名干部符合参选条件。公选采取百分制，动作分三步走：第一步为测评（即兴演讲）占 40%；第二步面试占 30%；第三步组织考察占 30%。公选干部平均年龄 32. 3 岁。县级各部门、各乡镇实行中层干部竞争上岗制度。

2002—2005 年，先后对 10 个镇、15 个部门，正副职岗位 25 个，进行了公开推荐选拔。

第四节　领导干部队伍建设

一、干部队伍状况

1991 年全县干部总数 8758 人，其中：行政机关 2435 人、事业单位 5219 人、企业单位 1104 人；男干部 6297 人、女干部 2461 人。至 1997 年 12 月末，全县各级机关、事业、企业单位共有干部 11209 人。按统计口径划分：行政机关 2577 人，事业 7703 人，企业 929 人。在干部总数中，男 7680 人，女 3529 人；少数民族 22 人。1998 年，全县各级机关、事业、企业单位共有干部 11427 人，其中：党群系统（含各人民团体、人大、政协机关）383 人；事业单位 8134 人；企业单位 873 人。在干部总数中，男 7764 人，女 3663 人，少数民族 31 人。1999 年，全县各级机关、事业、企业单位共有干部 11636 人。其中党群系统（含各人民团体、县人大、政协机关、法院、检察院）577 人；事业单位 8509 人；企业单位 842 人。在干部总数中，男 7768 人，女 3868 人，少数民族 26 人。2000 年，全县各级机关事业单位共有干部 11869 人。其中党群系统（含各人民代表、人大、政协机关）591 人；事业单位 10208 人；在干部总数中，男 7492 人，女 4377 人，少数民族 61 人。2001 年，全县各级机关、事业、企业单位共有干部 11949 人，其中：党群系统（含人民团体、人大、政协机关）588 人；县级机关 943 人；事业单位 9406 人；企业单位 1012 人。在干部总数中，男 7865 人，女 4084 人；少数民族 25 人。2002 年，全县各级机关、事业、企业单位共有干部 11966 人，其中：党群系统（含人民团体、人大、政协机关）544 人；政府系统（机关 1432 人，事业单位 9205 人，企业单位 785 人）11422 人。在干部总数中：男 7197 人，女 4769 人，少数民族 27 人。2003 年，全县各级机关共有干部 2032 人，其中：党群系统（党委、人大、政协、法院、检察院、民主党派、人民团体机关）干部 568 人，政府系统 1464 人。在干部总数中，男 1610 人，女 422 人；少数民族 6 人。2004 年，全县各级机关共有干部 1931 人，其中：党群系统（党委、人大、政协、法院、检察院、民主党派、人民团体机关）干部 622 人，政府系统 1309 人。在干部总数中，男 1514 人，女 417 人；少数民族 8 人。2005 年，全县各级机关共有干部 1957 人，其中：党群系统（党委、人大、政协、法院、检察院、民主党派、人民团体机关）干部 522 人，政府系统 1435 人。在干部总数中，男 1525 人，女 432 人；少数民族 7 人。

二、县级领导班子

1993 年，县委组织部经过充分的准备和认真的筹备，确保四大班子换届工作的如期进行并取得圆满成功。换届后共有县级领导成员 23 名。县级领导平均年龄为 48. 1 岁。文化结构：大专以上 20 人，占 87%，高中、中专文化 2 人，占 9%，初中 1 人，占 4%；女同志 4 人，占 15%。2 月下旬完成 66 个部、委、办、局班子换届工作，共产生领导成员 193 名，其平均年龄为 42. 33 岁，大专以上文化的 120 人，占 62%；高中、中专文化 54 人，占 22%。同时，明确了 126 名正副局级调研员。1995 年，按照配齐、配强各级领导班子的要求，结合年终目标考核，换届中小调整后原则，对 20 个县级部门的领导班子进行了届中调整。提拔干部 43 人，降职使用 2 人，免职 6 人，退居二线 10 人，交流干部 40 人，从县级部门下派到乡镇挂职锻炼的 10 人。1997 年，由 4 位副部长带队，组成 4 个考核小组，历时一个多月，对县委管理的 63 个县级部门领导班子 210 名部、局级干部本届任期内的工作实绩进行了全面的考核。推荐出下一届班子成员 450 名，推荐出后备干部 443 名。加强了届中考察，搞好充实调整，提拔干部15名，交流干部5名。1998年年初，县级部门领导班子换届工作圆满结束，县级部门206名班子成员中，45岁以下的138名（含45岁），占67%；大专以上文化的147名，占71%；交流使用干部76名。2000年，县委对1997—1999年乡镇和县级部门领导班子创“四好”活动取得优异成绩的22个先进单位进行了表彰，届中调整干部117名，提拔41名，交流47名，下派6名，退出领导岗位22名。年底，结合贯彻“三个代表”重要思想学习教育精神，对乡镇开展“三级联创”工作进行了全面检查、验收63个领导班子，评选15个“四好”领导班子受到县委表彰。2002年，积极配合市委组织部做好县级领导班子换届的基础性工作。筹备了6月12日领导班子述职暨民主测评大会、10月17日201人参加的民主推荐金堂县领导干部大会、金堂县第十一次党代会的各项工作。2003年2月18日至3月21日止，先后对72个县级部门领导班子进行了调整，新提拔进班子44人，交流98人，退出现职领导岗位35人。同时，完成了县级部门换届所涉及的13个乡镇19名领导干部的补选工作。2004年结合机构改革，配齐配强领导班子，共交流调整部门、乡镇领导干部149人（含撤并6个乡镇的42人领导干部），其中：交流37人，改任非领导职务54人。2005年，先后对县级部门、乡镇领导班子进行了调整，新提拔14人，交流17人。

三、部分乡镇领导班子换届

1992年3月，组织力量对原42个乡镇的领导班子逐个进行全面、系统的考察了解。对24个乡镇的党委、政府和人大三个班子进行了组建，其中安排为新班子正副职的135人；人大负责人23人；乡镇武装部正副部长26人；正副局级调研员53人。1993年年初，顺利完成了24个乡镇党、政、人大三个班子的换届工作，产生乡镇领导162名，平均年龄38岁。大专以上文化36人，占22%；高中、中专文化94人，占58%；初中文化25人，占16%；小学文化7人，占4%；女同志19人，占12%。

1995年8月，组织部分别对全县24个乡镇党委、人大、政府、人武部、纪委班子进行了任期的全面考核。对24个乡镇党委、政府班子成员211人进行了考核，考核后备干部103名。换届后，新一届班子年轻化有大的进展，平均年龄36.31岁，30岁以下的年轻干部23人，46岁以上的干部2人。1998年8月，组织部按照《四川省乡镇党政领导干部选拔任用工作暂行办法》，制发《金堂县乡镇党政领导班子及成员工作实绩考核办法》。乡镇换届前，县委从县纪委、县直机关工委、县政府目标办抽调骨干组成4个考核组，对全县24个乡镇领导班子及成员214名任期内的工作实绩进行了考核。2001年，从8月初至9月上旬，由组织部牵头，抽调县纪委、县直机关工委20人，组成4个考核组，对全县24个乡镇领导班子进行了任期内工作实绩考核。通过换届，206名乡镇领导干部平均年龄为36.6岁，比上届下降2.2岁。69.2%的干部达到大专以上文化。

四、干部队伍制度建设

2002—2005年，建立完善干部培养和选拔任用工作机制。先后出台了《关于进一步加强领导干部队伍建设的若干意见（试行）》《关于进一步加强年轻干部培养选拔工作意见》《关于进一步加强对局级非领导职务干部队伍管理的意见》《关于干部队伍建设双百工程实施意见》等文件，全方位地加强了干部队伍和领导班子建设。

第五节　人才工作

一、知识分子工作

1991 年，制定了全县知识分子工作计划，配备人员和落实专项工作经费，知识分子工作专兼职干部达 138 人，知识分子工作联络员 45 人，知识分子工作专项经费达 4 万元。1991 年共有 41 名知识分子的科技成果分别受到了省、市、县人民政府的肯定。1992 年办《知识分子工作专辑》8 期，宣传橱窗 3 期，在《成都晚报》和《四川日报》上介绍了 3 名拔尖人才的事迹。开展了“如何发挥知识分子在经济建设中的积极作用的大讨论”。县级领导干部共联系知识分子 348 人次，为知识分子办实事 348 件次。1993 年，对县知识分子工作领导小组进行了调整。调整后，县知识分子工作领导小组由 15 人组成，加强了对知识分子工作的领导。分别在《成都晚报》《先锋》杂志上介绍了 3 名优秀知识分子的事迹。对任期届满的县级首批 8 名拔尖人才进行了详细综合的考核。1996 年，认真贯彻落实党的知识分子政策，在不断加强知识分子思想政治、业务素质建设的同时，竭力为知识分子办实事和好事。1997 年，会同有关部门落实了跨世纪科技人才队伍的培养工作。1998 年，全县评审、考察、推荐、认定、确认专业技术职务 1277 人，组织参加全国职称资格考试 1200 人，审查办理专业技术职务聘任增资手续 1000 人。全年共办理了人才流动手续 135 人，安排大中专毕业生 249 人，为 120 名大中专毕业生办理了人事档案和户口寄存手续。2004 年，共举办人才供需现场招聘会 8 场次，为非公有制企业推荐各类专业技术人才 81 人，引进大中专毕业生 65 人，为专业技术人员评定初级技术职称 530 人，中级技术职称 735 人，高级技术职称 71 人，推荐享受市政府津贴 1 人，专业技术人才信息库得到进一步的完善。劳动和社会保障局共举办建筑、市场、营销、餐馆服务、家政、计算机应用等各类培训班 127 期，培训 31000 人，输出劳务 6000 人。全年投入人才培训经费 117.3 万元。

2005 年，先后举办计算机、科技知识、外语、WTO 培训班 12 期，培训 869 人，开展专业培训 30 期达 13384 人次。组织了 9 次全国专业技术职称资格考试，参考人数 1500 人，推荐评审高、中级专业技术职称资格 812 人，初级职称 530 人。共发布各类招聘信息 70 余条，召开事业单位、大中专毕业生、企业专场、财会专业人才专场等大小招聘会 10 场，参会人才 1000 人，提供就业岗位 500 多个，推荐就业 600 人。

二、拔尖人才工作

1992 年，县委组织部开展了知识分子和拔尖人才工作。完成了首批县级拔尖人才任期内目标考核的电视专题片《奉献之歌》的制作。1995 年，积极引导和鼓励广大知识分子为“科技兴县”献计献策。对第二批拔尖人才四年任期届满，完成目标任务的情况进行全面考核。完成了第三批拔尖人才的推荐。1999 年，进一步完善了优秀科技人才激励竞争机制。组织部分优秀知识分子和县级拔尖人才进行了健康检查。对第三批县级拔尖人才任期目标进行了跟踪管理，签订了目标责任书，开展了年度目标考核。2000 年，注重宣传知识分子先进典型，广大知识分子在科研、送科技下乡活动中发挥的较大作用。2001 年，全县各类专业技术人员已达 1.1 万人，其中，市级拔尖人才 1 人，县级第三批拔尖人才 12 人，享受国务院特殊津贴 2 人，享受市政府特殊津贴 4 人，成都市的“千百万工程”6 人，成都学术技术带头人 5 人，市、县学科带头人 300 人。2002 年年初，重新调整了金堂县知识分子工作领导小组成员，组织了第三批县级拔尖人才外出进行了为期11天的疗养，对第三批县级拔尖人才的成果进行了验收。2003年，定时举办人才供求招聘会5场次，签订协议500份，直接从高校引进国民教育大学本科以上学历的高校毕业生50名，引进急需的中级以上职称的专业人才12名。年内推荐、评选出了14名县级第四批拔尖人才，向市委组织部推荐成都市有突出贡献的优秀专家候选人1名；推荐享受国家特殊津贴1人，市政府特殊津贴5人，市优秀专家3人，省优秀创业人才1人，市教育系统学校带头人12人，县级学术、学科带头人20人。

第五章　宣传工作

县委宣传部是县委负责全县党的路线、方针、政策宣传的工作部门，负责县委中心组学习安排，负责全县理论学习与研究、新闻宣传、精神文明建设等工作。1991—2005年，县委宣传部内设办公室、文卫科、理论教育科、新闻科、外宣办、文明办；归口管理干部函授辅导站、金堂报社。

第一节　理论学习与研究

一、学习马克思主义哲学和《社会主义若干问题学习纲要》

继1987年学习《建设中国特色的社会主义》和《坚持四项基本原则，反对资产阶级自由化》两本书后，1988年至1992年6月，组织全县在职干部、职工学习了《马克思主义哲学基本观点和方法》（省编），《学哲学用哲学》（市编），以及中共中央宣传部编发的《关于社会主义若干问题学习纲要》。

二、学习《邓小平文选》

1993年，《邓小平文选》第三卷出版发行，县委宣传部在指导学习中提出6个学习专题：建设跨世纪的干部队伍；深化改革、促进开放；发挥自身优势，加快经济发展步伐；“两手抓，两手都要硬”；增强党的凝聚力和号召力；总结“八五”计划经验，制订“九五”计划。坚持各级领导干部日常学习制度，定期组织培训班。

三、学习党的全国代表大会文件

（一）学习贯彻党的十四大精神

1992年11月，县委宣传部发出《关于学习宣传党的十四大文件的安排》，把学习十四大文件作为思想战线的头等任务，组织学习分4个专题：即坚持党的基本路线，建设有中国特色社会主义；建立和完善社会主义市场经济体制；加强党的建设，改善党的领导；解放思想，真抓实干。

（二）学习贯彻党的十五大精神

1997 年县委宣传部发出《关于学习宣传贯彻党的十五大精神的意见》，组织全县党员、干部围绕确立邓小平理论为中国共产党的指导思想，学习掌握 7 个要点；邓小平理论的历史地位和指导意义；党在社会主义初级阶段的基本路线和纲领；经济体制改革和经济发展的战略部署；积极推进政治体制改革和民主法制建设；建设有中国特色社会主义的目标任务；加强国防和军队建设；加强党的建设。

（三）学习贯彻党的十六大精神

以县委名义制定和下发了《关于在全县认真学习宣传贯彻十六大精神的通知》和《关于兴起学习贯彻“三个代表”重要思想新高潮的通知》。以抓好县委中心组学习为龙头，促进县级机关和乡镇党委（党组）中心组的学习。组建宣讲团深入机关和乡镇宣讲 30 场，加强了理论文章撰写的指导工作，指导各乡镇、各部门完成学习贯彻十六大精神和“三个代表”重要思想调研材料 35 篇，副局级以上领导干部报送学习心得、调研文章 56 篇。上报市委宣传部理论处、市社科联理论性文章 9 篇。《金堂报》、金堂电视台专门开栏节目“贯彻十六大　推进新跨越”及“‘三个代表’重要思想在金堂”，及时反映各单位、各部门学习、宣传、贯彻十六大精神的情况。组织发行十六大文件汇编、单行本、辅导读本和《“三个代表”重要思想学习纲要》和《胡锦涛同志七一讲话》等 1500 余套（册）。

四、理论研究成果

1991—2005 年，全县各级干部撰写学习心得体会和调查研究文章 1200 余篇，其中被省、市报刊载用 200 余篇。县委宣传部先后汇编县委宣传部组织编撰了《县委中心组调研文集》《成南路域经济调研文集》《西部大开发领导干部调研论文集》等文件。

1998 年，参加成都市“五个一”好文章评选活动，其中《农业产业化经营的发展方向及其实践》研究课题在《成都农村金融》上发表。

2000—2001 年，在全县党员干部中开展“三问三比”活动中，中央电视台“焦点访谈”播出了“金堂县开展三问活动”，推动了活动的深入开展。市委宣传部在金堂召开现场会，要求全市学习借鉴金堂经验，活动经验还收入了《全国思想政治工作新方法 100 例》和《四川省基层思想政治工作新方法汇编》在全国农村“三个代表”重要思想学习教育会议期间，梨花沟村党支部作为农村基层党组织代表，向中央领导同志就“三问三比”活动作了专题汇报。

2002 年，在学习贯彻“三个代表”重要思想新高潮中深入开展“心桥工程”活动，中央“三个代表在基层”采访团专门对金堂“心桥工程”活动进行了采访，《人民日报》进行了专题报道。

2004 年，《金堂县加快城郊型城镇体系建设的思考》经市社科评奖委员会审定，荣获市第七次哲学社会科学优秀成果二等奖，受到市人民政府表彰。县社科联组织有关人员调研、撰写的研讨会征集论文《金堂县推进城市化的若干着力点》《农村与城镇劳动力平等就业问题研究》入选《成都区域经济社会发展—考察与研究》论文集。

2005 年，县委宣传部、县社科联组织有关人员调研、撰写的论文《关于金堂县建设社会主义新农村的探讨》《保护文化遗产是全社会的责任》入选《成都文化产业发展理论与实践研讨会论文汇集》。

第二节　中心组理论学习

1991 年后，在继续办好县委中心学习组的基础上，1998 年贯彻中央《关于在全党深入学习邓小平理论的通知》，县委宣传部组建各级中心学习组，县级各部门和各乡镇均组建中心学习组，规范中心组学习制度，每个中心学习组人员落实、制度落实、内容落实、经费落实。先后进行了《邓小平理论》《十五大报告》《廉政准则》和“东南亚金融危机的分析”“跨越式发展”等专题学习，参学率达92.7%。组织县委中心组成员理论调研，共撰写调研文章50篇。

1999年，县委规范和改进了党委中心组学习制度，将学习纳入年终目标考核，县委中心组成员撰写理论调研文章50篇。

2000年2月23日，县委决定在县级领导班子和领导干部中深入开展以“讲学习、讲政治、讲正气”为主要内容的党性党风教育，并下发实施意见。要求通过“三讲”教育，深入学习邓小平理论和党的十五大精神，提高政治素质，加强党性修养，牢固树立全心全意为人民服务的观念，端正思想作风，在改造世界观的同时，增强改造主观世界的自觉性，切实解决好在党性党风方面存在的突出问题，努力做到在思想上有明显提高，政治上有明显进步，作风上有明显转变，纪律上有明显增强。2月28日，县级领导班子和领导干部“三讲”教育动员大会在县红旗礼堂隆重举行。3月16日，县级领导班子和领导干部“三讲”教育第一阶段小结和第二阶段动员会举行，10个领导班子、65名领导干部参加了会议。3月18日，县委针对干部群众提出的意见和建议，结合工作中存在的问题，下发在“三讲”教育中边整边改的八条措施。5月8日，县委隆重召开“三讲”教育总结通报大会，341人参加。会议回顾了两个多月开展“三讲”教育的主要历程，概括了主要收获、特点和体会，并对巩固成果、落实整改工作进行了部署。10月8日，县委向成都市委“三讲”教育办公室报告，在“三讲”教育活动开展期间，没有群众向县委反映干部违纪违法问题。

2000年7月6—7日，中共金堂县第十届全委会召开，会上认真学习了江泽民总书记关于“中国共产党始终代表中国先进生产力的发展要求、代表中国先进文化的前进方向、代表中国最广大人民的根本利益”（简称“三个代表”）的重要讲话，在大会确定的金堂跨越式发展思路中，要求必须遵循“三个代表”的要求。2001年1月8日，中共金堂县十届五次全委会开展了历时86天的第一阶段“三个代表”重要思想学习教育活动，乡镇和县级党员领导干部3338人参加学习。活动自始至终按照县上“面上要有影响，手中要有典型，活动要有新意，整改要见成效”的要求进行。21个宣传教育组近100人深入乡镇和县级部门指导。全县502名副局级以上干部参加了笔答竞赛，6000名党员、干部参加知识抢答预赛和复赛。活动之中为民办实事624件。2002年3月6日，全县村、站、所“三个代表”重要思想学习教育活动进入对照检查和整改提高阶段。4月10日，市委“三个代表”重要思想学习教育活动检查组对金堂县村级学习教育活动进行了全面检查。5月20日，全县农村“三个代表”重要思想学教活动总结表彰大会在绿岛举行。会议总结了活动情况，表彰了先进集体。

2000年，全县各个中心组开展了“三个代表”重要思想的教育活动，并先后进行邓小平理论、西部大开发与跨越式发展、中国与WTO等问题的学习，纳入中心组目标考核。县委中心组学习面达95%，共撰写调研文章80篇。举办“西部大开发，金堂争先行”调研会，交流研讨文章65篇。

2001年，组织各级中心组重点学习邓小平理论、“三个代表”重要思想、十五届六中全会《中共中央关于加强和改进党的作风建设的决定》等重要内容。聘请专家作旅游经济、区域经济、WTO、路域经济等专题报告。全年县委中心组成员在各类刊物上发表调研文章67篇。

2002年，切实加强各级党委中心组学习的组织、服务工作，全年集中组织县委中心组学习13次，认真学习了邓小平理论、“三个代表”重要思想，对乡镇和部门进行了学习指导。

2003年，制定《中心组学习制度》《考勤制度》，学习中央省市关于在全党兴起学习贯彻“三个代表”重要思想新高潮的《通知》以及胡锦涛同志“七一”讲话精神、党的十六大和十六届三中全会精神、市十次党代会以及县十一次党代会精神、《党政领导干部选拔任用工作条例》，开展“建设城郊型经济强县”等为主要内容的理论研讨会。

2004年，制定《中共金堂县委关于加强和改进党委中心学习组制度建设的意见》，以学习宣传党的十六届三中全会、十六届四中全会精神为主线，以贯彻落实市十次党代会和县十一届四次全委会精神为重点推进中心组理论学习，当年金堂县在成都区（市、县）委中心学习组年度考核中被市委宣传部评为“中心组理论学习先进单位”。

2005年，县委中心组进行8次集中学习，在认真学习、深刻学习领会党的十六届四中、五中全会、县委十一届七次全委会精神的基础上，开展了“超常规推进，跨越式发展，我为构建和谐金堂做什么”为主要内容大讨论活动。组织学习市委《关于贯彻党的十六届四中全会精神加强党的执政能力建设的意见》，以及中共成都市第十届三次、四次全委会议精神，就县十一届七次全委会议报告进行了深入讨论。中心组成员撰写了理论、调研文章共93篇，有36篇分别在省市县级各类刊物上发表。当年，金堂县在成都区（市、县）委中心学习组年度考核中被市委宣传部评为“中心组理论学习先进单位”。

第三节　新闻宣传

1991年，在市、省、国家级报刊、台发表新闻稿件229篇，设立新闻“十佳”通讯员奖。1992年在市报刊台发稿376篇，设立“新闻杯”奖10项。1993年在市以上报刊发稿257篇，精心组织第二届“金橘会”宣传报道，会期有14家新闻单位48名记者采访，发稿16篇。1994年成立金堂对外宣传领导小组，负责编制了1本《金堂》画册，摄制了1部大型专题片《金堂》，印发了1本《金堂投资指南》；金堂广电局获联合国教科文组织鼓励奖；在市、省、国家级报刊台发稿574篇；评选对外宣传“十佳”“十优”个人。1995—1997年发稿11021篇，组织“8·11”抗洪救灾等大规模宣传活动4次，长篇通讯《洪波曲》在《四川日报》《成都宣传》《党建》等报刊发表，引起强烈反响；接待到县采访灾区的中央、省、市新闻单位记者80人，发稿100篇；新闻稿《四川棉56在金堂通过专家验收》在新华社发通稿；摄制的专题片《金堂抗洪救灾见闻》在成都电视台播出后，引起巨大反响；中央电视台海外电视中心在高板镇摄制的专题片《我的家》参加国家家庭年展播，先后在亚洲的许多国家电视台播出；《人民日报》高级记者写的通讯《种得脐橙富三溪》在《人民日报》当年1月15日第7版刊出，这是金堂县首次在《人民日报》刊出的通讯作品；在市、省、国家报、刊、台播出稿件963篇。蒋泽宣的优秀事迹在省、市新闻媒体13家刊播，专题片《警官蒋泽宣》在中央、四川省、成都市电视台播出，长篇通讯《壮志未酬身先死》刊出均引起反响。1998年—1999年，在国家、省、市级报刊上发表新闻稿件446篇。1999年，《人民日报》刊登了2幅反映金堂“三下乡”活动和法制服务到农村的新闻照片；中央电视台“新闻联播”和“金土地”节目分别播出了《四川金堂无假货一条街》《托起明天》的节目。2000年，在中央、省、市新闻媒体刊播金堂县新闻421篇（条）。2月7日，长达4分钟的新闻《加强基层组织建设转变干部作风促进农民增收》在央视“新闻联播”节目中头条播出；7月3日，中央电视“东方时空”栏目再次对金堂的坝坝法庭给予关注，摄制播出了《桉树的官司》；《人民日报》《四川日报》对县城被列为全国文明小城镇示范点也进行了大量报道。2002年，中央、省、市报刊采用金堂县正面报道228篇，中央、省、市电视台采用188条。2003年，县委宣传部加大对外宣传力度，向市级以上新闻媒体发稿并采用246篇（件），其中：新华社、《人民日报》、中央电视台、日本《朝日新闻》等媒体对金堂县防控非典的经验进行了大量报道，刊播通讯消息8篇次。市委、市政府在肯定金堂县防非典工作时，评价为“金堂难题”，又形成了“金堂经验”。在内宣方面，认真指导《金堂报》、金堂电视台办好十六大理论专题、贯彻落实县十一次党代会，“三讲一树”栏目。在报社、电视台设置了专栏专题，刊播城郊型经济强县大讨论文章，开展了建设服务型政府的讨论。2004年，金堂县在中央级报刊、广播电台、电视台刊播外宣稿件26条，其中影响较大的有：1月23日，中央电视一台晚间新闻报道《金堂打工仔回乡创业》；1月25日中央电视一台晚间新闻报道《金堂务工人员返厂上班》；5月1日中央人民广播电台报道《东方伊甸园——中国西部花园水城游乐节在金堂开幕》；5月4日中央电视台一台晚间新闻报道《万盏河灯漂放沱江》；11月22日《香港文汇报》刊登专版《金堂——中国西部花园水城》；12月8日《人民日报》第2版刊登通讯《四川金堂县构筑三层服务网络》。在中央、省级主要媒体刊播稿件共60条。在市级媒体上刊播稿件共560条。2005年，围绕县委“提速升位，富民强县”奋斗目标，精心策划花园水城建设宣传，加大了对内对外宣传力度，全县共接待中央、省、市新闻媒体42家，560人次，被市以上新闻媒体刊播稿件660篇（条），其中：中央级媒体26篇（条），省级媒体256篇（条），市级媒体378篇（条），第二届花园水城游乐节期间，仅在《成都日报》就刊发了12个半版的专题宣传。

第四节 函授站工作

四川省干部函授学院金堂辅导站1991年招收经济管理专业学员32人，以后每年招生，先后招收经管、财会、法律、金融与证券等专业学员800人；与省电大联办招收高护、基础教育、法律注册视听班136人。1991—1997年，金堂辅导站毕业大专学员769人，中专学员30人，单科学员78人，在校学员400人。已具备大专、中专、单科、基本教育、考前复习、短期培训、专题讲座、专科升本科等多层次、多结构办学模式的教学质量和管理职能，探索出“内涵式”的办学路子。1992年、1997年两次代表省市干函院接受国家教委的检查、评估，得到专家的充分肯定。1999年完成招生184人，毕业率96%，被省电大评为“先进教学点”，在校生人数居全省前列。2000年，招生140人，超额完成招生计划，毕业率达85%。2001年，全年完成招生310人，超额完成招生计划，毕业率95%。2002年，县干部函授教育招生160人，超额完成招生计划，毕业率达98%。2003年，全县干部函授教育首次开办了春季本科法律、英语专业，共招收新生150名。2004年招收法律专业26人，财会专业17人。2005年招收法律专业19人，财会专业9人。

第六章　精神文明建设

金堂县精神文明建设办公室是县委负责全县精神文明建设的办事机构，负责思想、职业道德教育，提倡讲文明、树新风，学先进、做模范，崇尚科学、反对迷信，开展文明单位、场镇、社区、村和优质服务示范窗口、遵纪守法、五好家庭、双文明户创建与评比活动。

第一节　思想道德教育

1991—1994 年，在全县各行各业中进行了树行风、讲职业道德，懂职业技能，守职业纪律的“四职”教育，制定了一批服务行业职业道德规范。1995 年县委下发了《金堂县爱国主义教育实施纲要》。1997 年，县文明办与县广播局在金堂电视台开办“精神文明建设巡礼”节目，宣传文明单位精神文明建设成果。1997 年 7 月，在金堂电视台开展了“我是金堂人”大讨论和演讲比赛活动。1991—1998 年，在重点“窗口”服务行业进行职业道德教育，在党政机关开展“做人民公仆”的活动。1999 年，开展以为人民服务为核心、“爱祖国、爱家乡、树理想、定信心”演讲活动。4 月在县文化馆举办了“孔繁森事迹展”，重点对干部进行“公仆”形象教育，参观人员达 1.5 万人。

2000—2001 年，全县精神文明建设坚持以邓小平理论、江泽民“三个代表”重要思想和“以德治国”为指导，始终坚持“两手抓、两手都要硬”的方针，认真贯彻落实江总书记 2001 年“七一”重要讲话，以隆重纪念建党 80 周年活动为主题，认真贯彻落实《公民道德建设实施纲要》取得了显著成绩。

2002 年，全县坚持以“三个代表”重要思想和党的十六大精神为指导，认真贯彻《公民道德建设实施纲要》和《成都市社会主义精神文明建设十五规划》。县荣获成都市第七届“三优一学”一等奖。

2003 年，县文明办组织 20 多个县级部门开展“学雷锋树新风”“讲诚信从心开始，守信用从我做起”集中宣传活动 2 次，设宣传点 45 个，服务点 30 个，书写标语 50 幅，印发宣传资料 1 万份。各乡镇、各部门、社区先后开展放映“坝坝电影”、义务植树、打假签名、争做合格公民等活动；命名了 14 个以“诚信”为主要标志的优质服务示范窗口，表彰了一批精神文明建设先进集体。2003 年，县为抗击非典，认真贯彻落实中央、省、市关于开展“讲文明讲卫生讲科学树新风”活动精神，积极开展了行之有效的各项活动。全县 6 月 6 日开展了“革除陋习、崇尚文明”的宣传活动，把“三讲一树”活动纳入了县委、县政府的年度综合目标考核。一批“三讲一树”活动的先进事迹集体受到表彰。

2004 年，全县精神文明建设接受省委宣传部对金堂县“无假货一条街”的复查验收。在“五一”“十一”前，为配合“游乐节”和“钓鱼节”活动，在全县开展“人人动手参与，共建美好家园”的环境卫生专项整治活动。金堂在积极参加成都市创建全国文明城市和第八届“三优一学”创建文明城市竞赛活动中，荣获一等奖。

2005 年，坚持群众性精神文明创建活动，扎实开展了“创建文明县城、创建文明村镇、创建文明行业”为内容的群众性精神文明三大创建活动。

第二节 创建文明单位与县城

一、文明单位

1991—1997 年，全县开展“三户”评选活动（即：遵纪守法、五好家庭、双文明户）。1991 年评选“三户”175111 户，占 88.09%，其中，遵纪守法户 109529 户，五好家庭和双文明户 163311 户。1997 年，评选“三户”211814 户，占总数 98%，基中：遵纪守法户 92942 户，五好家庭户 80121 户，双文明户 38751 户。“三户”的评选，增强了干部群众的爱国主义、集体主义、社会主义思想觉悟，为推动农村改革和保持社会稳定起了积极作用。1998 年，全县精神文明建设以县城为龙头，开展第六届“三优一学”创建文明城市竞赛活动；以行业为窗口，创建文明行业；以农村为重点创建文明村镇，农村评选遵纪守法户 92863 户，五好家庭户 79624 户，双文明户 38661 户，“三户”总评率达 98.70%。1999 年，全县创建县级文明单位和文明标兵 48 个，县级文明行业 1 个，县级文明村 16 个。开展评选农村“三户”211277 户，遵纪守法户 93014 户，五好家庭户 8713 户，双文明户 39550 户，总评率为 98%。

2000—2001 年，县先后荣获四川省创建文明县城工作先进城、成都市首届社区文化节优秀组织奖、全国创建文明小城镇示范点等荣誉。2000 年，建成省级文明单位 2 个，其中：县工行获省最佳文明单位 1 个；市级文明单位（标兵、村）9 个；县级文明单位（标兵、社区、场镇、村）42 个。2001 年，建成省级文明单位 1 个（金堂县第一人民医院），省级文明村 1 个（赵镇三江村）；市级文明单位（标兵）8 个；县级文明单位（标兵）26 个，县级文明行业 2 个，文明场镇、小区、楼院 9 个，县级文明村 8 个。

2000—2001 年，全县大力加强农村精神文明建设，2000 年评选出遵纪守法户 93002 户，占 42.5%，五好家庭 81200 户，占 37.10%，双文明户 39815 户，占 18.30%，参评率达 98%；2001 年评选出遵纪守法户 93210 户，占 42.60%，五好家庭 81236 户，占 37.20%，双文明户 40324 户，占 18.60%，参评率达 98.40%。2002 年，共新创省级（最佳）文明单位（村）3 个，市级文明单位（标兵、村）10 个，县级文明行业 2 个，文明单位（标兵）15 个，文明场镇 3 个、文明村 20 个，优质服务（示范）窗口 27 个，复查文明单位 40 个。坚持在农村 216251 户农户中开展了“三户”评选活动。共评选遵纪守法户 92753 户，五好家庭 80123 户，双文明户 38421 户，总评率达 97.70%。

2003 年，创建省级文明单位 1 个；市级文明单位标兵 9 个，市级文明村 1 个；县级文明行业 1 个，文明单位标兵 25 个，文明场镇 2 个，文明社区 4 个，文明村 13 个，优质服务示范窗口 14 个。

2004 年，不断深化精神文明文明创建活动，新创建省级文明单位 1 个，市级文明单位（标兵）、社区、村镇 6 个，县级文明单位（标兵）、文明行业、文明村、优质服务窗口 25 个，农村“三户”评选率达 95%。

2005 年年末，全县评出县级文明单位标兵 8 个：县建设工程设计审查事务所 、县工程建设监理公司、云绣卫生院、白果卫生院、杨柳小学、清江小学 、金堂四幼、福兴中学。县级文明单位 3 个：育才学校、云绣中学、九龙滩提水灌区工程管理处。文明村 4 个：栖贤乡岳公、盐井、又新镇柏山、祝新村。文明社区 2 个：三星镇竹林、三溪镇三河社区。

二、县城

金堂县开展“三优一学”创建文明城镇竞赛活动，每两年为一个竞赛期。县创建文明城镇内容包括组织领导、城镇管理、职业道德、社会治安、交通秩序和消防安全、文化市场管理、城镇环境整治、学英模树新风等。1991—1997 年，县政府爱卫办与有关职能部门签订了以包绿化、包卫生、包秩序、包车辆、包摆摊为内容的“五包”责任书，落实“门前五包”“创建县城优美环境”。1996 年县城经省爱卫会检查，达到了省级卫生县城标准。2005 年 11 月 4 日，县城赵镇被省委、省政府命名为“四川省文明县城”。12 月 20 日，县城赵镇入选成都市“十大魅力城镇”。

第三节　文化赶场

1998 年 4 月上旬，县委宣传部、县文明办会同县有关部门与土桥镇党委、政府在土桥镇利用农民到集镇赶场，开展书展、医疗义诊、法律咨询、文艺演出、农民运动会、农技服务的文化赶场活动，参加人数达 2 万人。1998 年的土桥文化赶场活动获成都市“文明新风双月评”奖。1999 年 12 月 14 日，县委宣传部、县文明办会同土桥镇党委、政府在土桥场镇举办了县第五届文化赶场活动。市专业文艺工作者的演出、送医送科技下乡的热闹场面给文化赶场增添了丰富的内容。2000—2003 年，每年开展文化下乡活动。2004—2005 年，金堂县积极参加成都市“三下乡”暨土桥镇第八届文化赶场活动。

第四节　组织管理

1993 年 8 月，县精神文明办公室与县委宣传部合署办公，办公室主任由县委宣传部副部长兼任。1997 年 8 月，县文明办并入县委宣传部。1993 年，撤销金堂县五讲四美三热爱活动委员会，建立金堂县精神文明建设委员会，由县委副书记和 3 名常委分别任主任、副主任。各级党政机关、企事业单位、乡镇都相应地建立了 3—5 人的精神文明建设活动领导小组，有专（兼）职人员 170 人。1994 年在全县文明单位中开展了评选“县级文明单位标兵”活动。1995—1996 年，县委、县政府将精神文明建设纳入了各级党政机关一级目标管理。1997 年县委、县政府制定《金堂县精神文明建设“九五”规划》和《关于贯彻金堂县精神文明建设“九五”规划的实施意见》。

第七章　统一战线

县委坚持党领导的多党合作及政治协商制度，支持民主党派和工商联发挥参政议政和民主监督作用；引导非公有制经济为发挥县域经济服务；做好民族宗教和台、港、澳人士及海外华侨、侨胞的联谊工作等。1991 年，县委统战部设部长 1 人，副部长 2 人，秘书 1 人，干事 1 人。1997 年 8 月，台湾事务办公室并入统战部，统战部设部长 1 人，副部长 3 人，秘书 1 人。2001 年 12 月，统战部设部长 1 名，副部长 2 名。2005 年 4 月增设办公室，设办公室主任 1 名。

第一节　坚持多党合作政治协商

1991—2005 年，县委统战部发挥各民主党派、工商联、无党派民主人士的参政议政作用，组织协助县委召开有各民主党派等参加的协商、座谈、情况通报会 90 余次。1996 年，对增补第九届县政协委员，推选县政府代县长等重大人事安排进行了民主协商，通报了县经济发展状况及县“九五”计划和 2010 年长期规划，会同县政协组织讨论《金堂县人民政府关于撤销金堂县设立金堂市（县级）的请示（送审）稿》，组织学习了中共中央十四届六中全会精神。1997 年，召开了各 3 次民主党派支部负责人联席会和各界人士迎香港回归座谈会。1998 年，组织实施县委与社会各界人士的政治协商计划，召开民主协商会 2 次，听取了党外人士对第十届金堂县政协委员和县人大、县政府领导班子和县法院院长、县检察院检察长名单的意见和建议。推荐安排民主党派和无党派人士任职的选举有：县第十四届人大代表 72 名，常委 5 名，其中：副主任 1 名，市人大代表 13 名；县政府副县长 1 名；副局长 5 名；副乡长、副镇长 7 名；县政协委员 159 名，常委 29 名，副主席 3 名，市政协委员 2 名。1999 年，增补第十届县政协委员 7 名，其中：中共党员 3 名，民主党派、无党派人士各 2 名。第十届县政协委员共 267 名，其中：中共党员 104 名，占 38.95%，民主党派 45 人，无党派 118 人，共占 61.05%。全年，县统一战线成员共提出提案、议案、意见 250 篇。在金堂县十四届人大和县十届政协期间，县统战部共推荐民主党派和无党派人士任领导干部 21 人。2000 年，推选 1 名非公有制经济人士为商会副会长，协助县政协召开了第十届三次全委会。2003 年，统战部组织全系统重点学习党的十六大《报告》、“三个代表”重要思想、胡锦涛总书记“七一”讲话、十六届三中全会精神及省、市、县党代会精神，提高认识，明确了奋斗目标，坚定了信心。2004 年，召开全县统战工作会议，贯彻落实省、市统战工作会议精神，召开各党派支部、工商联负责人联席会、座谈会、通报会 6 次，县委书记、县长出席各民主党派座谈会和通报会 2 次。2005 年，组织各民主党派、工商联负责人到双流蛟龙港和新农村建设示范点参观学习。

第二节　选拔党外干部

1993 年县级班子换届选举，县委统战部加强各民主党派、工商联、无党派人士的政治推荐，为县九届政协推荐委员 265 名，其中：民主党派、无党派人士委员 160 名，占县政协委员总名额的 60.38%；当选政协常委 28 名，占 62.22%。县十三届人大换届时，推荐 76 名民主党派和无党派人士当选县人民代表，占人大代表总数的 28.9%；当选人大常委 5 名，占人大常委总数的 22.73%；当选市人大代表 5 人，市政协委员 4 人，县政府副县长 1 人，县人大副主任 1 人，县政协副主席 4 人；任金堂中学副校长 2 人，任县级各部门、乡镇、副局级领导干部 23 人。1998 年结合市、县人大、政府、政协及县乡镇换届，会同组织部门，做好党外人士的政治、实职安排。全县共安排、选举出县人大常委 5 名、副主任 1 名，县党外代表 72 名，市人大党外代表 13 名，县政府党外副县长 1 名、副局长 5 名，县政协常委 29 名、副主席 3 名、党外委员 159 名，市政协党外委员 2 人。年底，乡镇换届选举出 7 名党外副乡镇长。2003 年，全县换届安排、选举出县人大党外代表 79 名，占代表总数的 27.8%，党外常委 5 名，占常委总数的 33%；县人大党外副主任 1 人，县政府副县长 1 人，县政协党外副主席 3 人。安排县政协党外委员 153 名，占委员总数的 58.85%，常委会组成人员中党外 30 名，占总数的 66.76%，党外副主席 3 名，占主席总数的 42.86%。2005 年，配合县委组织部“双百”工程，在五个民主党派支部内推选了 5 名年龄在 35 岁以下的优秀成员到县内 5 个乡镇进行挂职锻。1991—2005 年，共推荐县人大党外副主任 3 人、党外副县长 3 人、政协党外副主席 10 人，党外人大代表 227 人，县政协党外委员 472 人。

第三节　民主党派与工商联工作

金堂县各民主党派支部、工商联都先后进行了换届选举，根据中央有关精神和县实际情况，统战部加强领导，支持和帮助民革、民盟、民建、民进、农工等民主党派金堂支部，有计划地稳定发展组织成员，协调解决了各民主党派支部活动经费问题，指导工商联召开了第六、七届人员代表大会。帮助“三胞”亲属联谊会及宗教团体的顺利换届。支持各民主党派成员积极参与全县两个文明的建设。2002—2003 年，与县工商联共同引进鑫河纺织品有限公司，四川川野食品有限公司。2004 年 3 月，县将原县政协办公大楼装修后，用作全县五个民主党派支部、工商联办公大楼。2004 年，在工商联设立县民营经济领导小组办公室；同年 9 月统战部、工商联组织人员深入到全县 21 个乡镇 200 户民营经济组织调查研究，摸清了全县民营经济的状况。2004—2005 年组织 50 多名重点民营企业厂长（经理）参加省、市工商联组织的培训会，举办民营经济法人培训班 6 期，160 多人次参加了培训。全县 21 个乡镇成立了基层商会，发展会员 700 人。

第四节　统战与经济工作

县委统战部与县工商联以淮口地毯厂、成都云顶大发粮业有限公司等私营企业为重点的联系对象，做好非公有制经济代表人士的工作。1994年5月，向县委提出建议，为出台《关于加快发展县个体私营经济的决定》提供了决策依据；其调研论文《金堂县个体私营企业发展情况的调查》荣获成都市政协1994年度调研一等奖。1995年3月，通过光彩事业渠道落实县内外扶贫项目5个，引进资金1583.66万元；拓展县内项目3个，资金达290万元；参与捐资助学，捐助公益事业扶贫资金15万元。1998—1999年，向遭受旱、洪灾又新乡东桥村群众捐赠现金700元、衣物69件；争取市委统战部为又新乡支持人民币4万元，帮助东桥村修路修桥。通过县工商联和台办的积极工作为县争取扶贫资金63.6万元。2000—2001年，部长唐坤洪先后赴重庆、北京、成都等地引资，促成了成都康宝纺织实业股份公司与四川金天生态彩色棉有限责任公司的资产重组。2002年，县委统战部积极支持县台办做好来金堂探亲、旅游、经商的台湾同胞的热情接待，为长堰村村级公路建设争取到5万元无偿捐赠资金。2003年在市台办的支持帮助下，引进台资企业成都奇鼎有限公司在县投资400万美元建生产基地。2003年，县接待台属台胞151人次，及时处理台胞台属来信1845件。2004—2005年，会同市、县台办，承办了中国成都·金堂国优脐橙节“发展在金堂投资说明会”，签订了3.10亿合作意向协议。

第八章　其他党务

第一节　县委办公室

一、机构

中共金堂县委于1949年12月31日组建。1950年年初，设立秘书室。1953年8月，改秘书室为办公室。“文化大革命”开始，县委各办事机构工作均被县革委各组取代，1973年10月19日，县委办公室等办事机构相继恢复和新建。2001年，进行县机构改革，县委政策研究室、县委机要局、县委目标管理督查办公室和县政府目标管理督查办公室、县委和县政府信访办公室并入县委办公室，保留牌子，其党政事务和后勤服务工作由县委办公室统一负责，并在县委办公室设立后勤服务中心；县委保密委办公室并入县委办公室，既是县委办公室的内设机构，又是县委保密委的办事机构，挂县国家保密局的牌子。2005年年末，县委办公室内设5个科室，即秘书科、信息科、接待科、行管科、保卫科。2006年10月，撤销接待科设立综合科。2006年，县委、县政府成立县接待工作办公室，其日常管理由县委办公室、县政府办公室负责，挂靠县委办公室。

二、职能

县委办公室是县委的日常办事机构和综合协调工作部门。主要职责是：根据党的路线、方针、政策和市委、县委的指示，结合金堂县实际，提出贯彻执行的意见和建议，对县委的工作部署和党的各项政策的贯彻执行情况进行督查；紧紧围绕贯彻党的路线、方针、政策和县委工作中心及县委领导关注的重大问题，负责对全县政治、经济、思想、文化和改革开放中的重大政策性问题的调查研究，做好信息收集和反馈工作，为县委科学决策和指导工作提供依据；根据县委的意见，处理下属党组织给县委的请示，负责县委文件、重要报告、重要会议文稿的起草、修改、审校、制发等工作，负责中央、省、市、县机关及有关单位发送县委文件、信函的收发管理和县委、县委办公室文书档案的管理工作；负责和协调县委重要会议的会务工作和县委领导同志参加重大活动的协调安排；接待人民来访，办理人民来信，负责县委、县政府对上访群众的接待工作和重要上访事件的协调与处理工作；受县委领导委托，协调部门之间的关系，共同完成县委交办的工作，对各乡镇党政办公室进行业务指导；负责全县主要工作目标的编制、分解和目标责任制的组织、协调、指导、检查、考评等管理和督查工作；负责全县保密工作，负责全县党政系统的密码通信、密码保密和全县商用密码管理，负责党委（党政）办公室系统办公自动化管理工作；负责县委机关行政管理、后勤服务和安全保卫工作；承办县委交办的其他事项。

第二节　政策研究

1991 年县委政研室撰写各种文稿 60 篇，其中：《符合中国农村实际的正确政策》《金堂县怎样搞好农副产品的流通》等调研文章在市以上刊物发表或进行学术交流，2 篇获得调研先进工作奖。1992 年，围绕全县经济发展目标、“八五”计划和“十年规划”，以及深化改革、扩大开放进行研究和探索，撰写编发《研究与探索》12 期。1993 年开展五个方面的专题调研，撰写各类调研文章、情况简报、信息资料等各类文稿 108 篇，其中：市以上采用 3 篇，7 篇进行学术交流，5 篇获奖。1994 年，围绕农村基层组织建设、企业产权制度改革等广泛开展调查研究活动，撰写《县域经济改革与发展应处理好十大关系》等各种文稿 50 余篇，编辑出版《经济发展文集》27 篇共 8 万字。1995 年围绕发展主题，撰写《培育农业新的增长点，促进全县经济大发展》等 50 余篇文稿，其中市级以上获奖 7 篇。1996 年，抓住“焦点”“热点”“难点”开展调研工作，编发调研文稿 17 期，成立全省首家政策科学研究会—金堂政策科学研究会。1997 年，收集整理编辑出版 58 篇 30 万字的《县级领导干部调研文集》。1998 年，撰写《对跨越式发展战略的理性认识》等 50 余篇文稿，编印 40 多万字的《金堂县党政领导干部实用政策法规选编》，为规范干部依法行政行为提供参考。1999 年，撰写《对农房改造工程的认识和思考》等 60 余篇文稿，其中被省市采用 11 篇。2000 年，撰写《加快金堂旅游事业发展的思考》等 40 余篇文稿，完成《成都招商年鉴》的撰稿任务。2001 年，围绕县委中心工作，提出参考意见和建议 15 条，撰写《农业产业化发展要以农业农村经济结构调整为着力点》等 38 篇文稿，其中 15 篇在省市有关刊物和新华社发表。2002 年，围绕农村税费、县域经济发展进行专题调研，提出意见、建议 46 条，起草、撰写各类调研文稿 37 篇，其中 8 篇在省市刊物上发表。2003 年，撰写编发《研究与探索》26 期，收集资料形成 3 万字的调研文稿，完成《成都招商年鉴》的撰写任务，编写上报 6 万字的《金堂县情》。2004 年积极参与和组织“开发资源，争先升位”专题大讨论活动，全年共撰写、收集、整理调研文章 80 余篇，编印《研究与探索》9 期，推荐到中央、省、市各级刊物发表文章 9 篇。2005 年，按照中共金堂县委“超常规推进，跨越式发展，构建和谐金堂”工作思路，围绕“四个见成效”的主要任务，加大调查研究力度，撰写《县域经济条件下如何市场化配置资源研究》《化解乡村不良债务的调查与思考》《关于推进金堂县城市化进程的思考》等调研文稿 40 余篇，其中推荐到在中央、省、市级刊物或媒体发表 17 篇次；编辑《研究与探索》12 期。

第三节 目标管理督查

一、机构

1991年1月20日，成立中共金堂县委目标管理办公室，挂靠中共金堂县委办公室；同时成立金堂县人民政府目标管理办公室，挂靠金堂县人民政府办公室。全县在党政机关和乡镇全面推行目标管理工作，建立以县委书记为主任的金堂县目标管理委员会，县委目标管理办公室、县政府目标管理办公室为其办事机构。1994年3月28日，中共金堂县委目标管理办公室更名为中共金堂县委目标管理督查办公室，负责党群序列的目标管理督查工作；金堂县人民政府目标管理办公室更名为金堂县人民政府目标管理督查办公室，负责政府序列的目标管理督查工作。2001年11月，县委、县政府目标管理督查办公室合并成为金堂县目标管理督查办公室，归口县委办。

二、职能职责

负责办理市委、市政府下达年度工作目标的分解下达、监控、督查、考核等工作；负责办理县委、县政府为民办实事项目的编制、分解下达、监控、督查、考核验收等工作；负责办理乡镇、部门年度工作目标的编制、分解下达、监控、督查、协调服务、考核等工作；负责办理各类督办事项，按规定上报目标运行情况、督办事项、领导批示件等相关材料；负责办理市委、市政府对县委、县政府年度综合目标考核的各项准备工作；协助相关部门分解下达网络目标、专项目标、新增目标，根据需要实施监控、督查、协调服务等工作；完成县委、县政府领导临时批交办的其他工作。

三、目标管理督查

1991—2005年，目标管理督查工作坚持以“三个代表”重要思想和科学发展观为指导，努力适应县委“超常规推进，跨越式发展”的要求，围绕中心、突出重点，目标下达、督查和考核体系日益完善，基本形成了“县目督办协调抓总，牵头部门协同配合，各承办单位具体落实”的目标管理督查工作格局。

（一）目标管理科学规范。2005年对全县目标责任单位进行分类，将21个乡镇分为两类，将部门归为党群、政府、市直管部门三类，并将部分工作职能少、功能弱的部门划入归口管理部门作为一个目标责任单位。通过分类，全县目标责任单位由过去的139个减少到90个。

（二）目标督查扎实有力。2004年，制发《关于进一步加强和改进督查工作的意见》，建立健全了重大决策立项督查制、重大决策领导督查制、领导批示落实情况报告制；制发《关于加强和规范领导批交办事项办理工作的通知》，对督办程序、办理时限、行文要求作了进一步明确。2005年，成立由县四套班子成员组成的10个督导组和5个重点项目专业组；对县委常委会、书记办公会、项目协调会议决事项进行立项督办，完善了对书记负责的督查、督办机制；制发《关于加强对重点项目工作进行督查督办的通知》，对重点项目实行“每月提醒、两月督查、季度通报、半年小结、年终考核”制度。

（三）目标考评客观公正。2005年，在进一步完善2004年目标考核实施细则的基础上，分别制定对乡镇、部门的目标考核奖惩办法。建立由县委、县政府统一领导，目督办具体承办和组织实施，各牵头部门参与的“结果公开、规范有序、运转协调、分工合理”的目标绩效考核工作机制。

第四节　信　访

一、机构职能

1991—2005年，金堂县信访办公室内设有行政办公室、接待室、办信室，归口县委办。职能职责：受理、交办、转送信访人提出的信访事项；承办上级和本级人民政府交由处理的信访事项；协调处理重要信访事项；督促检查信访事项的处理；研究、分析信访情况，开展调查研究，及时向本级人民政府提出完善政策和改进工作的建议；对本级人民政府其他工作部门和下级人民政府信访工作机构的信访工作进行指导。

二、受理来信来访

1991—2005年，县信访办共受理人民群众来信来访16136件共20542人次，其中：来信5358件9764人次，来访4679批10778人次，参与协调处理群众集体来访337批2359人次。向市委、市政府，县委、县政府及有关部门提供信访信息657条，被采用459条；提供调研文章72篇。县信访办大力开展信访文明窗口活动，创建文明接待室和文明接待员，印发《信访条例》《来访人员须知》《信访工作人员守则》《信访文明接待用语》等宣传资料分别发放到县级机关各部门和乡镇。1999年，全县各部门各乡镇均配备专兼职信访干部，每年对信访干部进行系统的业务知识培训。2003年7月，制定下发《金堂县信访工作过错责任追究办法（试行）》。2004年成立金堂县处理信访突出问题及群体性事件联席会议办公室。

第五节　保密工作

一、机构

1990年9月，建立金堂县国家保密工作局，与中共金堂县委保密委员会办公室实行一个机构两块牌子，不列入政府工作部门序列，由县委办公室管理。1998年12月，金堂县国家保密工作局改设为金堂县国家保密局，与中共金堂县委保密委员会办公室仍实行一个机构两块牌子，由县委办公室代管。2001年12月，中共金堂县委保密委员会办公室、金堂县国家保密局归口县委办公室管理。

二、保密宣传

1991—2005年，县国家保密局在县委党校，档案、计生局等举办培训班，培训各级领导干部和专兼职保密人员2200人次，组织编写了信息资料《警钟长鸣》，在县广电局“金堂新闻”频道、保密要害单位领导及部门（部位）涉密人员、网管人员进行保密宣传教育，通过散发宣传资料、展板、讲解等形式，传播保密法规知识，提供咨询1.2万人次，组织参观1800人次，印发宣传学习资料2.3万余份。2001年1月，金堂县荣获成都市国家保密局、司法局、依法治市领导小组办公室表彰的“三五”保密法制宣传教育先进县。

三、保密制度

1992年4月，县委办、县政府办下发《关于金堂县各级领导干部保守党和国家秘密的规定》。1994年1月，全县转发《严禁在无保密措施的电话通信中谈论党和国家秘密问题的规定》，同年2月出台《泄密事件查处办法》。1995年12月，转发《四川省党政群机关干部保密工作考核规定》。1997年，重点要求县级各机关单位建立健全保密工作制度。1998年4月，县委印发《关于贯彻〈中共中央关于加强新形势下保密工作的决定〉的实施意见》。1998年，实行对国家秘密的动态和法制化管理，形成定期报告制度。1999年11月，转发四川省国家保密局《关于进一步规范定密工作暂行办法》。2000年4月，县委、县政府下发《关于学习贯彻〈中共成都市委成都市人民政府关于进一步加强保密工作的决定〉实施意见》。2001年3月，县委、县政府转发《中共中央保密委员会办公室国家保密局关于国家秘密载体保密管理的规定》。2003年6月，转发《四川省党政群机关干部保密工作考核规定》。2004年7月9日，县国家保密局转发《成都市国家保密局关于做好成都市涉密计算机网络防范的紧急通知》。2005年4月29日转发《中共成都市委保密委员会关于转发〈四川省重点涉外活动保密管理暂行办法〉的通知》。9月2日，县保密委印发《中共金堂县委保密委员会工作规则》。同年5月12日，转发《中共中央保密委员会办公室、国家保密局关于保密要害部门部位保密管理的规定》。

四、保密管理

1991年3月，县委召开会议，要求做好定密工作，加强对印刷复印涉密文件、资料的管理。1992年4—6月，县委保密委、县委组织部、县人事局联合对保密要害部门（部位）进行三定一审工作，对县委和县政府办、组织部、纪委、档案局、公安局、检察院、法院等16个要害部门，53个要害部位，审查考核了159个保密要害人员进行审查考核。同年5月，37个县级机关单位开展定密工作，对26个印刷复印单位实行注册登记管理。1993年，全县66个单位重新建立了保密领导小组，对县级机关5个部门发生的散失出售等泄密事件进行了严肃查处。1994年，对县内39家涉密单位进行了定密、解密、变更密级，抽查28家印刷复印单位，在37家印刷复印行业中开展了换证、建立制度、堵塞泄密漏洞等工作。1995年对“三资”企业成都华福宁制药厂、四川省医用材料公司进行调查。1996年1月，规定全县所有废旧公文，统一由县国家保密局送往成都市定点公文监销站—成都玉虹造纸厂监销。1997年，要求县级各机关建立健全保密工作制度，制定出“三五”普及保密法的实施意见，加强对保密工作的管理。1998年4月，县委将保密工作纳入目标管理，对保密组织、机构、人员、经费进行落实，1999年4月，开展国家秘密项目统计工作。2000—2001年，局对全县计算机信息系统安装使用情况进行调查统计，要求各单位加强保密管理。组成“三五”普及保密法制宣传教育检查验收组对55个县级部门，赵镇、淮口2个重点乡镇5年开展保密法制宣传教育进行检查验收，评比表彰保密工作先进集体60个。2002年，县国家保密局对县党政网和重点涉密单位的保密技术防范及执行保密法规工作进行了全程督查。2003年，全面展开保密要害部门、部位确定工作，新确定保密要害部门26个、部位39个，涉密人员166名。同年5月，下发《涉密文件定点监销站搬迁及更名的通知》，废旧文件统一送往成都市涉密载体销毁中心（设在石羊场工业园区）定点销毁。同年6月，县级四大班子及有关部门搬迁办公楼，保密局将9吨涉密文件送到成都市涉密载体销毁中心销毁。2005年9月与县26个保密要害部门层层签订保密责任书共62份。截至11月30日，金堂县部分涉密单位共配备碎纸机30台，密码文件柜81台，保险柜37台。

五、保密检查

1992 年 5 月，金堂县国家保密局在全县 37 个县级机关开展定密工作检查。1994 年 6 月，组织开展《对外经济合作提供资料保密暂行规定》《新闻出版保密规定》的检查，对《金堂县志》进行涉密审查。1998 年 5 月，对全县通信、办公自动化及计算机设备（网）保密技术防范情况进行检查。1999 年 2 月中旬，对全县党政机关内部网、局域网，尤其是涉密系统的计算机联网情况进行清查。1999 年 5 月，对赵镇工业品经营部等印刷复印企业进行保密执法检查。同年 7 月，会同文化、工商、公安等 5 个部门开展对泄密非法出版物的查处工作，共缴泄密非法出版刊物 9 份。同年 11 月，开展对县级党政机关和企事业单位副局级以上领导干部落实保密工作责任制情况的检查。2000 年 4 月，会同司法局、县政法委、县依法治县办组成“三五”普及保密法制宣传教育检查验收组对 55 个县级部门，2 个乡镇 5 年的工作情况进行检查验收。2001 年 4 月，组织有关部门对金堂县国家教育考试试卷的安全保密工作进行检查。同年 11 月，对 15 个县级部门涉密通信、办公自动化和计算机信息系统的保密技术管理情况进行检查。2002 年，建立健全了县级机关、各乡镇保密工作制度，对县党政网和重点涉密单位的保密技术防范及执行保密法规工作进行了全程督查，对全县 42 户网吧逐一进行整治检查和清理。2003 年 7 月，对全县涉密计算机上国际互联网问题进行全面检查，并进行详细情况统计。2004 年，对全县涉密计算机网络防范和计算机网络安全保密管理工作提出要求，并会同县信息办、县机要局进行检查。2005 年 5 月 17 日，按照市局《关于对传播国家秘密信息的互联网站开展检查整顿的通知》要求，对本地区的网站进行搜索检查。同年 6 月 20 日，县国家保密局与公安局、文化局联合对全县的复印、印刷行业进行执法检查，全县注册备案的复印企业（包括门市部）35 家。同年 11 月 18 日，县保密办会同部分县保密委员会成员单位对部分党政机关进行了保密工作大检查。1991—2005 年，全县共对 90 多个部门和乡镇进行了 60 次保密检查。

第六节　老干部管理

一、概况

中共金堂县委老干部局是县委管理全县离休干部和县级退休干部的职能部门，局内设办公室、离退休干部活动馆，归口组织系统。2005 年，全县共有离休干部 91 人，其中：外省、地区易地安置在金堂的离休干部 4 人，代管市属单位驻金堂的离休干部 10 人；纳入老干部局管理的县级退休干部 35 人。离休干部中，享受副地厅级以上待遇 6 人，享受正县级待遇 5 人，享受副县级以上待遇 80 人；其中：抗日战争时期 12 人，解放战争时期 79 人，平均年龄 79 岁，年满 80 岁 25 人，90 岁 1 人。

二、管理制度

县委老干部局认真落实离（退）休干部的政治、生活待遇，组织其学习相关政策、法规，及时传达重要会议精神和定期通报情况；安排适当的参观考察活动；适时组织健康体检，经常探望生病住院离（退）休干部；妥善处理老干部去世后的善后事宜；继续关心和照顾好老干部的遗属。邀请老干部参加党风廉政建设、行风评议、公选领导干部、领导干部述职测评、社区精神文明建设、关心下一代等活动，调动他们谏言献策的积极性。强化老年大学和退休干部活动中心等场馆建设，注重发挥活动阵地的多功能作用，积极开展有益于老干部身心健康的文体娱乐活动，丰富他们的精神文化生活。建立每月10日、25日两次局领导信访接待日制度，分片、定人联系走访慰问老干部，经常联络感情，交流思想，认真听取他们的意见和建议。

三、落实老干部待遇

定期组织老干部政治学习，为离休和县级退休干部征订《晚霞》《成都老干部》《今日金堂》等报刊；坚持和不断完善各项制度，保证离休干部"基本政治待遇不变"。

1991—2005年，按照党和各级政府关于离休干部生活待遇的有关政策规定，先后5次为行政机关、事业单位，4次为企业的离休干部增加离休费。1995年，县委、县政府为全县离休干部解决了再次探望老家的差旅费补助。1996年，全县离休干部的特需费由原来的每人每年150元提高到300元。1997年1月起，离休干部享受的护理费补贴标准在原基础上增加1倍。1998年，为逝世的离休干部无工作配偶提高生活困难定期补助标准。1999年，对行政、事业单位离退休人员，按最高212元，最少不低于120元和企业离退休干部每月人均增加135元的增资标准增加离退休费。2001年先后3次增加了事业单位离退休人员的离退休费；解决企业离退休干部与机关、事业单位离退休干部离休金平衡问题，两次增加企业干部的离退休金。2002年，对尚未享受副县处级政治待遇和生活待遇的38名离休干部，按照提高待遇审批程序，全县落实31名离休干部享受副县处级政治和生活待遇。同年全县离休干部的特需费由原来每人每年300元提高到500元。2003年，对县安置到外地的4名，外地安置到金堂的5名离休干部，加强与易地离休干部原工作单位的联系，及时协调督促解决易地安置离休干部的离休费、医药费、医疗周转金方面出现的问题。2004年5月，按照市委组织部的安排和部署，牵头做好了建国初期参加革命工作的143名退休干部"生活补贴"调查摸底，完成了符合政策的第一批48名退休干部的工资兑现工作。同年，妥善解决了企业24名离休干部医疗费单独统筹，由县财政和企业各负担50%，老干部发生的医药费到县社保机构统一报销的问题。2005年9月，县委制定印发了《关于进一步加强离退休干部工作的意见》，对落实老干部政治、生活待遇、发挥作用、开展活动、走访慰问、交流思想、加强领导等作出了规定。

四、老干部活动

县委老干部局除坚持开展常年性门球、乒乓球、麻将、棋牌、音乐、舞蹈、诗词书画、京（川）剧演唱和钓鱼活动外，每年都在活动馆举办规模不等的老年运动会约12次，参加人数均达2000人次；组织老干部门球队参加市年度"长寿杯"门球赛、德阳片区门球邀请赛、友邻区（市）县门球联谊赛；参加市级、新都、川化、青白江、金堂书画联展；组织"重阳节"文艺调演、老年歌手赛。1998—2005年，开展了活动馆建馆10周年纪念活动；先后组织老干部到延安、西安等地观光旅游；组织参观学习考察县内交通、新农村及集镇建设、市政重点工程项目；成功举办了"金橘杯""天府花园水城杯""中国门球冠军赛成都市选拔赛""金泉源""金阳杯""现代杯"等门球比赛。1999年，组织81名离退休干部方队，参加全县庆祝建国50周年升旗仪式和大型团体操表演，举办庆祝"国际老年人年"专题文艺演唱会、书画展和"庆澳门回归，迎新千年"冬季老年运动会。2003年，与县人事局、县文体广电局等单位承办了全县离（退）休干部运动会。2004年，承办了市委老干部局组织的60余名省老干部金堂亲水公园钓鱼比赛。2005年，与县老龄工作委员会、县人事局、县文体广电局成功承办了金堂县离退休干部庆"重阳"门球比赛和纪念抗日战争胜利60周年书画联展。1998—2005年，在县委、县政府的重视关心下，县财政拨出专项经费，与县医院配合共组织老干部进行健康体检活动 4 次，为老干部办理了看病取药优先证。开展了在春节、重阳节和离退休干部生病住院期间走访慰问工作；妥善处理了 1991—2005 年 55 名离休干部（含代管和易地安置）病故后丧葬、抚恤等事宜。

五、老干部信访与信息

县委老干部局成立信访工作领导小组，每月两次现场受理老干部反映的问题，接待老干部和群众来信来访，办理上级批转的信访督办件，按管理权限逐级解决或上报，将处理结果及时反馈给离（退）休干部。1991—2005 年，共接待老干部和群众来信来访 1057 件（人）次，办理上级批转的信访督办 27 件，接受上级批转信函 25 件，满意率为 100%。为市县有关部门提供信息 168 条，被《晚霞》《成都老干部》《蓉城金秋》《成都老年》《金堂报》《金堂电视台》等报刊台采用信息稿件 945 篇。

第七节　机关工委

中国共产党金堂县直属机关工作委员会（简称：县直机关工委），在 1997 年 3 月前为中国共产党金堂县县级机关工作委员会；1997 年 3 月机构改革，中国共产党金堂县县级机关工作委员会更名为中国共产党金堂县直属机关工作委员会。县直机关工委作为县委的派出机构，受县委的委托，领导县直属机关各基层党组织做好党的组织、思想和作风建设工作，是督促县直机关各党委、总支、支部教育、监督、管理党员的直接组织与实施者，对包括行政领导人在内的每个党员进行监督，协助行政领导改进机关工作作风，通过发挥机关党组织的战斗堡垒作用和党员的先锋模范作用，确保县委和县政府各项工作任务的完成。县直机关工委主要工作是按照县委赋予的工作职责，认真抓好机关基层党组织的政治思想、组织、作风建设工作。1991—2005 年，县直机关工委通过举办各类培训班、专题讲座、专家教授专题报告会、开展知识竞赛、个人撰写学习心得、演讲比赛等多种形式，学习党的十四大、十五大、十六大的一系列重要文件精神，认真开展“三讲”“三个代表”重要思想、“保持共产党员先进性”等学习教育活动。利用每年的重大节日举办丰富多彩、寓教于乐的文体活动。按照《中国共产党和国家机关基层党组织工作条例》的要求，加强对机关基层党组织党员的管理、教育。县直机关工委从 1995 年起，对基层党组织实施了目标管理；从 1997 年起，全面开展了建设规范化党支部的工作，到 2005 年止共建成“规范化”党支部 100 个。县直机关工委注重对入党积极分子的培养教育和考察，共发展新党员 782 名。配合县纪委督促各基层党组织抓好党风廉政建设，按照党员党风《廉政准则》《实施纲要》《处分条例》的要求，加强了对党员特别是党员领导干部的廉政教育和对机关工作人员的思想作风建设，全面实施了党风廉政建设目标责任制。

第八节　党史研究

1982 年 11 月 16 日，建立中共金堂县委党史工作委员会。1983 年年末有职工 3 人。1989 年 10 月，中共金堂县委党史工作委员会更名为中共金堂县委党史研究室至 2005 年未变。1983 年县委党史研究室开始征集民主革命时期党在金堂的活动史料，编纂出版《中共金堂地方组织的战斗历程》。县委党史研究室先后为省市编写川西区党史资料提供了当时中共金堂县委的组织沿革和大事记，参与编写出版了《中共金堂县组织史资料》。县委党史研究室先后共收集了 80 余万字的社会主义建设时期党史资料，编印了《金堂县党史大事记》(1927—1978)、《金堂县党史大事记》(1979—2005)、《金堂县剿匪平叛记》《赵家三烈士》等党史书籍。2005 年年底，搜集了金堂县 1987 年 11 月至 2005 年 12 月的党、政、军、群系统的组织史资料。在庆祝中国共产党诞辰 80 周年之际，编辑和印刷了大型历史画册——《辉煌历程》，反映了在党的领导下，金堂县在各条战线取得的辉煌成就。2005 年，中共金堂县委党史研究室编辑出版了《金堂城建》一书。

第九节 党校教育

一、机构

中共金堂县委党校为中等专业学校体制；设校长 1 人，常务副校长 1 人，副校长 1 人。1991—1997 年，校长由县委组织部部长兼任；1998—2005 年，校长由县委副书记兼任。主要对干部进行马列主义基本理论、毛泽东思想、邓小平理论、党的基本路线知识的“三基”教育，以建设有中国特色社会主义理论教育为主题，坚持理论联系实际、解放思想、实事求是的原则，对干部进行培训，帮助各级干部提高理论政治水平；同时举办中共四川省委党校函授中专、大专和本科班，培养大、中专学历的各类人才。

二、行政学校

1999 年 12 月 23 日，在中共金堂县委党校设立金堂县行政学校，与中共金堂县委党校实行一套人马、两块牌子。同年 12 月，经成都市人事局认定，同意金堂县行政学校为金堂县国家公务员培训施教机构。金堂县行政学校主要根据《国家公务员暂行条例》《国家公务员培训暂行规定》《国家公务员法》从事全县国家公务员的教育培训工作，提高广大公务员的业务素质。主要职责是：承担全县初级公务员培训，包括公务员初任培训、任职培训、专门业务培训，更新知识培训；举办初级公务员专题研究班、优秀后备干部培训班；协同组织人事部门对党员在学习期间的情况进行考核，并提出使用意见。研究、宣传马列主义、毛泽东思想、邓小平理论，围绕党的中心任务和县委、县政府的部署，开展行政管理科学及全县改革开放和现代化建设中重大现实问题的理论研究，为教学和社会实践服务，为县委、县政府的决策提供服务。根据社会、经济发展的需要、多渠道、多形式开办相关专业的学历教育。负责对全县公务员培训网络进行业务指导。完成县委 、县政府和上级国家行政学院交办的其他工作。行政学校实行校委会领导体制，下设一室两科，即办公室、教育科和行政管理科。

2001 年，举办公务员初任培训班 1 期，培训学员 120 人。2002 年 9 月，举办行政事业公务员培训班 1 期，共培训公务员 355 人。2003 年 5 月，常务副县长施跃华兼任金堂县行政学校校长，范方龙任中共金堂县行政学校副校长，同年 8 月，陈泽任中共金堂县行政学校副校长（兼）。2004 年，举办《行政许可法》公务员培训班 1 期，共培训学员 100 人。2005 年，举办《中华人民共和国公务员法》公务员培训班 1 期，共培训学员 120 人。

三、党校工作

（一）党校干部培训

1991—2005 年，中共金堂县委党校共举办局级领导干部轮训班 14 期，培训学员 708 人；举办中青年干部培训班 9 期，培训学员 448 人；举办村支部书记培训班 11 期，培训学员 1264 人；举办其他培训班 16 期，培训学员 1466 人。通过培训，增强了各类干部的党性、理论素质和工作实际能力。

（二）学历教育

中共金堂县委党校与省、市党校共同举办学历函授教育，共培养大专毕业生 3010 人，其中：法律专业 1090 人，经济管理专业 1784 人，财会专业 62 人，中文专业 18 人，“小教大专”专业 29 人，计算机专业 27 人；本科 1546 人，其中：法律专业 1077 人，经济管理专业 350 人，行政管理专业 119 人。为党政机关和社会各行业输送了大批人才。

（三）理论成果

1991—2005 年，中共金堂县委党校教职员工在国家、省、市、县公开刊物发表论文共 210 篇，其中：省级以上刊物 12 篇，市级刊物 178 篇，县级 20 篇；获市以上奖 60 篇；完成市级重点调研课题研究 32 项，获奖 8 项；完成中共金堂县委、县人民政府重点课题研究 20 项，被县委、县政府采纳 6 项。

四、校址搬迁

中共金堂县委党校于 1984 年从淮口镇搬迁到赵镇幸福北路 200 号；占地总面积 5360. 22 平方米，学员宿舍 1440 平方米。2003 年 8 月中共金堂县委党校从幸福北路 200 号搬迁到玉龙街 25 号院内原人大办公楼，占地面积：343. 40 平方米，建筑面积：1372. 56 平方米，教室 5 间，其中：电教室 1 间，合计总面积：361. 43 平方米。原中共金堂县委党校幸福北路 200 号于 2004 年交金堂县国有资产投资有限公司。

第二十一篇　地方权力机关

1991—2005年，金堂县人民代表大会经历第十二届至第十五届县人大常委会的工作。第十五届人大常委会在此期间的工作为四年（任期五年未满）。各届人大常委会认真总结过去的经验，开拓进取，不断创新。根据不同时期工作特点，服务大局，围绕全县工作重点，创造性地开展大量工作，取得显著成效，为推动和促进全县经济、政治、文化、社会事业全面发展做出贡献。

第一章　金堂县人民代表大会

第一节　代表产生

按照1993年修改的宪法规定，县级人民代表大会由过去的每届任期三年改为任期五年。1991—2006年，金堂县依法于1992年、1997年、2003年进行了三次县级换届选举，选举产生了县第十三届、第十四届、第十五届县人民代表大会代表。

一、第十三届人大代表

1992年第十三届县人大代表选举：是在全县撤区、乡镇建制调整的当年。选举日为1992年12月31日。全县代表名额263名，划分选区129个；登记选民588639人，参选选民578496人，参选率98.28%，选出县代表261名。

二、第十四届人大代表

1997年第十四届县人大代表选举：1993年4月宪法修改，县级人大任期由三年改为五年。这是县人大代表第一次单独进行的选举。选举日为1997年12月29日。全县代表名额285名（根据省人大常委会关于代表名额的规定，比十三届增加22名），划分选区137个。全县登记选民639480人，参选选民586738人，参选率91.2%，选出县代表285名。

三、第十五届人大代表

2003年第十五届县人大代表的选举：选举日为2003年1月12日。全县代表名额为285名，划分选区137个；登记选民638277人，参选选民608458人，参选率95.38%，选出代表284人。

金堂县1991—2005年历届县人大代表构成情况

表21-1

届别	代表总数	男（人）	比例（%）	女（人）	比例（%）	中共党员	比例（%）	工人（人）	比例（%）	农民（人）	比例（%）	干部（人）	比例（%）	中学以上文化（人）	比例（%）
13	261	203	77.8	58	22.2	186	71.3	6	2.3	109	41.9	144	55.2	220	84.4
14	285	215	75.4	70	24.6	206	72	11	3.9	134	47	111	38.9	285	100
15	284	220	77.5	64	22.5	205	72.1	4	1.4	108	38	108	38	196	76.1

第二节 县人民代表大会

一、第十二届人民代表大会

金堂县第十二届人大第二次会议于1991年3月12至15日召开。会议听取和审查了县政府工作报告、县国民经济和社会发展计划报告、县财政预算执行情况和财政预算草案报告、县人大常委会工作报告、县法院工作报告、县检察院工作报告（以下简称各项工作报告），作了相应的决议；补选文仁敏为金堂县第十二届人大常委会委员。金堂县第十二届人大第三次会议于1992年2月26日至29日召开。会议主要是听取和审查各项工作报告，分别作了有关决议。

二、第十三届人民代表大会

金堂县第十三届人大第一次会议于1993年1月15日至18日召开。会议听取和审议各项工作报告并作了决议；选举李扬德为县人大常委会主任，李存杰、吕宗明、胡玉元、罗远柱为副主任，文仁敏等14人为委员；选举陈效全为县长，沈友春、马华贵、王世录、李铀、伍树林为副县长；选举李兴禄为县法院院长、何树明为县检察院检察长。

金堂县第十三届人大第二次会议于1993年8月30日至31日召开。选举晏永和、李扬德、刘龙泉、左国辅、李铀、邓宇民、刘乾隆、贺大经、汪秀云、陈效全、张玉全、罗琼芳、黄婉蓉、王永寿、邓维珍、潘禄高、陈思琼、杜兴高、张仕俊、魏大伦、张明楷、龙秀富、邓学惠、张登蓉、谢先强、陈先秀、易华康、周隆器、陈克西、腾华蓉共30人为成都市第十二届人大代表。

金堂县第十三届人大第三次会议于1994年3月8日至10日召开。会议听取和审查了各项工作报告，并作出决议；补选潘大果为成都市第十二届人大代表。金堂县第十三届人大第四次会议于1995年2月27日至3月2日召开。会议听取和审查了各项工作报告，并作了决议；补选薛友文为县第十三届人大常委会副主任。金堂县第十三届人大第五次会议于1996年3月13日至15日召开。会议听取和审查了各项工作报告，审查和批准了金堂县国民经济和社会发展“九五”计划及2010年长期规划。金堂县第十三届人大第六次会议于1997年3月12日至14日召开。听取和审查了各项工作报告；补选李昆学为县人民政府县长。

三、第十四届人民代表大会

金堂县第十四届人大第一次会议于1998年1月19日至22日召开。会议听取和审查各项工作报告并作了决议；李昆学选为县人大常委会主任，马华贵、胡玉元、薛友文、李兴禄、姜家金为副主任，卫平等16人为委员；选举邓全忠为县长，谢瑞武、廖兴恕、舒刚、张孝军、罗兴国、杨齐英为副县长；选举江海澜为法院院长、潘昆为检察院检察长。

金堂县第十四届人大第二次会议于1998年5月7日至8日召开。会议听取和审查各项工作报告并作了决议；选举李昆学、马华贵、王恭林、邓全忠、邓诗维、邓维珍、邓家柱、孔祥先、张仕俊、张登蓉、陈先秀、王荣轩、邓宇民、田秀琼、叶长坚、朱书林、伍超、刘红、李仲辅、陈成澍、周金泉、晏永和、陈克西、林光华、周隆器、赵道全、姜家才、唐观鑫、曾天平、滕华蓉、颜仁福、潘大果、魏大伦共33人为成都市第十三届人大代表。

金堂县第十四届人大第三次会议于1999年3月8日至10日召开；第四次会议2000年3月1日至3日召开；第五次会议2001年1月10日至12日召开，补选何冰为金堂县人民政府县长；第六次会议2002年1月16日至18日召开，补选赵德喜为金堂县人大常委会主任、王晓华为委员，补选景逢均为金堂县人民检察院检察长。

四、第十五届人民代表大会

金堂县第十五届人大第一次会议于2003年1月20日至24日召开。会议议程听取和审查了各项工作报告，作了决议；选举郑天奇为县人大常委会主任，姜家金、廖兴恕、李淮南、卫平、曾道国、刘仁雄、谢晓卉为副主任，王晓华等15位同志为委员；选举舒刚为金堂县人民政府县长，施跃华、罗兴国、廖国琏、陈志勇、杨齐英、陈文建、李光辉为副县长；选举黄勇智为金堂县人民法院院长、景逢均为金堂县人民检察院检察长。

第二次会议于2003年8月11日至12日召开。选举赵德喜、郑天奇、张成明、周平、李仲辅、李永和、王宇、刘红、张俊、杨齐英、舒刚、施尚书、李云明、吴桂春、邱景友、黄水德、汤守富、杜家才、吴世松、黄晓红、黄键、蔡明顺、林光华、梁洪昌、孔祥先、唐观鑫、邓诗维、潘大果、郭小平、黄清平、林德凤共32人为第十四届成都市人大代表。

届中，第十四届市人大代表赵德喜（原县委书记）辞职、舒刚（原县长）调离金堂县，于2005年10月补选付毅（县委书记）、何立斌（县长）为成都市第十四届人大代表。

第三次会议于2004年1月13日至15日召开。听取和审查了各项工作报告并作了决议；补选何立斌为金堂县人民政府县长。第四次会议于2005年1月19日至20日召开。审议了金堂县人民政府向大会提出的《关于推进城乡一体化，进一步加快农田水利基本建设步伐的议案》，并作了决议。第五次会议于2006年1月16日至18日召开；审查批准了《金堂县国民经济和社会发展第十一个五年规划纲要（草案）》；18日补选施跃华为金堂县人民政府县长；补选刘丽蓉、李永玲、李洪为县第十五届人民代表大会常务委员会委员。

第三节　乡镇人民代表大会

金堂县乡（镇）人民代表大会1991—2005年共召开4届，每届人民代表大会第一次会议均以无记名投票方式，选举产生乡（镇）人大主席、副主席、主席团成员，乡（镇）长、副乡（镇）长。人大主席、乡（镇）长因提名的候选人只有1人，所以均实行等额选举。副乡（镇）长、人大副主席候选人人数比应选人数多1至3人，实行差额选举。

撤区并乡建镇后第一届乡（镇）人民代表大会一次会议于1993年1月召开，共有代表1533名。依法选举产生乡（镇）人大主席24人，乡（镇）长24人、副乡（镇）长85人。

第二届乡（镇）人民代表大会一次会议于1996年1月召开，共有代表1496名。依法选举产生乡（镇）人大主席24人、副主席5人，乡（镇）长24人，副乡（镇）长95人。

第三届乡（镇）人民代表大会一次会议于1999年1月召开，共有代表1499名。依法选举产生乡（镇）人大主席24人、副主席9人，乡（镇）长24人，副乡（镇）长91人。

第四届乡（镇）人民代表大会一次会议于2001年12月召开，共有代表1486名。依法选举产生乡（镇）人大主席24人、副主席9人，乡（镇）长24人，副乡（镇）长88人。

2004年，赵镇、淮口镇、三溪镇、隆盛镇因行政区划扩大，于2004年11月5日分别进行了新一届镇人大代表选举，选举镇人大代表350名。

乡（镇）人民代表大会于1990年后建立了常设机构，机构名称为乡（镇）人大主席团。主席团监督所有人代会决议事项执行情况，并主持召开乡（镇）人民代表大会。

第二章　人大常务委员会

第一节　常委会组成人员

一、历届常委会概况

金堂县人民代表大会常务委员会成立于1981年2月，为金堂县人民代表大会的常设机构，对金堂县人民代表大会负责并报告工作。1991—2005年，金堂县选举产生3届人大常委会，选出主任4人，副主任16人，委员45人；其中：第十三届组成人员19人，包括主任1人，副主任4人，委员14人；第十四届组成人员23人，包括主任2人，副主任5人，委员16人；第十五届组成人员23人，包括主任1人，副主任7人，委员15人。

二、十三届常委会

1993年2月10日，金堂县第十三届人民代表大会第一次会议在赵镇举行，会议听取审议了各项工作报告，进行了换届选举。大会选举出金堂县第十三届人民代表大会常务委员会主任1人、副主任4人、委员14人。从本届起，每届任期由原来的三年改为五年。主任：李扬德；副主任：李存杰、吕宗明、胡玉元、罗远柱；委员：尧宗锜 、文仁敏、钟少星 、高岗跃 、罗显富、贺光辉、陈诗高、陈秀蓉（女）、谢晓卉（女）、龙 敏 、张本蓉（女）、张金玉 、张保秋（女）、林淮池。薛友文1995年1月任副主任。

三、十四届常委会

1998年1月19日，金堂县第十四届人民代表大会第一次会议在赵镇举行，会议听取审议了各项工作报告，进行了换届选举。大会选举出金堂县第十四届人民代表大会常务委员会主任1人、副主任5人、委员16人。主任：李昆学；副主任：马华贵、胡玉元、薛友文、李兴禄、姜家金；委员：卫平 、文仁敏 、邓诗维 、尹贤鹏 、卢孝富 、田光荣 、尧宗锜 、刘光惠（女）、李晓瑜（女）、肖建江 、张国钦 、张保秋（女）、胡道兴、钟德建 、贺正余 、裴成科。赵德喜于2002年1月任主任。

四、十五届常委会

2003年1月20日，县第十五届人民代表大会第一次会议在赵镇举行，会议听取和审议了各项工作报告，进行了换届选举。大会选举金堂县第十五届人民代表大会常务委员会主任1人、副主任7人、委员15人。主任：郑天奇；副主任：姜家金、廖兴恕、李准南、卫平、曾道国、刘仁雄、谢晓卉；委员：王晓华 、文仁敏 、卢孝富、尧宗锜 、刘光惠（女）、杨润泽 、王峰（女）、廖冬云（女）、汤昌金、裴成科、蒋德鹏 、邓诗维 、黄清平 、时维娟（女）、张国钦。

1990—2006年，金堂县人大常委会经历了第十二届、十三届、十四届、十五届、十六届换届选举，历届人大常委会主任、副主任见下表：

金堂县1990—2005年历届县人大常委会主任、副主任名录

表21－2

届别	姓名	性别	职务	出生年月	民族	文化程度	党派	籍贯	任职时间
第十二届	刘栓楣	男	主任	1933.04	汉族	初中	中共党员	陕西府谷县	1990.02—1993.01
	吴世君	男	副主任	1933.02	汉族	初中	中共党员	四川金堂县	1990.02—1993.01
	李兴泽	男	副主任	1933.03	汉族	高中	中共党员	四川金堂县	1990.02—1993.01
	胡玉元	男	副主任	1938.07	汉族	中专	农工党	四川邛崃市	1990.02—1993.01
	张世民	男	副主任	1935.02	汉族	初中	中共党员	四川什邡市	1990.02—1993.01
第十三届	李扬德	男	主任	1938.11	汉族	大学	中共党员	四川双流县	1993.01—1998.01
	李存杰	男	副主任	1937.04	汉族	大专	中共党员	四川彭州市	1993.01—1998.01
	吕宗明	男	副主任	1937.12	汉族	大专	中共党员	四川冕宁县	1993.01—1998.01
	胡玉元	男	副主任	1938.07	汉族	中专	农工党	四川邛崃市	1993.01—1998.01
	罗远柱	男	副主任	1940.06	汉族	大学	中共党员	四川金堂县	1993.01—1998.01
	薛友文	男	副主任	1944.05	汉族	初中	中共党员	四川金堂县	1995.01—1998.01

续表21 —2

届别	姓名	性别	职务	出生年月	民族	文化程度	党派	籍贯	任职时间
第十四届	李昆学	男	主　任	1961.11	汉族	硕士	中共党员	云南昆明市	1998.01—2001.12
	赵德喜	男	主　任	1957.04	汉族	大学	中共党员	四川盐亭县	2002.01—2003.01
	马华贵	男	副主任	1946.06	汉族	中专	中共党员	四川金堂县	1998.01—2002.03
	胡玉元	男	副主任	1938.07	汉族	中专	农工党	四川邛崃市	1998.01—2003.01
	薛友文	男	副主任	1944.05	汉族	初中	中共党员	四川金堂县	1998.01—2003.01
	李兴禄	男	副主任	1944.01	汉族	大专	中共党员	四川金堂县	1998.01—2003.01
	姜家金	男	副主任	1948.12	汉族	大专	中共党员	成都青白江区	1998.01—2003.01
第十五届	郑天奇	男	主　任	1957.12	汉族	研究生	中共党员	四川彭州市	2003.01—2006.12
	姜家金	男	副主任	1948.12	汉族	大专	中共党员	成都青白江区	2003.01—2006.12
	廖兴恕	男	副主任	1956.08	汉族	研究生	中共党员	四川金堂县	2003.01—2006.12
	李准南	男	副主任	1951.05	汉族	大学	民　盟	四川中江县	2003.01—2006.12
	卫　平	男	副主任	1955.12	汉族	大学	中共党员	四川金堂县	2003.01—2006.12
	曾道国	男	副主任	1954.12	汉族	大学	中共党员	四川金堂县	2003.01—2006.12
	刘仁雄	男	副主任	1956.10	汉族	大专	中共党员	四川金堂县	2003.01—2006.12
	谢晓卉	女	副主任	1963.10	汉族	大学	中共党员	四川大邑县	2003.01—2006.12

第二节　常委会工作机构

金堂县人大及其常委会于1981年2月建立后，即建立了办事机构。1990年4月前，人大办事机构先后经历了办公室下设三个组和“一室三组”“一室四科”的变化。1990年4月，县委同意将原“四科”（财政经济科、政法科、教科文卫科、代表联络科）更名为“四室”（财政经济办公室、政法办公室、教科文卫办公室、代表联络办公室），即县人大常委会办事机构为五个办公室。之后，在1997年、2001年的两次机构改革中，撤销代表联络办公室，增设农业经济科、代表联络科、后勤科。

1990—2005年，金堂县人大常委会机关历届内设机构：

第十二届县人大常委会机关内设五个办公室（1990.4—1993.2），即：县人大常委会、财政经济、政法、教科文卫、代表联络办公室。

第十三届县人大常委会机关内设五个办公室（1993.2—1998.2），即：常委会、财政经济、政法、教科文卫、代表联络办公室。

第十四届县人大常委会机关内设四个办公室（1998.3—2003.3）。1997年3月30日，县编委《关于印发金堂县人大常委会机关机构改革方案的通知》，核准编制为四个办公室，撤销代表联络办公室，将代表联络办工作划归常委会办公室职能。2001年12月机构改革核编设置4个职能办公室和3个办事机构，即：常委会、财政经济、法制、教科文卫办公室和代表联络、后勤管理、农业经济科。

第十五届县人大常委会机关内设四个办公室（2003.3—2007.3），即：常委会、财政经济、法制、教科文卫办公室。

第三章 常委会主要工作

第一节 重要决议决定

一、财政决算、预算决定32项

每年年初县人代会审查和批准上年财政预算执行情况和当年财政预算草案。上年财政决算未完成，故授权县人大常委会审查批准。在6月，根据人大专题调查和审计部门的专项审计情况，县人大常委会作了关于批准上年财政决算的决定。再根据当年财政收支的实际情况，由县政府提出财政预算部分变更的议案，10月，县人大常委会作了关于金堂县财政预算部分变更的决定。

二、法制宣传教育决议3项

金堂县第十二届人大常委会第9次会议作了“二五”普法决议，第十三届人大常委会第22次会议作了“三五”普法决议，第十四届人大常委会第23次会议作了“四五”普法决议。分别对各阶段“普法”工作提出具体要求。

三、重大专项决议决定21项

（一）金堂县第十二届人大常委会（1991—1992）作出专项工作决议决定3项。1991年8月26日第10次常委会议通过《关于金堂县一九九一年实现基本绿化达标的决议》。1992年4月29日第15次会议通过“关于《金堂县县城总体规划调整方案》的决议”，同意将方案报市政府批准。1992年10月12日第18次常委会议通过《关于调整金堂县区、乡（镇）建制的决定》，同意撤销6个区，将原39个乡、5个镇的建制，调整为9个乡、15个镇。

（二）第十三届人大常委会（1993—1997年）作出专项工作决议决定6项。1993年6月25日第3次常委会议通过《关于加强执法检查的决定》，要求各机关、各部门建立执法责任制，加强执法检查和汇报制度。1994年2月25日第8次常委会议通过“关于同意《金堂县造林绿化‘八五’计划和十年发展规划》的决定”，号召全县人民努力改善金堂县生态环境、投资环境，确保造林绿化各项目标任务如期实现。1995年4月21日第16次常委会议通过《关于将金堂县初级卫生保健工作推向纵深发展的决议》《关于同意〈金堂县县城总体规划调整方案〉的决议》。1996年4月25日、26日第22次常委会议通过《关于金堂县一九九八年前实现农村达小康的决议》《关于加快建设“两路一桥”的决议》。“两路一桥”即：成环路金堂段（即赵镇至清泉路）、金乐路、毗河大桥。1996年8月30日第24次常委会议通过《关于金堂县县城创建省级卫生城镇的决议》。1996年10月29日第26次常委会议通过《关于同意〈金堂县科技发展“九五”规划和2010年长期规划〉的决议》。

（三）第十四届人大常委会（1998—2002 年）作出专项工作决议决定 4 项。1999 年 5 月 21 日第 9 次常委会议通过《关于加强法院执行工作的决议》《关于进一步开展依法治县的决议》。2000 年 11 月 14 日第 18 次常委会议通过《关于批准〈金堂县沱江上游生态屏障十年建设规划〉的决议》。2001 年 3 月 13 日第 20 次常委会议通过《关于同意县人民政府申报金堂县撤县设市的决议》。2001 年 7 月 27 日第 22 次常委会议通过《关于批准〈金堂县科技发展“十五”规划和 2015 年长期规划纲要〉的决议》。

（四）第十五届人大常委会（2003—2005 年）作出专项工作决议决定 6 项。2004 年 5 月 26 日第 9 次会议通过关于同意金堂县人民政府《县域城镇体系规划》《县城总体规划（修编）》《县城近期建设规划》的决议。2005 年 7 月 26 日第 21 次会议通过关于同意将县国有资产投资经营有限责任公司财政补贴纳入县财政年度预算的决定。决定从 2008 年起至 2014 年，每年 500 万元，加强公共设施项目建设。2005 年 12 月 19 日第 25 次会议通过关于同意将土地出让收入用于偿还衡平信托借款本息列入财政预算的决议，即同意在 2006 年至 2008 年期间，淮口新区先期整理完的 800 亩土地出让收入可以用于偿还衡平信托投资有限责任公司的借款本息，并列入财政支出预算，以加快淮口新区基础设施建设。

四、加强人大工作决议决定 12 项

为增强人大工作实效，各届人大常委会在规范化、制度化建设上作出了积极努力。如第十三届人大常委会通过的关于干部述职考核试行办法、关于加强对“一府两院”实施法律和工作监督的决定等，对规范人大工作，实施有效监督，起到了重要作用。第十五届人大常委会在总结、探索中，仅在 2005 年就修订了关于常委会审议意见的办理办法、关于对县人民政府直属部门进行工作评议的暂行办法、关于对市属驻县部门进行工作评议的暂行办法、关于任免国家机关工作人员办法、关于对县人民法院和县人民检察院有关干部进行述职评议的暂行办法、关于公民旁听县人大常委会会议办法、常委会议事规则、主任会议议事规则等。

第二节　法律和工作监督

一、监督的主要方式

县人大常委会行使监督权以常委会审议、专项工作汇报、专题视察和执法检查、工作评议为主要方式。县第十二届人大常委会在 1991 年至 1992 年的两年中，共召开常委会议 14 次，审议各方面工作议题 56 个，主任会议和代表考察、执法检查方式对专项工作进行监督检查 48 次。县第十三届人大常委会的五年中，召开常委会议 34 次，审议议题 134 个，主任会议听取专项工作汇报 62 次，专题考察、检查活动 107 次。县第十四届人大常委会的五年中，召开常委会议 32 次，审议议题 123 个，主任会议听取专项工作汇报 51 次，专题考察、检查活动 112 次。县第十五届人大常委会在 2003—2006 年，召开常委会议 35 次，审议议题 109 个，主任会议听取专项工作汇报 77 项，专题视察、检查活动 107 次。

二、监督的主要内容

对“一府两院”的工作监督和对全县贯彻实施法律法规情况的监督，涉及全县工作的方方面面，范围广泛，内容丰富。各届人大常委会始终坚持以经济建设为中心，服从和服务于发展大局，对关系全县发展的重大事项开展有效监督；坚持经常性的执法检查，推进依法治县，营造良好的法制环境，

促进全县经济、政治、文化、社会“四位一体”协调快速发展。监督的主要内容着重以下几个方面。

（一）督促检查人大决议的贯彻落实

对人代会各项工作报告决议贯彻落实情况的督促检查。每年年初的人代会，在对各项报告的审议、审查后，都作出了相应的决议。县人大常委会把督促检查这些决议贯彻落实情况，作为一项重要日常工作，坚持常抓不懈。通过督促检查，使各项决议得到了全面贯彻落实。

（二）审议和检查“一府两院”专项工作

县人大常委会每年以常委会议、主任会议、专题考察等形式，审议和检查县人民政府、法院、检察院各方面工作。其主要内容是：政府工作方面：主要是有关农业、工业、城市建设和管理、科技教育、文化卫生、财政税收、工商市场管理、交通道路、劳动与社会保障、市容环卫、房地产开发、改革与稳定工作、对外开放与招商引资、重点项目建设、城市基础设施建设、开发区建设、环境保护、旅游开发、宗教管理等方面工作情况和法律法规贯彻实施情况。法院、检察工作方面：主要是有关开展经济、刑事、民事、行政等专项审判工作和执行工作情况，开展“严打”工作情况，反贪污贿赂、渎职犯罪斗争，社会治安综合治理情况等，以及法院、检察院加强自身建设、争创全国一流等方面情况。

金堂县第十三届人大常委会组织开展了对县农业局、公安局、检察院工作的评议；第十四届人大常委会组织开展了对县法院工作的评议，评议内容主要是全面工作及所涉及的相关法律法规执行情况、错案追究责任制落实情况、队伍建设及对违纪违规事件处理处置情况等。每次评议工作都组织上百名代表直接参与，广泛收集各方面意见，各机关认真接受评议，切实加强整改，效果明显。

（三）检查法律法规执行情况

1991—2005 年，县人大常委会以常委会议、主任会议形式听取和审议法律法规执行情况 187 次，以考察活动、专项检查形式的执法检查活动 336 次，涉及的法律法规达 70 多部。精心组织对全县范围内的行政执法检查，积极支持政府依法行政。每届人大常委会根据实际情况，开展了对部分法律法规的专项检查活动。重点对农民负担管理、计划生育、预算外资金管理条例，农村土地承包法、土地管理法、森林法、农业技术推广法、企业法、乡镇企业法、税法、城市规划法、防洪法、食品卫生法、科技进步法、未成年人保护法、预防未成年人犯罪法、教师法、法官法、检察官法、警察法、刑法、刑事诉讼法、民事诉讼法、行政诉讼法等，对经济发展、社会稳定和人民群众生产、生活密切相关的法律法规，做到年年检查，经常督促，狠抓落实。

第三节　人事任免

1991—2006 年，县人大常委会依法任免“一府两院”和县人大常委会机关工作人员共 546 人次，其中：任命 343 人次，免职 203 人次。重要的任免，先后包括任命副县长 15 人次，免去副县长职务 8 人次；接受县长辞职 4 人次，任命代理县长 4 人次；接受法院院长辞职 1 人次，任命代理院长 1 人次；接受检察长辞职 1 人次，任命代理检察长 1 人次；接受县人大常委会主任辞职 1 人次，副主任辞职 1 人次，委员辞职 8 人次。

人事任免工作，坚持严格按照法律规定，认真审议，充分发扬民主，无记名投票表决。坚持任命时拟任命干部到会发表任职陈述制度，任命后召开颁发任命大会（个别任命在人大常委会议上当场颁发）。从 1998 年县第十四届人大常委会第一次会议任命干部开始，坚持了对全部任命干部的法律知识考试，把它作为任职的基本条件之一，考试未合格者一律不提交常委会议审议表决。

1991—2005 年，县人大常委会共进行干部述职评议 380 人次，其中：第十二届 94 人次（两院中层 49 人次）；第十三届 96 人次（两院中层 47 人次，副县长 7 人次，法院院长、检察院检察长各 1 人次）；第十四届 106 人次（两院中层 55 人次，书面 16 人次）；第十五届 84 人次（两院中层 46 人次，副县长 6 人次）。

第四节　办理议案与来信来访

每次县人代会代表按照会议通过的代表议案和建议、批评、意见处理的若干规定，在限期内由代表十人以上联名提出对金堂县各方面工作的议案，以及不受代表人数和时间限制的建议、批评和意见。经议案委员会审查并提交主席团会议审议后，交由有关机关或组织办理。县各届人大常委会十分重视办理工作，坚持每年上半年召开专门交办会议，县人大常委会和县政府领导亲自动员和提出办理要求，并作为目标管理的重要内容项目之一；下半年进行专门检查，并在主任会或常委会议上听取情况汇报；下一次人代会时，专题向代表报告。自 1998 年后，县第十四届、第十五届人大常委会进一步完善了办理工作制度，采取除其他程序外，对答复意见先由县人大常委会相关办公室、再由主任会议逐件审查的做法，进一步提高了代表对答复意见和解决问题的满意率。1991—2005 年县人大常委会办理代表“建议”共 1338 件。

县第十二届人大常委会在 1991 年制定和执行《接待办理人大代表和人民群众来信来访试行办法》。县第十五届人大常委会制定落实主任、副主任信访接待日制度。1991—2005 年县人大常委会接待办理信访 5174 件次。1998 年第十四届人大常委会加强个案监督，在接待办理的 136 件有关司法案件的信访中，列入个案监督 22 件；第十五届人大常委会列入个案监督 14 件。

第五节　指导乡镇人大工作

一、机构

1990 年四川省人大常委会颁布了《四川省乡镇人大主席团工作条例》，金堂县 44 个乡镇设立了人大主席团和选举了常务主席，乡镇人大主席团依法作为常设机构。1991 年，县委转发《关于完善乡镇人大主席团建设的报告》，并在各区设立联络员。县各届人大常委会对乡镇人大工作指导的基本做法是：搞好对乡镇人大主席团成员的培训；每年召开 2—3 次乡镇人大主席团工作会和经验交流会，提高工作水平，明确工作要求；列席县人大常委会议。县第十五届人大常委会从 2003 年起，改原乡镇人大主席或副主席部分列席为全体列席；邀请乡镇人大主席团成员和代表参加县人大常委会的调研、考察、检查活动，更好地发挥他们在基层了解情况、反映群众呼声的代表作用。

二、乡镇工作指导

对乡镇人大工作指导的主要内容是：指导换届选举。由于县、乡两级代表大会原任期不同，自 1992 年县、乡同步选举后，乡镇经历了四次单独换届选举（其中：2004 年 9 月 28 日，县乡镇区划再次调整，将全县24个乡镇调整为21个乡镇，赵镇、淮口、三溪三镇于2004年11月依法进行了换届选举，隆盛镇两个村进行了代表补选为一次）。县人大常委会正、副主任和驻会委员、各办公室工作人员，每次分组分片进行指导。对选民登记、提名推荐和协商确定候选人、召开选举大会等各个关键环节，都进行了具体指导，保证了各次选举的依法进行，并取得圆满成功。指导开好各次人代会。县人大常委会提出开好会议的程序方法、时间要求、会议议题等方面的建议意见，安排人员到各乡镇具体指导开好乡镇人大主席团会议及建立工作制度。指导代表考察、检查等代表活动的开展，提出年度或季度工作建议。指导搞好对政府及其工作部门以及专项工作的评议。

第二十二篇　地方行政机关

1991—2005年，金堂县选举产生了第十二届、十三届、十四届、十五届县人民政府，制定和执行了县“八五”“九五”“十五”“十一五”社会经济发展规划。县人民政府在党的领导下，围绕县委中心工作，坚持以经济建设为中心，加快经济建设步伐，狠抓农业稳粮增收、实施工业兴县战略，坚持改革开放，加大招商引资力度，重点突出经济开发区建设，加快了县域经济的全面快速发展。

第一章　金堂县人民政府

第一节　历届县政府

一、金堂县第十二届人民政府

1990年2月，县第十二届人民代表大会第一次会议召开，选出县长1名（吴逢根）、副县长4名（沈有春、焦安靖、史有惠、朱企章），同工作部门的局长、主任组成本届人民政府。同年6月1日，任命县政府副县级调研员1名（罗远柱）；同年10月18日，县政府决定任命县长助理2名（张杰伟、逢善荣）。同年11月3日，任命县政府副县级调研员1名（向国良）。1991年4月，经县长提名，县第十二届人大常委会第8次会议通过，增补1名副县长（马华贵）。1992年10月，经县长提名，县第十二届人大常委会第18次会议通过，任命1名副县长（陈效全），同时，因县长工作调动请求辞去县长职务，经县第十二届人大常委会第18次会议通过，同意县长辞职，并决定1名代县长（陈效全）。

二、金堂县第十三届人民政府

1993年1月18日，县第十三届人民代表大会第一次会议召开，选出县长1名（陈效全）、副县长

6名（沈有春、焦安靖、马华贵、王世录、李铀、伍树林），同工作部门的局长、主任组成本届人民政府。1993年4月，县第十三届人大常委会第2次会议通过，增补1名副县长（郭建平）。1994年6月和9月，县第十三届人大常委会通过，分别增补2名副县长（屈德林、邓全忠）和1名副县长（廖兴恕）。1995年4月，因工作需要免去1名副县长（李铀）。1995年6月，市委同意蔡英到金堂挂职锻炼（6个月）任副县长。1996年3月，市委通知洛桑德青到金堂挂职锻炼任县长助理。1996年4月，市委通知谢瑞武任县长助理。1996年9月，县第十三届人大常委会第25次会议同意陈效全辞去县长职务，任命李昆学为县政府副县长，并代理县长职务。1997年3月12日至14日县第十三届人大第六次会议召开，补选李昆学为县人民政府县长。1997年10月，县第十三届人大常委会第32次会议通过，因工作需要免去1名副县长（沈有春）。

三、金堂县第十四届人民政府

1998年1月22日，县第十四届人民代表大会第一次会议召开，选举出县长1名（邓全忠）、副县长6名（谢瑞武、廖兴恕、舒刚、张孝军、罗兴国、杨齐英），同工作部门的局长、主任组成本届人民政府。2000年6月，县第十四届人大常委会任命1名副县长（何冰）。2000年11月，县第十四届人大常委会第18次会议任命1名副县长（廖国琏）、确定1名代理县长（何冰）。2001年1月，县第十四届人大常委会第5次会议选举出1名县长（何冰）。2001年10月，县第十四届人大常委会23次会议决定任命施跃华为副县长，免去1名副县长（谢瑞武）。2001年12月，县第十四届人大常委会25次会议决定任命1名副县长（陈志勇）。2002年12月，县第十四届人大常委会第31次会议决定任命舒刚为县人民政府代理县长。

四、金堂县第十五届人民政府

2003年1月23日，县第十五届人民代表大会第一次会议召开，选举出县长1人（舒刚）、副县长7人（施跃华、罗兴国、廖国琏、陈志勇、杨齐英、陈文建、李光辉），同工作部门的局长、主任组成本届人民政府。2003年12月15日，县第十五届人大常委会第6次会议任命1名代县长（何立斌）。2004年7月，县第十五届人大常委会第11次会议同意免去1名副县长（罗兴国）、任命1名副县长（钟思勇）。2005年4月，市委同意杨胜余同志到金堂挂职锻炼（24个月）任副县长。2005年6月，因县长工作调动请求辞去县长职务，经县第十五届人大常委会第20次会议通过，同意县长（何立斌）辞职，并决定1名代县长（施跃华）。2005年10月25日，县第十五届人大常委会第24次会议免去1名副县长（廖国琏）、任命1名副县长（罗文川）。2005年11月29日，县第十五届人大常委会第25次会议免去1名副县长（陈志勇）、任命1名副县长（彭禄君）。2005年12月（农历），县第十五届人民代表大会第5次会议选举出1名县长（施跃华）。

第二节　历届正副县长名录

1991—2005年，金堂县人民政府按照换届选举的规定，进行了历届换届选举，其选举和任命的县长和副县长名录如下：

1990—2005 年金堂县人民政府历届县长、副县长名录

表 22－1

届次	职　务	姓　名	性别	民族	籍　　贯	出生年月	文化程度	任职时间	备　注
第十二届	县　长	吴逢根	男	汉族	四川金堂县	1945.02	大专	1990.02.24—1992.10.12	选举
	副县长、代理县长	陈效全	男	汉族	四川金堂县	1950.08	大专	1992.10.12—1993.01.18	选举
	副县长	焦安靖	男	汉族	四川理县	1940.10	中专	1990.02.24—1993.01.18	选举
	副县长	沈有春	男	汉族	四川金堂县	1951.08	大专	1990.02.24—1993.01.18	选举
	副县长	史有惠	女	汉族	四川金堂县	1952.06	大专	1990.02.24—1993.01.18	选举
	副县长	朱企章	男	汉族	上海市	1945.05	大学	1990.02.24—1992.12.30	选举
	副县长	马华贵	男	汉族	四川金堂县	1946.06	中专	1991.04.30—1993.01.18	选举
第十三届	县　长	陈效全	男	汉族	四川金堂县	1950.08	大学	1993.01.18—1996.09.05	选举
	副县长	沈有春	男	汉族	四川金堂县	1951.08	大专	1993.01.18—1997.10.10	选举
	副县长	焦安靖	男	汉族	四川理县	1940.10	大专	1993.01.18—1998.01.21	选举
	副县长	马华贵	男	汉族	四川金堂县	1946.06	中专	1993.01.18—1998.01.21	选举
	副县长	王世录	男	汉族	四川金堂县	1949.11	大专	1993.01.18—1994.08.27	选举
	副县长	李　铀	男	汉族	四川泸州市	1956.11	硕士研究生	1993.01.18—1995.04.22	选举
	副县长	伍树林	男	汉族	四川温江县	1948.09	大专	1993.01.18—1998.01.21	选举
	副县长	郭建平	男	汉族	河南扶沟县	1961.12	大学	1993.04.28—1998.01.21	任命
	副县长	屈德林	男	汉族	四川泸县	1949.12	大学	1994.04.28—1998.01.21	任命
	副县长	邓全忠	男	汉族	四川绵阳市	1962.03	大学	1994.04.30—1998.01.21	任命
	副县长	廖兴恕	男	汉族	四川金堂县	1956.08	大学	1994.08.27—1998.01.21	任命
	副县长	蔡　英	女	蒙古族	新疆和静县	1952.05	中专	1995.06.28—1995.12.27	任命
	县长助理	洛桑德青	男					1996.3—	任命
	县长助理	谢瑞武	男	汉族	四川金堂县	1965.03	大学	1996.4—1998.1	任命
	副县长、代理县长	李昆学	男	汉族	云南昆明市	1961.11	硕士研究生	1996.09.05—1997.03.14	任命
	县　长	李昆学	男	汉族	云南昆明市	1961.11	硕士研究生	1997.03.14—1998.01.21	选举
第十四届	县　长	邓全忠	男	汉族	四川绵阳市	1962.03	大学	1998.01.22—2000.11	选举
	副县长	谢瑞武	男	汉族	四川金堂县	1965.03	研究生	1998.01.22—2001.10	选举
	副县长	廖兴恕	男	汉族	四川金堂县	1956.08	研究生	1998.01.22—2003.01.22	选举
	副县长	舒　刚	男	汉族	四川双流县	1963.04	大学	1998.01.22—2003.01.22	选举
	副县长	张孝军	男	汉族	四川金堂县	1965.11	大专	1998.01.22—2004.06.30	选举
	副县长	罗兴国	男	汉族	四川金堂县	1959.07	大专	1998.01.22—2003.01.22	选举
	副县长	杨齐英	女	汉族	四川堂县	1964.05	大学	1998.01.22—2003.01.22	选举
	副县长	尤　珠	男	藏族	四川平武县	1960.10	大专	1998.07.23—1999.01.28	任命
	副县长	何　冰	男	汉族	北京市	1959.12	研究生	2000.06—2000.11	任命
	副县长	廖国琏	男	汉族	重庆梁平县	1964.01	大学	2000.11—2003.01.22	任命
	副县长	施跃华	男	汉族	江苏金坛市	1958.04	大专	2001.10.19—2003.01.22	任命
	副县长	陈志勇	男	汉族	四川大邑县	1969.1	大学	2001.12.29—2003.01.22	任命
	副县长、代理县长	何　冰	男	汉族	北京市	1959.12	研究生	2000.11.1—2001.01.11	任命
	县　长	何　冰	男	汉族	北京市	1959.12	研究生	2001.01.12—2002.12	选举
	副县长、代理县长	舒　刚	男	汉族	四川双流县	1963.04	大学	2002.12—2003.01.22	任命

续表22－1

届次	职　务	姓　名	性别	民族	籍　　贯	出生年月	文化程度	任职时间	备　注
第十五届	县　长	舒　刚	男	汉族	四川双流县	1963.04	大学	2003.01.23—2003.12.15	选举
	副县长	施跃华	男	汉族	江苏金坛	1958.04	研究生	2003.01.23—2005.06.26	选举
	副县长	罗兴国	男	汉族	四川金堂县	1959.07	大学	2003.01.23—2004.07	选举
	副县长	廖国琏	男	汉族	重庆梁平县	1964.01	大学	2003.01.23—2005.10.25	选举
	副县长	陈志勇	男	汉族	四川大邑县	1969.01	大学	2003.01.23—2005.11.29	选举
	副县长	杨齐英	女	汉族	四川金堂县	1964.05	大学	2003.01.23—2006.11	选举
	副县长	陈文建	男	汉族	四川简阳市	1964.06	大学	2003.01.23—2006.12.11	选举
	副县长	李光辉	男	汉族	四川金堂县	1968.10	大学	2003.01.23—2006.11	选举
	副县长	钟思勇	男	汉族	四川成都青白江区	1965.04	大学	2004.07.01—2006.12.11	选举
	副县长	杨胜余	男	汉族	四川西充县	1972.08	研究生	2005.04—2006.12.11	任命
	副县长	罗文川	男	汉族	成都市	1968.11	大学	2005.09—2006.11.17	任命
	副县长、代理县长	何立斌	男	汉族	陕西省三原县	1961.01	研究生	2003.12.15—2004.01.14	任命
	县　长	何立斌	男	汉族	陕西省三原县	1961.01	研究生	2004.01.15—2005.06.27	选举
	代理县长、副县长	施跃华	男	汉族	江苏金坛市	1958.04	研究生	2005.06.27—2006.01.17	选举
	县　长	施跃华	男	汉族	江苏金坛市	1958.04	研究生	2006.01.18—2006.12.11	任命
	副县长	彭禄君	男	汉族	四川金堂县	1959.07	大学	2005.11.24—2006.12.11	任命
	副县长	刘　忠	男	汉族	四川大邑县	1962.08	大学	2006.11.24—2006.12.11	任命
	副县长	万　琳	女	汉族	江苏南京市	1971.03	大学	2006.11.24—2006.12.11	任命

第二章　县政府主要政事

第一节　县政府会议

一、县政府全体会议

县政府全体会议由县长、副县长、县政府办公室主任、县政府组成部门的局长、主任组成。县长助理、县政府调研员、县政府办公室副主任、县级有关单位主要负责人列席县政府全体会议。根据需要，可安排乡镇长列席全体会议。县政府全体会议一般每半年召开一次，由县长召集和主持，议题由县长确定。会议的组织工作由县政府办公室负责。

县政府全体会议的主要任务是：（一）传达贯彻上级的重要指示、决议、决定和重要会议精神；（二）讲座和决定县政府工作中的重大事项，部署县政府重大改革措施或其他重要工作；（三）通报国内外重大事件和全县政治经济形势；（四）讨论通过提交县人民代表大会的《政府工作报告》《金堂县国民经济和社会发展计划草案》及《金堂县财政预决算草案》；（五）讨论通过其他需要由县政府全体会议决定的重大事项。

二、县政府常务会议

县政府常务会议由县长、副县长、县政府办公室主任组成。县长助理、调研员、县政府办公室副主任、与议题有关的县政府部门主要负责人列席县政府常务会议。可邀请县人大常委会、县政协有关领导及有关部门主要负责人列席县政府常务会议。视议题有关领导及有关部门主要负责人列席县政府常务会议。视议题情况，可邀请县人大代表、政协委员、群众代表列席县政府常务会议。县政府常务会议一般每月召开两次，如有需要可临时召开，由县长或县长委托负责常务工作的副县长召集和主持。议题由县政府办公室主任和分管副县长协调或审核后提出，报县长确定。会议的组织工作由县政府办公室负责。县政府常务会议的主要任务是：（一）传达贯彻上级的重要指示、决议、决定并研究贯彻措施；（二）讲座决定主报上级政府和县委的重要请示、报告；（三）研究分析一个时期的全县社会经济形势；（四）讨论决定由县政府的工作安排，工作计划和其他重要事项；（五）讨论决定由县政府公布的规范性文件、决定、命令；（七）听取有关部门、乡镇的专题汇报研究有关政策措施，讲座决定有关重要事项；（八）讨论决定人事任免及奖惩等事项；（九）县长认为需经常务会议决定的其他事项。

三、县长办公会议

县长办公会议由县长、副县长、县政府办公室主任组成。县长助理、县政府调研员、县政府办公室副主任和有关情况汇报人列席。县长办公室会议根据需要不定期召开，由县长召集和主持。会议内容为县长、副县长、县政府办公室主任互通情况和听取有关情况汇报。

四、经济运行情况分析会议

经济运行情况分析会议由县长、副县长、县政府办公室主任、县发展计划局局长、县经济局局长、县目督办主任、县财政局局长、县建设局局长、县农工办主任、县流通办主任、县招商局局长、县统计局局长组成。县长助理、县政府调研员、县政府办公室副主任和有关情况汇报人列席会议。根据会议需要可邀请县委、县人大常委会、县政协领导、县委政研室、三中园区管委会、乡镇、金融、规模以上企业和新闻单位的主要负责人列席会议。经济运行情况分析会原则上每季度召开一次，时间分别于每个季度末的次月中旬召开，如有需要可临时召开。会议由县长或县长委托负责常务工作的副县长召集和主持。经济运行情况分析会的主要内容：传达贯彻上级有关发展经济的重要指示、决议、决定，并研究贯彻措施；听取县统计局对上季度全县经济运行情况的通报：听取参会部门季度全县经济运行情况的通报；听取参会部门季度经济运行情况的通报：对全县经济运行情况进行分析，查找问题，剖析原因，制定措施，落实责任。

第二节　重要事项议定

1992 年 3 月 3 日，县人民政府召开第 67 次常务会议。同意县商业局组建金堂县商业总公司。同意商业局下属成立一个专业性的对外贸易公司；同意成立金堂县住房委员会，建立县住房制度改革配套办事机构；同意金堂县人民政府经济技术协作办公室更名为金堂县人民政府对外经济技术协作办公室，除履行原职责外，同时履行和承担对外经济贸易的组织协调。

同年3月9日，县人民政府召开第65次常务会议。同意建立金堂县经济技术开发公司，按相关程序办理；同意在厦门、沈阳、兰州设办事处。

同年3月16日，县人民政府召开第66次常务会议。同意建立金堂县勘界领导小组办公室和金堂县界勘定工作组。

同年4月13日，县人民政府召开第69次常务会议。同意成立金堂县经济开发区管理委员会。同意商业局成立金堂县畜产品外贸公司、粮食局成立金堂县粮油外贸公司、供销社成立金堂县土产外贸公司、物资局成立金堂县物资公司、同意成立金堂县工交企业改革领导小组。

同年5月18日，县人民政府召开第72次常务会议。同意成立金堂县经济开发区管理委员会和金堂县经济开发区办公室，统一由县编委行文通知。委员会和办公室重点抓十里坝综合经济开发区的管理、协调和指导，又要负责全县性的经济开发工作。金堂县经济开发区管理委员会与金堂县十里坝综合经济开发区管理委员会合署办公。

同年6月2日，县人民政府召开第74次常务会议。同意向成都市人民政府请示撤销龙威乡、高板乡和高板场镇管委会、福兴乡和福兴场镇管委会，建立龙威镇、高板镇和福兴镇，经上级政府批准后，再实施建镇。同意高板场镇和福兴场镇现在分别增设1个居委会。

同年7月13日，县人民政府召开第79次常务会议。根据《中华人民共和国文物保护法》的规定，同意颂第三批县级文物保护单位；淮口的太平寺；五凤的关圣宫、南华宫；广兴的太乙宫。这批文物保护单位，并报县人大常委批准施行。同意县国土局成立金堂县房地产开发公司。

同年10月5日，县人民政府召开第88次常务会议。通报了金堂县参加成都市“菜篮子工程”展览暨首届名优农副产品交易会荣获综合奖银奖、组织奖二等奖、水果生产项银奖、农副产品加工项优秀奖、蔬菜生产项优秀奖，单项产品金奖7个、银奖4个、优秀奖4个，奖牌数在全市各区（市），县中名列第一。

1993年6月10日，县人民政府召开第7次常务会议。同意成立1993年成都国际熊猫节暨金堂县第二届金橘会筹备领导小组。同意将金堂县消费者协会改为金堂县消费者委员会。

同年11月6日，县人民政府召开第17次常务会议。同意开放三学寺佛教活动点。

1994年9月1日，县政府召开第35次常务会议。会议决定成立金堂县首届梅花节暨物资交易会筹备领导小组。

1995年3月30日，县人民政府召开第47次常务会议。原则同意隆盛乡撤乡建镇、实行镇管村体制的请示。原则同意县外经委《关于在北京设立金堂县人民政府驻北京联络处的意见》。

同年5月4日，县人民政府召开第49次常务会议。原则同意县统计局关于做好全县第三次工业普查工作的意见和关于做好全国1%人口抽样调查工作的意见。

同年5月11日，县人民政府召开第50次常务会议。传达了市政府土地使用制度改革工作会议精神。

同年6月15日，县人民政府召开第55次常务会议。原则同意关于撤销隆盛乡、转龙乡、三溪乡、同兴乡建立隆盛镇、转龙镇、九龙镇的意见。

同年6月29日，县人民政府召开第57次常务会议。原则同意关于赵镇等6个乡镇（单位）定为县社会治安综合治理模范乡镇（单位）的意见。

同年8月31日，县人民政府召开第61次常务会议。原则同意开展全县机关事业单位和农村社会养老保险工作的意见。

1996年4月25日，县人民政府召开第78次常务会议。同意关于转龙、三溪撤乡建镇的意见。会议认为，转龙、三溪建镇的条件已具备，应尽快上报市政府。

同年5月9日，县人民政府召开第80次常务会议。原则同意建立金堂县国有资产投资经营管理公司。

1997年7月17日，县人民政府召开第101次常务会议。讨论并原则同意《关于赵镇城区居委会区域划分方案的请示》。

1998年6月9日，县人民政府召开第9次常务会议。会议讨论并原则同意金堂县建设局《关于实施中毗河防洪工程的决定》。实施中毗河防洪工程对于提高县城防洪能力、改变城市面貌、优化县城生态环境，使其发挥防洪、环保和旅游功能，都具有极为重要的意义。

2000年9月14日，县人民政府召开第31次常务会议，讨论并原则同意，《金堂县沱江上游生态屏障十年建设规划》。

2001年4月5日，县人民政府召开第35次常务会议，会议通报了金堂县农村税费改革有关情况。通报了乡镇机构改革有关情况。

同年7月5日，县人民政府召开第38次常务会议，会议讨论并原则通过县民政局《关于撤销又新乡建立又新镇的请示》。

同年11月8日，县人民政府召开第41次常务会议，讨论并原则同意三中园区《关于成立先锋居民委员会的请示》。讨论并原则同意《关于在三中园区建立高新技术工业开发区的实施方案》。

2002年7月3日，县人民政府召开第47次常务会议。会议讨论并原则同意县民政局《关于追认林云志为革命烈士的报告》，同意以县人民政府文件向成都市人民政府报批。同年11月21日，县政府召开第49次常务会议。讨论并原则同意《赵家镇村级区划调整有关问题的请示》。

2003年7月31日，县人民政府召开第12次常务会议，原则通过《关于推进规范化服务型政府建设的实施意见》的情况汇报。成立县构建规范化服务型政府领导小组。

同年9月4日，县人民政府召开第14次常务会议，会议听取讨论并同意出台县公安局《关于加快金堂县城市化进程增加非农业人口比例的意见》。

同年10月12日，县人民政府召开会议讨论同意了《金堂县预防和控制传染性非典型肺炎应急预案》。讨论同意了县民政局《关于县城地名（街、路、巷）命名有关问题的请示》。

同年11月13日，县人民政府召开第22次常务会议，会议讨论了《关于撤销赵镇韩滩开发小区的决定》和《关于撤销三星开发小区的决定》。会议讨论并原则通过《关于完善乡镇财政体制的通知》方案。

2004年2月19日，县人民政府召开第24次常务会议，讨论并原则同意县民政局《关于追认刘金芝为革命烈士的请示》。讨论通过县民政局《关于组建金堂县建制镇场镇社区的请示》。讨论通过县民政局《关于授予金堂县村民自治模范村称号的请示》。

同年3月8日，县人民政府召开第25次常务会议，审议县交通局《关于设立云合等四个客（渡）码头的请示》，会议原则同意在云合场镇，五凤镇鸣阳、罗坝，九龙镇长湖山庄设置（渡）码头。原则同意县农工办《推进城乡一体化进程，促进农民增收工作规划纲要》。

同年3月26日，县人民政府召开第26次常务会议，审议县民政局《关于调整淮口镇、福兴镇村级区划的请示》。

同年5月13日，县人民政府召开第29次常务会议，审议县民政局《关于调整赵镇、土桥镇村级区划的请示》。

同年8月12日，县人民政府召开第35次常务会议，审议并原则同意县公安局《关于推行一元化户籍管理制度的实施意见》的内容。审议官仓镇政府《关于设立易家渡口码头的请示》。

同年10月13日，县人民政府召开第39次常务会议，审议县民政局《关于赵镇等场镇新增街道命名的请示》。

同年11月4日，县人民政府召开第41次常务会议，审议并原则同意县民政局报送《关于做好村（居）委会换届选举工作的通知》内容。

同年12月2日，县人民政府召开第42次常务会议，审议并原则同意县民政局《关于调整原云绣乡和三中园区村级区划的请示》内容。

同年12月16日，县人民政府召开第43次常务会议，审议并原则同意县民政局《关于淮口等18个乡镇村级调整方案的请示》内容。

2005年12月5日，县人民政府召开第62次常务会议。审议并原则同意县民政局《关于调整三溪镇白果镇部分村（社区）辖区范围的请示》。同年12月15日，县人民政府召开第63次常务会议。审议并原则同意县发展计划局报送的《金堂县国民经济和社会发展第十一个五年规划纲要》内容。

第三节　实施农业发展决策

1992年，县坚持“一个中心，两个基本点”的基本路线，以经济建设为中心，在改革开放中发展，贯彻中央2号文件，按照县委关于“三好两大”的战略思路，及时制定相应的政策和措施，农村经济稳定发展。1992年粮食总产量达到36294万公斤；全县农业总产值达到5.8亿元。1992年乡镇企业总产值达到6亿元。1993—1997年，县以“小康工程”统揽农村工作，实施“稳定政策、深化改革、加大投入、调整结构、科教兴农、稳粮增收”的工作举措，促进了农村经济的持续发展。1997年农业总产值达到8.6亿元，增长36.8%；粮食连年丰收，由1993年的35.6万吨上升到1997年的37.16万吨。1998—2002年，农业结构调整以开发建设成南路精品脐橙带、资水河生态农业示范带为重点，以清江、赵家、九龙等乡镇的食用菌生产为依托，以黑山羊基地乡镇和重点乡镇的建设为基础，以无公害果蔬基地县建设为契机，促进了脐橙、食用菌、黑山羊、无公害蔬菜产业的发展。“金堂黑山羊”在2001年被四川省命名为地方优良品种，金堂县先后被国家命名为“优质脐橙生产基地县”“食用菌十佳商品生产基地县”“全国无公害果蔬基地县”。成功包装了“金帝”黑山羊、“金骑士”金堂脐橙等一系列“金”字号品牌，并在2002年的四川·中国西部农业博览会上评为优质名牌农产品。促进了全县农业产业化经营和龙头企业的快速发展，年产值或销售收入5000万元以上的龙头企业有4家，农业产业化经营带动农户占全县农户总数的40.1%。有效实施了扶贫开发，重点加强了资水河和成南路沿线50个扶贫新村的工作，扶贫村农民人均可支配收入在2002年增加了165元。加快了农村剩余劳动力多种形式的转移，常年在外务工人员保持在16万人左右，5年总收入达25亿元，并被省政府定为劳务开发基地县和外派劳务基地县。

2002—2006年，农业经济稳步增长。坚持以增加农民收入为根本出发点，从规划入手，实施“三大工程”（成都市探索形成的推进城乡一体化工作方法。指在不具备城市化和工业化条件的其他农村地区突出抓好农业产业化经营、农村扶贫开发和农村发展环境建设），积极推进“三个集中”（成都市探索形成的推进城乡一体化工作方法。指在县城和有条件的区域中心镇突出抓好工业向集中发展区集中，土地向规模经营集中，农民向城镇集中）。农业产业结构得到优化，初步形成红、白、黑、绿、花

"五彩"产业（"红"主要是指以脐橙为主的水果产业；"白"主要是指食用菌和蚕桑产业；"黑"主要是指金堂黑山羊和生猪产业；"绿"主要是指蔬菜产业；"花"主要是指奶牛饲养和花卉种植产业）。扶持金蒙乳业、晋江福源、福马等58个农业产业化龙头企业和1740余户种养殖、营销大户，深化了农业产业化经营。探索丘区推进城乡一体化壮大集体经济新机制，形成祝新村"五化"（又新镇祝新村探索形成的社会主义新农村发展机制。"五化"是指土地权属股份化、农业发展产业化、产业经营企业化、农村生活城镇化和农民收入多元化）和大桥村"村企合一"（是指龙头企业与其所在村或基地所在村之间，通过股份合作的方式，建立有组织、经常性、紧密型的联系，形成利益共同体，优化信息、技术、管理、资金、劳动力、土地等生产要素的配置，并以经济的联系和互动为发端，促进科学文化知识、市场竞争意识、民主管理理念等相互交融，达到"以企带村、以村促企、村企共赢"的目的。此处是指龙腾茧丝绸公司与转龙镇大桥村共同推进农业产业化发展和新农村建设的合作方式）发展模式。制定落实推进土地流转的专项政策，通过政策引导、业主带动，全县流转土地总面积达到17万亩，占总耕地面积的25%。认真落实党的惠农政策，实施农村税费改革，取消农业税，切实减轻农民负担，保持了农民收入与经济社会发展的同步增长。

第四节　实施工业发展决策

1990—1993年，县认真贯彻《企业法》和转换经营机制《条例》，及时清理和废除与《企业法》相抵触的规范性文件，采取各种措施，治理"三乱"，减轻企业负担。1993—1997年，工业企业始终坚持加快发展，调整结构，强化管理，增进效益的指导思想，采取深化改革、内引外联、技术改造、产品开发、驻厂帮企、内部挖潜等一系列措施，促进了规模与效益的增长，总体实力显著增加。1997年全县工业总产值达到31.56亿元，增加3.8倍，年均递增36.8%。全县工业增加值达到17.1亿元，按可比价计算，增加4.4倍，年均增长40%。1998—2002年"工业富县"战略得到有效实施。2002年，全县工业增加值完成22.10亿元，比1997年增长79.1%。2003—2006年，金堂县坚定不移地实施"工业强县"决策，先后创立四川金堂工业园区、成都纺织服装工业集中发展区，集中力量加快工业经济发展。全面落实协议项目抓开工、在建项目抓进度、建成项目抓投产、投产项目抓发展的工作责任，特别是成都金堂电厂、明达玻璃、金蒙乳业、川棉纺织、中原石油管件等一批重大项目的引进，完善了产业结构，带动了工业经济整体实力的增强。全县初步形成机械（金属制品）、食品、纺织服装（制鞋）、电力能源等主导产业，工业发展水平和集中度不断提高。

第五节　实施第三产业发展决策

1993年1月15日，金堂县第十三届人民代表大会第一次会议上县政府工作报告提出：加快市场体系建设、大力发展第三产业。大力培育和发展各类商品、资金、技术、劳务、信息市场，逐步完善市场体系。发展边境贸易和对外贸易，开拓独联体市场和南方沿边省区市场。发挥财政信用投资公司、城乡信用社、农村合作基金会等地方金融组织的作用，多渠道地筹集建设资金。国合商业和物资企业继续搞好国合流通企业"四放开"的改革，坚持和完善承包经营责任制，对部分长期亏损的原小型流通企业进行"四放开"改革，坚持和完善承包经营责任制，对部分长期亏损的小型零售企业，可以实行“国家所有，集体经营；集体所有，个人经营”的办法，也可以采取“改、转、租、卖”等措施，解决亏损问题。1997年个体工商户达到3.5万户，民营企业900户，纳税1665万元；与此同时，市场体系建设取得重大进展，全县批发贸易机构已达到50家，集市贸易市场40个。1993—1997年，把个体私营经济作为县级经济发展的主体和方向，促进了第三产业发展。市场繁荣，物资丰富，城乡集市贸易成交额达到7.16亿元。5年间，县产业结构发生了深刻变化。第一产业正朝着产业化（农业）推进；第二产业中，股份制企业、“三资”企业、民营企业等非国有经济得到迅速发展；以金融、商贸、旅游等为重点的第三产业发展步伐加快。第一、第二、第三产业在国民经济结构中的比重得到有效调整，分别由1992年年末的52∶30.1∶17.9调整为1997年年末的24.4∶44.2∶31.4。1998—2002，县政府制定了第一、第二、第三产业在国民经济结构中的比重分别由1997年年末的24.4∶44.2∶31.4，调整为2002年年末的15∶48.8∶36.2的工作思路和以旅游开发为重点，全面发展第三产业的决定。

第六节　实施科教兴县决策

一、科技

1990—1992年，完成142个科技成果推广、新产品开发和软科学试验研究项目，其中有48项获县级科技进步奖；有3个项目分别获得全国星火博览会银质奖和省市科技进步奖。政府对17名科技拔尖人才按月实行特殊补贴，为大批技术人员评定职称，为165名科技人员的家属办理了城镇户口；3年共吸收安置大中专毕业生864人，大中专委托培训285人。1993—1997年，在科技工作中，加强了科技人才引进和队伍建设，重视了科技管理和信息传播，狠抓了实用技术培训和推广，有80%的农村劳动者接受了科普培训，有85%的企业职工接受了技术培训和推广，农作物良种普及率达97%，企业新产品平均产值率达到5%；实施科技项目136项，开发新产品23项，成果推广60项，软科学研究2项，获国家部级科技奖7项，省、市科技成果奖28项，县级43项，科技进步对经济增长的贡献率由27%提高到38.5%。财政对科技的投入逐年增加，争创成都市科技工作先进县的工作已通过验收。1998—2000年，科技兴县工作成效明显。以加强技术创新，发展高科技产业为重点，坚持实施科教兴县战略，全县上下科技意识进一步增强。全年共争取并批准立项的国家级项目3项，省市级项目12项。科技宣传、培训和推广进一步加强，县乡两级共开展科学技术培训239期，推广实用技术96项，有95%的乡镇基本实现争创科技工作先进乡镇目标。全面实现争创四川省和全国科技工作先进县目标。2000年9月，金堂县被科技部授予全国科技工作先进县，12月被四川省人民政府授予“四川省科技工作先进县”称号，实现县科技工作的历史性跨越。2001年，科技兴县工作成效明显。新认定市级科技型企业4家，推动企业增产增效。制定《科技发展十五规划》，争取并批准立项国家级项目1项，省市级项目7项。县乡两级共开展科学技术培训910余期，推广实用技术40项，农作物秸秆机械化还田工程项目荣获全国农牧渔业丰收奖，出台《关于大力发展金堂县中药现代化科技产业的决定》，四川智能化农业专家系统在县示范推广顺利。信息化建设虽起步较晚，但发展较快，金堂公众信息网已于2002年面向社会公众正式开通。2003—2005年，科技事业全面进步。成功创建全国、省、市级科技进步先进县，建立全省首家“食用菌工程技术研究中心”，积极探索“公司+协会+农户”科技服务新模式。建立完善知识产权工作机制。

二、教育

1990—1992年，教育事业稳步发展，基础教育进一步加强，各类学校连年超额完成招生任务，全县普及初等教育复查验收全部合格。普及九年制义务教育抓紧实施，幼儿教育、职业技术教育、成人教育、教师进修和职工技术培训等都有新的起色，办学条件和教职工住宿得到改善，修建初中校舍22所，中小学危房已基本消除；勤工俭学成绩突出，校办企业三年共创税利406万元，为改善办学条件做出了贡献。1993—1997年，经过全县人民的共同努力，共投入资金7500万元，完成了“普九”这一历史任务。1998—2000年，教育事业全面发展。认真贯彻教育优先发展战略，“两基”复查顺利通过省、市验收，县城普及高中教育目标任务全面完成。职业教育、成人教育、幼儿教育、特殊教育、家庭教育进一步加强，全县新的办学格局初步形成，教育人事制度改革初见成效，全县共辞退民师532人，县城和乡镇中心校下派教师支教达270人。素质教育全面推进，基础教育整体水平明显提高。2000年全县高考一次上线722人，比1999年增加272人，比全市平均增幅高出25个百分点。校办产业蓬勃发展，勤工俭学实现总产值5280万元。2001年，对中小学校布局进行了第二轮调整，县城普及高中教育目标任务全面完成，全县普及高中阶段教育步伐加快，“两基”成果得到巩固。职业、成人、幼儿等教育进一步加强。全年高考万人上线率首次突破万分之十。勤工俭学实现总产值8000万元。1998—2002年，县政府将乡镇学校教师工资纳入县财政直发，并解决了历年教师工资拖欠问题。教育体制改革进一步深化，对中小学学校布局进行了调整，共优化调整村小61所、初中7所、完中3所。

2003—2005年，实施农村义务教育经费保障机制改革，完成农村中小学标准化建设项目44个，撤并学校221所，改（扩）建面积10.3万平方米，办学条件得到进一步改善。

第七节　实施旅游兴县决策

1992年3月27日，县委常委扩大会作出旅游兴县的战略决策。会议指出“加快旅游开发：县委决定调整充实县旅游领导小组，恢复县旅游办公室，加快旅游开发进程。做好赵镇、九龙长湖、云顶石城风景区的规划和建设，并逐步兴办为旅游服务的实体，使旅游业发挥出应有的社会效益和经济效益。1993年1月15日，在金堂县第十三届人民代表大会第一次会议上县政府工作报告提出：加快市场体系建设、大力发展第三产业。根据金堂县的实际，把旅游开发作为发展第三产业的龙头和突破口，积极做好招商引资联合开发旅游项目和统筹规划，突出重点，抓好“东方爱情圣殿”等骨干项目的建设。要抓好旅游资源、旅游商品、旅游客源的开发，特别要加快综合服务设施的筹建工作，努力提高综合接待能力和服务水平，使旅游业逐步成为全县的一个支柱性产业。1993—1997年，以金融、商贸、旅游等为重点的第三产业发展步伐加快。1998年，县政府制定坚持把旅游作为全县经济工作重点，以此带动第三产业的繁荣。1998—2004年，县城为改善旅游环境，实施中毗河整治工程，形成了天府水城的面貌。2004年12月，金堂县城市防洪综合整治工程获国家建设部颁发的“中国人居环境范例奖”。

第八节 实施城镇基础设施建设

一、县城基础设施

1990—1992年，县城镇基础设施建设有较大发展，投资环境有所改善。县采取国家、集体和个人一起上的措施，交通建设取得显著成效。淮（口）广（汉）公路建设工程基本完成，平安大桥加宽按期竣工，乡镇公路得到有效整治，唐巴公路金堂段和十里大道改造、北河大桥加宽、三江环城路和达成铁路金堂段加紧建设。邮电通信设施进一步改善，全县实现了电话等位拨位；西（安）成（都）光纤通信金堂段工程和与之相配套的县邮电通信大楼开始建设。县广播电视中心工程已破土动工。积极配合石油部门开发天然气资源，保证了钻探工作的顺利进行；提前投入资金，抓紧输气管道工程建设，为天然气的利用打下了基础，有4000余户民用天然气投入使用，县境内第一口天然气井钻探点火测试。淮（口）凤（五凤）输电线改造和五凤35千伏变电站竣工。赵镇综合防洪工程与县城公用设施改造相结合，北滨路、南滨路得到改造，新建乡级场镇水厂15座，3年共建住宅348万平方米，其中农村343万平方米，居住条件进一步改善。住房制度改革，实行优惠售房30.7万平方米，收售房款942万元。旅游资源的开发利用开始起步，沱江源头旅游开发区、“九龙水上世界”开始迎接游客。同时，加强对市场设施和商业网点建设，投资3000多万元，新建扩建赵镇、三星、高板、竹篙等一批农资市场，新建了青松、黄家等边缘集市，为县农副产品参与大流通、大商业、大市场的竞争提供条件，方便了群众生活。

二、乡镇基础设施

1993—1997年，金堂赵镇至乐至路淮（口）土（桥）段、唐巴路金堂段已完成部分路段的改建整治；境内投资12亿元的成（都）南（充）高速公路金堂段路开始建设，完成征地拆迁工作。投资1900万元的农村电网改造工程正加快建设，福兴35千伏变电站已投入运行；投资5000万元的电话“村村通”工程进展顺利，投资4800万元的电信市话分局工程正抓紧进行，电信A网改造工程顺利完成。投资4500万元集防洪、环保旅游为一体的中毗河防洪一期工程全面动工；城镇住宅新开工5.6万平方米；防洪指挥中心、金堂广场的建设进展顺利，幸福路整治工作提前完成。

城市建设和管理按照“三部一曲”思路（三部：旧城改造部分、新区建设部分、中毗河整治部分，一曲：争创全省一流县城），加大工作力度，取得了明显成效；加快了对城市街道、绿化、路灯的维修和改造，改变城市形象，提高了城市档次。三星开发小区、韩滩开发小区建设速度加块，范围扩大。农村集镇建设和城乡一体化进程步伐加快。新扩、建造农房4175户，面积达44.39万平方米，建成集镇水泥路面3.3万平方米。

1998—2002年，交通事业快速发展，共投入资金3亿元，对成环路、省道唐巴路金（堂）中（江）段、十里大道西延线、县城绕城段和县道金乐路淮土段等重点道路进行了改造。共改造省道21.8公里，县道92.5公里，乡村道新增水泥（沥青）路372.6公里，全县水泥（沥青）路达到770公里。能源基础设施建设力度加大。共投入资金1.20亿元，完成了全县一期、二期农网改造，新建35千伏变电站4座，完善相关配套设施，完成167769户农户住宅电表的改造。投入2250万元，完善了天然气管网建设，铺设输气管网270.3公里。县城建设进程加快，完成了中毗河防洪综合整治一期工程、十里大道综合整治工程和新区广场项目建设，建成毗河大桥和中河大桥，建成河滨开放式园林游园15个，修建拦河橡胶坝3座。县城面积由1997年的7.6平方公里发展到2002年的16.8平方公里。由于规划科学，设施比较完善，特色鲜明，县城赵镇环境优美被授予省级园林城市，评为全国城市环境综合整治优秀县城。小城镇建设全面启动，全县有10个小城镇被列为省级试点小城镇，有24个村建成中心村。完成了乡镇电信模块局的建设，电话普及率达到6.98%，比1997年增加5.9个百分点。

2003—2006年，城乡面貌较大改观。完成县城总体规划、县域体系规划、近期建设规划修编，形成“2+5+1”城镇体系。完成赵淮路、淮口大桥、成都金堂电厂专用公路等共190.2公里的交通主干线新（改）建任务。成金路、淮罗路、九龙大桥等工程建设快速推进。完成1144.5公里的乡村公路建设，全县实现村村通水泥（沥青）路目标。新开辟城市公交线路3条、城镇公交线路15条、乡村客运线路16条，实现“镇镇通公交”。加快对成都市优先发展重点镇淮口镇、省级历史文化名镇五凤镇的建设，完成开发建设面积12万平方米。大力加强城乡环境综合整治，深入开展卫生城镇创建活动。完成农村电网改造，实现城乡用电同网同价。完成农村电讯“村村通”和加密联网工程。农田水利基本建设累计投资2.2亿元，完成金堂峡拓宽改造、九龙滩提水灌区续建配套与节水改造二期、微水治旱等一批工程，新增旱地灌溉面积0.62万公顷。实施“金土地”工程（即专项土地整理：指在一定区域内依据土地利用总体规划与相关规划，对田、水、路、林、村等实行综合整治，改善土地利用结构和农民生产生活条件，新增有效耕地，提高耕地质量，提高土地利用率和产出率）开发整理土地0.75万公顷，新增耕地0.11万公顷。实施中心村、聚居点等农民新居建设，城乡发展环境得到较大改善。

第三章　县政府综合工作

第一节　县政府办公室

一、机构

县政府办公室设6个职能科，即：秘书科、信息调研科、行政科、机关事务科、保卫科、督办科(2004年6月成立)。县政府办公室设办公室主任1名、副主任3名；机关支部书记按县委规定配备；科室领导职数8名。成立有县政府办公室后勤服务中心，为县政府办公室直属事业单位。

二、职能

金堂县人民政府办公室是协助县政府领导处理县政府日常工作的县政府工作部门。主要职责是：负责县政府全体会议、常务会议、县长办公会议的会务工作，协助县政府领导组织会议议定事项的实施；协助县政府领导组织起草或审核以县政府、县政府办公室名义发布的公文；研究县政府各部门和各乡镇人民政府请示县政府的问题，提出审核意见，报县政府领导审批；根据县政府领导的指示，对有争议的问题提出处理意见，报县政府领导决定；协助县政府领导组织处理需由县政府直接处理的突发事件和重大事故；协助县政府领导指导、协调处理由县政府直接协调处理的事项；督促检查县政府部门和各乡镇政府对县政府公文、会议议定事项及县政府领导有关指示的落实情况并跟踪调研；及时向县政府领导报告来信来访中提出的重要建议和反映的重要问题，办理县政府领导交办的有关信访事项；疏通纵向和横向的信息渠道，准确、及时、广泛、求实地采集、整理本县和外地信息资料，积极准确地向市、省和国务院办公厅报送信息；根据县政府领导的指示，组织专题调研，及时反映问题，提出建议；负责县政府值班工作，及时向县政府领导和市政府值班室报告重要信息和突发事件，协助处理各部门和各乡镇向县政府反映的重要问题；做好行政事务工作，为县政府领导、同级及下级机关、人民群众服务；承办县委和县政府领导交办的其他事项。

第二节　应急管理工作

一、县长公开电话

2003 年，金堂县人民政府办公室在成都市区县率先设立县长公开电话办公室，负责接受群众咨询和对群众进行宣传解释，协调解决群众反映的各类热点、难点问题。做到真心实意服务，认真处理问题，件件有回复。凡是县长公开电话和“市长信箱”“县长信箱”接到群众反映的各种问题、意见和建议，办公室工作人员都认真做好记录，能解释的当即给予解释；需要去现场的，及时到现场进行处理；需向领导请示的，及时汇报，并按领导批示认真办理。2003 年 8 月 11 日开通县长公开电话至 2005 年 12 月 31 日，受理市长公开电话办公室交办省长信箱事项 20 件，办结率 100%；受理市长公开电话办公室交办“市长公开电话交办件”、电子信函交办件 73 件，办结率 100%；金堂县共接听县长公开电话 6579 件次（不含重复来电），依据有关法律、法规和政策予以解释说明 4283 件次，移交相关部门和乡镇办理 1553 件次，接受和督促办理群众反映事项 843 件。

二、应急管理

根据《成都市人民政府关于实施成都市突发公共事件总体应急预案的决定》，2006 年 4 月 1 日，经成都市机构编制委员会办公室批准，按照县委、县政府的决定，将县长公开电话办公室和县委、县政府原值班室进行整合，正式成立金堂县人民政府应急管理办公室。县委、县政府划出 100 多平方米办公场地，划拨专用经费，配备电脑、传真机、打印机等办公设备。县应急办是全县处置突发公共事件的日常管理和综合协调机构，主任由县政府办公室主任兼任，抽调 7 人（县委办 2 名，县政府办 5 名），其中专门配备 1 名副主任具体负责应急办工作；归口县政府办公室管理，下设应急综合科和应急值守科。其职责是承担县政府应急值守工作，负责各类突发公共事件的收集，甄别、报告传达和应急指挥的联络工作，承担信息汇总和综合协调职能，具备运转枢纽的作用；负责接受和办理向县政府报送的紧急事项，承办县政府应急管理的专题会议，督促落实有关决定事项；组织编制、修订全县突发公共事件总体应急预案，指导和监督检查各乡镇、县政府各部门应急预案的编制、修订和实施；督促检查各乡镇和县政府各部门应急组织机构、队伍建设和应急处置措施的落实，组织、指导全县突发公共事件应急培训和演练；联系协调特别重大、重大和较大突发公共事件的预防预警、应急处置、事件调查、事后评估和信息发布等工作；负责与上级有关部门的联系；负责与金堂驻军、武警部队的联系及协助周边区（市）县应急救援工作的联系；承担县长公开电话室职责，对群众通过公开电话反映的问题，做到件件有回复，事事有着落，保障人民群众的切实利益，服务群众，充分发挥公开电话快捷高效的作用；承担县政府领导交办的其他工作。

第三节　行政执法

一、机构

1991 年 6 月，建立金堂县人民政府法制办公室；1991 年 7 月，更名为金堂县人民政府法制科；1998 年 12 月 10 日，金堂县人民政府法制科更名为金堂县人民政府法制局。至 2005 年未变。

二、执法工作

1991 年 5 月，张武伦不服金堂县长乐乡人民政府在 1991 年 4 月作出的《长乐乡政府关于刘光秀、张武能夫妇无理取闹侵占村校科研示范地一案处理意见》的具体行政行为，向县政府申请行政复议，同年 7 月法制科依法审结第一件行政复议案件。2000 年 10 月，金堂县赵镇永利村第三农业合作社诉县政府不履行土地确权职责，向四川省成都市中级人民法院提起行政诉讼，此案是《中华人民共和国行政诉讼法》颁布实施后涉及县政府的第一件行政诉讼案，县政府法制局受县长委托出庭应诉，政府胜诉。1995 年，在全县各乡镇和县级行政执法部门开展行政执法责任制试点工作，1996 年逐步推行，至 1997 年全县全面实行行政执法责任制。1996 年 9 月，宣传学习《中华人民共和国行政处罚法》。1997 年，开始对全县的行政执法人员实行证件管理，统一培训并颁发“四川省行政执法证”。1999 年，宣传贯彻《中华人民共和国行政复议法》。2001 年起，清理全县各部门行政审批事项，经先后 4 次清理，共取消（调整）行政审批事项 295 项。2004 年，贯彻实施《中华人民共和国行政许可法》。2005 年，第一、第二批保留执行行政审批项目 220 项。同年，对全县 200 余名副局级（实职）以上领导干部和 500 余名县政府各部门中层干部，进行了依法行政知识培训、考试。

第四节　外事与侨务工作

一、外事

1949 年 10 月 1 日中华人民共和国成立后，由县政府办公室管理外事侨务工作。自 1985 年 4 月起，正式设立金堂县人民政府外事侨务办公室。1994 年定编 1 人。

外事主要职能：认真搞好因公出国管理，严把审批关；积极对上争取，对外宣传，参与、组织外事活动，服务地方经济建设。金堂县外事活动随着改革开放的深入而增加：2004 年 5 月，组织来中国参加第三届全国休闲跑活动的世界 80CEO 光临金堂县“2004・中国西部花园水城游乐节”。2004 年 10 月，参与接待法国拉法基屋面系统首席执行官及泰国政府考察团。2004 年 12 月，组织成都市友好城市印尼棉兰市学生代表团同金堂实验中学开展以“互助·友爱”为主题的联谊活动。由此，为金堂县打开了与国际校界交流的大门。2005年5月，经省、市外事办协助，首次成功邀请到了德国、韩国及泰国驻蓉领事出席金堂县“2005·西部花园水城游乐节”；与成都大学联谊，组成以外国友人为主的“中外联队”龙舟队参与游乐节表演赛。中外来宾对此留下了深刻印象。此后，“金堂”经常在对外交流人员中被提及与称道。2005年12月，参与接待马来西亚宜康国际机构有限公司考察团。

二、侨务

1991—2005年，县认真执行《中华人民共和国归侨侨眷权益保护法》，切实做好维侨工作。坚持“三胞联谊会”制度，积极组织侨属参加中秋、元旦等庆祝活动。成功推举2名新侨属当选新一届“三胞联谊会”理事。切实做好对困难侨属的慰问工作，帮助侨属解决下岗及子女就学等困难，帮助海外华侨协调在金堂县的纠纷。努力发挥侨务优势，做好侨务捐赠项目的争取与落实。2002年，为高板银桥村的两户村民改建危房争取华侨捐款6000元人民币。2003年底，积极争取省市侨办“侨心”工程项目落户金堂。2004年7月，在省、市侨办的帮助下，香港同胞龙凤祥女士等受李满福及萧旺先生之委托，为金堂县12个乡镇的800名灾民、低保户、五保户及残疾人员捐赠16.89万元人民币、衣物2500余件及大量药品；同时，龙凤祥女士一行还将金堂县“侨心”工程项目选定为五凤镇百花小学和九里提小学的危房改造，并与五凤政府签订捐资10万元的协议。2005年10月，龙凤祥女士等来金堂县参加五凤百花、九里提“侨心”小学的落成典礼，并将后续捐资到位；同时，为学生捐赠大量衣物与学具。自此，“百花”“九里提”2所学校同时被命名为“满福”“萧旺”小学。2004年5月，通过市侨联协助，首次成功推荐金堂县优秀学生刘世雄赴印尼总统大学留学。为帮助其解决全额奖学金外的实际困难，金堂现代房产公司慷慨捐助5000元人民币，终使刘世雄顺利踏上海外求学之路。2004年4月，旅澳华侨澳大利亚澳吉达集团总裁李辉先生考察金堂。2005年8月，县外侨办派员随市政府赴新加坡、马来西亚、菲律宾、泰国进行世界客属第20届恳亲大会及招商项目推介。1991—2005年，全县共计接待海外华侨、外宾1000人次，办理因公出国332人次。

第五节　台湾事务

一、机构

金堂县台湾事务办公室（简称：县台办），是中共金堂县委，金堂县人民政府处理涉台工作的职能部门。中共金堂县委于1963年9月成立对台宣传办公室；设在县人民武装部，主要任务是进行宣传教育。“文化大革命”开始，这项工作停止。1974年8月恢复对台宣传领导小组。对台办公室设在县人民武装部，由两名干事兼管。1982年，县委对台领导小组更名为对台工作小组。配备专职对台干部1名。1984年，县委对台工作小组进行了调整；设编制2人。1988年成立金堂县人民政府台湾事务办公室，与县委对台办合署办公，实行一套人马两块牌子，1989年10月，县委对台办、县人民政府台湾事务办公室划为政府序列。1997年8月12日撤销县委对台办。1998年12月，中共金堂县委恢复县委对台办；同时设立金堂县人民政府台湾事务办公室。金堂县人民政府台湾事务办公室与中共金堂县委台湾工作办公室实行“一个机构，两块牌子”的体制，由县政府办公室代管，同时将其职能和编制从县委统战部划出，核定行政编制3名。2001年经县机构编制委员会审定，县政府批准，设置金堂县台湾事务办公室。金堂县台湾事务办公室是由金堂县人民政府办公室管理的主管台湾工作的办事机构。

二、台胞台属登记管理

县台办于1993年编写《四川省金堂县台属花名册》，2004年2月重新核实了全县台胞、台属情况。1982—2005年，全县有去台居住人员550人。2005年年末，全县登记入册的台属445人，台胞326人。按照《四川省台胞接待和居民因私赴台工作规范》的有关规定，县台办与有关单位配合，做好赴台人员的行前教育工作。1987年恢复与台湾通信。

三、对台宣传

1991—2005年，县台办贯彻中央、省、市对台工作会议精神，帮助各级党委、政府和广大干部群众认清形势，坚定和平统一祖国的信心。针对对台工作出现的新形势，县台办通过广播、电视、座谈、走访、办学习班等多种形式宣传党的对台方针、政策。县台办有《情系两岸，心盼统一》《从传统观念、习俗看祖国统一的必然》《隔海思亲、话沧桑》等80余篇文章先后在四川政协报、成都晚报、四川日报、全国统一论坛和团结报上发表。1998—2005年，县将涉台工作学习纳入党校培养各级干部的教学计划，并邀请市委党校研究台湾问题的学者、专家及市台办主任来金堂县进行涉台工作讲座。1991—2005年，会同县政协、县委统战部，召开了一年一度的“三胞”亲属中秋座谈会，会上向与会代表通报台情，着重讲解近期台湾局势新情况。同时结合金堂县每年经济发展情况向与会“三胞”及其亲属作通报。在接待“三胞”时，宣传介绍金堂建设的大好形势，热情欢迎他们回乡探亲、旅游、投资。

四、处理涉台事务

1991—2005年，县共接待台胞、台属1542人次，处理台胞、台属电话咨询、来信、来访893人次。县台办为25名去台人员找到金堂县的亲属；为3名台胞在金堂县探亲中病故办理了遗产由亲属继承的手续；分别为3名台胞办理了定居备案手续。2002年，台胞上官剑壁的征地款纠纷，经过多次的努力协调，为其拿回征地款。为台胞、台属子女就业、入学、等方面做了大量工作。2002—2003年县委副书记王世禄、何胜英分别参加赴台交流活动，走访台湾有关企业，宣传了金堂“花园水城”。

五、对台联络经济工作

1991—2005年，有13位台胞捐赠达70余万元，用于资助金堂县贫困生、乡镇基础设施建设、小学的重建和改建工作，其中：2004年4月23日，台湾台塑集团董事长王永庆先生赠款人民币40万元用于金堂县云合镇小学的改建；2005年7月，四川中国强房地产开发有限公司总经理陈南桥先生捐赠6万元人民币用于平桥乡石桅子村基础设施的建设。旺旺集团、成都统一企业、永利成房产开发有限公司、成都好又多百货商业广场有限公司、百脑汇电子信息有限公司等5家台资企业以及市台资企业协会的女企业家共计捐赠36万余元用于资助金堂县贫困生、困难户，以及平桥乡石桅子村10口山平塘工程的维修和该村土坯房的改建。1997年，经过市、县台办的协调，台湾诚达集团四川成达鞋业有限公司向福兴镇长堰村贫困学生赠送价值5800元人民币的“菲尼士”旅游鞋100双。1998—2005年，在市台办的大力支持下，县台办积极牵线搭桥为福兴镇长堰村引入无偿资金12.8万元用于该村小学硬件设施的改善及该村村级公路的修建。2003年，中国成都·金堂国优脐橙节期间，县台办通过市台办牵线搭桥，促成在蓉投资的台湾47名企业家来金堂县考察，并于2003年11月21日成功承办“金堂投资说明会”；同年12月，县台办第一次引进一个投资400万美元的成都奇鼎包装容器有限公司生产型企业落户金堂。金堂县对台工作1998—2005年被成都市台办评为对台工作先进单位。

第六节　地方志工作

1983年1月27日成立金堂县地方志编纂委员会。1983年1月27日成立金堂县地方志编纂委员会办公室（简称：县志办）；2002年6月13日内设综合科、业务科。1993年4月正式成立中共金堂县地方志办公室支部委员会。

一、第一轮县志编纂

1982年，四川省地方志工作会议后，中共金堂县委、金堂县人民政府按照中共成都市委、成都市人民政府的部署，金堂县于1983年1月成立新编《金堂县志》机构，开展了从1949年10月1日成立中华人民共和国后的第一轮编修县志工作。历时11年，于1994年12月，由县志办编纂的1911年至1990年《金堂县志》出版发行，每册达120万字，共印3000册，完成了第一轮修志工作。1996年12月该《金堂县志》获成都市人民政府颁发的成都市第三次哲学社会科学优秀科研成果三等奖和四川省地方志编纂委员会、四川省地方志协会颁发的四川省第七次地方志优秀成果方志类一等奖。

二、年鉴编纂

1996年9月，开展全县年鉴编纂工作。1999年10月，县志办编纂出版发行了1991—1997年达50万字共印500册的首部综合性《金堂年鉴》。2000年10月编纂出版发行了1998—1999年达40万字共印500册的《金堂年鉴》。2002年1月，编纂出版发行了1901—2000年达20万字共印500册的《金堂百年大事记》。2003年3月，编纂出版发行了2000—2001年达40万字共印500册的《金堂年鉴》。2004年12月，编纂出版发行了2002—2003年达50万字共印500册的《金堂年鉴》。1991—2005年共编纂出版发行4部综合性《金堂年鉴》，1部《金堂百年大事记》。2006年11月由中共金堂县委、金堂县人民政府主办，金堂县地方志办公室主编的2002—2003年《金堂年鉴》荣获四川省第十二次地方志优秀成果奖。

三、部门志编纂

2001年7月，县志办派刘林主编与县烟草专卖局共同开始编纂《金堂县烟草志》，于2004年12月长达18万字的《金堂县烟草志》被列入《成都市区县（市）烟草志》丛书之一，经四川出版集团和四川民族出版社出版发行600册。2006年11月该套丛书获四川省第十二次地方志优秀成果一等奖。2003年12月县志办派刘林总编辑与县建设局共同开始编纂《金堂县建设志》，由县志办主编长达50万字的《金堂县建设志》于2005年10月完成编纂出版500册。2006年11月，在成都市第四次哲学社会科学优秀成果评奖中《金堂县建设志》取得成都市人民政府颁发的社科界优秀科研成果奖。

金堂县第二轮续修《金堂县志（1991—2005）》工作中，由县志办组织各部门完成的部门志有：

《金堂县烟草志》《金堂县建设志》《金堂县卫生局志》《金堂工业集中发展区志》《中国工商银行金堂县支行志》《金堂县水利志》《金堂县农村信用合作社联合社志》《金堂县畜牧食品局志》《金堂县民政局志》。

四、贯彻地方志工作条例

2003 年 7 月，中共金堂县委和金堂县人民政府办公室向全县各部门转发《四川省地方志工作条例》。2006 年 7 月县政府办公室向全县各部门转发 5 月 18 日国务院总理温家宝签署的《中华人民共和国国务院 467 号令》公布的《地方志工作条例》，为全县修志工作提供了国家政策法规。

五、第二轮县志编纂

2004 年 7 月 8 日，按照中共成都市委、市人民政府办公厅成委办〔2004〕37 号文《关于成都市第二届地方志编纂工作的通知》和中共四川省委、四川省人民政府办公厅川委厅〔2005〕47 号《关于全面开展四川省第二轮修志工作的通知》，金堂县开展了《金堂县志（1991—2005）》的编纂工作。经过筹备，2005 年 3 月 25 日，以金委办发〔2005〕9 号文下发了调整《金堂县地方志编纂委员会成员的通知》，成立金堂县第二届续修县志编委会，编委会下设县志总编室。2005 年 12 月 1 日，中共金堂县委、金堂县人民政府召开《金堂县志（1991—2005）》编纂动员大会。全县各部门正式开展了续修县志志稿编纂工作。

六、县情服务

1991—2005 年，县志办积极为社会各界人士和县对外开放、招商引资提供县情咨询服务，先后为达成铁路修建、成南高速公路设计，四川金堂中央直属粮食储备库、红旗水库、唐巴公路金堂段改建、金堂工业集中发展区等重大工程项目提供了县情咨询服务。完成《中国乡镇》《中国县市概况》《中国行政区划通览》《中华人民共和国省市县发展大典》等书中金堂县情篇的组稿。

1996 年 6 月，金堂县地方志办公室被四川省地方志编纂委员会、四川省人事厅评为地方志工作先进集体。1999 年组织整理县志办档案 41 卷（册），资料档案管理达省二级标准，1999 年、2001 年、2003 年、2005 年均被四川省地方志编委会评为地方志工作先进单位。

第七节　档案工作

一、机构

1959 年 4 月 9 日，成立金堂县档案资料馆，1960 年 1 月 11 日更名为金堂县档案馆。1981 年 7 月 2 日，成立金堂县档案局。县档案局成立后，局、馆合署办公，一套人员、两块牌子，直属县委、县政府领导，既是党的机构，又是政府的机构，业务受上级档案部门指导。1993 年 2 月 25 日，金堂县档案局（馆）归口由中共金堂县委办公室管理。1997 年 3 月 22 日，金堂县档案局、金堂县档案馆实行一个机构两块牌子，为县政府直属事业局，承担全县档案事业的行政管理和县级机关、团体、企事业单位、各乡镇档案的保管与利用职能。县档案局（馆）内设办公室、业务指导科、馆务科。

二、馆藏

截至2005年年底，县档案馆共藏有各种门类和载体的档案68247卷，共计204个全宗，其中：文书档案45574卷（册、盒），占馆藏档案的67%，较为全面地反映了金堂县解放前后社会、政治、经济、文化、科技、教育、军事等方面的情况；专门档案22673卷，占馆藏档案的33%，有科技、会计、婚姻、土地房产证存根、林业、农业区划、人口普查及声像档案等。馆藏资料共4943册，主要是建国前后出版的部分图书、杂志、地名录和档案馆汇编成册的档案资料。

1991年，县档案局（馆）贯彻集中统一管理党和国家档案的原则，制定《档案馆收集接收档案实施细则》，1991年至1993年先后接收了县委机关、青温铁路指挥部、社教办、部分乡、镇财政所和全县区、乡（镇）建制调整过程中被撤销的六个区和部分乡镇形成的档案7817卷、录音录像8盒、照片档案3113张，收集资料600余卷（册）。1994年，接收金堂县第一、二届金橘会组委会和县政府移交的文书、会计档案以及第四次人口普查档案共计2167卷。1995年至2005年接收县委机关、县农税办和部分乡镇及被撤销的长乐、新华、青松等乡镇的文书、婚姻和税费改革档案12973卷，照片2761张，录音（像）带2盒。

2005年12月为加强档案信息化建设，规范电子公文的接收和管理工作，制定《金堂县档案馆电子公文接收管理制度》。

三、档案开放和利用

（一）档案开放。县档案馆继1990年9月30日首次向社会开放档案后，于1997年至2003年12月25日又陆续开放了五批档案，共涉及96个全宗、档案9868卷，开放内容有：民国时期档案、中华人民共和国成立后各乡镇土地房产证存根、房契存根、知青档案、婚姻档案、农业税清册、县政府20世纪50—60年代部分科室及水利等档案。

（二）档案利用。采取提供原件摘抄、复印、函调、电话查询为利用者服务，为城乡一体化建设。处理历史遗留问题、占地补偿、铁路修建、火车提速设计、编史修志和公民核实个人工龄、身份和婚姻状况等方面，提供翔实的依据。据统计，1991—1993年接待利用者1067人次，提供档案7416卷次，资料225册次；1993年对档案资料陈列室重新调整布置，增加了改革开放以后金堂县农村经济、工业经济发展变化的资料和照片。1994—1997年，接待利用者845人次，提供档案2160卷次，1997年为中共成都市委宣传部、市档案局提供馆藏的清代中后期佛教《地藏菩萨经》一套，参加了“成都之最”大型展览，为宣传成都、宣传金堂作出了贡献。1998—2005年，接待利用者2142人次，提供档案5216卷次。

四、档案馆规范化建设

2005年年初，局（馆）领导班子提出年内创建规范化档案馆工作目标，加强档案馆工作的行政管理，建立健全各项规章制度，加大了对馆库建设与设备投入力度，截至2005年年底硬件设施有：复印机2台，铁皮档案柜193个，检索工具柜7个，木质档案柜165组，防磁柜1个，除湿机3台，消毒杀虫柜1台，计算机5台，打印设备1台，缝纫机2台，空调8台。2005年12月22日，金堂县档案馆顺利通过考评验收，取得四川省档案工作规范化管理三级标准证书。

五、档案现代化管理

1996年年底，县档案馆购置计算机1台，开始计算机管理档案的尝试。1997年，建立金堂县档案目录中心，将各立档单位当年形成的案卷目录，由县档案馆统一进行微机录入，当年形成软盘70余张，提高了档案目录的管理水平，有效地监督了各立档单位年度立卷归档工作。1999年，县档案局加快推进计算机在档案管理中的应用，调进专业人员1名，添置硬件设备，开始建立档案检索信息数据库。2000年，引进紫晶AMS2000文档一体化管理系统，同年3月，正式启动“金堂县档案工作计算机管理发展计划”，经过一年的艰苦努力，共完成70个单位档案信息录入工作，录入文件级目录信息38069条、案卷级目录2090条。同年，实施“金堂县档案信息中心”网站建设工作，于2001年年初正式开通。2001年，县档案馆录入文件级目录信息89744条、案卷级4519条，居全市各区县档案数据规模之首，实现了计算机自由、快捷、准确查询的目的。截至2005年年底，档案检索数据库达到30余万条，实现了“数据全面、格式规范、运作正常”的目标。

六、档案工作创新拓展服务

2005年，金堂县档案局（馆）结合成都市推进城乡一体化和金堂县创建规范化服务型政府工作，以现行文件利用中心建设为契机，积极推进城乡信息一体化工作，于2005年1月18日首次开通了“金堂通”触摸屏查询系统。这是中华人民共和国成立以来金堂县首次将现行红头文件向公众开放，广大老百姓可以利用设置在政府大楼及各查询点的触摸屏系统，查询到县委、县政府、县级各部门和各乡镇印发的与老百姓生产、生活有密切关系的各类红头文件和相关资料。截至2005年12月，县内共设查询点14个，点击数达到1万余人次。触摸屏查询系统的建立，为老百姓搭建了一个与政府沟通的服务平台，为金堂县政府在创建规范化服务型政府活动中增添了一个新的亮点，属全国档案系统首创，收到了良好的社会效益。2005年6月23日，成都市档案局在金堂县召开全市档案业务研讨与现场经验交流会，进行观摩交流。2005年12月6日，成都市档案局在深圳市参加全国副省级市、计划单列市档案业务座谈会上，将金堂县的做法作为代表四川和成都的特色工作进行介绍，受到国家档案局主要领导、与会代表的好评和关注。

2005年，县档案局积极开展了重要政务、重大活动档案采集工作，全年参与“双重”采集30余次，采集金堂县重要政务活动和重大活动图片731张。

七、档案法制建设

1991—1999年，金堂县档案局宣传贯彻《中华人民共和国档案法》，把档案工作逐步纳入法制轨道。其间，召开档案法制工作座谈会1次，参加人员40人；举办骨干培训班21期，培训756人；组织1512人次交叉参观学习，广播宣传40次，放映幻灯35场，举办档案陈列展览1次，办宣传橱窗7期，发放宣传资料5000份。组织各单位分管领导及专兼职档案员共220人，参加成都市“红光杯”档案知识竞赛和四川省“剑兰春”杯档案法规知识竞赛。1997年2月28日，成都市档案局聘任金堂县首批档案执法监督员4名。同年，县档案局纳入金堂县全面推行行政执法责任制的部门之一。2000年，县档案局成立“三五”普法教育和依法行政工作领导小组，落实宣传骨干1名，行政执法人员4名，机关、乡镇协助执法人员20名。2001—2005年执法检查114个单位，对归档工作逾期的单位发出《业务督察通知书》21份，档案工作存在较大问题的单位发出《整改通知书》5份，对反复督促未果的单位制发《行政执法通知书》3 份。1996—2000 年，县档案局连续被市档案局评为档案执法先进单位。

八、档案业务指导

县档案局采取举办培训班、以会代训、现场指导等形式，对全县各机关、团体、企事业单位和各乡镇档案业务工作进行指导。1991—1997 年，举办业务培训班 21 期，以会代训 10 次，编辑档案业务指导手册 1 本，培训档案人员 616 人次。截至 1997 年，全县 312 个单位开展了档案工作，建立 279 个档案室，配备专兼职档案人员 317 名；有 11 名机关档案人员获得了档案专业技术职称，其中：馆员 1 名，助理馆员 7 名，管理员 3 名。1996 年 3 月，在云绣乡瓦堰村开展了村级建档试点工作。1997 年底，全县有 231 个村建立了档案。1997—1999 年，业务指导工作连续受到市档案局表彰。1998—2005 年，举办各类档案业务培训班 19 期，参训人数 1151 人。1999 年，开始在县级各机关中推行国家档案局制定的行业新标准《归档文件整理规则》，至 2005 年，全县推广面达到 100%，16 家单位先后安装了紫晶 AMS2000 文档一体化管理系统。

金堂县于 1990 年开展机关档案管理工作达标升级活动，2005 年，全县机关、乡镇、企事业单位达省三级标准的单位 49 个、达省二级标准 4 个、达省一级标准 13 个、获省部级先进单位 5 个。2005 年 6 月起，按照省档案局统一制定的规范化管理新标准，县各机关、乡镇和企事业单位进行档案管理规范化建设。2005 年 11 月，金堂县地方税务局首家通过了档案管理规范化建设省一级标准的考评验收。

第八节　信息化建设与无线电管理

一、信息化建设

（一）机构

2002 年 4 月 21 日，建立金堂县信息化工作和信息产业领导小组，下设金堂县信息化办公室（县无线电管理委员会办公室同时归并县信息化办公室），县信息化办公室挂靠县科学技术局。金堂县信息化办公室既是领导小组的办事机构，也是主管全县软件产业发展和推进全县经济与社会服务信息化的县政府工作部门。金堂县信息化办公室内设信息化科；具体承担县信息化办公室的日常工作。

（二）基础设施建设

金堂县信息办按照成都市网络调整的总体安排，在市信息办的大力支持和县领导的高度重视下，金堂县科技局、金堂县信息办千方百计想办法筹措 10 万元资金，购买了最基本的启动设备。在较短时间内，“金堂公众信息网”于 2002 年 9 月 19 日正式接入 Internet 网，完成了金堂县与成都公众信息网的链接，并面向社会开放。积极对上争取，到 2003 年 8 月 20 日投资 80 多万元的“金堂电子政务骨干节点站”正式建成并开通，为实现各单位、各行业现代化办公提供了网络平台。到 2005 年底已有 20 多个部门和单位与电子政务外网金堂节点站链接。这些信息化基础设施的建成，为金堂县全面应用信息技术，促进经济社会发展奠定了坚定的信息技术基础。

（三）技术推广与运用

信息技术的广泛应用，必须要有信息技术人才作保障。金堂县信息化办公室首先抓了信息技术人才的培训与队伍建设。2003—2005 年，金堂县信息办开展多种形式、多层次、多种班次的培训。举办对各乡镇、县级各部门的分管信息化的领导干部进行了信息技术应用专项培训3期，培训人员230人。举办对各乡镇、各单位专业技术人员专业培训5期，培训人员200人。举办领导干部信息技术培训3期，培训人员300人。举办农村中青年农民、专业大户等农村骨干培训班5期，培训人员360人，还培训农村学生180人。通过培训，使全县领导干部的计算机操作水平逐步提高，信息技术专业人才队伍基本形成，为金堂县信息化的推广和应用提供了重要的人才保障。

（四）金堂公众信息网

“金堂公众信息网”于2002年9月19日正式接入Internet网，完成金堂县与成都公众信息网的链接，并面向社会开放。2003年8月20日投资80余万元的“金堂电子政务骨干节点站”正式建成并开通，为实现各单位、各行业现代化办公提供了网络平台。2005年年底已有20多个部门和单位与电子政务外网金堂节点站链接，为金堂县全面应用信息技术，促进经济社会发展奠定了坚定的信息技术基础。

2002年9月19日正式开通“金堂公众信息网”；开设有：网上办事、走进金堂、组织机构、政务公开、便民服务、旅游推荐、特色农业、招商引资、企业之窗、时事动态等，县级部门、乡镇在网上公开了政务。2003年开设了县长信箱。2004年对已有网站进行了全面改版，改版后的《金堂公众信息网》更能体现政府的服务、互动功能。2005年新开辟了金堂县“保持共产党员先进性教育活动”“规范化服务型政府建设”“项目年”“中国·西部花园水城游乐节”等反映县委、县政府重点工作和重点活动的栏目，及时向全社会进行报道与宣传。2005年年底，金堂公众信息网的点击人数达16万余人次。2003—2005年，金堂县信息化办公室开展多种形式的培训。举办各乡镇、县级各部门分管信息化的领导干部信息技术应用专项培训3期共230人；各乡镇、各单位专业技术人员专业培训5期共200人。举办领导干部信息技术培训3期共300人；举办农村中青年农民、专业大户等农村骨干培训班5期共360人，培训农村学生180人。

（五）电子政务

2003年8月20日，金堂县电子政务节点站正式建成开通，为金堂推行电子政务和现代办公提供了网络平台。为推进县电子政务工作，加快规范化服务型政府建设，中共金堂县委办公室、金堂县人民政府办公室下发了《关于加快金堂县电子政务建设的通知》，到2004年年底已有县委、县政府办公大楼机关的部门、“疫情和突发公共卫生事件信息体系专网”“工商专网”“统计专网”“防汛专网”，以及农业、建设、广电等部门依托该网运行。到2005年年底，已有20多个部门和单位与电子政务外网金堂节点站链接。县交通、劳动、城建等10个窗口部门和乡镇的大厅安装了触摸屏，方便群众查寻有关信息和办事。县信息办编制“金堂县政务服务窗口行政审批网上协同互动平台”建设方案，并进行试点。逐步形成由电子政务外网和行业专网构成的骨干网络体系。初步建立税务、工商、农业、社保、卫生等一批密切关系城市管理、经济发展、人民生活的电子政务应用系统。市与县之间、县内部一些条件好的党政部门之间主要办公业务基本实现数字化、网络化和信息化。

（六）农村信息化建设

农村信息化建设。为了弥补“数字鸿沟”，解决农村信息闭塞的问题，加快农村信息化建设，积极推动信息化在农村的应用。至2005年金堂县21个乡镇和16个村成立了信息服务站，2所学校被授予“成都市农民网络技术学校”的称号，8个信息服务站被授予“成都市农村信息服务标准化网络室”的称号。2005年，共发布各种涉农信息5800条，其中农村经济信息近2600条，农业实用技术1800条，通过网上各种形式共沟通食用菌、水果、蔬菜、黑山羊与营销业务1300笔，成交800笔，金额5600多万元。利用“兴农网”大力宣传金堂县的几大支柱产业，把金堂脐橙、食用菌、无公害蔬菜、黑山羊等主导产业、产品推出，在“兴农网”开设金堂专页，在全省乃至全国形成品牌。建立智能化农业专家系统，请来专家，利用现代网络、信息技术，建立“金堂县三溪镇白云村四川省农业专家系统试验示范片”和20户示范户。三溪镇建立专家系统示范站、镇科技咨询服务中心建立专家系统咨询点。农业专家系统是先进生产技术推广应用的有效途径和加快传统农业向现代农业的转变，直接为农民增收的重要手段。利用电视视频传输，应用农业专家系统，让农户在茶余饭后坐在家中就能学到科学的种植、栽培等各种技术。2003年在九龙镇光荣村实施“农村信息技术脱贫致富”试点工作。在市、县有关部门的支持下，在全省率先组建了“光荣村农民网络学校”，培养农民网络技术骨干23人、学员220人。通过2002—2005年的扶贫开发，经过“输血”的光荣村摘掉了省级贫困村的帽子，其依靠信息技术脱贫致富的经验在全市推广。

（七）企业信息化示范。为推进企业信息化建设，金堂县信息办2003年8月在金堂超人药业，2004年5月在金菇菌业有限公司，2005年3月在金蒙乳业有限责任公司进行了企业信息化示范工作。为企业建立了企业网络、企业内部管理网络、自动化生产管理系统、网络营销、内部信息共享系统等信息化应用工程。提高企业的管理水平，节约了运行成本，为企业拓展了市场空间，增强企业与外界的交流与合作，加快“以信息化带动工业化，走新型工业化道路”的步伐，有力带动了全县企业信息化建设。

（八）第三产业信息化建设。县信息办重点抓了金堂县教育信息网络建立、金堂县科技信息网络、城市建设、管理综合信息系统建设、医疗卫生信息系统、“疫情和突发公共卫生事件信息体系专网建设”“工商专网”“统计专网”“防汛专网”，以及旅游服务信息系统建设。不断促进信息技术、信息服务手段在金堂县国民经济和社会生活中的广泛应用，提高信息服务业产值占全县地区生产总值的比重。

二、无线电管理

2002年4月，金堂县成立了金堂县信息化办公室，县无线电管理委员会办公室（简称：县无委办）同时归并信息化办公室。

（一）无线电管理宣传与培训

县无委办结合实际，采用多种形式进行无线电管理法律法规和相关知识宣传；利用科技卫生文化三下乡和科普活动、年检、执法、本地广播电视和网络、12月4日法制宣传日宣传《中华人民共和国无线电管理条例》、四川省《无线电实施办法》、宣传无线电台站管理办法、对讲机设置办法以及无线管理的有关知识，使无线电频率台站专业人员懂得了无线管理的法律法规。2002年11月与金堂县工商局、质监金堂分局共同举办了金堂县第一期《成都市无线电发射设备销售从业人员资格证》培训班，培训从业人员33人，占总销售户36户的91.2%，增强了销售人员遵纪守法的自觉性。

（二）无线电频率台站管理

按照成都市无委办的统一部署，在2002年6月30日前，完成了金堂县无线电台站的清理核查工作，做到了数量、位置、技术指标、单位名称清。每年年度电台年检和核证换证工作，发现问题及时向市无委报告，从而保证了设台单位年检率达100%，设备验证率100%，所收经费按时全额上交。努力搞好无线电管理综合统计，建立数据库，摸清家底，为无委建立台站数据库打好了基础。

（三）维护空中电波秩序

对无线电台使用者、销售者做到逐乡镇、逐街道、逐户清理，给他们讲解政策、法律法规和无线电业务知识，凡是未办理“成都市无线电发射设备销售许可证”的销售者不准销售无线电发射设备；

凡是未办理"中华人民共和国电台执照"使用者不准使用无线电发射设备；对县电信公司的小灵通基站进行了全面摸底；对卫星地球站进行了全面排查；对大功率无绳电话机及废弃天线架给予坚决清除；对违章违规使用对讲机的单位或个人进行查处，发现一起，查处一起，有效地维护空中电波秩序。

（四）开展无线电专用频率整治

根据成都市的统一安排，金堂县2004年8月至12月开展了保护民用导航频率安全专项整治活动，对金堂县区域内的广播电台、无线寻呼、大功率无绳电话、对讲机逐户清理核查，对出川航线可能造成干扰的五凤镇、淮口镇、九龙镇、白果镇等重点乡镇进行逐村检查，共查处大功率无绳电话机5台对，查出大功率无绳电话机废弃天线33个，并给予坚决撤除，排除了各类无线电干扰，确保了成都出川航线在金堂境内的安全。

第九节　规范化服务型政府建设

一、工作模式

2003年7月31日，成立金堂县构建规范化服务型政府领导小组。同年11月，金堂县进行规范化服务型政府（机关）建设（简称：规服工作），县委、县政府高度重视，率先在县国税局、县国土局、县公安局、县劳动保障局等部门和五凤镇、赵镇、土桥镇等乡镇试点。2005年，县委、县政府进一步加大了规范化服务工作推进力度，县规服办组织各乡镇、各部门结合金堂县实际，积极进行探索，同年12月，成立金堂县政务服务中心。在探索规服工作中，针对服务对象的不同需求，推出了"三大模式"：一、针对金堂县群众居住相对分散，基层群众办事找人难、办事难、了解致富信息难、提供有效证件难等"四难"问题，推出了"两固定一流动"无障碍服务模式。二、为方便办事者，解决好办事者在部门不同的科室间跑来跑去的问题，推出了"一窗受理、抄告相关、内部循环、限时办结"的"一站式办公"模式，将县级各部门涉及企业和群众办事紧密的项目推向前台，在全县审批项目较多的14个政府部门建立政务服务分中心，其余部门设立受理窗（室），实行一站式办公。三、为打造企业在金堂投资发展的比较优势，推出了"全程代理，无偿服务"模式。建立县投资服务中心，为企业提供从项目签约到竣工投产全过程的无偿代理服务，及时解决企业的困难和问题，为企业入驻和发展提供优质高效的政务服务，营造良好环境。

在"三大模式"的实施过程中，乡镇和部门对服务模式都不断进行深化：竹篙镇为外出务工人员提供劳务输出、在外维权、回乡创业等实行一条龙服务。县公安局与邮电部门合作，开展延伸服务，为群众特别是在外务工人员提供证件办理邮政快递业务。劳动部门组织人员深入县内企业了解用工需求，根据企业要求开展订单就业培训，为企业和群众提供上门服务；为离退休人员上门办事，切实方便行动不便的离退休人员。国税部门打破常规，为纳税人提供延时服务和预约服务。县卫生部门组建"流动医院"，开展"健康送万家"医疗等卫生服务活动。

二、体系建设

在推行"三大模式"的同时，通过建立健全管理、制度、监督、服务网络、政务信息公开五个方面的规服工作体系，形成长效工作机制。创"三大模式"，建"五大体系"。8月16日和8月24日，成都日报先后以《金堂流动服务队为民解四难》《流动服务队开到农民家门口》《政务与轮子》为题，对金堂县乡镇“两固定一流动”无障碍服务模式进行了报道。(即:“两固定”是指在乡镇和村办公地点固定办公)。乡镇固定办公就是在全县所有乡镇设立便民服务大厅,将与群众办事直接相关的服务项目全部纳入便民服务大厅,为群众提供“一门式”的便民服务。村级固定就是每天落实一名村干部在村办公室值班,及时处理日常村务,满足群众需求。“一流动”无障碍服务就是乡镇党委、政府每月组织相关人员至少到全镇偏远村组流动服务一次,解决偏远村组群众办事难的问题;组织督导员和经验丰富的工作人员经常深入村组、企业,与群众进行面对面的交流,解决遗留问题,化解群众之间的矛盾纠纷,在基层政府与群众之间形成无障碍沟通。

第十节 宗教工作

1987 年 4 月成立金堂县民族宗教事务科和县委统战部合署办公。1989 年 10 月划归政府序列。2002 年 6 月 20 日,金堂县人民政府民族宗教事务科正式更名为金堂县人民政府民族宗教事务局(简称:县民宗局)。1991—2005 年,县民宗局认真宣传党的民族宗教政策、法律、法规和条例。坚决抵制敌对势力利用宗教进行分裂渗透活动。协助配合公安机关做好查禁取缔邪教的工作。1994—1996 年,配合取缔基督教的“三非”活动 42 处;协助取缔拆除乱建的庙宇 82 处。依法加强了对宗教场所的管理,1995 年 6 月 12 日,对云顶山慈云寺、炮台山灵开寺等 8 处宗教活动场所进行重新登记;对符合登记条件的 32 位宗教教职人员颁发证书。

建立了各个宗教活动场所管理委员会,各寺庙健全了内部机构四僚一室,把慈云寺、灵开寺、三学寺的户口纳入所在乡镇人民政府直属管理的集体户。从 1997 年起,每年对宗教活动场所和宗教教职人员进行年检和年审。1998—1999 年,先后组织对 30 名宗教团体负责人和中青年教职人员进行党的宗教政策、法律、法规、管理知识等培训。1991—2005 年,县民宗局配合取缔乱建的小庙 100 处,拆除滥塑的菩萨 1712 尊,取缔非法“真耶稣教会”2 处,取缔非法的基督教家庭活动点 17 处,并对当事人进行严肃的批评教育。

第二十三篇　地方政治协商机关

人民政协的主要职能是政治协商、民主监督、参政议政。1991—2005 年，政协金堂县委员会经历第八届、九届、十届、十一届任期，按照《政协章程》规定设置组织机构。由委员会主席、副主席、秘书长和常务委员组成常务委员会，负责处理政协全委会闭会期间重大事务，是委员会常设机构，主席主持常委会工作，副主席、秘书长协助主席工作。由主席、副主席、秘书长组成主席会议，处理常务委员会的重要日常工作。中共金堂县政协党组是县委在政协中的派出机构，县政协党组书记由县政协主席担任。

第一章　政协金堂县委员会

第一节　机　构

政协第八届金堂县委员会常务委员会下设机构，仍沿袭 1988 年 11 月改组的提案、学习、文史、经科、教文广、医卫体、法制、祖统联、民宗、妇青 10 个专门委员会。第九届至第十届调整为提案、文史、文教体卫、经科、农业、社会联谊、法制群团 7 个专门委员会。各专门委员会主任，由正、副主席和任政协常务委员的县级有关部、委、办、局负责人兼任主持工作，政协机关办事机构分别负责各专门委员会日常工作。第十一届期间增设了 1 个非公有制经济专门委员会，使工作机构从 7 个增加到 8 个，至十二届工作机构改设为提案、经济农业、科教文卫、社会法制、学习文史、民族宗教 6 个专门委员会。自第八届起政协机关办事机构设置行政办公室和政工、联络、经济科技 3 个专门委员会办公室；第十届政协机关办事机构设置为行政办公室和经济科技、社会事业发展 2 个专门委员会办公室。2003 年 7 月，县政协办公地址由赵镇旧城和平街 32 号，迁至新城区金中路 62 号。

第二节　委员构成

1990—2006 年金堂县历届政协委员会人员组成情况见下表：

1990—2006 年金堂县历届政协委员会人员组成情况统

表 23-1　　单位：人

项目		第八届	第九届	第十届	第十一届	第十二届
中国共产党		15	9	13	16	20
共产主义青年团		8	8	8	8	6
工会		11	10	10	9	10
妇联		8	8	7	8	8
工商（界）联		14	12	14	14	18
少数民族		5	4	3		2
科技界		20	23	16	16	17
教育界		34	28	28	19	22
文化、艺术界		7	6	6	5	6
新闻广播界		2	3	2	3	3
体育界		3	4	2	2	1
医药卫生界		23	19	17	17	14
经济界		—	—	11	13	40
政法界		—	—	6	5	8
农林水利界		15	11	10	9	10
宗教界		6	7	6	7	7
无党派人士		5	4	4	2	5
特邀人士		75	90	97	107	59
合计		251	246	260	260	256
其中	第一次全委会后增补委员	1	—	10	13	增加了 5 人，减少了 1 人
	中共党员数	100	97	102	107	105
	党员占人员数（%）	39.84	39.43	39.24	41.15	41.92

第二章　政协会议

第一节　全委会议

一、第八届委员会

第八届委员会从1990年2月至1993年1月，第一次会议：1990年2月21—28日在赵镇金堂旅馆召开，应到委员250人，实到221人，列席38人；选举产生了以李扬德为主席的38人组成的政协第八届金堂县委员会常务委员会。第二次会议：1991年2月26日—3月2日召开，应到委员251人，实到222人，列席38人。第三次会议：1992年2月25—29日召开，应到委员251人，实到219人，列席38人。

二、第九届委员会

第九届委员会从1993年1月至1998年1月，第一次会议：1993年1月14—18日在赵镇虹桥宾馆召开，应到委员260人，实到229人，列席36人；选举产生了以李再发为主席的39人组成的政协第九届金堂县委员会常务委员会。第二次会议：1994年3月7—9日召开，应到委员259人，实到234人，列席36人；增选刘府胜等5人为常务委员，补选刘府胜为秘书长。第三次会议：1995年2月26—28日召开，应到委员258人，实到248人，列席44人；增选刘运沛为常务委员。第四次会议：1996年2月12—14日召开，应到委员266人，实到235人，列席44人；增选张明楷为常务委员。第五次会议：1997年3月11—13日召开，应到委员266人，实到243人，列席39人。

三、第十届委员会

第十届委员会从1998年1月至2003年1月，第一次会议：1998年1月18—21日在赵镇原县法院大会议室召开，应到委员260人，实到253人，列席41人；选举产生了以李再发继任主席的43人组成的政协第十届金堂县委员会常务委员会。第二次会议：1999年3月7—9日召开，应到委员266人，实到252人，列席50人。第三次会议：2000年2月29日－3月2日召开，应到委员266人，实到254人，列席56人。第四次会议：2001年1月9—11日召开，应到委员264人，实到258人，列席61人。第五次会议：2002年1月15—17日召开，应到委员262人，实到251人，列席53人；补选阎彦琦为常务委员、秘书长。

四、第十一届委员会

第十一届委员会从2003年1月至2006年12月，第一次会议：2003年1月20—23日在赵镇原县法院大会议室召开，应到委员 260 人，实到 227 人，列席 34 人；选举产生了以何胜英为主席的 45 人组成的政协第十一届金堂县委员会常务委员会。第二次会议：2004 年 1 月 13—14 日召开，应到委员 259 人，实到 231 人，列席 40 人；增选曹乾斌等 3 人为常务委员。第三次会议：2005 年 1 月 17—18 日召开，应到委员 261 人，实到 229 人，列席 32 人；增（补）选吴康有等 3 人为常务委员、吴康有为秘书长。第四次会议：2006 年 1 月 16—17 日召开，应到委员 267 人，实到 235 人，列席 58 人。

1990—2005 年金堂县政协历届主席、副主席、秘书长任职情况

表 23 -2

届次	主　席	副主席	秘书长	常务委员人数（人）			备　注
				总人数	中共人数	所占%	
第八届	李扬德	李孝武、肖雪松、陈家西（兼）、马文芳（兼）、赖益光、杨源仁	唐坤洪（兼）	38	15	39.47	—
第九届	李再发	向国良、唐坤洪（兼）、肖雪松、杨源仁、陈家西（兼）、马文芳（兼）	刘府胜	39	14	35.90	刘府胜于九届二次会议增（补）选为秘书长
第十届	李再发	伍树林、唐坤洪（兼）、刘府胜、李准南（兼）、高宗德（兼）、唐观鑫（兼）	刘府胜（兼）	43	15	37.29	阎彦奇于十届五次会议补选为秘书长
第十一届	何胜英	伍树林、刘府胜、唐观鑫（兼）、陈应柱、陈锦辉、范峥嵘（兼）	阎彦琦 吴康有	45	15	33.33	吴康有于十一届三次会议增（补）选为秘书长
第十二届	王良清 彭禄君	陈应柱、陈锦辉、陈绍泉、周厚金、张立诚（兼）、时维娟（兼）	吴康有 曾绪伟	50	18	36.00	吴康友自 2005 年 1 月 8 日任秘书长至 2007 年 4 月转任提案委主任；曾绪伟于十二届二次会议（2007 年 12 月 26 日）补选为秘书长；王良清 2009 年 1 月调离，彭禄君 2010 年 1 月当选

1990—2005 年金堂县政协历届主席、副主席名录

表 23 -3

届别	职务	姓名	性别	民族	籍贯	出生年月	文化	党派	岗位	任职时间
第八届	主　席	李扬德	男	汉族	四川双流	1938.11	大学	中共	驻会	1990.02—1993.01.17
	副主席	肖雪松	男	汉族	四川涪陵	1936.12	初中	无党	驻会	1990.02—1993.01.17
	副主席	李孝武	男	汉族	广东茂名	1933.02	初中	中共	兼职	1990.02—1993.01.17
	副主席	陈家西	男	汉族	青白江	1933.11	大专	民进	兼职	1990.02—1993.01.17
	副主席	马文芳	女	回族	四川成都	1939.08	大学	农工	兼职	1990.02—1993.01.17
	副主席	赖益光	男	汉族	四川金堂	1934.11	初中	中共	驻会	1990.02—1993.01.17
	副主席	杨源仁	男	汉族	四川威远	1938.12	大专	民进	驻会	1990.02—1993.01.17

续表

届别	职务	姓名	性别	民族	籍 贯	出生年月	文化	党派	岗位	任职时间
第九届	主　席	李再发	男	汉族	青白江	1942.11	大专	中共	驻会	1993.01.18—1998.01.20
	副主席	向国良	男	汉族	成都金牛	1942.01	大专	中共	驻会	1993.01.18—1998.01.20
	副主席	唐坤洪	男	汉族	四川安岳	1950.03	大专	中共	兼职	1993.01.18—1998.01.20
	副主席	肖雪松	男	汉族	四川涪陵	1936.12	初中	无党	驻会	1993.01.18—1996.06
	副主席	杨源仁	男	汉族	四川威远	1938.12	大专	民 进	驻会	1993.01.18—1998.01.20
	副主席	陈家西	男	汉族	青白江	1933.11	大专	民 进	兼职	1993.01.18—1998.01.20
	副主席	马文芳	女	回族	四川成都	1939.08	大专	农 工	兼职	1993.01.18—1998.01.20
第十届	主　席	李再发	男	汉族	青白江	1942.11	大专	中共	驻会	1998.01.21—2003.01.22
	副主席	伍树林	男	汉族	四川温江	1948.09	大专	中共	驻会	1998.01.21—2003.01.22
	副主席	唐坤洪	男	汉族	四川安岳	1950.03	大专	中共	兼职	1998.01.21—2003.01.22
	副主席	刘府胜	男	汉族	四川金堂	1950.10	大专	中共	驻会	1998.01.21—2003.01.22
	副主席	李准南	男	汉族	四川汉中	1951.05	大学	民盟	兼职	1998.01.21—2003.01.22
	副主席	高宗德	男	汉族	四川金堂	1945.11	中专	无党	兼职	1998.01.21—2003.01.22
	副主席	唐观鑫	男	汉族	四川金堂	1952.11	中专	农工	兼职	1998.01.21—2003.01.22
第十一届	主　席	何胜英	女	汉族	四川金堂	1954.10	大学	中共	驻会	2003.01.23—2006.12.10
	副主席	伍树林	男	汉族	四川温江	1948.09	大专	中共	驻会	2003.01.23—2006.12.10
	副主席	刘府胜	男	汉族	四川金堂	1950.10	大专	中共	驻会	2003.01.23—2006.12.10
	副主席	唐观鑫	男	汉族	四川金堂	1952.11	中专	农工	兼职	2003.01.23—2006.12.10
	副主席	陈应柱	男	汉族	四川金堂	1952.02	大专	中共	驻会	2003.01.23—2006.12.10
	副主席	陈锦辉	男	汉族	四川金堂	1962.07	大学	民进	兼转驻	2003.01.23—2006.12.10
	副主席	范峥嵘	男	汉族	重庆市	1958.01	大学	农工	兼职	2003.01.23—2006.12.10

第二节　专职例会

一、党组会

政协党组是同级党委在人民政协中的派出机构，肩负着实现党对人民政协领导的重大责任，是在政协组织中依照章程独立负责、协调一致地开展工作的领导核心。党组书记由政协主席担任，党组成员由党员副主席和秘书长组成。党组会，是政协党组围绕履行主要职责，由党组书记不定期召集党组成员，研究部署政协相关工作的经常性会议。从第十一届起，县政协党组会坚持每周星期一早上进行，传达上周县委书记办公会和常委会议精神，研究当周政协工作，遇每月底一周小结当月工作，安排下月工作。

二、全委会

政协章程规定：每届政协各地方委员会的参加单位、委员名额和人选及界别设置，经上届委员会主席会议审议同意后，由常务委员会协商决定，任期五年。政协各级地方委员会全体会议一般情况每年至少举行一次。

三、常委会

政协章程规定：政协各地方委员会设常务委员会主持会务。常务委员会由地方委员会主席、副主席、秘书长和常务委员组成，其候选人由参加地方委员会的各党派、团体、各民族和各界人士协商提名，经全体会议选举产生。

政协常务委员会一般情况每季度召开一次，每年召开四次。主要研究决定地方委员会全体会议重要事项和全委会闭会期间重大事务，行使职权：（一）召集并主持全体委员会议，包括为换届召开第一次全体会议前的预备会选举主席团主持会议；（二）组织实现政协章程规定的任务和上级政协及本级政协的决议；（三）本级政协全委会闭会期间审议通过提交同级人代会、政府的重要建议案；（四）根据秘书长提名任免副秘书长；（五）决定本级委员会工作机构设置与变动，并任免其领导成员。

四、主席会议

政协章程规定：政协各地方委员会主席会议由主席、副主席、秘书长组成，处理常务委员会重要日常工作，并受常务委员会委托主持下一届第一次全体会议预备会议。政协主席会议一般情况每月召开一次，每年召开十二次。重点协商讨论全县性重大问题和政协内部重要事务，并将有关事项提交政协常委会协商决定。

第三章　主要职能

第一节　政治协商

一、主要职能

政治协商的主要内容是：国家和地方的大政方针以及政治、经济、文化和社会生活中的重要问题；各党派参加人民政协工作的共同性事务，政协内部的重要事务以及有关爱国统一战线的其他重要问题。政治协商的主要形式有：政协全体会议、常务委员会议、主席会议、常务委员专题协商会、政协党组受党委委托召开的座谈会、秘书长会议、各专门委员会会议，根据需要召开由政协各组成单位和各界代表人士参加的内部协商会议。

二、政协会议

县政协每年召开全体委员会 1 次，常务委员会每季度 1 次、主席会每月 1 次（简称三会）。八届委员会期间，主要协商讨论了每年的“一府两院”工作报告和财政预决算报告、金堂县国民经济三年发展规划和“八五”计划等。九届委员会 5 年中，先后举行 5 次全委会、21 次常委会、64 次主席会。

"三会"围绕全县改革开放、经济建设、精神文明建设和社会各项事业发展中的重大问题组织协商，为县委、县政府提出建设性意见、建议300条，许多建议受到重视并被采纳。县政协主席列席县委常委会，副主席和秘书长应邀参加县人大常委会议和县政府常务会议，就有关工作进行了协商。1998年，县政协举行4次常委会、12次主席会。在深入调查研究和考察的基础上，对县农业和农村工作实施再就业工程、精神文明建设、计划生育工作、中毗河综合整治工程等进行了认真协商讨论，为县委、县政府及有关部门提供建设性意见、建议48条。1999年，县政协举行4次常委会、12次主席会。围绕金堂县"加速实施旅游兴县战略""村村通电话工程""教育""计划生育""个体私营经济发展""党风廉政建设"等进行协商讨论，提出意见、建议40条。2000—2001年，县政协共举行常委会10次，主席会议26次。常委会围绕制定县国民经济和社会发展"十五"计划、抓住西部大开发机遇、加快金堂跨越式发展、"三农"工作等主要议题，听取县委、县政府及有关部门情况通报，结合调查、考察中了解的情况，提出意见、建议43条。主席会议就县退耕还林、粮油收购、金融工作、教育改革、城镇职工基本医疗保险制度改革、计划生育、技术监督、财政工作，以及三中园区建设、乡镇企业发展、县城建设与管理等，进行了考察和专题协商讨论，提出意见、建议114条。2002年，县政协举行4次常委会，12次主席会。对党风廉政建设、县乡机构改革和事业单位人事制度改革、新村扶贫等工作进行了认真的协商讨论，为县委、县政府及有关部门提供建设性意见和建议100条。2003年，县政协共举行常委会议4次，主席会议13次。常委会议针对"非典"给全县经济建设带来的负面影响、全县"三农"工作等问题，提出协商意见、建议14条，受到县委、县政府重视。主席会议就工业富县、民营经济发展、流通体制改革、基础教育投入等问题提出意见、建议50条，得到有关部门采纳。2004—2005年，县政协对金堂县对外开放、招商引资、工业集中发展、非公有制经济发展、财贸、金融、商贸流通、社会事业发展、投资软环境整治、花园水城建设、社会主义新农村建设等开展多角度、全方位协商，集中广大委员和各界人士的智慧，提出了意见建议。

第二节　民主监督

一、提案工作

金堂县政协八届委员会期间，收到政协委员提案480件，经提案委员会审查立案472件。九届委员会期间，收到提案570件，经审查立案561件。十届委员会期间收到提案580件，经审查立案573件。十一届委员会期间收到提案622件，经审查立案617件。

二、委员考察

县政协1991年组织委员，就乡镇企业发展、绿化与长江防护林工程建设、社会治安综合治理、教育、农村初级卫生保健等重点议题进行考察；1992年对水稻"五九工程"、蚕桑和棉花生产与收购、农村文化站与广播站建设情况，组织委员考察。九届委员会期间，围绕贯彻县委"三好两大"战略和"建市达小康"奋斗目标重点，县政协加大了委员考察力度：1993年组织对达成铁路建设和唐巴公路改造、邮电通讯建设、县城建设与规划等重点基础设施建设进展情况进行视察；1994年组织对农业水利建设、小春规范化栽培、林业执法与长防工程、贯彻《中华人民共和国教师法》与教育"普九"、计生与社会治安等专题的考察；1995年，组织对农田基本建设、棉花生产、农村绿色证书培训和跟踪

“稳粮增收奔小康调查”等议题进行考察；1996年，围绕全县两个文明建设和社会各项事业发展，组织委员开展了16项重点或专题考察，提出意见建议45条；1997年，对“农村经济发展缓慢村促变”、棉花收购、计划生育、文化站建设、卫生工作等议题进行考察。十届委员会期间：1998年，组织对全县水利、农村促变、农机管理、长江防护林、重点企业、中毗河整治与橡胶坝、中心广场等重点项目建设进行考察；1999年，对粮油收购、农民增收、实施名牌战略、环境保护、公路建设、防洪、旱地改制、贯彻《中华人民共和国母婴保健法》和乡镇卫生投入等议题进行考察；2000年，对成南高速及全县公路建设、以中毗河综合整治及中心广场为主的城市建设、能源与通讯、农村电网改造、农业产业化发展、重点工业企业、成都野生世界建设和旅游业发展等重点项目建设进行考察；2001年，对县基础设施和生态环境建设、农业水利、村道、成南路“绿色通道”建设等议题进行考察；2002年，对“拓峡工程”、三中园区规划与工业新区建设、乡村公路、社区卫生服务、计划生育等议题进行考察。十一届委员会期间：2003年，对“非典”防控、民营经济发展、文教卫生、社会综合治理等议题进行考察；2004年，对工业园区规划与建设、农业结构调整、城乡一体化中心城镇建设、科技和信息化工作等重点议题进行考察；2005年，对国土资源管理、民营经济发展、规范化服务型政府建设、创建省级文明县城、土地整理、古镇建设等议题进行视察。

第三节　参政议政

县政协历届委员会每年围绕县委、县政府确定的重点工作，形成有情况、有分析、针对性较强的专题调研报告，为县委、县政府科学民主决策提供重要的参考资料。八届委员会期间：1991年，针对县工商企业深化改革、转换经营机制的情况进行调研。1992年，就科教兴农、食用菌产业开发、实施亿株桑工程等题目进行调研。九届委员会期间：1993年，县政协与县体改办联合对县个体私营经济发展情况进行调查，为县委、县政府出台《加快金堂县个体私营经济发展的决定》提供了重要参考，县委作出把发展个体私营经济作为县级经济发展的主体和方向的重大决策。1994年，进行农村奔小康情况调查和以产权制度改革为突破口、以股份合作制为重点的调查。1995年，进行全县农村稳粮增收奔小康调查和金堂县农村中、小学校布局调查。1996年，进行了农业综合调查，撰写的《金堂大山区乡村奔小康情况调查报告》获成都市政协1996年度优秀调研成果奖。1997年，进行农村奔小康的调查，总结了三溪镇白云村达小康的5条经验，在1997年10月17日《四川政协报》上全文登载，并收入《中国改革者》一书。十届委员会期间：1998年，县政协开展了进一步加快农业产业化进程、金凤集团现代农业股份有限公司、个体私营经济发展、教育资源合理配置、企业再就业工作5个专题调查，所提意见、建议得到县委、县政府和有关部门重视与采纳。1999年，开展了“农村小学布局”“农民增收工作”“畜牧食品业发展”“流动人口计划生育管理”和“乡镇企业发展”5个调查。2000年，开展了乡镇企业盘活存量资产、退耕还林、农村文化建设等调查。2001年，进行农村土地承包经营权流转、教育人事制度改革、投资环境建设等专题调查。2002年，进行了个体私营经济发展、全县普及高中教育、农村税费改革、食用菌产业化等专题调研。十一届委员会期间：2003年，开展金堂丘陵缺水现状、对外开放招商引资的思考与建议、农村税费改革后的新情况新问题、金堂县基础教育以县为主办学体制运行情况等专题调研，其中《关于金堂丘陵缺水现状的调查及对策》，在新华社四川分社《内参》和《四川政协报》上登载。2004年，完成《金堂县农民增收的现实潜力有哪些》《关于解决九龙滩提灌站灌区基本农业用水的调查》《关于加快金堂县中心城镇建设步伐的调查》《关于民营经济发展环境问题调查》《关于金堂县干部问题的调查》《关于金堂县公安基层派出所创一流工作的调查》《社区建设任重道远》《关于乡镇目前存在的困难和问题》等8个专题调研报告。2005年，完成《关于新型农村合作医疗制度试点工作的调查》和《金堂县无公害蔬菜园区面临危机》等5个调查报告。1991—2005年，金堂县政协组织充分发挥了建言献策、参政议政的作用。

第四节　县政协其他工作

一、招商引资

1992年春，全县贯彻邓小平南方讲话精神，金堂掀起新一轮对外开放招商引资高潮。县政协围绕县委制定的“三好两大”发展战略，在全体政协委员中积极推动具有政协工作特点的“五个一”活动，即“引进一笔资金、引进一个项目、引进一项技术、引进一个人才，提供一条信息或建设”。特别是九届政协委员会以来，每年的全委会通过的决议，都要向全体政协委员发出号召，动员大家积极参加“五个一”活动，以活动为载体，立脚本职岗位大力开展招商引资活动。九届政协的五年期间，通过“五个一”活动，广大委员共为县引进或协助引进资金上亿元人民币，项目30个，技术10余项，提供招商引资信息和建议800余条。县政协连续四年被成都市政协评为“五个一”活动先进集体。十届县政协继续深入推进“五个一”活动。1998年引进或协助引进资金1367.33万元，项目5个；1999年，县政协进一步扩大对外开放，主动出击，通过承办“四川省15区（市）县政协工作协作会”、协办“成都市区（市）县政协工作座谈会”，邀请市政协港澳委员和省、市民主党派成员中的企业界人士、省侨联、客家联谊会等来金堂考察、洽谈投资项目，全年共引进或协助引进项目7个，资金1553.7万元；2000年，引进项目8个，资金1900余万元；2001年，引进项目11个，资金6700余万元；2002年，引进项目15个，资金4500余万元；2003年，引进项目38个，资金4.4亿元，实际到位资金2.86亿元；2004年，引进项目50个，资金8.9亿元，实际到位2.9亿元；2005年，政协委员参与引资项目56个，协议引资3.7亿元，到位2.1亿元。

二、宣传报道

1991—1992年，县政协配合全县进行爱国主义教育，先后举行了纪念鸦片战争150周年报告会、纪念太平天国起义140周年报告会、纪念辛亥革命80周年和庆祝中国共产党诞生70周年诗歌朗诵会等，为学习贯彻中央2号文件和邓小平南方谈话精神，举行“关于我国的经济体制改革问题”专题报告会，与县委统战部联合举行统战、政协理论研讨会。1993年，举行了“关于恢复我国关贸总协定缔约国地位情况”和“社会主义市场经济”专题报告会、座谈会，县政协牵头主办了“纪念毛泽东同志诞辰100周年”书画展、诗词朗诵、舞蹈表演、歌曲演唱会等活动。1994年，建立《四川政协报》金堂通讯联络站，在《四川政协报》连续10期推出金堂的“四川中美（外）中小企业发展园区行”系列专题报道。九届政协期间，共在《四川政协报》《成都晚报》“政协之窗”等媒体发表文章300余篇，连续4年被成都市政协评为政协宣传报道工作一等奖，5名骨干通讯员也轮番分获一、二等奖。十届政协期间，1998年，县政协在省、市、县各级报刊发表文章67篇，获市政协1998年度宣传工作先进单位奖。1999年发表文章70篇，获市政协表彰；2000—2001年发表文章160余篇，先后被省政协评为2000年度四川政协报通联发行工作先进单位，获市政协2000年度一等奖，获市政协2001年度宣传工作先进单位称号；2002 年发表文章 60 篇；十一届政协期间，2003 年发表文章 70 余篇，被省政协表彰为“宣传报道工作先进单位”；2004 年发表文章 90 余篇；2005 年发表文章 100 余篇。

三、社会联谊活动

金堂县政协的社会联谊活动主要以组织台情通报会、“三胞”亲属座谈会、中秋茶话会等形式，宣传党和国家有关对台方针政策，动员“三胞”亲属通过信函、撰写宣传稿件、发邀请函等方式，加强与海峡两岸及海外亲友的联系与联络，促进相互间多种形式的交往，加深相互间了解、理解，增进对“和平统一，一国两制”方针的共识，从而达到联谊和加深友谊，推动两岸“三通”（通邮、通航、通商），和平解决海峡两岸之间的问题，最终实现祖国完全统一的目标。

四、文史资料工作

1991—1997 年，县政协八届期间，征集文史资料 13 篇 5 万字。九届期间征集文史资料 34 篇 15 万字，编印文史资料 5 期。十届期间，1998 年征集文史稿 15 篇 6 万字，编印出第 15 期《金堂文史资料》。1999 年征集文史稿 25 篇 5 万字，编印出第 16 期《金堂文史资料》。2000 年征集文史稿 21 篇 5 万字，编印出第 17 期《金堂文史资料》。2001 年，整理从 1992 开始征辑的稿件 50 万字，新征集教育、文化、卫生、城建、交通、环保等稿件 10 万字，从中精选稿件 40 万字，编辑出版第九届、第十届政协文史资料《金堂文史》一书。十一届期间，县政协文史工作重点围绕城乡经济社会发展的大局，主要深入基层就重点集镇建设中的文化事业发展，做一些深入的调研发掘工作。自 2002 年，先后多次到五凤镇，通过视察五凤古镇建设，指导和协助当地政府发掘古镇历史文化，丰富集镇文化建设内涵。与五凤镇人民政府合作收集、整理文史稿件，2005 年完成《五凤溪》一书的编辑印发工作。

第二十四篇　民主党派　人民团体

1991—2005 年，金堂县各民主党派在中国共产党的领导下，不断加强组织队伍建设，提高团体成员的思想政治素质，切实履行政治协商、民主监督、参政议政职能，各民主党派、共青团、妇联、工商业联合会、三胞联谊会，紧紧围绕中共金堂县委、县人民政府中心工作，发挥自身优势，积极投入地方经济建设，推动社会事业进步，各项工作取得显著成绩。

第一章　民主党派

第一节　中国国民党革命委员会金堂支部

一、组织机构

中国国民党革命委员会金堂支部（简称民革金堂支部）。1990 年支部有成员 18 人，1991 年有成员 17 人，1997 年年底有成员 30 人。支部成员中与原国民党有历史联系和有港台、海外关系的占 50%，主要分布在县范围内的教育、医卫、行政机关等单位。1997 年成员中有市人大代表 1 人，县政协委员 6 人，12 人担任了基层单位的领导或中层干部职务。1998 年有成员 32 人。主委周隆器，副主委余瑞奇、张益祥，支委杨齐英、赵大国、徐声宣、王顺义。有 2 人被选为市、县人大代表，9 人被选为市县政协委员，其中常委 4 人。杨齐英在金堂县十四届人民代表大会上当选为金堂县人民政府副县长。有 4 人被聘为监察员、廉政监督员。1999 年，民革金堂支部有成员 41 人，其中有市、县镇人大代表 3 人；市、县政协委员 14 人；监察员、廉政监督员、行风评议员 4 人；副县长 1 人。2001 年有成员 45 人，其中市、县、镇人大代表 3 人；市、县政协委员 14 人；监察员、廉政监督员、行风评议员 4 人；副县长 1 人。2002 年，支部顺利完成了换届选举，推选了 5 人参加市民革第九次代表大会，主委杨齐英当选为民革成都市委常委。支部有市人大代表 1 人，县人大代表 1 人，市政协委员1人，县政协委员11人，常委3人，县政府副县长1人。2003年，支部有42名成员，其中政协委员16人（县政协常委4人，市政协委员1人），人大代表2人（县人大常委1人、市人大代表1人）。至2005年支部有成员46人。1991—2005年，支部成员3年改选1次，先后任主任委员的有周隆器、杨齐英。

二、参政议政

1991—1997年，先后提出85条建议意见及提案；召开了纪念辛亥革命80周年、纪念抗日战争胜利50周年座谈和中秋茶话会。1名副主任担任县“三胞亲属联谊会”领导职务，支部先后接待、走访数十批次台胞及海外华人，联系了一批黄埔校友。

1998年，共提出提、议案15件。1999年，支部组织座谈声讨美国轰炸中国驻南使馆的罪行和李登辉分裂祖国的“两国论”；支部负责人在县电视台作了批判李登辉“两国论”的专题发言；全年支部参加县上召开的座谈会、协商会6次。2001年在市、县人大政协会共提出建议15件，多数被采纳；在县政协会提出的《改革管理体制充分利用教育资源》被县教育局实施。《对外开放招商引资发展金堂经济》被评为2001年度优秀提案。《履行好闭会期间人大代表政协委员的职责》在市人代会上作了交流发言。全年支部成员参加县召开的座谈、协商会6次，对公安局的行风进行了检查与评议。支部负责人在县电视台作了“西部大开发，金堂争先行”的时事评论。2002年在政协全委会上支部政协委员共撰写提案8件，在人大会上撰写议案3件。《进一步整顿和规范药品市场 加强药品特别是安眠镇静药品的管理》受到市政府及相关部门的重视并被采纳。2003年在县政协第十一届一次会议上，支部政协委员撰写提案12件，内容涉及教育、卫生等。其意见建议得到县委、县政府的高度重视。杨齐英担任县人民政府副县长，分管教育、卫生、广播电视文化体育、科技等工作。

三、参与经济建设

支部1991—1993年连续举办高考补习班招生185人，有75人升入大中专学校。支部6名担任厂长经理的成员在医药、交通、粮食、通讯和铁路物资等经济领域业绩突出。1994年为县农场引进了台湾的优良水果与蔬菜种子。1996年协助引进300万美元的建设资金。1997年支部引进100万元资金，在成都开办了“新世纪牙防所”，并两次筹资参加县组织的扶贫活动。1998年，成员喻泽生投资30万元对县中药材公司进行控股，取得良好的经济和社会效益，投资30万元在废弃的杨柳油厂重建无污染的再生纸厂；赵大国在成都创建新世纪牙科医院，成为成都三大牙科医院之一。付秀辉组建的小叮当艺术幼儿园独树一帜也获得社会好评。支部为中毗河综合整治工程及社会扶贫事业捐款3000元。1999年，喻泽生引资44万元，投入县中药材公司控股改造，投资43万元在一个停产小厂办起再生纸厂，解决了40人的工作。易启永引资500万元承建1公里唐巴公路金堂绕城公路和2公里成南高速公路。支部从省人大为县人大引进无偿资金5万元，为县整治中毗河工程捐款2000元。年底，在官仓镇为5名贫困儿童捐赠1000元人民币及1500斤大米。1名成员收养1名贫困失学儿童，解决其全部学习与生活费用。年末，支部获四川省各民主党派为四化服务先进支部奖。2001年喻泽生引资300万元建中药材市场，张益祥引资60万元建旅游山庄。2003年支部组织引进成都铁科创新科技有限公司在金堂投资150万元。

四、学习与宣传

1991—1997年，民革金堂支部认真学习邓小平理论，加强思想建设，除定期的支部生活外，同时与西南财大、科大、市级机关、青白江民革支部在金堂联合过组织生活。支部成员先后在《统一论坛》发表《求同存异促统一》等有关祖国统一方面的论文。1998年，邀请统战部和宣传部领导作报告4次，开展有组织的调查研究2次，召开座谈会4次，通过开展各种活动，提高成员的理论素养和参政议政水平。支部成员在市级刊物上发表文章3篇、在县级刊物发表文章4篇。1999年，支部成员在省、市报刊上发表文章13篇。2002年，试办《金堂民革》，全年刊出了3期，反映支部为金堂两个文明建设发挥参政党作用，建言献策，知情出力的工作动态。2001年支部成员在省市报纸杂志发表文章20篇，其中《找准位置履职尽责建言献策有所作为》一文在省政协《学习与参考》杂志上作为经验交流。为县有关领导撰写《教育人事制度改革的调查与思考》参考文章。2002年支部成员在各类报纸杂志发表文章20篇，编辑出版《金堂文史》。2003年，杨齐英《大力促进成都市农业的全面发展》，被刊登在成都市委主办的《政策与策略》杂志上。全年围绕贯彻落实“三个代表”重要思想，为建设“城郊型经济强县”搞好调查研究，支部完成4个调查项目。

五、对外联谊

1998年，接待外籍华人8人次，引进外资200万元。同时，用部分银行存款利息对金堂中学进行了一年一度的奖学金发放。举行中秋茶话会，邀请了部分台侨属共话祖国统一大业。1999年，支部帮助市民革在金堂三中园区举行企业家会议，研究在金堂投资与发展的问题，组织民革成员参观在金堂栖贤乡投资600万元建立的现代化养猪场。

第二节　中国民主同盟金堂县总支部

一、组织机构

1991—1993年：主委黄哲溥，副主委焦安靖、张仕俊；其中省人大代表1人、市人大代表2人、县人大代表5人、县人大常委2人、县政协委员11人、县政协常委2人、市政协委员1人、副县长1人。1994—1997年：主委张仕俊，副主委李铀、李准南；其中副县长1人、县人大代表6人、县人大常委2人、县政协委员7人、县政协副秘书长1人。1991—1997年民盟金堂总支部有6个支部，盟员67人。

1998—2001年：主委李准南，副主委李铀、张仕俊、徐革新，1998年成立民盟金堂总支；期间政协副主席1人、县人大代表3人、县政协委员11人、县政协常委4人。2001—2006年：主委李准南，副主委张仕俊、颜仁福、徐革新；包括县人大副主任1人、县政协委员11人、县政协常委3人、县人大代表2人。

二、主要工作

1991—2005年，开办了四川函授大学金堂辅导站。1992年承办食品工程专业函授三年制大专培训班，先后有30多名学生结业。开展各项服务活动，邀请民盟中央副主席、省人大常委会副主任、一级教授康振黄来金堂县作《科学技术是第一生产力》的报告，县委、县政府及各部委主要领导500人听了报告，很受启发。1993年引进制革、新型农药工艺、喷雾抗旱机械等3个项目。1994年配合县企业逐步向股份制转化，与县政协、县财政局共同举办证券知识培训班；开办汉语文学专业，面授学员113人，全部毕业。1995年多次组织盟内医疗工作者深入边远农村开展义诊；长期下到农村指导农民学习科学技术，4人被评为县级拔尖人才。2003年组织全体盟员积极投身于抗击“非典”第一线。2005年发动盟员积极对贫困户捐资。

1991—2005年，总支部撰写议案、提案260篇，在市、县人大、政协专题座谈等会上交流发言40次，为金堂的政治、经济、文化建设献言献策，其中2000年《金堂县东风水库急待扩容》，被市人代会列为重要提案；2001年《当前农产品市场的现状及存在的主要问题》被市政策调研室选用；《着力打造天府水城品牌》《关于城市建设要重视提升文化品位》等建议被县委、县政府直接采用。1998年，张士俊被评为金堂县首批“有突出贡献的科技拔尖人才”。

第三节　中国民主建国会成都市金堂支部

一、组织机构

中国民主建国会成都市金堂支部成立于1983年9月16日，建立初期与工商联联合办公，共有会员28人，选举罗季成为第一届支部主任。金堂支部历经八届，其中，第一届至第七届每届任期为三年，从第八届起任期改为五年。2005年有会员40人，其中大专以上学历21人。在历届会员中有1人当选为省政协委员、2人当选为市人大代表、2人当选为市政协委员（其中常委1人）、6人次当选为民建市委会委员、1人当选为市工商联副会长；50人当选为县人大代表（其中常委3人）、57人当选为县政协委员（其中政协副主席1人、政协副秘书长4人、政协常委24人）、1人当选为县工商联会长；第九届有市人大代表1人次、市政协委员1人、县人大代表3人（其中常委1人）、县政协委员13人（其中常委5人、副秘书长1人）、3人当选为县总商会副会长、1人担任副镇长。

民建金堂支部历届支委简介：第一届（1983年9月—1986年8月）支委主任罗季成。第二届（1986年9月—1989年8月）支委主任罗季成。第三届（1989年9月—1992年8月）支委主任朱正宇。第四届（1992年9月—1995年8月）支委主任黄洋平。第五届（1995年9月—1998年8月）支委主任黄洋平。第六届（1998年9月—2001年8月）支委主任王世渊。第七届（2001年9月—2004年8月）支委主任王世渊。第八届（2004年9月—2009年8月）支委主任邓炼。

二、主要工作

民建金堂支部积极履行参政议政的职责，主动在县人大、县政协中发挥参政议政的作用。针对全县经济社会发展的重要问题，认真搞好调研，先后撰写《城乡集体经济之困境及对策》《关于金堂县城镇集体工商企业状况调查报告》等60余篇调研文章，为领导决策提供了参考依据。

会员企业在房地产业、建筑业、餐饮娱乐、家具产业、商贸业等多行业发展，为金堂年均创利税费2000余万元，安置下岗工人和失地农民800余人。同时充分发挥民建优势，为金堂招商引资4070万元。会员企业积极参与社会公益事业：慈善捐助、修建乡村公路、资助癌症病人就医和贫困学生上大学、修建留守儿童站。2000年，捐资2万元，帮助淮口镇贫困农民进行农房改造。在“为百名儿童献爱心”活动中，捐资5000元，共资助100名贫困儿童；乡镇中学爱心捐助课桌500套，价值6万元；为县土桥镇至高山村和转龙镇捐资3.30万元修通2公里的碎石路，并对一座桥梁进行维修。每年春节前夕，都要开展春节送温暖等活动，购买猪肉和大米等前往乡镇慰问贫困农户，并和土桥镇福包村结成一对一帮扶，捐款2万元。会员企业在抗震救灾、“中华思源工程基金会”等各种慈善活动中捐赠了百万元现金以及食品、蔬菜、帐篷、工程机械等物品。1991—1992年朱正宇获市、县政协“宣传报道”一等奖。1993年，被成都日报《政协之窗》评为优秀通讯员；邓炼获得民建省委“优秀会员”“金堂首届十大杰出青年”等殊荣。2005年度，被民建成都市委评为先进支部。

第四节　中国民主促进会金堂总支委员会

一、组织机构

1982年12月30日，建立中国民主促进会成都市委员会金堂县直属小组，有会员7人，杨源仁任组长。1983年9月27日，改建为民进成都市委员会金堂县支部委员会，有会员15人，第一届支委会主委杨源仁，副主委陈家西、黄子铨。第二届支委会主委：杨源仁，副主委：陈家西、黄子铨。第三届支委会主委：杨源仁，副主委：陈家西、黄子铨。至1991年有会员34人。1991年至1995年为第四届支委会，主委：杨源仁，副主委：陈家西、林宇、郭小平。1996年至2000年为第五届支委会，主委：杨源仁，副主委：郭小平、陈锦辉、张立诚。2000年6月至2006年8月为第六届支委会，主委：郭小平，副主委：陈锦辉、张立诚、杨中良。2006年8月换届，将民进成都市委员会金堂县支部委员会改为中国民主促进会金堂总支委员会。第七届总支委员会主委张立诚，副主委陈锦辉、杨中良、张富明。下设3个支部，有会员54人。

二、主要工作

中国民主促进会金堂总支委员会在民进成都市委会和中共金堂县委领导下，坚定不移地接受中国共产党的领导，“以党为师，立会为公”，自觉加强思想和组织建设，提高参政议政的素质和水平；关心国家大事，关注地方重要事务，积极参政议政、建言献策；会员努力搞好本职工作，在本单位发挥骨干作用；支部积极开展诸如社会办学、科技服务、送文化下乡、帮困助学等大量的公益活动。会员叶秀芬、王自由、刘际成先后被评为省特级教师；会员钟官品、张立诚、刘际成先后被命名为县级“拔尖人才”；会员王竹明荣获“县十佳科技工作者”的称号；同时有2人被评为市级“学科带头人”；有10人获得省市优秀教师或省市级系统先进工作者的荣誉。会员中，在此期间有先后担任县政协副主席4人，县商会会长2人，县法院副院长1人，教育局副局长1人，司法局副局长1人，园区管委会副主任1人，县农场副场长1人，学校副校长2人，有12人担任市、县人民代表或政协委员。他们爱岗敬业、扎实奉献，充分发挥了参政党成员的作用。会员钟官品主持参与省农牧厅及县政府下达的棉花良种繁育与推广等科研项目，分别获得省农牧厅颁发的“棉花原种丰产一等奖”、“棉花丰收一等奖”，省政府颁发的“科技进步二等奖”。会员王竹明在《大自然探索》《地理》刊物上发表多篇论文，他在多次深入考察金堂炮台山天星洞后，撰写的科技论文《发育在砂岩地区的地下岩溶地貌》，被美国国会图书馆收藏在该馆的“东方部陈列室”。会员杨源仁拟定的统战论文《加强和改善党的领导，推进对非党人士的实职安排》，2001 年在民进中央召开的统战理论研讨会上作大会交流，受到与会的中央统战部领导的肯定，与此同时担任韩滩诗社社长，创办《韩滩声》报，深受各界欢迎；结集出版《杨源仁诗赋选》《韩滩横笛》等作品，产生较大影响。会员陈家西在各类刊物公开发表文章 100 余篇，并结集出版《三弦集》《咬文嚼字》《语林采果》等作品，对语文建设和语文教学有较强的指导意义，受到语文教师的广泛欢迎和好评。会员张立诚公开发表学术论文 30 余篇，获得省政府教学成果奖 1 项、市政府哲学社会科学成果奖 4 项、市教育科研成果奖 4 项。民进支部先后多次受到民进成都市委、民进四川省委的表彰，并命名为“先进基层组织”。

第五节　中国农工民主党金堂支部

一、组织机构

中国农工民主党金堂支部成立于 1984 年 11 月 23 日，有党员 7 人，第一届主委张筱泉；支部党员 1991 年有 23 人，1997 年有 34 人，涉及医卫、教育等单位 7 个职业界别。1991—1997 年，第二届主委胡玉元，第三届主委唐观鑫。2005 年，支部有党员 53 人。

二、主要工作

1991—2005 年，参加办理提议案 611 件，通报会、协商会 30 次，并多次参加县执法检查。2000—2004 年支部被农工党市委会评为“工作突出先进支部”。1996 年 12 月，支部被评为市委民主党派“为两个精神文明建设服务”先进集体。1998—2000 年被市委会评为先进支部。2001 年支部主委胡玉元、支委胡远华获市委统战部“跨世纪做贡献”先进个人称号，胡远华 2003 年被评为成都市“三八红旗手”。田华在 2005 年教师节获成都市优秀青年教师称号。2003 年 1 月主委唐观鑫连选任县政协副主席，副主委范峥嵘选任县政协副主席。

1991—2005 年，支部为民办实事举办乡村医生和养殖专业户培训班，授课 40 余次，累计培训 5000 人；全县 24 个乡镇 8 个重点村义诊 10 次，诊疗 7000 余人。2000 年 4 月，支部在官仓卫生院开展帮扶活动，免费培训医务人员 3 名，并进行技术和医院管理指导。同年 11 月 9 日，农工党市委会在官仓开展“国际科学与和平周”义诊活动，省政协副主席、省委主委唐运章率成都中医药大学、华西医大等单位的 8 位医学专家向 300 名群众作了免费诊断。2001 年支部为贫困地区捐资 600 元。为长乐中学捐赠奖学金 330 元；支委范峥嵘为长乐中学引资 3 万元，为政协委员活动日开展义诊活动，义诊病人 120 人。2003 年胡远华、邓诗懿等五位成员获县科技进步一等奖二项、二等奖二项、三等奖一项奖励。

第二章　人民团体

第一节　金堂县总工会

一、组织机构

1991—2005 年，县总工会设有办公室和经费审查办公室。1991 年，县总工会下属有经委、建设局、粮食局、交通局、乡企局、卫生局、农业局、水利局、供销社、贸易局、轻工局、工商局、文体局、畜牧局 14 个系统工委，下属基层工会 85 个；教育工会 1 个，下属基层工会 103 个；乡镇工委 1 个，下属基层工会 8 个；党政机关工会 43 个，乡镇机关工会 23 个，直属企事业工会 6 个，会员 3 万余人。1991—2005 年，全县组建基层工会 61 个，企业关、停、并、转及破产撤销基层工会 40 个。2000 年 10 月 8 日，在全县 22 个乡镇和 1 个工业园区建立工委（2004 年 3 月撤乡并镇，撤销九龙镇工委、云绣乡工委）；2003 年，全县 20 个乡镇建立了外出务工人员工会联合会。截至 2005 年 12 月，全县共有系统、乡镇（工业园区）工会工作委员会 35 个、教育工会 1 个，基层工会 342 个，涵盖基层法人单位（工会小组）361 个，会员 49894 人；新发展农民工会员 13965 人。组建新经济组织工会：1995 年初，全县国有、集体企业改制工作陆续开展，各类股份制企业、“三资”企业、私营企业等新经济组织不断发展，职工队伍逐步壮大。2000 年 3 月，成立金堂县新经济组织工会组建工作领导小组，县委副书记何冰任组长，县人大副主任、县总工会主席卫平，副县长罗兴国任副组长，办公室设在县总工会。至 2005 年年末，全县新经济组织组建基层工会、工会联合会 33 个。2000 年 12 月 29 日，市委常委、市总工会主席晏永和参加了金堂县九龙镇新经济组织恒心化工厂工会成立大会。

二、历次代表大会

1991 年 1 月至 2005 年 12 月，县共召开工会代表大会 2 次。

金堂县第九次工会代表大会：1995 年 4 月 18—19 日，召开金堂县第九次工会代表大会，参加代表 164 人。经大会选举 33 人任县总工会第九届委员会委员；11 人任金堂县总工会第九届经费审查委员会委员。

金堂县第十次工会代表大会：2000 年 9 月 25—26 日，召开金堂县第十次工会代表大会，参加代表 182 人。经大会选举 35 人任金堂县总工会第十届委员会委员，11 人任金堂县总工会第十届经费审查委员会委员。

三、工会工作

1991—2005 年，全县各级工会共举办工会干部培训班 113 期，参训 2527 人次；2003 年 9 月 9 日，县总工会主席卫平、县建设局工委主任王演富出席省工会第十一次代表大会，卫平当选为省总工会第十一届委员会委员。全县创建县“先进职工之家”178家、市“先进职工之家”54家、“模范职工之家”32家，“模范职工小家”8家；省“先进职工之家”5家、“模范职工之家”3家、“模范职工小家”2家。县总工会领导与机关干部共撰写调研论文31篇，获市总工会一等奖3篇，二等奖5篇，三等奖9篇。

四、劳动竞赛工作

1991—2005年，先后组织企事业单位和职工开展了以“文明在家乡、满意在金堂”为主题的劳动竞赛和优质服务活动，行业、基层参赛面90%，职工参赛面95%，创节约价值500余万元。全县各级工会组织500余个次机关、企事业单位7.5万余人次开展了以岗位练兵、技能培训、技术比武等为主要内容的新世纪成都百万职工技能大赛。

2005年3月，全县首次评选了2000—2004年度“劳动竞赛先进单位”和“十佳爱岗敬业职工”“十佳技术能手”“十佳服务明星”。同年4月6日，县总工会与县共产党员先进性教育办公室承办了庆“五一”新世纪成都百万职工技能大赛（金堂赛区）启动仪式。1991—2005年，全县各级工会组织全县职工开展以“我为技术创新献一招”为主题的合理化建议活动，共有365家企事业单位的职工11000余人次参加了活动，共提合理化建议5864条。

五、劳模评选与管理

1991年、1998年、2003年3月至4月评选推荐有序推进，多个单位和个人获得先进、劳模等荣誉。

2003年3月，县总工会制定《金堂县离退休劳动模范荣誉津贴和职工劳动模范一次性住房补助实施办法》，截至2005年12月，全县有80名离退休劳模领取荣誉津贴，16名离退休劳模领取住房补贴；对全县125户低收入和困难劳模进行慰问，发放慰问金8万余元。2004年10月，组织全县各级工会为特困劳模唐明祥捐款共2万余元，2004年、2005年的中秋、国庆之际，县总工会先后分别组织全县劳模代表召开座谈会，为困难劳模发放补助金6万余元。

六、职工文体活动

1991—2005年，县总工会先后开展了庆“五一”暨税法宣传文娱联欢晚会、县第三届《金橘杯》职工读书演讲比赛、庆“七一”文娱、诗歌朗诵演唱会、金堂县第三届职工象棋赛、“燃建杯”职工男子篮球赛、“纪念毛泽东诞辰100周年卡拉OK赛”“爱我中华、表我丹心、尽我天职、扬我国威”演讲赛、“迎香港回归”“迎澳门回归，庆建国五十周年”大型职工文艺演唱会等活动。

七、工人文化宫

1980年2月16日成立“金堂县工人俱乐部”并开工修建，地址在赵镇桔园路，占地2664平方米，建筑面积1978平方米，于1982年5月投入使用。1991—2005年，县工人俱乐部继续履行宣传、教育、培训、组织职工开展文化体育活动等职责，属县总工会事业单位。1993年10月29日，金堂县工人俱乐部更名为金堂县工人文化宫。1998年10月至1999年4月，对原文化宫3名职工进行分流安置。1999年6月，根据新时期职工精神文化生活日益增长的需要，经县委批准，县工人文化宫从赵镇桔园路搬迁至金堂中心广场修建，于1999年12月26日破土修建，占地841.69平方米，建筑面积

2007.46 平方米。于 2001 年 3 月投入使用。

第二节　共青团金堂县委员会

一、历次代表大会

1991 年 1 月至 2005 年 12 月，金堂县召开了共青团第十次、第十一次、第十二次、第十三次、第十四次共五次代表大会。

共青团金堂县第十次代表大会：1991 年 9 月 26 日至 29 日，召开大会听取并审议通过了《充分发挥团组织的助手和后备军作用 让青春在金堂县两个文明建设的伟大实践中闪光》的工作报告。选举产生了 21 名委员和 3 名候补委员组成的共青团金堂县第十届委员会；黄航、谢晓卉、李刚、卫中、王祖国、张军、罗玲、杨华、罗友才 9 人任共青团金堂县第十届委员会常务委员；黄航任书记，谢晓卉、李刚任副书记。

共青团金堂县第十一次代表大会：1994 年 12 月 13 日至 15 日召开，出席大会的正式代表 250 名。大会听取并审议通过了《发挥创业精神肩负跨世纪重任为金堂建市达小康贡献青春》的工作报告，选举产生了 19 名委员和 2 名候补委员组成的共青团金堂县第十一届委员会；谢晓卉、李刚、卫中、钟艳、刘际昌、杨华、黄德招 7 人任共青团金堂县第十一届委员会常务委员；谢晓卉任书记，李刚任副书记。

共青团金堂县第十二次代表大会：1997 年 12 月 16 日至 17 日召开，出席大会的正式代表 230 名。大会听取并审议通过了《高举伟大旗帜　发挥创业精神　团结带领青年奋发图强为实现金堂县跨世纪宏伟目标建功立业》的工作报告，选举产生了 21 名委员和 4 名候补委员组成的共青团金堂县第十二届委员会；尹贤鹏、刘际昌、林文君、黄德招、曹乾彬、彭昌彬、廖冬云 7 人任共青团金堂县第十二届委员会常务委员；尹贤鹏任书记，林文君、廖冬云任副书记。

共青团金堂县第十三次代表大会：2000 年 9 月 26 日至 27 日召开，出席大会的正式代表 200 名。大会听取并审议通过了《投身大开发　推进大跨越　为实现金堂 2010 年总体目标而努力奋斗》的工作报告，选举产生了 21 名委员和 8 名候补委员组成的共青团金堂县第十三届委员会；尹贤鹏、廖冬云、刘恩恩、冯曰辉、廖俊梅、岳培勇、陈登华 7 人任共青团金堂县第十三届委员会常务委员；尹贤鹏任书记，廖冬云、刘恩恩任副书记。

共青团金堂县第十四次代表大会：2004 年 4 月 21 日至 22 日召开，出席大会的正式代表 200 名。大会听取并审议通过了《认真实践“三个代表”重要思想　团结带领团员青年为实现金堂提速升位富民强县目标而奋斗努力》的工作报告，选举产生了 22 名委员和 8 名候补委员组成的共青团金堂县第十四届委员会；廖冬云、李永玲、郑福愚、冯曰辉、王林、李丽娟、陈登华 7 人任共青团金堂县第十四届委员会常务委员；廖冬云任书记，李永玲、郑福愚任副书记。

二、组织建设

（一）团组织

中国共产主义青年团金堂县委员会（简称：团县委），内设共青团金堂县县级机关委员会 1 个职能科室，兼挂中共金堂县委青少年教育工作办公室牌子。1992 年 3 月，成立金堂县关心下一代工作委员会，办公室设在团县委。1991年至2001年，团县委有5名工作人员，其中：书记1名，副书记2名，工作人员2名。2001年，团县委机关设有4人，其中：书记1人，副书记2人，科级领导职数1人。

1991年，在全县7个区（包括赵镇）团委配备团委干部5—7人，其中，专职书记1名，兼职副书记1—2名，其余为兼职工作人员，43个乡（镇）团委配备团干部3—5名，其中专职书记1名，兼职副书记1名，其余为兼职工作人员；三所单设中学（包括金堂师范校）配备团委干部5—9名，其中兼职书记1名、副书记1—2名，其余为兼职工作人员；城区设8个团委，均配备团委干部5—7名，其中专职或兼职书记1名，兼职副书记1—2名，其余为兼职工作人员；全县30个团总支配备干部3—5名，其中专兼职书记、副书记各1名，其余为工作人员；全县976个团支部，每一支部配备团支委3—5名，其中专兼职书记、副书记各1名。

1992年撤区并乡建镇，全县24个乡镇配备团委干部5—7名，其中专职书记1名，专兼职副书记1—2名，其余为专兼职工作人员。

2004年3月撤乡并镇之后，全县21个乡镇配备团委干部5—7名，书记1名，副书记1—2名，均为兼职工作人员。

公开选拔基层团干部。2004年、2005年通过“公推公选”分别产生了团县委副书记、书记。同时，团县委经过试点“公推直选”了乡镇团委书记、社区团总支书记和企业团委书记。同往年比较，团干部更加年轻化、知识化。

1991年，全县设有团县委，各级团委58个，团总支30个，团支部976个，共青团员27131人；2005年年末，全县继续设有团县委，各级团委48个，团总支23个，团支部671个，共青团员33882人。1991－2005年，共发展新团员83900名，推荐优秀团员入党1800名。

（二）少先队

1991－2005年，全县配备县级少先队干部7名，少先队辅导员5600名，其中：大队辅导员1009名，中队辅导员4140名，总辅导员213名，校外辅导员220名。1991年，全县有少先队92个，少先队员69000余人；2005年末，全县共有少先队88个，少先队员65000余人。对乡镇、学校、机关、企事业单位的团队干部采取办班或以会带训等形式，集中到县、市、省或中央团校培训，十五年共培训团队干部4930人次；各区、镇、乡以及各机关、学校、企事业单位对其下属的团支部以上的团干部利用团队活动室、会议室定期或不定期进行团队基本理论、党的方针政策和实用技术培训，十五年共培训团队干部6650人次。全县各级团委利用“五四”“元旦”“国庆”等重大节日，积极而有计划地发展新团员，并颁发团员证，颁证率达99%以上。十五年中，始终坚持在团员中广泛开展民主评议活动，对团员进行年度团籍注册，对申请加入共青团的优秀青年进行团前教育，对不合格的予以重点教育，对超龄团员及时颁发离团证。

2003年，金堂县着手成立青年中心，依托青年中心大力整合社会资源，把西部计划志愿者和一村一名大学生充实到青年中心骨干队伍中去，加强培训和管理，结合大学生暑期社会实践，开展文化、科技、体育、卫生、普法、维权、发布用工信息以及志愿服务等方面的工作。2005年8月18日，团省委书记罗强，团市委书记张彤到金堂县调研青年中心建设，参观了金堂县青年中心、赵镇青年中心和栖贤青年中心，了解各青年中心建设现状和发展规划，充分肯定了金堂县青年中心建设工作。2005年，金堂县荣获2005年度全国青年中心建设试点工作先进县。截至2005年年底，全县已有20个非公有制企业设立了团支部。

三、团组织学习教育活动

团县委认真贯彻《金堂县爱国主义教育实施细则》和《金堂县青少年爱国主义教育实施纲要》，抓住“五四”“建党70周年”“建党80周年”“辛亥革命80周年”、抗洪救灾、中国人民抗日战争暨世界反法西斯战争胜利六十周年等时机，以爱党、爱国主义为重点，在全县团员青年中广泛开展百部爱国主义影片观展、影评活动和“多读书，读好书”一系列主题鲜明针对性强的教育活动。1991—2005年，全县机关、行业、青工、青农、学校系统广泛开展了“双学一树”“双争双创”“优秀青少年维权岗”“青年文明号”创建等系列活动，共开展广场文化活动230多次，参与人数达28万人次。

机关、行业系统团组织开展了用一流服务创文明岗位的“青年服务明星”“青年文明岗位”“文明在家乡，满意在金堂”等主题鲜明的活动。青年工人系统团组织以“争当能手、争创文明号”育人建功主题活动为载体，普遍开展了“岗位能手”“让团徽闪耀理想光芒，做社会主义忠诚儿女”“一大工程两大主题”“万名青年奔小康”活动以及社教文艺调演、社教知识竞赛、义务植树、帮户助耕等活动，以教育促活动。2003年4月30日，省、市、县青年志愿者赴竹篙镇康家村开展了抗击“非典”青年助农助耕服务活动，中央电视台“新闻联播”、省市各大媒体作了相关报道。

学校系统团组织开展净化育人环境，培养造就合格人才及青年教师献优质课、“学生一专多能成才”“少年雏鹰”等活动。1992年，赵镇三小青年教师王心毅在参加省“全国青年教师献优质课”选拔赛中荣获一等奖。1996年，共青团中央、全国绿化委员会、林业部授予团县委“全县青少年绿化祖国先进集体”荣誉称号，并被共青团中央确定为植绿护绿试点县。

少先队工作。1991—2005年，团县委充分发扬“团带队”的光荣传统，加强对少先队工作的领导，深入开展“学赖宁，做党的好孩子”“手拉手”互助活动系列活动。1995年，全县中小学少先队组织全面启动了“跨世界中国少年雏鹰行动”，县少工委联合有关部门举办了“手拉手”“五自”学习实践活动，组织了丰富多彩的夏令营活动、暑期培训班、“百花园”文化艺术活动等。2003年5月16日，在抗击“非典”期间，四川省暨成都市“争做健康小卫士”活动在淮口一小启动，中央电视台“新闻联播”、省市各大媒体予以播出。

四、关心下一代工作

关心下一代工作。1992年，金堂县关心下一代工作委员会成立。2003年开始，关工委班子开始引入在职领导，加强关工委的力量。截至2005年年底，全县21个乡镇以及与青少年工作有关的县级单位相继成立了关工委组织。

五、青年志愿者活动

1991—2005年，团县委先后组织了“学雷锋、青年志愿者”奉献月活动、“青年志愿者巩固创卫成果义务劳动”“青年志愿者巩固农田基本建设义务劳动”等大规模的志愿者活动，每年有各类志愿者服务队1200余支，参加活动的团员青年3万人次，开展活动4500余次，义务投工3000余个，帮助贫困户共计7000余户，受益留守儿童2万多人。2005年，金堂县赵镇三合村农村青年张伟作为共青团中央首次派驻海外的农民青年志愿者赴埃塞俄比亚参加沼气援建工作，是金堂县的青年志愿者首次走出国门。

六、大学生志愿服务西部计划

2003 年 6 月 10 日，团中央、财政部、教育部、人事部四部委实施大学生志愿服务西部计划。金堂县作为首批受援，2003—2005 年，共有来自河北、浙江等全国各地的 118 名大学生志愿者奔赴金堂县教育、卫生、乡镇等系统实施西部计划服务。在团县委指导下，建立西部计划金堂志愿者临时党团支部，开展党团活动日“三下乡”活动，街头设点宣传、义诊、咨询，进社区帮助孤寡老人，大学生西部计划志愿者先进事迹报告等系列活动，广泛传播志愿者精神，发挥种子、火炬、裂变效应。2003 年 12 月 2 日，团中央常务书记赵勇在中共成都市委常委唐川平、团省委书记罗强、团市委书记张彤等陪同下来到金堂县云绣乡，看望正在开展“三下乡”活动的大学生西部计划志愿者，高度肯定了西部计划金堂项目办的工作。2003 年，金堂县被团中央确定为全国大学生志愿服务西部试点县。2005 年 5 月，金堂项目办被团省委、省人事厅、省教育厅、省财政厅评为四川省西部计划先进集体。

七、希望工程

1991—2005 年，团县委积极向上对外争取，国内外、省内外多家单位、企业和个人通过各种方式为县贫困小学、学生开展了献爱心活动。经团县委协调，争取资金 430 多万元在金堂县共援建了申银、通喜、清江镇可口可乐、隆盛、港青等 10 所希望小学，争取各类物资、书籍、文体用品、希望工程捐款等捐物折资达 1000 余万元，受益学生达 10 万余人。

第三节　金堂县妇女联合会

一、历次妇联代表大会

1987 年 12 月，召开金堂县第七次妇女代表大会，选举产生第七届妇女联合会执行委员会，妇联主席陈秀蓉。1993 年 3 月，召开金堂县第八次妇女代表大会；选举产生第八届妇女联合会执行委员会，妇联主席覃典翠。1998 年 12 月，召开金堂县第九次妇女代表大会，选举产生第九届妇女联合会执行委员会，妇联主席李晓瑜。2002 年 12 月 19 日至 20 日，召开金堂县第十次妇女代表大会，选举产生第十届妇女联合会执行委员会，妇联主席王峰。2005 年 12 月，刘丽蓉调入县妇联任妇联主席，王峰调离县妇联。

二、妇女组织工作

1995 年，对 140 名在岗女干部进行培训。1996 年，乡镇妇联换届工作，充实、调整 154 个村妇代会主任。建立女干部档案，全县共推荐股所级女领导 45 人，女后备干部 56 人，村级女领导 125 人，村级女后备干部 266 人，发展女党员 111 人。1999 年，按照第四届“伯乐奖”要求，建立乡镇、村和部委、局、办女干部档案。向市妇联推荐女性人才 4 名，向县委组织部推荐优秀女干部 5 名，向县乡镇党委、政府推荐优秀女干部 25 名。2000 年 4 月在县委党校举办基层妇女干部培训班，参训妇女 113 人。1991—2005 年，县妇联设有办公室，主要履行带领全县妇女参加经济和精神文明建设，开展“三八节”、儿童节、母亲节等庆祝活动，维护妇女儿童合法权益等工作职责。县妇女儿童工作委员会办公室设在县妇联，县妇联主席任办公室主任。1990 年 10 月，各区成立妇女联合会。1990 年，县各村民小组配备女队长。1992 年 12 月，撤区建乡并镇，县建立 24 个乡镇妇联。2004 年 3 月，乡镇合并，建有乡镇妇联 21 个。

三、妇女活动

1991—2005 年，完成《金堂县妇联志》编印。开展“伯乐奖”评选，表彰五好文明家庭，在城镇女性集中的系统开展“巾帼文明岗”创建表彰等活动。邀请全国女性保健专家举办女性保健知识讲座。举行“喜迎十六大广场锅庄晚会”。县妇联争取到中国妇女发展基金会“大地之爱　母亲水窖”项目资金 12 万元，组织广大妇女参与农田水利建设，并荣获全国、省优质工程奖。争取到“香港回归扶贫基金”项目资金 10 万元，帮助栖贤乡梨花沟村和又新镇祝新村 20 户农村家庭发展观光生态农业。

四、家庭教育

1993 年 4 月，邀请市家教研究会古老师在三星镇为 928 名家长讲课。1998 年，全县挂牌成立家长学校 102 所。2000 年，成立县、乡、村三级“家庭读书室”，共赠书 5500 册。2001 年，在全县开展“五好文明家庭”创评活动，共评选出“五好文明家庭”300 户，表彰县“五好文明家庭”60 户。2002 年 5 月 15 日，举办庆祝母亲节“家庭美德大家谈”电视言谈，以促进《公民道德建设实施纲要》宣传。2004 年，开展“十佳学习型家庭”创评活动，表彰全县评选出的“十佳母亲”“十佳孝媳”“十佳孝婿”“十佳学习型家庭”和 800 户“卫生之家”。

2005 年，联合县文明办表彰 2004 年度金堂县“十佳文明家庭”。

五、维护妇女儿童合法权益

1992 年 4 月 3 日，第七届全国人大五次会议审议通过并正式颁布了《中华人民共和国妇女权益保障法》。1993 年，县妇联与县组织部联合制定《金堂县培养选拔女干部实施意见及规划》。1994 年 5 月，县妇联成立宣传妇女权益保障领导小组，开展宣传周活动。2001 年 8 月，省妇女研究所与县妇联、县妇幼保健院深入农村为妇女进行妇科普查。2003 年，县妇联在“母亲节”“护士节”期间前往“非典”留验站慰问女公安干警和护士，组织 106 个“助耕帮困巾帼突击队”帮助 1245 户外出缺劳户抢收粮食。同年，联合国教科文组织北京办公室项目高级官员法籍女士杜铭娜克与中国社科院社会学研究所副研究员、中国妇女研究会常务理事谭深一行到金堂县考查打工者综合援助项目的实施情况。2004 年，对工伤返乡的打工者进行调查、探访，为他们提供心理上的支持。2005 年 1 月 21 日在县客运中心开展“打工者流动课堂”培训，对外出打工者宣传国家各级政府有关打工者权益的政策、措施，进行培训，并开展外出安全、就业伤害的防范知识等综合服务。

第四节　金堂县工商业联合会

一、历次代表大会

1991 年 11 月 14 日，召开金堂县工商业联合会第六届会员代表大会，曾凡友选举为主任委员。1997 年 5 月 8 日，金堂县工商业联合会第七届会员代表大会在赵镇举行，陈锦辉被选举为会长。2002 年 1 月 22 日，金堂县工商业联合会第八届会员代表大会召开，陈锦辉当选为会长。2002 年 4 月 15 日，在成都市工商联第九届会员代表大会上，陈锦辉当选为第九届市工商联常委，袁华平、邓诗维、黄清平、张晓斌当选为执委。2003年12月20日，成都市工商联召开第九届三次常委会，会上增补金堂县工商联会长郭小平为市工商联常委。2004年12月30日，金堂县工商业联合会第八届三次执委会召开，会上增补了27位执委、11位常委、7位副会长。会上补选郭小平为会长。

二、县工商联机构

党组：1993年4月，经中共金堂县委批准，县工商联建立党组。至2005年，曾凡友、王平、淡庆华、袁华平先后任党组书记。基层商会：1995年4月12日至7月27日，先后成立金堂县清江分会、白果镇分会、栖贤乡分会，会长分别为何文骞、曹华善、刘昕。2004年，工商联加强了对基层商会的建设，在各乡镇成立商会，先后成立的是：福兴、隆盛、淮口、五凤、白果、高板、云合、土桥、广兴、清江、转龙、三星、赵家、三溪商会，入会会员达400余人。

三、活动

县工商联先后创办金堂县工商经济贸易公司、成都市金堂科技信息人才开发公司、成都市金堂韩滩肉类联合加工厂。1994年7月29日，恢复县工商联会员互助储金会，曾凡友任理事长、法人代表。同年9月，由成都市鑫利达商贸公司接收金堂县工商业联合会新建的成都市金堂韩滩肉类联合加工厂。2000年县工商联组织民营企业参加下岗职工招聘会，截至11月底，金堂县个体私营企业吸纳、安置下岗职工达4000多人次。2003年12月2日，县工商联举行“银企座谈会”，请县6家银行介绍金融政策，探讨解决民企融资难问题。2004年5月21日，县工商联与县委统战部、县人武部联合举办了由10名县“优秀民营企业家”参加的“金堂县民营企业家‘国防日’”活动。2004年6月26日至27日，县工商联会长郭小平，副会长邓诗维、黄清平、龙崇志，常委林德凤，参加了由中共成都市委统战部、市委宣传部、市工商联、市光彩事业促进会联合主办的“纪念邓小平100周年诞辰——成都百名民营企业家广安行”活动。2004年8月，县工商联副会长邓诗维（金阳集团董事长）、龙崇志（金泉源集团董事长）、胡国雍（恒兴化工董事长）获悉达州遭受百年不遇的洪灾后，自发组织捐赠1.5万公斤大米送达灾区。同年9月19日，县工商联选派黄清平、邓炼、张晓彬、肖继联到中央党校参加由中共成都市委组织部、中共成都市委统战部、成都市工商业联合会举办的“首期成都非公有制企业经营管理者培训班”学习。同年10月县工商联邀请英国伯明翰大学MBA博士王仲勋到金堂县对民营企业进行领导力开发和经营管理培训。2005年3月1日，县工商联组织全县部分民营企业向“鸡蛋爱心工程”捐款4万余元。同年6月16日，县工商联召开第二季度会长（扩大）会，会上组织大家学习了“非公经济36条”，并全文转发给全县基层商会及规模民营企业。2005年10月9日至12日，县工商联选派副会长黄清平（成都清凤集团董事长）、谢代斌（图腾建筑董事长）、常委邓炼（金阳集团副总经理）参加了在韩国首尔市举行的第八届世界华商大会。

四、招商引资

1998年5月，由金堂县工商联牵线搭桥，民营企业蓝光集团总裁杨铿支援赵镇狮子村33万元（其中：现金5万元用于灾后自救，原借给狮子村造打沙船资金利息27万元免付）。1999年县工商联（商会）共为私营企业牵线引资近200万元，受到县委、县政府的表彰。2001年，县工商联为非公有制企业引进资金100万元。2004年11月县工商联和县委统战部、县招商局积极承办了由市委统战部、市工商联、市光彩事业促进会、县委、县政府主办的“发展在金堂——投资说明会”，共有98家成都市或驻成都办事处的省内外民营企业负责人参加，签订协议资金3.1亿元。2005年引进资金26万元。

第五节　“三胞”亲属联谊会

1987年5月，成立金堂县“三胞”（台湾同胞、港澳同胞、海外侨胞）亲属联谊会。全县有台属2700人，有“三胞”亲属联谊会员317人。“三胞”联谊会每五年召开一次全体会员代表大会，每年召开一次全体理事会，每季度召开一次常务理事会。1992年4月27日，召开第二届“三胞”亲属会员代表大会，进行了第二届换届选举，选举肖雪松为会长。1995年12月12日至13日召开第三届会员代表大会，进行了第三届换届选举，选举高宗德为会长。2001年3月7日，召开第四届会员代表大会，进行了第四届换届选举，选举高宗德为会长。2005年9月11日，召开第五届会员代表大会，进行了第五届换届选举工作，选举王晓华为会长，理事17人。会议顺利通过了修订后的《金堂县三胞亲属联谊会章程》。2005年12月，县有“三胞”亲属联谊会会员317人。

第六节　金堂县残疾人联合会

一、组织机构

金堂县残疾人联合会成立于1991年，履行“代表、服务、管理”职能。2001年11月设立康复科、教育就业科、办公室，有工作人员6名，正副理事长各1名，科级领导职数3名。2002年成立盲人协会。2002年4月，县成立了乡镇残疾人工作协调委员会。2003年成立肢残人协会。2003年5月，县残联与县民政局正式分离，单列设为正局级单位，成立两科一室，即康复科、教育就业科、办公室；并建立党组。2004年3月成立工会。2005年，乡镇均建立残疾人工作协调委员会和残疾人联合会；配备残疾人专职干事22名；299个村和社区成立残协，配齐了联络员；成立了金堂县智力残疾人及亲友协会、金堂县精神残疾人及亲友协会、金堂县聋人协会。2005年4月，成立了残联党支部。至2005年末，金堂县残疾人联合会建立了盲人、肢体残疾人、智力残疾人及亲友、精神残疾人及亲友、聋人5个残疾人专门协会。有各类残疾人4.21万人，占全县总人口数的5%，占成都市53万残疾人的1/12，其中：肢体类残疾1.43万人，智力类残疾0.83万人，视力类残疾0.62万人，听力言语残疾0.78万人，精神类残疾0.16万人，综合类残疾0.39万人。

二、主要业务工作

县残联自2003年6月单列至2005年，完成白内障复明手术471例，其中免费233例。为聋儿免费提供优质助听器29台，免费安装假肢37例，捐赠轮椅251辆，矫形器装配35例，供应用品用具946件。开展训练肢残26例、脑瘫儿童6例、智残儿童机构8例、智残儿童家庭5例、低视力康复33人，低视力家长培训8例、聋儿语训47例、聋儿家长培训40名、肢残儿童矫治手术2例。对2600户特困残疾人家庭发放专项补助138万元。全县共有626名残疾人纳入五保供养，4083户农村残疾人和2368户城镇残疾人家庭纳入最低生活保障范围；扶持农村贫困残疾人1345户，脱贫837户。县共有6451

名享受低保的困难残疾人被纳入农村合作医疗改革范围，其中822人享受到农村医疗补助报销，共计金额116.3万元；同时，有97名享受到医疗救助，救助资金13.7万元。为贫困残疾人的天灾人祸申报紧急救助，已有3名残疾人获得1.2万元紧急救助。积极配合民政部门为进一步改善特困残疾人的住房条件，对上争取危房改造资金，为金堂县224户特困残疾人建新房9288平方米。2004年，将482只黑山羊发放到241户贫困残疾人家庭养殖。2005年，扶持499户农村贫困残疾人发展鸡、鸭、鹅、兔、猪、蔬菜、果树等种养殖业。教育与就业取得突破性进展，按比例安置残疾人就业135人，征收保障金156万元。分散安置88名残疾人到各类厂矿和福利企业就业，扶持23名残疾人个体开业。设立残疾人爱心接受捐助站。动员社会各界为残疾人捐赠家具、衣物，共接受捐赠衣物3.8万套（件），家具123套（件）。

为211名贫困残疾学生发放了“自强助学金”，共计12.75万元。对113名视力残疾儿童进行入学补助，共计6.4万元。开展残疾人职业技能培训694例。为残疾人咨询服务285人次，提供司法援助12件。共处理来信来访500件，结办率100%。县残联在春节、“助残日”等重大节日，慰问残疾人家庭10630户。2003年金堂被省教育厅、民政厅、省残联联合评为“四川省‘九五’期间特殊教育先进县”，被市政府评为“成都市扶残助残先进集体”；被市残联评为“残疾人特殊教育工作先进集体”和“康复工作先进集体”。在成都市残疾人文艺节目会演中，金堂残联参赛的节目获得二、三等奖。2004年，金堂残联受到市政府残工委表彰，在全市残联系统目标考核中获一等奖；“三助工程”实施工作获“突出贡献奖”；信息工作和残疾人就业等13项工作在全市残联系统获单项奖。同年11月5日举办了近百名残疾人参加的金堂县首届残疾人运动会。2005年，金堂残联组织15名智力残疾运动员参加成都市首届特奥会，获奖牌17块，其中：金牌5块、银牌5块、铜牌7块。金堂残联荣获“组织奖”和“体育道德风尚奖”。同年末，县残联在全市残联系统目标考核中获一等奖，获“新型农村合作医疗和少儿住院互助金工作”突出贡献奖、“我帮残疾人置个家”创新奖、残疾人白内障复明和就业等9项工作单项奖，市残联工委和市人事局授予金堂“残疾人工作先进县”荣誉称号。

第二十五篇 法 治

1991—2005 年，金堂县全面开展法治工作，县政法委适时开展专项斗争，严厉打击各种刑事犯罪。公安部门常年维护社会治安秩序，检察机关认真查处违法犯罪案件，人民法院公正司法依法判决各类案件，司法行政部门为民提供司法公证和法律援助，为社会营造了良好的法治环境。各个职能部门，按照国家法律法规履行公务，保持社会稳定。

第一章 政法委员会工作

第一节 政法队伍

一、机构

1991—2005 年，县政法委设办公室、督查办公室、社会治安综合治理办公室、防邪办、维护社会稳定工作领导小组办公室。2001 年机构改革，社会治安综合治理办公室与县政法委员会机关合署办公，保留牌子。

二、系统工作

1991—1997 年，全县政法各部门从严治警，开展“争先达标活动”。先后涌现出“全国公安战线二级英模”蒋泽宣，全国优秀人民警察王平江等一系列英雄模范人物。1998 年，对全县政法系统进行集中教育整顿。同时，协助组织部人事局考察、调整、考核任免科室干部 78 人次。1999 年，县政法系统开展“争创人民满意政法单位干警”活动，涌现出人民满意的政法各部门基层单位 29 个，人民满意的政法干警 170 名。同年，协助组织部、人事局完成对 61 人次政法系统中层干部的任免考核。2000 年，协助组织部、人事局考核任免科室干部 118 人次。2001 年，县政法各部门人事制度改革，法院、检察院实行“中层干部竞争上岗，一般干部双向选择制”；公安局实行了“末位淘汰制”。全年，任免考核政法系统中层干部112人。2003年，县政法委6—8月，认真结合“6·21”李思怡事件，在全县政法系统开展为期3个月的集中教育整顿，共新建18项制度，完善和健全29项制度，新设各种便民措施34条。县政法委在全县政法系统开展了为期两年的“党员先锋工程”活动。评出优秀党员160名。2004年开展为期三年的争创一流政法工作活动，评出优秀党员165名。2005年5月，开展了政法系统“规范执法行为，促进执法公正”的专项整改活动。

第二节　维护稳定

金堂县政法委维护全县社会稳定，排查和调处各类矛盾纠纷，做好处置突发事件的预案和准备工作，防止和处置好重大突发事件。落实党政一把手对维护本地社会稳定负总责和“谁主管，谁负责”及“分级负责，归口管理”的政治责任，坚持“条块结合，以块为主”和“属地管理”原则，组织全县各乡、镇、各部门维护稳定，建立健全维护社会稳定工作定期排查、重要信息报送、调处工作协调会议、党政统一领导、各部门各司其职，协同配合等制度。1998年，县委下发《关于进一步加强政法工作的决定》，制定《处置突发事件预案》。2002年，健全信息报送、矛盾纠纷排查“月查季报”制度，各乡镇建立了乡（镇）、村、组三级调解组织。2003年，维护稳定工作领导责任制已贯穿全县24个乡镇和县级各部门。对排查出的重大问题采取“一个问题，一名领导，一套班子，一个方案，一抓到底”及时化解和消除不稳定因素。1991—2005年，全县调解各类民间纠纷27633起，处置群体事件293起，防止民事转刑事案件410起，有效化解群体上访139起，完成县交办的重要信件和重大问题161件次，向上级提供各类情报信息118条。

第三节　严打刑事犯罪

1991—1997年，先后组织开展了“一打两整治”“打团伙除隐患”“反盗窃，打抢劫”“反盗窃机动车”“春季严打攻势”“夏季破案会战”“秋季除恶大扫荡”“整治农村社会治安”“收缴枪支弹药”“严打斗争”等20次大型专项斗争，破获刑事案件2834件。其中：破获重特大案件490件，摧毁犯罪团伙274个，涉及成员达703人；逮捕犯罪分子1632人，收缴各类非法枪支3651支，管制刀具614把，追回赃款赃物总价值915.5万元。1993年，县政法各部门密切配合县开展针对带黑社会性质流氓团伙和“车匪路霸”犯罪分子的严打活动、“除六害”、反腐败斗争。1994年，破获四川省“十大要案”之一的土桥特大盗猪案；悬赏侦破被四川省公安厅挂牌的“三江路芳草地血案”等一系列大要案件。2001年4月底，县公安局破获了一起先后在青白江、广汉、德阳、什邡、彭州、金堂等地流窜作案的抢劫团伙，该犯罪团伙先后抢劫作案16起，杀死5人，抢得现金、物资共计300万元。同时，此案的侦破还一举带破了彭州市“3·16”抢劫银行巨额现金挂牌大案，受到省、市有关领导的高度赞扬，县公安局获省厅集体二等功。在2001—2002年间，县“严打”整治斗争指挥部组织召开了四次公处大会，使直接受法制教育的干群达10余万人次。2001—2002年间共发放宣传资料10万份，出动宣传车50余台次，举办法制宣传150次，举办法制讲座200次，书写严打标语720幅次，律师参与刑事辩护296件，促进了“严打”整治工作的开展。

第四节　综合治理

1991—2005 年，金堂县政法委、县社会治安综合治理委员会先后在全县乡镇建立综合治理办公室 21 个，综合治理小组 50 个，配齐专兼职干部 40 名，治保会 680 个，调委会 595 个，建立城区、乡、镇治安室、联防队 48 个，配有治安联防和群防群治 2 万余人。创建了三星镇、土桥镇两个市级综合治理模范单位。1993 年开始，建立县见义勇为奖励基金，全县干部群众自动捐款。到 1997 年底，已筹集见义勇为奖励基金 10 万元。1991—1997 年，涌现见义勇为公民 10 人，受省、市表彰奖励 3 人，县级表彰 7 人。1999 年，三星镇被中共四川省委、四川省人民政府命名为综合治理模范镇；赵镇、清江镇被中共成都市委、成都市人民政府命名为综合治理模范镇。2000 年，县政法委、综治委建立健全了 490 个村（居）治保会，推行综合治理特派员制度。2000 年，金堂县被中共成都市委、成都市人民政府命名为成都市社会治安综合治理模范县；栖贤乡被中共四川省委、四川省人民政府命名为综合治理模范乡；县建设局被中共成都市委、成都市人民政府命名为综合治理模范单位。从 2002 年开始，开展社会治安综合治理整体联动防范工程建设，全县建立了 30 个社区治保会巡逻队、专兼职巡逻队员 150 余人、商家联勤组 301 个 1041 人、守楼护院组织 5388 个 12902 人。在各大茶楼、酒吧等重要部位和路段安装了监控设备和报警装置 260 个，从而有效控制了“两抢”“两盗”等多发性犯罪的发生。2002—2003 年，全县共建安全文明小区 483 个，命名安全文明楼栋 316 栋、文明户 59878 户、文明车站、校园 85 个，命名安全文明科室、车间、班组 239 个。2002 年，金堂县继续保持成都市综治模范县称号。县水利局被中共成都市委、成都市人民政府命名为综合治理模范单位。2003 年，县劳动和社会保障局被中共成都市委、成都市人民政府命名为综治模范单位。三星镇、栖贤乡、赵镇、县建设局、县水利局继续保持了省、市综治模范乡镇（单位）的称号。到 2004 年，全县已创建安全文明单位、社区、村 720 个，安全文明户 159878 户。2005 年，县全面启动创建“平安金堂”工作，召开全县“平安创建”工作动员大会。县综合治理委员会研究制定并下发了平安乡镇、平安单位、平安村（社区）、平安小区、平安校园考核标准，将平安创建活动工作目标进行了分解并下发到各综合治理成员单位和各乡镇。

第二章　公　安

第一节　机　构

1991 年，金堂县公安局内设 1 室、7 科（不包括林业公安科）、2 队、11 所，即办公室、政工科、一至四科、消防科、户籍科、刑警队、交警队、看守所、收审所、赵镇派出所、三江派出所、淮口镇所、淮口区所、五凤所、福兴派出所、高板派出所、竹篙派出所、土桥派出所。1992年，增设法制科；1993年，增设城郊派出所、清江派出所、官仓派出所、同兴派出所、金龙派出所、广兴派出所、云合派出所（7个派出所）；1994年，增设纪检监察室；1995年，交警队更名为交通警察大队；1996年，增设隆盛派出所、转龙派出所、平桥派出所、又新派出所、三溪派出所、黄家派出所、白果派出所、赵家派出所、栖贤派出所、云绣派出所（10个派出所），看守所与收审所合并为看守所；1997年，云合派出所、又新派出所与土桥派出所合并，隆盛派出所、转龙派出所与竹篙派出所合并，黄家派出所、白果派出所与淮口派出所合并，赵家派出所与福兴派出所合并等七个派出所保留牌子，同兴派出所更名为九龙派出所；1999年，增设研究室，取消四科，消防科更名为公安消防大队；2000年，增设“110”指挥室、经侦大队，合并广兴派出所（保留牌子）；2001年，增设机要室，警务督察队、装备财务科、信息通信科、治安防范人口管理科（治安防范人口管理大队）、治安大队、禁毒大队、巡警（防暴）大队、治安拘留所、强制戒毒所、警务保障服务中心、五凤派出所、成都野生世界景区派出所，二科更名为单位内部安全保卫科即单位内部安全保卫大队、三科更名为治安科、一科更名为国内安全保卫科即国内安全保卫大队、刑警队更名为刑警大队，赵镇、城郊派出所（与云绣派出所合署成立中心派出所，保留牌子），三星派出所（与官仓、栖贤、清江合署成立中心派出所，保留牌子）、淮口派出所（与黄家、白果、九龙合署成立中心派出所，保留牌子）、福兴派出所（与金龙、赵家合署成立中心派出所，保留牌子）、高板派出所（与三溪、平桥合署成立中心派出所，保留牌子）、竹篙派出所（与广兴、转龙、隆盛合署成立中心派出所，保留牌子）、土桥派出所（与云合、又新合署成立中心派出所，保留牌子），纪检监察室分设为纪检组与监察室（合署办公），赵镇、五凤派出所及各中心派出所内设辖区刑警队；2002年，经济侦查大队更名为经济犯罪侦查大队，刑警大队内设8个副科级机构（内勤中队、刑事侦查一中队、刑事侦查二中队、刑事侦查三中队、刑事技术情报中队、刑事特情中队、预审中队、出租汽车治安管理办公室），交通警察大队内设11个副科级机构（内勤中队、交通事故处理中队、车辆管理中队、勤务一中队、勤务二中队、勤务三中队、淮口中队、福兴中队、竹篙中队、成都野生世界景区中队、非机动车管理所），公安消防大队更名为县政府消防队；2005年11月，赵镇派出所、城郊派出所合并成水城派出所。

1991—2005年，金堂县公安局内设11个职能科室（即办公室、“110”指挥中心、研究室、机要室、政工科、警务督察队、装备财务科、信息通信科、法制科、单位内部安全保卫科、治安科）、13个队所一线和基层机构（即国内安全保卫科、治安防范人口管理科、治安大队、禁毒大队、经济犯罪侦查大队、刑警大队、交通警察大队、巡警（防暴）大队、看守所、治安拘留所、强制戒毒所、县政府消防队、警务保障服务中心），22个派出所机构：水城派出所（与云绣派出所合署成立中心派出所，保留牌子）、三星派出所（与官仓、栖贤、清江合署成立中心派出所，保留牌子）、淮口派出所（与白果合署成立中心派出所，保留牌子）、福兴派出所（与金龙、赵家合署成立中心派出所，保留牌子）、高板派出所（与三溪、平桥合署成立中心派出所，保留牌子）、竹篙派出所（与广兴、转龙、隆盛合署成立中心派出所，保留牌子）、土桥派出所（与云合、又新合署成立中心派出所，保留牌子）、五凤派出所，2个纪检、监察机构（即纪检组与监察室合署办公、监察室）。

第二节 侦查与保卫

一、刑事案

1991—2005 年，金堂县公安局贯彻中央“稳定压倒一切”的方针，深入开展“严打”斗争，以“破大案、挖团伙、打流窜、追逃犯、促防范”为刑侦工作总体方向，集中警力，集情报、调查为一体，对重点地区专案专办、抓一案带一片。在侦查破案中，注意发挥情报工作的作用，同时开展刑侦技术工作，通过法医检验、尸体鉴定、现场勘察、提取痕迹、捺印指纹，以及各种化验和特种技术工作，为侦破案件提供罪证，为确定犯罪性质提供依据。1993 年起，推行探长分片包干制，实行定人、定案、定时责任制。1998 年刑警大队与预审科合并，实行“侦审合一”。刑警大队承担预审办案。1991—2005 年，全县共立刑案 14648 件，破 8362 件；其中：立重特大案件 2987 件，破 1745 件；打击处理 4337 人；共打掉犯罪团伙 330 个，缴获各类赃款赃物总价值 1554 万元。

二、打击拐卖人口

1991—1997 年，县打击拐卖妇女儿童办公室做到“思想不松、人员不动、班子不散、常抓不懈”。1992 年，全国人大常委会作出《关于严惩拐卖绑架妇女儿童的犯罪分子的决定》，打击拐卖妇女儿童犯罪活动被列为“严打”的重要内容。1998 年，理顺管理体制，打拐工作移交给县公安局刑警大队负责。1991—2005 年，县政府拨出专项经费，县公、检、法、司协同作战，县公安局民警密切配合，先后派出多个外调解救工作组前往内蒙古、山东、山西、河北、河南、安徽、陕西等省调查取证万余份，历尽艰辛，共破获拐卖人口案件 119 起，查处人贩子 260 人，解救妇女儿童 183 人，追缴赃款、赃物共计 3.55 万元。

三、经济侦查

2000 年 4 月，组建金堂县公安局经济犯罪侦查大队。当年受理经济案件 30 件，立案 22 件，破案 18 件，逮捕 10 人，涉案金额 250 万元，挽回经济损失 102.8 万元。2001 年，受理 26 件，立案 20 件，破案 14 件，逮捕 8 人；2002 年受理 21 件，立案 19 件，破案 17 件，挽回经济损失 400 万元。2003 年受理 38 件，立案 24 件，破案 18 件，查处 16 人，挽回经济损失 490 万元。2004 年受理 34 件，立案 18 件，破案 18 件，打击 11 人，追逃 5 人。2005 年受理 31 件，立案 19 件，破案 12 件，打击 9 人，追逃 1 人，协助追逃 1 人。

四、治安管理

1991—2005 年，县公安局严格按照公安部《关于公安派出所实行公共娱乐服务场所治安管理暂行规定》落实派出所和治安民警的管理责任，对场所进行定期和不定期的治安检查。2005 年年末，全县有卡拉 OK 厅 27 家，酒吧 80 家，舞厅 7 家、电子游戏室 29 家、茶坊（馆）202 家，台球室 11 家，按摩服务店 88 家。在开展“黄、赌”集中整治行动中，县公安局认真履行“打击查处违法犯罪”的职责，经整治，县内场所无公开卖淫嫖娼、淫秽表演和聚众赌博。县公安局规范危险物品管理工作，先后贯彻《中华人民共和国枪支管理法》《中华人民共和国民用爆炸物品管理条例》《公安部关于清理收缴枪支的通告》以及《四川省烟花爆竹安全生产管理暂行规定》等。对12家涉枪单位的枪支管理和使用上做到“枪弹分离”，枪库达到“三铁一器”，实行双人双锁24小时值班值守管理制度。同时对全县民用爆破器材使用单位的“四员”（爆破员、押运员、安全员、保管员）进行培训，重点培训和爆炸物品有关的法律法规及基础知识；2005年全县有“四员”共计316名。全县民用爆炸物品管理按照“谁主管、谁负责、谁签字、谁负责”的原则落实专人负责制，各涉爆单位基本建立健全各种管理制度和管理机构，制定门卫、值班、安全检查、会议记录、职工培训、爆炸物品领用、清退、使用等登记统计制度。县公安局坚持每年对全县的涉爆单位进行拉网式大检查，适时开展枪、爆整治。1991—2005年，共查处28户“三无”烟花爆竹销售点，收缴“三无”火炮960柄、烟花502个，收缴各类枪支653支，枪管20支，各类子弹1219发，炸药1777.25千克，黑火药17.75千克，铁砂子36.04千克，自制火药15千克，炸弹12枚，爆竹2500柄，雷管2532发，导火索995米；破获涉枪涉爆案件25件。2005年末，全县18家剧毒物品使用单位，均建立了规范统一的备案登记制度。

五、禁毒斗争

在1991—2005年的“6·26”国际禁毒日宣传活动中，县公安局共散发禁毒资料3.8万余份，张挂标语6000余幅，设咨询站、宣传点50余处，展出照片挂图20余套，新闻报道200余次，播放禁毒宣传片等，使打击贩毒、禁止吸毒形成社会舆论。全县在禁毒斗争中共侦破毒品案件13件，抓获吸、贩毒人员186人，强制戒毒80人，缴获海洛因78.41克，鸦片200克。

六、110指挥中心

2000年1月27日，成立金堂县110指挥中心。县公安局指挥中心不断加强接处警工作，提高快速反应能力，在维护县社会治安稳定、预防打击犯罪、服务救助群众等方面做出了积极的贡献。2004年7月，县公安局投资20万元，实现了统一由指挥中心受理“110”“119”“122”的报警、求助和投诉三台合一，建成了集电话接警、数字录音、网上接处警、图像监控、大屏幕显示、电脑区域联网报警、有线无线指挥调度等功能于一体的110指挥综合系统，整合信息资源，提高快速反应能力，并逐步完善和规范指挥调度、请示报告、信息反馈、检查监督等工作机制。指挥中心认真接处每一起群众求助，积极协调联动单位，尽最大努力为群众排忧解难。凡属公安机关职责范围内的事，都及时通过一线民警处警、协助；属其他部门职责范围的求助事项，能够及时引导群众寻找解决途径或协助联系联动单位帮助解决。110指挥中心自2000年成立至2005年共受理群众求助2160件，为群众提供咨询服务2.58万次。

七、国内安全保卫

金堂县公安局国内安全保卫大队原称政治保卫科，1998年更名为国内安全保卫科。2003年建立金堂县公安局国内安全保卫大队，同时决定内部安全保卫科与国内安全保卫大队合署办公。2000—2005年，进行基础专项调查18次，写出专题调研文章7篇，收集各类情报信息150条，经过分析上报情报信息被上级业务部门、县委、县政府和县政法委采用51条；参与处置各类群体性突发事件16起；将国内安全保卫工作延伸到各行业、各部门，创造性地开展工作，确定重点单位、重点公安场所15处。对这些重点单位、场所落实安全管理制度，建立起联络员、信息员、信息网络，确保重点单位、场所安全。

第三节　公安管理

一、户籍管理与制度改革

随着改革开放的深入，户籍管理开始设立专门机构。1987 年 2 月金堂县公安局成立户籍科，全县乡（镇）未设专职户籍管理人员。1992 年年初在全县未建公安派出所的乡（镇）治安室内设 1 名专职户籍员，行政上由各乡（镇）人民政府统一管理，业务上由县公安局户籍部门指导。2000 年以前，县除淮口、赵镇、五凤三个乡、镇非农业户口由派出所管理，其余农业户口和另外 21 个乡镇的全部户口由各乡镇人民政府所辖户籍室管理，从 2000 年开始，金堂县开始逐步完成乡、镇管理户口过渡为公安机关直接管理。

1986 年 9 月下旬，金堂县开始在赵镇颁发居民身份证，历时 13 个月；1987 年 11 月，完成居民身份证制证前期工程任务。1999 年，县公安局建设县级人口信息库，2000 年，全面完成新换发户口簿工作。2003 年 9 月，金堂县人民政府对现行户口政策进行调整，坚持以准入条件代替入城指标的原则。取消指标限制，对于在本县城区或乡镇具有合法固定的住所、稳定的职业或生活来源的人员，均可根据本人意愿办理城镇常住户口。2004 年 4 月 1 日，在金堂县公安局成立了公安办证中心，可办理全县所有户籍业务。同年 6 月，开始推行一元化户籍管理制度，取消农业户口和非农业户口性质的划分，统称为居民户口，实行城乡户口一元化登记管理；同年 10 月下旬，金堂县开始实行户籍网上迁移。2005 年 11 月初，金堂县开始换发第二代居民身份证。

二、交通车辆与安全管理

（一）道路交通安全管理

金堂县公安局交警大队成立于 1987 年 5 月 1 日，负责全县的道路交通安全、机动车辆、机动车驾驶、非机动车、辖区内省、县、乡道路的管理。1991—2005 年，县交警大队从 8 名干警扩大到 63 名干警，从 3 辆机动车发展到 30 辆机动车。县交警大队全体干警始终牢固树立全心全意为人民服务的宗旨，坚持立警为公、执法为民、牢记“心中无群众、不配当交警”和“有警必接、有难必帮、有险必救、有求必应”的承诺，为金堂的道路安全畅通、经济发展、社会稳定做出贡献，多次受到各级领导的称赞和各级部门的表彰。1991—2005 年，金堂县交通运输共发生重大交通伤亡事故 3 起。

1. “4·2”事故。1993 年 4 月 2 日上午，金堂县运输公司（2000 年 5 月更名为金堂县通达运输有限责任公司）驾驶员林大山驾驶川 A61061 华西中巴车行驶至淮土路一根松地段，因避让横穿公路行人，造成车辆侧翻于公路左侧，发生当场压死 2 人，撞伤横穿行人的事故。经济损失 3 万元。

2. “7·16”事故。1999 年 7 月 16 日上午 11 时，金堂县交通运输服务公司驾驶员史杰驾驶川 A31121 客车，在淮土公路 20 公里处与货车相撞，客车直冲坡下水沟 6 米深处，当场死亡 1 人，经医院抢救无效死亡 1 人，重伤 3 人，轻伤 12 人，经济损失 7 万元。

3. “5·29”事故。2000 年 5 月 29 日凌晨 5 时，金堂县兴运交通服务有限责任公司驾驶员孙泽建驾驶川 A80147 中巴车客货混装，在赵镇至淮口公路 8 公里 +800 米处翻于坡下 12 米深处，当场死亡 3 人，抢救无效死亡 1 人，重伤 3 人，轻伤 19 人，经济损失 30 万元（因该驾驶员无证驾驶已被判刑）。

（二）机动车驾驶员管理

县交警大队按照《中华人民共和国道路交通管理条例》《中华人民共和国道路交通安全法》《机动车驾驶员管理办法》的规定，对全县的机动车驾驶员进行严格管理。1991年1月1日全县只有6870名机动车驾驶员，到2005年12月31日止，全县已有4.5万名机动车驾驶人员。1991—1995年，平均每年有1000名机动车驾驶人员培训考试；1996—2000年，平均每年有2000名机动车驾驶人员培训考试；2001—2005年年底平均每年有4000人参加机动车驾驶人员培训考试。对参加机动车驾驶人员的培训考核时，交警大队始终严格按照“驾驶员考核办法”的规定从严把关，公正办理。县公安局从1992—1998年专门培训了3000名驾驶人员，为社会输送了合格人才。县交警大队为保护人民群众的生命财产安全，对各企事业单位、厂矿、部队的驾驶人员进行了交通安全教育，做到了“安全警钟长鸣”。

（三）机动车辆管理

1991年1月，全县共有机动车辆2106辆，到2005年12月31日，全县已发展到44300辆机动车辆。1991—1995年平均每年有270辆机动车办理入户注册登记，1995—2000年平均每年有2000辆机动车办理入户注册登记，2001—2005年年末平均每年有5800辆机动车办理入户注册登记。机动车每年参加年审检测率占年有机动车总数的93.5%，所有的营运车辆年检测率为100%，并且每逢“黄金周”“春冬”运输期间均要进行免费检测，没有参加年审检测、节前检测、“春冬运”检测的车辆坚决取消其上路营运资格。在日常的交通管理工作时，凡是发现没有参加年审检测和购买保险的车辆坚决取缔上路行驶。

三、特种行业管理

县公安局对特种行业以各派出所为依托，严格执行登记、审批程序，严格管理，落实好安全防范措施。着重抓好旅馆业住宿登记、保管、防范管理等工作，深入贯彻旅馆业管理法规，并与旅馆签订治安管理责任书，确保各项制度的落实。县公安局积极对特种行业进行清理整顿，至2005年年底，全县共有旅馆93家，印章业8家，印刷业28家，废旧金属收购业60家，旧货市场4家，报废机动车回收业1家，典当业1家，机动车修理业117家。

四、消防管理

（一）消防设施

1997年，县政府财政拨款40万元，组建地方专职消防队，购消防水罐车1台，组建专职消防队（公安队员8人）。1998年，四川省消防总队赠送水罐消防车1台，补充金堂消防装备力量。2002年专职消防队员8名警察逐步分流到县公安局基层，逐年招进工人填补，至2005年有消防队员16名。2004年4月，县政府拨出专款在赵镇沿河岸建消防取水码头7处。同年4月，县消防大队筹备资金30余万元在金龙路交巡警大队五楼修建办公营区300余平方米，彻底改变了消防大队原办公室只有30平方米，无值班室、档案室等营区的状况。2004年，县政府共拨出消防业务经费和专项资金30余万元用于县消防建设事业。2006年7月，县政府拨出专款为消防大队购置火灾现场勘查车1台；同年10月，县政府投资48万元为消防中队购置多功能消防车1台。

（二）消防安全工作

1992年起，对重点防火单位的法人代表和保卫科长进行消防培训，每年培训1次，实行法人负责制，层层签订安全责任书，每年均在春节、夏收、国庆、冬防四个时期组织全面的防火宣传检查。1995年1月17日下午在韩滩桥体育场举行了消防演练，成纺二厂、川锅厂、65分厂的企业消防队每年都举办了消防实战演练，有效地提高了防火技能。1997年县防火安全委员会对全县消防安全重点单位进行调整，有二级重点单位45个、三级重点单位270个。2000年调整重点防火单位二级187个，三级248个。2003年调整重点防火单位县级148个，镇级160个。2005年8个，高层建筑7栋（县政府防汛指挥中心、供电大楼、广电大楼、邮政大楼、110指挥中心、建设大厦、在水一方电梯公寓）。

重大火灾、社会影响面大的火灾事故：2000年8月28日，土桥镇农机加油站发生火灾，直接经济损失15万元，县公安消防机关对两个直接责任人分别予以15日治安拘留。2003年12月31日，位于赵镇金西路51号的华福宁制药公司104车间发生火灾事故，成都市消防支队出动7个中队现场扑救，直接经济损失20万元。2004年1月18日，位于赵镇金广路口的金堂县市场开发服务中心综合商场发生火灾，受损建筑面积2000余平方米，受灾商铺67家，直接经济损失48.7万元。重大火灾隐患立销案件：2002年消防机关确立重大火灾隐患4件，即综合商城、电影发行公司、红旗剧场、竹篙新华加油站。2004年四个重大火灾隐患均销案，电影公司停业房屋拆除、新华加油站改造、综合商场和红旗剧场投入资金整改。开展“119”消防宣传活动，县防火安全委员会、消防大队在县客运中心站组织“119”“120”“110”三警连动机制，开展灭火实战演习。2005年7月，成都市政府防洪演习在金堂毗河湾进行。

金堂县1992年、1994年、1996年、1997年的消防工作被成都市人民政府评为先进。2005年7月，金堂县消防大队党支部分别被四川省公安消防总队党委、成都市消防支队党委评为“优秀基层党支部”，同时被四川省消防总队授予“双示范”单位荣誉称号。

五、出入境管理

1990—2002年8月，由县公安局国保科管理全县出入境工作；2002年9月，改由户籍科管理；2003年，户籍科更名为治安防范人口管理科；2004年上半年，建立国家工作人员登记备案系统，2004年8月30日，由审批制改为按需申领护照。特别是自2005年3月1日、11月1日开通港澳团队旅游和港澳个人旅游以后，外出旅游人员更是大幅上升。2005年，全县960人次出国（境）；2006年1月至10月全县受理申请办理出国（境）证件1354人次，接待全县散居社会及宾馆（包房）停留的境外人员共计32人，其中外国人27人，台湾同胞5人。金堂县出入境管理工作始终坚持“发现得了，控制得住，维护主权，保证安全”的工作原则，县公安局组建了翻译队伍，共储备了包括英语翻译志愿者队伍人数2人，办理涉外案（事）件5件，录入法定不准出境报送备案系统190条信息，国家工作人员登记备案系统登记备案721条信息，建立外管工作档案，形成网络化管理，确保出入境管理工作的顺利进行。

六、流动人口管理

随着改革开放的深入，流动人口逐渐增多，1989年县公安局成立户籍科登记管理流动人口。1997年3月1日起施行1996年12月24日四川省第八届人民代表大会常务委员会第二十四次会议通过的《四川省暂住人口治安管理条例》，全县各派出所设立暂住人口登记站（点）负责暂住人口的登记，发放暂住证和日常管理工作。2001年3月1日，执行《成都市外来人口治安管理办法》，加强暂住人口和出租房屋管理。2002年全年登记三日以上暂住人口8867人次，出租房屋337户337间。2003年全年登记三日以上暂住人口8321人次，出租房屋299户356间。2004年全年登记三日以上暂住人口8821人次，出租房屋188户466间；2005年10月全县实施IC卡暂住证管理工作，全面实行微机管理暂住人口和出租房屋管理，并建立流动人口协管员队伍兼职26人，建立登记站8个，全年登记三日以上暂住人口13429人次，出租房屋460户。

第四节　预审与看守

一、预审

1991—1999年2月的预审工作由县公安局预审科负责。预审工作继续贯彻“从重从快”的方针，以“严打”为主干线，落实办案责任制，严格依法办案，保证办案质量，“稳、准、狠”地打击犯罪活动。1991—1998年共刑事拘留1327人，逮捕2742人，收容3290人（1991—1996年），其中收容由法制科负责审查。

1999年3月，预审科撤销合并到刑警大队为预审中队仍负担原预审科的工作职能。1999—2001年，共刑事拘留1299人，逮捕1037人，取保175人，劳教24人。1991—2001年，行政案件的审查先后由县局治安科、法制科负责，共行政拘留1520人。2002年9月18日，撤销预审中队合并到法制科。法制工作以“规范执法行为，促进执法公正”为主题，负责刑事案件、行政案件的审查把关，执法监督等项。2002—2005年，共刑事拘留1227人，逮捕1067人，劳教48人，取保147人，监视居住89人。

二、看守

1991年，看守所投资20余万元改造、修建监舍。1998年投入资金10余万元修建会见室。2000年，投入资金70余万元修建监所武警巡视道、哨位。2001年，投入资金6万元安装电网。2002年投入资金11万元修建伙房。2005年，投入资金20余万元安装了监控系统和在押人员受虐报警系统、电教系统。投入50余万元新修建拘留所，将拘留所从监区搬出。1991—2005年共投入资金60万元加固、修缮看守所各方面的安全设施。

1991—2005年，县看守所共收押各类在押人员6878人，转逮捕5230人。刑满释放2033人，缓刑释放551人。人犯出所就医200余人次，所长接待违法人员家属120次300余人，看守所邀请公、检、法、司来所对在押人员进行法制教育和社会帮教30余次。1995—2005年刑拘入所4324人，转逮捕3402人。

第五节　公安信息与科技

一、公安科技建设与发展

县公安局按照“金盾工程”建设的总体要求，大力推进公安信息化建设，建成了公安四级网。按照公安信息化建设的新要求，高起点、高标准的进行了设计和规划，全面铺设了网线和其他有关设施，实现了县公安人口信息和其他有关数据的网上传输与全国联网，提高人口信息CCIC数据的资源共享。经过2000—2008年的不懈努力，逐步实现了网上办公、网上审案、网上比对，建成了覆盖全县的金融单位110联网报警系统建设。县公安局先后在全县各金融单位和网点及重要物资仓库全部设立了110

联网报警系统，第一批于2000年正式投入运行，至2008年，全县各单位、城乡已有72个网点进行联网，实现了各金融网点和重要物资仓库人防、物防、技防相结合，增强了治安防控能力。县建成了三台合一接处警系统，于2004年11月1日建成并正式使用。该系统建成为打造“集中、权威、统一、高效”的指挥系统成为现实。三台合一建立，能有效地整合全局的警力资源，并充分发挥出该系统的优势，为快捷高效和多警种合成作战打造了一个有力地平台；为更好地发挥其应有的作用，县公安局建立和完善了与之配套的运行机制，指挥中心成为协调处理突发事件及紧急警务活动的参谋部和指挥部、报警服务中心及110社会联动工作的核心和纽带，取得了良好的社会效果。2006年1月县公安机关电视电话视频系统建成并投入使用，该系统能及时收看上级领导的讲话，收听和收看各种电视电话会议精神实况，使公安工作的路线、方针、政策和重大决策能得到及时传达、贯彻和执行。建成了公安各业务部门的工作系统。建立公安人事、治安、旅馆食宿人员、出入境、交通管理系统和刑侦综合、监管、禁毒、人口信息系统等。这些系统均依托公安四级网，为各业务部门网上办公自动化提供了便利。县公安局大量购置电脑和数字证书，民警拥有电脑数达到50%，增购数字证书使民警拥有数字证书数量达到100%，保障了公安民警网上办公和网上作战的需要。建成道路监控系统，县公安局在县城交通要道的主要路口设立40个“天网”视频监控点，于2007年1月10日建成并经过调试正式投入运行；至2008年已增加至80个，另一些乡镇也陆续建立和不断扩展，逐步建成了城乡结合，全时空、多层面、立体交叉、较为完备的技术防控网络和体系。

二、网监工作

2008年共协助外省、市抓获逃犯2名、抢劫嫌疑人1名、非法持有毒品嫌疑人1名，行政处罚违规网吧11件。全县共有15家网吧进行了升级改造并符合要求，另有5家摄像设备已安装还未安装审计软件。对互联网监控共向市网监处报送有害信息15条，其中3条被市网监处采用，2条被省七处采用，2条被县委、县政府采用。对县委、县政府反馈的网上有害情况进行及时排查1条。县网监大队主动与县局职能部门及县工商局执法分局联合行动，在加强对网吧管理的同时，还联合工商、文化等部门对金堂县非法经营互联网上网服务的网吧（“黑网吧”）连续开展了专项整治行动5次，端掉“黑网吧”7家，并由工商查封电脑67台。

第三章　检　察

第一节　机　构

1990年，金堂县检察院内设机构为：刑事检察一科（审查批捕检察科）、刑事检察二科（审查起诉检察科）、经济检察科、法纪检察科、监所检察科、罪案举报站、刑事技术科、民事行政检察科、政工科、纪检组、办公室。1990—2005年，对内设机构进行了一些调整、撤并或更名。

1990年4月，罪案举报站调至经济检察科内设置，其业务开展和组织领导，由经济检察科负责处理。1991年2月，罪案举报站仍回归到控告申诉科负责处理。1990年5月14日，金堂县检察院成立政工科。1990年5月14日，金堂县检察院设立贪污贿赂检察科，同时撤销原经济检察科的建制。1990年12月30日，金堂县检察院设立淮口办事处，配备人员3名。1992年7月13日，经金堂县就业服务管理局批准，成立金堂县检察院劳动服务公司，其性质为集体所有制。1992年8月29日，金堂县检察院成立预防犯罪法律咨询服务处。1993年5月31日，经成都市人民检察院批准，金堂县检察院设立交通局、农业局、供销社、技术监督局检察室。1995年6月22日，上述4个检察室被撤销。1994年7月5日，撤销原金堂县检察院罪案举报站，设立金堂县检察院举报中心。1995年10月5日，撤销原贪污贿赂检察科，设立金堂县反贪污贿赂工作局；该局内设：侦查一科，侦查二科，预审科，综合科（均为股级）。1995年12月14日，经成都市人民检察院研究决定：设立金堂县检察院驻金堂县地方税务局检察室。1996年1月10日，经成都市人民检察院同意，设立成都市检察学会金堂分会。1997年11月26日，撤销金堂县检察院驻县国税局检察室；撤销金堂县检察院驻县地税局检察室。1998年6月29日，将金堂县反贪污贿赂工作局更名为金堂县人民检察院反贪污贿赂工作局。1998年8月15日，注销金堂县检察院劳动服务公司。2001年12月20日，金堂县检察院内设：政治处、监察室（与县纪委派驻纪检组合署办公）、法律政策研究室（与院检察委员会办公室合署办公）、办公室、侦查监督科、公诉科、反贪污贿赂局（内设综合科、侦查一科、侦查二科；与职务犯罪预防办公室一个机构两块牌子）、渎职侵权检察科、监所检察科、民事行政检察科、控告申诉检察科（与金堂县检察院举报中心一个机构两块牌子）、检察技术科、司法警察大队、金堂县检察院派驻县看守所检察室。此次机构改革，将审查批捕科更名为侦查监督科，审查起诉科更名为公诉科，法纪检察科更名为渎职侵权检察科，刑事技术科更名为检察技术科，政工科更名为政治处。同时设立司法警察大队、法律政策研究室和检察委员会办公室3个机构。截至2005年12月，金堂县检察院机构设置有：政治处、办公室、侦查监督科、公诉科、监所检察科、法律政策研究室、渎职侵权检察科、检察技术科、反贪污贿赂局、民事行政检察科、控告申诉检察科、司法警察大队、职务犯罪预防办公室、纪律检查组、监察室。

第二节　刑事检察

1991—2005年，金堂县检察院共受理各类刑事犯罪案件3616件5617人，审查批准逮捕3227件4923人，不批捕307件532人，纠正漏捕67件103人，退回补充侦查382件598人，提请单位撤回72件89人，提前介入638件，有效地维护了社会稳定，增强了人民群众的安全感。

金堂县人民检察院依法履行侦查监督职责，始终坚持把维护社会稳定和司法公正作为侦查活动监督工作的首要任务。采取有效措施，加大对公安机关侦查活动的监督力度，保证侦查活动合法进行，防止发生冤假错案和损害公民合法权益的行为。1991—2005年，金堂县检察院向县公安机关提出书面通知31份，纠正超期羁押31份，提出纠正通知41份。对公安机关应当立案而不立案的46件，要求公安机关说明不立案理由的36件，通知公安机关立案4件进行了有效监督，纠正了司法实践中出现的有案不立、有罪不究、以罚代刑或者不应当立案而立案等执法不严问题，维护了司法公正，保障了公民的合法权益。提前介入公安机关侦查活动638件，通过提前介入，提高了办案的质量和效率，并从中开展侦查活动监督工作，纠正漏捕67件103人，建议公安机关补充侦查382件598人。

金堂县检察院公诉部门严格按照《中华人民共和国刑法》《中华人民共和国刑事诉讼法》和人民

检察院刑事诉讼规则的相关规定，正确履行审查起诉职能，严格依法办案。1991—2005 年，受理审查起诉 3331 件 4923 人，审查起诉 2762 件 4204 人，不起诉 146 件 234 人，移送单位撤回 91 件 94 人，报上级检察院 227 件 278 人，追诉 40 件 59 人，有罪判决 2762 件 4208 人。

1991—2005 年，金堂县检察院公诉部门认真履行法律监督职能，进一步加大审判监督力度，重点监督有罪判无罪，重罪轻判等错误判决，同时将监督寓于平时的工作之中，较好地保证了案件质量，使犯罪分子得到应有的法律制裁。

第三节　职务犯罪侦查及预防

一、职务犯罪侦查

1991—2005 年，金堂县检察院共受理贪污贿赂等经济案件线索 965 件，初查 965 件，立案 285 件（贪污 144 件、受贿 34 件、挪用公款 20 件、偷税抗税 14 件、假冒商标 11 件、其他 1 件），结案 252 件，挽回经济损失 5128 万元。金堂县人民检察院经济检察科于 1990 年 5 月更名为金堂县人民检察院贪污贿赂检察科，1995 年 10 月更名为金堂县反贪污贿赂工作局，1998 年 6 月，正式将金堂县反贪污贿赂工作局更名为金堂县人民检察院反贪污贿赂工作局，专司承办《刑法》分则第八章规定的贪污贿赂罪和其他章节明确规定按照第八章贪污贿赂罪定罪处罚的犯罪。1991—2005 年，金堂县检察院共受理渎职“侵权”案件线索 240 件，初查 240 件，立案 81 件，其中，滥用职权 5 件，玩忽职守 19 件，徇私舞弊 11 件，非法拘禁 20 件，侵犯公民权利 3 件，诬告陷害 2 件，破坏选举 1 件，非法侵入他人住宅 3 件，重大责任事故 14 件，其他 3 件。其工作重点分为两个阶段：第一阶段为 1991—1996 年，渎职“侵权”检察查处案件的重点逐步确立为五类案件，即徇私舞弊案、刑讯逼供案、非法拘禁案、玩忽职守案和重大责任事故案。该阶段立案侦查非法拘禁案 4 件 5 人，查办发生在全县建筑企业的重大责任事故案 14 件，针对这两类案件突出的问题，并认真分析了原因提出了遏制措施。第二阶段为 1997—2005 年，渎职“侵权”检察主要集中力量查办重点案件和大案要案，并于 1999 年将原金堂县检察院法纪检察科更名为金堂县人民检察院渎职“侵权”检察科。依据《刑法》分则第四章、第九章的规定管辖罪名有国家机关工作人员滥用职权、玩忽职守等 41 种，其中，渎职案件 34 种，“侵权”案件 7 种。在这期间成功侦办了金堂县农业局赵镇农经站站长、赵镇农村合作基金会主任唐明德在 1996 年 10 月至 1997 年 9 月任金堂县赵镇农村合作基金会主任期间违反单位借款规定和制度，先后 19 次审批给金堂县明德商贸有限公司借款 5253080. 82 元，至 1999 年 3 月 17 日止，造成借款本息共计 2460627. 57 元经济损失的“玩忽职守”案。2003 年又侦办了国内外媒体关注，从中央到地方各级领导都有批示的金堂县城郊派出所办案民警王新、黄小兵玩忽职守的“6・21”案。

二、预防

1992 年，中共金堂县委批准金堂县人民检察院成立预防犯罪法律咨询服务处，是全省最早的预防机构。2000—2005 年，金堂县成立了以县委书记或副书记为组长的预防职务犯罪领导小组。2004 年 4 月，最高人民检察院、建设部、交通部、水利部联合推出《关于在工程建设领域开展行贿犯罪档案查询试点工作的意见》，县检察院参与试点，成功地运用行贿档案查询系统，发挥了行贿档案的警示和预防作用。2003 年，县检察院参与打造金堂监狱警示教育基地，来自省政府办公厅、省人事厅等省、市、县级机关和雅安、内江等地的国家工作人员2万余人到警示教育基地接受教育。2002年县检察院在税务、国土、卫生、农行等开展行业预防，对所立职务犯罪案件全部开展了个案预防，并与县委组织部、党校联手，将预防职务犯罪讲座作为局级干部和青年干部培训的必修课长期坚持。县检察院从建立健全监督制约机制入手，相继与交通、教育、税务、医疗卫生系统等20余个单位组成预防网络，形成了系统预防和重点预防，超前预防与跟踪预防、专项预防与个案预防相结合的格局。2001年，在无锡召开的全国预防职务犯罪工作会上，县检察院作了“跟踪监督，同步预防”的经验发言。2002年最高人民检察院主办的《方圆》杂志刊登了《选准突破口找准切入点—金堂县检察院在重点工程领域的预防做法》。2003年，最高人民检察院办的正义网首页载文介绍了《金堂检察院同步预防促双优》的经验。省检察院主编的《预防职务犯罪在四川》一书，专章介绍该院预防做法。县检察院撰写的《金融职务犯罪又增新手段》《教育系统职务犯罪情况调查分析》《国有企业改制过程中国有资产流失分析》《当前土地征用中职务犯罪的特点原因极其对策》《赌博诱发职务犯罪的特点及其对策》等被高检和省、市检察院采用。2004年，著名学者周洲、藤志强编著并由中国检察出版社出版的《职务犯罪预防》一书，将县检察院的预防职务犯罪归入四川的“服务型”模式。

第四节　监所与控告申诉

一、监所

金堂县检察院严格执行刑事诉讼法关于对嫌疑人、被告人羁押期限的规定，对超期羁押案件进行了坚决纠正。1991—2005年，纠正超期羁押36人，其中提出书面通知纠正31人次，口头通知纠正已纠正5人。1991—2005年，金堂县检察院监所检察部门对罪犯减刑、假释、保外就医工作开展了4次专项检察，对金堂监狱办理的16名罪犯减刑不符合法定条件的提出了纠正意见，被全部采纳，对看守所办理的保外就医条件消失的3名罪犯提出纠正意见后，3名罪犯被收监执行。1995—2002年共对刑期或余刑一年以上未经检察机关同意留所执行刑罚212人，提出纠正212人次，均得到解决纠正。1991—2005年，县检察院对本地区监外罪犯执行情况进行10次全面检察，相继发现违法情况30件，发出纠正违法通知书6件，检察建议书12份。1991—2005年，依法审查批捕被监管人员犯罪案件23件29人，提起公诉23件29人。

二、控告申诉

1991—2005年，金堂县检察院共受理控告1259件，受理举报1009件，举报线索初查240件，受理诉讼案件93件，复查申诉案件45件，受理刑事赔偿4件，予以刑事赔偿2件，检察长接待来信来访422次。举报工作是检察机关直接依靠群众同贪污贿赂、渎职、“侵权”等犯罪做斗争的一项业务工作，是实行专门工作与群众路线相结合的有效形式。1991—2005年受理举报线索1035起，其中：贪污683件，贿赂117件，挪用74件，偷税抗税42件，渎职侵权122件，大要案367件，控申干警初查684件。1995—1996年金堂县检察院建立举报奖励基金；奖励举报有功人员20余人，奖励金额2万余元。1991—2005年受理申诉108件，立案复查申诉41件。

第五节　民事行政检察

1990年10月金堂县人民检察院组建民事行政检察科并开始开展民事行政检察工作。1990年11月至1994年5月，金堂县人民检察院共受理民事申诉案件19件，对其中符合立案条件的6件申诉案件进行了立案审查。1994年，首次办理了三台县建筑公司承包合同工程款纠纷申诉案，对民事抗诉工作进行了初次尝试。1995—2000年，金堂县人民检察院按照上级检察机关“以办案为主”的指示，坚持“敢抗、会抗、抗准，公开、公正、合法”的办案原则，狠抓了开辟案源工作，无论是从受案数量还是抗诉案件数量上都有大幅增长，共受理民事行政申诉案101件，立案52件，提请抗诉19件，建议成都市人民检察院提请抗诉9件。该院尝试对民事行政申诉案件的审查方式进行改革，对6件申诉案件进行了公开审查，对2件申诉案件进行公开听证，收到了良好的社会效果。2001—2005年，最高人民检察院下发实施《人民检察院民事行政抗诉案件办案规则》，金堂县人民检察院以此为契机，大力推进了民事行政检察办案工作的规范化和办案方式的改革，开始在民事行政检察部门试行《主诉检察官办案责任制》，促进了民事行政检察工作的开展，共受理民事行政申诉案件69件，立案审查45件，提请抗诉19件，建议提请抗诉12件。县检察院开展了“办精品案例、制优秀法律文书”活动，极大增强了民事行政法律文书的说理性，制定的《金堂县人民检察院民事行政检察科关于加强民事行政提请抗诉报告书说理工作的实施意见》，作为基层检察院在加强民事行政法律文书说理性改革中的首创，被最高人民检察院民事行政检察厅通过《民事行政检察工作情况》向全国检察机关转发推广。自2003—2005年，金堂县检察院民事行政检察工作连续三年获得了全市目标考评第一名。2004年被成都市人民检察院记集体三等功一次。2005年受到了成都市人民检察院的嘉奖。1993—2005年共提出检察建议16件，被法院采纳16件，提起刑事附带民事诉讼22件案共52人，金额23.2万元，支持起诉办理19件，胜诉19件，涉案金额388.8万元。先后办理了金堂县高板镇银桥村李诗安等32户村民状告镇政府乱摊派一案；金堂县三星信用社诉讼成都市金堂路桥工程公司借款合同纠纷案，成功避免了10万余元国有资产的流失；首例刑事附带民事诉讼案，被告人刘代明被判令赔偿被害单位财产损失2000余元。县检察院为13名农民工向法院提起民事诉讼，最终讨回了拖欠的1.8万余元工资。该案经《四川日报》《成都日报》等多家报刊及中央电视台的宣传报道。1991—2005年，民事行政检察共受理案件187件，立案103件，审结187件，提请及建议提请抗诉45件，法院再审审结45件，法院再审改判18件，检察建议6件，法院裁定纠正6件。

第六节　检察技术与经济侦查

一、检察技术

金堂县人民检察院从2000年到2005年检察技术办案386件，其中，司法会计125件，制作视听资料74份，作法医文证审查74件，鉴定文书检验1份。1995年成立金堂县人民检察院检察技术科。1996年10月，建成了模拟信号的监控室。1997—2000年，检察技术工作协助参与办理了胡有德贪污大案，吴鸿非法集资案，唐明德渎职案等6起大要案件。2000年县检察院开始筹建新办公大楼，技术部门在新办公大楼的施工建设，实施了网络综合布线。2002年，县检察院搬入新建的侦查技术、办案大楼后，金堂县检察院技术部门按照高检院提出的“213”（即检察机关在2002年内实现200个大中城市检察院联入检察专线网，并建成本院计算机局域网；1000个检察院将联通专线网或建成计算机局域网；3万名检察干警将通过国家计算机等级考试）工程计划以及成都市检察院制定的“1311”（即建好一个技术中心；发展信息、视听、司法会计等三种技术；探索一种管理模式；建立一个技术工作网络）的技术工作格局和本院党组对检察技术工作的具体要求开展工作，力求将“科技强检”落到实处；并结合检察技术工作的重点，大力加强计算机运用培训，实施信息网络建设。为全面开展网络办案、无纸化办公和全面提高检察机关的信息化应用水平打下了坚实的基础。在此期间，县检察院，司法会计和视听技术配合反贪部门办理了原金堂县广播电视局局长罗明寿等人受贿窝案、串案，夏时华贪污受贿大案。县检察院技术干警在履行检察技术职能的同时，利用一技之长的优势和技术设备优势，拍摄资料图片1万余张、拍摄录像资料3000分钟，保存了大量的原始音像、图片资料，制作了大量的专题宣传片、多媒体演示文档。

二、经济侦查

金堂县人民检察院经济检察科于1990年5月更名为金堂县人民检察院贪污贿赂检察科；1995年10月，更名为金堂县反贪污贿赂工作局，1998年6月，正式更名为金堂县人民检察院反贪污贿赂工作局。1991—1997年，共查办贪污贿赂等经济犯罪案件209件243人，其中贪污96件，受贿20件，挪用公款67件，偷税抗税14件，假冒商标11件，其他经济犯罪1件，大要案100件。通过办案，为国家、集体挽回经济损失2258万余元。金堂县人民检察院经济检察科在短短7年时间中，查办案件及大要案多，平均每年30件。先后查办了金堂县原国土局党组书记、局长、四川中美（外）中小企业发展园区党委书记、管委会副主任张弟海收受16.5万元的特大受贿案。查办了金堂县原赵镇财政所胡友德特大贪污案、农业银行金堂支行信贷部主任吴鸿挪用公款案等大要案，受到各级领导的高度赞扬。县检察院先后荣获全省反贪污贿赂系统先进集体等省、市荣誉称号。1997年，县检察院把打击经济犯罪的立足点放在保护改革开放，促进经济发展上。同时，新的《刑事诉讼法》《刑法》相继实施，反贪工作的重点转移到注重新的案侦思路、方法以及程序上，案侦工作处于新的适应期。

第四章　法　院

1991年，金堂法院内设办公室、政工科、刑事、民事、行政、经济审判庭、执行庭、告诉申诉审判庭、赵镇人民法庭，淮口、竹篙、高板、土桥、福兴、五凤、三江人民法庭。1996年12月，成立法警队，1997年4月，更名为法警大队。1997年设立监察室。1998年撤销五凤人民法庭。2000年，撤销赵镇人民法庭。1999年设立研究室。2001年12月机构改革时，民事审判庭改为民事审判第一庭；经济审判庭改为民事审判第二庭；政工科改为政治处；三江人民法庭更名为三星人民法庭；告诉申诉审判庭分立为立案庭、审判监督庭；成立执行局，内设执行一科、二科、综合科；撤销土桥人民法庭。

至2005年未变。

第一节 法院工作改革

一、审判方式

随着中国改革开放的深入，全国人大相继颁布施行了《刑事诉讼法》《民事诉讼法》和《行政诉讼法》，并对刑事诉讼法进行了修改，诉讼制度日臻完善。过去的审判方式在许多方面已不适应客观形势发展的需要，法官在思想观念上或多或少存在着忽视程序法的不正确认识，在审判工作中还保留着一些过时的习惯做法，主要是：庭审功能难以得到有效的发挥，不利于保证办案质量，耗费人力、物力和时间过多，不利于提高审判工作效率，诉讼活动公开性差，不利于法官的廉政建设。1992年起，县人民法院狠抓思想观念的转变；1994年后，机关各业务庭每年都举办一期以审判方式改革为主要内容的业务培训会。1995年年初，县法院全面推行民事、经济、行政、自诉刑事案件直接开庭的改革；同年，全面推行刑、民、经、行的审判方式改革，突出公开审判，强化合议庭和独任审判员职责，强化庭审功能和当事人举证责任，从庭前准备至诉讼文书各个环节进行全面深入的改革，并完善相应的配套措施，主要进行了如下改革：改法官庭前大量调查取证为确保庭审功能的准备工作；以提高庭审质量和效率为核心，改“纠问式”为“诉辩式”庭审；实施诉讼文书改革。建立和完善相应的配套制度，完善民商案件、刑事案件适用简易程序的制度；完善合议庭、独任审判员职责，严格控制审委会讨论案件的范围；严格公开审判制度，实行“阳光”审判，具体如下：庭前准备；法庭引导当事人质证；法官当庭认证；法官组织、引导法庭辩论；法官抓好适时归纳；法官注重说理论证；正确处理调解与判决的关系，规范化调解；加大合议庭和独任审判员的职责，发挥合议庭和独任审判员的职能作用和职权作用。

二、人事制度

长期以来由于法院工作的特点和历史原因，法院中层干部的“铁交椅”、一般干部的“铁饭碗”始终未能打破。1993—1997年，县法院曾两次进行人事制度改革。但由于历史条件的限制，部分干警未被有效触动，机关工作的弊端仍不同程度存在。1998年年初，县法院实行“中层干部竞争上岗、一般干部双向择岗”，各庭级单位人员最佳组合制。1999年3月，县法院进行内部人事制度改革，参与该项活动的101人中，合理调整岗位48人，占47.6%，原任19名中层干部，一人被推荐到乡镇挂职锻炼，7人换岗、4名退岗，9名一般干部走上了中层领导岗位，中层干部平均年龄由40.8岁降至36.1岁，3名一般干部落岗。2001—2002年年初，县法院再次进行内部人事制度改革，内设机构由19个精简为17个，干警精简至94人，原任21名中层干部中，5人换岗、4人退岗，5名一般干部走上中层领导岗位，27名一般干部调换了岗位，有6名机关干警自愿到条件较艰苦的人民法庭工作，2名干警在“双选”中落岗。主要做法是：（一）稳妥推进改革，坚持因事设岗，允许高职低就，即高职称者可竞争低职称岗位；逐步取消照顾性规定。（二）公开选贤，中层干部竞争上岗。中层干部从现职审判人员、专业人员和中层干部中晋升或者继任。（三）公平竞争，一般干警双向择岗。2004年4月7日至9日，县法院进行了第四次“中层干部竞争上岗，一般干部双向择岗”的人事制度改革，20名原中层干部中5人换岗、2名退岗，7名一般干部走上了中层干部岗位，中层干部年龄由42.8岁下降至

38.5岁，2名干警自愿从机关到条件艰苦的人民法庭工作。

三、审判长选任

县法院的审判长制度，1999—2001年年底，历经三年时间，从试行的“双轨制”平稳过渡到“单轨制”，不断完善选任方案，通过自愿报名或推荐、资格审查、书面考试、庭审能力测评、业绩考核、综合测评、审委会决定等程序，遴选出审判长21人、执行长6人、独任审判员8人，其中：具有审判员职称21人、助理审判员职称14人；男性27人，女性8人；平均年龄35.66岁。1998年8月，县法院提出改革思路，在深化内部人事制度改革、机构改革的同时，以推行审判长、独任审判员和执行长选任制为主要手段，还权于办案法官，强化合议庭和法官职责，建立科学的案件审执流程管理制度，使审判工作管理趋于科学化，确保公正与效率的实现。2000年3月，制定出《审判长选任办法》，并于当年6月选出6名审判长，采取“双轨制”试运行。2001年8月，对原《审判长选任办法》做出修订：（一）现任庭长、副庭长必须参加审判长（执行长）、独任审判员选任，担任庭长、副庭长必须首先具备审判长资格。（二）实行“单轨制”运行，按照工作量、个人适应能力等因素，考虑助理法官、书记员配置，分别确定审判长（执行长）、独任审判员名额及职位分布。（三）建立严格的管理制度，对审判长、执行长、独任审判员实行动态管理。（四）考虑人民法庭的现状和机关审判力量的配置，实行个人自愿与服从组织相结合的调剂原则。（五）坚持成功的选任程序及具体操作办法，适当扩大审判长的权利，提高待遇，加重其责任。实行全面衡量，选贤任能。能充任审判长（执行长）、独任审判员者，必须是各个方面表现突出的优秀审判人员。对审判长、独任审判员及执行长的贤与能从四个方面进行衡量，除必备法官法规定的文化程度、无违法违纪行为、两年来未办过错案等硬性条件外，必须通过书面考试、庭审能力测试、业绩考核、综合评定等四个方面的衡量，优秀者当选。

四、制约机制

县法院在1999年、2001年两次改革中，在原有内设机构的基础上，将具有独立职能作用的研究室从后勤保障部门中分离出来作为独立的庭级单位，将告申庭分离为立案庭和审监庭，将政工科改设为政治处，设立监察室。加强对审判工作的监督，设立目标督查办公室与研究室合署办公。将法警、书记员按分序管理。改革执行机构，成立执行局，与执行庭两块牌子一套人马，执行局下设一科、二科和综合科等三个科。选任有一定执行经验、有法官职务的法警担任执行长。

第二节　刑事与行政审判

一、刑事

县法院坚持把打击各种刑事犯罪作为审判工作的重要组成部分，把打击犯罪作为巩固人民民主专政政权，巩固社会主义国家制度的手段。1996年3月17日，全国第八届人大四次会议通过了《刑事诉讼法》修正案，于1997年1月1日正式施行。1997年3月14日，修改后的《中华人民共和国刑法》颁布实施。1991—1997年，先后召开28次公开宣判大会，共有23万余群众参加，公开判处犯罪分子569名，协助成都市中级人民法院执行死刑74名。1991—2005年，县法院共受理刑事案件3549件5448人，审结3543件5439人，其中：被判处无期徒刑的2人，15年以上不满20年有期徒刑的28人，

10年以上不满15年有期徒刑的251人，5年以上不满10年有期徒刑的1031人，5年以下有期徒刑的2127人，拘役200人，宣告缓刑的352人，并处罚金或没收财产的1347人，免于刑事处分的18人，被宣告无罪的8人。县法院密切配合县公安、检察机关，集中打击了危害社会治安的严重刑事犯罪分子。

二、行政

1991年，《行政诉讼法》施行后，县法院受理的行政案件数相对增加。1991—2005年，县法院受理行政案件242件，审结238件，其中：判决维持的15件，判决部分或全部撤销的14件，判决行政机关履行法定职责的10件，判决行政机关重新作具体行政行为的6件，驳回诉讼请求28件，驳回起诉的52件，原告主动撤诉的69件，被告改变具体行政行为后原告撤诉的41件。移送有关部门的2件，终结1件。1993年4月，县法院成功地审结了成都市首起农民负担案件，判决高板乡李诗安等32户农民胜诉；同年5月20日，县法院在又新乡建立了第一个行政司法联系点；同年8—12月，调解各种纠纷1000余起，协助解决遗留问题121件，立案执行179件，直接收回欠交税费22.5万元，促使农民主动缴纳税费1270万元。县法院注意通过审查、执行行政机关的处理处罚决定，支持、监督行政机关依法行政，教育行政管理相对人自觉接受行政机关的依法管理。对涉及农民负担、职工社会保险、稽征、残联等非诉执行案件，通过对行政主体资格、权限、处理处罚依据的事实、处理处罚程序、所依据的法律等全面审查，裁定准予执行，促使有关管理相对人主动履行生效行政处理处罚决定。县法院在抓好案件审理的同时，注意延伸审判职能，每年均到有关行政机关、乡镇举办培训班（会）20余次，分发宣传资料100余份，增强了行政机关依法行政的意识，预防和减少了行政争议。

第三节 民商事审判

一、民事

1991年4月9日《中华人民共和国民事诉讼法》得到颁布施行。1991—2005年，共审结婚姻家庭纠纷案件13037件，其中：离婚案件11942件、占91.6%，调解离婚5831件、占48.83%，调解和好的4417件、占33.88%，判决离婚1274件、占9.77%，判决不离婚392件、占3.01%。1997—2005年依法审结涉及华福宁制药总厂、县造船厂及供电、工商、阳公集团的劳动争议案件344件。依法审理了金凤肥料有限责任公司申请破产还债案、县广电局与四川凯悦大酒店房屋租赁合同纠纷案、县劳动局申请韩滩酒业、金凤药业、金凤肥料公司等拖欠社保费执行案等。1997—2005年审结各类侵权案件1021件，包括各种人身损害赔偿案841件，财产损害赔偿案157件。2004年1月，受理343件涉及果农纠纷案。

二、商事

县法院于1992年5月成立金堂县人民法院经济纠纷调解中心。1993年9月2日，新《中华人民共和国经济合同法》颁布。新经济合同法实施后，仅1994年1月到7月，县法院受理经济纠纷案件146件，审结112件。县法院于1994年6月成立“个体、私营经济纠纷调解室”。同年6月至1996年底共审结个体、私营经济纠纷309件、诉讼标的额达1951万余元。个体、私营经济纠纷调解室和经济纠纷调解中心属两块牌子、一套人马（1997年4月，均并入民事审判第二庭）。1994年5月至1995年3月，县法院以庭前调解的方式，向1339户借款户收回逾期贷款54.47万元，审结农村借款合同纠纷案件517件，诉讼标的额为31.28万元，在依法审理该类案件的影响下，许多借款户主动向农行、信用社、基金会归还逾期贷款超过300万元。1999年3月19日，县法院从保障农村金融体制改革、促进农村经济发展、维护农村社会稳定的高度，开展涉及农村基金会案件专题审判执行活动。同年3月至2002年，共受理涉及农村基金会的经济纠纷案件540件，标的额达4587.6万元，审结407件3271万元，实际收回农村基金会应收款3975万元。协助有关部门，促使非案件当事人的欠款户还款1230万元。按照中央治理金融秩序的部署，在2001年7至10月期间开展了涉及农村信用社贷款专项审理执行活动。县法院共受理各类借款案件230件，发出支付令3件，涉案标的额238.19万元，采取诉讼保全16件，查封、扣押房屋及其财产价值123万元；审结221件，审结率96%，为信用社收回借款本息103.7万元。1993—2005年，共审结借款合同纠纷案件4178件，诉讼标的额42.37亿元。县法院以审理涉及国有企业的经济纠纷为重点，促进现代企业制度的建立。党的十四大召开后，县法院把审理涉及国有企业的承包、租赁、联营、破产、资产重组等作为商事审判的重点，努力为建立现代企业制度服务；1993—2005年，审结上述案件218件，标的额达9000余万元。

第四节　信访告诉申诉

一、信访接待

县法院机关设立接待室，接待工作主要由告诉申诉庭负责，处理群众的信访接待事宜，方便群众。同时，各人民法庭和审判庭，都负有接待群众来信来访的任务。院领导也参与处理来信和来访的工作，及时解决疑难问题。1994年，建立了重要信访请示、报告、批示、督办制度。院领导亲自接待群众来访，处理群众来信，及时解决疑难问题。对信访做到事事有交代，件件有着落，使接待室真正成为法院的窗口，沟通社会与法院的桥梁。对群众的告诉或申诉属于本院管辖、符合立案条件的，告知当事人已经立案或可以立案审查，或指定其可在所属人民法庭起诉，对属于其他机关或其他法院管辖的事项和案件尽快转交有关机关或移送有管辖权的法院，并回复信访者，同时说明道理。对上级交办并要求报结果的案件，及时、认真处理，并实事求是地作出回复。进一步完善信访联动机制，积极依靠党委、政府协调配合，做好上访老户的息诉工作。进一步强化院长星期三接待日和阅批群众来信制度，坚持重要信访报告、批示、督办制度，推行和落实“责任制、备案制、听证制”和信访工作“联席会议制度”等信访长效机制。坚持来信办理和阅批群众来信制度。认真做好来信来访处理工作，及时反映重大问题。对来信来访中重大、紧急的，及时真实摘报其重要内容向院领导反映，办理群众来信做到及时拆封，详细阅读，认真登记，准确交办，妥善处理。对群众来信不积压、不错转、不丢失、不泄密、不将检举、揭发、控告信转到被告者单位。对应回复的信访，回复率达100%。2005年，县法院完善了信访接待室的硬件设施。在立案室配备了3台电脑、2台高速扫描仪和1台打印机。立案庭被省法院评为“处理上访老户专项审判活动先进集体”，2003—2005年，县法院被市中院评为全市法院立案信访工作先进集体，信访接待室被市委、市政府评为“信访文明接待室”。

二、告诉

县法院认真处理人民群众的告诉，坚持立案和审理案件分离制度，坚持方便、灵活、机动的原则。

各人民法庭由庭负责人审查决定是否立案，县法院机关的行政审判庭、执行庭由庭的负责人审查决定立案，民事、经济纠纷案件由告诉申诉审判庭统一审查立案。2002 年 3 月成立立案庭，负责统一审查立案。

2005 年 7 月，众多商家及企业与金堂县上海温州商业城之间的纠纷，涉及面广，情况复杂，立案庭认真分析情况，及时做好立案工作。对直接向法院起诉的，及时向院领导汇报，对符合立案条件的民事纠纷，迅速立案受理；对不属于法院处理的纠纷，告知当事人及时向相关部门反映或报案。对于超过级别管辖的案件，全部报上级人民法院批准指定管辖。

三、申诉与再审

2004 年，审判监督庭从告诉申诉庭分立为独立的庭级单位，负责审判监督工作。县法院对当事人的再审申请，指定审判人员专人认真审查，对不符合调卷审查条件的，及时告知当事人不能申请再审；经审查不符合再审条件的，裁定不予受理。对一些当事人因对法律的错误认识和理解，或对事实的错误认识而向法院申诉的，审判人员则尽力给当事人解释法律、法规，说明事实真相，做好当事人的思想工作，使当事人服判息诉。对符合再审条件的，提交审委会讨论决定后，由告诉申诉庭组成合议庭负责审理。县法院审理再审案件坚持依法公开开庭审理。始终坚持“以事实为根据，以法律为准绳”的原则，实事求是，有错必纠。对事实清楚，证据确凿，申诉理由不能成立的，依法维持原判；对认定事实或适用法律确有错误或程序不合法导致裁判错误的，依法改判。

第五节　执行工作

一、先予执行

1991—2005 年，县法院受理案件后，对当事人申请先予执行的，严格按照《民事诉讼法》第九十七条规定，对追索赡养费、抚养费、抚恤金、医疗费及追索劳动报酬的案件，及其他因情况紧急需要先予执行的，依法裁定先予执行。1994 年 5 月，成都市西达物资公司向建行金堂支行房地产信贷部借款 6 万元，在限期 3 个月内未还，12 月县法院接受信贷部财产保全申请后依法对西达物资公司被查封的财物进行变卖处理，保证生效期调解的顺利执行。1994 年 5 月，县乡企供销公司与成都思达公司购销钢板纠纷一案，乡企供销公司给付 7 万元货款后，思达公司却以其尚欠上级公司 5 万余元为由拒不发货，乡企公司向县法院提出保全财产申请，县法院作出裁决，扣押思达公司一批价值达 7 万元的钢板，将货物发回金堂，使案件审结后得以顺利执行。1995 年 1 月，胡友江用自己长安微型车抵押向青松乡信用社贷款 3.5 万元；4 月，又用东风货车向青松农村合作基金会抵押贷款 10 万元。此外胡友江向本村、邻村 102 户农民以月息 3% 借款 9.70 万元。当年 5 月 3 日胡友江暴病死亡。5 月 10 日债权人向法院起诉、要求胡友江的继承人偿还债务。县法院受理此案，依法保护大多数债权人的合法利益。

二、维护法院裁判

1991—2005 年，县法院共执结各类案件 7883 件，执行标的额为 6.40 亿元。

三、支持依法行政

县法院依法执行人民法院生效判决、裁定的同时，也注重执行行政机关生效的处罚、处理、决定。针对金堂县行政机关依法行政中处理、处罚决定不断增多，申请法院强制执行的案件不断上升的实际情况，部分行政执法机关主动要求法院派驻执行机构，为其行政执法活动提供法律帮助，解决行政机关无强制措施、生效的行政处理、处罚决定难以实现的问题。1993 年 6 月 24 日，县法院派驻县城建委、县国土局、县交通稽征所三个执行室成立。执行室的任务是分别受理县城建、土地管理、交通稽征部门申请的、应由法院执行的行政执行案件，并依法执行；对行政执法活动提供法律服务。对行政机关申请执行的案件，法院采取分散执行和专项执行、说服教育与强制执行相结合的方法，既支持行政机关依法行政，又依法维护行政管理相对人的合法权益。

第五章　司法行政

第一节　机　构

1991 年，金堂县司法局内设办公室、宣传教育股、调解管理股、政工股、公证处、法律顾问处。1992 年 3 月 24 日，金堂县法律顾问处更名为金堂县律师事务所，负责为全县机关、企业、团体和公民个人提供法律顾问、诉讼代理、法律咨询和起草法律文书等服务。1995 年 3 月 21 日，金堂县司法局建立金堂县公证律师管理股，负责全县公证律师行政管理和服务工作；在金堂县司法局基层工作股增挂“金堂县司法局两劳社会工作股”牌子，负责全县劳动教养和劳改释放人员帮教安置管理及服务工作；1996 年 6 月实行独立核算、自收自支的明镜律师事务所成立。1997 年 3 月 21 日，金堂县司法局成立了法律援助中心，负责全县法律援助的各项管理工作；1997 年 5 月金堂县律师事务所改名为蜀都金丰律师事务所。1997 年，金堂县司法局内设办公室、政工人事科、法制宣传科、律师公证工作管理科、基层工作管理科、“两劳”社会工作管理科、公证处、法律援助中心。1999 年，原明镜律师事务所改名为金援律师事务所。2001 年，金堂县司法局内设办公室、政工科、法制宣传教育科、公证律师工作科、基层工作安置帮教科、法律援助中心、公证处，至 2005 年未变。

第二节　普法工作

一、第二个五年普法教育

1991—1995 年，在全县范围内实施了《金堂县第二个五年普法教育规划》，普法对象：工人、农民、知识分子、干部、学生、军人、个体劳动者和其他一切有接受教育能力的公民。重点对象：团级以上各级领导干部，执法人员，包括司法人员和行政执法人员。普法内容：以宪法为核心，以专业法为重点的学习教育。1991 年全县“二五”普法顺利启动，中共金堂县委、县人民政府根据中发〔1990〕20 号文件要求，批转了县司法局、县宣传部《关于开展法制宣传教育的第二个五年规划》，并充实了县法制建设领导小组和办公室。全年共自编和印发了“二五”普法资料 1.8 万余份（册），培训“二五”普法骨干 3300 余人，举办了 10 期企业法人代表培训班。1992 年举办了 2 期部委办局、行、社、区、乡领导干部和“二五”普法骨干培训班，学习内容主要是《中华人民共和国宪法讲座》《社会主义法制若干问题讲座》，参加人员达 146 人。组织干部职工学习《宪法》《刑法》《民法通则》《治安管理处罚条例》《森林法》《土地法》《计划生育条例》《民事诉讼法》《行政诉讼法》《刑事诉讼法》等法律法规，干部参学率达 90%，工人参学率达 80%，农民参学率达 70%。在全县范围内进行了“宪法知识电视竞赛”，并派代表参加了成都市“宪法知识电视竞赛”，获优胜奖。组织了 5000 余名干部职工参加省上举办的普法知识考试（竞赛）。1993 年县“二五”普法工作转入深层次学习专业法阶段，各机关单位结合自身工作性质，就涉及的专业法律法规开展宣传、学习；企业结合转机工作学习企业转换经营机制条例、股份制规范意见、《产品质量法》等；农村普法工作结合农民负担、建设征地搬迁等热点、难点问题，组织学习相关的法律、法规。“二五”普法期间，县委中心学习组对县“四大班子”领导，制订每年学法计划，解决领导带头学法用法、依法行政、依法管理问题；县委党校先后 14 次举办局级领导干部法制学习班，638 名正副局级干部、乡镇主要领导干部参加了普法学习；全县近 200 名行政执法人员参加了重点培训，76800 余名在校学生重点学习了《治安管理处罚条例》《中小学守则》《义务教育法》等 19 个相关法律法规，1490 余名企业法人代表、管理人员举办了 8 期法制培训，重点学习了《公司法》《经济合同法》《产品质量法》等专业法律法规；狠抓了农村法制教育，各乡镇每年采取办培训班、以会代训、广播宣传、村组会、院坝会等多种形式，组织农民学习与生产生活密切相关的法律法规。“二五”普法期间，共培训法制宣传骨干 3900 人次，举办普法培训班 789 期、接受培训人员达 7.94 万人，受教育人数达 42.5 万人，发放各类教材 6.89 万册、宣传资料 4.93 万份，印发县人大《关于开展“二五”普法的决议》1500 份，征订民（居民）普法读本 1.64 万本，印发村规民约 26.4 万余份。

二、第三个五年普法教育

1996—2000 年，全县实施《金堂县第三个五年普法教育规划》，重点对象：工人、农民、知识分子、干部、企业经营管理人员、学生、军人和个体劳动者以及其他一切有接受教育能力的公民。普法内容：以宣传社会主义市场经济法律知识为重点内容。1996 年县委、县政府下发《金堂县 1996—2000 年普法教育和依法治县的五年规划》，全县“三五”普法正式启动，要求各级领导干部，每人每年学习法律时间不低于 40 个学时，还请上级专家为县级主要领导上法制课。1996 年 11 月，全县各级共 3368 名干部参加了学习邓小平民主与法制建设理论的考试，领导干部参考率 96%。1997 年 11 月，对全县各级共 4158 名干部进行了《社会主义法制建设基本知识》考试，参考率 98%。1998 年 7 月 6 日，县人大、县政府对县级各部门、一府两院的副局级以上干部共 233 人进行了颁发任命书前的法律法规知识闭卷考试，参考率达 98%；学习和考试的情况按要求填写了“干部学法用法登记卡”，五年普法结束时颁发“干部普法合格证”，纳入干部学法档案，考试结果列入公务员年度考核的内容，作为组织，人事部门任命干部和晋升职务的条件之一。“三五”普法期间，共印发县人大关于开展“三五”普法的决议 7000 余份，编发宣传资料 28 万余份，征订《成都市“三五”普法农村读本》7935 本、

《成都市机关干部“三五”普法学习法律法规选编》2700本、《社会主义法制建设基本知识》1380本、《市场经济法律法规讲座》3957本，印发村规民约3988份，举办各种普法培训班294期，接受培训21955人次，受教育人数达39.7万余人。

三、第四个五年普法教育

2001—2005年，实施《金堂县第四个五年普法教育规划》，重点对象：领导干部、司法和行政执法人员、青少年以及企业经营管理人员。普法主要内容：宣传与整顿规范市场经济秩序相关的法律法规、与加入世界贸易组织相关的法律知识、与维护社会稳定相关的法律法规、与社会发展迫切要求普及的各项法律法规。2001年全县“四五”普法工作开始，2003年3月县级部门换届，对245名副局级以上领导干部进行了颁发任命书前的法律法规知识考试，参考率100%。同年10月，各部门、乡镇公务员和企事业单位职工共4967人参加了涉及19个法律法规的法律知识考试；同年11月，教育系统6000余名教职员工进行了法律考试。2004年4月，聘请市政府目督办主任、法学专家刘汉固为全县副局级以上领导干部作《行政许可法》讲座；同年6月28日，金堂县举行了2500余名公务员参加的《行政许可法》知识考试；同年11月全县国家公务员和职工1.1万余人参加了全省“四五”普法法律知识考试。2005年12月26日，召开了全县“四五”普法工作总结表彰和“五五”普法启动大会。“四五”普法期间，全县共举办各种法制培训和讲座249场次，采取各种形式进行普法宣传接受教育的人数达35.6万多人，发放宣传资料12万余份、宣传书刊1.5万余册、宣传挂图1.3万余幅。

四、第一个依法治县五年规划

1998年，县委下发《金堂县1999—2003年依法治县工作规划》，即第一个“依法治县”五年规划；县人大常委会作出了《关于进一步加强依法治县的决议》。原县“法制建设领导小组”及下设办公室，分别更名为县“依法治县领导小组”和“依法治县领导小组办公室”。普法和依法治县工作同时进行。

五、第二个依法治县五年规划

2004年12月，金堂县召开了依法治县工作会。总结了依法治县“一五”期间工作，并布置了2004—2008年度依法治县工作（即第二个依法治县五年规划）。

第三节　基层工作

一、人民调解

1991年，全县人民调解组织健全，区、乡（镇）配备专（兼）职司法助理员59人，调解组织540个，调解员3227人，4687个村民小组都配有兼职调解员。2005年，成立县人民调解工作领导小组，各乡镇建立和完善了以乡镇分管书记、镇长为领导的人民调委会的组织机构。2005年年底，全县有乡镇调委会21个，村社区的调委会452个，企事业调委会10个，调解人员4139人。1991—2005年，全县共发生纠纷122219件，各级调解组织受理调解118010件，调解成功112337件，调解成功率达95%，防止民间纠纷可能激化为刑事案件1751件，防止群众性械斗390起，制止群体上访173起，防止非正常性死亡事故590人次。

二、基层法律服务

乡镇法律服务所是在乡镇建立的不占编制，不拿国家薪水，完全自收自支的有偿法律服务机构。1991年全县共有竹篙区、三江区、土桥区、福兴区、淮口区、高板区、五凤镇、金龙乡、官仓乡、三溪乡10个法律服务所，工作人员29人。1991—2005年全县法律服务所共办理各类法律事务97719件，其中，代写法律文书24082份，代理民事、经济等案件5537件，代理非诉讼案件4140件，担任常年法律顾问2976家，协办公证5345件，办理鉴（见）证业务22385件，调解各类纠纷21944件，解答法律咨询82220人次，为当事人避免和挽回经济损失2643.81万元，举办法制宣传讲座2175场次。

三、帮教工作

劳改刑满释放、解除劳教人员（简称“两劳”）的安置帮教工作是由司法行政机关开展的一项新的工作。1992年，县司法局建立管理科，落实工作人员。1993年“两劳”安置帮教工作延伸到乡镇，当年办成有关第三产业经济实体1个，安置部分两劳人员。1997年，建立县乡（镇）帮教领导机构26个，签订《帮教安置协议书》47份，当年安置“两劳”回归人员97人，安置率达100%。1998年，县安置帮教领导小组组织28人的帮教团，分别赴四川南宝山监狱、金堂监狱，对金堂服刑人员进行探视、帮教；全县完善了帮教网络机构，有安置帮教领导机构24个，安置帮教站24个，安置帮教工作小组477个，“两劳”社会工作有了保障；全年，对全县帮教对象2647人进行了扎实有效的帮教。2002年4月，县安置帮教领导小组成员到金堂监狱、南宝山监狱探视金堂籍服刑人员，组织新源监狱70多名金堂籍服刑人员回家乡参观学习赵镇桐梓村大棚蔬菜基地，接受社会教育。2003年，栖贤乡刑释人员付某某属“三无”人员（无生活来源、无住房、无亲可投），乡党委政府为他购置了锅、碗、瓢、盆、棉被、粮食等生活必需品，帮他争取贷款1000元购买黑山羊，使其成为养殖专业户。三溪镇张某某，从监狱释放时，身患重病，家属又拒绝接收，镇党委政府派医生为他检查身体，送医送药，并将其纳入农村低保户，解决生存问题。2004年9月10日，组织两位表现好的“两劳”释放人员到崇州监狱召开了金堂县刑释人员现身说法帮教大会。到2005年年底止，全县安置帮教组织机构建全，制度完善，程序规范，安置帮教措施有力，确保了安置帮教工作的正常开展和社会的稳定。

第四节　律师与公证工作

一、律师工作

1991年，金堂县法律顾问处为金堂县人民政府担任常年法律顾问，为县政府依法治县当好参谋助手。1992年，律师工作针对金堂县对外开放、发展金堂经济的特点，对各级政府、各企业对外经济活动拟定同步服务、跟踪服务的方案，为全县新办、拟办企业提供法律服务。1995年，司法局正式列编设置了公证律师工作管理股，加强了公证律师管理工作。1996年，我国第一部《中华人民共和国律师法》颁布实施，律师工作进一步规范。律师事务所分为局属所和合伙制的‘明镜’律师事务所（不占编制，财政不给经费，自收自支的事务所）。1997年，全县开展“执法年”活动，通过教育整顿和律师职业道德和职业纪律的评比检查，提高律师事务所的自我管理，自我约束能力。1998年，成立法律顾问组，为县政府担任法律顾问，积极为政府工作出谋划策；律师参与企业改革，为企业资产重组提供法律服务和法律帮助。当年，根据《律师法》的规定金堂县成立了“法律援助中心”。1999 年，原“明镜”律师事务所因合伙人的变动而注销，新成立了“金援”律师事务所（仍属合伙制），而原局属律师事务所于2001 年与财政脱钩，更名为蜀都金丰律师事务所（属合伙制）。至此律师制度改革完全按《律师法》的规定，不再有“国办”律师事务所。2002 年，蜀都金丰、金援律师事务所、法律援助中心与县人武部、县妇联、县残联成立了“金堂县维护军人合法权益服务站”“金堂县维护妇女儿童合法权益服务站”“金堂县保护残疾人合法权益服务站”，全年为军人（家属）、妇女、儿童、残疾人提供法律咨询405 人次，办理有关法律事务 26 件。1991—2005 年，全县律师共代理民事、经济、行政案件 3412 件，刑事辩护 2208 件，应聘为政府、部门、企事业单位、个体工商户担任常年法律顾问 704家，提供法律咨询 5. 2 万人次，为当事人避免和挽回经济损失 1. 69 亿元。

2002 年，《四川省法律援助条例》颁布实施。2003 年，国务院颁布《法律援助条例》。金堂县法律援助中心从 1998 年成立到 2005 年，办理了一批有影响的典型案件，如 2000 年办理的“贞操锁”案件，律师提供无偿法律援助，解救了受害妇女。发生在金堂县栖贤乡的虐待儿童“小春梅”案件和清江镇中学的学生伤害案，得到了无偿的法律援助。2004 年黄家乡千厢村 9 组村民孔凡勤之女车祸死亡，久拖不决，法律援助中心给予法律援助，事故得到妥善处理。1998—2005 年，全县律师、基层法律工作者共办理法律援助案件 632 件，其中，刑事案件 217 件，民事案件 415 件。

二、公证工作

金堂县公证处于 1982 年建立。1991 年，首次试点在土桥区办理计划生育公证 9100 件，使公证业务有了新的拓展。1992 年在《公证暂行条例》颁布 10 周年之际，利用各种机会采取多种形式在全县各乡镇大力宣传公证的地位作用及其意义。1995 年，司法局正式列编设置公证律师管理股，强化公证律师工作的管理，并逐步使公证管理工作，由微观向宏观转变。《四川省公证条例》于 1995 年 1 月 1 日起施行，对公证处的性质、地位和作用作了具体的明确，公证处成为自主管理、自我完善、享有自主权的独立机构。1999 年，公证工作对农民负担的法制化管理进行了卓有成效的探索，先后在官仓、栖贤、广兴等 6 个乡镇的 23 个合作社开展了农民负担合同公证试点工作，引起省、市新闻媒体的广泛关注，得到省、市、县领导及有关专家的肯定，为农民负担的法制化、规范化管理找到了一条路子。2000 年，拓展了金融、房地产、退耕还林、土地转包等业务，批量公证达 2413 件。2003 年，为了提高公证质量，加强公证管理，聘请了县人大、政协、纪检、法院、检察院、物价、审计等部门的人员作为特邀公证监督员，对金堂县公证服务市场进行认真监督。2004—2005 年，在赵镇城区设点发放公证相关宣传资料。1991—2005 年，县公证处办理各类公证 3. 45 万件。

第二十六篇　武装　人防

1996 年 3 月前，金堂县人民武装部属地方建制，隶属中共金堂县委、金堂县人民政府，是县委军事部，县政府兵役机关，实行地方和军队双重领导。1996 年 4 月收归军队建制。1991—2005 年，驻县部队尊重地方各级人民政府，凡是政府组织的扶贫济困、公益宣传等活动都积极响应，主动参与。县武警、人武部、人防办积极参与地方经济和军民联防建设，在救灾，抗洪抢险，维护社会治安秩序和群众的生命财产安全等方面做出了较大的贡献。

第一章　金堂县人民武装部

第一节　体制调整及建制

一、武装部收归军队建制

1986 年 6 月至 1996 年 3 月，金堂县人民武装部属地方建制，隶属中共金堂县委、金堂县人民政府，是县委军事部，县政府兵役机关，实行地方和军队双重领导；部内设军事科、政工科、后勤科、办公室。县武装部从 1996 年 4 月收归军队建制，金堂县在县委会议室召开“金堂县人民武装部收归军队建制大会”。成都军分区、县政府、县人民武装部分别在交接文书上签字。成都军分区司令员杨应久宣布归建命令，并授“中国人民解放军四川省金堂县人民武装部”吊牌。隶属成都军分区（2004 年 12 月更名为成都警备区），恢复正团级常驻地方军事机构，现役军人和工作人员编制，设军事科、政工科，后勤科。金堂县人民武装部辖区乡镇武装部 21 个，厂、企业武装部 3 个。2005 年，内设科室未变。

二、基层武装部

1991年1月至1992年9月，按区、乡、镇行政规划设6个区武装部，43个乡、镇武装部，11个厂、企业武装部。1992年10月，金堂县经四川省人民政府批准撤区并乡建镇，全县43个区、乡、镇武装部撤并为15个镇武装部，9个乡武装部。1992年8月，金堂县四川省中美（外）中小企业发展园区、四川省起重机厂人民武装部成立。2001年至2003年成都第二纺织厂、金堂县氮肥厂、金堂县商业局、金堂县供销社、金堂县纸厂、金堂县纺织厂、金堂县建筑公司、四川省起重设备厂9个武装部，因企业转换经营体制或解体，不再设立武装部。2004年10月，黄家乡划归三溪镇、九龙镇划归淮口镇、云绣乡和三中园区划归赵镇。经几次演变到2005年，金堂县人民武装部设有21个乡（镇）武装部，3个企业武装部。

三、历届班子

金堂县人民武装部领导班子变换情况。部长：竹志鹏，1991年1月至1996年3月；罗腾元，1996年4月至2000年3月；蒋德鹏2000年4月至2007年5月29日。政委：汪兴华1991年1月至1996年3月；裴成科，1996年4月至1999年3月；张沛，1999年4月至2000年3月；陈双泉，2000年4月至2005年3月；李洪，2005年4月起任。

第二节　民　兵

1989年6月，组建成都市金堂县民兵应急分队，应急民兵分队相继装备了通信、防暴、防洪抢险救灾器材。1991—1996年，民兵主要训练队列、战术、投弹、轻武器实弹射击。专业技术兵训练科目：高射机枪、通信等。每年送2至3名通信民兵参加成都军分区、新都培训或复训。1997—2005年，民兵军事训练科目有所改进，停训高射机枪等课目。基干民兵、应急民兵在完成队列、投弹、射击等共同科目的基础上，增加了处置突发事件、勤务、擒拿格斗、军体拳、盾牌操、抗洪抢险等科目。

1991—2005年共训练步兵5545人，高机1771人，应急民兵2030人，通信兵601人，其中通信女民兵50名。各乡、镇民兵228305人次为烈军属、劳弱户抢种抢收352128亩，261个村民兵连开展帮困扶贫，有4134户脱贫。金堂县民兵在抗洪抢险中出动9000人次，抢运物资500吨，清除淤泥60多万立方米，成功拦截失控漂浮在沱江上游的打砂船6艘，炸沉2艘，直接避免经济损失达亿元。1991—2005年民兵政治教育主要结合民兵整组，预备役登记、征兵、军事训练、组织民兵执勤、“参治”、参建等活动进行。重点对各个时期国际、国内形势、《兵役法》《国防法》《军用设备保护法》等内容进行学习教育。全县各村成立民兵之家，各乡、镇人武部为村民兵之家订了“解放军报”“国防时报”“中国民兵”“西南民兵”“华夏魂”等报纸杂志。1991年县被成都军区政治部评为民兵刊授教育先进单位，省委宣传部、省军区政治部国防时报读报用报工作二等奖。1993年县被成都军区、省军区评为民兵学刊用刊先进单位。1997年县被成都军区政治部表彰，评为民兵军事刊授教育先进单位。1999年县被成都市委、市政府评为国防教育先进单位。2000年县被成都军区政治部评为民兵刊授教育先进单位，被成都市委、市政府表彰为国防教育先进单位。

第三节　预备役登记

1991—1997 年，县人武部以《民兵工作条例》为依据，按民兵工作“三落实”的要求，加强组织领导，搞好宣传动员和整组试点工作，圆满完成全县民兵营连整组任务。全县各乡、镇、企业武装部利用广播、电视进行民兵营、连整组的宣传动员，对基干民兵应急和专业技术分队进行清理调整，使全县民兵队伍更加精干，专业技术民兵分布更趋合理，每次基干民兵点名到点率为 96%，民兵应急营到点率为 100%。1996 年 9 月，按照成都市《征兵工作规定》要求，对全县 18 ~20 周岁青年进行兵役登记和发证工作，全县转业军官转服预备役的登记统计和军衔评定工作于 1996 年 5 月进行，县人武部对 32 名转业军官进行了登记统计和军衔评定，并入机存档。

1998 年全县民兵整组、兵役登记统计按照《兵役法》《民兵工作条例》和成都军分区有关规定要求，加强了对民兵应急分队组织整顿和地方专业技术人员的预备役登记、建卡以及年满 18 岁男性青年的兵役登记和办证工作。全县 1218 名青年、民兵、退伍军人按要求进行了登记建卡，预征青年兵役登记和办证率达 94%。全年，县人武部及时将转业回地方的 18 名军官进行了预备役登记，对预备役军官以行政大队编排形式实施管理。8 月 1 日，组织全县 112 名预备役军官进行首期军政训练。

1999 年 4 月初至 5 月中旬，全县民兵整组工作和基层武装部正规化试点在清江镇进行；5 月 11 日，在清江镇召开现场会，将清江镇的做法向全县作了推广。各基层武装部分别组建了 20 ~30 人的民兵应急小分队。全年，完成了转业军官、退伍士兵转服预备役登记统计工作。

2000 年，完成全县民兵年度整组，民兵到点率达 95%。7 月，组织 100 名民兵应急分队人员伏季大练兵，以模拟训练为重点，以擒拿格斗、警棍盾牌为基础课目。2001 年 9 月 20 日，金堂县遭遇中华人民共和国成立以来第二次特大洪水袭击，洪峰流量达 7390 立方米每秒，在 19 日上午洪灾前后，县人武部快速出动民兵和驻军部队官兵 1800 多人，主动承担最危险地段的排险任务。拦截船只 4 只，炸沉对国家重点工程危害较大的打砂船 2 艘，抢救遇险群众 200 人。

2002 年 7 月全县民兵组织整顿全面展开，对全县专职武装部长进行了培训，对 24 个乡镇及三中园区基干民兵连进行了考核。同时，对民兵应急分队进行拉动式竞赛性考核。全县民兵组织整顿，民兵到点率达 98%。2003 年对 24 个乡镇、8 个企业的基干民兵结构进行了调整改革。组建了交通、城建、救护、防洪抢险、信息网络、迫击炮、防空等 7 个专业分队，培养了 20 名网络信息人员。2004—2005 年预备役登记与 1998 年建卡时相同。

第四节　新兵征集

新兵征集任务由市征兵办公室下达，县人民政府征兵办承办县征兵领导小组会、全县征兵工作会议及相关工作。1991—2005 年，为保证圆满完成新兵征集任务，确保兵员质量，各乡（镇）人民政府和基层武装与县人武部签订征兵责任书，并列为乡（镇）第四季度中心工作之一。宣传工作主要采用电视、广播、标语、墙报、宣传车、咨询站和印发宣传资料相结合的办法进行。县人武部主要领导发表电视讲话，接受新闻媒体采访，向社会各阶层人士、适龄青年广泛宣传《兵役法》《国防法》《成都市征兵工作规定》等征兵法规和政策，提高广大人民群众爱国主义的热情。在每年征集新兵工作开始后，很多热血青年从外地千里迢迢赶回家乡报名应征。

1991—2005 年，体检、政审坚持谁签字、谁负责，一人一表，定人定内容。严格征兵纪律，坚持党委定兵，自觉接受群众监督。1993 年、1995 年、1996 年分别被四川省人民政府、四川省征兵办评为征兵工作先进单位。1998 年、2001 年、2002 年分别被成都市人民政府、成都市征兵办评为征兵工作先进单位。2005 年被成都军区评为征兵工作先进单位。

第五节 国防教育

1990 年金堂县国防教育领导小组成立，将每年 7 月最后一个星期定为法定“国防教育周”，开展各种形式的国防教育活动。1993 年中共金堂县委党校被省全民国防教育小组评为全民国防教育先进单位。1994 年金堂县国防教育领导小组更名为金堂县国防教育委员会。

1991—2005 年，县国防考试委员会坚持以社会为课堂，学校为阵地，党政干部为主要对象，深入贯彻《四川省国防教育条例》，大力开展以宣传《兵役法》《国防法》为主要内容的全民国防教育活动。县国防教育委员会、县人武部对全县进行了 11 次国防教育，授课 100 多场次，达 1 万余人次。全县有 46 所中小学进行国防教育和军事基础训练，直接听课教育人数达 20 余万。县国防教育委员会办公室与县委宣传部组织全县党政干部、工人、农民、民兵、学生 10 万余人，参加省委宣传部、市国防教委等上级部门组织的毛泽东民兵工作“三落实”指示发表 30 周年、纪念红军长征胜利 60 周年、建军 70 周年、四川省迎接新世纪国防知识等竞赛活动。四川省电视台专题报道了金堂县抓国防教育的经验。主要事迹材料选入了《跨世纪探索——中国当代党政企业领导干部文献（世纪珍藏版）》《世纪之交的辉煌与展望》《辉煌与展望——我们迎接新世纪》等市、省、国家级大型专集。1999 年，金堂被评为成都市国防教育先进县；金堂县人武部、清江镇、隆盛镇、金堂中学被评为成都市国防教育先进单位；何冰、罗腾元、王道明、卢孝国、王伟大被评为国防教育先进个人，受到市委、市政府的通报表彰。金堂县被成都军分区誉为成都市国防教育的一面旗帜。

第二章 驻县部队

中国人民解放军驻金堂部队隶属成都军区司令部直属队，下辖三个分队。部队主要担负云、贵、川、渝、藏国防通信工程建设任务，自组建以来，先后执行过西南战区防御作战通信保障任务，参加过卫星发射的通信保障，完成了 100 项军地通信工程建设任务，足迹踏遍云、贵、川、渝、藏，多次受到总部表扬，先后荣立过集体二等功、三等功。

第一节　拥政爱民

1991—2005年，部队坚持把拥政爱民教育纳入政治教育的总体规划，对官兵集中进行拥政爱民专题教育，进一步加深官兵对新形势下加强双拥工作重大意义的理解。在参加野外训练、军地通信工程施工等重要时机尤为注重对官兵的教育，每次都对官兵进行“发扬优良传统、保持我军本色”“巩固和发展鱼水情深”等专题教育，先后完成30多个教育专题。每逢元旦、春节和“3·5”学雷锋等节日，部队都要走上街头，开展便民服务。先后派出有技术特长的官兵义务为群众修理家电2000件，修理自行车534辆，理发1800人次，诊病查体3400人次，开展法律和计划生育咨询2800余人次，军训学生和企业员工6339人次。积极参加驻地“植树造林，再造秀美山川”活动，共出动人员1300人次，车辆200余台次，植树6200株。主动参与金堂创建卫生城市活动，先后派出4300人次为街道打扫卫生，清理卫生死角，清除牛皮癣广告1000张，清理垃圾650余吨。部队连年被中共金堂县委、县人民政府表彰为“拥政爱民先进单位”，1992年、2003年、2005年分别被中共成都市委、市人民政府、成都警备区联合授予“拥政爱民先进单位”称号。部队不断加强与驻地政府、企事业单位等的密切联系，1991—2005年，先后与金堂普光运业公司、成都野生世界、金堂县第一人民医院、云绣乡敬老院、赵镇桐梓村等单位签订了共建协议，建立了共建关系。先后举办军民联欢会、体育比赛、篝火晚会、参观教学等活动50余场次，丰富和活跃了军地双方的文化生活。部队先后荣获中共成都市委、市人民政府、中共金堂县委、县人民政府“军民共建先进单位”“精神文明建设先进单位”等荣誉。

第二节　支持地方经济建设

1991—2005年，部队组织官兵对地方颁布的保护资源、保护环境、保护文物以及治安管理、交通管理等政策、法令和规定进行了系统学习，并教育官兵带头执行。同时，部队官兵拥护和尊重地方各级人民政府，凡是政府组织的扶贫济困、公益宣传等活动都积极响应，主动参与。该部官兵在与地方政府人员的接触中，始终和对本部队首长一样尊重，做到谦虚谨慎，文明礼貌。此外，部队处处体谅地方政府，在部队建设上坚持发扬自力更生、勤俭建军的精神，能够自己解决的困难，尽量自己解决，做到了少添麻烦，多做贡献。

部队紧紧围绕全面建设小康社会的目标，坚持在支援地方经济建设中实践人民军队全心全意为人民服务的根本宗旨。1995年，参加了福（州）—杭（州）—贵（州）—成（都）通信光缆工程建设。1999年，参加了滇西南“995”架空光缆通信工程建设。2000年，参加了涪（陵）—万（州）通信光缆工程建设。2002年，该部为赵镇桐梓村援建66.67公顷蔬菜大棚，被列为“军民共建无公害大棚蔬菜示范基地”。2003年，参加了“031”都江堰—马尔康架空光缆通信工程建设。此外，该部还参加了成都市市话扩容工程、成都市郊县（区）和广汉、什邡、仁寿、乐山等地的村村通电话建设，并于1997年5月将广汉建设成为四川省第一个村村通电话的县级市，同年9月将郫县友爱乡农科村建设成四川省第一个电话村。1991—2005年，在完成通信工程建设中先后投入人力61732人次，动用车辆等装备100台次，布放光（电）缆36684公里，“安全、优质、高效、低耗”地完成了40个地方通信工程项目；先后有60人次荣立三等功，45个班（排）荣立集体三等功，620余人次受到各级嘉奖。

第三节　维护稳定与救灾抢险

1991—2005年，部队结合金堂社会治安状况，根据《全军通信战备工作规定》要求，为应对突发事件，搞好协助维护社会秩序工作，成立以营长为组长，各连连长为成员的组织指挥组；成立以教导员为组长，各连指导员为成员的工作协调组和宣传联络组。根据任务需要制定了维稳方案，结合敏感时期的任务要求，适时对《协助维护社会稳定方案》和《军警民联防方案》进行完善、修订，并及时对人员、车辆和武器装备进行调整补充。在此基础上，经常组织官兵虚拟突发事件环境进行处突训练，先后演练68次。1995年8月、1996年6月、2000年8月，部队先后出动840余人次，车辆40余台次参加金堂抗洪救灾，共抢救物资100吨，价值800多万元，解救溺水群众10余人，清理街道淤泥5100平方米，安排群众在部队食宿100余人，圆满完成了抢险救灾任务，该部荣立集体三等功，成都军区《战旗报》、省市多家新闻媒体对该部的事迹进行过深入报道。

第三章　驻县武警部队

第一节　建　制

中国人民武装警察部队金堂县中队是一支有着光荣历史的部队，从组建至今已有56年的历史。早在1949年年底成都解放初期从野战部队抽调部分干部、战士，并改编伪保警队，组建了金堂公安中队，隶属成都市公安大队。1953年5月整编后，为中国人民解放军四川省公安中队。1955年8月1日，县公安中队改编为人民武装警察，移交公安机关领导。1961年11月中队改称为中国人民武装警察部队金堂县中队；1963年7月又改称为公安中队，隶属温江军分区领导，县公安中队改为县中队。1974年10月县中队划归成都警备区。1983年10月组建中国人民武装警察部队成都市支队。2005年6月根据武警总部的指示，武警成都市支队和成都市二支队合编成旅级单位—成都市支队，县中队改成为中国人民武装警察部队金堂县中队。

第二节　训练执勤

一、训练

1991年，武警金堂县中队在军事训练工作中认真贯彻江泽民主席“加强武警部队建设，捍卫社会主义制度”的指示精神，抓好《军事训练条例》和总部《军事训练若干规定》的贯彻落实，狠抓按纲施训，突出警官训练和部队基础训练，技术方面进行射击、投弹、器械体操、擒敌、战术和执勤业务等科目的训练。军体训练：按单、双杠一年兵完成1—3项练习，40%的人完成4—5项练习；两年兵以上有96%的完成1—5项练习，30%的人能完成6项练习。战术训练：完成单兵到班（组）的战术动作，以及在不同地域进行搜捕战术训练。1992年，共完成队列、擒敌、战术、器械、投弹等科目训练，均达到了优良。1993年2月27日开展以完成中队看守看押任务为主要目的的专勤专训，中队按照支队指示建立执勤“七项”制度。

1997年，金堂中队参加成都市支队举办的军事比武，中队获得支队（区、县中队）总体第二名。1999年，金堂中队参加成都市支队举办的军事比武，中队获得支队5公里越野赛个人第三名。2000年，金堂中队参加成都市支队举办的军事比武，中队获得支队器械体操第二名的成绩。2005年，中队参加支队举办的预提指挥士官集训，中队3名战士在训练中刻苦努力，积极进取，最后中队获得了“预提指挥士官先进中队”3人被评为“优秀学员”。

二、执勤

1991—2005年，县武警中队圆满完成了看守、押解、逮捕、城市武装巡逻、反恐等任务，为保卫国家和人民生命财产安全，打击罪犯、维护金堂的社会秩序做出了突出贡献，中队先后2次荣立集体二等功，多次被武警成都支队评为先进中队，3人荣立个人二等功，25人荣立个人三等功。中队配合公安机关摧毁带有黑社会性质的犯罪团伙20余个，抓获犯罪嫌疑人600多人，击毙罪犯8人，缴获土铳、手枪26支及大批子弹和匕首，中队连年被当地政府评为社会治安综合治理先进单位。1995年7月30日，金堂中队摧毁一个持枪抢劫团伙，成功抓获罪犯12人，缴获火药枪支12支，炸弹8枚，炸药1.5公斤。1995年8月11—18日，金堂县遭受洪灾，金堂中队和支队前来参加救助的130名官兵一起抗险救灾，抢出价值153万余元的物资，救出人民群众185名。1995年11月19日，支队党委发出开展向金堂县中队学习活动的决定。武警总部给金堂中队荣记集体二等功，给中队长郁国权荣记个人二等功1次，指导员张清，专业警士何拥军，战士霍斌、宁政、石建申5人荣立个人三等功。

第三节　警民关系

1991年县中队在成都市支队的领导下广泛开展“拥政爱民”活动，中队与敬老院的老人结成“对子”进行帮助，每月组织人员去看望老人，帮助老人解决生活中的困难；7月份县中队官兵积极为受灾的地区捐款捐物，支援受灾地区经济建设。1992年中队被评为县级“拥政爱民先进单位”。1995年，金堂遭受洪灾，金堂中队在支队的支援下300多名官兵参加抗洪抢险，抢救出价值153万余元的物质，救出人民群众185名，被表扬为“英勇善战、坚贞不渝”的好中队；同年12月中队与金堂县农业银行建立共建关系。1996年中队与梅林社区、赵镇二小等单位建立共建关系；中队被评为“双拥”先进单位。

1997年，中队荣获“庆五四、迎回归”火炬环城跑接力赛第二名，年底评为“双拥”先进单位。1998年，被评为“双拥”先进单位。1999年，获得“国庆文艺晚会”优胜奖；荣获中华人民共和国成立50周年活动先进单位。2000年、2002年，被评为“双拥”先进单位。2004年8月至2006年7月，中队资助贫困生周雷力同学读完初中，连续出资9000余元。2004年元旦，中队参加“建行杯”环城接力赛，获得优胜奖。2005年年底，熊国忠被成都市评为“双拥模范”先进个人。

第四章　人民防空

第一节　机　构

金堂县人民防空办公室是负责全县人民防空的战备工作部门。1992 年 5 月，县建立统一的交通战备人民防空无线电管理委员会，下设人民防空办公室，恢复人防办工作机构，挂靠县人武部。1996 年 4 月，县人武部收归军队建制，县人防办单列，归口金堂县政府办公室。2001 年，县机构改革设置金堂县人民防空办公室，由县政府办公室管理。县政府批准县人民防空办公室既是县国防委员会的常设办事机构，也是县政府人民防空工作主管部门。内设综合、业务、人防平战结合管理 3 个职能科。至 2005 年内设科室未变。

第二节　人防指挥通信及设施

1992 年 5 月至 1998 年 6 月，县人防办分别抽调人员参加全市制订、修改防空袭预案集训。1992 年至 1993 年，组织制定《金堂县防空袭预案》。1996 年至 1999 年，按照成都市人防办的统一部署，先后完成了防空袭方案和人口疏散道路等 10 种保障计划的制订和修改，为战时（应急）的人防组织指挥和人口疏散提供了有力保障。

1998 年，金堂县建立了第一支人防平战结合专业队伍——道路抢险抢修专业队。1999 年至 2005 年，先后在县电信局、县医院、县交通局、县卫生局、县疾病控制中心、县公安局等单位分别建立了人防平战两用通信、道路桥梁抢修、医疗救护、防疫、消防等 6 个专业队伍，人防专业队人数 300 人。1997 年，金堂县新建了第一个防空、防灾通信警报台（站）。1999 年至 2005 年，先后投入资金 20 万元在赵镇、淮口镇新建 8 个 4 千瓦电动式防空、防灾警报台（站），使县城赵镇的防空警报音响覆盖面达到了 90%，实现了防空警报社会化管理 100%，警报试放鸣响率、完好率达到 100%，落实了通信警报三级管理维护责任制。1998 年至 2005 年，按照成都市人防办的统一部署，圆满完成了全市组织的每年防空袭警报试鸣演习任务。完成了 1998 年至 2004 年金堂县每年 7 月的防灾情警报试鸣任务。

第三节　人防工程建设与管理

人民防空工程为保障战时人员与物资掩蔽，人民防空指挥、医疗救护等而单独修建的地下防护建筑，以及结合地面建筑修建的战时可用于防空的地下室。根据《中华人民共和国人民防空法》和国家、省、市有关人民防空的规定，按照“长期准备、重点建设、平战结合”的方针，结合金堂实际，1998年4月，金堂县执行《关于金堂县结合民用建筑修建防空地下室的实施意见》，对县城规划区新建民用建筑，开始征收人防工程易地建设费，筹集人防建设资金。2003年，县加大“结合民用建筑修建防空地下室”（以下简称“结建”）管理力度，人防“结建”收费纳入了县建设局一站式办公程序。2000年至2005年，审批办理“结建”项目157个，为人防建设筹集了一定资金。至2005年止，已建防空地下室工程2个。2000年至2005年，按照“人防工程消防责任制”要求，每年与市人防办和县内已建防空地下室的责任单位签订了防空地下室防火、防汛安全责任书，确保了连续6年消防安全、无事故。

第四节　人防宣传教育

1996年10月29日，《中华人民共和国人民防空法》（以下简称《人民防空法》）颁布，县人防办在县城举行了庆祝《人民防空法》颁布宣传活动，县委、县人大、县政府、县政协领导到现场宣传为群众发放宣传资料，“金堂电视台”、《金堂报》等媒体记者到现场报道，宣传车在县城赵镇、三中园区、三星镇等地巡回播放《人民防空法》。1998年，《四川省〈中华人民共和国人民防空法〉实施办法》颁布，2001年，中共中央、国务院、中央军委发布《关于加强人民防空工作的决定》（以下简称《中央决定》）。1996年至2005年，县人防办每年在县城设《人民防空法》宣传点1—2次，开展以贯彻落实《人民防空法》和《中央决定》为主要内容的宣传活动。其中，向广大群众发放人防宣传报刊资料、手册共计3万余份。1999年，县政府分管领导以答记者问的形式在《金堂报》、“金堂电视台”宣传《人民防空法》。2000年，县人防办制作人防宣传展板8板，在赵镇文化街、复兴街、金堂中学、城关中学等展出宣传。主办人防宣传专栏橱窗25期。1996年至2005年，撰写人防研讨论文9篇，人防宣传稿件先后被“国防时报”、《华夏魂》《成都人防》、“成都电视台”“金堂电视台”“金堂报”等省、市、县新闻媒体刊（采）用107篇，2003—2005年，编写《人防工作简报》12期。

1995—2002年，分别在县城关中学、三星镇中学的初中二年级17个班，975名学生中进行了防核武器、防化学武器、防生物武器（简称：“三防”）知识的试点教育；2003—2005年，在金堂沱江实验学校、城关中学的初中二年级41个班，2406名学生中开展了“人民防空”知识教育，考核合格率达99%；2003—2005年，每年在县委党校局干、青干（轮）培训班中进行《人民防空知识》专题教育，对领导干部进行人民防空知识宣传。

第五节　平战结合

按照人民防空“长期准备、重点建设、平战结合”的工作方针，县人防办积极开展人防平战结合工作。1998年—1999年，县人防办根据人口疏散基地建设的标准，按照“城乡结合，共促发展”的要求，以促进城乡“两个文明”为目标，开展人口疏散基地建设，共建战时第二故乡工作。2002年，在对口共建中，金堂县部分乡镇及中小学校共收到疏散方的慰问金7万元，课桌椅50套，衣物900余件，书包50个，体育器材一批及彩电、书籍等其他物资用品。2003年，注重战时（应急）人口疏散基地建设与平时经济建设相结合，积极对外引资引项，全年共引进疏散基地建设资金32万元，为乡镇修建水泥路7.3公里，建蓄水池12口，部分乡镇共收到疏散方捐赠的彩电3台，电脑5台，投影机2台，摩托车1辆，衣物3100件，课桌椅70套，书包300个和一批体育用品、器械等。2004年，建立了疏散基地共建双方工作联系制度，进一步研究落实共建项目，金堂县引进建设资金20万余元，输出劳务人员10人，收到生活、生产用品和物资一批。2005年，结合推进城乡一体化，建设社会主义新农村，人口疏散基地建设工作得到了加强，其中，从疏散方为各乡镇引进建设资金30万元，签订土地承包项目2个，用于种植杂柑、脐橙等。2003—2005年，疏散方捐资为金堂县三溪、竹篙、土桥等镇修建乡村公路17公里。2005年，XX市级机关人口疏散基地建设的基础资料、对口挂钩联系方案计划已完成，共建前期启动工作正在积极准备之中。

县人防办积极探索平战结合路子，找准人防建设与经济建设的结合点，利用金堂地理位置、资源丰富的特点积极对上对外争取，引资引项，参与旅游等项目开发，开创人防平战结合工作新局面。1992年，对外引资240万元，在赵家镇新建"成都千秋雪矿泉水厂"。1996年，县人防办通过对上争取和自筹资金170万元，在赵镇清平街征地1.3亩，新建人防综合楼，并在楼顶安装了金堂县第一台防空、防灾警报器。1998年，县人防办对外引进资金600万元，对上争取的建设项目——金堂白马氡温泉旅游开发项目，于同年4月动工，至1999年年底，第一期工程建设项目全部完成，总投入资金800万余元。2000年，县人防办对上争取资金120万元，自筹130万元，总投资250余万元，新建的防空工程全部竣工，开创了金堂县人防工程建设新局面。

第二十七篇 民 政

1991—2005 年，金堂县民政局贯彻执行国家法律、法规，落实军队退伍、转业安置政策，开展民政救灾救济，组织人员踏勘全县乡镇和县域边界，严格进行婚姻、社团登记管理，落实社会福利政策，设有金堂县社会福利院、收容遣送站等。1995 年 9 月 14 日设立金堂县农村社会养老保险处，2001 年 11 月划归县劳动和社会保障局。2003 年 8 月 1 日，金堂县收容遣送站改设为金堂县流浪乞讨人员救助管理站，为社会流浪人员提供服务。县民政局参与紧急组织抗洪抢险等，完成了各项民政工作任务。

第一章 机 构

第一节 民政局

金堂县民政局 1980 年 9 月 1 日成立，主管优抚对象抚恤、优待，退役军人和军队移交政府的离休退休人员安置，烈士褒扬；婚姻登记，儿童收养，救灾，扶持贫困和救济，社会福利，殡葬改革，收容遣送，社会团体登记管理；承办行政区划调整，地名管理；指导开展基层民主自治建设，“双拥”及军民共建文明活动。1990 年，内设优抚安置股，民政救济股，局办公室。1991 年 9 月，增设社会团体登记管理股。1995 年 2 月，增设财会股。1996 年 12 月，业务机构由“股”更名为“科”，内设优抚安置科，社会团体登记管理科，财会科，民政科，救济科，局办公室。1997 年 3 月，对职能科室实施改革，设优抚安置科，救灾救济科，社会事务科，财务科，基层政权建设、区划、地名、社会团体登记管理科，局办公室。至 2005 年年末，职能科室无变动。

第二节　下属单位

1990年，设有金堂县殡葬事业管理所（以下简称“殡管所”），金堂县社会福利院，金堂县收容遣送站，金堂县军队离（退）休干部（职工）休养管理所（以下简称“军干所”）。1995年9月14日，设立金堂县农村社会养老保险处（2001年11月27日划归县劳动和社会保障局）。2003年8月1日，金堂县收容遣送站改设为金堂县流浪乞讨人员救助管理站（以下简称“救助站”）。2005年，县民政局下辖事业机构有金堂县殡管所，金堂县社会福利院，金堂县军干所，金堂县救助站。

县委、县政府将部分直属事业机构的部分工作划给民政局代管。1991年7月建立“金堂县残疾人联合会”（以下简称“县残联”），2003年7月1日，县残联从民政局分离。2001年11月27日，代管县老龄办，至2005年末未变。

各乡（镇）政府相应设立民政办事机构。1990年，各区（镇）、乡承设民政办公室，全县共有50个（区、镇级8个，乡、镇级42个）。1992年10月15日撤区、并乡、建镇后，全县共设24个民政福利办公室。1994年5月30日设立“三中园区”民政办公室。1997年3月22日后，乡（镇）机构改革，乡镇设立社会事务办公室承担民政业务。2004年9月13日撤销3个乡（镇）建制和“三中园区”的乡级管理后，全县乡镇共有21个社会事务办公室。到2005年未变。

第二章　基层政权与自治组织

第一节　基层政权建设

一、选举

1991年5月28日，四川省《村委会组织法（试行）实施办法》出台，金堂县基层换届便按此执行。1995年11月14日，县、乡（镇）成立换届选举领导小组，向各村（居）委派出联络员指导选举工作，各村（居）委会由3~7人组成，其中设主任1人、副主任2人；居委会由3~5人组成，其中设主任、副主任各1人。建立村（居）民代表会议制度，一个村（居）委会至少不低于30名代表，任期与村（居）委会同届。1998年11月4日，县政府决定11月至12月中旬为换届选举时期。实施公告制度，将选举委员会成员名单、选举日及地点、选民登记名单、初提候选人名单、正式候选人名单、选举工作人员、选举结果等，分别按规定日期向选民张榜公告。2004年全县优化调整村级规模，撤销原居委会组建新型社区。2005年初进行新的村委会、社区居委会选举，3月31日选举结束。

二、村（居）务公开

1998 年 4 月，成立金堂县村务公开民主管理工作领导小组，办公室设在县农办，在全县开展村务公开和民主管理工作。向群众公开的内容有：农民负担的批准方案及收、管、用情况；计划生育指标分配与处罚；宅基地审批及处罚；农业税减免及扶贫、救灾、救济款物发放；土地征用及补偿费收支；各项专业承包合同签订及兑现，集体财产管理及租赁收入，债权债务清收，有价证券认购及兑换；村里经群众讨论决定要办的大事；各种规章制度和群众关心的其他内容。由村民大会或村民代表大会从每个村民小组中推选 1 名代表组成村务公开监督小组，公布乡（镇）举报电话，接受群众监督。县在三星镇天灯村和淮口镇万福村进行试点，6 月 4 日，在两个试点村召开全县村务公开现场会。10 月上旬，县领导小组对各乡（镇）村务公开工作进行检查、督促。到年末，全县 461 个村均建立了村务公开栏。2000 年 3 月 6 日，县民政局发出《关于在金堂县城镇全面实行居务公开和民主管理制度的意见》。居务公开：上级有关居民的各项政策、法规和规定；上级下达的各项任务完成情况；救灾、救济款物发放及困难人员补助情况；居办企业及房屋租赁承包情况；居委会成员分工及职责，居委会财务收支情况；居民大会或居民代表大会的重大决议；片区文明单位（户）评选情况；涉及居民利益及居民普遍关心的其他事项。原则上每季度公布一次，涉及财务的分年中和年度两次公开，临时性事项随时公开，重大事项专门公开。建立民主监督小组，对居委会的常务工作实施民主监督。年末，全县 461 个村、44 个居委会均落实了村（居）务公开工作。2002 年，县委、县政府印发《关于进一步做好金堂县乡镇政务公开和村务公开工作的意见》，将原来分别建立的“乡镇政务公开工作领导小组”和“村务公开工作领导小组”合并，组建“金堂县乡镇政务公开与村务公开工作领导小组”，领导小组办公室设在民政局。明确指定各乡（镇）长和部门主要负责人为第一责任人。乡镇政务公开范围包括政府机关、各部门（含县级延伸部门）、医院、学校等都必须实行政务公开；村务公开范围包括：村（居）委会和村（居）民小组。部门主要公开服务承诺、人员分工及职责、办事程序、收费依据及标准。村务公开分为政务、事务和财务三大类共 10 项；村组务公开主要是财务和乡（镇）政务及村务公开中重要内容的公开。公开时间实行固定事项一年一次，一般事项每季度一次，财务事项每半年一次，临时及变更事项随时公开。年末，全县 24 个乡（镇），有 23 个乡（镇）政务公开达到规范标准；全县 435 个村、36 个居委会（含 8 个社区），有 80% 设立了规范的公开栏。2005 年，全县 21 个乡（镇）、187 个村、42 个社区建立健全了“两公开”工作领导和监督小组，制定出《实施意见》，实现“两公开”工作的规范、制度化。

第二节　村（社区）自治组织建设

1991 年 3 月 22 日，成立“金堂县村级组织建设领导小组”，开展创建示范村试点。年末，赵家乡金山村、云绣乡喜鹊村被评为“村民自治示范村”。1992 年 7 月，县村建办和民政局发出《关于开展创建村民自治示范村活动的通知》，提出评选示范村的基本条件：村委会、党支部及以下班子健全，成员团结，有办公用设施；有长远经济发展规划，集体经济收入在 5000 元以上并逐步增加，1991 年，人均纯收入 500 元以上；全村无计划生育超标，无重大刑事案件；按时完成国家粮油、税收任务。年末，全县 24 个乡（镇）各评选出 1 个示范村；1995 年 2 月 20 日，县政府对 1994 年度评选出的 7 个村、1 个居委会命名为村（居）民自治示范单位。同年，三星镇达到村民自治示范乡（镇）标准，在 1996

年被市政府命名表彰。1995—2002年，全县先后创建村民自治示范乡（镇）15个，示范村352个，示范居委会4个。2003年11月，全县262个村达到模范村标准。2005年10月9日，县政府授予赵镇栖木河村等共129个“村民自治模范村”称号；10月13日，市政府授予三星、福兴、土桥镇“村民自治模范乡（镇）”称号。

第三章　社会救济

第一节　救　灾

一、紧急救助

1991年3月至8月，全县遭受严重旱灾，县民政局紧急下拨救灾款4万元，解决特、贫困户4597人的缺粮问题。

1992年9月至1993年7月上旬，全县遭受严重旱灾，有4个乡（镇）在4月30日深夜遭受大风、冰雹灾害；7月10日，区间性大暴雨导致3个乡（镇）山洪暴发，15日，沿江河9个乡（镇）遭受洪灾。县委、县政府除及时向民政部和省、市政府请求支援外，拨出抗旱资金250万元，出动抗旱机具8300台，解决燃油87.3万公斤；县民政局下拨救灾款14.78万元，解决9842人的生活急需；发放2万元，用于1520户的生产自救补助。

1995年8月11日至12日特大洪灾，14日和17日，县民政局先后拨出应急款30万元，落实救灾粮30万公斤，分配给各受灾乡（镇），解决1万余人无粮的生活急需。

1996年4月下旬至6月下旬，全县遭受严重旱灾，24个乡（镇）中有9个乡（镇）旱情持续至8月中旬；8月6日又遭受金堂县罕见的暴风雨灾害，26日部分乡（镇）又遭受洪灾。县财政划拨70万元抗旱资金，全县出动抗旱机具2510台（套）；组织送水400多车次，解决3.3万人、1.45万头牲畜饮水问题；县民政局安排53万元、粮10万公斤，解决16459人生活急需，救助25户因灾倒房特困灾民建房75间。

2000年12月起至2001年8月中旬，全县遭受特大旱灾。2001年8月18至19日又普降大暴雨并伴大风，导致山、丘地区爆发山洪，局部地段山体滑坡（9月23日至24日再次发生）；8月26日至9月中旬又遭受连绵阴雨致成内涝。9月20日沿江河9个乡（镇）又遭受特大洪灾。2001年2月1日，县委、县政府召开抗旱救灾工作会议，县民政局下拨农村低保金30万元，解决1082户、4019人缺粮特困户的生活；3月13日划拨救灾资金20万元，用于抗旱保苗和解决部分群众人、畜饮水和生活困难；4月4日成都市民政局下拨给金堂救灾资金10万元，县上又通知动用各乡（镇）启动自然灾害救济事业费资金共15.3万元，解决灾民生活困难。截至9月16日，全县共出动抗旱服务队50余万人次，抗旱机具4000台（套），提水5756万立方，市民政局下拨给金堂救灾资金共94万元，县、乡两级动用其他资金共44万元，三次社会捐赠共计人民币40万元，衣物及盛水容器等各种物品共3000余件，全部用于农村受灾群众的生活救助。

2002年8月25日，赵镇（含“三中园区”）、云绣乡遭受特大暴风雨、冰雹灾害，23家特困户住房全部倒塌；28日夜，县委常委会议决定安排15万元资金，帮助倒房户重建。

2003年1月至7月，全县遭受旱灾，其中6月至7月位于山、丘地区的16个乡（镇）旱情严重，县上紧急下拨5万元给特重灾的土桥镇解决灾民生活；8月9日，沿江河8个乡（镇）遭受洪灾；8月29日至30日，全县遭受强暴风雨灾害。县上下拨7.2万元对云绣乡23户受灾户给予救助。县下拨紧急救助资金41万元，解决灾民生活、治病、建房和生产自救；从成都市民政局运回社会捐赠衣物2万余件，解决贫困灾民的穿衣问题。

2004年4月30日下午至5月1日，三星镇、官仓镇、栖贤乡遭受暴风雨、冰雹灾害；6月28日至30日，全县先后两次遭受大暴雨灾害，并伴有雷电和阵性大风。县民政局紧急下拨救灾资金共26.47万元，发放衣、被380件（套），帐篷20顶救灾。

2005年6月22日下午，部分乡（镇）遭受暴雨、冰雹灾害，导致山洪暴发和山体滑坡；7月2日下午，赵镇、栖贤乡和赵家镇再次遭受暴风雨灾害；7月3日，三星镇、白果镇低洼地带遭受洪、涝灾害。针对灾情，县民政下拨紧急救灾资金10万元，用于灾民生活安排。

二、善后救助

遭受严重自然灾害，通过采取紧急救助、投亲靠友、外出打工、生产自救等措施后，在生产、生活、住房等方面仍存在严重困难的特、贫困灾民，国家和社会各界再给予相应的救助。

三、国家救助

1991年旱灾后，11月21日，县民政局和粮食局下拨救灾捐赠款4万元、20万公斤玉米，救助因灾减产、缺粮特困户、五保户生活口粮。

1993年洪灾后，县民政局下拨救灾款2.34万元，救助137户灾民，修复住房292间。

1994年旱灾，成都市民政局下拨救灾款24万元。县民政局用于生活救助16万元，救助8400人；生产自救补助1714户，共6万元。

1995年1月13日，市民政局下拨给金堂县春荒救济款40万元，县民政局于3月3日下拨给各乡（镇）共41万元，安排灾民生活。全年共发放救灾款127万元，下拨返销粮指标100万公斤，其中：生活救助88.7万元，28612人次；住房救助315户，共30万元，修复住房787间，其他救助4541人次，共7.1万元。

1996年，市民政局下拨给金堂县救灾款46万元，县民政局下拨到各乡（镇）共52万元，粮食指标10万公斤；年关和春、夏荒生活救助共16459人；住房救助25户，修复75间。

1997年1月22日，县民政局下拨春荒救济款7.2万元，粮食局划拨指标粮6万公斤，解决转龙镇近2000户共6000人的春荒缺粮，由转龙镇自筹4万元，在春节前将救灾钱、粮发放到户，确保灾民过好春节。3月18日，县粮食局安排救济粮（小麦）指标100万公斤，以每公斤价1.70元供给救助对象度春荒。全年共下拨救助款54.6万元（其中县财政划拨37万元）、粮100万公斤，其中生活救助52万元共14502人；倒房重建30户，共59间，救助2.6万元。

1998年，全县遭受严重春、夏旱灾，4月上旬，县民政局下拨夏荒救济款15万元。7月中旬，市民政局划拨给金堂县夏荒救济款45万元，用于25937人的生活救助。10月，县财政安排60万元，对住房因灾全倒的994户、共3204间给予重建救助。全县共救助779户，12月底全部住进了新居。

1999年至2000年3月底，全县冬、春旱灾；全县共用于救灾208.1万元。

2001年特大旱、洪灾后，全县因灾住房全倒1245户、3774间，除符合五保条件的192户（人）收进敬老院供养和不符合救助建房规定条件的外，确需政府救助的共631户、1962间、41844平方米，县投入资金686.7万元；政策扶持自建房327户、1149间；减免建房办证手续费200万元。当年，市政府批准金堂县开仓借粮500万公斤，救济灾民11.77万人；全县共下拨救灾款456.5万元（市上225万元，县财政231.5万元），其中：用于生活救济111.6万元，建房救助320万元。全县减免农业税金共300万元。

2002年4月至8月，县境内遭受旱、洪灾和暴风雨、冰雹灾害。县安排救灾粮10.5万公斤，救助8400人；衣被救助460人共1.36万件；倒房重建93户共274间；全县共投入救灾资金157.1万元。

2003年3月，县民政局下拨救灾款10.98万元，解决5631人的春荒缺粮；共计筹资33.6万元，建房105间。

2004年4月2日，县民政局下拨春荒救助款13万元，救助缺粮户3451人；7月21日，又下拨因灾倒房重建资金153.83万元，救助建房158户，9月30日全部住进新居。从当年起，对居住在地质灾害易发区内的102户、共347人实施搬迁，至2005年年末已全部迁离危险区。

四、其他救助

每逢县境内遭受重大自然灾害，县委、县政府都要发出号召，发动党政机关、社会团体和各界人士开展“一方有难，八方支援，互助友爱做奉献”的募捐活动。接收社会捐赠，由县民政局统一上交市民政局分配，县按分配的数额调拨给各乡（镇）及时分发到灾民手中。据记载：1991年，接收县内捐赠款15.08万元，实物折款2.5万元，外地转来2万元，市上下拨70万元；其中分配给金堂县使用的共73.06万元（含实物折款1.06万元）。1995年洪灾后，全县共接收社会捐赠现金15万元，衣物499件，实物折款共3.2万元。2001年特大旱、洪灾后，全县多次开展捐赠活动，共接收捐赠款60万元，棉被350床，衣物2万件。

1995年7月14日，市政府现场办公会议决定，从1996年起，启动人畜饮水工程项目，解决山、丘旱片死角地区人、畜的饮水困难问题。1996年，投入资金总额625.55万元，建水池199口，铺设引水管道26万米，建提水设施54套。解决13个乡镇、44个村，25022人，2.38万头牲畜饮用水问题。1997年，投入资金总额554.8万元，建水池166口，铺设引水管道16.2万米，建提水设施32套，打水井7口，解决15个乡镇、45个村和一个场镇20450人，18320头牲畜饮用水问题。1998年，长江、嫩江、松花江流域遭受特大洪灾，县救灾捐赠办公室共接收捐款31.4万元，衣被折款5.4万元，及时发往灾区。

2001年9月20日洪灾（以下简称“9·20”洪灾）后，10月19日，成都市政府主要负责人、副市长吴平国到金堂县竹篙镇双辉村、大华村，九龙镇光荣村和三溪镇白云村进行调研，深入农村贫困户和山体滑坡受灾户家中看望、慰问，并在三溪镇白云村召开现场办公会。议定：市财政加大对金堂财政的转移支付力度，每年定额补助150万元；对金堂“9·20”洪灾补助150万元，另拨150万元作因灾倒房户的救济。

第二节 救 济

一、贫困救济

1991 年，全县有特困户 1810 户 5770 人，给予救济的有 1783 户 5598 人，全年救济金额 14.52 万元，其中国家救济 115743 元，集体补助 29451 元；减免各种负担 222721 元，其中农业税 139201 元，集体提留款 53396 元，学杂费 8673 元，医疗费 8078 元；其他减免 13373 元。1993 年，全县临时救济 3188 人次。1994 年，临时救济 4789 人次，1992 年至 1994 年，共计救济金额 44.46 万元，其中国家救济 27.42 万元，集体补助 17.04 万元。1995 年，救济特困户 1890 户，救济金额 67500 元，其中国家救济 50100 元，集体补助 17400 元；减免总额 10.49 万元，其中农业税 3.5 万元，集体提留款 5.1 万元，学杂费 1.02 万元，医疗费 8700 元。1996 年，共救济 4470 人，补贴金额 21.46 万元。1996 年起，将部分城镇困难户纳入国家定期定量救济。1996 年至 1997 年，全县临时救济共 15235 人次，集体补助金额 60.5 万元。1998 年至 1999 年，全县临时救济共 15939 人次，救济金额 48.3 万元。2000 年，全县临时救济 7030 人，国家救济金额 103.9 万元。2001 年，因遭受特大洪灾，全县临时救济达 42070 人次，国家救济金额 61.8 万元。2002 年，全县临时救济 15478 人次，其中城镇 890 人次，农村 14588 人次；2003 年农村临时救济 6602 人次。2004 年至 2005 年，已无临时救济的资料记载。

二、精减退职老职工生活补助

1991 年至 2001 年，共补助精简退职老职工 6021 人次，金额 182.58 万元。从 2002 年起，对城镇的精简退职老职工家庭符合城镇低保条件的，纳入城镇低保线补助。从 10 月 1 日起，对农村精简退职老职工每人每月提高 30% 补助标准。2002 年至 2004 年，共补助精简退职老职工 1388 人次，金额 53.61 万元。2005 年年末，全县尚有享受精减退职老职工补助的共 243 人，年发补助金 9.27 万元，其中，享受 40% 补助的 69 人，年发补助金 31896 元；定期定量补助 174 人，年发补助金 60804 元。

三、特殊对象生活补助

1991 年，县有起义投诚人员 17 人（城镇 2 人），宽释人员 3 人（城镇）。1991 年至 1992 年，共发放补助金 17880 元。1993 年，从 7 月 1 日起，对城镇的 5 人每人每月增加 10 元；1994 年 2 月 1 日起又再次增加 20 元；从 9 月 1 日起对农村的 15 人每人每月增加 11 元，1993 年至 1995 年，共发补助金 32788 元。1996 年 1 月，执行中共中央统战部、国家人事部、财政部和民政部《关于增加部分党外人士生活费的通知》："现本人生活费在 100 元及以下的，每人每月增加 70 元，并从 1993 年 10 月 1 日起执行"，对全县 20 人全部执行新标准，全年共发生活补助金 67320 元，其中从 1993 年 10 月 1 日至 1995 年 12 月 31 日共补发 27 个月，补发金额共 37800 元。1997 年 5 月，按中共中央统战部、国家人事部、财政部《关于增加部分党外人士生活费的通知》，从 1995 年 10 月 1 日起，对起义投诚人员每人每月增加 18 元，当年，对 17 人补发从 1995 年 10 月 1 日至 1997 年 12 月 31 日共 27 个月，增加金额 8262 元，全年共发补助金 37782 元。1999 年，对宽释人员每人每月增加 21 元，全县起义投诚人员 14 人，宽释人员 3 人。1998 年至 2004 年共发补助金 20.44 万元。2005 年末，尚有起义投诚人员 7 人，年发生活补助金 11508 元；宽释人员 1 人，年发生活补助金 1848 元。

第三节　扶贫工作

一、扶贫规划

1991 年 8 月 4 日，成立县扶贫工作协调办公室。制定自 1991 年 8 月至 1994 年 6 月的三年脱贫规划和年度计划，对 1990 年人均收入在 400 元以下的 35 个贫困村，由对口帮扶单位负责人与帮扶的贫困村负责人签订脱贫责任书。

二、扶贫措施

1991—1995 年，全县共扶持 15847 户，下拨生活救济和扶贫专款 156.8 万元，化肥指标 45 万公斤；减免各种税费 80.14 万元。扶贫贴息贷款 165.61 万元；组织贫困户劳务输出 2543 人。通过扶持，脱贫 13831 户，1995 年年末在扶 2016 户。1996 年调查统计，全县有特困户 2018 户 6861 人，贫困户 5700 户 19380 人。同年 12 月 20 日，县委成立金堂县经济发展缓慢村促变工作领导小组，加快全县经济发展缓慢村的发展步伐。1997 年 4 月 2 日，县委组织部发出《关于认真做好经济发展相对缓慢村对口帮扶工作的通知》，县委确定 11 个乡（镇）中的 50 个经济发展相对缓慢村，重新调整对口帮扶单位，由市、县两级对口单位共同帮扶 22 个，县级单位帮扶 28 个；建立和完善对口帮扶责任制，重点帮助发展有助于农民增收的种植、养殖业和农副产品加工业；在修桥、修路、用电、解决人、畜饮水问题和改善基本生产条件、兴办集体经济实体、搞好公益事业方面各尽所能，做出实效。1998 年 11 月 4 日，成都市委常委、纪委书记晏永和到金龙镇净因村商讨对该村的促变工作，议定市交通局无偿解决 15 万元，支持修整村道路；市水电局把净因村修建提灌站和微型水利工程纳入 1999 年的总体规划进行建设；市农牧局解决 5 万元，帮助发展黑山羊养殖；市民政局落实无偿资金 5 万元，解决该村的特、贫困户老共产党员和五保户的住宿、生活困难；阳公集团无偿资助 5 万元建立村产业化发展项目，再捐资 4.5 万元完善村党支部活动室。1996—2000 年，全县共扶持 7921 户，累计投入扶贫资金 226 万元（县 191.5 万元、市 34.5 万元），化肥 53.60 万公斤；减免各种税费 23.88 万元，参与包户扶贫的党员、干部 12263 人次，举办技术培训 573 期，共培训 27694 人次，扶贫贴息贷款 119 万元；组织劳务输出 5592 人。经过扶持，共计脱贫 7026 户，2000 年年末在扶 895 户。2001 年，县委在全县开展“心桥工程”活动，要求县级各机关、部门的每个党支部都要联系 1 个经济发展缓慢村，每个党员、干部都要联系 1 户特（贫）困户，结成帮扶对子，对口帮扶。县委书记赵德喜带头与云绣乡石云村 1 组特困户张富洪结成帮扶对子；县委副书记、县长何冰与高板镇高石村 7 组贫困户唐瑞芳结成对子。当年，全县共捐赠扶贫资金和生产资料折款 400 万元，帮助经济发展缓慢村的基础设施建设，其中，修筑水塘 480 口，引水渠、管 131.5 公里，乡村公路 351 公里，达到每个乡（镇）通油路、村通碎石路，每个村都安装了电话。2003 年 4 月，据调查统计，全县农村家庭年人均纯收入在 700 元以下的有 2072 户，701 元至 1000 元的有 10017 户。2004 年 5 月 18 日，县委、县政府办公室发出《关于进一步做好特困群众帮扶工作的通知》，结合开展农村破旧土坯房改造，帮助贫困户搞好农、副业生产。2001—2005 年，全县共扶持特、贫困户 6672 户，投入扶贫资金 128 万元，单位和个人捐款 442.3 万元、捐赠化肥 20.80 万公斤，减免医疗费、学杂费共 20 万元；组织劳务输出 800 人；通过扶持，2005 年年末共计脱贫 5772 户。

三、帮扶效果

1990—2005 年，全县共计扶贫 30289 户，特困户标准从 1990 年的年人均收入 300 元以下增加到 2003 年的年人均纯收入 700 元以下，贫困户标准从 1996 年的年人均收入 600 元以下增加到 2003 年的年人均纯收入 1000 元以下；需扶持的特、贫困户从 1990 年的 7559 户减少到 2005 年的 900 户。16 年共计投入扶贫资金 534.54 万元，贴息贷款 284.61 万元，减免各种税费 124.02 万元，其中：农业税 50.4 万元，集体提留款 40.21 万元，其他 33.41 万元；单位和个人捐赠 496.9 万元。通过扶持发展养蚕、牛、羊、鸭、鹅、兔，栽培食用菌、栽植果树等商品生产和组织劳务输出等途径，16 年共计脱贫 29389 户。

第四章　优抚安置

第一节　优　抚

一、烈士褒扬

截至 1990 年，全县有革命烈士 336 人。1992 年 10 月 22 日，土桥镇长一沟村民兵连长何克军，在制止一起凶杀案中不幸牺牲，1993 年 5 月 24 日，省人民政府批准何克军为革命烈士。1997 年 2 月 3 日，赵家镇治安办公室治安员林云志，在配合公安干警执行维护社会治安任务中，与歹徒搏斗牺牲，2002 年 10 月 16 日，省人民政府批准林云志为革命烈士。2003 年 7 月 22 日，土桥镇流存湾村 4 组村民刘金芝（女），为抢救一落水儿童的生命而牺牲，2004 年 8 月 5 日，省人民政府批准刘金芝为革命烈士。2005 年末，全县共有烈士 339 人。

二、抚恤

（一）一次性抚恤

现役军人、武装人民警察、国家机关工作人员、参战（含军事训练）民兵民工牺牲、病故后，由政府发给其家属一次性抚恤金。标准是：按其生前的月工资（薪金）标准，烈士计发 40 个月，因公牺牲计发 20 个月，病故计发 10 个月；月工资标准低于正排职军官的，按正排职工资标准计发；荣立功勋和获得荣誉称号的现役军人死亡，在应享受的一次性抚恤金基础上，再按下列比例增发：被国家主席或中央军委授予荣誉称号的，增发 35%；被大军区授予荣誉称号的，增发 30%；立一等功的，增发 25%；立二等功的，增发 15%；立三等功的，增发 5%。从 2004 年 10 月 1 日起，执行国务院、中央军委新发布的《军人抚恤优待条例》，规定的一次性抚恤金计发标准为：按其生前的月工资标准为基数，烈士计发 80 个月，因公牺牲计发 40 个月，病故计发 20 个月；月工资或津贴低于排职少尉军官的，按排职少尉军官工资标准计发；荣立功勋和获得荣誉称号的增发比例，按原规定执行。1990—2005 年，全县一次性抚恤共 14 人，其中烈士 3 人，因公牺牲 3 人，病故 8 人。累计发放一次性抚恤金 79871 元。

（二）定期抚恤

1990 年全县享受定期抚恤的“三属”共 268 人，全年抚恤金额共计 11.31 万元，到 2003 年 7 月 1 日，定期抚恤标准提高，烈士和因公牺牲军人家属：农村每人每月 190～195 元，小城镇每人每月 245～250 元；病故军人家属：农村每人每月 185～190 元；小城镇每人每月 240～245 元。从 2004 年 10 月 1 日起执行国务院、中央军委新发布的《军人抚恤优待条例》，将“三属”名称中的“家属”改为“遗属”。2005 年 4 月 18 日，民政部、财政部制定新的年定期抚恤金标准，明确烈士遗属与因公牺牲军人遗属的定期抚恤金标准分别是：农村每人每年 2640 元，小城镇每人每年 4200 元；农村每人每年 2520 元，小城镇每人每年 3900 元；病故军人遗属，农村每人每年 2340 元，小城镇每人每年 3600 元。2005 年末，全县尚有享受定期抚恤的“三属”131 人，其中，烈士遗属 91 人，因公牺牲军人遗属 14 人，病故军人遗属 26 人。全年发放定期抚恤金共计 38.42 万元。1990—2005 年，全县“三属”定期抚恤累计 3198 人次，发放抚恤金 382.47 万元。

三、优待

1992 年 10 月全县乡（镇）区划调整后，共有 24 个乡（镇），年末，优待金标准都达到½，全县共优待义务兵家属 1805 户，发放优待金 43.09 万元。2005 年，全县共优待义务兵家属 366 户，发放优待金 48.47 万元。1990—2005 年，全县共优待义务兵家属 22060 户次，发放优待金 1390.36 万元。

四、复员、退伍军人定期补助

（一）复员、退伍军人定补

国家和地方政府对在乡老复员军人，带病回乡退伍军人，红军失散人员，以及在职入伍于 20 世纪 60 年代退伍因精简机构而无法复工复职的回乡退伍军人，给予定期定量生活补助（简称“定补”）。

1990 年，全县有在乡老复员军人 3105 人，其中享受定补的 2042 人；有带病回乡退伍军人 1717 人，其中享受定补的 248 人；全年定补金额总计 36.64 万元。定补标准：复员军人月每人最高的 25 元，最低的 10 元；退伍军人月每人最高的 19 元，最低的 10 元。1991 年、1992 年和 1994 年三次共提高粮油价格补贴每人每月 21 元，列入定补标准中发放。至 1998 年年末，全县共有老复员军人 2826 人，其中享受定补的 2329 人，定补标准：月每人最高的 64 元，最低的 20 元，年发定补金额 68.11 万元；共有带病回乡退伍军人 1702 人，其中享受定补金的 460 人，定补标准：月每人最高的 30 元，最低的 20 元，年发定补金额 12.78 万元。1991—1998 年，共定补老复员军人 18769 人次，带病回乡退伍军人定补 2302 人次，累计定补金额 515.50 万元。

1999 年 6 月，县对在乡老复员军人的定补标准，每人每月提高 10 元；带病回乡退伍军人的定补标准也相应提高，从当年 1 月 1 日起执行。7 月 1 日起，在乡老复员军人的定补月标准不足 50 元的，补足至 50 元。全年共补发定补金额 37.46 万元。2002 年提高到月每人 90 元，2003 年达 110 元。2005 年末，尚有在乡老复员军人 1740 人，年定补金额 241.48 万元，月人均 115.58 元；带病回乡退伍军人 1712 人，年定补金额 66.71 万元，月人均 32.46 元。从 2003 年起，对在乡老复员军人落实定额医疗补助费每人每年 100 元。2003 年至 2005 年共发医疗补助费 5730 人次，累计金额 57.3 万元。

（二）红军失散人员生活补助

全县红军失散人员只有 1 人。1990 年发给生活补助每月 30 元。1991 年至 1993 年分别增加粮油价格补贴每月6元、5元、10元；1993年从7月1日起，执行国家补助标准达每月35元。从2004年10月1日起达到每月240元。1990年至2005年，共发给生活补助费和各种补贴总额17475元。

（三）在职入伍回乡退伍军人生活补助

1990年，全县享受补助的在职入伍回乡退伍军人共80人，年补助金额18261元，其中享受40%补助的72人，月人均21元；定补8人，月人均15元。1995年，补助标准有所提高，享受40%补助的达月人均29元，定补的达月人均20元，其中享受40%的减少1人，至2003年时享受补助的人数无变化。2005年，尚有享受40%补助的49人，年发补助金额21840元；享受定补的8人，年发补助金额3024元。

第二节 安 置

一、退伍军人

1990—1999年，共接收退伍军人3883人，其中按规定安排工作的1273人，两用人才推荐录用694人。从2000年起，对按规定由政府安排工作的退伍义务兵和伤残军人发给待安置期间生活补助费，从1月起至7月底止，每人每月补助143元，7个月共补助1001元。归口其父母或配偶所在单位安置的，由其所在单位发给，归政府统一分配安置的，由县财政支付给民政局发放。从2001年起，实施“自谋职业”和“双向选择”（即自己联系单位安置或自谋职业）的安置政策，对自谋职业安置的，由政府发给一次性安置补助费每人5000元。2002年，对自谋职业的安置补助费标准调整为：退伍义务兵每人7000元；志愿兵转业士官、荣立功勋者和伤残军人每人1.5万元。除志愿兵转业士官外，每人发待安置期间生活补助费1001元。以后又逐年调整自谋职业安置补助费标准。2005年执行的标准：退伍义务兵和伤残军人每人11356元；志愿兵转业士官在此基础上按比例增发，一级士官增发10%，二级士官增发20%，三级及以上士官增发100%；荣立功勋的又按立功等级在应领的标准基数上再分别按比例增发，即：三等功增发5%，二等功增发10%，一等功增发30%。从2004年起，除按规定归口在其父母所在的市属单位安置的外，全部实施双向选择和自谋职业的办法安置。2000—2005年，共接收退伍军人2656人，按规定安排工作的740人，自谋职业的401人，共发待安期间生活补助费70.85万元，自谋职业安置补助费229.9万元。

二、军、地离、退休人员安置

军队移交地方政府安置的离、退休干部和无军籍退休职工，由民政部门管理的地方退休人员，1990年安置共有19人，其中，军队离休干部1人，退休干部5人，退休职工5人；地方退休人员8人。1990—1991年，共发退休金46192元。1992年有军、地退休人员16人，年发退休金22157元。1997年新接收军队退休干部1人，2000—2002年共新接收军队退休干部2人，无军籍退休职工3人。至2005年年末，尚有军队退休人员12人，其中军队退休干部7人，无军籍退休职工5人（含从地方退休的2人），年发退休金21.31万元。由民政部门发放退休金的军、地离、退休人员死亡后，其遗属生活困难的，按规定发给生活补助费。1990年有4人，1990年和1991年，共发生活补助费3660元。1992年增加到7人，1992年至1999年，共发生活补助费43452元。2000年有8人，至2002年增加到9人，2003年增加到10人，至2005年年末尚有7人。2000年至2005年，共发生活补助费88248元，其中2005年发放19344元。

第三节 “双拥”工作

一、组织机构

1990年7月3日，县各区、乡（镇）建立“拥军优属委员会”，由区、乡（镇）长任主任，负责当地的拥军优属工作；各村建立相应的服务组织，形成网络。1991年7月12日，县委、县政府成立金堂县“双拥”共建工作领导小组，县民政局承担“双拥”办公室日常工作。以后根据实际情况对领导小组进行调整。

二、拥军优属活动

自1994年起，全军部队开展争创“优秀士兵”活动，凡被评为“优秀士兵”者，年终由所在部队向其家乡人民政府寄发“优秀士兵”喜报，由乡（镇）政府组织送到家庭表示祝贺，此项工作列入每年开展春节期间的拥军优属活动内容。1997年8月1日，县委、县政府和县人民武装部在红旗剧场召开“庆祝中国人民解放军建军70周年大会”。1998年春节前夕，开展对在乡二等甲级革命伤残军人慰问，每人发放慰问金100元。1999年6月，县委办公室和县政府办公室开展“爱心献功臣行动”的活动，组织捐款1.3万元，政府补助6万元，社会各方面资助1万元，改造重点优抚对象危房25户；减免医疗费9.7万元；建立帮扶组织31人，结成帮扶对子25个，帮扶贫困优抚对象126人发展生产、脱贫致富。同年成都市委、市政府、成都军分区授予金堂县“双拥工作先进县”称号。同年12月24日，全国双拥工作领导小组和民政部授予金堂县“爱心献功臣行动先进单位”。2000年1月5日，县双拥共建工作领导小组提出争创省级双拥先进县的目标。当年，全县在各车站、医院、公园等公共服务场所设置“军人和伤残人员优先”标志牌共52块；春节期间，对新入伍的323户军属进行走访慰问；10月，在纪念抗美援朝50周年活动中，县四大班子和有关单位组成慰问团，走访慰问入朝参战致残的一等革命伤残军人和老复员军人代表，并送去慰问品和慰问金。2001年，对全县健在的131名曾入朝参战的志愿军老战士和17名志愿军烈士遗属给予慰问补助，共发慰问补助金11.3万元。2002年3月13日，志愿军一级战斗英雄、朝鲜民主主义人民共和国英雄胡修道在南京逝世，《金堂报》社特派记者赴英雄故乡金龙镇采访英雄的亲人，缅怀英雄成长历程；25日，在《金堂报》头版和第3版分别以《金堂人民的好儿子上甘岭英雄胡修道逝世》和《英雄故乡行》作了专题报道。2003年3月25日，县委、县政府、县人民武装部决定，将每年春节期间定为“双拥宣传月”，“八一”期间定为“国防教育周”，深入开展“双拥”宣传和国防教育活动；同年8月5日，成都市委、市人民政府、成都军分区授予金堂县“双拥工作先进县”，授予民政局“双拥工作先进单位”。2004年6月至7月，县建设局投资8.3万元，为武警县中队维修营房、添置生活设施；县天然气公司为驻军部队安装天然气设施，改善官兵生活条件。同年11月12日，成都市创建省双拥模范城汇报会在金堂县金裕大酒店召开，省市领导对金堂县的“双拥”、优抚工作实绩给予肯定。至2005年，全县基层建立常年拥军优属服务组织共229个。

三、拥政爱民事例

1995年8月11日至12日，金堂县遭受严重洪灾，解放军驻成都、新都、内江、金堂部队和武警成都市支队、金堂县中队、消防官兵及时赶来帮助抗洪抢险。之后，驻金堂部队又派出车辆、人员奋战10天，清除县城街道积淤25万立方米。1998年在实施全县村村通电话工程中，驻金堂部队承担架线任务；期间，爆发“8·20”山洪灾害，正在又新乡地段施工的官兵及时投入抢险，排除又新公路桥险情，帮助300名群众脱离洪水围困，抢救出大量农资物品。1995—1998年，解放军驻金堂部队先后派出辅导员78人次，在5所学校开展国防知识教育，军训学生2700人；在创建卫生县城活动中，共出动230人、50辆车次，清除河道垃圾和泥沙共1万立方米；在抗洪抢险中，共抢救群众430人，抢运粮食22万公斤及各种商品、物资和机械设备。2004年1月7日，驻金堂部队官兵到云绣乡敬老院慰问“五保”老人，送去衣物100件和猪肉、大米等，并为老人打扫环境卫生。2月，武警县中队决定：定期资助土桥镇中学初一年级的贫困学生周雷力上学，并帮助其家庭解决实际困难。

四、军民共建文明单位

1999年解放军驻金堂部队、县人民武装部、武警金堂县中队分别与省运输公司57队金堂客运站、县社会福利院、县第一人民医院、农业银行金堂县支行结成“军民共建文明单位”对子。2002年，解放军驻金堂部队与赵镇桐梓村结成“军民共建文明村”对子，驻军部队先后出动300人次帮助桐梓村修水渠，桐梓村利用无公害蔬菜生产基地的特点，选派优秀技术能手向驻军官兵传授无公害蔬菜种植技术，共培训军地两用人才280人次。2003年，驻军部队又分别与成都野生世界动物园、县汽车客运中心站、云绣乡敬老院结成共建对子，并竖立“军民共建文明单位”标牌。截至2005年3月，全县共有军、警、民共建文明对子11个。

五、表彰先进

1991年，省运输公司57队金堂客运站和同兴乡被评为“县双拥工作先进单位”。1992年，县政府对在“双拥”工作中做出突出成绩的51名优抚对象先进个人予以表彰，三星乡、赵家乡、高板乡、大安乡、竹篙镇和人民银行金堂县支行、煤建公司、四川锅炉厂、解放军驻金堂部队被评为“成都市双拥工作先进单位”。1995年，县民政局、竹篙镇、成都长途汽车运输公司金堂分公司被评为“成都市拥军优属先进单位”，被评为“县双拥工作先进单位”的9个。1997年1月赵镇、三星镇、金龙镇、广兴镇、成都无缝钢管厂金堂分厂、解放军驻金堂部队、武警金堂县中队、民政局共8个单位被评为“1996年度双拥工作先进单位”。在全县开展“关心支持国防后备力量建设十佳新闻人物”评选活动，县组成评选领导小组，共评选出10名“十佳新闻人物”。在“八一”建军节召开的表彰大会上颁发了“荣誉证书”，给予了物质奖励。12月，县委宣传部、县人民检察院、县人民武装部、县民政局、赵镇、九龙镇、广兴镇、解放军驻金堂部队、武警金堂县中队、成都长途汽车运输公司金堂分公司等10个单位被评为“金堂县1997年度双拥工作先进单位”。2001年，成都市委、市政府、成都军分区授予金堂县委办公室、县政府办公室、卫生局、民政局、交通局、粮食局、建设局、教育局、赵镇人民政府等9个单位“成都市拥军优属先进单位”称号；授予县人民武装部、武警金堂县中队“成都市拥政爱民先进单位”称号；授予8人“成都市拥军优属先进个人”称号，1人“成都市拥政爱民先进个人”称号。2002年7月开展评选优秀复员、退伍、转业军人活动。全县共评选出45名，在“八一”建军节予以表彰。2003年8月，成都市委、市政府、成都军分区授予金堂县民政局、建设局、教育局、卫生局、赵镇、土桥镇共6个单位“成都市双拥工作先进单位”称号；授予“成都市双拥工作先进个人”称号的共5人。2005年12月，全县有17个县级单位、17个乡（镇）、3个企业单位和解放军驻金堂部队被推荐为金堂县2005年度双拥工作先进单位。

六、军功奖励

县政府从1988年开始对现役义务兵战士在部队荣立军功者，发给其家属《军功奖光荣册》和奖金以资鼓励。1989年省政府规定发奖单位和奖金标准是：荣立一等功以上发1000元，由省、市政府发给；荣立二等功发500元，由县政府发给；荣立三等功发100元，由所在乡（镇）政府发给。在每年的春节和“八一”期间兑现给其家属。1990—1993年，全县共有荣立二等功的4人，荣立三等功的150人，共发军功奖1.7万元。从1994年起执行成都市政府规定：荣获中央军委授予荣誉称号的奖5000元，荣获大军区授予荣誉称号的奖2000元，荣立一等功奖1000元，以上奖项由市政府奖励；荣立二等功奖800元，由县政府奖励；荣立三等功奖200元，由所在乡（镇）政府奖励。1994—2000年全县共有荣立一等功的2人，荣立二等功的2人，荣立三等功的195人，共发军功奖4.2万元。1990—2000年，累计发军功奖金5.9万元。

第五章　社会福利

第一节　五保供养

1991年，全县散居供养2213户2355人，集中供养416人；全年供养金额114.69万元，其中，散居供养金额97.49万元（其中国家拨款5.08万元），年人均414元；集中供养金额17.20万元，年人均413.50元。1992—1993年全县五保供养共计2685人，供养金额135.50万元，其中，散居供养2250人105万元，年人均466元；集中供养435人，30.50万元，年人均700元。

1994年8至9月，结合贯彻实施国家《农村五保供养工作条例》，开展全县第二次农村五保普查工作（1983年第一次普查）。普查结果：全县共有五保对象2531户2756人，其中：纳入敬老院集中供养的有327户378人；农村散居供养的有2159户2378人。按《条例》规定发给其《五保供养证书》；对散居供养的由乡（镇）、村、组对其签订《五保供养协议》。全县符合五保条件的对象全部得到了五保供养。同时，按当地村民的一般生活水平，规定每人每年口粮不低于220公斤，零花钱不低于320元，合计年供给标准每人不低于610元（含粮食折款）。当年，全县集体供养金额共164万元，其中：集中供养金额25.88万元，年人均685元；散居供养金额138.11万元，年人均581元。1994—1998年，全县五保供养累计14054人次，累计集体供养金额1274.08万元。1998年，散居供养金额年人均达1410元，集中供养金额年人均达1200元。

1999年，五保供养标准执行每人每年口粮不低于220公斤，零花钱不低于600元；敬老院集中供养的每人每年不低于1300元（含口粮折款）。全县五保供养共2701人，集体供养金额409.6万元，其中：散居供养2276人，供养金额353万元，年人均1551元；集中供养425人，供养金额56.6万元，年人均1332元。1999—2001年，全县五保供养累计8953人次，集体累计供养金额1282.1万元；全年，散居供养年人均金额1389元，集中供养年人均金额1313元。

2002年，全县开展农村税费改革，五保供养资金改为县统筹，实施全县统一标准，纳入财政预算，每年由县财政分别转移支付给各乡（镇）和敬老院。为做到应保尽保和确保资金落实，县民政局于4月开展全县第三次五保普查工作。据统计，全县有五保对象3610人，其中纳入敬老院供养的569人，散居供养的3041人。按《条例》规定，供养标准"不应低于当地村民的一般生活水平"，确定每人每年供养金1200元，集中供养的每人每年1400元。各乡（镇）按供养金总额不超过20%提取备用金，由社会事务办公室（集中供养的由敬老院）统管，用于五保对象的住房维修、医疗和丧葬费。从2003年7月1日起，供养金改由银行按月直发。2002—2004年，全县五保供养累计12194人次，支付供养金总额1482.24万元，其中：散居供养10724人次，供养金额1286.88万元；集中供养1470人次，供养金额195.36万元。

2005年4月1日起，提高供养金标准为：集中供养的每人每年1920元，每月160元；散居供养的每人每年1560元，每月130元。集中供养的经费，县财政每月按每人110元拨给所在敬老院安排生活，散居供养的每月按每人80元通过银行直发给本人；其余50元由县财政分别为各乡（镇）、敬老院建立供养金专户，用于五保对象的住房维修和医疗、丧葬费用统筹安排。全年，全县五保供养4701人，供养金总额688.31万元，其中，散居供养4186人，支付供养金596.07万元；集中供养515人，支付供养金92.24万元。1990—2005年，全县五保人员累计48867人次、供养金额5322.47万元。

第二节　敬老院

1992年10月，全县实施撤区并乡建镇，将44个乡（镇）撤并为24个乡（镇），至1993年年末，有敬老院的乡（镇）18个，全县共有敬老院、福利院28所，其中县级1所、乡（镇）级27所；有工作人员47人，床位563张，共收养435人，年集体支付供养金30.5万元，院办福利生产收入1.85万元。

1994年至1997年，部分原有2所敬老院的乡（镇），在对敬老院的改、扩建工作中进行迁并；4年中，又先后新建乡（镇）敬老院6所，实现了各乡（镇）均有敬老院。至1997年年末，全县共有敬老院、福利院28所，工作人员56人，床位589张，收养421人。1994至1997年，共收养1615人次，累计集体支付供养金145.32万元，院办福利生产收入5.80万元。2004年6月24日，赵家镇敬老院迁建落成，更名为赵家镇社会福利院。全县有敬老院、福利院共27所，工作人员52人，床位632张，收养515人。1998年至2004年，共收养3182人次，累计集体支付供养金417.46万元，院办福利生产收入9.54万元。

2004年9月撤并3个乡（镇）区划后，有2个乡（镇）对原有的2所敬老院进行迁并，到2005年年末，全县21个乡（镇）有敬老院、福利院25所，其中县级1所、乡（镇）级24所；有床位551张，收养515人，年集体支付供养金92.24万元；从4月1日起，年人平供养金标准为1920元。

第三节　福利企业

1991年12月31日，县民政局批准成都市金堂悬乳剂厂申办为福利企业。1993年12月24日，批准金堂县金龙橡胶制品厂为民政福利企业。从1994年1月1日起，兴办的民政福利企业，必须经省民政部门和税务主管机关审查批准，经验收合格后，发给“社会福利企业证书”。当年，批准福兴镇福乐弹簧厂、三星镇成都金江劳保制衣厂、金堂县驰原食品饮料厂、四川金堂永生化工厂、“新都、金堂联营家具及装饰用品厂”、四川金堂民政天然花岗石厂、四川金堂民政美迪皮鞋厂、四川金堂民政玻璃制品有限公司、四川金堂天工艺术开发总厂9家申办为福利企业。批准组建成都市金堂拓展工贸公司，下辖原拓展纸箱装潢厂、驰原食品饮料厂和前进罐头厂、三溪罐头厂共4家企业。1995年，批准金堂白果民政拉丝厂、成都市金堂赵镇冶炼厂、四川金堂飞龙摩托车用品厂、金堂县民政白马股份有限责任公司4家福利企业。1996年7月28日，批准成都无缝钢管厂金堂分厂科协油缸厂申办为民政福利企业。年末，全县有福利企业10家。1991—1996年，福利企业累计有职工820人次，其中安置残疾人员279人次；累计产值3866万元，缴纳税金59.96万元，盈利40.61万元。1997年年末，仅有四川金堂民政玻璃制品有限公司、成都无缝钢管厂金堂分厂科协油缸厂、成都市金堂悬乳剂厂、成都市金堂赵镇冶炼厂、金堂县三烈机制砖厂5家福利企业。1998年成都市金堂赵镇冶炼厂关停后，仅有4家福利企业。1997—2000年，福利企业有职工860人次，其中安置残疾人员353人次；产值4056万元，缴纳税金201.2万元，盈利52.3万元。2003年，仅有四川金堂民政玻璃制品有限公司、成都市金堂悬乳剂厂、成都无缝钢管厂金堂分厂科协机械厂（原名油缸厂）3家福利企业：2001—2003年，福利企业有职工551人次，其中，安置残疾人252人次，累计产值2364.1万元，缴纳税金10万元，盈利24.5万元。2004年6月21日，成都恒兴实业发展有限责任公司申办为福利企业；同年10月10日，成都瑞捷利橡胶制品有限公司申办为福利企业。全县福利企业1990年至2003年的14年，累计有职工2349人次，其中安置残疾人900人次；累计创产值10.35万元，缴纳税金273.95万元，盈利117.41万元。2005年，全县有5家福利企业。

第四节　城乡居民最低生活保障

一、执行最低生活标准

1997年12月，县政府发出《关于建立金堂县农村最低生活保障制度的通知》，1998年，县内对社会救济实施改革，开始建立农村最低生活保障制度。1999年建立城镇居民最低生活保障制度，把城乡特困户逐步纳入最低生活保障范围（以下简称“低保”）。1998年1月1日起，对农村家庭年人均收入低于低保线标准的特、贫困人口，按低保线标准给予差额补助。县民政局1997年9月2日的调查报告，确定全县农村低保线标准为年人均540元。1998年，全县享受农村低保的共1182户、4019人，共发放低保金48.23万元，人平年补差120元。1998—2000年，全县发放农村低保金144.68万元。

1999年5月13日，县政府发出《关于建立城镇居民最低生活保障制度的通知》；20日，县民政局和财政局制定了《关于在县城赵镇建立城市居民最低生活保障制度的意见》，确定享受城镇低保的对象是：正住户口在赵镇城镇的社会散居孤老、孤儿及县社会福利院收养的“三无”人员；家庭收入低于低保线标准的特困户和享受原工资标准40%救济的精简退职老职工；由政府批准破产的企业职工且无法重新就业的人员。低保线标准为每人每月110元，其中社会孤老为120元。实施分类施保、定额补差和动态跟踪管理。所需资金，由县财政承担50%，赵镇政府承担50%，县社会福利院因此增加的经费由县财政全部承担。此方案从1999年5月1日起执行。9月27日，县政府决定，从10月1日起，对城镇居民低保范围扩大到失业、下岗、退休和在职人员领取各项经费后，其家庭人均收入仍低于城镇低保线标准的对象。12 月 24 日，市民政局、财政局通知，市政府同意从 1999 年 7 月 1 日起，各县在原城镇低保线标准基础上提高 30%。县执行标准分别达到 143 元和 156 元。当年，享受城镇低保的对象共 504 户、985 人，共发放低保金 24.59 万元。

2000 年 10 月起，将城镇低保线标准调整为：孤老孤儿减少 20 元，执行 136 元；其他对象减少 10 元，执行 133 元。全年共发放低保金 54.23 万元。

2001 年 8 月 22 日，县民政局发出《关于扩大城镇居民最低生活保障面的通知》，决定扩面的重点是：下岗职工和失业人员。当年全县共扩面 480 户、813 人，其中农村低保扩面 4 户 11 人。年末共有农村低保 1186 户 4030 人；城镇低保 923 户 1547 人。全年共发放低保金 113.49 万元，其中：农村 48.36 万元，城镇 65.13 万元。

2003 年，从 5 月 1 日起，调整城乡低保补差标准，城镇月人均补差不低于 40 元；从 6 月 1 日起，农村年人均补差不低于 180 元。6 至 9 月，逐步对城镇低保对象中，其家庭人月均收入已超过低保线标准的 343 户 1018 人取消低保待遇；并扩大农村低保面，新增 833 户 876 人。年末，全县享受城乡低保共 4474 户 9368 人，全年发放低保金总额 308.7 万元，其中：城镇 2455 户 4462 人，发放低保金额 220.2 万元；农村 2019 户 4906 人，发放低保金额 88.5 万元。全县城乡低保达到了动态管理下的应保尽保，并从 7 月 1 日起，低保金发放实行财政统一转移支付，由银行直发。

2004 年 7 月 1 日起，调整城乡低保线标准和补差标准：城镇居民月人均收入不低于 160 元，月人均补差不低于 50 元；农村村民年人均收入不低于 1000 元，年人均补差不低于 200 元。所需经费，市财政每年按 50% 补助给金堂县财政。到 10 月底，农村低保扩面 6303 人，城镇低保调整减少 438 人。年末，全县城乡低保共 15233 人，其中，城镇 4024 人，农村 11209 人。全年发放低保金总额 353.51 万元，其中城镇 223.86 万元，农村 129.64 万元。

二、最低生活保障规模

2005 年，县民政局按上级政策，对年龄在 18 周岁至 55 周岁（在校学生除外），有劳动能力，家庭中无重点优抚对象，无老、弱、病、残人员的，定为一般低保对象，按人月均 160 元的低保线标准实行补差救助；其家庭中有重点优抚对象，或重度残疾人，或重病患者，或 70 岁以上老年人的，定为重点低保对象，实行在低保线标准基础上再上浮 10% 后的补差救助；对无劳动能力，无生活来源，无法定赡养、抚养或扶养人的“三无”低保对象，在 160 元低保线标准基础上再增加 20 元，实行人月均 180 元全额救助。5 月至 6 月，农村低保扩面 17212 人，从 7 月 1 日起享受低保金待遇。年末，全县共有低保对象 32522 人，全年发放低保金总额 661.62 万元，其中，城镇 4101 人，发放低保金额 265.25 万元；农村 28421 人，发放低保金额 396.37 万元。

第五节　社会福利有奖募捐

一、募捐

县民政局 1988 年在县城赵镇试销福利奖券，每张面值人民币 1 元，中奖者可获得 1 元至 5 元的奖金，中奖面为 25%。1990 年扩展到各区、乡较大的场镇销售，全年共销售 25 万张，所募集的资金统一上缴市募委销售中心，按规定返回县提成福利金6万元，用于改、扩建栖贤、赵家乡敬老院和县社会福利院。1991年，奖券面值提高为每张2元。1992年，将每组1万元的小奖组改设为20万至100万元的大奖组，调整中奖面为30%，设大奖品为价值5000元以上的摩托车和21吋彩色电视机。当年，全县奖券销售突破100万元，提成福利金20万元。1995年，民政部将"中国社会福利奖券"更名为"中国福利彩票"，并发行200万元大奖组，奖品返还总值为该奖组的50%。国庆期间，在县城赵镇集中组织销售，大奖品设长安微型汽车和彩色电视机，共销售福利彩票160万元，提成福利金30万元。1998年11月，结合县政府举办"金橘物资交易会"，在县城赵镇幸福路集中开展福利彩票销售活动，这次销售的大奖组，奖品返还总值为55%，中奖面为35%，大奖品依次为奥托轿车、25吋彩色电视机和双桶洗衣机，并请来饰演已故毛泽东主席和周恩来总理的特型演员古月、王铁成和"中江表姐"演员景雯到场助兴，共销售彩票180万元，提成福利金25.6万元。1990—2001年，全县共销售福利奖券（彩票）1170万元，筹集提成福利金170.55万元，用于新建和改、扩建乡（镇）敬老院、县社会福利院及添置设施，投入贫困村的人畜饮水工程、残疾人康复设施建设等。1999年，省民政厅、省有奖募捐委员会和省福利彩票发行中心决定，从7月10日起，在全省范围内发行"巴蜀风采"福利彩票。县内在县城赵镇金洲商厦和建设局门口各设置一个福利彩票电脑投注站进行销售。2000年1月29日，在虹桥宾馆门口设置一个投注站。投注站受省发行中心直接管理和兑奖，从2001年春节后，县内不再开展福利彩票大型销售活动。

二、"慈善一日捐"

2003年7月，县民政局和教育局在全县开展"慈善一日捐"活动，并从2004年起，将每年的5月定为全县"慈善一日捐"活动月。动员全县党员、干部捐出自己一日的工资或劳动报酬，资助贫困家庭学生上学，继续完成学业。2003—2005年，全县共接收捐款48.5万元，结合成都市慈善会和市教育基金会资助157.45万元，共有贫困大学生848人次和部分贫困中、小学生得到资助。

第六章　民间组织管理

第一节　社会团体登记

1991年全县有各类社团389个，其中，县级社团58个，区、乡级社团331个，另有市属厂内社团8个。从2005年1月1日起启用新证书。2005年新批准成立14个社团，注销2个社团，年末共有社团56个，其中：县级社团44个，乡（镇）级社团12个；分别是金堂县（下同）计划生育协会、老年人体育协会、质量技术监督协会、土木建筑学会、新按摩科学研究会、公路学会、医学会、税务学会、书画协会、韩滩诗社、集邮协会、信鸽协会、建筑业协会、教育学会、退休教职工协会、佛教协会、基督教三自爱国会、天主教爱国会、社会科学联合会、门球协会、汽车维修行业协会、城乡建设质量管理协会、水利学会、企业家协会、风景旅游协会、道路运输行业协会、赵家镇食用菌协会、黑山羊协会、食用菌产业联合会、商会、白果镇食用菌协会、禹王出口果品合作社、淮口地区食用菌联合促进会、清江镇畜禽养殖协会、清江镇食用菌协会、福兴镇菌蔬协会、安全生产管理协会、蚕业协会、药品行业协会、民办教育协会、二金条辣椒产销合作社、房地产业协会、四川省金堂县农村能源建设管护协会、金堂县奶业协会、网吧协会、成都市金堂县就业促进协会、果品产销合作社、蔬菜产业协会、四川省金堂县赵镇桐梓园无公害蔬菜生产合作社、金堂县三溪镇脐橙产业协会、大桥蚕桑专业合作社、赵家镇商会、农民用水者协会、林业产业协会、个体私营经济协会、五凤镇生态水果协会。

第二节 民办非企业单位登记

2001年5月18日，县政府办公室发出《关于在全县开展民办非企业单位复查登记工作的通知》，规定凡在2001年5月以前兴办的教育、卫生、文化、科技、体育、劳动、民政、社会中介服务等行业中的各类民办机构，都要依法进行复查登记。复查登记工作坚持统一归口登记、从严把关的原则，对符合《条例》规定准予登记的，发给“民办非企业单位登记证书”；从2002年1月1日起，凡未经法定登记管理机关登记的民办非企业单位，不得擅自开展活动，否则，由登记管理机关依法取缔。据调查统计，全县共有开展活动的各类民办非企业单位186个。2001年，依法准予登记43个，其中幼儿园40个，培训学校、中心3个。2002—2005年，先后批准开办41个，依法注销16个，2005年，全县有民办非企业单位68个，其中幼儿园51个，培训学校、中心8个，医疗卫生单位2个，其他服务单位7个。

第七章 社会事务

第一节 婚姻登记与管理

一、婚姻登记

1991—2004年4月9日，金堂县的婚姻登记由乡（镇）人民政府婚姻登记人员办理。自愿结婚的男女双方，亲自到一方户口所在地的婚姻登记机关提出申请，法定结婚年龄为男不得早于22周岁，女不得早于20周岁；申请时，须持有户口证明、居民身份证、所在单位出具的婚姻状况证明、指定医疗保健机构出具的婚前健康检查证明；离过婚又恢复结婚的，还应提交离婚证书。经审查，符合条件的准予登记，并发给结婚证书，不符合条件的不予登记。申请结婚的当事人受他人干涉不能取得所需证明的，经婚姻登记机关查实符合条件的，也准予登记。自愿离婚的男女双方，亲自到一方户口所在地的婚姻登记机关提出申请时，须提交户口证明、居民身份证、所在单位出具的介绍信、离婚协议书和结婚证书；婚姻登记机关首先进行调解，调解不成，且对其子女、财产等问题达成妥善处理意见的，准予登记并发给离婚证书，注销结婚证书；对其子女、财产等问题达不成处理意见的，移转人民法院裁决；对一方要求离婚和未办理结婚登记的不予受理。1990 年至 2003 年，全县共办理结婚登记 79121 对，复婚登记 749 对，离婚登记 2774 对，移转法院 84 对。从 2004 年 4 月 10 日起，全县婚姻登记统一在县民政局婚姻登记处办理。2004 年至 2005 年，共办理结婚登记 8924 对，离婚登记 1477 对，移转法院 3 对。1990—2005 年，全县办理结婚登记 88045 对。

二、婚姻管理

1990 年 3 月 25 日，县民政局按照县物价局审定的标准“精装结婚证书每对 4 元，离婚证书每对 6 元”。从 1992 年 5 月 9 日，开展对申请结婚的适龄青年集中进行婚前教育，辅导学习《中华人民共和国婚姻法》和新婚知识。1996 年起，坚持每年在元旦、春节、“五一”、国庆等节日结婚高峰期开展《婚姻法》《中华人民共和国继承法》和《计划生育条例》宣传活动。

登记管理。各乡（镇）婚姻登记员由县民政局每年进行业务培训，经考试合格，发给《婚姻登记员证书》，承担婚姻登记工作。1996 年 6 月规定收费标准为：结婚证书每对 9 元，新婚妇女补碘费 4 元；离婚证书每对 39 元；婚前培训费和婚前医学检查费按相关规定收取。明确规定不得在办理婚姻登记时搭车收费。1997 年，成都市民政局统一制作“成都市婚姻登记员证”，5 月 1 日起，各乡（镇）婚姻登记员统一实行佩证上岗。1997 年 6 月，县民政、卫生局根据省规定，明确婚前医学常规检查收费每人 24 元，出具《婚前医学检查证明》或《医学鉴定证明》工本费每人 2.5 元；指定县妇幼保健院、县第二人民医院和福兴、高板、竹篙、土桥中心卫生院为定点婚前医学检查单位。2003 年 5 月 7 日起，将赵镇、三中园区、三星、官仓、清江、云绣、栖贤共 7 个乡（镇）级的婚姻登记工作集中在县民政局统一办理，其余 18 个乡（镇）仍由乡（镇）婚姻登记员办理。从 2004 年 4 月 10 日起，全县的婚姻登记工作统一在县民政局婚姻登记处办理，并提供规范的婚姻登记服务。

治理违法婚姻。对隐瞒事实、弄虚作假、骗取婚姻登记的当事人，一经查实，由县民政局依法作出决定，撤销婚姻登记，并责成乡（镇）收回发给的证书；对不坚持法定婚姻登记条件和原则的婚姻登记员予以处罚和撤换。每年对各乡（镇）的婚姻登记工作进行检查，发现问题及时处理。在农村一些地区非法同居、非婚怀孕、非婚生育（简称“三非”）问题比较严重。据县民政局 1996 年 4 月对白果镇石燕村的抽样调查，全村从 1992—1995 年，共有 25 对青年男女非法同居，占全村同期登记结婚人数的 21%，其中：有 20 对已非法怀孕和生育。经镇政府民政和计划生育部门教育、督促，有 3 对于 1995 年 11 月 30 日补办了结婚登记。从 1996 年 4 月起，在全县开展“三非”清理工作。据统计，全县共清理出“三非”婚姻 211 对，经民政和计划生育部门分别进行教育、依法处罚后，对符合法定条件的婚姻当事人准予补办结婚登记。1990—2003 年，全县依法撤销骗取登记的违法婚姻共 13 对，撤换乡（镇）婚姻登记员 2 名，处理“三非”婚姻 511 对。

第二节　收养工作

1991 年 1 月 20 日，县司法、公安、民政、粮食局和计划生育委员会联合发出《关于处理弃婴弃幼问题的通知》，规定发现弃婴弃幼，应报告当地公安派出所或乡（镇）人民政府登记并及时查清事实，对违反计划生育法规，故意遗弃婴、幼儿的责任人依法予以处罚。从接到报告之日起，婴儿在半个月内、幼儿在3个月内无法查找丢失人的，确认为弃婴弃幼。需要收养子女的群众，到当地乡（镇）计划生育部门登记，符合收养条件的，可准予收养1名弃婴或弃幼。条件是夫妻一方年满35周岁，经指定医院检查确认无生育能力，有可靠的经济来源；夫妻双方本身无子女，或有1个子女且属遗传性畸形或痴呆，经技术鉴定确认不能成长为正常劳动力的。符合收养条件的单身男女，此前已收养有子女满3年以上的，可批准收养关系成立。收养人凭当地公安派出所或乡（镇）政府的弃婴弃幼证明材料、计划生育部门的同意收养意见、司法公证处《收养公证书》、民政局《弃婴弃幼收（领）养通知》办理入户和其他相关事宜。1991年12月29日，《中华人民共和国收养法》颁布，自1992年4月1日起施行。1998年11月4日，国家颁布修改后的《收养法》，自1999年4月1日起施行。1999年，结合宣传《婚姻法》《继承法》和计划生育法规活动，在全县广泛宣传和实施《收养法》。2000年5至6月，全县共有事实收养169人，被收养人主要是社会弃婴，其中已上户口的118人，因各种原因未上户的51人；已收养时间一般为1至3年，最长的达9年。对未上户中符合收养条件的27人准予补办收养登记。1999—2005年，共办理收养登记77件，其中，社会弃婴44人，父母无力抚养的儿童9人，社会福利机构抚养的孤儿24人。

第三节　收容遣送与救助

1990—2003年7月，共接收被收容人员2409人次，其中：县内1747人次，外地和上级对口站转遣到县662人次。在接收人数中，转送外地和上级对口站1714人次，县内安置51人次，遣送回乡（镇）644人次。

2003年6月20日，国务院发布《城市生活无着的流浪乞讨人员救助管理办法》，自8月1日起施行，同时废止《收容遣送办法》。同年7月21日，民政部发布救助管理办法的《实施细则》。规定县设救助站，民政部门负责救助工作，公安、卫生、交通、城管等部门在各自职责范围内做好相关工作。从2003年8月1日起，县民政局设金堂县救助管理站办公室，配备专职站长1名，工作人员1名。2004年6月29日，县民政、财政、卫生、公安局联合发出《关于金堂县救助管理站受助人员中危重病、传染病、精神病患者及吸毒行为者实施救治的意见》，对救治途径、办法和相关责任单位作出明确规定。2003年8月至2005年，全县共救助452人次，其中救助精神病流浪人员32人次，救助返回原籍420人次。

第四节　地名与勘界管理

一、地名管理

1991年11月，成立金堂县地名委员会，下设办公室、归民政局编制。1992年11月9日，县地名委员会发出《关于地名管理有关问题的通知》，规定在县境内的地名命名、更名，必须按有关规定和程序报县政府审批，未经批准，任何单位和个人不得擅自命名和更名；所有的印章、公文、各种传媒、交通、邮政、通讯等，在使用地名时，必须统一以县及以上各级人民政府批准、公布的标准地名为准；

制作各种标牌使用的地名，必须经县地名委员会办公室审查同意。1994 年 12 月规定：凡是应用、书写金堂县境内地名时，均应以县政府公布使用的标准地名为准，不得使用与此不一致和已经撤销停用的地名；地名用字必须规范。2004 年 6 月起，在全县开展对行政区、居民点（含街、路、巷、楼、院等）、村（居）民自治组织、单位（含行政、企事业）、建筑物（群）、城乡道路、河流、水库、塘堰、山脉、山峰、旅游景点和名胜古迹等地名普查工作。2005 年，对普查登记资料审定后，录入了国家地名信息数据库。

1992 年 11 月，对赵镇、淮口、五凤、高板 4 个镇的 19 个以序数命名的居委会和福兴镇的 1 个居委会名称进行更名。1996 年 2 月，共命名主干道 2 条，路 16 条，街 22 条，桥 5 座；更名旧城区内原街道名称 12 条。1999 年对 19 个乡（镇）的场镇街道命名共 103 条，其中街 82 条，路 8 条，巷 13 条。2003 年 12 月，确定保留地名 71 条（含规划中的 23 条），注销地名 14 条，对 13 条街道更名后为 16 条，新命名 32 条。2004 年 9 月，对赵镇（县城）等 10 个乡（镇）的 15 个场镇共 68 条新形成和在建中的街道命名。2005 年 10 月 9 日，县政府批复注销五凤镇的 3 条街名和 1 条巷名。

二、行政区域界线管理

1996 年 8 月 12 日，国务院发出《关于开展勘定省县两级行政区域界线工作有关问题的通知》，在全国展开有史以来的第一次全面勘界工作。2002 年 5 月 13 日，国务院发布《行政区域界线管理条例》，从此，行政区域界线进入了法制化、规范化管理时代。

（一）勘界

1991 年 11 月 20 日，县政府成立金堂县勘界工作领导小组。各相关乡政府组建勘界工作小组。金堂县与德阳市的中江县、广汉市边界相连，从 1992 年年初至 1993 年 5 月，双方共同勘定县级边界线 2 条，长度 120.4 公里；勘定三县（市、区）边界线交会点 3 个；竖立署名“四川省政府”的界桩 51 颗。双方人民政府签订了“联合勘定的行政区域界线协议书”及“协议书附图”，经省勘界办公室验收合格后，逐级上报省政府审批。1996 年至 1998 年，县民政局牵头勘定金堂县分别与青白江区、龙泉驿区、乐至县、简阳市接壤的县级边界线 4 条，长度 262.8 公里；勘定三县（市、区）边界线交会点 3 个；竖立署名“国务院”的界桩 18 颗。至此，6 条县级边界线、6 个三县（市、区）边界线交会点全部勘定。1998 年 10 月 28 日，龙泉驿区与金堂县、青白江区与金堂县的边界线勘定成果资料经省勘界办公室验收合格；2000 年 10 月 19 日和 27 日，省政府分别批准了此 2 条县级边界线。1999 年 7 月 20 日，金堂县与乐至县、金堂县与简阳市的边界线勘定成果资料经省勘界办公室验收合格；2001 年 9 月 18 日，省政府批准了此 2 条市际间的县级边界线。在勘界试点工作中联合勘定的 2 条市际县界，分别由中江县、广汉市牵头形成成果资料，于 2001 年 8 月 28 日和 12 月 18 日，分别得到省政府批准。至此，金堂县的全部县级行政区域界线彻底结束了习惯边界线的历史，从省政府批准之日起，成为法定的边界线。

1999 年至 2000 年，除与县界重合的外，共勘定乡（镇）边界线 49 条，总长度 635.8 公里；勘定三乡（镇）边界线交会点共 50 个。2000 年 12 月 26 日，县政府批准了各条乡（镇）边界线的勘定成果资料，至此，全县的乡（镇）行政区域界线全部成为法定边界线。

（二）边界争议与调处

金堂县在全面勘界过程中，共调处边界争议三起：

1. 金堂县五凤镇金牛村与简阳市宏缘乡易家坝村的群众，于 1997 年前双方在已干涸的河床内垦殖而发生边界争议。争议线长 1070 米，面积约 2.2 公顷。1998 年 11 月 5 日，依据 1991 年 12 月 17 日双方县政府签订的国土资源详查成果资料和当时双方村委会签订的“土地权属认可书”，确定仍以河床中心线为界，两端延伸至双方已认同的边界线闭合。

2. 三溪乡米坊村11组与黄家乡万鸭村6组，在1997年春旱时，以用水问题对边界处一塘堰的权属发生边界争议。经调查、调解，依据国家《水法》的有关规定，于4月10日对双方乡政府下达《关于碗豆塘权属问题裁定意见通知书》，确定碗豆塘的管辖权属米坊村11组，万鸭村6组享有用水权，米坊村11组不得无理阻拦。

3. 五凤镇九里村1组与白果镇满缸浅村1组，从1995年9月起，在沱江南岸涉及边界线的沙滩处争夺管辖和使用权，之后，又扩大到附近的山坡林地。争议线长度110米，面积约0.17公顷。2000年10月20日，县政府发出《关于界定五凤镇与白果镇行政区域边界争议的决定》，对争议的山坡林地，依据1982年落实林权的档案资料和“林权证”的记载，确定为白果镇行政区域；对争议的江岸及沙滩，依据国家和地方政府的江河管理法规有关规定，确定为县河道主管部门实施管理权的范围，排除双方镇政府的权属争议。

（三）边界线管理

在勘界工作竖立界桩的同时，由毗邻的县级勘界工作领导小组办公室共同与界桩所在地的毗邻乡（镇）、村、组，现场签订“界桩委托保管书”，共同维护界桩的稳定和完整。2001年4月至5月，分别同毗邻县（市、区）勘界办公室联合对竖立的所有界桩进行首次检查，并向市勘界办公室书面报告了各界桩的现状。

第五节　老龄工作

一、管理机构

金堂县老龄工作委员会，属县政府直属事业单位，委员会下设办公室，为常设办事机构。2001年11月1日，县委、县政府在县级机构改革中，将原由县人事局代管的县老龄工作委员会办公室划给县民政局代管。主要负责老龄问题的宣传、调查及咨询服务；组织实施《中华人民共和国老年人权益保障法》，指导全县开展敬老、助老和优待老年人活动，协调老年教育工作，维护老年人合法权益；指导老年群众组织，开展对老年人健康有益的各种活动。

二、开展对老年人有益的多种活动

2002年3月25日，县政府制定《金堂县老龄事业发展十五计划纲要》，主要措施：各级政府要将老龄工作纳入目标管理，实现全县老龄工作系统化、管理服务网络化，把敬老、养老、助老列入“以德治县”和干部、职工、学生的社会主义精神文明建设内容；老龄事业经费纳入财政预算，保证计划的实施。县老龄工作委员会办公室内设综合科和宣传教育科，民政局局长兼任办公室主任，设副局级常务副主任1名，科级领导2名，办公室的党务、组织人事由县民政局统一管理，不再另设机构。2003年，在庆祝“七一”“八一”和国庆节期间，县老龄工作委员会、县老年体育协会和夕阳红艺术团开展文艺演出活动；县夕阳红艺术团参加成都市第二届老年艺术节比赛，独唱《儿行千里》获一等奖，舞蹈《欢乐的草原》获二等奖。当年，县级部门干部、职工在“助老工程”活动中共捐款3万元（其中民政部门捐款2300元），为10户生活困难的老人改造危房；卫生部门优惠老人就医5960人次，共优惠金额8211元；司法部门免费为老人提供法律咨询186人次、法律援助14人次，共优惠金额1.50万元。2004年10月20日，全县开展传统的“重阳节”（每年农历九月初九日）庆祝晚会。22日，组织县老年体育协会艺术团和县夕阳红艺术团参加成都市第三届老年艺术节，夕阳红艺术团独唱《我爱雪花天上来》获一等奖、独唱《长城长》获三等奖，老年体育协会艺术团的大合唱《军民一家亲》和舞蹈《还是我们新疆好》分别获三等奖。2005年6月14日，县政府办公室转发成都市老龄工作委员会《关于开展创建市级敬老模范乡（镇、街道）活动的通知》，当年，赵镇、淮口、福兴、三溪、广兴、土桥6个镇开展创建活动。

三、维护老年人权益

2005年对发生有关赡（扶）养老人纠纷的家庭，经村（社区）、乡（镇）或司法机关调解后，签订《家庭赡养协议书》，对新婚夫妇在办理有关结婚登记手续时，签订“敬老保证书”，落实赡（扶）养老人措施，保障老年人老有所养的合法权益。2002—2005年，全县共签订《家庭赡养协议书》355户1367份，签订《敬老保证书》12726户25452份。2005年，为60岁以上老年人办理“四川省人民政府老人优待证”和“成都市老年人优待证”共2150人，在游览境内风景名胜、公园、博物馆、纪念馆、展览馆时，在乘坐交通工具、就医和其他公共服务方面，凭“优待证”按规定享受优惠待遇。全县各乡（镇）、村（社区）都成立了老年协会，并建立了老年活动室。三溪镇从2004年10月起，将每月12日定为“老年开心日”，由镇老年协会组织在镇老年活动室开展文艺活动。

四、老年大学

2003年，转龙、隆盛镇建立老年学校。2005年，栖贤乡、白果镇、三溪镇、又新镇建立老年学校，年末全县有乡（镇）老年学校21所，县老年大学1所，入学老人共3076人，其中：县老年大学学员440人，开设中西医保健、体育、英语等共10门课程。

第六节　殡葬改革管理

一、殡葬改革

1977年开始在全县改革殡葬习俗，推行火葬。至1989年，全县农村土葬仍较盛行，火化率仅占15%。1990年4月25日，县委、县政府发出《关于认真贯彻执行〈成都市殡葬管理实施办法〉的通知》，要求各级领导干部要带头执行殡葬改革，做出表率；全县除盐井、悦来、四方等乡山区和极少数距离可通汽车的公路在3公里以外交通不方便的地区外，其余都属火葬区域。县成立“殡葬改革领导小组”，领导小组办公室设在县民政局。同年5月20日，县政府发布《关于推行火葬限制土葬的通告》，从8月1日起执行。规定全县除少数山区和交通极不方便的地区外，所有场镇、平坝、丘陵地区和文物保护区、风景旅游区，都属火葬区域；凡是火葬区内死亡的遗体必须火化。凡违反殡葬管理的干部、职工（含离、退休人员）不得享受丧葬费、抚恤费和遗属困难补助费；对不听劝阻坚持搞土葬的人员处500元至1000元罚款。并限期起尸火化。对为土葬提供帮助的单位和个人，追究单位领导的责任，并对直接责任者处500元以下罚款。在火葬区内，不准任何单位和个人制造和出售棺材、出租龙杠及销售其他土葬用品，对违反者处以吊销营业执照、没收土葬用品及工具，或处罚款。同年6月6

日，县民政局发出《关于贯彻殡葬改革规定的具体意见》，要求各乡（镇）建立相应的殡葬改革领导小组，各村（居）委会负责治安调解工作的干部分管殡葬改革工作。对无力支付火化费用的特困、五保户，根据实际逐情减免。当年全县共销毁棺材1180副，没收龙杠11副，起尸火化11具，处罚1户，撤除生基（健在人备用墓）23座；全县共计死亡5666人，其中火化1415具，火化率达25%。1991年1月10日，县殡葬改革领导小组报告县政府，在全县推行殡葬改革目标责任制，按照市上下达金堂县1991年火化率要达40%以上的目标任务，分解下达到各区（镇），年终根据任务完成情况给予奖惩。当年，全县共起尸火化49具；死亡5862人，其中：火化3089具，火化率达53%。1992年3月28日，县民政局同意悦来乡（10月撤并为同兴乡）政府建立"金堂县云山公墓"；同年12月19日县殡仪馆建立殡仪服务部，为丧家提供丧葬用品和丧仪、丧葬改革的系列服务。1993年3月1日，县民政和国土管理局联合发出《关于制止丧葬滥占土地建坟墓的通知》，禁止占用耕地、宅基地或自留山作墓地，禁止建立宗族墓地，有条件的乡（镇）可划定一片荒山瘠地作为公益性墓地，统一提供骨灰安葬处所。安葬骨灰必须平地深埋不留坟头，严禁将骨灰再入棺材搞第二次土葬，对违反规定者处以200至400元罚款。全年全县死亡6008人，其中：火化3862具，火化率达64%。1995年3月1日，县殡葬改革领导小组和民政局发出《关于开展殡葬改革宣传周的通知》，结合宣传活动进行殡葬改革罚款清查，杜绝"以罚代法"现象，规范罚款行为。1997年7月，县民政局针对自1994年后全县火化率下降问题，到部分乡（镇）开展调查。7至10月，县民政、林业和工商行政管理局联合对各乡（镇）的木制品单位和个体木工进行清查，共没收棺材21副、工具2套，处罚4人。10月10日，县殡葬改革领导小组通知全县再次开展宣传周活动，督促各乡（镇）充实、完善殡葬改革领导班子，制定规章、措施，狠抓落实逗硬，对违法土葬的坚决起尸火化并予以处罚。12月20日，县民政局提出加强殡葬罚款管理的意见，统一使用县财政局规定的罚没收据，委托各乡（镇）政府按省、市规定的300元至1000元处罚；罚没款上缴县财政，按90%返还乡（镇）作为工作经费。1998年6月3日，县政府调整殡葬改革工作领导小组，建立县殡葬管理执法队（2001年更名县民政执法大队），各乡（镇）建立执法组，受民政局殡葬管理所管理，对违反殡葬改革规定的人和事依法实施处理和处罚。全年共处理违法事件40起，强行起尸火化27具。2000年组成联合执法检查组对全县进行检查，共收缴、销毁棺材27副，其中木制小棺材17副。2001年3月23日，县民政执法大队依法取缔炮台山灵开寺非法墓地。2002年2月28日，县政府发布《关于在全县开展治理乱埋乱葬的通告》，全县共清除坟墓1629座。2004年3月16日，县民政、财政局联合发出《关于加强殡葬行政执法罚没款管理的通知》，实行"罚缴分离"和"收支两条线"管理原则。2005年11月25日，县政府召开殡葬改革工作会议，决定县殡仪馆改制后，由县民政局殡葬管理所负责全县殡葬改革法律法规的正确执行，履行政策监督、行业管理、行政执法和对各乡（镇）目标考核等职能，不再委托乡（镇）执行殡葬罚款权，并严禁以其他名义变相收取罚款和变相违法土葬的行为。2005年，全县死亡4284人，火化遗体3994具，火化率达93.2%。1990—2005年，全县共起尸火化256具，销毁棺材1247副，处罚各类违规者149人，平坟1631座，总计火化遗体50307具。

二、金堂县殡仪馆

1974年6月始建金堂县火葬场，1985年12月更名金堂县殡仪馆，受县民政局殡葬管理所直接管理，实行经营承包责任制，为丧主提供殡仪服务。1990年，殡仪馆占地7467平方米，有火化车间、悼念厅、骨灰寄存室和职工宿舍等配套设施；有殡仪服务车2辆，普通火化炉2台，固定资产净值33.12万元；共有职工13人；全年火化遗体1859具，总收入16.91万元。1991年，为配合殡葬改革发展的新形势，县拨款3.5万元，购置“冷冻太平柜”1台，为丧主提供临时存放遗体；1996年，增建停车场2000平方米，扩建火化车间，购置平板式中档火化炉1台，新建办公楼，增建遗体单间存放室。年末，有职工23人，有火化炉3台，殡仪服务车3辆，个体联运车10辆，固定资产原值77.80万元；全年火化遗体5052具，总收入166.40万元。1998年，投资39万元，增建中档火化炉1台，购置殡仪服务车和工作用车各1辆，增建遗体冷藏室和购置冷冻机，维修和改造悼念大厅和遗体告别台。2003年7月至9月，投资106万元，购置平板式中档火化炉1台，台车式捡灰火化炉1台，改造普通火化炉为中档火化炉1台，改造灵车1辆，购置冰棺8副，撤除火化车间高烟囱，改造为环保型烟囱排放。2005年，经县政府批准，自8月13日起，县殡仪馆改制为金堂县安乐殡仪服务有限公司（私营），承担原殡仪馆的系列殡仪服务业务，按企业规则经营。1990—2005年，累计火化遗体75235具。

三、金堂县云山公墓

1992年3月，县民政局批准悦来乡利用中兴村2组2.7公顷荒山建立公益性公墓。次年县政府办公室批准建设为金堂县云山公墓，同年9月25日，成都市民政局批准为县级经营性公墓。1993年9月，公墓初具规模，已建成268个墓位，开始为丧主提供骨灰安葬服务。每墓占地面积，单墓不超过2.5平方米，双墓不超过4平方米；墓高不超过地平面50厘米；碑高、宽均不超过70厘米。到年末，共安葬墓位39个，营业收入10.3万元，有固定资产13.6万元。1996年年末，公墓共建成墓位849个，已安葬墓位444个。1997年，根据民政部《公墓管理暂行办法》和《四川省殡葬管理条例》规定：公墓属殡葬事业单位，由县以上民政部门设置和管理，其他任何单位和个人不得兴办和经营。县民政局和九龙镇政府报经市民政局批准，从5月14日起，云山公墓由县民政局直接管理和经营。6月1日正式移交，7月10日成立金堂县云山公墓管理委员会，设职工5人。1998年12月30日，县政府批准云山公墓征用非耕地0.63公顷用于公墓建设。2000年7月28日，县经济体制改革工作领导小组批准改革云山公墓管理体制，实行资产转让，由民政系统职工集资，采取股份制管理。改制后，对墓地进行维修和整治，改建公墓至山下赵（镇）淮（口）公路的3公里泥路为水泥路面，改善墓地环境和交通条件。至2005年末，共建成墓位2250个，已安葬墓位1838个，固定资产达120.4万元。

第二十八篇　人　事

1991—2005 年，金堂县加强机构编制管理和人事工作。在全国深化改革，建立健全社会主义市场经济体制的形势下，全县进行干部人事制度和机构改革；完善人才市场运行机制，严格录、聘用和调配干部；妥善安置军队复员退伍、转业军人和大中专毕业生；认真做好职工与离退休人员工资、福利的落实和“一村一名大学生”配备等方面的工作。为全县统筹城乡一体化、推进社会主义新农村建设提供了组织、人才保障。

第一章　人事机构编制

第一节　机　构

1991—1997 年，县人事局内设办公室、干部任免调配科、专业技术干部管理科、工资福利科、退休干部管理科；县编委办、工改办、职改办、工考办、老龄办、社保办、人才交流服务中心与县人事局合署办公。2005 年县人事局内设办公室、专业技术人员管理科（挂金堂县职称改革领导小组办公室牌子）、公务员管理科（挂金堂县大中专毕业生就业指导办公室牌子）、军队转业干部安置工作办公室（挂人事争议仲裁中心牌子）、工资福利与退休科（挂金堂县机关事业单位工人技术等级岗位考核办公室牌子）。

第二节　机构编制管理

1991—2005 年，县机构编制管理按照上级有关规定，严格执行机构编制纪律，控制机构设置和人员编制，严格审批程序和制度，实行机构编制机关一个部门承办、主管机构编制的领导“一支笔”审批、机构编制委员会一家行文批复的制度。县机构编制委员会加大对机构编制工作的监督力度，防止机构编制的再度膨胀，巩固每次机构改革成果；进一步完善事业单位登记管理，在事业单位年检的同时，注意做好新单位的设立和旧单位的变更登记。

第三节　人员编制

1991 年，干部总数 8758 人，行政机关 2435 人，占 27.80%；事业单位 5219 人，占 59.59%；企业单位 1104 人，占 12.60%。女干部 2461 人，少数民族 20 人。至 1997 年干部总数为 11209 人，比 1991 年增加 2451 人，增长 27.99%；在干部总人数中，行政机关 2577 人，事业单位 7703 人，企业单位 929 人；妇女干部 3529 人，少数民族 22 人，大学本科学历以上 687 人，专科 3303 人，中专 5178 人，高中 1130 人，初中以下 911 人；共产党员 3408 人，共青团员 2178 人，民主党派 84 人，非党派 5539 人。

2005 年，干部总数 11766 人，行政机关 2024 人，占 17.20%；事业单位 8974 人，占 76.27%；企业单位 768 人，占 6.53%。本科以上占 15.8%；大专占 36.2%；高中占 46.8%；初中以下占 1.2%；共产党员占 32.06%，少数民族占 0.18%，妇女占 35%。

第二章　公务员制度

第一节　公务员管理

一、任免

1991—1997 年，办理局级干部 756 人的任免手续，审批和任免科、股干部 800 人，任命非领导职务的 1557 人，其中县级各部门的正局级调研员 89 人，副局级调研员 122 人，主任科员 300 人，副主任科员 338 人，科员 390 人，办事员 69 人；乡镇机关的正局级调研员 10 人，副局级调研员 64 人，主任科员 54 人，副主任科员 37 人，科员 47 人，办事员 37 人。1998 年，全年办理干部任免手续 556 人，其中：县政府各委、办、局的副主任、副局长及相当职务的干部 261 人；科长、股长及相当职务的干部 251 人；晋升一般行政职务的 44 人。1999 年，办理县政府批准任免的正、副局级干部 197 人，批准任免县政府各委、办、局科级干部 280 人。2000 年，办理县政府批准任免的正、副局级干部 106 人，批准任免县政府各委、办、局科级干部 346 人。2001—2005 年，办理县政府批准任免的正、副局级干部 356 人，批准任免政府各部门科级干部 379 人。

二、考核

1993 年，全县开始推行国家公务员制度。1994 年起按照《国家公务员考核暂行条例》的规定，对党政群机关工作人员实行年度考核，考核内容包括德、能、勤、绩四个方面，考核结果分为优秀、称职、不称职三个等次。2003 年起考核结果调整为优秀、称职、基本称职，不称职四个等次。年度考核结果作为对国家公务员的奖惩、培训、辞退以及调整职务、级别和工资的依据。1994—1997 年，考核优秀的 1526 人，称职的 8643 人，不称职的 26 人，未确定等次的 114 人。1998 年，对县、乡（镇）2014 名国家公务员进行年度考核，考核结果：优秀 301 人，称职 1689 人，不称职 2 人，未考核或未确定等级 22 名。1999 年，参加考核总人数 1708 人，考核优秀 578 人，称职 1130 人。2000 年，全年县、乡镇政府机关国家公务员参加考核总人数 2695 人，其中，优秀 411 人，称职 2281 人，不称职 3 人。2001 年，参加考核总人数 1987 人，其中考核优秀的 292 人，称职的 1679 人，未确定等次 16 人。2002 年，参加考核总人数 1948 人，其中，优秀 265 人，称职 1683 人。2003 年，参加考核总人数 2313 人，其中，优秀 296 人，称职 2014 人，不称职 3 人。2004 年，参加考核总人数 2091 人，其中，优秀 285 人，称职 1786 人，基本称职 1 人，不称职 1 人，未确定等次 18 人。2005 年，参加考核总人数 2103 人，其中，优秀 332 人，称职 1739 人，基本称职 0 人，不称职 0 人，未确定等次 32 人。

三、奖励

按照 1957 年 10 月国务院颁发的《关于国家行政机关工作人员的奖惩暂行规定》和省、市有关文件。1992—1993 年，全县受到奖励的工作人员 678 人，其中：嘉奖 73 人，记功 4 人，奖给奖品、奖金 584 人，晋升工资 17 人。《国家公务员暂行条例》于 1993 年 8 月公布实施，行政机关工作人员的奖励和纪律处分按照《条例》的规定办理。1994—1997 年，受奖励的工作人员 264 人，其中：嘉奖 132 人，三等功 5 人，二等功 2 人、一等功 125 人。1998 年，受奖励的工作人员 205 人，其中：嘉奖 84 人，授予奖品奖金 80 人，其他奖励 41 人。1999—2005 年对考核优秀的工作人员进行了奖励。

四、惩戒

按照 1957 年 10 月国务院颁发的《关于国家行政机关工作人员的奖惩暂行规定》和省、市有关文件。1992—1993 年，全县受到惩戒的人员 11 人，其中：警告 2 人，记过 1 人，记大过 3 人，撤职 3 人，开除 2 人。《国家公务员暂行条例》于 1993 年 8 月公布实施，行政机关工作人员的奖励和纪律处分按照《条例》的规定办理。1994—1997 年，受纪律处分的 13 人，其中：警告 1 人，记过 3 人，记大过 1 人，降级 1 人，撤职 4 人，开除 3 人。1998 年，受纪律处分的 11 人，其中，行政开除 1 人，除名 3 人。2005 年 6 月，全年受党纪、行政处分（解除）的人员共有 24 人，其中按工资政策应予调整工资的共 3 人，实际调整 3 人。2002—2005 年，全县机关事业单位工作人员开除 3 人。

五、辞职

1998 年辞职 7 人。2002—2005 年，全县机关事业单位工作人员辞职 131 人，辞退 15 人。

第二节　公务员录聘用及调配

一、录聘

全县录取、聘用干部实行“公开、平等、竞争”和“考试、考核择优录取”的办法，1991—1997年录聘干部总数为1778人，其中从农村优秀基层干部和乡镇“八大员”中聘用乡镇干部及乡、镇农业社会化服务体系干部386人；从优秀民办教师中招收公办教师880人；从机关、事业单位优秀工人中录聘干部345人；从乡镇企业厂长、经理和优秀企业家中录聘干部31人；从城镇退伍军人、志愿兵和国家不包分配的大、中专毕业生、职业高中、普通高中毕业生中录聘干部136人。1998年，制定了乡、镇推进国家公务员办法和非领导职务设置、职位分类、人员过渡等实施意见，全县乡、镇推行国家公务员制度全面实施。县录用公务员43人，聘用干部168名，签订聘用干部初聘合同30人、续聘合同253人。1999年，录用国家公务员65名，其中，县级35名，乡镇30名；卫生、教育等部门聘用干部33名；乡镇优秀聘用制干部转为录用的37名。聘用制干部签订初聘合同5人、续签合同37人。2000年，县乡镇优秀聘用制干部转为录用的212名，签订续聘合同263人。2001年，录用人民警察6名。2006年，录用人民警察35人，重点乡镇考录国家公务员5人，法院录用8人。全年调出26人，县外调入18人，县内调动421人。

二、政策性干部安置

1991—1998年，国家对大专、中专毕业生全部实行计划分配，按照“面向基层，面向农业第一线”和“学以致用”的分配原则，采取用人单位与学生“供需见面、双向选择”的办法具体实施。从1999年起，按照国家对普通高等学校毕业生就业制度的改革精神，对高校毕业生的就业实行“市场导向、政府调控、学校推荐，学生与用人单位双向选择”的方式。

安置军队转业军官是地方政府的一项政治任务。军队转业军官在2001年前全部实行计划安置，2001年起实行计划安置和自主择业相结合的政策。计划安置就是根据他们在部队的职务、德才表现和年龄、文化程度、身体健康状况以及地方的工作需要进行统筹安置，一般是营、团职干部尽量安排相应的领导职务，连、排职干部安排为非领导职务的干部，技术干部对口安排专业技术工作或安排相近的业务技术工作。自主择业就是师、团级职务军队转业干部（含相应文职级干部和享受相当待遇的专业技术干部），军龄满20年的营级职务转业干部，据本人意愿可选择自主择业。这是军队转业干部安置工作为适应新的社会形势的一项重大举措。

1991—2006年金堂县转业军官安置情况

表28－1　　　　单位：人

项目	计划安置								自主择业	家属安置
	人员构成				安置去向					
	团职	营职	连排职	专业技术人员	县、乡镇机关	政法部门	事业单位	企业		
1991年	—	2	3	—	3	1	—	1	—	—

续表28－1

项目	计划安置								自主择业	家属安置
	人员构成				安置去向					
	团职	营职	连排职	专业技术人员	县、乡镇机关	政法部门	事业单位	企业		
1992 年	—	3	2	1	2	2	1	1	—	—
1993 年	—	1	8	3	7	2	2	1	—	—
1994 年	1	5	5	3	7	7	—	—	—	—
1995 年	—	1	5	4	7	3	—	—	—	—
1996 年	1	2	11	4	11	7	—	—	—	—
1997 年	—	9	2	6	5	7	4	1	—	—
1998 年	—	4	3	—	5	2	—	—	—	3
1999 年	3	11	10	6	15	7	8	—	—	2
2000 年	1	8	15	3	14	9	4	—	—	—
2001 年	1	2	9	1	5	5	3	—	—	6
2002 年	3	4	1	—	3	2	—	—	3	2
2003 年	1	1	6	—	3	4	—	—	1	1
2004 年	—	5	12	2	5	9	4	—	1	3
2005 年	1	7	9	1	4	9	3	—	2	2
2006 年	2	6	7	—	6	8	—	—	1	4

1991—2005 年，共分配安置大、中专毕业生 4137 人；安置军队转业军官共 225 人，其中，计划安置 217 人，自主择业 8 人。同时，县人事局协同劳动部门做好了 35 名转业军官家属的安置工作；对长期在西藏、青海、新疆和省内甘孜、阿坝、凉山州工作的金堂籍干部，因身体健康状况等原因，按规定需要内调进行安置的人员，按照市上分配的人数，妥善进行了安置，先后安置内调干部 30 人，其中，“三地” 11 人，“三州” 19 人（含森工转产干部 7 人）。

三、调配

县干部调配坚持执行党的干部路线和有关政策规定，实行统筹兼顾，合理调配，加强基层和为部分编制员额不足的单位调配干部或补充各类业务骨干，解决部分专业技术人员、领导、业务骨干夫妻分居和一些工作多年、夫妻长期分居的其他干部，以及家庭困难的干部，由人事部门与对方联系商调，并按程序办理调动手续。

1991—1997 年，全县调进干部 344 人，其中，省外 165 人，省内县外 179 人；调出干部 232 人，其中，省外 28 人，省内县外 204 人；县内调整调动 1230 人。1998 年，全年调进干部 192 人，其中，省外调入 33 人，省内县外调入 159 人；调出干部 215 人，办理县内调整调动 98 人。1999 年，调出 9 人，调入 7 人，县内调动 104 人。2000 年，调出 7 人，调入 13 人，县内调动 119 人。2001 年，调出 25 人，调入 12 人，县内调动 68 人。2002 年，调出 25 人，调入 13 人，县内调动 88 人。2003 年，调出 12 人，县外调入 9 人，县内调动 237 人。2004 年，调出 13 人，县外调入 12 人，县内调动 106 人。2005 年，调出 18 人，县外调入 27 人，县内调动 350 人。

第三节　公务员培训

1998 年，制定乡、镇推进国家公务员办法和非领导职务设置、职位分类、人员过渡等实施意见，全县乡、镇推行国家公务员制度全面实施。科技知识培训2000 人。1999 年，县进一步规范完善国家公务员制度，单项法规全面实施。全年，共培训国家公务员 552 人，其中，政治理论 7 人，初任 32 人，任职 30 人，专门业务 320 人，更新知识 16 人，学历及其他 147 人。2000 年，全县对公务员进行法制教育，开展做人民满意的公务员和“三问三比”活动，严格公务员行为和公务执行程序。2001 年，乡镇机关国家公务员制度“入轨”后，为规范国家公务员行为，在县乡镇机关公务员中开展了法制教育，整顿了机关作风，开展做人民满意公务员等活动。按照省、市要求，大力推广普通话，组织国家公务员普通话培训1200 人。2002 年，国家公务员制度进一步规范完善，在全县机关公务员中开展法制教育，行为规范教育，做人民满意公务员等活动，整顿了机关作风。按照省、市要求，组织全县机关国家公务员参加世界贸易组织知识和依法行政培训考试1739 人。2003 年，在全县公务员队伍中举办公务员知识竞赛，参赛公务员 500 人，有 353 名机关干部参加以《公务员行为规范》《规范化服务型政府建设》为主要内容的培训。2004 年，在全县公务员队伍中开展《行政许可法》《公务员行为规范》全员培训和考试，参训和参考人员 2500 人，任职、初任培训共计 400 人。2005 年，县人事局举办《公务员法》骨干培训班，对全县党政群机关选派的骨干共 100 余人进行了为期 2 天的培训，并以骨干培训带动全员培训，同时对《公务员法》进行了全员测试，合格率达 100%。同年 11 月 8 日，与县委组织部、县法制局联合举办依法行政知识培训和考试，对全县各部门副局级（实职）以上领导干部及中层（科级）干部共 750 人进行了培训和考试。

第三章　人才管理与交流

第一节　专业技术职务评聘管理

1991—1997 年，全县评定专业技术职称实行“以考代评”，经县评审、考试和认定专业技术职称的人员有中专教师、中小学教师、实验人员、农业、经济、会计、统计、审计、计算机软件、房地产估值、国有资产评估、体育、播音、政工、卫生、工程、新闻、图书档案、艺术、律师、公证、群众文化等 22 个系列，取得任职资格的专业技术人员 6125 人，其中，高级 123 人，中级 1059 人，初级 4943 人。专业技术人员在实行聘任制的单位，由单位行政领导根据上级批准设置的岗位聘任相应的专业技术职务，颁布聘书，双方签订聘约；实行任命制的单位，按干部管理权限，由行政领导向被任命的专业技术人员颁发任命书。专业技术人员一经行政领导聘任或任命，其职、责、权、利明确。

2005年，继续深化职称改革和推进专业技术职务评聘工作，建立全县农民技术职称评审委员会和5个专业评审组；按照职务结构比例对各事业单位岗位设置进行审定，核发到全县260个单位，其中高级300、中级2500、初级5757。组织1500名人员参加全国统一进行的外语、会计、经济、计算机等专业技术职称考试。评审各类专业技术职称1342人，其中，初级530人、高中级812人。对全县9471名专业技术人员进行了年度考核，确定考核等级，其中优秀1420人、称职8050人、不称职1人；推荐1名成都市人民政府特殊津贴人选。年末，全县有专业技术职称高级209人，中级2887人，初级6375人。

第二节　机关工人级别评定

1998年，组织对机关事业单位技术工人进行考试考核，晋升700名工人的技术等级。1999年，县人事局对机关事业单位技术工人进行晋升技术等级考试，参加考试的777人，通过培训、理论考试和实际操作考试及考核，有650名技术工人达到合格标准，晋升了一个技术等级，占参考人数的83.65%。

2000年对机关事业单位技术工人进行晋升技术等级考试，参加考试的285名技术工人，通过培训、理论考试和实际操作考试及考核，有279名技术工人达到合格标准，晋升了一个技术等级，占参考人数的97.89%。2001年对机关事业单位技术工人进行晋升技术等级考试，参加考试574人，合格501名，合格率达88%。2003年，全县共组织258名技术工人参加了职业道德考试。2004年，对全县机关事业单位中符合晋升技术等级条件的18个工种473名技术工人实行考试报名，参加职业道德培训考试的技术工人有175人。2005年6月，全县机关、事业单位中参加技术等级初、中、高考试工人467名，合格358名，合格率77%；晋升技师考试29名，综合评定合格22名，合格率76%；职业道德参考工人169名，合格169名，合格率100%。调整中级、高级考试合格者工资244名。聘任技师，增加技术职务工资21名。

第三节　人才交流服务

一、组织企业人才招聘会

1991—1997年，为集体企业引进专业技术和管理人才120名，分配大中专毕业生107名。1999年8月组织大中专毕业生就业供需招聘会，55个企事业单位参会招聘，2200余名未就业大中专毕业生及社会闲散人才到会应聘。2003年，县人才交流服务中心为20家企业推荐80名专业技术人才，引进2名食品专业本科生；同年8月组织企业大中专毕业生供需见面会，参会单位50个，到会达500人；为各类人才委托保存档案2583份。2003—2005年组织企业人才招聘会32场次。

二、录入人才数据库

1999年，县人才交流服务中心建立起乡土人才库，收录2604名农村各类人才的基本信息；为加强企事业单位人才资源合理化配置，为部分单位聘用临时人员42名。2004年机关事业单位人才信息库已收集录入12890名在职人员数据。组织专人对全县事业、企业单位的9632名专业技术人员的工作单位、专业名称、现任资格等情况收集整理，录入微机，其中，文体类37人、卫生类1859人、农牧类398人、教育类6370人、工程类399人、财经类299人、其他270人；具有副高级职称的192人，中级职称2331人，初级职称6545人等。县人才交流中心对未就业大中专毕业生、各类辞职、辞退人员等社会闲散人才以专业类别、毕业学校、学历、职称等情况分类输入微机，建立储存2000名各类流动人才信息库。2004年县人才交流服务中心为30家用人单位提供700次人才信息查询服务。推荐就业200人次；受379个事业单位委托，代管人事档案11500份；回县报到毕业生共493名，其中，本科164名、专科209名、中专120名；办理83名户口挂靠，指导285名毕业生到金堂县企事业单位就业，就业率达60%。为县5家用人单位面向社会发布招考（调）信息，组织考试、面试10场，选拔优秀人才70名。2005年，金堂县人才数据共录入专业技术人员、乡土人才个人信息12833人。

三、大中专毕业生就业指导

1991—1997年，为445名国家不包分配的大、中专毕业生、职业高中毕业生和企事业单位辞职、辞退等流动人才提供求职登记服务，通过召开招聘会向用人单位推荐求职人员，为168名流动人才实现了再就业，占求职登记人员的37.75%。2000年，加强毕业生就业指导服务工作，对回县报到的721名大中专毕业生，其中，大学本科28人、专科173人、中专520人，县人才交流中心积极宣传国家就业方针和就业政策，采取召开“就业双选会”和引导大中专毕业生自主择业的方式，为289名毕业生落实了工作单位，其中，教育系统164名、卫生52名、农业及乡镇25名、其他事业单位和企业48名；学历层次分别为大学本科毕业生17名、专科77名、中专195名，就业率达40%。1998—2005年，大中专生就业指导以推荐参加企业招聘会的形式进行。

四、人才市场交流

从1992年起，金堂县对流动人才开展了求职登记、代管人事档案、户口挂靠等人事代理服务，同时加强人事人才工作为企业服务的力度，对企业引进的急需人才，在办理入户、粮油关系、工资、职称及家属工作安排时，实行“特事特办”，在政策允许范围内，尽量从快从减，提供方便。1998年县人才交流中心充分发挥职能作用，进一步加强人才、技术的交流与服务工作，全年办理聘用国家不包分配学生就业手续35人、人才流动手续135人。同时为36名大中专毕业生办理了上户手续，为120名未就业大中专毕业生办理了人事档案和户口寄存手续，解决了他们未就业前粮户关系无处挂靠的困难。

2001年大、中专毕业生分配：回县报到的517人，其中大学本科31人、专科90人、中专396人（师范类专业66人）。通过用人单位和毕业生“双向选择”，有220名毕业生落实了工作单位，占回县报到人数的42.60%。已就业的毕业生：教育部门165名、卫生部门5名、农村水利系统及乡镇19名、其他事业单位和公私营企业等单位31名。

2000—2005年县人才交流服务中心主动到企业调研、建立企业联系制度，了解、收集企业人才资源状况，及时为其提供人才服务，促进企业发展。

五、一村一名大学生工程

2005年在全市率先实施“一村一名大学生”工程，公开选拔32名果树、蔬菜、城镇建设专业优秀大学生到市级重点发展镇——淮口和五凤镇，开展农村政策法规、农业新技术信息宣传和新农村生活观念宣讲等服务工作。为金阳集团、超人药业、攀成钢金堂分公司等10余家企业从西南农业大学、四川大学等高校引进紧缺人才32名，其中，机械制造专业8名，市场营销专业9名，食品检验12名，计算机与财会3名；加强人才市场硬件建设，自筹资金30余万元，建成了金堂县人才市场办公楼和档案管理室。

第四章　工资福利

第一节　工资调整

一、工资调整和改革

（一）1991－1993年工改前工资变动情况

1992年3月，按照国家人事部规定，对机关、事业单位工作人员调整奖励工资和增加离退休费。对9511名在职工作人员由人均一个半月基本工资额奖励工资标准增加到三个月标准，月增加奖励工资23745元，人均增资24.96元；1533名离退休人员月增加离退休费25577元，人均月增资16.68元。

（二）1993年工资改革

1993年7月，全县机关事业单位9324名工作人员提高一个职务（岗位）工资标准，月增加工资74412元，人均月增资7.98元。1993年10月，对全县机关事业单位进行工资制度改革，按照工作人员的职务（岗位）、任职年限、原工资状况、政治表现套改新的工资标准。套改后，机关工作人员（除工勤人员外）实行职级工资制，其工资按不同职能分为职务、级别、基础、工龄工资四部分。事业单位管理人员、专业技术人员、技术工人和普通工人，分别实行职务工资、技术职务工资、技术等级工资和岗位工资，其工资由固定工资和活工资两部分构成。全县参加工改的在职职工9588人，人均月工资由347.91元增加到425.28元，增资幅度为22.26%；离退休人员1764人，人均月离退休费由338.04元提高到445.54元，增长31.80%。工改时，对机关、事业单位技术工人按工作年限划分技术等级并套改工资。

（三）1993年工改后至2005年工资变动情况

1993年工资制度改革后，一般按照此次工改规定的办法正常晋升工资。从1993年起对农、林、水利、系统在农业第一线从事科技推广工作的专业技术人员，实行向上浮动一级工资作为岗位津贴的办法，1997年底全县享受固定一级工资的19人。

1996年，按市人事局部署，对全县机关事业单位工作人员正常晋升工资档次，人均增资22元，滚动晋升级别工资人月均45元。

1998年，县人事局按照国家人事部人发〔1997〕89号文件和市人事局统一部署，对县机关事业单位工作人员开展了调整工资标准和正常晋升工资的工作。全年调整工资标准共12198人，人均月增资

21 元；正常晋升工资档次的 10533 人，人均月增资 22 元；机关单位执行职级工资制人员中符合正常晋升级别工资的 1315 人，人均月增资 22 元；事业单位中 537 名工作成绩突出的人员，提前或越级晋升了职务工资档次，人均月增资 35 元。同时，根据相关政策规定，审批办理工作人员从职务升降、工作调动、转正定级、受处分等工资变动的 1269 人；办理农、林、水第一线科技人员浮动和固定工资 380 人。按照有关规定，办理死亡职工遗属生活困难补助和调整生活困难补助标准的 112 人，审批办理离休干部享受护理费 4 人。

1999 年，县人事局于 9 月 30 日前调整了机关事业单位职工的工资标准，在职职工 12600 人，人均月增资 129 元；离、退休人员 2658 人，人均月增资 113.60 元。县机关、事业单位工作人员正常晋升职务工资的 1020 人，人均月增资 22 元。审批办理工作人员职务升降、工作调动、转正定级、受处分等工资变动手续 870 人；办理农林水第一线科技人员浮动（固定）工资手续 380 人次。全年，按照有关规定，办理死亡职工遗属生活困难补助事项 30 件，并对 250 名遗属调整增加了生活困难补助费。

2000 年 4 月，按市上统一部署，对机关、事业单位共 11523 人进行正常增资，其中：机关、事业单位正常晋升工资档次 10589 人、机关单位正常晋升级别工资 378 人、事业单位提前（越级）晋升工资档次 556 人。

2001 年按照川人工〔2001〕8 号文件规定和市上安排部署，于 1 月 1 日调整了机关事业单位职工的工资标准，在职职工 13711 人，人均月增资 110 元。离、退休人员 3622 人，人均月增资 113.60 元。根据国办发〔2001〕70 号文件精神，于 10 月调整职务工资标准，人平月增资 110 元。按照有关规定办理机关、事业单位工作人员正常晋升职务工资的 1312 人，人均月增资 25 元。全年审批办理工作人员职务升、降、工作调动、转正定级、受处分等工资变动手续 1451 人；办理农、林、水第一线科技人员浮动（固定）工资手续 380 人次。按照有关规定，办理死亡职工遗属生活困难补助事项 31 件，并对 219 名遗属调整增加了生活困难补助费。

2002 年，按照人薪发〔1995〕150 号办理机关、事业单位工作人员正常晋升职务工资 1949 人，人均月增资 25 元。按照有关规定 审批办理工作人员职务升（降）、工作调动、转正定级、受处分等工资变动手续 1721 人，办理农林水第一线科技人员浮动（固定）工资手续 210 人次。办理死亡职工遗嘱生活困难补助事项 21 件。

2003 年，加强对全县农、林、水在第一线从事科技推广工作的专业技术人员的浮动工资管理，对从事科技推广工作满八年的将浮动的一级工资改为固定工资，如继续从事科技推广工作的，再向上浮动一级工资。全县已享受浮动工资人员有 200 人。对全县机关、事业单位 13168 名工作人员和 3921 名离退休人员进行调标增资。按照工改相关政策，对全县机关、事业单位中符合正常晋升工资档次条件的 9263 名工作人员开展了晋升工资档次的工作，从 2003 年 10 月起月增资总额 36.2 万元；机关单位中符合正常晋升级别工资条件的 210 名工作人员的正常晋升级别工资工作，从 2004 年 1 月起月增资总额 9936 元；对符合提前（越级）晋升工资档次的 637 名工作人员晋升工资档次的审批工作，从 2004 年 1 月起月增资总额 2.9 万元。为 17 名符合政策条件的死亡职工家属办理了遗属困难补助。2003 年受县纪委、县监察局处分的机关事业单位工作人员共 17 人，按照政策有 5 人相应降低了工资档次、级别。

2004 年，对全县 33 名担任或曾担任实职副县级以上领导干部和 3 名助理调研员以及 35 名担任过副县级以上领导实职和享受副地厅级以上离退休干部人员，按照市上的统一要求进行了职务和生活补贴。全年受党纪、行政处分共 45 人，调整工资 12 人。办理农林水第一线科技人员中浮动（固定）工资 98 人次。审批教、护龄津贴 152 人次。对中式烹调等 10 个工种开展技师考聘申报，全县机关事业单位中符合技师考聘条件共30名技术工人报名。对全县机关、事业单位中符合正常晋升工资档次条件的2204名工作人员晋升工资档次，从2004年10月起月增资总额10.2余万元；同时对机关单位中符合正常晋升级别工资条件的216名工作人员晋升了级别工资，从2005年1月起月增资总额10386元。全年审批遗属困难补助28人次。2005年审批遗属困难补助23人次。

二、工资基金管理

1991均1997年，按照“三统一”（统一政策、统一计划、统一标准）的工资管理政策，实行计划管理与宏观调控，强化监督约束机制，制定工资基金管理办法，实行工资规范管理。各单位统一使用国家人事部、中国人民银行印制的《工资基金管理手册》和各种凭证，建立工资管理台账，县人事局按照规定审批核定工资使用计划，各开户银行严格按照核定数额支付工资。1997年，全县机关、事业单位建立工资基金户195户，纳入管理的职工为11217人。此后每年定时与审计、统计、劳动、银行等部门配合，制定了全县工资基金管理办法，联合审查了工资基金使用计划及执行情况，审计监督工资发放等情况。2000年，全县工资福利总体实行宏观调控，强化监督约束机制进一步加强工资基金管理，制定《2000年工资基金管理的意见》及时下发各单位贯彻执行。同时，坚持“三证”齐全、“三统一”和定期审核制度，县工资基金管理步入了科学化、规范化、制度化的轨道。至2005年县工资基金按照上级规定执行。

三、津补贴

1985年工资制度改革后，金堂县先后给职工发放津贴和补贴。1993年工改前机关、事业单位发放的津贴和补贴为34项，享受人数为9774人。1993年工资制度改革后，机关干部职务均统一保留津、补贴116元。对公安、财税、信访、特教等人员实行岗位津贴、特殊津贴和保健津贴予以保留。

第二节 福 利

一、节日加班规定

用人单位依法安排劳动者在休息日工作而又不能安排补休的，按照不低于劳动者本人日工资标准的200%支付劳动者工资，在法定节假日工作的按照不低于劳动者本人日工资的300%支付劳动者工资。

二、休假

《职工带薪年休假条例》已经于2007年12月7日国务院第198次常务会议通过，自2008年1月1日起施行。机关、事业等单位的职工连续工作1年以上的，享受带薪年休假（以下简称年休假）。单位应当保证职工享受年休假。职工在年休假期间享受与正常工作期间相同的工资收入。职工累计工作已满1年不满10年的，年休假5天；已满10年不满20年的，年休假10天；已满20年的，年休假15天。国家法定休假日、休息日不计入年休假的假期。职工有下列情形之一的，不享受当年的年休假：(一）职工依法享受寒暑假，其休假天数多于年休假天数的；（二）职工请事假累计20天以上且单位按照规定不扣工资的；（三）累计工作满1年不满10年的职工，请病假累计2个月以上的；（四）累计工作满10年不满20年的职工，请病假累计3个月以上的；（五）累计工作满20年以上的职工，请病假累计4个月以上的。年休假在1个年度内可以集中安排，也可以分段安排，一般不跨年度安排。单位因生产、工作特点确有必要跨年度安排职工年休假的，可以跨1个年度安排。单位确因工作需要不能安排职工休年休假的，经职工本人同意，可以不安排职工休年休假。对职工应休未休的年休假天数，单位应当按照该职工日工资收入的300%支付年休假工资报酬。

三、产假

女职工产假为90天，已婚妇女晚育的，除国家规定的产假外增加产假30天，给予男方护理假15天。

四、牺牲病故抚恤

从2004年10月1日起，调整机关、事业单位工作人员和离休人员死亡后一次性抚恤金标准。调整后的标准为：被批准为烈士的按国家有关规定执行；因公牺牲（因工死亡）的为本人生前40个月基本工资或基本离退休费；病故的为本人生前20个月基本工资或基本离退休费。

第三节　离退休干部管理

全县严格执行干部离、退休政策，对凡到达国家规定离、退休年龄的干部除个别确因工作需要并按干部管理权限批准延长退休年龄或留任者外，均按时办理离、退休手续；对男年满55岁，女年满50岁，或男年满50岁，女年满45岁，经医疗机构鉴定完全丧失工作能力，本人自愿申请，所在单位审查，也按规定办理提前退休手续。1991—1997年全县办理离休的15人、办理退休的1290人，对1949年9月30日前参加工作的干部办理离休手续后，原工资照发；1949年10月1日以后参加工作的干部办理退休手续后，按其基本工资的一定比例计发退休费。1997年年底，全县有离退休干部2627人，占干部总数的23.44%。在干部管理上由县委老干部局负责离休干部和副县级以上退休干部的管理；县人事局负责局级及以下退休干部的管理，县级各单位和乡、镇设置退管办公室或退管小组配备专兼职干部负责离退休人员管理工作。抓好离退休人员政治、生活“两个待遇”的落实，根据离退休人员的特长和身体健康状况，组织开展宜于老年人身心健康的文体活动。从1995年10月1日起，全县开展了机关事业单位合同制工作、自收自支事业单位工作人员和乡、镇聘用制干部的社会养老保险工作，至1997年年底，已参保单位85个，参保人数927人，其中，机关事业单位合同制工人279人，自收自支单位工作人员354人，乡、镇聘用干部294人。

1998年，县人事局认真执行干部退休政策；按时办理退休手续。同时，根据《国家公务员暂行条例》的规定，对男年满55岁、女年满50岁或工作年限满30年，由本人申请、所在单位同意提前退休的，也按有关规定提前办理退休手续。全年办理退休干部202人。落实了全县2125名退休干部的“两个待遇”，为局级退休干部订阅报刊298份，并定期组织政治学习与外出参观，全县有1679名退休干部在不同岗位上发挥余热，接收到金堂安置的32名易地退休干部；积极配合老干局做好离、退休干部活动馆的管理和老年大学的工作。全县已有99个单位1252名退休人员参加养老保险，其中，合同制工人388人、乡镇聘用制干部118人，事业单位职工662人、退休人员84人。

1999年，县人事局全年办理退休180人；落实全县2283名退休干部的“两个待遇”，为局级退休干部订阅各种报刊1400份，每季度组织局级退休干部学习半天，组织了部分退休干部外出旅游参观。办理2658名离、退休干部增加离、退休费手续。按照上级有关规定，于1999年10月将社会养老保险工作移交县劳动局管理。

2000年办理退休814人。落实全县2232名退休干部的“两个待遇”，为局级退休干部订阅各种报刊3267份，每季度组织局级退休干部学习半天，组织部分退休干部外出旅游参观。为3006名离、退休干部增加了离、退休费。

2001年办理退休180人。落实全县3622名退休干部的“两个待遇”，完成全县机关、事业单位离退休（职）人员离退休（职）费档案的建立，为每位离退休（职）人员下发了《机关事业单位生活待遇手册》。为局级退休干部订阅各种报刊1400份，坚持每季度组织一次局级（含副高以上专业技术）退休干部政治学习制度，并组织部分退休干部外出旅游参观。为3700名离、退休干部增加离、退休费。

2002年办理退休57人。落实全县3622名退休干部的“两个待遇”，为3700名离、退休干部增加了离、退休费。

2003年办理退休153人。为3921名离、退休干部增加了离、退休费。同年9月25日至26日，在金堂体育中心举行了首届机关事业单位退（离）休干部运动会，这次运动会由县委、县政府主办，县人事局、县教育局、老干局、老龄委办公室、文体广电局具体承办。组织了20个代表队参加，入场式进行了老年腰鼓、老年秧歌、老年健身球、百名学生健美操等大型表演。运动会开展了拔河、篮球赛、4X50米趣味接力赛和门球比赛等集体项目；开展了男、女定点投篮，男子800米，女子600米，男、女乒乓球，男子铅球，女子实心球等9项个人项目的比赛；并设置了猜谜语，县情党建知识竞答，男子单杠引体向上，女子肋木举腿，塑料保龄球，象棋等参与性项目。

2004年办理到龄退休212人，根据机构改革政策要求，办理事业单位人事制度改革病退122名和乡镇机构改革病退129名。

2005年严格执行到龄退休政策，采取定期核查数据库的方式进行，全年办理正常退休125名，病退3名，退职1名。全年组织政治学习2次，及时传达了国家、省、市、县有关文件精神。

2002—2005年，全县机关事业单位工作人员自动离职85人。

第二十九篇　劳动和社会保障

1991—2005年，金堂县劳动和社会保障工作，围绕建立健全社会主义市场经济体制，大力发展社会生产力，进行劳动用工、医疗等制度改革；实行工资调整，组织城乡劳动力向外输出务工，按照国家劳动法律法规实行养老保险，加强劳动工资基金、安全生产管理，推动了全县城乡劳动和社会保障事业的发展。

第一章　劳动工作

第一节　机　构

1991年1月，劳动局设置县劳动争议仲裁办公室、县安全生产领导小组办公室、县劳动鉴定委员会、县职工社会保险事业管理处、县就业服务管理局5个部门。1996年9月11日建立金堂县就业训练中心；同年，县安全生产领导小组办公室更名为金堂县安全生产委员会办公室。1997年3月21日，金堂县劳动局设办公室、计划工资与职业技能开发科、劳动争议与监察科、劳动争议处理和信访科、职业安全卫生与锅炉压力容器安全监察科（县安全生产委员会办公室与其合署办公）。1999年7月25日，金堂县机关、事业单位和社会保险办公室更名为金堂县社会保险事业管理处，归并县劳动局管理，同时撤销金堂县职工社会保险事业管理处。1999年7月，县劳动局增设社会保险科和外派劳务服务中心。2000年8月15日，县劳动局所属从事特种设备安全监管职能划转到成都市质量技术监督局金堂分局，人员随之划转。2001年11月27日，金堂县劳动局更名为金堂县劳动和社会保障局，县劳动和社会保障局是统一管理全县劳动和社会保障工作的县政府工作部门，内设办公室、劳动关系调整与监察科、培训就业与劳动工资科、劳动争议仲裁与信访科（加挂县劳动争议仲裁委员会办公室牌子）、社会保险科。增设正局级事业单位：金堂县劳务开发办公室与金堂县劳动和社会保障局下属的就业服务管理局合署办公。

金堂县劳动和社会保障局下属事业单位4个：金堂县就业服务管理局，金堂县社会保险事业管理处，金堂县就业训练中心，金堂县劳动和社会保障监察大队。至2005年未变。

第二节　劳动调配与工资

一、劳动调配

1991—2005年，为企业办理临时用工许可证93个，达1075人次。办理换工1328人次，其中，县外547人次，县内781人次。根据企业生产需要和解决职工家庭困难办理调动手续858人，其中县内调动403人次、县外调入335人、调出120人。1999—2000年，安置4名残疾人和6名军队转业干部家属就业。

二、劳动工资

（一）工资基金管理。1988年至1993年，金堂县企业工资管理制度逐步从过去统管全员改变为总量控制、微观放开的管理形式。在对企业工资总额宏观调控中，实行"工效挂钩""工资总额包干"等。全县23户企业实行"工效挂钩"，占国有企业32.9%。1994年，建立企业《工资总额使用册》制度，发放手册259个单位，其中国有企业覆盖面达100%。测算并制定国有企业弹性工资计划实施方案，试行弹性工资计划。按照县弹性工资总额计划方案和工资指导线制度，对全县企业工资总额进行宏观调控。从1996年开始，根据对经营者进行目标考核的成绩确定实施奖励及其年工资发放标准。1988年至2005年，县属国有企业和城镇集体企业的工资管理办法，一直实行"两低于原则"和"工效挂钩""工资总额包干"的管理方式；1999年开始，建立《工资总额包干使用手册》制度，控制过高收入，保障了最低收入 。

（二）工资结构与改革。1996年2月后，金堂县探索在国有和城镇集体企业实行岗位技能（技术岗位，技术能手）工资制。先在部分国有企业和城镇集体企业开展工资集体协商试点工作，后在部分企业中推广施行。对于县属国有企业和国有控股企业的经营者工资收入，1996年起，实行目标考核奖惩办法进行确定。2003年起，扩大劳动力市场指导价位的工种范围，重点增加有技术等级证书工人的工资指导价位。

（三）最低工资标准。从1995年7月1日起，金堂县制定和开始执行最低工资标准规定。1995—2006年，金堂县最低工资标准见下表：

金堂县1995—2006年最低工资标准

表29－1

时间	1995（7月1日起）	1996（7月1日起）	1999（7月1日起）	2000（7月1日起）	2002（7月1日起）	2004（9月1日起）	2006（9月1日起）
最低工资标准	140元	150元	180元	215元	270元	340元	450元

第二章　社会保障工作

第一节　离退休与退职

离休是指中华人民共和国成立前参加革命工作的干部，中华人民共和国成立后被分配到县及县以上国有企业担任干部。到达年龄后办理离休。企业离休干部政治待遇由县老干部局负责，经济待遇由社保部门负责。2005年全县企业享受离休待遇的干部53人，其中正厅1人，享受副厅级待遇的离休干部3人，享受正县（处）级待遇的离休干部14人，享受副县（处）级待遇的35人，人均离休金1472元，最低1200元，最高的1945元。医疗待遇在政府补贴后享受全额报销。同时，金堂县有中华人民共和国成立前参加革命工作的老工人7人，其经济待遇最低1435元，最高1635元，人均1535元。1991—2005年，为1045人办理了正常退休，为878人办理了因病退休，截至2006年底，退休人数有11459人。1991年至2005年，共为130人办理了因病退年龄职工的退职手续。

第二节　工伤保险

金堂县工伤保险始于1991年10月，为成都市工伤保险试点县。金堂县制定了《金堂县关于试行工伤保险的暂行办法》，并与1992年1月开始试行，至1996年4月实行成都市统一的工伤保险政策。

金堂县工伤保险暂行办法确定了参保范围为县内企业及其在岗职工；缴费按工资总额，根据不同行业按五档确定费率，分别为0.6%、0.9%、1.1%、1.3%、2%。1992年1月至1996年4月，金堂县有146个企业、8430人参加工伤保险，征集基金153.2万元，为工伤、因公死亡人员支付75.65万元，四川锅炉厂一位20多岁女工因工失去右臂，被评残为4级，现由工伤基金按每月815元给付退休金至终身。

金堂县在试点中为成都市工伤保险暂行办法奠定了基础，提供了宝贵的数据和资料。1996年，成都市《工伤保险暂行办法》出台，全市工伤保险启动，金堂县工伤保险统一于市工伤保险暂行办法，在并轨中，将县由工伤基金支付领退养费的5—6级纳入退休行列。2003年，国务院《工伤保险条例》（国务院375号令）出台，县工伤保险统一于全国的工伤保险政策。2005年年末，工伤保险参保人数14044人，基金征集全年达182.71万元。

第三节　生育保险

生育保险是对女职工生育期间的补助，生育保险的意义在于均衡各单位间女职工生育的负担，将单位负担转化为社会负担，切实保障女职工生育权益。1997 年 7 月，根据《成都市企业职工生育保险暂行办法》，金堂县于 1997 年 7 月开始实行女职工生育保险，女职工生育保险缴费为缴费工资总额的 0.6%，与职工基本养老保险费一并征收。女职工生育时，由单位按《计划生育条例》规定保障其待遇，社保机构按上年市平均月工资的 6 个月给予补助。2005 年底全县生育保险参保人数 28721 人，征收基金为 234.57 万元，为 184 人拨给补助 117.37 万元。

第四节　征地人员保险

2004 年 3 月 15 日，成都市人民政府出台了《成都市〈已征地农转非人员社会保险办法〉和〈征地农转非人员社会保险办法〉》。对 1991 年 1 月至 2003 年 12 月已征地农转非人员实行社会保险。由本人缴纳不等的社会保险费，政府为其补贴，办理社会保险，男年满 60 岁及以上的、女 50 岁及以上的，每月在社保机构领取 210 元养老金，享受城镇职工住院医疗保险待遇。男未满 60 岁、女未满 50 岁，分别以男 50 ~ 60 岁，女 40 ~ 50 岁，男 40 ~ 50 岁、女 30 ~ 40 岁，按 10 年、5 年标准一次性缴纳社会保险费，其余政府补贴。参保者参保后按总缴费年限不低于 15 年继续缴费，享受城镇职工同等的基本养老、基本医疗保险政策。已征地农转非人员社会保险具体缴费标准如下表：

金堂县 1991—2003 年已征地农转非一次性缴费及政府补贴标准

表 29 - 2　　单位：元

人员类别	征地时间	个人缴费	政府补贴
一类：男年满 60 岁，女年满 50 岁及以上	1991—1993 年	4900	24702
	1994—1998 年	7000	22602
	1999—2003 年	9100	20502
二类：男年满 50—60 岁 女年满 40—50 岁	1991—1993 年	3697	1394
	1994—1998 年	5282	12326
	1999—2003 年	6866	10742
三类：男年满 40—50 岁 女年满 30—40 岁	1991—1993 年	1848	6956
	1994—1998 年	2641	6163
	1999—2003 年	3433	5371

对 2004 年 1 月 1 日以后新征地的失地农民，由征地方一次性为男年满 60 岁、女年满 50 岁的缴纳终身养老、医疗保险费；男年满 50 ~ 60 岁、女年满 40 ~ 50 岁的缴纳 15 年养老、10 年医疗保险费；男年满 40 ~ 50 岁、女年满 30 ~ 40 岁的缴纳 10 年的养老、5 年的医疗保险费，切实解决因征地而失地农民的社会保障问题。2004—2005 年，金堂县参加已征地农转非人员社会保险的 6834 人，政府共补贴资

金1.13亿元（分10年到位），其中市、县政府比例为4∶6。2004年1月至2005年12月，新征地农转非人员参加社保5313人，共为其缴纳社会保险费8580.93万元。

第三章　劳动执法

第一节　劳动安全

一、机构

1996年10月，金堂县人民政府安全生产领导小组办公室更名为金堂县人民政府安全生产委员会办公室，12月金堂县人民政府安全生产领导小组更名为金堂县人民政府安全生产委员会。2001年11月成立金堂县安全生产监督管理委员会，下设金堂县安全生产监督管理委员会办公室，为正局级机构。2003年10月成立金堂县安全生产监督管理局，为正局级机构，下设两个科室，安全生产监督管理委员会办公室和安全生产监督管理局实行两块牌子，一套人马，与县劳动和社会保障局合署办公。2005年1月，金堂县安全生产监督管理局职能调整，内设综合科（挂办公室牌子）、安全监督管理一科、安全监督管理二科、危险化学品监管科，并成立金堂县安全生产监督管理执法大队，为安监局下属科级事业单位。

二、安全工作

1991—1997年，县人民政府安全生产办公室（简称：县安办），每年开展劳动保护与安全生产宣传教育，开展安全月、安全周活动。制作劳动保护宣传栏，设劳动保护、劳动安全宣传点进行街头宣传。先后受理劳动安全案件44件，结案44件。县安办对企业安全工作常抓不懈，组织职工观看安全生产录像、电影29场达3万人次，检查各单位对《女职工保护条例》的贯彻情况，利用报纸、广播、电视讲座等形式进行直传，组织职工参加安全知识竞赛活动达4万人次。对在县内的434台锅炉、348台压力容器、142台特种设备进行定期和不定期的检查，消除事故隐患，全县无重大事故发生。1998年，县安全工作检查369个单位及作业场所，发现隐患172起。全年发出整改指令书210份，处罚纠正违章行为182起，停业整改2家。年检锅炉43台，压力容器22台；举办安全生产培训班7期，培训特种作业人员544人、安全生产管理人员81人，多次派员到淮口轧花厂指导企业进行尘毒治理。全年共发生企业安全事故2起，其中，死亡1人，重伤1人。1999年，整治安全事故隐患40起，处理安全违法案件2起。全县企业职工死亡2人，重伤1人。2000年，共举办培训班9期，培训人员600人。全年发生事故193件，死亡32人，重伤171人，其中，企业事故为零、无死亡重伤，道路交通事故156件、死亡30人、重伤167人，火灾事故20件、死亡1人，农机事故17件，死亡1人、重伤4人。完成尘毒治理1项。2001年，发生事故203件，死亡24人，重伤197人，其中，道路交通事故135件，死亡22人、重伤193人，火灾事故17件、死亡1人，农机事故11件、死亡1人。2002—2003

年，全县以学习贯彻《安全生产法》为重点，印发宣传资料3万份，制作宣传磁带50盘，组织宣传车5台，发放《安全法》小册子2万本。消除事故隐患360起，对120个单位和住户存在的安全隐患给予当场整改和限期整改的行政处理。对用人单位法人和安全管理人员举办培训班17期，培训1051人。举办车主、船主、业主、矿主等人员培训246期共1.4万人次。对特种作业人员举办技能培训18期，受训达800人。查出各类事故隐患300起。2004—2005年，全县举办各类安全管理人员培训班36期，培训建筑安全管理员542人，其他企业安全管理员280人，特种作业人员2400人。

第二节　宣传《劳动法》

1991—1995年，县劳动局下发《中华人民共和国劳动法》手册3000册，印发《劳动法》17种配套规章1500本，印发各种宣传资料4万份。组织机关干部深入乡镇、街头和企业宣讲《劳动法》，开展两次有3万人参加的《劳动法》知识竞赛答题活动。1996年，为执行好《劳动法》，利用“安全生产月”活动，组织企业主管部门实行一条街宣传，出动流动宣传车4台，利用广播、电视、报纸等新闻媒体进行广泛宣传，下发《劳动法》单行本3万册，印发《劳动法》配套法规资料1500册，开展劳动法规知识竞赛，全县2.4万名职工参加竞赛，深入50户企业宣传，听课职工达8000人次。2004年，《劳动法》颁布10周年，县劳动局在县城各主要街道设点宣传、出动流动宣传车、印制大量宣传资料和“便民服务卡”，共发放宣传资料2万份，便民服务卡1.8万张，现场接待咨询589人。

第三节　劳动争议仲裁

1992年12月，县仲裁委员会逐步建立了仲裁员、仲裁庭、“黄牌”警告等和每周局领导信访接待日制度。开展仲裁调解干部培训，举办培训班5期，培训392人。1993—1995年，为贯彻执行《中华人民共和国企业劳动争议处理条例》、《中华人民共和国劳动法》等法律法规，县仲裁委员会开展了多次宣传、培训活动。截至1995年，全县95%的集体企业建立了仲裁调解组织。从1998年起设立乡镇劳动争议仲裁调解组织，当年有13个乡镇建立，举办乡镇调解干部培训班1期，81人参训。2000年全县24个乡镇建立乡镇劳动争议调解组织。金堂县劳动争议仲裁工作坚持三方协商办案制度，定期不定期召开三方协商会议。2002年7月，组织召开劳动关系三方协调第一次会议，通过了《金堂县劳动关系三方协调会议制度》。2005年12月，县仲裁委员会处理劳动争议案件483件，劳动合同签证4.9万人次，接待处理来信来访2.55万件（人）次。

第四节　劳动监察

1995年6月，建立金堂县劳动监察大队。1996年11月，县劳动监察大队在全县开展劳动用工执法大检查，检查企业253家，受检人10.13万人，查处违法行为56起，发出劳动监察询问通知书226份、整改指令书1份。1997年3月，对146家各类企业进行年检，首发88家企业劳动用工合格证。1998年，继续实行劳动执法责任制，坚持两人以上亮证执法制度，规范行政执法行为和程序。全年对外资、国有、集体企业监察面达95%，私营及个体工商户达65%；受理投诉举办案件4起，发出询问通知书217份；查处非法职业介绍12家，取缔7家；企业用工年检153户。1999年，对12家职业中介机构进行年检，取缔8家；纠正企业违法行为20起；受理投诉举办案件4起；安置残疾人20名，转业干部家属4名。2000年，县年检劳动用工单位150户，受检面73%，年检合格率达72%，其中整改合格12户。受理投诉举报案件25起，协调处理20起，立案查处5起；安置军队转业、复员干部家属2人，残疾人2人。2001年，发出监察询问通知书26份、《社会保险费催缴通知书》95份、《限期缴纳社会保险费指令书》24份。对2家严重拖欠社会保险费的企业，申请法院查封了财产。受理投诉举报案件18起，结案18起。2002年，年检用 人单位166户，年检率达71%；对26户用人单位及中介机构的违法、违规行为进行处理。严厉打击非法职业介绍和坑骗求职者的违法违规行为，向5家职介所下达了限期整改指令书，依法取缔2家非法职介店。受理查处投诉案件38起。2003年，县劳动保障部门监察用人单位300户，督促59户用人单位为2015名劳动者办理了社会保险登记。督促59户用人单位为2015 人缴纳社会保险费22.16万元。为122名劳动者追回欠发的工资7万元。督促用人单位与劳动者补签劳动合同1000份。帮助2名劳动者追回风险抵押金。取缔非法职业中介机构1户。纠正违反职业资格和职业培训的单位10户。审查用人单位规章20件，纠正用人单位违章27件，清退童工1人。接受群众举报48件，群众举报专查立案8件，结案率达100%。全年全县发生各类安全生产事故303件，死亡30人。2004年全县发生各类安全生产事故229件，死亡31人。2005年，全县发生各类安全生产事故446件，死亡23人，其中道路交通事故436件，死亡21人。

第四章　劳动服务

第一节　就业安置

一、机构

1990年6月，金堂县就业服务管理局成立，设办公室、劳务管理科、失业保险、职介中心。1998年，县上成立解困和再就业领导小组，劳动局设立全县再就业服务中心，组织筹集解困和再就业资金，确保下岗职工基本生活费发放。年末，全县企业主管部门建立再就业服务中心7个，企业建立再就业工作站13个。2001年12月，增设正局级事业单位金堂县劳务开发办公室，与金堂县劳动和社会保障局下属的金堂县就业服务管理局合署办公（一套班子，两种职能），内设办公室、劳务开发科、劳务管理科。

二、解决就业工作

县劳动就业训练中心与各类职业技术学校、厂矿企事业单位联合，培训各类专业技术人才，7年培训 5048 人，其中，农村富裕劳动人员 1388 人。1998 年全年筹集解困和再就业资金 262.2 万元，为 1443 名下岗职工发放生活费 189.3 万元，保证了下岗职工的基本生活。全年培训城乡劳动者 290 人，免费举办下岗职工培训 79 人。指导帮助城镇劳动者实现就业 745 人，劳动服务企业新安置人员 256 人，实现总收入 1685 万元。组织国内劳务输出 10255 人、国外输出 410 人。1999 年，培训下岗职工 213 人，安置下岗职工 392 人，提供就业岗位 517 个，指导帮助城镇 825 名失业人员实现了就业。全年为 306 名下岗职工发放基本生活费 68.80 万元。2000 年，县劳动局为 306 名下岗职工发放生活费，发放率 100%。全年指导帮助城镇劳动者 950 人就业，免费培训下岗、失业职工 140 人，培训城乡劳动者 526 人，为下岗职工提供就业岗位 720 个。2001 年，为下岗职工及失业人员提供再就业岗位 720 个，100 名下岗职工通过职介渠道实现了再就业。全年帮助城镇劳动力就业 1018 人，城镇登记失业率控制在 2.5% 以内；社区服务安置下岗职工 108 人。健全全县职业介绍输出网络，规范职介机构管理。2002 年，全年培训下岗失业职工 1640 人；帮助 1320 名下岗失业职工实现了再就业。共培训各类劳务人员 6000 人次。年底，全县常年在外务工人数达 17.4 万人。创收 59 亿元。2003 年，全县城镇新增登记失业人员 1307 人，全年有 1780 名城镇失业人员通过多种渠道实现就业和再就业。全县 30 个职业介绍机构办理登记求职 8045 人次，提供职业指导服务 3690 人次，职业介绍成功 4183 人次，求职成功率为 52%，其中为 2158 名下岗职工和就业转失业人员提供了职业指导和职业介绍服务。全县社区就业实体发展到 26 个。新安置下岗失业人员 1420 人，社区就业实体从业人员达 396 人。截至 2005 年，累计输出劳务人员 171.63 万人次。

1990 年至 2005 年，金堂县先后开办劳动服务企业 20 户，安置本县城镇待业人员 3000 余人。至 2005 年，因诸多原因劳动服务企业由原来的 20 户减少到 10 户。

第二节　劳务输出

1991—1997 年，全县安置城镇人员 6024 人，其中安置特困人员 35 人，超过成都市下达计划安置数 394 人。7 年全县劳务输出 78974 人次，其中向境外劳务输出 1737 人次，主要分布在俄罗斯、科威特、泰国、马来西亚、新加坡、日本、南非、尼泊尔等 30 个国家。1996 年由就业局牵线搭桥，金堂县金阳集团组织 700 人赴科威特承揽建筑劳务工程。国内劳务输出主要在广东、上海等 20 个省、市、自治区。县兴办劳动服务公司 10 户，有从业人员 798 人，7 年生产经营收入 9252.5 万元，实现利润 175 万元，上缴税金 305 万元。加强待业人员管理和服务，每年进行一次待业人员清理登记，掌握待业状况；7 年中登记待业人员 13742 人，为其填发待业证书，对就业转待业职工进行登记办理职工失业保险。1999 年 7 月 29 日，金堂县被省劳务办命名为首家外派劳务基地县；县与全省 21 家外派劳务输出公司建立合作伙伴关系，组织国内劳务输出 10800 人、国际劳务输出 500 人。连续 3 年获得省政府表彰。县劳动服务企业实现年总产值 1580 万元，利润 23 万元。2001 年全年组织国内劳务输出 6600 人，向以色列、阿联酋、日本、沙特等国家和中国台湾地区外派劳动力 420 人。劳务输出年创收达 7.1 亿元。金堂县被省政府授予“2000 年度劳务开发先进县”，被省政府命名为“四川省国内劳务开发基地县”。局被省政府评为“200 年度劳务开发先进单位”。2001 年组织劳务输出 11426 人，常年在外务工人员达 15.6 万人，年创纯收入 5 亿元。劳动服务企业实现总收入 1540 万元、利润 37.2 万元。2002 年，国际劳务 3820 人，累计劳务创收 59 亿元。全年，新增劳务输出 6200 人，其中，国际劳务输出 500 人；劳务创收 7.51 亿元，国际劳务创收 1.4 亿元。

第三十篇　教　育

1991—2005 年，金堂县大力实施“科教兴县”战略，为培养学生德、智、体、品学兼优的人才，加大教育基础设施投入，学校教室、教学设备等全面更新，教师教学质量普遍提高。1996 年 10 月金堂县普及九年制初中义务教育，经省市政府检查验收合格。学生升学率不断提高。属省重点的金堂中学每年均向全国重点大、中专院校输送了大批优秀人才。

第一章　机构与管理

第一节　行政机构

一、机构沿革

1991 年，县教育局内设办公室、计财股、人事股、教育股、保卫股、职业教育办公室、业余教育办公室、招生办公室、勤工俭学办公室、基建设备站、教育工会、教育志办。1992 年 5 月 20 日，成立金堂县人民政府教育督导室，挂靠金堂县教育局。2002 年 3 月，教育局进行内部机构改革，内设办公室、人事科、计划审计科、教育科、职业教育科、成人教育科、政工科、退休教职工管理科；金堂县人民政府教育督导室（挂靠县教育局）。

2005 年，教育局内设党政办公室、人事科、计财科、教育科、德育科、职业教育科、成人教育科、退休教职工管理科、审计监察科、招生办公室（挂金堂县大学中专招生办公室牌子）、安全稳定信访办公室、教育工会；局直属事业单位有金堂县教育局基建设备站、金堂县教育局后勤与产业办公室；金堂县人民政府教育督导室（挂靠县教育局）。

学区教办：1992 年 11 月行政区划调整撤销区教育办公室，建立乡镇联校。2002 年 8 月，撤销乡镇联校，设立学区教育办公室。2004 年 8 月，教育局首次对赵镇、淮口、福兴、高板、竹篙、土桥学区教育办公室建制，设办公室主任 1 人，会计、出纳各 1 人，中小学教研员数人。

二、机构职能

金堂县教育局的主要职能是：贯彻执行党和国家的教育方针、政策和法律法规，研究制定全县教育科学发展战略，编制教育事业发展规划，指导、协调、检查、监督教育规划的实施；组织和指导教育改革，统筹教育规划，建立适应社会主义市场经济体制、政治体制以及科技体制的教育体制和运行机制；管理全县基础教育、职业教育、成人教育、广播电视教育等工作，指导协调相关部门工作，负责组织实施教育督导评估工作；按照党中央、国务院确定的教育经费“三个增长”的原则，会同有关部门筹措教育经费、落实教育拨款、制定教育基本建设投资政策和措施；会同有关部门制定贯彻教育系统劳动工资的实施意见和人事管理的规章制度；指导学校内部管理体制改革，按照《中华人民共和国教师法》等有关法律法规的要求，抓好各级各类学校教师和教育行政干部队伍建设；负责全县学校的思想政治工作、德育工作、体育卫生工作和美育工作、国防教育工作；组织全县大中专招生考试、成人高考、自学考试工作；指导和管理扫除青壮年文盲工作和社会力量办学工作；开展教育科研，全面推进中小学素质教育和基础教育课程改革；管理教育统计资料及信息系统的开发和建设工作；负责教育方针政策、教育法律法规的宣传和舆论监督工作；管理并指导教育学会、协会、研究会、基金会等教育社团组织的工作；承办县委、县政府交办的其他事项。

第二节　行政管理

金堂县教育局实行行政首长负责制，全面负责辖区内的教育行政管理工作。副局长协助局长做好义务教育、高中阶段教育、幼教、职教、特教、党务、政工、人事、计财、审计、安全、督导、退管、成教等方面工作。

教育局对机关内设科室、直属事业单位和学区教育办公室实行年度目标考核制。科室、直属单位和学区教育办公室的主要负责人为第一责任人，接受局长、分管副局长的领导和指导，具体负责本部门的各项工作。

教育局对中小学校长的管理实行任期目标考核制。教育局推行科室联系乡镇学校责任制。科室人员随时到联系学校检查、督促、指导学校工作，帮助学校完成教育管理目标，帮助学校开展创新性工作。中小学校长、建制幼儿园园长任期内教育管理目标是：通过自己的述职、教育局目标考核小组的考核、教育局局务会议的认定。教育局对优秀的校、园长进行嘉奖，对不称职的进行罢免。教育局对中小学校园长的任免：建制幼儿园园长、中心小学校长、初级中学校长由教育局考核任免；高级中学校长由教育局考察提名，由县人民政府、县委宣传部考核任免。学区教育办公室是县教育局的派出机构，行使辖区内的幼儿园、小学、初中、成人学校的教育教学管理、督导、考核等职能。

第二章 学 校

第一节 学前教育

1991 年，全县幼儿园（点）329 所，其中，公办 5 所，民办 4 所，厂办 4 所，乡镇小学附设 316 所。当年招生 9516 人，入园率 35.7%，在园人数 12401 人，教职工总数 222 人。1992 年，按标准化设计修建的赵镇第三幼儿园正式开园招生，率先实行公开招聘园长和教师。1992—1997 年，福兴、清江、高板镇等乡镇建立中心幼儿园。2000 年，川锅厂、钢管厂、成纺二厂、201 医院的厂办幼儿园与厂办子弟校剥离，划归地方政府办学与管理，原川锅厂幼儿园改名为金堂县第四幼儿园，成纺二厂幼儿园改名为红岩幼儿园，钢管厂幼儿园改名为新苗幼儿园。2004 年，红岩幼儿园并入淮口镇第二小学。2005 年全县幼儿园（点）280 所，其中，公办 7 所，民办 67 所，乡镇小学附设 206 所，在园幼儿总数 18768 人，入园率 85%，教职工 749 人。金堂县学前教育发展情况详见下表：

1991—2005 年金堂县学前教育基本情况统计

表 30－1

项目	幼儿园（点）所数	班 数（个）	在园人数（人）
1991	329	388	12401
1992	355	478	15873
1993	356	490	17189
1994	378	513	19900
1995	378	515	20792
1996	378	541	22018
1997	378	535	19984
1998	369	548	19271
1999	348	573	18668
2000	310	626	19901
2001	310	591	17168
2002	308	596	17136
2003	308	734	17183
2004	303	606	19202
2005	280	592	18768

第二节 普及九年制初中义务教育

普及九年制初中义务教育（简称："九义"），即分初等教育（小学教育）和初级中等教育（初中教育）两部分。

一、普及初等教育

1983—1991 年，全县着力普及初等教育。按照国家普及初等教育标准，排除危房，推掉土墙，校校有围墙，班班有教室，人人有木质课桌凳，配备必要的图书、音乐、体育以及实验器材，小学的办学条件得到了初步改善，适龄儿童都能上学。1986 年普及了初等教育。

1991 年小学 461 所，在校学生 68525 人，招生 7416 人，毕业 14767 人，适龄儿童入学率 96. 10%，毕业升学率 60. 50%；11 月，成都市教委对全县学校再次逐一复查，认定普及初等教育合格。

二、普及初级中等教育

1992 年开始实施初级中等教育的普及工作，同时巩固普及初等教育成果。金堂县人民政府《关于金堂县实施九年义务教育规划的意见》把全县的"普九"工作分成五批完成：1992 年龙威乡、三星镇、清江镇；1993 年赵镇、官仓镇；1994 年栖贤乡、云绣乡、九龙镇、淮口镇、金龙镇、五凤镇、隆盛镇；1995 年云合镇、又新乡、竹篙镇、平桥乡、转龙乡、福兴镇、三星镇；1996 年土桥镇、广兴镇、黄家乡、赵家镇、高板镇、白果镇。金堂县在普及九年制义务教育过程中，认真贯彻《中共中央关于教育体制改革的决定》，施行"分级办学分级管理"，县委、县政府、各乡镇人民政府办学热情高涨，广泛发动社会力量，多渠道筹措经费，先后完成了赵家镇中学、高板镇中学、竹篙镇中学、土桥镇中学、淮口镇建设中学、园区实验中学、龙威中学、三星镇中学的新建任务，形成了乡镇中学与高完中剥离而独立建校的办学格局。1992—1996 年全县共改扩建学校 44 所，建教学楼 57 幢 7. 3 万平方米；建综合实验楼 54 幢 5. 13 万平方米；扩建运动场 41. 3 万平方米。购置课桌凳 3. 7 万套；配备了 348 所中小学的教仪、图书、音、体、美、卫器材设施，总投入 7500 万元。1996 年全县初级中学 34 所，在校学生 30111 人，招生 8264 人，毕业 8330 人，毕业生升学率 38. 60%，入学率 97. 20%；同年 11 月，经省市检查，金堂县基本普及九年制义务教育。

三、巩固普九成果

1997—2005 年，金堂县进一步深化教育改革，调整学校布局，优化教育结构，盘活教育资源，推行"两基年审"制度，巩固"普九"成果，推进城乡教育一体化，科学发展"九义"教育。九年中先后拆并乡村小学 134 所，裁减乡镇初级中学 5 所，普通高中 1 所。招商引资、多渠道筹措资金 647 万元，建希望小学 14 所，首先在五凤镇建"九年一贯制"学校 1 所；2003—2005 年，资助"九义"贫困儿童 82384 人次，拨资金 167 万元。2005 年，小学 276 所，在校学生 50437 人，招生 8969 人，毕业 8454 人，升学率 99. 00%，入学率 99. 90%，巩固率 99. 91%，毕业率 99. 00%；初中 28 所，在校学生 27522 人，招生 8690 人，毕业 9822 人，毕业生升学率 86. 50%，入学率 99. 00%，巩固率 98. 91%。1991—2005 年金堂县"九义"教育发展情况详见下表：

1991—2005 年金堂县小学教育基本情况统计

表 30－2

项目	所数	班数（个）	在校生（人）	招生（人）	毕业（人）	小学毕业升学率（%）	适龄儿童入学率(%)
1991	461	2311	68525	7416	14767	60.5	96.1
1992	454	2242	61507	8771	15102	65.5	99.7
1993	444	2222	59746	12309	12407	80.2	99.9
1994	433	2146	57234	10855	13357	90.4	100
1995	416	2027	62769	11644	11241	96.4	100
1996	410	2083	66310	12056	8505	97.2	100
1997	409	2104	69515	10568	8111	97.9	99.98
1998	391	2059	69047	9030	9474	98.2	99.99
1999	383	1992	66829	8775	10400	95.5	99.91
2000	374	1959	62552	8484	12326	90.9	99.99
2001	368	1976	58256	8371	12053	98.6	99.96
2002	357	1875	53943	8299	12102	99.6	99.95
2003	340	1805	50607	8352	11321	97.4	99.91
2004	339	1577	49746	8233	8716	98	99.91
2005	276	1507	50437	8969	8454	99	99.90

1991—2005 年金堂县初级中学教育基本情况统计表

表 30－3

项目	所数	班数（个）	在校生（人）	招生（人）	毕业（人）	毕业生升学率（%）
1991	36	475	26020	8928	7183	26.9
1992	37	477	27055	9889	7783	29.9
1993	36	466	26850	9070	7571	38.2
1994	37	532	29532	12072	7820	38.3
1995	35	542	30884	10840	8479	34.3
1996	34	526	30111	8264	8330	38.6
1997	34	477	26827	7940	10406	32.9
1998	34	457	25114	9309	9248	37.5
1999	33	497	26452	9927	6756	55.5
2000	30	557	29811	11205	6151	60.9
2001	29	689	31500	11027	8378	37.81
2002	29	589	32994	11177	8898	64.07
2003	28	572	31819	10200	10209	60.29
2004	28	552	29411	8452	9870	71.17
2005	28	518	27522	8690	9822	86.5

第三节　高中教育

一、普通高中

1991年，县有普通高中6所，即：金堂、淮口、实验、城关、高板、竹篙中学，在校学生共2656人，入学率26.90%，毕业学生838人，升入大专111人。1994年城关中学普通高中停办，转为职业高中，2000年恢复普通高中招生。2001年恢复赵家、土桥中学为普通高中，全县共有普通高中8所。

2002年，县人民政府下发《金堂县普及高中阶段教育实施意见》，明确提出普及高中阶段教育的目标、方案和步骤。金堂县人民政府建立了“普及高中阶段教育领导小组”，确保教育投入。县教育局建立了相应机构，整合教育资源，扩大办学规模，改造校舍，更新设备，加强管理等措施，硬件达标，软件创优。金堂中学、淮口中学先后完成了“省级示范性高中”和“市级示范性高中”的创建工作，促进全县教学质量的提高。2002—2005年金堂中学投入1700万元修建科技楼、综合楼和添置仪器设备，进一步推进优质教育。2005年市、县决定在金堂县九龙镇开发区征地12公顷，投入资金6200万元修建80个教学班的新淮口中学，原淮口中学的迁址工作于2006年底完成。2005年全县在校学生12928人，招生8496人，入学率86.50%，毕业学生3279人，升入大专1349人。经省、市验收金堂县普及高中阶段教育合格。

二、职业高中

1991—1995年，金堂县职业高级中学由6所增加到8所，即金堂县三星职业高级中学、赵家职业中学、土桥职业中学，城关中学职业高中部、赵渡中学职业高中班、川锅厂子弟校职业高中班、65分厂子第校职业高中班、成纺二厂子弟校职业高中班。1995年全县共有教学班64个，在校学生3313人。职业高中开设有机电、财会、建筑、农学、农业机械、电子电器、计算机应用、幼教、工艺美术、文秘、军人预备役、保安、公关礼仪、丝织、汽修、蚕桑、企业管理、商贸经营、冷作电焊、旅游共20个专业。1996—2001年，职业教育呈下滑趋势，在校学生由1995年的3313人减少到2001年的1445人，专业由20个减少到15个。1996—2000年，赵渡中学职业高中班，川锅厂子弟校职业高中班，65分厂子弟校和成纺二厂子弟校的职业高中班先后停办；2000年，赵家职业中学与赵家镇初级中学合并，土桥职业中学与土桥镇初级中学合并。1997年金堂县三星职业高级学校被评为“省重点”，同年更名为“金堂县职业高级中学”。1998—2000年，金堂县职业高级中学先后与成都交通学校、东方锅炉辅机厂、成都野生世界签订培训协议，实行校企联合办学。2004年，被成都市财贸职业高级中学托管，更名为成都财贸职业中学金堂分校；5月，被确定为四川省劳务开发培训基地，并与江苏靖江市青年培训中心和晋江职业中学联合办学，拓宽了办学渠道。2005年，全县职业教育规模由2001年的52个班扩大到102个班，在校学生由1445人增加到4565人。

第四节　大中专教育

一、大专教育

1994 年金堂县人民政府批准县教育局关于《建立成都广播电视大学金堂县分校的请示》，在金堂县教师进修校正式建立成都广播电视大学分校，简称“金堂电大”分校。

金堂电大分校组建了由县委、县政府、县人事局、计经局、财政局、教育局、县招委和教师进修学校相关领导组成的校务委员会。校务委员会设顾问、校长、副校长和办公室主任。实行“两块牌子（金堂县电大分校、金堂县教师进修学校），一套人马”的管理模式，具体工作由县教师进修学校各处室负责实施。

金堂电大分校开设有普通专科（汉语言文学、英语、计算机）、成人专科（小学教育、英语、计算机应用、金融、法学、建筑经济管理、旅游）、成人本科（汉语言文学、教育管理、行政管理、英语、法学）共 16 个专业。学员 1614 人（其中：普通专科 513 人，成人专科 800 人，成人本科 301 人），毕业 786 人。2005 年在校学员 629 人。普通专科为全日制，学制三年，2005 年停招；成人专科和成人本科学制为函授性质的学时制。

二、中专教育

金堂县师范学校是一所培养中小学教师的中等专业学校。学校根据事业需要和招生指标招收优秀的初中和高中毕业生。初中起点的学制为 3 年，高中起点的学制为 2 年。学生毕业后，由教育部门统一分配到各中小学任教。1991—1994 年，有教学班 11 个，1995—1998 年，教学班由 10 个降为 6 个。1999 年金堂县师范学校停办，更名为“沱江实验学校”，属金堂中学初中部。

第五节　成人教育

成人教育的主渠道是农村成人学校。1991 年 7 月，省教委将“农村农民文化技术学校”更名为“农村成人学校”。当年，金堂县教育局对各乡镇成人学校校长重新予以考察任命，并选派68 名中小学教师充实成人教育。成人教育的主要职责是抓好职工和“三后”（小学、初中、高中毕业后的学生）教育、农民适用技术培训和扫除青壮年文盲。

一、农村成人教育

1995 年春，县教育局制发了《金堂县乡镇成人学校发展规划》。1996 年，全县 24 所乡镇成人学校达到了建制标准，其中赵家镇成人学校达到了市级学校标准。同年 11 月，国家教委、省教委“两基”（基本扫除青壮年文盲、基本普及九年义务教育）检查组对金堂的成人教育工作作了充分肯定。1998 年，金堂县获教育部颁发的“中华扫盲奖”。1997—1999 年，各乡镇人民政府均为该乡镇成人学校划地 1000 平方米，建农民技术培训基地。2002 年，全县投入资金 200 万元，建成人学校示范基地 5 个（白果镇 1 个、赵镇 2 个、又新镇 2 个），开发种植、养殖高新品种 50 个，辐射 1000 农户。2004 年，金堂县教育局被评为“成都市成人教育先进单位”和“成都市农村劳动力转移培训就业工作先进单位”。

二、职工教育

职工教育遵循“八五”期间发展国民经济总方针，按照国家教委《关于改革和发展成人教育的决定》要求，围绕企业的发展需要，把提高职工素质与提高企业效益结合起来开展工作。1992 年，县职工教育工作纳入政府目标管理，各部门、单位建立了领导机构，设有兼职干部负责具体工作。坚持以岗位培训为重点、各类培训相结合的发展方向，坚持业务、技术、学历培训与思想政治教育相结合的方法，提高职工综合素质。1995 年，职工教育“立足自身、面向市场，按需设教、注重实效”，围绕机构转换和生产、发展的需要，多门类，多层次地开展职工培训工作。县教育局、县交通局、县邮电局、四川锅炉厂坚持“不持证不上岗”的用人原则，有效地推动职工教育工作。2000 年，县教育局、县教师进修学校被评为成都市“九五期间职工教育先进单位”，受市政府表彰。2001—2005 年，教育局充分利用成都电大金堂分校、县教师进修学校、县学生家长学校等机构开展各类培训活动，推动职工教育发展。

三、学生家长学校

金堂县学生家长学校根据《全国家长学校工作指导意见》建于 1996 年，止于 2004 年。主要职责是对中小学幼儿园学生家长开展指导培训工作。1998—2002 年，金堂县先后获得“成都市九十年代家庭教育红旗单位”“成都市家庭教育先进集体”“成都市示范家长学校”和“四川省示范家长学校”称号。2003 年秋，停止培训活动。2004 年春，更名为家庭教育管理中心，划归进修校代管。

第六节　特殊教育

特殊教育是指对盲、聋、哑、弱智适龄儿童进行特殊教育的机构。金堂县的特殊教育主要由金堂县聋哑学校来实施。金堂县聋哑学校（金堂县特殊教育中心）于 1994 年动工兴建，1996 年投入使用，学校占地 0.87 公顷（13 亩），主体建筑面积 2789 平方米。

1995 年学校公开招聘校长 1 名，专任教师 8 名。1996 年 9 月正式招生，首批招收弱智儿童 10 名，聋哑儿童 12 名。由于家长缺乏对特殊儿童培养的认识以及学生生活费用等问题，入校学生先后辍学严重，到 1999 年春季在校学生仅有 3 名。学校针对这一现状，力争走出困境，在市教育局的协调支持下，于 1999 年秋季与成都市盲聋哑学校联合办学，由市盲聋哑学校负责招生，提供专用设备，进行业务管理和教学指导，当年招收学前哑儿启喑康复训练班 3 个、聋生义务教育班 1 个。2002 年 9 月学校独立办学，开设语训班一个，义务教育班 4 个，启智教育班 1 个，在校学生 35 名。2005 年秋季，在校学生人数已达到 108 人，教学班 7 个，教职工 23 人。

2001—2005 年，学校先后完成承担县级科研课题 2 个，国家级科研课题 1 个。2003 年金堂县被四川省评为“特殊教育先进县”，2005 年学校被中国现代教育研究院授予“全国基础教育名校”称号。

第七节 社会力量办学

《中共中央关于教育体制改革的决定》颁发后，“分级办学，分级管理”，国家、集体、私人办学并举。1991 年全县有集体办学 655 所，其中乡镇初中 36 所，中心小学 53 所，村办小学 343 所，村办幼儿园 219 个，私人办幼儿园 4 个。2001 年 5 月《国务院关于基础教育改革与发展的决定》实施后，“以县为主”的教育体制给办学体制带来了深刻变化。教师工资和人事收归县管。2004 年 5 月成立金堂县民办教育协会。2005 年 10 月，金堂县教育局下发了《金堂县教育局关于民办教育管理职能划分的意见》，对民办教育实行鼓励、支持、引导的政策。县教育局审查办学资格，检查办学条件，规范收费标准，颁发办学许可证和收费许可证，与法人签订目标责任书，年审办学水平等，对民办教育进行考核评估和奖惩。迄止 2005 年，全县非国家办的中小学全部收归国家办学，集体办幼儿园 60 个。私人办幼儿园 67 所，教学班 240 个，入园 3867 人，在园 8415 人，教师 433 人，保健员 128 人。

第八节 希望工程

金堂县希望工程由县教育局教育基金会牵头落实。主要工作是按照上级有关要求，争取、引进、捐募资金援建希望小学，资助贫困学生完成学业。1991—2000 年，对贫困学生的资助，按在校学生总数的 15% 进行学杂费的减免。2001—2005 年，对贫困学生实行“两免一补”（免交学杂费、免交书本费、适当补助生活费）和引资、捐资助学。资助在校学生总数 89752 人（其中义务教育阶段学生 82384 人，特殊教育学生 187 人，普通高中学生 4392 人，职业高中学生 2789 人），总金额 1369. 86 万元（其中：省级资金 34. 88 万元，市级资金 878. 28 万元，县级资金 44. 21 万元，社会团体捐助 17 万元，学校自筹 395. 49 万元）。

1995—2005 年，全县共引进无偿资金折合人民币 362. 5 万元，援建希望小学 14 所，受益学生 5176 人，捐资人及援建的学校基本情况详见下表：

1995—2005 年金堂县希望工程基本情况一览

表 30－4

校名	开办时间	原校名	捐资者及捐资金额	现状（2005 年 12 月）			
				学生人数	教职工人数	校舍面积（平方米）	备注
申银希望小学	1995. 02	栖贤乡小学	上海申银万国证券公司 20 万元	430	26	1579	
栖贤乡亚协希望小学	1996. 08	栖贤石板村小	香港亚协集团公司谭世锦先生 25 万元	80	5	650	
赵镇阳光小学	1996. 01	赵镇狮子村小	市总工会 15 万元	49	5	475	
三星镇松枝小学	1998. 04	三星镇四方小学	日本国松枝女士 110 万日元	446	37	1916	

续表30－4

校　名	开办时间	原校名	捐资者及捐资金额	现状（2005年12月）			
				学生人数	教职工人数	校舍面积（平方米）	备注
通喜希望小学	1998.08	光荣村小	郭通喜等9人21万元	185	12	737	
金堂县清江镇可口可乐希望小学	1998.08	清江镇小学	成都可口可乐公司30万元	1231	54	7899	
金龙镇先远希望小学	1999.06	金龙镇五一村小	金龙镇五一村王先远5万美元	130	6	612	
隆盛镇希望小学	2003.02	芦苇村小	宝钢集团捐资100万元	574	16	2200	
竹篙镇康家宝钢希望小学	2003.05	康家村小	宝钢集团捐资10万元	467	11	1301	
金堂港青小学	2003.09	三星镇爱国村小	香港基督教青年会12.5万元	490	28	1985	
金堂县三星镇维奥车棚希望小学	2004.08	三星镇车棚村小	成都维奥制药集团47万元	100	10	358	
五凤百花满福小学	2005.01	五凤百花小学	香港李满福先生捐款5万元	269	14	1500	
五凤九里萧旺小学	2005.01	五凤九里小学	香港萧旺先生捐款5万元	409	20	2000	
金堂县美洲花园希望小学	2005动工（尚未命名）	广兴镇白庙村小	成都“美洲花园”房地公司27万元	316	9	950	

第三章　教育与教学

第一节　思想政治教育

一、机构与管理

全县各级各类学校的思想政治教育工作，由政工科（2005年改为德育科）、教育局团委、教育局关心下一代工作委员会负责组织管理督导实施。高完中设有政工德育办公室，建有团委，由县团委直接任免团干部；乡镇初级中学、小学、幼儿园设有团支部或团总支，由乡镇团委任免团干部。2005年各级各类学校设有专（兼）职政工德育思想政治教育工作者679人，团委32个，团支部60个，少先队大队部87个。思想政治教育总的要求是：根据党和国家的方针政策，围绕各个时期的政治工作中心开展工作。教职工以铸师魂、强师能、立师表为主线；学生以有理想有道德有文化有纪律，做社会主义事业的建设者和接班人为总要求，以具体的活动为载体，寓思想政治教育于活动之中。

二、实施状况

1991—1997 年，围绕普及初中九年制义务教育规划和目标，县教育局根据教育部颁发的《中学生守则》《小学生守则》《成都市教育委员会关于进一步加强校风建设的若干意见》的精神，先后制发了《金堂县教师一日常规》《金堂县校园环境管理常规》《课堂常规》《礼仪常规》《创建四好领导班子》等一系列文件，创建常规合格学校、文明单位、校风示范学校。1997 年，四川省金堂县职业高级中学被评为成都市校风示范学校，6 所学校获县级校风示范学校称号，15 所学校获县级文明单位称号。评出市县先进班级 96 个，优秀学生干部 364 人，三好学生 783 人。

1998—2001 年，根据中共中央国务院《关于深化教育改革全面推进素质教育的决定》《关于适应新形势进一步加强和改进中小学德育工作的意见》等要求，各级各类学校开展了进一步加强学校德育工作，全面推进素质教育的系列活动。评出省市县德育工作先进个人 162 人。1999—2000 年，金堂县教育局连续两年被评为成都市“少先队工作先进集体”。2001 年，以“迎接新世纪”为主题，开展系列主题教育活动，通过演讲、诗歌朗诵、知识竞赛、征文比赛、文艺会演、歌咏比赛等形式，使师生在活动中受到教育。

2002—2005 年，全面贯彻执行《公民道德建设实施纲要》《中共中央国务院关于进一步加强和改进未成年人思想道德建设的若干意见》。2002 年 6 月在金堂县实验小学举行了“除陋习、文明健康我先行”活动；2004 年，在全县教职工中开展了“学先进、守规范、求质量、比奉献”的主题教育活动。2005 年，根据党中央和上级党组织的安排要求，在全县教育系统的 108 个党支部，2068 名中共党员中分批开展了保持共产党员先进性教育活动。在全县中小学校中开展“祖国在我心中”“知识改变命运，奋斗成就未来”“托起明天的太阳”的主题教育活动。按照《德育大纲》的要求，县教育局坚持科学发展教学中心、德育首位方针，不断转变教育观念，落实德育常规，创新德育方法，提高育人质量，促进金堂教育均衡和谐健康发展。

第二节　学制与教学计划

金堂县教育局按照中共中央提出的“中小学学制逐步改为十二年”的规划，1991—2005 年全县小学实行 6 年制；初中、普通高中实行 3 年制；职业高中实行 2 年制或 3 年制；中等师范学校普师班实行 3 年制，民师班实行 2 年制（中等师范学校于 1999 年 5 月并入金堂中学）；学校成人自考不受年限，学完规定课程并考试合格便可发放毕业证书，取得相关学历；成都电大金堂分校专科班，根据省有关规定实行 2 年制或 3 年制。

一、幼儿园

幼儿园 1991—2005 年仍然执行教育部颁发的《幼儿园教育纲要（试行意见）》规定的教学计划：小班每周上课 6—8 节，每节 10—15 分钟；中班每周上课 10—11 节，每节 20—25 分钟；大班每周上课 12 节，每节 25—30 分钟，大班末期可适当延长 5 分钟。

二、小学

小学1994年秋季开始执行调整后的九年制义务教育六学制全日制小学课程计划；2003年秋季小学一年级、三年级开始逐年执行课程改革教学计划，其余年级仍然执行调整后的九义六学制全日制小学教学计划。

三、普通中学

普通中学1991—1994年上期执行教育部颁发的《全日制重点中学教学计划（试行草案）》。1994年秋季起开始执行国家颁发的普通中学教学计划。2003年秋季开始逐年推行初中一年级即“九义”全日制七年级课程改革教学计划。

四、职业中学

职业中学，根据国家教委办公厅《关于实行五天工作制后调整普通中专和职业高中教学时间的意见》和省教委川教职〔1995〕105号文件精神，对1993年颁发的财会、幼教等15个专业教学计划进行了调整修订。

五、金堂县师范学校

金堂县师范学校执行调整后的三学年制教学计划。1999年5月并入金堂中学，师范学校停办。

第三节 教学管理

一、教材

幼儿园1991—2005年使用地方教材。小学1991—2002年春季使用国家教材；2003年秋季开始，一年级的综合实践课、二年级的综合实践课、普通话口语训练，三年级的综合实践课、普通话口语训练课，四年级的地理课、普通话口语训练，五年级的历史课、地理课，六年级的历史课、地理课使用地方教材，各年级其余课目使用国家教材。普通中学1991—2002年春季使用国家教材，2003年秋季课程改革后，初中一年级的综合实践课、历史课、地理课，二年级的综合实践课、历史课、地理课，三年级的综合实践课使用地方教材，其余课目使用国家教材；高中一年级的法制教育课、高中心理健康教育课，高中三年级的法制教育课使用地方教材，其余课目使用国家教材；职业高中1991—2005年使用国家教材；金堂师范学校1991—1997年使用国家教材。

二、课程

幼儿园的教学课程设置为：体育、语言、常识、计算、音乐、美术等。小学的教学课程设置为：品德、语文、数学、外语、社会、科学、体育、艺术、综合实践活动和地方与学校课程。初中教学课程设置为：思想政治、语文、数学、外语、社会、历史、地理、自然、物理、化学、生物、体育、音乐、美术、劳动技术。普通高中的教学课程设置为：政治、语文、数学、外语、物理、化学、生物、历史、地理、体育、艺术（音乐、美术）、劳动技术、社会实践活动、选修课、课外活动等。职业高中教学课程设置分文化课和专业课。文化课设置为：政治、体育，专业课设置为：物理、建筑制图与识图、建筑力学、建筑测量、建筑材料、建筑构造、建筑结构、建筑施工技术、建筑工程预算、建筑组织与管理等。

三、基础教育课程改革

2003 年秋，金堂县被四川省教育厅列为省第二批基础教育课程改革实验区，小学一年级、初中一年级及非起始年级的起始学科开始进行课程改革实验。县政府成立“金堂县基础教育课程改革领导小组”，县教育局成立“金堂县基础教育课程改革工作小组”，并设有“课程改革办公室”（课改办），具体负责基础教育课程改革工作。各学校建立了相应的机构。课程改革办公室按照教育部颁发的《基础教育课程改革纲要（试行）》精神，制定《金堂县基础教育课程改革实施方案》和相关措施，明确基础教育课程改革的目标任务、实施策略、课程设置、师资培训办法、组织管理等办法。

金堂县基础教育课程改革主要是：抓“双线四级”管理，即行政管理与实验指导两条线和省市专家组、县指导组、学科指导组、实验教师四级管理。保证课程改革有人管理，有人指导，有人做事，推进课程改革有序进行。抓教师培训，即坚持“先培训，后上岗，不培训，不上岗”的原则，对全县干部、教师进行轮训，提高干部、教师素质。抓调查研究，即县教研室、县师资培训基地、教育行政等部门深入实验小学、淮口中学、赵镇二小、实验中学四所学校调查研究，及时为学校排忧解难。抓科研活动，即 2003—2005 年开展各种形式的县级基础教育课程改革教研科研活动 102 次，学区级教研科研活动 150 次，新课程说课赛课活动参与的教师 1000 人，赛课 546 节，其中获县、市奖 117 节。教师论文、案例、心得体会获省教厅第二届课程改革成果二等奖 2 项；获成都市首届新课程教学成果二等奖 1 项、三等奖 5 项，课程改革成果奖 10 项；获县一等奖 100 篇，省市级刊物发表 10 篇；确立四川省规划课题 1 项，市规划课题 7 项，县课题 20 项。

四、教学研究

金堂县幼儿园、小学、中学的教育教学研究工作主要由县教研室统一组织、领导、指导、管理，并直接参与实施。县教研室设中教组、小教组和科研组。幼儿园、小学、中学所开学科，教研室均设有专（兼）职教研员。县教研室下设有学区教研员和学校教研组。1991—1997 年，县教研室逐步建立县、区、乡（校）三级教学研究网络和高三的学科中心教学研究联组。加强教研工作有计划、有实施过程、有检查、有总结的程序管理，形成教研活动定时间、定主讲人、定活动内容的教研模式，增强教学研究的针对性和实效性。1998 年 4 月 29 日，县教研室下发了《金堂县教育局关于开展全县小学青年教师课堂教学观摩活动的通知》，并于 5 月 26 日、27 日在金堂县三星镇中学举行了全县小学青年教师课堂教学观摩课活动。

2003 年 8 月，新一轮课程改革实验全面启动。1991—2005 年，金堂县高中教研的主要特点是：县、校建立高三工作领导小组，组建政治、语文、数学、物理、化学、生物、英语、历史、地理、体育 10 个学科中心教研组，分学科研究教材、教法、教改和师生教学情况；建立教研员联系学校、指导学科制度；建立“诊断”考试后教研员视导制度；建立行政领导定期分析会议制度；建立适应“3 + X”的考试管理模式；建立完善考试制度；建立教研员蹲校督查和专题讲座辅导制度，帮助学校教师即时发现、分析和解决问题。2004 年全县普通高中毕业学生 2448 人，升学 1485 人，万人上线率 17.20%，较 1991 年增长 16 个百分点。

1996—2005 年，金堂县教育局先后下发了《金堂县教育局关于下达 1997 年教改实验课题任务的通知》《金堂县教育局关于认真进行国家重点课题研究的通知》《金堂县教育局关于进一步加强教育科研教改实验管理工作的意见》《金堂县教育局关于规范和加强规划教改课题研究的通知》《金堂县教育局关于加强中小教科室工作的意见》等文件，要求教育科研部门、学校切实抓好教学科研工作。县教研室带头抓好教育科研工作。2001 年 9 月，县教研室的《农村学习困难学生成因及对策研究》发表于《中小学教育》上，获四川省人民政府颁发的二等奖；2005 年 11 月，县教研室的《基于学习策略的有效教学方式研究》获四川省政府颁发的二等奖。全县中小学的教育科研立项 126 个。"九五"期间立项 54 个（其中，市级课题 9 个，县级课题 45 个），已完成市级课题 9 个，县级课题 39 个；"十五"期间立项 72 个（其中国家级课题 1 个，省级课题 1 个，市级课题 6 个，县级课题 64 个），完成省级课题 1 个，市级课题 3 个，县级课题 10 个。教改、科研、赛课获省一等奖 5 项、二等 2 项，获市政府二等 3 项、三等奖 1 项。"九五"和"十五"期间，全县共有 71 所学校（其中中学 28 所，小学 36 所，幼儿园 5 所，职业中学 1 所，特殊教育学校 1 所）直接参与课题研究，参与面占学校总数的 78%。

第四节　考　试

一、小学

小学实行平时检查和期中、期末考试制度，毕业升学由成都市统一考试。1996 年"普九"后，小学只进行毕业考试不再进行升学考试。

二、初中

实行全省毕业会考制度。政治、语文、外语、数学、物理、卫生、体育 8 个学科中，语文、数学、体育 3 科中有 2 科不及格者不予发给会考毕业证书。未取得会考毕业证书的应届毕业生，允许参加次年会考，达到标准的，可换发盖有教育局印章的会考毕业证书。

三、普通高中

实行高中毕业会考制度。每年 12 月进行会考，由成都市统一命题和统一评卷。会考合格才有资格参加第二年的毕业考试，然后参加全国统一高考。

四、职业高中

每项只举行期末考试，实习成绩由指导教师会同实习单位或有关业务部门考核评定。毕业经考核结果达到相关指标，发给全国通用的行业技能等级证书。

五、中等师范学校

从培养目标出发，对学生进行文化和技能考试。普通话、三笔字、简笔画、电教仪器使用这四项基本功不合格者，不得发给毕业证书。

第四章　教　师

第一节　教师队伍

一、录用

1991—2005 年，全县共录用教师 3228 人，其中 1991—2000 年，对大中专毕业生实行统一派遣制，录用 2281 人；2001—2002 年，对大中专毕业生实行双向选择，录用 348 人；

二、招聘

2003—2005 年，实行招聘制，聘用 599 人。金堂县从 1992 年起到 1998 年止，先后转制民师 940 人。根据金堂县人民政府《关于进一步规范我县农村代课教师管理等问题的通知》文件要求，1982—1985 年参加工作的代课教师月工资不低于 300 元，对 1985 年以后参加工作的临时代课教师月工资不低于 260 元；乡镇建立了代课教师工资专户，保证代课教师工资半年一次足额发放；从 2002 年以后，对 1982—1985 年参加工作的代课教师实行招聘合同制，并参照事业单位公办教职工购买医疗、养老保险。

2002 年，招聘 1982—1985 年参加工作的代课教师 50 人，2003 年招聘 30 名，2004 年招聘 61 名，2005 年招聘 60 人，因计划生育问题解聘 1 人。2005 年，第一批招聘代课教师合同期满，经考核合格，按照金堂府办发〔2001〕91 号文件精神，比照同工作年限、同职务的公办教师重新核定工资，并纳入事业单位编制管理。

按照成都市最低工资标准，参照教育系统在职人员的办法为已转制招聘的 577 名代课教师购买养老、医疗保险；1985 年以后参加工作的代课教师一律实行一年一聘，逐年清退，到 2007 年 12 月底全部清退完毕；农村退养民办教师死亡抚恤金，按照退养民师生前最后一个月退养补助费标准计发 6 个月经费。

2005 年，全县在职教师 8807 人，退离休教师 1980 人。

第二节　教师培训

金堂县教育局成立教师培训领导小组，具体工作由人事科和县教师进修校牵头组织实施。学校制定并坚持了教师培训制度，积极组织教师参加培训。教师培训的主要内容有教学技能、师德修养、学历提高等。培训方式是全员集中、学校组织和个人学习相结合。考核办法是学时登记、学年考核，考核结果与评定职称挂钩。教师培训基地是教师进修学校。金堂县教师进修学校主要职能是培训师资和从事教师继续教育、专业成长、学历提高等工作。

教师进修学校把“五项基本功训练”（普通话，三笔字、简笔画、教具制作与使用、组织教学活动）作为教师培训工作的重点。

1991—1995 年，培训重点是小学教师的技能提高。分批分期培训小学幼儿园的校园长 30 人、小学教导主任 35 人、小学语数一级教师和音乐教师 85 人，小学教师全员轮训 3056 人次，高师函授培训 331 人。

1996—2000 年，全县中小学幼儿园教师全员培训是教师培训的重点。培训中小学领导干部 156 人，中小学骨干教师 80 人，骨干班主任 62 人，教师“五项基本功”培训 4128 人，小学教材教法培训 1891 人，新参加工作的中小学幼儿园教师培训 359 人，中小学幼儿园学历达标培训 878 人，现代科学技术教育培训 140 人。

2001—2005 年，培训重点是新课程改革和现代技术教育。培训中小学校园长、学校领导干部 305 人，培训新参加工作的教师 779 人，中小学教师学历提高培训 2770 人，中小学教师技能培训 870 人，新课程教师上岗培训 7073 人，首届中小学幼儿园优秀校园长研修培训 30 人，现代技术教育培训 140 人，英特尔未来教育培训 406 人。

第三节　职称与待遇

一、职称

教师是专业技术人员。1991—2005 年，每年均要进行相应的职称评定和等级晋升。教师职称评定的基本程序是，本人申请，单位审核，呈报相关部门评审核准。2004 年以前，实行评聘同步，即评定了什么职称，用人单位原则上就聘什么职称。2004 年后，坚持政府宏观管理的“个人自由申报、社会公正评价、单位自主聘任”的职称社会化评聘原则，凡符合国家规定的职称资格申报条件及各类职称资格报考条件的专业技术人员，申报评审或报考相应的专业技术职称〔执（职）业〕资格，不受单位所有制性质、个人身份以及单位专业技术职务结构比例限制，首次将职称的评定和聘用分开。

二、待遇

1991—2005 年，每年金堂县委、县人民政府都要举行隆重的纪念教师节活动，表彰优秀教育工作者，慰问教学第一线的教师，把党、国家和人民的关怀送到教师心上。在青年教师中大力发展中坚力量，培养、发展中共党员，提高教师的政治地位。至 2005 年年底，全县教师中共有中共党员 2068 名，占全县教师总数的 23.5%。在教师队伍中培养、选拔干部，教师参政议政，参与管理国家大事。1998 年金堂县三星职业高级中学副校长杨齐英，当选为金堂县人民政府副县长；2003 年，金堂中学副校长李准南，当选为金堂县人大常委会副主任。1986—1998 年，金堂县教师进修学校教师陈家西连续三届当选为中国人民政治协商会议金堂县委员会副主席。金堂县第十三届、第十四届、第十五届人民代表大会教师代表共 60 名，中国人民政治协商会议金堂县第十五届委员会教师委员 22 名，被评为全国优秀教师 3 名，省优秀教师、先进教育工作者 10 名。随着教师政治地位的提高，经济待遇也在逐步提高。1991 年底，全县教师的最低月工资为 64 元。2005 年年底，教师的最低月工资为 478 元。按国家规定，特级教师每人每月补贴80元。教师享受提高固定工资标准10%的待遇。教师教龄津贴，每人每月3至10元，即工作5年至9年者，每人每月3元；工作10年至14年者，每人每月5元；工作15至19年者，每人每月7元；工作20年以上者，每人每月10元。班主任津贴，中学最高每人每月为14元，小学最高每人每月为12元，班主任工作津贴每年按10.5个月计算发放。

第五章　经费与设备

第一节　教育经费

金堂县教育局经费的来源主要靠财政拨款、国家规定费税和社会捐资。1991—2005年，县财政累计拨入资金70990万元，各种税费累计收入21443万元，社会集资捐资累计收入1890万元，勤工俭学累计收入2894万元，学生学杂费累计收入16880万元。教育经费的支出，由预算内支出和预算外支出两部分组成。预算内经费，主要用于发放教职工工资、离退休教职工退休金、遗属生活费等。预算外经费主要用于改善办学条件、学校运转的公业务费开支等。

第二节　校舍建设

1991—2005年，金堂县各级各类学校的校舍建设，主要是1992—1996年普及九年制义务教育，全县中小学的校舍彻底消除了土墙危房，告别古寺破庙，达到国家规定的标准。1997—2002年普及高中阶段教育，充实高中教育，扩大办学规模，达到必备的校舍条件。2003年开始的学校布局调整，全县中小学进行了大规模的校舍改造，使学校布局适应了建设社会主义新农村之需要。2005年实施的农村中小学标准化建设，全县农村各中小学的校舍实行了标准化的配套改造，学校运动场、绿化带、校园环境进行了规范设计改造。共争取到中央、省、市、县财政拨款15537.8万元，用于校舍零星添建1605万元；用于校舍维修4996万元。学校占地面积从1991年145.7万平方米，增加到2005年的170万平方米，校舍面积从1991年46.7万平方米，增加到2005年的67万平方米。

第三节　教学及仪器设备

一、教学仪器

金堂县中小学的实验教学设备从普及初等教育、普及九年义务教育、普及实验教学到普及高中阶段教育，逐年逐渐配备了实验教学仪器与设备。1991—1995 年，全县 438 所中小学成套装备了实验桌凳、仪器柜、实验准备桌和各类教学设备、理化生教学必备仪器。乡镇中心小学、初级中学和高完中、职业中学均建立了微机室，配备微机。1996—2005 年，投入资金 2231 万元，全县中小学配备电视机、录音机、投放仪、放像机、录像机、照相机等常规电化教学器材 8684 台（件），装备了必备的电化教学设备，达到国家制定的中小学电化教学器材装备标准。

二、图书设备

县中心小学校、初级中学、高完中、职业中学均建有规范的图书室、阅览室，配备有藏书柜（架）、期刊架、阅览桌椅。学校藏书从 1991 年的 44626 册增加到 2005 年的 679585 册，其中：无价调拨 228586 册，学校自购 396643 册，社会赠书 54356 册。

三、医疗设备

1991—1994 年，县高完中、职业中学和城区学校建有医务室，配有简单的医疗设备，乡镇中小学的医疗设备设有医药箱。1995—2005 年，中小学配备了视力表、体温计、听诊器、医疗箱、体重计、止血带、氧气袋、输液设备、计算机心理检测工具、治疗仪、红外线测温仪、骨盆内外测量计、电脑血压心率计、测高计、肺活量计等医疗设备，购置了常用应急药品。高完中、职业中学、中心小学设有专（兼）职医务员。2003 年抗击非典流行病，全县各级学校上下紧密配合，克服困难，开辟了专门的发热专用门诊室、发热留住观察室，配备了体温计 2360 支，红外线测量仪 12 台，探耳仪 1 台，防护衣 120 套，防扩眼罩 97 个，口罩 5362 个，工作服、手套、鞋、帽等医疗防护设备，学区教办配备了传真机。

四、体育设施

全县中小学均建有标准的运动场，建篮球场 158 个，配备单杠 126 副，双杠 109 副，高低杠 83 副，平梯 76 副。乒乓球台、篮球、排球、足球校校均有。体育设备投入从 1991 年的 13 万元，增加到 2005 年的 126 万元。建国家Ⅰ类体育配备标准学校 1 所，Ⅱ类配备标准 7 所，乡镇初级中学和中心小学均达到Ⅲ类配备标准。金堂中学建有标准的体育活动中心，体育功能室、保管室、器材室、标准足球场（含 100 米 8 道直跑道、400 米环跑 8 道），标准室外篮球场 5 个，网球场 4 个，室内篮球场 1 个，乒乓球场 3 个，户外体育设备单杠 3 副，双杠 4 副，平梯 3 副，肋木 5 副等。

第三十一篇　科学技术

1991—2005年，中共金堂县委、县人民政府认真贯彻执行中央、省、市各项科技工作方针、政策，实施“科教兴县”发展战略，推动金堂科技进步与经济增长方式的转变。全县有各类专业技术人员25052人，学会、专业技术协会达94个、会员62098人；科研机构17个，省、市、县科技型企业29家；开展各类培训8208期，培训农村基层干部和农民161.50万人次，实施县以上各类科技项目405项，获得县级以上奖励的科技成果160项，获各类专利87件。“金堂公众信息网”最早于2002年6月正式开通。电子政务和现代化办公逐步推进，科技进步对经济增长的贡献率达45.20%。金堂县先后被评为成都市农业科技进步先进标兵县、四川省科普工作先进县、成都市科技工作先进县、四川省科技工作先进县、全国科技工作先进县。

第一章　科技机构与队伍

第一节　科技机构

一、科技局

金堂县科学技术局是主管全县科技工作的县政府工作部门。原名称为金堂县科学技术委员会（简称：县科委)。1993年3月，县科委与县科协合署办公，实行一套人马，两块牌子，两种职能。1997年8月，县科委更名为金堂县科学技术局（简称：县科技局)。县科技局内设办公室、综合科。2002年4月金堂县信息化办公室挂靠县科技局。2003年9月，县科技局增挂金堂县知识产权局牌子。至2005年内设科室未变。

二、县科技顾问团

金堂县科技顾问团（简称：顾问团），成立于1996年4月30日，是县委、县政府在科技、经济和社会发展中的宏观决策的顾问和参谋机构。顾问团主要由金堂县各界中高级知识分子、科技人员组成，一般实行一届一聘。顾问团设主任1名，副主任1名，秘书长1名，顾问团办公室设在县科技局，顾问团活动经费由县财政局专款划拨。

三、科研机构

至2005年，金堂县各类科研机构，包括财政差额拨款的事业单位、企业所属科研机构、职工集体和民办科研机构共17个（不包括科技管理、咨询和科技群团机构），详见下表。

1991—2005年金堂县科研机构简

表31－1

序号	名　　称	何年建立	研究开发内容
1	农业科学技术研究所	1976—05	农业新品种引进推广和良种选育
2	柑橘研究所	1980—01	柑橘栽培、管理和新品种引进
3	科技咨询服务中心	1989—03	推广农药新品种、新技术
4	成都市金堂机电应用技术研究所	1992—06	机械、电气技术应用研究
5	成都沱源真菌研究所	1992—06	食用菌菌种栽培
6	成都华宇生物工程研究所	1992—07	生物技术研究与应用
7	成都市“四·二”研究所	1992—12	中药治疗精神病
8	县食用菌协会菌种场	1995—05	新品种、新工艺、新材料
9	成都金州电脑网络研究所	1996—01	网络设计、安装、维修、软件开发
10	成都金州生物工程研究所	1996—01	生物工程技术研究与应用
11	成都昌兴生物工程研究所	1996—06	生物技术研究与应用
12	金堂县市政园林设计研究所	1997—08	市政工程园林绿化设计
13	西南交大四川起重机厂起重机械研究所	1997—09	起重机械研究与开发
14	成都天然药物研究所	1999—06	药物中间体提炼研究
15	金堂县食用菌综合研究示范基地	1999—11	食用菌新品种、新技术示范综合开发
16	成都盾叶薯蓣综合开发研究所	2001—07	盾叶薯蓣种植和深加工研究
17	成都食用菌工程技术研究中心	2005—10	食用菌产业化技术综合研究与应用

第二节　科技队伍

至2005年年底，全县有各类专业技术人员25052人，各类专业技术人员行业分布情况如下：

2005 年年末金堂县科技人员简表

表 31－2

行业＼人数＼类别	合计	高级		中级	初级	层次		
		副高级	正高级			县级	乡镇	农村
工程技术人员	272	6	1	65	199	247	25	—
农业技术人员	261	19	1	96	145	259	2	—
卫生技术人员	1863	32	2	342	1487	1861	2	—
教学人员	6107	150	18	2297	3642	5894	213	—
经济人员	52	—	—	15	37	52	—	—
会计人员	136	1	—	18	117	127	9	—
统计人员	18	—	—	6	12	15	3	-
图书档案、文博人员	21	1	—	6	14	20	1	—
新闻出版人员	11	—	—	1	10	11	—	—
播音人员	11	—	—	—	11	4	7	—
工艺美术人员	1	—	—	1	—	1	—	—
体育人员	12	—	—	2	10	7	5	—
政工人员	29	—	—	10	19	9	20	—
企业技术人员	114	—	—	24	90	114	—	—
农村技术人员	16144	12	—	877	15255	—	—	16144
合　计	25052	221	22	3760	21049	8621	287	16144

第二章　科技管理与活动

第一节　科技管理

一、科技目标

（一）科教兴县网络。1996—2005 年，金堂实行“科教兴县网络目标”管理，每年根据成都市科委、市政府目标督查办公室下达给金堂的“科教兴市网络目标任务”，县科委（科技局）、县政府目标督查办公室将目标任务分解，以“科教兴县网络目标任务”下达给有关县级部门和各乡镇，年终组织目标考核。1997 年农村劳动者接受科普培训面达 85.60%，科技干部继续教育达 38%，企业职工达 92%；大田主要农作物良种覆盖面达 95%；养殖业主要品种良好覆盖面达 64%；农业先进实用技术推广应用覆盖面达 96.40%，乡镇企业年新产品产值率达 5.50%；科技三项费占当年财政预算支出的 1.38%。至 2005 年，每年均完成或超额完成了市上下达的科教兴市网络目标任务。（二）党政一把手抓第一生产力责任制。2000—2005 年，县科技局与县委组织部、县委目标督查办公室、县政府目标督查办公室一道，根据成都市委、市政府下达给金堂的“成都市党政一把手抓第一生产力目标任务”，编制下达每年度“金堂县党政一把手抓第一生产力目标任务”。2001 年县委、县政府根据金堂实际，制定下发了《金堂县乡镇党政一把手抓第一生产力目标责任制考核暂行办法》，县级各部门参照执行。年终对县级各部门和各乡镇党政一把手落实“一抓一”目标责任制进行专项考核，将考核结果作为领导干部政绩评定、综合目标考核奖励、选拔任用的重要依据之一。县上成立了以县委书记为组长、县长为常务副组长的科技工作领导小组，全县各乡镇、县级各部门相继成立了以党政“一把手”为正副组长的科技工作领导小组。金堂 2004 年年终目标考核排列全市第 10 位。

二、科技计划

（一）制定并实施《金堂县科技发展八五规划》。1991—1995 年，金堂县委、县政府作了《关于依靠科技振兴经济的决定》，经推广杂交水稻和玉米、三元杂交瘦肉型猪等新品种、化肥深施、配方施肥、地膜覆盖栽培、果树高接换种、柑橘计划密植、生猪的“双推五改”等新技术，促进了金堂农村经济的全面发展。1995 年农业总产值比 1990 年增长 39%，农民人均收入比 1990 年增长 63.30%，工业企业通过新产品开发和引进推广新技术，发展了生物工程，新医药技术等高新技术产业，总产值比 1990 年增加 6.34 倍，年均增长 49%。（二）编制并实施《金堂县科技发展九五计划和 2010 年长期规划》。1996 年，县委、县政府实施“科教兴县”战略，编制并实施了《金堂县科技发展九五计划和 2010 年长期规划》。《规划》明确了金堂科技工作的指导思想，提出了农业、工业、社会发展科技等方面的目标、任务和完成这些目标任务的措施。1996 年 10 月 29 日，县人大常委会审议并批准了这个规划。2000 年 3 月，金堂科技局参加了四川省“依靠科技，促进农民增收”的经验交流会，金堂的交流材料编入《依靠科技进步 促进农民增收》资料汇编中，在全省发行。（三）编制实施《金堂县科技发展十五计划和 2015 年长期规划纲要》。2001 年，金堂县编制实施科技发展“十五”计划和 2015 年长期规划纲要的指导思想是：以党的十五大精神和邓小平理论为指针，坚持“科学技术是第一生产力”，紧紧抓住加入 WTO 和国家实施西部大开发这一历史机遇，落实科教兴县战略，真正把经济建设转到依靠科技进步和提高劳动者素质的轨道上来。将科技进步、技术创新同经济和社会发展紧密结合起来，促进农业和农村经济结构调整，加速工业和乡镇企业对传统产业和产品技术升级，提高产品的科技含量，加强环境保护和资源综合利用，实现经济和社会的跨越式发展。2001 年 7 月 27 日，此《规划纲要》经金堂县第十四届人大常委会第 22 次会议审议并批准实施。至 2005 年，全县大田主要农作物良种覆盖面达 98%，养殖业主要品种良种覆盖面达 75%，高新技术产值占工业总产值的 11.94%。

三、科技项目

1991—2005 年，全县实施县以上种类科技计划项目 405 项，其中国家级项目 8 项，省级项目 10 项，市级项目 40 项，县级试验示范、成果推广、新产品开发、软科学研究等各类科技项目 347 项。（一）国家级。列为科技部星火计划项目 8 项：蔬菜、食用菌脱水技术、脐橙优质丰产技术、野生刺梨系列产品开发、绿原酸提取新工艺、发酵法提高皂素收率及盾叶薯蓣产业化、秸秆栽培姬松茸技术开发、芦笋丰产栽培技术及产业化。列为农业部丰收计划 1 项：玉米红薯节本增收。（二）省级。列为省科技厅攻关计划项目 6 项：利用秸秆作食用菌基料研究、金堂黑山羊品种选育、名贵食用菌引种试验、金堂县无农药污染（IPM）精品脐橙丰产栽培技术研究、金堂县川明参规范化种植技术标准研究、秸秆栽培名贵食用菌技术研究及产业化开发示范。列为省科技厅星火计划项目3项：jersey系列芦笋丰产栽培技术研究、芦笋产业化技术开发、盾叶薯蓣规范化丰产栽培技术及产业化。列为省农牧厅丰收计划1项：机械深施化肥技术。1999年5月，“利用秸秆栽培食用菌”项目，被中央电视台“金土地”栏目录制并播放，12月，又在科技部召开的“全国秸秆综合利用经验交流会”上作交流。2000年7月11日，《四川日报》头版头条以《从温饱到小康》为题，报道了金堂依靠科技进步，大力发展食用菌产业，促进农民增收的事迹。（三）市级。列为成都市科技局攻关项目的有：脐橙提糖降酸优质早熟技术、脐橙优质栽培技术、金堂黑山羊品种选育与开发利用、芦笋丰产栽培技术研究、黄芪对慢性阻塞性肺疾病免疫调节疗效观察、双侧开窗术治疗中央型腰椎间盘突出症、利用造纸黑液和食用菌菌糠生产生态有机肥、智能化农业专家系统应用示范及推广、盾叶薯蓣规范化丰产栽培技术研究、金堂早蒜苔高产栽培配套技术研究、无公害食用菌生产技术规程研究、脐橙留树保鲜技术研究、桔梗规范化栽培技术研究、商品肉牛养殖技术等。列为市星火计划项目的有：浙农一号系列饲料、九龙镇经济生态沟、脐橙矮密早丰技术推广、纸板方格蔟自动上蔟技术研究、食用菌新品种引进试验示范等。列为市重大科技专项的有：脐橙新品种引进及规范化栽培技术、杂柑新品种引进科技示范、劳务开发星火计划培训示范基地、金堂奶牛养殖科技示范园建设、金堂奶业产业化科技示范基地建设、农村信息化平台低成本建设、祝新村科技信息化服务体系建设等。列为市软科学研究项目有：依靠科技推动金堂经济快速发展战略研究、金堂县“十一五”科技发展规划等。1993—1995年，转龙乡被四川省科协列为立体农业示范乡，1996年，三星镇被列为成都市技术综合开发试点镇。2005年5月金堂县被成都市科技局确定为首批“城乡协调发展科技示范县”。科技成果的推广应用及各类科技项目的实施，推动了全县经济、社会的全面发展。

四、科技成果

1991—2005年，金堂由县及县以上科技主管部门组织通过鉴定、登记的科技成果达178项，其中：获市以上奖励的科技成果20项、县政府奖励的140项。（一）省级。获省级奖励的科技成果1项，即1996年由金堂县农机局完成的机械深施化肥技术项目，获省丰收计划一等奖。（二）市级。1991-2005年金堂县获成都市科技进步奖的科技成果19项，详见下表：

1991—2005年金堂县获成都市科技进步奖成果名录

表31-3

成果名称	获奖		完成单位
	等级	年度	
迟栽中晚稻化控综合配套技术	三	1991	金堂县农业局
金堂县畜禽疫病普查	三	1991	金堂县畜牧局
“南薯88”种薯引进及高产栽培技术研究	三	1992	县农技站
黄芩甙生产新工艺研究	三	1993	制药十一厂
芦丁精制新工艺研究——质量达DAB	三	1993	制药十一厂
开发金堂砂石资源应用推广新型墙材	二	1995	县墙改办
银杏可乐	三	1996	华福宁制药厂

续表31 —3

成果名称	获　奖		完成单位
	等级	年度	
金堂县常见恶性肿瘤流行病学的研究	三	1996	县防疫站
强氯高效消毒剂的研制	三	1997	县丝绸公司
拉美斑潜蝇及其防治技术的研究	一	1999	县植保站（成都市六个主研单位之一）
水稻旱育秧高产配套技术应用推广	二	1999	县农技中心（成都市六个主研单位之一）
利用秸秆栽培食用菌技术的研究与推广	三	1999	金堂县科技局
节水灌溉技术	三	2000	金堂县农机局
纸板方格蔟自动上蔟的研究与推广	三	2001	县蚕桑站
机械化秸秆粉碎综合利用间接还田	三	2001	县农机局 市农技站
金堂黑山羊选育及饲养配套技术试验示范	二	2002	县畜牧食品局（成都市三个主研单位之一）
无公害农产品生产病虫防治技术研究与应用	二	2002	县植保站
金堂双拱桥生态经济沟多功能防护林经营技术研究	三	2004	金堂县林业局 四川省林业勘察设计院
吸入皮质激素疗法对支气管哮喘患儿 Ige 亚类的影响	三	2005	县一医院

（三）县级。1991—2005 年，获金堂县科技进步奖的成果 140 项，其中一等奖 26 项、二等奖 45 项、三等奖 69 项。

1991—2005 年 获金堂县科技进步一等奖成果名录

表 31－4

成果名称	获奖年度	完成单位
左旋多巴新工艺研究	1991	县制药十一厂
芦丁新工艺研究	1991	县制药十一厂
黄芩甙生产新工艺研究	1992—1993	县制药十一厂
芦丁精制新工艺研究	1992—1993	县制药十一厂
金堂县土地资源调查	1992—1993	县金堂县国土局
银杏可乐	1994—1996	县华福宁制药厂
水稻旱育秧高产栽培技术研究	1994—1996	县县县农科所
机械深施化肥技术	1994—1996	金堂县农机局
胰头、十二指肠切除术	1994—1996	县一医院
Des 集散控制系统在合成氨装置中的应用	1997—1998	县金凤公司
推广脐橙、椪柑良种，调整柑橘品种结构	1997—1998	县果蔬站
税收会计核算系统软件开发	1997—1998	县地税局
人工全髋关节置换术	1997—1998	县一医院
古树大树移植与保护	1999—2000	县园林所
拉美斑潜蝇综合防治技术研究与应用	1999—2000	县植保站

续表31—4

成果名称	获奖年度	完成单位
机械化秸秆粉碎综合利用及还田	1999—2000	县农机局
“二号病”局部暴发控制技术	1999—2000	县卫生局
双侧开窗术治疗中央型腰椎间盘突出症	1999—2000	县一医院
参白胶囊术的研制及应用	1999—2000	县中医院
金堂黑山羊选育及饲养配套技术试验示范	2001—2002	县畜牧食品局
黄芪对慢性阻塞性肺疾病病人Igc亚类的影响	2001—2002	县一医院
无公害农产品生产病虫防治技术研究与应用	2001—2002	县植保植检站
135兆瓦机组高压加热器	2003—2004	四川锅炉厂
小麦新品种川麦107引进繁育与推广	2003—2004	县种子管理站
金堂县资源利用与“花园水城”研究建设	2003—2004	县建设局 县市政工程处 县园林局 县市政园林设计所
吸入皮质激素疗法对支气管哮喘患儿Igc亚类影响	2003—2004	县一医院

五、科技经费与奖励

（一）科技三项费。科技三项费（重大科学技术研究、中间试验、新产品试制），1991—1996年，县财政每年安排2万元，用于少数重点科技项目的经费补助。为争创国家、省、市科技工作先进县，从1997年开始县财政安排的科技三项费有了大幅度增加，达到了占当年本级财政支出的1%以上。1997—2005年金堂县科技三项费总额1637万元。科技三项费的使用，由科技项目承担单位向县科技局提出申请，批准后将经费下达给项目承担单位，专款专用，科技局负责对项目的实施情况和经费的使用情况进行监督检查。（二）金堂县科技风险投资基金。2002年12月金堂县科技咨询服务中心与成都市科技风险开发中心共同出资210万元设立金堂县科技风险投资基金，组建了金堂科星创业投资有限责任公司。科技风险投资基金，对科技项目实行有偿、低息使用。至2004年，重点扶持民营科技型企业6家，促进科技成果转化9项。（三）科普经费。1999年开始，县委、县政府决定安排专项科普经费。科普经费按全县总人口人均0.10元列入县财政预算，2002年平均每年安排8万元。2003年开始，科普经费按全县总人口人均0.20元列入县财政预算，每年安排科普经费16万元。科普经费主要用于科普宣传、科技培训及科普活动。（四）对上争取项目经费。1997—2005年，金堂县科技局积极向上争取项目，先后向省科技厅、市科技局上报各类科技计划项目37项，得到省科技厅54万元、市科技局293万元的项目经费支持。（五）科技奖励。1990年2月22日，金堂县人民政府发布并实施《金堂县科学技术进步奖励办法》，分设一、二、三等奖：一等奖奖金每项800元，二等奖奖金每项500元，三等奖奖金每项200元，奖励经费由县财政列支。1996年12月提高为：一等奖2000元，二等奖1200元，三等奖1000元。2001年再次提高为：一等奖5000元，二等奖3000元，三等奖1000元。2005年9月22日，金堂县人民政府印发《金堂县科学技术奖励办法》。金堂县科技进步奖包括：金堂县科学技术杰出贡献和技术进步奖。杰出贡献奖额为每人5万元，技术进步奖额为特等奖2万元、一等奖1万元、二等奖6000元、三等奖3000元。1991—2005年，金堂县科技进步获一等奖26项、二等奖45项、三等奖69项，合计140项。

第二节 科技活动

一、科技宣传

（一）报告与讲座。1992年6月13日，四川省人大副主任康振黄教授应邀到金堂作《科学技术是第一生产力》的报告，县级机关300名领导干部参加了报告会。1997年6月6日，中国科协科普研究所所长袁正光教授应邀到金堂作《科技进步与经济发展》的报告，县级机关300名领导干部参加了报告会。2005年5月18日，邀请中国科协讲师团袁正光教授到金堂作《领导干部观念与思维创新》专题报告，全县副局级以上领导干部参加了报告会。8月10日，邀请清华大学人文社会科学院院长李强教授到金堂作《构建和谐社会》专题报告，县委中心学习组全体成员、各乡镇书记、镇长及各部门副局级以上干部参加了报告会。（二）刊物资料。1991—2005年，县科技局、县科协编印《科技简报》《科技情报》200期。配合“科技下乡”“科技赶场”等活动，印发食用菌栽培技术、作物病虫防治、柑橘栽培技术、地膜覆盖栽培技术、化学除草、新法养猪、鸡病的防治等各类技术资料180万份。创办科技宣传刊物的有福兴镇《火花科技》广兴镇《振兴之路》栖贤乡《农家之友》金龙镇《布谷鸟》等。1993年，针对某县珍奇动物研究所来金堂销售所谓“金丝熊”（即豚鼠），县科委及时组织科技人员进行论证，并将论证结果以“县科委、县科协、县畜牧局慎告广大群众：欲购‘金丝熊’者，请三思而后行”为题印发全县，避免了更多的群众上当受骗。（三）广播电视电影。1991—2000年，县科委与县广播电台联办科技节目，组织播出各种科技稿件178组、1061篇。县科协、县科委、县电影放映公司联合举办农村科教电影放映活动，组织40个电影院、队放映2500场、70部科教影片。2001—2005年，在县电视台、县广播电台办“科技天地”“星火科技”“医卫之窗”“农业科技”等专栏、专题节目237期、205组，报道科技动态45篇次。（四）网站。2004年12月，金堂县科技局、金堂县信息化办公室在互联网上开办了“金堂科技”网站，该网站设有组织机构、办事指南、政策法规、金堂科技、知识产权、科普园地、大事记、局长信箱、科技成果、科技计划、科技企业等栏目。2005年在“金堂科技”网站上新开辟了“统筹城乡发展科技示范县”项目专栏和“成都科技节”联运专栏。

二、科技培训

1991—2005年，县科技局、县科协会同县级部门，以县党校、县农干校、职业中学及各乡镇农民文化技术学校为基地及各学会、协会、单位、部门开展各类技术培训8208期，培训农村基层干部和农民161.50万人次，其中“绿色证书”培训2.80万余人次，中小学毕业生的“三后”技术培训12.60万人次。通过培训，使农村党员、干部、青年农民掌握了1门至2门实用技术。1999年3月中旬，县科技局、县科协聘请外国公司技术人员，在县党校举办了一期植保新技术培训班，培训了县、乡农业技术人员130人。同年7月中旬，举办了为期一周的全县科技干部、优秀知识分子、拔尖人才培训班，邀请省、市有关专家作了科技发展新动态的报告，共50余人参加了培训。县团委、县科技局等5家单位联合实施了“跨世纪青年农民科技培训工程”，培训青年农民1000人。同年9月中旬，县委组织部与县科技局在县党校举办村支部书记培训班1期，培训内容有农村实用技术和如何抓好农村科技与经济的结合等，参训人员92人。2000年，县科技局、县科协邀请县农业局、农学会4名高级农艺师就金堂农业结构调整、耕作制度改革、先进实用技术推广等内容，在全县分片举办培训班，乡镇有关领导及干部600人参加了培训。同年5月在平桥乡举办“抗旱保果现场培训”。同年8月邀请国家科技部科技市场的土肥专家在全县村、组巡回讲课，推广科技部“九五”星火计划项目——农作物平衡配方施肥技术。2001年2月，邀请省农科院专家到金堂进行“智能化农业专家系统”应用培训，受训人员有各乡镇科技人员和部分领导。同年11月20日，省科技厅、省农牧厅、省农科院在金堂召开全省“智能化农业专家系统”推广应用现场会。2002年4月，邀请四川省农科院植物所原所长、中国昆虫学会理事石万成研究员到金堂进行“无公害蔬菜生产技术”培训。2003年6月，县委组织部、县科技局、县农工办、县科协联合组建由44名科技人员组成的金堂县科技培训宣讲团。宣讲团设食用菌、畜牧业、果蔬、中药现代科技产业、水产养殖、卫生、计划生育等七个专业科技培训宣讲小组。当年开展科技培训、科技讲座25期，受训人员达4800人次。2004年，实施“百千万”工程（组织百名科技人员下乡，开展千次科技培训与咨询活动，进行实用技术培训上万人次），开展农村实用技术培训4.34万人次，绿色证书培训2610人次。同年6月23日至25日，县委组织部与县信息化办公室一道举办乡镇、部门领导干部电子政务培训班，50人参加了培训。2005年，开展五支人才队伍培训（农村实用技术、外出务工农民就业技能、回乡创业农民、农业信息化、青年农民技术带头人培训）14期，培训各类人员7.74万人次。

三、科技试验示范及推广

1991—2005年，金堂县先后引进上百个主要农作物新品种（系）有：水稻Ⅱ优838、Ⅱ优602、Ⅱ优746、川香优2号、川优75535、D优68等；玉米科杏6号、蜀龙2号、成单26、沈单7号、单玉13、鄂玉10号、农大1236等；小麦90-309、川麦22、绵阳26号等；油菜蓉油3号、4号、川油15号、德油4号、中油821；红薯南薯88、川薯27、力源1号；彩色棉花等，全县水稻、小麦、玉米、棉花、油菜、红薯等主要农作物良种普及率达98%。县农科所选育的油菜新品种93-618和小麦新品种91-701，由于抗逆性强，丰产性好均参加了1995年度成都市区试验。1991年从广东省引进沙2×伦教109杂交良桑种664公斤，共育出1.32亿株壮桑苗，栽桑1.22亿株。柑橘生产先后引进了早熟脐橙纽荷尔、朋娜、早熟蜜柑兴津早生、山川极早、晚熟蜜柑农间红、八朔柑、杂柑天草、清见、春见、津之香、南香、不知火、玫瑰香柑等优良新品种进行试验、示范及推广。大力推广脐橙留树保鲜技术，有666.67公顷留树保鲜脐橙每亩年新增收入300~500元。至2005年，全县建母本示范园3个，发展优质脐橙1万公顷，年产量达1300万公斤，发展优质杂柑2000公顷。在蔬菜产业全面推广无公害蔬菜生产技术规程，同时推广了“佳多式频振杀虫灯”，改化学杀虫为物理杀虫，提升了金堂蔬菜产业的科技水平。食用菌生产先后引进、示范、推广了黄背木耳“上海3号”、姬菇“西德33”、蘑菇176号、2796号、杏鲍菇、姬松茸、贝叶多孔菌、榆黄菇、鸡腿菇、滑菇等新品种。金堂与四川大学合作建立了全省首家成都食用菌工程技术研究中心，在清江镇建立了金堂县食用菌综合研究开发示范基地，进行新品种引进示范及深加工产品的开发。2004年，全县栽培食用菌2.80亿袋，产值达8亿元，产量居全国第一。

金堂黑山羊被四川省确定为地方优良品种，全县建黑山羊选育场8个，标准养殖示范基地7个，2004年出栏黑山羊35万头，《金堂黑山羊选育及饲养配套技术试验示范》研究课题获成都市科技进步二等奖。2004年，成都市科技局与金堂县政府和金蒙乳业公司联合，在金堂建立奶牛科技示范园。2005年，金堂县科技局与锦江区科技局合作，在金堂白果镇建立了循环农业经济科技示范基地。当年将菌糠作饲料养猪、养牛列为重大科技课题，组织专家和企业开展研究与试验、示范。经试验，与使用常规饲料相比，平均每喂养一头商品肉猪能够降低成本50元左右，且猪肉的各项指标均符合NY5029-2001（无公害食品）的要求。同时在饲养规模较大的农户家中建沼气池，猪粪入沼气池，产生的沼气为饲养户提供清洁能源，沼气液为种植业提供优质有机肥料，探索出了一条农业循环经济的新路子。《人民日报》《四川日报》《四川党的建设》等报刊对此进行了专题报道。

金堂花生、棉花、玉米、水稻、蔬菜、瓜果等生产推广地膜栽培技术，农作单产提高。棉花增长62.40%，西瓜增加3.5倍，辣椒增长65.20%，花生亩增加100公斤。1994年金堂开始推广应用化肥深施技术，使用化肥深施器，在6个乡镇的玉米生产示范317.33公顷，平均每亩增产25.54公斤，增幅10.37%，节约化肥23.81万公斤，节省劳力7.60万个工日。1995年在全县24个乡镇的玉米、红薯、棉花种植全面推广化肥深施技术，分别取得了增产幅度为11.25%、29.6%、30.7%的好收成。2003年引进推广了国家星火科技推广项目之一的“免深耕土壤调节剂”。2005年，全县有科技示范村40个，科技示范户1280户；建有10个“三高”农业示范区：即五凤伏季水果、三溪和平桥脐橙、九龙西瓜、清江食用菌、土桥、隆盛地膜花生、又新地膜棉花、三星畜牧、官仓中日友好柑橘园高效示范区。

四、科技市场

1992年，县政府组团参加了成都市科技成果交易会。成交科技项目32项。1993年，组织有关企业和新产品参加了4月在成都举行的首届大西南高新技术产品展览交易会和成都国际熊猫节新产品展销会，金堂有6个产品获奖，其中：云华牌明参、“发得快”启辉器、巾被系列产品获金奖；云顶牌矿泉水、石城牌明参获银奖、龙须挂面获优秀奖。组织新产品参加国家科委在湖南举行的全国星火博览会，县悬乳剂厂的硫胶悬乳剂获得金奖。1994年10月，县政府组团参加了国家科委和四川省人民政府联合举办的1994年中国新技术新产品（成都）交易博览会和由国家科委与成都市人民政府联合举办的1994全国星火科技精品展示会。1995年4月，县科委组织有关部门和企业参加了在成都举行的1995年中国民营科技企业科技成果和新产品博览会，县乡镇企业的“竹凉席”获博览会金奖。1996年6月，县政府组团参加了成都国际高新技术及产品展示会，县华福宁制药厂的“银杏可乐”获金奖。

1998年3月，成都市科委组织在蓉大专院校、科研院所20个单位，60名专家教授，推出最新科技成果500项，在金堂县城赵镇举办科技成果交易会。金堂有关单位和企业300人参加了交易会，达成项目23项，成交金额97万元。2004年4月，县科技局组织县内6家科技型企业参加2004年中国医药国际科技博览会。组织4家科技型龙头企业参加了在泰国举办的2004年泰国曼谷第12届国际食品暨酒店博览会。签订农产品销售合同400万美元。

五、科技扶贫

2002年4月，金堂县科技局、科协深入扶贫新村考察、调研，制定《金堂县新村扶贫实施意见》，由金堂县农村扶贫开发领导小组转发全县实施。《金堂县新村科技扶贫实施意见》从科技培训、产业结构调整、农村专业技术协会的发展与作用、新观念的形成和新品种的引进、试验、示范等方面进行规划。县科技局、县科协聘请专家分别对高板、九龙、土桥等乡镇的扶贫新村进行实地考察，出谋划策；对经济发展缓慢村进行种植、养殖业等方面的各类技术培训达9万余人次；组织重点扶贫新村干部、群众外出学习考察100人次。对每户联系户赠送种养殖技术书籍2套，农村实用技术光盘1套，高效复合肥100公斤，良种柚“金堂蜜柚”嫁接枝条50枝。为九龙镇中心村、光荣村、土桥镇湖包村建立中药材和优质水果种植基地，分别提供2000元作为启动基金。

六、科技创先争优

（一）争创科技工作先进县。1997年，县委、县政府决定开始在全县开展创建市、省、国家级科技工作先进县的活动。同年5月，成立以县长为组长的金堂县创建科技工作先进县领导小组。同年6月，县政府下发《关于开展创建科技工作先进县活动的通知》，并下达了创建科技先进县目标任务，召开了全县创建科技工作先进县动员会。1998年3月，金堂县被成都市人民政府评为成都市科技工作先进县。2000年9月，金堂县被科技部评为全国科技工作先进县。同年12月，金堂县被四川省人民政府评为四川省科技工作先进县。（二）争创科技工作先进乡镇。县委、县政府决定从1997年起在全县乡（镇）开展争创科技工作先进乡镇的活动。1999年，被县委、县政府评为金堂县科技工作先进乡（镇）的有：清江、五凤、隆盛、三星、福兴、金龙、三溪、竹篙、土桥、广兴镇，云绣、栖贤、转龙乡；2002年：赵镇、白果、官仓、又新、云合、高板镇，黄家、平桥乡；2005年：赵镇、五凤镇、三溪镇。（三）争创科技型企业。金堂县1993年7月开始发展民营科技企业，1998年3月起开展了争创科技型企业的活动。经企业申请，省、市、县科技部门根据认定科技企业的办法，1998—2005年认定金堂县省、市、县科技企业共29家。

1998—2005年金堂县科技型企业简表

表31-5

序号	企业名称	何年发展	级别	生产主要产品
1	成都市智力人才科技信息开发公司	1993	县	信息
2	金堂县计量技术开发公司	1993	县	计量技术
3	金堂县涂塑管厂	1996	县	涂塑管
4	成都大禹防水建材有限公司	1998	县	防水建材
5	成都回生实业有限公司	1998	县	保健酒
6	成都市金堂农机厂	1998	县	农业机械
7	四川金天生态彩棉有限公司	2000	市	彩色棉
8	成都市金堂县天然植物中间体厂	2000	市	药物中间体
9	成都大地绿色系统工程有限公司	2000	市	复合肥
10	成都恒兴实业发展有限责任公司	2000	市	化工
11	成都山山健康食品有限公司	2000	市	食品
12	成都市晋江福源食品有限公司	2000	市	食品
13	成都市阳公果汁厂	2000	省	饮料
14	成都川湘生化有限公司	2001	市	药物中间体
15	成都华康生物有限公司	2001	市	生物
16	成都金堂山野菌业食品有限公司	2001	市	食用菌
17	金堂县宏宇工程建设监理有限公司	2002	市	建筑
18	成都中科天然药物研究所	2002	县	药物
19	成都华康生物工程有限公司	2002	市	生物
20	成都铁科电子有限责任公司	2003	市	电子
21	成都天绿菌业有限公司	2003	市	食用菌
22	成都超人药业有限公司	2004	市	药物
23	成都福马食品有限公司	2004	市	食品
24	成都福隆都市农林高新产业发展有限责任公司	2004	市	农林
25	成都欧美亚科技发展有限公司	2004	县	电器
26	金堂彩云科技服务有限责任公司	2004	县	气象
27	金堂奶牛养殖科技示范园	2004	市	奶牛
28	成都蜀中铁道科技开发有限公司	2005	市	铁道
29	成都杰丽净水设备有限公司	2005	市	净水设备

2000 年，大地绿色系统工程有限公司、成都恒兴实业发展有限责任公司、成都市晋江福源食品有限公司、四川金天生态彩棉有限公司被评为市级“农业科技创新示范企业”。2001 年，成都市金堂天然植物中间体厂、成都市晋江福源食品有限公司 2 家科技企业获得自营出口贸易权。

（四）争创科技致富带头人。2000 年 5 月经县委组织部、县科技局、县农工办、县科协研究联合发文，决定在全县农村开展争创科技致富“十佳”带头人的活动，每两年评选表彰一次，每一次 10 名。2001 年、2003 年、2005 年评选表彰了三次，共评出 30 名“十佳”科技致富带头人。金堂县“十佳”科技致富带头人：2000—2001 年第一批是曾启良、华光甫、钟成银、张仕平、邓忠光、肖志萍（女）、陈前泽、卢忠乐、谢介尚、彭长志；2002—2003 年第二批是辜际忠、温承祥、李伟、韩洪兴、江国贵、罗义生、黄朝雄、秦永俊、唐启富、肖前虎；2004—2005 年第三批：黄刚、史彦、唐启富、石代勇、孙泽富、唐亮、江国贵、彭高木、陈家庆、李代华。

第三章　科学技术协会与知识产权

第一节　科学技术协会

一、机构

金堂县科学技术协会（简称县科协），属中共金堂县委领导下的科技群众团体。1993 年 3 月县科协与县科委合署办公。1991—2005 年，金堂县召开两次县科协代表大会。1991 年至 1993 年 7 月，金堂县科协主席阎彦哲。1993 年 7 月 23 日，召开金堂县科协第四次代表大会，大会选举马志生等 35 人为金堂县第四届科学技术协会委员。县科协四届一次全委会选举产生的主席严国康（兼），副主席周克宣、刘运蒸、胡云华，秘书长胡云华（兼）。1998 年 9 月 21 日至 22 日，召开金堂县科协第五次代表大会，大会选举马志生等 29 人为第五届县科协委员，五届一次全委会选举出主席沈序全（兼），副主席邓荣、胡云华、蔡聪，秘书长胡云华（兼）。2005 年末，金堂县有乡镇科协 21 个，县级学会、协会、研究会 22 个，会员 25898 人；乡镇专业技术协会 72 个，会员 3.72 万人。

二、科技普及与农村职称评定

（一）科普宣传活动。1991—2005 年，县科技局、县科协等单位每年分别组织县级部门、县级学会、协会、研究会科技人员和“科普志愿者”队伍，开展“科技、文化、卫生三下乡”“科技文化迎新春”“科普月”“科普周”“科技赶场”“科技现场培训会”“科普进校”等宣传活动。组织科技人员 4524 人次，开展各类科普宣传咨询服务活动 123 次，发放各类书籍、印发各类科技资料 89.13 万份，接受科普咨询的群众 74.63 万人次，出展板 1890 块，挂图 2976 幅。开展推广新品种、新技术、新农药、新肥料咨询服务 132 项。（二）科普培训。1991—2005 年，金堂县邀请知名专家、教授11名，作报告15场，接受科普报告人数达到7000人次。金堂县科技局、科协等单位还组织金堂科技人才2000余人次，进行科普巡回讲座270余场次，接受科普讲座培训的人数达到16万余人次。县科协、县科技局生产力促进中心和科技咨询服务中心（站），开展科技培训371期，培训8.60万人次。（三）科普画廊与科普示范。2001—2003年，县投资12万元，在县城建立高档次的科普画廊6个。图文并茂，定期更换科普内容，及时宣传科普新信息、新知识、新技术，颇受市民欢迎。2003年，金堂在全县开展了争创成都科普示范乡镇活动。2004年，三星、高板、竹篙、土桥被成都市科协命名为“成都市科普示范乡镇”，土桥还被评为成都市科普工作先进集体。2005年10月，金堂县科技局副局长、县科协副主席邓荣被中国科协授予全国农村科普工作先进个人。2005年，金堂县在农村建立了清江镇食用菌栽培，三溪镇无公害脐橙生产规程推广应用，又新镇奶牛养殖等25个科普示范基地，40个科普示范村，1280户科普示范户。（四）“金桥工程”。金堂县科协从1997年开始实施了“金桥工程”。金堂县科协从1997—2005年组织乡镇和有关部门，向成都市科协申报、立项实施“金桥工程”“脐橙提糖降酸、提早成熟”“以蒜苗为主的蔬菜化学除草配套工程”“多功能经济生态林示范工程”“机械化肥深施工程”“脐橙留树保鲜”等16个项目。通过成都市科协验收完成的“金桥工程”项目9项，其中“脐橙留树保鲜”项目2004年11月获成都市第四届“金桥工程”三等奖。实施“金桥工程”项目向成都市科协争创无偿资金20多万元，创经济效益1525.32万元。（五）发挥专业技术协会作用。2005年年末，金堂县各乡镇有农业专业技术协会72个，会员有3.72万人。以清江、淮口食用菌协会等为例。清江镇食用菌协会有会员1200人，已成为金堂县集新产品开发、中间试验、规范化种植、产品回收加工及销售为一体。1996年建基地以来，引进、储备、推广姬菇、鸡腿菇、姬松茸20余个食用菌新品种及其栽培技术，基地带动种植户1400户。2004年全镇食用菌生产年加工能力超过15万公斤的企业有7家，加工企业解决农村剩余劳动力3000人。清江镇被中国食用菌协会评为“食用菌之乡”。协会理事长宰际忠被成都市委组织部、市科协评为成都市科技致富带头人，2003年，被金堂县委、县政府授予县级拔尖人才。淮口镇食用菌联合促进会，有会员1050人，加工企业会员30户。1988年建会，一直坚持开展产前、产中、产后全程技术服务，每年坚持为广大会员提供菌种、原料和食用菌产品的销售等多方面的服务。每年就地解决闲散劳动力2500人。淮口食用菌联合促进会先后被省科协等单位命名为“四川省百强农技协会”，被成都市委、市政府命名为“人才开发先进单位”。理事长赖强被成都市委、市政府授予劳动模范和优秀人才。金堂县脐橙协会、蚕桑协会、畜牧协会等为建立和巩固金堂的农业支柱产业、推进农业产业化、城乡一体化进程，发挥了农村专业技术协会的作用。（六）青少年科普工作。1991—2005年，县科协、县科技局、县教育局在中小学联合举办科普展览23场，参观人数1.36万人次。2004年举办了青少年创新大赛，共收到全县各校参赛科技作品260件，科幻画370幅，科技论文210篇。推选12项青少年科技创新项目参加成都市科技创新比赛，有3项获得成都市创造发明三等奖。金堂中学、金堂县实验小学等每年定期举办科技节。2004年4月19日邀请省社科院何一平教授给金堂县300多名青少年代表作了科普报告。（七）农村技术人员职称评定。1996年6月25日，中共金堂县委组织部、金堂县农村经济委员会、金堂县科学技术协会联合下发了《关于在农村基层干部党员和村民中开展技术职称评定工作的通知》。1996—2001年，金堂县共评定农村技术人员16144人，其中：农村技术员15105人，农村助理技师150人，农村技师877人，农村高级技师12人。2002年3月，金堂县农村技术人员职称评定工作移交金堂县人事局。

第二节　知识产权

一、机构与培训

2003 年 9 月 3 日，县委经研究，决定在金堂县科学技术局增挂金堂县知识产权局牌子。金堂县知识产权局挂牌后，对 150 余名专业技术人员进行了知识产权知识培训。2004 年 8 月，以企业为重点，开展《中华人民共和国专利法》《中华人民共和国商标法》培训。邀请省市专家，对县级有关部门、企事业单位、科技企业的分管领导、厂长（经理）、专业技术人员进行了知识产权制度与我国知识产权工作面临的形势、专利制度与专利法、商标制度与商标法、专利保护与诉讼、企事业单位专利管理等方面内容的培训，参训人员 200 人。2005 年，开展保护注册商标专用权、版权专项整法活动和政府部门使用正版软件清理活动，查处 1000 元以上案件 15 件，违法印制商标案 3 件。

二、专利

截至 2005 年，全县专利申请共 108 件，专利授权 87 件，其中：发明专利 16 件，外观设计专利 16 件，实用新型专利 55 件。

1991—2005 年金堂县发明专利情况统计

表 31－6

序号	项目名称	设计人	地　址
1	抗人体老化的细胞再生药物	赖奕荣	金堂赵镇临江苑
2	含活性氧的液体的生产方法及其装置	泰　瑞	金堂郊山路烟草公司宿舍
3	可乐型饮料	华福宁制药厂	金堂郊山路 22 号
4	理疗橡皮轻松衣、带、扣子	唐　俊	金堂县氮肥厂
5	水量互相通航船闸	曾纯华	金堂县三星镇政府
6	脚康灵	唐中海	金堂高板镇
7	除障式保温隔热双层玻璃钢窗	胡安华　胡全胜	金堂 207 信箱
8	一种涂擦剂及其制药	肖桂田	五凤镇红花村十六组
9	无线电遥控多功能全通风推拉门窗	胡安华　胡全胜	金堂 207 信箱
10	开关直捏式刷牙器	胡　鹤	金堂邮电局
11	芦笋茶及其生产方法	陈　霏	淮口镇解放路 50 号
12	自测自量温度电话	胡　鹤	金堂县移动通信公司
13	绿色多功能有机增效剂及其制备方法	杨　昕	赵镇金龙路 135 号
14	移动可视电话	胡　鹤	金堂县移动通信公司
15	一种可长期使用的人造铁基锰砂及其制作方法	李远杰	金堂县自来水厂
16	爆竹及生产方法	谢北平	金堂赵官路 428 号

第三十二篇　文化　传媒

1991—2005年，金堂县文化与传媒事业健康发展，群众的文化生活丰富多彩。传统的非物质文化遗产在社会传承。《金堂信息》报刊及时报道、快捷传递全县政治、经济、文化、社会等事业蓬勃发展的信息。每逢重大节庆活动，大型文娱节目搞得生动活泼。杂志、书籍出版提高了层次。文物、考古有新的发现，广播、电视设施进一步健全，群众性文艺活动广泛开展。

第一章　文化机构与事业

第一节　文化管理部门

一、局级管理机构

1991—1997年金堂县设立金堂县文化旅游局，内设办公室、文化科、市场科、文化稽查队、旅游科。1997年8月县体育运动委员会与文化局合并为金堂县文化体育局，内设机构减少旅游科，增设体育科。2001年11月，县级机构改革，原金堂县广播电视局和金堂县文化体育局合并，设置金堂县文化体育广播电视局。县文化体育广播电视局是主管全县文化事业、体育事业、文物保护事业、新闻出版事业、版权工作、广播电视宣传和广播电视事业的县政府工作部门。

2004年，县新闻出版局正式挂牌，归口文化体育广播电视局，设办公室、政工科、文化科、体育科、新闻出版科、社管科、稽查队、财务科。2005年9月1日，撤销金堂县文化体育广播电视局，设置金堂县文化体育局和金堂县广播电视局。新闻出版局归口文化体育局。

二、下属管理机构

局下设置的管理部门有：

（一）文化馆

金堂县文化馆主要组织文艺活动、辅导文艺骨干、培训艺术新苗、群众文化理论研究等。1991—2005年，文化馆先后与教育、卫生、交通、金融等系统协办、联办美术、书法、音乐、舞蹈、摄影培训92期次，排练、展演各种文艺节目和书画260场次。组织举办文艺演出1518场次，观众达152万人次；举办文艺、农技培训班1236期次，培训人数达29.60万人次。举办板墙报、橱窗宣传4436期次，用稿2696件；各种展览608期次。开展群众体育活动3366场次。撰写论文52篇，采用16篇，其中获一等奖1件，二等奖3件，三等奖6件。1998年起，每两年举办一届“少儿艺术新苗大赛”，推荐优秀选手参加成都市“蓉城少儿十佳艺术新苗大赛”。2005年，县委、县政府决定将旧馆拆除，修建1500平方米的文化馆新址。全县有乡镇文化站（文化中心）24个，村文化室422个，形成了三级文化网。乡镇文化站（文化中心）有业余文艺演出队、文化服务队、美术、书法、摄影、创作、报道等队168个，文化骨干队伍有3600人。2005年，文化馆有职工11人从事音乐、美术、书法、舞蹈、摄影、文学、播音主持等工作。

（二）图书馆

2005年金堂县图书馆有职工7人，图书报纸总藏量52279册，主要开展图书外借，报纸、杂志阅览，地方文献资料的收集、整理和保存，并辅导乡镇图书室常规性的工作。

（三）文物保护管理所

金堂县文物保护管理所于1987年10月成立。1991年4月12日，云顶山风景区石城管理处与金堂县文物保护管理所合署办公，实行两块牌子一套人马；由金堂县文物管理所负责云顶山石城风景区的开发、利用和管理，有职工6人。金堂县文物保护管理行政工作隶属金堂县人民政府领导，业务工作接受国家文物局、四川省文物局、成都市文化局文物处和成都市文物考古研究所的监督指导。县文化局文管所依法对境内地面、地下、内水不可移动和馆藏文物以及流散文物进行保护，管理，开发和利用。编印的文物论著有1999年出版《金堂胜迹与文物》、2001年《文物考古研究》、2001年《历代诗人咏金堂》、2002年《金堂古今楹联辑注》。

（四）新华书店

金堂县新华书店成立于1956年，是自收自支的全民所有制图书发行事业单位；负责全县机关、企事业单位政治理论书籍的征订发行，一般图书的发行，中小学教材、教育辅导材料的征订发行和农村图书发行网点建设。2005年1月加盟文轩集团，撤销金堂县新华书店，脱离县文体局。1991年，金堂县新华书店年销售书200余万元，至2005年年销售达2500万元。

（五）金堂县电影发行放映公司

1956年至1961年为金堂县电影管理站。1961年12月18日成立金堂县电影发行放映公司。属于自收自支的具有独立法人资格的事业单位。负责全县电影发行放映工作。2005年，单位有职工47人，其中：在职21人，退休26人。

（六）川剧团

1949年成立，属县财政拨款的事业单位。20世纪70年代，名震一时的金堂县川剧团“娃娃班”，多次为中央领导汇报演出并受到亲切接见。20世纪90年代，金堂县川剧团在四川省甚至西南地区都享有名气。2005年，金堂川剧团有退休32人，在职7人。在职人员由县委、县政府安排管理红旗剧场。

（七）文化稽查队

2003年6月2日，金堂县文化体育广播电视新闻出版稽查队建立。有10名工作人员，设队长、副队长各1人，行政执法人员参照《国家公务员暂行条例》进行管理，其经费纳入财政预算。

（八）乡镇文化站

农村文化站是当地党委、政府所属的文化事业机构。1990—1992年，全县共有文化站44个，文化专职干部44人，其中正式招聘21人，待聘23人。全县共有文化活动队伍132支，培养文艺骨干1.50万人。较有特色的文化活动有清江的川剧座唱，又新的高跷，三溪的唢呐，金龙的闹年锣鼓、土桥的文化赶场等。站办刊物有土桥的《泥土》，三溪的《溪水》等。文化站费用按农村人口年0.20元，用于当地文化事业的投入。文化站办有“以文养文”经营项目36个，年总创经济价值28万元（经营项目主要有录像、文化茶园、照相、台球、电器维修等）。有农村电影放映队44支。县文化站实现了机构、人员、场地、经费的落实。1992年，全县农村进行计划调整，文化站按照新的规划减少为24个。1993年，全县行政规划进一步调整，文化站减少为21个。1996年，县文化馆、站升级达标，有一级站8个、二级10个、三级3个。1998年，全县有乡镇文化站（文化中心）24个，村文化室380个；乡、镇文化站（文化中心）有业余文艺演出队、运动队、文化服务队、美术、书法、摄影、创作、报道等队、组170个，文化骨干队伍4200人。1999年，金堂县成立文化艺术中心，于12月对外招生。县共有24个乡镇文化站，3个乡镇文化中心，村文化室380个，各类业余队伍170个。2000年县有省一级文化站15个，二级站5个，三级别站4个。2001年，全县乡镇机构改革，21个文化站更名为文化服务中心。同年根据规定，文化专职干部只保留已招聘的21名，其余23人按临时人员分流政策进行妥善清退。2004年，文化服务中心撤销，新设置社会事务管理服务中心，原文化站工作职责和人员由社会事务管理服务中心派员兼职履行。

第二节　电影事业

一、电影发行

1992年10月，省市召开电影工作会，制定《关于改革16毫米拷贝供应办法》，取消16毫米电影拷贝，统一计划发行形式。由此，农村16毫米电影拷贝停止发行，全县45支农村电影队和水电设备厂的电影队，从1993年1月起停止发行放映活动，16毫米影片发行也相应停止。四川锅炉厂，56分厂，氮肥厂、淮帆厂的35毫米电影片发行陆续坚持到1997年12月，由于经济效益不好，发行和放映工作停止。

1992年2月，电影公司被四川省文化厅评为1991年“四川省献礼影片展”优胜集体。1992年2月，电影公司银都舞厅被四川省文化厅评为1991年“文明舞厅”。1998年10月，金堂县电影公司被四川省文化厅评为四川省农村电影工作先进集体。

1991—2005年金堂县电影行业从兴旺走向低迷时期。农村电影放映停止，城市电影发行进行改革，开始建立电影院线制度，取消计划经济形式的电影放映供片制度，实行市场化运作的电影发行放映机制。各级电影发行放映公司生存困难，多元化的文化娱乐市场逐步兴起，市场管理机制的不完善，直接冲击了整个电影市场。

二、城镇影院放映

1991年前，在土桥、又新、永乐等乡镇所在地修建了电影院，至2005年土桥镇、福兴镇、转龙镇、金龙镇、三溪镇还保留着电影院。

赵镇电影院，随着多元化文化市场的发展，电影市场受到一定的冲击，影院的放映仍然比较正常。1995 年，国家开始引进国外大片《红番区》《真实的谎言》《泰坦尼克号》的放映，县电影院的票房收入达到历史最高点，至 1998 年年底，全国实行电影发行体制改革，影片供应和租金实行市场化机制，极大地冲击了电影市场的发展，影院的票房收入急剧下滑，影院年票房收入仅 30 万元。

2005 年 4 月，县政府实施“两馆一院”改造工程。之前，电影公司有一个能容纳 1000 人的电影院，一个能容纳 110 人的文艺电影小厅及其他文化娱乐经营用房共计 4460 平方米，“两馆一院”改造，政府和开发商返还给电影公司 2320 平方米的清水房。

三、农村坝坝电影

1998 年 4 月，全县 24 个乡镇恢复建立 24 支乡镇农村放映队，年放映场次 5300 场，成为全市农村电影放映工作的排头兵和一面旗帜，县电影公司被省文化厅评为四川省农村电影工作先进单位。

1999 年初，全市农村电影工作现场会在金堂县召开，以金堂县农村电影工作“一级目标，一级管理，一票否决”为基本经验，以“政府推动，政策扶持，政绩考核”为基本做法的全市农村电影放映全面恢复和启动，迅速发展。2002 年 5 月，全市农村电影（推广大篷电影）工作现场会在金堂县召开。

四、企业电影放映

1991—1995 年 12 月，电影发行行业改变发行方式，影片片租过高，加之厂矿企业经济改革变化，原成纺二厂、县氮肥厂、水电设备厂的电影院先后停止放映。1997 年 12 月，无缝钢管厂金堂分厂和四川锅炉厂电影院也完全停止放映。

五、农村电影放映队

1992 年 12 月前，全县 45 个乡镇共有 45 支农村电影放映队。1993 年 1 月停止放映。1996—1997 年，县电影公司为恢复和启动全县农村电影放映工作，免收片租，积极开展“送电影下乡”活动，成立海尔冰箱放映队，放映“坝坝电影”270 场，观众达 21.60 万人次。1998 年，全县 24 个乡镇恢复电影放映队 24 支，修复电影放映机 25 套，新购电影放映机 4 套。2002 年，由于乡镇机构改革，乡镇文化站合并，农村电影放映人员流失严重，乡镇电影放映队的工作不能正常开展。

第三节　图书事业

1991—1998 年，县图书馆有馆藏图书 303311 册。县图书馆每年订阅报纸杂志 65 种，坚持“读者至上、服务第一”，积极开展外借、内阅工作，采取开架自选、方便读者借、阅的办法，清理适合流动图书 853 种 1130 册，分类编目 3100 册，自筹资金 800 元，新购图书 200 册，增设了快速流动图书服务项目，帮助辅导站设图书室 4 个，赠送图书 3200 册。从 1998 年开始，县财政每年拨 4 万元作专门购书经费，从此，每年能新购图书 2 千余册。

1999—2002 年，县图书馆开展外借内阅业务，借书证由原来的 80 多个增加到 300 多个，坚持每天开馆，组织人员深入农村辅导乡镇文化站、图书室，参加“文化下乡”送书活动。县图书馆藏图书38640万册，其中图书25840册，报刊12800册。编撰《信息汇编》四期。2002—2005年，县图书馆有馆藏图书43901册。外借图书7.50万册次，内阅7.50万册次。

第二章　群众文化

第一节　文化活动

1991—1997年，先后在县“龙舟会”“首届梅花节”“建党70周年”和“庆七一·迎回归”等重大活动中，组织表演了大型的水上、街头、广场、舞台文化艺术节目，举办了“金堂工农业腾飞图片展”“四川石城及云顶风光图片展”；组织上演各种文艺节目82台次，137场次。

1998年，先后主办、协办了“迎春团拜会”、“庆‘七一’为党旗增辉、为家乡添彩文艺演出”等大型演出活动，协助各机关、企事业单位、乡镇、学校等组织编导各类文艺节目30场。

1999年，成立“文化下乡”领导小组，积极开展“百千万”文化下乡活动，在县举行了成都市“1135122”文化下乡活动的启动仪式，为黄家等地送演出、电影、春联；县文体局组织县单位赴边远乡镇开展送文化下乡活动，累计送电影50场、春联3500幅、图书1800册。先后组织承办“春节文艺晚会”、庆“七一”《让党旗更鲜艳》歌咏比赛、庆祝中华人民共和国50周年《祖国万岁》等大型文艺晚会。12月14日，成都市“三下乡”启动仪式暨土桥第五届文化赶场在土桥镇举行。市委副书记黄忠莹、市委宣传部部长谭力等到会。全年组织实施“1331”送文化下乡活动中，送电影100场、文化活动30场、春联3000幅、图书100册。

2000年，组织开展“千禧之夜绿岛大联欢晚会”“龙年新春团拜会”、庆“七一颂歌献给党”“讲文明、树新风、共创文明社区”街头文艺表演等文化活动。开展文化三下乡活动，组织直属单位下乡送电影100场、文艺演出30场、春联3000幅、图书500册、川剧座唱10场，举办第二届少儿“十佳”艺术新苗大赛，参赛少儿达403人。

2001年，举办“新世纪首届新春团拜会”“颂歌献给党”等大型、中型歌舞晚会25次。2002—2003年，开展全县性大中型综合文化活动30次。举办“春节团拜会”“十佳”少儿新苗大赛、“做党的好儿女、做人民好代表”农村文艺调演、“军民鱼水情”拥军文艺演出、庆祝十六大“明天更辉煌”广场歌舞演出、“爱好家园”等活动。组织、创作各类文艺作品1800件、发表157件次。举办两期乡镇文化管理干部和文艺骨干培训班，培训文艺骨干5000人。组织开展文化三下乡，送图书3000册、字画春联6000幅、电影135场、文艺演出50场。

2004年，开展大型群众活动8次，中小型文化活动15次。全年创作书法、美术、摄影、文学作品920件，创作新歌一首，剧本1个，长篇小说1部，在市以上发表、展、演、播79件，其中国家级7

件，省级21件。在21个乡镇、5个社区组建了有31名成员的文化辅导员队伍。

2005年，举办“三下乡”综合文艺演出、“钓鱼节”开幕式等大型群众文化活动10次，中小型群众文化活动16次。7月至10月配合创建省级文明县城开展的“文明之花”广场系列演出，组织大中型文艺演出达16次；同时，组织开展了金堂—锦江文化互动“中秋邀月”文艺演出，省文化“三下乡”广场演出和市“清风颂”反腐倡廉晚会。全年创作书法、美术、摄影、文学作品共1060件，在市以上发表、展、演、播81件，其中国家级8件，省级46件。

第二节　业余文化团体

一、金堂县廉政文化创研会

2005年4月，中共金堂县纪委组织成立了金堂县廉政文化创研会。创研会成员包含了全县文学、美术、音乐、书法、摄影、舞蹈、雕刻、广告各类人才近百人，发展群艺团体4个，出版《水城清莲》廉政文化专集4集，《明镜讲台》1集。入选中央文献4篇，获中纪委、中宣部嘉奖1篇。

二、金堂县书画协会

成立于1990年9月7日，现有会员76人，淮口分会会员21人。据统计，1991—2005年，协会会员的7件书法作品入展中国书协主办的全国性书法展；1件美术作品入展全国美展；31件书法作品入展省书协主办的省级书展；6件美术作品入展省级美术作品展。

三、红叶红合唱艺术团

成立于2003年6月18日，有成员70余人，傅秀辉担任艺术团团长兼声乐指导老师，王多权担任合唱团乐队指挥，梁思荣担任导演，定期开展声乐基础知识、合唱训练和器乐、舞蹈、曲艺、小品等的排练。多次与外界进行文化交流。

四、金堂县月九诗会

1993年4月，由薛玉树等发起成立。截至2005年，已有会员58人。会员中有中华诗词学会会员18人，省级诗词学会会员27人，1993—2005年，会员诗词作品超过两万首，其中徐征一人就创作诗词曲万余首，有2000余首作品发表在省、市级30多种刊物上。诗会办《月九诗会》会刊12集，共收录会员作品近8000首。出版的专集，有徐征诗词及易经研究10余种，薛玉树的诗词及文史专著10余本，另有个人诗集若干本。

五、金堂县楹联学会

1991年成立。至2005年年底，有会员28人，其中中国楹联学会会员4人，省楹联学会会员11人。1997—2005年，学会成员已创作楹联2000余副，季度编印《三江联友》，年底出版《金渊联草》，有作品在全国及省、市级多个刊物发表。有200余副楹联被博物馆、机关、商店、度假村、园苑、公共场所、宗祠和寺庙等选用。

六、韩滩诗社

成立于1987年。白昭培、杨源仁先后担任社长，至2005年有会员100人；发表会员诗文合集《韩滩诗文选》20余册。1997年，韩滩诗社承办了四川省晚霞诗书画院与吴芳吉诗词研究会在金堂举办的“诗词创作研讨会”。2004年，王恩普的作品《此恨绵绵无绝期》荣获文化部颁发的“全国优秀作品奖”。顾问陈家西在全国语言文学类报刊发表散文作品20余篇。

七、成都市吴芳吉研究会金堂小组

1991年，由白昭培、李自勉牵头，成立成都市吴芳吉研究会金堂小组，1993年，喻仁恩任金堂小组组长，会员发展至25人。小组每月定期聚会交流诗作，切磋修改提高写作水平。成员除向市会刊《白屋新风》投稿外，于2001—2004年著有《白屋新声》两集。

八、金堂县摄影协会

成立于1983年，前身是金堂县摄影学会。2005年，会员达40余人，其中，中国摄影家协会会员1人，四川省摄影家协会会员8人。会员摄影作品分别在国际、国家以及省、市级参加展览和在刊物上发表。1990年，在县城赵镇繁华地段修建了一座长10余米的摄影展览橱窗，橱窗建成后先后举办各种摄影展览85期。

第三节　群众文艺创作

一、戏剧

1991—2005年，全县戏剧文化逐渐走向繁荣，由单纯的表演向编、导、演多方面发展。共计创作戏剧作品15件，发表7件，其中获国家、省、市嘉奖6件。涌现出小品剧本《送礼》（袁小强、吴世松）、《猫眼》（王恩普）、《门卫》（郭应循），10集电视连续剧剧本《海湖泪》（李培森），电影剧本《灵土》（余勋禾）等一系列优秀的原创戏曲作品。

二、诗歌、散文、小说

全县有廉政文化创研会、月九诗会、楹联学会、韩滩诗社、成都吴芳吉研究会金堂小组等多个文学创作社团，会员人数达400人。1991—2005年，共创作各类诗歌、散文、小说、楹联作品6万件，出版各类期刊、合集、个人专集200部，其中廉政文化创研会入选中央文献4篇，并受中纪委、中宣部嘉奖1篇，另有万篇诗词、散文、小说作品发表于国家、省、市各级刊物，或在各类比赛中获奖。

三、书画

1991—2005年，全县共有7件作品入中国书法展；1件入全国美展；31种书入省级书展；6件入展省级美术作品展；100件书画作品入展成都市书法、美术展，其中廖新松个人美术作品获得了文化部第十二届“群星奖”，汤文俊行书作品获第十二届全国“群星奖”银奖。

四、摄影

全县有摄影协会会员40余人，为金堂县摄影创作的骨干力量。1991—2005年，县有大量摄影作品在国内外参展，或在刊物上发表。县摄影协会举办定期展览85期，其中卜先进摄影作品《老窑工》由中国摄影家协会选送日本参加第十八届亚太地区摄影比赛。

五、音乐舞蹈

音乐舞蹈创作，以王方义和仲绮芳为代表性人物。作品多次被省以上单位肯定。

六、文艺交流

全县的文艺交流呈现喜人局面。除各协会按照各自领域定期开展切磋、交流活动之外，县文化馆配合“三下乡”活动，组织老师定期与不定期走进社区、农村，进行文艺培训和交流活动。同时，金堂县积极与锦江区开展文化互动交流，自2005年开始举办“金堂·锦江中秋邀月节”等大型节庆活动。

七、文艺人及作品简介

卜先进：1993年12月，摄影作品《摄影采访到军营》入选四川省摄影家协会1993年“四川摄影艺术展”；1994年5月，摄影作品《老窑工》由中国摄影家协会选送日本参加第18届亚太地区摄影比赛。

汤文俊：1999年，行书作品入展《第七届全国书法系列展》；2003年获当年文化部颁发的第12届全国“群星奖”银奖；部分书法作品多次获得四川省奖项。2002年，摄影作品在《中国摄影》发表；《夕阳下的藏童》在2002年《大众摄影》发表。

肖　波：1990年，摄影《希望》获第二次全国人口普查奖。2005年，书法《毛笔行书·雨霖铃》载于2005年《中国书法鉴赏大典》。

陈　刚：书法作品1999年入展第七届全国书法篆刻展，2003年入展第八届全国书法篆刻展。

罗佑红：楷书作品2001年入展第三届全国正书展。

祝昌勋：绘画四川615类鸟种的鸟类彩图鉴书《四川鸟类原色图鉴》，1993年获中国出版署“自然类书刊二等奖”；2000年12月，合作《中国珍贵野生动物》列入国家“九五”重点图书，并获新闻出版署“科普二等奖”；作品入展全国书年画展。

薛向阳：1993年10月，摄影作品《童话世界》获国家档案局《档案工作》杂志创刊40周年摄影比赛优秀奖。

王恩普：作品《此恨绵绵无绝期》荣获文化部颁发的“全国优秀作品奖”。

刘世亮：在国家级刊物《中华诗词》《中华当代律诗选粹》《中华诗词年鉴》发表诗词100篇。

李云鹏：1999年《对韵续貂》问世，此书于2004年被辽宁学者于海洲教授收录其主编的《菁莪居对韵辑集》，并在海内外发行；2001年获得中华诗词学会《新人新作诗词大赛》金奖。

李正熟：论文《谁埋了“狗气杀”》入选《中国教师优秀论文集成》；作品《特殊朋友》发表于中央级刊物《中国纪检监察报》第四版头条。

李登松：2004年，获得中华诗词学会举办的《天成杯》诗词大赛一等奖。

张诚毅：作品《拙翁药杀耗子纪实》登载于2003年8月版《中国新体诗歌选》。

吴世松：《我是农民书屋的管理员》获全国农民读书征文一等奖。

余光惠：作品《悼培玉》入选《中国新体诗歌精选》；《桃花述》等入选《中国诗词成就展》；《乡恋》《三妹子》分别获得第三届、第四届《中华颂》老少文学艺术大赛一等奖、银奖。

余勋禾：2000年与人合作出版杂文、散文、随笔《三弦集》，个人出版《余勋禾散文集》。

陈家西：1993年9月，作品《历尽坎坷终不悔》刊登于《中国教育报》；作品《贪官自叹》被国家级刊物《廉政文化在中国（四川卷）》收录。

陈道康：作品入选《中国对联作品集》；2005年4月获丙戌迎春全国大征联优秀奖。

钟方林：2001年7月获《共产党好》全国大征联“联坛百杰”奖；2005年4月获丙戌迎春全国大征联优秀奖。

贺再章：获丙戌迎春全国大征联优秀奖。

徐　征：多次全国征联大赛优秀奖；《呻吟集》由中国诗词出版社（国家级）出版；作品入选《2000新春楹联宝典》；2004年4月获“金猴杯”海内外春联大赛优秀奖。

薛玉树：多次获中华全国征联大赛奖项；作品《梨花沟》刊载于《中华诗词》2000年第5期刊；2004年12月，作品入选《中国对联作品集》一书。

赖世长：作品《咏兰》入选《中国新体诗歌精选》。

喻仁恩：作品《梦曲》发表于《中外华文散文诗选集》；作品《黄昏》获《中华颂》老少文学艺术大赛铜奖。

付友贵：1991年荣获文化部举办的全国农民歌手邀请赛二等奖。

欧阳舒琦：2004年，荣获文化部艺术服务中心举办的首届声乐七月舞蹈大赛全国总决赛少年组声乐项目铜奖。

徐革新：2004年，荣获文化部艺术服务中心举办的首届声乐器乐舞蹈大赛全国总决赛少年组声乐项目伯乐奖。2005年获全国决赛十佳歌手奖，在四川赛区的比赛中荣获民族组特别新人奖。

第三章　文化市场

第一节　市　场

一、演出

全县文艺场所有红旗剧场、电影院的放映大厅。1991—2005年，共接待外来文艺表演团体480余个，县文化体育局负责演出介绍信、演出许可证、演出节目内容的审验和备案工作。

二、娱乐

县文化体育局颁发“娱乐经营许可证”，设置警示牌，公布文化稽查队的举报电话号码，对“噪声扰民”问题严重的娱乐场所依法关闭。2000年，全县进行专项治理，取缔电子游戏场所28家，电脑游戏6家，处置违规接纳中小学生的电子游戏场所6家。

三、网络

2004年2月，全县开展网吧的专项整治，向社会公布举报电话，聘请35名网吧社会义务监督员，与各网吧经营业主签订《申请从事互联网上网服务营业场所告知承诺书》。2005年，开展“文明示范网吧”的评比活动。

四、其他音像市场

1991年，全县初步形成以县电影公司录像发行站为主体的发行、租赁、放映一条龙的运营机制。至1995年，VCD租赁业务成为音像市场的主体，音像市场管理重点转向“扫黄打非”。2000年7月5日，首次在赵镇韩滩桥体育场召开金堂县扫黄打非收缴物品集中销毁现场会。全县加强对知识产权的保护，坚持开展音像市场的整治。截至2005年年底，全县共缴获黄色、淫秽、盗版等非法音像制品10万余张。

书刊市场。至1995年，书刊市场达44家。2002—2005年，全县开展了缴收“口袋本”图书的专项行动和盗版教辅教材的整理行动。

第二节　文化市场管理

县文化市场，坚持“一手抓管理，一手抓繁荣”的方针，由县文化体育局主管，公安、工商、卫生、环保、物价等相关部门协同配合，县“扫黄打非”领导小组牵头协调，每年组织2次以上的常规性联合执法行动。1996年，成立文化市场科和新闻出版科，具体负责文化市场、出版物市场的行政审批和日常管理工作。2003年6月，组建金堂县文化体育广播电视新闻出版稽查队，具体负责文化市场、出版物市场的行政执法和日常市场监管工作。2005年7月，成立金堂县网吧协会，协助文化行政主管部门对金堂县网吧的日常性管理。县文化体育局作为主管部门，负责文化市场经营业务和经营场所硬件设施、设备的审查和办证，公安、工商、卫生、环保部门对文化市场实行监管，负责经营场所的治安、消防、卫生、环保等的监督管理并办理相关证照。

1991年，金堂县有舞厅7家，文化音像发行站1家，录像放映队37支，卡拉OK厅8家，电子游戏厅65家，书报刊零售8家，印刷企业34家。1995—1999年，文化市场经营项目以卡拉OK、歌舞娱乐场所为主。2000—2005年，加强了对文化市场的清理整治，进一步整理和规范了文化市场的经营秩序，针对每年都开展“扫黄打非”专项斗争和文化市场的集中整治。2002年，办理“网络文化经营许可证”，截至2005年年底，全县有网吧31家，音像制品租赁（零售）60家，歌舞娱乐场所21家，打复印店25家，出版物零售单位35家。

第四章　文物保护与管理

第一节　文物保护单位

1991—2005年，金堂县有文物保护单位共37处，其中省级1处、市级7处、县级29处。

一、省级

南宋云顶城：位于云顶山上。为成都东部门户，东西两川咽喉。云顶城筑于南宋淳祐三年（1243年），是宋蒙战争中宋军山城防御体系的重要据点之一，总面积为1.5平方公里。1986—1987年修复了南城门至小东门的城墙、马道、岗亭、炮台共计870余米，水师码头至小东门登山道2000余米和维修北城门发掘修复瓮城门。1985年，公布为市级文物保护单位。1991年，云顶城被列为四川省级文物保护单位。

二、市级

（一）正心堂：位于赵镇十里社区，建于民国时期，于1995年由成都市春熙路大科甲巷内古建筑易地赵镇修复保护。正方形布局，砖木结构，三楼一底，建筑面积1400余平方米，保存完好。1981年公布为市级文物保护单位。

（二）慈云寺：慈云寺位于金堂县东的大云顶山巅南部，始建于南北朝齐梁年间，初名清修寺，唐天宝六年（747年）名僧王头陀静照驻于此，称慈云寺，1985年2月将寺庙复兴，重光古刹，现已有七重、八堂、九殿、四园、三楼、二房、一亭、一阁、一塔的规模。2005年慈云寺占地面积26690平方米，全寺有僧人27人。1981年，被列为成都市级文物保护单位。

（三）禹王宫：建于清代，位于土桥镇朝阳社区，西南向，四合院布局，2000年经全面修缮，保存完好，占地2452平方米，建筑面积1921.45平方米，1981年公布为市级文物保护单位。

（四）南华宫：建于清代，位于土桥镇朝阳社区，坐南向北，四合院布局，占地万余平方米，正殿山门仅左右厢房保存，其余拆除改建，1981年，公布为市级文物保护单位。

（五）大成殿：建于清代，1995年，由成都市文庙前街石室中学内易地赵镇十里社区修复保护。大成殿室阔5间，进深4间，建筑面积800余平方米，保存完好，1985年公布为市级文物保护单位。

（六）舒家湾天主教堂：建于清代，位于淮口镇舒家湾村，教堂东南方向，呈亚字形布局，仿西方中外结合风格建筑，占地1648平方米，基本完好，1997年，公布为市级文物保护单位。

（七）瑞光塔：南宋时期修建，在淮口镇南蛇山上。仿木楼阁式，通高33米，素砖建造，黄泥、白灰浆砌。塔有2层塔基，素面须弥座，塔身方形13层，于1981年被列为成都市文物保护单位。

三、县级

（一）石家道场：建于汉代，位于栖贤乡三学寺村，坐东向西，横向布局，基本完整，有倾斜。1981 年，列为县级文物保护单位。

（二）石塔记碑：建于汉代，位于栖贤乡三学寺村，碑文 28 行，正文 23 行，每行 51 字楷书，碑额篆书“栖贤山石塔记”，字有风化可通读。1981 年，列为县级文物保护单位。

（三）无量宝塔：始建于汉代，近年修复。位于栖贤乡三学寺村，宝塔由 168 座分塔组成，每座分塔刻 504 个小塔或佛像，计八万四千佛塔，故又称八万四千宝塔。1988 年列为县级文物保护单位。

（四）三学寺：三学寺位于县城东 6 公里处的三学山上，相传为“蜀中八仙”之一的李八百三次学道之地，隋唐时，山上建有延祥、广济、鸿教三寺，后改名为法海、普济、广济寺，加之前庵开照寺总称三学寺。中华人民共和国成立后，佛教停止活动，“文化大革命”中，庙宇被毁。1993 年 11 月 6 日重新开放，广禅任住持；1996 年全寺共有僧人 13 人。经过 10 多年的艰苦努力，法海寺、开照寺已成规模。法海寺恢复了释尊无量宝塔，新建了天王殿、观音殿等，开照寺恢复了排坊、三门殿、金刚殿、天王殿、大雄宝殿、观音殿等，两寺的建筑风格古朴、庄严、宏伟。1988 年列为县级文物保护单位。

（五）前庵：又名开照寺，建于清代，位于栖贤乡三学寺村，坐东南向西北，四合院布局，占地 1074. 70 平方米，建筑面积 556 平方米，保存完好。1988 年，列为县级文物保护单位。

（六）经幢：建于汉代，位于栖贤乡三学寺村，保存完整，幢体经文有些风化。1988 年，列为县级文物保护单位。

（七）摩崖造像：建于唐代，位于栖贤乡三学寺村，仅存 1 龛 8 尊佛像，保存完好。1988 年，列为县级文物保护单位。

（八）烈士陵园：建于现代，1959 年，位于赵镇泰吉社区，长 57. 40 米，宽 42. 50 米，占地 2242 平方米，陵园有解放军 19 师干部战士 75 座墓，老红军、革命烈士 13 座，1988 年，列为县级文物保护单位。

（九）彭家珍故居：建于清代，位于赵镇家珍村，坐西南向东北，四合院布局，占地 1097 平方米，大体轮廓保存，部分垮塌改建，1988 年，列为县级文物保护单位。

（十）岳钟琪墓：建于清代，位于栖贤乡岳公村，南向，土冢直径 11 米，高 6 米，墓前御碑华表百米墓道石刻像均在 20 世纪 70 年代被毁，1988 年，列为县级文物保护单位。

（十一）万年寺：建于清代，位于淮口镇云顶村，现存建筑支架，急需修缮，1988 年，列为县级文物保护单位。

（十二）居禅庵：建于清代，位于淮口镇光荣村，2008 年 5 月 12 日地震后，破烂不堪，急需维修，1988 年，列为县级文物保护单位。

（十三）圆觉庵：建于清代，位于淮口镇光荣村，2008 年由云顶山出资全部重修，1988 年，列为县级文物保护单位。

（十四）东映寺：建于清代，位于淮口镇云顶村，急需维修，1988 年，列为县级文物保护单位。

（十五）千年寺：建于清代，位于淮口镇云顶村，第三次文物普查中已全部倒塌，1988 年，列为县级文物保护单位。

（十六）常乐庵：清代，位于淮口镇光荣村，2008 年 5 月 12 日地震后，急需维修，1988 年，列为县级文物保护单位。

（十七）怀安军遗址：建于宋代，位于淮口镇同兴社区，2007—2008 年多次勘探调查初定范围，为南北长 1500 米，东西宽 500 米，面积 0.60 平方公里；2008 年发掘面积 8000 余平方米，发现了北城门、城墙、民居、寺庙、作坊等重要遗迹。1988 年，列为县级文物保护单位。

（十八）帝主宫：又名黄州馆，建于清代，位于淮口镇同兴社区，坐东南向西北，占地 1805 平方米，正殿及厢房重檐歇山万年台保存完好，1988 年，列为县级文物保护单位。

（十九）李安德墓：建于清代，位于淮口镇华兴村，西向，土冢高 1.50 米，直径 3 米，石质墓碑记述墓主生平，保存完好，1988 年，列为县级文物保护单位。

（二十）太平寺：建于清代，位于淮口镇瑞光社区，西向，四合院布局，占地 1000 余平方米，保存完好，1992 年，列为县级文物保护单位。

（二十一）大宋怀安军重修建北禅院碑记：建于宋代，位于淮口镇瑞光社区，碑通高 2.85 米，宽 1.20 米，碑额篆书，正文剥蚀严重，无法通读，1981 年，列为县级文物保护单位。

（二十二）帝道暇昌钟：建于清代，位于栖贤乡三学寺村，保存完好，1981 年，列为县级文物保护单位。

（二十三）灵开寺：位于金堂县淮口镇炮台山，始建于清咸丰初年，初名拈花寺，光绪二十二年（1896）增修扩建，改为灵开寺。解放后，灵开寺被保留，“文化大革命”中，寺院的佛教活动停止，1985 年 2 月 28 日，批准重新开放灵开寺的宗教活动。1988 年，列为县级文物保护单位。

（二十四）南华宫：建于清代，位于淮口镇瑞光社区，南向，四合院布局，现存正殿及左右厢房，占地面积 1542 平方米，1988 年，列为县级文物保护单位。

（二十五）靖天宫：建于清代，位于淮口镇滨江社区，坐东向西，四合院布局，占地面积 942 平方米，基本完好，1988 年，列为县级文物保护单位。

（二十六）窖骨山墓葬群：清代时期，位于隆盛镇松柏村，墓现存 60 座，占地 300 余平方米，墓用石板砌成 0.50 米正方形网状，每穴陶罐装骨入葬，葬式具有研究价值。1981 年，列为县级文物保护单位。

（二十七）七堆瓦天主教堂：建于清代，位于高板天堂村，西向，呈四字布局，中西合璧，建筑风格现存三楼式牌坊门楼，礼拜堂和左厢房计 320 平方米，1988 年，列为县级文物保护单位。

（二十八）太乙宫：建于清代，位于广兴镇广严寺社区，仅存一个楼戏台，万年戏台雕刻人物故事，1992 年，列为县级文物保护单位。

（二十九）关圣宫：建于清代，位于五凤镇五凤溪社区，坐南向北，四合院布局，占地 1957.50 平方米，保存完好，1992 年，列为县级文物保护单位。

第二节 文物古迹

一、怀安军遗址

怀安军遗址位于金堂县淮口镇同兴社区州城村辖地，沱江西侧的冲击平坝上，北纬 30°42′49.6″，东经 104°33′5.3″。城址东临沱江，西靠云顶山，南与亨皇洞崖墓群山接址，北为淮口大桥及黄洲馆和金乐公路。2007 年 4 月至 7 月，2008 年 5 月至 7 月，成都市考古研究所、金堂县文物管理所多次对怀安军遗址进行勘探调查和发掘，东城墙保存较好。南面城墙壕沟残存 100 余米，西城墙已不复存在，仅1米宽的城壕沟向东南延伸，于下坝村与南城壕相接。北城墙位于金乐路南600米，城墙东部保存较好，并于此处发掘出北城门。根据城墙、城壕遗存的范围和钻探发掘出的瓷器、陶器、钱币、砖瓦、石刻等大量的建筑构件中，生产生活用品和军事标志、怀安军遗址呈菱形，长约1500米，宽约500米，面积约0.60平方公里。南宋初，0.34平方公里的怀安军城“岁月既久，渐渐颓塌，今则人皆可逾越矣”。知军庆正上书建议重新修葺，鉴于宋末抗元之形势，怀安军城继续发展和利用，近年来考古出土大量南宋遗物可以证实。

二、汉代古墓群

据县第三次文物普查资料记载，金堂县淮口、竹篙、高板、土桥地区，栖贤乡、三星镇、五凤镇、赵镇地区和清江镇共有古墓群68处，其中汉代崖墓群24处、墓穴509个，未破坏的有127座。

2005年，县文管所对赵镇地区汉代崖墓再次进行深入细致的调查，登记了较为集中的汉代古墓群9处。

（一）花家山崖墓群：位于赵镇杨柳一致村东北750米，共73座，自东向西编号为M1—M73。

（二）先锋汉代崖墓群：位于赵镇赵渡社区先锋村南1.50公里，共80座，自西向东编号为M1－M80。均被扰乱。

（三）磨盘山汉代崖墓群：位于赵镇家珍村东南600米的磨盘山半腰，共17座，自西向东编号为M1－M17。其中：6座保护完好。

（四）皂角丫山汉代崖墓群：位于赵镇家珍村东南950米的皂角丫山上，共计23座，自西向东编号为M1－M23。其中9座保存完好。

（五）滴水岩汉代崖墓群：位于赵镇香龙村西北2.20公里的滴水岩山坡上，共计9座，自西向东编号为M1－M9。

（六）香龙山汉代崖墓群：位于赵镇一致村西北1.50公里，共计114座，自西向东编号为M1－M114。其中30余座保护较好。

（七）阎王坎汉代崖墓群：位于赵镇石子岭村东北2公里，共计17座，自西向东编号为M1－M17。

（八）盘龙寺汉代崖墓群：位于赵镇江源村东北2.50公里，共计16座，自西向东编号为M1－M16。

（九）董家湾至来宝沱汉代崖墓群：位于赵镇江源村西300米至1.20公里的狮子沱山上，共计30座，自北向南编号为M1－M30。其中6座保存。

分布在赵镇地区的汉代古崖墓群计9处379座，分为单室墓、双室墓和多室墓三种类型。葬具有瓦棺和石棺两种，随葬品有石器、珠器、铜器、钱币和各种陶器等。丰富的石刻艺术均为仿木构的柱、枋、梁、椽、斗拱、瓦当、滴水、脊翘、阙和人物、动物画像等，具有较高的历史、艺术和科学价值。

第三节　馆藏文物

一、馆藏文物种类

2005年，县文管所按照成都市有关规定和国家有关标准，对馆藏文物进行清理、登记、拍照、建档、建卡，全国统一编码，建立国家馆藏文物财产总登记账和分类账，并一式三份上报省、市文物行政管理部门，进行科学化、标准化、数字化管理。

2005年年末，金堂县馆藏文物总数为2282件，其中一级文物4件，二级文物11件，三级文物

151件，未定级文物和一般文物及标本资料2116件。文物藏品从战国时期至清末，藏品为石器类23件、陶器类180件、瓷器类62件、铜器类449件（含钱币）、铁器类1544件（含钱币）、银器类2件、木刻器2件、砖瓦类10件、化石类2件、玻璃类3件、泥塑类3件、纸质品1件、织绣品1件。

二、文物发掘

县文管所与成都市文物考古工作队联合行动，历年发掘文物情况如下：

2003年3月，清江镇容丰村，发掘东汉崖墓2座，出土仿木建筑雕刻石棺1口、钱币1枚、陶器及摇钱树残片等共16件。

2003年6月，淮口镇成都热电厂建设工地，发掘明墓1座，汉墓2座，五代陶瓷民窑遗址1处，成品、半成品陶瓷残片无数。

2004年12月，五凤镇战斗村，试掘出大件石刻窖藏，出土明清石刻佛像25件。据有关文献记载及口碑资料，该地尚有大批石刻佛像埋藏。

2005年5月，官仓镇红旗页岩砖厂，出土五代大型四系陶罐1件（高46厘米、口径20.50厘米、敛口、鼓腹、溜肩、施皮蛋青釉）。

2006年3月，赵家镇碧山村，发掘东汉崖墓2座，出土抚琴俑、吹笙俑、怪兽俑等陶俑及钱币、摇钱树残片共21件。

三、文物征集

1989年4月，三星镇兰家店村民修房挖基础出土南宋彩陶俑12件，其中8件已被省、市文物专家鉴定为国家三级文物。1997年5月，201医院扩建工程施工出土清江镇征集东汉陶碗2件。1998年3月，五凤镇战斗村三组塔子圆明墓，明代陶器4件，其中三足鼎香炉1件、陶罐2件、陶花瓶1件。2005年6月，杨柳墓群，追缴汉墓出土说唱俑等陶器22件。

第五章　宗　教

第一节　宗教类别

全县有佛教协会、天主教爱国会、基督教三自爱国会等三大宗教团体，经县人民政府批准开放的宗教活动场所九处，即：佛教4处、天主教4处、基督教1处，共有教职人员74人；教徒18613人，其中：天主教教徒2201人，基督教教徒2101人，伊斯兰教徒191人，佛教皈依居士14120人，信教群众约7万人（基督教2600人，佛教67400人）。

一、金堂县佛教协会　金堂县佛教协会于1980年11月11日正式成立。1989年12月22日，金堂县佛教协会召开第二届代表会议。1994年4月6日，金堂县佛教协会召开第三届代表会议。1998年8

月，金堂县佛教协会召开第四届代表会议。2003 年 1 月，金堂县佛教协会召开第五届代表会议。

二、金堂县天主教爱国会　金堂县天主教爱国会于 1984 年 4 月成立。1999 年 12 月，金堂县天主教爱国会换届。

三、金堂县基督教三自爱国会　1989 年 2 月 18 成立金堂县基督教三自爱国会。1989 年 2 月 19 日，金堂县基督教三自爱国会召开第一届代表会议。1993 年 4 月 13 日，金堂县基督教三自爱国会召开第二届代表会议。

第二节　宗教庙宇及场所

一、慈云寺

慈云寺位于金堂县东的大云顶山巅南部，始建于南北朝齐梁年间，初名清修寺，唐天宝六年（747 年）名僧王头陀静照驻于此，称慈云寺，明末毁于兵火，清康熙年间重建，更名云顶山寺，该寺规模宏大，建筑雄伟，寺中四大天王和五百罗汉泥塑，造型生活逼真，堪称我国古代民间艺术杰作，有七佛坊，因云顶后山有七佛云岩而得名。解放后，慈云寺被保留。“文化大革命”中，寺院受冲击、遭破坏，寺院的佛教活动停止。1985 年 2 月 28 日，批准重新开放慈云寺的宗教活动，妙庄任住持，妙庄带领四众弟子经过多年的艰苦奋斗，将寺庙复兴，重光古刹，现已有七重、八堂、九殿、四园、三楼、二房、一亭、一阁、一塔的规模。2004 年 11 月 14 日，妙庄圆寂，由洪慧任慈云寺住持，慈云寺占地面积 26690 平方米（其中圆觉俺 8056. 74 平方米），全寺有僧人 27 人。

二、灵开寺

灵开寺位于金堂县淮口镇炮台山，始建于清咸丰初年，初名拈花寺，光绪二十二年（1896）增修扩建，改为灵开寺。解放后，灵开寺被保留，“文化大革命”中，寺院的佛教活动停止，1985 年 2 月 28 日，批准重新开放灵开寺的宗教活动，常太任住持，灵开寺占地面积 4080 平方米，全寺共有僧人 30 人。1997 年 1 月，常太退休，妙果任住持。寺内有菩提树 4 株，高约 6 丈，径近 2 尺，其子为红色，并多奇形，凹凸不平，或如圆月如半月，或如罗汉形等，世所罕见，人称红玉菩提；有老桂树一株，十年动乱，自然枯萎；1985 年，此寺重新开放后，老桂树又发芽开花，此外，寺内尚有地莲花、松枪柏等自然奇观。

三、三学寺

三学寺位于县城东 6 公里处的三学山上，相传为“蜀中八仙”之一的李八百三次学道之地，隋唐时，山上建有延祥、广济、鸿教三寺，后改名为法海、普济、广济寺，加之前庵开照寺总称三学寺。明代初赐名为栖贤禅院，耗时五年在上寺后面修建有释尊无量万宝塔，明末寺院毁于战火，康熙 22 年（公元 1683 年）重修，三学寺均为三重殿宇，规模雄伟。解放后，佛教停止活动，“文化大革命”中，庙宇被毁。1993 年 11 月 6 日重新开放，广禅任住持；1996 年 10 月 21 日广禅退休，崇定任住持，全寺共有僧人 13 人。经过 10 多年的艰苦努力，法海寺、开照寺已成规模。法海寺恢复了释尊无量宝塔（八万四千塔），新建了天王殿、观音殿等，开照寺恢复了排坊、三门殿、金刚殿、天王殿、大雄宝殿、观音殿（殿内塑有五百巴壁漂海罗汉）等，两寺的建筑风格古朴、庄严、宏伟、壮观，普济、广济寺待恢复。

四、瑞光寺

瑞光寺在淮口镇南郊蛇山上，始建于南宋嘉定年间，初名太平寺，亦名白塔寺，清康熙（1662—1723年）重修，寺前为瑞光塔，全寺为四合院布局，1998年2月24日批准开放，2000年8月28日改为瑞光寺，占地面积3.76公顷，2004年4月12日普空任住持，全寺有僧人2人。

五、舒家湾天主堂

舒家湾天主堂位于淮口镇舒家湾村，始建于清乾隆三十七年（1772年）。光绪二十八年，金堂县发生“苏家湾教案”，天主堂被义和团捣毁，后重修；中华人民共和国成立后，天主教停止宗教活动；1983年2月批准开放，占地面积9003平方米。

六、七堆瓦天主堂

七堆瓦天主堂位于高板镇天堂村，始建于清乾隆年间，中华人民共和国成立后天主教停止宗教活动；1983年2月，批准开放，占地面积19366.27平方米。

七、隆盛天主堂

隆盛天主堂位于隆盛镇泉水村，建于1985年，占地面积150平方米，1985年10月批准开放。

八、赵镇天主堂

赵镇天主堂位于赵镇团结巷，占地面积150平方米；1985年10月批准开放；2004年经市、县政府批准，迁建至金阳水景，改名为金阳水景天主堂；该堂得到天主教成都教区的支持，由金阳集团总经理邓诗维捐赠土地1066.5平方米，资金18.8万元；经全县神长教友的捐赠和共同努力，赵镇天主堂于2004年8月动工，2005年12月18日竣工使用，总造价78.8万元，总面积为1066.5平方米。

九、五凤礼拜堂

五凤基督教礼拜堂位于金堂五凤镇，1989年2月批准开放，2002年9月经政府批准进行危房改建，占地面积为854.62平方米。

第六章　广播　电视

第一节　机　构

一、金堂县广播电视局（台）

1976 年 10 月 18 日，建立四川省金堂县广播事业管理局，1955 年 12 月建立的金堂县广播站名称仍然保留，实行局站合一，一套班子两块牌子，行政上行使局级职权，负责全县广播、电视事业的管理和建设。局内设办公室、事业管理股、技修股。1979 年增设广播电视服务部。

1981 年 3 月 12 日金堂县广播事业管理局更名为金堂县广播事业局，并正式列入县政府工作部门。由县政府、业务由县委宣传部领导。

1984 年 1 月 21 日金堂县广播事业局更名为金堂县广播电视局，内设办公室，事业管理股，广播电视服务部，音像管理办公室。

1995 年局内设办公室、计财股、事业股、音像股。

1997 年 3 月 30 日县广播电视局列入县政府工作部门，既是新闻宣传机关，又是全县广播电视事业的管理机关。仍实行局台合一，主管全县广播电视宣传和广播电视事业，内设机构为办公室、总编室、社会管理科、技术科、计划财务科。

2001 年 11 月，县级机构改革，原金堂县广播电视局和金堂县文化体育局合并，设置金堂县文化体育广播电视局；内设办公室、政工人事科、文化科、体育科、社管科、总编室、新闻出版科、计划财务科等 8 个工作部门。

2005 年 9 月 1 日撤销金堂县文化体育广播电视局，设置金堂县文化体育局和金堂县广播电视局。金堂县广播电视局内设办公室、发展管理科、技术科、计划财务科，全局（台）职工 70 人。

二、金堂人民广播电台

1983 年 12 月 9 日，四川省广播电视厅批准同意，金堂县广播站改为金堂人民广播电台，实行局台合一，一套班子，两块牌子。内设立编辑部，属县公司级，负责宣传工作。金堂人民广播电台主要转播好中央、省、市广播电台节目。

三、金堂电视台

金堂电视台的前身是 1983 年 7 月创建的金堂电视差转台，于 1983 年 7 月 1 日开播。1994 年 7 月 13 日，成都市广播电视局批复同意建立金堂电视台，主要任务是完整转播中央、省、市电视台节目，亦可自办新闻、专题、知识性和服务性节目。使用频率为 DS－31，发射机标准功率为 300 瓦。属全民所有制事业单位，归属金堂县广播电视局管理。县广播电视局局长兼任台长，内设办公室、新闻部、专题部、技术播出部、经济广告部。

四、金堂有线电视台

1993年3月1日，广电部批复同意建立金堂有线电视台，主要任务是完整转播中央、四川电视台节目和国家教委办的教育电视节目；性质为局级全民所有制事业单位，归属金堂县广播电视局管理，由县广播电视局局长兼任台长，内设新闻部、专题部、技术部和办公室。2005年，县城赵镇已架设有线电视传输主干线1340米，用户达3万多户。

五、金堂县广播电视台

1997年，按照广播电影电视部《关于县（市）广播电视播出机构合并的意见》，1998年2月28日，广播电影电视部同意金堂县人民广播电台、金堂电视台、金堂有线电视台合并为金堂县广播电视台。1998年5月6日，四川省广播电视厅转发广电部关于同意金堂县广播电视台合并重新登记的批复。

第二节　设施建设

一、金堂县广播电视中心大楼

金堂县广播电视中心大楼工程于1995年5月建成，坐落在金堂县三江路外绕城路北侧，占地0.55公顷，总建筑面积4800平方米，总投资565万元，共十层，楼梯高40米，楼顶30米高，总高70米的发射铁塔，整幢大楼全框架结构。

二、广播电视开路收转系统

1991年，金堂广播电视节目已经开路发射，机房设在老广播局宿舍楼顶，全县部分乡镇能收听到广播，广播发射功率为30W，频率为96.2MHz；电视接受8CH节目以12CH播出，发射机功率为50瓦；18：50开播，23：00结束；节目源主要为8CH节目，9：40插播的本地节目。

1993年9月，县内四方山广播电视转播台工程建设竣工并投入使用。转播台通过接受县电视台12频道开路信号以31频道发射。1998年1月电视台12频道停播。

三、广播电视节目制作系统

1991年2月，广播节目录播系统采用601、602盘带机和家用双卡座收录机。1992—2003年，共投资130万元购置专业摄录编辑设备。

2004年3月，金堂县广播电视局又投入20万元对电视台播出设备进行了改造，将原盘带播出系统升级为硬盘自动播出系统，添置了1套DPS非线性编辑系统，新设电视配音工作站．从此，金堂电视台电视自办节目的配音、播出实现了无带化。

四、乡镇调频广播和村广播

1991—2005年，金堂人民广播电台每天以102.6MHz的调频频率由四方山调频转播台向全县人民发射金堂台自办的《金堂新闻》《三江之声》《农广天地》等节目，各乡镇广播站将广播信号接收后，通过有线广播向各村、组传送。

五、城区有线电视

1991年金堂县广播电视局对县城有县电视系统的前端设备进行了改造，县城有线电视用户达3200户，已架设有线电视传输线路52公里，传送节目达10套。1997年3月，由准邻频传送更换为邻频传送。1999年12月底，金堂县广播电视局实施了县城光纤电视网络改造工程建设，至此整个县城区的光纤电视网络主体已基本架设完毕，用户光纤网络干线总长达440.14芯公里，有线电视用户11858户，传送节目套数达36套。

2000年金堂县正式开通光纤电视系统，节目联网工程已实施。2001年启用了可寻址用户管理系统，有线网络实现了实时收费、实时开通、统一管理、远程控制。2002年11月，金堂有线电视台开通互动点播频道。2004年有线电视前端信号源实现了数字化，采用数字方式接受32套节目，解决了画面不清晰、图像翻红等问题。同年完成了有线电视网络的资产评估工作。

2005年5月，有线电视网络整合完成，金堂有线电视资产从金堂县广播电视局分离出来，成立了金堂兴网广播电视传媒有限公司，属企业化运作。

六、农村有线电视

1991年12月，金堂县广播电视局技术人员独立设计、施工建成第一座淮口有线电视站。1994年底全县农村有线电视用户达2592户。1997年年底全县建有线电视的乡镇20个。1998—1999年，全县24个乡镇建立了有线电视系统，干线网络总长为160.49公里，终端用户总数达6103户；传送电视节目达12套。2000年县至乡（镇）光纤电视联网工程全面启动，实行光纤架设并与县局联网；当年完成光缆架设213.2芯公里，传送电视节目达20套。2003年与四川首创诺尔科技有限公司达成项目建设合作协议，年内完成竹篙、又新、土桥三个乡镇的光纤电视建设和线路改造和签署光纤电视网的收归协议，2005年全县乡镇有线电视用户达7363户，15个乡镇实现光纤电视网，收视节目达36套。

第三节 栏 目

一、县广播电台

1991—2005年，金堂人民广播电台对农广播每天早、中、晚三次播音，播音时间为每天早上6：30—8：00，中午11：55—14：00，晚上17：00—20：00，全天播音时间多的7小时30分，少的5小时45分；开办有《金堂新闻》《对农广播》《三江之声》节目主要内容向广大农民朋友宣传党的方针政策、传授科学致富本领，为农民朋友答疑解难。同时各乡镇还自办新闻、专题、科技知识等栏目。

二、县电视台

1991年，建立金堂有线电视台。节目开始正规化播出。1993年正式建立金堂县有线电视台。1993年首次成功摄制电视专题片《相聚在桔乡》，其影像资料发至海外。1994年四方山广播电视转播台和金堂县广播电视中心的建成投入使用，金堂电视台的设备投入逐年增加，传输节目的套数由10余套逐年增加到40余套，电视节目播出时间逐步由每天播出8小时左右增加到16小时。1991—2005年，金堂县电视台共播出电视新闻节目2507组、各类电视专题节目4181组。金堂电视台于其后相继摄制了《走进金堂》《面对党旗的承诺》等210余部电视专题片。在中央、省、市各级媒体播发外（上）宣稿件节目2356件（组）。

三、乡（镇）广播电视站

至1994年年底，全县共计安装喇叭18万户，入户率达85%，村通率达100%，有线广播专线达5594公里。1998年起，金堂县加快农村有线电视的发展，加之各乡镇广播站工作重心的转移，广播网络处于衰退期。2005年，投入200万元恢复农村广播“村村通”工程，全县的农村广播调频、有线、调频和有线相结合三种方式得到了全面恢复，广播音响率达100%，广播人口覆盖率达90%。

1991年金堂电视台发射功率为50瓦，1998年11月电视发射功率扩大为1000瓦，电视覆盖半径达50公里，扩大覆盖面60倍，基本上解决了金堂特别是下五区群众收看金堂台节目的问题。节目内容与金堂县广播电台栏目相同。

第四节　广播电视获奖

1991年12月12日，金堂人民广播电台编辑部主任杨登榜荣获全国首届范长江新闻奖，属全国中青年新闻工作者的最高奖。

1992年12月，金堂广电局获广播电影电视部和人事部颁发的全国广播电视系统先进集体奖；金堂人民广播电台获四川省广播电视厅颁发的《四川省县级广播台站宣传工作考核条例》1990—1991年度考核达标奖。

1993年12月15日，金堂人民广播电台荣获联合国教科文组织农村交流鼓励奖；同年12月22日，金堂广电局获四川省农村广播创建40周年先进集体。

1995年3月14日，因金堂台获联合国教科文组织农村交流鼓励奖，四川省广播电视厅、成都市政府、县委和县政府联合表彰金堂县广播电视局。

2001年6月19日，在成都市广播电视局举办的《颂歌献给党——成都市广播电视系统纪念中国共产党诞生80周年文艺演出》活动中，金堂广电局选送的男声小合唱《西部放歌》获二等奖，配乐散文诗朗诵《对话》获优胜奖，并获组织奖。

第七章　报纸刊物

第一节　管理机构及队伍

一、管理机构

《金堂报》是中共金堂县委、金堂县人民政府主办的机关报，是经省、市委宣传部和省、市新闻出版局批准出版发行的县级党报。宗旨是“传达政令、发布新闻、服务经济”。指导思想和任务是：“以科学的理论武装人，以正确的舆论引导人，以高尚的精神塑造人，以优秀的作品鼓舞人”；宣传贯彻党和政府的路线、方针和政策，宣传贯彻县委、县政府对全县经济和社会发展的指导思想及政策措施，沟通信息，为引进项目、技术、资金和人才做好舆论导向，为全县改革开放和发展经济服务。于1992年4月筹建，归口县委办公室；1996年7月由县委宣传部管理。

二、队伍

1992年4月筹建金堂报社。同年4月28日，《金堂报》创刊号正式出版。同年7月14日，县委常委会议决定建立金堂报社，实行主编负责制。8月15日，县委书记晏永和任金堂报社社长，县长吴逢根任副社长，黄家琼任常务副主编（主持工作）。1993年4月21日起，《金堂报》实行主编负责制。1997年9月26日，县委常委、宣传部部长吴幼章兼任金堂报社总编辑。1998年3月31日，钟智勇任金堂报社主编。2003年3月11日，县委常委、宣传部部长张孝军兼任金堂报社总编辑，钟智勇任县委宣传部副部长，兼任金堂报社主编。2004年3月12日，金堂报社更名为今日金堂编辑中心。

第二节　金堂报信息期刊

1992年4月28日，《金堂报》第一期创刊问世，正式定名为《金堂报》，作为县委、县政府的机关报。1992年12月28日，省委宣传部、省新闻出版局批准《金堂报》从1993年开始出四开四版周报（每周星期三出版）；1996年1月起，《金堂报》出周报加月末增刊；1997年10月起，《金堂报》改为周二刊（星期二、四出版）。2003年12月，根据《中共中央办公厅、国务院办公厅关于进一步治理党政部门报刊散滥和利用职权发行，减少基层农民负担的通知》，《金堂报》于2004年1月1日转为刊型内部资料，定名为《今日金堂》，金堂报社更名为今日金堂编辑中心，同时，再创办一份县内刊物——《金堂信息》。

第三节　编辑印刷与发行

《金堂报》前期由成都晚报印刷厂承印，从1994年1月起在金堂县城关中学校办的成都新兴印刷厂印制。1992年4月28日，第一期《金堂快报》印制1万份，在县内随《成都晚报》免费发放0.50万份；发送遍及全国近20个省、市的有关单位，此后发行量逐年增大。1992—2003年，《金堂报》共出刊861期、发行1033.20万份。2004年1月起，《金堂报》转为刊型内部资料后，改名为《今日金堂》，每月出刊一期，采用16开本刊型，印数10份，针对省、市新闻出版局寄送样刊，并接受上级新闻主管部门的审查。2004年年初实现了“激光照排、网络传输、全彩印刷”。出版的《金堂信息》为四开八版全彩色印刷，每月4期，每期印数近1万份，免费向全县党政机关、企事业单位以及离退休干部赠阅。《金堂信息》由成都博瑞传播股份有限印务公司承印，由县邮政局负责发送。2004—2005年，《金堂信息》共出刊61期、发行36.90万份。

第四节　新闻宣传

《金堂报》从1992年创立至2005年，先后组织了“思想解放大讨论”“四论金堂精神”“金堂经济跨越式发展”“开发资源 争先升位”等战略决策的宣传；以及对外开放、招商引资、民心工程、抗御自然灾害、思想政治工作、精神文明建设、公安法制、旅游事业、“三大建设”和科技、教育、卫生、人口与计划生育等方面的宣传，受到县委、县政府各种表彰60余次。1999—2003年，连续被市新闻出版局、市记协评为先进集体。1992—2005年，先后在中央、省、市主流媒体上发表3600余篇次。同时在《人民日报》《经济日报》《四川日报》《成都日报》、新华社通讯等重要媒体的重要版面上刊发了反映金堂“三问三比”“农业品牌”“企业改革”“城市建设”“劳务输出”“工业强县”等方面的稿件。

第三十三篇　体　育

1991—2005年，金堂县加大体育设施投入，新建具有现代体育设施的金堂体育中心。在学校开设体育课程和训练项目。城乡广泛开展全民健身活动。组织参加各类比赛，取得了较好的成绩。农村体育活动主要以篮球、台球、象棋、羽毛球、踢毽、拔河、健身舞蹈为主。1995年7月，金堂县级队参加成都市农民运动会，获团体第五名。1996年5月，成立金堂县全民健身指导委员会，开始执行《全民健身计划纲要》，全民健身活动有序展开。

第一章　体育管理及活动场所

第一节　体育管理

一、行政管理

金堂县体育运动委员会于1959年1月成立，1997年8月第二次同县文化局合并为县文化体育局，内设体育科，编制2人，负责组织指导全县体育工作的开展。2001年11月县文化体育局与县广播电视局合并为县文化体育广播电视局。2005年9月1日，撤销金堂县文化体育广播电视局，设置金堂县文化体育局和金堂县广播电视局。金堂县文化体育局内设体育科，负责体育事业管理工作。从1984年起，金堂县乡镇设置文化专干，负责文化、体育管理。1999年7月，各乡镇撤销文化专干，清理临时，聘用人员，实行乡镇统一管理，体育工作事务由社会事业管理中心负责。

二、市场监督

20世纪90年代初期，金堂县体育市场蓬勃发展，主要有旱冰场、台球、健身房、游泳场等经营项目。1998年8月前，体育市场由县体育运动委员会体育科进行监督管理。1998年9月后，由县文体局市场科、县文体广电局社管科、县文体局市场管理科管理。2001 年 10 月，停止对体育市场经营活动的收费，同时取消了对体育市场经营项目的行政审批，把危险性体育经营活动如游泳等改为强制性备案管理。2005 年，对县内游泳场馆进行强制性备案管理和检查，对其他经营项目进行日常行政监管。

三、教练与裁判员

县体育教练、裁判、社会体育指导员培训管理，主要由县文体局体育科组织管理和指导，市和市以上体育行政部门进行培训并颁发相关资格证书。1991 年，县体育运动委员会有 11 名工作人员，其中一级裁判 1 人，二级裁判 2 人，三级裁判 2 人，中级教练 4 人，初级教练 1 人。1996—2005 年，全县有一级裁判 4 人，二级裁判 10 人，三级裁判 42 人；社会体育指导员 17 人。1998 年，县有三级社会体育指导员 24 人。

四、体育协会

金堂县老年体育协会于 1982 年成立，设主席 1 人，常务副主席 1 人，副主席若干人和秘书长一人；下设有自行车、摩托车骑游队，腰鼓秧歌队，健身舞蹈队，拳剑队，老年合唱团，钓鱼分会；各乡镇设置分会。常年开展活动，人数众多。金堂县信鸽协会于 1983 年 11 月成立，有会员 30 人，1991—2005 年，每年春秋举行竞翔比赛。

五、中国体育彩票

1992 年 9 月，金堂县体育运动委员会在赵镇韩滩体育场首次发行即开型中国体育彩票。9 月 23 日，在赵镇复兴街、玉龙街、三江路道首次设置了 3 个电脑型中国体育彩票“七星彩”销售点。2000 年 9 月电脑型中国体育彩票再添“足球对抗赛事”玩法。2000 年 5 月，电脑型中国体育彩票同时开展即开型销售业务。2002 年 7 月，县文化体育广播电视局在赵镇文化街组织进行即开型体育彩票宣传。2005 年，电脑型中国体育彩票在全县设置 5 个销售点。

第二节　体育活动场所

一、金堂体育中心

金堂体育中心建于 1996 年，1997 年 1 月竣工，占地 5. 20 公顷；内设乒乓球训练馆 2 个，网球场 2 个，室外球场 1 个，室外排球场 1 个，标准足球场 1 个，标准环形 400 米跑道 1 条，室外标准游泳池 1 个，儿童戏水游泳池 2 个，运动观礼台 1 处。金堂体育中心由金堂中学管理并作为学校体育场所训练使用。

二、金堂县业余体校

金堂县青少年业余体校建于 1973 年，2003 年加挂金堂县青少年活动俱乐部牌子，同时在县 23 所学校设置青少年俱乐部活动中心。1995 年，有中级职称（二级）教练员 3 人，初级教练 2 人，管理人员 1 人。开设有田径 30 人、足球 30 人、乒乓球 50 人长年培训班；游泳培训班每年有 200 人；棋类培训班200人。2000年，有职工5人，中级教练2人，初级教练1人，管理人员1人。设置有田径、足球、体操等训练项目。

三、县属体育场所

金堂县赵镇韩滩桥体育场，投资41.30万元，占地1.86公顷，始建于1985年9月，设置有室内乒乓球训练、室外球场3个，门球场3个，标准足球场1个，3百米跑道4条，排球场1个。1995年，全县有室外游泳池4个，乒乓球训练房1个。1999年韩滩体育场投入4万元资金用于整修足球场、跑道和球场。2001年，因体育场被水淹，淤泥太多没有及时清理，后因县对河心岛进行整治，载重车压场地，致使足球场等设施受到严重破坏而未再投入使用。1999—2005年全县有室外游泳池5个，乒乓球训练房1个，200米环道运动场26个，网球场7个，机关、企、事业和学校篮球场195个，排球场9个，门球场6个。

四、镇属体育场所

淮口镇建有标准球场1个。2000年11月，开始在平桥乡建设篮球和乒乓球活动场所，始称为农民健身工程。

五、社区体育场所

2000年7月，市、县利用中国体育彩票公益金，在赵镇北滨路安装第一条全民健身路径，从此北滨社区的居民有了自己的公共体育场所。2002年，分别在赵镇建设花园、广电中心、二环路警官公寓区安装全民健身路径。2003年，在县建设局机关、县交警队宿舍区和2004年在泰吉社区小广场等地安装了全民健身路径，体育场所逐步向社区群众集中居住地发展。

第二章　群众体育与竞技体育

第一节　机关职工体育活动

机关职工体育活动主要以篮球、乒乓球、健身舞、网球、象棋等为主，经常开展活动的有男球和乒乓球，团体主要是县级机关各部门。篮球、乒乓球、象棋等棋类活动在机关干部职工中占有普遍性。

1993年12月，第一次承办市“千梯登云顶活动”，参加人数达800余人。1995年1月，举办首届金堂梅花节环城赛跑，参加人数达1400余人。1997年11月，在金堂县体育中心举办成都市领导干部运动会。1999年9月，为庆祝中华人民共和国成立50周年，在县体育中心举办首届大型团体操表演，参加表演人数达3000余人。2000年3月，由县委宣传部、县妇联、县总工会和县文体局举办首届“庆三八”体操大赛，全县有15个单位组队参加。2001年1月，开展“支持北京申办2008年奥运会万人签名暨环城健身跑”活动，县级机关、单位全体组织参加，活动空前浩大。当年开展了妇女职工趣味体育赛，中国象棋擂台赛，围棋对抗赛，“农行杯”职工男子篮球赛活动。2003年，在绿岛举办全县女职工健身路径比赛等11次大型体育活动。2004年，以端午金堂龙舟闹锦江为重点，举办了金堂县首届钓鱼节等活动共13次；召开了首届县残疾人运动会。2005年，以举办“四川省龙舟邀请赛”为契机，开展职工健步环城走，中心广场健身操赛，“金阳杯”县级机关篮球赛等16次；“四川省龙舟邀请赛”于5月1日举行，金堂县及宜宾、广安、乐山、雅安、德阳、眉山、成都等10支比赛队参加，并邀请了中国水上摩托艇队、中国水上划水队、四川省跳伞队进行快艇水上运动项目及空中跳伞表演。首届“金堂十一钓鱼节”比赛，吸引了来自西藏、云南、青海、江苏等省内外34个团体，500余人参赛。

第二节　农村体育活动

农村体育活动主要以篮球、台球、象棋、健身舞蹈为主。1995年7月，金堂县级队参加成都市农民运动会，获团体第五名。2000年，农村开始有公益性健身体育场所。节日划龙舟、耍龙、玩狮舞、拔河是传统项目。农村群众利用社区或村的院坝空地，广泛开展健身舞、秧歌、腰鼓等活动。2000年12月，金堂县承办四川省暨成都市第三届乡村青年文化节时，组织开展了拔河、篮球、接力赛等比赛。2001年，赵镇举办第二届农民运动会，设有田径、跳高、接力、拔河、乒乓球、篮球等比赛项目。2004年，金堂组队参加了端午龙舟闹锦江比赛活动。在淮口镇进行了首次“体育三下乡”活动。2005年，举办四川省“现代生态水城杯”龙舟赛，其中金堂三星队代表成都市，赵镇、栖贤、攀成钢三个代表队分别代表金堂一队、二队、三队参加了比赛。

第三节　老年体育活动

老年体育活动主要有太极拳、太极剑、象棋、健身舞、骑游、气功、秧歌、腰鼓，门球是老年体育健身活动的一部分。健步走、自行车和摩托车骑游活动经常进行。老年体协、门球协会是老年体育活动的具体组织、策划者。每年“重阳节”，老年体协都组织拳、剑、操和体育舞蹈健身比赛。每年春、秋两季，门球协会都举行门球比赛。

1997年，老年体育活动仅县城有8个活动站点，会员1000余人，常年开展有太极拳、剑、气功、广播操、迪斯科、健身操、交谊舞、健步走、打球等活动。1999年，举办“重阳节老年人运动会”和“重阳节门球大赛”。2000年，为老年体协恢复韩滩桥固定的活动场所。2001年，老年体协组队参加了成都市体育比赛并获奖。

第四节　全民健身活动

全县有13个100人以上单位和17个乡镇建立了体育领导小组，明确首批全民健身试点单位。1998年，时任金堂县委副书记、金堂县人民政府县长邓全忠任金堂县全民健身委员会主任。1999年，金堂县首次对金堂中学300人分三批进行全民体质测试和分析。确定了第二批赵镇人民政府、金堂实验小学等4个全民健身试点单位，18个乡镇、10个100人以上单位建立了体育领导小组，并配有兼职体育工作干部。2000年，第一次开展“支持北京申奥万人签名暨环城健身跑”活动；环城健身跑活动有机关、企事业单位、学生、农民工和群众，县领导带头参加活动，并按惯例在每年元旦举行，县常年体育健身人数已达33.83万人。同年7月16日，赵镇北滨路安装第一条全民健身路径，购置健身测试仪器对15个100人以上单位1440人进行了全民体质测试和分析。2002年，县委宣传部与各乡镇签订体育工作目标责任书；县委、县政府将体育工作纳入目标管理。首次开展全民健身周活动，并在赵镇绿岛举办了第一次全县性女职工健身路径活动比赛。2003年，全民健身活动参加人数达33.50万人，占全县人口总数40%，当年金堂县被评为省先进单位。2004年开展并推行“亿万农民健身”活动。2005年，县组织有36支全民健身方队参加了在金堂广场的健身操表演赛；开展了健身周、群众健步走、“四川省龙舟邀请赛”“十一钓鱼节”和老年健身秧歌，腰鼓等活动。

第五节　参加市以上运动会

1996年7月，组团参加成都市第九届运动会，副县长郭建平任团长。1997年11月，成都市领导干部运动会在金堂县体育中心举行。2000年4月，组团参加了成都市第十届运动会，副县长杨齐英为团长。参赛项目有10个：田径、足球、中国象棋、健美操等；体育舞蹈并获新人组冠军。参赛运动员141名，获金牌3枚、银牌6枚、铜牌3枚。2003年2月，在2003年四川省中小学生棋类比赛中，金堂县业余体校象棋获中国象棋9岁组团体冠军，并获赛委会颁发的“道德风尚奖”。

第三章　学校体育

第一节　体育课程

学校体育课程分为小学每周4节，中学每周3节，主要以田径、排球、篮球、羽毛球、跳高、跳远、乒乓球、广播操、体育队形变、爬竿、掷铅球等为主要教学课程。有条件的学校如金堂中学，四川锅炉厂技工学校开设游泳课程，中学有足球和单双械训练教育。设有课间操，小学设有眼保健操。

1979 年，开始推行《国家体育锻炼标准》。1991 年起教育部门把中小学《国家体育锻炼标准》工作纳入目标管理。1996 年，全县中小学全面施行新修改的中小学生《国家体育锻炼标准》，每年达标学生 4.27 万人，达标率达 90%。1998 年，在实施《国家体育锻炼标准》时，全县 102 个乡镇中小学校开展达标工作，施行面达 100%，全县学生达标率达 97%；村小 357 所施行达标，施行面 100%，学生达标率为 90%。2000 年，学校组织开展“田径、乒乓球、排球、百日游”等“四大”活动。2001 年，学校把足球周末赛纳入长期活动范围。2002 年，学校体育扩展三项棋类为学生体育活动项目，称为“六大活动”。2005 年，学校组织开展的“田径、乒乓球、排球、百日游、三项棋类、模型、足球周末赛、健美操”八大活动，参与学生达 15 万人次。

第二节　训练项目

一、田径

学校普遍开展田径训练，金堂中学、金堂淮口中学、金堂实验小学被市体委命名为田径传统校。1995 年，已有部分中心校和县城中、小学把过去油沙或泥石子跑道改造为塑胶运动场。

二、游泳

主要在金堂中学、金堂县赵镇第六小学和川锅厂技工学校、成纺二厂子弟校进行了游泳训练。

三、羽毛球

学校普遍进行羽毛球发球、拍球和拦球训练。大多数小学训练时没有羽毛球网，中学训练条件较好，有比较规范的训练场地。

四、乒乓球

学校普遍开展乒乓球训练。县 90% 的学校有 2 张至 4 张标准训练桌。金堂县赵家镇三烈小学被市体委命名为乒乓球传统项目学校。

五、足球

金堂县赵镇第二小学，金堂县赵家镇三烈小学被市体委命名为足球体育传统项目。

六、艺术体操

成都财贸职中金堂分校被市体委命名为健美操传统项目学校。

七、武术

对学生进行武术历史传承介绍，介绍训练事项和练武强身健体，鼓励支持学生进行武术业余训练。金堂没有开设专门课程。

八、象棋

学校设有专门象棋训练课程。

第三节 学校运动会

一、田径

1991年田径班级赛在中、小学校广泛开展，班与班、年级与年级之间田径竞赛，各校都组织运动会进行评比。1999年全县有82所中小学校，40756名学生参加田径班级赛。2005年全县有88所中小学校、94632名学生参加了田径班级赛。1998年，金堂县田径班级赛获市一等奖；2000年获市二等奖。

二、排球

1991—1997年，组织排球活动月达87次，共490个班和43426人次参加活动。2000年有22所学校，11270人参加排球活动月。1998年金堂县获市排球赛二等奖；2000年获市排球赛一等奖。

三、游泳

1998年百日游活动在金堂中学、川锅厂技工校组织开展。至2005年，金堂中学、赵镇第六小、川锅厂技工校等3所学校开展了“百日游”活动。1998年，成纺二厂子弟学校345人代表金堂县参加市“百日游”活动，获市比赛三等奖，2000年，获市调赛三等奖。

四、足球

1997年10月，举办首届金堂县中小学生足球周末赛。1998年全市把足球周末赛纳入中小学校学生活动范围。1998年，金堂中学、福兴小学参加市第二届“城郊联社储蓄杯”周末中小学生足球赛。2000年5月15日，“中国少年足球队——成都五少年足球队”应邀在县体育中心举行足球对抗赛。

五、乒乓球

1999年，全县有13所学校开展乒乓球活动月，参加学生达5233人。1998年，市乒乓球活动月调赛，金堂中学代表金堂县参加市“三好杯”乒乓球比赛，获女子团体第三名；1999年，赵家镇小代表金堂县参加比赛，获得男子垫球团体第二名，女子对墙击球团体第三名和女子团体第三名，金堂县乒乓球活动月获二等奖。2000年，市乒乓球活动月调赛金堂县获团体第二名和组织工作二等奖。

第三十四篇　医疗卫生

1991—2005年，金堂县医疗卫生事业坚持改革，加大投入，确保人民健康事业发展。1995年4月，县初级卫生保健工作达到省级要求。1996年10月金堂创省级卫生县城达标。1998年开展医院升级达标工作，至2005年全县达到二级甲等医院3个、二级乙等医院3个、一级乙等医院27个。1999年，金堂县开始创建省级中医先进县工作。2002年11月7日，金堂达到四川省农村中医工作先进县标准。2004年，县在三星、赵家、隆盛、转龙镇推广新型农村合作医疗制度。2005年，全县有医疗卫生机构56个，卫生工作人员2578人，其中卫生技术人员2080人（正高2人，副高30人，主治主管级353人，医、护、药、技师1261人），21个乡镇全面实行新型农村合作医疗及中小学生、婴幼儿住院医疗互助金制度；县人口死亡率5.04‰，孕产妇和婴儿死亡率分别为19.87/10万、9.74‰，传染病死亡人数占死亡数0.086%。

第一章　卫生机构

1991—1997年，县卫生局设办公室、政工科、医政科、中医科、药政科、防疫科、保卫科、计财科、审计科、县地方病防治办公室、红十字协会。2005年，县卫生局内设办公室、政工人事科、医政科（挂献血办公室、中医科、科教科牌子）、政策法规科、计财科（挂审计科、项目办牌子）、保卫科、疾控科、新合办共8个科室。挂靠单位有县爱国卫生运动委员会办公室、县地方病防治领导小组办公室。

第一节　县　属

一、金堂县第一人民医院

民国33年（1944年）12月19日，金堂县卫生院正式建立，原址在金堂县县城所在地城厢镇。下设赵镇、淮口、竹篙3个卫生分院。1949年，人民政府接管了旧县卫生院和3个分院。1951年县卫生院正式迁至赵镇。1956年县卫生院改称金堂县人民医院，1978年10月，称金堂县第一人民医院，属县级综合性全民所有制卫生事业单位，隶属金堂县卫生局。2001年2月7日被评审为国家二级甲等医院。

医院设置有职能科室9个：院办公室、医务科、财务科、保卫科、对外联络科、护理部、后勤保障科、药剂科、卫生管理小组。

2005年，医院职工总数552人，在岗职工人数441人。副高职称11人、中级职称151人、初级职称178人。医院占地总面积34356.68平方米，全院建筑面积有39855.94平方米，医疗设备价值638.70万元。

二、金堂县第二人民医院

1978年10月17日淮口区医院改为金堂县第二人民医院。系全民所有制卫生事业单位，隶属金堂县卫生局。是一所集医疗、教学、科研、卫生保健与健康教育于一体的国家二级乙等综合性医院。2003年12月23日金堂卫生局将原金堂痔瘘专科医院并入。

医院主体坐落于金堂县淮口镇淮白路19号，占地面积26106平方米。房屋建筑20439平方米。有职工264名，其中在职职工224名，卫生技术人员166人，高级卫生技术人员11名，中级卫生技术人员70名，初级卫生技术人员62名。设有：内科、外科、儿科、妇产科、眼科、耳鼻咽喉科、口腔科、麻醉科、急诊科、康复科、检验科、中医科、影像科、中西医结合科、预防保健科、妇保科、皮肤科、传染科等科目；职能科室7个：院办公室、医务科、护理部、财务科、保卫科、后勤保障科、对外宣传联络科。有万元以上的大中型主要设备共30台件。1990—2005年，医院的医疗设备不断更新，大中型设备不断添置，购进了CT、彩超以及全自动生化仪等高新检测设备。2005年，医院正式成立传染病区，接收呼吸道及消化道的传染病患者。2000年1月，被成都市卫生局授予“国家二级乙等综合医院”称号。

三、金堂县第三人民医院

金堂县第三人民医院原为竹篙区卫生所。1950年建立，隶属于竹篙区区公所。1992年10月撤区建镇，改称竹篙中心卫生院，为一级甲等医院。

1999年4月，金堂县第三人民医院，隶属于金堂县卫生局。医院位于竹篙镇上正街788号，占地面积19677平方米。改为县级医院后，政府财政投入逐年增加，“九五”“十五”期间基建立项10项，投入资金890余万元，完成扩建面积1.5万平方米，建成门诊大楼1幢、住院大楼1幢、职工宿舍楼3幢、CT房等工作用房2幢、职工病员食堂1个。2005年职工总数为133人，其中正高级1人、副高4人、中级17人、初级116人。2004年通过国家二级乙等综合性医院达标验收。

四、金堂县中医院

金堂县中医医院于1986年12月建院，院址现位于县城赵镇桔园路149号（原址更名）。医院占地面积7667平方米，业务用房面积5300平方米；设置床位139张；全院职工134人，其中副高及以上职称10人（正高1人，退休返聘5人），中级职称32人，初级职称75人。医疗设备从1990年的7台件，价值5.5万元，发展到2005年的医疗设备110台件，设备资产总价值244.25万元。

五、金堂县妇幼保健院

金堂县妇幼保健院位于县城幸福横路70号，始建于1952年，原是金堂县妇幼保健站，1989年更名为金堂县妇幼保健所，1995年更名为金堂县妇幼保健院。

院有业务用房4436.82平方米，保健业务用房1015.95平方米，辅助用房1508.12平方米，生活用房2524.15平方米。病区共设有45张病床。在职94人，高、中级职称27人，设置有：妇科、产科、皮肤性病科、儿科、高危儿室、内科、外科、医技科、儿童保健科、妇女保健科、婚姻保健科、健康教育科、生殖健康科、口腔科、康复美容科等。1995年10月被世界卫生组织、联合国儿童基金会授予“爱婴医院”称号。2001年，获成都市卫生工作一等奖、妇幼卫生统计工作三等奖，同年12月通过了国家一级甲等妇幼保健院的评审。2004年12月晋级为国家二级甲等妇幼保健院。

六、金堂县卫生防疫站

1949年前，金堂县无卫生防疫机构，在金堂县卫生院成立后，院内设公卫室。1950年夏季建立金堂县卫生防疫委员会。1951至1952年建立区、乡、镇卫生防疫委员会。1950—1955年卫生防疫业务由县卫生院管理。1956年县卫生科下设防疫组，分管全县防疫工作。1960年10月正式建立金堂县卫生防疫站，下设卫生、防疫、检验3个组。1968年，与县妇幼保健站合并建立金堂县防保站革命委员会。1969年8月，县防保站革委会撤销，人员全部下放区卫生院。1972年恢复重建。1989年底，站内设办公室、防疫科、卫生科、检验等9个科室，共有职工53人。2002年年底，该站拥有职工111人，专业技术人员80人，其中高级技术职称3人、中级22人、初级55人。2002年11月，撤销县卫生防疫站。

七、金堂县疾病预防控制中心

2002年11月，撤销县卫生防疫站，组建金堂县疾病预防控制中心和卫生执法监督所。

2005年1月，县卫生执法监督所和县疾病预防控制中心正式分离，独立办公。县疾控中心设置流行病、地方病防制科，计划免疫科，食品、环境卫生科；职业、学校卫生科，门诊体检科，检验科及行政办公室。疾控中心有高级职称2人、中级13人、初级37人；建成了具有较高水平的实验室，拥有先进的原子吸收仪、气象色谱仪、示波极谱仪、生化仪等万元以上的精密仪器及其他设备52台（件），拥有100级的超净工作室，建立了艾滋病初筛实验室。

八、金堂县卫生执法监督所

金堂县卫生执法监督所，于2002年11月成立，由原金堂县卫生防疫站分为金堂县卫生执法监督所和金堂县疾病预防控制中心合署办公，2005年1月正式独立办公。金堂县卫生执法监督所位于金堂县赵镇文化街47号。占地面积2206.7平方米（3.31亩），业务用房面积1314平方米。2005年年末有正式职工45人，其中执业医师19人，执业助理医师6人，其他卫生技术人员10人，管理及工勤人员10人；离退休职工5人。内设办公室、稽查科和监督一、二、三科。

九、金堂单采血浆站

四川省成都市金堂单采血浆站原为金堂县红十字会输血站，1985年9月4日建立，系全民所有制卫生事业单位，隶属金堂县卫生局。主要业务为卫生部成都生物制品研究所采集生产用原料血浆及本县各级医院的全血和成分用血。

2002年12月31日撤销金堂县红十字会输血站，同时停止采集全血，停止向县内各医疗单位提供临床用血。更名为金堂单采血浆站，专门从事原料血浆采集工作，向成都蓉生药业有限责任公司提供原料血浆。

1996年4月迁入十里大道一段339号，占地21813平方米，房屋建筑1.20万平方米。2005年有职工72名，其中中级卫技人员10名，初级人员44名。站设置业务科室5个：血源科、检验科、采浆科、器材科、质量保证科；职能科室有办公室、财务科、总务科、保卫科、后勤服务部、物管部。

十、金堂县卫生进修学校

1958年建立金堂县卫生学校。1962年卫校停办。1978年重新建立金堂县卫生学校。1980年撤销金堂县卫生学校建金堂县第一医院附属卫校。1984年更名为金堂县卫生干部进修学校。1989年改为金堂县卫生进修学校。1990年至2005年，金堂县卫生进修校办班21期，培训各类卫生技术人员953人。

第二节　乡镇、村

1994年在全县24个乡镇中建立了卫生办公室。1998—2000年，部分乡镇推行了乡村卫生组织一体化管理。1998年11月，云合卫生院等27个乡镇卫生院被评为“乙级乡镇卫生院”。1999年11月，高板、福兴等9家中心卫生院通过“一级乙等医院”和“乙等乡镇卫生院”评审；2000年12月，完成最后一批乡镇卫生院等级初评。2004年，全县有乡镇卫生院28所，其中：中心卫生院4所，股份制运作卫生院2所。2005年金堂县卫生院各类卫生技术人员统计：执业医师648人，执业助理医师199人，注册护士89人，药剂员83人，检验人员34人，其他28471人。

1990年，全县480个行政村，设村卫生室446个，覆盖率为92.9%：乡村医生203人，卫生员477人，接生员341人。2004—2005年，全县村共有卫生站292个，其中村办240个，乡卫生院办32个，联合办17个，私人办1个，其他2个；按行医方式分：西医为主的卫生站94个，中医为主的卫生站29个，中西医结合的卫生站169个。乡村医生376人，卫生员41人。

第三节　厂矿企业

一、四川锅炉厂职工医院

四川锅炉厂职工医院始建于1968年，1972年建成综合性职工医院。属于国有企业直属医院，获得国家卫生部颁发的“医疗机构执业许可证”。为全民所有制形式的非营利性医疗机构。2001年经金堂县卫生局评审，授予国家一级乙等综合性医院。医院占地面积4032平方米，在职职工35人，高级职称2人、中级职称8人。设有内科、外科、五官科、口腔科、妇科、化验室、放射科、B超心电图、理疗科等科室。

二、攀成钢金堂分公司职工医院

攀成钢金堂分公司职工医院为全民所有制单位，国家一级乙等医院，原为成都无缝钢管厂金堂分厂职工医院，位于成都市金堂县赵镇大乐村（今观音山村），始建于1970年。医院占地面积2590平方米，建筑面积2410平方米，有相对独立的门诊大楼、住院大楼和行政大楼，是一所集诊疗、预防、保健为一体的一级综合医院，共设有床位30张。设有预防保健、内科、外科、内儿科、妇科、口腔科、皮肤科、检验科、影像科、中医科等，由金堂县卫生局审核批准成立的业务科室有8个，分别为门诊部，住院部、医技科、妇科、皮肤科、内儿科、西药房、中药房。2005年在职26人，有中级职称4人，初级师17人，初级士5人。

三、金堂纺织医院

金堂纺织医院是由原成都第二纺织总厂职工医院随企业2002年破产，改制更名后成立的医院。医院是国家一级综合性非营利性单位，隶属于成都市康宝兴棉纺织公司。院址金堂县淮口镇解放路62号（淮口镇成纺二厂社区内）。医院面积1200平方米，业务用房约2286.66平方米，固定资产150万元，总资产170万元，有床位50张。设有内科、外科、妇产科、儿科、中医科、口腔科、五官科、中西药房、麻醉、检验、B超、放射、心电图、卫生防疫等。有副主任医师3名，中级职称8名，初级14名，其他卫生技术人员5名。

第四节　民　营

一、个体诊所

1989年，全县个体开业人员99人。1991—2005年，个体诊所发展到138家，普通诊所29家、中医诊所69家、中西医结合诊所20家、口腔诊所18家、其他诊所2家。

二、金堂县黄氏中西医骨科医院

金堂县黄氏中西医骨伤科医院成立于2003年1月，是金堂第一所由卫生行政主管部门批准建立的民营医疗机构。院址在金堂县赵镇三江3组。

2005年全院共有职工20人、副主任医师1人、主治医师1人、医师3人、助理医师2人、医士3人、护士4人、从业药师1人、后勤人员5人。2003—2005年，新建住院部、门诊部，扩建业务用房面积1260平方米，占地面积2.1亩。

三、何氏骨科诊所

何氏骨科诊所，源于金堂县白果镇回龙桥村何家吊楼子，自清代1789年至2005年共七代传人：何正兴、何廷珍、何兴宗、何国熙、何玉良，现传至第六代何早琼，第七代何金帅、何郑妙、何郑意。何氏骨科提取中医正骨精髓，无需开刀，通过触摸、手法整复、局部整体配合固定、用特色丹药酒药进行康复治疗，在四川、河南、新疆、陕西、湖北、云南、贵州、浙江等多省医治了十万余例骨伤患者。

第二章　医院管理改革

第一节　人事制度

1994—2005 年，县对乡镇卫生院（站）实行院长负责制和综合目标管理制。对乡村卫生站实行行政、财务、药品、业务、基础设施统一管理。对县级医疗单位完善管理责任制、全员聘任制、专业技术职称评聘分开制、干部公开招聘制、工人合同制及工资、奖金浮动制，实行程序化、科学化、标准化管理。同时加强各医疗单位的硬件建设，开展医院升级达标工作。

1993 年 7 月 22 日，鼓励兴办经济实体，机关（含乡镇）和全民事业单位，可以组织富余人员兴办经济实体。同时鼓励机关事业单位职工到企业工作；支持鼓励机关事业单位职工通过调动、提前离岗、“假退”到企业工作，或领办承办、租赁企业，创办开发性、服务性的经济实体。2001 年 8 月，改革干部管理制度，实行竞争上岗，改革用人及分配制度，建立自主灵活的分配激励机制。

2001 年 11 月，县卫生局制定《金堂县卫生局关于机关工作人员实行竞争上岗双向选择的实施办法》。在本机关内部公务员中按照宣传动员，组织发动；公布竞争中层干部的职位、基本条件；公开报名；资格审查；成绩确定（笔试、演讲和民主测评）；组织考察；候选人的确定和任命程序实行竞争上岗。

2002 年在县第一人民医院、第三人民医院、高板中心卫生院试点推行了中层干部竞争上岗制。2003 年 10 月，县卫生局公开聘任金堂县中医院院长，实行聘期 4 年，其中试用期 1 年。

2003 年 10 月，在金堂县红十字医院和高板、赵镇城关、平桥乡、竹篙镇城关、广兴镇城关、云合镇城关卫生院 7 所卫生院公开招聘院长，择优聘用 7 人为院长，任期 3 年，其中试用期 1 年。

2004 年 8 月，完成事业单位人事制度改革。全县卫生系统共有卫生事业单位 38 个，职工总数 2240 人，其中县级医疗卫生单位 10 个，乡镇卫生院 28 个。县设置岗位总数 2202 个，事业单位签订聘用合同 2176 人，占事业单位总人数 98.7%。

第二节　财　务

1990 年县卫生事业经费 190 万元，2005 年为 1267.23 万元，年递增率 13.52%。金堂县卫生局对金堂县卫生执法监督所、金堂疾病预防控制中心、金堂县妇幼保健院实行金额预算管理；对金堂县一、二、三医院和中医院、单采浆站、卫生学校、福兴、高板、土桥中心卫生院实行自收自支，差额预算管理。对乡镇卫生院实行自收收支任务补助管理。金堂县各医疗卫生单位收费标准严格按照四川省物价局、四川省卫生厅制定的医疗价格和成都市物价局、成都市卫生局制定的医疗服务价格和金堂县物价局每年制定的收费标准执行。2004 年 4 月，县卫生局设立金堂县卫生财务核算中心，加强了对金堂卫生财务的管理。2005 年末金堂县卫生机构房屋建筑面积 25.95 万平方米，万元以上设备 664 台（件）。

第三章　城乡医疗卫生

第一节　城乡卫生保健

1998 年 6 月，成立金堂县社区卫生健康服务领导小组。1998 年 7 月 2 日，成立县城市初级卫生保健委员会。委员会办公室设在卫生局。1998—2000 年金堂城市初级卫生保健目标任务：急救医疗网络覆盖率 70%，社区卫生健康服务 70%，一般公共场所卫生监督监测合格率 70%，食品卫生合格率 80%，食品生产经营单位受检合格率 85%，生产性粉尘作业点卫生监控合格率 60%，有毒有害作业点卫生监控合格率 70%，职业病人系统管理率 85%，职工职业性健康检查率 50%；医疗机构传染病漏报率 <5%，饮用水水源水质达标率 95%。协同工作目标：政府年度卫生事业拨款占财政支出比例 6%，人均预防保健费用 4 元/人，社会医疗保障制度覆盖率 70%，社区老年保健普及率 70%，精神病人管理率 70%，高血压病人系统管理率 60%，生活饮用水卫生合格率 80%，儿童系统保健覆盖率 80%，儿童计划免疫四苗和乙肝疫苗接种率 90%，婴儿死亡率 <30‰；五岁以下儿童死亡率 <35‰；孕产妇系统保健覆盖率 80%；孕产妇死亡率 <40/10 万；法定报告传染病总发病率 <400/10 万；肺结核新感染菌阳性病人发现率 70%；居民健康教育普及率 70%。2000 年，城镇以社区、家庭为服务重点，设立了 2 个社区卫生服务中心站，10 个社区卫生服务站、5 个社区卫生服务分站；2001 年建立社区卫生服务站 25 个；2002 年建立社区服务站 16 个，县城初级卫生保健覆盖率达 100%。

1990 年 9 月 8 日，成立金堂县初级卫生保健委员会，办公室设在卫生局，有 3 名专职工作人员。全县 24 个乡镇人民政府成立了初保委员会，由分管文卫的副乡（镇）长任主任。全县 473 个行政村成立了初保领导小组，村主任任组长。1995 年 4 月 9 日，经四川省初级卫生保健委员会评审，金堂县初级卫生保健合格。

第二节　急诊急救

1998 年前，全县设有急救中心站 7 个（县一、二、三医院、中医院、土桥、福兴、高板中心卫生院）。各急救中心站都配备了一定数量的救护车和随车急救医务人员。当接到“呼救”电话和急救指令后，救护车和救护人员立即出动，在规定的时间内到达现场，根据病情进行恰当有效的急救，然后迅速安全地把病人送到急诊科，并作好交接工作。1998—2005 年，急救占呼救病人的 10%。无生命危险的病人占呼救病人的 80% ~90%。

1998 年 5 月，成都市急救中心正式成立，县卫生局根据本县特殊情况，在全县设立 7 个急救点（一、二、三医院、中医院、土桥、高板、福兴中心卫生院），开通 120 急救电话 2 部（一、二医院），热线传真电话一部，救护车 24 小时值班。2005 年 5 月，成立金堂县 120 二级指挥平台；6 月初开始筹建，同年 7 月 8 日正式运行。新成立的 120 二级指挥平台有 6 名工作人员，通过专业培训，考核上岗。急救装备条件有较大改善：安装了 3 部 120 接警电话，2 部拨出电话，1 部市 120 急救中心直通电话及 1 套电脑加录音软件。急救通讯畅通无阻。急救运输全面更新，急救医疗装备更为先进，各级医疗机构急救组织能做到在短时间内出得去、救得下，院前、院内急救成功率明显提高。1998—2005 年，金堂县第一人民医院“平时”急救接警 6794 次，急救 6565 人数；“灾时”急救接警 19 次数，急救 250 人数。

第三节　采血供血

一、金堂县红十字会输血站

金堂县红十字会输血站成立于 1985 年 9 月，由原赵渡乡卫生院改建而成；工作任务是为成都生物制品研究所采集原料血浆及金堂县辖区内的临床供血。1998 年 10 月 1 日前的临床供血主要来源于有偿献血，其血源队伍主要来源金堂县区域内固定献血人群。在 1993 年 5 月、1996 年 5 月由政府及相关部门组织了无偿献血，全县的机关事业单位均积极参加了无偿献血。1998 年 10 月 1 日《中华人民共和国献血法》（简称《献血法》）正式实施，全县的临床供血逐步由有偿献血过渡到无偿献血。1998 年 10 月至 2002 年 12 月，无偿献血 6888 人，共献血 43.23 万毫升。2001 年 6 月，金堂县红十字会输血站分开设置为金堂县红十字血站、金堂单采血浆站。金堂县红十字血站承担金堂县辖区内的临床供血任务，金堂采浆站承担原料血浆采集任务。2002 年 12 月，撤销金堂县红十字血站，临床供血工作交由成都市血液中心。

二、金堂县一医院储血点

2003 年，县一医院成立储血点，承担县各级各类医疗机构临床供血任务。血液统一由成都市血液中心提供。金堂县一医院储血点设在医院门诊检验科，具有配血室、贮血室、发血室及相关血清学检查室和艾滋病实验室，人员 3 名；设备有专用贮血冰箱 2 台、普通冰箱 2 台、低温冷冻箱 1 台。配备有离心机、显微镜及空调等设备，符合二级医院储血点要求。医院成立输血管理委员会，定期召开临床输血会议，解决临床输血中遇到的困难。严格执行卫生部有关血液管理的法律、法规。各临床科室输血严格遵守三查七对和无菌操作。全县各医疗机构统一启用卫生部规范的输血五种专用表格。输血病人输血前必须做 ALT、乙肝两对半、丙肝、梅毒和艾滋病检查。血库管理人员及检验人员每年做一次全面体检，不符合要求的人员调离工作岗位，确保血液存储不受污染。

三、无偿献血

1998 年 10 月 1 日《献血法》正式实施。《献血法》规定：国家实行无偿献血制度。同年 9 月，成立金堂县献血工作领导小组。在县卫生局成立领导小组办公室。负责统一规划，协调组织全县各乡镇、各部门做好献血工作。当年，自愿无偿献血只有2人，献血400毫升；其余442人为任务无偿献血。1999年，自愿献血人数达到823人次。2000年，县义务献血2562人。2001年，根据《献血法》和《实施办法》对无偿献血实行目标管理，全年接纳无偿献血2297人。全县临床用血全部来源于无偿献血，并向市血液中心站调剂全血10800毫升。2002年完成无偿献血2680人次。2004年6月，按照“突发公共卫生事件应急条例”要求，各乡镇、县级各部门、各人民团体、驻县有关企、事业单位组建了应急献血队伍。应急献血任务按照单位5%，城镇居民人数0.3%，农村实有劳动力0.3%下达；县委机关、川锅厂、康宝兴纺织有限公司等40个单位组建了献血队伍，接受了应急献血任务。2005年7月，在市献血办启动的应急献血演练中，金堂县2天自愿无偿献血416人次。

第四节　疾病预防控制

1990—2005年，有下列23种传染病在金堂县发生和不同程度的流行：艾滋病、霍乱、病毒性肝炎、肺结核、淋病、梅毒、痢疾、猩红热、麻疹、风疹、流行性脑脊髓膜炎、流行性腮腺炎、流行性出血热、流行性乙型脑炎、伤寒、百日咳、狂犬病、急性出血性结膜炎、血吸虫、脊髓灰质炎、钩端螺旋体病、感染性腹泻、疟疾，其中常见多发病有病毒性肝炎、肺结核、痢疾、淋病、感染性腹泻、流行性腮腺炎。全县对疾病预防控制按时期加强了预防和控制：1990年起县政府把计划免疫冷链工作纳入政府卫生工作目标管理。全县有21个乡镇，每村确定有计划免疫冷链工作人员。1991—2005年无白喉、百日咳、脊髓灰质炎病例发生。对1990年发现的新麻风病例，按照新的治疗方案每月送药一次到病人家，对病例所在的村组的居民进行普查，共查73户232人，普查率达到96.27%，检查病人家属18人，检查率为100%，经省市专家考核验收，金堂县麻风病防治工作，已达到全国消灭麻风标准。

金堂县从1995年4月20日开始对涂阳肺结核病人和重症涂阴肺结核病人实行免费治疗。2002年启动“中央经费支持”结核病控制项目。2003年开始启动“全球基金结核病控制项目”。2004年转入“日本援助结核病控制项目”（为期2年）。自2005年开始，全县所有结核病人均享受免费抗结核治疗，并免费痰检，对于肺结核病人还免费摄X光片一次。从1999年开始，县卫生局对各乡镇卫生院根据其辖区内人口数，下达“发现并推荐结核病人”的目标任务，要求各乡镇卫生院积极推荐结核病人和疑似结核病人到结防机构就诊治疗。7月，金堂县官仓镇虎形村和清江镇梓桐村暴发霍乱疫情（阳性病例9例、带菌者7例），县委、县政府及时组织近100名干部及医务人员，通过一周的就地封锁灭疫，从此全县未发生霍乱病例。1990—2005年，县共发生HIV感染者及艾滋病人共8人，其中：1995年3人，死亡2人；1996年1人，死亡1人；2004年4人，死亡1人；至2005年已管理2人，查无此人1人。2005年县对以前有偿供血人群进行了艾滋病病毒抗体筛查，共调查16935人。对四川省监狱管理局495名羁押人员进行了筛查。常年对全县娱乐场所、车站、建筑工地、职介所、中学等进行预防艾滋病知识宣传，发放了各种宣传资料。同年金堂县个别乡镇发生了人猪链球菌病，县卫生局成立医疗救治工作小组，印发《防治工作方案》。县疾病预防控制中心共出动流动调查小组22次，发现可疑病人12人，其中：排除5例，疑似2例，临床诊断4例，死亡1例。疫情得到了控制。

第五节　中医治疗

1990年金堂的中医人数达310人。1992年11月，土桥中心卫生院改建为土桥中医医院。1998年5月，全县24个乡镇政府成立中医药工作领导小组。同时，成立金堂县中医工作领导小组。2001年2月和7月，调整了金堂县中医工作领导小组。金堂县中医医院位于县城赵镇桔园路149号。2005年，全县医疗机构中医执业人员为163人，其中：执业医师108人，执业助理医师55人；按专业分：中医内科34人，外科1人，妇产科1人，骨伤科6人，针灸科6人，其他115人。据2000统计：县第一人民医院的中医科中医药人员18人，其中高级职称2人，中级职称5人，初级职称11人，设置病床10张，中医门诊科室5个，年门诊总人次达24393人次。

县第二人民医院的中医科中医药人员14人，其中：高级职称3人，中级职称2人，师级8人，士以下1人；设病床10张，中医门诊科室4个，年门诊总人次达19193人次。县第三人民医院的中医科中医人员14人，中级职称4人，师级3人，士以下5人，设病床10张，门诊科室5个，年门诊人次54264人。全县医疗机构中的中医药人员为358人。2001年9月对全县41个医疗机构进行调查统计，均设有中医科或中医门诊，共有中医人员379人。

1992年，县卫生局举办了中医职称晋升人员学习班，培训县、区、乡三级医疗机构中的中医人员70人。1985—2001年函授培训120人；继续教育培训1720人次；巡回讲学培训854人次；脱产进修培训18人次；参加自学考试100人；开展学术活动11次，参加人员540人次；培训乡村医生4131人次。2001年9月，金堂县达到四川省农村中医工作先进县（市）建设检查标准。

第六节　爱国卫生

一、机构

金堂县爱国卫生运动委员会（简称县爱卫会）1993年前，由一名副县长任主任委员，县委宣传部、县卫生科（卫生局）负责人（局长）任副主任委员；1993年后，由县长任主任委员，县委宣传部长、分管卫生的副县长及卫生局局长任副主任委员。1991年前县爱卫会办公室设在县卫生局，2名工作人员负责日常工作。1991年金堂县创建卫生城镇指挥部成立，与金堂县创建卫生城镇办和署办公。1994年前为卫生局内设科室，1994年以后为正局级机构，挂靠县卫生局，办公室主任由卫生局局长兼任。2001年11月与金堂县创建卫生城镇指挥部办公室分离独立办公，级别、人员不变，仍挂靠卫生局，主任由卫生局局长兼任。

二、爱国卫生健康教育

1991—2005年全县健康教育：

（一）学校健康教育。2005年县有各级各类学校413所，教职工6804人，在校学生111127人，配备校医11人。县健康教育所以贯彻《学校卫生工作条例》为重点，通过与校长、教师、家长和学校所在社区领导的广泛合作，严格要求各中、小学校把健康教育课的开设纳入教学计划，在全县中、小学校的健康教育开课率达100%。

（二）爱国卫生健康教育。县爱卫办坚持组织开展爱国卫生月活动，结合每年爱国卫生月主题，解决群众反映强烈的卫生热点、难点和重点，在城镇以创建卫生城市为动力，在农村以初级卫生保健为龙头，狠抓“门前三包”和“门内达标”，改水、改厕和灭鼠为重点除四害工作，开展环境卫生、绿化美化、除害防病、健康教育、整治环境和卫生基础设施建设工作，对全县机关、单位、学校节前的爱国卫生突击活动的情况进行检查。通过有线广播、电视、入户等形式开展各种健康教育活动。提高城镇、农村居民对健康知识的知晓率，改变不良行为，增强健康保护意识。

（三）预防传染病健康教育。全县开展预防传染病健康教育，对血防、结核病、霍乱及肠道、艾滋病、人感染猪链球菌病和人禽流感防治进行宣传教育。2005年7月，全国多个地区爆发了人感染猪链球菌病疫情，针对广大农民，尤其是生猪养殖户、屠宰户开展健康教育工作。组织大批专业技术人员到各乡镇进行宣传活动。

（四）劳动卫生与职业病预防健康教育。县卫生局在2002年5月1日《职业病防治法》颁布实施后，加大宣传力度，县在每年的4月26日至5月1日开展职业病防治宣传周活动，贯彻《职业病防治法》，向广大市民及厂矿职工宣传职业病防治的意义。

（五）媒体宣传。1991—2005年，县卫生局与县电影院合作映前播放了健康教育片；在电视台播放了艾滋病、结核病、血吸虫病、非典型肺炎、霍乱、人感染猪链球菌病、人禽流感、《传染病防治法》《职业病防治法》宣传片；利用广播播送疾病防治和法律法规等内容。

三、除“四害”

1990年12月30日，经成都市爱卫会考核鉴定，金堂县县城赵镇达到了灭鼠先进城区标准。1991—2005年，坚持开展春秋二季群众性灭鼠活动，巩固灭鼠达标成果。1996年9月18日和2000年11月14日，金堂县通过成都市爱卫会复查验收。1996年在县城开展创灭蝇先进城区活动。组织群众20多万人次，出动运输车600辆次，治理卫生死角50处，清运垃圾、污泥2万吨，疏通污水沟15万米，新建改造公厕17座，县城170个单位中改造为水冲式厕所达100个，改造率达60%，清除了苍蝇滋生场所。同时组建消杀专业队伍，由县防疫站消杀灭主管卫生医师进行培训后上岗，对县城的机关、工厂、学校、街道、居民院落、公共地段、农贸市场、绿化带、饮食经营单位、食堂、厕所、车站、垃圾桶、站、场实行定人、定量、定期喷洒。县城赵镇蝇、蛆密度大大降低。1996年9月18日，金堂县城区达到市灭蝇先进标准。1997—1999年，金堂县在县城开展创灭蟑螂、灭蚊先进城区工作。县城共使用敌敌畏3000公斤，其他杀虫剂1500公斤，各类药杀气雾剂1万瓶等；蚊、蝇、蟑螂密度大幅度下降，巩固了灭蝇成果。创灭蟑螂先进城区工作于1998年9月30日通过成都市爱卫会考核鉴定验收，金堂县城赵镇达到灭蟑螂先进城区标准。金堂县创灭蚊先进城区工作1999年9月通过成都市爱卫会考核鉴定验收，金堂县城赵镇达到了灭蚊先进城区标准。

四、整治环境

金堂县爱卫办从1989年开始，在每年4月坚持组织动员全县群众进行环境卫生综合治理，在元旦、春节、“五一”、国庆期间开展卫生大扫除活动。县城乡卫生面貌得到不断改善。各机关、学校、企、事业单位坚持周末打扫卫生制度。

五、农村饮水卫生与改厕

1990—2005年，全县加强农村改水工作。1989年全县农村改水受益人口59.57万人，占全县农村人口73.10万的81.50%，农村自来水普及率37.40%。2005年，全县改水受益人口71.55万人，占全县农村人口74.50万的96.05%，建成农村自来水厂41个，自来水普及率达45.13%。

2005年末，农村共建成沼气池及水冲式无害化厕所2532个，卫生厕所151511个，卫生厕所普及率为70%，无害化处理率为1.17%。除县城周边经济条件较好的农村改厕以沼气池为主，粪便达到了无害化处理外，山区农村大部分农民仍然是人畜粪便同坑，以石料敞口粪池储存粪便，未经处理直接用于农作物施肥。

六、创建卫生城镇

1991年5月，金堂县成立了创建卫生城镇指挥部。县城赵镇1992年7月，达到市级卫生县城标准，成都市人民政府授予金堂县县城“成都市卫生城镇”；1996年12月17日，经四川省爱卫会考核验收，达到省级卫生县城标准，省人民政府授予“四川省卫生县城”。1999年9月27日和2003年12月25日金堂县巩固省级卫生县城工作，通过四川省爱卫办组织的专家组复查验收。从1997年开始，将创建卫生城镇工作扩展到全县各乡镇。通过全县广大干部群众的努力奋斗，金堂县各乡镇场镇卫生、基础设施明显改善，城镇综合功能不断提高，环境卫生面积大为改观。1997年三溪镇、隆盛镇、清江镇建成县级卫生集镇。1998年福兴镇、土桥镇、竹篙镇、高板镇、淮口镇建成县级卫生集镇。1998年清江镇建成市级卫生集镇。1999年，金龙镇、五凤镇建成县级卫生集镇。2003年土桥镇通过市级卫生集镇验收达标；白果镇、转龙镇、栖贤乡建成县级卫生集镇；2004年赵家镇、官场镇、又新镇建成县级卫生集镇。2005年淮口镇建成市级卫生集镇；广兴镇、平桥乡、云合镇建成县级卫生集镇。2003年赵镇三江村被评为省级卫生村。2005年，淮口镇万福村被评选为省级卫生村。卫生先进单位：1991年县级120个、市级4个；2005年县级54个、市级8个、省级2个。

第七节　妇幼保健

一、妇女

金堂县通过婚姻保健（婚前医学检查）、围产期保健、产前诊断、遗传病咨询、新生儿出生缺陷监测、新生儿疾病筛查预防和减少先天性、遗传性疾病，实现优生。2001年11月在妇幼保健院、县第一、第二、第三人民医院开展起新生儿疾病宣传及筛查工作。县2002年筛查率18.9%、2003年45.1%、2005年38%。全县婴儿母乳喂养率达90%，纯母乳喂养率达63.1%

1991—2005年金堂县加强孕产妇保健工作，详情见下表：

1990—2005 年金堂县孕产妇保健统计

表 34－1

年度	产妇总数	活产数	孕产妇管理				接生情况		高危管理		孕产妇死亡	新生儿破伤风
			建卡人数	产检人数	产后访视人数	系统管理人数	住院分娩人数	非住院分娩中新法接生人数	高危产妇人数	高危住院分娩人数		
1990	10331	10299	9740	9740	9682	—	6863	3468	657	—	4	1
1991	10570	10572	10239	10168	10196	—	7293	3277	631	—	5	0
1992	9030	9013	8895	8894	8829	—	6451	2525	644	—	4	0
1993	7612	7598	7500	7487	7458	—	5527	2085	607	—	4	1
1994	8104	8081	7867	7863	7853	—	5711	2393	1001	—	4	0
1995	8335	8368	8238	8199	8157	—	6144	2191	1048	—	4	0
1996	8180	8210	7967	7967	7950	7950	6464	1715	1068	1043	5	1
1997	7468	7481	7373	7373	7351	5117	6431	1037	1100	1076	4	0
1998	7481	7500	7405	7405	7390	5222	6503	978	1067	1065	3	0
1999	6374	6402	6318	6318	6303	4553	5541	833	930	930	1	0
2000	6522	6539	6443	6422	6401	4518	6082	440	1031	971	1	0
2001	5604	5616	5573	5566	5536	4443	5365	239	797	777	1	0
2002	4916	4937	4803	4796	4772	3978	4734	180	740	726	0	0
2003	4759	4754	4621	4648	4672	3923	4684	75	827	793	1	0
2004	4600	4602	4551	4550	4548	4016	4573	26	882	866	3	1
2005	5036	5033	4982	4981	4977	4401	4998	28	976	975	1	0

二、幼儿

（一）*集体儿童*　1993 年，县保健站为全县共 12 所幼儿园中的儿童进行了口腔保健工作及防龋齿治疗。1995 年，对各托幼园所进行肠道传染病防治的培训。1996 年对县城赵镇第一、第二、第三幼儿园建立消毒隔离制度。三所幼儿园共有电子消毒柜 26 台，增添和改进洗手装置，毛巾架，茶杯箱等设施，实行一人一巾一杯。各幼儿园坚持晨检及全日观察。1999 年，增添幼儿园人员、设施，在福兴、官仓两所中心幼儿园设立了保健室，配备 1 名保健人员，赵镇第一、第二、第三幼儿园均有一名保健医生从事幼儿园保健工作。2002 年，县卫生局举办园长及保健医生培训班。2002 年 4 月，县保健院对全县幼儿园 4410 名幼儿进行年度体检。2005 年，对验收合格的 11 家幼儿园办理“卫生保健合格证”。

（二）*散居儿童*　1995 年，金堂县卫生局印发了《金堂县 5 岁以下儿童死亡监测方案》。1996 年 2 月，县卫生局制发《金堂县保健管理实施细则》，对儿童保健的组织管理、对象、目的、内容、程序做出详细的规定。金堂县对散居儿童管理主要是新生儿管理、儿童系统保健、体弱儿管理、计划免疫、儿童呼吸标准病案管理、NPA 监测（20 世纪 90 年代《中国儿童发展纲要》监测，简称：NPA 监测）。1995 年，县卫生局成立了 NPA 监测领导小组和 NPA 监测技术指导小组，建立县、乡、村 NPA 监测网络，配有 21 名 NPA 监测人员。1997 年，县妇幼保健院获成都市 NPA 监测工作先进集体。

第八节　地方病防治工作

1956 年，县成立中共金堂县委防治钩虫病领导小组。先后更名为县除害灭病领导小组、县委血吸虫病防治领导小组、县委地方病防治领导小组。1990年改为金堂县人民政府地方病防治领导小组。

一、血吸虫病

1991年县组建金堂县血吸虫病防治站。1995年，县钉螺面积由历史钉螺面积220.08万平方米下降为2.91万平方米，下降98.68%，血吸虫病人由历史累计28299人，下降到6人，下降99.79%。1995年11月，金堂县血吸虫病防治工作达到消灭血吸虫病标准。2004年市政府将金堂列入2008年达到传播阻断县，金堂开展了相关工作。

二、疟疾

从1990年开始，金堂县加强疟疾防治工作，每年坚持按总人口1%的比例在群众中开展血检。至2005年全县无疟疾病人发生。

三、碘缺乏病

金堂县1991年10月3至5日，对全县80万人口，45个乡（镇）进行了碘缺乏病流行病学抽样调查。从1995年开始，在全县普供碘盐，禁止非碘食盐供应。1995年至1998年在全县中、小学生和新婚育龄妇女、孕妇、哺乳期妇女、婴幼儿人群中开展一年一次的碘油胶丸普服。1999年县达到基本消除碘缺乏病标准。从2000年开始，金堂县继续坚持普供碘盐并每年开展一次碘缺乏病监测。2005年金堂县消除了碘缺乏病。

四、钩虫病

1998年在云绣乡爱国村开展了钩虫、蛔虫、鞭虫调查，调查220人，总感染率为55%，其中：钩虫感染率为34.45%，男性感染率高于女性。1991—2005年，县钩虫病防治以重点人群驱虫为主。

第四章 医政与执法管理

第一节 医 院

一、评定等级

1990年3月，全县确定第一人民医院、竹篙中心卫生院，五凤镇、广兴镇城关、竹篙镇城关卫生院，竹篙中心卫生院为首批分级管理达标的试点医院。1999年县一医院被评审为二乙，县三医院被评审为一甲，赵家、五凤、淮口、清江四家乡镇卫生院被评审为一乙。2001年，成都第二纺织总厂、攀钢集团成都无缝钢管有限责任公司金堂分公司、四川锅炉厂职工医院和金堂县赵镇、广兴镇、白果镇城关卫生院被评审为一级乙等医院；金堂县黄家乡卫生院批准为乙等乡（镇）卫生院；金堂县平桥乡玉河、高板镇石龙、竹篙镇青松被批准为合格乡（镇）卫生院。县二医二级乙等医院评审达标，县妇幼保健院一级甲等专科医院评审达标。2004 年 12 月，县妇幼保健院通过二级甲等专科医院评审。

二、医德教育

1991 年，金堂县第一人民医院开展了“优秀的服务质量，优良的服务态度”双优活动。县防疫站组织职工收看了《白衣风范》的职业道德教育录像片，县输血站开展了“安全第一，质量第一，献血员第一”的医德医风教育。高板区卫生院开展了“病人第一，服务第一”的优质服务竞赛。1994 年县中医院坚持每月开展授“流动红旗”的文明科室检查评比活动。1996 年加强医德医风和职业道德教育，在卫生局全系统开展行风评议。1999 年，县一医院、县卫生防疫站，县妇幼保健院先后在《金堂报》公布社会承诺制，公开接受社会各界的监督。2004—2005 年，全县卫生系统集中开展纠正行业不正之风的专项治理工作。

第二节　个体开业医务人员

1988 年 11 月 21 日，卫生部、国家中医药管理局发布《医师中医师个体开业暂行管理办法》（简称:《办法》）。该《办法》明确指出：个体开业医师、中医师依法从事医疗卫生工作，受国家法律保护。个体开业医务人员必须获得开业执照方得开业。凡申请开业的医师、中医师必须向县卫生行政主管部门交验以下证件和材料：一、开业申请书；二、医师、中医师资格证明文件；三、体格检查表；四、离休、退休、离职或无业证明；五、业务用房产权证书或租赁合约；六、流动资金及医疗仪器设备情况；七、从事医疗技术工作的辅助人员名单及资格证明文件；八、组织管理办法及规章制度。1989 年年底，经县卫生局审查批准开业医务人员有 99 人。均按规定参加金堂县卫生工作者协会，县卫生局通过卫协小组对个体开业医师、中医师进行行业性监督、管理和业务培训。县卫生局依法每年对上年度办理的开业执照进行审核校验一次。对违法执业人员给予警告、罚款、停业整改、吊销卫生执照处分。巫医、游医等扰乱医疗市场秩序的无照行医者，坚决予以取缔，没收其药械并酌情处以罚款。

1994 年 12 月，《四川省医疗机构管理条例》颁布实施，对个体开业管理更加严格、规范。1996 年 4 月至 6 月整顿医疗市场，规范坐堂行医 61 人，取缔无证行医和江湖游医 47 人。1999 年 5 月 1 日，《中华人民共和国执业医师法》正式实施。2002 年 9 月 1 日，国务院《医疗事故处理条例》颁布实施。个体开业受到严格准入限制，个体开业的风险系数增大。县卫生局对个体开业从业人员资格审查和审证校验工作，连续几年与工商、公安等部门协同，开展联合执法，规范医疗程序，整顿医疗市场，大部分无资质开业诊所被依法取缔，法人资格被注销，少数个体开业者主动关门停业。据统计，2003 年，全县个体开业诊所 137 个，到 2004 年年底减到 32 个。

第三节　医疗事故处理

1990 年 5 月，建立金堂县医疗事故鉴定委员会，由 13 名县内医疗机构中心医学权威和法医组成。

据1995年年底抽查，全县各级医疗机构当年发生医疗纠纷15起，无1起医疗事故。2002年4月4日，国务院发布《医疗事故处理条例》（简称：《条例》）。《条例》分总则、医疗事故预防、医疗事故技术鉴定、医疗事故行政处理与监督、医疗事故赔偿、附则7章，63条。《条例》最大限度地体现了公开、公平、公正和预防为主、避免和减轻对患者身体健康造成损害的原则，《条例》于2002年9月1日起实施，1987年6月29日国务院发布的《医疗事故处理办法》同时废止。全县各级医疗单位制定《医疗事故防范预案》，1991—2005年，全县无医疗事故处理。

第四节　卫生执法

金堂县卫生执法监督机构由最初县卫生防疫站的一个科室发展成立县卫生监督执法所，从属县卫生局。1990年后，金堂县加强了食品卫生的监管。1995年10月《中华人民共和国食品卫生法》、1997年3月《食品卫生行政处罚办法》和《食品卫生监督程序》正式颁布实施后，县卫生防病实施食品卫生法律、法规，以提高食品卫生质量为重点，从抓食品生产、经营、销售的卫生管理入手，加大卫生监督、执法力度，保障全县人民食用和大型活动、会议的食品卫生安全。1990年确保了县首届金橘会的召开。2004年保障了金堂县首届“中国·西部花园水城游乐节”和“钓鱼节”活动的食品卫生安全。1991年生产经营者总数4305户，检查总次数9270户，警告并限期改进的达139家；没收或销毁产品10个，共598公斤；罚款153户，金额5895元；责令停业改进的有14家。2005年警告、没收或销毁产品、罚款、责令停业改进户均为零。

1995年《中华人民共和国食品卫生法》正式颁布实施后，明确规定“食品生产经营企业和食品摊贩，必须取得卫生许可证，未取得卫生许可证的，不得从事食品生产经营活动”。1991—2005年，金堂县加强卫生许可证的审查、办理及验证工作，在办理卫生许可证之前，须对卫生条件进行审查，凡经审查不符合要求的，均不办理卫生许可证。

1990—2005年金堂县十六类食品卫生监测如下：

1990—2005年金堂县十六类食品卫生监测合格率

表34－2　　单位:%

项目	1990年	1991年	1992年	1993年	1994年	1995年	1996年	1997年	1998年	1999年	2000年	2001年	2002年	2003年	2004年	2005年
监测总件数	627	591	606	468	495	541	582	424	443	363	3649	2936	2354	1774	1762	1511
合格总件数	534	504	530	416	437	478	514	363	386	335	3102	2541	2015	1522	1520	1295
平均合格率（%）	85.17	85.3	87.50	88.88	88.30	88.2	88.32	85.61	87.13	92.29	85.01	86.55	85.6	85.79	86.27	85.70
其中：熟肉及其制品	40	20	80	63.8	78.20	81.8	77.36	77.36	83.93	98.18	96.72	85.23	89.06	88	88	86
冷食	82.35	86.8	81	83.3	87.10	0	86.67	84.62	87.25	85.71	75.86	100	81.82	75	100	84.30
饮料	87.29	89.8	—	91.1	84.30	85.6	87.07	76.47	79.41	97.14	94.87	90	100	100	87.5	100
调味品	42.31	70.8	80	70	68.20	70.6	89.58	33.33	62.5	100	100	87.5	77.78	85.71	100	83.20
消毒牛乳	91.67	50	100	83.33	86.12	93.8	50	100	100	100	100	88.24	86.87	83.33	100	100

续表34 —2

项目	1990年	1991年	1992年	1993年	1994年	1995年	1996年	1997年	1998年	1999年	2000年	2001年	2002年	2003年	2004年	2005年
乳制品	100	50	50	83.33	84.60	100	83.3	60	80	75	90.91	—	81.82	77.78	86.87	75.12
蒸馏酒	97.14	94.8	—	88.5	92.40	96.6	97.22	96	100	100	97.06	97.96	93.33	96.08	94.03	95.32
配制酒	100	100	92.70	—	100	100	—	96	100	100	97.06	97.96	93.33	96.08	94.03	91.12
熟啤酒	100	100	—	—	100	100	—	—	—	—	—	—	—	—	—	—
生啤酒	—	—	—	—	—	—	—	—	—	—	—	—	—	—	—	—
水产品	100	—	—	—	—	—	100	100	100	—	—	—	100	100	83.33	100
豆制品	80	—	—	—	100	100	100	100	100	—	—	—	100	100	85.71	100
粮食	100	100	100	100	100	100	—	100	100	100	100	—	100	100	88.89	100
植物油	100	0	100	80	—	100	—	100	100	100	100	100	100	100	83.33	100
糕点	77.61	52.8	85.20	96.3	—	79.7	81.25	88.89	90	80.6	85.33	85.45	89.71	91.38	87.5	82.14
其他	89.95	96.6	100	100	92.12	98.4	92.53	90.32	81.81	—	—	96.43	100	100	100	100
餐具	—	—	83.30	—	84	84.5	86.19	87.30	86.1	84.47	84.06	86.01	85.02	85	85.62	85.13

第五节 环境卫生

县卫生局重点对人群密集的娱乐场所、商店、宾（旅）馆、车站、美容美发店、游泳池等公共场所进行经常性和临时性监督，加强公共场所卫生许可证的办证、验证，从业人员的卫生知识培训和健康体检及卫生学监测。监督覆盖率100%；从业人员体检率达90%，“五病”调离率100%。针对公共场所进行微小气候、照明、噪声、细菌总数、消毒效果、集中式空调等监测。2003年起，县对从事疾病诊断、治疗活动的医疗机构候诊室进行监督、监测，每年开展对医院候诊室（包括挂号、取药等候室）的微小气候、空气质量、噪声和照度等的开展监测工作，监督指导医疗机构依法取得“公共场所卫生许可证”。1997年1月1日《生活饮用水卫生监督管理办法》正式颁布实施，县卫生防疫站每月对自来水公司的管网水、进行定时定点采样监测；每季度对出厂水进行全自析监测；分丰、枯两季进行水源水监测；对水质进行经常性监督，对制水人员进行卫生知识培训、健康体检和专业技术指导。对各乡、镇自来水厂、供水公司、乡（镇）政府、食品、酒、饮料加工行业及厂矿等单位的水源进行监督监测。2004年，县疾控中心、卫生执法监督所对沱江沿线的淮口、白果、五凤镇的生活饮用水进行了采样监测，并采取了相应的紧急措施。1995年金堂自来水公司决定施行日产4万吨生活饮用水扩建技改工程。县防疫站同环境、城建、规划等部门对该工程选址方案进行了卫生审查，并对确定的水源、水质卫生质量进行监测。卫生学评价：按GB5749—85标准监测，监测结果表明，该取水口地表水卫生质量较为稳定，其中细菌总数、大肠菌群、浊度不符合GB5749—85标准并有肉眼可见泥沙。三氮含量较高，该水源不能直接饮用，也不可作为单纯加氯消毒饮用供水。经过净化处理、加氯消毒后，可达到生活饮用水GB5749—85标准，供作生活饮用水，应进一步加强水源防护，降低“三氮”含量指标。

第五章　药政管理

第一节　监督机构

一、药政股

1992 年，设专职监督员 3 名，兼职监督员 7 名。全县设药品检查员 76 名。1994 年，成立金堂县药品管理工作领导小组、由副县长郭建平任组长；成员由卫生、医药、工商、公安、技术监督等部门一把手组成，办公室设在卫生局，负责医药市场整顿的日常工作。同年建立金堂县卫生监督执法大队。2001 年成立成都市药品监督管理局金堂分局。金堂县卫生局作为主管全县卫生工作的县政府工作部门将药政、药检职能交成都市药品监督管理局金堂分局。县卫生局划出的职能有：药品管理法规、规章监督实施的职能；制定有关药品管理的具体办法的职能；对药品生产、经营、使用进行质量监督管理，查处假劣药品的职能；审查新药、进口药品和药品广告内容的职能；核发药品生产、经营企业和医院制剂注册登记、经营许可证的职能；监督管理麻醉药品、精神药品、医用毒性药品和放射性药品的职能。

二、金堂县药品管理工作领导小组

1994 年，成立金堂县药品管理工作领导小组、由副县长郭建平任组长。成员由卫生、医药、工商、公安、技术监督等部门主要负责人组成，办公室设在卫生局，负责医药市场整顿的日常工作。

三、卫生执法大队

1994 年，建立金堂县卫生监督执法大队。大队长由卫生局局长兼任。

四、金堂县药品流通管理办公室

1999 年县卫生局与医药、财政、国税、物价等部门联合成立了金堂县药品流通管理办公室，由县委常委、常务副县长谢瑞武任组长，有各局主要负责人组成领导小组，并抽调专门人员负责医疗单位、药品经营单位、个体药品工商户、个体诊所、村级卫生站的药品购进管理工作，明确规定必须在县内医药主要渠道进购，以保证药品质量及税收的稳定增长。

第二节　监督管理

从 1990 年 11 月起，全县开展清理整顿药品经营企业，审核颁发新的“药品经营企业许可证”，换证工作至1991年6月结束。共报省、市审批药品生产企业许可证1个，药品批发行业12个，医院无菌制剂3个，普通制剂4个，少量制剂1个。1994年根据《药品管理法》第35条规定，为了防止疾病交叉感染，对全县571名直接接触药品的生产、经营人员、医疗单位及个体诊所人员进行了健康体检，对体检合格者核发了药品从业人员健康证，对体检不合格者调换了工作岗位。为了规范药品从业人员的管理，对全县404名经考试合格，身体健康的药品从业人员核发了上岗证并规定今后凡未经卫生局考核，取得上岗证者一律不得从事药品经营活动。同年金堂县首次开展的“药品质量管理信得过单位”评比活动，此后每年评比一次。金堂县首届药品质量管理信得过单位：金堂县第一人民医院、金堂县中医院、金堂县竹篙中心卫生院、白果国药店、金堂县医药公司赵镇零售门市部、三星供销社济世大药店、土桥国药店、淮口国药店。1996年4月，对全县医药市场进行了一次规模最大的整顿，抽调行政执法人员104人，历时3个月取缔在全县影响较大的“九龙门诊部”和34个涉外门诊点、无证行医47人，规范了涉外门诊点18个，审批坐堂行医61人，审发100张床位以上的医疗机构职业许可证45个，对社会办医的718人进行了专业技术考试和审核发证。1998年，县卫生局药政科和县药检所根据《药品管理法》，全年开展检查830次，药品4948件次，查出没收假劣药品价值3.34万元，立案查处138件，没收非法所得4680元，取缔无证售药摊点3个，江湖游医4人。1999年，举办药政培训班培训90人；监督检查医疗单位52个、药品经营单位256人、村卫生站409个；查处违法案和违法行为109件，罚款及没收违法所得1979元。2000年，对全县药品质量及器械进行了专项检查。监督检查医疗单位187个、1662人次，村卫生站415个、1772人次；查处假劣药品针剂368支，片剂19998片，粉剂0.41公斤，价值3656.60元，没收违法所得及罚款3656元，取缔无证售药摊点1家，江湖游医8人次。2001年，县卫生局药政科、药检所出动执法人员236人次，检查药品经营企业294户次，查处违法案件25起，没收、销毁过期失效、假、劣药品79个品种，价值人民币3.10万元。1996—2000年，全县依法取缔无证售药摊点8个、江湖游医65人次、涉外门诊点34个。1990—2001年查处没收假药价值217.47万元，立案查处2077件，没收非法所得3.30万元。2001年11月，县药品监督管理局正式成立，从此药品监督管理与卫生局分离。1991—2005年，全县医疗单位使用毒、麻、精神药品，落实“五专”（即专人负责、专柜加锁、专用账册、专用处方、专册登记）制度。县卫生局经常对使用毒、麻、精神药品的单位进行检查，发现问题及时纠正，未出现问题。

第三十五篇　驻县企事业

1991—2005年，驻金堂县地区的中央、省、市企事业单位，发挥自身优势，开展本部门业务工作，为民服务；参与和支持地方经济建设。四川省金堂监狱（四川省监狱管理局中心医院），坐落在金堂县清江镇，是一所具有医疗、教学、培训等功能的人民警察建制的综合医院。攀钢集团成都钢铁有限责任公司金堂分公司（原成都无缝钢管厂金堂分厂）是国内历史悠久的以生产高、精、尖无缝钢管为主的冷轧（拔）、热轧无缝钢管生产基地。

第一章　事　业

第一节　四川省金堂监狱

四川省金堂监狱距县城9公里、广汉12公里。该院始建于1972年，原为四川省公安局劳改工作局直属医院，后更名为四川省劳改局医院，1996年改为四川省监狱管理局中心医院。医院占地225758平方米，建筑面积43485平方米。医疗用房9175平方米，绿化面积96066平方米。开设8个病区，有病床300张，有职工450人。医院设有内儿、传染、外、妇产、眼耳鼻喉、口腔、中医以及药剂、检验、病理、理疗、放射、功能特检等。门诊设有骨科、泌尿、胸外、肛肠、肝胆胰外科、乳腺病、心血管、肾病、糖尿病、肝炎、结核、神经、精神科、皮肤病、性病、妇科、口腔美容（牙矫治、种植）等专科诊断室。医院在骨科、泌尿外科、心血管、肝病治疗、口腔科等专科技术上具有一定特色，能开展难度较大的手术，还开设有服刑犯病区和提供戒毒服务业务。医院办有四川省警官学校三年制护理专业班，常年有学生150人，为全省监狱系统培养了一批合格的护理人才。医院长期面向社会基层服务，常年承担成都军区医校、成都第二卫校、新都卫校、金堂卫校的学生实习和全省监狱系统医卫人员的培训、指导工作。1995年，经省计委批准立项在成都市外南机场路航空港新修一所医院，并于2001年底开业。经省编委批准，增加对外名称“四川省司法警官总医院”。四川省金堂监狱（四川省监狱管理局中心医院）于1998年成立社区卫生服务站，开展了大量的防病、治病工作。医院从1997年成立了监管、精神病区后，能收治全省监狱及有关单位的在押病犯和精神病患者。医院从1998年年初开始组建艾滋病初筛实验室，1998年7月21日通过省、市卫生、防疫部门验收，属全省第二家具有艾滋病初筛鉴定资格的医院。1998年12月，医院创国家二级甲等医院成功，医院是成都市城镇职工基本医疗保险、人寿保险、农村新型合作医疗定点医院，同时也是省人民政府指定的罪犯疾病、伤残鉴定机构，担负着对全省监狱系统民警、职工、家属及服刑人员的医疗保障任务，并全面对社会开放，热忱为社会广大群众服务。2005年四川省金堂监狱、四川省监狱管理局中心医院、四川省司法警官总医院实行三块牌子，一个班子。医院隶属四川省监狱管理局，属人民警察建制。有医技人员204人，其中高级技术人员14人，中级技术人员71人。

第二节　四川金堂中央直属粮食储备库

1998年6月，县委、县政府及时成立中央直属粮库项目争取小组，由县委书记负总责，县长任组长。6月11日将项目申请资料上报市政府及计划、粮食部门。国家计委、国家粮食储备局于同年8月22日正式确定金堂中央粮库建设项目，10月下旬正式批准投资概算。国家投入建库资金7105万元。金堂县成立了以县委副书记何冰为指挥长，粮食、计委有关部门负责人为副指挥长及相关人员组成的中央粮库工程建设指挥部。金堂中央直属粮库选址金堂赵镇城南海拔459.80米的高地处，赵镇前进村1、2组，新生村1、2、10组，同乐村1组境内；距达成铁路金堂火车站1130米和邻近成（都）南（充）高速公路清泉互通口。经国家计委、国家粮食储备局审批立项，由国内贸易部北京设计院负责总体设计，成都市第一建筑工程公司施工；铁路专用线由成都铁路分局勘测设计所设计，成都铁路分局兴达公司承建；中国国际工程咨询公司负责整个工程的监理。1998年12月28日开工，1999年12月29日竣工。四川金堂县中央直属储备粮库占地14.98公顷，其中库区14.20公顷，库外铁路专用线0.78公顷。总投资7232万元。建筑面积40851平方米。金堂中央直属粮库2000年4月交付使用。金堂中央直属粮库隶属中储粮管理公司成都分公司。

第二章　企　业

第一节　四川锅炉厂

始建于1968年，原属生产核反应堆的三线军工企业，1980年经国家批准转产锅炉、电站辅机及压力容器。厂址成都市金堂县，2005年有职工2500余人，其中专业技术人员900余人。经过三十余年的发展，工厂的综合实力明显增强，位居全国九大A级锅炉厂家之列，国家大型重点企业，是全国发电设备制造和出口基地之一，四川省火电、核电、化工、环保等“八大产品链”骨干企业。

工厂拥有最高等级A级锅炉制造许可证和A1，A2，D1，D2级压力容器设计、制造许可证，“ASME U”，“S”钢印授权证书，甲级环境污染治理证、进出口资质证和IS09001质量体系认证等重要资证，具有开发、设计、制造电站锅炉、电站辅机、汽轮机辅机、高压容器、石化容器、民用核电设备、冶金建材设备能力和承担大型环境污染治理项目能力。

工厂资产总额63787万元，其中固定资产原值15978万元，厂区面积49.35万平方米，建筑面积20.6万平方米。有重型容器、管件、集箱、金属结构、机械加工、锻造与热处理8个主要分厂，装备有国内具有先进水平的膜式壁生产线和蛇形管生产线，拥有铁路专用线、冷卷100 –3600、热卷200 – 3600的大型卷板机、10万公斤级行车、243.5米天然气退火炉、120万公斤级冲压水压机等大型关键设备，配置了完善的理化、计量、无损探伤、热工测试、焊接实验等设备，拥有涡流探伤、氦气检漏、大功率ν源和Co60源探伤等先进检测手段。有Ⅱ级以上无损检测人员40多人，其中射线、超声波、磁粉、渗透检测均有国家最高级别的Ⅲ探伤员。

工厂产品已形成12大门类、120余个品种，1000种规格，主要产品包括额定蒸发量在6.5t/h ~ 670t/h范围内各种电站锅炉、循环流化床锅炉、工业锅炉、垃圾焚烧炉；用于石化、冶金、造纸、建材行业的余热锅炉；配60万千瓦机组以下的各型高、中、低压加热器；各种电站辅机、燃气轮机、水电设备、环保设备、压力容器、石化容器、高压医用氧舱和非标设备等。工厂的主导产品循环流化床锅炉、热电气三联产装置、余热锅炉等系列产品属国家首批列入《当前国家鼓励发展的环保产业设备（产品）目录》之环保产品，由四川省颁发了环保产品认证证书，并多次荣获“国家级新产品”和“省、市科技进步奖”，被纳入“国家火炬计划”和“国家科技成果重点推广计划”。工厂的循环流化床锅炉水冷旋风分离技术属国家专利技术，100兆瓦高压加热器荣获部、省优质产品称号。工厂建有完善的销售服务机构，在北京、广州、长沙、南京、西安、济南、郑州、乌鲁木齐、成都等地设有办事处。现产品面向各行各业，遍布全国各地，并远销印度尼西亚、马来西亚、伊朗、巴基斯坦等国。

工厂先后获得“全国锅炉制造企业质量信誉用户评比最佳企业”“全国节能先进企业”“国家特级安全企业”“四川省稳定增长型企业”“四川普通机械制造工业企业最大规模10强”“全省大中型工业企业技术开发实力20强”“四川省重大技术装备8大重点产品链30户骨干企业单位”“四川省工业企业50强”“四川工业企业最大纳税100强”“成都市模范纳税企业”等荣誉称号。

1990—2005年四川锅炉厂经济运行指标

表35 – 1　　单位：万元

项　目	工业总产值	工业增加值	产品销售收入	利税总额	利润总额
1990年	4561.91	630.35	4143.73	289.73	128.2
1991年	7039.8	2237.15	6837.85	461.92	108.92
1992年	7828.23	1654.57	6878.02	226.05	127.93
1993年	12229.46	2569.09	15116.05	409.15	181.52
1994年	16858.26	5015.82	12405.30	578.08	190.98
1995年	20742.74	7977.1	13701.16	835.8	211.57
1996年	23403.3	6414.9	18144.3	1022.0	103.7

续表35－1

项　目	工业总产值	工业增加值	产品销售收入	利税总额	利润总额
1997 年	22886.3	6245.1	18257.1	1104.7	64.0
1998 年	13763.6	6167.5	13517.3	1361.9	20.2
1999 年	10487.9	4372.1	11029.2	1191.1	10.6
2000 年	18230.0	5200.8	13186.1	1109.4	21.4
2001 年	16150.2	1070.9	11481.9	-3271.3	-3977.9
2002 年	21709.3	5248.56	19050.3	-281.3	-3514.7
2003 年	30800.3	7726.0	26060.8	1725.6	302.0
2004 年	63606.7	15079.5	46299.1	2925.0	20063
2005 年	49841.2	11239.6	36920.0	1722.0	655.0

第二节　攀钢集团成都钢铁有限责任公司金堂分公司

攀钢集团成都钢铁有限责任公司金堂分公司（原成都无缝钢管厂金堂分厂）隶属攀钢集团成都钢铁有限责任公司的直属公司，是国内历史悠久的以生产高、精、尖无缝钢管为主的冷轧（拔）、热轧无缝钢管生产基地。建于1970年，位居成都市金堂县赵镇观音山村，2005年在岗职工1170余人，其中各类专业技术人员200余人。

攀成钢金堂分公司经过30余年的发展，设备配套完整、检测手段先进、技术力量雄厚。截至2006年底，工厂资产总额29114万元。其中固定资产原值27954.2万元，厂区建筑面积916万平方米。产品规格齐全，可生产中Φ－219毫米，壁厚0.5－25毫米的冷轧、拔无缝钢管；Φ45－168毫米，壁厚3.5－25毫米的热轧无缝钢管。Φ48－530毫米，壁厚3.5－12毫米的管件；Φ325－762毫米，壁厚5.5－5.0毫米的热扩管。年产量达1.2亿公斤。销售收入5.46亿元。

先后获得冶金工业部、四川省质量管理奖；1991年被中质协授予“全面质量成效显著企业”；1994年按照GB/T 19002－ISO 9002标准修订完善《质量手册》《质量体系程序文件》《质量记录》等三级质量文件；1995年1月获得了中国标志认证委员会质量体系认证书。1998年5月通过中方委巴蜀认证中心的换证审核，2000年、2003年分别通过中国方圆标志认证委员会方圆标志认证中心的换证复评审核。此外，石油套管、管线管于1990年、1991年获得美国石油协会（API）的认可；船用钢管分别获得中国船级社（ccs）、英国船级社（LR）、挪威船级社（DNV）、德国船级社（GL）的工厂认可；不锈钢管、低中压锅炉管、高压锅炉管等获得国家颁发的生产许可证。

产品已形成20余个门类，上百个品种，达1000种规格。主要产品包括：石化行业管线管、抗海水腐蚀管、石油套管等，汽车行业车轴管、煤矿行业液压支柱管、航空工业结构用厚（薄）壁无缝管，锅炉行业低中压、高压锅炉管，军工行业火箭炮管，建筑行业网架管，船舶业无缝钢管等。建厂30余年来，先后开发了核潜艇管、火箭炮定向管、转向架交叉杆用无缝钢管、橡胶用轴心管、大口径不锈管、电站用高温、高压锅炉管、石油套管等十几项新品种，填补了国内多项空白，产品远销美国、日本、意大利、伊朗、俄罗斯、加拿大及东南亚等35个国家和地区。2004—2006年，先后投资2000余万元，对冷、热轧设备进行技改，分公司规模不断扩大。

1990—2006年攀钢集团成都钢铁有限责任公司金堂分公司经济运行指标

表35-2　　单位：万元

项　目	工业总产量（万公斤）	产品销售收入（万元）	利税总额（万元）	利润总额（万元）
1990年	1382.30	13564	1952	199
1991年	1335.10	14777	2146	176
1992年	1527.30	16342	3056	827
1993年	1498.10	31815	5285	1657
1994年	1241.40	22297	3462	327
1995年	1168.80	9629	2620	155
1996年	1148.50	13455	1086	-1106
1997年	855.70	7243	1407	-1603
1998年	965.60	18004	-853	-853
1999年	870.60	10211	-945	-2467
2000年	954.30	9737	1804	-45
2001年	1291.90	18145	1468	-230
2002年	1624.90	21402	1657	-736
2003年	1780.50	25309	-474	-3166
2004年	2241.70	39390	5070	1251
2005年	2880.40	53429	5901	1155
2006年	2916.20	54597	6612	867

第三节　四川锦绣华福宁制药股份有限公司

原为成都制药十一厂、成都华福宁制药总厂、四川阳公华福宁制药股份有限公司。2001年8月，公司重组更为现名。

公司始建于1986年，是按国际标准建立的生产植物原料药的专业公司，是国家“八五”期间重点发展的药品生产定点企业，是全国植物原料药重点生产与出口基地，产品销往世界30多个国家和地区。公司位于成都金堂工业开发区，占地6.67公顷，建筑面积21877平方米，六条原料药提取生产线，年原料生产能力可达100万公斤。公司拥有“华福宁”牌注册商标，自营进出口证书，多项植物提取、分离、纯化专有技术，现代化的检测手段，新药研发中心和严格的质量保障体系。有10个原料药品取得批文、生产许可证并通过国家GMP认证。1997—2000年，四川阳公华福宁制药股份有限公司曾经停产。2001 年 8 月，四川禾嘉实业集团有限公司对四川阳公华福宁制药股份有限公司进行了重新组合，四川阳公华福宁制药股份有限公司重组更名为四川锦绣华福宁制药股份有限公司。公司聘请了一批懂管理、善经营、有专业的技术人才，建立了高效的产品研发、生产、市场营销体系。2001—2005 年，公司逐步恢复了生产。

第四节　四川格瑞现代农业发展股份有限公司纺织品分公司

在原成都市第二纺织厂的基础上，公司于 2001 年 5 月重组建成四川格瑞现代农业发展股份有限公司纺织品分公司，隶属于成都康宝兴纺织有限责任公司。企业规模为 5 万纱锭，年产量 500 万公斤纱，主要的产品是以细棉为主的白坯布服装面料、防水篷布等。产品主要销售国内各大市场，产品质量是经过省、市、县纤维检查站、技监部门检验合格的优质产品，授予“产品质量信得过单位”的光荣称号。公司坐落于金堂县淮口镇，有职工 780 人，其中技工 110 人。2005 年实现工业总产值 1872 万元，销售收入 1236 万元，入库税金 48 万元。

第三十六篇　居民生活

1991—2005 年，在党的领导下，中共金堂县委、县人民政府带领全县人民，解放思想，实事求是，大搞经济建设，建立和完善社会主义市场经济体系，大力发展社会生产力，促进了金堂的经济发展。全县农村在做好保持农业稳粮增收的同时，允许或组织剩余闲散劳动力外出务工，增加农民经济收入，改善了生活；城镇随着社会保障体系的建立健全，职工和离退休人员工资不断增加，生活水平有很大提高。金堂县人继承和弘扬中华民族的传统美德，讲文明，讲礼貌，尊老爱幼；爱学习、爱劳动、爱家乡；热爱中国共产党、热爱祖国、热爱社会主义；金堂县人有良好的社会生活习俗，金堂方言有“金堂话”“老湖广话”“广东话”和“福建话”四类。

第一章　生活水平

第一节　城乡收入

一、城镇居民收入

金堂县于 1991 年建立城镇居民住户调查户，城镇居民的收入情况数据资料于 1992 年开始收集。2005 年城镇居民人均可支配收入 8098 元，比 1992 年增加 6215 元，增加 3. 30 倍，年均增长 11. 90%。

金堂县 1991—2005 年城镇居民可支配收入

表 36－1

项　目	城镇居民人均可支配收入（元）	比上年增加额（元）	比上年增长（%）
1992 年	1883	—	—
1993 年	2368	485	25. 8

续表36—1

项　目	城镇居民人均可支配收入（元）	比上年增加额（元）	比上年增长（%）
1994年	3395	1027	43.4
1995年	3354	-41	-1.2
1996年	3823	469	14.0
1997年	4019	196	5.1
1998年	4350	331	8.2
1999年	5002	652	15.0
2000年	5704	702	14.0
2001年	6069	365	6.4
2002年	6451	382	6.3
2003年	6890	439	6.8
2004年	7448	558	8.1
2005年	8098	650	8.7

二、农村居民收入

1991年，全县农民人均纯收入609元，比1990年增加57元，比上年增长10.30%。2005年，全县农民人均纯收入3834元，比1991年增加3225元。

金堂县1991—2005年农村居民收入

表36-2

项　目	农民人均纯收入（元）	比上年增加额（元）	比上年增长（%）
1991年	609	57	10.30
1992年	660	51	8.40
1993年	777	117	17.70
1994年	1081	304	39.10
1995年	1424	343	31.70
1996年	1807	383	26.90
1997年	2187	380	21
1998年	2390	203	9.30
1999年	2543	153	6.40
2000年	2686	143	5.60
2001年	2807	121	4.50
2002年	2951	144	5.10
2003年	3123	172	5.80
2004年	3482	359	11.50
2005年	3834	352	10.10

第二节　城乡居民消费

一、城镇居民消费

1992 年起，金堂县城镇居民消费水平不断提高，消费结构发生重大变化，食品消费比重不断下降，穿、用、家庭设备、娱乐、教育、居住等消费比重不断上升。2005 年，城镇居民生活消费支出 7010 元，比 1992 年增加 5361 元，增加 3.30 倍，年均增长 11.80%；其中：食品消费 2199 元，增加 1.40 倍；衣着消费 601 元，增加 2.40 倍；家庭设备用品及服务消费 508 元，增加 2 倍；医疗保健消费 602 元，增加 15.70 倍；交通和通讯消费 648 元，增加 18.10 倍；娱乐文教服务消费 726 元，增加 4.20 倍；居住消费 649 元，增加 4.20 倍；杂项商品和服务消费 1077 元，增加 21 倍。2005 年城镇居民恩格尔系数为 31.40%，比 1992 年下降了 24.30 个百分点。

1992—2005 年金堂县城镇居民生活消费情况

表 36-3

项目	城镇居民生活消费支出（元）								
	合计	食品	衣着	家庭设备用品及服务	医疗保健	交通和通信	娱乐文教服务	居住	杂项商品和服务
1992 年	1649	918	176	170	36	34	140	126	49
1993 年	2039	1094	274	214	35	40	149	147	86
1994 年	2928	1578	414	267	53	64	221	240	91
1995 年	2850	1575	440	260	56	109	168	167	75
1996 年	3394	1751	414	502	108	104	218	175	122
1997 年	3285	1775	332	278	176	130	270	212	112
1998 年	3194	1788	241	300	190	79	164	247	185
1999 年	4291	1849	199	478	243	165	493	227	637
2000 年	4557	1835	276	344	441	177	555	345	584
2001 年	5201	1742	441	374	374	372	504	499	895
2002 年	5718	1931	451	414	463	452	596	503	908
2003 年	5907	1946	512	431	498	542	612	542	824
2004 年	6477	2082	554	465	543	592	661	587	993
2005 年	7010	2199	601	508	602	648	726	649	1077

1992—2005 年金堂县城镇居民人均主要消费品消费量

表 36－4

年份	粮食（公斤）	肉类（公斤）	蛋类（公斤）	蔬菜（公斤）	水果（公斤）	乳品（公斤）	鱼（公斤）
1992 年	92.30	39	9.80	74.20	22.60	4.40	4.50
1993 年	94	38.20	10.10	74.80	23.60	3.70	4.20
1994 年	112.60	49.60	150	82.90	33.10	2.90	7.60
1995 年	177.80	65.10	26.50	268.90	21.50	5	6.10
1996 年	194.80	88.10	28	278.80	23	12.80	4.90
1997 年	94.50	44.30	15.70	172.20	32.10	5.20	6.10
1998 年	98.40	49.20	15.60	153.60	37.20	6	7.20
1999 年	86.40	52.80	13.20	139.20	32.40	10.80	6
2000 年	90	52.80	13.20	142.80	50.40	18	7.20
2001 年	86.40	39.70	13.20	134.40	55.20	16.80	7.20
2002 年	99.90	48.50	14.50	147.30	55.70	19.20	8.90
2003 年	97	50	15.10	149.90	56	19.80	9
2004 年	95	52.50	15.30	150.50	60	22	10
2005 年	86.50	47.30	19.80	97.20	69	23.80	10.60

二、农村居民消费

1991 年起，农村居民消费水平和消费质量不断提高，消费观念、消费结构有较大的变化。2005 年农村居民生活消费支出 2293 元，比 1990 年增加 1779 元，增加 3.50 倍，年均增长 10.50%。2005 年农村居民恩格尔系数为 50%，比 1990 年下降了 16 个百分点。

1991—2005 年金堂县农村居民生活消费水平

表 36－5

项目	农村居民生活消费支出（元）								
	合计	食品	衣着	家庭设备用品及服务	医疗保健	交通和通信	娱乐文教服务	居住	杂项商品和服务
1991 年	540	347	40	47	—	—	41	65	—
1992 年	584	376	37	45	—	—	53	73	—
1993 年	599	343	36	60	—	—	48	112	—
1994 年	823	573	43	63	—	—	63	81	—
1995 年	1021	314	49	543	—	—	—	115	—
1996 年	1534	975	92	277	—	—	—	190	—
1997 年	1566	973	98	290	—	—	—	205	—
1998 年	1512	921	106	310	—	—	—	175	—
1999 年	1509	825	77	80	59	45	155	268	—
2000 年	1691	801	63	112	96	90	164	365	—

续表36-5

项目	农村居民生活消费支出（元）								
	合计	食品	衣着	家庭设备用品及服务	医疗保健	交通和通信	娱乐文教服务	居住	杂项商品和服务
2001 年	1685	795	64	70	104	76	164	371	41
2002 年	1702	852	67	72	86	88	198	280	59
2003 年	1783	912	75	82	85	116	212	247	54
2004 年	2018	1070	75	87	109	129	206	308	34
2005 年	2293	1092	113	111	156	156	238	235	192

1991—2005 年农村居民人均主要消费品消费量

表 36-6　　单位：公斤

项目	肉类（公斤）	动植物油（公斤）	蛋类（公斤）	蔬菜（公斤）	水果（公斤）	酒（公斤）	鱼（公斤）
1991 年	24.90	4.70	2.20	121.50	3.40	7.80	0.40
1992 年	18.90	4.40	2.20	189.10	5.60	6.60	0.50
1993 年	17.70	4.10	2.40	179.70	6.70	5.60	0.50
1994 年	17.80	3	3	112.20	9.10	6.60	0.70
1995 年	14.80	3.20	2.40	118	9.90	6.70	0.90
1996 年	29.10	6.40	3.20	85.30	14.20	8.10	1.40
1997 年	23.50	5.60	4.10	88.60	11.10	8.80	1.70
1998 年	24.30	5.10	4.90	89.90	12	8.20	1.50
1999 年	24.30	5.10	4.90	89.90	12	6.10	1.70
2000 年	27.60	5.20	3.60	77.20	10	7.20	2.30
2001 年	25.60	5.30	6	58.90	10.40	8.80	2.10
2002 年	27	6.30	5.80	62.70	10.70	9.10	2.40
2003 年	34.30	6.70	6.40	70.70	9	9.60	3
2004 年	33.40	6.20	5.30	67.20	10.50	8.90	3.10
2005 年	37.10	5	4.70	73	11.20	13.80	3.50

第三节　家庭理财

一、储蓄

1991 年，全县城乡居民储蓄存款余额达到 25541 万元。2005 年，全县城乡居民储蓄存款余额达到 281058 万元，比 1990 年增加 13.20 倍，年均增长 19.40%；城乡居民人均储蓄存款余额达到 3293 元，比 1991 年增加 12.30 倍，年均增长 18.80%。

1991—2005 年城乡居民储蓄存款余额

表 36－7

年　度	城乡居民储蓄存款余额（万元）	城乡居民人均储蓄存款余额（元）
1991	25541	316
1992	29872	368
1993	36191	444
1994	53409	653
1995	72044	878
1996	84566	1026
1997	97407	1177
1998	113139	1361
1999	141303	1692
2000	161264	1918
2001	184500	2186
2002	209967	2485
2003	237133	2807
2004	277673	3284
2005	281058	3293

二、耐用消费品

随着人民生活质量的提高，城乡居民的耐用消费品也随着时代的发展而变化。1991—2005 年，由于经济的发展，照相机、微波炉、电话、家庭用摄像机、家用电脑、手机和小汽车逐渐进入金堂县人民家庭。

1991—2005 年金堂县每百户城镇居民家庭耐用消费品拥有量

表 36－8

项目	洗衣机（台）	空调机（台）	电冰箱（台）	热水器（台）	微波炉（辆）	移动电话（部）	彩色电视机（台）	照相机（台）	影碟机（台）	家用电脑（台）
1991 年	—	—	—	—	—	—	—	—	—	—
1992 年	82	—	64	46	—	—	—	22	—	—
1993 年	84	—	68	46	—	—	—	22	—	—
1994 年	88	—	62	58	—	—	—	18	—	—
1995 年	90	—	60	58	—	—	—	26	—	—
1996 年	—	—	—	—	—	—	—	—	—	—

续表36—8

项目	洗衣机（台）	空调机（台）	电冰箱（台）	热水器（台）	微波炉（辆）	移动电话（部）	彩色电视机（台）	照相机（台）	影碟机（台）	家用电脑（台）
1997 年	90	—	—	—	—	—	—	—	—	—
1998 年	80	4	52	56	4	2	60	24	20	10
1999 年	95	15	80	90	10	7	95	42	47	10
2000 年	100	15	80	85	23	10	130	43	53	10
2001 年	95	40	95	95	15	13	130	45	35	15
2002 年	97	45	98	96	16	16	132	46	37	17
2003 年	98	47	98	95	18	25	133	47	37	19
2004 年	97	50	98	95	20	35	134	46	37	24
2005 年	95	52	98	90	30	57	135	38	65	24

1991—2005 年金堂县每百户农村居民家庭耐用消费品拥有量

表 36 - 9

项目	洗衣机（台）	电冰箱（台）	摩托车（辆）	固定电话（部）	移动电话（部）	彩色电视机（台）	照相机（台）	影碟机（台）	热水器（台）
1991 年	—	—	—	—	—	1	—	—	—
1992 年	2	—	—	—	—	2	—	—	—
1993 年	3	—	—	—	—	3	—	—	—
1994 年	2	—	—	—	—	2	—	—	—
1995 年	2	—	—	—	—	3	—	—	—
1996 年	11	—	—	—	—	18	—	—	—
1997 年	10	—	—	—	—	19	—	—	—
1998 年	11	4	5	—	—	21	—	—	—
1999 年	11	4	7	—	—	26	—	—	—
2000 年	10	4	12	22	3	38	1	17	3
2001 年	8	4	13	27	4	45	1	17	3
2002 年	12	7	14	36	12	57	1	22	3
2003 年	20	7	19	45	22	66	1	36	3
2004 年	23	12	73	45	31	67	1	38	3
2005 年	45	15	71	58	58	82	2	62	9

第二章　时尚消费

第一节　饮食与保健

一、饮食

1991年县生活水平不高，人们对吃食较简单，农村一日三餐以细粮为主，也以杂粮和菜蔬为主辅食，吃肉食较少。至2005年，经过发展农村经济，农民收入逐年增加，生活水平得到了较大的改善，一般农民饮食水平提高，食物主要以细粮为主、杂粮和菜蔬为辅，吃猪肉、鸡、鸭、鱼、鹅、蛋、面食较多。城镇居民生活在1991年时，生活水平只是一般化，饮食种类不多。居民一日三餐吃食以大米饭、面条、馒头为主食、菜蔬、瓜果为辅。随着经济建设的快速发展，市场的繁荣昌盛，外地名吃饮食传入县境，城镇居民食物品种增多，生活水平有所提高和改善，人们主食有大米、面条、馒头、油条，猪肉、鸡、鸭、鱼、鹅、牛羊肉、火锅、海鲜等；小吃有烧烤、麦当劳、汉堡、面包、冷饮、水果等。

二、保健

1991—1995年，县保健一般以保健药物为主，主要有西药成品和中药成品药制剂作为保健用品。1996—2005年，随着市场的开放，经济建设的发展，人们生活水平的提高，县的保健也有较大的改善。体育事业增大了设施投入，在学校、机关单位、街旁等公共场所逐步建设了一些运动项目，如打篮球、乒乓球、羽毛球、单杠、双杠等。理发时理发师逐步给人头作局部按摩。商场出现卖的供人在家锻炼跑步机，炼手、臂力的拉弹簧，有专门为女士开的保青春的美容商店。有盲人、或医疗穴位正规按摩店。专卖店有各种保健用品出售。

第二节　服装与娱乐

一、服装服饰

县人生活素来崇尚俭朴，民间有“笑脏不笑烂、笑烂不笑补”“新三年，旧三年，缝缝补补又三年”之说。清代至民国时期，农村妇女勤于纺织，自产土布除用于换取生活必需品外，部分染色为家庭成员制作衣服。晚清时期，出现“洋布”（又称“市布”），多为小康以上人家购用。富裕户多以丝、麻、呢、毛等为衣料。解放初，农村土布与市布衣料并见，城市则多着市布、斜纹布、卡其布，稍后流行劳动布、灯芯绒等。进入20世纪80年代，衣料向多品种、多花色和更高档次发展。丝、毛、锦纶、涤纶、仿毛、呢和皮革面料的衣服，由先城市、后农村的途径逐渐普及。服装样式从清代到民国，男一般为长袍短褂大襟衫，农村人一般还头缠黑白帕；女一般为大襟长衫或斜襟上衣加长裤或套裙；男女均穿横腰的大裆裤。民国22年（1933年）后，服装样式增多，城乡随职业而异，公教人员有着中山装的，兼有着西服的；男女学生穿童子军服，女学生下装穿裙子；劳动大众穿短衫长裤；县城妇女有穿旗袍短裤腿袜的。20世纪50—70年代，流行（蓝色或灰色中山装）干部服、工人装、青年服、军式便服。女装以干部服为多，一度曾流行穿苏联布拉吉裙和列宁服。“文化大革命”中，青年人盛行穿草绿色军装。20世纪80年代，流行各色连衣裙、折叠裙、喇叭裤、牛仔裤、西服、旗袍、太空服、羽绒服、皮革衣裤等。中华人民共和国成立前，富裕大户的妇女，一般都佩耳环、戴手镯等饰物，男子大多数戴戒指和佩挂怀表。1949年10月1日至20世纪80年代，县人佩戴饰品者甚少。1990年后，男子戴金戒指、女戴金耳环等饰品的逐渐增多。1991—2005年，县人女士穿套装、流行时装、短裙、长裙、牛仔裤、高跟和平跟鞋较多，绝大多数女士喜爱戴金耳环、金项链、钻石戒指，出门行走常带一个背包或手提包。男士穿西装套服、休闲服、皮鞋、上身穿衬衣、T恤衫，有戴手表、手镯装饰、钻石戒指、玉石手戒指等。男士上班族有挎背公文包者。

二、文化娱乐

1991—2005年县文化娱乐有由县委、县政府组织的大型节日，如“七一”建党、“十一”国庆节、春节联欢晚会文艺会演；县文化局组织的专场文艺晚会；有逢党和国家重大庆祝活动举办的文艺演出（如迎接香港、澳门回归、庆祝党的十七大召开等）供人们文化娱乐。随着经济的发展，人们生活水平的提高，电视机、音像、VCD、DVD影碟机、摄像机、手机（看电视、电影、听歌）、电脑、宽带现代高科技器材大量进入家庭，人们在家里可以随时进行文化娱乐。1991—1995年县文化娱乐逐渐兴起跳舞之风，先由舞蹈专业者教社会或单位人员学习交谊舞，在社会慢慢流传，县城电影院楼逐渐开设有舞厅营业，人们每天晚上7点至10点参加舞会娱乐。1996—2002年县城开有6家舞厅，每天分下午和晚上营业。2003年后舞厅跳舞人员减少，舞厅渐渐停业，至2005年仅有2家，跳舞人员寥寥无几。此外，县人娱乐有最普遍最喜欢打麻将的习惯，遍及城乡各地；也有在茶馆或河岸边喝茶时打麻将进行娱乐者，文化娱乐丰富多彩。

三、私家车旅游

金堂县1991—2000年私人购车较少。2001—2005年县有少量的私家车出现。随着经济快速发展，机关、单位职工工资的增加，个体经营者经济实力的壮大，县内私人买车逐渐上升。据了解，2006年金堂县有小型客车4289辆、微型客车2834辆，小型和微型车总数7123辆。2007年小车达6084辆，微型车达3093辆，小型和微型车总数9177辆，比2006年增加2054辆。2008年小车达7371辆，微型车达3216辆，小型和微型车总数10587辆，比2007年增加1410辆。至2009年3月金堂县小型客车有9746辆、微型客车3431辆．小型和微型车总数13177辆，比2008年增加2590辆。至2009年，除去单位购买的小车外，县私人购小汽车达1.20万辆。县私家车有用小车运输货源，联系业务，多数是私家车旅游、休闲。私家车档次各异，常见的车牌有小型奥拓、奔奔、桑塔拉、QQ、北京现代、奔驰、宝马等。私家车有在节假日开回老家过节、探亲的，有到周边地区景点玩要、有跨越省外旅游的，其私家车旅游者遍及全国各地。

第三章　道德风貌

第一节　见义勇为

1994 年 8 月，由金堂县委政法委、综治委倡议，县级机关及部分学校共同捐资 7 万余元，成立金堂县见义勇为奖励基金。后又陆续收到乡镇、企事业单位、学校的捐款。至 1998 年，已筹集到见义勇为奖励基金 11.50 万元。1998 年 6 月，金堂县社会治安综合治理委员会制定了《关于见义勇为奖励基金使用办法（试行）》。办法规定奖励基金由县委政法委、县综治委专人管理，专款专用。对公民因见义勇为被授予荣誉称号的，因见义勇为受到上级表彰、被社会广泛关注、遭到较重人身伤害或较大经济损失的行为分别授予荣誉称号、嘉奖及一定金额的现金奖励。

在弘扬社会正气，倡导助人为乐，互助友爱，形成良好社会风气，以及见义勇为保障激励机制的推动下，金堂县涌现出了许多见义勇为的先进事迹。2004 年 5 月，土桥镇村民刘金枝为抢救落水儿童光荣牺牲。刘金枝被县人民政府给予“见义勇为”嘉奖；后被四川省人民政府追认为革命烈士。2004 年 7 月，肖成龙、王可为、邓发喜、杜泽文 4 名少年勇救落水妇女。肖成龙献出了年仅 16 岁的宝贵生命。肖成龙、王可为被县人民政府授予“见义勇为公民”光荣称号，给予邓发喜、杜泽文“见义勇为”嘉奖。肖成龙后被四川省人民政府追认为革命烈士。王可为后被成都市人民政府授予“见义勇为勇士”荣誉称号。

从 1994 年至 2005 年，金堂县因见义勇为行为被四川省人民政府追认为革命烈士 2 人，被成都市人民政府授予“见义勇为勇士”称号 1 人，被金堂县人民政府授予“见义勇为公民”称号 2 人，给予见义勇为嘉奖 3 人。

第二节　新事新风

一、志愿者与服务

2003—2005 年，金堂县稳步推进西部计划项目的实施。团中央每年组织安排从高校毕业的大学生到金堂县开展志愿服务，志愿者分别有来自河北、黑龙江、浙江、陕西、山西等地，服务期限为 1—2 年，期满后返回自主择业；志愿者主要在乡镇和基层单位从事支教、支医、支农、法律援助工作。自 2005 年始，县人事局招收一村一名大学生志愿者。

二、饮用矿泉水

金堂县城机关职工和部分居民住户人家有从1997年起逐步废弃用电炊壶烧自来水开水饮用的习惯，普遍使用罐装的矿泉水作饮用茶水。

三、开业促销仪式

从2003年开始盛行县城商店、商场开业举行的庆典活动，有敲锣打鼓沿街游行宣传的腰鼓队出现。商店逢大的节假日，如“五一”、国庆、“十一”、春节等传统节日，有以开展搞活动的形势而搭台表演街舞，小品、歌唱等节目，旨在宣传商品，吸引消费者。

四、捐赠活动

1991—2005年，全县城乡居民凡遇有天灾人祸，如旱灾、洪涝、风灾、冰雪、地震等灾害发生时均有组织向灾区灾民捐钱、捐物帮助救灾的风尚。

五、保健按摩店

按摩是以中医的脏腑、经络学说为理论基础，并结合西医的解剖和病理诊断，而用手法作用于人体体表的特定部位以调节机体生理、病理状况，达到理疗目的的方法，从性质上来说，它是一种治疗方法。后逐渐由治疗按摩，走向保健按摩。金堂县城最早的一家按摩店是桔园路的神龙按摩店，起源于2000年，按摩方式有中式、泰式。随后按摩店兴起的有几十家之多，均为个体经营者所开。

六、商品房住宿小区

20世纪90年代初，随着住房制度改革，商品房住宿小区出现。金橘花苑是金堂县城最早由私人开发修建的商品房住宿小区，位于二至三横道之间地段。由澳门客商投资1亿元，从1994年开始动工至1995年12月竣工。占地100亩，建筑面积达15万平方米。

七、农家乐

金堂县城最早兴办农家乐是1996年由赵镇金广路旁边一个姓黄的人家兴办。随后赵镇及其他乡镇地方陆续开办有农家乐。

八、跆拳道馆

跆拳道这项运动从韩国引进中国，是奥运会比赛项目。1992年引进成都，金堂振兴跆拳道馆创建于2003年，创始人王小芳。该馆2006年聘用全国锦标赛冠军李志刚担任总教练一职。创办之初仅几十人，至2010年下属有六家分馆，即成都、温江、淮口、官仓、竹篙、赵镇新城区分馆，有学员400人，截至2010年共培养学员3000余名。2007年参加四川省比赛，同年5月参加成都市中学生跆拳道锦标赛，21人参赛获得13枚金牌，分别获得男子女子团体第二名的好成绩。该馆2010年有20名国家三级运动员，15名国家二级运动员，3名国家一级运动员。2010年8月1日何枭获得全国“斗斗杯”跆拳道锦标赛男子组51KG级冠军；郑洁获得全国“斗斗杯”跆拳道锦标赛女子组55KG级第5名。

九、骑游

1997 年金堂县淮口镇街道有一名退职人员刘某自己购买有一辆摩托车，先后几年骑车到成都各县、阿坝、甘孜、西藏部分地方游玩，是金堂县最早的骑游者。2000 年后，退休人员增多，有用自行车、摩托车、电动三轮车骑游。2005 年后县老年体育协会组织成立了成都市金堂县电动车骑游总队金堂县骑游大队，大队下成立三个骑游分队。

十、广场健身舞

金堂县广场健身舞起于 20 世纪 90 年代初，傍晚在南、北滨路旁边和三星镇区公路旁边地坝聚有人跳交谊健身舞。1998 年县城扩建后在广场傍晚有聚集跳健身、交谊舞的人群。

第四章　礼仪习俗

第一节　婚　嫁

婚姻是人生的大事，关系着家族的繁衍和传承，历来为人们所重视。婚礼习俗各个地方、各个家庭都有着不同的内容，有着许多备受注意的细节。

旧时金堂的男婚女嫁多沿袭封建习俗，一般是父母包办，在程序上有：纳采、问名、纳吉、纳征、请期和迎亲，称为“六礼”。视自由恋爱为“伤风败俗”，视男赘女家为低人一等。1949 年后，实行男女平等，自由恋爱，婚姻自主，但是传统的婚嫁习俗中许多内容，仍被人们自觉地传承下来，成为富有金堂地方特色的风俗。

一、提亲

不论是自由恋爱还是媒人说合，抑或是相亲，只要男女双方彼此中意，都有结婚的意愿，便要由男方（男方本人或家长）正式向女方家长提亲。提亲时，男方要备一份厚礼给女方，如果女方家长收下，便表示他们同意这门亲事，然后，男女双方家长共同商定聘金、嫁妆、彩礼等条件，互致祝福，提亲便算成功。

二、合八字

无论农村还是城镇，为了婚姻幸福美满，无灾无厄，家长都习惯请专门的算命先生为男女双方“合八字”。一般由某方父母或媒人将双方的出生年、月、日、时的生辰贴，交与算命先生推断吉凶。虽然有迷信色彩，但很少有婚嫁因此而中止的。因为即使双方“命理”中有相冲相克的地方，算命先生也会交代消解灾厄的办法，使男女双方都能够安心。因而这一旧习俗直到今日仍被广泛采用。

三、订婚

男女双方都同意结婚，但婚礼还不能马上举行，为了防止某一方反悔，便要“订婚”。订婚时，由一方做东，宴请男女双方的至亲好友，宣布两家成为儿女亲家，未婚的媳妇（女婿）已成为半个“家里人”。借此机会，亲戚朋友也可认识即将成家的新人，帮助本方考察对方人品才能。

四、择吉

择吉，也叫查期，即请算命先生为新人在历书上查找良辰吉日以举行婚礼。查得吉期后，双方便要马上通知亲友婚嫁的日期，并为婚礼做好准备。

五、迎娶

迎娶，又叫“迎亲”“娶媳妇”，是婚礼的开始。当天，女方宴请自家的宾客，而新郎则带领迎新队伍，亲自到女家迎娶新娘。迎娶的队伍到来后，女方的家门往往由新娘的妹妹或女友们紧闭、关锁。一方面显示女方家族的尊严，另一方面是故意捉弄迎亲者以取乐。迎亲者怕误了时辰，只有付“开门钱”了事。迎娶队伍进门后，女方设筵盛情款待。撤席后，新郎再次向岳父、岳母叩头辞行，准备起程。金堂的习俗，在男方是迎亲，在女方则是“送亲”。女方会派出一支送亲队伍，主要人员是新娘的哥嫂和她亲密的未婚的女性朋友。这支队伍当天会成为男方最尊贵的客人，俗称“上客”，受到最好的款待。跟随这支队伍是一抬抬的嫁妆，有被褥、箱子、衣服等等物品，嫁妆的多少显示着女方家庭的富裕程度和女方家长是否大方，因而，婚礼时抬嫁妆的队伍越长越好，走的路越远越好，即使男女双方相隔不远，也要绕很大一圈再到男方家里，目的就是为了显示婚礼的气派。进入21世纪，嫁妆队伍逐渐被婚车队伍所取代。婚车队中车的数目必须是双数，表示“好事成双”，通常婚车队最前面是负责摄影，为婚礼全程作记录，载有新人的婚车经过精心装饰走在第二位，后面是双方的亲友。婚车队在路上经常走走停停，司机借机向新人索取红包，每逢此时，新郎与新娘就会下车到每个司机面前发红包、散发香烟，催促车队继续前行。像嫁妆队一样，婚车队也需要绕行一大圈以显示婚礼的隆重。

金堂曾有出嫁女子“哭嫁”的风俗，感叹无忧无虑少女生活的结束，感谢父母的养育之恩，眷念兄嫂弟妹及与女友的友好相处之情，同时对为人妻、媳的人生转折甚感惶惑不安。如果对婚事不太满意，感到委屈，更要借机发挥，大哭而特哭一场。但随着经济社会的发展，“哭嫁”的风俗也越来越少见。

六、婚礼

迎娶队伍回到男家以后，鼓乐大作，鞭炮连声，男方亲友、邻里一拥而出，迎接新娘。新郎、新娘进门后，接着就要“拜堂”，又称“拜天地”。拜堂的地方一般在堂屋，设一张供桌，上面供有天地君亲师的牌位，供桌后方悬挂祖宗神幔。新郎、新娘就位后，由两位男宾唱导，行三跪九叩礼，参拜天地、祖宗和父母。然后女东男西，行夫妻对拜礼。拜堂后，新娘由新郎、女傧相和媒婆引进洞房洗濑妆梳，然后在媒婆的陪同下慢步出厅堂，行“出厅礼”。礼毕，新郎、新娘由媒婆引去拜见翁姑和前来贺喜的长辈亲友。受拜的人都要回敬红包，俗称“压拜”。压拜后，新娘回洞房，至次日方能出房。

随着金堂农村城市化的进程，现代的婚礼大多都在摆设婚宴的餐厅举行，传统的“拜堂”也改变成更喜庆更文明的仪式，一般有专人主持，同样有参拜父母、答谢亲友的礼数，有熟悉双方的长者为新人证婚，同时还掺杂有西式婚礼的互换戒指、开香槟、喷礼花甚至吻礼等仪式。仪式结束，主持人宣布婚宴开始，婚礼告成。

七、闹洞房

金堂和其他地方一样，都有“闹洞房”的习俗，洞房之夜，热闹非凡。金堂农村曾有“喜闹喜闹，三天不分老少”的说法，宾客、乡邻、亲友不分辈分高低，男女老幼都可以汇聚新房参与逗闹新郎、新娘。大家都想办法，出节目，让新郎新娘当众亲昵。比如让新人共同用舌尖夹出瓶里的筷子，互相叫对方的昵称等等。也有过分的人会出些故意刁难趣味低俗的节目，让新人为难，这时便会由德高望重的长辈出面制止，令人另出节目。人们认为，闹新房不仅能增添新婚的喜庆气氛，还能驱邪避恶，保佑新郎、新娘婚后吉祥如意，兴旺发达。

八、回门

“回门”，即新婚夫妇双双回女方家省亲的习俗。在婚礼后的第二天或第三天，新人要回女方娘家看望父母。这一习俗从女婿方面来说，有感谢岳父、岳母恩德，拜会、结识女方亲友等意义；从女儿方面来说，则表示了出嫁成家后不忘父母养育之恩的心情。

随着人们思想观念的转变，现代婚礼减少了许多旧时的繁文缛节，增添了更多的纪念意义。比如新人普遍要在结婚前到专业的相馆做婚纱摄影，还有的新人采用旅游的方式来作结婚纪念，也有因生活节奏过快不愿找麻烦，只办理结婚证和小范围宴请亲友的俭约婚礼存在。

第二节　丧　葬

自古以来中国人认为丧葬是人生最后一件大事。丧礼，是人死后死者亲属生前友好哀悼、纪念死者的礼节和处理死者殓葬祭奠的礼仪。

金堂民间崇尚古人死后灵魂不死的观念，遵行儒家倡导的孝道，又盛行鬼神迷信。社会风气以大操大办丧事为孝；丧家也以为不如此不足以抒发自己的悲哀，不能表达自己的遵礼尽孝之心和求得逝者灵魂的保佑。这种陋俗，1949 年后屡经破除，直至改革开放之初，才得到根本的扭转。

现代金堂丧礼，奠祭如故，却简朴卫生，朝着更科学更适应社会进步潮流的方向发展。

一、送终

老人弥留之际，他的子女等直系亲属，应尽量陪护在身旁，为老人擦拭，换上新衣。这是子女能为在世父母做的最后一件事，所以民间把能为父母送终看作极大的“福分”。待老人去世后，要将之转移到布置好的孝堂内，并立即烧“落气纸”，由子女每人烧规定数量的纸钱，俗称“三万六”，即 3.6 市斤。然后，孝子孝妇孝女孝孙便要“戴孝”。同时，在孝堂外燃放爆竹，以通知邻近的亲属。

二、报丧

家人去世后，在筹办丧事的同时，最重要的事就是要迅速通知亲朋好友及时来吊唁，即报丧。报丧时，金堂人忌讳说自己亲人的死亡是“死”，而是称为“老了”或“过身”。人死而不言死，意味深长地表达了金堂人对死的传统观念的留恋。报丧时另一忌讳是，报丧者报送死讯时，不能进亲友家门，应在外面叫门，待亲友出到门外才说明来意。

三、吊祭、守灵

丧家亲友得知死讯，便迅速购置纸钱、花圈、挽联等物，至丧家吊唁。

吊唁时，按民间风俗，先给死者上香一炷，再烧一些纸钱，默祷死者无牵无挂，平安上路。家属在旁跪拜行答谢礼。

死者初丧，忙碌一阵之后，家人便开始分头张罗各项事宜。孝子孝妇长跪在灵前，向闻讯前来吊祭的亲友谢礼，陪着亲友号哭，不能脱身。刚遭丧事，孝子精神受到很大打击，头脑混乱，也不能视事。丧事千头万绪，丧家往往请亲族中一位熟悉古礼，有经验、威信高、身体好、熟悉本家而又信得过的长者代主丧事，凡事由他坐镇指挥，孝子则依从他的安排。在长者安排下，一些人负责登记来探丧的亲友姓名及所给祭礼；一些人带着写有死者姓名、生死年月的字等去请“阴阳”师择定入殓的时辰；一些人忙着缝制或租借丧服；一些人去选购“寿板”（棺材）；妇女折叠纸钱。

棺材下要点“长明灯”，为死者照亮阴间黑暗的路，丧家昼夜守灵，直至死者遗体入殓。

四、入殓

死者去世后隔天，至亲好友大多已见了死者“最后一面”。这时，如果丧家孝子到齐，便由孝子将老人装入棺材，棺木内放一公斤左右柏树的细枝叶，死者有几个儿子就铺几层，再在上面盖上孝被，死者有几个女儿就盖几层，最后封棺盖。

在国家全面推行火葬之后，这一丧礼环节有了较大的变化，改由子女护送遗体至火葬场火化，再收殓骨灰入骨灰盒，即完成入殓。而且这一环节改在了法事之后，成为下葬之前的最后一个丧礼环节。

五、做法事

做法事，民间也称“做道场”，这是整个丧礼中最隆重的礼仪。民间习俗认为，人死后灵魂将去到另一个与阳世相对的叫“阴间”的世界。人的灵魂去到阴间，会经历望娘台、奈何桥、阎罗殿、十八层地狱等等地方，路途遥远、困难重重。做法事的目的就是要消解死者生前的罪孽，让他们能轻松上路，免受阴世的种种苦难。

做法事必须由专门的法师执行。在事先搭设好的灵堂内，孝子、孝妇、孝女、孝孙等家人跪在灵前，法师一边踏着各种步伐一边念念有词，模拟着死者灵魂遇到的种种环境，引导家人磕头哀呼，以使死者灵魂能在阴世顺利通行。这一环节因带有浓厚的迷信色彩，已经渐渐废除。

六、出葬

金堂的出葬，俗称“出山”。丧家在“出山”前要提前通知亲友前来送葬。

“出山”一般在法师择定的吉日举行，是日，亲友到齐，丧家家属披麻戴孝着丧服，送葬的亲友多以黑纱扎在臂上，也有以小白纸花戴在胸前表示的。送葬队伍最前面由一家属撒碎纸钱，俗称“买路钱”，后面由一位孝子端着灵位在前引导，然后是祭幛、棺材、纸马纸人、纸扎的房屋及各种家具、衣物等，用以维持死者在阴世的生活需要。富裕的家庭还会请来鼓乐队伍大张旗鼓、吹吹打打，与亲属的哀号此起彼伏，以显示丧家对丧礼的重视。

棺木到达下葬地点，由法师指点，在吉时放入墓穴中安葬，俗称“封山”。安葬毕，鸣“封山炮”，所有家属向着墓地跪下，听法师边说“好话”边撒米，所撒的米称“良米”，各人所得都要放回家保存好。在撒完米后，法师喊道“跑得快发得快”，所有亲属迅速起身跑回家，喻意从此发财发得快。

下葬完毕，亲属将所扎纸房等用品，与纸钱一并烧给死者，俗称“发灵”，整个葬礼宣告完成。另也有将“发灵”安排在“撒良米”之前的情况，习俗稍有差别，不可一概而论。

七、祭祀

死者下葬后，有较长一段时间的定期祭祀。最初是每七日为一周期，从死者去世之日算起，第七日时，家属应尽量赶到，烧纸焚香，一起祭奠，俗称“做头七”。以后每隔七日，都要如此祭奠，统称“做七”，第二次叫“二七”、第三次叫“三七”依此类推，直到第四十九日，叫作“尾七”。意味着按七日为周期的较频繁的祭祀活动结束。此后，到一百天时再祭奠一次，俗称“做百期”。百期之后，丧家的种种忌讳，彻底宣告解除。

从此，家属在死者的生日、忌日、清明、过年等时候，再做例行的祭奠仪式。

第三节　生　育

金堂县人对生育的祝贺十分看重，在婚嫁时有许多祝福就是与生育有关的，比如在为新人铺床时，在床席下铺一层花生，洞房里摆设“红枣”“花生”“桂圆”“瓜子”几种干果，其寓意就是“早生贵子”。在对新人的祝语中，也多有“早生贵子”“儿孙满堂”，“人丁兴旺”的内容。嫁娶之后，迎接新生命的到来就成为全家的头等大事，在金堂的习俗中，对迎接和庆贺婴儿诞生，有着一整套别具特色的习俗。

一、求子

金堂历来有“求子”的习俗。在婚嫁后男方父母会在庙会时，专门拜祭“送子观音”，许下欲生男或生女的愿望，还会向庙方捐钱“添香油”。如果愿望灵验，媳妇确知已有身孕，便会立即到“送子娘娘”面前还愿烧香，并请求菩萨保佑“母子平安”。

二、催生

出嫁女儿快分娩时，一般是婴儿出生前一二十天，娘家要带着鸡、鸡蛋、面条、粉干等来到女儿家“催生”，有预祝平安出生之意。如母亲已不在，则由嫂子去催生，中午要设宴招待。作为答谢。小孩出生后，女婿要带着鸡、蛋、米酒（有的带几十斤）到岳母家去报喜，岳母家要请客，至亲友好都会来参加，以表示祝贺。外公、外婆会回赠鸡和红蛋。

三、洗三酒

小孩出生三天，要“洗三朝”。先给小孩洗澡，请接生婆吃饭。外婆会送来大公鸡、鸡蛋、面条、糯米粉等。要做“洗三酒”，宴请外婆及亲房。有些地方还要给至亲亲友送红蛋，亲友在满月前会回送鸡、鸡蛋、面条及醪糟等物。

四、做满月

婴儿出生一个月，要做“满月”，外婆会送来大公鸡、鸡蛋，还会送来婴儿穿用的衣服、小被、帽子、项圈、风衣、裙、银手镯和背带等，舅舅、舅母、姨等女家亲戚，一般都送小母鸡、鸡蛋、衣服、布料等，姑姑、叔伯等男家亲房也会来庆贺。

五、开荤

一般请族中有名望的长辈为小孩开荤，“开荤”即让小孩品尝各种荤腥，如酒、猪肉炒的菜、鸡、鸭、鱼等，所有的食物都只是象征性地在小孩嘴上轻轻碰一碰，并由长辈念祝词，寓意孩子今后百毒不侵，聪明伶俐，身体健康。

六、做周岁

孩子出生一周岁，要做“周岁酒”，庆贺孩子“得周”。周岁比满月更为隆重，来庆贺的客人也更多。其间要举行“抓周”仪式，即将书、画、笔、砚、算盘、尺、秤、刀、剑、锄等放于一室，任小孩取玩，从其所好中预卜日后志向。20 世纪 80 年代后期，婴儿出生后，前往祝贺的又渐多，也有个别家庭大摆酒宴。

随着社会发展和医学技术的进步，金堂人民的生育观念也在朝着更科学更文明的方向转变。一方面，对生男生女能平等看待，也能普遍响应计划生育政策；另一方面，对生育过程中孕妇的养护更科学，大多数孕妇在妊娠期间都到医院定期进行护理，分娩也多在医院进行，使得分娩的过程更加安全。

第四节　祝　寿

一、祝寿的区分

寿，是年龄久长之称。古时候，人有上寿、中寿、下寿之分，100 岁称上寿，80 岁称中寿，60 岁称下寿。年轻人庆祝生辰，只能称“做生日”，不能称“做寿”，要年达 50 或 60 以上者庆祝生辰，才可称为“庆寿”。祝寿过生日是人生礼仪中的重要内容。金堂县习俗，逢十寿庆称大寿，一般寿庆称小生，大家都尊称做大寿的老人为“寿星”。人们认为，老人辛劳一生，终于子孙满堂得享清福，是值得高兴的事情。所以子孙们便利用老人做大寿的时候，宴请宾客，为老人庆贺，祝老人添福添寿。

祝寿也有繁简之别，大多根据各自家庭的经济条件来定。自 1949 年后，做寿习俗从简，一般只在家庭范围内，畅叙天伦之乐，拍合家欢照片以作纪念。随着社会经济快速发展，人民收入增加，民间做寿酒的又逐渐增多，祝寿的礼仪也渐渐形成一套模式。

二、礼仪

完整的祝寿，普遍包括以下几个重要程序。

首先要布置寿堂。一般在正厅墙壁中间，男寿悬挂南极仙翁，女寿悬挂瑶池王母，或八仙庆寿图、三星图等象征高寿之画轴；或以金纸剪贴大“寿”字挂于礼堂正中，正中设礼桌，礼桌上陈设寿桃、寿糕、寿面、香花、水果等。地上置红色拜垫，以备后辈行礼。现代社会寿堂布置不再如此烦琐，只求营造喜庆祥和的气氛，但是通常会悬挂“寿比南山松不老，福如东海水长流”之类的寿联。

其次要宴请宾客。由子女出面，遍邀自家的亲朋好友赴寿宴，一来增加喜庆气氛，二来也为祝寿做个见证，使父慈子孝的美好家风能够广为传播。寿宴的规模，要视家庭经济条件和亲朋好友的多少而定，通常寿星老人会要求子女寿宴从简，图个高兴就行了。随着经济发展，也有子女经济条件宽裕，为了挣面子，便不论亲疏，广邀宾朋，摆好几十桌寿宴为老人祝寿。

祝寿礼仪的核心是拜寿。过去由德高望重的长辈监礼，现在则多由专业的主持人主持。宾客聚齐后，首先请寿星父妇上坐，合家子孙齐列堂前，寿星老人坐好后，孙辈则上前向老人献花，现在通常于此时播放《生日快乐》歌曲。接着主持人宣布拜寿开始，子孙便一齐向寿星老人三鞠躬，然后依次上前，向寿星说一句早已准备好的祝福的话语，此时，家里的至交也可参与其中。然后，由寿星老人讲话，内容多是表达对子孙孝顺的欣慰和对宾客光临的感谢，老人说完，家人会端上一碗长寿面，祝老人吃了以后健康长寿。老人象征性地吃一点长寿面，拜寿的礼仪便宣告完成，主持人或子女就可宣布寿宴开席。当然，拜寿的礼仪并无一定的模式，依据人们不同的观点，也会产生不同的习俗，比如有的拜寿过程中，会以子女轮流讲述老人抚养子孙的辛劳，以此向他们表示感谢为主。

拜寿礼毕需要答谢宾客。寿星老人是寿宴的主角，他们会坐在正席上，接受轮番而来的宾客敬酒和祝福，通常敬酒的人一饮而尽，而寿星因为年龄的原因，只象征性地以杯沾唇即可。而老人的子女们，则要依次到每一桌酒席上敬酒，向宾客们表示答谢。寿宴结束，宾客要辞行的时候，主人则会拿出事先准备好的印有几十寿辰的碗和毛巾送给他们作留念。

第五节　交往方式

金堂人热情好客，喜爱交往，待人接物也比较注重礼节，每逢婚丧嫁娶或节假日，便会邀约聚会。随着社会发展，纯粹以联络感情或洽谈事务为目的的人际交往也越来越多地出现在各种社交场合。从社会学角度来看，交往主要指特意完成的交往行为，通过交往行为形成特定的社会联系。金堂最基本的交往有庆贺、吊祭、聚会、会晤、拜访、问候等。

一、庆贺

庆贺指在亲友的寿辰、婚姻、生育等喜庆时节，对此表示祝贺的交往行为。普遍在庆贺时向亲友赠送礼品和一定数额的礼金，参加对方举行的宴会，以表示祝贺。而有些主人也会回赠印有喜庆事由的毛巾、碗等物品表示答谢。

除了为某人某事而进行的庆贺，也有为传统节日而进行的庆贺。金堂历来有“请春酒”的习俗，在春节期间，至亲好友轮流做东，在家里摆设小型的酒席，让大家可以尽情地吃喝娱乐。

二、吊祭

在亲戚朋友或亲戚朋友的家人去世时，金堂人会前往吊唁。吊唁时，一般向丧家送火纸、白布、花圈等物以示哀悼。丧家在出殡后，会设宴答谢客人。

金堂还有做“清明会”的习俗，同一宗族的族内成员相约一起祭扫祖墓，然后在一起举行宴会，也借纪念先人的机会彼此联络感情。

三、聚会

聚会是金堂最常见的人际交往形式之一，聚会可以有一定的目的，也可以纯粹为了联络感情或是相邀娱乐而聚。有特定社会关系的人群也会以聚会来增进交流，诸如“同学会”“同乡会”“同业会”等等，而尤以工作关系密切的同事聚会数量最多。随着社会节奏的加快，一些获奖、晋升或较平常的生日甚至婚姻等喜庆的事往往不会大宴宾客，而采用亲友聚会的方式庆贺。此外，在中秋、端午甚至“五一”、国庆等等节假日，交往密切的朋友也会趁机聚会。一些交往密切的人还有每逢周末就聚会的习惯。聚会的内容通常是在餐厅或“农家乐”举行小型的宴会，然后有更多的时间可以打牌、喝茶、聊天等。

四、会晤

会晤是比较正式的、有明确目的的交往。会晤双方可能事先并不认识或并不熟悉，因为某事确须交流，则会请某个与双方都比较熟悉的中间人牵线搭桥，或者相约喝茶，或者在办公室、会议室作正式的会面。初次见面，双方握手致意，根据年龄、性别尊称对方为“X老师”“某哥”“X姐”……或根据职业、职务尊称对方为“X经理”“X局长”等等。然后双方由寒暄渐入正题，在谈妥事务、达成合作意向后，往往会由主人方相邀吃饭，以进一步增进了解、交流感情。

五、拜访

金堂人经常会走亲访友，这种拜访既可能有一定目的，也可能纯属感情交流。拜访者一般会事先被访者联系好时间，带着酒、糖、水果等礼物去对方家里。主人会在约定的时间在门外等候，热情地揖让进门，然后安排座位，以烟茶、瓜子、果品、点心招待，并陪坐交谈。到了午餐或晚餐时间，主人会邀请客人留下吃饭。告别时，主人会把客人送至门外。

六、问候

金堂人习惯在节假日互致问候，在亲友生日或患病时，如果不能前往庆贺或探望，也会用各种方式致以问候。20世纪90年代前，金堂的通信不便，对居住较近的亲友会托人捎口信表示问候，对居住较远的亲友则用写信的方式书面问候，问候的内容除告诉对方自己的情况外，会询问对方和家人身体健康与否、事业学业如何、有无困难等等。随着通讯日趋发达，在世纪之交的前后几年，传呼机在金堂普遍流行，人们用传呼信息互致问候，比如用数字“216888”表示“祝你一路发发发”之类，中文传呼则直接发送祝福语。在电话和手机普遍使用后，人们便采用打电话、互发短信等方式互致问候，而问候的内容也日趋丰富，比如短信问候时，通常把一些逗人开心的笑话、有趣的“顺口溜”、节假日的祝愿发给亲友。金堂人的交往也有一些禁忌，比如初次交往不问人隐私，给客人斟茶不能太满，参加宴会时定要让长者坐上席等。

第五章　方　言

金堂县的方言比较复杂。这与历史上的大移民，特别是清朝前期的大移民有关。各省籍移民最显著的不同特点莫过于方言土语，现在仍然十分突出。据语言学者崔荣昌（四川大学教授）的调查记载分析，金堂县的方言有“金堂话”“老湖广话”“广东话”和“福建话”四类。

第一节　金堂话

民国30年（1941年），杨时逢记录过金堂话即城厢话（1984年台北出版杨时逢著《四川方言调查报告》，第677~692页）。20世纪50年代后期，四川大学方言调查组记录过县城赵镇方言（《川大学报》1960年第3期《四川方言音系》）。通行于以赵镇为中心的县境西北部一带的金堂话与城厢话相同，属北方方言的次方言西南官话。其形成与清朝前期，从湖广地区，特别是以湖北为主的大批移民入籍金堂有密切关系，金堂话的音系与成都话相一致。在四川官话中，以古入声字的演变为准，金堂话与成都话一样，同属于入声归阳平区

一、金堂话的语音特点

1. 声母（包括零声母）20个：

p 把病	p^h 怕朋	m 马忙	f 扶胡福	
t 东丁	t^h 脱甜	n 怒路连		
ts 增争	ts^h 从虫		s 素树	z 绒日
tɕ 酒九	$tɕ^h$ 抢群	ȵ 年严	ɕ 心兄	
k 哥关	k^h 可苦	ŋ 我硬	x 何好	
ø 儿衣碗鱼				

2. 韵母36个

ɿ 思诗尺　ɚ 儿	i 笔	u 朱叔	y 虚
ɑ 他踏	iɑ 家牙	uɑ 夸话	
o 哥说			yo 药欲
e 蛇特	ie 别姐	ue 国或	ye 靴月
ɑi 开乃	iɛi 界解	uɑi 快帅	
ei 费佩		uei 会内	
ɑu 毛道	iɑu 小消		

əu 口愁	iəu 休秋		
a^n 三反	$iɛ^n$ 盐棉	ua^n 关官	$yɛ^n$ 泉捐
ən 根生	in 今形	uən 昏存	yn 均军
aŋ 桑昌	iaŋ 羊香	uaŋ 光王	
oŋ 轰茂			yoŋ 兄用

3. 声调4个

阴平	阳平	上声	去声
˥55	˨˩21	˦˨42	˩˧13
衣知	陈鱼七	海岛	素路

4. 语音特点

同普通话北京音比较，金堂话有以下特点：

①在洪音前，n、l 不分，即“南 = 蓝 = na^n”、“怒 = 路 = nu”；但在细音前，n、ȵ 有别，即“连 n≠年 ȵ”、“流 n≠牛 ȵ”。

②有 ʦ 组而无 ʈʂ 组，即“资 = 知 = ʦɿ”、“瓷 = 迟 = $ʦ^hɿ$”、“思 = 师 = sɿ”。

③有 ŋ 声母，“艾 = 爱 = ŋai”、“岸 = 暗 = $ŋa^n$”、“硬 = ŋən”。

④有 ən、in 而无 əŋ、iŋ，即“身 = 生 = sən”、“心 = 星 = ɕin”。

⑤古入声字一般归阳平，如“失识室 = 时”、“一乙益 = 姨”。

二、金堂话的特殊词汇

对已收集的近千条常用词汇同普通话和成都话进行对比，发现在金堂话中有92条在成都地区比较特殊，现附录在此以供参考（无字可写的用□代替，读音特殊的加注国际音标）：

普通话与金堂话的读法

普通话	金堂话
1. 太阳	（1）太阳公公（2）日头 $ȵi^{21}t^həu^{21}$
2. 月亮	月亮婆婆
3. 冰	凌冰$_{儿}$ $nin^{13}pər^{55}$
4. 池塘	堰塘、水塘
5. 去年	昨年子
6. 夜间	（1）黑了 $xe^{21}no^{42}$（2）晚黑（3）晚些
7. 早晨	（1）清早八晨（2）大清早（3）早晨年间 $ʦau^{42}sən^{21}ȵia^{n20}ka^n$
8. 上午	（1）上半天（2）上午些
9. 晚上	黑了
10. 灰尘	（1）灰灰（2）渣渣
11. 老虎	猫猫 $mau^{55}mau^{55}$
12. 猴子	（1）猴儿 $xəu^{21}ə^{55}$（2）山娃$_{儿}$ $sa^{n55}uər^{21}$
13. 狼	狼狗
14. 老鼠	（1）耗子（2）高客
15. 老鹰	岩鹰 $ŋai^{13}in^{55}$

16. 猫头鹰　（1）鬼东哥$_{儿}$ kuəi^{42}toŋ^{55}kər^{55}（2）夜时鹰
17. 燕子　燕儿
18. 喜鹊　鸦雀
19. 麻雀　（1）麻雀$_{儿}$ mɑ^{21}tɕ^{h}yər^{55}（2）谷麻雀$_{儿}$
20. 八哥　八$_{儿}$ pər^{21}
21. 公牛　骚牯棒
22. 母牛　沙波罗 so^{55}po^{55}no^{55}
23. 公马　儿马
24. 公猪　种猪
25. 母猪　猪妈妈
26. 母狗　草狗
27. 羊　咩咩羊 mi^{55}mi^{55}iɑŋ^{21}
28 公鸭　鸦公
29. 母鸭　鸦婆
30. 鲤鱼　（1）鲤摆子（2）鲤拐子
31. 鲫鱼　（1）tɕie^{21}y^{21}（2）鲫壳子 tɕie^{21}k^{h}o^{21}tsɿ^{42}
32. 螃蟹　（1）螃海 p^{n}ɑ^{n21}xɑi^{42}（2）螃口 p^{h}ɑ^{n21}ŋɑ^{55}
33. 泥鳅　泥鳅$_{儿}$ ȵi^{21}tɕ^{h}iər^{55}
34. 虾　虾米 ɕiɑ^{55} mi^{55}
35. 蚕　蚕牛$_{儿}$ ts^{h}ɑ^{n21}ȵiər^{55}
36. 蝴蝶　蛾蛾$_{儿}$ ŋo^{21}ŋər^{55}
37. 蚊子　蚊蚊$_{儿}$ uən^{21}uər^{55}
38. 蹄子　蹄壳$_{儿}$ t^{h}i^{21}k^{h}ər^{21}
39. 蛇　（1）老梭（2）梭老二（3）梭针子（4）乾黄鳝（5）长客
40. 梅花　梅花$_{儿}$ mei^{21}xuər^{55}
41. 杏花　杏花$_{儿}$ xən^{13}xuər^{55}
42. 桃花　桃花$_{儿}$ t^{h}ɑu^{21}xuər^{55}
43. 荷花　莲花
44. 桂花　桂花$_{儿}$ kuei^{13}xuər^{55}
45. 艾　（1）陈艾（2）艾蒿
46. 棉花　棉花$_{儿}$ miɛ^{n21}xuər^{55}
47. 麸子　（1）麦麸子（2）麦麸麸
48. 玉米　（1）玉麦（2）包谷
49. 花生　落花生
50. 向日葵　向$_{儿}$葵
51. 橘子　橘子柑
52. 广柑　黄果
53. 橙子　气柑

54. 核$_{儿}$　　骨骨 ku^{13}ku^{55}
55. 早饭　　过早
56. 午饭　　过午
57. 腐乳　　红豆腐、白豆腐
58. 蜂蜜　　蜂蜜糖
59. 凳子　　板凳 pɑ^{n42}tən^{55}
60. 抽屉　　ʦ^{h}əu^{55}ti^{42}
61. 筷子　　篙竿 xɑu^{21}kɑ^{n55}
62. 调羹　　鸭子
63. 绳子　　索索 so^{21}so^{55}
64. 斧头　　描$_{儿}$刀 mər^{55}tɑu^{55}
65. 刨子　　趴趴牛 p^{h}ɑ^{42}p^{h}ɑ^{21}ȵiəu^{21}
66. 扁担　　扁挑
67. 图章　　章$_{儿}$ ʦər^{55}
68. 胳膊　　膀膀
69. 指甲　　指甲$_{儿}$ ʦɿ^{42}ʨ^{h}iər^{21}
70. 大腿　　（1）腿腿（2）大巴腿 tɑ^{13}pɑ^{13}t^{h}uei^{42}
71. 膝盖　　磕膝门$_{儿}$ k^{h}e^{21}ɕi^{55}mər^{13}
72. 疯子　　（1）癫子（2）老叫
73. 跛子　　老翘
74. 爷爷　　ie^{21}ie^{55}
75. 奶奶　　婆婆 p^{h}o^{21}p^{h}o^{55}
76. 爸爸　　（1）pɑ^{21}pɑ^{21}（2）达达 tɑ^{21}tɑ^{55}（3）爹爹 tiɑ^{55}tiɑ^{55}（4）爹 ti^{55}
77. 妈妈　　（1）妈 mɑ^{55}（2）姆姆 mu^{42}mu^{42}（3）娘
78. 外公　　（1）外爷 uɑi^{13}ie^{21}（2）家公 ʨiɑ^{55}koŋ^{55}
79. 外婆　　（1）外 uɑi^{13}（2）家婆 ʨiɑ^{55}p^{h}o^{21}
80. 姑父　　（1）姑爹（2）姑爷
81. 隔壁　　隔壁子
82. 角落　　角角头 ko^{21}ko^{55}t^{h}əu^{21}
83. 结冰　　结凌冰$_{儿}$ ʨiə^{21}nin^{13}pər
84. 擦　　（1）抹 mɑ^{21}（2）揩 k^{h}ai^{55}（3）擦 ʦ^{h}ɑ^{21}
85. 提　　（1）tiɑ^{21}（2）tiɑ^{55}
86. 脱　　□ niɑ^{21}（滑落）
87. 洗澡　　滚澡
88. 吵架　　角逆 ko^{21}ȵie^{21}
89. 肮脏　　邋遢 nɑ^{21}t^{h}ɑ^{21}
90. 傻子　　（1）闷登$_{儿}$ mən^{55}tər^{55}（2）莽子 mɑŋ^{55}ʦɿ^{42}
91. 自己　　各家 ko^{21}ʨiɑ^{55}

92. 人家　　　　别个 pe^{21}ko^{13}

第二节　老湖广话、广东话、福建话

一、老湖广话

据语言学者分析，金堂县境内以竹篙为中心的东南部浅丘地带，包括竹篙、土桥、高板和福兴区的20余个乡，以及邻近的中江、乐至县一带，通行的老湖广话，属于湘方言中的老湘语，是清朝前期由湖南省的湘语区移居来此的先民留传下来的。

金堂以竹篙话为代表的“老湖广话”有声母30个：p、p^{h}、b、b^{h}、m、f、t、t^{h}、d、n、ʦ、ʦ^{h}、dz、dz^{h}、z、s、ʈʂ、ʈʂ^{h}、ʐ、ʂ、ʨ、ʨ^{h}、ʥ、ȵ、ɕ、k、k^{h}、ŋ、x、ø；韵母38个：ɿ、ʅ、ð、i、u、y、yu、ɑ、iɑ、uɑ、o、yo、e、ie、ue、ye、ai、iai、uai、ei、uei、ɑu、iɑu、əu、iəu、ɛ̃、iɛ̃、uɛ̃、yɛ̃、ən、in、uən、yn、ɑŋ、iɑŋ、uɑŋ、oŋ、yoŋ；声调4个：阴平˥$_{55}$，阳平˨˩$_{21}$，上声˥˧$_{53}$，去声˩˦$_{14}$。

竹篙话具有四川官话的某些特点，如声调分四类，其调类和调值都跟四川官话一样；韵母38个，也没有超出四川官话的范围。与金堂话比较，多了〔ʅ、yu〕2个韵母，〔ɛ̃、iɛ̃、uɛ̃、yɛ̃〕相当于金堂话的〔ɑ^{n}、iɛ^{n}、uɑ^{n}、yɛ^{n}〕。比较明显的特点表现在声母方面：一是保留了一部分全浊声母，如：bən^{21}盆彭膨ǀ bin^{21}瓶ǀ boŋ^{21}朋蓬ǀ b$_{h}$i^{21}皮脾ǀ b^{h}ai^{21}牌ǀ daŋ^{21}堂唐ǀ dzuɛ̃^{21}船ǀ dziaŋ^{21}墙ǀ dz^{h}ai^{21}柴ǀ ʥin^{21}陈成ǀ zɿ^{21}池ǀ zɿ^{14}士事ǀ ʐɑu^{21}苕ǀ ʐɑ^{14}下夏啥ǀ ʐɑŋ^{21}尝ǀ ʐɑŋ^{14}上尚ǀ ʐʅ^{14}是；二是有〔ts〕组和〔tʂ〕组；“资ʦɿ≠知tʂʅ”、“词ʦ^{h}ʅ≠尺tʂʅ”、“斯sɿ≠诗 ʂʅ”、“事zɿ≠是ʐʅ”；三是北京读〔tʂ、tʂ^{h}、ʂ〕的一些字竹篙读〔ʨ、ʨ^{h}、ɕ〕，如：遮ʨie^{55}ǀ 车ʨ^{h}ie^{55}ǀ 扯ʨie^{53}ǀ 周ʨiəu^{55}ǀ 真ʨin^{55}ǀ 唇ɕyn^{21}。部分常用词也很有特色，如：“我里、你里、他里”相当于“我们、你们、他们”，“我格〔ke^{53}〕、你格、他格”相当于“我的、你的、他的”，“么果mo^{53}ko^{53}”即“什么”，“果里ko^{53}ni^{55}”、没里mei^{55}ni^{55}；即“这儿、那儿”。“嗨xɑi^{55}”即“玩耍”。

二、广东话

金堂县境内的广东话，又叫“土广东话”“客家话”。同成都东山“广东话”一样，属于客家方言。通行于赵镇、官仓镇、三溪镇，人口近两万（原属金堂县的城厢、太平两区有万多客家人）。是由清初从广东迁入金堂境内的大批客家人形成。广东话在词汇上极有特色，例如：日头（太阳）、月光（月亮）、落水（下雨）、勺嫲（瓢儿）、洗面帕（毛巾）、洗身（洗澡）、洗衫（洗衣）、衫（衣服）、着衫（穿衣）、食饭（吃饭）、上昼（上午）、下昼（下午）、今晡日（今天）、昨晡日（昨天）、面（脸）、鼻公（鼻子）、眼珠（眼睛）、叫（哭）、讲（说）、太人（成人）、细人（小孩）、妹子（女孩）、妇娘子（妇女）、老公（丈夫）、老婆（妻子）、阿公（祖父）、阿婆（祖母）、姐公〔ʨiɑ^{53}koŋ^{13}〕（外公）、姐婆〔ʨiɑ^{53}p^{h}o^{21}〕（外婆）、聊（玩、耍）等。

三、福建话

金堂县的福建话主要分布在城厢镇（1980年12月17日划入成都市青白江区，包括祥福、大同、玉虹、绣水、姚渡、太平）、赵镇、淮口镇及其周围农村和官仓镇、栖贤乡、三星镇、福兴镇、赵家镇、转龙镇等。是清朝前期大批闽南人移居金堂县内所致，故金堂县的福建话属于闽方言中的闽南话，同厦门、潮州话比较接近。例如：

食（吃饭）	tɕia^{55}pən^{13}
食茶茶（饮茶）	tɕia^{55}tie^{21}tie^{21}
茶	tie^{21}
食鸡肉	tɕia^{55}tie^{21}ma^{55}ma^{55}
面撇（脸）	min^{55}p^{h}ie^{53}
洗面撇（洗脸）	ɕi^{53}min^{55}p^{h}ie^{53}
目晭（眼睛）	ma^{21}tɕiəu^{13}
息埪（鼻子）	ɕi^{21}k^{h}aŋ^{13}
拼埪（耳朵）	p^{h}in^{55}k^{h}aŋ^{13}
搓口（嘴）	ts^{h}o^{55}no^{55}
人	naŋ^{21}
人客□（客人）	naŋ^{21}k^{h}e^{55}niəu^{55}
公（祖父）	koŋ^{13}
妈（祖母）	ma^{53}
兄	ɕia^{13}
姐	tɕie^{53}
大	tua^{21}
二	ni^{21}
三	san^{21}
四	ɕi^{55}
五	o^{21}
六	na^{21}
么	iau^{21}
落□（上街、赶集）	no^{21}kuan^{13}
转来了（回家）	tuən^{53}nai^{21}no^{53}

第三节　普通话对金堂方言的影响

从20世纪70年代起，普通话对金堂方言逐步发生影响，尤其体现在对语音系统的影响上。

一、影响途径

（一）广播电视媒体的普及

20世纪70年代，金堂县开始建设广播站。县乡（镇）两级相继建立了广播站，每天早中晚三次播音，遂将普通话带入人们的日常生活。20世纪80年代，电视普及农村家庭。90年代后期，几乎家家户户拥有电视机。随着广播电视等媒体的普及，普通话对金堂话的影响进一步扩大。

（二）学校教育要求使用普通话

20世纪60年代，在学校课堂教学中已有部分教师自觉使用普通话。1971年建立的金堂县师范学校要求师生课堂上一律使用普通话。1978年起，小学语文教材开始全部在汉字上标注拼音。与此同时，普通话教学逐步由城镇向村级小学推进。1983年起，小学阶段统一使用《普通话口语训练手册》。90年代初，县教育局对中、小学教师明确提出了普通话教学要求。1994年，国家开始实行普通话等级测试，要求“各级各类学校和幼儿园，以及其他教育机构的教师，应不低于二级乙等，其中语文教师和对外汉语教师不低于二级甲等。”1995年起，职业高中把普通话培训作为公共课程开设，并使用省语委统编教材《普通话培训教程》。2002年2月“金堂县语言文字工作委员会”成立，其办公室设在教育局，职能之一即“负责组织推广普通话”。

（三）公务活动推广使用普通话

20世纪90年代初，政府服务窗口开始使用普通话办理公务，一些重要会议也采用普通话，尤其节庆活动，全部运用普通话。2000年开始，县人事局对全县公务员（含事业干部）提出了普通话最低二级乙等的达标要求，并统一分期培训和进行达标测试。

（四）人口流动带来方言与普通话的融合

金堂县劳务开发起步于1985年，1987年开始跨省输出，外出打工人员骤增，金堂成为全省劳务输出大县。截至2005年，累计输出劳务人员171.63万人次。大量的跨省的人口流动，加速了金堂话与普通话的交汇融合。

二、影响结果

（一）对语音系统的影响

广播、电视等语音传媒的盛行，大大提高了普通话的使用频率，普通话对金堂方言语音系统的影响也日益明显。日常口语交际中，人们不自觉地采用了普通话的声母、韵母，而保留了方言声调。具体变化分类如下：

1. 声母变成普通话声母，韵母、声调不变，如：

爱情	ŋai^{13}（金堂方言，下同）	ai^{13}（受影响后的发音，下同）
恩情	ŋən^{55}	ən^{55}
昂扬	ŋɑŋ^{21}	ɑŋ^{21}
好像	ʨiɑŋ^{13}	ɕiɑŋ^{13}

2. 韵母变成普通话韵母，声母、声调不变，如：

觉悟	ʨyo^{21}	ʨye^{21}
批评	pʰei^{55}	pʰi^{55}
角色	ʨyo^{21}	ʨye^{21}
毛贼	ʦuei^{21}	ʦei^{21}

3. 声母、韵母都变成普通话声母、韵母，声调不变，如：

卡车	ʨʰiɑ^{42}	kʰA^{42}
开会	fei^{13}	xuei^{13}
项链	xɑŋ^{13}	ɕiɑŋ^{13}
机械	ʨiɛi^{13}	ɕie^{13}

偶尔　ŋiəu[42]　　　　　　　　əu[42]

（二）对词汇系统的影响。

金堂话词汇系统中的部分词语逐渐被普通话词语替代，有的已经到了连听说双方都不知道是普通话词语还是方言用语的地步。如“老鼠（耗子，括号内为金堂话，下同）”、“玉米（苞谷）”、“胳膊（膀膀，膀子）”、“膝盖（磕膝门儿）”、冰（凌冰儿）等。

第四节　流行词汇

1991—2005 年，随着经济建设的发展，社会的进步，人们生活习俗也有了些变化，产生了某些新事物，出现了一些流行词语，体现了时代地方特色。

一、四川民俗称谓杂集

四川民间有不少称谓，比较风趣、幽默、生动、形象，雅俗共存。称谓褒贬具有时代特色。一般常听的有以下称谓。

对丈夫的称谓：夫君、官人、先生、老公、当家的、赶场的、大角板、娃儿爸、男人、挣钱的。

对妻子的称谓：夫人、太太、贤内助、老婆、婆娘、内当家、堂客、娃儿妈、黄脸婆、那家子、捞柴婆、叫花婆、煮饭嫂、抱鸡婆、老妞。

对不懂装懂者称谓：假精灵、半罐水、白火石、假行市、半瓜精、瓜婆娘、嘈师。

对作风不正派女人的称谓：猫、野鸡、梭叶子（苏姨子）、烂货、骚货、狐狸精、走脚婆、捞电杆的、破鞋、贱货。

对作风不正的男人称谓：二流子、鸭子、流氓、混混、嫖客、花花公子、死苍蝇、烂账、耗子、花癫、烂眼。

对雌性化男人称谓：公公、假女子、幺童、屁精、男妓、走花子（指未骟干净的猪）、幺哥子、二姨子。

对软弱惧内的男性称谓：脓包、全频道、孬种、缺钙、缩头乌龟、婆儿客、虾子。

对蛮横泼辣的女性称谓：儿马婆、母老虎、母夜叉、歪婆娘、恶鸡婆、寡妇脸、朝天椒、醋坛子、炸药桶、风辣子。

对作风不正女人的称谓：娼妇、偷人。

对以不法手段从中牟利者称谓：串串、油子、托儿、牵线线、拉索索、皮调客、编编匠。

对“洋”者的称谓：假洋盘、洋盘货、假洋葱子、杂毛兔、洋慌了。

对华而不实、假大空者称谓：牛皮匠、火眼包、勾组嘴、壳子客、日白佬、李扯火、乱弹琴、松潘狗、弹花匠女。

对奸诈、油滑者的称谓：花鼻梁、弹子盘、湾湾绕、汉奸、胡汉三、滑头、泥鳅。

对接吻的称谓：打杯（儿）、杯（儿）一个、亲嘴、吹气、啃西瓜、吃活友。

对男女性爱与调情的称谓；吊膀子、逛马路、扇盒盒、排对对、开叫了、发情了、扇翅膀、打偏偏（指雄鸡向母鸡求爱的动作）。

对守旧顽固者称谓：犟遭瘟、犟拐拐、老牛筋、牛脑壳、四季豆、咬卵匠、茅厕的鹅卵石、牛板筋、牛黄丸。

二、俗语

小姐：对多数年轻女性的称呼。

老板：对实业主的称呼。

司长：对汽车驾驶员的称谓。

哥子：年轻男人之间在交谈中的尊称。

哥老倌：男性之间比自己年长的称哥哥，或同辈尊称。

某（姓）总：称呼总经理、总工程师、总设计师、总编辑等。

打的：坐出租小汽车。

刷卡：用信用卡取款、购买商品、打电话、公费医疗等。

泡吧：坐在酒馆喝酒、茶社喝茶、电脑室上网聊天等。

太水：工作事业不负责任或办某件事不落实。

买单：指用完餐后付账。

吃皮：多指获取不正当收入。

充电：指学习、培训提高自己的知识水平和能力。

曝光：新闻媒体公开报道事物实况。

勾兑：调和人际关系。

假打：虚伪、假装。

放电：比喻男女之间暗送眼神（秋波）传情。

方脑壳：比喻不聪明、看问题、办事不全面。

红包：用红纸包把钱装在里面，送给别人。

粉丝：指影迷、歌迷追星族。

人 物

一、传

吴安义

吴安义（1911.10.02—1978.04.04），男，生于四川省巴中县德胜镇山帽子背贫农家庭，汉族，初小文化。9岁读私塾，家穷，12岁辍学回家，随父母上山打柴卖维持生活。1926年，15岁的吴安义靠打短工过日子。1932年5月在家乡德胜镇参加革命自卫军，并配合主力部队作战。

1933年1月，吴安义所在游击队，正式编为红军，离开家乡，随军北上，他任红四军32团二营通讯员，班长等职。在战火纷飞的年代。他不断受到党的教育，同年2月加入中国共产主义青年团，9月加入中国共产党。1933年初，吴安义调红一军团一纵队任通讯排长、侦察副连长，他作战勇敢，不怕牺牲，侦查准确，为大部队行动提供了可靠情报。1936年，红军东渡黄河，继续北上，10月抵达陕北，结束长征艰苦岁月。年底，党组织派遣吴安义到大步兵学校第三科8队学习，学习期间任党支部书记，结业后任新编独立师指导员。为适应工作需要，1937年7月，吴安义被派遣到西北保卫局训练班学习，学习期满调入延安公安警察队任队长。1938年调保卫营任连长。1940年调抗大学习，任学员兼区队长。次年1月回四保卫营任原职。1942年开展延安整风运动，吴安义积极参加，思想、政治上更加成熟，坚定了中国革命最终要取得胜利的信念。1946年3月，吴安义在延安联防司令部政治部任政治助理员。当国民党胡宗南部队进攻陕北时，9月调葭县任政治委员。1948年2月任神木县警备旅六团三营政治教导员；10月调八纵队42团2营任政治教导员；1949年5月调太原杏花村19师留守处任政治协理员。

1950年7月，吴安义转业到金堂县任第四区区委书记。不久任该区区长，在四区工作期间，他直接参加清匪反霸、减租退押增压反革命的斗争，深入农村开展土地改革运动。1952年6月，吴安义调到金堂县人民法院任院长。10月去西南党校学习。1954年12月党校毕业回县工作，任金堂县委委员，金堂县人民政府副县长。1956 年 6 月召开中共金堂县第一次代表大会，选举吴安义为县委常委、并连续当选为第二、三届县委常委。1957 年 4 月吴安义任县委监察委员会副书记。在 1964 年的“小四清”运动中，由于吴安义坚持实事求是的原则，客观地反映群众生活和监察工作中的实际困难，对他进行了错误的批判。吴安义保持红军的革命传统和作风，政治、生活上严格要求自己，为党积极工作。1966 年 4 月后离职休养。1973 年 4 月退休。1978 年 4 月 4 日因病去世。享年 67 岁。

黄立寿

黄立寿（1911. 12—1985. 04. 09），男，汉族，四川省金堂县原赵家渡村人，初小文化，1919 年在家放猪，1928 年起做学徒 3 年，再做生意到山西省后于 1932 年 10 月在山西黄瓜岭参军当战士，1933 年 2 月加入中国共产党。1933—1935 年在红四方面军部队先后任班长、排长、连长、营长，1936 年 2 月任西安办事处副官，1939 年 3 月延安抗大学员，1941 年 9 月任山东二旅教导营队长，1942 年 6 月任山东滨海分区工商局所长，1945 年 2 月任滨海兵站站长，曾任滨海被服厂科长，滨海分区管理股股长，泰安分区司令部管理科科长等。1952 年泰安军分区休息。1952 年因练兵成绩优秀受奖两次。1955 年从部队离休后回成都、后回金堂居住。1983 年 6 月 23 日经批准享受县级政治生活待遇。1985 年 4 月 9 日去世，享年 74 岁。

曾光明

曾光明（1914. 05—1986. 06），男，生于四川省金堂县原同兴乡，汉族，1934 年 4 月在巴州参加红四方面军后长征到延安。1937 年在新四军四支队特务营任游击大队长，1938 年改编为老八团。1939 年在抗大总校学习。1942 年在联防司令部任警卫连连长。1943 年在津浦路任中队长。1946 年在淮阴高粱大桥宁水战役负伤，后在华东局二师军直医院治疗，任管理队长。1949 年南下到河南、湖北任中队长和秭归县任武装委员兼公安局侦察科长。1950 年回四川任金堂县公安局审讯股股长，因宁水战役负伤时一颗子弹射入脑内未能取出，故患精神病在 1951 年退休，系二等乙级残废军人。1959 年前曾光明一直享受红军待遇，当年曾光明曾到四川省民政厅要求给予他军队供养干部待遇。1982 年，县委组织部确认恢复曾光明红军干部待遇，从 1979 年 1 月起执行。1983 年 6 月 23 日经批准享受县级的政治生活待遇。1986 年 6 月去世，享年 72 岁。

刘秀清

刘秀清（1915. 06—1992. 1. 26），女，贫雇农家庭，汉族，四川省通江县二区青鱼口村人，文盲。8 岁至 17 岁在家务农。1933 年 9 月任四川省通江县二区苏维埃政权妇女部部长；同年 10 月在四川省通江县青鱼口村入伍。1935 年 4 月在 31 军 1 师供给处任排长。1936 年 2 月在延安后勤部家属学校当学员。1940 年在山东纵队休养。1951 年 1 月在泰安分区后勤部作保管。1953 年 7 月在山东军区补习文化；同年10月在山东军区训练一团一营三连当学员。1954年12月泰安军区后勤部干部退休回乡休息、后随夫黄立寿退休回金堂。1981年3月改为离休。1983年6月23日经批准享受县级的政治生活待遇。1934年2月在部队供给部获奖一次。享年77岁。

何克军

何克军（1954.02—1992.10），男，汉族，金堂县土桥镇长一沟村二组人。1973年1月，何克军应征入伍，1976年12月退伍回家后任村团支部书记。1984年任村民兵连长，1991年兼任村治保主任。何克军对工作认真负责，多次调解大的纠纷。年年被评为乡、区的先进个人，1984年被评为县先进个人。1991年10月，长一沟村一组村民因用沼气池发生冲突，双方各自找来帮手，准备持械斗殴。在这关键时刻，何克军赶赴现场调解说服双方，避免了一场流血事件的发生。为搞好村的治安工作，他经常带领护村巡逻队通宵巡逻，先后3次抓获盗窃犯。1992年10月20日晚9时，长一沟村村民王三富与陈思光因酒后发生争吵，邻里村民众人劝止不住，两人越吵越凶。此时，劳累了一天的何克军刚躺下休息，忽听王三富急呼："何连长，陈思光闯进我家要杀人了！"何克军立刻直奔王家，见陈思光正在气势汹汹地拍桌子、砸板凳、踢房门，大声叫道：反正老子今晚要弄死一个人！王家兄弟及妻儿老小吓得不知所措。何克军挺身而出，挡在歹徒的前面，苦口婆心地给陈思光宣传法律、法规，王三富60多岁的老母给26岁的陈思光跪下哀求他，连陈思光的母亲和妹妹闻讯赶来劝解也都挨了他一耳光，陈思光的杀气有增无减，不把陈思光从王家拉出去，有可能发生严重的流血事件。晚上11时40分，何克军动手去拉陈思光出门，恼羞成怒的陈思光趁势抓住何克军的双臂，用膝盖猛击其下身，致使何克军当场倒地身亡，献出了年轻的生命，年仅39岁。为褒扬何克军的英勇事迹，1993年5月24日，四川省人民政府批准何克军为革命烈士；1993年10月4日，中共四川省委追认何克军为中国共产党党员。1993年12月，土桥镇人民政府为何克军烈士立碑，纪念他的英勇事迹。

李治国

李治国（1942.12—1993.04），男，汉族，中共党员，初中文化，成都市金牛区石羊乡丰收村一组人。1958年11月在金堂县交通局参加工作，1961年8月应征入伍在部队服役，曾任战士、副班长、班长。

1965年1月，李治国复员到四川石油局川北矿区和泸州气矿32111钻井队工作。1966年2月，李治国所在32111井队开赴合江县塘河地区钻探天然气；同年6月22日凌晨，李治国因钻井失火参加血战火海，在抢救气井时身负重伤。被石油工业部授予石油工业部五好职工、四川石油会战领导小组授予"奋战火海抢救气井的二十七勇士"称号。

1966年6月22日凌晨1点，泸州气矿32111钻井队当班人员对刚打出的高产1号气井关井测压时，井口压力急剧上升，比平时其他井压高出1倍，致使井口旁一根进口无缝钢管突然蹩破，霎时发出了惊天动地的爆炸声，高压气流从破口急速喷出，把人头大的石头、泥块卷起射向钻机和柴油机房，钻台底下的防爆灯也被石块击破，顿时引发冲天大火，5公里外能听到轰隆隆的吼叫声，20公里外能看见熊熊大火火光，火场方圆达50米，烈焰高40米。当时40米高的井架在3分钟内被熔化，柴油机和其他设备也变成了铁砣砣，40米外的岩石被烧得通红，附近树木成灰，眼看气田面临毁灭的危险。当时李治国下班后正在宿舍休息，他一听到爆炸声后立即从床上跃起来直接奔向火场，他唯一愿望是尽快扑灭大火，抢救同事和国家财产。他随井队副指导员雷洪炳冲向3号总进气阀，想关上气阀切断气源，因火势太猛，曾多次冲击均被强大气流冲出4米外未能接近阀门，大火烧伤了李治国的头和脸，加上浓烟熏呛，他负伤昏倒在地，被旁边的同志救出火场。当他苏醒后不顾伤痛，又挣扎着冲向火场，与同志们一起扑向5号喷阀门把气流引出火场外，减少井口气压，终因火热太大，李治国头、脸、手多处被烈火严重烧伤，失去了知觉，同志们再次把他救出来送往医院抢救。

经过32111钻井队百多名职工浴血奋战火海30分钟，终将大火扑灭，保住了高产大气田，避免了更大损失。32111钻井队被石油工业部授予“石油工业部五好红旗单位标兵”“无产阶级革命英雄主义钻井队”称号。

李治国经过几个医院3个多月的抢救、医治，伤势逐渐好转。1966年9月29日，李治国和32111钻井队的英雄们在北京人民大会堂受到了周恩来、陶铸、李先念、李富春、叶剑英等中央首长的亲切接见，并应邀参加了国庆招待会。同年10月1日他们在天安门观礼台上参加国庆观礼，见到了毛泽东主席、周恩来总理、朱德委员长等党和国家领导人。

李治国回川后又继续住院治疗，1968年6月回到32111钻井队。李治国伤后多年坚持在野外一线工作，也是27勇士中最后离开井场的一个。1977年9月，领导上考虑到李治国的家庭需要照顾，将他调回金堂县工业局工作。1981年7月在抗洪救灾中，李治国被评为县抗洪救灾先进个人。

1984年1月金堂县工业局撤销后，李治国在县经委、计经委工作，先后任主办科员、县三电办副主任、经委纪检组长。他1985年加入中国共产党，先后被评为金堂县工业局先进工作者、金堂县级机关优秀共产党员、成都市节能统计先进工作者、成都市优秀共产党员。1993年4月12日李治国去世，享年51岁。

蒋泽宣

蒋泽宣（1960. 11—1996. 07），男，汉族，金堂县广兴镇永安村13组人，高中文化。县公安局打击拐卖人口办公室主办科员，一级警司。1975年5月，在广兴乡中学加入共青团。1978年12月参军，在新疆军区某部二连服役。在部队先后8次受嘉奖，曾任战士、副班长、班长。1983年3月加入中国共产党，同年12月复员回家。1984年4月被聘为广兴乡治安员。1987年7月招聘为县公安局竹篙派出所民警。1994年10月调县公安局“打拐办”工作，因工作成绩突出，3次获成都市公安局嘉奖，2次获金堂县公安局嘉奖。1994年12月，蒋泽宣参加成都市政府组织公安干警跨省去内蒙古、山西解救被拐卖的妇女儿童。1995年3月，蒋泽宣到陕西省神木县解救唐文琼和吴新蓉两受害妇女，在当地公安配合下，蒋泽宣反复讲政策和法律4个多小时，才把唐文琼救出，终于将唐、吴二人解救回家。同年4月，蒋泽宣到山西省五台县李家坪乡解救受害妇女连新云，当地60多个村民高举锄头、木棒、铁锹，狂呼乱叫、气势汹汹地追赶，吼道：“不准带人走，否则要下公安的枪，打死你们!”同去的连新云之父被吓病了，蒋泽宣想方设法，机智地救走了连新云。1996年6月4日，他刚从安徽霍县解救妇女回家6天，又接到谢正翠被拐卖的消息。蒋泽宣主动要求去执行解救任务，局领导和蒋的妻子发现蒋泽宣病情加重，即陪他去医院检查，都劝他等一天后查出结果，能去才去。蒋泽宣没等病情检查出结果，就带着一盒治胃病的药，便与谢正翠之父谢先金一道出发，在金堂汽车站上车时．谢父见蒋捂着腹部，脸色很难看，便说："蒋公安你生病了，我们下车，过几天再去。"他摇摇头，继续坚持上路。6月8日到安徽省蚌埠火车站下车，蒋泽宣已显得心力交瘁，谢先金扶着他去医院急诊室，并劝道：你干脆住几天医院，再去救我的女儿。蒋泽宣说：我们出来时间紧，再说带的钱不多，哪敢住院。打了一针后就带着谢先金去蒙城。6月9日晚12时，在当地公安机关的协助下将谢正翠解救出来。6月11日下午，蒋泽宣带着谢家父女回到金堂，蒋泽宣一进家门就病倒在门边沙发上。6月12日晨，蒋泽宣被送进医院，当天下午医院就发出病危通知。他已吃不下任何东西，每当他清醒时就说："我手里头还有8名受害妇女未解救回来，一出院我就出省去，争取在今年内全部解救出来。"蒋泽宣因长期超负荷工作，积劳成疾。突发重型肝病贻误医治，经多方抢救无效，于1996年7月5日殉职，年仅35岁。蒋泽宣在竹篙派出所工作的5年中，经手破获刑事案件120起，逮捕犯罪分子45名，处理治安案件250起，为群众挽回损失16万元，在"打拐办"工作近两年，长年累月奔波于山西、内蒙古、河北、安徽等省、自治区的30个县、50个乡镇，总行程6万公里，步行1万公里，解救被拐卖妇女儿童39名。

蒋泽宣的事迹先后在《人民公安报》《四川日报》《成都晚报》等报纸杂志作了通讯报道。成都市公安局先后组织拍摄的电视片《警官蒋泽宣》《吹冲锋号的警官》分别在中央、四川省、成都市电视台播出后，在省内外引起强烈反响。蒋泽宣逝世后，中共金堂县委、县政府、成都市公安局、四川省公安厅、国家公安部先后发出向蒋泽宣学习的号召和决定。1996年8月5日，中共金堂县委追授蒋泽宣为优秀共产党员。1997年3月28日，公安部追授蒋泽宣为全国公安系统二级英雄，并颁发优抚决定；同年5月6日，成都市公安局、中共金堂县委、县人民政府在县法院会议室隆重举行了命名大会。

万正水

万正水（1930. 6—1998. 3. 10），男，汉族，四川省金堂县原杨柳乡高明村人，1953年5月加入中国共产党，1938年至1951年在家读书、务农，1951年10月至1953年任杨柳乡武装部中队长、党支部书记，1954年至1955年任赵三区区委副书记，1956年1月至1956年7月任竹篙区委副书记，1956年7月至1957年2月任绣水乡党委书记，1957年2月至1960年任竹篙区委副书记，1960年1月至1963年任竹篙区委书记，1964年至1966年2月任县委农村工作部部长、县委委员、常委，1966年3月至1974年任中共金堂县委常委、金堂县人民政府县长，1974年至1978年任县革命委员会党的核心小组成员、生产指挥组组长，1973年12月至1978年4月任中共金堂县委副书记，1978年4月至1983年11月任中共金堂县委书记，1984年至1988年任金堂县人大常委会主任，1988年至1993年10月任成都市十一届人大常委会委员，1993年4月19日经批准享受成都市正局级待遇。1993年11月18日退休。1998年3月10日去世，享年68岁。

周鼎文

周鼎文（1922. 02—1998. 12. 01），男，出生于四川省大邑县王泗乡伍家寺。小学、中学时即受革命影响，参加进步活动。1936 年 11 月加入中国共产党。1941 年创办成都莽原出版社。奔赴延安途中受阻，辗转回到家乡从事地下反蒋武装斗争，为川西南人民武装工作队奠基人之一。武工队发展成川康边人民游击纵队时任副司令员兼参谋长，参加迎接解放的战斗。中华人民共和国成立后历任大邑县副县长、中共大邑县委副书记、中共温江地委宣传部副部长、中共金堂县委书记、中共温江地委常委、农林政治部主任、成都市农委副书记、副主任、成都市人大常委等职。

周鼎文在金堂工作，一共有三次。第一次，1959 年 8 月至 1966 年 4 月任县委书记，有 7 年时间。第二次，1974 年 11 月至 1978 年 4 月又到金堂任县委书记，有 3 年多时间。第三次，1982 年上半年周鼎文以市委工作组组长的身份到金堂工作。

中华人民共和国成立前，周鼎文在川西地区从事地下革命工作。中华人民共和国成立后，周鼎文始终惦念着那些在艰难岁月里曾经支持过革命工作的人们和为了新中国而英勇献身的战友。1959 年周鼎文调金堂工作后，每月的工资都由勤务员领，并要求勤务员每月从自己工资收入中拿出一部分，给中华人民共和国成立前牺牲的战友家属和子女遗孤。

新中国成立后，周鼎文先后担任县级领导近 20 年，是历届金堂县委书记中任职时间最长的（1959 年 8 月至 1966 年 4 月，1974 年 11 月至 1978 年 4 月，前后 11 年）。在县级领导岗位上，他始终把为民办实事、办好事当作己任。1959 年，周鼎文到金堂任县委书记后，通过调查研究，发现金堂农村由于大多地处丘陵，缺乏灌溉用水，而要提高农作物产量，就必须解决灌溉缺水的问题。于是，周鼎文把解决灌溉用水作为大事来抓。但是，那时以阶级斗争为纲，始终没有从根本上解决农村灌溉缺水的问题。1966 年下半年，周鼎文被造反派弄回金堂批斗，劳动改造，住在淮口农场。那时，淮口正在修“沱淮”二期工程，施工经费和材料十分困难。周鼎文了解情况后主动找到当时二期工程副指挥长毛显文说：“过去我在金堂当了七八年书记，没有把农村的灌溉缺水问题解决好，现在我靠边站了，但是，我还是想为农村灌溉做点事。我在上面认识人多些，干脆我来帮你吧。”于是，周鼎文留在工程指挥部帮跑腿。周鼎文在接受“批斗”，但他毫不计较。有时还赶起大货车或公共汽车亲自到温江（温江地委所在地）、成都等地去跑关系。尤其为该项工程跑回来 10 万公斤炸药，大力促进了工程的建设。同时，他还考察了当地的淮口旭日大队，发现该大队灌溉和老百姓吃水都比较困难，便主动找到旭日大队支部书记谈他的设想，动员老百姓修堰塘。旭日大队采纳了周鼎文的建议。在修堰塘的日子里，周鼎文亲自和社员一起挖土背泥巴。在他和干部群众的努力下，终于把堰塘修起了，老百姓受了益。

周鼎文在中华人民共和国成立前从事地下工作或领导游击队，经常穿得稀烂，像个叫花子（乞丐），可以说是历经千辛万苦，千难万险。中华人民共和国成立后，周鼎文仍然保持艰苦朴素的作风。即使当了县委书记也是不修边幅，穿衣、吃饭很随便，从不讲究。经常下乡都是穿草鞋，戴草帽，甚至打赤脚板，与社员群众同吃、同住、同劳动，做到了清正廉洁。

1982 年 1 月 28 日，周鼎文作为市委工作组组长第三次到金堂工作。当时，金堂县已将 90% 的集体耕地承包到户，还要将果树包产到户，这在成都市委召开的扩大会上引起很大反响，被有的人指责为是“一个倾向掩盖另一个倾向的问题”，会上气氛十分紧张。会后市委指派周鼎文来金堂开展工作。周鼎文听取县委汇报后，立即深入到灾区赵镇和非灾区高板等地，广泛听取基层干部和广大农民群众的意见，果断地支持土地承包到户，并大胆提出，果树是否承包到户，要尊重基层干部和广大农民群众的意愿，由他们做主，不要计较别人说你“一个倾向掩盖另一个倾向”。这样一来，土地联产承包责任制得到巩固，果树也全部承包到户，广大农民劳动积极性空前高涨，农业产量大幅度提高。1982年全县小春粮食总产达到8386.5万公斤，比最高年产的1981年增加2196万公斤，增长35.8%。1982年6月28日《四川日报》在头版头条，以《政策自有回天力 包干交队闯奇功 重灾区金堂县小春粮油大增产》报道了金堂县增产消息，肯定了周鼎文到金堂开展工作的成绩。周鼎文1983年12月离休，1998年12月1日病逝，享年76岁。

李朝春

李朝春（1916.02.05—1999.06.11），女，出生于四川省阆中县一个贫苦农民家庭，1937年8月加入中国共产党。她从11岁开始，被迫在阆中县老观乡陈某家里当童工，做苦力。1933年8月，李朝春在阆中县苏维埃人民政府从事革命工作。同年11月，参加中国工农红军第四方面军，成为巴中县独立团一名光荣的红军战士、副班长；1934年1月至1935年3月，她先后在红四方面军剑阁独立团、安三布独立团担任班长；1935年3月，她参加了二万五千里长征，并担任红四方面军独立团副排长、排长，1936年12月到达革命圣地延安。1937年1月至1950年7月先后作红一方面军供给部队职员、延安妇女连、供给学校班长，曾在延安兵工厂、延安保安处被服厂、山西某部家属队工作。1950年8月至1952年5月，在金堂县第四区公所从事妇女工作；1952年6月至1953年5月在金堂县人民法院任书记员；1953年6月至1965年12月，在金堂县人民政府从事收发、接待、信访等工作；1966年1月离休。1995年10月经批准享受副厅级待遇。1999年6月11日，李朝春因病在华西医科大学附属医院去世，享年83岁。

胡修道

中国人民志愿军
一级英雄胡修道

胡修道（1931.10.14—2002.03.13），男，汉族，四川省金堂县金龙镇净因村人，中专文化，中共党员。

1943年2月年方12岁的胡修道就同当地群众一起，生擒匪首胡德茂，为民除害。1950年成立农协会他参加武装民兵。1951年6月参加中国人民志愿军赴朝作战。1953年12月加入中国共产党。1951—1985年，他在部队历任战士、排长、连长、营长、副团长、师副参谋长、副师长、军副参谋长。1985年免职；1988年退休。

他参加了抗美援朝战争第五次战役、夏秋季防御作战、巩固阵地作战、战术反击战及上甘岭战役。1952年11月5日，在上甘岭战役中，他和班长及另1名新战士负责坚守597.9高地3号阵地。当天，美第八集团军司令官范佛里特和李承晚，发动了上甘岭战役中最猛烈的进攻，攻击的重点就是上甘岭左侧597.9高地。志愿军利用597.9高地周围的大小山头构筑了12个阵地，胡修道和班长李锋、新战士滕土生负责坚守3号阵地。由于是第一次与敌人真枪实弹的干，年轻的胡修道起初还有些胆怯。当敌人第一次向阵地冲来时，胡修道紧握爆破筒的手渗出了汗水。眼看着敌人越来越近，班长一声令下，胡修道就没命地往敌群中扔手榴弹、手雷、爆破筒……“直到班长抓住我的手腕，我才知道敌人早已打退了”。胡修道风趣地说：“多年来，我一直十分懊悔自己当时浪费了那么多宝贵的弹药。”在当时，志愿军的供给艰难，弹药常常比生命还宝贵。不久，两个多排的敌人在炮火的掩护下又发起了第二次进攻。这次，胡修道和班长先集中火力向分散的敌群两边打，迫使敌人往中间挤，再往前面猛打一阵，让前面的敌人爬不起来，后面的往前拥，等敌人挤到一起时，突然向敌群投手榴弹。这种被称为“包饺子”的方法果然奏效，直打得敌人丢盔弃甲，四散逃命。在当时，为了让新战士尽快适应战场，志愿军采取了“一看、二打、三带”的方法，即由一个老兵带一个新兵上阵地，第一次老兵打，新兵看；第二次新兵打，老兵在一边指导；第三次或让新兵自己打，或由老兵带着新兵打。打退了敌人两次冲锋后，胡修道和滕土生就成了“老兵”了。班长就被调去支援9号阵地，他们俩又连续击退了几个排的敌军多次疯狂反扑。他们刚想停下来喘息一会儿，连指挥所传来紧急战报：10号阵地没人了，敌人攻得正急！这时，连长朝他们一挥手，他们立即又突破敌人几道火墙，来到10号阵地，发现守在10号阵地上的只有一个已经挂了彩的战士，而旁边的0号阵地正是几天前黄继光舍身堵枪眼的地方。带着一腔怒火，胡修道和战友又击溃敌人的多次进攻。这时，排长郭三旦向他们匍匐过来支援，可就在刚进洞的一瞬间，一发炮弹在他身边爆炸了。“死也要守住阵地！”这是排长牺牲前留给他们唯一的话。排长牺牲了，负伤的战友滕土生又被调走执行其他任务，阵地上只留下胡修道一个人。正当胡修道感到身体极度虚弱，准备停下来啃两口馒头时，正前方一大群敌人又蜂拥而至。胡修道炸雷般地吼了声：“还我排长”！兜头就是一阵手榴弹。扔得正酣时，几个战友过来支援，说：“连长命令你速回3号高地”！为了尽快结束战斗，敌人把坦克开了过来，几百门火炮齐射过来，头顶上的飞机开始狂轰滥炸。胡修道依靠着所剩不多的弹药，在3号、10号高地间来来回回地打，竟奇迹般地打退了敌人10余次进攻。当发现10号阵地危急时，他抱起爆破筒，带领战友主动支援，冒着敌机枪火力封锁，抢先登上制高点，将已冲上阵地的敌人击退。经一天激战，共打退敌军41次进攻，歼敌280余人，创造了战争史上的奇迹。1953年1月15日，中国人民志愿军领导机关为他记特等功，授予“一级英雄”称号。同年6月25日，胡修道出席朝鲜民主主义人民共和国战斗英雄代表会议；1953年6月，朝鲜民主主义人民共和国最高人民会议常任委员会授予他“朝鲜民主主义人民共和国英雄”称号和金星奖章、一级国旗勋章。曾当选为中华人民共和国第三届全国人民代表大会代表，中国共产党第九、第十次全国代表大会代表。

他不仅在生与死面前是英雄，在荣誉面前也堪称模范。1985年部队精简整编，他退居二线，但他退而不休。人们称赞：“他的位置在二线，但工作岗位始终在第一线！”1988年恢复军衔制前退休。同志们为他感到惋惜，他却坦然地说，人的一生总要经历几次转折的关口，一次转折就是一次考验，次次考验都能过硬，才称得上共产党人。退休后，他经常深入基层连队为官兵作传统报告，还担任多所中、小学的名誉校长或校外辅导员，被聘为徐州市关心下一代工作委员会主任。2002年3月13日病逝于南京军区医院，享年71岁。

李子青

李子青（1922.11—2004.03），男，汉族，山西临县原高山公社人，1940年10月参加工作，1941年8月加入中国共产党，初中文化。

1940年10月至1941年11月在山西省临县公安局警卫队做战士、班长；1941年12月至1944年9月任山西省临县公安局曲峪镇检查站站长；1944年10月至1946年11月任山西省临县公安局预审股干事；1946年12月至1947年2月任山西省临县公安局警卫队指导员；1947年3月至1950年4月在解放军先后作第三军分区教导队学员、政治部保卫科干事、团政治处保卫科干事、团特务连指导员、工作队指导员；1950年5月至1952年5月任中共金堂县高板区区委书记、区长；1952年5至1953年4月任金堂县公安局副局长；1953年5月至1955年3月任金堂县公安局局长，1954年5月任中共温江地委委员；1955年3月至1956年7月任中共金堂县委常委、县人民政府县长；1956年8月至1961年4月任中共金堂县委副书记、县长；1961年5月至1963年2月任中共金堂县委副书记；1963年3月至1965年12月任中共金堂县委副书记、县长；1966年1月至1968年11月任中共金堂县委副书记；1968年12月至1978年12月任金堂县革命委员会副主任；1979年1月至1983年6月任中共龙泉驿区委常委、区人大常委会副主任；1983年7月办理离休手续；1983年7月经中共四川省委批准享受副地厅级待遇。2004年3月去世，享年82岁。

二、革命烈士英名录

姓名	性别	出生年月	居住地	参加革命年月	党（团）年月	牺牲时间地点原因	牺牲时所在单位	牺牲时任何职	何机关何时批准为烈士
邓　辉	男	1976.9.19	金堂县淮口镇建设街30号	1995.8	1999.12入党	2001.7.4浙江省宁波市91055部队飞行训练	解放军91055部队12团	正连职	解放军海军东海舰队航空兵政治部2001.7.5日批准
林云志	男	1973.1.1	金堂县赵家镇卫星村4组	1990.3	1991.3.5入团	1997.2.3金堂县赵家镇三烈场配合公安执行治安任务与歹徒搏斗	金堂县赵家镇治安室	治安员	四川省人民政府2002.10.16日批准

续表

姓名	性别	出生年月	居住地	参加革命年月	党（团）年月	牺牲时间地点原因	牺牲时所在单位	牺牲时任何职	何机关何时批准为烈士
刘金芝	女	1956.7.29	金堂县土桥镇流存湾村4组			2003.7.22 在金堂县土桥镇流存湾村大安水库抢救落水儿童	金堂县土桥镇流存湾村4组	村民	四川省人民政府 2004.8.5 日批准
沈祖华	男	1977.3.3	金堂县云合镇三桥村七组	2001.8		2006.6.30 乘坐空军运输机在安徽执行任务时因飞机失事	中国电子科技集团公司第十研究所	工程师	国家民政部 2006.6.15 日批准

三、先进、模范、荣誉人物

获市以上荣誉奖个人（排名不分先后）

姓　名	性别	单　位	授予荣誉时间和称号
杨登榜	男	金堂县广播电视局	1991 年全国首届范长江新闻奖
吴火明	男	金堂县氮肥厂	1991 年成都市劳模
谢士诚	女	金堂县织造厂	1991 年成都市劳模
宋兴华	男	金堂县广播电视局	1992 年全国优秀对农广播节目一等奖
曾明全	男	金堂县林业局	1992 年国家林业局、人事部护林防火先进个人
卿光忠	男	金堂县林业局	1993 年 四川省科技进步三等奖
白昭培	男	金堂县地方志办公室	1993 年四川省地方志编修先进工作者
曾杰梅	女	金堂果树站	1993 年四川省农牧厅柑橘包装技术的研究与推广应用科技进步二等奖
雷玉斌	女	金堂县罐头厂	1994 年成都市劳模
蒋治汉	男	金堂县新华印刷厂	1994 年成都市劳模
陈绍炳	男	金堂果树站	1994 年桃、梨等名特优水果优质高产综合配套技术推广应用四川省农牧厅农业丰收奖励一等奖
李兴禄	男	金堂县人民法院	1995 年四川省劳动模范
李永海	男	金堂县水务局	1996 年全国抗洪抗旱模范
李富荣	男	金堂县林业局	1996 成都市社会治安治理先进个人
钟春兰	女	金堂县人民法院	1996 年四川省严打先进个人
刘贵春	男	金堂县农业推进办科教站	1996 年农业部小麦高产综合配套技术推广应用二等奖
彭辉萍	女	金堂县林业局	1996 年四川省人口普查先进个人

续表

姓 名	性别	单 位	授予荣誉时间和称号
胡远华	女	金堂县植检站	1996 年农业部小麦高产综合配套技术推广应用农牧渔业丰收二等奖
王平江	男	金堂县公安局副局长	1997 年 7 月 15 日被公安部评为全国（特级）优秀人民警察。
李世强	男	金堂县人民法院	1997 年成都市百佳执法模范
刘守会	男	金堂县人民法院	1997 年成都市政法系统先进工作者
陈帮涛	男	金堂县轻工局	1998 年成都市劳模
黄国清	女	金堂果树站	1998 年农业部柑橘早、中、晚熟优良品种配套科学技术进步二等奖
张训忠	男	金堂县果树站	1998 年农业部柑橘早、中、晚熟优良品种配套科学技术进步二等奖
曾德英	男	金堂果树站	2000 年蔬菜高产高效综合配套技术推广应用四川省农业厅农业丰收奖励二等奖
周学勤	女	金堂县人民法院	2000 年成都市优秀共产党员
张顺强	男	金堂县人民法院	2001 年四川省高级人民法院记二等功
谭启田	男	金堂县林业局	2002 年 四川省林业厅退耕还林先进个人
杨青义	男	金堂果树站	2002 年农业部柑橘水果高接换种技术农牧渔业丰收一等奖
卿尚模	男	金堂果树站	2002 年农业部柑橘水果高接换种技术农牧渔业丰收一等奖
王 林	女	金堂县水利局	2002 年四川省人事厅水土保持先进个人
李晓旭	男	金堂县劳动和社会保障局	2002 年成都市优秀共产党员
凤连清	男	金堂县广兴镇	2002 年成都市优秀共产党员
庄克荣	男	金堂县保密局	2002 年成都市优秀共产党员
袁明辉	男	金堂县赵家中学	2002 年成都市优秀共产党员
陈绍平	男	金堂县淮口粮站	2002 年成都市优秀共产党员
吴安兴	男	金堂县福兴镇建管所	2002 年成都市优秀共产党员
肖乾刚	男	金堂县农业局棉花原种场	2002 年成都市优秀共产党员
文仁富	男	金堂县竹篙镇白果村	2002 年成都市优秀共产党员
蒋维德	男	金堂县赵镇柳塘村	2002 年成都市优秀共产党员
牛晋川	男	金堂县国家税务局	2004 年成都市劳动模范
王 敏	男	金堂县金龙镇	2004 年成都市优秀党委书记
邓诗维	男	金阳集团	2005 年被中共四川省委统战部评为四川省优秀中国特色社会主义事业建设者
黎生杰	男	金堂县人民法院	2005 年四川省法院系统百名办案能手
陈 维	男	金堂县林业局	2005 年四川省先进思想政治工作者
黎家华	女	成都市金堂工商行政管理局	2005 年 12 月 12 日获全国工商系统“2005 年红盾护农”先进个人

金堂县教育系统 1991—2005 年获得荣誉人员名录

姓 名	性别	单位	获奖时间	颁奖单位	获奖项目
陈家西	男	金堂教师进修学校	1991. 9	四川省教育厅、省人事厅、省总工会	省优秀教师
戴昌荣	男	金堂教育局	1995. 9	成都市人民政府	优秀教育工作者

续表

姓　名	性别	单位	获奖时间	颁奖单位	获奖项目
赵贤林	男	白果小学	1991.10	成都市人民政府	成都市优秀教师
刘府清	男	九龙小学	1991.10	成都市人民政府	成都市优秀教师
石清良	男	黄家小学	1991.10	成都市人民政府	成都市优秀教师
黄开琼	女	淮口幼儿园	2001	成都市人民政府	托幼先进个人
梁洪昌	男	县实验小学	1992.9	成都市人民政府	成都市劳动模范
唐海云	女	淮口幼儿园	2005.9	四川省教育厅	基础教育课程改革优秀成果二等奖
陈开容	女	淮口幼儿园	2005	四川省教育厅	教育教学成果研究二等奖
陶玉和	男	三溪小学	1992.10	成都市人民政府	成都市优秀青年教师
周　芸	女	金堂县赵镇第三幼儿园	2006.1	成都市人民政府	2005年度市消防工作先进个人
陈元霓	女	金堂县赵镇第三幼儿园	1994.5.27	成都市人民政府	成都市幼儿教育工作先进个人
聂晓云	男	金堂中学	2005.9	四川省教育厅	教学成果二等奖
夏时瑜	男	实验中学	1995.5	成都市人民政府	优秀教育工作者
杨　挺	男	金堂中学	2004.4	成都市人民政府	劳动模范
肖永顺	男	福兴小学	1999.12	成都市人民政府	教育先进个人
吴　伟	男	淮口中学	2003.5	成都市人民政府	劳动模范
万兴富	男	淮口中学	1993.9	成都市人民政府	优秀教师
高桂芳	女	金堂中学	2004.9	四川省教育厅人事厅	优秀班主任
肖寿国	男	金堂中学	1995.9	四川省教育厅人事厅	四川省优秀教师
夏宜德	女	金堂实验中学	1991.11	中共成都市委青少年教育工作领导小组	成都市做好“三个层次”青少年教育工作先进个人
覃　健	男	金堂实验中学	1997.12	四川省学校艺术教育委员会	四川省优秀中小学美术教师
曾培根	男	金堂中学	2001.9	四川省教育厅人事厅	四川省优秀教师
周自清	女	赵镇一幼	1995.9	四川省教育厅人事厅	四川省优秀教师
赖德玉	女	金堂实验小学	2004.9	四川省教育厅人事厅	四川省优秀教师
潘亚东	女	金堂县教育局教研室	1998.9	四川省教育厅人事厅	四川省优秀教师
尧宗利	男	赵镇四小	1995.9	成都市委市政府	成都市优秀教师

金堂县1991—2005年拔尖人才名单

姓　名	性别	获奖时间	颁奖单位	获奖称号
钟官品	男	1991	中共金堂县委组织部	县级拔尖人才
赵永英	男	1991	中共金堂县委组织部	县级拔尖人才
谭洪文	女	1991	中共金堂县委组织部	县级拔尖人才
祝昌勋	男	1988	中共金堂县委组织部	县级拔尖人才
杨登榜	男	1993	中共成都市委组织部	成都市有突出贡献的中青年拔尖人才

续表

姓 名	性别	获奖时间	颁奖单位	获奖称号
夏时禹	男	1998	中共金堂县委组织部	第三批县级拔尖人才
江海澜	男	1998	中共金堂县委组织部	第三批县级拔尖人才
彭世选	男	1998	中共金堂县委组织部	第三批县级拔尖人才
叶元刚	男	1998	中共金堂县委组织部	第三批县级拔尖人才
肖国兴	男	1998	中共金堂县委组织部	第三批县级拔尖人才
李世康	男	1998	中共金堂县委组织部	第三批县级拔尖人才
卓天智	男	1998	中共金堂县委组织部	第三批县级拔尖人才
张国钦	男	1998	中共金堂县委组织部	第三批县级拔尖人才
朱清传	男	1998	中共金堂县委组织部	第三批县级拔尖人才
张立诚	男	1998	中共金堂县委组织部	第三批县级拔尖人才
张孝轩	男	1998	中共金堂县委组织部	第三批县级拔尖人才
王方义	男	1998	中共金堂县委组织部	第三批县级拔尖人才
彭世选	男	2003	中共金堂县委组织部	第四批县级拔尖人才
卓天智	男	2003	中共金堂县委组织部	第四批县级拔尖人才
卿尚模	男	2003	中共金堂县委组织部	第四批县级拔尖人才
吴 飞	男	2003	中共金堂县委组织部	第四批县级拔尖人才
刘期华	男	2003	中共金堂县委组织部	第四批县级拔尖人才
黄仁江	男	2003	中共金堂县委组织部	第四批县级拔尖人才
王方义	男	2003	中共金堂县委组织部	第四批县级拔尖人才
周正荣	男	2003	中共金堂县委组织部	第四批县级拔尖人才
童华池	男	2003	中共金堂县委组织部	第四批县级拔尖人才
李云明	男	2003	中共金堂县委组织部	第四批县级拔尖人才
夏时禹	男	2003	中共金堂县委组织部	第四批县级拔尖人才
张孝轩	男	2003	中共金堂县委组织部	第四批县级拔尖人才
辜际忠	男	2003	中共金堂县委组织部	第四批县级拔尖人才

金堂县计划生育系统 1991—2005 年获得荣誉人员名录

姓 名	性别	单位	获奖时间	颁奖单位	获奖项目
廖顺华		金堂县文化局	1991.4	成都市政府	成都市计划生育先进工作者
张素珍		高板区公所	1991.4	成都市政府	成都市计划生育先进工作者
肖建江	男	三江区公所	1991.4	成都市政府	成都市计划生育先进工作者
张德会		淮口区公所	1991.4	成都市政府	成都市计划生育先进工作者
伍玉华		云合乡人民政府	1991.4	成都市政府	成都市计划生育先进工作者
陈国九	男	三烈乡计划生育办公室	1991.4	成都市政府	成都市计划生育先进工作者
冉志富	男	福兴区计划生育办公室	1991.4	成都市政府	成都市计划生育先进工作者
王秀芝		成都第二纺织厂计生办	1991.4	成都市政府	成都市计划生育先进工作者

续表

姓　名	性别	单位	获奖时间	颁奖单位	获奖项目
唐仕宏		石龙乡计划生育办公室	1991.4	成都市政府	成都市计划生育先进工作者
庄传玉	女	龙威乡计划生育办公室	1991.4	成都市政府	成都市计划生育先进工作者
周乐权		双流乡计划生育办公室	1991.4	成都市政府	成都市计划生育先进工作者
易启东	男	转龙乡计划生育办公室	1991.4	成都市政府	成都市计划生育先进工作者
刘仁友	男	白果乡计划生育办公室	1991.4	成都市政府	成都市计划生育先进工作者
邓仕贵		广兴乡红白村村委会	1991.4	成都市政府	成都市计划生育先进工作者
刘庸会		赵镇桐梓村村委会	1991.4	成都市政府	成都市计划生育先进工作者
胡盛福	男	金乐乡计划生育协会	1991.4	成都市政府	成都市计划生育协会先进工作者
杜艳琼	女	赵镇五居委会计划生育协会	1991.4	成都市政府	成都市计划生育协会先进工作者
赵道全	男	云绣乡人民政府	1996.10	省政府	省“八五”期间计划生育先进工作者
陈效全	男	金堂县人民政府	1996.6	中共成都市委、市政府	成都市计划生育工作先进个人
张孝军	男	中共栖贤乡党委	1996.6	中共成都市委、市政府	成都市计划生育工作先进个人
张克蓉	女	赵镇人民政府	1996.6	中共成都市委、市政府	成都市计划生育工作先进个人
庄传玉	女	赵镇计划生育办公室	1996.6	中共成都市委、市政府	成都市计划生育工作先进个人
曾玉芬	女	三星镇人民政府	1996.6	中共成都市委、市政府	成都市计划生育工作先进个人
梁扬友	男	清江镇计划生育办公室	1996.6	中共成都市委、市政府	成都市计划生育工作先进个人
易大煌	男	官仓镇计划生育办公室	1996.6	中共成都市委、市政府	成都市计划生育工作先进个人
张克亮	男	云绣乡人民政府	1996.6	中共成都市委、市政府	成都市计划生育工作先进个人
周德辉	男	三溪镇计划生育办公室	1996.6	中共成都市委、市政府	成都市计划生育工作先进个人
陈国玖	男	赵家镇计划生育办公室	1996.6	中共成都市委、市政府	成都市计划生育工作先进个人
彭辉义	男	竹篙镇人民政府	1996.6	中共成都市委、市政府	成都市计划生育工作先进个人
易佑望	男	广兴镇计划生育办公室	1996.6	中共成都市委、市政府	成都市计划生育工作先进个人
张孝国	男	平桥乡计划生育办公室	1996.6	中共成都市委、市政府	成都市计划生育工作先进个人
王兴辉	男	转龙乡计划生育办公室	1996.6	中共成都市委、市政府	成都市计划生育工作先进个人
钟传积	男	土桥镇计划生育办公室	1996.6	中共成都市委、市政府	成都市计划生育工作先进个人
王秀芝	女	成都第二纺织厂计生办	1996.6	中共成都市委、市政府	成都市计划生育工作先进个人
罗观平	女	金堂县计划生育委员会	1996.6	中共成都市委、市政府	成都市计划生育协会工作先进个人
钟祖杰	男	云绣乡计划生育协会	1996.6	中共成都市委、市政府	成都市计划生育协会工作先进个人
吕　青	男	金堂县计划生育局	1998.11	中共四川省委宣传部、省计生委、省文化厅、省美协、省影协	1998年四川省《人口、家庭、生命》美术摄影作品展《万物生长靠太阳》获三等奖
王德贵	男	金堂县计划生育局	1999.12	成都市政府	人民满意的公务员
范明芳		清江镇双江村	2000.9	国家计生委	全国优秀计划生育中心户组长
黄汝霞	女	金堂县计划生育宣传技术指导站	2001.3	四川省政府	“九五”期间计划生育先进个人
温成良	男	金堂县计划生育局	2001.7	四川省计生协	2001年《人生》杂志发行工作先进个人
郑天奇	男	中共金堂县委	2001.7	中共成都市委、市政府	“九五”期间计划生育先进个人

续表

姓　名	性别	单位	获奖时间	颁奖单位	获奖项目
张孝军	男	金堂县人民政府	2001.7	中共成都市委、市政府	“九五”期间计划生育先进个人
赵道全	男	金堂县计划生育局	2001.7	中共成都市委、市政府	“九五”期间计划生育先进个人
刘显勇	男	中共隆盛镇党委	2001.7	中共成都市委、市政府	“九五”期间计划生育先进个人
尹贤林	男	中共淮口镇党委	2001.7	中共成都市委、市政府	“九五”期间计划生育先进个人
吕玉珍	女	竹篙镇双河村	2001.7	中共成都市委、市政府	“九五”期间计划生育先进个人
邹康秀	女	三中园区管委会计生办	2001.7	中共成都市委、市政府	“九五”期间计划生育先进个人
张明和	男	高板镇计划生育办公室	2001.7	中共成都市委、市政府	“九五”期间计划生育先进个人
刘仁友	男	白果镇计划生育办公室	2001.7	中共成都市委、市政府	“九五”期间计划生育先进个人
王文国	男	土桥镇人民政府	2001.7	中共成都市委、市政府	“九五”期间计划生育先进个人
陈晓荣	女	三星镇计划生育宣传技术指导站	2001.7	中共成都市委、市政府	“九五”期间计划生育先进个人
何　平	男	云绣乡计划生育办公室	2001.7	中共成都市委、市政府	“九五”期间计划生育协会工作先进个人
黄水德	男	赵镇狮子村	2001.7	中共成都市委、市政府	“九五”期间计划生育协会工作先进个人
赖希凤	女	清江镇	2002.8	成都市政府	成都市第五次全国人口普查先进个人
张中华	男	三溪镇	2002.8	成都市政府	成都市第五次全国人口普查先进个人
陈秀珍	女	金堂县计划生育局	2003.12	国家计生协会	全国计划生育协会先进个人
梅　峰	男	金堂县计划生育局	2003.12	国家人口计生委政法司、人口与计划生育杂志社	全国人口与计划生育法制建设征文活动纪念奖
周鸿英	女	土桥镇计划生育宣传技术服务站	2004.9	四川省人事厅、省人口计生委	2001—2003年全省人口和计划生育工作先进个人
沈兴华	男	金堂县计划生育局	2004.11	四川省人口计生委办公室	四川省计划生育优质服务征文优秀奖
谢后英	女	三星镇天灯村	2005.6	国家人口计生委	全国人口和计划生育系统药具工作先进个人
赵道清	男	金堂县计划生育局	2005.12	国家计生协	2005年全国计划生育协会先进工作者
赵道全	男	金堂县计划生育局	2005.1	中共成都市委、市政府	成都市“十佳”思想政治工作者

金堂县畜牧局1991—2006年先进工作者获奖统计

姓　名	时　间	颁奖单位	获奖项目
肖通英	1991年	省农牧厅	先进兽医工作者
杨立君	1992年	省狂防指挥部	“狂防”先进个人
杨立君	1993年	省政府地方病领导小组	“狂防”先进个人
易佑华	1996年	省财政厅	先进财会工作者
马中平	2000年	省畜牧食品局	动物检验技术标兵
刘期华	2002年	市委、市政府	农产品营销大户

续表

姓 名	时 间	颁奖单位	获奖项目
周富银	2004 年	市政府	防治禽流感先进个人
刘万文	2004 年	省畜牧食品局	“黄牛改良”先进工作者
马中平	2004 年	市政府	防治禽流感先进个人
王瑞虎	2006 年	省政府	助农增收先进个人

四、专家、学者名录

金堂县 1991—2005 年专家、学者名录

姓名	性别	单位名称	现任职务	姓名	性别	单位名称	现任职务
刘守照	男	金堂县农技体系站	高级农艺师	李昌国	男	金堂县淮口中学校	副教授
肖顺光	男	金堂县农技体系站	高级农艺师	陈 林	男	金堂县淮口中学校	副教授级
胡远华	女	金堂县植保植检站	高级农艺师	唐明辉	男	金堂县淮口中学校	副教授级
吴世佑	男	金堂县植保植检站	高级农艺师	雷庆元	男	金堂县淮口中学校	副教授级
陈碧清	男	金堂县农作物种籽管理站	高级农艺师	黄会蓉	女	金堂县淮口中学校	副教授级
李万学	男	金堂县农作物种籽管理站	高级农艺师	彭高权	男	金堂县淮口中学校	副教授级
张训忠	男	金堂县果树站	高级农艺师	伍 文	男	金堂县淮口中学校	副教授级
杨青义	男	金堂县果树站	高级农艺师	贾晓英	女	金堂县淮口中学校	副教授级
卓天智	男	金堂县农业行政执法大队	高级农艺师	高中汉	男	金堂县淮口中学校	副教授级
肖乾刚	男	金堂县农业行政执法大队	高级农艺师	蒋增之	男	金堂县淮口中学校	副教授级
彭长明	男	金堂县农业行政执法大队	高级农艺师	蒋增荣	男	金堂县淮口中学校	副教授级
卿尚模	男	金堂县农业行政执法大队	高级农艺师	吴 伟	男	金堂县淮口中学校	副教授级
李世康	男	金堂县蔬菜站	高级农艺师	邱子明	男	金堂县淮口中学校	副教授级
易守林	男	金堂县兽医站	高级兽医师	胡志和	男	金堂县高板中学校	中学高级教师
夏位福	男	金堂县兽医站	高级兽医师	王道庚	男	金堂县高板中学校	中学高级教师
沈 军	男	金堂县兽医站	高级畜牧师	张宗华	男	金堂县高板中学校	中学高级教师
王定平	男	金堂县检疫站	高级兽医师	沈传廷	男	金堂县竹篙中学校	副教授
姚运莲	女	金堂县检疫站	高级兽医师	陈 亮	男	金堂县竹篙中学校	副教授
肖通英	男	金堂县检疫站	高级兽医师	李昌前	男	金堂县竹篙中学校	副教授

续表

姓名	性别	单位名称	现任职务	姓名	性别	单位名称	现任职务
黄德军	男	金堂县兽药饲料管理站	高级兽医师	陈念明	男	金堂县竹篙中学校	副教授
卿智全	男	金堂县兽药饲料管理站	高级畜牧师	唐　俊	男	金堂县竹篙中学校	副教授
胡晓秋	男	金堂县兽药饲料管理站	高级畜牧师	王文华	男	金堂县竹篙中学校	副教授
谢中伦	男	金堂县蚕桑技术推广站	高级农艺师	邓甲频	男	金堂县竹篙中学校	副教授
李光明	男	金堂县蚕桑技术推广站	高级工程师	肖　勇	男	金堂县城关中学校	副教授
黄敬光	男	金堂县电化教育馆	副教授	薛　燕	女	金堂县城关中学校	副教授
陈洪永	男	金堂县教育局教研室	中学高级教师	熊明华	女	金堂县城关中学校	副教授
潘龙建	男	金堂县教育局教研室	中学高级教师	田光荣	男	金堂县城关中学校	副教授
黄素清	女	金堂县教育局教研室	中学高级教师	刘柏军	男	金堂县城关中学校	副教授
沈前程	男	四川省金堂县教师进修学校	高级讲师	陈忠国	男	金堂县城关中学校	副教授
周和平	男	四川省金堂县教师进修学校	高级讲师	张　进	女	金堂县城关中学校	副教授
游技新	女	四川省金堂县教师进修学校	高级讲师	陈开勋	男	金堂县城关中学校	副教授
易基模	男	四川省金堂县教师进修学校	中学高级教师	杨　华	女	金堂县城关中学校	副教授
叶家明	男	四川省金堂县教师进修学校	中学高级教师	程祖茂	男	金堂县城关中学校	副教授
杨进福	男	四川省金堂县教师进修学校	高级讲师	魏　杰	女	金堂县城关中学校	副教授
杨光洪	男	四川省金堂县教师进修学校	高级讲师	刁　云	男	金堂县城关中学校	副教授
余　菡	女	四川省金堂县教师进修学校	高级讲师	郑昌汉	男	金堂县城关中学校	副教授
马庆芳	女	金堂县沱江实验学校	中学高级教师	曾玉琼	女	金堂县城关中学校	副教授
童国楷	男	金堂县沱江实验学校	高级讲师	钟增辉	男	四川省金堂县职业高级中学	中学高级教师
刁继栋	男	金堂县沱江实验学校	中学高级教师	陈宏德	男	四川省金堂县职业高级中学	中学高级教师
梁少梅	女	金堂县沱江实验学校	中学高级教师	肖寿胜	男	四川省金堂县职业高级中学	中学高级教师
袁国平	男	金堂县沱江实验学校	高级讲师	张晓凤	女	四川省金堂县职业高级中学	中学高级教师
熊晓鸥	男	金堂县沱江实验学校	中学高级教师	黎向东	男	四川省金堂县职业高级中学	中学高级教师
韦　一	男	金堂县沱江实验学校	中学高级教师	孙昌根	男	四川省金堂县职业高级中学	中学高级教师
石琢玉	女	金堂县沱江实验学校	高级讲师	吴新画	男	四川省金堂县职业高级中学	中学高级教师
林媛园	女	四川省金堂中学校	副教授	刘大斌	男	四川省金堂县职业高级中学	中学高级教师
喻永向	男	四川省金堂中学校	副教授	薛瑞蓉	女	四川省金堂县职业高级中学	中学高级教师
尧宗俊	男	四川省金堂中学校	副教授	陈道康	男	四川省金堂县职业高级中学	中学高级教师
曾　仪	男	四川省金堂中学校	副教授	曾昭秋	男	四川省金堂县职业高级中学	中学高级教师
黄崇德	男	四川省金堂中学校	副教授	廖兴东	男	四川省金堂县职业高级中学	中学高级教师
黎先明	男	四川省金堂中学校	副教授	叶万发	男	四川省金堂县职业高级中学	中学高级教师
夏年利	男	四川省金堂中学校	副教授	陈　征	男	四川省金堂县职业高级中学	中学高级教师
聂晓云	男	四川省金堂中学校	副教授	陈昌平	男	四川省金堂县职业高级中学	中学高级教师

续表

姓名	性别	单位名称	现任职务	姓名	性别	单位名称	现任职务
刘守康	男	四川省金堂中学校	副教授	唐中福	男	金堂县赵家中学校	中学高级教师
刁祺富	男	四川省金堂中学校	副教授	李发琼	女	金堂县土桥中学校	中学高级教师
戴　忠	男	四川省金堂中学校	副教授	文吉义	男	金堂县土桥中学校	中学高级教师
曾培根	男	四川省金堂中学校	副教授	杨修方	男	金堂县土桥中学校	中学高级教师
傅　萍	女	四川省金堂中学校	副教授	袁良才	男	金堂县土桥中学校	中学高级教师
黄仁江	男	四川省金堂中学校	副教授	张德金	男	金堂县土桥中学校	中学高级教师
蒋禄英	女	四川省金堂中学校	副教授	周后斌	男	金堂县土桥中学校	中学高级教师
吴桂生	男	四川省金堂中学校	副教授	彭能干	男	金堂县土桥中学校	中学高级教师
冷明银	男	四川省金堂中学校	副教授	曾加安	男	金堂县土桥中学校	中学高级教师
高桂芳	女	四川省金堂中学校	副教授	钟方均	男	金堂县土桥中学校	中学高级教师
郑德俊	男	四川省金堂中学校	副教授	李积渐	男	金堂县育才学校	中学高级教师
邱碧勇	男	四川省金堂中学校	副教授	肖寿旺	男	金堂县云合镇初级中学	副教授
陈素芳	女	四川省金堂中学校	副教授	钟华山	男	金堂县家庭教育服务中心	中学高级教师
孙蛟述	男	四川省金堂中学校	副教授	谢　敏	女	金堂县房地产交易所	高级经济师
张嘉言	男	四川省金堂中学校	副教授	曾茂修	男	金堂县建设工程质量监督站	高级工程师
易　琳	男	四川省金堂中学校	副教授	腾跃谰	男	金堂县建设工程质量监督站	高级工程师
杨　挺	男	四川省金堂中学校	副教授	徐　俊	男	金堂县建设工程设计审查事务所	高级工程师
胡清好	男	四川省金堂中学校	副教授	庞天福	男	建管办	高级工程师
李准南	男	四川省金堂中学校	副教授	吴金星	男	村镇办	高级工程师
朱良芳	女	四川省金堂中学校	副教授	何世发	男	安监站	高级工程师
蔡道华	男	四川省金堂中学校	副教授	赵玉清	女	建设局备案办	高级工程师
宋孟春	女	四川省金堂中学校	副教授	刘　军	男	金堂县第一人民医院	副主任医师
李国斌	男	四川省金堂中学校	副教授	薛和禄	男	金堂县第一人民医院	副主任医师
解代明	男	四川省金堂中学校	副教授	易　波	女	金堂县第一人民医院	副主任医师
林德政	男	四川省金堂中学校	副教授	张德琼	女	金堂县第一人民医院	副主任医师
杨　烁	男	四川省金堂中学校	副教授	倪　平	男	金堂县第一人民医院	副主任医师
徐传文	女	四川省金堂中学校	副教授	谭宴林	男	金堂县第一人民医院	副主任医师
胡佑明	男	四川省金堂中学校	副教授	沈传兴	男	金堂县第一人民医院	副主任医师
刘际成	男	四川省金堂中学校	副教授	周德芝	女	金堂县第一人民医院	副主任护师
李国端	男	四川省金堂实验中学	副教授	许昌福	男	金堂县第一人民医院	副主任医师
周春华	女	四川省金堂实验中学	副教授	李兴志	男	金堂县第一人民医院	副主任医师
王代德	男	四川省金堂实验中学	副教授	时维娟	女	金堂县第一人民医院	副主任医师
沈序芝	女	四川省金堂实验中学	副教授	李　迁	男	金堂县第二人民医院	副教授

续表

姓名	性别	单位名称	现任职务	姓名	性别	单位名称	现任职务
胡国成	男	四川省金堂实验中学	副教授	吴 锡	男	金堂县第二人民医院	副教授
练小文	男	四川省金堂实验中学	副教授	肖 辉	男	金堂县第二人民医院	副教授
贾 玫	女	四川省金堂实验中学	副教授	彭中锡	男	金堂县第二人民医院	副教授
王正贵	男	四川省金堂实验中学	副教授	孔凡斌	男	金堂县第二人民医院	副教授
赵用平	男	四川省金堂实验中学	副教授	黄柏龄	男	金堂县第二人民医院	副教授
蒋霞辉	女	四川省金堂实验中学	副教授	李向平	男	金堂县第二人民医院	副教授级
周泽军	男	四川省金堂实验中学	副教授	秦永胜	男	金堂县第二人民医院	副教授级
谢蕊山	女	四川省金堂实验中学	副教授	薛和远	男	金堂县第三人民医院	副主任医师
汪 莲	女	四川省金堂实验中学	副教授	邓诗懿	男	四川省金堂县中医医院	副教授级
夏时瑜	男	四川省金堂实验中学	副教授	谢秩芬	女	四川省金堂县中医医院	副教授级
唐德学	男	四川省金堂实验中学	副教授	伍 凌	男	四川省金堂县中医医院	副教授级
胡松柏	男	四川省金堂实验中学	副教授	兰清馥	女	金堂县妇幼保健院	副主任医师
吴传富	男	金堂县淮口中学校	副教授级	伍炳智	男	金堂县疾病预防控制中心	副教授
易佑奎	男	金堂县淮口中学校	副教授级	陈开林	男	金堂县疾病预防控制中心	副教授
向遵孝	男	金堂县淮口中学校	副教授级	吴德秀	女	金堂县卫生执法监督所	副教授
彭能斌	男	金堂县淮口中学校	副教授级	黄汝霞	女	金堂县计划生育宣传技术指导站	副主任医师
陈德森	男	金堂县淮口中学校	副教授级	梁 琴	女	金堂县环境监测站	高级工程师
万兴富	男	金堂县淮口中学校	副教授级	王方义	男	金堂县文化馆	副研究馆员

五、百岁老人名录

金堂县 2002—2005 年百岁老人名录

姓 名	性别	民族	出生年月	年龄	家庭住址	农村（城镇）人口
陶素清	女	汉族	1899. 02	106	广兴镇永和村 5 组	农村
刘梁氏	女	汉族	1899. 10	105	三中园区前进村 3 组	农村
张兴富	女	汉族	1899. 12	105	赵镇猪市坝街 2－203 号	城镇
杨徐氏	女	汉族	1900. 01	105	栖贤乡尖山村 14 组	农村
江秀珍	女	汉族	1900. 04	105	赵镇向前巷 20 号	城镇

续表

姓　名	性别	民族	出生年月	年龄	家庭住址	农村（城镇）人口
文唐氏	女	汉族	1901. 02	104	金龙镇八都村 8 组	农村
郑云芳	女	汉族	1901. 03	104	广兴镇龙虎村 12 组	农村
周素英	女	汉族	1901. 09	104	又新镇石灰村 2 组	农村
廖成贞	女	汉族	1901. 12	104	赵镇嘉陵村 4 组	城镇
杨伍氏	女	汉族	1902. 02	103	云合镇尹家村 8 组	农村
邓世秀	女	汉族	1902. 10	103	四川锅炉厂	城镇

六、补　遗

（一）蒋正南

蒋正南（1909—1950）男，原名蒋炳南，人称蒋矮子。金堂县赵家乡人，1909 年生，少年时，曾与人放牛、学木匠，因其好逸恶劳，两次外逃。1926 年，到国民党 24 军乡人饶某连下当兵，日夜赌博，被开除回乡。1928 年与当地匪首陈明达背枪，后随陈到山王庙（今福兴镇）当队丁，抢劫杀人，明兵暗匪。1931 年回赵家乡在本地恶霸唐朝信处当队丁，依然兵匪一身。

1933 年，中国工农红军第四方面军进入川北，建立了川陕革命根据地。国民党军孙震、高慕韩在绵阳一带组织“剿共别动队”。赵家乡唐朝信带领人、枪投奔，当了大队长；蒋正南当了队长。红军长征转移后，该组织裁撤，唐朝信到中坝当保商大队长，蒋正南随去当唐朝信的外交管事，为此结识了大量外县匪霸。1935 年唐朝信回乡作联队副，蒋正南仍为唐朝信之忠实爪牙队长，依然又兵又匪。

1946 年，他又参加了成都军阀曾南夫的青帮，并在赵家乡开坛收徒约千人，更扩充了实力。他一生为匪，抢劫绑架，坐地自肥，到了 20 世纪 40 年代末，他已拥有糖房 1 座，大院 1 所，田地 3. 33 公顷（50 亩）。

早在 1945 年前后，淮口镇商人高某在赵家乡有两座糖房，与蒋正南有利害关系，颇多交往。1947 年，又有从外地回淮口的旧军官唐某与新任县长袁祉光有旧交。经高、唐两人向袁说项，并大量贿赂于袁，蒋正南于 1948 年春被委任为赵家乡乡长。从此，蒋正南集官、绅、匪、霸于一身。

1949 年秋，解放大军临近重庆，国民党军官夏斗枢溃逃来金堂福兴乡，带有百余人枪及 48 箱大烟，与解伯珩、蒋正南勾结，准备“打游击”。

金堂解放后，蒋正南收罗国民党叛军四百余人枪做骨干，并纠集大匪霸解伯珩、林育森、黄子昭等，积极密谋叛乱。1950 年 2 月 9 日蒋正南纠合了大批匪徒，发动“赵家乡叛乱”，围杀工作组，致使解放军排长李进和，工作组干部吴绍元，易礼学三人壮烈牺牲。此后，将正南率匪众流窜金字山（今赵家镇高峰村）、福兴、赵家之间，时分时聚，多时达两千匪徒，与进剿的解放军对抗，大小战斗六次，猖狂一时。3月14日，蒋正南欲与竹篙暴乱匪首贺松会合，正向竹篙方向移动途中，中国人民解放军追剿部队紧跟追击，蒋正南被击毙。因其罪大恶极，悬首示众于淮口、赵家等地，大快人心。

（二）革命烈士英名录

姓名	性别	出生年月	居住地	参加革命年月	党(团)年月	牺牲时间地点原因	牺牲时所在单位	牺牲时任何职	何机关何时批准为烈士
王德明	男	1940.3	华阳县	1959年	团员	1962年中印反击战	解放军7906部队	战士	解放军7906部队1962年12月20日
胡须全	男	1929.10	金堂县赵镇五星巷	1951.1		1953.4抗美援朝	志愿军180师538团	战士	志愿军180师政治部1953.7.16
伍绍清	男	1960.3	金堂县赵镇玉龙街	1979.1		1979.2.20 对越还击	解放军35233部队	战士	解放军35233部队1979.2.24日
江文远	男	1932	金堂县赵镇三倒拐巷	1950		1952.4抗美援朝	志愿军炮兵第10团1连	战士	志愿军47军政治部1952.8.17日
易理学	男	1932	金堂县赵镇	1950		1950年金堂县赵家乡因公	金堂县征粮队	队员	金堂县人民政府1951.3.5日
王庆松	男	1925.3	成都市	1950.1	党员	1965.8西藏宁静县因公	解放军7905部队	副营长	解放军7905部队1965.9.10日
向启万	男	1946.5	金堂县赵镇柑子市街	1965.12	1966年入团	1966.9云南省禄丰县因公	解放军8701部队	安全员	解放军8701部队1966.9.27日
叶兴元	男	1929	金堂县赵渡公社十里大队	1953.3		1953.11抗美援朝	志愿军612团3营	战士	志愿军612团政治处1953.9.27日
朱务科	男	1947	金堂县赵渡公社嘉陵大队	1966.3	团员	1966.7.17云南省因公牺牲	解放军8704部队37分队	战士	解放军8704部队1966.7.25日
刘巨彬	男	1948	金堂县赵渡公社嘉陵大队	1970.1	团员	1970.6.23陕西省周至县因公	解放军建字第851部队7中队	战士	解放军建字第851部队7中1970.7.20日
杨大明	男	1934	金堂县赵渡公社十里大队	1953.1		1953.6抗美援朝	志愿军68军204师612团	战士	金堂县人民政府1983.5.7日
马云清	男	1943	金堂县赵渡公社十里大队	1964.9		1966.1.11云南省红河地区因公	解放军昆明军区汽车22团	战士	金堂县人民政府1983.5.7日
叶耀金	男	1940.6	金堂县赵渡公社普利大队	1958.3	党员	1971.12.9西藏普兰县因公	解放军西藏阿里军分区司令部	参谋	解放军西藏阿里军分区政治部1971.12.13日
顾万水	男	1952	金堂县赵渡公社普利大队	1969.3	团员	1970.10辽宁省青源县因公	解放军3298部队工兵连	战士	军分区3298部队1970.10.4日
谭代海	男	1936.8	金堂县赵渡公社龙洞大队	1952		1957.3凉山剿匪	解放军3049支队工兵连	班长	金堂县人民政府1983.5.7日
魏荣宽	男	1928	金堂县赵渡公社先锋大队	1952.12		1953.6抗美援朝	志愿军180师538团5连	战士	志愿军180师政治部1953.8.1日
廖泽西	男	1918	金堂县赵渡公社中河大队	1950.6		1952年抗美援朝失踪	志愿军60军180师538团	战士	金堂县人民委员会1962.12.26日追认

续表

姓名	性别	出生年月	居住地	参加革命年月	党(团)年月	牺牲时间地点原因	牺牲时所在单位	牺牲时任何职	何机关何时批准为烈士
甘文玉	男	1933.4	金堂县龙威公社狮子大队	1953.3		1953.4 抗美援朝	志愿军 202 师 604 团 8 连	战士	金堂县人民政府 1983.5.7 日认定
甘文德	男	1934.	金堂县龙威公社狮子大队	1953.3		1953.4 抗美援朝	志愿军 202 师 604 团 9 连	战士	志愿军 202 师政治部 1953.10.29
王元春	男	9130.2	金堂县龙威公社庆华大队	1950.12		1952.4 黑水县剿匪	解放军 534 团 2 营 5 连	战士	金堂县人民政府 1983.5.7 日
尹贤太	男	1937.7	金堂县龙威公社明月大队	1953.3		1958.6.27 甘肃省玛曲县娘曲河战斗	解放军 0069 部队	战士	解放军 0069 部队 1958 年批准
李帮福	男	1932	金堂县龙威公社明月大队	1953.5		1953.7 抗美援朝	志愿军 62 团 10 连	战士	志愿军 62 团政治处 1953.10.29 日
杨茂林	男	1919	金堂县龙威公社明月大队	1945		1950.7 抗美援朝	志愿军 20 军 59 师 177 团 4 连	副班长	志愿军 20 军政治部 1952.5.14 日
庄世文	男	1946.10	金堂县龙威公社柳塘大队	1966.3	1967.9 追认为党员	1967.9.11 中国边界战斗	解放军 7886 部队	战士	解放军 7886 部队 1967。10.10 日
廖兴龙	男	1955.5	金堂县龙威公社莱坝大队	1974.1	1973.12 入团	1977.7.10 新疆乌鲁木齐因公	解放军 56158 部队	战士	解放军 56158 部队 1977.8.5 日
彭寿泽	男	1928.6	金堂县安乐公社三沿大队	1951.6		1952.3 抗美援朝	志愿军 12 军 35 师担架营 4 连	战士	志愿军 12 军政治部 1952.4.8 日
税文魁	男	1929	金堂县杨柳公社文武大队	1951.6		1952.7 抗美援朝	志愿军 38 军 114 师 342 团 12 连	战士	金堂县人民政府 1983.5.7 日认定
王作泽	男	1930.12	金堂县杨柳公社文武大队	1952.3		1953.7 抗美援朝	志愿军 68 军 202 师 606 团	战士	志愿军 202 师政治部 1953.11.18 批准
刘运祝	男	1928	金堂县杨柳公社前进大队	1948		1950.12 抗美援朝	志愿军 38 军 114 师 342 团	战士	金堂县人民政府 1983.5.7 日认定
吴绪成	男	1929	金堂县杨柳公社前进大队	1950.6	1952 入团	1953.73 抗美援朝	志愿军 60 军 179 师 537 团 5 连	副班长	志愿军 60 军政治部 1953.11.7 日批准
万天水	男	1942.5	金堂县杨柳公社三合大队	1966.3		1966.3.21 云南省禄丰县因公	解放军 8701 部队	战士	解放军 8701 部队 1966.3.27 日批准
徐世云	男	1930	金堂县杨柳公社米家巷大队	1950 年		1951 年在抗美援朝失踪	志愿军 12 军 31 师 91 团 8 连	战士	金堂县人民委员会 1962.10.25 日追认
徐泽云	男	1930.11	金堂县杨柳公社胡家沱大队	1952.6		1953 年抗美援朝	志愿军 38 军 114 师 341 团 12 连	战士	志愿军 114 师政治部 1953.8.5 日批准
谢瑞才	男	1934.5	金堂县清江公社齐心大队	1953.3		1953.7 抗美援朝	志愿军 204 师 611 团 3 连	战士	志愿军 204 师政治部 1953.11.7 日批准
陈家林	男	1932.2	金堂县清江公社齐心大队	1953.2		1953.7.13 抗美援朝	志愿军 68 军 204 师 610 团 2 营 3 连	战士	金堂县人民政府 1983.5.7 日认定
朱帮富	男	1956	金堂县清江公社一心大队	1966.3		1969.8.10 达县因公	解放军 5831 部队	班长	解放军 5831 部队 1969.9.16 批日准
邓耀先	男	1927.8	金堂县清江公社一心大队	1949		1951.1 抗美援朝	志愿军 68 军 204 师 610 团	战士	金堂县人民政府 1983.5.7 日认定
陈崇富	男	1931	金堂县清江公社觉华大队	1951.7		1952.10.13 抗美援朝	志愿军 12 军 35 师 105 团 2 营 5 连	战士	志愿军 12 军政治部 1953.5.7 日批准

续表

姓名	性别	出生年月	居住地	参加革命年月	党(团)年月	牺牲时间地点原因	牺牲时所在单位	牺牲时任何职	何机关何时批准为烈士
彭传书	男	1931.9	金堂县清江公社觉华大队	1951.1		1953.4 抗美援朝	志愿军68军202师606团	战士	金堂县人民政府1983.5.7日认定
廖先银	男	1940.1	金堂县清江公社金星大队	1958.1		1958.6 甘孜剿匪战斗	解放军0069部队	战士	金堂县人民政府1983.5.7日认定
吴大荣	男	1926	金堂县清江公社荣丰大队	1949		1950.4.19 海南岛战斗	解放军40军120师358团	战士	解放军40军政治部1950.5.17日批准
阳建华	男	1958	金堂县云绣公社花家坪大队	1979.1	1976.8入团	1979.2.17 对越自卫还击战	解放军35236部队72分队	战士	解放军35236部队1979.3.25日批准
张开水	男	1929.3	金堂县云绣公社瓦堰大队	1950年		1952年抗美援朝	志愿军38军114师340团	排长	金堂县人民政府1983.5.7日认定
向国荣	男	1932.11	金堂县云绣公社瓦堰大队	1950.5	党员	1953.7.15 抗美援朝	志愿军60军179师536团1营2连	战士	志愿军60军政治部1953.11.21日批准
庄华兴	男	1929.3	金堂县云绣公社永乐大队	1950年		1953.11 抗美援朝	志愿军38军114师340团	排长	金堂县人民政府1983.5.7日认定
李意兴	男	1931	金堂县云绣公社永乐大队	1949.12		1952.7 抗美援朝	志愿军24军71师212团5连	副班长	志愿军24军政治部1952.12.8日批准
何吉祥	男	1926	金堂县云绣公社喜鹊大队	1951.6		1952.10.14 抗美援朝	志愿军38军112师336团3营9连	战士	志愿军112师政治部1952.12.12日批准
刘耀廷	男	1932.8	金堂县云绣公社喜鹊大队	1949		1950年新都县木兰乡剿匪战斗	解放军新都县县大队	战士	新都县人民政府1950.5.3日批准
邱庆扬	男	1935.1	金堂县云绣公社爱国大队	1952.1		1952.6 抗美援朝	志愿军12军35师105团3连	战士	志愿军35师政治部1952.10.14日批准
李宗和	男	9132	金堂县云绣公社爱国大队	1953.5		1953.6 抗美援朝	志愿军68军202师606团	战士	志愿军68军政治部1954.2.25日批准
叶元森	男	1929	金堂县三星公社来宝沱大队	1950.12	1953入团	1954.7.1 茂县剿匪战斗	解放军公安内卫20团1营2连	战士	解放军公安内卫20团政治处1954.8.3日批准
吴瑞荣	男	1936.3	金堂县三星公社和平大队	1956.11		1958.5.12 西藏日喀则剿匪战斗	解放军18军54师160团	副班长	金堂县人民政府1983.5.7日认定
周正荣	男	1925	金堂县三星公社横梁子大队	1951.11		1952.8 抗美援朝失踪	志愿军60军180师	战士	金堂县人民委员会1962.12.18日追认
张宝均	男	1934.6	金堂县三星公社幸福大队	1956.3	1957.1入党	1963.11.26 西藏剿匪战斗	解放军7903部队3分队	排长	解放军7903部队1964.1.18日批准
邹昌荣	男	1950.7	金堂县三星公社快乐大队	1971.1		1971.9.5 湖北光华县因公	解放军8662部队	战士	解放军8662部队1971.9.16日批准
孟国发	男	1929.5	金堂县三星公社快乐大队	1950.12	1953.3入团	1954.7 黑水县剿匪战斗	解放军公安内卫20团警卫通讯连	战士	解放军公安内卫20团政治处1955.3.15日批准
谢时保	男	1930.7	金堂县三星公社快乐大队	1950.12		1953.5 抗美援朝	志愿军60军180师538团	战士	志愿军60军政治部1953.12.23日批准
沈为仕	男	1934.7	金堂县官仓公社新安大队	1950.10		1953.2 抗美援朝	志愿军60军179师536团	战士	志愿军179师政治部1953.8.17日批准
代国顺	男	1933.11	金堂县官仓公社新安大队	1953.2		1953.7 抗美援朝	志愿军	战士	解放军济南军区司令部1957.10.4日批准

续表

姓名	性别	出生年月	居住地	参加革命年月	党(团)年月	牺牲时间地点原因	牺牲时所在单位	牺牲时任何职	何机关何时批准为烈士
刘汉伦	男	1928.3	金堂县官仓公社白马泉大队	1950.1		1952.9 抗美援朝	志愿军 38 军 114 师	战士	金堂县人民政府 1983.5.7 日认定
兰金模	男	1925.8	金堂县官仓公社爪龙溪大队	1951.7		1951.8 抗美援朝	志愿军 12 军 31 师 92 团担架连	战士	金堂县人民政府 1983.5.7 日认定
吴成德	男	1935.	金堂县官仓公社凤凰大队	1956.1		1959 西藏日喀则 2 号地区剿匪战斗	解放军 54 师 160 团 3 营 7 连	战士	金堂县人民政府 1983.5.7 日认定
吴上海	男	1922.9	金堂县官仓公社凤凰大队	1949.11		1953.4 抗美援朝	志愿军 47 军 139 师 417 团	战士	金堂县人民政府 1983.5.7 日认定
叶明聪	男	1928.9	金堂县官仓公社凤凰大队	1950.1		1953.10 抗美援朝	志愿军炮兵第 10 团 9 连	战士	金堂县人民政府 1983.5.7 日认定
陈发明	男	1948.4	金堂县官仓公社凤凰大队	1970.1	团员	1972.3.17 陕西省周至县因公	解放军建字 851 部队	战士	解放军建字 851 部队 1972.3.22 日批准
叶清述	男	1927.12	金堂县官仓公社莲花大队	1950.12		1953 年抗美援朝	志愿军 60 军 179 师 536 团 3 连	战士	金堂县人民政府 1983.5.7 日认定
吴同照	男	1938	金堂县官仓公社莲花大队	1955.1		1959.7 阿坝剿匪战斗	阿坝县民警中队	战士	金堂县人民政府 1983.5.7 日认定
叶远富	男	1930.4	金堂县官仓公社莲花大队	1950.12		1953.1 抗美援朝	志愿军炮兵 10 团指挥连	战士	志愿军 47 军政治部 1953.2.25 日批准
吴平顺	男	1942.1	金堂县官仓公社莲花大队	1966.2	党员	1970.4.8 日梁平县因公	解放军 5757 部队 17 中队 62 小队	班长	解放军 5757 部队 1970.4.9 日批准
吴方明	男	1929.12	金堂县官仓公社莲花大队	1950.5		1953.3 抗美援朝	志愿军 60 军 180 师 538 团	战士	志愿军 60 军政治部 1954.10.25 日批准
易大培	男	1932.5	金堂县官仓公社冯家林大队	1951.11		1952.11 抗美援朝	志愿军 31 师 92 团 3 营 8 连	战士	志愿军 31 师政治部 1953.2.12 日批准
林思元	男	1930.1	金堂县官仓公社将军大队	1950.12		1953 年抗美援朝	志愿军 12 军警卫连	战士	志愿军 12 军政治部 1953.8.7 日 批准
张太仁	男	1922	金堂县官仓安家大队公社	1950.11		1952.4 抗美援朝失踪	志愿军 60 军 180 师 538 团	战士	金堂县人民委员会 1962.12.17 日追认
廖孝动	男	1935	金堂县栖贤公社高涧大队	1953.3		1953.7 抗美援朝	志愿军 68 军 202 师 604 团	战士	金堂县人民政府 1983.5.7 日认定
张传亮	男	1932.5	金堂县栖贤公社高涧大队	1953.3		1953.7.13 抗美援朝	志愿军 68 军 204 师 611 团 5 连	战士	志愿军 68 军 204 师政治部 1953.11.7 日批准
肖先元	男	1927.9	金堂县栖贤公社向前大队	1953.3	团员	1953.6.26 抗美援朝	志愿军 68 军 202 师 604 团 7 连	战士	志愿军 68 军政治部 1954.3.14 日 批准
易佑昌	男	1958.9	金堂县盐井公社海棠大队	1978.11		1979.3.3 对越自卫还击战	解放军 35235 部队 73 分队	战士	解放军 35235 部队 1979.3.26 日批准
易胜清	男	1942.2	金堂县盐井公社三岔大队	1965.3	1967 入党	1969.5.15 德昌县因公	解放军 8775 部队 27 分队	副班长	解放军 8775 部队 1969.5.25 批准
刘显富	男	1927.2	金堂县悦来公社华兴大队	1951.8		1954.7.7 马边县因公	解放军公安内卫 19 团 1 营 3 连	战士	解放军公安内卫 19 团政治处 1954.7.25 批准
刘继清	男	1924.9	金堂县悦来公社光荣大队	1953.3		1953.7 抗美援朝失踪	志愿军 204 师 611 团 3 营 7 连	战士	金堂县人民政府 1962.10.26 日追认

续表

姓名	性别	出生年月	居住地	参加革命年月	党(团)年月	牺牲时间地点原因	牺牲时所在单位	牺牲时任何职	何机关何时批准为烈士
李顺荣	男	1932	金堂县淮口镇	1951.10		1953年抗美援朝	志愿军65军194师	战士	志愿军194师政治部1954.3.4日批准
肖　昌	男	1935	金堂县淮口镇	1959年	党员	1977.8西藏因公	解放军西藏军区后勤部运输处	助理员	解放军西藏军区后勤部1977.10.20日批准
周文相	男	1934.5	金堂县淮口镇2段	1951.2		1959.5云南省林南县剿匪战斗	云南省地质局	卫生员	金堂县人民政府1983.5.7认定
易洪友	男	1941	金堂县淮口公社姜棚大队	1961.2		1979.2 新津县因公	解放军西藏军区总医院	技师	解放军西藏军区总医院1979.11.3日批准
刘述文	男	1932	金堂县淮口公社龚家大队	1952.1		1952.3抗美援朝	志愿军12军31师	战士	志愿军12军31师政治部1952.9.25日批准
张传如	男	1934	金堂县淮口公社龚家大队	1951.1	1964.6入党	1965.9.1黑龙江省丹江市因公	解放军3030部队	教导员	金堂县人民政府1983.5.7认定
段希平	男	1930	金堂县淮口公社玉岭大队	1951.1		1953.6抗美援朝	志愿军38军113师337团	战士	金堂县人民政府1983.5.7认定
刘玉希	男	1934	金堂县淮口公社胜利大队	1951.7		1952.10抗美援朝	志愿军31师92团4连	战士	志愿军31师政治部1952.12.27日批准
覃廷勋	男	1943.10	金堂县淮口公社万福大队	1963.3	党员	1966.12.27西藏吉隆县因公	解放军7896部队	班长	解放军7896部队1967.2.27日批准
梨可荣	男	1926.7	金堂县淮口公社姜棚大队	1950.12		1951.3懋功县剿匪战斗	解放军534团1营2连	战士	解放军534团政治处1951.11.8日批准
雷年坤	男	1928.4	金堂县同兴公社望江大队	1950.12		1953年抗美援朝	志愿军12军35师105团	战士	金堂县人民政府1983.5.7认定
邓世伦	男	1927	金堂县同兴公社望江大队	1951.8		1952.10抗美援朝	志愿军0055部队3排	战士	金堂县人民政府1953.11.13日颁发的“革命牺牲军人家属光荣纪念证”
李增全	男	1937.2	金堂县同兴公社望江大队	1955.1		1956.1西藏扎木中心县剿匪战斗	解放军西藏军区人力运输团警卫连	战士	金堂县人民政府1983.5.7认定
孙足先	男	1929.8	金堂县同兴公社下坝大队	1950.2		1952年抗美援朝	志愿军60军179师537团	战士	金堂县人民政府1983.5.7认定
尹贤建	男	1929.6	金堂县同兴公社州城大队	1953.1		1953.6抗美援朝	志愿军60军180师	战士	金堂县人民政府1983.5.7认定
蒋才金	男	1927.4	金堂县同兴公社州城大队	1949		1949.9湖北省麻城战斗	解放军13军37团	战士	解放军西南军区政治部1951.12.5日批准
李泽炳	男	1934.3	金堂县同兴公社同兴大队	1950.12		1951.7.15抗美援朝	志愿军60军180师538团通讯连	战士	志愿军180师政治部1952.1.30日批准
张兴盛	男	1932.6	金堂县同兴公社东映大队	1953.3		1953.7抗美援朝	志愿军68军204师611团7连	战士	志愿军68军政治部1953.11.7日批准
龙贤坤	男	1932	金堂县同兴公社五星桥大队	1950.11		1953.5.14抗美援朝	志愿军60军180师538团担架连	班长	志愿军180师政治部1953.12.23日批准
卓天富	男	1931.6	金堂县黄家公社七根大队	1951.7		1952.6抗美援朝	志愿军31师91团2营4连	战士	志愿军31师政治部1952.7.8日批准

续表

姓名	性别	出生年月	居住地	参加革命年月	党(团)年月	牺牲时间地点原因	牺牲时所在单位	牺牲时任何职	何机关何时批准为烈士
温成银	男	1938.7	金堂县黄家公社七根大队	1956.3		1959.4.28 西藏剿匪战斗	解放军 0264 部队	副班长	金堂县人民政府 1983.5.7 认定
陈育禄	男	1940.8	金堂县黄家公社明星大队	1960.3		1962.2 中印边界自卫反击战	解放军 4651 部队侦察连	战士	金堂县人民政府 1983.5.7 认定
陈云龙	男	1932.1	金堂县黄家公社明星大队	1949.4		1950.12 抗美援朝	志愿军 58 师 172 团卫生连	战士	解放军 58 师政治部 1956.3.5 日批准
李良贵	男	1936.7	金堂县黄家公社明星大队	1956.3	1956.7 入党	1958.5.30 理塘县平叛	解放军 0264 部队 2 小队	副班长	解放军 0264 部队 1958.7.4 日批准
张忠茂	男	1932.6	金堂县黄家公社七根大队	1951.7		1952.11.5 抗美援朝	志愿军 31 师 91 团 2 营 6 连	战士	志愿军 31 师政治部 1953.2.15 日批准
郭一松	男	1929.9	金堂县黄家公社长沟大队	1949		1950.6 山东省莱芜县剿匪	解放军第二野战军步兵连	战士	金堂县人民政府 1983.5.7 认定
张顺高	男	1932.5	金堂县黄家公社长沟大队	1951.2		1952.8 抗美援朝	志愿军 12 军 31 师 91 团 8 连	战士	金堂县人民政府 1953.11.13 日颁发的“革命牺牲军人家属光荣纪念证”
陈福先	男	1945.3	金堂县黄家公社长沟大队	1965.1	党员	1977.9.19 北京因硅肺病病故	解放军 89353 部队	副班长	解放军 89353 部队 1978.12.9 日批准
郭一才	男	1933.8	金堂县黄家公社柏林大队	1956.2		1959.9 西藏德格县剿匪战斗	解放军 0264 部队 6 连	战士	金堂县人民政府 1983.5.7 日认定
张家国	男	1950.8	金堂县黄家公社柏林大队	1973.1		1973.2.6 鑪霍县因公	解放军鑪霍县中队	战士	解放军康定军分区政治部 1973.12.29 日批准
薛和兵	男	1938.5	金堂县黄家公社八一大队	1956.3		1959.4.28 西藏昌都平叛	解放军 0264 部队	战士	解放军 0264 部队 1959.5.13 日批准
张远清	男	1932.5	金堂县建设公社红岩大队	1951.7		1952.11.14 抗美援朝	志愿军 12 军 31 师 92 团 2 营 4 连	战士	志愿军 12 军 31 师政治部 1952.12.22 日批准
周远清	男	1949.3	金堂县建设公社粮丰大队	1971.1	1971.9 入团	1973.2.6 鑪霍县因公	解放军鑪霍县中队	卫生员	解放军康定军分区政治部 1973.12.29 日批准
代仁通	男	1932	金堂县建设公社新丰大队	1950.6		1952.4 抗美援朝	志愿军 24 军 71 师 212 团	战士	金堂县人民政府 1983.5.7 日认定
赖国通	男	1926	金堂县建设公社金龙桥大队	1949		1952 年抗美援朝	志愿军 12 军 35 师	战士	金堂县人民政府 1983.5.7 日认定
伍开福	男	1928.4	金堂县建设公社一根松大队	1950.12		1952.2 茂汶县剿匪战斗	解放军绵阳军分区	战士	金堂县人民政府 1983.5.7 日认定
苏新华	男	1936	金堂县建设公社新建大队	1953.3		1953.6 抗美援朝	志愿军 68 军 202 师 604 团 8 连	战士	金堂县人民政府 1983.5.7 日认定
马大江	男	1933	金堂县建设公社红光大队	1950.11	团员	1953.5 抗美援朝	志愿军 60 军 180 师 538 团通讯连	步话员	志愿军 180 师政治部 1953.5.26 日批准
彭才品	男	1937	金堂县建设公社红光大队	1953.1		1953.5 抗美援朝	志愿军 68 军 203 师 608 团 7 连	战士	志愿军 68 军政治部 1953.9.21 日批准
樊兴伦	男	1945.9	金堂县建设公社建设大队	1966.3	党员	1969.8.7 兰州市因公	解放军 8318 部队	班长	解放军 8318 部队 1969.8.9 日批准

续表

姓名	性别	出生年月	居住地	参加革命年月	党(团)年月	牺牲时间地点原因	牺牲时所在单位	牺牲时任何职	何机关何时批准为烈士
吴登庸	男	1932.5	金堂县白果公社光辉大队	1950.10		1952.4 黑水县剿匪战斗	解放军绵阳军分区侦察连	战士	金堂县人民政府 1983.5.7 日认定
周保华	男	1925.5	金堂县白果公社光辉大队	1950.11		1952.6.16 抗美援朝	志愿军 60 军 180 师 538 团担架连	战士	志愿军 538 团政治处 1952.7.7 日批准
毛发金	男	1934.6	金堂县白果公社满缸浅大队	1950.2		1950.4 抗美援朝	志愿军 179 师 537 团 2 营 4 连	战士	金堂县人民政府 1983.5.7 日认定
曹乐连	男	1932.4	金堂县白果公社水口大队	1950.1		1952.4 黑水县剿匪战斗	解放军黑水县警卫连	战士	金堂县人民政府 1983.5.7 日认定
代义道	男	1931.7	金堂县白果公社代家坝大队	1950.10		1951.1 西藏失踪	解放军绵阳军分区独立 4 团 2 连	战士	金堂县人民委员会 1962.12.29 日追认
李帮富	男	1929.8	金堂县白果公社石燕大队	1950.1	党员	1953.3 抗美援朝失踪	志愿军 60 军 179 师 537 团	战士	金堂县人民委员会 1962.12.29 日追认
曹国发	男	1926.11	金堂县白果公社朝阳大队	1950		1951 抗美援朝失踪	志愿军 193 师 578 团	战士	金堂县人民委员会 1962.11.5 追认
杨备雍	男	1929.4	金堂县五凤镇玉凤街	1950.2	党员	1953.2 抗美援朝	志愿军 60 军 180 师 538 团担架连	班长	志愿军 60 军政治部 1953.9.18 日批准
谢朝松	男	1932	金堂县五凤公社白术大队	1951.1		1952.5 抗美援朝	志愿军 180 师 538 团	战士	金堂县人民政府 1983.5.7 日认定
肖战银	男	1959.4	金堂县五凤公社上游大队	1978.4	1978.8 入团	1978.8.19 永川县因公	解放军 59998 部队	战士	解放军 59998 部队 1978.9.18 日批准
刘述光	男	1930.10	金堂县五凤公社红花大队	1953.3		1953.7 抗美援朝	志愿军 203 师 608 团警卫连	战士	志愿军 203 师政治部 1953.12.7 日批准
刘伦双	男	1931.7	金堂县五凤公社白术大队	1953.3		1963.11.26 西藏剿匪战斗	解放军 7903 部队	战士	解放军 7903 部队 1963.12.14 日批准
陈友华	男	1921.6	金堂县五凤公社白术大队	1952.1		1953.3 抗美援朝	志愿军 20 军 58 师 173 团 3 营	战士	志愿军 20 军政治部 1953.7.9 日批准
杨祖金	男	1952.4	金堂县五凤公社高丰大队	1971.1		1975.6.28 甘孜因公	解放军甘孜县县中队	副班长	解放军甘孜军分区 1975.8.14 日批准
王精一	男	1930.12	金堂县五凤公社史家沟大队	1950.12		1951.3 小金县剿匪战斗	解放军 534 团 4 连	战士	解放军 534 团政治处 1951.7.18 日批准
唐仕恩	男	1932.11	金堂县高板公社高观大队	1951.1		1951.9 抗美援朝	志愿军炮兵第 10 团	战士	金堂县人民政府 1983.5.7 日认定
沈传保	男	1928.4	金堂县高板公社风水树大队	1952.1		1953 年抗美援朝	志愿军 68 军 202 师 606 团	战士	金堂县人民政府 1983.5.7 日认定
沈传光	男	1943.2	金堂县高板公社青龙大队	1965.4	党员	1969.4 云南省永仁县因公	解放军 8703 部队	战士	解放军 8703 部队 1969.8.27 日批准
陈胜广	男	1930.4	金堂县高板公社青龙大队	1950.12		1950.12.12 抗美援朝	志愿军炮兵第 10 团后勤处	战士	志愿军 47 军政治部 1952.12.18 日批准
刘树云	男	1929.12	金堂县高板公社天堂大队	1950.10		1952.9.1 抗美援朝	志愿军炮兵第 10 团指挥连	战士	志愿军 47 军政治部 1951.11.4 日批准
王国志	男	1928.9	金堂县高板公社天堂大队	1950.11		1951.9.1 抗美援朝	志愿军炮兵第 10 团警卫排	战士	志愿军 47 军政治部 1951.11.4 日批准

续表

姓名	性别	出生年月	居住地	参加革命年月	党(团)年月	牺牲时间地点原因	牺牲时所在单位	牺牲时任何职	何机关何时批准为烈士
张昌发	男	1923.3	金堂县高板公社高石大队	1949		1951年甘肃剿匪战斗	解放军54军161师	连长	解放军54师政治部1951.10.17日批准
陈泽昌	男	1929.2	金堂县高板公社红旗大队	1953.2	1952.10入团	1953.7.14 抗美援朝	志愿军608团3机连	战士	志愿军608团政治处1953.10月批准
唐中元	男	1927.1	金堂县高板公社高桥大队	1953年	1952入团	1953.6抗美援朝	志愿军108师540团	话务员	志愿军60军政治部1953.7.9日批准
张昌丰	男	1925.5	金堂县石龙公社东岳大队	1950.6		1951.6抗美援朝	志愿军12军35师105团	战士	金堂县人民政府1953年颁发《革命牺牲军人家属光荣纪念证》
钟正乾	男	1931.2	金堂县石龙公社水堆大队	1953.2		1953.6.28 抗美援朝	志愿军202师606团2连	战士	志愿军202师政治部1954.2.25日批准
陈远华	男	1945.3	金堂县石龙公社水堆大队	1965.3	团员	1966.5.16峨边县因公	解放军7775部队84分队	战士	解放军7775部队1966.8.19日批准
吴绍元	男	1930.4	金堂县清明公社古堰大队	1949年		1951.12金堂县征粮工作中	金堂县征粮工作队	队员	金堂县人民政府1983.5.7日认定
贺明富	男	1911.9	金堂县清明公社古堰大队	1946年		1947年湖北省龙山县战斗	解放军164师491团1营1连	战士	解放军164师政治部1948.5.14日批准
粟光富	男	1954.6	金堂县清明公社普桥大队	1973.1	1974.1入党	1977.5新疆吐鲁番因公	解放军新疆军区独立2团2营	战士	解放军新疆军区独立2团1977.6.15日批准
朱海贵	男	1920.8	金堂县清明公社高庙大队	1949年		1951.2抗美援朝	志愿军39军116师347团5连	战士	志愿军116师政治部1951.5.23日批准
滕向国	男	1932.	金堂县清明公社迴龙大队	1950.3	1950入团	1950.10抗美援朝	志愿军118师353团4连	战士	志愿军118师政治部1951.3.4日批准
袁兴儒	男	1948.3	金堂县平桥公社七梁大队	1966.3	追认为党员	1967.9.11中锡边界因战	解放军7886部队	战士	解放军7886部队1967.10.10日批准
邓忠刚	男	1931.	金堂县平桥公社大田大队	1948年		1951.5抗美援朝	志愿军60军180师538团	战士	金堂县人民政府1983.5.7日认定
刘吉木	男	1930.6	金堂县平桥公社雨旺大队	1950.5		1950.8 金堂县因公	解放军金堂县警卫营2连	战士	金堂县人民政府1983.5.7日认定
余贤怀	男	1933.2	金堂县平桥公社绣阳大队	1955.4		1959年西藏日喀则剿匪战斗	解放军53师158团	战士	金堂县人民政府1983.5.7日认定
胡志军	男	1933.2	金堂县平桥公社雨旺大队	1951.3	党员	1961.3 大邑县因公	大邑县刑警队	小队长	大邑县人民委员会1961.5月批准
文全信	男	1933.4	金堂县平桥公社雨旺大队	1956.3	团员	1960.1.15西藏纳金电站因公	解放军西藏军区工程兵机械营2连	战士	解放军西藏军区政治部1960.2.1批准
蒋万详	男	1944	金堂县平桥公社双堰大队	1964.8	团员	1965.4.23贵州省江西桥因公	解放军汽车22团7连	战士	解放军汽车22团1969.3.31日批准
王才发	男	1927.	金堂县三合公社花石大队	1950.10		1951.10抗美援朝	志愿军60军180师538团	战士	金堂县人民政府1983.5.7日认定
陈光玉	男	1929.5	金堂县三合公社瓦盖墙大队	1951.1		1953.7抗美援朝	志愿军12军31师91团	战士	金堂县人民政府1983.5.7日认定
夏高魁	男	1934.5	金堂县三合公社高河大队	1953.3		1953.7.24 抗美援朝	志愿军203师608团8连	战士	志愿军608团政治处1953.10.9日批准

续表

姓名	性别	出生年月	居住地	参加革命年月	党(团)年月	牺牲时间地点原因	牺牲时所在单位	牺牲时任何职	何机关何时批准为烈士
曾朝杰	男	1937.	金堂县三合公社四方井大队	1956.3		1957.9 新龙县平叛	解放军 0264 部队	战士	解放军 0264 部队 1958.4.15 日批准
孔凡学	男	1937.3	金堂县三合公社崇岭大队	1956.3	团员	1958.7.29 鑪霍县因公	解放军 0264 部队	战士	解放军成都军区司令部 1958.8.18 日批准
唐天贵	男	1941	金堂县三合公社治理大队	1963.3	团员	1964.5.19 西藏击龙县剿匪战斗	解放军 7093 部队	战士	解放军 7093 部队 1964.6.15 日批准
陈时益	男	1921.3	金堂县三合公社	1949 年	党员	1951 年广西剿匪战斗	解放军 146 师 437 团机枪连	副连长	解放军 146 师政治部 1951.11.12 日批准
张润明	男	1932.7	金堂县玉河公社河安大队	1950.4		1951.5 抗美援朝	志愿军 47 军炮兵第 10 团 2 营	战士	志愿军 47 军政治部 1951.7.24 日批准
谢阶寿	男	1933.11	金堂县玉河公社柏林湾大队	1953.2		1953.3 抗美援朝	志愿军 68 军 203 师 608 团	战士	志愿军 68 军 203 师政治部队 1953.11.13 日批准
唐中下	男	1932.4	金堂县玉河公社河安大队	1953.2		1953.7 抗美援朝	志愿军 68 军 203 师 608 团	战士	志愿军 68 军 203 师政治部队 1953.11.5 日批准
黄步文	男	1928.3	金堂县玉河公社河安大队	1951.5		1953.1 抗美援朝失踪	志愿军 60 军 180 师 538 团	战士	金堂县人民委员会 1962.11.1 日追认
张玉林	男	1948.	金堂县玉河公社小米塘大队	1968.3		1969.4 河北省保定市因公	解放军 4886 部队	战士	解放军 38 军政治部 1969.5.3 日批准
万福才	男	1939.6	金堂县玉河公社小米塘大队	1962.3		1964.8 新疆因公	解放军 7988 部队	驾驶员	解放军 7988 部队 1964.8.27 日批准
黄扬风	男	1929.11	金堂县玉河公社八角亭大队	1953.2		1953.7 抗美援朝	志愿军 68 军 203 师 608 团	副班长	志愿军 68 军政治部 1953.8.24 日批准
黄祖贵	男	1931.3	金堂县玉河公社鸿发大队	1953.2		1953.7.12 日抗美援朝	志愿军 68 军 203 团 608 团警卫连	战士	志愿军 68 军 203 师 608 团政治处 1953.10.12 日批准
黄祖奇	男	1953.7	金堂县玉河公社鸿发大队	1971.1	1974 入党	1975.12.8 德格县因公	解放军德格县县中队	副班长	解放军甘孜军分区政治部 1976.1.8 日批准
罗坤林	男	1927.6	金堂县玉河公社观屋大队	1950.2		1951.8 抗美援朝	志愿军炮兵第 10 团 2 营 5 连	战士	金堂县人民政府 1953 年颁发“革命牺牲军人家属光荣纪念证”
黄发喜	男	1935.11	金堂县玉河公社水磨河大队	1956.3		1962.9 中印边境自卫反击战	解放军 2890 部队 206 分队	副班长	解放军西藏军区政治部 1962.9.26 日批准
易礼孝	男	1933.3	金堂县福兴公社积善大队	1951.3		1953.5 抗美援朝	志愿军 60 军 180 师 538 团 1 连	战士	志愿军 538 团政治处 1953.5.15 日批准
江寿全	男	1925.	金堂县福兴公社积善大队	1948	1950.1 入党	1953.5 河南省剿匪战斗	解放军西北军区骑兵 2 团	排长	解放军西北军区骑兵 2 团政治处 1953.9.1 日批准
黄木林	男	1954.1	金堂县福兴公社延岭大队	1975.1		1977.4.10 陕西省渭南县因公	解放军 415 团 1 炮连	班长	解放军 415 团政治处 1977.4.20 日 批准
李国鹏	男	1931	金堂县福兴公社延岭大队	1951.5		1952 年抗美援朝	志愿军	战士	金堂县人民政府 1983.5.7 日认定
王道君	男	1930.6	金堂县福兴公社延岭大队	1950.10	党员	1953.6.15 抗美援朝	志愿军 179 师 536 团 2 营 4 连	副班长	志愿军 536 团政治处 1953.8.19 日批准
唐为简	男	1945.1	金堂县福兴公社卧龙大队	1966.3		1966.7.7 西藏隆子县因公	解放军 8701 部队	战士	解放军 8701 部队 1966.7.8 日批准

续表

姓名	性别	出生年月	居住地	参加革命年月	党(团)年月	牺牲时间地点原因	牺牲时所在单位	牺牲时任何职	何机关何时批准为烈士
胡昌顺	男	1922	金堂县福兴公社卧龙大队	1949年		1952.10抗美援朝	志愿军60军179师536团	战士	金堂县人民政府1983.5.7日认定
肖昌明	男	1930.2	金堂县福兴公社卧龙大队	1951.2		1952.11抗美援朝	志愿军12军35师	战士	金堂县人民政府1983.5.7日认定
胡清长	男	1934	金堂县福兴公社卧龙大队	1951.6		1953.2抗美援朝	志愿军	战士	金堂县人民政府1983.5.7日认定
唐德仁	男	1930.8	金堂县福兴公社卧龙大队	1951.5		1953.2抗美援朝	志愿军	副班长	金堂县人民政府1983.5.7日认定
张洪顺	男	1927.6	金堂县福兴公社卧龙大队	1951.5		1952.6.15抗美援朝	志愿军12军31师92团	战士	金堂县人民政府1983.5.7日认定
吴云安	男	1931	金堂县福兴公社园觉大队	1951.1		1952.3抗美援朝	志愿军12军35师105团	战士	金堂县人民政府1983.5.7日认定
杨华光	男	1933.9	金堂县福兴公社八田大队	1952.2		1952.5.1抗美援朝	志愿军60军179师536团	战士	金堂县人民政府1983.5.7日认定
周文明	男	1930.	金堂县福兴公社八田大队	1950.1		1951.5.17抗美援朝	志愿军108师炮兵连	班长	金堂县人民政府1983.5.7日认定
涂友仁	男	1928.5	金堂县福兴公社伏牛大队	1951.5		1952.6.17抗美援朝	志愿军12军35师105团	战士	金堂县人民政府1983.5.7日认定
唐朝坤	男	1929.6	金堂县福兴公社菱角大队	1953.6		1953.6抗美援朝	志愿军12军35师	战士	金堂县人民政府1983.5.7日认定
陈光辉	男	1928	金堂县福兴公社长堰大队	1951.5		1952.10抗美援朝	志愿军60军179师536团	战士	金堂县人民政府1983.5.7日认定
夏国方	男	1939	金堂县赵家公社金山大队	1958.1		1958.7青海省马区县剿匪战斗	解放军0069部队2分队	战士	金堂县人民政府1983.5.7日认定
江文元	男	1926.4	金堂县赵家公社火箭大队	1951.7		1952.6抗美援朝	志愿军31师91团1营	战士	志愿军31师政治部1952.8.29日批准
唐忠云	男	1929.8	金堂县赵家公社双槐大队	1951.7		1952.11抗美援朝	志愿军31师92团4连	战士	志愿军31师政治部1952.12.21日批准
吴昌荣	男	1928.	金堂县赵家公社双槐大队	1950		1950.12抗美援朝	志愿军60军179师536团	战士	金堂县人民政府1983.5.7日认定
罗远跃	男	1929.6	金堂县赵家公社朝红大队	1953.1		1953.6抗美援朝	志愿军68军203师608团2营	战士	金堂县人民政府1983.5.7日认定
高宗品	男	1926.5	金堂县赵家公社红星大队	1949.12		1953.7.10抗美援朝	志愿军60军179师535团	战士	金堂县人民政府1983.5.7日认定
张克如	男	1932.11	金堂县赵家公社红星大队	1951.5		1952.3抗美援朝	志愿军31师92团2营6连	战士	志愿军31师92团政治处1952.5.10日批准
刘文友	男	1928	金堂县赵家公社红星大队	1949		1951年抗美援朝	志愿军60军179师536团	战士	金堂县人民政府1983.5.7日认定
张家金	男	1929	金堂县赵家公社巨龙大队	1950		1952抗美援朝	志愿军12军35师105团	战士	金堂县人民政府1983.5.7日认定
兰泽江	男	1926.3	金堂县长乐公社三合碑大队	1950.1		1951.10抗美援朝	志愿军	战士	金堂县人民政府1983.5.7日认定

续表

姓名	性别	出生年月	居住地	参加革命年月	党(团)年月	牺牲时间地点原因	牺牲时所在单位	牺牲时任何职	何机关何时批准为烈士
向方生	男	1926	金堂县长乐公社东风大队	1949		1953.6抗美援朝	志愿军42军126师	战士	金堂县人民政府1983.5.7日认定
张国荣	男	1937.4	金堂县长乐公社山王大队	1956.3		1962.3 二郎山因公	解放军西藏军区后勤部制药厂	战士	金堂县人民政府1983.5.7日认定
王道近	男	1928.5	金堂县长乐公社山王大队	1950.1		1952.10抗美援朝	志愿军60军179师537团	战士	金堂县人民政府1983.5.7日认定
卿尙文	男	1928.5	金堂县长乐公社独柏大队	1951.5		1953.3.抗美援朝战争中失踪	志愿军60军179师537团	战士	金堂县人民委员会1963.2.8日追认
孙学金	男	1932	金堂县长乐公社花林大队	1950		1971.5.6新疆内尔达因公	解放军人民武装警察第46中队	分队长	金堂县人民政府1983.5.7日认定
胡修如	男	1946.10	金堂县金龙公社净因大队	1963.3	团员	1968.5 德昌县因公	解放军8775部队27分队	班长	金堂县人民政府1983.5.7日认定
覃明银	男	1923.3	金堂县金龙公社新街大队	1951.6		1952.11抗美援朝	志愿军12军34师	战士	金堂县人民政府1953年11月颁发《革命牺牲军人家属光荣纪念证》
胡万定	男	1929.5	金堂县金龙公社石泉大队	1951.6		1952.10抗美援朝	志愿军12军31师91团	战士	金堂县人民政府1983.5.7日认定
赖正兴	男	1930.6	金堂县金龙公社新苗大队	1950.6		1952.3抗美援朝	志愿军60军179师537团	战士	金堂县人民政府1983.5.7日认定
陈金元	男	1954.4	金堂县金龙公社白兰大队	1971.1	1975.3入党	1975.10.22 乾宁县因公	解放军乾宁县县中队	副班长	解放军甘孜军分区政治部1975.11.13日批准
李方坤	男	1940.7	金堂县金龙公社白兰大队	1958.3	1960入党	1969.10.10 昆明市因公	解放军0288部队	股长	解放军0288部队1969.10.10日批准
代达志	男	1930.4	金堂县金龙公社福宁大队	1951.5		1952.11抗美援朝	志愿军12军34师101团3营9连	战士	志愿军34师政治部1952.12.16日批准
代大田	男	1927.3	金堂县金龙公社福宁大队	1951.5		1952.11抗美援朝	志愿军12军31师91团2营4连	战士	金堂县人民政府1953年11月13日颁发“革命牺牲军人家属光荣纪念证”
徐祥喜	男	1929.4	金堂县金龙公社福宁大队	1951.5		1952.11抗美援朝	志愿军12军31师91团2营4连	战士	金堂县人民政府1983.5.7日认定
徐详志	男	1929.8	金堂县金龙公社福宁大队	1951.5		1952.11抗美援朝	志愿军12军31师师部	警卫员	金堂县人民政府1983.5.7日认定
肖永益	男	1927.6	金堂县金龙公社光芒大队	1951.5		1952.1抗美援朝	志愿军12军31师91团2营	战士	金堂县人民政府1983.5.7日认定
肖永乐	男	1929.10	金堂县金龙公社光芒大队	1952.1		1952.11抗美援朝	志愿军12军35师105团1营	战士	金堂县人民政府1983.5.7日认定
李方凤	男	1926.8	金堂县金龙公社回龙大队	1950.3		1952.4黑水县剿匪战斗	解放军黑水县警卫连	战士	金堂县人民政府1983.5.7日认定
王昌志	男	1933.11	金堂县金龙公社桂花大队	1951.5		1951.11.9 抗美援朝	志愿军12军31师91团1营	战士	金堂县人民政府1983.5.7日认定

续表

姓名	性别	出生年月	居住地	参加革命年月	党(团)年月	牺牲时间地点原因	牺牲时所在单位	牺牲时任何职	何机关何时批准为烈士
王友元	男	1935.1	金堂县金龙公社五一大队	1956.1	1954入团	1957.6西藏因公	解放军53师158团	战士	金堂县人民政府1983.5.7日认定
唐为本	男	1925.12	金堂县金龙公社猫儿湾大队	1951.5		1952.4抗美援朝	志愿军12军31师91团3营	副班长	金堂县人民政府1983.5.7日认定
代大金	男	1926.7	金堂县金龙公社猫儿湾大队	1951.5		1952.4抗美援朝	志愿军12军31师91团3营	战士	金堂县人民政府1983.5.7日认定
易大树	男	1927.11	金堂县三烈公社繁荣大队	1950.11	1953.4入团	1953.4.19抗美援朝	志愿军60军179师536团	战士	志愿军536团政治处1953.7.2日批准
易大群	男	1925	金堂县三烈公社繁荣大队	1950.1		1953.1抗美援朝	志愿军12军35师105团	战士	金堂县人民政府1983.5.7日认定
易坤福	男	1932.4	金堂县三烈公社繁荣大队	1950.1		1952.5黑水县剿匪战斗	解放军黑水县警卫连	战士	金堂县人民政府1983.5.7日认定
朱万金	男	1927.3	金堂县三烈公社碧山大队	1951.5		1953抗美援朝	志愿军60军179师536团	战士	金堂县人民政府1983.5.7日认定
周光良	男	1924.4	金堂县竹篙公社汤家沟大队	1949		1952.8抗美援朝	志愿军47军炮兵第10团	战士	志愿军47军政治部1952.11.6日批准
周述先	男	1921.3	金堂县竹篙公社汤家沟大队	1949		1952.9抗美援朝	志愿军31师92团	战士	志愿军31师政治部1953.1.29日批准
周述生	男	1934.2	金堂县竹篙公社汤家沟大队	1953.1		1953.6抗美援朝	志愿军20军179团1营1连	战士	志愿军20军政治部1953.11.18日批准
谭益君	男	1930.4	金堂县竹篙场镇二段	1949.12		1951.4抗美援朝	志愿军12军35师103团5连	战士	金堂县人民政府1953年11月13日颁发“革命牺牲军人家属光荣纪念证”
肖道银	男	1934.5	金堂县竹篙公社康家沟大队	1953.3		1953.6抗美援朝	志愿军68军202师606团	战士	志愿军202师政治部1954.2.25日批准
刘元成	男	1928	金堂县竹篙公社常乐大队	1950.1		1952.9抗美援朝	志愿军38军114师战勤连	战士	金堂县人民政府1983.5.7日认定
张安德	男	1925	金堂县竹篙公社常乐大队	1950.1		1953.2抗美援朝	志愿军60军179师536团	战士	金堂县人民政府1983.5.7日认定
夏时应	男	1934.9	金堂县竹篙公社常乐大队	1950.10		1953.3抗美援朝	志愿军60军179师536团2营3连	战士	志愿军60军政治部1953.4.8日批准
邱季全	男	1927.4	金堂县竹篙公社常乐大队	1950.10		1951.10抗美援朝	志愿军60军直属工兵营	战士	志愿军60军政治部1951.12.11日批准
刘府均	男	1933.3	金堂县竹篙公社永济大队	1951.2		1952.1抗美援朝	志愿军12军31师92团2营	战士	志愿军31师政治部1952.10.9日批准
范方良	男	1936.7	金堂县竹篙公社永丰大队	1955.3	党员	1962.11.16日中印边境自卫反击战	解放军7890部队	副排长	解放军7890部队1963.1.15日批准
孙光华	男	1917.6	金堂县竹篙公社竹篙大队	1941.5		1950上海作战	解放军炮兵第15团1营2连	排长	解放军炮兵第15团1951.3月批准
杨耀康	男	1931.7	金堂县竹篙公社竹篙大队	1950		1951.1抗美援朝	志愿军47军炮兵团工兵营	战士	志愿军47军政治部1953.11.7日批准

续表

姓名	性别	出生年月	居住地	参加革命年月	党(团)年月	牺牲时间地点原因	牺牲时所在单位	牺牲时任何职	何机关何时批准为烈士
袁世交	男	1928.4	金堂县竹篙公社周家沟大队	1950.10		1951.10 抗美援朝	志愿军 47 军炮兵第 10 团	战士	志愿军 47 军政治部 1953.9.18 日批准
彭范勇	男	1933.4	金堂县竹篙公社晏家沟大队	1950.2		1952.9 抗美援朝	志愿军 24 军 71 师 212 团 3 营 4 连	战士	志愿军 24 军政治部 1953.4.18 日批准
雷年安	男	1930.3	金堂县新华公社新华大队	1951.3		1953.6 抗美援朝	志愿军 68 军 203 师 608 团	战士	金堂县人民政府 1983.5.7 日认定
袁文家	男	1931.11	金堂县新华公社新华大队	1951.3		1956.6 阿坝剿匪战斗	解放军 20 团	战士	金堂县人民政府 1983.5.7 日认定
陈来胜	男	1920.8	金堂县新华公社新华大队	1950.3		1953.1 抗美援朝	志愿军 60 军 181 师 541 团	战士	志愿军 60 军政治部 1953.4.15 日批准
雷年丰	男	1932.8	金堂县新华公社大华大队	1951.3		1953.7 抗美援朝	志愿军 12 军 35 师 105 团	战士	金堂县人民政府 1983.5.7 日认定
雷崇林	男	1928.1	金堂县新华公社金简大队	1953.1		1953.3 抗美援朝	志愿军 24 军 71 师 212 团 6 连	战士	志愿军 24 军政治部 1953.10.21 日批准
陈庸文	男	1930.12	金堂县新华公社白鹤林大队	1950.12		1952.2 抗美援朝	志愿军 60 军 179 师 537 团	战士	志愿军 60 军政治部 1952.10.23 日批准
刘德良	男	1930.9	金堂县广兴公社熊安大队	1950.1		1952.3 抗美援朝	志愿军 12 军 35 师 104 团 2 营	战士	志愿军 12 军政治部 1953.4.20 日批准
刘江云	男	1928	金堂县广兴公社熊安大队	1950.11		1952.4.24 抗美援朝	志愿军 179 师 535 团担架连	战士	志愿军 535 团政治处 1953.3 月批准
蒋　伟	男	1932.9	金堂县广兴公社熊安大队	1949.12		1950.4 重庆市因公	解放军西南军区后勤部	战士	解放军西南军区后勤部 1950.8 月批准
钟传光	男	1946.10	金堂县广兴公社进步大队	1966.3		1967.3.26 云南省禄丰县因公	解放军 8704 部队	战士	解放军 8704 部队 1967.3.31 日批准
邓美良	男	1923.11	金堂县广兴公社进步大队	1950.7		1952.4 抗美援朝	志愿军 12 军 35 师 105 团 2 营 6 连	战士	志愿军 12 军政治部 1953.8 月批准
李和元	男	1947.6	金堂县广兴公社永和大队	1966.2		1969.5.19 云南省永仁县因公	解放军 8704 部队	战士	解放军 8704 部队 1969.5.25 日批准
胡德荣	男	1930.3	金堂县广兴公社红日大队	1951.1		1952.2 抗美援朝	志愿军 24 军 71 师 212 团 3 连	战士	志愿军 24 军政治部 1952.8.7 日批准
黄治华	男	1932.11	金堂县广兴公社红日大队	1951.7		1952.4.10 抗美援朝	志愿军 12 军 35 师 105 团 1 营 3 连	战士	志愿军 12 军 35 师政治部 1952.10.20 日批准
张昌恒	男	1928.2	金堂县广兴公社永安大队	1951		1952.6 抗美援朝	志愿军 180 师 540 团 3 营 9 连	战士	金堂县人民政府 1983.5.7 日认定
刘元盛	男	1929.7	金堂县广兴公社优秀大队	1952.1		1953.6 抗美援朝	志愿军 38 军 112 师 334 团 8 连	战士	金堂县人民政府 1983.5.7 日认定
张胜富	男	1935.3	金堂县广兴公社优秀大队	1951.7		1952.6.17 抗美援朝	志愿军 12 军 35 师 105 团 2 营 4 连	战士	志愿军 35 师政治部 1953.2.6 日批准
曾明德	男	1933.8	金堂县广兴公社优秀大队	1953.3		1953.7.20 抗美援朝	志愿军 68 军 203 师警备连	战士	志愿军 203 师政治部 1953.11.8 日批准
刘西金	男	1927	金堂县广兴公社黄果大队	1951.5		1953 年抗美援朝	志愿军炮兵第 10 团 2 连	排长	金堂县人民政府 1983.5.7 日认定

续表

姓名	性别	出生年月	居住地	参加革命年月	党(团)年月	牺牲时间地点原因	牺牲时所在单位	牺牲时任何职	何机关何时批准为烈士
崔世金	男	1932.2	金堂县广兴公社黄果大队	1951.2		1952.2 抗美援朝	志愿军炮兵第405团	战士	金堂县人民政府1983.5.7日认定
刁光先	男	1940.5	金堂县广兴公社黄果大队	1960.2		1965.3 沈阳因公	解放军40军118师354团	战士	金堂县人民政府1983.5.7日认定
陈宗坤	男	1931.12	金堂县广兴公社黄果大队	1950.5		1952.3 抗美援朝	志愿军12军35师105团2营	战士	金堂县人民政府1983.5.7日认定
孙平州	男	1926.11	金堂县广兴公社玉洪大队	1951.1		1952.11 抗美援朝	志愿军12军35师104团	战士	金堂县人民政府1983.5.7日认定
杨仁海	男	1937.3	金堂县广兴公社玉洪大队	1959.2		1963.9 东北军事演习中	解放军38军113师337团	战士	金堂县人民政府1983.5.7日认定
陈绍全	男	1931.4	金堂县广兴公社斩龙大队	1951.4		1953.2 抗美援朝	志愿军炮兵第10团3连	战士	金堂县人民政府1983.5.7日认定
邓绍成	男	1926.1	金堂县广兴公社斩龙大队	1949		1951.6 抗美援朝	志愿军29师86团3营9连	战士	志愿军29师组政治部1951.8.12日批准
刘长辉	男	1940.1	金堂县九龙公社赵家沟大队	1961.1		1967.9.12 涪陵县因公	解放军8042部队	班长	解放军8042部队1967.9.21日批准
刘西德	男	1949.7	金堂县九龙公社龙虎大队	1966.3		1969.2 金沙江因公	解放军8704部队26分队	战士	金堂县人民政府1983.5.7日认定
陈永术	男	1929.	金堂县九龙公社凤岭大队	1954.1		1957.12 西藏因公	解放军西藏军区直属汽车17团	战士	金堂县人民政府1983.5.7日认定
高德国	男	1944.4	金堂县九龙公社前胜大队	1965.3	党员	1979.10.23 修筑青藏铁路因公	解放军铁道兵49团1营1连	副连长	解放军铁道兵49团1979.12.28日批准
刘元泽	男	1929	金堂县九龙公社宝塔大队	1951.7		1962.5.31 抗美援朝	志愿军12军35师105团2营4连	战士	志愿军12军政治部1953.2.1日批准
陈应扬	男	1935.8	金堂县双河公社石江大队	1953.6		1953.6 抗美援朝	志愿军68军203师608团2连	战士	金堂县人民政府1983.5.7日认定
陈克华	男	1929.9	金堂县双河公社石船大队	1951.6		1951.12 抗美援朝	志愿军35师105团3营	战士	志愿军35师政治部1952.3.12日批准
贺方福	男	1928.3	金堂县双河公社石江大队	1951.7		1952.6.17 抗美援朝	志愿军12军35师105团4连	战士	志愿军35师政治部1953.2.6日批准
钟培方	男	1920.2	金堂县双河公社永胜大队	1950.3		1953.5 抗美援朝	志愿军179师536团2营	连长	志愿军179师政治部1953.5.8批准
杨宗绪	男	1926.5	金堂县双河公社永胜大队	1951.5		1953.7 抗美援朝	志愿军35师后勤担架营1连	战士	志愿军35师政治部1953.9.11日批准
段成才	男	1935.11	金堂县双河公社新兴大队	1955.3	1959入党	1963.4.21 青海省因公	解放军西藏军区后勤部昌都拉大站安康中站	班长	解放军西藏军区后勤部1963.8.17日批准
李世刚	男	1927.10	金堂县双河公社新兴大队	1951.6		1953.8 抗美援朝	志愿军35师后勤担架营	战士	志愿军35师政治部1953.12.18日批准
钟培友	男	1932.2	金堂县双河公社双河大队	1951.6		1953.2 抗美援朝	志愿军35师104团3营	战士	志愿军35师政治部1953.5.8日批准
王德松	男	1931.7	金堂县双河公社双河大队	1951.6		1952.4 抗美援朝	志愿军35师104团3营7连	战士	志愿军35师政治部1953.1.27日批准

续表

姓名	性别	出生年月	居住地	参加革命年月	党(团)年月	牺牲时间地点原因	牺牲时所在单位	牺牲时任何职	何机关何时批准为烈士
伍征足	男	1929.5	金堂县双河公社龙华大队	1951.7		1952年抗美援朝	志愿军12军35师105团2营	战士	志愿军35师政治部1953.10月批准
吴世荣	男	1928.2	金堂县隆盛公社铁岭湾大队	1950		1952.6抗美援朝	志愿军60军180师538团	战士	金堂县人民政府1983.5.7日认定
唐章喜	男	1941.12	金堂县隆盛公社铁岭湾大队	1962.9		1964.7巴县因公	武装警察部队702部队	战士	武装警察部队702部队政治部1964.8.6日批准
唐胜春	男	1929	金堂县隆盛公社春华大队	1950.10	团员	1951.10抗美援朝	志愿军35师105团2营4连	战士	志愿军35师政治部1952.5.6日批准
夏时福	男	1937.5	金堂县隆盛公社芦茅大队	1955.9		1955.12西藏昌都因公	解放军汽车17团6连	战士	解放军西藏军区政治部1956.8.29日批准
杨一生	男	1947.2	金堂县隆盛公社盘石大队	1968.3		1971.9河北省保定市因公	解放军38军113师337团7连	班长	解放军337团政治处1971.9.9日批准
王代育	男	1929.9	金堂县大桥公社李家大队	1952.6		1953.4抗美援朝	志愿军12军35师105团1营	战士	金堂县人民政府1983.5.7日认定
王万顶	男	1927.7	金堂县大桥公社李家大队	1953.3		1953.6抗美援朝	志愿军202师606团2营机炮连	战士	解放军202师政治部1954.2.25日批准
薛和章	男	1925.4	金堂县大桥公社李家大队	1951.6		1953.4抗美援朝	志愿军12军35师105团1营3连	战士	志愿军12军政治部1953.8.7日批准
夏时米	男	1946.2	金堂县大桥公社李家大队	1970.1	1970.10入党	1973.12.3陕西省因公	解放军8402部队	副班长	解放军8402部队1974.11.18日批准
肖慈福	男	1950.3	金堂县大桥公社三沟大队	1969.4	1970.1入团	1970.7.17江油县因公	解放军建字002部队	战士	解放军建字002部队1970.7.20日批准
肖时好	男	1955.4	金堂县大桥公社正华大队	1976.3	1974.4入团	1979.11.2部队因公	解放军80504部队7连	战士	解放军80504部队1979.11.20日批准
黄立汉	男	1930.2	金堂县转龙公社桐麻大队	1953.1	党员	1953.2抗美援朝	志愿军12军35师104团	战士	金堂县人民政府1983.5.7日认定
谢家福	男	1932.8	金堂县转龙公社玉皇大队	1950.1		1951.4抗美援朝	志愿军60军180师	战士	金堂县人民政府1983.5.7日认定
吕之宽	男	1932	金堂县转龙公社高光大队	1950.1		1952.10抗美援朝	志愿军12军35师104团	战士	金堂县人民政府1983.5.7日认定
兰福瑞	男	1930.1	金堂县石佛公社金中大队	1952.2		1952.5.1抗美援朝	志愿军68军203师607团2营6连	战士	志愿军68军政治部1953.1月批准
陈继扬	男	1928.4	金堂县石佛公社宝象大队	1950.10		1951.3抗美援朝	志愿军60军180师工兵营1连	战士	金堂县人民政府1983.5.7日认定
周烈光	男	1925.3	金堂县石佛公社红月大队	1951.7		1952.5抗美援朝	志愿军113师337团2连	战士	志愿军113师政治部1952.8.27日批准
肖兴明	男	1932.7	金堂县楠木公社长一沟大队	1951.7	1953.4追认为团员	1953.3.30抗美援朝	志愿军38军113师后勤部	战士	志愿军113师政治部1953.4.8日批准
张华忠	男	1954.9	金堂县楠木公社长一沟大队	1975.1		1976.9.19甘肃省因公	解放军甘肃省军区独立师教导队	战士	解放军甘肃省军区独立师政治部1976.9.24日批准
唐生煜	男	1923.4	金堂县楠木公社金光大队	1948.3		1949.11中江县苍山地区作战	解放军中江县警卫营	战士	金堂县人民政府1983.5.7日认定

续表

姓名	性别	出生年月	居住地	参加革命年月	党(团)年月	牺牲时间地点原因	牺牲时所在单位	牺牲时任何职	何机关何时批准为烈士
夏位录	男	1932.2	金堂县楠木公社高山大队	1951.3		1953.2 抗美援朝	志愿军 12 军 35 师 105 团	战士	金堂县人民政府 1983.5.7 日认定
彭长政	男	1937.8	金堂县楠木公社花果大队	1955.10		1958.6 西昌剿匪战斗	解放军	战士	金堂县人民政府 1983.5.7 日认定
孙世年	男	1939.12	金堂县楠木公社花果大队	1960.8	1960.12 入团	1961.1 青海省因公	解放军 9380 部队 8 连	战士	解放军 9380 部队 1961.4.28 日批准
周瑞成	男	1930.5	金堂县楠木公社梁平大队	1950.1		1953 年抗美援朝	志愿军 15 军警卫连	战士	金堂县人民政府 1983.5.7 日认定
李万书	男	1928.5	金堂县楠木公社板桥大队	1951.6		1953.3 抗美援朝	志愿军 113 师后勤部担架营	战士	志愿军 113 师后勤部 1953.8.1 日批准
沈佐兴	男	1925.6	金堂县楠木公社棉丰大队	1951.5		1953.10 抗美援朝	志愿军 113 师 339 团 2 营 4 连	战士	志愿军 113 师政治部 1953.12.26 日批准
蒋星水	男	1930.9	金堂县又新公社金华大队	1950.2		1953.2 抗美援朝	志愿军 60 军 129 师 536 团	战士	金堂县人民政府 1983.5.7 日认定
崔世禄	男	1932.11	金堂县又新公社工农大队	1950.3		1953.7 抗美援朝	志愿军 35 师担架营	战士	志愿军 35 师政治部 1953.8.9 日批准
林明傅	男	1937.	金堂县又新公社石灰大队	1956.3		1958.3 甘肃省黄河湾剿匪战斗	解放军 9939 部队 2 营 4 连	战士	解放军 9939 部队 1958.6.10 日批准
周后秘	男	1930.2	金堂县又新公社工农大队	1952.2		1953.4 抗美援朝	志愿军 31 师 92 团 5 连	战士	志愿军 31 师政治部 1953.7.9 日批准
刁承伍	男	1933.2	金堂县又新公社马鞍山大队	1951.7		1952.6.7 抗美援朝	志愿军 12 军 35 师 105 团 2 营 4 连	战士	志愿军 35 师政治部 1953.2.6 日 批准
刘绪高	男	1926.11	金堂县又新公社太尉大队	1949		1953.1 抗美援朝	志愿军 12 军 35 师 105 团 2 营	战士	志愿军 35 师政治部 1953.8.7 日 批准
李际用	男	1933.	金堂县又新公社会绿大队	1953.1		1953.6 抗美援朝	志愿军 202 师 606 团 9 连	战士	志愿军 202 师政治部 1954.2.25 日批准
夏位尙	男	1933.3	金堂县双流公社石河大队	1950.7		1952.3 抗美援朝	志愿军 12 军 35 师 104 团 2 营 3 连	战士	金堂县人民政府 1983.5.7 日认定
夏时跃	男	1934.8	金堂县双流公社石河大队	1950.12		1956.8 凉山剿匪战斗	解放军 20 团	战士	金堂县人民政府 1983.5.7 日认定
陈举煜	男	1947.5	金堂县双流公社黄鹤大队	1966.1		1967.7.21 云南省因公	解放军 8701 部队	战士	金堂县人民政府 1983.5.7 日认定
黄绍金	男	1934.5	金堂县双流公社金桥大队	1951.3		1956.5 南充剿匪战斗	解放军 24 军教导营	通信员	解放军 24 军政治部 1956.8.12 日批准
吴天索	男	1934	金堂县双流公社龙寨大队	1952.3		1953.6 抗美援朝	志愿军 24 军 70 师 209 元 2 连	班长	解放军 209 师政治处 1955.7.16 日批准
孙昌友	男	1920.	金堂县双流公社春菜大队	1950 年		1952.9 抗美援朝	志愿军 113 师 338 团 4 连	战士	志愿军 113 师政治部 1952.12.18 日批准
肖献明	男	1930.12	金堂县大安公社三桥大队	1951.7		1952.12 抗美援朝	志愿军 38 军 113 师 339 团 3 营 9 连	战士	志愿军 339 团政治处 1952.12.19 日批准
廖俊良	男	1955.11	金堂县大安公社甑水大队	1976.1	1976.12 入团	1977.12 云南省因公	解放军 80506 部队	战士	解放军 80506 部队 1977.12.30 日 批准

续表

姓名	性别	出生年月	居住地	参加革命年月	党(团)年月	牺牲时间地点原因	牺牲时所在单位	牺牲时任何职	何机关何时批准为烈士
赖松忠	男	1930.12	金堂县大安公社平山大队	1950.2		1952.9抗美援朝	志愿军34师102团6连	战士	志愿军34师政治部1952.12.6日批准
罗福仁	男	1929.4	金堂县大安公社甑水大队	1950.6		1953.8抗美援朝	志愿军工兵6团8连	副班长	志愿军工兵6团政治处1953.10.3日批准
肖大富	男	1928.4	金堂县云合公社新桥大队	1950.1		1952.4黑水剿匪战斗	解放军黑水县警卫连	战士	金堂县人民政府1983.5.7日认定
肖大章	男	1933.9	金堂县云合公社庙垭大队	1955.3		1956.2西藏扎木剿匪战斗	解放军西藏军区后勤部	战士	解放军西藏军分区政治部1956.5.20日批准
郑明泽	男	1930.3	金堂县安乐公社芦园沟大队	1951.2		1952.9抗美援朝	志愿军12军35师104团6连	战士	志愿军12军政治部1952.12.7日批准
张德福	男	1934.6	金堂县安乐公社三沿大队	1951.6		1952.8抗美援朝	志愿军35师担架营2连	战士	志愿军35师政治部1952.10.15日批准
彭朝春	男	1931.12.11	金堂县赵镇三倒拐	1951.10	团员	1952.8.20黑水剿匪战斗	解放军西南军区第二野战军532团	护士	解放军西南军区政治部1952.11.8日批准
罗元彬	男	1950	金堂县赵镇玉龙街			1980.1.18在赵镇与盗窃行为做斗争			四川省人民政府1982.1.13日批准
汤昌涵	男	1947.9	金堂县三星乡爱国村一组	1968.1	1970.1	1985.9.8在成都川陕公路因抢救人员时牺牲	北京军区守备第二师火箭炮营	正连职管理员	内蒙古军区政治部1986.7.7批准

附　录

一、地名简介

（一）金堂县名的由来

金堂在唐高宗咸亨二年（671 年）割新都、雒、金水三县的部分地区建置金堂县，因县内有金堂山而得名至今未变，县治驻新生村（现赵镇韩滩社区）。明代时，明洪武四年（1371 年）大夏灭亡。明仍置金堂县，隶属成都府。洪武十年（1377 年）五月，金堂县并入新都县。洪武十三年（1380 年）复置金堂县，县治仍驻城厢镇。明代县曾在怀口镇建制怀口镇巡检司，驻今县治东南淮口镇。

据清朝嘉庆五年（1801 年）始修的《金堂县志》记载："金堂山在治东四十里，昔李八百尝游息于此。华阳国志新都县有金堂山，水通于巴，即此。水经注作金台山。上连三学，下极峡口。层峦叠嶂，翠黛参天，为沱江之锁鈅。实西川之保障。仰眎俯睇，心目震惊，明一统志；谓两山拱峙，和流其中，但言峡口，非其实矣"。

《华阳国志》记载新都县有金堂山，含当时金堂县部分地域。嘉庆五年（1801）始修的《金堂县志》记载的金堂山是指：金堂县城在城厢镇，距离东面四十里的地方，即三学山上起于现金堂县县城东 6 公里处栖贤乡三学寺村，下至沱江峡口附近的一带都称为金堂山，这就是金堂县命名的由来。

（二）三学山与三学寺得名由来

三学山在今栖贤乡三学寺村。古代叫做昌利山。东汉时张陵创设道教，建立二十四治，其中的昌利治就在此山。又因为这山传说是仙人李八百三次学道的地方，所以至晚在隋唐时代起就名为三学山，又名栖贤山。这传说中的李八百名叫李脱，是"蜀中八仙"之一。宋代的《舆地纪胜》书中就说他"自夏至周，往来蜀中……穆王时隐居栖贤山……时人计之盖八百余岁，故号曰李八百"。《集仙录》

书中也说他：“周穆王时居广汉三学山（注），云游五岳十二洞，还归此山……作九鼎金丹，丹成，已八百岁。三于此山学道，故号曰三学山，亦号栖贤山”。宋代的《太平广记》也有同样记载。说明三学山是根据这个传说得名的，三学寺也不例外。宋代时在此设栖贤乡也是由此而来。

（三）“韩滩”二字的来历

赵家渡是三江汇流之地，历来是重要的水运要冲和著名渡口。汉代时地名叫作大渡亭，王忳曾当过大渡亭长，渡口的名字就叫大渡。赵家渡在三江汇流后的沱江水道不远处便是金堂峡，是沱江水运的咽喉和重要通道。由于洪水泛滥频繁发生，不少江岸受到冲刷而沉塌，也有不少卵石堆积成为急滩，造成河道淤塞从而不利于航运。北宋神宗熙宁年间（1069—1077 年），金堂属于梓州路管辖。梓州路的转运使名叫韩璹，为了便利沱江的水上运输，他组织对金堂峡的大规模疏浚治理工程，对发展沱江航运和金堂的经济开发起了不小的作用。后人为了纪念他的壮举，便把大渡改名韩滩渡。

（四）金堂县城为何叫赵镇

康熙年间，湖北麻城县农民赵成必率全家移居成都，后迁在金堂今三星镇和平村赵家巷居住。因为他在三星、龙威两地插地耕种，必须渡河劳动，先作小船自用，到他曾孙赵文秀时，制作了两艘渡船，在今韩滩桥上游和蓝家店与下横街口子处，两地渡人过河，先后八代中不收费用。后来因龙威土地被洪水冲坏而公粮又不准免除，才只收渡猪牛费，每牛收钱五文，于是此地就被称为赵家渡。

赵家渡之名一直沿用于民间。由于清初康乾盛世中四川经济得到恢复发展，加上当地三江交汇，下行可达重庆，川西北货物多由此集中外运，商业、交通日益发达，有了“装不满的成都府，拉不空的赵家渡”之说，赵家渡成为四川四大名镇之一。清末逐渐被称为赵镇。《四川通志·金堂采访录》记载“宣统元年（1909 年），四川劝业道台周善培奏辟赵镇为商会”可以证明。但群众仍多称为赵家渡。直到中华人民共和国成立后的 1951 年，此地建为区级镇。成立赵镇人民政府以后，赵镇之名才大行于公私之间。

（五）牛市坝和猪市坝

赵镇的复兴街当地人称为牛市坝，自明代起就有一个著名的牛市，当时还是一个大的空坝子，主要作为买卖牛的场地，一直延续到清末和民国时代。每逢农历二五八场期，成都、新都、唐家寺、广汉以及本县各场镇的农民、牛贩子、屠牛户等都到此地来买牛卖牛。据老年人说每一场期的成交量都在百头以上。后来居民建房渐多成为街道，民国时代取名为复兴街，有“复兴中华”之意。“文化大革命”中，这条街改名为东风路，“文化大革命”后才恢复了复兴街之名。复兴街中段原来还有一条小巷名叫猪市坝。是买卖猪只的市场。中华人民共和国成立后成立食品公司和屠场，农民的肥猪都由屠场直接收购，买卖幼猪移在过去名叫“市管会”的市场去，猪市失去作用而不存在。1994 年后在旧城改造中大量拆旧建新，小巷也就消失了。

二、金堂县志藏书简介

金堂县地方志办公室2015年存有以下各个时期的县志书籍：

（一）清·乾隆金堂县志

《清·乾隆十六年金堂县志》2本；乾隆十六年（1751年）《金堂县志》篇目设置为：疆界图、桥梁、城池、学校、风俗、贡赋、科第、艺文、职官。比较简明扼要。全书约8万字，是金堂县地方志办公室现存较早的复印本县志，据中国地方志联合目录介绍（下同）：张南烘纂修清〔乾隆〕十六年（1751年）抄本，存在地有北京、上海（胶卷）、四川川大（胶卷）。由孙成君、王伟校注的《清·乾隆金堂县志》2013年8月出版。

（二）清·嘉庆金堂县志

《清·嘉庆金堂县志》均为复印本，有9卷共10本：嘉庆镌本《金堂县志》目录则有了很大的扩展，志书类目划分更为明细：卷一土地部上设有建置志：沿革、城池、官署、坛庙；卷二土地部中设有界至：乡镇、津梁、风俗；卷三土地部下设有山川志：陵阜、河渠、寺观、物产；卷四人民部上设有官师志：知县、儒学、典史、驻防；卷五人民部中设有选举志：荐辟、科第、援例、行伍；卷六人民部下设有士女志：行谊、列女、艺术、方外；卷七政事部上设有学校志：学宫、书院、学田、经籍；卷八政事部中设有民赋志：户口、田赋、催税、仓储；卷九政事部下设有防御志：兵制、民壮、铺递、保甲。从入志内容看，相比乾隆县志有了明显的扩展。全套书约40万字。〔嘉庆〕金堂县志九卷首一卷末一卷，（清）谢惟杰修 陈一津 黄烈纂 清嘉庆十六年（1811年）刻本，北京 上海 四川社科 川大 重庆 北碚 泸州等有存本。清道光二十四年（1844年）杨得质补刻本（再版《清·嘉庆金堂县志》），在四川川大、成都川师、重庆有存本。民国2年（1913年）年修锓本，在复旦 、广东有存本。由孙成君、车大伟校注的《清·嘉庆金堂县志（卷首、卷一、卷二）》和《清·嘉庆金堂县志（卷三、卷四）》于2011年4月出版；《清·嘉庆金堂县志（卷五、卷六）》和《清·嘉庆金堂县志（卷七、卷八、卷九、卷末）》于2013年3月出版。

（三）清·同治续金堂县志

《清·同治续金堂县志》均为复印本，同治镌本共有4本；设有卷一土地部上：建置志；卷二土地部中：疆域志；卷三土地部下：山川志；卷四人民部上：官师志；卷五人民部中：选举志；卷六人民部下：士女志；卷七政事部上：学校志；卷八政事部中：民赋志；卷末。全书16万字。〔同治〕续金堂县志八卷首一卷末一卷，（清）王树桐、徐璞玉修、米绘裳等纂，清同治六年（1867年）刻本，在北京、上海、四川社科、川大、川师、重庆北碚有存本。由孙成君、车大伟校注的《清·同治续金堂县志》2010年1月出版。

（四）清·光绪金堂县乡土志

《清·光绪金堂县乡土志》均为复印本，共有2本；设有卷一：历史、政绩录、兵事录；卷二：耆旧录、人类、户口、氏族、宗教、实业；卷三：地理、山、水；卷四：道路、物产、商务。全书10万字。金堂县志乡土志四卷，刘肇烈编，清末抄本，在川大有存本。2008年，经县政府同意开始抢救整理金堂清朝旧县志，由孙成君、车大伟校注的《清·光绪金堂县乡土志》2009年2月出版。

（五）民国金堂县续志

民国10年（1921年）修的《金堂县续志》共十卷，是民国10年岁次辛酉镌板：设有疆城志、建置志、食货志、教育志、实业志、官师志、选举志、士女志、古迹志、艺文志。基本上承袭传统志书框架内容，仅增加了一点新的时代内容，教育志、实业志等，但是志书总体设计没有什么改变。全套书共8本共60万字。〔民国〕金堂县续志十卷首一卷，王暨英等修、曾茂林等纂，民国10年（1921年）刻本，在北京、首都、故宫、湖北、川大、成都 、重庆北碚 、南京地理所等有存本。

（六）新编金堂县志

1949年10月1日，中华人民共和国成立后，金堂县于1983年起开展了第一轮新编《金堂县志》（1911—1990年）的编纂工作，该书于1994年12月出版，全书设31篇，图文并茂，120万字，上限从1911年至下限1990年，记载了中华人民共和国成立后金堂县进行社会主义建设的巨大变化。

（七）杂　志

金堂县地方志办公室现存的杂志有：《金堂县清代文献类编》5本，陈时江编，民国12年（1923

年）抄本，藏于四川、川博。《民国15年（1926年）重修四川通志金堂采访录》58卷，陈时江辑（川博有存本）。《民国34年（1945年）金堂县政概况》1（抄）本，朱彦林编，藏于四川省图书馆。《金堂县民国29—36年新制卷》1本。《四川通志》8本。《四川通志》采访录4本。《成都通览》8本。《蜀海丛谈》3本。

三、家　谱

《孙氏家谱》：据孙氏家谱记载，金堂孙姓人十有八九是同一祖先帮达公的苗裔。帮达公有五子：应焱、添信、胜佑、于蓼、于莪。长子应焱公居湖南新化博士岭，清朝康熙皇帝于1695年下诏“编湖徙川”后，其后裔便从博士岭迁来金堂县淮口镇同心场、平桥乡、竹篙镇等地。

《颖川陈氏寻根录》：由陈道康主修，全书约6万字。于2006年完成。

《曾秀清家系》：1990年6完成编撰。记载金堂县姚渡乡曾家寨曾秀清家族史。全书约10万字。

《钟氏族谱》：1994年2月完成编印。记载金堂县钟氏姓人迁金堂县居住情况，全书约20万字。

《李氏族谱》：由李文范作序，介绍了金堂县李氏迁入的情况。

《岳氏家族谱》：记载岳氏远祖为宋忠武王支派繁衍的情况。全书约1万字。

《向氏桔园族谱》：2000年11月12日完成编撰，全书约4万字。记载了金堂县居住的向姓人迁503徙情况。

《刘氏家谱》：2000年由刘林搜集复印的金堂县《刘氏家谱》，记载了金堂县官仓镇地方刘姓源流的情况。全书约10万字，原书稿为民间保存陈旧的毛笔手写体卷，已有损坏。

《周氏族谱》：2013年5月31日，县志办收存的《周氏族谱》，记载了金堂县云合镇地方周姓源流的情况。《周氏族谱》572页，50余万字，2013年出版。

《萧氏族谱》：2013年9月11日，县志办收存的《萧氏族谱》，记载了四川 金堂县和成都市青白江区萧姓源流的情况。《萧氏族谱》898页，80余万字，2013年出版。

《武城曾氏重修族谱》：2014年6月12日，县志办收存曾钦尧主编的成都片区续修谱牒《武城曾氏重修族谱》，记载了四川成都片区金堂县曾姓源流的情况。《武城曾氏重修族谱》全套有五本：即：第一卷（总系）、旧公房系（一）、旧公房系（二）、珪公房系、略公房系，共约150万字，2014年4月完成出版。

《五凤萧氏族谱》：2014年9月18日，县志办收存由萧桂富主编的《五凤萧氏族谱》，记载了金堂县五凤镇萧姓源流的情况，《五凤萧氏族谱》227页，约25万字，于2014年出版。

《清泉坊王氏族谱（三槐堂）》：2014年10月21日，县志办收存由江西王时信撰的《清泉坊王氏族谱（三槐堂）》一部，记载了原成都市金堂县大渡村（现淮口镇）王曾应姓源流的情况，《清泉坊王氏族谱（三槐堂）》大16开400页，约50万字，于2013年9月出版。

四、文 存

（一）预防控制“非典”

1. “非典”的危害

2002年冬至2003年6月间，主要在世界20多个国家和中国北京、广东等部分省市地区爆发了传染性非典型肺炎（简称“非典”），非典型肺炎表现为持续发热、干咳、少痰，少部分病人出现呼吸困难。非典型肺炎主要通过近距离空气、飞沫和密切接触传播，病源不明确。世界卫生组织又将此次流行的非典型肺炎命名为“严重性呼吸系统综合征（SARS）”。非常严重地危胁着人民群众的身体健康和生命安全。党中央、国务院、省、市、县委和县政府高度重视非典防治工作。为有效防止非典蔓延，国家对非典病例和疑似非典病例采取隔离治疗与监控等果断措施，以确保人民群众身体健康与生命安全。

2. 全县预防控制“非典”的措施

2003年4月19日，县委常委会专门听取金堂县传染性非典型肺炎防治工作情况汇报。21日，全县召开防治非典工作会，县成立预防非典领导小组，下设办公室、宣传组、防治组、治安组、保障组，建立由县卫生、药监等部门组成的专业预防机构，组建工作队伍，拨出专门经费。县制订了《金堂县防治非典型肺炎疫情应急预案》等。会后，卫生部门对一些重要工作部门和公共场所进行消毒。4月，全国局部地区先后发生非典疫情，至4月21日，全国累计报告非典疑似病例2158例，治愈出院1213例，死亡97例，其中：四川省发生8例，治愈出院3例，死亡2例。金堂县无一例非典病人和疑似非典病人。4月28日，县政府发出《关于加强传染性非典型肺炎防治工作的通告》。为适应防治非典的紧急需要，县将原赵镇杨柳中学快速建成设置床位100张的金堂留验站，5月1日投入使用。留验站主要用来留置观察与非典病例及疑似非典病例有接触的人员。4月30日，县非典防治领导小组完善了5个职责，为确保县、乡、村三级网络健全，完善检疫点（留验室）、严格监控、报告制度、确保对外来人员的监控质量。从5月1日起，县防治领导小组重点堵源头，加强监控，组成16个督查组分赴乡镇，重点督查非典预防。全县交通要道、车站、旅游景点设立了15个检疫点，卫生系统出动40余名医务人员，对过往车辆实行喷洒药物灭菌消毒，对乘客进行留验检疫。采取严防死守，加强对外来返乡人员的检查。全县共组织400余名医务人员对返乡人员实施“三每”监控措施，对县外出返乡人员31.40万人进行了登记造册。各地各部门严格执行疫情报告和“零”报告制度，控制疫源。一旦发现疫情，县疾控中心及时奔赴现场，采取措施进行处置，截断疫情传播途径。在抗击非典期间，流动调查组共出动40余次、120余人，进行流行病学调查。县疾控中心加强对小学、幼儿园的监控监测，坚持每日测体温制度和对设施、场地进行消毒。指导商场、旅游景点、旅馆、娱乐场所等人口密集场所的监控、监测和消毒，防止疫情传播。4 月 23 日，1 名外出打工人员的家属主动到县竹篙镇派出所报告：其妻身患非典，已从广东某医院逃跑，正在返乡途中。经过县卫生局的积极协调处理终于在叙永县境内找到此人，而车上另一名金堂籍打工妹也因发烧咳嗽被诊断为非典。如果未及时找到此人，成都、金堂零纪录就有可能被突破。在县有 1 万多名返乡人员中，反复进行数万次的监控、消毒杀菌，无一例非典病人、疑似病人，医务人员成功保持零感染的记录。2003 年 4 月 29 日，县总工会、团委、妇联向全县广大群众、职工、团员联合发出抗击非典倡议书。由于县外返乡民工直线上升，5 月 2 日已达 3844 人，其中从疫区回乡的达 955 人，县防非工作完善了六大措施：即关口前移，设 6 个检疫点，把住进口关；属实监控，每个乡镇都建若干个服务队，每见必查；加强督查，县上已建 20 个督查组，每组都有 1 名县领导指挥，实行非典防控一票否决制；完善预案；深入宣传；加强培训。5 月，赵镇深入到春风村和桐梓村检查非典，得知桐梓村为有效切断非典传染源，专门出台了“村规民约”，制定“盯紧外出返乡人员”“暂时关闭村内所有茶馆”“在全村开展爱国卫生运动”等措施，在全县推广。桐梓村防非典“村规民约”经验，曾在中央电视台新闻频道作为抗击非典先进经验予以报道。5 月 6 日，县委、县政府贯彻全国农村非典型肺炎防治工作电视电话会精神，对农民非典患者一律免费。5 月 7 日，县十五届人大六次会议听取副县长杨齐英关于县非典防控工作的情况汇报，全县在非典防治期间，通过对全县 437 所村卫生院（站）医务人员进行培训，在县前后共有 1 万多返乡人员中，反复进行数十万次的监控、消毒杀灭菌预防，无一例非典病人。

3. 完成预防控制“非典”任务

2003 年 5 月 18 日，县领导听取全县 22 个督查组检查非典汇报，全县仅有的 3 名非典疑似病例也先后被排除。金堂县抗击非典的经验在全市、全省交流推广，被中央电视台等新闻媒体广泛报道。

（二）金堂县 1991—2005 年各部门任实职人员名录

第一章　金堂县纪律检查委员会

一、第八届纪委

书　记：李存杰（1990 年 2 月—1993 年 1 月）
副书记：何胜英（女、1990 年 2 月—1993 年 1 月）
　　　罗远足（1990 年 2 月—1993 年 1 月）
常　委：李存杰（1990 年 2 月—1993 年 1 月）
　　　何胜英（女、1990 年 2 月—1993 年 1 月）
　　　陈丁久（1990 年 2 月—1993 年 1 月）
　　　陈光华（1990 年 2 月—1993 年 1 月）
　　　罗远足（1990 年 2 月—1993 年 1 月）
　　　谢显清（1990 年 2 月—1993 年 1 月）
　　　曾祥林（1990 年 2 月—1993 年 1 月）
委　员：刁国钧　邓安文　龙　敏　李存杰
　　　何树明　何胜英（女）　陈　刚（女）
　　　陈丁久　陈光华　罗光益　罗远足
　　　黄祖刚　谢显清　曾祥林　黎家华（女）

二、第九届纪委

书　记：何胜英（女 1993 年 1 月—1998 年 1 月）
副书记：唐诗海（1993 年 1 月—1998 年 1 月）
　　　李笃安（1993 年 1 月—1998 年 1 月）
　　　周厚金（1993 年 1 月—1998 年 1 月）
常　委：何胜英（女 1993 年 1 月—1998 年 1 月）
　　　唐诗海（1993 年 1 月—1998 年 1 月）
　　　李笃安（1993 年 1 月—1998 年 1 月）
　　　陈丁久（1993 年 1 月—1998 年 1 月）
　　　谢显清（1993 年 1 月—1998 年 1 月）

黄　鸣(1993 年 1 月—1998 年 1 月)
黎家华(女 1993 年 1 月—1994 年 8 月)
周厚金(1993 年 1 月—1998 年 1 月)
黄帮全(1993 年 1 月—1998 年 1 月)
委　员:何胜英(女)　唐诗海　李笃安　陈丁久
谢显清　　黄　鸣　黎家华(女)
周厚金　黄帮全　李富良　罗光益
曾道国　周德旭　罗爱萍(女)　王太华

三、第十届纪委

书　记:何胜英(女 1998 年 1 月—1999 年 12 月)
副书记:陈应柱(1998 年 1 月—2003 年 1 月)
邓清明(1998 年 1 月—2003 年 1 月)
常　委:何胜英(女 1998 年 1 月—2003 年 1 月)
陈应柱(1998 年 1 月—2003 年 1 月)
邓清明(1998 年 1 月—2003 年 1 月)
罗　铃(女 1998 年 1 月—2003 年 1 月)
刘守平(1998 年 1 月—2003 年 1 月)
廖顺华(女 1998 年 1 月—2003 年 1 月)
伍　智(1998 年 1 月—2003 年 1 月)
委　员:王太华　邓清明　付春明　伍　智
刘守平　杨永富　何胜英(女)
张开德　陈应柱　易　宏　罗　玲(女)
闫彦哲　廖顺华(女)　熊发强
黎家华(女)
届中调整班子:
书　记:龙　敏(1999 年 12 月—2002 年 2 月)
胡政权(2002 年 2 月—2003 年 1 月)
常　委:崔东风(2002 年 4 月—2003 年 1 月)
尹全红(2002 年 4 月—2003 年 1 月)

四、第十一届纪委

书　记:胡政权(2003 年 1 月—2005 年 10 月)
副书记:邓清明(2003 年 1 月—2004 年 7 月)
黄安军(2003 年 1 月—2004 年 7 月)
李俊茹(女 2003 年 1 月—2005 年 10 月)
常　委:胡政权(2003 年 1 月—2005 年 10 月)
邓清明(2003 年 1 月—2004 年 7 月)
黄安军(2003 年 1 月—2004 年 7 月)
李俊茹(女 2003 年 1 月—2005 年 10 月)
廖顺华(女 2003 年 1 月—2005 年 10 月)
尹全红(2003 年 1 月—2003 年 3 月)
崔东风(2003 年 1 月—2005 年 10 月)
委　员:胡政权　李俊茹(女)　廖顺华(女)
崔东风　张先芸(女)　王太华
陈克西　付春明　周厚金　胡佑泽
邓清明　黄安军　尹全红　吴仕见
谢奇才　钟　科　肖永金
届中调整班子:
副书记:陈光华(2004 年 7 月—2005 年 10 月)
李大彦(2004 年 7 月—2005 年 10 月)
常　委:张先芸(女 2004 年 7 月—2005 年 10 月)

第二章　县委工作部门

一、办公室

主　任:唐中鉴(1990 年 3 月—1993 年 4 月)
姜家金(1993 年 2 月—1998 年 2 月)
周道义(1998 年 1 月—1999 年 12 月)
王平江(2000 年 1 月—2001 年 10 月)
尹　刚(2001 年 10 月—2001 年 11 月)
彭禄君(2001 年 11 月—2005 年 10 月)
副主任:杨润泽(1989 年 5 月—1991 年 12 月)
李大彦(1993 年 2 月—2004 年 8 月)
闫彦哲(1993 年 1 月—1996 年 1 月)
张孝军(1993 年 2 月—1994 年 8 月)
王瑞虎(1994 年 10 月—1999 年 6 月)
唐立富(1993 年 9 月—1995 年 11 月)
代心平(1996 年 3 月—1998 年 3 月)
贺正余(1999 年 7 月—2000 年 12 月)
尹　刚(2001 年 1 月—2001 年 10 月)
伍玉地(2001 年 1 月—2005 年 8 月)
黄德斌(2002 年 2 月—2003 年 3 月)
黄　武(2004 年 6 月—2005 年 10 月)
唐子雪(2003 年 3 月—2003 年 9 月)
黄富亮(2005 年 8 月—2005 年 10 月)
杨登洪(2001 年 1 月—2005 年 10 月)
陶宪文(2004 年 8 月—2005 年 10 月)

二、组织部

部　长:李再发(1987 年 10 月—1992 年 12 月)
李佐群(女 1993 年 1 月—1997 年 12 月)
郭建平(1998 年 1 月—1999 年 7 月)
吴幼章(1999 年 7 月—2002 年 12 月)
曾祥斌(2002 年 12 月—2003 年 12 月)
齐彦民(2003 年 12 月—2005 年 10 月)
副部长:李佐群(女 1987 年 10 月—1992 年 12 月)

黄祖发(1988年4月—1993年2月)
彭守成(1990年6月—1993年2月)
龙　敏(1993年1月—1994年9月)
曾道国(1993年3月—1998年1月)
胡佑泽(1993年3月—2003年4月)
汤昌金(1993年2月—2003年4月)
廖国琏(1996年9月—2000年9月)
唐立富(1995年12月—2003年3月)
谢晓卉(女 1998年3月—2004年8月)
周厚金(2001年6月—2005年10月)
罗茂茹(女 2003年3月—2005年10月)
曹乾斌(2003年3月—2004年8月)
王　敏(2004年8月—2005年8月)
曹乾斌(2005年7月—2005年10月)
李玉明(2005年8月—2005年10月)

三、宣传部

部　长:吕宗明(1987年10月—1993年1月)
吴幼章(1993年1月—1999年5月)
黄　勤(1999年7月—2002年12月)
张孝军(2003年3月—2004年7月)
李晓旭(女 2004年8月—2005年10月)
副部长:陈才元(1987年10月—1998年3月)
兰光海(1987年10月—1992年5月)
吴幼章(1991年2月—1993年1月)
廖文芳(1990年3月—1998年2月)
史国忠(1998年3月—2001年6月)
李才雄(1998年3月—2003年2月)
郑邦兴(2000年11月—2005年10月)
刁鸿雁(2003年3月—2004年10月)
钟智勇(2003年3月—2005年10月)
雷　育(2004年10月—2005年10月)

文明办

主　任:范孝忠(1987年10月—1993年4月)
廖文方(1993年3月—1998年2月)
李才雄(1998年3月—2003年2月)
刁鸿雁(2003年3月—2004年10月)
雷　育(2004年10月—2005年10月)
副主任:高培仁(1990年3月—1992年2月)
叶火文(1996年4月—2004年3月)
周　毅(1997年8月—1999年8月)
杨　莉(女 2000年7月—2002年5月)
周丽君(女 2002年5月—2005年10月)

外宣办

外宣办于2003年3月成立。

主　任:钟智勇(2004年3月—2005年10月)

四、今日金堂编辑中心

1992年4月28日,《金堂报》创刊号正式出版。1993年4月21日起,《金堂报》实行主编负责制。2004年3月12日,金堂报社更名为今日金堂编辑中心。

主　编:杨润泽(1992年8月—1997年9月)(兼)
钟智勇(1998年3月—2005年3月)
钟智勇(2003年3月—2005年10月)(兼)
副主编:黄家琼(1992年8月—1998年3月)
郭应循(1992年8月—2004年10月)
李大彦(1992年8月—1997年9月)
钟智勇(1997年9月—1998年3月)
黄　航(1998年3月—2003年3月)
傅利常(2003年3月—2005年10月)

五、统战部

部　长:唐坤洪(1990年2月—2002年12月)
李晓旭(女 2003年1月—2004年6月)
罗兴国(2004年7月—2005年10月)
副部长:李俊茹(女、1998年2月—2003年12月)
淡庆华(1998年2月—2005年10月)
袁华平(1998年2月—2005年10月)
刘中全(2003年1月—2005年10月)

六、政法委员会

书　记:陈宜荣(1987年10月—1993年9月)
刘前江(1994年5月—1997年3月)
王世录(1997年3月—2003年1月)(兼)
王道明(2003年1月—2004年4月)
袁　旭(2004年4月—2004年7月)(兼)
罗兴国(2004年7月—2005年10月)
副书记:张仁龙(1993年2月—2003年2月)
邹才会(1993年2月—1998年3月)(兼)
王平江(2000年1月—2001年10月)(兼)
裴成科(2000年6月—2004年7月)
陈克西(2003年3月—2005年3月)
赖国岷(2003年3月—2003年10月)
胡德彬(2004年7月—2005年10月)
肖敦毅(2005年5月—2005年10月)

七、政研室

主　任:王世录(1989年12月—1993年9月)
唐立富(1993年9月—1997年8月)(兼)

李大彦(1997年8月—2001年1月)(兼)
伍玉地(2001年1月—2003年10月)(兼)
副主任:薛向阳(1990年3月—1993年2月)
沈序全(1993年3月—1996年2月)(主持工作)
李光辉(1996年2月—1998年3月)
刘恩恩(2003年10月—2005年8月)

八、目督办

县政府目标管理督查办公室:
主 任:邹 挺(1991年11月—1993年2月)(兼)
王德贵(1993年3月—1996年1月)(兼)
钟思勇(1996年1月—2001年1月)(兼)
副主任:顾辉武(1993年6月—2001年11月)

县委目标管理督查办公室

主 任:杨润泽(1991年11月—1993年2月)(兼)
姜家金(1993年2月—1995年7月)(兼)
王瑞虎(1995年7月—1997年5月)(兼)
贺正余(1997年5月—2000年12月)(兼)
孙 铁(2001年1月—2001年11月)
副主任:王瑞虎(1994年9月—1995年7月)

县目标管理督查办公室:

主 任:孙 铁(2001年11月—2003年3月)
伍玉地(2003年5月—2003年9月)(兼)
副主任:顾辉武(2001年11月—2003年3月)
段定金(2003年5月—2005年10月)
黄友朝(2003年9月—2005年10月)(主持工作)

九、信访办

主 任:李朝海(1993年2月—1996年2月)
罗茂茹(女1996年2月—2003年3月)
黄 武(2004年7月—2005年10月)
副主任:李朝海(1990年3月—1993年2月)
覃典翠(女1990年7月—1993年2月)
孙成泽(1993年2月—1998年5月)
廖兴康(1998年3月—2001年12月)
李 林(2003年3月—2004年6月)(主持工作)
(2004年7月—2005年10月)
龙 后(女2003年3月—2005年10月)

十、县保密委、县委保密办、县保密局

县保密委员会

主 任:周子光(1990年3月—1993年3月)
史友惠(女1993年3月—1996年8月)
李昆学(1996年8月—1997年3月)
何 冰(1997年3月—2002年10月)
袁 旭(2003年6月—2004年11月)
彭禄君(2004年11月—2005年10月)
副主任:庄克荣(1990年3月—1997年3月)
李万成(1990年3月—1993年3月)
吴幼章(1993年6月—2002年10月)
阎彦哲(1993年3月—1996年8月)

县委保密办

主 任:杨登洪(2003年5月—2003年10月)(兼)
副主任:赖淑莉(女2003年5月—2004年10月)
代心平(1996年8月—1997年3月)
曾道国(1996年8月—1997年3月)
薛 昌(1996年8月—1997年3月)
张仁龙(1996年8月—1997年3月)
黄 勤(1998年5月—2002年10月)
曾祥斌(2003年6月—2003年12月)
张孝军(2003年6月—2004年11月)
彭禄君(2003年6月—2004年11月)
廖国琏(2003年6月—2004年11月)

县保密局

局 长:周子光(1990年8月—1992年1月)
阎彦哲(1992年2月—1996年3月)(兼)
代心平(1996年3月—1998年3月)(兼)
李大彦(2001年3月—2003年6月)(兼)
杨登洪(2003年5月—2003年10月)(兼)
副局长:庄克荣(1991年9月—2001年12月)
赖淑莉(女2003年3月—2004年10月)
唐子雪(2003年10月—2004年10月)(主持工作)
陈元霓(女、2004年10月—2005年10月)

十一、机要局

局 长:姜家金(1993年2月—1998年2月)(兼)
周道义(1998年3月—1999年12月)(兼)
尹 刚(2000年1月—2001年10月)(兼)
李大彦(2003年5月—2003年9月)(兼)
副局长:张宝林(1993年2月—1994年1月)
李茂生(1993年2月—2005年10月)
杨 俊(2003年3月—2005年10月)

十二、老干部局

局 长:熊绍全(1987年10月—1995年11月)

唐立富(1995 年 11 月—2003 年 3 月)
罗茂茹(女 2003 年 3 月—2005 年 10 月)
副局长:孔祥琼(女 1995 年 11 月—2002 年 2 月)
曾　玲(女 2002 年 3 月—2005 年 10 月)

十三、机关工委

书　记:黄凯修(1987 年 10 月—1993 年 3 月)
曾道国(1993 年 3 月—1998 年 3 月)
胡佑泽(1998 年 3 月—2003 年 3 月)
易　宏(2003 年 3 月—2005 年 10 月)
副书记:李富良(1989 年 3 月—1993 年 12 月)
易　宏(1993 年 4 月—2003 年 3 月)

十四、党史研究室

主　任:廖先欲(1989 年 10 月—1991 年 9 月)
龙　敏(1993 年 2 月—1994 年 8 月)(兼)
廖国琏(1998 年 3 月—2000 年 2 月)(兼)
谢晓卉(女 2000 年 2 月—2003 年 12 月)(兼)
裴成科(2004 年 7 月—2005 年 10 月)
副主任:陈举新(1991 年 6 月—1998 年 4 月)
孙成泽(1998 年 4 月—2004 年 7 月)

十五、党校

校　长:李再发(1989 年 9 月—1992 年 5 月)(兼)
李佐琼(1992 年 6 月—1998 年 2 月)(兼)
何　冰(1998 年 3 月—2000 年 11 月)(兼)
郑天奇(2000 年 12 月—2003 年 2 月)(兼)
吴幼章(2003 年 3 月—2003 年 12 月)(兼)
袁　旭(2004 年 7 月—2005 年 10 月)(兼)
副校长:贺明泽(1987 年 10 月—1998 年 2 月)
代心平(1989 年 9 月—1996 年 3 月)
刘孝坤(1996 年 3 月—1999 年 10 月)
陈德茂(1998 年 3 月—2000 年 11 月)
李富良(1999 年 8 月—2001 年 11 月)
代心平(2000 年 7 月—2005 年 10 月)
范方龙(2003 年 5 月—2005 年 10 月)

县行政学校

校　长:谢瑞武(2001 年 1 月—2002 年 7 月)(兼)
舒　刚(2002 年 12 月—2003 年 5 月)(兼)
施跃华(2003 年 5 月—2005 年 10 月)(兼)
副校长:代心平(2002 年 7 月—2005 年 10 月)
李富良(2001 年 1 月—2001 年 11 月)
杨永富(2001 年 1 月—2003 年 3 月)
范方龙(2003 年 5 月—2005 年 10 月)
陈　泽(2003 年 5 月—2005 年 10 月)

第三章 政、军、统、群系统党组(党委)

一、县人大常委会党组

书　记:刘栓榻(1990 年 2 月—1993 年 2 月)
李扬德(1993 年 2 月—1997 年 12 月)
李昆学(1998 年 1 月—2000 年 12 月)
赵德喜(2001 年 1 月—2002 年 12 月)
郑天奇(2003 年 1 月—2005 年 10 月)
副书记:吴世君(1987 年 10 月—1992 年 2 月)
李存杰(1993 年 2 月—1997 年 12 月)
马华贵(1998 年 1 月—2002 年 3 月)
姜家金(2003 年 1 月—2005 年 10 月)

二、县政府党组

书　记:吴逢根(1987 年 10 月—1990 年 2 月)
邓全忠(1998 年 1 月—2000 年 12 月)
何　冰(2000 年 12 月—2002 年 12 月)
舒　刚(2002 年 12 月—2003 年 12 月)
何立斌(2003 年 12 月—2005 年 6 月)
施跃华(代理县长,2005 年 6 月—2005 年 10 月)
副书记:刘光伟(1987 年 10 月—1990 年 2 月)
沈有春(1990 年 3 月—1997 年 10 月)
谢瑞武(1998 年 1 月—2001 年 8 月)
何　冰(2000 年 6 月—2000 年 11 月)
施跃华(2002 年 12 月—2005 年 6 月)

三、县政协党组

书　记:薛满仓(1987 年 10 月—1990 年 3 月)
李扬德(1990 年 3 月—1993 年 1 月)
李再发(1993 年 1 月—2002 年 12 月)
何胜英(2002 年 12 月—2005 年 10 月)
副书记:李孝武(1987 年 10 月—1993 年 1 月)
伍树林(1998 年 5 月—2005 年 10 月)

四、县法院党组

书　记:李兴禄(1987 年 10 月—1998 年 1 月)
江海澜(1998 年 10 月—2002 年 12 月)
黄勇智(2002 年 12 月—2005 年 10 月)
纪检组长:漆巨龙(1994 年 9 月—1998 年 2 月)
王太华(1998 年 3 月—2001 年 12 月)
李世强(2002 年 1 月—2005 年 10 月)

五、县检察院党组

书　记:何树明(1990年4月—1998年2月)
　　潘　昆(1998年2月—2002年2月)
　　景逢均(2002年2月—2005年10月)
纪检组长:王太华(1996年4月—1998年3月)
　　罗爱萍(女1998年4月—2001年12月)
　　曾玉维(2002年1月—2005年10月)

六、财贸办党组

书　记:马华贵(1987年10月—1993年3月)
　　何开帝(1993年3月—996年2月)
　　李晓旭(女1996年2月—1998年2月)

七、流通办党组

书　记:刘光荣(1998年2月—2001年11月)
　　陈绍泉(2001年11月—2004年7月)

八、流通系统党委

书　记:陈绍泉(2004年7月—2005年10月)
副书记:叶光明(2004年7月—2005年10月)
　　罗兴建(2004年7月—2005年10月)
纪委书记:罗世君(2004年7月—2005年10月)

九、农办党组

书　记:刘运沛(1987年10月—1994年7月)
　　刘仁雄(1994年8月—2003年3月)
　　胡德彬(2003年3月—2004年7月)
　　张楚学(2004年7月—2005年10月)
副书记:叶永明(1991年9月—1993年3月)
　　张楚学(2000年6月—2003年3月)
　　叶元刚(2003年3月—2005年10月)
　　晏万长(2005年9月—2005年10月)
纪检组长:温言生(1998年4月—2003年3月)
　　易刚坤(2003年3月—2003年9月)
　　李德远(2003年9月—2005年10月)

十、中共四川中美(外)中小企业发展园区工作委员会

书　记:张弟海(1994年10月—1995年10月)
　　舒　刚(1998年2月—1999年7月)
　　彭禄君(1995年9月—1998年2月)
　　(1999年10月—2001年1月)
　　刁先锋(2001年1月—2005年10月)
副书记:林淮池(1994年9月—1995年11月)
　　彭禄君(1998年2月—1999年7月)
　　高刚跃(1998年2月—1999年6月)
　　周富银(1998年8月—2000年7月)
　　袁西高(2001年6月—2001年11月)
　　刘光荣(2001年11月—2003年9月)
　　陈邦涛(2001年11月—2005年10月)
　　黄振华(2003年4月—2005年10月)
　　李　刚(2003年6月—2004年7月)
纪委书记:彭述刚(1996年3月—1998年4月)
　　高刚跃(1998年4月—1999年8月)
　　彭述刚(1999年8月—2000年7月)
　　唐中杰(2001年7月—2003年3月)
　　何　斌(2003年3月—2005年3月)

十一、县计划委员会党组

书　记:薛友文(1987年10月—1993年2月)
　　代兴平(2000年1月—2001年11月)
副书记:王清伟(2000年1月—2001年11月)

十二、县经济委员会党组

书　记:严国康(1990年3月—1993年2月)
　　陈邦涛(2000年1月—2001年11月)

十三、县计划经济委员会党组

书　记:薛友文(1993年2月—1994年8月)
　　谢瑞武(1994年8月—1997年8月)
副书记:谢瑞武(1993年2月—1994年8月)
　　彭禄君(1994年8月—1996年6月)
　　王清伟(1996年6月—1997年8月)

十四、县计划与经济局党组

书　记:谢瑞武(1997年8月—1998年1月)
　　代心平(1998年1月—1999年12月)
副书记:王清伟(1997年8月—1999年12月)

十五、县发展计划局党组

书　记:代兴平(2001年11月—2002年7月)
　　林晓阳(2003年3月—2005年10月)
副书记:王清伟(2001年11月—2003年3月)
　　林晓阳(2002年8月—2003年3月)
　　张　明(2003年3月—2003年9月)

十六、县经济局党组

书　记:陈光华(2001年11月—2003年3月)
　　曾绪伟(2003年3月—2005年3月)
副书记:陶宪文(2001年11月—2004年8月)
　　唐元东(2004年8月—2005年10月)
纪检组长:王　俊(2001年11月—2003年3月)
　　曾　平(2003年3月—2005年10月)

十七、轻工业局党组

书　记:刘怀海(1987年10月—1993年3月)

陈邦涛(1993 年 3 月—2000 年 3 月)
陶宪文(2000 年 3 月—2003 年 7 月)

十八、教育局党组

2002 年 9 月,撤销党组,建立党委。

书　记:曾仕禄(1987 年 10 月—1993 年 2 月)
陈绍忠(1993 年 3 月—1998 年 1 月)
闫彦琦(1998 年 2 月—2001 年 11 月)
贺正余(2001 年 12 月—2005 年 10 月)
副书记:陈绍忠(1990 年 5 月—1993 年 2 月)
王隆志(2003 年 3 月—2004 年 9 月)
蓝　洋(2005 年 7 月—2005 年 10 月)
纪检组长:王隆志(2002 年 1 月—2003 年 3 月)
邱　宏(2003 年 3 月—2005 年 10 月)

十九、科技局党组

书　记:严国康(1993 年 3 月—1996 年 1 月)
沈序全(1996 年 2 月—1999 年 7 月)
王瑞虎(1999 年 8 月—2004 年 7 月)
李　刚(2004 年 8 月—2005 年 10 月)

二十、公安局党组

书　记:刘前江(1987 年 10 月—1997 年 12 月)
何安兴(1997 年 12 月—1999 年 1 月)
王平江(1999 年 1 月—2000 年 3 月)
蒲　勇(2000 年 3 月—2004 年 7 月)
任　伟(2004 年 7 月—2005 年 10 月)
副书记:张学成(1987 年 10 月—1989 年 12 月)
王道裕(1989 年 12 月—1990 年 4 月)
何安兴(1990 年 4 月—1998 年 4 月)
王平江(1998 年 4 月—1999 年 1 月)
吴仕见(2000 年 4 月—2003 年 6 月)
钟　斌(2004 年 1 月—2005 年 10 月)
纪检组长:王平江(1998 年 4 月—1999 年 1 月)(兼)
吴世见(1999 年 1 月—2002 年 1 月)(兼)
赖万一(2002 年 1 月—2005 年 5 月)
黄红卫(2005 年 5 月—2005 年 10 月)

二十一、县民政局党组

书　记:姜家金(1987 年 10 月—1993 年 2 月)
杨润泽(1993 年 2 月—2001 年 11 月)
袁西高(2001 年 11 月—2005 年 10 月)
副书记:刘升跃(2003 年 3 月—2005 年 10 月)
纪检组长:覃典翠(女 1998 年 4 月—2002 年 3 月)
刘守平(2002 年 3 月—2005 年 10 月)

二十二、县残联党组

书　记:刘升跃(2003 年 6 月—2005 年 10 月)

二十三、司法局党组

书　记:解世烈(1987 年 10 月—1993 年 2 月)
李富伟(1993 年 3 月—1998 年 2 月)
廖文芳(1998 年 3 月—2003 年 2 月)
孙　铁(2003 年 3 月—2005 年 10 月)
纪检组长:戴祯模(2000 年 2 月—2003 年 9 月)(兼)
肖国平(2003 年 10 月—2005 年 10 月)

二十四、财政局党组

书　记:李晓旭(女、1989 年 11 月—1996 年 3 月)
舒　刚(1996 年 4 月—1998 年 4 月)
陈文建(1998 年 4 月—2003 年 4 月)
刘显勇(2003 年 4 月—2005 年 10 月)
纪检组长:张安良(2000 年 6 月—2003 年 3 月)
黄祖刚(2003 年 3 月—2003 年 9 月)
邱道玉(女 2003 年 9 月—2005 年 10 月)

二十五、人事局党组

1987 年 4 月 20 日,金堂县人事局党组建立。

书　记:彭守成(1987 年 10 月—1993 年 2 月)
汤昌金(1993 年 2 月—2001 年 1 月)
周厚金(2001 年 1 月—2005 年 10 月)

二十六、劳动保障局党组

2001 年 11 月,原县劳动局更名为县劳动与社会保障局。

书　记:周元洪(1987 年 10 月—1992 年 3 月)
兰文成(1992 年 3 月—1998 年 3 月)
李晓旭(女 1998 年 3 月—2003 年 3 月)
黄德斌(2003 年 3 月—2005 年 8 月)
王　敏(2005 年 8 月—2005 年 10 月)
副书记:卢孝国(2003 年 3 月—2003 年 9 月)
杨国树(2003 年 9 月—2005 年 10 月)
纪检组长:高崇永(1998 年 4 月—2001 年 12 月)
唐仕平(2002 年 1 月—2005 年 10 月)

二十七、国土局党组

书　记:张弟海(1988 年 6 月—1995 年 10 月)
彭禄君(1995 年 10 月—2001 年 11 月)
刘光荣(2001 年 11 月—2005 年 10 月)
副书记:卢孝国(2001 年 11 月—2003 年 3 月)
纪检组长:唐诗海(1998 年 4 月—2001 年 7 月)(兼)
卢孝国(2001 年 7 月—2002 年 1 月)(兼)
伍　智(2002 年 1 月—2003 年 3 月)

李晓瑜(女2003年3月—2003年9月)(兼)
蹇明昌(2004年10月—2005年10月)

二十八、建设局党组

书　记:陈泓渚(1990年5月—1993年1月)
张明楷(1993年2月—1996年1月)
刁先锋(1996年2月—2004年6月)
黄安军(2004年7月—2005年10月)
副书记:张茂泉(1990年5月—1992年5月)
徐声华(2003年4月—2004年10月)
史国忠(2003年1月—2003年9月)
纪检组长:易大华(1990年5月—1993年7月)
韦太启(1993年7月—1998年4月)
傅叔康(1998年4月—2002年1月)
熊发强(2002年1月—2005年10月)

二十九、交通局党组

书　记:罗光然(1990年1月—1998年2月)
周厚金(1998年2月—2001年2月)
钟思勇(2001年1月—2004年7月)
施尚书(2004年7月—2005年10月)
副书记:黄显坤(2003年4月—2005年10月)
纪检组长:张宏才(1990年6月—1998年4月)
梁代模(1998年4月—2002年1月)
黄友朝(2002年1月—2003年3月)
罗世君(2003年3月—2003年9月)
曾晓莉(女2003年9月—2005年3月)
唐中杰(2005年3月—2005年10月)

三十、水利局党组

书　记:马志生(1987年10月—1994年8月)
李永海(1994年8月—2000年4月)
王道明(2000年4月—2003年3月)
唐万举(2003年3月—2005年10月)
副书记:郭显林(1990年5月—1998年4月)
唐中文(大)(2000年6月—2003年3月)
曾常春(2003年3月—2004年10月)
纪检组长:张绍富(1995年1月—1998年3月)
郭显林(1998年4月—2000年3月)
刘继福(2000年4月—2002年5月)
杨　林(2003年3月—2003年9月)
唐中文(大)(2003年9月—2005年10月)

三十一、农业局党组

书　记:吴正华(1987年10月—1993年3月)
叶元刚(1993年3月—2003年3月)
叶家土(2003年3月—2004年7月)
晏万长(2004年7月—2005年10月)
副书记:凤连清(2003年3月—2005年10月)
纪检组长:叶元刚(1990年6月—1993年5月)
马新建(女1993年5月—2002年1月)
陈大川(2002年1月—2003年9月)
张建国(2003年9月—2005年10月)

三十二、农机局党组

书　记:肖方荣(1987年10月—1993年2月)
袁道荣(1993年3月—1998年2月)
叶家土(1998年3月—2003年4月)
王先富(2003年5月—2005年10月)
纪检组长:梁扬进(2002年2月—2005年10月)

三十三、畜牧食品局党组

书　记:黄德成(1990年5月—1995年6月)
黄振华(1995年6月—1998年3月)
易刚坤(1998年3月—2003年3月)
王　平(2003年3月—2004年7月)
王瑞虎(2004年7月—2005年10月)
纪检组长:罗明章(1998年6月—2003年9月)
周富银(2003年10月—2005年10月)

三十四、文体局党组

书　记:潘文成(1987年10月—1993年2月)
杨祥远(1993年2月—2000年4月)
石廷贵(2000年4月—2001年11月)
纪检组长:张先芸(女1998年4月—2001年11月)

三十五、文化局党组

书　记:潘文成(1988年6月—1993年2月)

三十六、文化旅游局党组

书　记:杨祥远(1993年2月—1997年8月)

三十七、文体广电局党组

书　记:罗腾元(2001年11月—2004年7月)
蒲　勇(2004年7月—2005年10月)
副书记:石廷贵(2001年11月—2003年8月)
纪检组长:张先芸(女2001年11月—2002年1月)
唐明珠(女2002年1月—2005年10月)

三十八、广电局党组

书　记:罗明寿(1987年10月—2000年6月)
罗腾元(2000年6月—2001年11月)

三十九、卫生局党组

书　记:陈安盛(1988年8月—1996年12月)
吴康有(1996年12月—2004年7月)

张孝轩(2004 年 7 月—2005 年 10 月)

纪检组长:肖国平(1997 年 4 月—2000 年 7 月)

王瑞碧(2000 年 8 月—2003 年 3 月)

彭倡彬(2003 年 4 月—2005 年 10 月)

四十、计生局党组

书　记:何凤鸣(1990 年 5 月—1993 年 2 月)

叶永明(1993 年 2 月—1996 年 2 月)

王德贵(1996 年 2 月—2000 年 6 月)

赵道全(2000 年 6 月—2005 年 10 月)

副书记:杨国树(2003 年 3 月—2003 年 10 月)

纪检组长:夏隆芳(女 1998 年 4 月—2000 年 6 月)(兼)

肖国平(2000 年 6 月—2003 年 9 月)

杨显钦(2003 年 10 月—2005 年 10 月)

四十一、审计局党组

书　记:罗光益(1987 年 10 月—1996 年 2 月)

闫彦哲(1996 年 2 月—1999 年 6 月)

高刚跃(1999 年 6 月—2003 年 3 月)

黄　航(2003 年 3 月—2005 年 10 月)

副书记:薛　昌(2001 年 6 月—2003 年 3 月)

纪检组长:张继弼(2001 年 7 月—2003 年 10 月)

廖秀华(女 2003 年 10 月—2005 年 10 月)

四十二、环保局党组

书　记:杨　伟(2001 年 11 月—2005 年 10 月)

副书记:刘晓东(2001 年 11 月—2004 年 10 月)

四十三、安监局党组

2005 年 4 月,成立金堂县安全生产监督管理局。

书　记:刘光润(2005 年 4 月—2005 年 10 月)

四十四、林业局党组

书　记:舒　刚(1987 年 10 月—1995 年 12 月)

彭友金(1995 年 12 月—2003 年 3 月)

张楚学(2003 年 3 月—2004 年 6 月)

叶家土(2004 年 7 月—2005 年 10 月)

副书记:朱忠祥(1996 年 7 月—1998 年 3 月)

李富荣(2003 年 3 月—2005 年 10 月)

纪检组长:吴世旭(1990 年 6 月—1993 年 5 月)(兼)

曾明全(1993 年 5 月—1998 年 12 月)(兼)

龚顺刚(1998 年 12 月—2003 年 2 月)

彭辉萍(女 2003 年 3 月—2005 年 10 月)

四十五、旅游局党组

中共金堂县旅游局党组建立于 2004 年 4 月。

书　记:肖　禹(女 2004 年 4 月—2005 年 9 月)

四十六、物价局党组

中共金堂县物价局党组建立于 1998 年 6 月。

书　记:蒋　荣(1998 年 6 月—2004 年 7 月)

邓清明(2004 年 7 月—2005 年 10 月)

纪检组长:蒋远平(2000 年 10 月—2004 年 10 月)

赖淑莉(女 2004 年 10 月—2005 年 10 月)

四十七、统计局党组

1994 年 12 月,中共金堂县统计局党组正式建立。

书　记:王诗禄(1994 年 12 月—2003 年 3 月)

孙中德(2004 年 9 月—2005 年 10 月)

副书记:孙中德(2003 年 4 月—2004 年 8 月)主持工作

四十八、粮食局党组(党委)

书　记:钟德建(1987 年 10 月—1996 年 2 月)

何开帝(1996 年 2 月—1998 年 3 月)

王　平(1998 年 3 月—2003 年 3 月)

副书记:易大纪(1990 年 3 月—1993 年 2 月)

袁华平(1993 年 2 月—1994 年 3 月)

纪检组长:贺光彩(1987 年 10 月—2000 年 6 月)

杨　林(2000 年 6 月—2003 年 3 月)

王代才(2003 年 3 月—2003 年 9 月)

罗世君(2003 年 9 月—2004 年 7 月)

四十九、贸易与粮食局党委

书　记:叶光明(2003 年 7 月—2004 年 7 月)

五十、供销社党委

书　记:苏顺乾(1987 年 10 月—1991 年 5 月)

王晓华(1992 年 3 月—1993 年 3 月)

陈绍泉(1993 年 3 月—2004 年 7 月)

副书记:周光全(1992 年 3 月—1994 年 8 月)

郝　俊(1998 年 4 月—2003 年 4 月)

五十一、招商局党组

县招商局党组建立于 2003 年 10 月。

书　记:李　刚(2003 年 10 月—2004 年 4 月)

刁先锋(2004 年 4 月—2005 年 10 月)

副书记:李　刚(2004 年 4 月—2004 年 7 月)

五十二、中小企业局党组

书　记:廖焕孝(1987 年 10 月—1991 年 5 月)

龙崇志(1991 年 5 月—1998 年 3 月)

陈光华(1998 年 3 月—2001 年 11 月)

李 刚(2001 年 11 月—2003 年 6 月)

陶宪文(2003 年 7 月—2004 年 7 月)

唐元东(2004 年 9 月—2005 年 10 月)

副书记:林祖旭(1991 年 1 月—1998 年 4 月)

五十三、商业局党组

书　记:罗方文(1987 年 10 月—1993 年 3 月)
　　　杨显军(1993 年 3 月—1995 年 4 月)
　　　曾祥武(1995 年 4 月—1998 年 4 月)
副书记:何志明(1994 年 8 月—1997 年 7 月)

五十四、贸易局党组

书　记:曾祥武(1998 年 4 月—2001 年 10 月)
　　　王　平(2001 年 10 月—2003 年 2 月)

五十五、工商联党组

金堂县工商业联合会党组建立于 1993 年 6 月。

书　记:曾凡友(1993 年 6 月—1996 年 2 月)
　　　王　平(1997 年 3 月—1998 年 3 月)
　　　淡庆华(1998 年 3 月—2000 年 11 月)
　　　袁华平(2000 年 12 月—2005 年 10 月)
副书记:张宝林(1996 年 2 月—1997 年 3 月)

五十六、物资局党组

2004 年 7 月,物资局党组并入中共金堂县流通系统委员会。

书　记:王清伟(1987 年 10 月—1996 年 2 月)
　　　周光全(1998 年 2 月—2004 年 7 月)

五十七、税务局党组

书　记:许祖林(1990 年 5 月—1993 年 5 月)
　　　林泽远(1993 年 6 月—1994 年 9 月)

五十八、国税局党组

书　记:林泽远(1994 年 9 月—1999 年 1 月)
　　　牛晋川(1999 年 1 月—2005 年 10 月)
纪检组长:唐　敏(女 1998 年 7 月—2005 年 10 月)

五十九、地税局党组

1996 年 4 月,中共金堂县地方税务局党组建立。

书　记:谢先强(1996 年 4 月—2000 年 4 月)
　　　黄学斌(2000 年 4 月—2005 年 10 月)
纪检组长:黄果成(1998 年 12 月—2000 年 4 月)
　　　　唐　斌(2001 年 12 月—2005 年 10 月)

六十、工商局党组

书　记:钟大沛(1990 年 3 月—1993 年 2 月)
　　　孙中德(1993 年 2 月—1995 年 4 月)
　　　谢奇才(1995 年 4 月—2004 年 7 月)
　　　张光修(2004 年 7 月—2005 年 8 月)
　　　程毅刚(2005 年 8 月—2005 年 10 月)
副书记:黎家华(女 2005 年 8 月—2005 年 10 月)
　　　孙中德(1995 年 4 月—1998 年 4 月)
纪检组长:邓安文(1987 年 10 月—1993 年 4 月)(兼)
　　　　陈昌树(1993 年 4 月—1995 年 1 月)(兼)
　　　　黎家华(女 1995 年 1 月—1998 年 4 月)(兼)
　　　　黄步明(1998 年 4 月—2002 年 5 月)
　　　　孙建明(2005 年 5 月—2005 年 10 月)

六十一、质监局党组

书　记:谭绍宣(1988 年 4 月—1994 年 8 月)
　　　张茂泉(1994 年 8 月—2004 年 9 月)
　　　李　江(2004 年 9 月—2005 年 10 月)
副书记:张华生(1994 年 1 月—1998 年 3 月)
纪检组长:张华生(1994 年 1 月—2000 年 1 月)(兼)
　　　　黄祖德(2000 年 1 月—2005 年 10 月)

第四章　区、乡、镇党委

一、赵镇党委

1992 年 10 月撤区、并乡、扩镇,三江区所辖的龙威乡、杨柳乡并入赵镇,2004 年 9 月,云绣乡并入赵镇,同时,撤销龙威乡、杨柳乡建制。

书　记:何开帝(1990 年 1 月—1992 年 10 月)
　　　李永海(1992 年 10 月—1994 年 8 月)
　　　周道义(1994 年 8 月—1998 年 2 月)
　　　赵道全(1998 年 2 月—2000 年 6 月)
　　　曾绪伟(2000 年 6 月—2003 年 3 月)
　　　陈光华(2003 年 3 月—2004 年 7 月)
　　　刁先锋(2004 年 7 月—2005 年 8 月)
　　　尹贤鹏(2005 年 8 月—2005 年 10 月)
副书记:李升亨(1987 年 10 月—1996 年 3 月)
　　　张茂泉(1987 年 10 月—1994 年 11 月)
　　　张友贵(1994 年 11 月—1995 年 11 月)
　　　　　(2004 年 10 月—2005 年 10 月)
　　　吴仕见(1995 年 3 月—1998 年 3 月)
　　　袁西高(1995 年 11 月—1998 年 2 月)
　　　余文琼(女 1996 年 1 月—1998 年 12 月)
　　　张开德(1998 年 3 月—2000 年 7 月)
　　　　　(2004 年 10 月—2005 年 10 月)
　　　钟　斌(1998 年 12 月—2003 年 9 月)
　　　唐忠惠(女 2000 年 11 月—2003 年 3 月)
　　　钟祖国(2000 年 11 月—2004 年 6 月)
　　　周潮海(2003 年 3 月—2004 年 6 月)
　　　雷　育(2003 年 9 月—2004 年 10 月)
　　　刁鸿雁(2004 年 10 月—2005 年 10 月)
　　　陈康林(2004 年 10 月—2005 年 10 月)

纪委书记：李升享（1987 年 10 月—1992 年 10 月）（兼）
余文琼（女 1992 年 10 月—1996 年 10 月）
张开德（1996 年 10 月—1998 年 12 月）
唐宗惠（女、1998 年 10 月—2003 年 3 月）
周朝海（2003 年 3 月—2004 年 10 月）（兼）
陈康林（2004 年 10 月—2005 年 10 月）（兼）

二、三江区委

1992 年 10 月，撤销三江区建制，区委工作停止。

书　记：张明楷（1987 年 10 月—1992 年 10 月）
副书记：林维池（1987 年 10 月—1992 年 10 月）
袁道荣（1990 年 3 月—1992 年 10 月）

三、清江镇党委

书　记：谢先强（1992 年 10 月—1995 年 10 月）
陈文建（1995 年 12 月—1998 年 3 月）
王　伟（1998 年 3 月—2002 年 1 月）
晏万长（2002 年 5 月—2004 年 7 月）
张先法（2004 年 7 月—2004 年 10 月）（代理书记）
（2004 年 10 月—2005 年 10 月）
副书记：曾绍亮（1992 年 10 月—1998 年 12 月）
张巨康（1992 年 10 月—1994 年 5 月）
淡庆华（1994 年 3 月—1998 年 12 月）
肖连强（1998 年 12 月—2001 年 12 月）
张先法（1998 年 12 月—2004 年 10 月）
肖登志（2001 年 12 月—2002 年 5 月）
阳光熙（2001 年 12 月—2005 年 10 月）
纪委书记：曾绍亮（1992 年 10 月—1995 年 12 月）（兼）
陈兆银（1995 年 12 月—2001 年 12 月）
阳光熙（2001 年 12 月—2005 年 10 月）（兼）

四、清江乡党委

1992 年 10 月，改清江乡建制为清江镇建制。

书　记：廖洪元（1989 年 9 月—1991 年 4 月）（代理书记）
范林仕（1991 年 4 月—1992 年 10 月）
副书记：范林仕（1990 年 1 月—1991 年 4 月）
钟　文（1987 年 10 月—1988 年 12 月）
廖忠礼（1989 年 10 月—1992 年 10 月）
陈兆银（1989 年 1 月—1990 年 1 月）
杨国树（1991 年 7 月—1992 年 10 月）

五、官仓镇党委

1992 年 10 月，改官仓乡建制为官仓镇建制。

书　记：叶家土（1992 年 10 月—1998 年 4 月）
刘升跃（1998 年 4 月—2003 年 2 月）
刘盛成（2003 年 10 月—2005 年 10 月）
副书记：李富荣（1992 年 10 月—2002 年 4 月）
廖忠礼（1992 年 10 月—1998 年 4 月）
李　刚（1995 年 12 月—1998 年 4 月）
刘湘树（1998 年 12 月—2005 年 10 月）
刘盛成（2000 年 11 月—2003 年 2 月）
林秀平（1998 年 12 月—2005 年 10 月）
纪委书记：廖忠礼（1992 年 12 月—1994 年 10 月）
李　刚（1995 年 3 月—1998 年 2 月）
刘湘树（1998 年 2 月—2005 年 10 月）

六、官仓乡党委

书　记：廖兴恕（1990 年 1 月—1992 年 10 月）
副书记：张祖烈（1987 年 10 月—1990 年 1 月）
林思华（1987 年 10 月—1990 年 1 月）
张必奎（1990 年 1 月—1992 年 10 月）
李富荣（1990 年 3 月—1992 年 10 月）
纪委书记：张祖烈（1987 年 10 月—1992 年 12 月）

七、龙威乡党委

1992 年 10 月，龙威乡并入赵镇，同时，撤销龙威乡建制。

书　记：王德顺（1988 年 7 月—1992 年 10 月）
副书记：谢蓉芳（女 1987 年 10 月—1992 年 10 月）
曾明显（1989 年 3 月—1992 年 10 月）
张友贵（1990 年 2 月—1992 年 10 月）

八、悦来乡党委

1992 年 10 月，悦来乡、同兴乡撤乡合并为九龙镇。

书　记：叶光明（1990 年 8 月—1992 年 10 月）
副书记：刘述益（1988 年 12 月—1992 年 10 月）

九、杨柳乡党委

1992 年 10 月，杨柳乡并入赵镇，同时，撤销杨柳乡建制。

书　记：范明忠（1990 年 2 月—1992 年 10 月）
副书记：张克蓉（女 1990 年 2 月—1992 年 10 月）
庄世友（1990 年 2 月—1992 年 10 月）

十、云绣乡党委

2004 年 9 月，云绣乡并入赵镇，同时，撤销云绣乡建制。

书　记：徐正国（1990 年 2 月—1996 年 1 月）
赵道全（1996 年 1 月—1998 年 2 月）

唐万举(1998年2月—2003年3月)
文可绪(2003年3月—2004年9月)
副书记:曾绍亮(1987年10月—1992年10月)
张方全(1990年2月—1992年10月)
沈序全(1990年11月—1993年3月)
何成良(1992年11月—1994年6月)
张克亮(1993年1月—2004年10月)
王远发(1994年4月—2001年11月)
黄国光(1995年12月—1998年12月)
陈康林(2001年11月—2004年10月)
文可绪(2001年11月—2003年3月)

十一、栖贤乡党委

书　记:沈遂德(1990年3月—1992年10月)
金必聪(1992年10月—1994年7月)
张孝军(1994年7月—1998年3月)
王先富(1998年3月—2003年3月)
李玉明(2003年3月—2005年8月)
雷崇富(2005年8月—2005年10月)
副书记:杨国树(1989年12月—1991年3月)
刘利水(1990年3月—1992年10月)
周富银(1990年10月—1991年9月)
罗茂茹(女 1992年10月—1995年12月)
黄子高(1992年10月—1995年12月)
曾仕繁(1994年7月—1998年12月)
傅长礼(1994年1月—1995年12月)
王先富(1995年10月—1998年3月)
邱子平(1998年3月—2000年6月)
房宗贵(2000年12月—2004年10月)
李世强(1998年12月—2001年12月)
雷崇富(2004年10月—2005年9月)
唐中年(2002年3月—2004年10月)
黄　勖(2001年12月—2005年10月)
纪委书记:黄子高(1992年10月—1994年7月)
曾仕繁(1994年7月—1998年12月)
何此安(1998年12月—2001年12月)
黄　勖(2001年12月—2005年10月)

十二、盐井乡党委

1992年10月,盐井乡并入栖贤乡,同时,撤销盐井乡建制。

书　记:沈亦田(1987年10月—1992年10月)
副书记:罗茂茹(女 1987年10月—1992年10月)
王兴田(1990年3月—1992年10月)

十三、三星乡党委

书　记:赵道全(1989年11月—1992年10月)
副书记:黄廷树(1990年2月—1992年10月)
钟思勇(1990年9月—1992年10月)
廖忠礼(1991年10月—1992年10月)
徐建礼(1990年2月—1991年10月)

十四、四方乡党委

书　记:唐启华(1987年10月—1992年10月)
副书记:陈厚华(1988年5月—1992年10月)
周维剑(1990年2月—1992年10月)

十五、三星镇党委

1992年10月,三星乡、四方乡合并成立三星镇,同时,撤销三星乡、四方乡建制。

书　记:廖兴恕(1992年10月—1994年8月)
龙　敏(1994年8月—1998年2月)
石廷贵(1998年2月—2000年6月)
黄　武(2000年6月—2004年7月)
王　俊(2004年7月—2005年10月)
副书记:赵道全(1992年10月—1995年10月)
陈光华(1992年10月—1998年3月)
肖敦志(1996年1月—2002年3月)
刘光香(女 1996年1月—2004年10月)
王　俊(2002年11月—2004年7月)
晏万长(2002年3月—2002年5月)
黄久明(2003年3月—2005年10月)
张克亮(2004年9月—2005年10月)
纪委书记:唐科荣(1993年1月—1995年6月)
刘光香(女 1995年6月—1999年1月)(兼)
曾玉芬(女 1999年1月—2002年3月)
刘光香(女 2002年3月—2004年8月)(兼)
黄久明(2004年8月—2005年10月)

十六、淮口区委

1992年10月,撤销淮口区建制,区委工作停止。

书　记:王先觉(1987年10月—1992年10月)
副书记:汪绍泽(1987年10月—1992年10月)

十七、淮口镇党委

1992年10月,建设乡、淮口乡撤乡合并成立淮口镇。2004年9月,九龙镇并入淮口镇。撤销建设乡、淮口乡及九龙镇建制。

书　记:刘光祥(1989年12月—1992年10月)
高刚跃(1992年10月—1998年12月)
郑邦兴(1998年12月—2000年11月)

汪光友(2000 年 11 月—2004 年 4 月)
王道明(2004 年 4 月—2005 年 10 月)
副书记:胡永合(1987 年 10 月—1992 年 10 月)
代孝成(1992 年 10 月—1996 年 12 月)
刘光祥(1996 年 12 月—1999 年 12 月)
尹贤林(2000 年 1 月—2001 年 11 月)
钟玉芳(女 2001 年 12 月—2003 年 4 月)
林文君(2003 年 4 月—2004 年 9 月)
仲　泽(2004 年 12 月—2005 年 10 月)
黄永胜(2004 年 9 月—2005 年 10 月)
徐　建(2005 年 8 月—2005 年 10 月)(市交通局下派干部)
纪委书记:刘光祥(1987 年 10 月—1992 年 9 月)
易刚树(1992 年 11 月—1999 年 10 月)
钟玉芳(女 1999 年 11 月—2000 年 7 月)
林文君(2000 年 8 月—2004 年 9 月)
仲　泽(2004 年 10 月—2005 年 10 月)

十八、五凤镇党委

书　记:高刚跃(1990 年 2 月—1992 年 2 月)
彭友金(1992 年 3 月—1995 年 12 月)
潘　昆(1995 年 12 月—1998 年 4 月)
唐仕发(1998 年 4 月—1998 年 12 月)
杨国树(1999 年 1 月—2003 年 2 月)
尹全红(2003 年 3 月—2005 年 10 月)
副书记:高刚跃(1989 年 3 月—1990 年 12 月)
卢祥明(1989 年 3 月—1995 年 12 月)
彭友金(1990 年 2 月—1992 年 2 月)
肖坤德(1995 年 12 月—1998 年 12 月)
(2004 年 10 月—2005 年 10 月)
唐仕发(1995 年 12 月—1998 年 12 月)
蒋孟春(1995 年 12 月—1998 年 12 月)
唐朝钦(1998 年 3 月—2004 年 10 月)
贺中富(1999 年 1 月—2003 年 2 月)
陈康林(1999 年 1 月—1999 年 10 月)
张洪武(1999 年 11 月—2004 年 10 月)
李生良(2004 年 10 月—2005 年 10 月)
纪委书记:卢孝光(1987 年 10 月—1992 年 12 月)
卢祥明(1993 年 1 月—1995 年 12 月)
肖坤德(1996 年 1 月—1998 年 12 月)
贺中富(1999 年 1 月—2001 年 12 月)
张洪武(2002 年 1 月—2004 年 10 月)
肖坤德(2004 年 11 月—2005 年 10 月)

十九、淮口乡党委

1992 年 10 月,淮口乡、建设乡合并成立淮口镇,同时,撤销淮口乡、建设乡建制。

书　记:易大银(1987 年 10 月—1992 年 10 月)
副书记:邓会蓉(女 1987 年 10 月—1992 年 10 月)
刘期寿(1987 年 10 月—1989 年 12 月)
李　辉(1989 年 10 月—1992 年 10 月)
纪委书记:李　辉(1991 年 1 月—1992 年 9 月)

二十、建设乡党委

1992 年 10 月,建设乡、淮口乡合并成立淮口镇,同时,撤销建设乡、淮口乡建制。

书　记:刘期寿(1989 年 12 月—1992 年 10 月)
副书记:陈光熙(1989 年 12 月—1992 年 10 月)
卢孝国(1990 年 3 月—1992 年 10 月)
纪委书记:陈光熙(1987 年 10 月—1992 年 9 月)(兼)

二十一、同兴乡党委

1992 年 10 月,同兴乡、悦来乡撤乡合并为九龙镇。

书　记:代孝成(1987 年 10 月—1992 年 10 月)
副书记:肖光前(1987 年 10 月—1992 年 10 月)

二十二、九龙镇党委

1992 年 10 月,同兴乡,悦来乡撤乡合并成立九龙镇。

书　记:张华生(1992 年 10 月—1994 年 9 月)
刘述特(1994 年 9 月—1995 年 9 月)
江海澜(1995 年 9 月—1998 年 4 月)
黄显坤(1998 年 4 月—2003 年 3 月)
陈　维(2003 年 3 月—2004 年 9 月)
副书记:黄显坤(1992 年 10 月—1994 年 9 月)
邓会蓉(女 1992 年 10 月—1995 年 12 月)
罗兴国(1994 年 4 月—1997 年 5 月)
黄永胜(1998 年 12 月—2004 年 9 月)
纪委书记:罗兴国(1995 年 10 月—1996 年 2 月)
张礼宝(1996 年 3 月—1998 年 11 月)
邓　宇(1998 年 12 月—2001 年 12 月)
黄永胜(2002 年 1 月—2004 年 9 月)

二十三、黄家乡党委

2004 年 9 月,区划调整,黄家乡并入三溪镇,撤销黄家乡建制。

书　记:黄显坤(1990 年 4 月—1992 年 10 月)
唐万举(1992 年 10 月—1995 年 10 月)
黄祖德(1995 年 11 月—1996 年 6 月)
(1996 年 7 月—1998 年 12 月)由卢孝国主持党委工作

卢孝国(1998 年 12 月—2000 年 6 月)
任时伯(2000 年 7 月—2003 年 3 月)
唐元东(2003 年 4 月—2004 年 9 月)
副书记:雷年光(1987 年 10 月—1992 年 10 月)
唐万举(1990 年 4 月—1992 年 10 月)
黄祖德(1992 年 10 月—1995 年 10 月)
卢孝国(1992 年 10 月—1998 年 12 月)
曹华利(1995 年 10 月—1998 年 12 月)
黄安军(1998 年 5 月—1999 年 8 月)
解代学(1999 年 8 月—2000 年 6 月)
林家松(1998 年 12 月—2002 年 4 月)
雷崇富(2001 年 12 月—2004 年 9 月)
唐万太(2002 年 5 月—2004 年 9 月)
纪委书记:林家松(1999 年 1 月—2002 年 4 月)(兼)
唐万太(2002 年 5 月—2004 年 9 月)(兼)

二十四、白果乡党委

书　记:黄启廉(1989 年 8 月—1992 年 10 月)
纪委书记:邓　宇(1989 年 12 月—1992 年 10 月)

二十五、白果镇党委

1992 年 10 月,白果乡、清明乡合并,成立白果镇,同时,撤销白果乡、清明乡建制。

书　记:黄启廉(1992 年 10 月—1994 年 3 月)
张宝林(1994 年 3 月—1996 年 12 月)
唐万举(1996 年 12 月—1998 年 3 月)
刘　磊(1998 年 3 月—1999 年 7 月)
黄安军(1999 年 8 月—2003 年 3 月)
任时伯(2003 年 3 月—2005 年 10 月)
副书记:黄魁学(1992 年 10 月—1995 年 12 月)
袁　章(1992 年 10 月—1998 年 12 月)
曹华善(1995 年 12 月—2001 年 12 月)
黄诗军(1998 年 12 月—2004 年 10 月)
卢孝光(1995 年 12 月—2001 年 12 月)
解代学(1998 年 10 月—1999 年 4 月)
赖国岷(1999 年 10 月—2002 年 5 月)
唐上海(2001 年 12 月—2003 年 3 月)
孙先奎(2004 年 10 月—2005 年 10 月)
纪委书记:袁　章(1992 年 10 月—1995 年 12 月)
吴敦琼(女 1995 年 12 月—1998 年 12 月)
刘仁友(1998 年 12 月—2001 年 12 月)
唐上海(2001 年 12 月—2003 年 3 月)

二十六、福兴区委

1992 年 10 月,撤销福兴区建制,区委工作停止。

书　记:谢先强(1990 年 3 月—1992 年 10 月)
副书记:兰泽煜(1987 年 10 月—1992 年 10 月)
王乐荣(1990 年 12 月—1992 年 10 月)

二十七、福兴乡党委

书　记:郭显贵(1990 年 8 月—1992 年 8 月)
副书记:余大亮(1987 年 10 月—1992 年 8 月)
张顺禄(1990 年 8 月—1992 年 8 月)

二十八、长乐乡党委

书　记:兰泽光(1988 年 8 月—1992 年 10 月)
副书记:黄庭国(1987 年 10 月—1992 年 10 月)
陈福康(1988 年 8 月—1992 年 10 月)
唐朝杰(1987 年 10 月—1992 年 10 月)

二十九、福兴镇党委

1992 年 10 月,福兴乡、长乐乡合并成立福兴镇,同时,撤销福兴乡、长乐乡建制。

书　记:易刚坤(1992 年 10 月—1998 年 2 月)
胡德彬(1998 年 3 月—2002 年 12 月)
黄富亮(2002 年 12 月—2005 年 8 月)
廖信林(2005 年 8 月—2005 年 10 月)
副书记:唐朝祥(1992 年 10 月—1995 年 8 月)
余大亮(1992 年 10 月—1995 年 8 月)
黄祖德(1992 年 10 月—1998 年 8 月)
文国章(1995 年 9 月—1998 年 2 月)
邓　荣(1995 年 10 月—1998 年 12 月)
黄富亮(1998 年 3 月—2001 年 8 月)
易刚寿(1998 年 3 月—2005 年 10 月)
魏远碧(1998 年 12 月—2001 年 8 月)
廖信林(2003 年 3 月—2005 年 8 月)
纪委书记:黄祖德(1992 年 10 月—1995 年 9 月)
邓　荣(1995 年 10 月—1998 年 12 月)
王定文(1998 年 12 月—2001 年 8 月)
易刚寿(2001 年 8 月—2005 年 10 月)

三十、金龙乡党委

书　记:唐德禄(1990 年 1 月—1992 年 10 月)
副书记:张洪发(1987 年 10 月—1992 年 10 月)
代大绪(1990 年 1 月—1992 年 10 月)

三十一、金龙镇党委

1992 年 10 月,改金龙乡建制为金龙镇建制。

书　记:张楚学(1992 年 10 月—1995 年 5 月)
文国章(1995 年 5 月—1995 年 10 月)
周德旭(1995 年 10 月—1998 年 2 月)
王道明(1998 年 2 月—2000 年 6 月)

王　敏(2000年6月—2004年6月)
蔡兴凡(2004年6月—2005年10月)
副书记:张洪发(1992年10月—1995年12月)
王道明(1995年7月—1998年2月)
黄富亮(1995年11月—1998年3月)
黄久明(1998年3月—2003年3月)
王　敏(1999年1月—2000年6月)
蔡兴凡(2000年11月—2004年6月)
肖代光(2000年11月—2004年10月)
王友忠(2004年10月—2005年10月)
戴清文(2004年10月—2005年10月)
纪委书记:戴大绪(1999年1月—2001年7月)
肖代光(2001年7月—2004年10月)(兼)
戴清文(2004年10月—2005年10月)(兼)

三十二、赵家乡党委

书　记:莫远海(1988年7月—1992年10月)
副书记:魏远金(1987年10月—1992年10月)
易刚福(1988年7月—1992年10月)

三十三、三烈乡党委

书　记:易刚坤(1988年2月—1992年3月)
易刚福(1992年3月—1992年10月)
副书记:张顺辉(1987年10月—1992年10月)
刘光泽(1987年10月—1992年10月)

三十四、赵家镇党委

1992年10月,赵家乡、三烈乡合并成立赵家镇,同时,撤销赵家乡、三烈乡建制。

书　记:莫远海(1992年10月—1995年12月)
黄祖德(1995年12月—1998年3月)
易刚福(1998年3月—2000年6月)
胡德林(2000年6月—2004年7月)
房宗贵(2004年7月—2005年10月)
副书记:易刚福(1992年10月—1998年3月)
兰泽光(1992年10月—1998年3月)
晋新琼(女 1995年12月—2000年6月)
易大定(1998年3月—2000年6月)
黄　勖(2000年6月—2004年7月)
冉小波(2000年6月—2005年10月)
罗康柏(2004年7月—2005年10月)
纪委书记:魏元金(1992年10月—1995年12月)
晋新琼(女 1995年12月—1998年12月)(兼)
黄　勖(1998年12月—2000年12月)
文春玉(2000年12月—2001年12月)
冉小波(2001年12月—2005年10月)(兼)

三十五、高板区委

1992年10月,撤销高板区建制,区委工作停止。

书　记:叶永明(1987年10月—1991年9月)
刘　伟(1991年9月—1992年10月)
副书记:卓天宜(1989年5月—1992年10月)
纪委书记:卓天宜(1988年8月—1992年10月)(兼)

三十六、高板乡党委

书　记:张廷福(1987年10月—1991年2月)
张清银(1991年3月—1992年1月)
袁西高(1992年1月—1992年10月)
副书记:熊华强(1989年11月—1992年10月)
张清银(1990年10月—1991年3月)
尹贤蓉(女 1990年1月—1991年11月)
唐仕平(1991年11月—1992年10月)
纪委书记:尹贤蓉(女 1989年10月—1991年10月)
唐仕平(1991年10月—1992年10月)

三十七、石龙乡党委

书　记:陈应柱(1989年11月—1992年10月)
副书记:张华贵(1987年10月—1992年10月)
唐章泉(1987年10月—1992年10月)
纪委书记:张华贵(1987年10月—1992年10月)

三十八、高板镇党委

1992年10月,高板乡、石龙乡合并成立高板镇,同时,撤销高板乡、石龙乡建制。

书　记:黄　航(1992年10月—1994年10月)
卓天宜(1994年10月—1996年12月)
曾中明(1996年12月—2000年6月)
解代学(2000年6月—2004年10月)
周朝海(2004年10月—2005年10月)
副书记:彭辉林(1992年10月—1994年10月)
唐仕平(1992年10月—1995年3月)
曾中明(1995年3月—1996年12月)
唐松泉(1996年12月—1998年12月)
陈才林(1996年1月—2000年6月)
唐　文(1998年12月—2004年10月)
尹贤蓉(女 2000年11月—2003年3月)
易志坚(2003年3月—2005年10月)
周玉平(2004年10月—2005年10月)
纪委书记:唐仕平(1992年10月—1995年3月)

尹贤蓉(女 1995 年 10 月—1998 年 11 月)
刘玉泉(1998 年 11 月—2000 年 12 月)
尹贤蓉(女 2000 年 12 月—2003 年 4 月)
易志坚(2003 年 4 月—2004 年 11 月)
周玉平(2004 年 11 月—2005 年 10 月)

三十九、平桥乡党委

书 记:刘孝坤(1987 年 10 月—1995 年 11 月)
唐中文(1995 年 12 月—2000 年 6 月)
陈才林(2000 年 6 月—2004 年 10 月)
罗玉才(2004 年 10 月—2005 年 10 月)
副书记:周玉平(1987 年 10 月—1995 年 12 月)
文国木(1987 年 10 月—1992 年 10 月)
陈才树(1992 年 10 月—1995 年 12 月)
陈泽勇(1995 年 3 月—1998 年 3 月)
彭辉萍(女 1995 年 12 月—1997 年 11 月)
仲 泽(1998 年 3 月—2001 年 12 月)
陈德军(1998 年 12 月—2004 年 10 月)
唐中成(2001 年 12 月—2004 年 10 月)
张金河(2004 年 10 月—2005 年 10 月)
张孝国(2004 年 10 月—2005 年 10 月)
纪委书记:周玉平(1987 年 10 月—1995 年 12 月)(兼)
彭辉萍(女 1995 年 12 月—1997 年 11 月)(兼)
陈德军(1997 年 11 月—2004 年 10 月)(兼)
张金河(2004 年 10 月—2005 年 10 月)(兼)

四十、玉河乡党委

1992 年 10 月,玉河乡并入平桥乡,同时,撤销玉河乡建制。

书 记:陈才树(1987 年 10 月—1992 年 10 月)
副书记:唐中柏(1987 年 3 月—1992 年 10 月)
唐仕平(1990 年 1 月—1991 年 12 月)
卿显模(1991 年 12 月—1992 年 10 月)
纪委书记:陈才前(1987 年 10 月—1989 年 3 月)
陈应柱(1989 年 3 月—1989 年 11 月)(兼)
唐仕平(1989 年 11 月—1991 年 12 月)(兼)
卿显模(1991 年 12 月—1992 年 10 月)(兼)

四十一、三溪镇党委

1996 年 12 月,改三溪乡建制为三溪镇建制。

书 记:贺正余(1996 年 12 月—1999 年 7 月)
唐中年(1999 年 8 月—2001 年 11 月)
黄泽荣(2002 年 4 月—2002 年 10 月)
肖连强(2002 年 11 月—2004 年 9 月)
陈 维(2004 年 10 月—2005 年 10 月)
副书记:周德益(1998 年 12 月—2001 年 10 月)
唐忠年(1996 年 12 月—1999 年 7 月)
王友忠(1998 年 12 月—2004 年 10 月)
张孝全(1999 年 8 月—2000 年 12 月)
黄泽荣(2001 年 12 月—2002 年 12 月)
王银锋(2001 年 12 月—2005 年 10 月)
张国林(2001 年 12 月—2005 年 10 月)
唐万太(2004 年 10 月—2005 年 10 月)
纪委书记:熊发强(1996 年 12 月—1998 年 5 月)
王友忠(1998 年 12 月—2001 年 12 月)(兼)
王银锋(2001 年 12 月—2004 年 9 月)(兼)
唐万太(2004 年 10 月—2005 年 10 月)(兼)

四十二、三溪乡党委

1996 年 12 月,改三溪乡建制为三溪镇建制,2004 年 9 月,黄家乡并入三溪镇,同时,撤销乡建制。

书 记:张清银(1987 年 10 月—1990 年 6 月)
彭辉林(1990 年 7 月—1991 年 2 月)
张廷福(1991 年 3 月—1992 年 9 月)
卓天宜(1992 年 10 月—1994 年 8 月)
陈应柱(1994 年 9 月—1996 年 11 月)
副书记:胡在银(1987 年 10 月—1992 年 10 月)
张明和(1990 年 3 月—1992 年 10 月)
熊发强(1992 年 10 月—1998 年 5 月)
陈应柱(1992 年 10 月—1994 年 8 月)
周德益(1994 年 2 月—1995 年 11 月)
唐忠年(1995 年 11 月—1996 年 12 月)
王友忠(1998 年 12 月—2004 年 10 月)
张孝全(1999 年 8 月—2000 年 12 月)
黄泽荣(2001 年 12 月—2002 年 12 月)
王银锋(2001 年 12 月—2005 年 10 月)
张国林(2001 年 12 月—2005 年 10 月)
唐万太(2004 年 10 月—2005 年 10 月)
纪委书记:胡在银(1987 年 10 月—1992 年 10 月)
熊发强(1992 年 10 月—1996 年 12 月)(兼)

四十三、清明乡党委

1992年10月，清明乡并入白果镇，同时，撤销清明乡建制。

书　记：张家益（1987年10月—1992年10月）

副书记：黄魁学（1989年12月—1992年10月）

　　　　袁　章（1989年12月—1992年10月）

纪委书记：袁　章（1989年12月—1992年10月）（兼）

四十四、竹篙区委

1992年10月，撤销竹篙区建制，区委工作停止。

书　记：孙中德（1990年3月—1992年10月）

副书记：彭明福（1987年10月—1992年10月）

纪委书记：陈衍钰（1987年10月—1992年10月）

四十五、竹篙镇党委

1992年1月，改竹篙乡建制为竹篙镇建制，1992年10月，新华，青松两个乡并入竹篙镇，同时，撤销新华乡、青松乡建制。

书　记：罗兴国（1992年1月—1992年10月）

　　　　刘光荣（1992年10月—1998年2月）

　　　　李光辉（1998年3月—2003年3月）

　　　　彭恢义（2003年4月—2005年8月）

　　　　黄德斌（2005年8月—2005年10月）

副书记：肖尤武（1992年1月—1992年10月）

　　　　吴象明（1998年11月—2003年2月）

　　　　唐太远（1992年10月—1998年11月）

　　　　伍炳松（1992年10月—1998年10月）

　　　　李君才（1993年4月—1998年11月）

　　　　李德亮（2003年3月—2005年10月）

纪委书记：刘秀琼（女 1993年3月—2001年10月）

　　　　　吴象明（2001年11月—2003年2月）（兼）

　　　　　李德亮（2003年3月—2005年10月）（兼）

四十六、竹篙乡党委

书　记：罗远碧（1990年10月—1991年12月）

副书记：吴美松（1990年11月—1991年12月）

四十七、新华乡党委

书　记：马太国（1987年10月—1992年10月）

副书记：雷年凡（1987年10月—1992年10月）

四十八、青松乡党委

书　记：罗兴国（1989年2月—1991年12月）

　　　　伍炳松（1992年1月—1992年10月）

副书记：唐太远（1987年10月—1992年10月）

　　　　彭范进（1990年8月—1992年10月）

　　　　卿光轩（1990年9月—1992年10月）

四十九、大桥乡党委

1992年10月，大桥乡并入转龙乡，同时，撤销大桥乡建制。

书　记：李永顺（1987年10月—1992年3月）

　　　　孙隆碧（1992年3月—1992年10月）

副书记：李德成（1990年1月—1992年10月）

五十、转龙镇党委

1996年8月，改转龙乡建制为转龙镇建制。

书　记：胡 钢（1996年8月—1998年3月）

　　　　李玉明（1998年3月—2003年2月）

　　　　叶家祝（2003年3月—2005年10月）

副书记：刘西江（1996年12月—1998年12月）

　　　　贺方宇（1998年12月—2000年6月）

　　　　王　俊（2000年6月—2005年10月）

纪委书记：沈桂珍（女 1996年8月—1998年12月）

　　　　　王　俊（1999年1月—2005年10月）

五十一、转龙乡党委

1996年8月，改转龙乡建制为转龙镇建制。

书　记：蒋远平（1989年12月—1995年10月）

　　　　胡　钢（1995年10月—1996年8月）

副书记：姜太炳（1990年1月—1995年12月）

　　　　刘西江（1996年1月—1996年8月）

纪委书记：沈桂珍（女 1992年10月—1996年8月）

五十二、九龙乡党委

1992年10月，九龙乡并入广兴镇，同时，撤销乡建制。

书　记：高国足（1987年10月—1992年10月）

副书记：易桂林（1987年12月—1992年10月）

五十三、广兴乡党委

书　记：郑扬文（1990年1月—1992年10月）

纪委书记：郑扬文（1990年1月—1992年10月）（兼）

五十四、广兴镇党委

1992年10月，九龙乡和广兴乡合并成立广兴镇，同时撤销九龙乡、广兴乡建制。

书　记：胡　刚（1993年3月—1995年10月）

　　　　蒋远平（1995年10月—1998年4月）

　　　　凤连清（1998年4月—2003年3月）

　　　　刘丽蓉（女 2003年3月—2005年10月）

副书记：罗远碧（1992年10月—2004年10月）

　　　　彭明福（1992年10月—1994年4月）

　　　　周乐善（1998年12月—2001年12月）

　　　　刘金国（2004年10月—2005年10月）

纪委书记:郑扬文(1992 年 10 月—1998 年 11 月)
刘金国(1998 年 12 月—2001 年 11 月)
罗远碧(2001 年 12 月—2004 年 9 月)
刘金国(2004 年 10 月—2005 年 10 月)

五十五、石佛乡党委

1992 年 10 月。石佛乡并入隆盛乡,同时,撤销石佛乡建制。

书 记:陈长江(1987 年 10 月—1992 年 10 月)
副书记:唐朝宣(1987 年 10 月—1992 年 10 月)

五十六、隆盛镇党委

1995 年 10 月,撤销隆盛乡建制,设隆盛镇建制。

书 记:陈宝远(1995 年 10 月—1995 年 12 月)
罗兴国(1996 年 3 月—1998 年 3 月)
刘显勇(1998 年 3 月—2003 年 3 月)
李君明(2003 年 3 月—2005 年 10 月)
副书记:吴美松(1995 年 10 月—1998 年 12 月)
马志成(1998 年 12 月—2005 年 10 月)
刘 发(2002 年 1 月—2005 年 10 月)
纪委书记:吴美松(1995 年 10 月—1998 年 12 月)(兼)
胡桂秀(女 1999 年 1 月—2001 年 1 月)
马志成(2001 年 1 月—2005 年 10 月)(兼)

五十七、隆盛乡党委

1995 年 10 月,撤销隆盛乡建制,设隆盛镇建制。

书 记:陈宝远(1990 年 11 月—1995 年 10 月)
副书记:袁安邦(1990 年 11 月—1993 年 5 月)
吴美松(1993 年 7 月—1995 年 10 月)
纪委书记:袁安帮(1987 年 10 月—1993 年 6 月)
吴美松(1993 年 7 月—1995 年 10 月)

五十八、土桥区委

1992 年 10 月,撤土桥区建制,区委工作停止。

书 记:唐诗海(1987 年 10 月—1992 年 10 月)
副书记:陈德伦(1987 年 10 月—1992 年 10 月)

五十九、大安乡党委

1992 年 10 月,大安乡并入土桥镇,同时,撤销大安乡建制。

书 记:钟方洲(1987 年 10 月—1992 年 10 月)
副书记:李天吉(1987 年 10 月—1992 年 10 月)
李君才(1987 年 10 月—1992 年 10 月)

六十、金乐乡党委

1992 年 1 月,金乐乡与土桥场镇合并成立土桥镇,同时,撤销金乐乡建制。

书 记:彭能富(1987 年 10 月—1992 年 1 月)
副书记:胡盛福(1987 年 10 月—1992 年 1 月)
徐声华(1987 年 10 月—1992 年 1 月)
孙隆富(1989 年 1 月—1990 年 8 月)

六十一、永乐乡党委

1992 年 10 月,划归又新乡管辖,同时,撤销永乐乡建制。

书 记:孙隆富(1990 年 1 月—1992 年 10 月)
副书记:陈宏芝(1990 年 1 月—1992 年 10 月)
孙隆贵(1990 年 1 月—1992 年 10 月)

六十二、双流乡党委

书 记:周益海(1987 年 10 月—1992 年 10 月)
副书记:钟少红(1987 年 10 月—1992 年 9 月)

六十三、云合乡党委

书 记:夏时旺(1987 年 10 月—1992 年 10 月)
副书记:肖远权(1987 年 10 月—1992 年 9 月)
吴星图(1991 年 1 月—1992 年 10 月)

六十四、云合镇党委

1992 年 10 月,云合乡与双流乡合并成立云合镇,同时,撤销云合乡、双流乡建制,实行镇管村体制。

书 记:夏时旺(1992 年 10 月—1998 年 7 月)
王伟成(1998 年 8 月—2000 年 11 月)
段雄兵(2000 年 11 月—2005 年 10 月)
副书记:肖亨海(1992 年 10 月—1995 年 12 月)
伍 智(1996 年 1 月—1998 年 4 月)
彭倡彬(1998 年 5 月—2003 年 4 月)
孙成君(2002 年 5 月—2005 年 10 月)
纪委书记:肖亨海(1993 年 1 月—1995 年 12 月)
伍 智(1996 年 1 月—1998 年 12 月)
肖亨海(1999 年 1 月—2002 年 2 月)
彭倡彬(2002 年 3 月—2003 年 4 月)
孙成君(2003 年 5 月—2005 年 10 月)(兼)

六十五、又新镇党委

2001 年 11 月,撤销又新乡建制,设又新镇建制。

书 记:钟方健(2001 年 11 月—2005 年 8 月)
李远宽(2005 年 8 月—2005 年 10 月)
副书记:唐元东(2001 年 11 月—2003 年 2 月)
唐上海(2003 年 12 月—2005 年 10 月)
纪委书记:万金瑜(2002 年 1 月—2005 年 10 月)

六十六、又新乡党委

书 记:李明耀(1987 年 10 月—1992 年 10 月)

李君才(1992年10月—1993年3月)
肖尤武(1993年3月—1998年2月)
黄来虎(1998年2月—2000年6月)
钟方健(2000年6月—2001年11月)
副书记:孙隆贵(1992年10月—1993年3月)
夏时旺(1987年10月—1990年2月)
曾堂余(1990年2月—1992年10月)
(1993年3月—1996年1月)
周述礼(1990年2月—1992年10月)
孙隆富(1992年10月—1993年3月)
万金瑜(1996年1月—2005年10月)
谢奇才(1993年3月—1995年5月)
黄来虎(1995年5月—1998年2月)
钟方健(1998年4月—2000年6月)
唐元东(2000年6月—2001年11月)
纪委书记:曾堂余(1993年1月—1996年1月)
彭章全(1996年1月—1999年1月)
罗义鑫(1999年1月—2002年1月)

六十七、土桥镇党委

1992年1月,经金堂县人民政府批准撤销土桥场镇,将它与金乐乡合并建立镇管村体制的土桥镇。1992年10月14日,根据金堂县人民政府〔1992〕56号文件通知,将原大安乡行政区域划归土桥镇管辖。

书　记:彭能富(1992年1月—1992年10月)
夏洪亮(1992年10月—1995年9月)
徐声华(1995年10月—1998年2月)
伍玉地(1998年3月—2000年12月)
施尚书(2001年1月—2004年7月)
万承彬(2004年8月—2005年10月)
副书记:盛福(1992年1月—1995年12月)
徐声华(1992年1月—1995年12月)
陈宏芝(1996年1月—1998年12月)
王　平(1995年10月—1996年4月)
伍玉地(1996年4月—1998年2月)
施尚书(1998年3月—2001年1月)
陈宏芝(1998年3月—2001年11月)
王隆进(2001年12月—2005年10月)
万承彬(2002年2月—2004年7月)
王文国(2004年11月—2005年10月)
贺世江(2004年10月—2005年10月)
纪委书记:钟方洲(1992年11月—1995年10月)
钟玉芳(女1995年11月—1998年10月)
夏晓蓉(女1998年11月—2001年10月)
王隆进(2001年11月—2005年10月)(兼)

第五章　县人大内设机构

一、1990年2月23日,金堂县第十二届人大内设机构:

常委会办公室主任:李笃安(1990年4月—1993年2月)

财政经济办公室主任:刘中兴(1990年4月—1993年2月)

法制办公室主任:陈诗高(1990年4月—1993年2月)

教科文卫办公室主任:舒本杰(1990年4月—1993年2月)

副主任:尧宗锜(1990年4月—1993年2月)

代表联络办公室主任:余兴成(1990年4月—1993年2月)

副主任:张保秋(女1990年4月—1993年2月)

二、1993年2月10日,金堂县第十三届人大内设机构:

常委会办公室主任:尧宗锜(1993年2月—1998年2月)

副主任:彭范良(1993年2月—1998年2月)
杨益全(1993年6月—1998年2月)
徐建礼(1993年6月—1998年2月)

财政经济办公室主任:文仁敏(1993年2月—1998年2月)

副主任:淡庆华(1993年2月—1994年5月)

政法办公室主任:陈诗高(1993年2月—1998年2月)

副主任:赵多富(1993年2月—1998年2月)

教科文卫办公室主任:舒本杰(1993年2月—1998年2月)

代表联络办公室主任:张保秋(女1993年2月—1998年2月)

副主任:徐建礼(1993年2月—1993年6月)

三、1998年1月19日,金堂县第十四届人大内设机构:

常委会办公室主任:张保秋(女1998年3月—2000年11月)、王晓华(2000年11月—2003年3月)

副主任:彭范良(1998年3月—2003年3月)
徐建礼(1998年3月—2003年3月)

财经办公室主任:文仁敏(1998 年 3 月—2003 年 3 月)

副主任:刘光惠(1998 年 3 月—2003 年 3 月)

法制办公室主任:卢孝富(1998 年 3 月—2003 年 3 月)

副主任:赵多富(1998 年 3 月—2003 年 3 月)

教科文卫办公室主任:尧宗锜(1998 年 3 月—2003 年 3 月)

副主任:余 为(2001 年 3 月—2003 年 3 月)

四、2003 年 1 月 20 日,县第十五届人大内设机构:

常委会办公室主任:王晓华(2003 年 3 月—2005 年 10 月)

副主任:彭范良(2003 年 3 月—2004 年 11 月)

徐建礼(2003 年 3 月—2003 年 7 月)

唐子雪(2004 年 11 月—2005 年 10 月)

财政经济办公室主任:文仁敏(2003 年 3 月—2005 年 10 月)

副主任:刘光惠(女 2003 年 3 月—2004 年 11 月)

刘光香(女 2004 年 11 月—2005 年 10 月)

法制办公室主任:卢孝富(2003 年 3 月—2005 年 10 月)

副主任:赵多富(2003 年 3 月—2003 年 7 月)

杨润泽(2003 年 3 月—2003 年 7 月)

教科文卫办公室主任:尧宗锜(2003 年 3 月—2003 年 7 月)、罗腾元(2004 年 7 月—2005 年 10 月)

副主任:余 为(2003 年 3 月—2005 年 10 月)

第六章 县政府

一、1990 年 2 月 23 日—28 日,金堂县第十二届人民代表大会第一次会议在赵镇召开,大会选举产生了县人民政府正、副县长。

县 长:吴逢根(1990 年 2 月—1992 年 10 月)

副县长:焦安靖(1990 年 2 月—1993 年 1 月)

沈有春(1990 年 2 月—1993 年 1 月)

史有惠(女 1990 年 2 月—1993 年 1 月)

宋企章(1990 年 2 月—1992 年 12 月)

届中调整

1992 年 10 月县第十二届人大常委会第 18 次会议任命陈效全为县政府副县长,并任命为代理县长。

1991 年 3 月县十二届人大常委会第 7 次会议决定沈有春在县长吴逢根到党校学习期间代理县长职务。

1991 年 4 月县十二届人大常委会第 8 次会议任命马华贵为副县长。

二、1993 年 1 月 15 日—19 日,金堂县第十三届人民代表大会第一次会议在赵镇召开,大会选举产生了县人民政府正、副县长。

县 长:陈效全(1993 年 1 月—1996 年 5 月)

副县长:沈有春(1993 年 1 月—1997 年 10 月)

焦安靖(1993 年 1 月—1998 年 1 月)

马华贵(1993 年 1 月—1998 年 1 月)

王世录(1993 年 1 月—1994 年 8 月)

李 铀(1993 年 1 月—1995 年 4 月)

伍树林(1993 年 1 月—1998 年 1 月)

届中调整:

1993 年 4 月县十三届人大常委会第 2 次会议决定任命郭建平为副县长。

1994 年 4 月县十三届人大常委会第 9 次会议决定任命邓全忠为副县长。

1994 年 4 月县十三届人大常委会第 9 次会议决定任命屈德林为副县长。

1994 年 8 月县十三届人大常委会第 11 次会议决定任命廖兴恕为副县长。

1995 年 6 月中共成都市委通知,蔡英(女)到金堂挂职(副县长)锻炼 6 个月。

1996 年 9 月县十三届人大常委会第 25 次会议决定任命李昆学为县人民政府副县长,并任命为代理县长。

1997 年 3 月 12 日—14 日,金堂县第十三届人民代表大会第六次全体会议召开。大会补选李昆学为县人民政府县长。

三、1998 年 1 月 19 日—22 日,金堂县第十四届人民代表大会第一次会议在赵镇召开,大会选举产生了金堂县人民政府县长、副县长。

县 长:邓全忠(1998 年 1 月—2000 年 11 月)

副县长:谢瑞武(1998 年 1 月—2001 年 10 月)

廖兴恕(1998 年 1 月—2003 年 1 月)

舒 刚(1998 年 1 月—2001 年 10 月)

张孝军(1998 年 1 月—2003 年 1 月)

罗兴国(1998 年 1 月—2003 年 1 月)

杨齐英(女 1998 年 1 月—2003 年 1 月)

届中调整:

1998 年 7 月中共成都市委通知,尤珠到金堂挂职(副县长)锻炼 6 个月。

2000 年 6 月县十四届人大常委会第 15 次会议决定任命何冰为副县长,2000 年 11 月县第十四届人大常委会第 18 次会议决定任命何冰为金堂人民政府代理县长。2001

年1月,县十四届人民代表大会第5次会议补选何冰为金堂县人民政府县长。

2000年11月县十四届人大常委会第18次会议决定任命廖国琏为副县长。

2001年10月县十四届人大常委会第23次会议决定任命施跃华为副县长。

2001年12月县十四届人大常委会第25次会议决定任命陈志勇为副县长。

2002年12月县第十四届人大常委会第31次会议决定任命舒刚为县人民政府代理县长。

四、2003年1月21日至24日,金堂县第十五届人大第一次会议召开,大会选举产生了县人民政府县长、副县长。

县　长:舒　刚(2003年1月—2003年12月)

副县长:施跃华(2003年1月—2005年6月)
罗兴国(2003年1月—2004年7月)
廖国琏(2003年1月—2005年10月)
陈志勇(2003年1月—2005年11月)
杨齐英(女、2003年1月—2005年10月)
陈文建(2003年1月—2005年10月)
李光辉(2003年1月—2005年10月)
钟思勇(2004年7月—2005年10月)
杨胜余(2005年4月—2005年10月)

届中调整:

2003年12月县十五届人大常委会第6次会议决定任命何立斌为副县长、并同时任命为代理县长。2005年6月县十五届人大常委会第20次会议决定任命施跃华为县政府代理县长。

第七章　县法院

改革开放以后,金堂县人民法院的机构设置无变化。金堂县人民法院院长由县人民代表大会选举产生。副院长由县人大常委会任命。

院　长:李兴禄(1987年10月—1998年1月)
江海澜(1998年1月—2002年12月)
黄勇智(2002年12月—2005年10月)

副院长:李富伟(1987年10月—1991年2月)
宋源贤(1987年10月—1998年4月)
廖诗金(1996年10月—1998年4月)
林　宇(1990年3月—2001年11月)
黄学敏(1993年2月—2003年5月)
钟春兰(女1998年4月—2005年10月)
王太华(1998年4月—2004年10月)
何国盛(2003年3月—2005年10月)
罗兴国(2004年10月—2005年10月)

第八章　县检察院

改革开放以后,金堂县人民检察院的机构设置无变化。金堂县人民检察院检察长由县人民代表大会选举产生,副检察长由县人大常委会任命。

检察长:邱友钦(1987年10月—1990年4月)
何树明(1990年4月—1998年2月)
潘　昆(1998年2月—2002年2月)
景逢均(2002年2月—2005年10月)

副检察长:罗康全(1987年10月—1992年10月)
何炳林(1987年10月—1990年4月)
何树明(1987年10月—1990年4月)
潘　昆(1990年4月—1998年2月)
钟　文(1993年2月—1998年4月)
王太华(1993年2月—1998年4月)
陈克西(1996年2月—2003年4月)
蒲　勇(1998年4月—2000年5月)
罗爱萍(女1998年4月—2005年10月)
肖敦毅(2000年11月—2005年10月)
张富学(2003年3月—2005年10月)

第九章　县政府工作部门

一、办公室

主　任:唐中鉴(1987年10月—1990年4月)
韦泰启(1990年4月—1993年2月)
邹　挺(1993年2月—1998年1月)
曾道国(1998年1月—2003年3月)
尹贤鹏(2003年3月—2005年8月)
伍玉地(2005年8月—2005年10月)

副主任:陈德泽(1987年10月—1990年5月)
邹　挺(1987年10月—1993年2月)
梁代模(1987年10月—1993年2月)
易正品(1990年6月—1998年2月)
王德贵(1993年2月—1994年9月)
刁先锋(1993年2月—1996年3月)
周道义(1993年2月—1994年9月)
薛　昌(1995年4月—2001年6月)

蒋　荣(1996年2月—1998年3月)
钟思勇(1996年2月—2001年6月)
袁西高(1998年3月—2001年6月)
熊素蓉(女1998年3月—2001年6月)
刁鸿雁(1998年3月—2003年6月)
贺正余(2001年3月—2001年11月)
黄振华(2001年6月—2003年3月)
史国忠(2001年6月—2003年3月)
林晓阳(2001年6月—2003年3月)
廖晓红(女2001年6月—2003年3月)
徐　彤(2001年7月—2002年9月)
刘　磊(2001年11月—2003年9月)
童云波(2003年3月—2005年10月)
王小辉(2003年3月—2005年2月)
罗长先(2003年3月—2005年10月)

二、体改办:

主　任:韦太启(1987年10月—1990年12月)
何正曦(1993年7月—1997年8月)
黄振华(1998年3月—2003年3月)
童云波(2003年3月—2004年8月)(兼)
蒋 荣(2004年8月—2005年10月)

副主任:孙清洁(1990年12月—1993年3月)(主持工作)
何正曦(1993年3月—1993年7月)

说明:1997年8月至1998年3月,撤销体改办,职能转交县政研室,由政研室副主任李光辉分管体改工作。1998年3月以后又恢复体改办。

三、农工办

主　任:刘运沛(1987年10月—1994年7月)
刘仁雄(1994年8月—2003年3月)
胡德彬(2003年3月—2004年6月)
张楚学(2004年7月—2005年10月)

副主任:戴昌寿(1987年10月—1998年3月)
杨德明(1988年6月—1995年5月)
龙崇志(1991年5月—1993年2月)
刘仁雄(1993年3月—1994年8月)
马志生(1994年4月—1998年3月)
张楚学(1995年5月—2003年3月)
唐松泉(1999年2月—2003年9月)
尹贤鹏(2001年12月—2003年3月)
叶元刚(2003年3月—2005年9月)
彭友金(2003年3月—2005年9月)
易刚坤(2003年3月—2005年10月)
李德远(2003年3月—2003年9月)

四、财贸办公室

主　任:马华贵(1987年10月—1991年6月)
罗守身(1991年6月—1993年3月)
何开帝(1993年3月—1996年2月)
李晓旭(女1996年2月—1998年3月)

副主任:罗守身(1987年10月—1991年6月)
杜顺全(1991年9月—1994年1月)
刘　伟(1993年2月—1998年3月)
王晓华(1993年2月—1998年3月)

五、流通办公室

1998年2月,县财贸办公室更名为金堂县流通工作领导小组办公室,即县流通办。

主　任:刘光荣(1998年3月—2001年11月)
陈绍泉(2001年11月—2005年10月)

副主任:王晓华(1998年3月—2000年11月)
朱忠祥(1999年2月—2003年9月)
陈绍泉(2000年6月—2001年11月)
晏万长(2000年11月—2001年11月)
罗兴建(2002年5月—2005年10月)
曾中明(2003年3月—2003年10月)
胡 钢(2003年3月—2004年11月)
肖敦志(2003年3月—2005年10月)

六、四川中美(外)中小企业发展园区管委会

主　任:屈德林(1994年9月—1995年3月)(兼)
舒　刚(1998年3月—1999年10月)(兼)
刁先锋(2001年3月—2005年10月)

副主任:张弟海(1994年9月—1995年9月)
林维池(1994年9月—1995年11月)
周富银(1994年9月—2000年7月)
陈锦辉(1994年9月—1997年4月)
(2002年5月—2005年10月)(兼)
彭述刚(1994年9月—2000年7月)
彭禄君(1995年9月—1998年3月)(主持工作)
(1998年3月—1999年10月)
(1999年10月—2001年1月)(主持工作)
张友贵(1995年11月—2005年10月)
刁先锋(1998年3月—1999年10月)
张开德(2000年8月—2005年10月)

袁西高(2001年6月—2001年11月)
陈邦涛(2001年11月—2005年10月)
陈家树(2002年5月—2002年12月)
黄振华(2003年3月—2005年10月)
胡　帅(2003年3月—2005年10月)
李　刚(2003年6月—2004年7月)
文可绪(2004年9月—2005年10月)

七、淮口工业集中发展区管委会

主　任:王道明(2004年10月—2005年10月)(兼)
副主任:徐声华(2004年10月—2005年10月)
曾绪伟(2004年10月—2005年10月)(兼)
任时伯(2004年10月—2005年10月)(兼)
付长礼(2005年7月—2005年10月)

八、计划委员会

1982年5月19日,成立金堂县计划委员会,后经多次调整,2000年1月,恢复金堂县计划委员会。

主　任:薛友文(1987年10月—1993年2月)
代心平(2000年1月—2001年11月)
谢瑞武(1994年8月—1997年8月)
副主任:黄杰贤(1987年10月—1993年3月)
刘丽茹(女 1987年10月—1993年2月)
王清伟(2000年1月—2001年11月)
兰文成(2000年1月——2001年11月)
教导员:余生源(2000年1月—2001年12月)

九、经济委员会

1981年3月,金堂县人民政府经济委员会建立。后经多次调整,2000年1月,恢复金堂县经济委员会。

主　任:谢永贤(1987年10月—1990年3月)
严国康(1990年3月—1993年2月)
陈邦涛(2000年1月—2001年11月)
副主任:余生源(1987年10月—1993年2月)
罗铭儒(1987年10月—1993年2月)
李　江(1990年4月—1992年3月)
林晓阳(2000年1月—2001年6月)
肖　清(女 2000年1月—2001年11月)
李绍勇(2000年6月—2001年11月)

十、计划经济委员会

1993年2月,县经济委员会与县计划委员会合并为县计划经济委员会。

主　任:薛友文(1993年2月—1994年8月)
谢瑞武(1994年8月—1997年8月)
副主任:谢瑞武(1993年2月—1994年8月)
余生源(1993年2月—1997年8月)
刘丽茹(女 1993年2月—1994年8月)
唐全友(1993年2月—1994年4月)
彭禄君(1994年8月—1996年6月)
杨　伟(1994年8月—1997年8月)
王清伟(1996年2月—1997年8月)
林晓阳(1996年2月—1997年8月)

十一、计划与经济局

1997年8月,县计划经济委员会更名为县计划与经济局。

局　长:谢瑞武(1997年8月—1998年2月)
代心平(1998年2月—2000年1月)
副局长:王清伟(1997年8月—2000年1月)
余生源(1997年8月—1998年2月)
杨　伟(1997年8月—1998年3月)
兰文成(1998年3月—2000年1月)
陈邦涛(1998年3月—2000年1月)
林晓阳(1997年8月—2000年1月)
肖　清(女 1998年3月—2000年1月)
教导员:余生源(1998年2月—2000年1月)

十二、发展计划局

2001年11月,金堂县计划委员会更名为金堂县发展计划局。

局　长:代心平(2001年11月—2002年7月)
林晓阳(2003年3月—2005年10月)
副局长:林晓阳(2002年8月—2003年3月,主持工作)
王清伟(2001年11月—2003年3月)
张　明(2003年3月—2003年9月)
兰文成(2001年11月—2001年12月)
肖　清(女 2003年3月—2005年10月)
王　劲(2003年3月—2005年10月)

十三、经济局

2001年11月,金堂县经济委员会更名为金堂县经济局。

局　长:陈光华(2001年11月—2003年3月)
曾绪伟(2003年3月—2005年10月)
副局长:陶宪文(2001年11月—2004年8月)
李　刚(2001年12月—2003年12月)
肖　清(2001年11月—2003年3月)
李绍勇(2001年11月—2005年10月)
唐元东(2004年9月—2005年10月)

邹旭君(2005 年 7 月—2005 年 10 月)

十四、教育局

局　长:曾仕禄(1987 年 10 月—1993 年 2 月)
陈绍忠(1993 年 3 月—1998 年 1 月)
闫彦琦(1998 年 2 月—2001 年 11 月)
贺正余(2001 年 12 月—2005 年 10 月)
副局长:张英文(1987 年 10 月—1993 年 2 月)
陈绍忠(1987 年 10 月—1993 年 2 月)
戴昌荣(1990 年 5 月—1998 年 1 月)
石廷贵(1993 年 3 月—1998 年 1 月)
王隆志(1993 年 3 月—2003 年 2 月)
阎彦琦(1994 年 1 月—1998 年 1 月)
胡清好(1998 年 2 月—2005 年 6 月)
张　明(1998 年 2 月—2003 年 2 月)
易　彦(2003 年 3 月—2005 年 10 月)
张宗能(2004 年 8 月—2005 年 10 月)
张立诚(2003 年 9 月—2005 年 10 月)

十五、科技局

主　任:吕宝珍(女 1987 年 10 月—1990 年 2 月)
何升源(1990 年 3 月—1993 年 2 月)
严国康(1993 年 3 月—1996 年 1 月)
主　任(局长):沈序全(1996 年 2 月—1999 年 7 月)
局　长:王瑞虎(1999 年 8 月—2004 年 7 月)
李　刚(2004 年 8 月—2005 年 10 月)
副主任:刘运蒸(1983 年 12 月—1998 年 2 月)
副主任(副局长):胡云华(1993 年 3 月—2003 年 10 月)
副局长:邓　荣(1998 年 3 月—2005 年 10 月)
蔡　聪(1998 年 3 月—2005 年 10 月)
王心毅(女 2003 年 3 月—2003 年 10 月)

十六、公安局

局　长:刘前江(1987 年 10 月—1997 年 12 月)
何安兴(1997 年 12 月—1999 年 1 月)
王平江(1999 年 1 月—2000 年 3 月)
蒲　勇(2000 年 3 月—2004 年 7 月)
任　伟(2004 年 7 月—2005 年 10 月)
副局长:邱井模(1987 年 10 月—2002 年 10 月)
罗兴善(1987 年 10 月—1995 年 4 月)
王道裕(1987 年 10 月—1990 年 4 月)
何安兴(1990 年 4 月—1997 年 11 月)
何炳林(1990 年 4 月—1998 年 4 月)
王平江(1995 年 4 月—1998 年 4 月)
钟　文(1998 年 4 月—2005 年 10 月
吴仕见(1998 年 4 月—2000 年 4 月)
罗兴国(1998 年 4 月—2004 年 10 月)
林振华(1999 年 1 月—2001 年 4 月)
陈　彤(2001 年 10 月—2005 年 10 月)
任　伟(2003 年 5 月—2004 年 6 月)
钟　斌(2004 年 1 月—2004 年 7 月)
赖国岷(2004 年 7 月—2005 年 10 月)
赖万一(2004 年 10 月—2005 年 10 月)
政治委员:王平江(1998 年 4 月—2000 年 4 月)
吴仕见(2000 年 4 月—2003 年 6 月)
钟　斌(2004 年 7 月—2005 年 10 月)
副政治委员:龙仕章(1987 年 10 月—1990 年 4 月)
张学成(1987 年 10 月—1990 年 4 月)
王道裕(1990 年 4 月—1995 年 4 月)
邹才惠(1990 年 4 月—1998 年 4 月)
罗爱萍(女、1995 年 4 月—1998 年 3 月)
赖国岷(2004 年 1 月—2004 年 7 月)

十七、监察局

1988 年 3 月 7 日成立金堂县监察局。1993 年纪委、监察局合署办公。

局　长:陈　刚(女 1988 年 3 月—1993 年 1 月)
唐诗海(1993 年 1 月—1998 年 1 月)
陈应柱(1998 年 1 月—2003 年 1 月)
黄安军(2003 年 1 月—2004 年 8 月)
陈光华(2004 年 8 月—2005 年 10 月)
副局长:何宣铭(1988 年 3 月—1993 年 1 月)
黎家华(女 1993 年 1 月—1994 年 8 月)
黄帮全(1993 年 10 月—1998 年 2 月)
罗　玲(女 1998 年 1 月—2003 年 1 月)
李贞建(1998 年 1 月—2003 年 1 月)
张先芸(女 2004 年 7 月—2005 年 10 月)

十八、民政局

局　长:姜家金(1987 年 10 月—1993 年 2 月)
杨润泽(1993 年 2 月—2001 年 11 月)
袁西高(2001 年 11 月—2005 年 10 月)
副局长:肖代海(1987 年 10 月—1993 年 2 月)
陈本锡(1987 年 10 月—1993 年 2 月)
曾钦洪(1993 年 2 月—2003 年 3 月)
张建国(1995 年 4 月—2003 年 3 月)
熊绍全(1996 年 2 月—2003 年 3 月)
高学伦(2001 年 11 月—2003 年 10 月)

刘升跃(2003 年 3 月—2003 年 10 月)
陈泽勇(2003 年 3 月—2005 年 10 月)
王忠琼(女 2003 年 3 月—2005 年 10 月)

十九、司法局

局　长:解世烈(1987 年 10 月—1993 年 2 月)
李富伟(1993 年 3 月—1998 年 2 月)
廖文芳(1998 年 3 月—2003 年 2 月)
孙　铁(2003 年 3 月—2005 年 10 月)
副局长:潘　昆(1987 年 10 月—1993 年 2 月)
唐明德(1990 年 4 月—1993 年 2 月)
沈序松(1993 年 3 月—2003 年 2 月)
蒲　勇(1995 年 10 月—1998 年 2 月)
卓天宜(1996 年 7 月—2003 年 2 月)
廖诗金(1998 年 3 月—2005 年 10 月)
戴祯模(2003 年 3 月—2003 年 9 月)
谢　俊(2003 年 3 月—2003 年 9 月)
李贞建(2003 年 10 月—2005 年 10 月)

二十、财政局

局　长:李晓旭(1989 年 11 月—1996 年 2 月)
舒　刚(1996 年 2 月—1998 年 4 月)
陈文建(1998 年 4 月—2003 年 3 月)
刘显勇(2003 年 3 月—2005 年 10 月)
副局长:黄祖刚(1987 年 10 月—2003 年 3 月)
李晓旭(1987 年 10 月—1989 年 11 月)
黄果成(1989 年 11 月—1996 年 2 月)
周德旭(1989 年 11 月—1996 年 2 月)
付春明(1996 年 2 月—2004 年 10 月)
廖春龙(1998 年 4 月—2005 年 10 月)
胡佑泽(2003 年 3 月—2005 年 10 月)
邱道玉(2003 年 3 月—2005 年 10 月)

二十一、人事局

局　长:彭守成(1987 年 10 月—1993 年 2 月)
汤昌金(1993 年 2 月—2001 年 3 月)
周厚金(2001 年 3 月—2005 年 10 月)
副局长:汤昌金(1987 年 10 月—1993 年 2 月)
靳廷平(1993 年 2 月—2004 年 10 月)
李世盛(1998 年 1 月—2003 年 3 月)
杨永富(1998 年 3 月—2005 年 10 月)
陈　泽(2003 年 3 月—2005 年 10 月)
张绍坤(2004 年 10 月—2005 年 10 月)

编　办

主　任:汤昌金(1987 年 3 月—2001 年 3 月)
周厚金(2001 年 3 月—2005 年 10 月)
副主任:陈　泽(1998 年 9 月—2003 年 2 月)
张绍坤(2003 年 2 月—2005 年 10 月)

二十二、劳动保障局

2001 年 11 月,原县劳动局更名为县劳动与社会保障局。

局　长:周元洪(1987 年 10 月—1993 年 3 月)
兰文成(1993 年 3 月—1998 年 3 月)
李晓旭(女 1998 年 3 月—2003 年 3 月)
黄德斌(2003 年 3 月—2005 年 8 月)
王　敏(2005 年 8 月—2005 年 10 月)
副局长:高从永(1987 年 10 月—1993 年 10 月)
刁先锋(1992 年 1 月—1993 年 3 月)
沈　成(1993 年 3 月—1998 年 3 月)
蒋　荣(1993 年 2 月—1996 年 1 月)
张永成(1996 年 1 月—2004 年 10 月)
叶光明(1998 年 3 月—2003 年 3 月)
刘光润(1998 年 3 月—2003 年 3 月)
廖先贵(2002 年 7 月—2005 年 10 月)
卢孝国(2003 年 3 月—2003 年 9 月)
杨国树(2003 年 9 月—2005 年 10 月)
付春明(2004 年 10 月—2005 年 10 月)

二十三、国土局

1988 年 3 月 24 日,金堂县国土局成立。2001 年 11 月,金堂县国土局更名为金堂县国土资源局。

局　长:张弟海(1988 年 6 月—1995 年 10 月)
彭禄君(1995 年 10 月—2001 年 11 月)
刘光荣(2001 年 11 月—2005 年 10 月)
副局长:高长林(1988 年 6 月—1993 年 3 月)
袁西高(1993 年 2 月—1995 年 10 月)
(2001 年 6 月—2003 年 3 月)
钟守文(1996 年 2 月—2003 年 9 月)
黄　鸣(1996 年 2 月—2005 年 10 月)
周德旭(1998 年 3 月—2003 年 9 月)
卢孝国(2000 年 6 月—2003 年 3 月)
陈帮涛(2001 年 3 月—2003 年 9 月)
李晓瑜(女 2002 年 11 月—2005 年 10 月)
郑文忠(2002 年 11 月—2003 年 10 月)
(2004 年 12 月—2005 年 10 月)
蹇明昌(2003 年 3 月—2003 年 9 月)

二十四、建设局

局　长:陈泓渚(1987 年 10 月—1990 年 10 月)

主　任:陈泓渚(1990年10月—1993年2月)
　　　　张明楷(1993年2月—1996年2月)
　　　　刁先锋(1996年2月—1997年3月)
局　长:刁先锋(1997年3月—2004年7月)
　　　　黄安军(2004年11月—2005年10月)
副局长:张茂全(1987年10月—1990年11月)
　　　　易大华(1987年10月—1990年11月)
副主任:邱英城(1990年11月—1993年2月)
　　　　易大华(1990年11月—1997年3月)
　　　　傅长礼(1996年2月—1997年3月)
　　　　廖焕孝(1991年5月—1997年3月)
　　　　夏时禹(1993年2月—1997年3月)
副局长:廖焕孝(1997年3月—2003年9月)
　　　　易大华(1997年3月—1998年4月)
　　　　傅长礼(1997年3月—2003年9月)
　　　　夏时禹(1997年3月—2001年11月)
　　　　徐声华(1998年3月—2004年12月)
　　　　胡　帅(1999年2月—2003年3月)
　　　　邱荣昌(2001年11月—2005年10月)
　　　　史国忠(2003年3月—2003年9月)
　　　　曾祥武(2003年3月—2003年9月)
　　　　黎　明(2003年3月—2003年9月)
　　　　蔡　聪(2003年3月—2004年12月)
　　　　曾俊梅(2003年3月—2003年9月)
　　　　刘晓东(2004年10月—2005年9月)

二十五、交通局

局　长:罗光然(1990年4月—1998年3月)
　　　　周厚金(1998年3月—2001年3月)
　　　　钟思勇(2001年3月—2004年7月)
　　　　施尚书(2004年7月—2005年10月)
副局长:张宏才(1987年10月—1990年5月)
　　　　蒋景文(1987年10月—2003年3月)
　　　　钟　艳(女、1996年2月—2001年3月)
　　　　雷　育(1998年4月—2003年10月)
　　　　童云波(2000年6月—2001年2月)
　　　　黄友朝(2003年3月—2003年10月)
　　　　黄显坤(2003年4月—2005年10月)
　　　　曾晓莉(女2003年4月—2005年10月)
　　　　颜仁福(2003年9月—2005年10月)

二十六、水利局

局　长:马志生(1987年10月—1994年8月)
　　　　李永海(1994年8月—2000年4月)
　　　　王道明(2000年4月—2003年3月)
　　　　唐万举(2003年3月—2005年10月)
副局长:何升源(1987年10月—1990年5月)
　　　　邓体泉(1987年10月—1998年4月)
　　　　廖作厚(1990年4月—1993年3月)
　　　　王　劲(1994年1月—1996年11月)
　　　　侯林琪(1993年4月—2002年5月)
　　　　高宗德(1993年4月—2002年5月)
　　　　张顺亮(1996年11月—2002年5月)
　　　　肖尤武(1998年3月—2002年5月)
　　　　曾常春(1998年4月—2004年10月)
　　　　刘继福(2002年5月—2005年10月)
　　　　文可庆(2002年5月—2003年9月)
　　　　王　林(2002年5月—2005年10月)
　　　　唐中文(大)(2003年3月—2003年9月)
　　　　杨　林(2003年10月—2005年10月)

二十七、文化局

1988年6月,撤销县文化体育局,成立县文化局、县体育运动委员会,1993年2月,撤销县文化局,将县文化局与旅游局合并为文化旅游局。

局　长:潘文成(1988年6月—1993年2月)
副局长:杨祥远(1988年6月—1993年2月)
　　　　陈才东(1990年4月—1993年2月)

二十八、体育运动委员会

1988年6月,撤销县文化体育局,成立县文化局、县体育运动委员会,1997年8月,县体育运动委员会与县文化局合并成立县文化体育局。

主　任:杨文锡(1989年2月—1997年7月)
副主任:杨文锡(1988年6月—1989年2月)
　　　　刘永安(1990年4月—1997年7月)

二十九、文化旅游局

1993年2月,县旅游局与文化局合并组成县文化旅游局。1997年8月,撤销县文化旅游局,将旅游职能部门单列成立县旅游局。同时,将文化职能部门与县体育运动委员会再次合并组成县文化体育局。

局　长:杨祥远(1993年2月—1997年8月)
副局长:李才雄(1993年2月—1996年8月)
　　　　陈才东(1993年2月—1996年8月)
　　　　廖兴康(1993年2月—1997年8月)

三十、卫生局

局　长:陈安盛(1987年10月—1996年12月)
　　　　吴康有(1996年12月—2004年7月)

张孝轩(2004年7月—2005年10月)
副局长:周启宗(1987年10月—1993年3月)
任泽均(1987年10月—1993年3月)
吴康有(1993年3月—1996年11月)
夏隆芳(女 1993年3月—1996年11月)
郭秀芳(女 1996年11月—2001年11月)
张孝轩(2000年12月—2004年8月)
周　毅(2002年3月—2005年10月)
彭倡彬(2005年7月—2005年10月)

三十一、计生局(计划生育委员会)

1983年12月,金堂县计划生育委员会成立。1997年3月,金堂县计划生育委员会更名为金堂县计划生育局。

主　任:何凤鸣(1987年10月—1993年2月)
叶永明(1993年2月—1996年2月)
王德贵(1996年2月—1997年3月)
局　长:王德贵(1997年3月—2000年6月)
赵道全(2000年6月—2005年10月)
副主任:廖先弟(1987年10月—1990年4月)
郭秀芳(女 1987年10月—1996年11月)
刘光润(1992年1月—1996年11月)
陈立康(1993年2月—1996年11月)
夏隆芳(女 1996年12月—1997年8月)
副局长:夏隆芳(女 1997年8月—1998年3月)
黄邦全(1998年3月—2003年3月)
陈秀珍(女 1998年3月—2005年10月)
杨国树(2003年3月—2003年10月)
杨显钦(2003年3月—2003年10月)
廖志金(2003年3月—2005年10月)

三十二、审计局

局　长:罗光益(1987年10月—1996年2月)
闫彦哲(1996年2月—1999年6月)
高刚跃(1999年6月—2003年3月)
黄　航(2003年3月—2005年10月)
副局长:刘崇芳(女 1988年3月—1993年3月)
靳明德(1989年11月—1996年7月)
唐中生(1993年3月—2001年6月)
袁华平(1996年7月—1998年3月)
夏宜立(1998年3月—2001年6月)
廖秀华(女 2000年6月—2003年9月)
薛　昌(2001年6月—2003年3月)
张继弼(2003年4月—2005年10月)
李世盛(2003年4月—2005年10月)
王岩胜(2003年4月—2005年10月)

三十三、环保局

1996年4月成立金堂县环境保护局,隶属于县城乡建设管理委员会(1997年3月更名为县建设局)。1998年设局长。2001年11月,环保局正式成为政府组阁局。

局　长:徐生华(1998年3月—2001年11月)
杨　伟(2001年11月—2005年10月)
副局长:吴金星(1998年3月—1999年12月)
赵玉清(1998年3月—2000年7月)
吴纯富(1999年9月—2005年10月)
夏时禹(2001年11月—2003年3月)
刘晓东(2001年11月—2004年10月)
黄邦全(2003年3月—2004年10月)

三十四、安监局

2005年4月,金堂县安全生产监督管理局正式成立。

局　长:刘光润(2005年4月—2005年10月)
副局长:吴吉明(2005年4月—2005年10月)

三十五、林业局

局　长:舒　刚(1987年10月—1995年12月)
彭友金(1995年12月—2003年3月)
张楚学(2003年3月—2004年6月)
叶家土(2004年6月—2005年10月)
副局长:岳德智(1987年10月—1997年10月)
曾明全(1990年12月—2001年12月)
朱忠祥(1996年3月—1998年3月)
沈　成(1998年3月—1999年3月)
龚顺刚(2003年3月—2005年10月)
周富银(2000年8月—2003年2月)
李富荣(2003年3月—2005年10月)
彭辉萍(女、2003年3月—2003年8月)
吴　成(2003年3月—2008年8月)

三十六、旅游局

1992年8月,成立金堂县旅游事业管理局,1993年2月撤并后,于1997年8月,恢复县旅游局。

局　长:闫严哲(1992年8月—1993年2月)
李才雄(1997年8月—1998年3月)
杨　伟(1998年4月—2001年11月)
曾祥武(2001年11月—2003年4月)
肖　禹(2003年4月—2005年10月)
副局长:黎　明(1997年8月—2001年11月)
韩淑瑶(2001年11月—2002年11月)
陈德茂(2002年11月—2003年10月)

陈元霓(2003年10月—2004年10月)
林文君(2004年10月—2005年10月)

三十七、广电局

局　长:罗明寿(1987年10月—2000年6月)
罗腾元(2000年6月—2001年11月)
副局长:姜美蓉(女 1987年10月—1998年4月)
陈立康(1998年3月—2004年10月)
杨登榜(1998年3月—2001年11月)
肖　禹(女 1998年3月—2001年11月)

三十八、文体局

1988年6月,撤销县文化体育局,成立县文化局、县体育运动委员会。1997年8月,由县体育运动委员会与文化旅游局中的文化职能部门合并组成为文化体育局。2001年11月,县文化体育局与县广播电视局合并为县文化体育广播电视局。

局　长:潘文成(1987年10月—1988年6月)
杨祥远(1998年3月—2000年4月)
石廷贵(2000年4月—2001年11月)
副局长:杨祥远(1987年10月—1988年6月)
杨文锡(1987年10月—1988年6月)
刘永安(1998年3月—2000年4月)
廖兴康(1997年8月—1998年3月)
廖晓红(女 1998年3月—2001年6月)
林一伟(1999年5月—2001年3月)
王伟成(2001年3月—2001年11月)
冉　玲(女 2001年6月—2001年11月)

三十九、文体广电局

2001年11月—2005年10月,县文化体育局与广电局合并为县文化体育广播电视局。

局　长:罗腾元(2001年11月—2004年7月)
蒲　勇(2004年7月—2005年9月)
副局长:石廷贵(2001年11月—2003年8月)
王伟成(2001年11月—2005年9月)
陈立康(2001年11月—2004年10月)
杨登榜(2001年11月—2003年5月)
肖　禹(女 2001年11月—2003年3月)
冉　玲(女 2001年11月—2005年6月)
钟方健(2005年8月—2005年9月)

四十、农业局

1981年5月,撤销金堂县农林局。农业、林业分设,建立金堂县农业局。1983年12月,改金堂县农业局为金堂县农牧局。1990年12月,改金堂县农牧局为金堂县农业局。

局　长:吴上勇(1987年10月—1988年3月)
吴正华(1988年3月—1993年3月)
叶元刚(1993年3月—2003年3月)
叶家土(2003年3月—2004年7月)
晏万长(2004年7月—2005年10月)
副局长:刘仁雄(1987年10月—1993年3月)
李永海(1987年10月—1988年3月)
卿尚模(1987年10月—1989年2月)
吴上勇(1988年3月—1997年3月)
叶元刚(1990年3月—1993年3月)
马新建(女 1993年3月—2003年10月)
刘升跃(1993年3月—1996年3月)
刘　波(1994年3月—2000年3月)
徐正国(1996年3月—2005年10月)
陈泽勇(1997年3月—2003年3月)
邱子平(2000年3月—2005年10月)
凤连清(2003年3月—2005年10月)
张建国(2003年3月—2005年10月)

四十一、畜牧食品局

局　长:黄德成(1989年5月—1995年6月)
黄振华(1995年6月—1998年3月)
易刚坤(1998年3月—2003年3月)
王　平(2003年3月—2004年7月)
王瑞虎(2004年7月—2005年10月)
副局长:汤守富(1989年5月—2005年10月)
廖兴和(1989年5月—2004年7月)
王衍光(1998年3月—2005年10月)
周富银(2003年3月—2005年10月)

四十二、农机局

局　长:肖方荣(1987年10月—1993年2月)
袁道荣(1993年3月—1998年2月)
叶家土(1998年3月—2003年4月)
王先富(2003年5月—2005年10月)
副局长:彭世选(1990年3月—2003年9月)
付贤才(1987年10月—1990年2月)
(1993年3月—1996年9月)
邱文建(1998年3月—2005年10月)
解代学(2004年9月—2005年10月)
孙成君(2005年3月—2005年10月)(挂职)

四十三、物价局

局　长:李文方(1987年10月—1993年3月)

余生源(1993年3月—1998年3月)
蒋 荣(1998年3月—2004年8月)
邓清明(2004年8月——2005年10月)
副局长:何秀蓉(女1987年10月—1993年3月)
黄忠国(1993年3月—2003年3月)
蒋远平(2003年3月—2004年10月)
肖战强(2003年3月—2005年10月)

四十四、统计局

局 长:杨海如(1987年10月—1990年12月)
邹廷扬(1991年1月—1993年2月)
王诗禄(1993年3月—2003年3月)
孙中德(2004年9月—2005年10月)
副局长:邹廷扬(1987年10月—1990年12月)
谢瑞武(1987年10月—1993年2月)
刘崇芳(女1993年3月—1998年3月)
陈正国(1998年4月—2003年3月)
孙中德(1998年4月—2003年3月)
(2003年3月—2004年8月主持工作)
吴逢琼(女2003年4月—2005年10月)

四十五、粮食局

局 长:钟德建(1987年10月—1996年2月)
何开帝(1996年2月—1998年3月)
王 平(1998年3月—2001年11月)
副局长:许正刚(1987年10月—1990年3月)
易大纪(1987年10月—1993年2月)
陈治国(1987年10月—1993年3月)
袁华平(1993年2月—1996年7月)
周武学(1993年2月—1998年3月)
张友权(1992年2月—1994年3月)
贺光辉(1994年3月—2000年1月)
靳明德(1997年9月—1998年3月)
何志明(1997年9月—2005年10月)
陈 维(1998年11月—2001年11月)
易 彦(2000年1月—2001年11月)

贸易与粮食局

2001年11月,县粮食局与县贸易局合并组建县贸易与粮食局。

局 长:王 平(2001年11月—2003年3月)
叶光明(2003年3月—2004年7月)
陈绍泉(2004年7月—2005年10月)
副局长:何志明(2001年11月—2005年10月)
陈 维(2001年11月—2003年3月)
易 彦(2001年11月—2003年3月)
张建明(2002年1月—2004年7月)
张廷发(2002年1月—2003年9月)
王代才(2003年3月—2005年10月)

四十六、商业局

局 长:罗方文(1987年10月—1993年3月)
杨显军(1993年3月—1995年4月)
曾祥武(1995年4月—1998年4月)
副局长:曾凡友(1987年10月—1990年4月)
王 敏(1987年10月—1996年2月)
杜顺全(1990年4月—1991年9月)
吴应权(1991年8月—1993年3月)
谭忠荣(1991年8月—1993年3月)
邓文宣(1993年2月—1998年4月)
潘大果(1993年2月—1998年4月)
何志明(1994年3月—1995年4月)
刘世清(1996年2月—1998年4月)
张建民(1998年3月—1998年4月)

四十七、贸易局

1998年4月,金堂县商业局改称为金堂县贸易局。2001年11月,金堂县贸易局与县粮食局合并。

局 长:曾祥武(1998年4月—2001年10月)
副局长:邓文宣(1998年4月—2001年10月)
潘大果(1998年4月—2001年10月)
刘世清(1998年4月—2001年10月)
张建民(1998年4月—2001年10月)

四十八、招商局

金堂县人民政府招商局于2003年6月10日正式组建,主管全县对外开放,招商引资和外经贸工作。

局 长:李 刚(2003年6月—2004年7月)
副局长:廖小平(2003年6月—2005年10月)
李 潮(2003年6月—2003年10月)
张 毅(2003年6月—2004年12月)

四十九、乡镇企业局、中小企业局

2001年10月成立金堂县中小企业局,与金堂县乡镇企业局是一个机构,两块牌子。

局 长:廖焕孝(1987年10月—1991年5月)
龙崇志(1991年5月—1998年3月)
陈光华(1998年3月—2001年11月)
李 刚(2001年11月—2003年6月)
陶宪文(2003年7月—2004年7月)
唐元东(2004年9月—2005年10月)

副局长:王世录(1987 年 10 月—1988 年 7 月)
彭绍成(1987 年 10 月—1998 年 4 月)
唐全友(1988 年 4 月—1989 年 6 月)
彭辉德(1990 年 3 月—1995 年 11 月)
李恩尧(1992 年 2 月—1998 年 3 月)
易遵和(1992 年 12 月—1998 年 3 月)
李　刚(1998 年 3 月—2001 年 11 月)
肖朝元(1999 年 12 月—2005 年 10 月)
冯　伟(2003 年 3 月—2003 年 10 月)
(2004 年 10 月—2005 年 10 月)

五十、轻工业局

2001 年 11 月,金堂县轻工业局更名为金堂县轻工协会。

局　长:刘怀海(1987 年 10 月—1993 年 3 月)
陈邦涛(1993 年 3 月—2000 年 3 月)
陶宪文(2000 年 3 月—2001 年 11 月)
会　长:陶宪文(2001 年 11 月—2003 年 7 月)
曾绪伟(2003 年 7 月—2005 年 10 月)
副局长:陈邦涛(1987 年 10 月—1993 年 3 月)
赵博深(1987 年 10 月—2000 年 4 月)
陈家树(1993 年 3 月—2000 年 4 月)
陶宪文(1998 年 3 月—2000 年 3 月)
陈师艺(女 2000 年 4 月—2001 年 4 月)
副会长:陈师艺(女 2001 年 4 月—2003 年 7 月)
李绍勇(2003 年 7 月—2005 年 10 月)

五十一、档案局

局　长:薛向阳(1993 年 2 月—1996 年 2 月)
陈碧秋(女 1996 年 11 月—2003 年 9 月)
胡德林(2004 年 10 月—2005 年 10 月)
副局长:陈敦琼(女 1987 年 10 月—1992 年 8 月)
(1990 年 4 月—1992 年 8 月主持工作)
陈碧秋(女 1992 年 8 月—1996 年 10 月)
马新建(女 2003 年 9 月—2004 年 10 月,主持工作)
邓　健(1998 年 3 月—2005 年 10 月)

五十二、人防办

1969 年成立金堂县人民防空办公室。1971 年撤销该机构。1992 年又恢复人防办机构。

主　任:王端伦(1992 年 5 月—1998 年 3 月)
袁西高(1998 年 3 月—2001 年 6 月)
熊素蓉(女 2001 年 6 月—2005 年 10 月)
副主任:陈友琼(女 1999 年 3 月—2005 年 10 月)

五十三、台 办

主　任:李孝武(1987 年 10 月—1990 年 3 月)
杨正荣(1990 年 3 月—1998 年 3 月)
李俊茹(女 1998 年 3 月—2003 年 3 月)
淡庆华(2003 年 3 月—2003 年 9 月)
副主任:唐仕明(2003 年 3 月—2005 年 10 月)

五十四、外事办

主　任:刁先锋(1993 年 2 月—1996 年 2 月)(兼)
蒋　荣(1996 年 3 月—1998 年 2 月)(兼)
廖晓红(女 2001 年 6 月—2003 年 5 月)(兼)
副主任:熊素蓉(女 1988 年 3 月—2001 年 5 月)(兼)
欧阳婕(女 2003 年 9 月—2005 年 10 月)

五十五、法制局

局　长:何国盛(2001 年 6 月—2002 年 2 月)
李　梅(女 2003 年 3 月—2003 年 9 月)
副局长:李　梅(女 2002 年 3 月—2003 年 2 月)
(2003 年 10 月—2005 年 10 月)
欧阳婕(女 2003 年 3 月—2003 年 8 月)

五十六、民宗局

1987 年 4 月,成立金堂县民族宗教事务科,与县委统战部合署办公。1989 年 10 月,民族宗教事务科被划归政府序列。2002 年 8 月,金堂县人民政府民族宗教事务科更名为金堂县人民政府民族宗教事务局。

局　长:刘　磊(2002 年 8 月—2005 年 10 月)

五十七、气象局

局　长:刘继模(1987 年 10 月—1990 年 5 月)
孔凡义(1990 年 5 月—1996 年 11 月)
李惠良(2000 年 6 月—2005 年 10 月)
副局长:梁兴茂(1996 年 11 月—1997 年 6 月)
李惠良(1997 年 6 月—2000 年 6 月)(主持工作)
肖　英(女 1997 年 6 月—2005 年 10 月)

五十八、残联

2003 年 6 月,根据金委办发[2001]98 号《关于印发金堂县残疾人联合会机构改革方案的通知》精神,金堂县残疾人联合会从民政局分离出去单列。

理事长:刘升跃(2003 年 6 月—2005 年 10 月)
副理事长:张礼宝(2003 年 6 月—2005 年 10 月)
郭传达(2003 年 6 月—2003 年 9 月)

五十九、老龄办

主　任:袁西高(2001 年 12 月—2005 年 10 月)
秘书长:彭守成(1987 年 10 月—1993 年 2 月)

何心亮(1993 年 2 月—1998 年 12 月)
王正刚(1998 年 12 月—2001 年 12 月)
副主任:王正刚(2001 年 12 月—2005 年 10 月)
高学伦(2003 年 11 月—2005 年 10 月)

六十、供销社

主　任:苏顺乾(1987 年 10 月—1991 年 4 月)
王晓华(1991 年 4 月—1993 年 2 月)
陈绍泉(1993 年 2 月—2004 年 7 月)
叶光明(2004 年 7 月—2005 年 10 月)
副主任:杨宗明(1987 年 10 月—1991 年 4 月)
王晓华(1987 年 10 月—1991 年 4 月)
陈绍泉(1988 年 10 月—1993 年 2 月)
郝　俊(1988 年 10 月—2005 年 9 月)
黄振华(1991 年 4 月—1995 年 6 月)
何崇武(1993 年 3 月—1994 年 8 月)
周光全(1993 年 4 月—1994 年 8 月)
邬华南(1998 年 3 月—2004 年 10 月)
倪国霖(1998 年 3 月—2004 年 10 月)

六十一、物资总公司

1983 年,物资供应公司更名为物资总公司,对外保留物资局的名称。

经　理:王清伟(1987 年 8 月—1996 年 2 月)
周光全(1998 年 2 月—2000 年 3 月)
副经理:周光全(1996 年 2 月—1998 年 2 月)(主持工作)
牛子文(1987 年 8 月—1993 年 3 月)
李荣清(1987 年 8 月—1993 年 3 月)
兰泽勋(1993 年 3 月—1996 年 2 月)
陈正国(1983 年 3 月—1996 年 2 月)
何中华(1998 年 4 月—2000 年 3 月)

六十二、县志办

主　任:王民丰(1987 年 10 月—1988 年 3 月)
苏顺森(1988 年 4 月—1993 年 2 月)
易正品(1993 年 2 月—1998 年 3 月)(兼)
薛　昌(1998 年 3 月—2001 年 6 月)(兼)
刁鸿雁(2001 年 6 月—2003 年 5 月)(兼)
王小辉(2003 年 5 月—2003 年 9 月)(兼)
副主任:叶　凡(1987 年 10 月—1988 年 3 月)
李焕良(1991 年 3 月—1993 年 2 月)
袁兴理(1993 年 2 月—2003 年 3 月)
罗桂蓉(女 2001 年 6 月—2005 年 10 月)
曾玉芬(女 2004 年 10 月—2005 年 10 月)

六十三、信息办

2002 年 4 月 21 日,建立金堂县信息化工作和信息化产业领导小组,下设金堂信息化办公室(县无线电管理委员会办公室同时归并信息化办公室),县信息化办公室挂靠县科学技术局。

主　任:王瑞虎(2002 年 4 月—2003 年 10 月)
副主任:吴　成(2003 年 10 月—2005 年 10 月)
王心毅(女 2003 年 10 月—2005 年 10 月)

六十四、防汛办

主　任:廖作厚(1979 年 4 月—1986 年 10 月)
邓体泉(1987 年 5 月—1995 年 5 月)
侯林琪(1995 年 5 月—2001 年 2 月)
刘继福(2001 年 2 月—2005 年 10 月)

六十五、爱卫办

主　任:曹正臣(1987 年 10 月—1990 年 8 月)
任泽均(1990 年 8 月—1998 年 7 月)
吴康有(1998 年 7 月—2003 年 9 月)
副主任:王德贵(1987 年 10 月—1989 年 9 月)
王蓉琪(1989 年 9 月—1990 年 5 月)
崔显会(女 1990 年 5 月—2001 年 12 月)
梁元惠(女 1998 年 5 月—2005 年 10 月)
廖俊梅(女 2003 年 3 月—2005 年 10 月)

六十六、税务局

局　长:许祖林(1984 年 5 月—1990 年 10 月)
林泽远(1990 年 10 月—1994 年 9 月)
副局长:林泽远(1983 年 12 月—1990 年 10 月)
林祯祥(1984 年 7 月—1993 年 5 月)
唐朝发(1988 年 12 月—1994 年 9 月)
范　静(1993 年 5 月—1994 年 9 月)
牛晋川(1993 年 5 月—1994 年 9 月)

六十七、国税局

1994 年 9 月,进行税务制改革,分设(国家、地方)两套税务机构,成立了金堂县国家税务局。

局　长:林泽远(1994 年 9 月—1999 年 1 月)
牛晋川(1999 年 1 月—2005 年 10 月)
副局长:范　静(女 1994 年 9 月—1996 年 11 月)
杨　斌(1997 年 3 月—2005 年 10 月)
唐　敏(女 1998 年 7 月—2005 年 10 月)
徐　宏(2001 年 6 月—2003 年 7 月)
邱　蓉(女 2002 年 6 月—2005 年 10 月)

六十八、地税局

1994 年 10 月,组建金堂县地方税务局。

局　长：李晓旭（女 1994 年 9 月—1996 年 2 月）（兼）
谢先强（1996 年 2 月—2000 年 4 月）
黄学斌（2000 年 4 月—2005 年 10 月）
副局长：唐朝发（1994 年 9 月—2000 年 2 月）
黄果成（1994 年 9 月—1998 年 12 月）
何东清（1994 年 9 月—2000 年 4 月）
叶　光（2000 年 4 月—2005 年 10 月）
刘向东（2000 年 4 月—2005 年 10 月）
袁万杰（2001 年 12 月—2005 年 10 月）

六十九、工商局

局　长：钟大沛（1990 年 3 月—1993 年 2 月）
孙中德（1993 年 2 月—1995 年 4 月）
谢奇才（1995 年 4 月—2004 年 7 月）
张光修（2004 年 7 月—2005 年 8 月）
程毅刚（2005 年 8 月—2005 年 10 月）
副局长：刘绍松（1987 年 10 月—1993 年 3 月）
陈昌树（1989 年 11 月—1995 年 4 月）
舒　健（1987 年 10 月—2002 年 5 月）
陈文建（1993 年 8 月—1995 年 10 月）
黎家华（女 1994 年 8 月—2005 年 10 月）
谢奇才（1994 年 6 月—1995 年 4 月）
刘述特（1996 年 2 月—2005 年 6 月）
易正品（1999 年 5 月—2002 年 5 月）
吴锡伟（2002 年 5 月—2005 年 10 月）
卓开军（2005 年 6 月—2005 年 10 月）

七十、质监局

局　长：张茂泉（1994 年 8 月—2004 年 8 月）
李　江（2004 年 9 月—2005 年 10 月）

七十一、食品药监局

2001 年 11 月 28 日，成都市药品监督管理局金堂分局成立。

局　长：郭秀芳（女 2001 年 10 月—2005 年 10 月）
副局长：黄子梁（2001 年 10 月—2004 年 4 月）
李龙云（2004 年 4 月—2005 年 10 月）

七十二、供电局

局　长：黄长林（1988 年 1 月—1989 年 7 月）
郭良志（1989 年 7 月—1992 年 8 月）
冉小萍（女 1992 年 8 月—1996 年 7 月）
段守立（1996 年 7 月—1997 年 10 月）
汪学彬（1997 年 10 月—2004 年 8 月）
樊晓锋（2004 年 8 月—2005 年 10 月）
副局长：丁保全（1988 年 1 月—1992 年 8 月）
黄长林（1989 年 7 月—1992 年 8 月）
杨晓鹰（1992 年 8 月—2001 年 6 月）
汪学彬（1992 年 8 月—1997 年 10 月）
段守立（1993 年 7 月—1996 年 7 月）
周继红（1997 年 10 月—2005 年 10 月）
廖鸿涛（2001 年 6 月—2005 年 10 月）

七十三、烟草专卖局

2002 年 9 月，撤销四川省烟草公司金堂县公司，成立四川省烟草公司成都分公司金堂卷烟营销管理中心。成立后，与县烟草专卖局实行两块牌子，一套人马。

局　长：肖世伦（1985 年 6 月—1993 年 8 月）
文仁凯（1998 年 8 月—2005 年 10 月）
副局长：张义富（1987 年 10 月—1994 年 10 月）
文仁凯（1992 年 10 月—1998 年 8 月）（主持工作）
王　春（2002 年 4 月—2003 年 12 月）
李晓波（2004 年 1 月—2005 年 10 月）

七十四、综管办

主　任：钟思勇（1998 年 7 月—2001 年 7 月）
史国忠（2001 年 7 月—2002 年 3 月）
付长礼（2002 年 3 月—2003 年 9 月）
副主任：崔显会（1998 年 7 月—2002 年 3 月）
梁元惠（女 1999 年 5 月—2002 年 3 月）
罗长先（2002 年 3 月—2003 年 9 月）
徐谦富（2003 年 7 月—2005 年 10 月）
王　建（2004 年 10 月—2005 年 10 月）

第十章　区公所、乡、镇人民政府

一、赵镇政府

镇　长：龙崇志（1990 年 1 月—1991 年 3 月）
张茂泉（1991 年 3 月—1996 年 1 月）
袁西高（1996 年 1 月—1998 年 3 月）
曾绪伟（1998 年 3 月—2000 年 11 月）
钟　斌（2000 年 11 月—2003 年 9 月）
雷　育（2003 年 9 月—2004 年 10 月）
刁鸿雁（2004 年 10 月—2005 年 10 月）
副镇长：吴梦康（1990 年 1 月—1992 年 10 月）
张宏玖（1990 年 1 月—1992 年 11 月）
黄　益（1990 年 1 月—1995 年 12 月）
庄世友（1992 年 10 月—1996 年 3 月）
张克蓉（女 1992 年 10 月—2003 年 1 月）

李　江(1993年3月—1996年1月)
杨国树(1995年4月—1998年10月)
刘升跃(1996年1月—1998年3月)
刘显勇(1996年1月—1998年2月)
林一伟(1996年1月—1998年12月)
汪光友(1998年4月—2000年11月)
刘继昌(1998年4月—2002年3月)
叶家祝(2001年1月—2003年3月)
卿三土(2001年1月—2004年10月)
周潮海(2002年3月—2003年3月)
钟祖国(2003年3月—2004年6月)
王仕安(2003年3月—2005年10月)
陈文海(2004年10月—2005年10月)
吴安英(女 2004年10月—2005年10月)
人大主席:邹祥禄(1987年10月—1992年12月)
林维池(1992年12月—1998年12月)
余文琼(女 1998年12月—2004年10月)
张开德(2004年10月—2005年10月)
副主席:肖永田(1997年3月—2000年3月)
曾玉军(2004年10月—2005年10月)

二、三江区公所

1992年10月,撤销三江区建制,区公所工作停止。
区　长:袁道荣(1987年10月—1992年10月)
副区长:肖建江(1987年10月—1992年10月)
金必聪(1990年4月—1992年10月)
何崇武(1990年12月—1992年10月)

三、清江镇政府

镇　长:谢先强(1992年10月—1995年12月)
淡庆华(1995年12月—1998年12月)
肖连强(1998年12月—2001年12月)
肖登志(2001年12月—2002年5月)
李远宽(2004年10月—2005年8月)
副镇长:罗兴隆(1992年10月—1995年12月)
梁元惠(女 1992年10月—1998年12月)
阳光熙(1995年12月—2001年12月)
胡　帅(1997年3月—1998年12月)
张永会(女 1998年12月—2001年12月)
刘晓东(1998年12月—2001年12月)
周后敏(1998年12月—2005年10月)
李远宽(2001年3月—2004年10月)
曾玉芬(女 2001年12月—2004年10月)
陈兆银(2001年12月—2004年10月)
张先法(2002年11月—2004年10月)
陈长旺(2004年10月—2005年12月)
赖希凤(女 2004年10月—2005年10月)
人大主席:樊世富(1992年10月—1998年12月)
王　伟(1998年12月—2002年1月)
张先法(2001年12月—2002年11月)
(2004年10月—2005年10月)

四、清江乡政府

1992年10月,改清江乡建制为清江镇建制。
乡　长:范林仕(1987年10月—1991年4月)
杨国树(1991年4月—1992年10月)
副乡长:樊世富(1987年10月—1992年10月)
陈兆银(1987年10月—1992年10月)
罗兴隆(1989年3月—1992年10月)
人大主席:廖忠礼(1990年1月—1991年10月)

五、官仓镇政府

镇　长:李富荣(1992年10月—2002年4月)
刘盛成(2002年4月—2003年3月)
唐宗惠(女 2003年4月—2005年10月)
副镇长:黄国光(1993年1月—1996年1月)
王先富(1993年1月—1996年1月)
陈友琼(女 1993年1月—1996年1月)
叶真才(1996年1月—1998年4月)
刘盛成(1996年1月—1998年10月)
吴安英(女 1996年1月—1998年10月)
肖连强(1996年1月—1998年10月)
林德木(1999年1月—2005年10月)
颜仁福(1999年1月—2003年2月)
曾　平(1999年1月—2003年2月)
余　为(1999年1月—2001年3月)
万廷芳(女 2003年4月—2004年10月)
何兴轩(2003年4月—2004年10月)
段勇成(2003年4月—2005年10月)
梁元军(2004年11月—2005年10月)
人大主席:林思华(1992年10月—2002年3月)
李富荣(2002年3月—2003年3月)
刘盛成(2003年3月—2005年10月)

六、官仓乡政府

1992年10月,改官仓乡建制为官仓镇建制。
乡　长:李富荣(1990年3月—1992年10月)
副乡长:叶家土(1990年3月—1992年10月)
人大主席:林思华(1989年12月—1992年10月)

七、龙威乡政府

1992 年 10 月，龙威乡并入赵镇，同时撤销龙威乡建制。

乡　长：张友贵（1990 年 1 月—1992 年 10 月）

副乡长：张开德（1987 年 10 月—1992 年 10 月）

黄廷秀（女 1990 年 12 月—1992 年 10 月）

八、悦来乡政府

1992 年 10 月，悦来乡并入同兴乡，同时撤销悦来乡建制。

乡　长：张巨康（1990 年 8 月—1992 年 10 月）

副乡长：刘光熙（1987 年 10 月—1992 年 10 月）

伍炳亮（1989 年 12 月—1992 年 10 月）

九、杨柳乡政府

1992 年 10 月，杨柳乡并入赵镇，同时撤销杨柳乡建制。

乡　长：廖忠礼（1987 年 10 月—1990 年 2 月）

庄世友（1990 年 2 月—1990 年 10 月）

副乡长：梁元会（女 1987 年 10 月—1992 年 10 月）

曾念康（1990 年 2 月—1992 年 10 月）

米允尚（1990 年 2 月—1992 年 10 月）

十、云绣乡政府

2004 年 9 月，云绣乡并入赵镇，同时，撤销云绣乡建制。

乡　长：张方全（1990 年 2 月—1992 年 10 月）

张克亮（1992 年 10 月—1996 年 1 月）

赵道全（1996 年 1 月—1998 年 2 月）

唐万举（1998 年 2 月—2001 年 11 月）

文可绪（2001 年 11 月—2003 年 3 月）

张克亮（2003 年 3 月—2004 年 10 月）

副乡长：万廷芳（女 1988 年 3 月—1998 年 12 月）

何世安（1990 年 2 月—1992 年 10 月）

张方全（1992 年 10 月—1996 年 1 月）

王远发（1993 年 1 月—1994 年 10 月）

王衍光（1995 年 5 月—1998 年 4 月）

黄国光（1995 年 12 月—1998 年 12 月）

黄　益（1995 年 12 月—1998 年 12 月）

任时伯（1998 年 4 月—2000 年 6 月）

赖希凤（女 1998 年 12 月—1999 年 7 月）

陈文海（1998 年 12 月—2004 年 10 月）

余大亮（1998 年 12 月—2004 年 10 月）

郭昌德（2000 年 6 月—2001 年 11 月）

吴安英（女 2001 年 11 月—2004 年 10 月）

唐光兴（2002 年 3 月—2003 年 10 月）

曾玉军（2003 年 3 月—2004 年 10 月）

人大主席：钟祖杰（1990 年 2 月—1996 年 1 月）

张方全（1996 年 1 月—2001 年 12 月）

张克亮（2001 年 12 月—2003 年 3 月）

文可绪（2003 年 3 月—2004 年 10 月）

副主席：王远发（2002 年 3 月—2004 年 10 月）

十一、栖贤乡政府

乡　长：刘利水（1990 年 3 月—1992 年 10 月）

罗茂茹（女 1993 年 3 月—1995 年 12 月）

王先富（1995 年 12 月—1998 年 3 月）

邱子平（1998 年 3 月—2000 年 6 月）

房崇贵（2000 年 12 月—2004 年 10 月）

雷崇富（2004 年 10 月—2005 年 9 月）

副乡长：何此安（1987 年 10 月—1992 年 10 月）

肖敦志（1990 年 3 月—1992 年 10 月）

沈遂德（1993 年 3 月—1995 年 12 月）

李玉明（1993 年 3 月—1998 年 12 月）

刘　炘（1993 年 3 月—1995 年 12 月）

陈友琼（女 1995 年 12 月—1998 年 12 月）

房崇贵（1995 年 12 月—2000 年 12 月）

叶真才（1998 年 12 月—2005 年 10 月）

易度洪（1998 年 12 月—2001 年 12 月）

赖希凤（女 1999 年 8 月—2004 年 10 月）

崔东风（2000 年 7 月—2001 年 12 月）

何成伦（2001 年 12 月—2005 年 10 月）

卫　中（2004 年 11 月—2005 年 10 月）

万廷芳（女 2004 年 11 月—2005 年 10 月）

人大主席：沈序德（1990 年 3 月—1992 年 10 月）

沈亦田（1992 年 10 月—1998 年 12 月）

曾仕繁（1998 年 12 月—2004 年 10 月）

李玉明（2004 年 10 月—2005 年 8 月）

雷崇富（2005 年 8 月—2005 年 10 月）

十二、盐井乡政府

1992 年 10 月，盐井乡并入栖贤乡，同时撤销盐井乡建制。

乡　长：罗茂茹（女 1990 年 3 月—1992 年 10 月）

副乡长：曾玉芬（女 1990 年 3 月—1992 年 10 月）

张克亮（1990 年 3 月—1992 年 10 月）

易度洪（1990 年 3 月—1992 年 10 月）

人大主席：沈亦田（1990 年 3 月—1992 年 10 月）

十三、三星乡政府

乡　长：黄廷树（1990 年 2 月—1992 年 10 月）

副乡长:吴瑞昌(1990年2月—1992年10月)
李晓玉(1990年2月—1991年7月)
李华贵(1991年4月—1992年10月)

十四、四方乡政府

乡　长:陈厚华(1990年2月—1992年10月)
副乡长:杜家伦(1987年10月—1992年10月)
李玉明(1990年2月—1992年10月)

十五、三星镇政府

1992年10月,三星乡,四方乡合并,成立三星镇,同时,撤销三星乡、四方乡建制,实行镇管村体制。

镇　长:赵道全(1993年2月—1995年10月)
陈光华(1996年2月—1998年3月)
肖敦志(1998年4月—2002年3月)
晏万长(2002年3月—2002年5月)
王　俊(2003年5月—2004年12月)
张克亮(2004年12月—2005年10月)
副镇长:陈厚华(1993年2月—1996年2月)
李华贵(1993年2月—2000年6月)
肖敦志(1993年2月—1998年4月)
曾玉芬(女1993年2月—1999年3月)
汤守富(1996年2月—1999年3月)
晏万长(1996年2月—1999年3月)
王　俊(1998年4月—2003年5月)
牟光碧(1999年3月—2005年10月)
许学军(女1999年3月—2005年10月)
文可绪(2000年7月—2002年3月)
唐光兴(2003年10月—2005年10月)
人大主席:肖建江(1993年2月—2002年3月)
肖连强(2002年3月—2003年1月)
黄　武(2003年1月—2004年12月)
唐　文(2004年12月—2005年10月)

十六、淮口区公所

1992年10月,撤销淮口区建制,区公所工作停止。

区　长:张华生(1989年12月—1992年10月)
副区长:张德会(1987年10月—1992年10月)
王松柏(1989年12月—1992年10月)
刘述特(1987年10月—1992年10月)
何从武(1987年10月—1992年10月)

十七、淮口镇政府

1992年10月,建设乡、淮口乡并入淮口镇。2004年9月九龙镇并入淮口镇,撤销建设乡、淮口乡、九龙镇建制,实行镇管村体制。

镇　长:陈仲全(1989年12月—1991年12月)
颜尚清(1991年12月—1992年10月)
叶光明(1992年10月—1998年12月)
晏万长(1998年12月—2001年11月)
尹贤林(2001年11月—2004年6月)
李建军(2004年6月—2005年10月)
副镇长:蒋再蓉(女1989年12月—1991年3月)
黄良清(1991年4月—1992年10月)
彭恢贵(1992年4月—1992年10月)
刘光详(1992年10月—1996年12月)
刘期寿(1992年10月—1996年12月)
郑洪友(1992年10月—1995年12月)
王松柏(1992年10月—1996年12月)
李安富(1995年12月—1998年12月)
李　辉(1996年12月—2004年9月)
黄良清(1992年10月—1998年12月)
尹贤林(1999年9月—2001年11月)
张祥文(1998年11月—2001年12月)
钟绍芝(2000年7月—2001年11月)
李晋章(2002年3月—2003年3月)
肖兴明(2000年11月—2005年10月)
左　力(2001年11月—2005年10月)
李晓晖(2003年3月—2005年10月)
张炳辉(2004年9月—2005年10月)
人大主席:刘光祥(1987年10月—1992年10月)
张德会(1992年10月—1995年12月)
代孝成(1996年1月—1998年12月)
刘光祥(1999年1月—2000年11月)
汪光友(2000年12月—2004年4月)
王道明(2004年5月—2004年9月)
黄永胜(2004年10月—2005年10月)
副主席:李安富(1998年12月—2005年3月)
叶爱玲(2004年10月—2005年10月)

十八、五凤镇政府

镇　长:彭友金(1990年2月—1995年12月)
唐仕发(1995年12月—1998年4月)
唐朝钦(1998年4月—1998年12月)
蒋孟春(1999年1月—2003年2月)
李建军(2003年3月—2004年10月)
张洪武(2004年1月—2005年10月)
副镇长:贺增全(1989年3月—1998年12月)
贺中好(1989年3月—1992年2月)

唐朝钦(1990年2月—1998年4月)
曾中明(1990年2月—1995年12月)
刘述奕(1992年3月—1998年12月)
李晓辉(1995年12月—2003年2月)
肖德坤(1999年1月—2004年10月)
李建军(1999年1月—2003年2月)
刁觉民(2004年10月—2005年10月)
杨召军(2004年10月—2005年10月)
贺中富(2002年2月—2004年10月)
唐红梅(女2003年2月—2005年10月)
人大主席:彭友金(1989年1月—1992年12月)
唐振彬(1993年1月—1995年12月)
贺增全(1996年1月—1998年12月)
唐朝钦(1999年1月—2001年12月)
蒋孟春(2002年1月—2004年10月)
尹全红(2004年11月—2005年10月)

十九、淮口乡政府

1992年10月,淮口乡、建设乡合并为淮口镇,同时,撤销淮口乡、建设乡建制,实行镇管村体制。

乡 长:郑洪友(1987年10月—1992年10月)
副乡长:廖俊沅(1987年10月—1992年1月)
钟绍芝(女1992年1月—1992年10月)
袁定章(1989年10月—1992年10月)
人大主席:易大银(1988年11月—1992年9月)

二十、建设乡政府

乡 长:唐华银(1989年12月—1992年10月)
副乡长:李晋章(1987年10月—1992年10月)
张祥文(1989年10月—1992年10月)
人大主席:陈光熙(1987年10月—1989年9月)
刘期寿(1989年10月—1992年9月)

二十一、五凤乡政府

1989年3月,改五凤乡建制为五凤镇建制。

乡 长:高刚跃(1987年10月—1989年3月)
副乡长:李方柱(1987年10月—1989年3月)
肖渊泽(1987年10月—1989年3月)

二十二、同兴乡政府

乡 长:李安富(1989年11月—1992年4月)
梁元友(1992年4月—1992年10月)
人大主席:代孝成(1987年10月—1992年9月)

二十三、九龙镇政府

1992年10月,同兴乡、悦来乡合并为九龙镇,同时,撤销乡建制,实行镇管村体制。

镇 长:刘述铁(1992年10月—1994年9月)
黄显坤(1994年9月—1998年5月)
李华明(1998年5月—2001年3月)
孙先奎(2001年12月—2004年9月)
副镇长:伍炳亮(1992年10月—1998年12月)
李华明(1992年10月—1998年5月)
郑洪友(1992年10月—1998年12月)
孙先奎(1995年12月—2001年12月)
黄永胜(1995年12月—1998年12月)
梁元军(1995年12月—2004年9月)
王 建(2001年4月—2004年9月)
仲 泽(2001年12月—2004年12月)
张炳辉(2001年12月—2004年9月)
叶爱玲(女1998年12月—2001年12月)
人大主席:肖光前(1992年10月—1993年10月)
刘述特(1995年9月—1995年12月)
邓会蓉(1996年1月—1996年4月)
江海澜(1996年5月—1998年3月)
黄显坤(1998年4月—1999年11月)
伍炳亮(1999年12月—2001年12月)
黄永胜(2002年1月—2004年9月)
副主席:张才贵(1995年12月—1998年12月)

二十四、黄家乡政府

2004年9月,区划调整,黄家乡并入三溪镇,撤销乡建制,实行镇管村体制。

乡 长:黄显坤(1987年10月—1990年3月)
唐万举(1990年3月—1992年10月)
黄祖德(1992年10月—1996年3月)
卢孝国(1996年3月—1998年12月)
黄安军(1998年12月—1999年8月)
解代学(1999年8月—2000年6月)
雷崇富(2000年6月—2004年9月)
副乡长:邱林果(1987年10月—1996年3月)
刘华友(1990年4月—1991年3月)
孔祥琼(女1990年4月—1996年1月)
邓 宇(1993年3月—1996年3月)
梁元友(1993年3月—1996年3月)
唐万太(1996年3月—2004年9月)
黄安军(1996年3月—1998年12月)
赖素兰(女1996年3月—1998年12月)
卫 中(2001年12月—2004年9月)
唐太远(1998年12月—2001年12月)

雷崇富（1998 年 12 月—2000 年 6 月）
张炳耀（2001 年 12 月—2004 年 9 月）
钟绍芝（女、2001 年 12 月—2004 年 9 月）
钟克权（2003 年 3 月—2004 年 9 月）
李晋章（2003 年 10 月—2004 年 9 月）
人大主席：张天杰（1987 年 10 月—1992 年 11 月）
雷年光（1992 年 12 月—1995 年 10 月）
黄祖德（1995 年 12 月—1996 年 4 月）
卢孝国（1998 年 12 月—2000 年 6 月）
副主席：孔祥茂（1995 年 12 月—2001 年 12 月）
张明江（2002 年 1 月—2004 年 9 月）

二十五、白果乡政府

乡　长：曹华善（1989 年 8 月—1992 年 10 月）
副乡长：李仁万（1987 年 10 月—1992 年 10 月）
蒋德祥（1989 年 12 月—1992 年 10 月）
人大主席：张华辉（1987 年 10 月—1992 年 10 月）

二十六、白果镇政府

1992 年 10 月，白果乡、清明乡合并成立白果镇，撤销乡建制，实行镇管村体制。

镇　长：黄魁学（1992 年 10 月—1995 年 12 月）
袁　章（1995 年 12 月—1998 年 12 月）
黄诗军（1998 年 12 月—2004 年 10 月）
孙先奎（2004 年 10 月—2005 年 10 月）
副镇长：曹华善（1992 年 10 月—1998 年 12 月）
梁任友（1992 年 10 月—2001 年 12 月）
黄诗军（1992 年 10 月—1995 年 12 月）
邓典良（1995 年 12 月—1998 年 12 月）
杨　华（1997 年 7 月—1998 年 12 月）
唐上海（1998 年 12 月—2001 年 12 月）
杨召军（1998 年 12 月—2000 年 6 月）
倪天俊（2000 年 6 月—2005 年 10 月）
黄全明（2001 年 12 月—2005 年 10 月）
黄祖全（2002 年 6 月—2005 年 10 月）
王顺义（2003 年 6 月—2005 年 10 月）
人大主席：蒋德祥（1992 年 10 月—1994 年 3 月）
黄启廉（1994 年 3 月—2001 年 12 月）
曹华善（2001 年 12 月—2004 年 10 月）
黄诗军（2004 年 10 月—2005 年 10 月）

二十七、福兴区公所

1992 年 10 月，撤销福兴区建制，区政府工作停止。

区　长：兰泽煜（1990 年 3 月—1992 年 10 月）
副区长：唐朝祥（1988 年 8 月—1992 年 10 月）
张楚学（1990 年 6 月—1992 年 10 月）
易刚坤（1992 年 3 月—1992 年 10 月）

二十八、福兴乡政府

乡　长：张顺禄（1990 年 8 月—1992 年 8 月）
副乡长：胡德彬（1990 年 8 月—1992 年 8 月）
唐仕荣（1990 年 1 月—1992 年 10 月）

二十九、长乐乡政府

乡　长：黄庭国（1988 年 10 月—1992 年 10 月）
副乡长：谢瑞才（1988 年 10 月—1992 年 10 月）
魏远碧（1988 年 8 月—1992 年 10 月）

三十、福兴镇政府

1992 年 10 月，福兴乡、长乐乡合并成立福兴镇，同时，撤销乡建制，实行镇管村体制。

镇　长：胡德彬（1992 年 10 月—1998 年 2 月）
黄富亮（1998 年 3 月—2002 年 12 月）
廖信林（2003 年 3 月—2005 年 10 月）
副镇长：唐德鲁（1992 年 10 月—2001 年 8 月）
张顺禄（1992 年 10 月—1995 年 8 月）
黄廷国（1992 年 10 月—1995 年 8 月）
唐桂琼（女 1992 年 10 月—1998 年 8 月）
魏远碧（1992 年 10 月—1998 年 8 月）
余大亮（1995 年 9 月—1998 年 8 月）
张仁兴（1998 年 12 月—2001 年 8 月）
叶作华（1998 年 12 月—2005 年 10 月）
兰泽光（1998 年 12 月—2001 年 8 月）
唐中路（2001 年 8 月—2004 年 8 月）
宋晓芸（女 2001 年 8 月—2005 年 10 月）
王定文（2001 年 8 月—2005 年 10 月）
人大主席：兰泽煜（1992 年 10 月—1998 年 11 月）
胡德彬（1998 年 12 月—2001 年 10 月）
兰泽光（2001 年 11 月—2004 年 10 月）
黄富亮（2004 年 12 月—2005 年 8 月）
廖信林（2005 年 8 月—2005 年 10 月）
副主席：黄庭国（1998 年 12 月—2001 年 10 月）

三十一、金龙乡政府

乡　长：代大绪（1990 年 1 月—1992 年 10 月）
副乡长：邱禄贵（1987 年 10 月—1992 年 10 月）
文可平（1990 年 1 月—1992 年 10 月）
王道明（1990 年 1 月—1992 年 10 月）
人大主席：张洪发（1990 年 1 月—1992 年 10 月）

三十二、金龙镇政府

1992 年 10 月，区划调整成立金龙镇。

镇　长:文国章(1993年1月—1995年5月)
王道明(1995年7月—1998年2月)
王　敏(1998年3月—2000年6月)
蔡兴凡(2000年11月—2004年6月)
王友忠(2004年10月—2005年10月)
副镇长:王道明(1993年1月—1995年7月)
邱禄贵(1993年1月—1995年12月)
李朝玉(1993年1月—1995年12月)
吴　成(1995年12月—1998年3月)
王　敏(1995年12月—1998年3月)
兰金芳(女1995年12月—1998年12月)
蔡兴凡(1995年12月—2000年11月)
黄久明(2000年11月—2003年3月)
李朝玉(1999年1月—2005年10月)
戴清文(1999年1月—2004年10月)
陈长旺(2001年12月—2003年3月)
钟绍芝(女2004年10月—2005年10月)
许志强(2004年10月—2005年10月)
人大主席:郭显贵(1992年10月—1995年12月)
张洪发(1995年12月—1998年12月)
兰金芳(女、1998年12月—2004年10月)
蔡兴凡(2004年10月—2005年10月)

三十三、赵家乡政府

乡　长:易刚福(1988年10月—1992年3月)
易大定(1992年3月—1992年10月)(代)
副乡长:易大定(1988年10月—1992年3月)
冉治富(1988年10月—1992年3月)
罗康柏(1988年10月—1992年3月)
人大主席:莫远海(1987年10月—1989年2月)
莫诗高(1989年12月—1992年10月)

三十四、三烈乡政府

乡　长:刘光泽(1987年10月—1992年10月)
副乡长:陈绍华(1987年10月—1992年10月)
汤朝元(1990年5月—1992年10月)

三十五、赵家镇政府

1992年10月,赵家乡、三烈乡合并成立赵家镇,同时,撤销乡建制,实行镇管村体制。

镇　长:易刚福(1992年10月—1998年3月)
易刚南(1998年3月—2001年9月)
罗康柏(2001年12月—2005年10月)
副镇长:李玉斌(女1992年10月—1995年10月)
冉治富(1992年10月—1995年10月)
易大定(1992年10月—1998年3月)
刘光泽(1992年10月—1993年1月)
易刚南(1995年2月—1998年3月)
罗康柏(1995年10月—2001年9月)
蒋远国(1998年3月—2005年10月)
周传志(1998年3月—2005年10月)
罗世君(1998年3月—2001年9月)
王代富(2001年12月—2005年10月)
人大主席:莫诗高(1992年10月—1995年12月)
莫远海(1995年12月—2001年8月)
胡德林(2001年8月—2004年7月)
房宗贵(2004年7月—2005年10月)
副主席:文春玉(2001年12月—2005年10月)

三十六、高板区公所

1992年10月,撤销高板区建制,区公所工作停止。

区　长:刘　伟(1990年10月—1991年9月)
副区长:刘　伟(1987年10月—1990年10月)
张素珍(女1989年11月—1992年10月)
张有权(1990年10月—1992年10月)
彭辉林(1991年11月—1992年10月)

三十七、高板乡政府

乡　长:熊华强(1989年11月—1992年10月)
副乡长:周富烈(1989年11月—1992年10月)
黄祖礼(1989年11月—1992年10月)

三十八、石龙乡政府

乡　长:唐章泉(1987年10月—1992年10月)
副乡长:周富德(1987年10月—1992年10月)
张孝泉(1988年7月—1992年10月)
唐中成(1989年10月—1992年10月)

三十九、高板镇政府

1992年10月,高板乡、石龙乡合并成立高板镇,同时,撤销乡建制,实行镇管村体制。

镇　长:彭辉林(1992年10月—1994年10月)
曾中明(1995年3月—1996年12月)
唐松泉(1996年12月—1998年12月)
唐　文(1998年12月—2004年10月)
易志坚(2004年11月—2005年10月)
副镇长:彭辉林(1996年1月—1998年12月)
张世春(1992年10月—1994年10月)
唐仕平(1995年3月—1998年3月)
张素珍(女1992年10月—1999年11月)
唐章权(1992年10月—1999年11月)

唐中成(1996 年 1 月—2001 年 10 月)
张华贵(1999 年 11 月—2001 年 2 月)
黄　黎(1997 年 3 月—2003 年 10 月)
刘玉泉(2001 年 11 月—2004 年 10 月)
易志坚(2001 年 11 月—2003 年 4 月)
曾兴贵(2001 年 11 月—2005 年 10 月)
陈大川(2004 年 10 月—2005 年 10 月)
沈　强(2001 年 11 月—2004 年 10 月)
杨召学(2000 年 5 月—2001 年 10 月)
卢孝光(2002 年 1 月—2004 年 10 月)
王顺义(2003 年 3 月—2003 年 10 月)
人大主席:张家镒(1992 年 12 月—1995 年 10 月)
卓天宜(1995 年 10 月—1996 年 8 月)
曾中明(1996 年 8 月—1998 年 12 月)
张素珍(女 1998 年 12 月—2005 年 10 月)
副主席:黄　黎(1995 年 11 月—1998 年 12 月)

四十、平桥乡政府

乡　长:文国木(1987 年 10 月—1992 年 10 月)
陈才树(1992 年 10 月—1995 年 12 月)
陈泽勇(1995 年 12 月—1998 年 3 月)
卿显模(1998 年 12 月—2001 年 12 月)
唐中成(2001 年 12 月—2004 年 10 月)
张孝国(2004 年 10 月—2005 年 10 月)
副乡长:曾兴贵(1987 年 10 月—2001 年 11 月)
曹华利(1991 年 2 月—1992 年 10 月)
文国木(1992 年 10 月—1998 年 12 月)
唐中年(1992 年 10 月—1995 年 5 月)
彭辉萍(女 1992 年 10 月—1997 年 11 月)
陈泽勇(1995 年 3 月—1995 年 12 月)
仲　泽(1998 年 3 月—2001 年 12 月)
张孝国(1999 年 1 月—2004 年 10 月)
张金河(2001 年 11 月—2004 年 10 月)
周丽君(女 1998 年 12 月—2002 年 4 月)
周　剑(2001 年 12 月—2005 年 10 月)
吴桂春(女 2002 年 12 月—2005 年 10 月)
张　程(2004 年 12 月—2005 年 10 月)
人大主席:刘孝坤(1987 年 10 月—1992 年 10 月)
唐中柏(1992 年 10 月—2001 年 12 月)
陈才林(2001 年 12 月—2004 年 10 月)
罗玉才(2004 年 10 月—2005 年 10 月)

四十一、玉河乡政府

1992 年 10 月,玉河乡并入平桥乡,撤销玉河乡建制。

乡　长:唐中柏(1987 年 10 月—1992 年 10 月)
副乡长:唐中年(1987 年 10 月—1992 年 10 月)
唐中文(1990 年 1 月—1992 年 10 月)
人大主席:黄步煜(1987 年 10 月—1992 年 10 月)

四十二、三溪镇政府

1996 年 12 月,改三溪乡建制为三溪镇建制。

镇　长:唐中年(1996 年 12 月—1999 年 7 月)
(2001 年 1 月—2001 年 11 月)
张孝全(1999 年 8 月—2000 年 12 月)
王友忠(2001 年 12 月—2004 年 11 月)
王银锋(2004 年 12 月—2005 年 10 月)
副镇长:周德益(1996 年 12 月—1998 年 11 月)
肖坤英(女 1996 年 12 月—1998 年 11 月)
张孝全(1996 年 12 月—1999 年 7 月)
张金河(1996 年 12 月—2001 年 1 月)
陈锦华(1998 年 12 月—2005 年 10 月)
张国林(1998 年 12 月—2001 年 10 月)
杨召军(2001 年 12 月—2004 年 11 月)
张华贵(2001 年 4 月—2004 年 11 月)
王李燕(女 2002 年 3 月—2005 年 10 月)
李晋章(2004 年 12 月—2005 年 10 月)
钟克权(2004 年 12 月—2005 年 10 月)
人大主席:熊发强(1996 年 12 月—1998 年 5 月)
肖坤英(女 1998 年 12 月—2001 年 11 月)
周德益(2001 年 12 月—2004 年 9 月)
唐万太(2004 年 10 月—2005 年 10 月)
副主席:张国林(1996 年 12 月—1998 年 12 月)

四十三、三溪乡政府

乡　长:张明和(1990 年 1 月—1992 年 9 月)
唐中文(1994 年 9 月—1995 年 11 月)
唐中年(1995 年 12 月—1996 年 12 月)
副乡长:吴登高(1991 年 3 月—1992 年 9 月)
唐中文(1992 年 10 月—1994 年 8 月)
周德益(1995 年 12 月—1996 年 12 月)
肖坤英(女 1995 年 12 月—1996 年 12 月)
贺正余(1992 年 12 月—1996 年 11 月)
张孝全(1995 年 12 月—1996 年 12 月)
张金河(1995 年 12 月—1996 年 12 月)
人大主席:彭辉林(1990 年 1 月—1991 年 1 月)
张廷福(1991 年 2 月—1992 年 9 月)
胡在银(1992 年 10 月—1995 年 11 月)
陈应柱(1995 年 12 月—1996 年 11 月)

副主席：张国林(1995年1月—1996年12月)

四十四、清明乡政府

1992年10月，并入白果镇，同时撤销清明乡建制。

乡　长：黄魁学(1989年12月—1992年10月)

副乡长：梁任友(1987年10月—1992年10月)

人大主席：郭兴华(1989年12月—1992年6月)

四十五、竹篙区公所

1992年10月，撤销竹篙区建制，区公所工作停止。

区　长：李永海(1990年3月—1992年10月)

副区长：钟文福(1987年10月—1992年10月)

钟德坤(1987年10月—1992年10月)

罗荣成(1989年11月—1992年10月)

彭志敏(1990年9月—1992年10月)

易遵和(1992年8月—1992年10月)

四十六、竹篙镇政府

1992年1月，撤销竹篙乡建制，设立竹篙镇。1992年10月，新华、青松两个乡并入竹篙镇，同时，撤销新华乡、青松乡建制，实行镇管村体制。

镇　长：伍炳光(1992年1月—1993年12月)

彭明福(1993年12月—1998年3月)

彭恢义(1998年4月—2003年3月)

吴象明(2003年4月—2005年10月)

副镇长：肖继学(1992年1月—1992年10月)

代贵林(1992年1月—1992年10月)

彭恢义(1995年11月—1998年3月)

李德亮(1995年11月—2003年2月)

王智金(1992年10月—1995年10月)

钟文福(1992年10月—1995年10月)

罗荣成(1992年10月—1995年10月)

孙平秀(女 1992年10月—1998年11月)

姜代炳(1995年11月—1998年11月)

李君明(1995年11月—1998年11月)

贺世江(1998年11月—2004年9月)

李永顺(1998年12月—2001年12月)

吴祯祥(1998年11月—2005年10月)

刁　瑛(女 2001年12月—2005年10月)

何兴轩(2004年10月—2005年10月)

沈玉秀(女 2004年10月—2005年10月)

人大主席：马太国(1992年11月—1998年10月)

伍炳松(1998年11月—2001年11月)

刘秀琼(女 2001年12月—2004年10月)

彭恢义(2004年11月—2005年10月)

四十七、竹篙乡政府

乡　长：伍炳光(1990年10月—1991年12月)

副乡长：代贵林(1987年10月—1991年12月)

肖继学(1987年10月—1991年12月)

人大主席：钟德彬(1987年10月—1990年10月)

吴美松(1990年11月—1992年10月)

四十八、新华乡政府

乡　长：王正松(1987年10月—1991年6月)

王智金(1991年7月—1992年10月)

副乡长：唐　文(1987年10月—1992年10月)

吴祯祥(1987年10月—1992年10月)

沈传忠(1987年10月—1992年5月)

四十九、青松乡政府

乡　长：伍炳松(1987年10月—1991年12月)

刘光荣(1992年1月—1992年10月)

副乡长：刘光荣(1987年10月—1991年12月)

段雄兵(1992年1月—1992年10月)

人大主席：唐太远(1987年10月—1992年10月)

五十、大桥乡政府

1992年10月，大桥乡并入转龙乡，撤销大桥乡建制。

乡　长：孙隆碧(1987年10月—1992年4月)

夏洪光(1992年4月—1992年10月)

副乡长：刘西江(1987年10月—1992年10月)

夏洪光(1987年10月—1992年4月)

刘西斌(1990年1月—1992年10月)

人大主席：夏时儒(1989年3月—1992年9月)

五十一、转龙镇政府

1996年8月，撤销转龙乡，设立转龙镇。

镇　长：孙隆碧(1996年8月—1998年3月)

胡德林(1993年3月—2000年6月)

贺方宇(2000年6月—2005年10月)

副镇长：刘元章(1996年8月—2001年12月)

刘元军(1996年8月—1998年12月)

陈　泽(1996年8月—2001年7月)

易遵勇(1998年12月—2004年8月)

王群芳(女 2000年6月—2005年10月)

袁　赞(2001年12月—2005年10月)

唐太远(2001年12月—2004年8月)

人大主席：吴安禄(1996年8月—1998年12月)

李玉明(1999年1月—2001年12月)

刘元江(2002年1月—2004年12月)

叶家祝(2004年12月—2005年10月)

副主席：刘西江（1999 年 1 月—2001 年 12 月）

五十二、转龙乡政府

乡　长：易遵和（1990 年 1 月—1992 年 8 月）
　　　　孙隆碧（1993 年 1 月—1996 年 8 月）
副乡长：李学芝（女 1987 年 12 月—1992 年 10 月）
　　　　刘福林（1990 年 1 月—1992 年 10 月）
　　　　夏逢光（1993 年 1 月—1995 年 12 月）
　　　　沈桂珍（女 1993 年 1 月—1995 年 12 月）
　　　　刘元章（1993 年 1 月—2001 年 12 月）
　　　　刘元军（1995 年 12 月—1996 年 8 月）
　　　　陈　泽（1995 年 12 月—1996 年 8 月）
人大主席：吴安禄（1990 年 1 月—1996 年 8 月）

五十三、九龙乡政府

1992 年 10 月并入广兴镇。

乡　长：李君国（1987 年 10 月—1992 年 10 月）
副乡长：高国平（1987 年 10 月—1992 年 10 月）
　　　　李高学（1990 年 1 月—1992 年 10 月）

五十四、广兴乡政府

乡　长：陈德进（1987 年 10 月—1990 年 1 月）
　　　　胡　刚（1990 年 1 月—1992 年 10 月）
副乡长：肖　海（1987 年 10 月—1992 年 10 月）
　　　　周乐善（1990 年 1 月—1992 年 10 月）
人大主席：陈德进（1987 年 10 月—1992 年 2 月）
　　　　　吴美江（1992 年 3 月—1992 年 10 月）

五十五、广兴镇政府

1992 年 10 月，九龙乡和广兴乡合并成立广兴镇，同时，撤销乡建制，实行镇管村体制。

镇　长：李君国（1992 年 10 月—1995 年 10 月）
　　　　风连清（1995 年 10 月—1998 年 4 月）
　　　　刘丽蓉（女 1998 年 4 月—2003 年 3 月）
　　　　黄　黎（2003 年 3 月—2004 年 7 月）
　　　　尹贤林（2004 年 7 月—2005 年 10 月）
副镇长：周乐善（1992 年 10 月—1998 年 12 月）
　　　　风连清（1992 年 10 月—1995 年 10 月）
　　　　刘丽蓉（女 1992 年 10 月—1998 年 4 月）
　　　　杨进辉（1995 年 12 月—2005 年 10 月）
　　　　刘治军（1998 年 4 月—2001 年 12 月）
　　　　李高学（1998 年 12 月—2004 年 10 月）
　　　　张　成（2001 年 12 月—2004 年 10 月）
　　　　刘金国（2001 年 12 月—2004 年 10 月）
　　　　易遵勇（2004 年 10 月—2005 年 10 月）
人大主席：吴美江（1992 年 10 月—2001 年 11 月）
　　　　　罗远碧（2001 年 12 月—2004 年 9 月）
　　　　　刘丽蓉（女 2004 年 10 月—2005 年 10 月）
副主席：周乐善（2001 年 12 月—2004 年 9 月）

五十六、石佛乡政府

1992 年 10 月，石佛乡并入隆盛镇，撤销石佛乡建制，实行镇管村体制。

乡　长：王志金（1987 年 10 月—1989 年 10 月）
副乡长：夏洪福（1987 年 10 月—1992 年 10 月）
　　　　胡佑祖（1987 年 10 月—1992 年 10 月）
　　　　代国平（1990 年 12 月—1992 年 10 月）

五十七、隆盛镇政府

1995 年 10 月，撤销隆盛乡建制，设立隆盛镇。

镇　长：罗兴国（1995 年 10 月—1996 年 3 月）
　　　　唐　文（1996 年 4 月—1998 年 3 月）
　　　　李君明（1988 年 10 月—2003 年 3 月）
　　　　罗玉才（2003 年 12 月—2004 年 12 月）
副镇长：唐　文（1995 年 10 月—1996 年 3 月）
　　　　段雄兵（1995 年 10 月—2001 年 3 月）
　　　　胡桂秀（女 1995 年 12 月—1998 年 12 月）
　　　　　　　（2002 年 1 月—2005 年 10 月）
　　　　刘　发（1998 年 12 月—2001 年 12 月）
　　　　曹华利（2002 年 3 月—2004 年 10 月）
　　　　陈　刚（2003 年 10 月—2005 年 10 月）
　　　　罗玉才（1995 年 12 月—2003 年 12 月）
　　　　钟正荣（1995 年 12 月—1998 年 12 月）
人大主席：罗兴国（1995 年 10 月—1998 年 3 月）
　　　　　兰代金（2001 年 4 月—2004 年 10 月）
　　　　　李君明（2004 年 11 月—2005 年 10 月）
副主席：刘显勇（1998 年 10 月—2001 年 3 月）
　　　　兰代金（1998 年 10 月—2001 年 3 月）

五十八、隆盛乡政府

1995 年 10 月，撤销隆盛乡建制，设立隆盛镇。

乡　长：罗兴国（1992 年 10 月—1995 年 10 月）
副乡长：刘德文（1987 年 10 月—1992 年 10 月）
　　　　汪业容（女 1989 年 10 月—1992 年 10 月）
　　　　段雄兵（1992 年 10 月—1995 年 10 月）
　　　　吴美松（1992 年 10 月—1993 年 6 月）
　　　　唐　文（1992 年 10 月—1995 年 10 月）
人大主席：陈宝远（1987 年 10 月—1993 年 10 月）
　　　　　罗兴国（1993 年 11 月—1995 年 10 月）

五十九、土桥区公所

1992 年 10 月，撤销土桥区，区公所工作停止。

区　长:孙中国(1987年10月—1992年10月)
副区长:夏洪亮(1987年10月—1992年10月)
黄来虎(1987年10月—1992年10月)
黄德富(1987年10月—1992年10月)

六十、大安乡政府

1992年10月,大安乡并入土桥镇,同时,撤销大安乡建制,实行镇管村体制。

乡　长:李君才(1987年10月—1992年10月)
副乡长:周裕见(1990年1月—1992年10月)
周乐全(1987年10月—1992年10月)
人大主席:彭品富(1990年1月—1992年10月)

六十一、金乐乡政府

1992年1月,金乐乡与土桥场镇合并成立土桥镇,同时,撤销金乐乡建制,实行镇管村体制。

乡　长:孙隆富(1987年10月—1990年1月)
徐声华(1990年1月—1992年1月)
副乡长:彭才华(1987年10月—1992年1月)
钟玉芳(女1990年1月—1992年1月)

六十二、永乐乡政府

1992年10月,永乐乡并入又新乡,同时,撤销永乐乡建制。

乡　长:孙隆贵(1990年1月—1992年10月)
副乡长:彭章全(1987年10月—1992年10月)
陈举安(1990年1月—1992年10月)

六十三、双流乡政府

1992年10月,双流乡并入云合镇,同时,撤销双流乡建制。

乡　长:周述礼(1987年10月—1989年9月)
吴星图(1990年1月—1991年1月)
副乡长:李治光(1990年1月—1992年10月)
肖亨海(1990年1月—1992年9月)

六十四、云合乡政府

1992年10月,云合乡与双流乡合并成立云合镇,同时,撤销乡建制,实行镇管村体制。

乡　长:王文国(1987年10月—1992年2月)
吴星图(1992年3月—1992年9月)
副乡长:伍玉华(1987年10月—1992年9月)

六十五、云合镇政府

镇　长:吴星图(1992年10月—1995年12月)
陈　维(1996年1月—1998年12月)
刘盛成(1999年1月—2000年10月)
段雄兵(2001年1月—2001年12月)
刘兴国(2002年1月—2005年10月)
副镇长:李质光(1992年10月—1999年12月)
肖由凤(1992年10月—1998年12月)
伍　智(1992年10月—1995年12月)
杨　琼(女1996年1月—2005年10月)
孙东平(1998年12月—2001年10月)
孙成君(2001年12月—2002年4月)
黄春和(2001年12月—2005年10月)
刘　武(2004年10月—2005年10月)
人大主席:孙平华(1989年12月—1992年9月)
肖远权(1992年10月—1995年10月)
吴星图(1996年1月—1998年12月)
王伟成(1999年1月—2001年12月)
李质光(2002年1月—2004年10月)
段雄兵(2004年10月—2005年10月)
副主席:周述华(1999年1月—2001年12月)

六十六、又新镇政府

2001年11月,撤销又新乡建制,设立又新镇。

镇　长:唐元东(2001年11月—2003年12月)
唐上海(2003年2月—2005年10月)
副镇长:吴宗林(2001年12月—2005年10月)
钟方泽(2001年12月—2005年10月)
吴宗彬(2001年12月—2005年10月)
罗义鑫(2001年12月—2005年10月)
刘　武(2002年8月—2004年11月)
人大主席:钟方健(2002年1月—2005年10月)
副主席:胡章全(2001年11月—2005年10月)

六十七、又新乡政府

2001年10月,撤销又新乡建制,设立又新镇。

乡　长:孙隆贵(1987年10月—1990年2月)
周述礼(1990年2月—1992年10月)
谢奇才(1993年3月—1995年5月)
黄来虎(1995年5月—1998年2月)
钟方健(1998年4月—2000年6月)
唐元东(2000年6月—2001年11月)
副乡长:陈举安(1993年3月—1996年1月)
李桂珍(女1990年2月—1993年12月)
杨进友(1990年2月—1996年1月)
周述礼(1993年3月—1995年6月)
肖由凤(1990年2月—1992年10月)
万金瑜(1993年12月—1996年1月)
吴宗林(1996年1月—2001年12月)

孟定忠(1999 年 1 月—1999 年 7 月)
钟方健(1996 年 1 月—1998 年 4 月)
黄春和(1999 年 1 月—2001 年 12 月)
吴宗彬(1999 年 1 月—2001 年 12 月)
人大主席:李明耀(1993 年 1 月—1996 年 1 月)
肖尤武(1996 年 1 月—1999 年 1 月)
黄来虎(1999 年 1 月—2002 年 1 月)
副主席:曾堂余(1996 年 1 月—1999 年 1 月)
胡章全(1999 年 1 月—2001 年 11 月)

六十八、土桥镇政府

1992 年 1 月 5 日,经金堂县人民政府批准,撤销土桥场镇建制,将它与金乐乡合并建立镇管村体制的土桥镇。1992 年 10 月 14 日,原大安乡行政区域划归土桥镇管辖,同时,撤销大安乡建制。

镇　长:徐声华(1992 年 10 月—1995 年 9 月)
王　平(1995 年 10 月—1997 年 3 月)
伍玉地(1997 年 4 月—1998 年 3 月)
施尚书(1998 年 3 月—2001 年 1 月)
万承彬(2002 年 1 月—2004 年 7 月)
贺世江(2004 年 10 月—2005 年 10 月)
副镇长:黄来虎(1992 年 10 月—1995 年 9 月)
陈宏芝(1992 年 10 月—1995 年 9 月)
周裕见(1992 年 10 月—2000 年 12 月)
钟玉芳(女 1992 年 10 月—1995 年 9 月)
邱玉华(1996 年 1 月—2005 年 10 月)
胡盛福(1996 年 1 月—2000 年 12 月)
伍玉地(1996 年 1 月—1996 年 4 月)
王文国(2001 年 12 月—2005 年 10 月)
沈玉秀(女 2001 年 12 月—2004 年 11 月)
吴俊华(女 2001 年 12 月—2005 年 10 月)
孙东平(2004 年 10 月—2005 年 10 月)
施尚书(1997 年 4 月—1998 年 3 月)
万承彬(1999 年 1 月—2001 年 12 月)
人大主席:陈德伦(1992 年 11 月—1995 年 10 月)
夏宏亮(1995 年 11 月—1997 年 10 月)
伍玉地(1997 年 11 月—1998 年 10 月)
陈宏芝(1998 年 11 月—2001 年 11 月)
胡盛福(2001 年 12 月—2004 年 9 月)
万承彬(2004 年 9 月—2005 年 10 月)

第十一章　金堂县地方军事系统

1986 年 6 月,金堂县人武部收归地方建制,改属成都军分区和金堂县委、县政府双重领导。按照中共中央〔1986〕5 号文件精神撤销副部长、副政委编制。

第一书记:毛显为(1987 年 10 月—1992 年 1 月)
晏永和(1992 年 1 月—1997 年 10 月)
李昆学(1997 年 10 月—2001 年 4 月)
赵德喜(2001 年 12 月—2003 年 12 月)
付　毅(2003 年 12 月—2005 年 6 月)
何立斌(2005 年 6 月—2005 年 10 月)
书　记:汪兴华(1987 年 10 月—1996 年 3 月)
裴成科(1996 年 3 月—1999 年 2 月)
张　沛(1999 年 2 月—2000 年 4 月)
陈双泉(2000 年 4 月—2005 年 4 月)
李　洪(2005 年 4 月—2005 年 10 月)
副书记:罗腾元(1996 年 3 月—2000 年 6 月)
蒋德鹏(2000 年 6 月—2005 年 10 月)
部　长:向国良(1987 年 10 月—1990 年 4 月)
竹志鹏(1990 年 4 月—1996 年 3 月)
罗腾元(1996 年 3 月—2000 年 6 月)
蒋德鹏(2000 年 6 月—2005 年 10 月)
副部长:戴桢模(1996 年 3 月—1998 年 3 月)
蒲天柱(1998 年 3 月—1999 年 6 月)
蒋　勇(1999 年 6 月—2000 年 8 月)
阎　军(2000 年 8 月—2002 年 4 月)
李春虎(2002 年 4 月—2003 年 7 月)
文志国(2003 年 7 月—2004 年 6 月)
高成建(2004 年 6 月—2005 年 10 月)
政　委:竹志鹏(1987 年 10 月—1990 年 4 月)
汪兴华(1990 年 4 月—1996 年 3 月)
裴成科(1996 年 3 月—1999 年 2 月)
张　沛(1999 年 2 月—2000 年 4 月)
陈双泉(2000 年 4 月—2005 年 4 月)
李　洪(2005 年 4 月—2005 年 10 月)

第十二章　金堂县统一战线系统

一、1990 年 2 月 21—28 日,政协金堂县委员会第八届一次会议召开。会议选举产生了政协主席 1 人、副主席 6 人、秘书长 1 人,政协常务委员会委员 38 人。

主　席:李扬德(1990 年 2 月—1993 年 1 月)
副主席:李孝武(1990 年 2 月—1993 年 1 月)
肖雪松(1990 年 2 月—1993 年 1 月)
陈家西(1990 年 2 月—1993 年 1 月)(兼)

马文芳(1990年2月—1993年1月)(兼)
赖益光(1990年2月—1993年1月)
杨源仁(1990年2月—1993年1月)
秘书长:唐坤洪(1990年2月—1993年1月)(兼)
常务委员:李扬德　肖雪松　李孝武　陈家西
马文芳(女)　赖益光　杨源仁　唐坤洪
万福州　卫子彬　王自由　王竹明
王恩普　叶瑞福　蓝光海　朱正宇
刘永安　刘菊明(女)　刘乾隆
刘福玉(女)　杨正荣　李正清
何秀容(女)　汪兴华　邹廷扬
妙　庄　张仕俊　张莉嘉(女)　张金玉
陈克同　陈秀蓉(女)　易启章　周克宣
周隆器　徐和友　黄　航　黄怀礼
黄祖发

办公室主任:
副主任:陈世泽(1990年2月—1993年1月)
卫子彬(1990年2月—1993年1月)。
政工办主任:唐盛朝(1990年2月—1993年1月)。
联络办主任:万昌贤(1990年2月—1993年1月)。
经济科技办主任:
副主任:赖世长(1990年2月—1993年1月)
肖前富(1990年2月—1993年1月)。

二、1993年1月14—18日,政协金堂县委员会第九届一次会议召开。会议选举产生了政协主席1人、副主席6人、秘书长1人,政协常务委员会委员39人。

主　席:李再发(1993年1月—1998年1月)
副主席:向国良(1993年1月—1998年1月)
唐坤洪(1993年1月—1998年1月)(兼)
肖雪松(1993年1月—1998年1月)
杨源仁(1993年1月—1998年1月)
陈家西(1993年1月—1998年1月)(兼)
马文芳(1993年1月—1998年1月)(兼)
秘书长:刘府胜(1994年3月—1998年1月)
常务委员:李再发　向国良　唐坤洪　肖雪松
杨源仁　陈家西　马文芳(女)　阎彦琦
万福州　王竹明　王恩普　古凤阳
叶瑞福　刘长海　刘乾隆　妙　庄
汪兴华　李　刚　李世清　李晓瑜(女)
张仕俊　张嘉言　余瑞奇　吴德秀(女)
杜曙光　林　宇　杨正荣　周克宣
周隆器　段国述　高宗德　唐观鑫
唐盛朝　徐声宣　徐革新　黄怀礼
黄洋平　曾凡友　潘大果

说明:1994年3月9日的县政协九届二次全委会增选刘府胜、胡佑泽、廖文芳、胡国雍、贺宗超为常务委员、补选刘府胜为秘书长;1995年2月28日的县政协九届三次全委会增选刘远沛为常务委员;1996年3月14日的县政协九届四次全委会增选张明楷为常务委员。

办公室主任:唐盛朝(1993年1月—1998年1月)
副主任:邓红军(1993年1月—1995年10月)
王道俭(1993年1月—1998年3月)。
政工办主任:陈世泽(1993年1月—1995年10月)。
联络办主任:万昌贤(1993年1月—1999年10月)
副主任:易　彦(1996年11月—1998年3月)。
经济科技办主任:赖世长(1993年1月—1999年6月);
副主任:肖前富(1993年1月—1998年3月)
倪天阔(1996年11月—1998年3月)。

三、1998年1月18—21日,政协金堂县委员会第十届一次会议召开。会议选举产生了政协主席1人、副主席6人、秘书长1人,政协常务委员会43人。

主　席:李再发(1998年1月—2003年1月)
副主席:伍树林(1998年1月—2003年1月)
唐坤洪(1998年1月—2003年1月)(兼)
刘府胜(1998年1月—2003年1月)
李准南(1998年1月—2003年1月)(兼)
高宗德(1998年1月—2003年1月)(兼)
唐观鑫(1998年1月—2003年1月)(兼)
秘书长:刘府胜(1998年1月—2003年1月)(兼)
常务委员:李再发　伍树林　唐坤洪　刘府胜
李准南　高宗德　唐观鑫　王道贵
刘远蒸　刘乾隆　杨　林(女)　杨正荣
张仕俊　张嘉言　但晓君　余瑞奇
陈应柱　陈锦辉　肖远贵　妙　庄
杜曙光　吴德秀(女)　林　宇
周宗玉(女)　周隆器　易基刚　胡佑泽
胡国雍　钟官品　唐梓杰　唐啸峰
唐盛朝　徐声宣　徐革新　席福林
夏宜立　黄洋平　彭辉萍(女)　廖文芳
廖冬云(女)　潘大果　颜仁福　戴祯模

说明:2002年1月17日的县政协十届五次全委会补选闫彦琦为秘书长

办公室主任:唐盛朝(1998年1月—2002年12月);
副主任:王道俭(1998年3月—2002年4月)。

社会事业发展办主任:易彦(1998年3月—2000年6月);

副主任:王顺义(2001年3月—2003年3月)。

经济科技办主任:倪天阔(1998年3月—2003年3月);

副主任:肖前富(1998年3月—2003年3月)。

四、2003年1月20—23日,政协金堂县委员会第十一届一次会议召开。会议选举产生了政协主席1人、副主席6人、秘书长1人,政协常务委员会委员45人。

主　席:何胜英(2003年1月—2005年10月)

副主席:伍树林(2003年1月—2005年10月)

刘府胜(2003年1月—2005年10月)

唐观鑫(2003年1月—2005年10月)(兼)

陈应柱(2003年1月—2005年10月)

陈锦辉(2003年1月—2005年10月)

范峥嵘(2003年1月—2005年10月)(兼)

秘书长:阎彦琦(2003年1月—2005年1月)

吴康有(2005年1月—2005年10月)

常务委员:何胜英(女)　伍树林　刘府胜　唐观鑫　陈应柱　陈锦辉　范峥嵘　阎彦琦　刁先锋　王道贵　王瑞虎　王世渊　王顺义　邓清明　邓　炼　刘　芳(女)　孙建国　杜曙光　但晓君　妙　庄　肖远贵　余瑞奇　何兴轩　李　尤　周宗玉(女)　林德凤(女)　张立诚　胡佑泽　胡国雍　郑邦兴　钟国金　钟官品　席福林　徐革新　梁仲远　卿光勇　淡庆华　黄克帝　黄洋平　郭小平　彭辉萍(女)　廖忠万　廖　松　颜仁福　潘大果

注:2004年1月14日的县政协十一届二次全委会增选曹乾斌、张青(女)、李永玲(女)为常务委员,同时根据胡佑泽、彭辉萍(女)、何兴轩因工作变动,同意提出书面辞去常务委员、委员的职务请求;2005年1月18日的县政协十一届三次全委会增选吴康有、王敏、刘光荣为常务委员,吴康有补选为秘书长,同时免去阎彦琦、曹乾斌常务委员、委员职务和阎彦琦秘书长职务。

办公室主任:王道佺(2003年3月—2005年10月)

副主任:陈　静(女2003年3月—2003年11月)

社会事业发展办主任:尹贤容(女、2003年3月—2005年10月);

副主任:陈毕秋(女2003年3月—2003年11月)。

经济科技办主任:倪天阔(2003年3月—2005年10月);

副主任:肖前富(2003年3月—2003年11月)、吴宗伦(2003年3月—2003年11月)。

第十三章　金堂县群众团体

县工会

一、1990年4月3—6日,召开金堂县第八次工会代表大会,选举产生金堂县总工会主席、副主席。

主　席:钟少星(1990年4月—1993年11月)

副主席:段周国(1990年4月—1993年11月)

刘长海(1990年4月—1993年11月)

1990年9月12日,经中共金堂县委批准,成立"中共金堂县总工会党组"。

书　记:钟少星(1990年9月—1993年11月)

成　员:段周国(1990年9月—1993年11月)

刘长海(1990年9月—1993年11月)

二、1993年11月6日,召开金堂县总工会第八届八次全委会,选举产生金堂县总工会主席、副主席。

主　席:卫　平(1993年11月—1995年4月)

副主席:吴秀梅(女1993年11月—1998年7月)

向光荣(1993年11月—1995年4月)

三、1995年4月18—19日,召开金堂县第九次工会代表大会,选举产生金堂县总工会主席、副主席。

主　席:卫　平(1995年4月—2000年9月)

副主席:吴秀梅(女1995年4月—1997年4月)

但晓君(1995年4月—2000年9月)。

四、1998年7月30日,召开金堂县总工会第九届九次全委会,选举产生金堂县总工会主席、副主席。

副主席:韩　毅(1998年7月—2000年9月)

五、2000年9月25日—26日,召开金堂县第十次工会代表大会,选举产生金堂县总工会主席、副主席。

主　席:卫　平(2000年9月—2004年8月)

副主席:但晓君(2000年9月—2005年10月)

韩　毅(2000年9月—2004年8月)

彭述刚(2000年9月—2005年10月)

六、2004年8月4日,召开金堂县总工会第十届七次全委会,选举金堂县总工会主席、副主席。

主　席:谢晓卉(女2004年8月—2005年10月)

七、2005年1月14日,召开金堂县总工会第十届八次全委会,选举金堂县总工会主席、副主席。

副主席:史国忠(2005年1月—2005年10月)

团县委

一、1988年7月18日至20日，召开共青团金堂县第九次代表大会，大会选举产生了团县委书记、副书记。

书　记：黄德成（1988年7月—1990年1月）

副书记：谢晓卉（女 1988年7月—1991年9月）

陈光华（1988年7月—1990年1月）

1990年1月，书记黄德成调离后，黄航任团县委书记，免去陈光华团县委副书记职务。

二、1991年9月26日至29日，召开共青团金堂县第十次代表大会，大会选举产生了团县委书记、副书记。

书　记：黄　航（1991年9月—1992年11月）

副书记：谢晓卉（女 1991年9月—1993年11月）

李　刚（1991年9月—1994年12月）

1992年11月，书记黄航调离后，由副书记谢晓卉主持日常工作。

1993年11月，谢晓卉任团县委书记。

三、1994年12月13—15日，召开共青团金堂县第十一次代表大会。大会选举产生出团县委书记、副书记。

书　记：谢晓卉（女 1994年12月—1997年12月）

副书记：李　刚（1994年12月—1995年12月）

1995年12月，免去李刚团县委副书记职务。

四、1997年12月16—17日，召开共青团金堂县第十二次代表大会。大会选举产生了团县委书记、副书记。

书　记：尹贤鹏（1997年12月—2000年9月）

副书记：林文君（1997年12月—2000年6月）

廖冬云（女 1997年12月—2000年9月）

2000年6月，免去林文君团县委副书记职务。

五、2000年9月26日至27日，召开共青团金堂县第十三次代表大会，大会选举产生了团县委书记、副书记。

书　记：尹贤鹏（2000年9月—2002年12月）

副书记：廖冬云（女 2000年9月—2002年12月）

刘恩恩（2000年9月—2004年4月）

2002年4月，何兴轩任团县委副书记。

2002年12月，团县委书记尹贤鹏调离后，廖冬云任团县委书记。

2003年3月，免去何兴轩团县委副书记职务。

2003年3月，李永玲任团县委副书记。

六、2004年4月22—23日，召开共青团金堂县第十四次代表大会。大会选举产生了团县委书记、副书记。

书　记：廖冬云（女 2004年4月—2005年6月）

副书记：李永玲（女 2004年4月—2005年10月）

郑福愚（2004年4月—2005年10月）

2005年6月，书记廖冬云调离后，由副书记李永玲主持日常工作。

县妇联

一、1987年12月，召开金堂县第七次妇女代表大会，选举产生了第七届妇女联合会主任、副主任。

主　任：陈秀蓉（女 1987年10月—1993年3月）

副主任：张宝秋（女 1987年10月—1991年3月）

二、1993年3月，召开金堂县第八次妇女代表大会，选举产生第八届妇女联合会主席、副主席。

主　席：覃典翠（女 1993年3月—1998年12月）

副主席：李晓瑜（女 1991年7月—1998年12月）

陈秀珍（女 1993年2月—1996年3月）

三、1998年12月，召开金堂县第九次妇女代表大会，选举产生第九届妇女联合会主席、副主席。

主　席：李晓瑜（女 1998年12月—2002年12月）

副主席：王　峰（女 1998年12月—2002年12月）

彭辉萍（女 1998年12月—2002年3月）

四、2002年12月19—20日，召开金堂县第十次妇女代表大会，选举产生第十届妇女联合会主席、副主席。

主　席：王　峰（女 2002年12月—2005年10月）

副主席：彭辉萍（女 1998年12月—2002年3月）

张　清（女 2002年12月—2005年10月）

县科学技术协会

一、1990年4月13日，召开金堂县科学技术协会第三次代表大会，选举产生第三届科学技术协会领导人。

主　席：阎彦哲（1990年4月—1993年7月）

副主席：周克宣（1990年4月—1993年7月）

二、1993年7月23日，召开金堂县科学技术协会第四次代表大会，选举产生第五届科学技术协会领导人。

主　席：严国康（1993年7月—1998年9月）（兼）

副主席：刘运蒸（1993年7月—1998年9月）（兼）

胡云华（1993年7月—1998年9月）（兼）

三、1998年9月21日，召开金堂县科学技术协会第五次代表大会，选举产生第五届科学技术协会领导人。

主　席：沈序全（1998年9月—2005年10月）（兼）

副主席：胡云华（1998年9月—2005年10月）（兼）

邓　荣（1998年9月—2005年10月）（兼）

蔡　聪（1998年9月—2003年3月）（兼）

县工商业联合会

一、第五届执行委员会领导班子成员名单：

主　委：易启璋（1988 年 5 月—1991 年 11 月）

副主委：刘福玉（女 1988 年 5 月—1991 年 11 月）（兼）

陈光荣（1988 年 5 月—1991 年 11 月）（兼）

秘书长：易启璋（1988 年 5 月—1991 年 11 月）

二、第六届执行委员会领导班子成员名单：

主　委：曾凡友（1991 年 11 月—1996 年 2 月）

副主委：刘君惠（女 1991 年 11 月—1994 年 4 月）

肖战强（1993 年 5 月—1997 年 5 月）

刘长海（1995 年 4 月—1997 年 5 月）

张宝林（1996 年 2 月—1997 年 5 月）

王　平（1997 年 3 月—1997 年 5 月）

刘福玉（女 1991 年 11 月—1997 年 5 月）（兼）

李世清（1991 年 11 月—1997 年 5 月）（兼）

胡国雍（1994 年 3 月—1997 年 5 月）（兼）

孙中德（1994 年 3 月—1997 年 5 月）（兼）

陈太宝（1994 年 3 月—1997 年 5 月）（兼）

秘书长：刘君惠（女 1991 年 11 月—1994 年 4 月）

刘长海（1995 年 4 月—1997 年 5 月）

三、第七届执行委员会领导班子成员名单：（说明：从金堂县工商业联合会第七届执行委员会起，按照《中国工商业联合会章程》的要求，将“主委”“副主委”称谓改为“会长”“副会长”。）

会　长：陈锦辉（1997 年 5 月—2002 年 1 月）

副会长：王　平（1997 年 5 月—1998 年 3 月）

刘长海（1997 年 5 月—2001 年 12 月）

肖战强（1997 年 5 月—2002 年 1 月）

张宝林（1997 年 5 月—2001 年 12 月）

罗显富（1997 年 5 月—2001 年 12 月）

袁华平（2000 年 12 月—2002 年 1 月）

曹国明（2000 年 12 月—2002 年 1 月）

黎家华（女 1997 年 5 月—2002 年 1 月）（兼）

席福林（1997 年 5 月—2002 年 1 月）（兼）

唐梓杰（1997 年 5 月—2001 年 8 月）（兼）

邓诗维（1999 年 12 月—2002 年 1 月）（兼）

黄清平（2000 年 9 月—2002 年 1 月）（兼）

秘书长：刘长海（1997 年 5 月—2001 年 12 月）

四、第八届执行委员会领导班子成员名单：

会　长：陈锦辉（2002 年 1 月—2003 年 3 月）

郭小平（2003 年 4 月—2005 年 10 月）

副会长：肖战强（2002 年 1 月—2003 年 3 月）

袁华平（2002 年 1 月—2005 年 10 月）

曹国明（2002 年 1 月—2005 年 10 月）

胡国雍（2002 年 1 月—2005 年 10 月）（兼）

邓诗维（2002 年 1 月—2005 年 10 月）（兼）

黄清平（2002 年 1 月—2005 年 10 月）（兼）

黎家华（女 2002 年 1 月—2005 年 10 月）（兼）

龙崇志（2003 年 4 月—2005 年 10 月）（兼）

张晓彬（2004 年 12 月—2005 年 10 月）（兼）

卿光勇（2004 年 12 月—2005 年 10 月）（兼）

肖继联（2004 年 12 月—2005 年 10 月）（兼）

朱德宇（2004 年 12 月—2005 年 10 月）（兼）

谢代斌（2004 年 12 月—2005 年 10 月）（兼）

林德凤（女 2004 年 12 月—2005 年 10 月）（兼）

秘书长：曹国明（2002 年 1 月—2005 年 10 月）

《金堂县志(1991—2005)》参与编修的单位

中共金堂县委办公室
金堂县人民代表大会常务委员会办公室
金堂县人民政府办公室
政协金堂县委员会办公室
金堂县人民武装部
中共金堂县纪律检查委员会
中共金堂县委组织部
中共金堂县委宣传部
中共金堂县委统一战线工作部
中国国民党革命委员会金堂支部
中国民主同盟金堂县总支部
中国民主建国会成都市金堂支部
中国民主促进会金堂县总支委员会
中国农工民主党金堂支部
中共金堂县委政法委员会
金堂县人民法院
金堂县人民检察院
中共金堂县委统筹委员会
中共金堂县委政研室
中共金堂县委目督办
金堂县信访和群众工作局
中共金堂县委保密办(县保密局)
中共金堂县委机要局
中共金堂县委老干局
中共金堂县直机关工委
中共金堂县委党史研究室
中共金堂县委党校
金堂县精神文明办公室
金堂工业集中发展区党工委、管委会
金堂县人民政府招商局
金堂县发展和改革局
金堂县经济局
金堂县教育局
金堂县科技局
金堂县公安局
金堂县监察局
金堂县民政局
金堂县司法局
金堂县财政局
金堂县人事局
金堂县劳动和社会保障局
金堂县国土局
金堂县建设局
金堂县规划局
金堂县交通局
金堂县水务局
金堂县农村发展局
金堂县城管局
金堂县文化体育局
金堂县卫生局
金堂县人口计生局
金堂县审计局
金堂县环保局
金堂县商务局
金堂县安监局(县安监办)
金堂县林业园林局
金堂县旅游局
金堂县广播电视局
金堂县畜牧食品推进办
金堂县农机推进办
金堂县物价局
金堂县统计局

金堂县粮食局
金堂县中小企业局
金堂县档案局
金堂县人防办
金堂县外侨台办
金堂县法制局
金堂县民宗局
金堂县地方志办公室
金堂县人民政府法制局
金堂县人民政府应急管理办公室
金堂县政务服务中心
金堂县投资促进中心
金堂县信息办
金堂县国资办
金堂县编办
金堂县防汛办
金堂县爱卫办
金堂县国税局
金堂县地税局
成都市金堂工商行政管理局
成都市质量技术监督局金堂分局
成都市药品监督管理局金堂分局
金堂供电局
金堂县气象局
金堂县邮政局
金堂县烟草专卖局
金堂县总工会
共青团金堂县委员会
金堂县妇女联合会
金堂县工商业联合会
金堂县残疾人联合会
金堂县老龄办
今日金堂编辑中心
金堂县市容环卫局
公积金金堂管理部
金堂县供销社
中国人民银行金堂县支行
中国工商银行股份有限公司成都金堂支行
中国农业银行股份有限公司金堂支行
中国银行股份有限公司金堂支行
中国建设银行股份有限公司金堂支行
中国农业发展银行金堂县支行
金堂县农村信用合作社联合社
中国人民财产保险股份有限公司金堂县支公司
中国人寿保险股份有限公司金堂县支公司
电信金堂分公司
移动金堂分公司
联通金堂营业部
金堂县盐业公司
中石油金堂销售分公司
金堂县燃气公司
金堂县自来水公司
四川金堂中央直属粮食储备库
四川省金堂监狱(四川省监狱管理局中心医院)
四川锅炉厂
攀钢集团成都钢铁有限责任公司金堂分公司
四川锦绣华福宁制药股份有限公司
赵　镇
淮口镇
清江镇
三星镇
官仓镇
栖贤乡
白果镇
五凤镇
福兴镇
赵家镇
金龙镇
高板镇
平桥乡
三溪镇
竹篙镇
隆盛镇
转龙镇
广兴镇
土桥镇
又新镇
云合镇

《金堂县志（1991—2005）》撰稿人员名单

唐尚友	孙洪军	彭范良	兰　蓉	曾得全	毛海蓉	王道佺	尹全红	陈　艳
杨　江	陈　娟	夏时琼	李　涛	钟国金	王　飞	胡　玲	杨源仁	唐观鑫
田　华	胡友明	张顺强	罗宝珊	黄　平	钱世德	李大彦	王　辉	赵　家
李明星	陈　锐	唐　涛	曾春强	曾朝权	张　璇	赖晓萍	李　虹	陈　敏
刘　林	张奋鸾	杨光麟	刘宏英	周富源	陈宏德	沈序全	何　杰	孙成俊
袁西高	黄小光	马亚美	彭世逊	李佯恩	周明德	王周富	王　瑛	袁小强
叶国华	连孝华	夏洪安	廖　勇	黄若婷	王　忠	刘　乾	陶　涛	叶小军
陈晓燕	王　敏	刘　敏	王昌华	易守林	彭世选	徐志明	李　娟	卢　美
黄洋仲	赵文华	刘元树	邓元杰	罗　华	庄世东	熊　娥	黄怀礼	廖品晖
武金胜	陈　军	王利婕	欧阳婕	薛玉树	宋佳龄	常　兵	张顺源	龙　军
易正品	徐蜀雷	吴远旭	袁　萍	刘　阳	朱　磊	张新楼	肖　健	邹康火
文仁凯	谢忠德	邓　荣	翁和用	李永玲	覃婉婵	高　路	罗　磊	陈　珉
金春霞	邹　劲	邱长国	曾晓曦	叶继国	刘　丹	骆　文	肖　烈	李　辉
王代进	汤文杰	刘　玲	卢俊梅	蒋　岚	李　强	刘红兵	许　凯	肖坤弟
张继军	王琴琴	尹大鹏	张羽铭	胡瑞林	禹玉坤	廖春水	袁　成	黄　波
付兴祥	吴安兴	罗天金	张德永	谢先琼	蔡兴金	刘仁俊	刘守南	田　影
邵秀琳	龚　斌	唐　玲	伍　婧	陈开建	陈礼金	夏　伟	唐　蓉	范国建
蒋青云	徐德勋	罗国杨	陈　建	熊国忠	李德荣	黄泽荣	黄鸣芬	张绍富
张家国	张祚清	黄国康	孙成君	陈元霓	罗桂蓉	张晓波	肖　波	梁代模
刘宏英	张声清	孙成贵	李正熟					

《金堂县志（1991—2005）》图片提供单位及人员

《金堂县志（1991—2005）》图片由各相关单位或个人提供，特别采集的图片有：

金堂县城	钟智勇
金堂县云顶山慈云寺	唐玉才
金堂县高板镇坝坝筵	汤文杰

索　引

使用说明

一、本索引采用内容分析索引法，按索引条目汉语拼音字母顺序排列。

二、索引标目后的数字表示内容所在的页码。

正文索引

A

爱国卫生健康教育　755
安全工作　338,680
安全管理　270

B

拔尖人才工作　517
白垩系地层　66
白蚂蚁防治　450
百货　381
拜访　789
搬运装卸　359
办学改革　145
帮扶效果　645
帮教工作　625
包裹　366
包装储藏　226
保健　778
保健按摩店　781
保密管理　532
保密检查　533
保密宣传　531
保密制度　532
报刊发行与零售　366
报丧　785
暴雨、洪涝　88
北河　79
北河防洪工程　128
北周金渊县　35
被征土地人员安置　100
表彰先进　649
宾馆介绍　453
滨河绿化带建设　316
殡葬改革　660
冰雹、风、雷电灾　90
病虫害防治　232
补充医疗保险　148
补鞋　458
部分乡镇领导班子换届　516
部门志编纂　566

C

财务管理　270
财政改革　143

财政局　471
财政决算、预算决定32项　544
财政体制　472
财政信用资金管理　475
参与经济管理研究　167
参与经济建设　586
参政议政　586
蚕茧收购　264
蚕业生产　263
拆迁安置　190,443
产假　674
产量　216
产品发展　261
产权制度改革　139
产业发展方向　164
产业结构调整　252
常委会　580
常委会议　498
常委联系基层制　497
撤销　356
成都干道金翔置业有限责任公司　202
成都海纳尔设备有限公司　202
成都金蒙乳业有限公司　200
成都金杨珍菌食品有限公司　202
成都莲升有色金属制造有限公司　202
成都民康印染有限公司　205
成都奇鼎包装容器有限公司　202
成都市吴芳吉研究会金堂小组　722
成都野生世界　282
成土母质　69
成鱼产量　244
承包经营　377
承包经营责任制　390
城区有线电视　735
城市供水　298
城乡变电站建设　324
城乡电网建设　323
城厢　37
城镇　448
城镇居民收入　771
城镇居民消费　773
城镇土地用价　97
城镇影院放映　718
惩戒　665
吃火锅涮烫经验与艺术　455
出口产品　6
出口创汇　7,262
出入境管理　609
出售公有住房　412
出葬　785
初中　697
除“四害”　756
储蓄　775
处理涉台事务　565
处理资产安置职工　379
传统餐饮　454
创建卫生城镇　757
创立省级示范区　262
创四好活动　497
创先争优　512
辞职　665
“慈善一日捐”　654
慈云寺　731
催生　786
翠云居　469
村(居)务公开　639
村务公开　512
村镇　448

D

打击拐卖人口　605
大安水库　123
大气　340
大气监测　342
大学生志愿服务西部计划　596
大中专毕业生就业指导　670
大专教育　690
待遇　699
单位绿化　320
党风廉政建设责任制　506
党群系统　133
党校工作　536
党政交办项目　183
党组会　579
档案法制建设　569
档案工作创新拓展服务　569
档案馆规范化建设　568
档案开放和利用　568
档案现代化管理　569
档案业务指导　570
道路对外交通　297
滴水岩电灌站　126
地表水　73,339
地方税种概况　485
地貌分区　69
地貌类型　68
地名管理　657
地区生产总值　3
地下水　73
第八个五年计划　168
第八届委员会　577
第二个五年普法教育　622
第二个依法治县五年规划　624
第二轮县志编纂　567
第九次党代表大会　490
第九个五年计划　168
第九届委员会　577
第三个五年普法教育　623
第十次党代表大会　490
第十二届人民代表大会　539
第十个五年计划　168
第十届委员会　577
第十三届人大代表　538
第十三届人民代表大会　539
第十四届人大代表　538
第十四届人民代表大会　540
第十五届人大代表　539
第十五届人民代表大会　540
第十一次党代表大会　490
第十一届委员会　577
第四个五年普法教育　624
第一个依法治县五年规划　624
第一轮县志编纂　566

点心业 455
碘缺乏病 759
电报 362
电费电价 325
电话 361
电力工业 255
电信安全 362
电影发行 718
电影放映与发行 147
电子化建设 426
吊祭 789
吊祭、守灵 785
钓鱼节 468
调查研究 497
调配 667
调整机构与裁减人员 411
调整农业生产结构 250
订单收购 396
订婚 783
东风水库 122
动物防疫监督执法 242
动物检疫 241
端午节 467
队伍 92,737
对金堂殡仪馆资产和经营改革 475
对金堂县粮食企业改革 474
对台联络经济工作 565
对台宣传 565
对外联谊 587
对外宣传 194
对乡镇畜牧兽医站改革 475

E

鹅 237

F

发展龙头企业 263
发展新党员 513
发展支柱产业 262
法制宣传教育决议 3 项 544
防洪堡坎建设 315
防洪工程、旧城改造 298
防疫 238
房地产交易 156
房地产交易会 446
房价 446
房介 457
房屋安全 450
房租 438
纺织工业 255
放开粮油购销市场 391
放开粮油购销市场 143
“非典”防控工作 384
非机动车管理 337
非金属矿 76
分布区域 219
丰收水库 124
风景防护林地 320
扶贫措施 644
扶贫规划 644
服务 180
服装服饰 778
福建话 794
福兴自来水厂 321
抚恤 645
妇女 757
妇女活动 597
妇女组织工作 596
复员、退伍军人定期补助 646

G

改善办学条件 252
改田 210
改土 210
概况 265,453,533
干部队伍制度建设 516
干部队伍状况 515
干部人事制度改革 514
干部任免票决制 499
柑橘高接换种 225
柑橘蕾期修剪 225
高光水库 125
告诉 620
个体私营协会 172
个体诊所 750
各类土地资源数量 72
耕作制度 212
工厂 405
工程监督 509
工会工作 591
工人文化宫 592
工业 4,154
工业生产资料销售 380
工业向园区集中 32
工业新区 198
工资调整和改革 671
工资改革 514
工资基金管理 673
工资直发实行“五统一” 479
工作模式 573
公安科技建设与发展 610
公房出售 439
公费医疗 481
公共场所清扫 334
公路客运附加 357
公路绿化 358
公路收费 358
公路水路运输价格 357
公路养护 358
公路运输 354
公司 403
公推公选领导干部 514
公推直选村干部 513
公用电话网建设 362
公证工作 626
供电用电 324
供销企业改革 375
巩固普九成果 687
钩虫病 759
购销情况 327
关心下一代工作 595
官仓自来水厂 322
馆藏 568

馆藏文物种类 729
管理 101
管理措施 413
管理费征收 171
管理改革 145
管理机构 256,292,335,343,382,413,659,737
管理机制 268
管理制度 335,533
管线设施与供气 325
贯彻地方志工作条例 567
光彩工程 311
广播电视节目制作系统 734
广播电视开路收转系统 734
广场健身舞 782
广东话 794
广告 458
广告管理 173
规范供地市场 106
规范管理 335
规划 101,188
规划建设 444
规划治理沱江金堂峡工程 29
国道公路 345
国电成都金堂电厂 205
国际结算档案管理 429
国家定购 395
国家救助 641
国内安全保卫 606
国泰君安证券成都金堂县复兴街证券营业部 432
国有商业改革 141
国有商业改革的方式 142
国有资产 481
果树配方施肥技术 225

H

韩滩诗社 722
寒潮、低温、连阴雨、秋绵雨、浓雾 90
汉代古墓群 729
旱山村集雨节灌工程 127
旱山村微型水利工程 127
旱灾 87
合八字 782
合同定购 395
合作手工业改革 141
何氏骨科诊所 750
和兴证券经纪有限责任公司成都金堂县幸福路证券营业部 433
河道管理 132
河道清淤 316
横向合作 164
红花水库 125
红橘 222
红旗水库续(扩)建工程 120
红叶红合唱艺术团 721
户籍管理与制度改革 607
护林防火 231
花卉 218
化工 医药业 255
怀安军遗址 728
淮口工业区管理机构 203
淮口工业区建设规模 204
淮口南宋瑞光塔 462
淮口镇规划 203
淮口州城村 37
淮口自来水厂 321
环境保护行政执法 343
环境监督管理及污染监察 343
环境卫生 299
黄鹤水库 124
回门 784
会计管理 475
会计委派 476
会计与国库管理 425
会晤 789
婚介 457
婚礼 783
婚姻登记 655
婚姻管理 656
活动 598
货币发行 425
货币信贷 425
货物运输 359
获奖产品 227
获奖情况 221

J

机构 91,162,170,181,258,263,320,338,377,386,387,431,440,528,530,531,536,547,561,563,564,567,601,680,682,713,755
机构改革 390
机构和网点设置 326
机构建设 119
机构沿革 684
机构与管理 693
机构与培训 715
机构职能 531,685
机械工业 255
鸡 237
基本建设 183
基本医疗保险 147
基本原则 480
基层党组织调整 512
基层法律服务 625
基层供销社 406
基层管理机构 129
基层武装部 628
基础教育课程改革 696
基础设施 252
集体领导与个人分工负责制 497
集体土地申报登记 104
集邮 366
集资建房 439
计划管理 93
计划生育村(居)民自治 118
计划生育统计 118
祭祀 786
加工 226
加工情况 219
加强人大工作决议决定12项 545
加强税收征管 484
家电维修 457

家庭教育　597
家政服务　456
价格调整　178
价格放开　176
驾驶员培训　359
监督　105
监督的主要方式　545
监督的主要内容　545
监督检查　180
监所　614
检察技术　615
减轻农民负担　251
减员分流　392
建材工业　254
建设项目环境管理　343
建设用地　94
建设用地统征　99
建账监管　476
建筑墙材革新　283
建筑施工管理　285
健全人民代表大会制度　499
健全政治协商制度　500
江涵园林　469
江河流域综合整治　344
江河违章违法案件查处　130
奖励　665
降尘　340
降水　82
交通　5
交通车辆与安全管理　607
教材　695
教练与裁判员　740
教学研究　696
教学仪器　700
教育　559
街道设施维护　312
街旁游园　318
节日加班规定　673
解决就业工作　682
金橘节　466
金龙水库　124
金龙自来水厂　322
金融监管　424
金堂单采血浆站　748
金堂电视台　733
金堂纺织医院　750
金堂话的特殊词汇　791
金堂话的语音特点　790
金堂人民广播电台　733
金堂体育中心　740
金堂县百货公司　369
金堂县殡仪馆　661
金堂县测量队　285
金堂县第二人民医院　747
金堂县第三人民医院　747
金堂县第十二届人民政府　549
金堂县第十三届人民政府　549
金堂县第十四届人民政府　550
金堂县第十五届人民政府　550
金堂县第一人民医院　746
金堂县妇幼保健院　748
金堂县工行　419,420,421
金堂县广播电视局(台)　733
金堂县广播电视台　734
金堂县广播电视中心大楼　734
金堂县红十字会输血站　753
金堂县黄氏中西医骨科医院　750
金堂县疾病预防控制中心　748
金堂县建行　419,420,421
金堂县建筑勘测设计所　285
金堂县廉政文化创研会　721
金堂县煤建公司　369
金堂县农行　419,420
金堂县农业银行　421
金堂县摄影协会　722
金堂县师范学校　695
金堂县石油公司　371
金堂县食品公司　370
金堂县首届梅花节　466
金堂县书画协会　721
金堂县蔬菜水果公司　370
金堂县卫生防疫站　748
金堂县卫生进修学校　749
金堂县卫生执法监督所　748
金堂县五金交电化工公司　369
金堂县药品管理工作领导小组　763
金堂县药品流通管理办公室　763
金堂县业余体校　740
金堂县一医院储血点　753
金堂县医药公司　371
金堂县饮食服务公司　370
金堂县楹联学会　721
金堂县邮电局　360
金堂县月九诗会　721
金堂县云山公墓　662
金堂县中行　419,421
金堂县中药材公司　371
金堂县中医院　747
金堂县主要建筑施工单位　286
金堂县自来水公司　321
金堂有线电视台　734
金堂中行　420
金属矿　76
津补贴　673
紧急救助　640
禁毒斗争　606
禁止的行为　335
经济合同　172
经济运行情况分析会议　553
经济责任　183
经济责任制　270
经济侦查　605,616
经营　386
经营管理　393
经营管理与企业改革　259
精减退职老职工生活补助　643
九龙滩电力提灌站　126
酒　382
旧街道　307
居民口粮供应　397
居住区绿化　320
局机关　293
局级管理机构　716
聚会　789
捐赠活动　781
卷烟购销　387

军、地离、退休人员安置 647
军功奖励 650
军民共建文明单位 649

K

开发农业 250
开发企业与项目 444
开发区 185
开荤 787
开业促销仪式 781
开展对老年人有益的多种活动 659
看守 610
抗震 283
考核 665
科技 558
科技成果 706
科技创先争优 711
科技扶贫 711
科技管理 269
科技计划 705
科技经费与奖励 708
科技局 702
科技目标 704
科技培训 709
科技普及与农村职称评定 713
科技试验示范及推广 710
科技项目 705
科技市场 711
科技宣传 709
科学理念 300
科研机构 703
客运 359
课程 695
控告申诉 614
矿泉水 73

L

劳动 157
劳动调配 677
劳动工资 677
劳动竞赛工作 592
劳动力资源 109
劳模评选与管理 592
老干部活动 534
老干部信访与信息 535
老湖广话 794
老年大学 660
梨 223
梨花第一村 470
梨花沟 463
礼仪 788
理论研究成果 519
历次代表大会 591,593,597
历次妇联代表大会 596
历届班子 628
历届常委会概况 541
历届金堂黑山羊节 467
廉洁自律 507
良种繁育体系建设 233
良种良法 214
粮食工业 401
粮食局与总公司 388
粮食企业改革 375
粮油储藏 400
粮油调运 401
粮油价格改革 142
粮油票证管理 399
劣势 39
烈士褒扬 645
林木蓄积量 230
林权证 230
灵开寺 731
流动人口管理 609
流动人口计划生育管理 117
龙宝山 77
龙泉山地段老牛坡 77
隆盛天主堂 732
隆盛自来水厂 322
录聘 666
录入人才数据库 669
录用 698
旅馆 452
旅游局 470
旅游特色 458
律师工作 625
绿岛 465
绿岛公园 281
落实老干部待遇 534
落叶水果 224

M

买卖管理 442
梅林公园 464
美容美发 456
免费技术服务 119
面积 38
民事 619
民族 112
名胜古迹 458
明代金堂县 36
目标管理督查 530
募捐 653

N

耐用消费品 776
闹洞房 784
1998年后农村粮油收购市场管理情况 394
年鉴编纂 566
年龄 111
1998年前农村粮油收购市场管理情况 393
2003年县城街道状况 311
2000—2004年乡镇财政体制 479
2005年乡镇财政体制 479
1997—1999年乡镇财政体制 478
1988年乡镇财政体制 478
2004年9月28撤销合并的镇乡 40
1992年10月9日金堂县撤区并乡建镇 40
2001年9月20日抗洪救灾 31
1995年8月11日抗洪救灾 30

2004年7月26日抗洪抢险救灾 32
1992年10月10日至2004年9月27日撤乡建镇情况 40
2004年9月28日至2005年12月31日金堂县设立的镇乡 40
牛 234
农村坝坝电影 719
农村成人教育 690
农村电影放映队 719
农村合作基金会 251
农村居民收入 772
农村居民消费 774
农村粮油供应 399
农村人口安全饮水 323
农村饮水工程建设 323
农村饮水卫生与改厕 757
农村有线电视 735
农副产品收购 409
农机电力提灌站 248
农机公司 249
农机灌溉基本情况 248
农机教育与培训 247
农机推广 246
农机直属企业 249
农机作业与收费 246
农家乐 781
农民负担监督 509
农民向城镇集中 33
农业 4,154
农业产业化经营 250
农业机械 245
农业气候区划 85
农业水费征收历史变迁 131
农业税实物收购 395
农业资金 183
农用地 94
农资供应 409
疟疾 759

P

拍卖土地用价 98
排球 745
排水 313
排污费征收 344
攀成钢金堂分公司职工医院 750
攀钢四川精工钢结构有限公司 202
炮台山 461
培育经营市场体系 302
培育优势企业 262
毗河 78
毗河大桥 349
毗河防洪工程 128
票据监督 477
贫困救济 643
品种 216
品种简介 220
品种结构 218
乒乓球 744,745
评定等级 759
苹果 223
普及初等教育 687
普及初级中等教育 687
普通高中 689,697
普通函件 366
普通中学 695

Q

七堆瓦天主堂 732
其他救助 642
其他小(二)型水库 125
其他小型电灌站 127
其他新改建桥 349
其他业务 432
其他音像市场 725
脐橙 222
脐橙节 227,466
脐橙留树保鲜 225
脐橙优质丰产栽培 224
骑游 782
气候区划 81
气候资源 84
气温 81
气压、风、雷电、霜期、雪 84
企业 182
企业电影放映 719
企业改革情况 256
企业概况 412
汽车货运 330
汽车客运 328
汽车维修 359,457
强化税收检查 487
强化质量认证 174
侨务 564
亲水公园 281,465
青年志愿者活动 595
清白江(中河) 78
清代金堂县 36
清理公路三乱 507
清理回收闲置土地 104
清理中小学乱收费 507
庆贺 788
求子 786
全民义务植树 233
全委会 579
全委会议 498

R

人才市场交流 670
人居面积与小区建设 446
人口和计划生育综合改革 117
人口密度 108
人民调解 624
人事 156
人事制度 617
人文 3
任免 664
日用品维修 457
日用杂品 382
入殓 785
瑞光寺 732

S

三溪自来水厂 322

三学寺 460,731
缫丝生产 265
森林植被 75
砂石资源管理 132
山脉 69
山溪水 79
善后救助 641
商标管理 172
商品房 439
商品房住宿小区 781
商品流通改革 159
商品流通管理机构 159
商品市场培育 158
商事 619
商业系统改革 374
尚未开发利用的土地 73
社会联谊活动 584
社区体育场所 741
摄影 723
申诉与再审 621
深化成都金堂电业股份公司改革 474
审计概况 181
审判长选任 618
审判方式 617
生产概况 218
生猪产业项目 234
省道公路 346
省级 726
诗歌、散文、小说 722
十里大道 282
十三届常委会 542
十四届常委会 542
十五届常委会 542
实施沱江金堂峡拓宽防洪工程建设 30
实施状况 694
实行目标管理 117
食品加工业 254
食用菌向规模化产业集群发展 219
食用菌循环经济建设 220
世界银行贷款造林 232
市场 393
市场办管脱钩 171
市场管理 292
市场监督 171,739
市场收购 396
市场运作 302
市级 726
收取城市维护费 304
受理举报 509
受理来信来访 508,531
兽药饲料执法 243
书画 722
书记办公会 499
舒家湾 465
舒家湾天主堂 732
树种资源分布 230
数据库建设 103
水电路气 188
水费管理 131
水监测 341
水库与稻田养鱼 244
水利纠纷案件的调查与处理 130
水利局 129
水面资源 74
水能资源 74
水气压、湿度、蒸发量 83
水上渡运 354
水运工具 354
税费征收 96
税收财务大检查 476
税收改革 144
税种简介 486
丝绸生产 265
私房改造 441
私家车旅游 779
四川川棉印染有限公司 205
四川川起起重设备有限公司 201
四川川王动物药业有限公司 201
四川锅炉厂职工医院 749
四川金恒有限公司 146
四川金堂工业园区 187
四川巨丰动物药业有限公司 201
四川民俗称谓杂集 797
四川省金堂县糖酒公司 370
四川省盐业公司金堂县支公司 370
四川移动通信有限责任公司金堂县分公司 361
四川中美(外)中小企业发展园区 186
四季特征 80
饲料工业 402
宋代怀安军与金水、金堂县 35
送终 784
俗语 798
酸雨 341
隋代金渊县 35
所有权管理 441

T

台胞台属登记管理 565
跆拳道馆 781
唐代金水县与金堂县 35
糖果 382
糖蔗 217
桃 223
特产 228
特快专递 367
特色餐饮 455
特殊对象生活补助 643
特殊行业规划管理 262
特种行业管理 608
提案工作 581
提亲 782
体系建设 573
体育设施 701
体育协会 740
天宝寨水库 125
天府花园水城游乐节 468
天府水城 462
天然林资源保护工程 232
天然气 76
田径 744,745
田园 469
条石 76

铁路运输 353
通信光缆金堂段线路建设 363
通信网建设 363
图书设备 701
土地登记与变更 103
土地复垦 102
土地管理委员会 96
土地经营管理 92
土地开发 101
土地买卖监督 510
土地拍卖 155
土地使用 154
土地使用年限 155
土地现状调查 103
土地向适度规模集中 32
土地整理 101
土地执法 104
土地制度改革 95
土地租用 155
土桥自来水厂 322
土壤类型及分布 70
兔 238
团结水库 123
团组织学习教育活动 595
推行承包经营责任制 410
推行社有私营 411
推行“四放开”政策 410
退耕还林工程 232
退还社员股金 412
退伍军人 647
拖拉机货运 330
沱江 78
沱江金堂河段 128
沱江上下游地理环境 29
沱江铁路大桥 349
沱江小三峡及九龙长湖 464

W

外汇存款 427
外汇贷款 429
外汇购汇 428
外汇业务收费 429
外商投资企业场地用地价 98
外事 563
外资 183
万和楼 469
网监工作 611
网络 725
维护法院裁判 621
维护妇女儿童合法权益 597
维护老年人权益 660
维修 439
卫生执法大队 763
未利用土地 95
未批用地 105
位置 38
委员考察 581
文化 111
文化娱乐 779
文明单位 524
文史资料工作 584
文物发掘 730
文物征集 730
文艺交流 723
文艺人及作品简介 723
稳定农村经济政策 136
问候 789
污染源监测 342
无偿献血 753
无公害食用菌生产 220
无线电管理 572
无线寻呼建设 364
五代金水县与金堂县 35
五凤古镇 462
五凤古镇赏花会 469
五凤礼拜堂 732
五凤自来水厂 322
五金交电 382
武术 744
武装部收归军队建制 627
物价调控 178
物业管理 451
物资商品交易会 469

X

西魏金渊郡与金渊、白牟县 35
希望工程 596
牺牲病故抚恤 674
洗三酒 787
洗浴洗涤 456
戏剧 722
系统工作 601
细化税源监控 487
下放价格品种 176
下属单位 294,472
下属管理机构 716
下属机构 470
先予执行 621
闲置土地 105
闲置土地登记 104
县长办公会议 553
县长公开电话 562
县城 317,525
县城地质环境 67
县城防洪 314
县城分区 297
县城基础设施 560
县城街道建设 298
县城总体详规 297
县道公路 346
县电视台 735
县房地产综合开发 299
县工商联机构 598
县广播电台 735
县级 727
县级领导班子 515
县计划生育服务站 116
县计划生育局 116
县计划生育领导小组 116
县科技顾问团 703
县情服务 567
县委常委民主生活会 496
县委工作会 499
县委中心组学习会 496

县政府常务会议 553
县政府全体会议 552
县主要民营企业 265
县属体育场所 741
乡村债权债务审计核实 183
乡镇 318
乡镇财政的预算制度 477
乡镇财政所职责和职能 477
乡镇财政预算执行制度 477
乡镇财政总会计制度 478
乡镇调频广播和村广播 734
乡镇工作指导 547
乡(镇)广播电视站 736
乡镇基础设施 560
乡镇计划生育办公室 116
乡镇计划生育服务站 117
乡镇建立预算体制 478
乡镇农机站的经营和管理 246
乡镇企业发展状况 258
乡镇文化站 146
项目监督管理 169
象棋 745
橡胶坝 315
消防管理 608
消费者权益保护 172
小家畜禽产业项目 238
小灵通业务 365
小学 695,697
校址搬迁 537
新华书店 146
新建街道 307
新生界第四系地层 67
信访接待 620
信息化建设 570
刑事 618
刑事案 605
行业管理 383
行政 619
行政管理 739
行政监督 510
行政区域界线管理 658
行政事业 182
行政学校 536
行政执法体制改革 170
幸福水库 122
性别 111
姓氏 113
休假 673
宣传 175
宣传报道 583
宣传教育 118
选举 638
选举出席成都市党代会的代表 491
选举出席四川省党代会的代表 491
学生家长学校 691
学习党的全国代表大会文件 518
学习《邓小平文选》 518
学习马克思主义哲学和《社会主义若干问题学习纲要》 518
学习与宣传 587
血吸虫病 759
训练 632

Y

鸭 237
严格质量检查 174
盐井自来水厂 322
演出 724
羊 236
养河费 355
药品经营与使用监管 384
药品配送 385
药品生产企业监管 383
药政股 763
野生动物 74,231
液化气 326
一村一名大学生工程 670
医德教育 760
医疗设备 701
医药购销 383
医药企业体制改革 382
医药市场管理 384
医院改革 147
以工代赈 169
艺术体操 744
因特网宽带业务 365
音乐舞蹈 723
银行结算及代理业务 426
引进外资和港澳台资 163
引进项目 195
饮食 778
饮用矿泉水 781
应急管理 562
迎娶 783
营销 226
影响结果 796
影响途径 795
拥军优属活动 648
拥政爱民事例 648
用地审批 93
优待 646
优化税收服务 485,488
优惠政策 194
优势 38
优质肉猪基地建设 234
邮件分拣封发 367
邮路邮运 367
邮政储蓄 432
邮政汇兑 432
邮政快件 366
油房堰水库 124
油料收购 397
油脂工业 401
游泳 744,745
友谊水库 123
又新自来水厂 322
幼儿 758
幼儿园 694
鱼病治理 244
娱乐 725
羽毛球 744
预防 613
预审 610
预算管理体制沿革 472
元代怀州与金水、金堂县 35

园林、绿化 299
云顶山 77,459
云合自来水厂 322
云、雾、日照和辐射 83
孕前型管理与服务 119
运输企业 330

Z

杂柑 223
造林育苗 229
造纸 印刷业 255
择吉 783
增加农民收入 252
站、厂、队、公司 389
招聘 698
招商引资 598
招商引资 583
赵镇十里大道 37
赵镇天主堂 732
赵镇新生村 37
赵镇玉龙街 37
照顾再生育 119
照相 456
镇属体育场所 741
征地 189
征地补偿 100
征收排污费 305
整治环境 756
正心堂 283
政策性干部安置 666
政策性和经营性业务分开 391
政府采购的范围 482
政府采购方式 482
政府采购使用范围 481
政府系列 134
政区 2
政区分布 108
政协会议 580
支持依法行政 622
支付模式及管理 481
支付执行机构 480
知识分子工作 517
执法 175
执法工作 563
执法监察 336
执勤 633
执行廉洁自律 497
执行最低生活标准 652
直发后的财政预算管理 480
直属管理机构 130
直属企业 260
职称 699
职工教育 691
职工文体活动 592
职介 457
职能 528,561
职能职责 530
职务犯罪侦查 613
职业 112
职业高中 689,697
职业中学 695
植保植检 214
110 指挥中心 606
志愿者与服务 780
制度的范围 480
制约机制 618
质量管理 268
治安管理 605
治理和减轻农民负担 507
治理投资软环境 508
中等师范学校 697
中国电信集团四川省电信公司金堂县分公司 360
中国共产党金堂县第八届纪律检查委员会 506
中国共产党金堂县第九届纪律检查委员会 506
中国共产党金堂县第十届纪律检查委员会 506
中国共产党金堂县第十一届纪律检查委员会 506
中国联合网络通信有限公司金堂县分公司 361
中国体育彩票 740
中河(清白江)防洪工程 128
中华民国时期的金堂县 36
中华人民共和国成立后的金堂县 36
中药材 217
中专教育 690
种畜禽执法 242
种植效益 219
重大决策 501
重大天气预报 85
重大灾害天气 86
重大专项决议决定 21 项 544
重点污染行业防治 344
重点项目建设 169
重要会议 500
侏罗系地层 66
主席会议 580
主要程序 482
主要大类产品 381
主要道路 191
主要工作 587,588,589,590
主要技术经济指标 297
主要经济发展指标 260
主要商品经销 158
主要业务工作 599
主要职能 580
主要作物产区 212
住房公积金收取与使用 440
注册登记 171
祝寿的区分 787
专利 715
专项资金 182
专用公路 348
砖瓦用页岩矿 77
转变计划工作职能 167
转换经营机制 138
转让 356
装饰规模 284
装饰装修企业 284
装卸搬运 330
资金范围 482
资水河电灌站 126

资源普查 229
综合改革试点县 140
综合管理 93
综合招商工作 162
足球 744,745
组建股份制企业 378
组织化建设 219
组织机构 585,587,588,589,590,591,599,648
组织建设 593
组织企业人才招聘会 669
最低生活保障规模 653
做法事 785
做满月 787
做周岁 787

表格索引

D

第四次全国人口普查金堂县人口年龄结构 114
第五次全国人口普查金堂县人口年龄结构 115

G

革命烈士英名录 807,819

H

获市以上荣誉奖个人(排名不分先后) 808

J

金堂县城区环境空气监测统计 340
金堂县城区 1996—2005 年环境空气沉降量监测统计 341
金堂县城镇土地基准地价及出让金标准 97
金堂县工商银行 1991—2005 年主要金融指标情况 422
金堂县计划生育系统 1991—2005 年获得荣誉人员名录 811
金堂县建设银行 1991—2005 年主要金融指标情况 423
金堂县教育系统 1991—2005 年获得荣誉人员名录 809
金堂县境内 2002—2005 年各行各业用电供电情况 324
金堂县 1991—2005 年拔尖人才名单 810
金堂县 2002—2005 年百岁老人名录 817
金堂县 1991—2005 年城镇居民可支配收入 771
金堂县 1994—2005 年地方税收入情况 485
金堂县 1990—2005 年 15 个时段最大降雨量 83
金堂县 2000 年各业人口情况表 110
金堂县 1991—2005 年工业增加值 254
金堂县 1994—2005 年国税收入情况 483
金堂县 2002—2004 年经营性用地招拍挂出让基本情况统计 98
金堂县 2005 年经营性用地招拍挂出让基本情况统计表 99
金堂县 1990—2005 年历届县人大常委会主任、副主任名录 542
金堂县 1991—2005 年历届县人大代表构成情况 539
金堂县 1991—2005 年农村居民收入 772
金堂县 1991—2005 年缫丝生产情况 265
金堂县 2005 年乡道公路概况 331
金堂县 1991—2005 年乡镇养蚕情况 264
金堂县 1991—2003 年已征地农转非一次性缴费及政府补贴标准 679
金堂县 1990－2005 年月平均降雨量 82
金堂县 1991—2005 年专家、学者名录 814
金堂县 1995—2006 年最低工资标准 677
金堂县农村信用合作联合社 1991—1997 年主要经济指标情况 430
金堂县农村信用合作社联合社 1998—2005 年主要经济指标情况 430
金堂县农业银行 1991—2005 年主要金融指标情况 423
金堂县丝绸行业 1991—2005 年主要经济指标 265
金堂县四季气候划分 80
金堂县土壤分类 71
金堂县沱江三皇庙水文站 1990—2005 年流量和降雨统计表 89
金堂县外商投资企业场地使用费标准 98
金堂县畜牧局 1991—2006 年先进工作者获奖统计 813

N

1991—2005 年城乡居民储蓄存款余额　776
1990—2005 年干旱情况表　88
1991—2005 年 获金堂县科技进步一等奖成果名录　707
2006 年金堂工业集中发展区街道建设情况(毗河以南)　193
1995—2005 年金堂县城区降水监测结果统计　341
1991—2000 年金堂县城市信用社各项存贷款余额　431
2005 年金堂县城新建主要排水道统计　314
1992—2005 年金堂县城镇居民人均主要消费品消费量　774
1992—2005 年金堂县城镇居民生活消费情况　773
1991—2005 年金堂县初级中学教育基本情况统计表　688
2005 年金堂县大中型桥梁概况　350
2005 年金堂县道公路一览　348
1991—2005 年金堂县发明专利情况统计　715
1991—2005 年金堂县工业废水及污染物排放情况　343
1995—2005 年金堂县工业污染物排放情况　342
1991—2005 年金堂县获成都市科技进步奖成果名录　706
1990—2005 年金堂县建设局资金收支统计　306
1998—2005 年金堂县科技型企业简表　712
1991—2005 年金堂县科研机构简　703
1990—2006 年金堂县历届政协委员会人员组成情况统　576
1991—2005 年金堂县粮食总产量　213
1991—2005 年金堂县每百户城镇居民家庭耐用消费品拥有量　776
1991—2005 年金堂县每百户农村居民家庭耐用消费品拥有量　777
1991—2005 年金堂县年客货运输统计　330
1991—2005 年金堂县农村居民生活消费水平　774
1991—2005 年金堂县农业与非农业人口数统计　112
1991—2005 年金堂县人口迁入迁出统计　110
1991—2005 年金堂县人口自然增长状况　107
1990—2005 年金堂县人民政府历届县长、副县长名录　551
1990—2005 年金堂县十六类食品卫生监测合格率　761
2004—2006 年金堂县土地整理情况一览　102
1995—2005 年金堂县希望工程基本情况一览　692
1997—2005 年金堂县县城公交车一览　329
1991—2003 年金堂县小城镇建设情况　303
1991—2005 年金堂县小学教育基本情况统计　688
1991—2005 年金堂县学前教育基本情况统计　686
1991—2005 年金堂县烟草公司卷烟销售量　387
1991—2005 年金堂县盐业销售情况　386
1990—2005 年金堂县月平均日照　83
1990—2005 年金堂县月平均蒸发量　84
1990—2005 年金堂县孕产妇保健统计　758
1989—2004 年金堂县赵镇街道情况　310
1990—2005 年金堂县政协历届主席、副主席、秘书长任职情况　578
1990—2005 年金堂县政协历届主席、副主席名录　578
1991—2005 年金堂县中小企业主要经济指标完成情况　260
1991—2006 年金堂县转业军官安置情况　666
2005 年年末金堂县科技人员简表　704
1991—2005 年农村居民人均主要消费品消费量　775
1990—2006 年攀钢集团成都钢铁有限责任公司金堂分公司经济运行指标　769
2000 年全国第五次人口普查时金堂县乡镇人口分布情况　109
1991—2005 年全县供销系统农副产品收购经营情况　409
1991—2005 年全县供销系统农资产品供应情况　409
2006 年三中园区(十里坝)街道建设情况　192
1990—2005 年四川锅炉厂经济运行指标　767
1996—2005 年沱江进出口断面地表水监测　340
1996—2005 年沱江流域金堂段水质监测结果统计　339
1996 年 9 月金堂县政府会议新命名的街道　308
1990—2005 年月平均气温　81
1990—2005 年中国共产党金堂县委员会书记、副书记名录　495

Q

全县 1991—2005 年地区生产总值结构　152

X

新建排水道统计(1989 年)　313

Z

中国银行金堂支行 1992—2003 年主要金融指标情况　422

编后记

《金堂县志（1991—2005）》编纂工作在四川省、成都市地方志编纂委员会和中共金堂县委、金堂县人民政府的领导下，坚持“党委领导、政府主持”，县地方志办公室组织实施的体制，全县认真贯彻国家、四川省《地方志工作条例》、按照省、市续志的工作部署，开展了续志工作。

2004年7月8日，中共成都市委办公厅、成都市人民政府办公厅成委办〔2004〕37号《关于我市第二届地方志编纂工作的通知》和中共四川省委办公厅、四川省人民政府办公厅川委厅〔2005〕47号《关于全面开展四川省第二轮修志工作的通知》，向金堂县人民政府下达了金堂县开展第二轮修志工作编纂《金堂县志（1991—2005）》的目标任务。2004年10月13日，曾玉芬调入金堂县地方志办公室任副主任，主持工作。2004年7月28日，自成都市召开第二届地方志编纂工作会议后，开展续修县志的工作。县委、县政府十分重视此项工作。认真落实“一纳入”（即把修志工作纳入各地经济社会发展计划和政府的工作任务之中）、“五到位”（即领导到位、机构到位、经费到位、队伍到位、条件到位）。2005年3月25日，金堂县成立第二届地方志编委会和县志总编室，实行总编辑负责制；县委书记付毅、县人大主任郑天奇、县政协主席何胜英任县志编委会顾问；县委副书记、县长何立斌任县志编委会主任；施跃华、彭禄君、曾道国、廖国琏、刘府胜任副主任；曾玉芬兼任总编室主任，郭应循任总编辑，罗桂蓉、刘林任副总编辑。同时，印发《金堂县志（1991—2005）编纂工作实施方案》，全面启动了续志工作。县政府将编纂县志工作纳入了每年目标管理和考核。2005年9月30日，县政府批准《金堂县志（1991—2005）》编纂篇目，并印发全县各部门实施。为做好修志工作，县政府组织志办有关人员先后参加省、市举办的修志工作业务培训。2005年12月1日，县委、县政府召开县志编纂工作动员大会，全县统一部署各部门正式开展志稿编纂工作。同时，拟定县志编纂工作程序，将续修县志分为准备阶段、分纂阶段、总纂阶段、验收出版阶段。2006年4月7日，县委、县政府召开县志编纂工作大会，特邀市志编委会的领导，在业务上给予工作指导。2006年6月29日，郭应循解聘。2006年10月20日孙成君任金堂县地方志办公室副主任。2006年4月至2007年5月，组织全县各部门撰稿，有90%的部门完成了上交的稿件。2007年2月13日曾玉芬调县人防办。2007年2月15日，孙成君主持县志办工作；同年6月4日，县政府召开县志编纂工作研讨会，同时聘请肖波、梁代模、刘宏英、张声清、孙成贵、李正熟6名编辑，落实了县志分纂工作任务，全县有600余名人员先后参加了志稿编撰工作。

2006年3月28日，市志办成地志办〔2006〕27号文《关于明确〈成都市志（1990—2005）〉承修任务的通知》，市委、市政府下达金堂县情篇入《成都市志（1990—2005）》的纂写任务。县从2006年4月开始组稿至2007年8月完成上报入成都市志的县情编纂工作，所报的县志资料于2007年11月通过成都市志办行文验收。2006 年 8 月 8 日，刘林被成都市地方志编纂委员会表彰为第二轮续志工作先进个人。

2007 年 2 月 15 日，陈元霓调入金堂县地方志办公室任副主任。2007 年 4 月 30 日，县委调整金堂县地方志编纂委员会成员，县委书记何立斌、县人大主任郑天奇、县政协主席王良清任顾问；县委副书记、县长施跃华任主任；彭禄君、贺正余、颜仁福、万琳、张立诚任副主任；孙成君任总编室主任兼总编辑，陈元霓任总编室副主任兼副总编辑，刘林、罗桂蓉任副总编辑。2007 年金堂被成都市地方志编纂委员会评为地方志工作先进集体。8 月，由刘林撰写的修志工作调研文章《论志书篇目的设计》和《浅谈如何编纂县地方年鉴与部门志》两篇论文被刊入由北京新华出版社出版的《新时期方志编纂理论与实践》一书，并在全国新华书店经销，作为基层单位优秀实践经验向全国交流。

2008 年 3 月 5 日，县政府召开全县地方志工作会议。成都市地方志编纂委员会副主任、市志办主任、市志总编辑马开钦，县委副书记、县长、县志编纂委员会主任吕信伟，副县长、县志编纂委员会副主任万琳，县政协副主席张立诚；全县各部门分管地方志工作的领导和县志、年鉴撰稿者共 200 余人参加会议。马开钦、吕信伟作重要讲话，万琳安排了全县地方志工作。会议学习了国务院、四川省《地方志工作条例》和《〈四川省地方志工作条例〉实施办法》，对全县各部门、各乡镇的县志、年鉴编写人员进行了业务培训。

2008 年 7 月 25 日，金堂县志篇目评审会在县国土局二楼会议室举行。出席会议的市、县领导有：成都市志办主任、市志总编辑马开钦，原市长助理鲜开值，市志办副主任彭大章，市志副总编辑黄友良、杨文华，原市政协副主席邹翰铭，县志工作处处长熊元秀，原郫县志办主任曾祥麟；县领导有：县志编委会副主任、副县长万琳。县志办全体职工参加了这次会议。

会议由彭大章主持。市领导、专家对《金堂县志（1991—2005）》篇目进行了评审，提出了篇目修改意见。县志办根据市评审会议的要求，重新修改设计了新的县志篇目。

2008 年 8 月 21 日，县委书记何立斌、县人大主任郑天奇、县政协主席王良清任顾问；县委副书记、县长吕信伟任主任；陈文建、钟思勇、颜仁福、万琳、张立诚任副主任；孙成君任总编室主任兼总编辑，陈元霓任总编室副主任兼副总编辑，刘林任执行总编辑，罗桂蓉、张晓波（至 2008 年 10 月止）任副总编辑。

2008 年 12 月 16 日，孙成君被成都市地方志编纂委员会办公室表彰为成都市地方志工作先进个人；刘林撰写的《论志书篇目的设计》获四川省第十三次地方志优秀论文奖。

2009 年 2 月 16 日，县志办将修订的第八稿《金堂县志（1991—2005）》篇目和总纂方案报市志办审查验收。3 月，该篇目获市志办正式批准执行。县志办从 2009 年 4 月开始总纂县志，2010 年 5 月完成总纂稿，2010 年 6 月至 2011 年 7 月，完成该县志内审。

2011 年 8 月 25 日，调整金堂县地方志编纂委员会成员，县委副书记、县长金城任主任；县委副书记陈文建、县人大副主任颜仁福、县政府副县长万琳、县政协副主席张立诚任副主任；孙成君任总编室主任兼总编辑，陈元霓任总编室副主任兼副总编辑，刘林任执行总编辑，罗桂蓉任副总编辑。

2011 年 12 月 8 日县政府召开《金堂县志（1991—2005）》第一次复审工作会议，至 2012 年 1 月 7 日止。已收到复审成员签署的意见表 32 份，修改意见 200 余条。

2011 年 12 月副县长万琳因工作调离金堂。2011 年 12 月 23 日，周海燕任副县长分管县志工作。2012 年 2 月孙成君任县志办主任。2012 年 2 月 23 日县政府召开第二次复审座谈会，听取各位复审成员的口头和书面意见共 300 余条。从 2011 年 8 月起至 2012 年 4 月止，完成县政府复审工作。2012 年 5 月 4 日，市志办编审处熊元秀处长在金堂召开复审提前介入意见交流会，对本志书编纂作了肯定、并提出修改意见，县志办作了认真修改。

2012年10月18日，金堂县政府召开县志第四次复审工作会议，市志办党组书记、主任高志刚，副主任王家球，编审处处长熊元秀，副县长周海燕等人出席会议，县志复审领导小组成员30余人参加会议。市志办领导高志刚、王家球与熊元秀分别对金堂县志的编修进行了肯定性发言，指出此次修志稿内容全面、结构合理、富有地方特色，基本达到合格志书要求，并对下一步打造精品志书提出了修改完善意见。2012年11月，县志办完成对第四次县志复审意见的修改，于11月底将复审定稿送市志办终审。2013年3月28日，《金堂县志（1991—2005）》通过成都市地方志审查验收委员会评审组终审。县志办按终审评审组意见进行修改后，全书由图片、概述、大事记、专题记述、事业志、人物、附录组成，事业志设36篇、164章、626节，约96万字。金堂县地方志办公室2013年8月将终审修改稿报市志办，10月市志办将终审稿返县志办修改。11月县政府正式向成都市人民政府请示出版《金堂县志（1991—2005）》。2014年1月28日，成府函〔2014〕16号文下发成都市人民政府关于同意《金堂县志（1991—2005）》出版发行的批复。2014年8月27日，《金堂县志（1991—2005）》出版实行招投标，招标编号：金堂政府采购（2014）第14—35号，本次招标而流标。2014年12月24日，金堂县人民政府金堂府人〔2014〕30号文件通知：经县第十七届人民政府第59次常务会议讨论决定，免去孙成君同志金堂县地方志编纂委员会办公室主任职务（保留金堂县正局级）。县志办由陈元霓副主任负责全面工作。2015年1月23日，《金堂县志（1991—2005）》出版进行第二次招投标，招标编号：金堂政府采购（2014）第35号，通过竞争性谈判，方志出版社中标。3月，县志办与方志出版社签订志书出版合同。2015年8月14日，周丽君任金堂县人民政府办公室副主任、金堂县地方志编纂委员会办公室主任（兼）。2015年10月，正式出版《金堂县志（1991—2005）》，共印3000册。从2004年开始至2015年结束，历时12年，金堂县完成了《金堂县志（1991—2005）》的编纂出版任务。

在编纂县志过程中，得到各级部门、领导的高度重视。为此，我们特向所有关心、支持和帮助金堂修志工作，提供入志资料的单位和个人；向省、市志编委会领导同志和成都市地方志编委会审查验收组的同志；向出版社和印刷厂的领导和编辑、排印、装订的同志，表示最崇高的敬意和真诚的感谢。

四川省金堂县地方志编纂委员会

2015年10月30日